中华人民共和国地方志·福建省

云霄县志

（1997－2006）

云霄县地方志编纂委员会　编

方志出版社
Publishing House of Local Records

图书在版编目（CIP）数据

云霄县志：1997~2006 / 云霄县地方志编纂委员会编. -- 北京：方志出版社, 2015.9
ISBN 978-7-5144-1687-9

Ⅰ. ①云… Ⅱ. ①云… Ⅲ. ①云霄县—地方志—1997~2006 Ⅳ. ① K295.74

中国版本图书馆 CIP 数据核字 (2015) 第 221932 号

云霄县志（1997–2006）

编　　者：云霄县地方志编纂委员会
责任编辑：冯 松

出 版 人：冀祥德
出 版 者：方 志 出 版 社
地址　北京市朝阳区潘家园东里 9 号（国家方志馆 4 层）
邮编　100021
网址　http://www.fzph.org
发　　行：方志出版社发行中心
电话　（010）67110500
经　　销：各地新华书店
印　　刷：深圳中华商务安全印务股份有限公司

开　　本：889*1194　　1/16
印　　张：37　插　页：32P
字　　数：1220 千
版　　次：2015 年 9 月第 1 版　2015 年 9 月第 1 次印刷
印　　数：0001 ~ 2000 册

ISBN 978-7 - 5144 - 1687 - 9　　定价：580 元

· 版权所有 翻印必究 ·

云霄县地图
云霄县位置示意图
图例
县级行政中心
乡镇
村委会
农林场
自然村 工区
经济开发区
盐田
水库
山峰
县界
乡镇界
沈海高速 高速公路
出入口
G324 国道及编号
S309 省道及编号
县道
街道
一般堤
比例尺：1:235 000
审图号：闽S（2015）77号
福建省制图院编制 2015年4月
资料截止时间：2006年12月
云霄县
云陵镇
莆美镇
东厦镇
火田镇
马铺
下河
和平
列屿镇
陈岱镇
常山华侨经济开发区
平和县
漳浦县
诏安县
东山县
诏安湾
漳江
南胜镇
五寨
安厚镇
盘陀镇
石榴镇
沙西镇
梅洲
杏陈镇
康美镇
樟塘镇

云霄县城区图

云霄县城区图
崎仔山
渡头
县机砖厂
漳州长途云霄分局
县汽车分公司
环境保护局
北园社区
江滨体育场
水口
松仔埔
324
国
王爹庙
沙埔寮
金霞里
云霄师范学校
云霄一中
金霞社区
县师范附小
县中队
西园社区
黄山埔
县交管站
大路社区
享堂
县检察院
下坂桥
下坂
县光明实业有限公司
县政府
人民公园
县实验小学
县卫生学校
林业局
建设局
元光路
公安局
城关中学
县供电有限公司
财政局
农行
法院
地税局
教育局
县中医院
宝塘里
县医院
县邮电局
溪美和社区
下园
县卷烟厂
福利区
物资局
菜园井
云山书院
前埔小区
宝楼社区
云陵镇
临泰大酒店
元光中学
宝元里
云陵第一小学
楼仔脚
供销综合商场
前埔小学
县工商局
三兴灰粉厂
前埔
总工会
塘坪社区
县气象局
云陵第二小学
食品联发罐头厂
吉祥汽车修配
城郊法庭
秋宝山烈士陵园
交通局
商业大厦
南市场
县汽车配件公司
漳江别墅区
宝山里
后汤
工行
建行
演武亭小学
演武亭
县妇幼保健院
汀洋社区
县政协
县木材公司
高塘
油车
县农村信用合作社联合社
县汽车运输公司
卫生局
审计局
人行
下港社区
漳江大桥
下尾
海洋局水产局
后汤小学
汽车站
永德冷冻
云霄联发城市信用社
高塘
振云酒店
县公安局交警大队
南坪村
松树脚
中华保险漳州中心支公司
云霄营销服务部
县二建公司
云漳南路邮电支局
塘坪林
宝树
上埭
大村
县房地产开发公司
长安铃木云霄漳南专卖店
双溪口小学
阳霞小学
双溪口
向北
顶溪农场
县石油分公司
中柱小学
城南中学
阳霞
顶溪
陵鹤蚊香厂
云漳北路
江滨路
望江路
江滨北路
江滨南路
云平路
元光路
宝城路
陈政路
云东路
云阳漳路
漳阳东路
324国道
图例
县政府
乡镇
社区、村委会
主要街道
次要街道
学校
企事业单位
医院
汽车站
烈士陵园
主要堤
一般堤
审图号：闽S（2015）77号
福建省制图院编制 2015年4月
资料截止时间：2006年12月

云霄县交通旅游图

云霄县交通旅游图
云霄县
云陵镇
莆美镇
火田镇
东厦镇
陈岱镇
列屿镇
下河
马铺
和平
常山华侨经济开发区
平和县
漳浦县
诏安县
东山县
漳江
诏安湾
东山港
南胜镇
五寨
安厚镇
国强
石榴镇
盘陀镇
沙西镇
梅洲
杏陈镇
樟塘镇
康美镇
峰头水库
大塘水库
向东水库
内磜水库
洋坑水库
坪水水库
竹塔水库
铜人坑水库
五谷王水库
大坑内水库
洋古坑水库
红旗水库
龙隐寺
金山寺
陈政墓
天地会创立遗址
乌山
仙峰岩
漳江口红树林自然保护区
沈海高速
G324
S201
S309
图例
县级行政中心
乡镇
村委会
自然村
经济开发区
旅游景点
盐田
水库
山峰
出入口
县界
乡镇界
高速公路
国道
省道
县道
一般路
街道
一般堤
比例尺：1:235 000
审图号：闽S（2015）77号
福建省制图院编制 2015年4月
资料截止时间：2006年12月

■ 2014 年 6 月 11 日，中共福建省委书记尤权（右）莅临云霄调研（云陵工业开发区 供稿）

■ 2012 年 5 月 30 日，中共福建省委副书记于伟国（右）莅临云霄调研（县委报道组 供稿）

■ 2014 年 4 月 19 日，福建省政府副省长陈冬（中）莅临云霄调研（县委报道组 供稿）

■ 2014 年 4 月 27 日，中共漳州市委书记陈家东（右二）莅临东厦镇调研（县委报道组 供稿）

■ 2011 年 10 月 20 日，中共云霄县委书记陈水树（中）在马铺乡调研（县委报道组 供稿）

■ 2014 年 4 月 27 日，中共云霄县委书记陈水树（左二）在云陵工业开发区调研（县委报道组 供稿）

■ 2015 年 1 月 8 日云霄县政府县长王金狮在豪锦集团调研（黄农政 摄）

■ 云霄县城区全景（杨顽毅 摄）

■ 漳江新貌（林汉荣　摄）

■ 云霄新城区城西片区（林汉荣 摄）

■ 云霄新城区将军山片区（杨顽毅 摄）

■ 云霄县新城区将军大道中段街景（杨顽毅 摄）

■ 云霄县城中心区一瞥（张煌辉 摄）

■ 建发半山御园 （杨顽毅 摄）

■ 县城新建复兴路西段夜景 （林汉荣 摄）

■ 县行政服务中心（林汉荣 摄）

■ 陈岱镇镇区新貌（杨顽毅 摄）

■ 云陵镇下坂新村（张煌辉 摄）

■ 火田镇新镇区一瞥（张煌辉 摄）

■ 陈岱镇礁美村（杨顽毅 供稿）

■ 厦深高速铁路云霄站（林汉荣 摄）

■ 高铁云霄船场大桥（林汉荣 摄）

■ 沈海高速公路云霄县莆美镇路段（县交通局 供稿）

■ 县农路建设一瞥（县志总编室 收集）

■ 云霄县节能光电科技产业园（云陵工业开发区 供稿）

■ 云霄莆美 220 千伏变电站（县志总编室 收集）

■ 东林电子有限公司生产车间（县志总编室 收集）

■ 大众兴纺织有限公司车间（县志总编室 收集）

■ 丽西食品公司生产车间（县志总编室 收集）

■ 海西钢构企业车间（林汉荣 摄）

■ 漳州核电站厂址航拍图（列屿镇 供稿）

■ 漳州核电站总平面效果图（列屿镇 供稿）

■ 竹塔泥蚶（县志总编室 收集）

■ 云霄文蛤（县志总编室 收集）

■ 东厦锯缘青蟹（县志总编室 收集）

■ 列屿巴非蛤（县志总编室 收集）

■ 建设中的佳州岛生态农业观光基地（林汉荣 摄）

■ 列屿镇万亩牡蛎养殖基地（林汉荣 摄）

■ 和平乡金山万亩枇杷园（杨顽毅 摄）

■ 马铺淮山（县志总编室 收集）

■ 下河阳桃（县志总编室 收集）

■ 云霄枇杷（县志总编室 收集）

■ 下河金枣（县志总编室 收集）

■ 县实验小学新校园（张煌辉 摄）

■ 火田镇中心小学（张煌辉 摄）

■ 云霄县将军山学校（杨顽毅 摄）

■ 陈岱镇中心幼儿园（杨顽毅 摄）

■ 云霄县庆祝中华人民共和国成立 55 周年文艺晚会（杨顽毅 摄）

■ 新建体育场（张煌辉 摄）

■ 中央电视台主持人张蕾在菜埔村采访“全家乐”（县志总编室 收集）

■ 民间潮乐表演（戴园笙 提供）

■ 2005 年 5 月，台湾桃园县陈姓宗亲会到云霄县寻根祭祖（戴园笙 摄）

■ 金汤湾大酒店全景（林汉荣 摄）

■ 云顶温泉酒店夜景鸟瞰（林乔森 摄）

■ 将军山公园大龙湖、归德楼（张志和 摄）

■ 漳江口红树林国家级自然保护区（杨顽毅 摄）

■ 乌山风景区（张元锋 摄）

■ 火田镇西林村五通庙（林汉荣 摄）

■ 石矾塔（县志总编室 收集）

■ 陈元光故居燕翼宫（开漳祖庙）主殿（陈振权 摄）

■ 林偕春墓园（杨顽毅 摄）

■ 列屿镇木质三桅古式风帆牵风作业渔船（县志总编室 收集）

■ 青崎古岩画（县志总编室 收集）

■ 陈岱镇聚星楼
（杨顽毅 摄）

■ 陈振鑫《十二生肖》根雕作品（县志总编室 收集）

云霄县第二届地方志编纂委员会和《云霄县志（1997–2006）》编审人员名单

云霄县第二届地方志编纂委员会

（据云委办发〔2007〕6号文、云委办〔2013〕37号文）

名誉主任：陈水树（县委书记）
主　　任：王金狮（县政府县长）
曾任主任：陈福州（县政府县长）
副 主 任：林　菁（县政府副县长）
曾任副主任：林育东（县委常委、组织部长）　卢　锋（县委常委、县委办主任）
林达祥（县政府副县长）
委　　员：许师逊（县委办主任）　张　章（县政府办主任）
张煌辉（县政府办副主任、县方志委主任）　吴秋生（县人大办主任）
张志林（县政协办主任）　许　勇（县委组织部副部长）
李晓杰（县委宣传部副部长）　方玉水（县政协文史委主任）
陈文群（县纪委副书记）　方进宝（县委政法委副书记）
张志达（县农办主任）　王志远（县发改局局长）
柳建荣（县经贸局局长）　周志坚（县财政局局长）
方　祥（县城乡规划建设局局长）　方妙秦（县文体新局局长）
吴思敏（县教育局局长）　方响宏（县统计局局长）
黄木枝（县档案局局长）
曾任委员：方蔚煌（县委办副主任）　梁炎林（县方志委主任）
何明坤（县委宣传部副部长）　方逸华（县人大科教文卫委主任）
方群达（县政协原主任科员）　张亚屋（县纪委副书记）
张　凰（县委政法委副书记）　方锦祥（县财政局局长）
周道珊（县外经贸局副局长）　方少丹（县建设局局长）
施秋江（县文体局局长）　方跃飞（县教育局局长）
郑　玲（县档案局副局长）

下设办公室，

主　　任：张煌辉（兼）
副 主 任：汤智谋（县方志委副主任）　方大为（县方志委副主任）
张洲明（县方志委副主任科员）
编　　务：吴宝珠　方建法　阙一铭　张文贤

《云霄县志（1997–2006）》总编辑室

（据云政办〔2009〕32 号文、云政办〔2011〕133 号文）

主　　编：王金狮（县政府县长）
曾任主编：陈福州（县政府县长）
常务副主编：林　菁（县政府副县长）
曾任常务副主编：卢　锋（县委常委、县委办主任）　林达祥（县政府副县长）
执行主编（总编纂）：张煌辉（县政府办副主任、县方志委主任）
执行副主编：陈振权（县人大常委会原副主任）　张耀堂（县方志委原副主任、副编审）
张志和（县委办、县政府办原主任）
责任编辑：张煌辉　陈振权（审阅）　张耀堂(总纂)　张志和（审改）　郑逢源
张大南　张绍猛　张待德　吴鼎文　房江波　张建国
保密审查：林榕庆
数据审校：方响宏　林健全　张绍猛
图片编辑：张志和　张煌辉
文字录入：房江波　陈晓丹

《云霄县志（1997–2006）》审稿领导小组

（据云政办〔2013〕129 号文）

组　　长：王金狮（县政府县长）
常务副组长：林　菁（县政府副县长）
副 组 长：许师逊（县委办主任）　吴秋生（县人大办主任）
张　章（县政府办主任）　张志林（县政协办主任）
陈文群（县纪委副书记、县监察局局长）
成　　员：林榕庆（县委办副主任、保密局局长）
张煌辉（县政府办副主任、县方志委主任、执行主编）
方响宏（县统计局长）　陈振权（执行副主编）
张耀堂（执行副主编）　张志和（执行副主编）

漳州市地方志编纂委员会《云霄县志（1997–2006）》审查验收组

组　　长：康元泰（漳州市地方志编纂委员会主任）
成　　员：李云章　侯淑慈　郑美华　蔡建明　杨毅娟　林陈榆

序

新编《云霄县志（1997 — 2006）》编纂告成，值得庆贺。履职在斯，有幸为之作序。

古语云“国有史，邑有志”。云霄自唐垂拱至清嘉庆，县情记载或见诸《漳州府志》及浦、诏、和诸县志。至清嘉庆二十一年（1817 年），始有第一部县邑志《云霄厅志》。抗战胜利后，于民国 36 年（1947 年）再次修纂《云霄县志》。二十世纪九十年代，修纂新中国成立后第一部《云霄县志》。《云霄县志（1997 — 2006）》是云霄历史上修纂的第四部县志，亦是云霄县历史上第一部断代志。云霄 1300 多年的历史，由此接续有序，信而有征。

本志观点正确、体例完备、内容翔实。志书全面记载了 1997 — 2006 年间云霄境域自然、经济、政治、文化、社会、宗教、风俗等方面的深刻变化，客观描绘了云霄县从计划经济转向市场经济的曲折过程。10 年间，云霄的新兴工业、现代农业、城乡建设、精神文明建设、生态建设、党的建设等各项事业取得令人瞩目的业绩，志书抓住这个历史时段不同领域的各条主线，着力凸现云霄县情的时代特征、地方特色和各行各业亮点，浓墨重彩勾勒出几届云霄县委、县政府率领四十多万人民攻坚克难、辛勤创业，推进云霄各项事业发展的心路历程和精神特质。志书敢于秉笔直书，既载有成功的经验，也有值得借鉴的教训，是一部可读、可信、可用的良志。

在本志编纂过程中，得到了各级领导、专家学者、修志同仁和各部门单位修志工作者的大力支持。参加编纂的人员本着“以史为鉴，可知兴替”的精神，不辞劳苦，广征博采，精心著述，留下一份了解云霄县情、研究云霄历史的珍贵史料。在此，谨向他们表示衷心的感谢！

中共云霄县委书记　陈水树

云霄县人民政府县长　王金狮

二〇一五年四月八日

凡 例

一、指导思想。本志以马克思列宁主义、毛泽东思想、邓小平理论、“三个代表”重要思想、科学发展观和中共十八大精神为指导，以辩证唯物主义和历史唯物主义的立场观点编纂，力求全面客观系统反映 1997 — 2006 年间云霄县域历史与现实的发展与变化。

二、时限。本志起自 1997 年，止于 2006 年。为保持事物叙述的完整性与连续性，图片和部分分志的节、目时限或有上溯与下延。

三、部类与体例。全志采用概述、大事记、专记、分志、人物、附录等体裁，部类由自然、政治、经济、文化、社会等构成。大事记采用编年及纪事本末体，分志采用章节体，人物采用纪传体。

四、篇目设置。根据续编县志的时限和县情实际，采用小篇体。一般按相近的行业或社会分工分类，综合为章、节、目、分目进行记述。

五、入志资料。以承编单位提供的志稿资料和县方志委调查的资料为依据。对有疑义或歧义的资料，以云霄县委、政府有关文件和年鉴为准。对有存史价值的口碑资料，经查访核实后予以载入。

六、数据使用。一般以县统计局统计数据为准。统计局没有统计的数据由承编单位提供或由方志委调查采集。重要数据注明出处。个别数据由于职能交叉（如县公安局户籍管理与县计生局人口管理）或统计口径与统计方法不同而出现差异时，加以标注说明。

七、度量衡。采用国家法定的计量单位。个别地方根据需要保留耕地及产量的面积单位“亩”。

八、人物。分传、录、表。人物传按“生不立传”原则，收录事业有成和对国家、社会、人民有贡献的云霄籍（含在云霄出生）及在云霄工作的非云霄籍已故人物。人物录、表分烈士英名录、劳动模范和高级专业技术职称名表，以及云霄籍在外工作的处级、高级职称名表。入志人物直书姓名，不加其他称呼。

九、纪年。清代及其以前以朝代年号用汉字书写加括注公元纪年。中华民国年份用阿拉伯数字书写，年份前加“民国”字样，并括注公元纪年。中华人民共和国成立后用公元纪年阿拉伯数字书写。农历月份用汉字书写，月份前加“农历”字样。

十、简称使用。为简洁文字，志文中涉及的国家、政区、单位名称仅在“机构”节、目中使用全称，其他均使用简称。如中华人民共和国为“新中国”，福建省为“省”，漳州市为“市”，云霄县为“县”，中国共产党云霄县委员会为“县委”，云霄县人民代表大会常务委员会为“县人大常委会”，云霄县人民政府为“县政府”，中国人民政治协商会议云霄县委员会为“县政协”，中国人民解放军福建省云霄县人民武装部为“县人武部”，中国人民银行云霄县支行为“县人民银行”，县工商行政管理局为“县工商局”，以此类推。

十一、文体。本志采用现代语体文行文，坚持述而不论。个别地方须引用其他文体语句时，概按原文加双引号。

十二、收录。志中收录的文件、碑记、诗文和谱牒等资料，除加以标点、标明作者姓名、写作年份外，均按原文，不作改动。

十三、地名规范。本志所记地名以 1981 年县地名办所编《云霄县地名录》和县政府有关行文为准。在记述中遇到有不同称呼的，分别以“古称”“前称”或“亦称”“亦作”及“俗称”等加以夹注。

十四、常山华侨农场（常山华侨经济开发区）有关内容记述的处理。常山华侨农场原属云霄县乡镇一级建制，1999 年改建制为漳州市常山华侨经济开发区并由漳州市直属管理，本志主要在《政区》《工业》章等章节予以记述。

目 录

概 述

一

云霄县是漳州文明发祥地，是天地会创立地，是近代民主革命志士秋瑾出生地，是闽南革命根据地，是福建省著名台胞祖籍地和重要侨乡。

云霄县位于福建省南部沿海，地处北纬 23° 45′ — 24° 14′，东经 117° 7′ — 117° 23′ 之间。东北与漳浦县交界，东南隔八尺门海峡、东山湾与东山县相望，西南与诏安县毗邻，西北与平和县接壤。全境东西最大距离 31 公里，南北最大距离 38 公里。1988 年被国务院批准为福建沿海对外开放县。1996 年政区总面积 1166 平方公里。1998 年 10 月，在县境南部常山华侨农场成立漳州市常山华侨经济开发区，1999 年 7 月，省侨办下放管理权限，常山开发区由漳州市政府管理，并赋予部分县级行政、经济管理职能。2006 年，县辖云陵、莆美、陈岱、东厦、列屿、火田等镇，下河、马铺、和平乡（和平农场）和云陵工业开发区。下设 158 个建制村、15 个社区、12 个作业区。全县通行闽南话（漳州音），极少数地区（主要分布在和平乡水晶坪一带）讲客家话。2006 年末，全县 10.67 万户 41.61 万人，总面积 1157.45 平方公里。云霄县人民政府驻云陵镇。

云霄县依山面海，四山回抱，一水中流，属丘陵、台地、低山结合地带。陆域面积 1050.75 平方公里，低山占 13%，丘陵占 49%，平原占 28%，淡水水面占 10%。漳江干流（俗称北溪）发源于平和县大峰山，从县北入境，全长 67.8 公里，境内流程 58.2 公里，境内流域面积 862.3 平方公里，为境内主要水系，汇入漳江湾内海。东南部竹港溪等河流注入东山湾内海，西南部官洋溪流经诏安县境入海。全县大小河流 13 条，总长 225.7 公里。西北部有库容 1.77 亿立方米的峰头水库。全县千米以上山峰 7 座，乌山山脉主峰西山源为最高山峰，海拔 1117 米。云霄属典型的南亚热带海洋性季风气候区，年平均气温 21.3℃，无霜期年平均 347.4 天，降雨量 1730.6 毫米，气候温和，四季如春。境内有丰富的野生动植物资源和水资源，地层蕴藏着丰富的花岗岩、高岭土、地下水及水晶、明矾、铅锌、金银等矿藏，位于陈岱镇八尺门的海水温泉为国内罕见。漳江出海口的红树林天然群落，繁育栖息 150 多种珍稀鸟类，为国家级红树林自然保护区和国际重要湿地。海岸线长 75.5 公里，海域面积 106.7 平方公里。有佳州岛等大小岛屿十余个，较大的海湾有漳江湾、东山湾。

二

云霄县位于闽粤山海要冲，历来为兵家必争之地。秦汉时期先后隶属于揭阳岭屯戍区、南海郡、南海国、南海郡揭阳县。东晋咸和六年（331 年），南海郡分出其东部地区增置东官郡，析粤地揭阳县置绥安县，治在云霄。隋开皇十二年（592 年）绥安废，云霄漳江以北隶于泉州（今福州）之龙溪县，漳江以南隶于潮州之万川县。

云霄为开漳祖地。唐总章二年（669 年），玉钤卫翊府左郎将归德将军陈政奉诏率兵入闽平“蛮獠啸乱”，镇守故绥安县地，与子元光于云霄火田开屯建堡。垂拱二年（686 年），陈元光以云霄漳江为名奏置漳州，治在今云霄西林村（据清嘉庆《云霄厅志》第一卷“方域”，民国《云霄县志》卷二“地理”。另一说，《大明漳州府志（正德版）》谓“州初建在梁山之下，漳水之北”），并置漳浦、怀恩两县。漳江以北隶漳浦，漳江以南隶怀恩，漳浦县治附州治。开元二十九年（741 年）废怀恩后，全境属漳浦。陈元光为首任漳州刺史，继续率众辟地置屯，传播推广中原先进文化和生产技术，被后世尊为“开漳圣王”。宋为漳浦县安仁乡浦东里（明万历《漳州府志》作“浦东保”）。元初为漳浦县安仁乡修竹里、新安里。明初为漳浦县六都，嘉靖九年（1530 年）分属于漳浦、平和、诏安县。清顺治六年（1649 年）十月初十，郑成功率军由漳江下游攻入云霄，进占潮汕。乾隆元年（1736 年），称云霄镇，驻漳浦县丞。乾隆二十六年，云霄高塘村郑开在境内东厦高溪庙、观音亭创立反清会党“天地会”，其组织衍及闽南各地，并扩展到台湾、两广、长江流域一带和东南亚华侨聚居地。嘉庆三年（1798 年），以县丞所辖 30 保，加划入平和县属 25 保、诏安县属 2 保 13 村置云霄抚民厅（亦称漳州分府）。同治三年（1864 年）九月，太平军侍王李世贤余部进入闽南，攻占云霄城，驻城长达 200 多天。同治四年四月中旬，左宗棠率兵 3 万余人进云霄剿灭太平军余部和岳坑反清组织“兄弟会”。光绪五年（1879 年），云霄厅同知秋嘉禾之孙女秋瑾出生于云霄城关“七先生祠”。民国 2 年（1913 年）改云霄抚民厅为云霄县，先后隶属于漳州府、福建西路道、汀漳道。民国 14 年隶于福建省政府。民国 22 年 “福建事变”，隶于龙汀省。民国 23 年“福建事变”失败后，先后隶于福建省第六行政督察区、第五督察区。

云霄是中国共产党在闽南开展武装革命斗争的根据地之一。民国 21 年 3 — 4 月间，中共漳州中心县委派员进驻云霄；翌年 3 月，云霄、漳浦交界的火田镇徐南坑自然村设立秘密交通站。民国 23 年 4 月，马铺乡坪水村建立云霄县第一个中共党支部，8 月成立坪水乡苏维埃政府；民国 24 年底开辟乌山革命根据地，成立中共云和诏县委。云霄老区人民在中国共产党领导下，与红三团、红九团、独立营、闽南支队等工农革命武装，先后粉碎国民党军队的多次“围剿”，奇袭云霄城、坪坑伏击战、车仔圩战斗等威震闽南。

民国 38 年（1949 年）9 月 25 日，云霄和平解放。新中国成立后，中共云霄县委、县政府领导全县人民进行社会主义革命和建设。在经历三年困难时期及十年“文化大革命”动乱之后迎来了改革开放，积极贯彻执行中共十一届三中全会以来的路线、方针、政策，推进改革开放，全县政治、经济、文化、社会等方面发生极大变化，国民经济快速发展，人民生活水平显著提高。千年文明积淀的开漳祖地、钟灵毓秀的漳水云山，成为海峡西岸经济区充满勃勃生机的一块发展热土。

三

1997 — 2006 年，云霄人民高举邓小平理论伟大旗帜，认真贯彻中共十五大、十六大、十七大精神，学习“三个代表”重要思想，牢固树立和认真落实科学发展观，全面推进社会主义现代化建设，县域综合实力显著增强。2006 年，实现国内生产总值 35.08 亿元（当年价，以下同），比 1996 年 23.8 亿元增长 47.4%，年均增长 3.95%。1996、1997 年连续获得中共福建省委员会、福建省人民政府授予的“福建省经济发展十佳县（市）”称号；2000 年，获“全国科技工作先进县”称号；2001 年，获“中国枇杷之乡”称号。

农村经济　1997 — 2006 年，进一步落实党的农村政策，因地制宜调整农业产业结构，大力提倡科技兴农，发展商品农业和创汇农业，推广使用农业机械，加强水利设施建设，建成粮食、蔬菜、水果、水产、食用菌、禽畜等六大农产品生产基地，农业生产逐步由粗放经营型向高产、优质的集约型转变，并保持良好发展势头。2006 年，全县农业总产值 22.39 亿元，比 1996 年 9.95 亿元增长 1.25 倍，年均增长 8.45%。水果生产方面，1998 年县委、县政府提出“争创农业品牌，发展枇杷产业”战略，实施枇杷“1113”工程（面积 1 万亩，产量 10 万吨，产值 10 亿元，果农人均增收 3000 元），大力推广“早钟六号”等枇杷优良品种。经过近 10 年的发展，2006 年全县枇杷种植面积 4635.8 公顷，产量 3.72 万吨；全县水果生产总量 16.97 万吨，比 1996 年增长 1.02 倍。森林绿化方面，成功实施全县集体林权改革，大力推广高优、名贵树种种植，全面提高森林覆盖率和经济商品率。2006 年，全县森林面积 7.71 万公顷，比 1996 年增长 74.1%，森林覆盖率 59.7%。漳江口的 2360 公顷红树林被列为国家级自然保护区。牧业方面，家庭圈养逐步减少，开始向集约化、专业化、规模化养殖发展，出现一批成规模的养殖场。2006 年，全县家畜存栏量 18.3 万头，家禽存栏量 81.23 万只，牧业总产值2.28亿元。渔业方面，盛产于漳江湾、东山湾的泥蚶、巴非蛤、锯缘青蟹、对虾等水产名品大面积养殖推广，成为农业增产、农民增收的重要渠道。1997年，县委制订并实施泥蚶养殖“168”工程（面积1万亩，税收6000万元，产值8亿元），泥蚶生产实现了从原生“蚶沙”幼苗放养，到“人工育苗”规模养殖，养殖范围从竹塔村一带扩大到东厦、陈岱、列屿3个镇15个村。2005年，“云霄万亩泥蚶养殖技术”获全国农牧渔业丰收二等奖。2006年养殖面积545.67公顷，产量1.14万吨，成为全国最大的县级无公害泥蚶养殖基地。20世纪90年代中后期，在列屿、陈岱镇大面积推广巴非蛤养殖，养殖面积从1996年1333.34公顷发展到2004年3333.35公顷，年产量从58389吨上升到11.55万吨（历史最高年份）。2003年10月，巴非蛤海区增养殖技术获全国农牧渔业丰收奖二等奖。至2006年，全县巴非蛤养殖面积2270公顷，产量6.18万吨，成为全国巴非蛤标准化示范区建设基地。全县水产品生产总量17.51万吨，比1996年增长2.88倍。

工业生产　1997—2006年，云霄工业经历了曲折的发展过程。按照抓大放小、放开搞活的原则，全县国有及二轻集体工业企业，采取“一厂一策、因地制宜、分类指导”的办法，基本完成体制改革，共“关、停、并、转”国有企业13家、二轻集体企业26家，其中年销售收入1亿元的云霄卷烟厂被龙岩卷烟厂兼并，年销售收入1.2亿元的云霄糖厂破产。全县共安置分流企业职工3821名。1998年后，受亚洲金融危机及宏观调控等因素的影响，一度繁荣的罐头、糖果、包装印刷等工业企业陆续歇业倒闭，部分“三资”企业（指港、澳、台商及外商投资企业）关闭或减少投资。至2000年，云霄工业生产总量下降到10年间的最低点，规模工业企业数从1998年的43家下降至19家，规模工业总产值仅为2.2亿元。2001年起，针对云霄工业基础薄弱的实际，县委、县政府实施“工业立县”战略，加快工业园区建设，完善配套设施，相继出台“招商引资”优惠政策，大力组织对外招商，并在深圳、泉州、厦门分别成立云霄商会，发挥异地商会的穿针引线作用，引进外资和吸引民间资金发展工业经济，工业生产逐年趋稳回升，走上恢复性增长轨道。至2005年，全县规模工业企业数上升至63家，规模工业总产值10.3亿元。2006年，县委、县政府出台《工业发展补充规定18条》和《招商引资工业发展考核若干意见》，并在七星工业区等工业园区发展节能光电产业，至年底入园企业46家，光电节能灯具制造成为云霄工业经济新的增长点。当年全县工业总产值19.9亿元，其中规模工业企业71家，实现工业总产值14.18亿元，工业销售产值13.68亿元，利税总额0.97亿元，固定资产总额4.62亿元，流动资产总额4.87亿元。全县初步形成以纺织服装、食品加工、机械制造、电子灯具、工艺制造、建材包装等六大产业为主、其他产业共同发展的工业经济格局。

城乡建设　1997—2006年，县城区面貌发生翻天覆地的变化。县城规划控制区扩大到90平方公里。新区建设快速推进，旧城改造取得较大进展。改造、建设江辉路、复兴路等老城区街道，新辟宝城路、绥阳路、陈政路、云漳路（南段）、江滨路、国道80米大通道南段和将军大道等新区主干路段，改造新建一批居住小区，新建一批公共建筑物，城区给水、排水、照明等市政公用配套设施不断完善。陆续新建人民公园、体育场、将军山公园、江滨绿化带及一批广场绿地，城区绿化面积206万平方米，覆盖率34.18%。至2006年，县城建成区面积扩大到9平方公里，比1997年的4.3平方公里扩大1.1倍。县城建有7座10层楼以上的大厦，新开辟的商业街区和居民小区均为4层楼以上的楼房，建筑物结构由混合结构向框架结构转变，装修装饰水平明显提高，县城区私人自建住房11291户，面积205.74万平方米。实施住房制度改革，商品房建设开始起步，开工的商品住宅面积14.39万平方米，建成安居工程保障房1.25万平方米。推进新村建设，农民住房条件显著改善，大部分家庭新建了房屋，涌现出云陵镇下坂村、陈岱镇礁美村、列屿镇人家村等一批统一规划、布局合理、别墅式建筑成群的社会主义新农村典型。

交通邮电　1997—2006年，全面进行高速公路及国道、省道、县道、乡道改造与建设。1997年底，建成国道324线盘陀岭第二隧道及连接公路4.56公里，省道双山（常山）至东山铜陵镇码头境内水泥公路8.7公里，省道漳东线境内浯田至八尺门柏油公路35.7公里。2000—2002年，投资8.6亿元建设漳诏高速公路云霄段24.87公里。2003—2005年省道漳东线由柏油路改造为水泥路面。2002年上半年起至2006年底，先后改造建设县道云四线、云太线、下大线境内路段及坂云线共130.23公里。利用国家、省政府对农村公路建设的政策支持，广泛发动群众出资出力，全面进行农村水泥路建设，共投资1.76亿元扩建改造四级以上水泥（小部分为沥青路）农村公路 104 条 279.4 公里，至 2006 年，全县 170 个建制村、作业区有 163 个通水泥路或沥青路。2005 年 8 月，成立云霄县港口建设指挥部和铁路建设指挥部，启动港口和铁路建设。2006 年 6 月，开工建设疏港公路 11.4 公里，厦深高速铁路云霄段开始进入前期工作。公路运输有较大发展，2006 年汽车客运、货运周转量分别为 2.77 亿人公里和 1.68 亿吨公里，比 1996 年分别增长 2.87 倍和 2.11 倍。全县拥有货运汽车 294 辆，客运汽车 136 辆，省际、市际、县际等客运班线 37 条。1998 年后，邮政通信行业先后进行多次整合，电信设备更新换代迅速，业务范围不断扩展，至 2006 年末，基本实现程控电话、移动电话村村通，形成光纤传输、卫星传输、数字微波和集语言、数据、图像通信为一体的现代通信体系。全县共有固定电话 124766 户，移动电话 145795 户。

商业贸易 云霄素有“漳南商埠”之称。1997 — 2006 年，商业贸易活动更为活跃，商品服务网点遍布城乡，形成多成分、多渠道的商品流通网络。新建东市场、绥阳市场、枇杷（水果）专业市场，县城的复兴路、云平路、云漳路、绥阳路、宝城路、陈政路等一批商业街市日趋繁荣，恒晟、力天、百姓、杏春堂、云客隆等 10 多家自选商场陆续开业，各类专卖店、连锁店、品牌店、加盟店纷纷涌现，以餐饮大排档为主的夜市通宵彻夜。国有商业、粮食、供销社体制改革取得成效，全县 3069 名职工分流后自谋职业。2006 年全县消费品零售总额 17.56 亿元，比 1996 年增加 11.67 亿元，年均增长 11.15%；全社会出口商品总值 3106 万美元，比 1996 年增长 1.4 倍；对台贸易额 160.73 万美元，比 1996 年增长 9.18%。

财政金融 1997 — 2000 年，县财政收入保持逐年增长。2001 年后因企业改制、农业税停征，财政主要收入锐减，2003 年财政收入仅为 8306 万元，财政收支多年呈现负数，被国家财政部列为财政困难县。2004 年后，通过招商引资发展工业经济，加快城乡建设，努力培植税源，加强税收管征，全县财政收入恢复增长。2006 年，财政收入（不含常山）1.7 亿元，比 1996 年增长 9.15%，加上国家转移支付补助，实现收支结余 5684 万元，滚存净结余由 1996 年赤字 826 万元转为净结余 3971 万元。金融体制改革不断深化，及时治理整顿金融秩序，防范金融风险，对联发、云兴、益民等城市信用社实施停业整顿，金融运行稳健，存、贷款持续增加。2006 年末，各项存款余额 41.13 亿元，比 1996 年末增长 3.68 倍，各项贷款余额 8.09 亿元，比 1996 年末增长 7.13%。有 6 家商业保险公司先后在云设立营销机构。1997 年，兴业证券公司在云霄开办业务，云霄股民开始进入股市。

打击“制假” 云霄为制售假冒卷烟的重灾区。1997 — 2006 年，云霄县继续保持打击制售假冒卷烟高压态势，常抓不懈打击“制假”。市与县、县与乡镇及部门签订“打假”责任状，制订并落实“打假”工作责任制，形成全县“打假”整体合力。省、市公安、烟草部门组成“打假”工作队，常驻云霄“打假”。县成立“打假”领导小组，组建专职“打假”队伍，各职能部门、各乡镇、村、社区也组织打假队伍，联手打击“制假”活动，公、检、法机关从重从快判处涉假犯罪案件，一批“制假”分子受到严惩，有力遏制了“制假”违法活动，规范了卷烟市场经济秩序。其间，全县共出动 667065 人次，捣毁制假窝点 3403 处，查获卷接机、包装机、嘴棒机等机械 3179 套、冒牌卷烟 124537.6 件、卷烟标识 2220.72 万张、烟丝烟叶烟梗 29415.4 吨、滤嘴棒 168 件。

四

1997 — 2006 年，云霄县进一步加强精神文明建设，发展教育、文化、科技、体育、旅游等各项事业，推进全民思想道德素质的不断增强和社会文明风尚的进一步形成，促进社会各项事业的繁荣进步。

精神文明建设 广泛开展以“三德”（职业道德、社会公德、家庭美德）、“四有”（有理想、有道德、有文化、有纪律）为主要内容的思想道德建设和学习曾潮州等先进人物活动，深入开展“六提倡、六反对”（提倡崇尚科学，反对封建迷信；提倡健康娱乐，反对聚众赌博；提倡婚姻自由，反对婚姻买卖；提倡村邻和睦，反对宗族纠纷；提倡艰苦奋斗，反对铺张浪费；提倡优生优育，反对计划外生育）为主要内容的移风易俗活动，开展“十佳公仆”“十佳农民”“十佳荣誉市民”等评选活动，开展文明单位创建活动，加强环境卫生、交通运输和集市贸易的整治管理，实施“保洁、绿化、亮丽、畅通”四大工程，实施殡葬改革，在城区禁止燃放鞭炮烟花。全县创建了一批文明单位、文明社区、文明村镇、文明户、文明行业、满意窗口，提高了全民文明素质，促进了城乡面貌的变化。

教育事业 针对初高中辍学率高、教育质量下降等问题，从2000年起，实施“教育强县”发展战略，动员社会力量办学，加大教育投入，发动社会、团体及侨胞奖学助学，落实国家助学优惠政策，形成政府、民办独资、股份制、民办公助、公办民助等多种办学形式。1997—2006年，新建竹港中学、云霄一中江滨分校，并对一批农村中小学危房进行改造维修，配套添置各类教学设施。2005—2006年，相继设立云霄将军山学校、漳州海峡职业技术学校、云霄立人学校、漳州双语实验学校云霄分校等4所民办学校，累计投资3亿多元，在校学生6000多人。2006年，全县有公办高级中学1所，完全中学5所，公办初级中学11所，民办中学2所；班级505个（初中372个，高中133个），在校高中学生7493人，初中学生20379人；高中毕业生1967人，被高校录取1154人。小学162所，班级1070个，在校学生35621人，当年毕业生6213人，全县已普及九年义务教育。出台各种优惠政策，引导和推动职业学校与各类企业的合作办学，资助农民工参加技术培训，为云霄企业提供高素质的劳动者和创业人才。

科技工作 1997—2006年，科技工作突出“两水”（水果、水产）开发和工业科研攻坚，积极鼓励、支持民营科技，大力开发、引进推广新技术、新项目，加强科技咨询服务、科技人员培训和科技知识普及，努力提高科技水平。逐步建立完善县、乡、村三级科技网络，实施“金桥工程”和重点科研项目，取得一批科技成果，推动农业产业化、规模化发展。2000年9月，获“全国科技工作先进县”称号。2006年，全县有各类科技人员7416人，其中高级职称105人，中级职称1301人，初级职称5649人，农民技术员361人。10年间共成立民营科技机构27家，开发引进、推广科技项目60项，科技成果获国家、省、市奖励10项。科技进步对经济增长贡献率达到45.98%。

卫生事业 突出完善县、乡、村三级卫生网络建设，加强疾病控制、妇幼保健、公共卫生监督和医疗制度改革。1997年12月，全县基本消灭麻风病。1998年成立县“120”急救中心。2000年11月，被省卫生厅确认为“消灭丝虫病标准县”。2003年春在全县开展防治传染性非典型性肺炎（简称“非典”）工作，加强疫情预防和监测，严格疫情上报制度，对公共场所、运载工具和外来人员进行全面消毒，预防“非典”发生。至2003年，县妇幼保健院、县医院、县中医院、陈岱中心卫生院、常山华侨农场医院、下河中心卫生院等6家医院先后获卫生部、联合国儿童基金会、世界卫生组织联合授予的“爱婴医院”称号。2003年12月，成立县医疗保险中心，取消机关事业单位员工公费医疗，实行个人医疗保险制度。2005年开始进行农村新型合作医疗制度实施的准备工作。至2006年，拥有公办县级、乡镇级医疗机构13家，卫生专业技术人员708名，村级卫生所237个、考核合格医生333人，工厂事业单位医务所29个、医务人员38人。

文物旅游 云霄县有丰富的自然与人文旅游资源。1997—2006年，全县投资4亿多元，建设漳江口国家级红树林自然保护区、将军山公园、乌山风景区、金汤湾海水温泉度假区，初步形成具有云霄特色的生态旅游、开漳文化旅游及红色旅游等景区。威惠庙、云山书院等2处被新列入省级文物保护单位，全县有省级文物保护单位5处。开漳圣王巡安民俗被省政府列入福建省首批非物质文化遗产名录。燕翼宫、林偕春故居、华庙、白云寺与帝舄井、寅饯寺与提喜故居遗址、吴原享堂、下普庵、林太史祖祠、下营将军庙遗址、普贤寺10处被新列为县级文物保护单位，全县共有县级文物保护单位49处。尚有市级文物点9处、涉台文物点23处。全县共接待过夜旅游者228.2万人次，其中19个国家和中国港、澳、台地区游客20.16万人次，旅游收入3.67亿元。至2006年全县各类宾馆、酒店42家，其中星级酒店2家。有旅行社2家。

文化体育 1997—2006年，加大文化体育设施投入，新建、修缮一批县级文体基础设施及50个村级文化体育活动场所。城区拥有新建的文化馆、图书馆、体育馆、体育场、老人体育场所以及大型综合娱乐休闲场馆10多家。全县有13个文学艺术协会，会员1200多人，其中国家级会员9名，省级会员45名。还有10多个民间文体协会。至2006年末，全县142个村建有文体活动室，154个村建有农体协，会员31143人。群众性文化、体育活动普遍开展，文学艺术创作更加繁荣。城乡“基层文化中心户”建设全面推广，家庭文化建设走在全市全省前列。一批书画作品在全国及省市展出并获奖。龙舟、足球等体育代表队在省市比赛中屡获佳绩。云霄县被确定为福建省青少年足球培训基地、福建省全民健身足球训练中心。群众文体活动及家庭文化成为云霄文化事业的两个特色品牌。广播电视事业发展迅速，有线电视实现了传输数字化和“村村通”，全县电视节目人口综合覆盖率 95%。

人民生活　1997 — 2006 年，城乡居民收入大幅度增加。2006 年，全县职工年人均劳动报酬为 11190 元，比 1996 年的 4476 元增长 1.5 倍。城镇居民人均可支配收入 7904 元，人均消费支出 6320 元。城镇居民食品消费由量的满足朝质的提高转变，衣着消费朝款式多样化、时装化、分季化转变，日用消费逐步向现代化和享受型转变，计算机、彩电、空调、电话、冰箱、洗衣机已成为城镇居民的生活必备品，小轿车开始进入部分家庭。2006 年末，全县平均每百户城镇居民拥有摩托车 46 辆、家用汽车 4 辆、家用计算机 22 台、彩色电视机 130 台、洗衣机 84 台、空调器 30 台、摄像机 4 台、照相机 10 架。城镇居民人均居住面积 24.5 平方米。开展脱贫致富奔小康工作，农村居民基本解决温饱问题，农民收入渠道实现农、工、贸多元化，1998 年基本实现“小康县”。2006 年，全县农村居民人均收入 4805 元，比 1996 年 2628 元增长 82.84%，消费习惯日趋城市化。2006 年末，平均每 70 户（样本点）农民家庭拥有洗衣机 9 台、彩色电视机 74 台、收录机 50 台、摩托车 49 辆、电冰箱 9 台、吸尘器 10 台、微波炉 17 台、空调机 2 台、电风扇 151 台，农村居民人均居住面积 26 平方米。城乡居民存款年年增加，2006 年末，全县城乡居民储蓄存款余额 34.85 亿元，比 1996 年增长 4.1 倍，人均储蓄存款 8375.09 元。

五

1997 — 2006 年，云霄县经济建设和各项事业取得一定的成就，社会秩序稳定，人民安居乐业。但总体发展水平与沿海经济发达县份比较，仍有很大的差距。主要问题表现在：工业产业刚刚起步恢复，规模小、档次较低、财税贡献率不高。农业产业化水平不高，缺乏品牌效应，综合经济效益不高。旅游服务等第三产业仍处初级发展阶段。“制假”违法活动屡禁不绝，严重影响正当行业发展，制约工业产业化进程乃至云霄经济的顺利转型，在社会上产生投机、暴利及好逸恶劳心理，甚至影响中小学教学质量。所有这些，足资鉴戒。云霄人民将总结过去十年的成就和经验，满怀信心地克服各种困难，加速建设全面小康社会，奔向共同富裕、民主、文明的社会主义美好明天。

大 事 记

1997 年

1月1日　国道324线盘陀岭第二隧道开工。同年12月竣工，1998年1月6日投入使用。隧道长950米，净高5米，净宽7.5米+0.75米，总投资4200万元。

2月3日　县委、县政府召开“人民功臣”座谈会（在抗美援朝和东山战斗中的立功人员，20世纪50年代由县政府授予“人民功臣”称号并授匾额，全县有“人民功臣”24名）。

2月25日　哀悼邓小平同志逝世，全县各机关企事业单位、学校降半旗，鸣汽笛3分钟。

2月28日　县委召开向曾潮州学习动员大会暨事迹报告会。曾潮州系云霄县和平乡乡长，1996年6月25日，在和平乡政府附近水坝为抢救落水学生牺牲，1997年5月23日，省政府批准其为烈士。

2月　国营云霄县橡胶厂以247万元拍卖给国有企业云发贸易公司。

3月12日　省委副书记林兆枢抵达云霄调研党建工作。

3月12日　上午7时许，竹塔村村民33人乘坐渔船往大洲捕捞蛏苗，因转弯超速翻船，21名妇女落水，死15人。

3月15日　国营云霄县罐头厂破产拍卖，固定资产竞标金额436万元。

3月18日　兴业证券漳州支公司云霄服务站在兴业路开业，为漳州市首家县级证券服务站。2000年1月改称服务部。

4月14日　台湾台北市汾阳宫开漳圣王谒祖进香团120人，由总干事郭国进带领，到威惠庙谒祖进香。

4月底　全县各乡镇场实现电话程控化，四分之三以上的自然村开通电话。全县共有固定电话20980户。

5月13日　县委、县政府举行县内首次新闻发布会。县委书记黄河俊、县长赖文达分别就云霄县城建绿化美化、农业产业化、党建等工作回答新华社、中国新闻社、福建日报社、厦门日报社等新闻单位3 0多名记者提问。

5月24日　县禁毒工作会议召开。县委常委、政法委书记陈福州代表县委、县政府与各乡镇场领导签订《禁毒工作责任状》。

5月27日　县委、县政府召开首届“十佳农民”“十佳荣誉市民”命名表彰大会。

5月29日　县政府举行部分60周岁以上对象的计划生育家庭奖励扶助金首发式。206名年满60周岁、生育一个子女或两个女孩的农村计划生育夫妇，每人每月可领取50元的奖励扶助金。

6月10日　中国侨联副主席何添发抵常山华侨农场，就体制改革问题进行专题调研。

6月10日　峰头水库灌区向东渠二期扩建改造工程动工，工程全长42.6公里，总投资2974万元。1999年8月13－14日，通过国家验收。

6月28日　县委、县政府发出《关于表彰“十佳公仆”的决定》，罗速修等10人被授予“十佳公仆”称号，7月1日召开命名表彰大会。

7月3日　位于竹塔村一带的漳江口1300公顷红树林被省政府定为省级自然保护区。2003年6月6日，被国务院批准为国家级自然保护区，面积扩大至2360公顷。

7月6日　省长贺国强莅临云霄检查指导工作。

7月上旬　国家林业部授予云霄县“全国沿海防护林建设先进单位”称号。

7月24日　原县人民体育场动工改建为县人民公园，占地面积1.33公顷，总投资368万元，1998年元旦竣工，为县城区第一个开放式公园。

8月1 — 3日　受10号热带风暴影响，县境过程雨量255.7毫米，日最大雨量143.5毫米，房屋、桥梁、公路、水利设施及农作物等损毁严重，经济损失3926万元。

8月17日　国家打假办副主任叶柏林带领公安部、武警总队、国家烟草专卖局、国家技术监督局、工商总局及县有关部门200人，在漳州市长李天森陪同下，抵达云霄开展“打假”行动，共查获大型机械14套29台以及卷烟原辅材料，案值600余万元。

8月25日　省委副书记习近平莅临云霄，就农村脱贫致富奔小康和发展现代化农业等工作进行调研。

8月　云霄进行机构改革。全县行政机构58个，行政干部1259人，省核定行政机构31个，行政干部编制1358人；全县事业单位人员6994人，省核定事业单位人员编制5652人。

9月1日　根据县委、县政府决定，县城区域内禁止经营和燃放烟花爆竹。

9月　个体工商户黄小目热心扫盲工作，获国家教育委员会“中华扫盲奖”特等奖，为福建省唯一获奖者。

9月　全县162个村委会（含常山）、10个居委会进行村（居）自治组织换届选举，选民参选率93.2%。

10月11日　在中国致公党中央联络部部长蔡祝生陪同下，致公党英国总堂和侨社人士访华团暨缅甸洪门人士访华团一行31人，抵达云霄考察高溪庙、观音亭等天地会遗址。

10月下旬　县工商局经济检查大队指导员李建强被共青团中央等12个部门评为首届“中国杰出青年卫士”，并进京受奖。

10月29日— 11月3日　云霄县农村小康建设通过漳州市委、市政府达标验收；经省评估复查，被确认为1996年基本实现小康县。

12月19日　县委在全县领导干部中开展“我在任时做什么，我离任后留什么”讨论活动，活动至翌年“七一”结束。

12月　云霄县、漳浦县行政区域界线勘定完毕并签订协议书。该界线为漳州市第一条全线勘定贯通的县界。

12月　经省卫生厅验收后确认，云霄县基本消灭麻风病。

当年　县江滨小学、江滨路、江滨绿化带、云漳北路、县体育场、县图书馆、县医院博爱楼、11万伏变电站、县妇幼保健院等先后开建，是云霄县公建项目较多、建设规模较大的年份。

1998年

1月1日　县举行人民公园、江滨路、云漳北路、体育场、省道双码线、省道漳云线拓宽改造等工程竣工典礼。

1月1日　全县开始实施城市居民最低生活保障制度，当年列入低保对象44户、99人，每人每年保障标准1440元。

1月6日　继1996年之后，云霄县再次获1997年“福建省经济发展十佳县”称号。

1月上旬　和平乡内洞村被全国绿化委员会授予“全国造林绿化千佳村”称号。

1月23日　县政府举行云霄县医院“二级甲等医院”授牌仪式，并成立县“120”急救中心。

1月　在国家林业部专家指导下，县林业局在漳江口红树林省级自然保护区发现41只被列入《濒危野生动植物种国际贸易公约》（CITES公约）的国际濒危保护鸟类，其中有被列为国家二级保护动物黑嘴鸥。

3月上旬　曾任台湾地区“副总统”连战办公室主任的方妙才回莆美镇阳下村省亲。

3月15日　国家打假办副主任叶柏林带领有关领导抵达云霄检查指导“打假”工作。

3月18日　县法院城郊法庭被福建省高级人民法院评为“先进人民法庭”，法官陈玉珍荣立福建省法院系统个人一等功。11 月 5 日，该庭获“全国优秀法庭”称号。

4 月 9 日　县建立“110”社会服务联合行动机制，县直机关 12 个单位参加社会服务联动，设立“110”报警服务台、“122”交通事故报警服务台、“119”消防火警、“180”邮电服务台、“120”县区急救指挥中心、“96315”消费者投诉服务台、用电服务台、用水服务台、民政服务台、环保服务台。

4 月 10 日　“云霄—固始友好县”建立十周年联谊会在云霄召开。

4 月 10 日　县纪委等 19 个县直单位实行“夜谈”联动运作，每月 15 日晚为联动夜谈时间，由主要领导接待夜谈对象，当面解答或解决夜谈对象提出的问题。

4 月 15 日　国营云霄食品厂公开拍卖，固定资产竞标金额 370.1 万元。

4 月 25 日　省委副书记何少川抵达云霄视察城市建设工作，检查指导县人民公园、县体育场、江滨路拆迁改造等项目。

5 月 9 日　漳诏高速公路云霄段动工。11 日，县成立漳诏高速公路（云霄段）建设指挥部，负责地方与施工方的协调工作。12 日，世界银行专家组对云霄路段进行考察。

5 月 17 日　台湾南投县林太史庙组委会主委洪登宜率团 56 人到云霄云山书院拜谒进香。2003 年、2006 年分别组团到云山书院进香，并迎回在云霄雕塑的林太史公及夫人神像入台湾奉祀。

5 月中旬　列屿镇海区被省水产厅确定为全省最大巴非蛤养殖基地，养殖面积 666.67 公顷。

7 月 1 日　全县实施殡葬改革，首批火化区开始实行火葬。

7 月 2 日　中纪委信访室主任张明泉莅临云霄调研、指导信访工作。

7 月 13 日　县龙昌育苗场育出泥蚶附着稚贝 8000 多万粒，实现泥蚶育苗技术新突破。

7 月 13 日　国家水利部、农业开发办联合检查组抵达云霄检查指导向东渠扩建改造工程。

8 月 14 日　全县开展支援长江灾区抗洪救灾捐赠活动。截至 8 月 21 日，全县机关事业单位、社会各界共向湖北、湖南长江水灾灾区捐款 73.26 万元，捐衣服 10574 件。

8 月 24 日　县政府出台《云霄县农村居民最低生活保障暂行规定》，当年列入低保对象 412 户 1262 人，每人每年保障标准 360 元。

9 月 7 日　位于江滨路的县体育场建成并投入使用，占地 4.1 万平方米，总投资 760 万元。

9 月 18 日　云霄籍科普作家、留美博士方是民回母校云霄一中举办科普讲座。

9 月　朱福清调任云霄县委书记，黄舜斌任县委副书记、县政府代县长。

10 月 25 日　受 10 号台风影响，县境过程雨量 155.7 毫米，死亡 4 人，直接经济损失 10132 万元。

10 月 26 日　省人大常委会副主任方忠炳视察云霄城郊人民法庭。

11 月 4－6 日　省委副书记习近平到云霄调研农业和农村工作，并考察云霄泥蚶等水产养殖情况。

11 月 27－29 日　中共云霄县第九次代表大会召开，选出县委委员 25 人，候补委员 4 人，纪委委员 13 人。会后即召开九届县委第一次全体会议，选举朱福清为县委书记，选举副书记 3 人、常委 7 人；召开县纪委第一次全体会议，选举沈志平为县纪委书记。

12 月 10 日　县委、县政府召开打击制售假冒卷烟大会，并将查获的 200 台制假机械运往云南省销毁。

12 月 10 日　县举行第十三届人大代表选举，选出第十三届县人大代表 206 名。

1999 年

1 月 10－14 日　政协云霄县第九届委员会第一次会议召开，选举方加群为县政协主席，选举副主席 4 人、常委 23 人。

1 月 11－15 日　云霄县第十三届人民代表大会第一次会议召开，选举吴和盛为县人大常委会主任，选举副主任 3 人、委员 13 人；选举黄舜斌为县政府县长，选举副县长 5 人、法院院长 1 人、检察院检察长 1 人。

1 月 18 日　县烟草专卖局黄春龙获国家烟草专卖局“全国十佳金叶卫士”称号，并进京受奖。

1 月 29 日　中央电视台《中国风》摄制组到云霄城乡采风。

1 月下旬　县生猪集宰中心建成投入使用，全县除部分边远地区外实行生猪统一屠宰。中心建筑面积 6000 平方米，日屠宰能力 180 头。

2 月中旬　省人大常委会副主任宋峻抵达云霄视察县城郊人民法庭。

3 月 10 日　县将军山公园建设指挥部成立。4 月 3 日，县第十三届人大常委会第二次会议批准《云霄县将军山公园规划》。8 月 28 日公园开建。

4 月 22 — 25 日　省人大常委会副主任黄贤模到云霄县、常山开发区考察。

4 月 23 — 26 日　省委副书记何少川抵达云霄，考察旅游产业、农业开发、基础设施建设、新村建设。

5 月 19 日　县城复兴路中段拆迁扩建工程开工。工程需拆迁 199 户，拆迁占地面积 10948 平方米，房屋总建筑面积 19232.76 平方米，道路全长 240 米。

6 月 1 日　列屿镇开工建设山前二级渔港，总投资 500 万元。

6月6日　受3号台风影响，县境过程雨量117.7毫米，日最大雨量82.3毫米，全县直接经济损失1008万元。

6 月 19 日　乒乓球世界冠军郭跃华、陈新华在县体育馆举行“1999 年全民健身乒乓球世界冠军巡回表演赛”。

7 月 1 日　原隶属省侨办的云霄常山华侨农场挂牌成立常山华侨经济开发区，10 月 19 日，省侨办与市政府在农场场部举行交接仪式，常山开发区正式由市政府直管。

7 月 9 日　国道 324 线火田路段发生重大交通事故，省林业科学研究所（省林业技术发展研究中心）车辆与浙江大客车相撞。死亡 9 人，伤 9 人。

7 月上旬　县农业部门引进巴西陆稻试种成功。

7 月 21 日　全县所有建制村（社区、作业区、管理区、工区）开通有线固定电话。

9 月 18 日　省委常委、政法委书记黄松禄抵达云霄调研。

9 月，县城区防洪堤动工建设，总长 12.29 公里，总投资 1578.2 万元。2001 年 10 月 24 日完工，31 日通过省市验收。

10 月 9 日　受 14 号台风影响，县境过程雨量 21.8 毫米，直接经济损失 2638 万元。

11 月 10 日　省委副书记何少川抵达云霄调研科教兴省工作。

11 月 19 日　国家烟草专卖局下发文件，批准龙岩卷烟厂兼并云霄卷烟厂，实行资产重组，取消云霄卷烟厂的法人资格。

11 月 30 日至 12 月 2 日　省委副书记、代省长习近平到云霄、常山开发区视察、调研。

12 月 3 日　全国侨联主席林兆枢到常山开发区调研。

12 月 21 — 24 日　强冷空气袭击云霄，严重霜冻，农业生产遭受严重损失。23 日出现 0.0℃，为云霄有气象记录以来的最低温度。

12 月 23 日　县农村水电初级电气化建设通过省级验收。

12 月 24 日　云霄一中邀请云霄籍留美博士林志宏作世界最新科技成果报告。

2000 年

1 月 10 日　新疆昌吉回族自治州少数民族歌舞团抵达云霄慰问演出。

3 月 16 日　县委召开领导干部“三讲”（讲政治、讲学习、讲正气）教育总动员大会，开展为期近一年的县（处）级领导干部学习教育活动。

4 月 12 日　县委、县政府举行御史岭工业小区首批 8 家工贸企业、复兴路中段暨商住楼奠基仪式。

5 月 7 日　和平乡桥头村农民在山洞中捕获 3 条肥螈（两栖动物，蝾螈科、蝾螈属，国家二级保护动物）。

6 月 1 日　云霄县“创建全国科技先进县”工作通过国家级验收。

6月18日　经省政府同意，中国人民银行批准，市政府决定，对益民、云兴、联发三家城市信用社实施停业整顿。县政府相应成立城市信用社停业整顿领导小组，相关人员入驻整顿。

6月17日20时至19日17时　境内普降大暴雨，城关地区过程雨量278毫米。全县受灾严重，经济损失9500多万元。

6月22日　省委常委、副省长张家坤抵达云霄调研经济工作。

6月28日　县十三届人大常委会第十四次会议通过《关于严厉打击制售假冒卷烟违法犯罪活动的决议》。

6月28－29日　中共中央“三讲”教育检查组莅临云霄检查指导工作。

6月　县城江辉路拆迁改造工程正式开工。工程需拆迁162户，拆迁占地面积13047平方米，拆迁建筑总面积21280.8平方米，道路总长580米。2001年底竣工。

8月17日　省委书记陈明义视察火田镇瓦坑村农村三级核心网络建设。28日，中共中央组织部组织局局长欧阳淞等参观该网络建设后给予肯定。

9月7日　县林业局专业技术人员在和平乡河溪作业区发现500多年树龄的2丛珍稀古苏铁，树冠最高3.5米，茎粗0.4米，幅宽3米，覆盖面积50多平方米。

9月上旬　国营云霄糖厂破产。

9月14日　新加坡华侨陈东平捐资40万元在祖籍地陈岱镇设立奖学助学金，委托县关工委每年奖励100名中小学生。

9月29日　中国人民解放军总政歌舞团抵达云霄演出。

10月25－26日　国家打假办、国家工商总局、国家烟草专卖局联合调查组抵达云霄调研“打假”情况。

10月29日　由马来西亚拿督、祖籍云霄的华人企业家陈良民捐资53万元兴建的陈岱镇下曾小学落成。小学占地3600平方米，建筑面积846平方米。翌日，陈先生首次回乡省亲，县委、县政府领导热情款待。

11月13日　省计生协会会长张渝民抵达云霄调研“计划生育村规民约”实施情况。

11月14日，最高人民法院副院长刘家琛到县法院、城郊法庭调研。

11月20日至12月2日　省委副书记、代省长习近平莅临云霄调研。

11月　经专家测评验收，省卫生厅确认云霄县为“消灭丝虫病标准县”。

11月　全县158个村委会、12个居委会进行村（居）自治组织换届选举，选民参选率80%。

12月下旬　云霄枇杷获“中国绿色食品”标志。

2001年

1月9－11日　最高人民法院副院长唐生华到云霄视察城郊人民法庭。

1月13日　国家打假办主任、国家质量技术监督局局长李传卿莅临云霄指导打假工作。

1月17日凌晨　国道324线常山路段发生重大交通事故，晋江市安海镇一大型牵引车与一旅行车交会碰撞，旅行车7人全部死亡。

3月31日　全国人大常委会农经委委员苏昌培抵达云霄视察和平乡(场)“早钟6号”高优枇杷种植基地。

4月5日　省委副书记、省纪委书记梁绮萍到峰头库区管理局、马铺乡龙镜移民村调研。

4月11日　县委、县政府贯彻市查禁“六合彩”赌博专项斗争工作会议精神，召开乡镇党委书记、县直各口党政领导专题会议，签订《云霄县查禁“六合彩”赌博活动责任书》。

4月中旬　县源发食用菌场开发的“促丰素”“人参果”产品，获首届全国种植业大会金奖。

4月20日　台湾开漳圣王庙团联谊会朝圣团162人到云霄威惠庙拜谒开漳圣王陈元光。

5月　云霄足球队参加第四届省足协“玫瑰碗杯”足球锦标赛，获第三名。

5月　中国特产之乡推荐暨宣传活动组织委员会授予云霄县“中国枇杷之乡”称号。同月，国家林业局授予云霄县“中国枇杷之乡”称号。

6 月中旬　南美洲白对虾在东厦镇试养成功，并陆续应市。

6 月中旬　县实施国家级海域使用管理示范区建设，向东厦泥蚶、陈岱巴非蛤、列屿太平洋牡蛎、东厦文蛤和青蟹等 4 个规模上万亩、产值超亿元的水产基地发放海域使用证 50 本，发证海域面积 1231.53 公顷，核定用海面积 0.5 万公顷，征收海域使用费 280 多万元。

6 月 27 日　东厦镇发现一条野生蟒蛇，重约 35 公斤，长约 2.5 米，有蛇蛋 20 多粒，粒重约 0.25 公斤。

6 月底　全县基本实现公费医疗向基本医疗保险的平稳转型，取消机关企事业人员公费医疗，实行个人医疗保险费制度。

7 月 6 日　受 4 号台风“尤特”影响，县境过程雨量 122.2 毫米，日最大雨量 117.3 毫米，直接经济损失 4234 万元。

7 月 10 日　全国政协副主席周铁农率由部分全国政协委员组成的考察团 40 人抵达云霄进行海域管理调研，并为礁美村题词：“科学管理海域，礁美经济腾飞”。

7 月　依照国家决定，全县取消粮食定购，放开购销价格，放开粮食市场。同年，取消居民粮籍。

8 月 14 日　县教育部门首次实施初中招生“免试，就近，推荐派位制”。

8 月 21 日　公安部副部长罗锋到云霄检查指导公安工作。

8 月　县检察院干警吴宏坚因被抽调参加厦门“4・20”特大走私案的审查起诉工作被最高人民检察院等中央八部委联合通令嘉奖。

8 月底　全县区划界定生态公益林面积 35593.73 公顷（53.3906 万亩），签订界定书 343 份，率先在全市通过省林业厅验收。

9 月 6 日　漳诏高速公路云霄大步山双洞单向行车隧道贯通。左洞长 1988 米，右洞长 1955 米。2002 年 9 月 19 日竣工，工期历时 2 年 4 个月。

11 月 28 日　国务院台湾事务办公室经济局局长何世忠到云霄调研礁美台胞接待站台湾小额贸易船舶停泊情况。

12 月 13 日　县破获一起散发张贴“法轮功”邪教组织非法宣传品系列案件，3 名涉案人员被刑事拘留。

12 月 24 日　国务院台湾事务办公室副主任、海峡两岸关系研究中心主任唐树备莅临云霄视察对台贸易情况。

12 月 25 日　公安部副部长赵永吉抵达云霄检查指导打假工作。

12 月　云霄县完成各乡镇林业工作站合格达标建设，被国家林业局授予“全国林业工作站建设合格县”称号。

12 月　云霄县进行第二次机构改革。省核定全县行政机构 61 个，行政编制 1157 人，实有 1283 人，超编 126 人；省核定全县事业单位 446 个，编制 6295 人，实有 6800 人，超编 505 人。

2002 年

1 月 1 日　和平乡选送一批“早钟六号”枇杷赴京参加“2002 年中国名优特经济林产品展销会”展销活动。

1 月 7 日　因 1972 年国道 324 线云霄城关路段局部改造被掩埋的吴原享堂明代石雕龟趺（赑屃）被县文物部门挖掘出土。

1 月上旬　中华全国台湾同胞联谊会副会长苏民生抵达云霄考察。

3 月 16 日　全国政协委员、深圳市政协副主席刘家琛与中国中信深圳（集团）公司总经理郭志荣考察云霄经济，捐赠 100 万元支持云霄第二中学建设教学楼“中信楼”。该楼 2002 年 7 月动工，2003 年 9 月竣工，总投资 320 万元。

4 月 27 — 28 日　省委副书记梁绮萍，省委常委、漳州市委书记郑立中莅临云霄检查指导抗旱工作。

同月，台湾开漳圣王庙团联谊会会长林茂荣率台湾各开漳圣王宫庙代表 180 多人到威惠庙谒祖进香。

5月2－6日　福建省第五届足球锦标赛在云霄举行。云霄县队获第三名。

5月8日　县武装部新办公楼奠基。新址位于下坂村漳江边，征地1.6公顷，总建筑面积6060平方米，总投资893万元，2005年1月剪彩搬迁。

5月20日　国家卫生部、中国疾病预防控制中心，在云霄县全面启动“世行贷款／英国赠款中国结核病控制项目”。

5月　云霄县遭受1949年以来最严重干旱，自2001年9月21日至2002年5月10日，城关地区过程雨量112.2毫米，干旱天数230天，为云霄县有降水记录以来最严重的特大干旱年。截至5月上旬，直接经济损失2.26亿元。5月6日，省委常委郑立中、副省长刘德章莅临云霄指导抗旱救灾工作；5月16日，国家防汛抗旱指挥部派员莅临云霄视察指导抗旱工作。

6月5日　省人大常委会副主任黄贤模到常山检查《华侨侨眷权益保护法》贯彻落实情况。

6月7日　省委书记宋德福、副书记黄瑞霖抵达云霄调研，与农村干部群众座谈。

6月28日　副省长黄小晶视察漳诏高速公路云霄段。

7月4日　县城出现39.7℃高温，为云霄有气象记录以来的最高温度。

8月3日　受12号台风“北冕”影响，县境过程雨量506.5毫米，日最大雨量210.1毫米，直接经济损失2889万元。

8月12日　云霄一中足球队代表福建省参加全国中学生足球联赛，获福建赛区第一名。

9月7日　省人大常委会副主任童万亨到常山指导工作。

9月10日　河南省固始县党政代表团13人到云霄参观考察。

9月13日　西藏朗县党政代表团、新疆玛纳斯县党政代表团到云霄参观考察。

9月19日　县城设置6个人民防空警报点，首次试鸣防空警报。

10月10日　由新加坡华侨陈东平捐资247万元建成的陈岱中心幼儿园落成剪彩。幼儿园占地面积3335平方米，建筑面积1800平方米，2001年1月动工，2002年8月竣工。

11月5日　厦门大学、厦门航空公司分别到省定贫困村马铺乡洋坑村、下河乡梅林村驻点扶贫，为期3年。

11月21日　美国洪门致公党总堂顾问伍焕鹏带领纽约侨界中国访问团27人到东厦镇参观考察洪门天地会发祥地。

11月27日　县国土资源局首次挂牌出让采矿权。矿址位于东厦镇洲渡村狮头山，矿种为花岗岩，出让面积4800平方米，出让年限2年，出让金额2.3万元。

12月29日　漳诏高速公路建成通车。其中云霄段24.87公里，路基宽26米，双向四车道，境内设2个互通区，总投资8.6亿元。

12月31日　国家审计署副署长令狐安莅临云霄调研审计工作。

2003年

1月1日起　云霄县农业特产税除保留烟叶和原木收购环节继续征收外，其余暂缓征收，并停征屠宰税。缓、停征后，原来附征的收费项目亦停止征收。

1月18－19日　省委副书记、省纪委书记梁绮萍，市委书记袁荣祥到云霄慰问特困户、五老户、烈属、孤儿和二女结扎户。

1月　县绿野农业开发有限公司生产的木瓜、小番茄、紫背天葵、甜豆、青花椰菜，漳江实业有限公司生产的“乌山”牌枇杷等7种产品，被农业部中国绿色食品发展中心授予“绿色食品”称号。

2月7日　省长卢展工、市委书记袁荣祥到常山调研。

2月15日　县举行振洋（后更名为漳南）枇杷（水果）专业市场、花卉批发市场开业剪彩仪式和枇杷品尝鉴定会，省市有关部门领导，中央、省、市新闻单位记者，外商代表，营销大户等500多人参加。

3月12日　县民政局与香港晶顺艺有限公司在下坂工业区合资创办云霄县福利院。福利院主要收养弃婴，占地面积8774平方米，建筑面积892平方米，总投资300多万元。

3月26日　副省长王美香到常山调研旅游侨务工作。

4月21日　县召开“非典”防治工作会议，传达全国和省、市“非典”防治工作会议精神，成立防治工作协调小组，由县长任组长，下设办公室。全县开展宣传教育及卫生防疫工作，未发现“非典”病例。

5月　云霄师范学校并入漳州市教育学院，改为漳州教育学院云霄校区。

5月22日　省人大常委会副主任黄贤模、省政协副主席王良到常山调研。

7月　全县173个村（居）委会进行村（居）自治组织换届选举，选民参选率92%。

9月2日　受13号台风“杜鹃”影响，县境过程雨量55.2毫米，直接经济损失194万元。

9月8日　县参加第七届厦门“9·8”投洽会，签约项目20个，其中外资10个，总投资额7350万美元；内资10个，总投资额7435万元。

9月17日　云霄—诏安海域线划定，市政府领导主持两县签订协议书。

9月　云霄县盲人张国川、陈梅旗参加第六届残疾人全运会，分别获男子1500米T11组铜牌和男子800米T11组第六名。

10月　国家农业部授予云霄县波纹巴非蛤海区增养殖技术研究项目为农牧渔业丰收二等奖。

10月18日　云山书院举行林太史公铜像暨牌坊落成庆典仪式。

同月　全国土地整理现场会在云霄县召开，国土资源部副部长鹿心社出席。

11月　县成立土地收购储备管理委员会和土地收购储备中心，出台《云霄县人民政府关于推行土地收购储备制度的通知》，实施土地使用权、矿业权招标、拍卖、挂牌出让等制度。

11月17 — 19日　中共云霄县第十次代表大会召开，选出县委委员25人，候补委员4人，纪委委员15人。会后即召开十届县委第一次全体会议，选举朱福清为县委书记，选举副书记3人、常委8人；召开县纪委第一次全体会议，选举郑俊生为县纪委书记。

12月9日　县举行第十四届人大代表选举，选出第十四届县人大代表208人。

12月28日　县城经莆美、东厦至陈岱沿海战备公路（县道云四线）剪彩通车。全长50.18公里，改扩建总投资8314万元。

2004年

1月1日　云霄县全面实施农村居民最低生活保障制度，当年全县共有4611户9850人列入低保对象，每人每年保障标准提高到1000元。

1月1 — 4日　县政协第十届委员会第一次会议召开，选举张束香为政协主席，选举副主席4人、常务委员23人。

1月2 — 6日　县第十四届人民代表大会第一次会议召开，选举张小梅为县人大常委会主任，选举副主任3人、委员14人；选举黄舜斌为县政府县长，选举副县长7人、县法院院长1人、县检察院检察长1人。

1月18日　县财政部门向农民如数退还2003年征收的“三提留五统筹”款468万元。

2月8日　菜埔村村民张瑞吉获全国妇联、中央文明办授予的“五好文明家庭”称号。

3月21日　全县6个枇杷种植重点乡镇的种植和营销大户，赴杭州举办“云霄县早熟优质枇杷推介品尝暨产品展销会”。

3月　峰头水库库区被列入中央直属库区管理，为全省11个中央直属管理库区之一。

3月　副省长李川带领省政府办公厅、公安厅、烟草专卖局等有关部门领导，到云霄调研打假工作。

3月　台湾金门县罗姓台胞一行抵达云霄寻根谒祖。

4月　列屿镇山前二级渔港一期工程、青崎三级渔港工程竣工。

4月　云霄“海塔”牌泥蚶获省级“名牌产品”称号。

4月　县执行国家决定，全面放开粮食购销市场，停征农业税。

6月22－23日　国家移民局局长唐传利到峰头水库库区马铺乡龙境村等8个移民点，与村干部、移民代表座谈，了解移民增收情况。

6月26日　台湾开漳圣王庙团联谊会理事长林茂荣等120多人到云霄威惠庙进香。

6月　县绿野农业开发有限公司总经理张丽，被全国各族农村妇女“双学双比”竞赛活动领导小组授予全国“双学双比”女能手荣誉称号。

8月17日　县接收重庆市万州区三峡库区农村移民14户63人，安置在火田镇后埔村、陈岱镇竹港村定居点。

8月29日　中共中央统战部三局副局长傅铁生抵达云霄对部分台资企业进行调研。

8月　火田镇开通“云霄火田信息网”，为漳州市政府“中国漳州”信息网站第一个乡镇网站。

8月　云霄县获国家科技部授予的“通过2001－2002年度全国科技进步考核县”和省科技厅授予的“2001－2002年度福建省科技进步先进县”称号。

8月　列屿镇城外村渔民汤坤海家庭的三叶帆、排水量约200吨木质牵风渔船“金华兴号”（闽云渔2001号），被福建省“海岸行”考察组专家认定为中国海岸线最后保存下来的三桅古式帆船。

10月20日　由新加坡华侨陈东平捐资232万元兴建的陈岱中心卫生院落成，医院占地5400平方米，建筑面积2680平方米。

10月23日　泉州市云霄商会成立，有会员118人。

11月2日　省人大常委会副主任曹德淦抵达云霄走访台资企业。

11月29日　县审计局被评为“全国经济审计先进单位”。

11月　县检察院被确定为最高人民检察院的工作联系点。

11月　云山书院举行“林太史史学研讨会”及书画展览，纪念乡贤林偕春诞辰468周年、逝世400周年。

12月29日　深圳地区云霄商会成立，有会员230人。

12月　菲律宾中国洪门致公党福建省访问团一行30人抵达云霄考察天地会史迹。

当年　因上年秋冬连续干旱至当年春季而成特大干旱，10月后雨量又持续偏少，全县21座小（二）型以上水库干涸，农业损失7500万元。

2005年

1月8－11日　省委书记卢展工莅临云霄开展专题调研，考察瓦坑村党支部建设、东厦镇土地整理、七星工业区建设及漳江口红树林国家级自然保护区。

3月10日　省委副书记王三运莅临云霄调研党建及“平安建设”，在瓦坑村、城郊人民法庭召开座谈会。

5月9日　常务副省长刘德章抵达云霄调研对台农业、农产品加工等工作。

5月9日　由县足球协会组建的云霄足球队参加省足协主办的“2005东方学校杯”足球锦标赛，获第三名。

5月13日　中央“保持共产党员先进性教育活动”督导组组长任左明莅临云霄检查教育活动开展情况。

5月21日　致公党中央副主席、全国人大常委会委员杜宜瑾莅临云霄开展文化调研，并参观天地会创立遗址高溪庙、观音亭和创始人郑开故居。

5月　云山书院、威惠庙被省政府批准为第六批省级文物保护单位。

6月3日　中新（新加坡）合资三星级酒店（云霄）漳州临泰大酒店开业。酒店租用江滨路新建邮政大楼装修，总营业面积1万平方米。4日，“临泰杯”福建省第五届工笔画大展在大酒店举行。

6月16日　民办初级中学云霄将军山学校（原称“云霄一中分校”）举行奠基仪式。学校用地6.67公顷，总投资5000万元，总建筑面积39600平方米，可容纳3000名学生。

7月1日　全县城乡全面实行火葬。

7月2日　台湾台南罗氏宗亲会5人到马铺乡大坪头自然村寻根谒祖。

8月13日　因10号热带风暴“珊瑚”影响，云霄遭受暴雨袭击；过程雨量368毫米，日最大雨量207.7毫米，直接经济损失1.75亿元。当天县消防大队在国道324线大埔路段救出受困水中的大巴士司乘人员30人。25日，漳州灿坤公司通过云霄红十字会，向云霄受灾群众捐赠大米7万公斤。

8月　国家农业部办公厅授予云霄县海洋与渔业局为“全国养殖证制度建设工作先进单位”。

9月15日　国家林业局濒危物种管理中心对漳江口红树林自然保护区濒危物种及生态经济圈进行调研。

9月　国家农业部授予云霄万亩泥蚶养殖技术为“全国农牧渔业丰收奖二等奖”。

10月13日　革命老区火田镇白石村举行水泥路通车典礼。该路由村民捐资及相关部门扶持共200多万元建成，长5.6公里，为当时全县村民捐资最多、建设里程最长的村道水泥路。

10月18日　漳州教育学院云霄校区（原云霄师范校址）20多名学生细菌性食物中毒，后经医疗部门抢救全部康复。

10月27日　县举行第二代居民身份证首发仪式。

10月　云陵工业开发区七星工业园区挖掘到一座明代墓葬，服饰及尸体都保留较完整。

11月7日　县委、县政府在将军山陈政陵园举行“唐归德将军陈政奉诏入闽1336周年”纪念活动，陈政故里河南省固始县派代表团参加。

11月14日　广东慈爱狮子会抵达云霄开展“送光明”行动，为100名白内障患者免费实施手术。

11月15日　县电力公司由省电力公司控股、县财政参股，改制为“福建省云霄县供电有限公司”。

11月25日　国道324线孔仔岭路段发生交通事故，一部旅行车与一微型车发生正面碰撞，死6人，伤3人。

11月29日　全国政协副主席罗豪才莅临云霄考察东厦镇观音亭天地会遗址。

同月　县人大常委会筹资刊印《云霄厅志》（清嘉庆版）点校本500册。12月31日，县人大常委会举行《云霄厅志》（点校本）和《将军山公园将军名人书画集》出版发行座谈会。

12月9日　云霄“开漳圣王巡安”民俗被列为第一批省级非物质文化遗产。

12月16日　县举行“纪念乌山革命根据地建立70周年”座谈会。

12月20日　国道324线七里铺路段发生交通事故，一部丰田旅行车占道碰撞一部粤籍旅行车，死3人，伤6人。

12月　“开漳圣王陈元光国际联谊会”组团75人抵达云霄考察，并晋谒威惠庙和陈政墓园。

12月　县妇幼保健院院长、妇科主任医师许跃华获中国医药卫生研究会“全国妇幼保健院100名优秀院长”称号。

2006年

1月23日　县边防大队在礁美对台贸易码头一艘台轮上查缴冰毒49千克、海洛因1.4千克，抓获犯罪嫌疑人7人。

2月26日　最高人民检察院纪检组长叶青纯、省人民检察院检察长倪英达抵达云霄调研。

3月8日　县妇幼保健院院长妇科主任医师许跃华获中国人寿杯2005年度福建十佳精彩女性人物称号。

3月30日　全省广播电视“村村通”工作会议在云霄召开。全县50户以上的自然村全部开通广播电视。

4月10日　陈岱海水温泉度假村等6个项目在第十届漳台经贸恳谈会上签约，投资总额8580万美元。

4月13日　云平路15层商住楼鑫业大厦举行奠基仪式。该大厦为当时全县最早建设的高层商住楼。

4月23日深夜　漳诏高速公路常山路段发生重大交通事故，一辆大型客车追尾一辆大货车，死7人，伤14人。

4月　黄荣来热心社会公益慈善事业，多年累计捐资166万元，被评为2005年度“感动漳州十大人物”。

9月15日　获省民政厅、省慈善总会颁发的首届“八闽慈善奖”。

5月16日　云霄一中晋级为省普通中学一级达标学校。

5月16－18日　1号台风“珍珠”袭击县境，降雨量为近70年来之最。17日，石对坑24小时雨量642毫米，为500年一遇。县城受淹80%，最深2米以上。和平乡半岭村山体滑坡，致9人死亡3人失踪，下河乡三星村山体滑坡房屋倒塌。全县受灾人口26.2万人，死亡12人，失踪7人，经济损失3.85亿元。中央和省、市有关领导先后到云霄察看灾情，指导救灾。全县社会各界募捐救灾资金近600万元。

5月中旬　县委书记朱福清离任，县长黄舜斌任中共云霄县委书记。

5月26日　第十四届人民代表大会第四次会议召开，选举陈福州为县政府县长。

5月　云漳大桥于原漳江大桥上游200多米处动工兴建，为联结城区与国道324线主要桥梁。桥长150延米，宽12米，总投资490万元。2007年3月竣工。

6月1日　疏港公路（国道324线大埔路段至列屿镇）建设工程动工。全长11.4公里，路面宽15米。2007年11月竣工。总投资3436万元，

6月13日　在莆美镇和列屿镇交界处发现“宋十八学士汤公墓道”花岗岩碑刻。

6月　县计划生育服务所被国家人口和计划生育委员会授予“全国人口和计划生育科技工作先进单位”称号。

6月　漳州教育学院云霄校区迁往芗城，当年9月，校址被漳州市立人学校云霄分校租用。

7月14日　受4号台风“碧利斯”影响，全县过程雨量484.1毫米，日最大雨量211.9毫米，直接经济损失3735万元。

7月14－15日　中共云霄县第十一次代表大会召开。选出县委委员31人，候补委员5人，纪委委员15人。会后即召开十一届县委第一次全体会议，选举黄舜斌为县委书记，选举副书记3人、常委8人；召开县纪委第一次全体会议，选举郑俊生为县纪委书记。

7月22日　莆美镇的马山、狮山、益宝山、树洞、大埔、下径、三东、上坑等8个建制村划归云陵工业开发区管委会管理。

7月25日　受5号台风“格美”影响，县境过程雨量207.5毫米，日最大雨量85.9毫米，直接经济损失3124万元。

7月29日　省委书记卢展工、省委副书记梁绮萍到下河乡车圩村灾民安置点视察、指导家园重建工作。

7月　受多次台风暴雨影响，建于明崇祯八年（1635年）的县级保护文物火田镇菜埔村菜埔堡9间房屋倒塌。

9月5日　厦门市云霄商会成立，有会员190人。

9月12日　国家防总工作组抵达云霄进行水毁工程修复调研。当年全县修复水利工程完成土方98.87万立方米，投入资金8181.5万元。

9月17日　最高人民检察院检察长贾春旺、省人民检察院检察长倪英达，视察县检察院。

9月19日　县侨联成立留学人员家属联谊会。全县有出国留学人员超百人，分布在美国、加拿大、新西兰等10个国家。

9月29日　云霄县与菲律宾道度马斯市缔结为友好城市。

9月　全县173个村（居）委会进行村（居）自治组织换届选举，选民参选率92%。

10月1日　火田镇西林小学迁入新校舍，新校舍由村民捐资300多万元建成，为县内首座由村民捐资的新校舍。

11月　县人大常委会筹资整理重刊民国36年（1947年）版《云霄县志》500册。

12月8日　县举行第十五届人大代表选举，选出第十五届县人大代表208人。

12月26日　县委书记黄舜斌、下河乡凤兴村党支部书记黄荣来，当选为中共福建省第八届党代会代表。

12月27日　台湾嘉义县何氏恳亲团11人到马铺乡寻根谒祖。

12月　对全县16个建制村进行食用盐监测，翌年省市评审组验收，宣布云霄县消除碘缺乏病。

专　记

抗击“珍珠”强台风灾害纪实

2006 年 5 月，云霄县遭受历史罕见的强台风袭击，台风挟携暴雨，给全县的经济建设及人民群众的生命财产带来重大损失。灾害面前，全县人民迅速投入抢险和灾后重建工作，历经两年，为房屋遭受严重破坏的群众重建家园。

一、灾情

2006 年 5 月 17 日，一号台风“珍珠”正面袭击云霄，最大风力 11 级。据云霄石对坑水文站测报，17 — 18 日 24 小时内平均降水量 642 毫米，超过 1956 年 7 月 27 日 488 毫米的云霄历史记录。全县河水暴涨，漳江北江水位 18 日 4 时 30 分达 3.95 米，为 70 年来最高水位。东厦镇佳洲岛堤岸决口。县城区大面积进水，大园、下港、溪美、王府等地势低洼街区水深 1 米至 2 米。全县受淹民房 500 多户，受淹商店、仓库 3500 多家，停产企业 232 家，损坏房屋 3528 间，倒塌 822 间，53 处地质灾害点出现滑坡 29 处，非地质灾害点滑坡 5 处。和平乡半岭村发生山体滑坡，造成 9 人死亡、3 人失踪，部分民房受损。下河乡三星村楱树坑自然村山体滑坡，100 多间房屋被冲毁。全县农作物成灾面积 11546 公顷，绝收面积 1986 公顷，死亡大牲畜 0.35 万头。水产养殖损失 3333 公顷，渔船损毁 199 艘。水库损坏 4 座，冲毁坡坝 31 座，堤防损坏 142 处 10.76 公里，其中海堤决口 23 处、1.307 公里。公路中断 4 条，毁坏路基 31.5 公里，桥梁损毁 17 座，其中全毁 3 座。全县受灾 26.2 万人，死亡 12 人、失踪 7 人。经济损失共 3.85 亿元。

二、救助

2006 年 5 月 17 日晚，下河乡三星村楱树坑自然村后山山体出现裂缝，驻村的乡党委秘书何少栋与 3 名干部组织村民迅速转移。18 日零时 30 分，山体崩塌，泥石流穿村而过。100 多间房屋被冲毁，其中 30 多间被夷为平地，116 户 472 名村民因及时转移无一伤亡。

5 月 18 日凌晨 2 时许，和平乡半岭村 2 个自然村的后山发生大面积山体滑坡，部分村民被埋。县委县政府立即组织带领县乡干部赶赴半岭村，市委、市政府调派 200 多名武警官兵驰援。县乡干部与武警官兵翻山涉水，步行 3 个多小时，肩扛手抬，运送急需的帐篷、食品等救灾物资，组织力量挖掘寻找被埋村民。

5 月 18 日清晨，漳江城关段水位猛涨，城区成为一片泽国。云陵镇社区干部和爱心居民，捆扎木筏，安全转移所有受困居民。县爱心小分队黄荣来带领 50 多名志愿者，当天救出被困群众 50 多人。

灾情发生后，县委、县人大、县政府、县政协、县人武部领导与公安、武警、驻云霄部队指战员、基干民兵和预备役人员以及全县各部门、各乡镇的干部职工，奔赴抗灾第一线，组织抢险队伍，运送救灾物资，解救和临时安置被洪水围困的群众。

5 月 21 日，县委召开常委扩大会，做出有关恢复生产、重建家园的决定。5 月 22 日县委办、县政府办联合发出《关于开展第一号台风“珍珠”灾后恢复生产、重建家园捐款捐物活动的通知》，在全县范围内开展捐助灾民活动。5 月 24 日晚，县委、县政府召开赈灾捐资动员会，44 个县直机关负责人共表态捐资 218 万元。26 日，县委、县政府在人民会堂召开抗击 0601 号台风情况通报暨捐资大会，会上共获捐款 437.9 万元。其中，厦门市集美区、县烟草局各捐款50万元，龙岩卷烟厂捐款30万元，省新华发行集团捐款10万元。一方有难，八方支援，群众性捐资救灾活动在全县迅速掀起。一些在外的云霄籍乡亲纷纷慷慨资助，一些县内受灾的企业也克服困难，捐出款物支持灾区，不少村社及社会爱心人士也都踊跃捐款捐物。运祥工程机械公司捐出10万元。大众兴纺织公司仅材料一项损失超过30万元，但仍捐出5万元。恒晟商贸发展公司在损失几十万元的情况下，仍捐出食品、服装等价值50多万元。新加坡华侨陈东平、在上海的县政协常委方永章、深圳中信集团郭志荣、江苏无锡汤艳芬、著名版画家吴平、海军周金泉大校、空军吴文琛大校等云霄籍在外乡亲都向灾区捐款。其中，方永章捐款10万元，汤艳芬捐款5万元，郭志荣捐款3万元。下坂村民捐资10万元，阳下村募集款物20万元，莆美村募集款物14万元。县爱心小分队黄荣来个人捐资3.2万元，并组织带动爱心小分队200多名队员捐资12.8万元。书画界的20多位书画家组织开展赈灾艺术品义卖活动。一些家境仍十分困难的群众，也拿出钱来表达爱心，有的甚至不留姓名。在赈灾中，县民政局共接收捐款592.59万元，县政府共下拨救灾救济金2074.58万元，大米25吨，棉被845床，帐篷241顶，衣服3000多件及大批食油、米面等物资。

三、重建

2006年5月24日，县委、县政府发出《关于切实做好灾后家园重建有关工作的通知》，对重建工作从组织领导、优惠政策、补助标准、纪律要求等方面作了部署，县及乡镇均成立灾后重建领导小组。县重建领导小组具体负责选址协调、地质勘查、规划设计、住房建设等方面的组织领导工作。对房屋倒塌严重的村，或结合所在村建设，实行统一规划、集中重建，或整村迁移重建。马铺、下河、和平3个乡10户以上自然村受灾重建18个点（后根据群众分散安置意愿，重建点进行适当调整），由18名县级领导和18个县直机关单位挂钩。住房重建采取群众自筹、政府补助形式，资金由政府设专户管理专款专用，倒房户每户补助5000元；困难户在规定时间内建成并入住的每户增加补助2000元；对计生户、困难户、低保户的补助标准适当提高。灾后重建房屋一律免除各种收费，并鼓励倒房户按标准领取补助款自行重建，实行货币安置。地质灾害安置点的工程建设由乡镇政府组织实施，县国土资源局进行技术指导。

重建工作从下河乡车圩村新楼自然村开始，该村的方形围楼44户49间房屋，在灾害中基本整体坍塌，根据群众意愿原址重建。三星村棪树坑自然村地处高山峻岭，在灾害中山体滑坡，部分民房为泥石流所覆盖，116户迁建于世坂村大林湖。下河乡梅林村48户迁建于新坡村。下河乡内龙村夫子崇自然村32户迁建于外龙村小陂自然村。上河村圆楼22户原址重建。和平乡半岭村因地质条件差，171户迁建于东方村西安自然村。火田镇高田村漈下自然村29户迁建于火田村。马铺乡枋林村牛坑自然村17户迁建于该村枋林自然村。马铺乡枧河村圆山墩自然村12户迁建于该村新址。马铺乡坑口村溪坪自然村19户迁建于坑口自然村。马铺乡泮坑村16户迁建于该村新址。马铺乡坪水村茅坪里自然村14户迁建于马铺村坪美自然村。

自2006年5月底开始至2008年6月，全县共投入资金0.7亿元，重建安置新村12个，建筑面积8.5万平方米。全县共异地重建安置474户，1852人。

在重建工程中，县除按标准拨给各受灾户重建补助资金外，还增拨资金，统一进行各安置点的饮水、排污、道路硬化、电力、广播电视等基础设施建设。县建设局、交通局、广电局、国土局、电力公司等县直单位均给予全力支持，全面完成各自承担的工作任务。各相关乡镇认真细致做好受灾户的动员工作，又具体负责重建点的采点择地、规划施工、进度质量等具体工作，付出了艰辛的劳动。

（本文根据县政协《云霄文史资料》第26期郑俊生文《我县2006年灾后重建追记》整理）

打击制售假冒卷烟违法犯罪活动

20世纪90年代初期，云霄县开始出现制售冒牌卷烟违法犯罪活动，并逐渐蔓延扩展，成为全国有名的卷烟“制假”重灾区。国家及省、市、县联合开展了一场历时十多年的打击制售假冒卷烟违法犯罪活动持久战，至2006年底，大规模的“制假”活动已基本得到遏制。

一、“制假”概况

自明末起，云霄就有种植烟叶的记载。民国期间，云霄民间亦有手工卷烟的传统习惯并有多家卷烟厂。新中国成立后，云霄曾是全国四大烤烟基地之一。1990年起，云霄民间开始制作假冒卷烟，逐渐从手工生产发展到机械制作。“制假”机械不断更新，多数采用每分钟可卷制2000 — 2200支烟的YJ14-22、YJ14-23等先进卷接机，并配套滤嘴棒成型机、卷烟包装机等机械设备。“制假”手段更加隐蔽，从村内地下室到深山洞中洞。“制假”范围不断扩大，“制假”窝点逐渐从县内扩展到县外、省外。“制假”分工更为精细，形成设备供给、原材料供应、生产加工、运输销售等“一条龙”的完整产业化网络。部分执法者与“制假”分子勾结，充当“制假”保护伞，因“涉假”受法纪处理的党员干部89人，其中科级干部13人。

由于“制假”暴利驱使，“制假”活动几度泛滥，屡打不绝。1997年11月3日，全国在珠海召开“打假”协调会，云霄县被列为“制假”严重泛滥地区。1998年1月18日，国务院副总理吴邦国点名指出，福建的云霄是“打假”的重点地区。2001 — 2002年，在“全国”打假专项行动中，云霄县被列为全国“‘制假’重灾区”。2003年2月24日晚，中央电视台综合频道《焦点访谈》栏目播出“云霄假烟屡打不绝”的报道。其间，国家、省、市经常组织打假队伍到云霄开展大规模的“打假”专项行动。

二、“打假”措施

（一）成立“打假”领导机构

1993年下半年，云霄县成立“打假”指挥部。1994年，成立县“打假”领导小组，由县长任组长，1名县委副书记（分管政法）、1名副县长任副组长，县质量技术监督局局长任办公室主任，法院院长、公安局长、工商局长、烟草局副局长为副主任，办公地点设在县公安局。2002年7月，成立县整顿市场经济秩序办公室，负责全县“打假”工作。

（二）建立专业“打假”队伍

1996年3月，县委、县政府从各职能部门抽调46人成立“打假”联合行动队。1999年，各乡镇分别成立1支25人以上的“打假”队伍。2001年，县抽调新上岗的93名复退军人和大中专毕业生成立2个“打假”工作总队，分别由1名县委副书记、1名县委常委担任队长，进驻24个重点村常年“打假”。至2006年，各乡镇场均保留1支常年“打假”队伍。各“打假”队伍视“制假”情况，既有联合作战，又有独立“打假”行动。

（三）设置检查站（点、卡）

1997年，县烟草专卖局与县公安局在常山设立临时烟草专卖检查点，开展卷烟“缉私打假”工作。1998年3月，利用县交警、交通部门的岗亭、收费站和交管站布点设卡，监控车辆通行，查处“制假”机械、原辅材料及产品。1999年2月1日起，县抽调114名机关干部和漳州市武警支队57名官兵联合进驻16个检查站（卡），对过往车辆实行24小时检查；4月21日，武警官兵撤出，由县机关干部轮流上岗，至年底只保留在常山、盘陀收费站的2个“打假”检查站。2001年11月，经省政府批准，在国道324线盘陀岭路段设立“打假”检查站，另在县辖区内的省道、县道设立4个临时“打假”检查点，至2002年下半年撤销。2003 — 2006年，由各乡镇、村区、县直挂钩单位配合公检法部门进行常年性巡逻打击查处。

（四）制订“打假”工作责任制

1996年3月，县长与各乡镇长首次签订《“打假”工作责任状》。1997年12月，县委县政府首次出台《关于打击制贩假冒卷烟责任制的若干规定》，翌年2月18日，县委县政府出台《关于严厉打击制售冒牌香烟违法活动的实施方案》，全县层层建立领导挂钩“打假”责任制，县领导挂钩乡镇，乡镇领导挂钩村（街），村（街）干部挂钩村民小组，挂钩领导作为挂钩点的第一责任人，公开领导责任。县委、县人大、县政府、县政协和县纪委领导成员对全县 24 个“制假”重点村（街）进行责任挂钩。县委书记和县长分别挂钩“打假”难度最大的云陵镇下坂村和莆美镇阳下村。各乡镇、县直机关各部门主要领导挂钩重点村（街），副科级以上干部、驻村工作队员直接包到户。按照“守土有责、属地管理”原则，对直接管辖或责任范围内的“制假”活动隐瞒不报、压制不查的，乡镇及挂钩科级干部视其情节轻重，予以党纪、政纪处分或追究法律责任。1998 — 2006 年，县委县政府每年均出台一份“打假”规范性文件，布置“打假”工作，保持“打假”高压态势。

（五）营造“打假”社会舆论

1997 年起，县委、县政府在县直机关、各乡镇开展“‘制假’究竟给云霄带来什么”大讨论活动，加强“打假”舆论宣传，查摆“制假”问题。1999 年 1 月 27 日，县委下发文件，在全县干部职工队伍中开展以“三讲”为主题，狠刹“制假”违法活动的党风廉政教育。云霄电视台开辟“打假”宣传专栏，及时报道“打假”动态，及时曝光“制假”活动，运用宣传车、宣传栏、标语进行广泛宣传，并组织各部门单位签订《远离“制假”保证书》，举行万人签字活动，号召全县干部以身作则，管好家属，使“打假光荣、制假可耻”社会氛围日益浓厚。

（六）开展专项打击行动

围绕“除假务尽、彻底根治”的“打假”工作目标，云霄县与国家、省、市“打假”部门全面持续开展一系列的打假行动。1997 年 8 月 18 日，云霄县组织全县力量，配合国家打假办在全县进行“打假”专项行动；1998 年，以每年 3 月作为“打假”月活动时间；1998 年 3 月 15 日，配合国家打假办开展“3・15”围剿大行动；1999 年，联合市“打假队”开展“4・16”清剿大行动和“10・13”歼灭战；2001 年 5 月 14 日，国家“打假办”及省、市、县打假队，联合开展“5・14”零点行动；2002 年 3 月 14 日，市县两级开展“铁鹰”行动。此外，省、市、县打假队还根据举报线索，多次联合对各“制假”重点地区进行经常性打击。“打假”行动采取村内打、路上堵、山上搜、地下挖及“地毯式”搜查等措施，全面拆除爆破“制假”工场、地下室，切割、炸毁、收缴“制假”设备，收缴、焚烧“制假”原材料及成品。

三、“打假”成效

1997 — 2006 年，县共出动 667065 人次，捣毁窝点 3403 处，缴获卷接机、包装机、嘴棒机等机械 3179 套，冒牌卷烟 124537.6 件，卷烟标识 2220.72 万张，烟叶、烟丝、烟梗 29415.40 吨，滤嘴棒 168 件。县检察院共批捕 119 件 210 人，公安机关立案侦查 48 件、追捕 26 人，起诉 231 件 342 人。县法院共审结 239 件，处刑 361 人。通过“打假”，云霄县大规模、机械化、公开性的“制假”窝点已被彻底摧毁，“制假”活动已基本遏制，并从遏制向根治的方向转变。

1997 — 2006 年云霄县打击制售假冒卷烟违法活动统计表

表 1

年 份	出动人数	捣毁窝点（处）	缴获卷接、包装设备（套）	缴获冒牌卷烟（件）	缴获卷烟标识（万张）	缴获烟叶、烟丝、烟梗（吨）
1997	10000	268	573			
1998	125000	249	249	380	1300	45
1999	31601	276	748	9248	280	3865.7
2000	57376	270	502	11366		1788.65
2001	101129	135	117	6752	240.1	1325.35
2002	67054	94	64	8854.4	204.65	916.85
2003	64765	82	96	8460.6	147.15	2266.82

续表 1

年 份	出动人数	捣毁窝点（处）	缴获卷接、包装设备（套）	缴获冒牌卷烟（件）	缴获卷烟标识（万张）	缴获烟叶、烟丝、烟梗（吨）
2004	68506	403	293	10181	37.3	3108.25
2005	69524	471	250	18599.4	7.62	4569.29
2006	72110	1155	287	50696.2	3.9	11529.49
合计	667065	3403	3179	124537.6	2220.72	29415.4

注：1. 表中数据，1997 — 1998 年据中共云霄县委工作报告，1999 — 2006 年由云霄县烟草专卖局和“打假办”等提供；2. 烟丝、烟叶、烟梗计量单位“打假办”原为“包”，表中按每 20 包折算为 1 吨

（本文根据《漳州市烟草志》有关内容及县烟草局、打假办提供资料整理）

将军山公园纪略

1998 年 10 月，云霄县委、县政府决定建设将军山公园。1999 年 1 月 8 日，县委常委扩大会议讨论并通过公园规划方案。1999 年 3 月 10 日，成立云霄县将军山公园建设指挥部，由县长黄舜斌任总指挥，县人大常委会副主任陈耀国任副总指挥负责具体建设工作。1999 年 4 月 3 日，县十三届人大常委会第二次会议审议批准规划。规划由西安建筑科技大学教授、古建筑专家赵立瀛为总设计，福建工程学院规划室、福建九龙建设集团设计院和云霄建设设计院协助设计。公园规划面积 86 公顷，在其范围内外有葬于唐仪凤二年（677 年）修于宋嘉熙四年（1240 年）的开漳圣王陈元光父母归德将军陈政、夫人司空氏墓园，享堂和管理陵墓的上、下普贤寺以及唐府兵下营驻地和建于唐嗣圣二年（684 年）奉祀陈政的下营将军庙等开漳历史胜迹。公园即以这一开漳文物胜迹为依托，以融唐风唐韵与现代生活气息为一体的宗旨，进行规划、设计与建设。1999 年 8 月 28 日举行公园奠基仪式，2007 年 3 月 29 日举行开园典礼，历时 7 年 7 个月建成，总投资（含政府投资及各方捐赠）1.7 亿多元。

公园主体分为东大门区、归德楼区、文化中心区与开漳历史文化区等 4 大区块。

东大门区，主要为东大门、大门前后广场、公园管理处、停车场、旅游商场等建筑。东大门为入园大门，面向陈政路，建设造型取意于唐长安大明宫含元殿、矩尺廊及翔鸾、楼凤阁，高 11.6 米，宽 60 米，由刘华清上将题写园名，厦门大学叶国庆教授题匾。门前广场面积 1166 平方米（寓意云霄县总面积 1166 平方公里），由绿化草坪和花岗岩铺地组成；广场中心为“天地盘”图案，喻为“天圆地方”，象征圆满永恒。周边立 4.45 米高青石雕刻龙柱 4 支，前两支为“双龙戏珠”，后两支为“龙凤呈祥”。通道两侧有仿唐石灯 3 对，120 年树龄古榕一株。门后广场长 28 米，宽 42 米，花岗岩铺砌，以栏杆临于龙湖。公园管理处在大门左侧，仿古庭院式结构，建筑面积 375 平方米。停车场与管理处相邻，面积 1800 平方米。大门右侧为旅游商场，仿古庭院式结构，建筑面积 2000 平方米。

归德楼区，主要为归德楼、休闲广场、龙湖等建筑。归德楼以陈政职“归德将军”命名，仿唐建筑，屋顶与重檐为青蓝色琉璃瓦，3 层，并以两个夹层为重檐，外观 5 层，高 21.9 米，建筑面积 576 平方米，东向面对龙湖，远眺漳江入海口，楼中有茶室、服务部，南以曲廊通湖中纳凉亭，北为茶室茗香榭，由王直将军题写楼名。休闲广场以归德楼为中心分前后两区，花岗岩铺砌，总面积 2500 平方米，前区以栏杆临于龙湖，后区有天地、日月石雕一对，十二生肖柱形石雕 6 根。龙湖以开漳圣王陈元光号“龙湖”命名，月牙形，成环抱将军山之势，湖面面积 23800 平方米，晨昏月夕可见将军、大臣山倒影奇观。

文化中心区，主要为开漳历史纪念馆、文化馆、陈政陈元光石雕像、沧浪湖、书法名家碑林、会议中心、文化广场等建筑。开漳历史纪念馆，仿唐建筑，建筑面积 1040 平方米，分“尽室南来”“开漳功业”“圣王信仰”3 个展厅。文化馆，仿古建筑，建筑面积 980 平方米。陈政、陈元光石雕像，福建师大美术学院汤

志义副教授设计，雕像父子甲胄并立，通高8.19米，本高6.69米，重200吨，周边为704平方米椭圆形花岗岩铺砌，立开漳功德碑与石鼎。沧浪湖与书法名家碑林在石雕像之西，湖面3750平方米，中有湖心岛，岛内即为书家碑林，湖心岛有两座石拱桥通开漳纪念馆和历史文化区。会议中心与开漳历史展览馆相邻，建筑面积1020平方米，可容纳400人会议活动。文化广场分前后两区，环抱归德楼，花岗岩铺砌，面积2500平方米，可容纳4000人，建成后历届“海峡两岸和国际开漳圣王文化节”活动都在此举行。沿广场置石雕生肖像6座，高2.7米，每座雕刻二肖。前后区结合部置“天”“地”“日”“月”标志石雕四座。

开漳历史文化区，主要为陈政墓园以及灵星门、墓园大门、长廊、御碑楼、碑亭、将军碑林、名人碑林等建筑。灵星门取意宋“营造法式”，花岗岩3门6柱，以通天柱、横枋、日月板构成，由中国文物学会会长罗哲文题写匾额、楹联，通道长24米宽17.6米，花岗岩铺砌，两侧华表一对，高3.9米。墓园大门，3门6柱，歇山顶“鸱尾”脊吻，宽10.5米，高8.06米，两侧4块石碑镌刻唐、宋、元、明、清、民国名人赞颂开漳业绩诗篇，由解放军上将杨成武、迟浩田题匾。长廊紧接墓园大门，长25米，以碑石镌刻16位将军、名人题词和《陈政墓园碑记》《将军山公园碑林题记》。御碑楼高9.29米，宽7.2米，镌唐高宗《诏陈政镇故绥安县地》诏书和宋高宗追封陈元光敕。御碑楼甬道外北侧为共和国将军碑林，南侧为名人碑林。御碑楼后有清漳亭、御碑亭、厚德亭、同根亭、怀豫亭、致远亭，亭中有陈元光《请建州县表》、朝廷《敕陈元光建州县》和陈元光《漳州刺史谢表》等开漳历史文献镌刻。

将军山公园柱联、匾额、碑林题刻等共662件，1.8万多字，加上历史文献镌刻，使其具有浓郁的文化氛围，是一个探索开漳历史文化积淀、观赏湖光山色的旅游休闲胜地。

（县志总编室整理）

城市信用社停业整顿

云霄县益民、云兴2家城市信用社于1988年10月成立，联发城市信用社1996年由云霄陵城信用社与云霄鑫发典当行合并成立。1998年10月至1999年间，3家信用社先后出现严重的支付困难。为解决支付困难，3家信用社两次经批准动用存款准备金2175万元，用自有的办公楼和贷户抵押的房产作为抵押物分别向县人民银行申请再贷款，至2000年6月，益民社借款余额1300万元，云兴社借款余额550万元，联发社借款余额1220万元，但仍难以解决支付困难。2000年6月16日中国人民银行上海分行发出《云霄县益民、云兴、联发三家信用社停业整顿决定书》。

为维护社会稳定及金融秩序，防止储户挤兑，县政府于2000年6月17日召开县人行、公安、检察、法院、武警、财政、审计等单位参加的会议，就3家信用社停业整顿的相关工作进行布置。同时成立“云霄县城市信用社停业整顿领导小组”（下简称县领导小组），县长黄舜斌任组长，并抽调人员组成停业整顿工作组。2000年6月18日，中国人民银行上海分行和市政府联合发布公告，从即日起对益民、云兴、联发3家信用社实施停业整顿。当日停业整顿工作组进驻3家信用社。2000年6月19日领导小组分别印发《第一次通告》和《债务登记、甄别、确认操作办法》《资产清理与追收办法》《债权登记须知》等文件，对停业整顿工作进行布置。2000年7月10日领导小组印发《第二次通告》，2000年8月5日印发《第三次通告》，要求储户在规定时间内进行债权登记。

2000年7月至9月，3家信用社整体资产委托中介机构进行清产核资和资产评估，清产核资以2000年6月17日为基准日，2000年9月30日为资产评估基准日。经清产核资及评估，益民社经营亏损3268.93万元，云兴社经营亏损1993.21万元，联发社经营亏损1334.92万元；3家信用社资产合计11886万元，负债37238万元，净资产负25352万元。

2000年9月，3家信用社开始办理兑付群众储蓄存款。9月初，县财政局向省财政厅借入地方政府向中央专项借款15770万元。资金分别借给3家信用社用于兑付群众储蓄存款，其中：益民社4662万元，云兴社5578万元，联发社5467万元，余款63万元存入财政专户。当年3家信用社兑付储蓄存款16233万元，其中，益民社 4905 万元，云兴社 5728 万元，联发社 5600 万元。

2000 年 11 月，停业整顿工作转入清收债权阶段。11 月 18 日，领导小组制订《云霄县益民、云兴、联发城市信用社近阶段资产清收和追收实施细则》，就 3 家信用社停业整顿期间机构人员安排、资产清理与追收办法及清收贷款奖励办法等做了规定和布置。11 月 21 日，领导小组印发云信整〔2000〕6 号通知，成立“云霄县城市信用社清收办公室”暨 3 家信用社清算组。2001 年 3 月 26 日，领导小组制订《益民等城市信用社职工分流安置方案》，就 3 家信用社职工养老保险的交纳、经济补偿的计算和发放，遗属人员抚恤金的支付等做了规定。2001 年 7 月，3 家信用社开始对所有职工进行安置。

2009 年 6 月，3 家信用社通过处理资产及清收贷款，筹措资金归还财政专项借款本息 12562.45 万元。益民社除全部归还财政专项借款外，还归还停业整顿前结欠县财政债务 1500 万元。至 7 月 15 日，3 家信用社尚结欠县财政局专项借款本金 5844.55 万元未归还。2009 年 6 月，成立“县城市信用社市场退出领导小组”并制订撤销实施方案。6 月 26 日，漳州市银监分局发出《撤销决定书》，决定撤销县益民、云兴、联发 3 家城市信用社，并分别在《闽南日报》《人民日报》刊登公告。2012 年 6 月，县 3 家信用社清算完成了财产变现、职工安置、债权分配等各项工作。

（根据县清整办张彦斌来稿整理）

第一章　政　区

云霄县位于福建省南部沿海、漳州市东南部。地处北纬 23° 45′ — 24° 14′、东经 117° 7′ — 117° 23′ 之间。东北与漳浦县交界，东南隔八尺门海峡、东山湾与东山县相望，西南与诏安县毗邻，西北与平和县接壤。云霄地晋为绥安县，唐初是漳州发祥地。唐开元后，分隶于漳浦、南胜（后改南靖）、平和、诏安等县。清嘉庆三年（1798 年），置云霄抚民厅。民国 2 年（1913 年），云霄置县。治所均设于云陵镇境内。1997 年，全县划分为 6 个镇、3 个乡、2 个国有农场。1999 年 7 月，常山华侨农场成立常山华侨经济开发区，直属市政府管理，但其区域仍属云霄县政区。2006 年 7 月，增设云陵工业开发区。2006 年，云霄县划分为 6 个镇、3 个乡、1 个国有农场、2 个开发区。下辖 158 个建制村、15 个社区、12 个作业区、688 个自然村。常山华侨农场（常山开发区）划分为 11 个管理区、4 个建制村、50 个自然村。

第一节　建置　隶属

一、建置

东晋咸和六年（331 年），析粤地揭阳县置绥安县，治在云霄。隋开皇十二年（592 年）绥安废。唐垂拱二年（686 年），陈元光以云霄漳江为名奏置漳州，治在今云霄西林村，辖漳浦、怀恩 2 县，漳浦县治附于州。开元四年（716 年），州治、漳浦县治徙李澳川（今漳浦县城），开元二十九年怀恩县废。清嘉庆三年（1798 年），割漳浦、平和、诏安 3 县地置云霄抚民厅。民国 2 年（1913 年）改厅为县。1949 年 10 月 1 日，新中国成立后，仍为云霄县。

二、隶属

秦汉时期，云霄地域先后隶属于揭阳岭屯戍区、南海郡、南海国、南海郡揭阳县。东晋置为绥安县，隶于义安郡。隋废绥安，云霄漳江以北隶于泉州(今福州)之龙溪县，漳江以南隶于潮州之万川县。唐建漳州，漳江以北隶于漳浦，漳江以南隶于怀恩。开元二十九年废怀恩后，全境属漳浦县。宋为漳浦县安仁乡浦东里(明万历《漳州府志》作“浦东保”)。元初为漳浦县安仁乡修竹里、新安里，至治二年（1322 年）新安里划归南胜县（后改南靖县）。明初为漳浦县六都，正德十四年（1519 年）新安里划归平和县。嘉靖九年（1530 年）分隶于漳浦、平和、诏安县。清乾隆元年（1736 年）称云霄镇，驻漳浦县丞。嘉庆三年以县丞所辖 30 保，加划入平和 25 保、诏安 2 保 13 村，置云霄抚民厅（亦称漳州分府）。

民国 2 年改云霄抚民厅为云霄县，先后隶于漳州府、福建西路道、汀漳道。民国 14 年隶于福建省政府。民国 22 年“福建事变”，隶于龙汀省。民国 23 年“福建事变”失败后，先后隶于福建省第六行政督察区、第五督察区。

新中国成立后，云霄县先后隶于福建省第六行政督察区、漳州行政督察区、龙溪区、龙溪专区、龙溪地区，1985 年之后隶于福建省漳州市。

第二节　境　域

一、面积

1996 年云霄县政区总面积 1166 平方公里（据 1999 年版《云霄县志》）。

2006 年云霄县政区经与邻县陆、海行政区域界线勘定后，实测总面积为 1157.453 平方公里（含常山，下同），其中陆域面积 1050.753 平方公里（据县国土资源局 2009 年 12 月全国第二次土地调查实测数据），海域面积 106.7 平方公里（据县海洋与渔业局 2003 — 2004 年实测数据）。

二、边界勘定

1997 年 12 月，完成与漳浦县的陆地行政区域界线勘定，北起云霄白花洋水库尾的云霄、漳浦、平和 3 县交界点，南至云霄县浯田村与漳浦县北旗村交界的水蛇湾交界点，全线长 31.2 公里。

1998 年 11 月，完成与平和县的陆地行政区域界线勘定，西起云霄三星村、诏安林畲村长林组、平和赤安村高隐组的 3 县交界点，东至云霄白花洋水库尾的云霄、平和、漳浦 3 县交界点及云霄、平和两县龙头水库——洪春水库交界线，界线总长 102.11 公里。

2001 年 10 月，完成与诏安县的陆地行政区域界线勘定，西起云霄县三星村、诏安县林畲村长林组、平和县赤安村高隐组的 3 县交界点，南至云霄县白礁村、诏安县东葛头村交界点，全线总长 67.39 公里。

2003 年 9 月，完成与诏安县的海域行政区域界线勘定（详见《附录》勘界协议书，下同）；2004 年 2 月，完成与漳浦县的海域行政区域界线勘定；2004 年 4 月，完成与东山县的海域行政区域界线勘定。

云霄县陆域除公路界牌标明外，东以梁山山脉的梁山、鸡笼石山与漳浦县为界；东南至八尺门海堤中心点与东山县为界；南以竹港村墓山、半径自然村剪刀岭尖，西以乌山山脉的乌山、西山源与诏安县为界；北以背虎山、白石崇山、笔架山、大帽山与平和县为界。东西最大距离 31 公里，南北最大距离 38 公里。

第三节　区　划

一、乡镇区划

1996 年云霄县划为云陵、莆美、东厦、陈岱、列屿、火田等 6 个镇，下河、马铺、和平等 3 个乡和国有和平农场、常山华侨农场。

1998 年 10 月，云霄境属常山华侨农场成立漳州市常山华侨经济开发区，1999 年 7 月由省侨办正式移交漳州市政府直接管理，但其区域仍属云霄县行政区范围。

2006 年 7 月，县委、县政府决定从莆美镇划出上坑、马山、益宝山、树洞、大埔、下径、三东、狮山等 8 个建制村，成立云陵工业开发区。

2006 年，全县区划为云陵镇、陈岱镇、东厦镇、莆美镇、火田镇、列屿镇、下河乡、马铺乡、和平乡、和平农场、云陵工业开发区、常山华侨经济开发区（常山华侨农场）。

二、乡镇与开发区

（一）云陵镇

在县境中部，跨漳江中下游两岸。辖区土地面积 15.23 平方公里（2009 年 12 月 31 日零点全国第二次土地调查数据，以下各乡镇均依此调查数据），其中耕地面积 247.8 公顷，山地面积 1258 公顷。2006 年辖 12 个社区、4 个村。全镇 19596 户 70896 人，其中非农人口 52498 人。为县委、县政府驻地，是全县政治、经济、商贸、文化中心。

国道324线、省道漳东线及云四线、坂云线等县道穿越该镇，毗连沈海高速公路和在建的沪深高速铁路。镇内有云漳、和平、云平、云东、中山、复兴、江辉、江滨、汀洋、宝城、元光等商贸大街。下坂工业小区有运祥机械、运元机械、运元铸造等厂家落户。

农业以果蔬种植为主，所产春韭、枇杷远销各地，久负盛名。

辖区内有云霄师范学校、云霄第一中学、城关中学、元光中学、云霄卫校（成人中专）等各类中等学校5所；有实验小学、云霄师范附属小学、第一小学、第二小学、下坂小学、下城小学等各类小学6所和实验幼儿园、保育园以及多所民办幼儿园；有县医院、中医院等公立医疗机构2所，社区、村卫生所22所；有文化馆、影剧院、图书馆、广播有线电视台等文化设施；有威惠庙、试剑石、陈元光故居燕翼宫（开漳祖庙）和云山书院、关帝庙、天后宫、西霞亭、水月楼观音亭、吴原享堂、秋瑾出生地等文物古迹。

（二）莆美镇

在县境中部，北与云陵镇毗连，东临东厦镇，南接云陵工业开发区。辖区土地面积38.42平方公里，其中耕地面积576公顷，山地面积2678.8公顷。2006年，辖16个村、3个社区，有9300户36001人，其中非农业人口2006人。为云霄县主要工业经济区。

国道324线贯穿镇境，南邻在建中的厦深高速铁路云霄客运站，村村通水泥路。镇区有绥阳、宝城、陈政、云漳、绥阳东等商业大街，为县城新区的重要组成部分。2006年，镇属高洋、阳下工业小区有纺织服装、水果加工、节能光电等工业企业100多家，其中有大众兴纺织城、金山春酒业、信实集团等规模工业企业15家。占地面积66.6公顷的山美工业小区2006年开始建设，规划总投资6亿元人民币。

农业生产除种植粮食作物外，盛产枇杷、荔枝、龙眼、阳桃、香蕉等亚热带水果。有高产优质枇杷1000公顷。

辖区有县城南中学、将军山学校和小学13所；有县妇幼保健院1所及镇卫生院1所，村卫生所33所；有省级文物保护单位陈政墓、莆美堡，县级文物保护单位下营将军庙、南山寺、天地会创始人郑开故居和将军山公园、献宝山烈士陵园等名胜古迹。

（三）陈岱镇

在县境东南部沿海，与诏安、东山县相邻。辖区土地面积67.5平方公里，其中耕地面积2133公顷，山地面积3000公顷。海岸线长21.5公里。2006年辖18个村，共有8751户35970人，其中非农人口2748人。为云霄县主要渔业生产区。

水陆交通便利，陆路有国道324线、漳诏高速公路和省道漳东线，村村通水泥路。水路可从八尺门、礁美码头通沿海城市及台湾、港澳地区。有兴广建材等19家工业企业。

全镇以渔、种植业为主。2006年有网箱养殖7341公顷，对虾养殖268公顷，牡蛎、贻贝吊养、滩涂养殖322公顷。巴非蛤等贝类年产量6000吨；螃蟹、对虾、石斑鱼等年产量1700吨以上。农业除种植粮油作物外，有荔枝、龙眼、香蕉等水果30.67公顷。

辖区有云霄第二中学、竹港中学和小学15所，中心幼儿园1所，村级幼儿园15所；有中心卫生院1所，村级卫生所29所；有宣传文化中心站、电影队、业余剧团等文化娱乐团体；有开漳圣王庙、八尺门铳城、聚星楼、莲花庵等古迹和东山保卫战烈士陵园。镇内八尺门海水温泉为国内罕有，引进的海水温泉旅游度假村项目2006年7月开始投建。

（四）东厦镇

在县境东部，位处漳江下游及入海口两侧，与漳浦县相邻。辖区土地面积128.13平方公里，其中耕地面积2093公顷，山地面积12933公顷，滩涂面积2133公顷。海岸线长34.11公里。2006年辖15个村1个镇办农场，共有13808户53284人，其中非农人口3215人。为云霄县主要农业、渔业生产区。

镇区漳江水路可通沿海各城市，有船场三级渔港、荷步渔港（为避风坞）。沈海高速公路、省道漳东线、县道云四线和在建的厦深高速铁路贯穿全境，村村通水泥路。至2006年底，建有宣美、白塔、尾坑农场等3个工业集中区，引进工业项目20家。其中东州冷冻、建华绿园、安堡建材、汉嘉工艺品等规模工业企业4家。

全镇以粮食、反季节蔬菜种植和贝类水产养殖为主，盛产泥蚶、中华锯缘青蟹、淡水对虾、文蛤、缢蛏、吊养牡蛎等优质水产品。竹塔泥蚶、毛豆、大白菜、番茄、荷兰豆等远销国内外。2006年农业总产值4.15亿元。

辖区有云霄第四中学、竹塔中学和小学13所，镇卫生院及分院各1所，村卫生所26所；有石矾塔、金山寺、龙湫岩、天地会发祥地观音亭、高溪庙、魏妈墓神道碑等文物古迹。漳江口红树林为国家级自然保护区，是云霄主要的旅游景点。

（五）列屿镇

列屿原名“岃屿”。《现代汉语词典》“岃”字词条解释为“岃屿，地名，在福建”。2006年改“岃”为“列”。在县境东部沿海，与漳浦县、东山县隔海相望。辖区土地面积54.63平方公里，其中耕地面积1179公顷，山地面积2031公顷。海岸线长18公里。2006年辖12个村，有5922户22350人，其中非农人口2040人。为云霄县主要渔业生产区。

陆路交通有县道云四线和疏港公路，村村通水泥路。水路可通达沿海各埠。辖区内的青崎村、后安村和城内村刺仔尾等海区纳入漳州港区建设规划，可建5000吨以上泊位22个、5万吨泊位6个；青崎通州造船、城内刺仔尾核电站进入前期筹建，山前二级国家渔港列入国家农业部“十一五”建设规划。

全镇以渔、种植业为主。渔业以牡蛎、巴非蛤养殖为主，近海捕捞为辅。有万亩巴非蛤“国家示范养殖基地”和万亩牡蛎吊养基地，贝类产品畅销国内外。种植业以花生、甘薯为主，并有荔枝、龙眼等水果。

辖区有列屿中学和小学12所，卫生院1所，村卫生所12所以及数家业余潮剧团；有墓林山贝丘遗址、剑石岩、灵鹫寺、后安城堡和莲花峰宋佛教“降灵宝塔”摩崖石刻等古迹名胜。

（六）火田镇

在县境东北部，与漳浦县、平和县相邻。辖区土地面积191.11平方公里，其中耕地面积2130公顷，山地面积10666.7公顷。境内有后门、佳园、后埔、溪口温泉4处。2006年辖21个村，有13761户53160人，其中非农人口3140人。为革命老区乡和云霄县主要农业生产区。

水陆交通便利，国道324线从境内通过，村村通水泥路，漳江支流流贯全境。有蓄水10万立方米水库10座，有效灌溉面积1913公顷，水电总装机容量5000千瓦。

农业以种植水稻、果蔬为主，盛产荔枝、香蕉、枇杷等水果。2006年全镇有工业企业35家，其中外资企业10家。

辖区有火田中学、菜埔中学和小学21所，卫生院1所，卫生所（室）33所，以及广播站、文化站、业余剧团等文化娱乐组织；有西林始建漳州古城遗址、五通庙、戴郡马亭、圣王陂、白云寺等名胜古迹。

（七）下河乡

在县境西北部，与平和县、诏安县接壤。辖区土地面积137.34平方公里，其中耕地面积1200公顷，山地面积11466.7公顷。境内有石屏锡矿、坡下高岭土、孙坑温泉等地矿资源。2006年辖23个村，共有10293户44396人。是云霄县的革命老区乡。坡兜村为全县唯一少数民族（畲族）建制村。

漳江干流流贯全境，其中水尾自然村河段为县城生活饮用水源地保护区域。县道坂云线、下大线可通达平和、诏安。在毗连县城的世坂村南建设下河工业小区，至2006年有11家企业落户。

全乡除种植粮食作物外，重点发展枇杷、阳桃和蜜柚、金枣等高优水果，年产阳桃30万吨。林区面积14000公顷，有巨尾桉速生林基地11个，面积2000多公顷。

辖区有云霄第五中学和小学22所，中心卫生院1所，村卫生所35所；有下河古城堡和下洞、龙坑、水尾、车圩、宅兜、坡兜、仙石等多座古民居圆土楼。

（八）马铺乡

在县境西北部，漳江干流上游，与平和县毗邻。辖区土地面积165.97平方公里。其中耕地面积1233公顷，山地面积13200公顷，林地面积11700公顷。2006年辖28个村，共9616户40813人。1934年坪水村成立云霄县第一个中共支部和苏维埃政府，并进行土地改革。是云霄县的革命老区乡。

县道坂云线、马火线贯穿全境，衔接国道324线，村村通水泥路。境内水资源丰富，有大（二）型峰头水库，库容 1.77 亿立方米；中、小型水库 15 座，总库容 1.7271 亿立方米，水域面积 1017 公顷，有效灌溉面积 1526.7 公顷。是云霄、东山两县的一级饮用水源地。至 2006 年，共引进乔星鞋业、夏星照明等工业企业 12 家。

农业除种植粮食作物外，种植枇杷 1000 公顷，蜜柚 1733.3 公顷，淮山 520 公顷，生姜 340 公顷，茶叶 253 公顷，速生林 253.3 公顷。

辖区有云霄第三中学、枧河中学和小学 32 所，乡卫生院 1 所，村卫生所 25 所；有广播站、文化站、业余剧团等宣传文化团体；有太平庙、碧湖岩、炉峰书院、谷春庵及省级涉台文物保护单位何氏家庙等古建筑和文物古迹。

（九）和平乡（和平农场）

在县境西部，以乌山山脉与诏安县毗邻。辖区土地面积 122.57 平方公里，其中耕地面积 1133 公顷，山地面积 9667 公顷。2006 年辖 13 个村、12 个作业区，共有 6966 户 27594 人，实行以乡带场管理体制。1935 年，中共闽粤边特委在此开辟乌山革命根据地。解放战争时期，是闽南特（地）委机关驻地。是云霄县的革命老区乡。

省道云太线贯通全境，全长 26 公里，村村通水泥路。境内有 6 座小型水库，蓄水量 1162 万立方米；力锦、甘竹水电站总装机容量 12000 千瓦。2006 年，引进冠德生物科技有限公司、梦雨鑫工贸有限公司、斯比达电子有限公司等 14 家工业企业。并有本县民资创建的燕顶、鑫茗、有坑茶业和恒信菇业、龙云制砖等 11 家企业。

农业除种植粮食作物外，主要发展果、茶产业，以金山枇杷和燕顶茶叶最为著名。有“早钟六号”优质早熟枇杷 933.3 公顷，铁观音、金观音及单枞水仙茶 266.6 公顷。

辖区有和平中学和小学 20 所，卫生院 1 所，村卫生所 22 所；有乌山自然风景区、金山农业生态园和宜谷径树滋楼、上坂宋窑等风景名胜古迹。在乌山公头里有省政府批准为“国防教育基地”的原中共闽南特（地）委驻地的“云霄乌山革命纪念馆”。

（十）云陵工业开发区

位于县境南部，与常山开发区相邻。1991 年经省政府批准为省级开发区。2006 年 1 月，与常山华侨工业区合为福建云霄常山经济开发区，为第五批通过审核公告的省级开发区。2006 年 7 月，因发展工业经济需要，从莆美镇划出马山、狮山、益宝山、树洞、大埔、下径、三东、上坑等 8 个建制村归其管理。同年，设立党工委和管理委员会，实行以区带村的管理体制。辖区土地面积 30.2 平方公里，耕地面积 710.6 公顷，山地面积 1948.8 公顷。2006 年有 3075 户 12800 人。为云霄县光电工业重点园区。

沈海高速公路、国道 324 线、疏港公路从境内通过。在建厦深高速铁路在马山村设客运站、货运站和机修站。有厦星节能、云星电容、鲜品冷冻、鲜之味、绿通塑胶等 62 家企业，其中节能灯、节能光电（LED）研发生产企业 27 家。区内有省重点光电产业基地——光电科技园区，累计总投资 2.7 亿元，已投产企业 17 家，在建企业 34 家。开发区被省经贸委定为福建省循环经济试点示范园区。

农业除种植粮食作物外，还种植荔枝、龙眼、枇杷等水果。

辖区内有向东渠、杜塘水库、碗窑水库等水利设施；有海峡科技职业技术学校和小学 7 所，医疗站 10 所；有林偕春墓、仙峰岩、七贤祠、仙人山摩崖石刻、青铜器时代遗址等名胜古迹。

（十一）常山华侨农场（常山华侨经济开发区）

常山华侨农场（常山开发区）位于县境南部，北与和平乡、莆美镇、云陵工业开发区相邻，东南与陈岱镇毗邻，西南与诏安县接壤。全区土地面积 106.50 平方公里，其中国有土地 64 平方公里。场部（管委会）驻双山（鼎盖埔）。1998 年 10 月，成立常山华侨经济开发区，1999 年 7 月由省侨办交由漳州市人民政府管理，享受省级开发区的优惠政策，行使县级部分行政、经济管理职能。2001 年 3 月，石牌管理区与柘林管理区合并为柘林管理区。2006 年辖 4 个建制村、11 个管理区、50 个自然村，共有 5573 户 18860 人。2005 年有归侨、侨眷 2075 户 5681 人，其中归侨 2539 人，侨眷 3142 人。

国道 324 线、省道双码线、沈海高速公路通过本境，建设中的厦深铁路途经常山，水陆航空交通便捷，基础设施配套完善。至 2006 年，投入 1000 多万元修建侨兴南路、侨光南路、商贸区 1 号路等区内道路工程。投入 505 万元，建成 11.6 公里的农村水泥路。有中小型水库 10 座，水电站 2 座，总装机容量 1450 千瓦，有日产 2 万吨的自来水厂 1 座。至 2006 年，建成南片、北片工业园区，有大统联丰兴业饲料有限公司、常山金泰隆食品有限公司、漳州升源机械工业有限公司、大统圣味食品有限公司等外资企业 35 家、内资企业 60 家，总投资达 19.7 亿元，形成以五金机械、食品加工、服装和物流为主的产业集群。工业总产值 5.66 亿元，其中规模工业总产值 4.62 亿元。第一、二、三产业比例为 18 ： 71 ： 11。2006 年国内生产总值 30898 万元，财政收入 3615 万元，人均纯收入 4900 元。

全区农业除种植粮食、芦笋外，还种植荔枝、龙眼、香蕉、枇杷、杧果等水果。2006 年种植水果面积 1866.67 公顷，年产量达 15000 吨。

辖区有常山中学和小学 13 所，幼儿园 6 所，医院 1 所，卫生所 15 所；有广播电视台（站）、电影院、图书馆、游泳池、体育场、老年活动中心和业余东南亚特色舞蹈队、电声乐队、民族器乐表演队等；有青云寺、高岐寺、清民居翠亨楼、红竹尖山陈吊眼抗元聚义遗址和乌山等名胜古迹与自然景观。

三、建制村、社区、作业区与管理区

（一）建制村

1997 年全县有建制村 162 个。至 2006 年底全县建制村数量未变动。

（二）社区

1997 年，全县设街道居民委员会 10 个。2000 年 8 月，增设云陵镇北园、金霞，莆美镇宝洋等 3 个街道居委会。同年 11 月，又增设云陵镇城元、莆美镇宝城 2 个街道居委会。2002 年 12 月，改街道居民委员会为社区居民委员会。至 2006 年全县有社区居民委员会 15 个。

（三）作业区

作业区为和平农场派出生产单位，领导采用委任制，职工享受全民所有制工人待遇，按月领取工资。1999 年因工人外迁，撤销田仔苏、龙透两个作业区，至 2006 年有作业区 12 个。（前志漏计龙透作业区，多计东方作业区。）

（四）管理区

管理区为常山华侨农场派出生产单位。1997 年有管理区 12 个，2001 年石牌管理区与柘林管理区合并为柘林管理区。至 2006 年有管理区 11 个。

2006 年云霄县村、社区、作业区、管理区一览表

表 1-1

乡、镇、场、开发区	单位数	村、社区、作业区、管理区名称	乡、镇、场、开发区管理机构驻地
云陵镇	16	下港社区　大园社区　溪美社区　王府社区　塘坪社区　宝楼社区　大路社区　西园社区　汀洋社区　城元社区　北园社区　金霞社区　塘坪村　下坂村　享堂村　下城村	江滨路 168 号
莆美镇	19	绥阳社区　宝城社区　宝洋社区　莆东村　莆南村　莆北村　莆下村　前涂村　山美村　阳下村　佳兜村　向北村　中柱村　高塘村　后汤村　前埔村　宝树村　演武亭村　双溪口村	莆政路 38 号
云陵工业开发区	8	上坑村　马山村　益宝山村　狮山村　树洞村　大埔村　三东村　下径村	莆政路 115 号

续表 1-1

乡、镇、场、开发区	单位数	村、社区、作业区、管理区名称	乡、镇、场、开发区管理机构驻地
陈岱镇	18	白礁村 竹港村 峰外村 岱东村 岱南村 岱北村 岱山村 礁美村 石前村 坑内村 下曾村 前江村 中江村 后江村 双岭村 董塘村 大山顶村 呈安村	岱东村
东厦镇	15	浯田村 荷东村 荷中村 荷西村 溪塘村 船场村 东厦村 洲渡村 佳洲村 白塔村 埭洋村 竹塔村 东崎村 湖丘村 长洋村	东厦村
列屿镇	12	山前村 林坪村 顶城村 城外村 城内村 宅坂村 宅后村 南山村 油车村 人家村 青径村 半山村	顶城村
火田镇	21	下楼村 西林村 郭浦村 菜埔村 瑞堂村 溪口村 大坑村 火田村 莆中村 东车村 乌石村 水头村 岳坑村 后埔村 佳园村 新园村 古楼村 瓦坑村 高田村 圆峰村 白石村	火田村
下河乡	23	上窖村 新坡村 世坂村 孙坑村 新湖村 下河村 上河村 凤兴村 外龙村 内龙村 下洞村 坡兜村 车圩村 石屏村 后山村 龙透村 梅林村 七高磜村 坡下村 仙石村 金坑村 曲溪村 三星村	凤兴村 （产田埔）
马铺乡	28	马铺村 峰头村 宝洞村 大坪村 青美村 白凤村 泮坑村 杉脚村 宝石村 龙镜村 坑口村 枋林村 上洋村 石芹村 客寮村 乌石坑村 杨美村 粗溪村 湖洋村 桥头村 磜头村 乌螺村 大仑村 下庵村 石鼓村 新楼村 枧河村 坪水村	马铺村
和平乡	13	东方村 坎顶村 莆顶村 径仔村 安吉村 吉坂村 大斜村 上坂村 内洞村 椟树村 半岭村 桥头村 通贝村	新楼作业区
和平农场	12	田坎作业区 河塘作业区 后坪作业区 宜谷径作业区 泮坑作业区 新楼作业区 河溪作业区 甘埔作业区 征山作业区 金山作业区 牛尾作业区 茶山作业区	新楼作业区
常山华侨农场	15	梧园管理区 溪墘管理区 大水堀管理区 常山管理区 双山管理区 吉仔管理区 海峰管理区 新寮管理区 下云管理区 东升管理区 柘林管理区 白竹村 官洋村 埔径村 坪岭村	双山 （鼎盖埔）

云霄县自然村落一览表

表 1-2

乡、镇、场	建制村、作业区、管理区	自然村落名称	自然村数
云陵镇	塘坪村	（城中村）	
	享堂村	渡头	1
	下城村	顶厝 赤楼 下城 . 石城	4
	下坂村	下坂 下埔 下园 水吼	4
莆美镇	莆东村	莆美	1
	莆南村	莆美	
	莆北村	莆美	
	莆下村	下尾埔 下寮 油车 南寨	4

续表 1–2

<table>
<tr><th>乡、镇、场</th><th>建制村、作业区、管理区</th><th>自然村落名称</th><th>自然村数</th></tr>
<tr><td rowspan="12">莆美镇</td><td>前涂村</td><td>前涂　石前</td><td>2</td></tr>
<tr><td>山美村</td><td>山美</td><td>1</td></tr>
<tr><td>阳下村</td><td>阳下　新楼　上埭</td><td>3</td></tr>
<tr><td>佳兜村</td><td>佳兜</td><td>1</td></tr>
<tr><td>向北村</td><td>向北</td><td>1</td></tr>
<tr><td>中柱村</td><td>中柱　墩上　溪畔　下枋　下柯美</td><td>5</td></tr>
<tr><td>双溪口村</td><td>双溪口</td><td>1</td></tr>
<tr><td>高塘村</td><td>高塘　下尾　大欧　溪坪埭　松树脚</td><td>5</td></tr>
<tr><td>后汤村</td><td>（城中村）</td><td></td></tr>
<tr><td>宝树村</td><td>（城中村）</td><td></td></tr>
<tr><td>演武亭村</td><td>（城中村）</td><td></td></tr>
<tr><td>前埔村</td><td>（城中村）</td><td></td></tr>
<tr><td rowspan="8">云陵工业开发区</td><td>大埔村</td><td>大埔　溪墘</td><td>2</td></tr>
<tr><td>马山村</td><td>马山　荷仔埔</td><td>2</td></tr>
<tr><td>下径村</td><td>下径　大坂墘</td><td>3</td></tr>
<tr><td>益宝山村</td><td>益宝山　大兴楼</td><td>2</td></tr>
<tr><td>三东村</td><td>东阳　东安　东城</td><td>3</td></tr>
<tr><td>狮山村</td><td>白毛狮　天鹅　建益　大路</td><td>4</td></tr>
<tr><td>树洞村</td><td>树洞　移民新村</td><td>2</td></tr>
<tr><td>上坑村</td><td>上坑</td><td>1</td></tr>
<tr><td rowspan="15">陈岱镇</td><td>白礁村</td><td>白礁</td><td>1</td></tr>
<tr><td>竹港村</td><td>竹港　东埔</td><td>2</td></tr>
<tr><td>峰外村</td><td>山外　竹港圩　塔仔　翁厝</td><td>4</td></tr>
<tr><td>岱东村</td><td>陈岱</td><td rowspan="4">2</td></tr>
<tr><td>岱北村</td><td>陈岱</td></tr>
<tr><td>岱山村</td><td>陈岱　新圩</td></tr>
<tr><td>岱南村</td><td>陈岱</td></tr>
<tr><td>大山顶村</td><td>大山顶　山坪</td><td>2</td></tr>
<tr><td>董塘村</td><td>董塘　大块园　贝园</td><td>3</td></tr>
<tr><td>石前村</td><td>石壁　院前　南湖</td><td>3</td></tr>
<tr><td>礁美村</td><td>礁美</td><td>1</td></tr>
<tr><td>坑内村</td><td>坑内</td><td>1</td></tr>
<tr><td>下曾村</td><td>下曾</td><td>1</td></tr>
<tr><td>双岭村</td><td>双岭</td><td>1</td></tr>
<tr><td>前江村</td><td>前江头</td><td>1</td></tr>
</table>

续表 1–2

乡、镇、场	建制村、作业区、管理区	自然村落名称	自然村数
陈岱镇	后江村	后江头陈畔	2
	中江村	后坑　后江头柳畔	
	呈安村	呈安　双园	2
东厦镇	浯田村	浯田	1
	荷东村	荷步　草坂	2
	荷中村	荷步	
	荷西村	荷步	
	溪塘村	塘美　观音亭　后埔　新厝　高溪楼　西埔	6
	船场村	船场	1
	东厦村	东坑　下料　宣美	3
	佳洲村	前墩　后墩　黄墩　郭墩	4
	洲渡村	洲头　渡仔头	2
	白塔村	白塔　上路头	2
	埭洋村	岩脚　中埭　下陈　蚵潭　南洋	5
	竹塔村	竹塔　横山　楼下	3
	东崎村	东坑　山后　崎尾	3
	湖丘村	湖丘	1
	长洋村	长垅　郊洋	2
列屿镇	山前村	山前	1
	林坪村	林坪	1
	顶城村	顶城　山内	2
	城外村	城外	1
	城内村	城内	1
	宅坂村	宅坂	1
	南山村	南山	1
	油车村	油车　后埭	2
	人家村	人家	1
	宅后村	宅兜　后安	2
	青径村	青崎　径头	2
	半山村	大坂　白衣　高山楼	3
火田镇	菜埔村	菜埔　新埔　竹根潭	3
	下楼村	下楼　居人山	2
	西林村	西林	1
	郭浦村	郭浦	1
	瑞堂村	和瑞堂	1

续表 1–2

乡、镇、场	建制村、作业区、管理区	自然村落名称	自然村数
火田镇	溪口村	城内　城外　邦溪　山顶　顶汤　山坪　石门　金钩　圆山　宫仔坑　邦后	11
	大坑村	大坑　粮坑　岩仔	3
	莆中村	莆中　胜洪　白石山	3
	乌石村	乌石	1
	火田村	火田　七里铺　竹树潭　珍珠坂　小水　古厝窑　新里	7
	水头村	水头　湖仔　田头前　内仓	4
	岳坑村	岳坑　坪林　塔前埔　岩仔　福山　楼仔顶	6
	东车村	东车　下园　石狮头　鹅江后	4
	后埔村	后埔　顶江　厘仔坑　内埔　新楼　下涂楼　黄斗	7
	古楼村	古楼　口厝　山仔顶　白楼　内楼　徐南坑　新厝　岭脚	8
	瓦坑村	瓦窑坑　后门　山尾　田中央　顶楼仔	5
	佳园村	佳栋　白泉　坑仔内　顶枋　官园　溪坪　大径　大洞　旧铺　屈后山 水沟头	11
	高田村	高地　田坪　半径　凤竹牌　旺林尾　漈下　畲仔　乌珩　白珩	9
	圆峰村	圆峰　埔仔楼　口槽　内槽　龙井　新楼　洋仔　楼仔岭　岭顶　茅坑　石槽 上安　庙前	13
	白石村	店仔　庵缸　胶东　横山　厘仔坪　白石	6
	新园村	新园　青山	2
下河乡	世坂村	世坂　楼洋	2
	上窖村	上窖	1
	新坡村	新陂　磁窑	2
	孙坑村	孙坑　瓦窑	2
	下河村	下河　长兜　南塘	3
	上河村	上河　水头　东风桥	3
	凤兴村	顶楼　下楼　新楼　后坑洞　石牌	5
	外龙村	小陂　顶坪　四角楼　龙坑	4
	内龙村	王都坂　山猪寿　蕉园　夫子崇　宝斗石　茅坪	6
	下洞村	下圩　水尾　下洞	3
	坡兜村	陂兜　圳头　安前　安后	4
	后山村	酒山　旧楼　新楼　田头里　后山　高塘内	6
	车圩村	车圩　宅兜　屯坑　茅仔坑　新楼　车仔楼　莲芳楼　上陂　砸下　南溪 岩仔　顶梨畲　下梨畲	13
	石屏村	土虱田　尖山　石屏	3
	龙透村	龙透　旧厝　打石　龙镜　洞仔	5
	坡下村	坡下　柯仔岩　下厝　粟砸　赤岭崇　孔塘　九枝莲　三斗种　坑仔湖　坡尾 堵楼　割稻岩　石下坑　松柏岩	14

续表 1-2

乡、镇、场	建制村、作业区、管理区	自然村落名称	自然村数
下河乡	曲溪村	大丘头 胶塘 新田 下涧垅 圳坪 岸坑 曲溪 汰高潦 槽坑 后寮 大坪	11
	金坑村	金坑 石学 横坑尾 胶东头 圆墩 风门亚 陂仔头 虎岩 石墩凤 牛坪 水井 轮龙 九丘 陂头坡 火烧寮	15
	仙石村	上塘 旧楼 新楼 石仔岗 大坪 仓下 外角 内角 长田 取切 白石后 下寮 四近塘 王公溪	14
	梅林村	蛇仔地 大茅坪 梅林者 朱湖 三坑 银空 玉角湾 玉寮 益高寮	9
	七高礤村	七高礤 大沙岗 畬田湖 九潦坑	4
	三星村	赤土 椺树坑 后溪	3
	新湖村	新湖	1
马铺乡	石鼓村	石口屈 九宝安 岩坑 大丘头 石古楼 长坪景 水头 坑仔埔 小里 石码	10
	礤头村	岩头 坑内 顶厝 门岭 九埒 坑仔尾 礤头 对贝 新楼 下楼 坪埔 潦头楼	12
	枧河村	后厝 潦口 墩仔尾 桥仔头 后笼 枧脚圩 顶楼 顶新楼 下新楼 下楼 圆车墩 石碧尾 大路坪 龙船岭 潦头尾 大洞后	16
	乌螺村	内洞 半山 顶楼 湖莲楼 坎下 新楼 炉厝 水路仔 下郭 溪仔尾 银洞 水路塘 下楼 吊陂	14
	大仑村	赤笼 坑头 墩尾 内厝 的山 绿竹埔 粪坪 新楼 学仔头 深坑 禁坑 外坑 内坑 楼角 蔡公碑 湖洋 圳尾 顶岿 大厝地 大片田 大路内 顿楼寨 粪箕湖 楼仔 井仔湖 坪溪 内狮 井丘	28
	坑口村	坑口 井头 黄岐山 虎坝 大岭湖 南埔 新村 牛坝	8
	大坪村	大塘 大坪溪 梅仔坪 口丘 新阳 公仔坑 文龙	7
	杉脚村	杉脚 山知湖 砖仔埕 鞍仔坪 长科 智民	6
	峰头村	峰头 车头 赤土园 大陂 田地	5
	宝洞村	宝洞 下杭溪 胶塘 东垅坑 潦下	5
	青美村	下楼 半岭 桂竹坑 顶楼 吊钟	5
	白凤村	白凤 柯树坪 洞仔 山尾 岭脚 岭头	6
	泮坑村	泮坑 胜坑 冷水坑	3
	宝石村	宝石 双过山 福石 下城 三层楼 墩头 下墩 流贝	8
	龙镜村	瑞田 坑仔坪 大坪头 坪上 军田埔 柯仔脚 番科	7
	枋林村	枋林 片仔里 后厝 龙华	4
	上洋村	新寨 旧寨 石鼓后 大片 坑罗坑 横寨	6
	马铺村	马铺 坪尾 大塘角 长圳 马铺寨 蜈蜞洞 洋明 龙洲 公社后 农中 坪水新村	11
	石芹村	外石芹 内石芹 高安 七高山 好空 凤山 坝湖	7
	客寮村	顶客寮 下客寮 葫芦垅 大路坪 官乡	5
	乌石坑村	乌石坑 白花洋 江头 大林口 井仔尾 垅仔内	6
	杨美村	顶楼 中楼 新寨 旧寨 岭头坪	5

续表 1–2

乡、镇、场	建制村、作业区、管理区	自然村落名称	自然村数
马铺乡	粗溪村	粗溪　西山埔　山坑　顶水办　内坑　赤溪　燕仔田　新村	8
	湖洋村	湖洋　深堀溪　内寮　割藤坪	4
	桥头村	桥头　高车　石碧寮　下洋　径仔　岭后　坎尾　下山　岩仔　矾溪　山口　后厝	12
	坪水村	坪水　牛埔　茅坪里　决老　高坎　大石　老公　茶仔后　三丘　岭鞍　半岭	11
	下庵村	小坪水　石埒　山城　井坑　博史古　鹅江豆	6
	新楼村	新楼　半岭　下乌桃　岭头　下尾溪　苏宅　顶乌桃	7
和平乡	东方村	大西安　小西安　庙后　后畲　城仔坪　桃畲　下坑　乌石坑　鹅豆溪	9
	坎顶村	坎顶　东山埔　溪南　埔仔尾　移民点	5
	莆顶村	莆顶　北柘　顶楼　溪坪楼	4
	径仔村	径仔　官田　冬仔田	3
	通贝村	通贝　坑仔尾　瓯湖	3
	安吉村	安吉　马田　后田　割藤埔	4
	吉坂村	顶厝　东坝　溪坪	3
	大斜村	大斜　畲仔　南坪	3
	上坂村	上坂　银靠山　溪角　口洞　峰湖　梨湖　梨仔坪	7
	内洞村	内洞　凹湖　南午　新兴	4
	梾树村	梾树	1
	半岭村	半岭　内坑	2
	桥头村	桥头　瓦厝　楼仔　坪坑　屐巷　大路	6
和平农场	田坎作业区	田坎　白马埔　新村	3
	河塘作业区	河塘　飞鹰埔	2
	后坪作业区	后坪　石宅　车宁埔	3
	宜谷径作业区	宜谷径　墓林埔　田仔苏	3
	半坑作业区	顶半坑　车过埔	2
	新楼作业区	新楼　深水　乌年山　鸽仔佃　松仔园	5
	河溪作业区	河溪	1
	甘埔作业区	甘树埔　河溪婆　岩仔	3
	征山作业区	马坑　楼坪　寨仔	3
	金山作业区	金京头　深山	2
	牛尾作业区	牛尾	1
	茶山作业区	茶山	1
常山华侨农场	白竹村	白狗洞　新楼　丝竹洋　白水漈　内罗　口罗	6
	官洋村	官宅　马洋	2
	埔径村	大埔仔　半径	2
	坪岭村	新厝　楼仔岭　大岩	3

续表 1-2

乡、镇、场	建制村、作业区、管理区	自然村落名称	自然村数
常山华侨农场	梧园管理区	梧墘　下埔　后厝园	3
	溪墘管理区	新村　溪墘	2
	大水堀管理区	大水堀	1
	常山管理区	五队　白石坑　老虎山	3
	双山管理区	双山　内双山	2
	吉仔管理区	吉仔　太古坑	2
	海峰管理区	三脚寮　深垄　半径　杜塘新村	4
	新寮管理区	新侨　黄陂　寮后　大墘	4
	下云管理区	下云　陵仔畔　水吼　茶山	4
	东升管理区	口寮　内寮　中寮　天窗坪　三节湾	5
	柘林管理区	顶城　下城　和尚寮　旷林　新村　红竹尖　石牌	7
顶溪原种场		（城中村）	
圆岭林场		口厝窑	1
合计			738

注：根据自然村的定义，县城区的街道社区及已为城中村的建制村，不属自然村，不列入

第二章　自然环境

云霄县位于福建南部沿海，属南亚热带海洋性季风气候区，依山面海，水系发达，资源丰富。地处闽东火山喷发断拗带，境内出露温泉多处，有水晶、石英、铅锌、高岭土、矿泉水、花岗岩等多种矿藏，植被森林中保存多种古树名木。漳江口海底森林——红树林，面积大，树种多，发育好，繁育栖息多种珍稀鸟类，为国家级红树林自然保护区。常见自然灾害有台风、暴雨、山洪、干旱等，新中国成立后，通过治理和建设，防灾减灾能力不断得到提高。

第一节　自然地理

一、地质　地貌

（一）地质

1. 构造

云霄地质构造位置，大部分属华南褶皱系东部闽东火山断拗带的福鼎—云霄断拗带，南部部分为闽东南沿海变质带。福鼎—云霄断拗带主要由晚侏罗世—早白垩世中酸性火山岩组成。构造形态以断裂为主，褶皱次之。

断裂有两组，即北东向长乐—诏安深断裂、北西向上杭—云霄深断裂。

长乐—诏安深断裂，发生于晚三叠世，由祥谦—云霄、长乐—陈岱、平潭—东山断裂和滨海断裂组成。祥谦—云霄断裂从境内古楼、后埔、孙坑、甘树埔一带通过，沿途出露5处温泉；长乐—陈岱断裂从境内湖丘、列屿、礁美一带通过，出露海水温泉1处。此断裂仍在活动。

上杭—云霄深断裂，发生于加里东运动强烈褶皱时期，由于继承性活动和燕山早、晚期断裂以及喜马拉雅山运动的影响，切割了长乐—诏安深断裂带，形成由规模较大的断裂、断陷盆地和入侵体组成的地质构造，出现了梁山、乌山等北西向大面积花岗岩带，并普遍发育片理带、挤压破碎带和扭裂带，形成断层三角面、断裂谷和山脊水系分水岭。此断裂在境内有马铺—荷步、车圩—云霄（县城）—列屿、三星—官洋等3组断裂。

2. 地层

境内出露地层较新，为中生代和新生代地层，更早的地层不见出露。

三叠系上统大坑组　下段出露于世坂至和平乡东北角一带，为含砾砂岩、变质石英砂岩夹泥岩、粉砂岩。上段分布于埔中—新埔—竹树潭—西林北东向一线，以及河溪、北柘等地，为含砂泥岩、紫红色粉砂岩夹细砂岩层凝灰岩、灰黑色炭质岩及石墨层。

三叠系上统文宾山组　下段为砂岩、沙砾岩偶夹粉砂岩。上段为粉砂岩夹砂岩、沙砾岩。

侏罗系——上三叠统地层　分布于东山湾及其沿岸一带，为动力变质岩及混合岩。

侏罗系下统梨山组　分布于岳坑一带，在竹港、虎头山等处亦有出露。上段为灰、灰黑色、灰白色变质粉砂岩、岩夹砂岩，在虎头山一带出露为黄褐、灰白色千枚岩。下段为灰白色变质长石石英砂岩、沙砾岩，偶夹粉砂岩。

侏罗系上统长林组　分布在安吉—莆顶—大坑—高田北东向一线和下河—龙透—曲溪北西向一线，礁美也有零星出露，为一套杂色中细粒石英砂岩夹紫红色砾岩、长石石英砂岩、沙砾岩及杂色凝灰岩。

侏罗系上统兜岭群　下组（J_3dI_1）分布在从莆中向西南方向延伸至与和平乡交界处一线，上河至后坑埔之间亦有出露一套石英砂岩夹英安斑岩、凝灰岩。上组下段（$J_3dI_2^e$）分布于城关南面一带，为灰色英安岩、英安斑岩；中段（$J_3dI_2^b$）主要分布于县区南部，北部亦有多处出露，为灰绿色凝灰岩、流纹岩、凝灰熔岩夹凝灰质粉砂岩、硅质岩、炭质泥岩；上段（$J_3dI_2^e$）分布于东厦镇楼下村至与列屿分界处的海岸线一带，为深灰色英安质凝灰熔岩、流纹质凝灰熔岩、夹角岩、英安岩、凝灰岩。

侏罗系上统南园组　为大规模陆相中酸—酸性火山岩沉积，分为5段，在境内出露的为1－3段。1段（J3na）只在内洞一带出露，为深灰、灰黑色流纹英安质晶屑凝灰熔岩、熔结凝灰岩、安山岩夹凝灰岩；2段（J3nb）分布全县各地，为灰白色流纹质晶屑凝灰熔岩、晶屑凝灰岩、流纹岩夹硅质凝灰岩、细砂岩、球粒石泡流纹岩、豆状凝灰岩；3段（J3nc）分布在金坑、白凤、梅林、火田、高田、东车、庙后、吉坂、海峰、湖丘、董塘等地，为深灰、绿、灰黑色流纹英安质晶屑凝灰熔岩、熔结凝灰岩、中酸性粒状碎屑熔岩、英安岩夹凝灰岩、凝灰熔岩等。

白垩系下统石帽山群　下组（K1sn1）上段分布在杨美—湖洋及和平乡榄山尖一带，岩性为英安岩、安山玢岩凝灰熔岩、熔结凝灰岩；下段呈条带状分布在杨美一带，为砾岩、沙砾岩、凝灰质砂岩、砾岩及凝灰岩。上组（K1sn2）出露在马铺—石鼓一带，上段为流纹岩、流纹斑岩、凝灰岩夹角砾凝灰岩、石泡流纹岩，下段为凝灰质沙砾岩、粉砂岩夹砂质泥岩、砂岩及石炭质泥岩。

第四系　未分层，主要分布在漳江等河流两岸及东厦、列屿、陈岱镇沿海地带，为冲积、冲洪积、残坡积、海积和风积，岩性为细—粗砂、沙砾、砾石、黏沙及淤泥等。

云霄县地层简表

表2–1

<table>
<tr><th>界</th><th>代号</th><th colspan="2">群、组</th><th>相</th><th>主要岩性</th><th>说明</th></tr>
<tr><td>新生界</td><td>Q</td><td colspan="2">（未分）</td><td></td><td>细—粗沙、沙砾、砾石、黏沙、淤泥等</td><td>陆相及海相交互相</td></tr>
<tr><td rowspan="6">中生界</td><td>KLsnL</td><td>上组</td><td rowspan="2">石帽山群</td><td rowspan="5">陆相</td><td rowspan="2">中酸性火山熔岩、火山碎屑沉积岩</td><td>分上下段</td></tr>
<tr><td>KLsnL</td><td>下组</td><td>分上下段</td></tr>
<tr><td>J3n</td><td colspan="2">南园组</td><td>中酸性火山喷出岩及火山碎屑沉积岩</td><td>分5段，云霄仅出1－3段</td></tr>
<tr><td>J3c</td><td colspan="2">长林组</td><td>砂岩、沙砾岩及凝灰岩</td><td></td></tr>
<tr><td>J1L</td><td colspan="2">梨山组</td><td>上段粉砂岩页岩夹砂岩；下段砾岩、沙砾岩偶夹粉砂岩</td><td>分上下段</td></tr>
<tr><td>T3w</td><td colspan="2">文宾山组</td><td>海陆交相</td><td>上段为粉砂岩夹砂岩、沙砾岩；下段为砂岩、沙砾岩偶夹粉砂岩</td><td>分上下段</td></tr>
</table>

3.侵入岩　大面积出露的主要为燕山早期第三阶段（rs2晚侏罗世）和燕山晚期第一阶段（rs3早白垩世）。燕山早期主要为黑云母花岗岩，次为花岗岩，部分为花岗闪长岩，分布在大山顶—下径—湖丘—梅山、三星—梅林、新林—青尾、瓦坑—古楼和水头、柘林等地。燕山晚期主要为晶洞花岗岩，次为花岗斑岩，花岗闪长岩、闪长岩、石英闪长玢岩、石英正长玢岩，大面积出露在乌山、梁山、笔架山、上河—大坪溪、列屿等地。

（二）地貌

1.地貌特征、类型

云霄北、西、南三面环山，东临东山湾。东北为梁山山脉及其延伸，北为矾山山脉及其延伸，西至西南为乌山山脉及其延伸，由乌山、梁山、矾山构成与邻县的分水岭。分水脊波状起伏，山势陡峻，分水岭走向北西，与北西向深断裂带基本一致。属侵蚀构造中低山区、剥蚀构造丘陵区、滨海剥蚀台地、侵蚀堆积平原区等四种地貌类型。低山占 13%、丘陵占 49%、平原占 28%，淡水水面占 10%。

2. 山脉、山峰

境内有乌山山脉、梁山山脉和矾山山脉。

境内千米以上山峰有乌山山脉的西山源 1117 米（海拔，下同），石笋山 1014 米，龙床石山 1109 米，乌山主峰 1051 米；梁山山脉的梁山主峰 1001 米，大帽山 1075.5 米；矾山山脉的矾山主峰 1075 米。

3. 海域、海岸线及岛礁

境内海域由漳江湾、东山湾西部和八尺门水道组成。漳江湾岸段为淤泥质海岸，处于淤涨状态，湾内底质以泥质沉积为主，地形平缓。东山湾西部岸段为基岩海岸与砂泥质海岸相间，岸线处于微侵蚀状态，粉砂、黏土沉积，地形平坦。八尺门水道两侧岸段为泥质海岸，泥质沉积，局部区域为砂质沉积。海域面积 106.7 平方公里，海岸带陆域面积 567.39 平方公里。海域面积中，海平面以上占绝大部分，水深 0 — 5 米为 36.24 平方公里，水深 5 — 10 米为 0.52 平方公里。

2005 年 5 月，经全省岸线修测后，省政府发布，云霄县海岸线总长 75.5 公里，其中红树林岸线 12.70 公里，淤泥质岸线 28.86 公里，基岩岸线 32 公里，河口岸线 1.40 公里，沙质岸线稀少。

境内海域有居民岛屿：佳州岛；已开发利用无居民岛屿：大洲（大涂）、鸽仔洲、双屿；云霄县标志性岛屿：石矾塔屿；至 2006 年未开发利用无居民岛屿：大屿、崎仔山。

2002 — 2004 年云霄县政府与诏安县、漳浦县、东山县人民政府开展海域勘界，并分别签订海域行政区域界线协议书（3 份协议书已经省人民政府报国家海洋局转报国务院，国务院尚未批准）；云霄县与东山县勘界后，在云霄县一侧主要岩礁有：青屿礁、白礁、柳谢礁、鸡心礁、港口礁等。

经海域勘界后，历史上属云霄县的大霜、小霜等岛屿属漳浦县，尾涡屿属东山县。（详见附录《云霄县和漳浦县海域行政区域界线协议书》及《云霄县和东山县海域行政区域界线协议书》）

二、气候　水文

（一）气候

1. 四季划分与特征

全县属南亚热带海洋性季风气候。

春季　3 — 5 月，气温在 17.3℃ ~ 24.8℃之间。天气多变，晴雨无常，一遇冷空气即降雨，又因整个季节多雨，故有“春寒雨落”和“春水梅雨”之说。

夏季　6 — 9 月，气温在 27.1℃ ~ 28.7℃之间，以 7 月份为最高。整个季节白天至上半夜炎热，凌晨至清早有微弱西北风，凉爽宜人。遇闷热天，经常在午后发生雷阵雨。时有台风暴雨袭击。

秋季　10 — 11 月，气温在 20.8℃ ~ 24.4℃之间。初秋白天时有雷阵雨，晚秋则天高气爽、气候宜人。

冬季　12 月至次年 2 月，气温在 14.5℃ ~ 16.5℃之间，以 1 月份为最低。整个季节干燥少雨，但遇刮南风便会降雨，故有“十二月南风现报（马上降雨）”之说。

2. 气象要素

气温　1997 — 2006 年平均气温以云陵（指县城地区）、常山最高，为 22.2℃。海拔 200 米以下平原、低丘陵地区为 21.3℃ ~ 20.3℃；海拔 200 ~ 500 米的丘陵地带为 20.0℃ ~ 18.5℃；海拔 500 米以上的低山区，一般低于 18.5℃，和平乡通贝村为 16.4℃，龙床石、西山源为 15.0℃ ~ 14.0℃。县城及郊区，常年无霜期 347.4 天，有霜日 2.7 天。

云霄县城区气温极值最高纪录 39.7℃，出现于 2002 年 7 月 4 日；最低纪录 0.0℃，出现于 1999 年 12 月 23 日。乌山水晶坪地区夏天最高气温不超过 34℃，冬天极端最低气温为零下 3℃ ~ 4℃。

气温日较差沿海比内陆小，海拔高的比谷地、盆地小。各测点气温日较差平均 6.4℃ ~ 9.7℃，每年 5 — 6 月多阴雨，日较差小，秋末冬初多晴，日较差最大。

云霄县各观测点累年月平均气温表

表 2-2　　单位：℃

月份	云陵	客寮	七高磜	产田埔	通贝	常山	列屿
1	14.5	12.7	10.3	13.0	8.4	13.4	12.8
2	15.2	13.3	11.0	13.5	9.1	13.9	13.3
3	17.3	16.3	14.0	16.1	12.0	16.4	15.6
4	21.6	20.8	18.3	20.5	16.3	20.4	20.0
5	24.8	23.8	21.2	23.6	19.1	23.7	23.5
6	27.1	26.0	23.4	25.9	21.3	26.1	26.0
7	28.7	27.8	25.3	28.0	23.0	28.0	28.1
8	28.5	27.5	24.9	27.6	22.8	27.8	27.9
9	26.9	26.0	23.5	26.1	21.4	26.5	26.6
10	24.4	22.4	20.1	22.6	18.1	23.2	23.3
11	20.8	18.5	16.2	18.6	14.2	19.6	19.6
12	16.5	14.4	12.2	14.5	10.3	15.8	15.8
全年	22.2	20.8	18.4	20.8	16.4	21.2	21.0

地温　1997 — 2006 年，云陵地区地温平均 24.9℃。以 1997 年平均 24.0℃为最低，2002 年平均 25.7℃为最高。2006 年平均 24.5℃。

1997 — 2006 年云陵地区地面温度变化表

表 2-3　　单位：℃

年　份	年平均地面温度
1997	24.0
1998	25.2
1999	24.5
2000	25.1
2001	25.1
2002	25.7
2003	25.2
2004	24.9
2005	24.4
2006	24.5
平均	24.9

降水　1997 — 2006 年，全县平均年雨日 138 天，雨量 1334 ~ 3079 毫米。由于地理位置不同和受季风强弱及进退时间的影响，沿海地区雨量偏少，陈岱为 1251.8 毫米，列屿为 1380.5 毫米；西北部山区、半山区偏多，乌山东南坡棪树村为 2403.3 毫米，年均暴雨 13.3 天，为漳州市各测点之最多。雨期较集中，云陵半年（4 — 9 月）总雨量 1675.8 毫米，占年总雨量 83%，月均 250 毫米以上，半年（10 —次年 3 月）总雨量 333.2 毫米，占

年总雨量 17%；干湿季节差异明显，春雨季（3 — 4 月）253 毫米，占全年 13%；梅雨季（5 — 6 月）651.7 毫米，占全年 32%；台风雷阵雨季（7 — 9 月）879.7 毫米，占全年 44%；干季（10 —次年 2 月）224.6 毫米，占全年 11%。

云霄县各观测点累年月平均降雨量表

表 2-4　　单位：毫米

月份	云陵	枧河	横寨	上河	岳坑	棪树	陈岱
1	40.6	39	45.1	42.6	31.1	43.8	27.2
2	77.2	81.5	84.4	83.8	62.2	90.4	54.4
3	108.6	108.2	110.2	107.3	90.2	110.9	66.7
4	144.4	156.6	165.9	150.5	132.3	168.8	114.4
5	263.2	234	247.8	229.2	197.1	296.8	157.2
6	388.5	319.9	312.9	319.6	293.2	490.6	257.7
7	294.3	271.5	303.1	265.8	223.8	411.6	175.1
8	380.1	303.6	317.1	295.1	243.1	361.3	192.1
9	205.3	184	213	157.3	143.4	239.7	94.8
10	34.8	63.9	58.5	72	43.6	99.5	62.1
11	25.1	38.4	43.5	45	31.7	56.5	29.1
12	46.9	27.4	30.3	30.3	21.3	33.7	20.6
全年	2009	1828	1931.8	1798.5	1513	2403.6	1251.4

湿度　云陵观测站年平均相对湿度 76%，年平均水汽压 21.1 百帕。

日照、蒸发　1997 — 2006 年，云陵地区十年平均太阳辐射每平方米 12.3 兆焦，日照 1688 小时。日照时数年际变化较大，2003 年旱情严重，全年达 2018 小时；2005 年多阴雨，只有 1409 小时。正常 7 月最多，为 216 小时，2 月最少，为 108 小时，一般沿海比城关多，山区比城关少，山区谷地北坡更少。辐射夏季最强，冬季最弱，与温度年变化基本一致。云陵地区平均蒸发量 1687.9 毫米，陆地蒸发由西北向东南递减，与降雨量发布相似；水面蒸发量由西北向东南递增，与降雨量发布相反。

云霄县云陵地区十年平均各月份日照、太阳辐射量和蒸发表

表 2-5

月份	日照时数（小时）	日照百分率（%）	太阳辐射量（MJ/㎡）	蒸发量（毫米）
1	139	42	7.92	95.6
2	107.8	33	7.49	91.1
3	119.5	32	10.43	112.3
4	119.4	31	11.35	131.6
5	129.2	31	13.14	141.6
6	147.6	36	13.38	134.6
7	216	52	18.09	201.4
8	197.3	49	15.89	180.4

续表 2-5

月份	日照时数（小时）	日照百分率（%）	太阳辐射量（MJ/㎡）	蒸发量（毫米）
9	168.9	46	12.93	166.7
10	178.8	50	12.72	177.3
11	156.9	48	10.54	139.5
12	156.1	47	9.82	115.8
全年	1836.5	42	12.26	1687.9

气压　1997 — 2006 年平均气压 1011.3 百帕（海拔高度 23.8 米）。

风速　1997 — 2006 年平均风速 2.0 米 / 秒，最大 28.8 米 / 秒。

（二）水文

1. 河流

境内东、北、西部的漳江河流全部汇入漳江湾；东南部的列屿镇山前溪、陈岱镇竹港溪流入东山湾；西南部常山开发区的官洋溪流入诏安县境。县境年平均径流深 926 毫米，径流总量 116277 万立方米，径流分布与年降雨量相对应，总趋势由西北向东南递减。

漳江发源于平和县博平山脉大峰山麓，经平和泮池入云霄境，汇诸水为马铺溪，经峰头，汇发源于平和的安厚溪和车圩溪，经下河、溪口至莱埔双溪嘴汇火田溪，经西林汇乌山诸水西溪（旧称南溪），经县城折向东南汇入山美溪，至荷步汇入柘港（亦作“蔗港”）溪，至湖丘村附近入海。漳江全长 67.8 公里，县境内 58.2 公里，平均坡降 2.2‰，流域呈向心状，系数 0.23。流域总面积 1038 平方公里，其中县境内面积 862.3 平方公里，占全县陆域面积 79.4%。

漳江云陵区域河段，因上游水库和发电站建设、江滨路建设、畲仔园区开发、桥梁建设、两岸防洪堤建设及河沙开采等，来水明显减少，至 20 世纪 90 年代中期，河道变窄，沙洲基本消失，生态受到影响。

漳江主流及主要支流情况表

表 2-6

流域	主流、支流名称	流域面积（平方公里）	河长（公里）	河道坡降（‰）
漳江	马铺溪（主流）	173	31.4	7.9
	安厚溪	156	29.3	5.8
	车圩溪	94.3	22.3	13.4
	火田溪	185	24	8.1
	西溪	148	30	11.4
	山美溪	106	25	3.7
	柘港溪			

注：表中数据出自 2006 年 5 月省水利规划院、漳州市水利勘测设计院编制的漳江五大流域规划

2. 地下水

据福建省第一工程水文地质大队调查，云霄境内地下水资源总面积 1029.53 平方公里，总量 12082.54 万立方米 / 年，主要为基岩裂隙水、风化带网状裂隙水和松散岩类裂隙水，前两种埋藏深，开采难度较大，后一种埋藏浅，水层单薄，不利储存。

云霄县地下水资源分布表

表 2-7

地下水类型	分布位置	泉水流量常见值（立方米 / 日）	面积		水资源量	
			数值（平方公里）	占总面积（%）	数值（万立方米 / 年）	占总资源总量（%）
水量中等的基岩裂隙水	与漳浦、平和相邻的分水岭地带、境内东南部、西北部	0.1	466.85	45.34	8531.91	70.91
水量贫乏的基岩裂隙水	与漳浦、平和相邻的分水岭地带、境内中部	＜ 0.1	364.31	35.39	2163.64	17.56
水量中等的风化带网状裂隙水	马铺、下河和周围山地	0.1	13.03	1.27	45.61	0.38
水量贫乏的风化带网状裂隙水	火田、陈岱周围低山和丘陵山地	＜ 0.1	71.39	6.93	199.91	1.66
水量中等的松散岩类裂隙水	漳江下游河床两侧、列屿东南部	＜ 0.4	16.53	1.61	250.09	2.08
水量贫乏的松散岩类裂隙水	山间洼地河流两侧和溪海地带		79.32	7.70	891.38	7.41
松散岩类裂隙水、水质差、不宜农业灌溉用水	城关以东，莆美、东厦辖区		18.1	1.76		
合计			1029.53	100	12082.54	100

3. 潮汐

云霄潮汐由从台湾海峡经东山湾入漳江湾的潮水涨退形成。属规则性半日潮，农历初一、十五水满正午，初八、二十四早满、晚满，初十、二十五日暮潮平，高潮水位出现在农历八、九、十月份，低潮水位在五、六月份。历史上，潮水入漳江，北至西林村、南至山美村以及城区的林太史公港、大人公港等均有潮汐。20 世纪 50 — 60 年代建山美水闸和南江、北江水闸后，潮水至水闸外而止。

三、土壤　植被

（一）土壤

1. 土区划分

境内土区分为滨海平原台地区、河谷平原区、丘陵低山区。

2. 土壤母岩

境内北部、东北部中低山属火山岩；东部梁山与西部乌山属乌云母花岗岩；中部漳江及其支流、溪流两岸，属近代河流冲积物沉积层，沙壤相间；南部沿海陈岱、列屿一带海咸剥蚀台地属层积母质；漳江下游河口地带母质为第四纪残积物质和沉积物质，由古老冲积物、近代河流冲积、海积和风积形成。

3. 土类

主要有水稻土、砖红壤性红壤、红壤、冲积土、风沙土、盐土六大土类，淹育型、潴育型、潜育型、漂洗型、盐渍型、砖红性红壤、黄色赤红壤、粗骨性赤红壤、赤土、红壤、粗骨性红壤、黄红壤、水化红壤、红土、冲积土、灰沙泥土、滨海盐土、滨海风沙土等 18 个亚类，划分为 47 个土属，68 个土种。六大土类按耕作种植使用条件分为水田、旱耕地、山地及滩地、风沙土土类。

（二）植被

森林植被属南亚热带森林植被类型。由于历年来对森林资源的严重破坏，原来的乡土树种——典型的亚热带林木已基本绝迹，仅留下次生萌芽林或残林—次生杂木阔叶林。2006 年，全县森林覆盖率 59.7%。

至 2006 年遗留的天然林木树种以壳斗科槠栲类树种所组成的天然杂木阔叶林群落为主，分为三层。上层属乔木树种，由木荷、米槠、赤皮青冈、格木、南岭栲、闽粤栲、红栲、樟树、枫香、红锥、马尾松和竹类（毛竹、麻石竹等）组成。中层为灌木林，有桃金娘、黄端木、冬青、黑面神、檵木、油茶、山苍子、鹅掌柴、胡枝子、野漆、野茉莉、柃木和黄枝子等。下层为地被层（草本植被），有芒萁、菝葜、茅、芒、荻草和蕨类等。

人工林为乔木树种，主要有：柠檬桉、大叶桉、毛竹、石竹、麻竹、绿竹、刺竹、杉木、马尾杉、台湾相思、木麻黄、苦楝、乌桕、油桐等树种；从外地或国外引进的湿地松、火炬松、大叶相思、马占相思、厚荚相思等树种；巨尾桉、尾叶桉和尾巨桉等速生丰产、短伐期树种；龙眼、荔枝、柚、橄榄、枇杷及杂果类等木本果树。

以地域分布，县境北、西部，以壳斗科树种为优势树种组成杂阔群落。县境中部以湿地松、柠檬桉和相思类树种为主及部分木本果树等经济林。县境东南部及沿海地带，以木麻黄、湿地松和相思类树种组成沿海防护林带及部分经济林。漳江口滩涂有以秋茄、木榄、桐花树、白骨壤、老鼠勒、黄槿、三叶鱼藤等为主的红树林群落。

第二节　自然资源

一、矿物资源

矿藏　境内探明的矿藏，主要有地热水、矿泉水、花岗岩、辉绿岩、建筑用砂、砖瓦黏土、高岭土、石英、水晶、明矾、红柱石、绿柱石、矽线石、铅锌、钨、锡、金等。（详见第三章《国土资源管理》）

二、动植物资源

（一）野生动物

1. 两栖纲

沿海地区（含东厦镇、列屿镇、陈岱镇和漳江口红树林保护区，下同）两栖动物，有 1 目（无尾目）5 科 13 种，占全省两栖类种类的 28.55%，多数属水生或湿地物种。其中常见物种为：蟾蜍科有黑眶蟾蜍 1 种，雨蛙科有中国雨蛙 1 种，蛙科有虎纹蛙（国家Ⅱ级保护动物）、泽陆蛙、沼水蛙 3 种，姬蛙科有粗皮姬蛙、饰纹姬蛙、花姬蛙 3 种。沿海两栖类，东洋界占 92.31%，古北界占 7.69%。

内陆地区〔含云陵镇、莆美镇、火田镇、下河乡、马铺乡、和平乡（场）、云陵工业开发区，下同〕两栖动物有 1 目（无尾目）6 科 14 种，蟾蜍科有黑眶蟾蜍 1 种，雨蛙科有无斑雨蛙、中国雨蛙 2 种，姬蛙科有饰纹姬蛙、粗皮姬蛙 2 种，树蛙科有斑腿泛树蛙、大树蛙 2 种，蛙科有沼蛙（中国特有物种）、泽蛙、虎纹蛙（国家Ⅱ级保护动物）、棘胸蛙（又名石榜）、竹叶蛙、大绿臭蛙 6 种，隐腮鲵科有大鲵 1 种。

2. 爬行纲

沿海地区爬行动物有 3 目 11 科 37 种，其中龟鳖目 3 科，蜥蜴目 3 科，蛇目 5 科，占全省爬行类种类的 32.17%。属国家Ⅰ级保护动物的有蟒蛇 1 种，国家Ⅱ级保护动物有蠵龟、绿海龟、玳瑁、太平洋丽龟、棱皮龟等 5 种，均为《国际贸易公约》及国际自然和自然资源保护联盟（IUCN）禁贸禁捕物种。较常见的有：龟鳖目鳖科有鳖 1 种；蜥蜴目壁虎科有壁虎、多疣壁虎 2 种，石龙子科有光蜥、中国石龙子（中国特有物种）2 种，蜥蜴科有南草蜥 1 种；蛇目盲蛇科有钩盲蛇 1 种，游蛇科的游蛇亚科较常见的有三索锦蛇、紫灰锦蛇、黑眉锦蛇、灰鼠蛇、翠青蛇（青竹标）、渔游蛇等 6 种，水游蛇亚科有铅色水蛇、中国水蛇 2 种，眼镜蛇科的扁尾海蛇亚科有扁尾海蛇 1 种，海蛇亚科有环纹海蛇 1 种，眼镜蛇亚科有金环蛇、银环蛇、眼镜蛇、眼镜王蛇 4 种，蝰科有白唇竹叶青 1 种，蟒科有蟒蛇 1 种。沿海爬行类，东洋界占 90%，广布种占 10%。

内陆地区爬行动物有 3 目 11 科 38 种。龟鳖目龟科有乌龟、花龟（中国特有物种）、三线闭壳龟（俗称赤米龟，国家Ⅱ级保护动物）、四眼斑水龟、黄喉拟水龟、眼斑水龟 6 种，平胸龟科有平胸龟（又名鹰嘴龟）

1种，鳖科有鳖1种；蜥蜴目壁虎科有壁虎、蹼距壁虎、疣壁虎3种，石龙子科有光蜥、石龙子（中国特有物种）、蓝尾石龙子、蜓蜥4种，蜥蜴科有南草蜥1种；蛇目盲蛇科有钩盲蛇1种，游蛇科游蛇亚科有草腹链蛇（又名草游蛇）、滑鼠蛇（俗称山濑）、黄链蛇、紫灰锦蛇、三索锦蛇、灰腹绿锦蛇、翠青蛇（又名青竹标蛇）、中国小头蛇、台湾小头蛇、紫沙蛇、钝尾两头蛇、灰鼠蛇、环纹华游蛇（又名环纹游蛇）、渔游蛇，乌梢蛇（又名乌风蛇）、中国水蛇等16种，眼镜蛇科眼镜蛇亚科有金环蛇、银环蛇、眼镜蛇、眼镜王蛇4种，蝮科有尖吻蝮、山烙铁头、竹叶青3种，蟒科有蟒蛇（国家Ⅰ级保护动物）1种。

3. 鸟纲

据2001年厦门大学林鹏院士调查队的实地调查，沿海地区鸟类有15目38科154种，占全省鸟类种类的28.36%。其中陆地鸟类4目23科74种，占全省种类的20.39%；水域鸟类7目15科80种，占保护区鸟类的51.95%，占全省鸟类的44.44%。属中国、日本两国政府协定保护的候鸟77种，中国、澳大利亚两国政府协定保护的候鸟41种；属国家Ⅱ级保护动物的有黄嘴白鹭、鸢、黑翅鸢、普通鵟、白腹鹞、红隼、游隼、小杓鹬、小青脚鹬、褐翅鸦鹃等10种；属国际自然和自然资源联盟禁捕的濒危鸟类有小杓鹬、黄嘴白鹭和黑嘴鸥。

沿海地区154种鸟类中，鹭科有苍鹭、小白鹭、牛背鹭、池鹭、绿鹭、中白鹭、大白鹭、黄嘴白鹭、栗苇鳽、黄斑苇鳽、夜鹭等11种，秧鸡科有白胸苦恶鸟（俗称苦鸡母）、黑水鸡2种，鸻科有金目臣鸻、环颈鸻、灰斑鸻3种，鸥科有红嘴巨鸥、红嘴鸥、黑嘴鸥3种，杜鹃科有褐翅鸦鹃（俗称芒眶）1种，鹡鸰科有田鹨、白鹡鸰、黄鹡鸰 、灰鹡鸰4种，鹎科有白头鹎1种，伯劳科有红尾伯劳、棕背伯劳2种，椋鸟科有八哥、灰背椋鸟2种，鸭科有灰雁、豆雁、绿翅鸭、针尾鸭、琵嘴鸭、斑嘴鸭6种，鹬科有翻石鹬、黑尾塍鹬、白腰杓鹬、小杓鹬（国家Ⅱ级保护动物）、小青脚鹬5种，翠鸟科有普通翠鸟、冠鱼狗、斑鱼狗、兰翡翠、白胸翡翠5种，鸊鷉科有小鸊鷉1种，鸠鸽科有珠颈斑鸠1种，鹮科有黑脸琵鹭1种，反嘴鹬科有黑翅长脚鹬、反嘴鹬2种，鸬鹚科有鸬鹚1种。沿海鸟类中，属留鸟63种，夏候鸟18种，冬候鸟59种，旅鸟14种。保护区鸟类以湿地鸟类最为丰富，有6目14科82种，其中鸻形目有雉鸻科1种，蛎鹬科1种，鸻科7种，鹬科26种，反嘴鹬科2种，彩鹬科1种，瓣蹼鹬科1种，燕鸻科1种；雁形目鸭科7种；鹳形目鹭科12种；鹤形目秧鸡科9种；鸥形目鸥科8种；佛法僧目2科，其中翠鸟科5种，戴胜科1种。保护区鸟类具有亚热带特征，东洋界占36.36%，广布种占15.58%，古北种占48.05%。

内陆地区鸟类有11目20科51种。鹃形目杜鹃科有褐翅鸦鹃、八声杜鹃2种；鸽形目鸠鸽亚科有珠颈斑鸠、欧斑鸠2种；雨燕目雨燕科有小白腰雨燕、白腰雨燕（中日澳保护动物）2种；佛法僧目翠鸟科有普通翠鸟、冠鱼狗、斑鱼狗、蓝翡翠、白胸翡翠5种；鸡形目雉科和雉亚科有鹧鸪、鹌鹑、白鹇3种；鹤形目秧鸡科有红脚苦恶鸟、白胸苦恶鸟、花田鸡、红胸田鸡、普通秧鸡5种；鹳形目鹭科有白鹭、牛背鹭2种；鸮形目草鸮科有草鸮1种，鸱鸮科有领角鸮、林雕鸮、领鸺鹠、长耳鸮4种；鴷形目啄木鸟科有棕啄木鸟、黑啄木鸟2种；隼形目鹰亚科有苍鹰（俗称利叶，国家Ⅱ级保护动物）1种，隼亚科有游隼、红隼（国家Ⅱ级保护动物）2种；雀形目燕科有金腰燕、家燕、斑腰燕3种，鹎科有白头鹎（中国特有种）1种，伯劳科有棕背伯劳、红尾伯劳2种，椋鸟科有八哥、紫背椋鸟2种，鸦科有喜鹊、大嘴乌鸦、灰喜鹊3种，翁鸟科画眉亚科有黑脸噪鹛、画眉2种，莺亚科有暗绿柳莺、黄腹树莺、黄眉柳莺、强脚树莺4种，文鸟科有斑文鸟、白腰文鸟、树麻雀、山麻雀4种。其中，属《国际贸易公约》和国际自然和自然资源联盟禁贸和禁捕的为游隼，中日协定保护的有鹌鹑、普通秧鸡、花田鸡、红胸田鸡、金腰燕、家燕、红尾伯劳、山麻雀、长耳鸮。

4. 哺乳纲

沿海地区哺乳兽类 有食虫目1科、翼手目1科、鲸目6科、啮齿目1科，占全省哺乳兽类12.73%。其中中华白海豚属国家Ⅰ级保护动物，宽吻海豚、伪虎鲸和江豚属国家Ⅱ级保护动物，以上物种均被《国际贸易公约》及国际自然和自然资源联盟列为禁贸、禁捕的物种。啮齿类有鼠科纹背姬鼠、巢鼠、小家鼠、黄腹鼠、褐鼠、黄胸鼠等6种，最常见为小家鼠和褐鼠（又名褐家鼠）2种。沿海哺乳兽类，东洋界占25%，广布种占75%。

内陆地区哺乳兽类 有3目6科10种。翼手目蝙蝠科有黄头油蝠1种；啮齿目鼠科有纹背姬鼠、巢鼠、小家鼠、黄腹鼠、褐鼠、黄胸鼠 6 种，豪猪科有豪猪 1 种，猪科有野猪（俗称山猪）1 种，穿山甲科有穿山甲（又名鲮鲤，国家Ⅱ级保护动物）1 种，鼬科有黄鼬（又名黄鼠狼）1 种；食虫目鼩鼠青科有臭鼩 1 种。

（二）野生植物

1. 沿海植物

据 2001 年厦门大学林鹏院士调查队的调查，漳江口红树林保护区植被可分为红树林、滨海盐沼、滨海沙生 3 个植被类型。

红树林植被　由白骨壤林、桐花树林、白骨壤＋桐花树林、秋茄林、秋茄＋桐花树林、木榄林构成。

白骨壤林，灰绿色，郁闭度 0.8，高度 1.5 ~ 3 米，平均高 2 米，地表分布指状呼吸根。林中点状混生秋茄、桐花树和木榄。

桐花树林，呈多分枝丛生状，黄绿色，郁闭度 0.9，高度 2 ~ 3 米，平均高 2.5 米。林内伴生秋茄、鱼藤、白骨壤，成单株分布。

白骨壤＋桐花树林，灰绿色间杂黄绿色，郁闭度 0.8 ~ 0.9。乔木层为白骨壤与桐花树混生，还混入秋茄、木榄。林分高 2 ~ 3 米，平均高 2.5 米。

秋茄林，青绿色与深绿色，郁闭度 0.7 ~ 0.8。伴生桐花树、老鼠簕、白骨壤和木榄，成星点状或小块状混生。林分高 3 ~ 6 米，秋茄根茎 6 米，平均高 4.5 米。

秋茄＋桐花树林，青绿色或深绿色，郁闭度 0.8 ~ 0.9。乔木层以秋茄及桐花树为主，伴生白骨壤、老鼠簕、木榄，偶有鱼藤共生，成点状分布。秋茄高 4.5 米、胸径 5 厘米，桐花树高 2 ~ 3 米、胸径 3 厘米。

木榄林，深绿色，郁闭度 0.8 ~ 0.9，偶有秋茄、鱼藤、桐花树混生，林分树高 4 ~ 6 米，平均 5 米，平均胸径 10 厘米。

滨海盐沼植被　分为卡开芦盐沼、芦苇盐沼、短叶茳芏盐沼、铺地黍盐沼 4 种类型。

卡开芦盐沼以卡开芦苇为主，偶有桐花树、秋茄单株混生，平均树高 1.5 米，植被繁茂，青绿色，郁闭度 0.8 ~ 0.9。

芦苇盐沼以芦苇为主，混生空心莲子草、凤眼莲、合萌及鱼藤，植被繁茂，灰绿色，郁闭度 0.8 ~ 0.9。

短叶茳芏盐沼以短叶茳芏为单优势种，伴生桐花树、秋茄、鱼藤，树高 1 ~ 1.5 米，植被繁茂，青绿色，郁闭度 0.9。

铺地黍盐沼以铺地黍为单优势种，伴生秋茄、鱼藤，树高 1 ~ 1.8 米，植被繁茂，青绿色，郁闭度 0.8 ~ 0.9。

滨海沙生植被　分为厚藤、苦蓝盘、露兜树等群落。厚藤群落以厚藤为单优势种，伴生地鼠尾粟、铺地黍、狗牙根、海边月贝菜，郁闭度 0.5。苦蓝盘群落以苦蓝盘为单优势种，伴生铺地黍、狗牙根、鼠尾粟、毛草龙，郁闭度 0.9。露兜树群落以露兜树为单优势种，平均高 1.5 米，最高 3.5 米，混入白茅、小蓬草、龙舌草，郁闭度 0.6。

2. 内陆植物

县境现存内陆植物有 123 科 413 属 585 种，其中乔木 185 种，灌木 285 种，草本 115 种。

常见乔木（除“植被”中介绍外）主要有：麻栎、楠木、火力楠、垂柳、泡桐、苦楝、南洋楹、喜树、母生、木菠萝、银桦、厚壳桂、团花、降香黄檀、酸枣、贵州木瓜红、黄连木、凤凰木、白桂木、榔榆、重阳木、刺桐、肥皂夹、榕、绿果榕、丛花厚壳桂、木棉、朴树、二色波罗蜜、秋风、白果蒲桃、铁冬青等。

常见灌木主要有：盐肤木、算盘子、胡颓子、岗梅、石斑木、胡枝子、冬青、枸骨、余甘、铁冬青、石楠、阴香、扶桑、蜀葵、桃金娘、水冬哥、牡荆、栀子、檵木、鹅掌柴等。

经济林主要有：三年桐、千年桐、桑树、南岭黄檀、板栗、棕榈、杨梅、乌桕、油茶、龙眼、荔枝、阳桃、杧果、橄榄、柚、金枣、蒲桃、番石榴、黄皮果、橙、香橼、佛手、枇杷、桃、李、梨、石榴、无花果、乌榄、柑、桔、茶叶、波罗蜜、凤梨、番木瓜、柿、葡萄等。

花卉类主要有：山茶花、玉兰、黄玉兰、菊花、水仙、兰花、月季、桂花、含笑、南洋杉、圆柏、侧柏、龙柏、玫瑰、金合欢、银合欢、羊蹄甲、紫荆花、米兰花、木槿、鹰爪、夜合、梧桐、栀子花、假槟榔、皇后葵、鱼尾葵、散尾葵、油棕、蒲葵、酒瓶椰子、棕竹、桄榔、虎尾兰、万年青、杜鹃、映山红、木芙蓉、茉莉花、荷花、夹竹桃等。

竹类主要有：毛竹、石竹、刚竹、苦竹、吊竹、季竹、绿竹、麻竹、莿竹、小刚竹、花竹、长枝竹等。

药用类主要有：淡竹叶、芦苇、泽泻、三脚虎、萱草、麦冬、天门冬、何首乌、玉竹、射干、七叶一枝花、仙茅、石蒜、土田七、益智、砂仁、山柰、黄精、文竹、百合、玉叶金花、鬼针草、薄荷、枸杞、骨碎补、九节茶、人字草、丁葵草、十大功劳、三椏苦、大青、三加皮、虎尾轮、虎耳草、狗肝菜、金丝草、赤地利、两面针、苍耳、杠板归、铁扫帚、七层塔、七叶莲、一条根、一扫光、一点红、一见青、一枝黄花、九里香、三月泡、三白草、排钱草、野苎麻、假艾、艾、菝葜、算盘子、薏苡仁、爵床、鲫鳅鑚、黄花地丁、黄花母、黄胆草、益母草、白马背、大红毛、大蓟、土荆芥、土瓜、土党参、山葡萄、山芝麻、山大颜、穿山龙、白花丹、马樱丹、马兰、马留蛋、马鞭草、千里光、千日红、女金丹、五爪三七、五爪龙、白毛藤、铁苋、白背叶、天芥菜、水蜈蚣、水杨梅、牛白藤、六棱菊、元宝草、天香炉、白牛胆、大尾摇、大罗伞、大通筋、牡荆、大金樱、土茯苓、土牛膝、飞扬、野牡丹、葫芦茶、紫珠草、威灵仙、茜草、鱼腥草、车前草、金银花、白花蛇舌草、龙葵、天胡荽、白茅根、石仙桃、过江龙、过山香、过路蜈蚣、田基黄等。

地被植物主要有：画眉草、野古草、荻草、海金沙、乌蕨、木贼、石松、卷柏、翠云草、阴地蕨、中华里白、贯众、金狗脊、铁线蕨、井栏边草、金鸡脚、筋骨草、玉柏石松、姬蕨、岩穴蕨、团叶鳞始蕨、园盖阴石蕨、松叶蕨、福建观音座莲、芒萁、肾蕨、蕨、华南毛蕨、石韦、乌脚枪等。

水生植物主要有：满江红、槐叶苹、凤眼莲（又名水葫芦）、莲花、日本水仙、苹（又名田字草）、泽泻、芦苇、莎草、水芋、木通、积雪草、蟛蜞菊、酢浆草、犁头草、酸藤、水龙、毛莨、石菖蒲、鸭跖草、土半夏、水蜈蚣等。

第三节　自然灾害

一、风洪　干旱

（一）风洪灾害

境内暴雨相对集中于5月、6月雨季和7—9月的台风季节，年际与地区之间差别较大，城关年均暴雨日7.8天，乌山东南坡棪树村年均13.3天，居漳州市首位，陈岱年均5.1天，岳坑、碗窑年均7天以下。暴雨时常造成山洪暴发，每遇海潮顶托，容易造成灾害。

1997年8月1日，10号台风，境内（下同）风力8级，过程雨量255.7毫米，日最大雨量143.5毫米。受灾人口11.5万人。农作物受灾2408公顷，成灾面积2145公顷，绝收221公顷。房屋损坏249间，倒塌144间。公路设施损失330万元，市政设施损失619万元，农业经济损失1014万元，直接经济损失共3926万元。

1998年10月25日，10号台风，风力12级，过程雨量155.7毫米，日最大雨量66.6毫米。受灾人口276540人，死亡4人。农作物受灾8187公顷，成灾面积4666公顷，绝收1256公顷。房屋损坏869间，倒塌330间。公路设施损失43万元，电力设施损失20万元，市政设施损失147万元，农业经济损失1815万元，直接经济损失共10132万元。

1999年6月6日，3号台风，风力8级，过程雨量117.7毫米，日最大雨量82.3毫米。受灾人口72633人。农作物受灾700公顷，成灾面积320公顷，绝收80公顷。房屋损坏145间，倒塌29间。公路设施损失20万元，市政设施损失18万元，农业经济损失500万元，直接经济损失共1008万元。

1999年10月9日，14号台风，风力9级，过程雨量21.8毫米，日最大雨量19.9毫米。受灾人口63252人。农作物受灾782公顷，成灾面积500公顷，绝收150公顷。房屋损坏486间，倒塌83间。农业经济损失1050万元，直接经济损失共2638万元。

2001年7月6日，4号台风“尤特”，风力9级，过程雨量122.2毫米，日最大雨量117.3毫米。受灾人口53624人。农作物受灾1730公顷，成灾面积825公顷，绝收263公顷。房屋损坏152间，倒塌65间。公路设施损失32万元，农业经济损失3255万元，直接经济损失共4234万元。

2002年8月3日，12号台风“北冕”，风力8级，过程雨量506.5毫米，日最大雨量210.1毫米。受灾人口5.67万人。农作物受灾2475公顷，成灾面积968公顷，绝收463公顷。房屋损坏465间，倒塌77间。公路设施损失34万元，农业经济损失1569万元，直接经济损失共2889万元。

2003年9月2日，13号台风“杜鹃”，风力10级，过程雨量55.2毫米，日最大雨量32.4毫米。受灾人口6.43万人。农作物受灾587公顷，成灾面积386公顷，绝收150公顷。房屋损坏89间，倒塌17间。农业经济损失82万元，直接经济损失共194万元。

2004年8月25日，18号台风“艾利”，风力10级，过程雨量122.5毫米，日最大雨量63.5毫米。受灾人口75620人。农作物受灾面积56公顷，农作物成灾面积22公顷，绝收6公顷。农业经济损失27万元，直接经济损失共46万元。

2005年6月21—23日，连续暴雨，过程雨量249毫米，日最大雨量128.1毫米。受灾人口4.5万人。农作物受灾488公顷，成灾面积250公顷，绝收123公顷。房屋损坏450间，倒塌25间。公路损失228万元，电力损失96万元，市政设施损失82万元，农业经济损失869万元，直接经济损失共1374万元。

2005年8月13日，10号台风“珊瑚”，风力10级，过程雨量368毫米，日最大雨量207.7毫米。受灾人口16.2万人。农作物受灾7398公顷，成灾面积4567公顷，绝收687公顷。房屋损坏940间，倒塌95间。农业经济损失6825万元，直接经济损失共17500万元。

2005年10月2日，19号台风“龙王”，风力11级，过程雨量67.1毫米，日最大雨量51.1毫米。受灾人口1.5万人。农作物受灾80公顷，成灾面积30公顷，绝收12公顷。房屋损坏46间，倒塌2间。公路设施损失53万元，农业经济损失100万元，直接经济损失共214万元。

2006年5月17日，1号台风“珍珠”，风力11级，过程雨量296.5毫米，日最大雨量208.2毫米。受灾人口26.2万人，死亡12人，失踪7人。农作物受灾18489公顷，成灾面积11546公顷，绝收1986公顷。房屋损坏3528间，倒塌822间。农业经济损失2.795亿元，直接经济损失共3.85亿元。

2006年7月14日，4号台风“碧利斯”，风力9级，过程雨量484.1毫米，日最大雨量211.9毫米。受灾人口18万人，转移安置18932人。农作物受灾726公顷，农作物成灾面积511公顷，绝收200公顷。房屋损坏86间，倒塌30间。农业经济损失2540万元，直接经济损失共3735万元。

2006年7月25日，5号台风“格美”，风力9级，过程雨量207.5毫米，日最大雨量85.9毫米。受灾人口15.8万人。农作物受灾436公顷，成灾面积259公顷，绝收38公顷。房屋损坏287间，倒塌142间。市政设施损失55万元，农业经济损失2351万元，直接经济损失共3124万元。

（二）旱灾

2001年9月21日至2002年5月10日，云陵地区过程雨量112.2毫米，比常年偏少80%左右，干旱230天，为云霄县有降水记录最严重的特大干旱年。受灾人口29.2万人，饮水困难人口11.5万人。农作物受灾20500公顷，成灾面积15600公顷，绝收5300公顷。农业经济损失1.46亿元，直接经济损失共2.26亿元。

2003年，发生两次干旱过程。第一次为6月30日—8月3日，其间仅降雨29毫米，比常年减少220毫米，为常年降雨量的12%，达中旱标准。第二次发生于10月14日至次年1月17日，连续95天无降雨，近于大旱标准。当年因抗旱措施得力，无明显旱灾损失。

2004年，由于2003年秋冬连续干旱至2004年春季而成特大干旱，2月上旬受旱1.267万公顷，后虽有台风降雨，旱情一度得到缓解，但10月以后雨量又持续偏少，全县21座小㈡型以上水库干涸；投入抗旱18万人次，资金1562万元，抗旱浇灌面积5.727万公顷；因灾损失粮食600吨，农业经济损失7500万元。

二、霜冻　冰雹

（一）霜冻

1999年12月20－26日，云陵极端气温0度，山区零下2℃～4℃，全县发生严重霜冻灾害，受灾人口175660人。农作物受灾12066公顷，成灾面积9362公顷，绝收2689公顷。农业经济损失9236万元，直接经济损失共14784万元。

（二）冰雹

2005年3月29日，马铺乡下冰雹90分钟，受灾人口8920人，农作物受灾33公顷，成灾25公顷，绝收11公顷，直接经济损失180万元。

三、雷电

1999年3月17日，马铺乡遭雷击，经济损失1.3万元。

2000年10月6日，和平乡、云陵镇遭雷击，经济损失1.7万元。

2001年5月7日，马铺乡遭雷击，经济损失1万元；7月12日，云陵镇遭雷击，经济损失2.8万元；7月15日，东厦镇遭雷击，死亡1人；8月19日，云陵镇雷电灾害，直接经济损失5.5万元，电力设施损失5.5万元；9月4日，云陵镇再次雷电灾害，经济损失1.6万元，电力设施损失1.6万元。

2002年5月16日，云陵镇、莆美镇遭雷击，死亡1人、大牲畜1头，损失2.8万元；6月26日，云陵镇、下河乡遭雷击，损坏房屋1间，电力设施损失50万元，其他行业损失24.7万元。

2004年9月21日，云陵镇遭雷击，经济损失1.5万元。

2005年2月17日，常山、云陵镇遭雷击，经济损失2.2万元；5月5日，陈岱镇雷电灾害，经济损失0.9万元；5月18日，马铺乡遭雷击，经济损失0.8万元；6月22日，常山、云陵镇遭雷击，经济损失1.7万元；8月24日，常山、云陵再次遭雷击，经济损失3.7万元；9月5日，云陵镇遭雷击，经济损失0.2万元。

2006年5月5日，云陵镇遭雷击，经济损失1.2万元；10月20日再次遭雷击，经济损失1.5万元。

附：地　震

一、境内地震活动

1998年11月26日16点44分，在北纬23度49分、东经117度28分发生Ms=1.9级地震（参考位置列屿镇）。

1999年7月17日7点13分，在北纬24度04分、东经117度10分发生Ms=1.5级地震（参考位置下河乡）。

2003年7月23日23点31分，在北纬23度53分、东经117度26分发生Ms=1.7级地震（参考位置东厦镇）。

二、境外地震波及影响

1996年7月8日10点54分，在北纬23度24分、东经117度33分的东山以南海中发生Ms=3.3级地震。陈岱、列屿、东厦有感。

1999年9月14日9点39分，在北纬23度21分、东经117度27分的东山、南澳发生Ms=3.2级地震，陈岱、列屿、东厦部分人有微感。

1999年9月21日24点0分，在北纬23度42分、东经120度54分的台湾南投发生Ms=7.0级地震；同一时间，在北纬23度42分、东经121度06分的台湾南投发生Ms=7.6级地震；1999年9月26日24点0分，在北纬23度54分、东经121度06分的台湾南投发生Ms=7.1级地震。云霄全县均有明显震感，出现床摇、窗响、室内悬挂的电灯摆动（烈度3～4度），未造成经济损失。

2006年12月26日20点26分，在北纬21度54分、东经120度36分的台湾恒春海域发生Ms=7.2级地震；20点34分，再次发生Ms=7.5级地震。云霄全县震感较明显，有人听到地声，室内器具、悬挂的电灯摆动，门窗有响声，风扇和工地上未浇注的钢筋强烈摆动（烈度4度），未造成经济损失。

第三章　国土资源管理

云霄县地少人多，土地资源有限。为加强土地管理工作，1982年云霄县成立土地管理委员会，1986年成立县土地管理局。全县土地管理坚持开发、节流并举，努力实现耕地总量动态平衡目标。1997年开始，县政府强化土地资源管理工作，做好用地规划和地籍管理，实行用地控制、定价、审批及招、拍、挂等制度，注重耕地保护和复垦整理工作，重视地质普查勘探及矿产资源开发管理。2005年10月，全县土地实测面积（含常山）105434.4公顷，其中耕地15192.71公顷。2006年末，全县基本农田14771.2公顷。

云霄县水利资源较为丰富。新中国成立后，大抓水利水电建设，至1996年全县共建成蓄水工程1537处，引水、提水工程2246处，达标海堤58.81公里，建成投产的小型水电站21座，城乡用电户达9.09万户，占总户数的98.80%。1997年，水资源管理步入依法治水的轨道，开始实行取水许可证制度，加大取水、河道采砂等执法力度。至2006年底，全县办理各类取水许可证93户，年取水量40339.31万立方米，征收水资源费290万元；河道采砂点由1997年23个减少至2006年14个。

为保护海洋资源，1982年县水产局成立渔政管理站，开始对作业渔船实行许可证制度。2000年9月云霄县编制完成《云霄县大比例尺海洋功能区划》，全县海域共划分为五大功能区。2001年，被确认为全国第二批海域使用管理示范县，加强浅海滩涂的管理使用，全县浅海滩涂普查率达100%。2006年，全县办理海域使用证125本，核定使用面积2446.67公顷。

第一节　土地资源利用与管理

一、土地利用规划

根据1996年土地利用变更调查，云霄县（含常山，下同）土地总面积106805.92公顷，其中耕地15938.33公顷，占14.92%；园地13276.66公顷，占12.43%；林地36799.75公顷，占34.46%；城镇村镇及工矿用地2834.3公顷，占2.65%，其中城镇676.2公顷，村镇1903.73公顷，工矿146.54公顷，特殊用地77.8公顷，盐田30.03公顷；交通用地715.74公顷，占0.67%；水域面积7172.1公顷，占6.72%；未利用土地30069.02公顷，占28.15%。全县人均土地面积0.27公顷（4.05亩），人均耕地面积0.04公顷（0.6亩）。

根据国家土地局《县级土地利用总体规划修编规程》的要求，1997年7月县成立土地利用总体规划编制领导小组，1998年12月编制《云霄县土地利用总体规划》。全县土地利用划分为八种类型区，并确定重点建设项目用地布局、指标和全县土地整理、复垦、开发主要任务和目标，确定各乡镇土地利用规划控制指标、耕地总量动态平衡指标和各类非农建设占用耕地指标。规划基期年为1996年，目标年为2010年，阶段年为2000年。2002年5月对总体规划进行调整，并经市政府批准。2005年10月，运用先进仪器，并辅以实地踏勘核实，全县土地总面积为105434.4公顷，其中农用地70538.9公顷，建设用地4666公顷，未利用地30229.5公顷，分别占土地总面积的66.9%、4.43%、28.67%。农用地中，耕地面积15192.71公顷，园地面积13408.29公顷，林地面积36658.26公顷，牧草地面积2.17公顷，其他农用地面积5277.47公顷。建设用地中，居民点、工矿用地3342.48公顷，交通运输用地435.36公顷，水利设施用地888.17公顷。未利用地中，未利用土地25707.07公顷，其他土地4522.37公顷。

二、地籍管理

（一）土地分等定级及基准地价

1997 年，继续执行 1993 年制定的标准对县城土地进行分等定级。2000 年 6 月，县地价评估事务所对县城土地级别进行修订，重新测算商业用地、住宅用地、工业用地的基准地价。2004 年通过市国土资源局验收。2005 年 4 月经县长办公会议批准公布。

2001 年云霄县城区土地级别与基准地价表

表 3-1　　单位：元 / 平方米

类别	土地级别	级　别　范　围	基准地价
商业用地	1	云平路，云漳路中段，复兴路西段，中山路（时钟台—南门兜），经堂口，和平路（百货商店—时钟台）。	2300
	2	元光路（往师范路口—建委圆环），宝城路，绥阳路（振云酒店—宝城路圆环）。	1400
	3	陈政路（第一圆环—将军山公园大门），江滨路（环保局大桥边—木材公司），云东路，云漳路南段（新车站—双益宾馆），云漳路北段（二所—云霄一中），江辉路。	950
	4	县城规划区内的其他商业区用地，呈环状分布在三级商业用地外围及县城老城区（包括振洋商业广场）。	600
住宅用地	1	汀仔洋，益展商住城，宝城商贸小区，含美山开发区，人大宿舍区。	450
	2	畲园新区，东园新村，西园新村，宝城安置小区，江滨路安置区，贝洋开发区，后汤安置区（绥阳路以南）。	350
	3	县城规划区内其他住宅用地。	250
工业用地	1	高洋区	150
	2	下坂，云陵工业开发区，个私经济开发区。	120
	3	分布在县城建成区西北侧，主要有卷烟厂、机砖厂及罐头厂（世坂工业小区）。	90

2001 年云霄县城区地价表

表 3-2　　单位：元 / 平方米

地　块	路　　段		价　格
云漳北路	1、农械厂—大桥		1000
	2、一中—农械厂		1200
	3、农械厂—糖厂		500
	4、二所——中		2000
	云漳北路至云平路、江滨路区内（北门区、畲园区）	1. 大路街	1300
		2. 临 24 米路	1500
		3. 临 12 米路	1000
		4. 临 8 米以上 12 米以下路	800
		5. 临 4 米以上 8 米以下路	600
		6. 其他	300
云漳路中段	二所—工行圆环		4200
	工行圆环—新车站		4000

续表 3-2

地　块	路　段	价　格
云漳南路	新车站—双益宾馆	2500
江滨路	1. 旧大桥—体育场	1300
	2. 体育场—党校圆环	2000
	3. 党校圆环—木材公司	2600
云平路	全部范围	3800
中山路	时钟台—南门兜	3500
经堂口	全部范围	4500
和平路	1. 百货商店—时钟台	3200
	2. 时钟台—槐荫路口	1800
	3. 槐荫路口—中医院	1200
复兴路	1. 拆迁改造段	4500
	2. 旧路未改造部分	1500
槐荫路	全部范围	1200
南强路	全部范围	1200
云东路	全部范围	2000
南市场	店面	1600
云平路、江滨路、云东路、云漳路闭合范围内	1. 临 4 米以上路	500
	2. 其他	300
汀仔洋社区（不含云漳路及云东路）	1. 临 18 米以上路	2400
	2. 临 12 米路	1800
	3. 临 8 米以上路	1500
	4. 其他	1000
绥阳路	1. 宝城圆环—五板桥	3500
	2. 五板桥—振云酒店	3000
绥阳东路	1. 阳霞宾馆—中柱路口	1200
	2. 中柱路口—阳下村	500
贝洋路东：包括益展商住城至绥阳路排洪港；路西：包括双益宾馆、顶溪农场、大路尾	1. 临 18 米以上路	1500
	2. 临 12 米路	1200
	3. 临 8 米以上路	1000
	4. 临 6 米以上路	800
	5. 其他	400
高洋区	1. 临国道（城南中学为界）	1000
	2. 临国道其他部分	700
	3. 区内临 12 米以上路	500
	4. 其他	300

续表 3-2

地　块	路　段	价　格
漳南大市场包括双溪口村至高洋区	1. 临国道	2000
	2. 临区内 12 米以上路	1200
	3. 临 12 米以下 8 米以上路	1000
	4. 临 8 米以下 6 米以上路	800
	5. 其他	400
元光路	1. 往师范路口—建委圆环	2300
	2. 建委圆环—鸿亚制衣厂	1000
金霞路	全部范围	1200
金霞区	1. 临 16 米路	600
	2. 临 8 米以上路	400
	3. 其他	300
西园新村西北路区	1. 西市场两侧店面	800
	2. 临 6 米以上路	600
	3. 其他	300
宝城路		3000
陈政路	1. 第一圆环—第二圆环	2000
	2. 第二圆环—演武亭路口	1400
	3. 演武亭路口—将军山公园大门	1000
元光路、云漳路、绥阳路、宝城路闭合范围内（前埔、后汤村集体土地除外）	1. 临 18 米以上路	1800
	2. 临 12 米路	1000
	3. 临 8 米路	800
	4. 临 6 米路	700
	5. 临 4 米以上 6 米以下路	500
	6. 其他	300
元光路、宝城路、陈政路、西环城路闭合范围内	1. 临 18 米以上路	1600
	2. 临 12 米路	1000
	3. 临 8 米路	800
	4. 临 6 米路	700
	5. 其他	500
陈政路、宝城路、宝树村北侧水沟西环城路闭合范围内（宝城商贸小区及江滨路安置区）	1. 临 18 米以上路	1800
	2. 临 12 米路	1000
	3. 临 8 米路	800
	4. 临 6 米路	700
	5. 其他	600

续表 3–2

地　　块	路　　　　段	价　格
绥阳路、云漳路、宝树村北侧水沟宝城路闭合范围内	1. 临 18 米以上路	1600
绥阳路、云漳路、宝树村北侧水沟宝城路闭合范围内	2. 临 12 米路	1000
	3. 临 8 米路	800
	4. 临 6 米路	700
	5. 其他	500

注：1. 宗地临街标准深度为 12 米。2. 路角地中第一宗土地，前后临街土地的正旁街以路线价较高者为正街，路线价较低者为旁街；各路段连接重复的界标点执行较高的路线价。3. 宗地临街深度超过 12 米（含 12 米）以下按 100%、12 米以上至 15 米（含 15 米）按 80%、15 米以上至 18 米按 60% 临街深度指数计算

2004 年云霄县城区商业用地级别范围及基准地价表

表 3–3

土地级别	级　别　范　围	基准地价（元 / 平方米）	基准地价（万元 / 亩）	修正幅度
1	云平路，云漳路中段（海天宾馆—宏发路路口），复兴路西段，经堂口，绥阳西路。	2500	166.8	± 20%
2	中山路（时钟台—南门兜），和平路（百货商店—时钟台），元光路（往师范路口—建委圆环），宝城路。	1700	113.3	± 18%
3	云东路，江滨路（江辉路口—木材公司），江辉路，云漳路（海天宾馆—云霄一中），云漳路（宏发路路口—双益宾馆），陈政路（宝城路圆环—将军山公园大门），宝城小区十八米街（城郊法庭—宝城路口），前埔北路（宝城路—前埔港），宝城路（新城西饭店—水产局），兴汀路。	1200	80	± 19%
4	县城区规划区内，三级地以外范围内。	700	46.7	± 18%

2004 年云霄县城区住宅用地级别范围及基准地价表

表 3–4

土地级别	级　别　范　围	基准地价（元 / 平方米）	基准地价（万元 / 亩）	修正幅度
1	汀仔洋区，益展商住城，宝城商贸小区，人大宿舍区，含美山 1 区（开发区），宝城小区	500	33.3	± 20%
2	畲园新区，东园新村，西园新村，陈政路小区，贝仔洋小区，绥阳路小区（绥阳路以南），莆质美新村，含美山 2 区（清理区）	350	23.3	± 18%
3	二级地以外范围	200	13.3	± 16%
1	高洋区	150	10	± 12%
2	云陵工业开发区，莆美镇上坑村、马山村、狮山村、大埔村村镇建设用地区	120	8	± 10%
3	二级地以外范围	105	7	± 8%

2004 年云霄县乡镇土地基准地价表

表 3–5

级别	地面地价	商业用地			住宅用地			工业用地		
		元（平方米）	万元（亩）	修正幅度	元（平方米）	万元（亩）	修正幅度	元（平方米）	万元（亩）	修正幅度
云陵镇 莆美镇	县城建成区范围内的土地除外	240	16	± 19%	140	9.3	± 18%	90	6	± 10%
陈岱镇	一级区	320	21.3	± 20%	180	12	± 20%	105	7	± 12%
	二级区	240	16	± 19%	140	9.3	± 18%	90	6	± 10%
	三级区	170	11.3	± 18%	100	6.7	± 16%	75	5	± 8%
火田镇东厦镇列屿镇马铺乡	一级区	260	17.3	± 20%	150	10	± 20%	105	7	± 12%
	二级区	200	13.3	± 19%	120	8	± 18%	90	6	± 10%
	三级区	150	10	± 18%	90	6	± 16%	75	5	± 8%
下河乡 和平乡	一级区	220	14.7	± 20%	120	8	± 20%	105	7	± 12%
	二级区	160	10.7	± 19%	100	6.7	± 18%	90	6	± 10%
	三级区	120	8	± 18%	80	5.3	± 16%	75	5	± 8%

注 :1. 基准地价年期 : 商业用地为 40 年 , 住宅用地为 70 年 , 工业用地为 50 年。2. 基准地价开发程度 : 城区“五通一平”（通水、电、路、上水、下水，土地整平），乡镇“三通一平”（通水、电、路，土地整平）。3. 基准地价容积率 : 商服用地容积率为 2.5, 住宅用地容积率为 1.8, 工业用地容积率为 1

（二）土地登记发证和土地档案

1997 年，全县共登记发证 6512 宗，其中国有土地使用权 902 宗，集体土地使用权 5610 宗。1998 年共登记发证 1461 宗，其中国有土地使用权 884 宗，集体土地使用权 577 宗。1999 年共登记发证 1747 宗，其中国有土地使用权 1244 宗，集体土地使用权 503 宗。2000 年共登记发证 3100 宗，其中国有土地使用权 1355 宗，集体土地使用权 1745 宗。2001 年，云霄县被定为全省 5 个农村集体建设用地流转试点县之一，经陈岱等 3 个镇试点，至 2003 年共办理农村个人、集体非农建设用地使用权流转 378 宗，面积 27152 平方米。2004 年，开展农村集体土地所有权登记发证试点工作，至 2005 年 11 月在全市率先完成全县 158 个建制村、1 个镇办农场共 164 宗、面积 7967 公顷的集体土地所有权发证工作，并通过省国土厅验收。2005 — 2006 年，全县共办理国有土地使用权登记 2585 宗，农村集体土地使用权登记发证 1154 宗。

1997 — 2006 年，县国土资源局共收集整理文件类档案 22 册，土地证类 127540 宗，财务账册 247 册，各种比例地形图、现状图、规划底图及基本农田保护区图 540 幅。

三、建设用地管理

1997 年，全县建设用地实行分级限额审批制度和计划指标管理，个人建房用地指标由县政府审批。当年，审批国家建设用地 40 宗 18.5 公顷（耕地）；集体建设用地 109 宗，面积 29.64 公顷，其中耕地 29.01 公顷；三资企业建设用地 4 宗，面积 5.17 公顷，其中耕地 4.55 公顷；个人建房用地 207 宗，面积 1.26 公顷（非耕地）。同年 5 月，县政府制定《关于开展农业建设用地大清查工作意见》，对 1991 年 1 月 1 日至 1997 年 4 月 14 日经批准使用及未经批准占用的各类非农业建设用地进行大清查。计清查：非农业建设用地 6826 宗，用地面积 241.80 公顷，其中耕地 205.35 公顷；集体建设 195 宗，用地面积 46.24 公顷，其中耕地 40.35 公顷；农村居民建房 5703 宗，用地面积 55.81 公顷，其中耕地 14.97 公顷。立案查处 9 起。补办出让手续 16 宗，收取出让金 166.6 万元。有偿出让土地 19 宗，面积 4.2 万平方米，收取出让金 339.6 万元。开展土地评估业务78宗，面积58万平方米，评估土地总资产6000多万元。同年6月，县政府建立土地储备金制度，县土地局出台《关于进一步加强土地管理切实保护耕地规范用地审批制度的通知》，盘活存量土地，节约用地。盘活原罐头厂4公顷存量土地，供云霄鸿茂食品有限公司使用。

1998年，按照《福建省人民政府关于非农业建设用地清查处理的补充规定》要求，开展清查补办的扫尾工作，对123个违法用地项目补办审批手续（不含农村居民个人建房用地），用地总面积147.87公顷，其中耕地138.87公顷。做好县委、县政府确定的重点建设项目的用地安排。拍卖3个地块，出让面积0.88公顷，成交价2046万元，比原评估价增加了1092.5万元，平均每平方米2324元，最高达每平方米1万元，为当年全省地价之最。划拨用地补办出让手续4宗，面积15329.91平方米，补交出让金125.3223万元。出让土地12宗，面积27316.64平方米，收取出让金3319.3223万元。允许农村宅基地到土地所办理抵押贷款监证手续，尝试建立集体土地准入市场机制。

1999年，实施新的土地管理办法，由限额审批制度转变为用途管理制度，将土地分为农用地、建设用地和未利用地，分开管理。规定各类建设用地占用农用地必须上报省政府批准，办理农用地转用和土地征收手续，占用耕地实行占补平衡、“占一补一”的管理方式。组织报批“五统一”工业开发用地9.33公顷，成为全省第一宗依照新《土地管理法》获准使用的建设用地，缓解全县“三资”和乡镇企业用地困难。同年，漳诏高速公路（云霄段）建设用地126.67公顷项目指标获国务院批准。

2000年，借鉴珠江三角洲经济发达地区管地用地经验，采取乡镇企业建设用地流转的方法，解决东厦镇新办的龙头企业东洲冷冻食品有限公司的建设用地。推进小城镇建设和新村建设，办理新村建设用地200宗，面积4万平方米。

2001年，首次对建设项目用地进行预审，共办理建设用地预审4宗，总面积61.4公顷。同年，在被确定为全省5个农村集体建设用地流转试点县之后，县政府以莆美、陈岱、东厦3镇为试点，开展农村集体建设用地流转工作，当年全县共办理36宗。根据《福建省建设用地土地置换管理暂行规定》，首次置换建设用地1.18公顷，拍卖国有土地6宗，总占地面积1376.58平方米，收取土地出让金953万元。

2002年，挂牌出让土地4宗，面积40680.15平方米，收取出让金1000万元；公开拍卖3宗，面积3049.14平方米，收取出让金1207.39万元；补办出让26宗，面积5837.38平方米，补收出让金46.98万元。6月，县政府成立云霄县土地收购储备管理委员会，下设云霄县土地收购储备中心，挂靠县国土资源局办公。全县共办理非农集体建设用地流转85宗，面积5526平方米，收取流转收益金10.57万元。供地1722宗，其中国有875宗，集体847宗。

2003年，采用协议出让方式解决福建省运元工程机械有限公司厂房建设用地，解决漳州市信隆科技发展有限公司第一期工程13.33公顷的建设用地。整顿土地市场秩序，全县共撤销工业开发区（小区）7个，核减用地面积90公顷。挂牌出让2宗，面积1111.36平方米，收取出让金433万元。拍卖2宗，面积655.49平方米，金额216.3万元。办理集体土地使用权流转127宗，面积8396平方米，收取土地流转收益金12.68万元。使用权登记1395宗，其中国有845宗，集体550宗。

2004年，为火田镇佳园地热温泉区、漳州市鸿益饲料有限公司等提供建设用地11850平方米。挂牌出让经营性国有土地使用权13宗，面积2.11公顷，收取出让金1355.269万元。农村集体非农建设用地流转106宗，面积8576平方米，收取流转收益金12.5万元。办证1370宗，其中国有745宗，集体625宗。

2005年，挂牌拍卖出让经营性土地5宗，面积29.3公顷，收取出让金10233.2万元；协议出让2宗，面积4.5公顷，收取出让金268.945万元。办理国有土地使用权1027宗，农村集体土地使用权830宗，农村集体建设用地流转152宗，其中，集体内流转40宗，集体外流转为国有土地56宗。

2006年，供应43家企业用地，用地总面积151.2公顷。办理国有土地使用权证1558宗，农村324宗。出让国有土地46宗，面积140.04公顷，收取出让金877.5万元。当年停止对农村集体非农建设用地流转。

1997 — 2006 年云霄县经营性用地招拍挂供地统计表

表 3-6　　单位：宗、公顷、万元

年份	1997	1998	1999	2000	2001	2002	2003	2004	2005	2006
宗数	19	12	1	……	6	7	4	13	5	5
面积	4.2	2.7317	10.1080	……	0.1377	4.3729	0.3029	2.1093	29.3	0.1785
成交价	339.6	3319.3223	3062.7301	……	953	1046.98	560.6	1355.269	10233.2	877.5

若干年份云霄县工业用地出让供地统计表

表 3-7　　单位：宗、公顷、万元

年份	1999	2003	2004	2005	2006
宗数	2	3	3	7	43
面积	6.1415	13.9855	7.3366	19.6033	137.0272
成交价	516.24	461.45	810.1641	1516.07	7813.6813

四、耕地保护与整理

（一）基本农田保护

1997 年，全县有基本农田保护面积 13131.5 公顷。1999 年，全县进行基本农田保护区核查，核查后全县共有耕地面积 14931.38 公顷，其中：基本农田保护片 436 片，总块数 367 块，基本农田保护面积 13273.1 公顷，保护率 87.73%。2002 年 3 月 4 日，县政府批转《云霄县基本农田保护区调整实施工作方案》，全县共调整 108.2 公顷耕地退出基本农田保护区，并补充划定同质超量的耕地 109.9 公顷。该方案于 2002 年 5 月 20 日报请市政府批准。2004 年，县政府下发《云霄县基本农田保护制度》，并与各乡镇签订基本农田保护责任状，明确责任期限（2004 — 2010 年）、保护面积、保护片数及保护责任人。建立基本农田分级监控体系，全县划分为四个巡查片区，每个片区设立一个巡查中队联合国土资源所负责对该区的基本农田进行巡查保护。2003 年 11 月，查处东厦镇浯田村村民搞海水养殖占用基本农田 2.6133 公顷。2005 年 4 月，查处东厦镇佳洲村村民搭盖占用 2 处基本农田 180 平方米。2006 年，共查处土地违法行为 72 起，面积 4.4367 公顷，其中立案 6 起，面积 3.346 公顷，拆除 67 起，面积 0.66 公顷，移送公安机关查处 1 起。至 2006 年，全县基本农田 522 片、面积 14771.2 公顷。

（二）土地整理

2002 年，在东厦镇实施万亩土地整理工程，总投资 2233 万元，被省委、省政府确定为全省 2002 年度十件“为民办实事项目”之一。2002 年 9 月，县成立东厦土地整理一期工程工作领导小组。土地整理范围为东厦镇洲渡村、佳洲村及莆美镇向北村，各村涉及土地面积分别为 113.33 公顷、23.33 公顷、1.47 公顷。为切实维护农民利益，保证土地整理工作顺利进行，领导小组在征求村民、村党支部、村委会意见基础上，制定并公布土地整理后分配的两条原则：只要整理后耕地面积不减少，农户的承包地面积就及时分配到各承包户；若整理后有新增面积，统一委托村委会经营管理，若整理后耕地面积减少，则按减少的百分比，相应核减农户的原承包地面积。土地整理分配原则确定后，各村于 2002 年 10 月完成整理区内土地权属的调查确认工作。

土地整理实行统一规划、统一设计、统一施工的办法，2002 年 11 月正式开工，2003 年 8 月基本完成。一期工程项目国家投资 400 万元，共整理土地 138.14 公顷，新增耕地 22.93 公顷，达到田成方、路成行、渠相连、旱能抗、涝能排的耕作要求。

2002 年 12 月 29 日，全省土地整理现场会在云霄召开。东厦镇土地整理区一期、二期总面积 750.24 公顷，实际整理面积 597.10 公顷，新增耕地面积 88.10 公顷。

2002 — 2006 年，全县共实施土地整理项目 5 个，其中国家投资项目 2 个，省级补助项目 3 个，整理总面积 1019.39 公顷，新增耕地 134.94 公顷，总投资 3444.72 万元。

（三）土地复垦

2005 年，云霄县受第 10 号、第 19 号强热带风暴重创，全县受毁耕地 154 片、435.78 公顷，其中不可复垦（指通过采取辅助措施仍无法恢复耕作条件，或虽可采取工程措施辅助复垦，但支付费用大，复垦后产生的经济效益小）1 片、1.94 公顷，可自行复垦（指通过组织群众或群众自行投工投劳进行抢修、修复、清理杂物等，使其恢复耕作条件，复垦费用一般为 50 — 100 元 / 亩）104 片、294.33 公顷，通过工程措施辅助复垦 49 片、139.54 公顷。2006 年，受 1 号台风影响，全县受灾耕地 232 片、2061.39 公顷，其中可自行组织复垦（指通过实施工程项目建设，对受毁耕地进行工程治理，使其恢复耕作条件。一般通过工程项目招投标方式取得，复垦费用不超过 4000 元 / 亩）164 片、1490.37 公顷，通过工程措施辅助复垦 68 片、571.02 公顷。

若干年份云霄县省级土地整理复垦开发项目表

表 3-8　　　　单位：万元、公顷

项目名称	立项文号	预算批复文号	项目规模	新增耕地	预算资金	省级拨付	完成情况
东厦镇土地整理项目（下料村、船场村、洲渡村、佳洲村、白塔村、埭洋村，莆美镇向北村）	2002 年 6 月 21 日闽国土资综〔2002〕246 号 2002 年 12 月 23 日闽国土资综〔2002〕478 号	2004 年 11 月 17 日财建〔2004〕424 号	一期 138.14 二期 458.96	一期 22.93 二期 65.17	一期 500 二期 1696.72	一期 400 二期 1357.38	已完成并通过省国土资源厅验收
列屿镇梅山片土地整理项目	2004 年 11 月 16 日闽国土资综〔2004〕391 号	2005 年 7 月 21 日闽财建〔2005〕130 号	119.97	10.76	350	343.93	已完成并通过省国土资源厅验收
陈岱镇下曾等 5 个村土地整理项目	2005 年 8 月 15 日闽国土资综〔2005〕285 号	2006 年 12 月 25 日闽财指〔2006〕1340 号	125.59	10.17	380	263	已完成并通过省国土资源厅验收
东厦镇浯田村土地整理项目	2005 年 8 月 15 日闽国土资综〔2005〕285 号	2007 年 6 月 21 日闽财指〔2007〕450 号	169.94	19.54	510	344	已完成并通过省国土资源厅验收
和平乡村庄整理项目	2006 年 4 月 19 日闽国土资综〔2006〕106 号	2006 年 12 月 26 日闽财（建）指〔2006〕39 号	6.79	6.37	171.42	150	已完成并通过省国土资源厅验收

第二节　矿藏资源开发与管理

1997 — 2000 年，闽东南地质大队在云霄县进行地质普查勘探，境内探明的矿藏主要有：地热水、矿泉水、花岗岩、辉绿岩、建筑用砂、砖瓦黏土、高岭土、石英、水晶、明矾、红柱石、绿柱石、矽线石、铅锌、钨、锡、金等。2002 年，县制订《云霄县矿产资源开发与保护规划》并报漳州市政府批准。

一、地下水

（一）地热水

云霄县地下热水多以上升泉群形式出露地表，是福建省温泉分布密集带之一。分布于祥谦—云霄断裂带，有火田镇佳园、后门、后埔、溪口和下河乡孙坑 5 处，矿化度 0.1 — 0.3 克 / 升，水质以 HCO3SO4–Na 型为主，属淡水温泉。分布于长乐—陈岱断裂带，有陈岱镇院前 1 处，矿化度 21.29 克 / 升，水质 CL—NaCa 型，盐度 215.69 毫克当量 / 升，属咸水温泉。

云霄县温泉涌水量、氟离子含量、水温、高程情况表

表 3-9

地 点	自涌水量（l/s）	氟离子含量（F）	水温（℃）	高程（m）
火田佳园	2.18	11.2	52	29
火田后门	1.09	7.5	42	40
火田后埔	1.52	14.5	60	25
火田溪口	0.59	14.2	40	20
下河孙坑	8.54	13.0	62	20
陈岱院前	3.09	16.0	68	3.5

（二）矿泉水

有近郊将军山、火田镇七里铺 2 处矿点。将军山矿泉水为深度 150 米的花岗岩层裂隙水，经地矿部、卫生部、轻工部联合鉴定，符合 GB8537 国家标准和国际饮料标准。七里铺矿点未开发。

云霄县将军山矿泉水主要元素及含量表

表 3-10　　单位：mg/L

元 素	含 量	元 素	含 量
锶（Sr）	0.25	偏硅酸（H2SiO3）	56.8—72.8
氡（Rn）	69.2 贝可 L	重碳酸根（HCO3）	75.64
锌（Zn）	0.035	矿化度（DM）	122
硒（Se）	0.0001	酸碱度（pH 值）	6.56
钾（K）	2.13	镁（Mg）	0.23
钠（Na）	9.50	锂（Li）	0.03
钙（Ca）	13.21	钡（Ba）	0.075

二、非金属矿

（一）花岗岩

全县总储量约 3.9 亿立方米（估算储量，下同）。其中，东厦镇梁山约 1500 万立方米，东厦镇东崎村约 80 万立方米，列屿镇约 800 万立方米，火田镇岳坑村约 500 万立方米，火田镇赤毛溪约 200 万立方米，莆美镇树洞村约 400 万立方米，马铺乡宝石村约 30 万立方米，陈岱镇大山顶村约 500 万立方米，莆美镇马山村约 50 万立方米。饰面花岗岩分布于马铺乡乌螺村约 30 万立方米，列屿镇白衣村约 30 万立方米。

（二）饰面用辉绿岩

分布于火田镇白石村，储量约 30 万立方米；列屿镇油车村，储量约 10 万立方米；下河乡坡兜村，储量约 2 万立方米。

（三）高岭土

分布于列屿镇白衣村，储量 100 万吨以上；下河乡车圩村，储量 120 万吨以上。

（四）石英

主要分布于梁山、乌山、陈岱镇大帽山和列屿镇大坂自然村、白衣自然村等处。陈岱大帽山石英矿伴生黑钨矿。大坂自然村、白衣自然村矿点为热液型脉状石英。可作玻璃、熔剂耐火材料、硅铁、硅钛白等原料，储量5000吨以上。

（五）砖瓦黏土

分布于全县各乡镇，为云霄传统砖瓦业原料。双岭、下曾、马山、渡头、船场、东车、上河、龙镜、枧河、东方等地已开采多年，主要作为机砖原料。

（六）水晶

主要分布于乌山、大帽山。明代朝廷曾派太监在乌山开采水晶，今尚存有“太监墓”和水晶庙遗迹。20世纪80、90年代当地群众自发开采。

（七）建筑用砂

主要分布在漳江流域冲积形成的河漫滩、河心洲和河床中。20世纪90年代后，全县基础设施建设和住宅建设不断增多，建筑用砂量激增，漳江河道机械采砂船迅速增加，出露河砂被采集一空。主要采集区由县城区漳江段向漳江中上游支流及下游入海口转移，年采砂量巨大，数量难考。

（八）矽线石

含矽线石的岩石以厚度6～10米的层状产出，呈北东向带状分布于陈岱镇前江头—礁美的东侧沿海。矽线石含量5%～15%。储量20万吨。

（九）红柱石

含红柱石的二长石英片岩以6～10米厚的层状呈北东向的带状产出，分布于陈岱禁山—石壁一带。一般样品中红柱石含量10%～25%，具柱状鳞片状结构，片麻状构造。储量约56万吨。

三、金属矿

（一）银、铝、锌

主要分布于马铺乡车墩和双过山。车墩矿点处于早白垩世石帽山群火山盆地边缘的断裂带中，储量银9.415吨，铝23705吨，锌7840吨。双过山矿点处于船场—宝石北西向断裂带中，储量银15.237吨，铝15854.16吨，锌4513.498吨，均未开采。

（二）锡

有下河乡车圩村、孙坑村、火田镇溪口村、马铺乡宝石村双过山等4处。孙坑矿体产于长林组凝灰质粉砂岩与南园组流纹质晶屑凝灰岩接触带上，主矿脉总体走向77度，倾角52度。主矿脉下部、矿体顶部与主矿脉直接接触为一铜矿脉。双过山矿点储量253.28吨。均未开采。

四、开发与管理

（一）温泉开发与管理

普查勘测　1989—1990年，福建省第一水文地质工程地质队完成《福建省云霄县火田—漳浦县盘陀地热地质普查报告》，初步查明孙坑、溪口、后埔、佳园及后门温泉地质构造条件、温泉出露特征和地下热水水质化学特征。1996年，福建基础公司在孙坑温泉出露范围开钻4口机井。1999年，由福建省121煤田地质勘探队编写《福建省云霄县孙坑地热田可开采储量普查评价报告》，基本查明该温泉形成的地质构造条件、温泉出露特征和地下热水水化学特征，并对地下热水可开采量进行评价。2003年，福建省第一水文地质工程地质队完成《福建省云霄县陈岱镇院前地热地质勘查报告》。2006年，福建省地质工程勘察院完成《福建省云霄县孙坑地下热水储量核实报告》，对地热水可开采量进行评价。2006年末，全县出露的5处淡水温泉和1处咸水温泉全部完成水温、矿化度、自流量、储量等项目勘测，初步查明调查区内的地热地质构造条件、地层分布、水文地质及地下热水特征。

开发利用 云霄各处温泉早期主要供当地村民沐浴洗涤之用。1997 年，火田镇溪口村利用温泉水养鳗鱼、中华鳖，陈岱镇院前村利用海水温泉繁育虾苗，取得一定经济效益。2003 年 11 月 23 日，县政府以公开挂牌出让方式，将院前地下热水采矿权出让给云霄翠丰房地产有限公司，出让价款 100 万元，出让年限至 2018 年 3 月 31 日止。2006 年 9 月，县政府以协议出让方式，将孙坑地下热水采矿权出让给云霄安云温泉开发有限公司，出让价款 50.65 万元，出让年限至 2020 年 5 月 31 日止。当年，安云温泉开发有限公司对孙坑温泉进行开发，将温泉水引至云顶温泉大酒店，开发以休闲、保健等为特色的温泉馆。至 2006 年末，因技术、资金等原因，除孙坑温泉建成养殖水面 1.67 公顷的养鳖场养殖商品鳖外，其他温泉养殖场均倒闭。各温泉点（除溪口、后门温泉）通过个人承包开发等形式，均建有一处 500 ~ 2000 平方米的澡堂对外营业。除孙坑温泉办理采矿许可证、缴纳一定的管理费外，其余 5 处温泉均未办理采矿许可手续。

（二）矿泉水开发与管理

1989 年，云霄县经济发展公司开发生产“将军山”牌矿泉水。1997 — 2006 年间，该品牌由个人承包经营。产品分桶装和瓶装 2 种，最高年份年产 700 毫升矿泉水 3 万件。该矿泉水采自将军山山麓 150 米深的花岗岩层裂隙水，水中含人体必需的十几种微量元素，属偏硅酸型水，经国家地矿部、卫生部、轻工部联合鉴定，符合 GB8537 国家标准和国际饮料标准。

（三）石材开发与管理

县境内建筑用花岗岩、凝灰岩等资源丰富，且埋藏浅、块度大、易于开采。但因节理、裂纹、晶洞发育，成材率低，多做为普通建筑材料，可作为饰面用的材料较少。早期主要以开采条（块）石为主，后以开采碎石为主。主要开采区有东厦镇梁山、火田镇岳坑、和平乡石对坑及列屿镇、陈岱镇沿海等地。

1997 年县地质矿产局成立，加强石材开发管理。1998 年，实行审批发证。同年审批 8 宗，开采量 12 万立方米；1999 年审批 8 宗，开采量 12 万立方米；2000 年审批 9 宗，开采量 13.5 万立方米。2000 年 11 月 27 日，县首次挂牌出让采矿权一宗，出让东厦镇洲渡村狮头山苦坑嘴的建筑用花岗岩采矿权，出让面积 4800 平方米，出让年限至 2002 年 11 月 27 日止，出让价款 23000 元。2001 年审批 9 宗，开采量 13.5 万立方米；2002 年审批 10 宗，开采量 15 立方米；2003 年审批 11 宗，开采量 16.5 万立方米；2004 年审批 11 宗，开采量 16.5 万立方米；2005 年审批 11 宗，开采量 16.5 万立方米。至 2006 年，全县办理采矿许可手续的建材矿点 11 处，收取采矿权价款 30.8 万元。

第三节　水资源开发与管理

一、河流径流量

1997 年初，全县河流径流总量（多年平均，下同）116277 万立方米，以河流汇入地点分，漳江汇入漳江湾内海，径流总量 101122 万立方米，主要支流有火田溪，径流总量 18141 万立方米；安厚溪，径流总量 16755 万立方米；西溪，原称南溪，径流总量 14950 万立方米；车圩溪，径流总量 9031 万立方米；山美溪，径流总量 8770 万立方米；柘港溪，径流总量 1993 万立方米。官洋溪汇入诏安县梅州溪，径流总量 3952 万立方米；竹港溪、山前溪、宅坂溪、楚霸王溪、下坡溪、湖丘溪、山前埔溪、打铁坑溪、南山溪、梅山溪、赤毛溪、大块园溪及庙前溪汇入东山湾内海，径流总量 11203 万立方米。2006 年底，全县河流径流量基本不变。

二、开发与管理

（一）取水许可管理

1997 年，全县开始对地下水、地表水、天然水取水办理取水许可证，办证对象为经营性取用水资源的单位和个人。同年，成立县水政监察大队，定编 16 人。县实施取水许可证制度基础工作通过省水利电力厅验收。县水政监察规模化建设成果通过省厅鉴定。2001 年 8 月，水政监察能力建设项目通过省级验收鉴定。

2006年底，共办理各类许可证93户，其中水力发电22户，工业用水2户，生活用水3户，农业用水65户，其他1户，年取水量40339.31万立方米，征收水资源费290万元。

（二）水电站建设（详见第九章《水利》第五节“水力发电工程”）

（三）河道采砂管理

1997年，贯彻《中华人民共和国河道管理条例》《福建省河道采砂管理办法》，对全县主要河道加强巡查，重点纠正河道无序采砂作业；全县河道采砂点计23个，收取管理费3.5万元。随后，不断加大河道采砂管理力度，严格执行河道采砂准入标准，减少河道采砂点，至2006年全县采砂点减至14个。1997－2006年，征收采砂管理费48万元。

第四节　海洋资源开发与管理

一、浅海

县域浅海主要分布于东厦镇的漳江湾海区和列屿镇、陈岱镇的东山湾海区，全县浅海总面积6358公顷，其中港湾3800公顷，开阔区2558公顷。

漳江湾海区，位于县境东南部，是漳江及其支流的汇合处。该海区在石矾塔处同东山湾海区相接，海区呈橄榄状，东南、西北两头狭窄。上游河流集雨面积867.21平方公里，多年年平均流量为8.32亿立方米，浅海面积为567公顷。区内漳江口红树林自然分布区总面积269公顷，浅海底质属粉质砂质黏土和黏土质粉砂类型，质地均匀，常年有漳江淡水输入，盛产泥蚶、缢蛏、文蛤、牡蛎、花蛤等贝类生物。

东山湾海区，位于县境东南面，东北面靠漳浦县，南向东山县，西临县境列屿、陈岱两镇，北与漳江湾相连，东南开口与外海相通，西南通过八尺门水道与诏安湾相连。1958年八尺门填海造堤，将东山湾与诏安湾隔断。海区总面积为23333公顷，其中云霄县浅海面积6091公顷，区内有石矾塔、双屿、大屿、崎仔山、青屿礁等岛屿。

二、滩涂

境内滩涂分布于东厦、列屿、陈岱3个镇，底质多为泥、泥沙和沙泥组成。全县滩涂总面积2264公顷，其中漳江湾海区1333公顷，东山湾海区931公顷。滩涂平缓、浮游生物丰富，适于海水养殖。

三、开发与管理

（一）区划管理

2000年，根据《福建省大比例尺海洋功能区划工作方案》要求，县政府成立云霄县大比例尺海洋功能区划协调领导小组，组织开展全县大比例尺海洋功能区划工作，并委托福建海洋研究所具体承担区划的编制工作。同年9月，编制完成《云霄县大比例尺海洋功能区划》。全县海域共划分为农渔业区、开发利用区、整治利用区、海洋保护区，特殊功能区等五大类，编制出1 ∶ 50000比例尺的海洋功能区划图，2003年4月30日经省政府批准实施。

（二）用海管理

1997年，执行《海域使用管理法》《海域使用申请审批暂行办法》《海域使用测量管理办法》《海籍调查规程》等规定，规范海域使用与审批工作。2001年1月，国家海洋局、财政部确认云霄县为全国第二批海域使用管理示范区。同年5月，组建省内第一支县级海洋监察大队，加强海域综合治理。10月，对全县浅海滩涂使用权限争议处理、责任落实、证件办理做出具体规定，当年全县首批办理海域使用权证108家。全县浅海滩涂普查率达100%。2004年底，全县3个沿海镇先后成立海洋与渔业站，每镇核定编制3人，同时聘任35名海域管理协管员，形成县、镇、村三级海域管理网络。至2006年，共组织300多人次，出航

80 多航次，查处 30 多起违法案件，罚款 20 多万元。

2005 年 8 月，国家农业部办公厅授予云霄县海洋与渔业局为“全国养殖证制度建设工作先进单位”。2006 年底，全县办理海域使用证 125 本，核定使用面积 2446.67 公顷。用海类型主要以渔业和自然保护区为主，其中渔业用海 2446.67 公顷，自然保护区用海 2360 公顷，以及部分军事用海。

第五节 机 构

一、县国土资源局

1997 年，称县土地管理局，行政编制 12 人，在编 7 人。2002 年 9 月，县土地管理局与地质矿产局合并成立县国土资源局。2006 年，行政编制 14 人，在编 13 人，机关工勤 1 人。内设办公室、执法监察股、土地规划利用股、耕地保护与农用地转征股、地籍测绘管理股、地质矿产管理股、监察室；下辖云陵、莆美、陈岱、列屿、东厦、和平、下河、马铺、火田、云陵工业开发区等 10 个国土资源所，县国土资源监察大队、国土资源档案室、国土资源测绘管理站、国土资源利用与价格管理所、矿产资源监测管理站、国土资源信息中心、地产交易管理所、城区土地登记处、地产事务部、矿产资源征收管理站、土地开发整理中心、土地收购储备中心等 12 个事业单位，事业编制 122 人，以及复兴开发建设有限公司、县土地登记发证服务中心 2 个企业单位。

二、县地质矿产局

1997 年 9 月由矿产站升格成立。行政编制 4 名，事业编制 8 名，2002 年 9 月与县土地管理局合并成立县国土资源局。

三、县水利局（详见第九章《水利》）

四、县海洋与渔业局（详见第十二章《渔业》）

第四章　人　口

云霄至清嘉庆三年(1798年)建云霄厅,始有人口记载。嘉庆十八年,人口73540人。民国38年(1949年)初,人口109659人。新中国成立后，人口增长速度不断加快，1966年人口222750人。1979年后实行严格的计划生育政策。1996年全县人口自然增长率从1975年的27.05‰下降至6.3‰。1997－2006年，全县人口结构类型、总人口族属构成、文化程度、职业情况发生较明显变化。2000年第五次全国人口普查与1990年第四次全国人口普查资料相比，人口结构类型中老年人口系数由4.79%上升到6.48%，趋向老年型；族属除汉族外，少数民族由5个上升到18个；小学文化程度由占总人口（下同）63.72%上升到81.53%，大专文化程度以上（含大专）由0.56%上升到1.38%；职业情况，与1996年资料相比较，批发、零售贸易和餐饮业由2.8%上升到7.3%，科研和综合技术服务业由0.09%上升到0.1%。同时，还出现了新的“仓储”职业。

1997－2006年，云霄县人口和计划生育工作以稳定低生育水平、提高人口素质、改善人口结构为基本目标，以计划生育优质服务为重点，严格依法管理，积极推行《计生村规民约》，广泛开展“关爱女孩行动”及各种宣传教育活动，不断完善利益导向政策，落实奖励扶助政策规定，使全县人口自然增长率控制在8.18‰上下。

第一节　总量、分布与密度

一、总量

据县人口和计划生育局统计，2006年末，全县人口（不含常山）112030户，420831人，人口数比1997年末增长10.9%。

1997－2006年云霄县人口变化表（不含常山）

表4-1　　单位：户、人

年份	户数	人口数	人口自然增长率	年份	户数	人口数	人口自然增长率
1997	91428	379465	8.3‰	2002	105061	400813	8.41‰
1998	94739	381659	8.06‰	2003	106508	404597	8.65‰
1999	99150	384565	8.18‰	2004	107775	408744	7.21‰
2000	101461	391276	7.89‰	2005	109250	413985	8.51‰
2001	103342	396831	8.35‰	2006	112030	420831	8.27‰

注：表中为县人口和计划生育局数据。据市统计年鉴和县公安局户籍统计资料，2006年末全县人口（含常山）为106661户，416124人，人口数比1996年末增长5.5%。计生管理机构与公安户籍机构人口统计口径不一，日常管理中，计生部门对出生及移入人口由村、社区逐月统计呈报，即予计入；公安户籍部门则以出生后的人口户籍登记为准，不登记者则不计入。参见表4-2、表4-3

1997 — 2006 年云霄县总人口数、户数、非农业人口数量表（含常山）

表 4-2　　单位：户、人

年　度	1997	1998	1999	2000	2001	2002	2003	2004	2005	2006
总人口	396890	398790	405168	409691	411779	413135	413184	415116	416402	416124
非农业人口	58877	59707	59750	62717	63093	62443	61846	63367	64438	65647
总户数	95538	97614	100090	101508	102506	101973	102507	104261	105383	106661
人口自然增长率‰	8.02	8.4	13.37	13.48	6.89	7.43	3.59	7.29	7.28	3.9

注：表中数据为漳州市统计局各年《统计年鉴》和县公安局户籍统计数据

2006 年云霄县人口数、非农业户人口数、户数量表（含常山）

表 4-3　　单位：户、人

单位	人口数	非农业人口数	户数
云陵镇	70896	52498	19596
陈岱镇	35970	2748	8751
莆美镇	48801	2006	12375
列屿镇	22350	2040	5922
火田镇	53160	3140	13761
下河乡	44396	……	10293
马铺乡	40813	……	9616
东厦镇	53284	3215	13808
和平乡（场）	27594	……	6966
常山开发区	18860	……	5573
合计	416124	65647	106661

注：数据来源同上表，莆美镇数据含云陵工业开发区

二、分布与密度

全县人口分布密度以县城云陵镇最高，平原及沿海地区次之，山区以和平乡为最低。2006 年末，云陵镇每平方公里 5260 人，是和平乡每平方公里 233 人的 22.58 倍。

2006 年云霄县人口分布密度表

表 4-4

乡　镇	人口数（人）	土地面积（平方公里）	人口密度（人 / 平方公里）	乡　镇	人口数（人）	土地面积（平方公里）	人口密度（人 / 平方公里）
云陵镇	68376	13	5260	下河乡	47568	141	337
莆美镇	57663	69	836	火田镇	57359	196	293
陈岱镇	37382	55	680	马铺乡	42885	168	255
东厦镇	56852	96	592	和平乡	29152	125	233
列屿镇	23594	49	482				

注：莆美镇数据含云陵工业开发区

第二节 变 动

一、自然变动

依据市统计局《统计年鉴》和县公安局户籍统计数据，1997 年全县人口自然增长率（含常山，下同）为 8.02‰，此后逐年增高，2000 年为 13.48‰，2001 — 2006 年间总体呈较大幅度下降，最低年份为 2003 年，自然增长率3.59‰。2006年，出生人口29212人，自然增长率3.9‰，出生率7.02‰。死亡1759人，死亡率4.22‰。

二、机械变动

（一）人口迁移

1997 年，迁入 3569 人，迁出 4523 人。1998 年，迁入 3370 人，迁出 4812 人。2003 年，迁入 8723 人，迁出 10455 人。2006 年，迁入 39274 人，迁出 40514 人。1997 — 2006 年间，除 2004 年迁入人口 16038 人、迁出人口 493 人外，其余年份迁入人口数均小于迁出人口数。人口迁出的主要原因有外出就学、就业、经商、参军、婚嫁等，人口迁入主要是外来人口在县城就业、经商、退伍安置、婚嫁等等。

（二）人口流动

依据县公安局户籍管理部门流动人口时点统计年末数据，1997 — 2006 年全县流动人口年末流入数（不迁户口）分别为 3559 人、8726 人、5645 人、4821 人、3163 人、1929 人、1851 人、1045 人、1180 人、1113 人。数据显示 1997 — 2000 年间流入人口稳定在较高水平，2001 — 2006 年间流入人口逐年减少。

流出人口没有具体统计数据。据调查，全县农村尤其是马铺、下河、和平、火田等山区，常年有 2 万 ~ 3 万个劳动力外出到珠江三角洲及厦门、泉州等地打工、创业。每年近千名高等院校毕业生（含中专）有一半以上在县外就业。

第三节 构 成

一、民族

2000 年 11 月 1 日零时第五次全国人口普查，云霄县（含常山）总人口 403617 人，有 19 个民族。其中汉族 402233 人（常山 18747 人），占全县总人口 99.66%。少数民族有畲族 1119 人、苗族 52 人、壮族 37 人、蒙古族 27 人、布依族 24 人、朝鲜族 22 人、土家族 20 人、回族 13 人、维吾尔族 12 人、藏族 11 人、彝族 10 人、侗族 10 人、台湾少数民族 10 人、满族 6 人、京族 5 人、黎族 2 人、土族 2 人、瑶族 1 人，合计 1384 人，占全县总人口 0.34%。其中常山有畲族 11 人、苗族 5 人、壮族 4 人、蒙古族 2 人、朝鲜族 1 人、回族 1 人、京族 5 人、瑶族 1 人，合计 30 人。

二、性别

受重男轻女思想以及少数不法社会游医为孕妇进行非法鉴定胎儿性别和非法终止妊娠（下简称“两非”）的影响，全县人口性别比出现不合理现象。2003 年，云霄县被省人口计生委定为“关爱女孩行动”试点县。通过广泛宣传教育和不断完善利益导向政策，落实奖励扶助规定，群众中重男轻女的思想逐渐得到转变。

1997 — 2006 年云霄县零岁人口性别比统计表

表 4-5　　单位：人

年度	男	女	性别比
1997	2222	1914	116.1
1998	2527	2112	119.6
1999	2487	2204	112.8
2000	2685	2345	114.5
2001	2601	2260	115.1
2002	2498	2200	113.5
2003	3027	2471	122.5
2004	2966	2381	124.6
2005	3001	2443	122.8
2006	2667	2408	110.7

三、年龄

20 世纪 50 年代至 70 年代中期，全县人口年龄结构呈年轻型。70 年代中期以后执行计划生育政策，提倡晚婚晚育、优生优育，控制人口增长速度，人口结构逐步走向成年型，1990 年老少比为 15.22%。随着人口与计划生育政策的逐步配套以及科学技术日益进步，生活水平提高，人的平均预期寿命不断提高，加之出生率与死亡率降低，全县 80 岁以上老人增多，人口结构类型逐步趋向老年型。2006 年全县人口年龄构成为 0 — 14 岁 72912 人，占人口总数（下同）的 17.33%；15 — 49 岁 262433 人，占 62.36%；50 岁以上 85486 人，占 20.31%（其中 80 岁以上 5373 人）。少年人口系数 17.33%，老年人口系数 6.48%，老少比为 37.4%。同年全县人均寿命 73.9 岁。2000 — 2006 年，全县寿超百岁者 20 人。

2000 — 2006 年云霄县百岁老人名录（不含常山）

表 4-6

姓　名	性别	出生年月	民族	居住地	健在或辞世情况
张　莲	女	1904-06	汉	莆美镇阳下村	2006 年健在
方银有	女	1905-01	汉	火田镇菜埔村	2006 年健在
汤亚变	女	1905-11	汉	陈岱镇礁美村	2006 年健在
王阿文	女	1906-09	汉	列屿镇集华路 62 号	2006 年健在
陈阿罐	女	1906-12	汉	东厦镇浯田村	2006 年健在
许碧香	女	1897-07	汉	云陵镇北园新村 96 号	2002-04 辞世
柳　摧	女	1899-10	汉	云陵镇下坂村 15 组	2003-11 辞世
张阿张	女	1899-11	汉	莆美镇上坑村	2001-03 辞世
沈诏安	女	1900-01	汉	陈岱镇呈安村双园	2002-04 辞世
高先进	男	1900-03	汉	云陵镇宝山里 142 号	2000-05 辞世
朱　碧	女	1900-10	汉	东厦镇白塔村	2000-11 辞世
方　手	男	1901-02	汉	东厦镇洲渡村	2001-04 辞世

续表 4-6

姓　名	性别	出生年月	民族	居住地	健在或辞世情况
周　振	女	1901–07	汉	东厦镇浯田村	2001–08 辞世
张　巧	女	1901–09	汉	下河乡上河村 5 组	2003–08 辞世
郭牡丹	女	1901–12	汉	云陵镇宝楼街宝元里 169 号	2002–04 辞世
张　勤	女	1903–12	汉	云陵镇中山路 7–1 号	2003–12 辞世
方金兰	女	1904–01	汉	云陵镇三房里 74 号	2006–11 辞世
潘　秀	女	1904–07	汉	云陵镇新汀路 67 号	2006–11 辞世
张阿返	女	1905–12	汉	列屿镇城外村	2006–04 辞世
汤阿雅	女	1906–09	汉	陈岱镇礁美村 163 组	2006–11 辞世

四、文化程度

据 2000 年第五次全国人口普查，全县（含常山）具有小学文化程度以上人口 329056 人，占总人口数 81.53%，其中小学 175860 人，占 43.58%；初中 117241 人，占 29.05%；高中 19483 人，占 4.82%；中专 10915 人，占 2.70%；大专以上 5557 人，占 1.38%。与 1990 年第四次全国人口普查相关数据比较，2000 年文盲、半文盲 44238 人，比 1990 年 77943 人（占当时总人口 20.73%）减少 33705 人，下降 9.77 个百分点；2000 年大专及以上人数比 1990 年的 2090 人（占当时总人口 0.56%）增加 3467 人，提高 0.82 个百分点。

五、职业

全县人口中除少数城镇居民从事商业和手工业外，90% 以上为农业人口。新中国成立后，尤其是改革开放后国民经济的持续快速发展，就业情况发生明显变化。据 2000 年第五次全国人口普查，全县在业人口 201920 人，占总人口数 50.03%，其中从事农、林、牧、渔业 144790 人，占在业人口（下同）的 71.71%；工业制造业 8670 人，占 4.3%；建筑业 9000 人，占 4.5%；交通运输、仓储和邮电通信业 4850 人，占 2.4%；批发、零售贸易和餐饮业 14730 人，占 7.3%；电力、燃气及水的生产和供应业 1030 人，占 0.5%；地质勘查业、水利管理业 40 人，房地产业 80 人，社会服务业 4810 人，占 2.4%；卫生、体育和社会福利事业 1830 人，占 0.9%；教育文化艺术和广播、电影电视业 6070 人，占 3%；科研和综合技术服务业 220 人，占 0.1%；金融保险业 860 人，占 0.4%；国家机关、党政机关、社会团体 3740 人，占 1.9%；采掘业 620 人，占 0.3%；其他行业 580 人，占 0.29%。

六、姓氏

1990 年第四次全国人口普查，全县有 219 个姓氏，其中万人以上姓氏 11 个，依次为张、方、吴、陈、林、何、汤、罗、黄、朱、蔡。2006 年，据县公安局户籍登记资料，全县有 276 个姓氏，其中万人以上姓氏 12 个，仅 1 人的姓氏 62 个。

万人以上　依次为吴氏 54210 人，方氏 54182 人，张氏 52498 人，林氏 32862 人，陈氏 31813 人，何氏 28124 人，汤氏 24571 人，罗氏 18937 人，蔡氏 15678 人，黄氏 14148 人，朱氏 13801 人，周氏 10827 人。

万人以下千人以上　依次为李氏 8907 人，王氏 6221 人，许氏 5250 人，施氏 4934 人，郑氏 4871 人，郭氏 3850 人，高氏 3511 人，柳氏 3041 人，刘氏 2511 人，江氏 2354 人，杨氏 2019 人，曾氏 1991 人，谢氏 1801 人，赖氏 1731 人，钟氏 1510 人，胡氏 1301 人，徐氏 1173 人。

千人以下百人以上　依次为骆氏 941 人，龚氏 862 人，柯氏 720 人，庄氏 713 人，沈氏 703 人，唐氏 562 人，廖氏 536 人，翁氏 441 人，梁氏 391 人，叶氏 370 人，欧氏 350 人，董氏 317 人，石氏 302 人，洪氏 277 人，连氏255人，苏氏252人，孙氏205人，卢氏197人，赵氏192人，占氏187人，马氏187人，戴氏187人，肖氏186人，颜氏181人，潘氏173人，邱氏165人，游氏134人，余氏132人。

百人以下十人以上 依次为程氏95人，邓氏77人，孔氏76人，詹氏72人，侯氏71人，阮氏65人，蓝氏60人，任氏50人，谭氏49人，姚氏43人，魏氏43人，彭氏42人，严氏42人，邹氏39人，宋氏36人，田氏31人，葛氏31人，甘氏31人，麦氏27人，傅氏27人，冯氏27人，蒋氏26人，杜氏25人，于氏24人，白氏22人，曹氏21人，丁氏20人，项氏20人，熊氏19人，伍氏19人，温氏19人，涂氏19人，袁氏18人，梅氏18人，阙氏18人，童氏17人，吴氏17人，万氏17人，吕氏16人，芦氏16人，黎氏16人，康氏16人，官氏16人，范氏16人，薛氏15人，倪氏15人，邬氏13人，金氏13人，韦氏12人，汪氏12人，史氏12人，贾氏12人，辜氏12人，蒲氏11人，卓氏10人，毛氏10人，雷氏10人，韩氏10人，崔氏10人，薛氏10人。

十人以下 依次为祝氏、佘氏各9人，章氏、翟氏、秦氏、年氏、姜氏、段氏各8人，夏氏、饶氏、冉氏、简氏、付氏、符氏、淡氏各7人，诸氏、尤氏、向氏、文氏、庞氏、陆氏、龙氏、贺氏、包氏、覃氏各6人，主氏、应氏、易氏、闫氏、钱氏、纪氏各5人，阳氏、巫氏、腾氏、申氏、邵氏、拱氏、刁氏、褚氏、呈氏各4人，喻氏、邢氏、谈氏、霜氏、齐氏、朴氏、农氏、宁氏、莫氏、闵氏、蒙氏、莱氏、匡氏、卡氏、季氏、桂氏、刚氏、菜氏、艾氏各3人，臧氏、岳氏、禹氏、幸氏、辛氏、冼氏、陶氏、荣氏、全氏、丘氏、庆氏、乔氏、裴氏、牛氏、栾氏、娄氏、勒氏、邝氏、瞿氏、华氏、湖氏、乎氏、郝氏、管氏、关氏、房氏、樊氏、藩氏、传氏、出氏、敕氏、池氏、成氏、常氏、薄氏、卞氏、毕氏、油氏各2人，左氏、棕氏、奘氏、越氏、殷氏、奕氏、伊氏、晏氏、岩氏、萧氏、武氏、乌氏、卫氏、巍氏、危氏、旺氏、郃氏、粟氏、斯伦氏、顺氏、舒氏、尚氏、上官氏、沙氏、汝氏、壬氏、秋氏、戚氏、平氏、皮氏、聂氏、能氏、南氏、穆氏、慕氏、磨氏、缪氏、绵氏、米氏、孟氏、麻氏、鲁氏、令狐氏、凌氏、利氏、乐氏、霍氏、惠氏、顾氏、古氏、贡氏、耿氏、单氏、储氏、查氏、岑氏、班氏、柏氏、巴氏、敖氏、安氏、臼氏各1人。

第四节　婚姻　家庭

一、婚姻

1997-2006年间自主婚姻占主导地位。多数年轻人有一定的经济收入，文化素质较高，婚后独立意识较强。未婚同居、先孕日趋增加，涉外婚姻增多，离婚率上升且多采用协议形式，和平分手较为多见（涉外婚姻、离婚详见《民政》章）。

1990年第四次全国人口普查，全县15岁以上人口257672人，占总人口68.52%，其中男性131019人，占15岁以上人口50.85%；女性126653人，占49.15%。已婚人口181230人，占15岁以上人口70.33%，其中男性85602人，占47.23%，已婚率65.34%；女性95628人，占52.77%，已婚率75.5%。已婚人口中，有配偶162380人，占已婚人口89.60%，其中男性80922人，占49.83%，有偶率94.53%；女性81458人，占50.17%，有偶率85.18%。已婚人口中丧偶17978人，占已婚人口9.92%，其中男性4045人，占2.23%；女性13933人，占7.69%。离婚872人，占已婚人口0.48%，其中女性离婚237人，离婚率0.18%。未婚人口76442人，占15岁以上人口29.67%，其中男性45417人，占未婚人口59.42%；女性31025人，占未婚人口40.58%。

2000年第五次全国人口普查，全县15岁以上人口293000人，占总人口数72.59%，其中男性149340人，占15岁以上人口51%，女性143570人，占49%。已婚人口221770人，占15岁以上人口75.69%，其中男性106160人，占47.87%，已婚率71.04%；女性115610人，占52.13%，已婚率80.53%。已婚人口中，有配偶202520人，占已婚人口91.32%，其中男性100960人，占49.85%，有偶率95.10%；女性101560人，占50.15%，有偶率87.84%。已婚人口中丧偶17900人，占已婚人口8.07%，其中男性4410人，占1.99%；女性13490人，占6.08%。离婚1350人，占已婚人口6.09%，其中女性离婚560人，离婚率0.25%。未婚人口 71230 人，占 15 岁以上人口 24.31%，其中男性 43270 人，占未婚人口 60.75%；女性 27960 人，占未婚人口 39.25%。

1997 — 2006 年云霄县婚姻登记统计表

表 4–7　　单位：人

年份	结婚	离婚	涉外婚姻	出具夫妻关系证明书（件）
1997	3731	——	178	0
1998	3794	——	110	0
1999	3965	12	61	3
2000	4042	——	21	0
2001	2900	——	26	8
2002	2831	32	16	16
2003	2902	30	6	7
2004	3479	40	8	0
2005	3289	40	15	0
2006	4150	103	38	0

二、家庭

1997 年，全县 91428 户，总人口 379465 人，户均 4.15 人。2000 年第五次全国人口普查，全县 104551 户，各种不同人口家庭户的户数及占总户数的比例为：1 人户 7388 户，占 7.07%；2 人户 10700 户，占 10.23%；3 人户 24700 户，占 23.62%；4 人户 32486 户，占 31.07%；5 人户 18057 户，占 17.27%；6 人户 6739 户，占 6.45%；7 人户 2701 户，占 2.58%；8 人及以上户 1780 户，占 1.71%。以全县统计，“四口之家”为多数，占 31.07%；以城镇统计，“三口之家”为主，占 27.97%。全县一代夫妇户 14609 户，占 13.97%；二代户 69352 户，占 66.33%；三代户 19747 户，占 18.89%；四代户 841 户，占 0.8%；五代户及五代以上户 2 户。全县以二代户为主。2001 年全县 103342 户，总人口 396831 人，户均 3.84 人。2006 年全县 112030 户，总人口 420831 人，户均 3.75 人，比 1996 年户均 4.19 人减少 0.44 人。全县家庭人口趋向小型化。

第五节　控　制

一、管理

1997 年 5 月，以《中华人民共和国行政诉讼法》《中华人民共和国行政处罚法》和《福建省人口与计划生育条例》等法律法规为依据，以县人民法院行政审判庭为依托，在县计生局设立云霄县计划生育审判合议庭，受理申请强制执行计生行政诉讼的案件和有关计生法规的咨询、信访和调解工作。1999 年初，因与新的法律规定相抵触合议庭撤销。

1999 年初，全县开展 1990 年 7 月 1 日至 1998 年 12 月 31 日出生人口漏报漏统、各辖区居住人口（含流动人口）漏报漏统、计划外生育和初婚漏报漏统、节育避孕措施到位情况和计生奖惩兑现情况的清理工作（简称“五清理”），并以下河村为试点。3 月底，试点工作完成，省、市人口计生委在云霄召开经验推广现场会。至 6 月 30 日，全县共清理出漏统人口 7245 人、漏报出生人口 4035 人、违规生育的县直机关人员 281 对。此后，县计生委把“五清理”列为常年开展的工作。

2000年春，县计生领导小组组织县、乡镇分管计生的领导和县计生协会人员到长汀县等地考察，学习《计生村规民约》的制订、实施经验，并迅速在全县范围内推广。同年7月，市计生委在云霄县召开实施《计生村规民约》经验现场会。同年11月，云霄县的做法在省计生委于华安县召开的计生工作现场会上作了介绍。至2006年底，全县184个村（社区）全部制订并实施《计生村规民约》。

2005年12月，县抽调公安局、检察院、法院及县直其他部门干部316人，组成42个工作组，在全县开展超生人口社会抚养费征收专项整治活动。2006年初，在云陵镇、莆美镇，依法征收763.961万元，其中由法院强制执行99件66.885万元。同年全县共征收入库2109万元，同时促进了全县计生"双查"（查环、查孕）、"四术"（上环、结扎、人流、引产）等工作的落实。当年，县人口计生局获省高级人民法院、省人口计生委授予的"社会抚养费征收先进单位"称号。

1997 — 2006年，全县共落实长效节育措施76035例，到位率88%，综合避孕率89.2%，其中结扎48268例，上环（含皮埋）27767例。2006年，全县上报出生5075人，政策符合率87.9 %，其中一孩占67.92 %，二孩占30.13%，多孩占1.42%；已领取独生子女证2137人，占已婚育龄妇女55.13 %，女性晚婚率37.2 %。

二、奖励与扶助

1997年5月29日，县政府举行部分60周岁以上对象的计划生育家庭奖励扶助金首发式，全县206名年满60周岁、生育一个子女或两个女孩的农村计划生育夫妇，每人每月可领取50元的奖励扶助金。2003年5月，云霄县被省计生委确定为漳州市"关爱女孩行动"试点县，县成立"关爱女孩行动"工作领导小组，由县长兼组长。当年开始，在县有线电视台、广播电台设立"关爱女孩"专栏，并运用文艺下乡、文艺踩街、灯谜竞猜、书画展览、知识竞赛、宣传橱窗、阅报栏等形式开展宣传教育活动，在社会上营造"关爱女孩，关注女性"的良好社会氛围。县领导班子成员开展每人挂钩一户农村二女结扎户的"扶贫助学"活动；县妇联开展帮助失学女童重返校园的"春蕾计划"；县民政部门的救灾救济注重优先照顾计生困难户。县公安司法部门，依法打击溺、弃、卖女婴等犯罪行为。每年春节，县领导都带队对农村独女户、二女户及计生困难户进行慰问。

2004年，全县开展以关爱女孩和独生子女为中心的致富工程、成才工程、保障工程、亲情工程、安居工程等"五项工程"活动。全县筹集82.39万元，救助计生贫困户228户，其中向72户特困户发放23.85万元，帮助发展生产，至2006年有33户脱贫。

2006年1月1日，云霄县根据《福建省计划生育条例》，在全市率先实行计划生育贡献奖励制度。对申请放弃二孩生育、办理"独生子女父母光荣证"的给予奖励，共办理10对20人，已领取奖金7对14人。兑现给予2002年9月1日以后农村二女结扎户（2084户）、独生子女户（4740户）的奖励，每户一次性奖励500元。

同年，县人口计生局、财政局、人民银行、农信联社、计生协会联合发出《关于扶持计划生育"二女"户及独生子女户发展生产贷款实行财政贴息的实施意见》，计有116户二女户每户获得3000元的贴息贷款。同年，县委、县政府出台《关于建立和完善人口和计划生育利益导向机制的规定》，对农村"独女"户、"二女"户和"独男"户子女初、高中升学考试给予加分照顾。当年共有67名农村二女户、53名独男户和3名独女户子女得到加分照顾。2006年底，全县优先把500多户贫困二女户纳入低保对象，并适当提高标准（10%）。2006年的1号、4号、5号台风灾害发生后，民政部门计为142户计生困难户发放救灾款62.3万元。县计生服务站、县级医疗卫生单位和县文化科技部门每年开展文化、科技、卫生"三下乡"活动，每年为1000多名女童及其父母进行免费健康检查。

至2006年末，全县二女户总户数（4293户）占总人口10.2‰，比2003年提高1.28个千分点；出生人口性别比110.7，二孩比117.5，分别比2003年下降15.79和44。

三、避孕指导与优生优育

1997 年，县计生技术服务站设立“悄悄话室”，为新婚夫妇提供人口与计划生育知识咨询；对孕妇实行孕情跟踪，指导做好中期和围产期保健；帮助节育者了解各种避孕形式的原理、适应证、禁忌证、副反应及处理办法，让其做到知情选择合适的避孕方法。县计生服务站配备 PCR 优生检测仪、红外线治疗仪，为优生检测和出生缺陷干预服务。医疗卫生及计生管理部门强化住院分娩和产后随访及新生儿疫苗接种工作。1997 — 2006 年，全县住院分娩率 96.12%，新生儿卡介苗、麻疹、白百破、脊髓灰质、乙肝等 5 种疫苗接种率 99%。

2005 年 6 月 1 日起，全县实行婚前医学检查免费，县计生服务站实行妇科病查治、优生检测、性传播疾病检测、显微外科输卵（精）管吻合术等项目免收挂号费，并优惠收取检查费和治疗费。

四、流动人口计生管理

1997 年，就业渠道更趋多样化，人员流动频繁，外来人口增多，流动人口管理困难。城区居住范围不断扩大，人口计生管理工作难度增加。2000 年，云陵镇增设金霞、北园社区，莆美镇增设宝洋、绥东社区，加强对新居民区的人口计生管理。2005 年加大流动人口计生管理力度，当年人口计生局共登记流出人口 1.11 万人（男 6118 人、女 4982 人），流入人口 774 人（男 316 人、女 458 人），并进行常规检查。2006 年，云陵镇、莆美镇就其社区属地交错管理难度大问题，进行以路划界和户口划拨的专项整治，解决了城区流动人口计生管理的难题。同年，全县开展流动人口联网大清理，对流动人口办理“流动人口婚育证”和相关证件进行审检，全县共清理出流出人口 9994 人，当年办理“流动人口婚育证”9424 人，办证率 94.3%；流入人口 1081 人（其中育妇 623 人），对持证的 402 人进行证件审检，未持证的限期回原籍补办，并全数列入计生管理。

五、机构

（一）管理机构

县人口和计划生育局 原称县计划生育局。1997 年行政编制 16 人，在编 11 人。2005 年 4 月，更名为县人口和计划生育局。2006 年核定行政编制 13 人，在编 12 人，内设人秘股、计划财务股、政策法规股、科技宣教股。

乡、镇、场、开发区计生机构　1996 — 2003 年，云陵、莆美、东厦、陈岱、列屿、火田、下河、马铺、和平等乡镇及常山华侨农场，共设 10 个计划生育办公室。2006 年 10 月，云陵工业开发区设计生服务中心为计生管理机构。2006 年，乡、镇、开发区计生干部编制各 1 人，计 10 人。

村、社区计生机构　1997 年起，全县村、社区各设不脱产计生主任 1 名、计生专职干部 1 名，由所在乡镇、村（社区）发给补贴。2005 — 2006 年，全县招聘“县管、乡聘、村用”的村（社区）级计生管理员 184 人（每村、社区各 1 人），发给由省财政支付的固定补贴每人每月 200 元。

（二）服务机构

县计生技术服务站　为县人口和计划生育局下属事业单位（1990 年 6 月成立）。2006 年核定编制 20 人，在编 19 人，其中高级职称 1 人、中级职称 4 人、初级职称 12 人。2003 年 12 月，被省人口计生委评为“计划生育技术服务一级站”；2006 年，被国家人口和计划生育委员会授予“全国人口和计划生育科技工作先进集体”称号。

乡、镇、场、开发区计生服务站　1992 年 8 月成立。2006 年，全县乡、镇、开发区计生技术服务站人员编制 78 人，在编 78 人，其中卫生专业技术人员 46 人。

县计划生育协会　（详见第二十三章《群团组织》）

乡镇、村（社区）计生协会　1998 年，各乡镇以村民小组（或片区）成立计生协会，设女小组长 1 人，共1097人。2004年，各乡镇、村（社区）成立计生协会，村级协会副会长、村民小组协会女小组长由县财政支付工作补贴。至2006年，全县有乡镇级计生协会10个，村级计生协会183个，企业计生协会1个，流动人口计生协会1个，会员39567人。

附：计生“幸福工程”

“幸福工程—救助贫困母亲行动”（简称幸福工程）是由中国人口福利基金会、中国计划生育协会和中国人口报社于1995年2月联合发起组织的一项社会公益事业活动。云霄县2004年成为实施“幸福工程”项目县。

2004年2月1日，县计生协会、计生局、县妇联等联合向县委、县政府呈送《关于在全县范围内开展“向贫困母亲献爱心，捐献一日所得”请示》。同月，县计生领导小组成立云霄县“幸福工程”领导小组。3月19日，县委办、县政府办下发《关于同意开展“为贫困母亲献爱心，捐献一日所得”活动的批复》，至6月底，全县有135个单位的干部、职工捐款，共募集资金17.72万元。7月4日，县计生领导小组下发《关于开展幸福工程—救助贫困母亲行动的实施意见》。8月11日，全县首期幸福工程项目款发放仪式在和平乡举行。

2006年5月，县第二次举行“为贫困母亲献爱心，捐献一日所得”活动，干部职工捐资18.03万元。经多方筹集，至年底全县筹集救助资金总额为102.52万元。资金来源分别为：个人捐资35.75万元，县财政配套省组委会资金20万元，县社会抚养费划拨26.77万元，省组委会下拨借款20万元。2004－2006年，累计滚动投放项目资金86万元，救助贫困母亲228户（次）。按受助计生类型分：二女户180户（次），独女户9户（次），独男户34户（次），一女一男户5户（次）。按受救助项目分类：种植类40户（次），养殖类101户（次），加工类5户（次），经商类40户（次），运输类10户（次）。

“幸福工程项目”资金主要用于救助实行计划生育家庭的贫困母亲。项目救助资金及每轮救助期限为1～2年。救助模式为：一家一户“项目＋贫困母亲” 扶持模式（指支持贫困家庭发展经商、种养殖业），每轮救助一年。每户资金4000－10000元，期满回收本金（免息）再滚动；“企业＋贫困母亲”扶持模式（指用一定额度的资金拨给企业使用，期到收回，用于支持企业吸收贫困母亲用工），每轮救助2年，救助资金几万至几十万不等，视规模而定，期满回收本金再滚动。通过项目救助，均能使受助对象户每轮每人增收1000～1400元。

第五章　环境保护

20世纪80年代，由于城乡与交通基础设施的大规模建设，机动车辆的快速增加，农药化肥的大量使用，工业、餐饮业、文化娱乐业的发展以及居民生活水平的提高，全县大气、水质、声环境等质量受到不同程度污染。90年代，环境保护开始引起重视。通过建立健全环境保护机构，落实县长环保目标责任制及减排计划，加大环境治理投入，加强环境监测和执法检查，开展治理专项行动，查处环境违法案件，环境污染状况得到一定控制和改善。1996 — 1998年，漳江连续两届被省人大评为优清河流。2001 — 2005年度获漳州市县长环保目标责任制工作第一名。

第一节　环境质量

一、大气质量

1997年，列入调查的288家企业年废气排放量2.16亿标立方米，二氧化硫年排放量298.26吨。使用燃煤的工业企业少，二氧化硫（SO_2）污染程度较轻。因机动车辆日益增多，氮氧化物（NO_X）也随之增加，但未超一级大气质量标准。由建设施工和车辆扬尘所引起的悬浮颗粒物（TSP）超过一级大气质量标准，成为主要大气污染物。餐饮业油烟尚未能很好治理，也给局部环境质量造成影响。至2006年，境内大气环境总体处于Ⅱ级水平，农村优于城镇。

二、水质量

据1997年全县乡镇工业污染源调查，全县工业用水排放总量39.36万吨，其中经过处理24.136万吨，化学需氧量的排放量186.85吨，悬浮物的排放量101.05吨，生活污水（包括医疗污水）占年废水排放量的94.7%。由于工业废水、生活污水的增加并多数未经处理直接排入漳江，以及受新坡垃圾堆放场渗滤液与全县牛蛙养殖场、养猪场及农药、化肥等农业面源的影响，漳江部分河段水体氮、磷等有机物质含量较高，水质富营养化，下游水质量下降为Ⅲ类标准，其支流南溪部分河段超Ⅲ类标准。水葫芦一度在漳江流域大量繁殖。21世纪初期，工业废水排放量最大的云霄糖厂破产关闭，年直接削减工业废水72万吨。至2006年，经整顿治理，加强南北江水闸晴雨潮汐调节，漳江水质有较大改善，漳江干流多年保持Ⅱ级水质。

三、声环境质量

声环境的主要影响为交通噪声、建筑施工噪声、文化娱乐噪声以及商业营业噪声等。据2006年监测，县城环境噪声小于55.9分贝，交通干线噪声小于67.7分贝，未超过国家规定标准，但在交通繁忙路段的高峰时段及公共娱乐场所的夜间时段噪声超过70分贝。

四、固体废弃物

1997年，县城区生活垃圾日产生量70吨。随着人民生活水平的提高，生活垃圾量逐年增加，对环境带来一定影响。2006年县城区生活垃圾日产生量130吨。

第二节　环境监测

一、水环境质量监测

（一）常规监测

1997 年前，县城饮用水源和地表水由漳州市环境监测站监测，饮用水源监测点为自来水厂向东渠取水口上游，地表水监测点为漳江大桥（编号漳 1）和漳江高塘渡口（编号漳 2）两个断面。主要监测项目有 pH 值、溶解氧、生化需氧量、硝酸盐氮等 21 个。1997 年由县环境监测站承担部分监测项目，每年 5、9、11 月对县城饮用水源、漳江两个断面进行 3 期 6 次采样监测分析。2002 年改为每年 3、5、9、12 月 4 期 8 次。2003 年改为每逢单月监测 6 期 12 次。2006 年增加西林（编号漳 0）监测点。

（二）取样监测

2002 年，县环境监测站对峰头水库、漳江西溪上窖测点、漳江车圩溪水尾测点、向东渠风吹岭测点、杜塘水库等饮用水源地进行取样监测；2003 年，采样 21 家次；2005 年，采样 37 家次；2006 年，县环境监测站对下岩水库、大浸东水库、五谷王水库、西山湖水库、马岭溪、西江湖溪等水源地进行取样监测。两次监测均分丰水期、平水期、枯水期三个阶段进行。水质监测结果，各水源地水质良好，符合生活饮用水地表水源一级保护区水质要求。当年完成 12 次入海河口采样监测，23 家次主要工业废水监测。

1997 — 2006 年水环境监测一览表

表 5-1

项 目	点　　位		
	水　源	漳江上游	漳江下游
pH 值	6.43 ~ 7.64	6.44 ~ 7.56	6.53 ~ 7.5
溶解氧（DO）	6.40 ~ 9.3	5.76 ~ 8.6	5.00 ~ 9.2
高锰酸盐氮（COD_{Mn}）	1.66 ~ 3.65	1.06 ~ 3.57	1.51 ~ 4.14
五日生化需氧量（BOD_5）	0.20 ~ 1.5	0.60 ~ 2.5	0.9 ~ 2.23
氨氮（NH_3-N）	0.10 ~ 0.48	0.18 ~ 0.73	0.28 ~ 0.96
硝酸盐氮（NO_3-N）	0.35 ~ 0.95	0.32 ~ 2.08	0.14 ~ 2.05
亚硝酸盐氮（NO_2-N）	0	0	0.012 ~ 0.063
氟化物（F-）	0.09 ~ 0.22	0.04 ~ 0.23	0.03 ~ 0.30
总磷（TP）	0.02 ~ 0.228	0.03 ~ 0.15	0.04 ~ 0.17
氯化物（CL-）	3.06 ~ 6.76	3.5 ~ 7.4	1.0 ~ 113
石油类（Oil）	< 0.01	< 0.01	< 0.01
六价铬（Cr^{6r}）	< 0.004	< 0.004	< 0.004

二、大气环境质量监测

1997 年起，开始在县城区设自来水厂、后汤村、东园新村、下坂村等 4 个大气监测点，每年进行 5 天采样监测分析。2003 年 5 月，以县政府驻地和漳江北江水闸为监测点，在全市率先开展大气环境质量周报。大气监测项目为二氧化硫（SO_2）、二氧化氮（NO_2）、可吸颗粒物（PM_{10}），据 2006 年监测，县城大气环境质量大部分时间为一级标准，常年保持二级标准。

三、声环境质量监测

1997年，在县城区采用200米×200米网格，设立110个点位；在县城区交通主干道设9个监测点。至2006年，每年第四季度均进行一次监测，并对产生噪音的加工业及娱乐场所进行不定期监测。

四、污染源监测

主要对产生废水、废气、噪声等污染源的排污单位进行定期或不定期采样监测。根据排污单位生产经营状况，每年至少监测2次。对排污单位的污染治理设施进行竣工验收及运行情况监测。根据监测，工业企业超标排放现象偶有发生。

五、监测设备

1996年，县环境监测站有水和废水、空气、噪声等三类22个项目的监测仪器10台套。1997年，监测站列入省“环境监测体系一期工程”，监测设备增至26台套，监测分析项目包括水和废水、声、海水等六类49个项目。2006年，监测设备45台套，监测分析项目88个。

第三节　环境治理

一、水环境综合治理

1997年，组织相关部门及乡镇开展漳江流域综合整治。2001年，继续组织漳江流域综合整治，购买专用船只由专人负责打捞漂浮物，实施日常保洁，取缔漳江上流3家造成水土流失的碎石场，严禁在漳江两岸新建重污染企业，严禁向水体倾倒垃圾。2005年，县政府出台《云霄县漳江流域水环境综合整治方案》，由县环保局、水利局、建设局与云陵镇、和平乡、下河乡、马铺乡对漳江流域水葫芦污染及沿江两侧1公里范围内的养猪场进行综合整治，组织人力清理打捞水葫芦及水面漂浮物。通过政府补助，在农户中推广新建沼气池，对养殖场污水处理设施加强检查，督促整改完善。2006年，继续组织大规模的综合治理，投入40多万元，对漳江上游车圩溪、西溪、向东渠、峰头水库进行综合整治，并对饮用水源一级保护区范围进行立碑确定。同年3月，开征污水处理费，按自来水用水量每吨0.8元计征。6月，委托中国市政工程中南设计院编制《云霄县城区污水处理厂及配套管网工程可行性研究报告》，着手进行污水处理厂建设的前期工作。项目远期投资11411.27万元，近期投资6717.30万元。

至2006年，各污水排放单位共投入600多万元进行污水治理。其中，云霄糖厂投入65万元治理废水排放；永利隆油脂食品有限公司、名城人造花厂、县再生纸厂、东洲食品冷冻有限公司和县医院、妇幼保健所共投入160多万元治理废水，实现废水达标排放；县集宰中心投资45万元建成废水处理设施，日处理污水200吨；丽西罐头厂投资60万元完成废水治理，日处理污水300吨；郭浦罐头厂投资55万元建成日处理污水300吨设施。

二、噪声污染治理

1998年，云霄烟厂投资15万元治理噪声污染。2001年，在县城区强制关闭两家噪声扰民的石材店。每年中、高考期间，强制停止考场周边造成噪声污染的一切施工作业及娱乐活动，暂停漳江的龙舟竞赛活动。

三、大气污染治理

2003年，关闭生产工艺落后的竹仔前铁厂、发成造纸厂和陈岱镇天中塑料厂。全县2吨以上的锅炉先后配备除尘设施，除尘效率90%以上。云漳机砖厂投资23万元完成废气治理，年处理废气540万标立方米。

达发机砖厂投资 21 万元完成废气治理，年处理废气 450 万标立方米。

四、固体废弃物处理

1997 年，县城区的生活废弃物由县环卫处及社区环卫队负责清扫，运至新坡垃圾场填埋。推行垃圾袋装化，垃圾袋化率达 99%。2004 年 10 月，开始在东厦镇宜美自然村山地新建县垃圾无害化处理场，占地 13.3 公顷，计划投资 4980 万元，日处理垃圾 300 吨。至 2006 年底完成投资 1100 万元，建成填埋区、道路及办公楼等设施（2009 年建成投入使用，新坡垃圾填埋场停止使用）。当年开始在全县农村实施以垃圾治理为重点的“家园清洁行动”。工业废弃物主要为果蔬籽皮、燃煤炉渣等食品工业及建材工业的废弃物，均进行综合利用，果蔬籽皮用于种植业，燃料炉渣用于制作机砖或填土。县医院、县中医院的医疗废物按规定全部运到漳州市医疗废物处理中心处理，处置率均保持 100%。

第四节　环境监管

一、规划与计划编制

1998 年编制《云霄县跨世纪绿色工程规划（纲要）》《云霄县城环境规划》《云霄县工业污染源达标排放计划》和《云霄县污染物总量控制计划》。2000 年编制《环保“十五”计划》和《2010 年环保远景目标规划》。2003 年划定全县畜禽养殖场禁建区，编制《云霄县生态功能区划》《云霄县集中式生活饮用水地表水源保护区划定方案》。2006 年编制《云霄县乡镇集中式生活饮用水地表水源保护区划定方案》。每年均根据县长与市长签订的环保目标责任书（2001 年起改为 5 年签订一次），下达环境保护工作计划及减排计划，并落实到具体单位。

二、建设项目环境管理

1997 年起，逐步健全完善环境影响评价制度，对建设项目实行环评审批。1998 年审批“环境影响报告书（表）”199 件，2003 年 17 件，2006 年 110 件。并执行建设项目中的环境污染治理设施与建设项目同时设计、同时建设、同时竣工验收的“三同时”制度。

三、排污申报

1997 年下半年，对全县所有排污单位进行排污申报登记，经核实发给排污许可证。并建立年度排污申报登记、发证及换证制度，将污染源纳入排污许可管理范围。2004 年审核发放排污许可证 48 家，2005 年审发 45 家、临时许可证 15 家，2006 年审发换证 23 家。同时，依据排污许可及单位排污情况依法征收排污费，1997 年征收 100 万元，1998 年为 105 万元，2002 年为 36.2 万元，2006 年为 75.6 万元。

四、环境治理专项行动与执法检查

1999 — 2000 年，开展“一控双达标”（即辖区内主要污染物排放量控制在规定的排放指标内，所有工业污染源排放污染物达到国家或地区规定的标准，大气、水环境质量应按功能区分别达到国家规定的标准）工作，加大污染治理力度。投入 320 万元建设污染治理设施，对 30 家污染企业进行专项治理，下达达标排放计划，责令 5 家企业停产治理，强制关闭 3 家企业。2001 年开展禁止销售含铅汽油整治。2002 年开展“白色污染”调查和禁止销售含磷洗涤剂、石板材加工业等专项整治行动，对石板材加工企业实行关停、搬迁和治理等措施。每年均开展一次整治排污企业专项行动，加强对排污企业的排污情况及污染治理设施运行情况的现场检查，根据群众举报投诉，查处环境违法案件。至 2006 年，共查处案件 130 件，对违法排污企业分别给予限期整改、罚款等行政处罚。

五、宣传教育

1997 — 2006年，每年结合“6·5”世界环境日，通过举办知识竞赛、美术书法比赛、专题展览、文艺演出、灯谜、回收电子垃圾绿箱子行动和鱼类放养等形式开展环保宣传，并在中小学中开展创建“绿色学校”活动。至2006年，有云霄四中、云霄一中被授予省级“绿色学校”称号，元光中学等11所学校被授予市、县级“绿色学校”称号。通过发放环保知识手册、宣传材料和设立宣传栏，开展“环保六进社区”活动，普及环保知识，促进公众环境意识的提高。

第五节　生态保护

一、水土保持

（一）水土流失

全县水土流失主要由采矿、取土和建设施工造成。1999年10 — 12月，对16处生产建设和资源开发项目进行土壤工程侵蚀普查，普查总面积15582公顷。其中工矿12处，每处流失10公顷，主要有陈岱镇大水崛、马崎头、宗林、龙山4个石场和云东砖厂，云陵镇下城、郭埔石场和东车机砖厂，马铺乡峰头石场，莆美镇乌正石场，下河乡上河机砖厂，和平乡和平机砖厂，东厦镇尾坑石场和船场机砖厂，流失面积120公顷。此类区域的植被、地形、地貌受到严重破坏，排放弃渣量大，且排放在山坡或沟谷，对漳江下游造成威胁。交通类建设3处，流失面积54公顷，有火田镇国道20公顷、下河乡乡道14公顷、马铺乡乡道20公顷，此类建设项目弃土弃渣量大，水土流失强度大，呈线性分布。城镇类建设1处，云陵开发区造成水土流失面积6公顷，使项目区域的地形、地貌及地表受到不同程度的破坏，建设前期极易产生高强度的水土流失。

（二）水土流失治理与监督

1997 — 2006年，综合治理水土流失面积1631公顷，其中在漳江上游沿岸乡村封禁治理603公顷，造林治理228公顷，种经济林710公顷，种草30公顷，其他坡改梯治理60公顷。

2002年8月15日，县政府印发《云霄县水土保持生态环境建设规划的通知》，制定水土保持工作方案。同时加强预防监督执法力度，以实施县政府水土保持方案的措施为中心，把工作重点放在水土流失严重的采石、采土场和水电站附属设施建设影响较大的区域，全面检查防治资金是否到位，是否按方案设计要求施工，施工质量是否达到设计要求。通过检查，向资源开发与生产建设单位通报水土保持措施的实施情况，对存在的问题和不足之处提出整改措施，限期纠正。

依据《中华人民共和国水土保持法》等法规，县水土办对因采石、采土等生产建设改变地貌、损坏植被而降低或丧失原有水土保持功能的单位或个人征收水土保持补偿费。2001 — 2006年，共征收水土保持补偿费4.6万元。

二、生态保护区

（一）红树林保护区

1997年，经省政府批准，成立省级漳江口红树林保护区。2003年6月，经国务院批准，漳江口红树林自然保护区晋级为国家级保护区。保护区总面积2360公顷，其中核心区700公顷，缓冲区460公顷，实验区1200公顷，为以保护红树林及其栖息的野生动物为主要对象的森林生态型与海洋和海岸生态型综合性自然保护区（详见林业章第七节）。

（二）饮用水源保护区

2003年10月，经省政府批准，全县设县级饮用水源保护区6处，其中4处为云霄县的生活饮用水地表水源保护区，2处为常山开发区和东山县的生活饮用水地表水源保护区。乡镇饮用水源保护区4处。各保护区按规定分别划分为一级、二级保护区，并有明确的水域及陆域保护范围。

云霄县生活饮用水地表水源保护区划分表

表 5-2

水源地名称	保护区名称	保护区水域范围	保护区陆域范围	执行标准及类别
（一）漳江车圩溪水源保护区	车圩溪饮用水地表水源一级保护区	漳江支流车圩溪从水尾滚水坝、水尾引水隧道口至上游 1100 米（水尾桥）水域	河流两岸外延各 10 米范围陆域	GB3838-2002 Ⅱ类
	车圩溪饮用水地表水源二级保护区	漳江支流车圩溪从水尾桥至上游 2400 米（车圩溪两支流汇合处）水域	河流两岸外延各 50 米范围的陆域，包括一级保护区外延 40 米范围的陆域	GB3838-2002 Ⅲ类
（二）漳江西溪水源保护区	西溪饮用水地表水源一级保护区	漳江支流西溪从上窖水源站取水口下游 20 米（上窖滚水坝）至上游 1200 米（西溪两支流汇合处）水域	河流两岸外延各 10 米范围陆域	GB3838-2002 Ⅱ类
	西溪饮用水地表水源二级保护区	漳江支流西溪从上窖水源站取水口上游 4200 米至 1200 米（鹅豆溪滚水坝，孙坑河段至西溪两支流汇合处水域）	河流两岸外延各 50 米范围的陆域，包括一级保护区外延 40 米范围的陆域	GB3838-2002 Ⅲ类
（三）峰头水库水源保护区	峰头水库饮用水地表水源一级保护区	峰头水库大坝至离大坝 600 米的水域	水库沿岸最高水位线以上 20 米范围的陆域	GB3838-2002 Ⅱ类
	峰头水库饮用水地表水源二级保护区	峰头水库除一级保护区外的库区水域	水库沿岸最高水位线以上 50 米范围的陆域，包括一级保护区外延 50 米范围的陆域	GB3838-2002 Ⅲ类
（四）向东渠(A 段)水源保护区	向东渠（A 段）饮用水地表水源一级保护区	向东渠从峰头水库至马山岭门渠段（向东渠 0km-36.8km）包括水尾支渠（2.16km）水域	渠道堤坝和渠道靠山一侧山坡 10 米范围的陆域	GB3838-2002 Ⅱ类
	向东渠（A 段）饮用水地表水源二级保护区	向东渠（A 段）沿途注入渠道的小溪流水域	一级保护区靠山一侧山坡外延 40 米范围的陆域	GB3838-2002 Ⅲ类
（五）杜塘水库水源保护区	杜塘水库生活饮用水地表水源一级保护区	杜塘水库库区水域	水库沿岸最高水位线以上 20 米范围的陆域	GB3838-2002 Ⅱ类
	杜塘水库生活饮用水地表水源二级保护区	注入杜塘水库的小溪流水域	一级保护区外延 50 米范围的陆域	GB3838-2002 Ⅲ类
（六）向东渠(B 段)水源保护区	向东渠（B 段）生活饮用水地表水源一级保护区	向东渠从马山岭门至八尺门渠段（向东渠 36.8km-69.1km）水域，包括杜塘水库与向东渠连接的引水渠水域	渠道堤坝和渠道靠山一侧山坡 10 米范围的陆域	GB3838-2002 Ⅱ类
	向东渠（B 段）生活饮用水地表水源二级保护区	向东渠沿途注入渠道的小溪流水域	一级保护区靠山一侧山坡外延 40 米范围的陆域	GB3838-2002 Ⅲ类

注：表中所列的（一）至（四）保护区为云霄县的生活饮用水地表水源保护区，（五）、（六）保护区为常山开发区和东山县的生活饮用水地表水源保护区

云霄县乡镇生活饮用水地表水源保护区划分表

表 5-3

水源地名称	保护区名称	保护区水域范围	保护区陆域范围	执行标准及类别
陈岱镇水源保护区	下岩水库、大浸冬水库饮用水地表水源一级保护区	下岩水库、大浸冬水库库区水域和两座水库相连接小溪水域	下岩水库、大浸冬水库沿岸正常水位线以上 50 米范围的陆域	GB3838-2002 Ⅱ类
	下岩水库、大浸冬水库饮用水地表水源二级保护区		下岩水库、大浸冬水库汇水面积的陆域（一级保护区除外）	GB3838-2002 Ⅲ类
列屿镇水源保护区	五谷王水库饮用水地表水源一级保护区	五谷王水库库区水域	五谷王水库沿岸正常水位线以上 50 米范围的陆域	GB3838-2002 Ⅱ类
	五谷王水库饮用水地表水源二级保护区		五谷王水库汇水面积的陆域（一级保护区除外）	GB3838-2002 Ⅲ类
	西山湖水库饮用水地表水源一级保护区	西山湖水库库区水域	西山湖水库沿岸正常水位线以上 50 米范围的陆域	GB3838-2002 Ⅱ类
	西山湖水库饮用水地表水源二级保护区		西山湖水库汇水面积的陆域（一级保护区除外）	GB3838-2002 Ⅲ类
莆美镇（四莆）水源保护区	马岭溪、西江湖溪饮用水地表水源一级保护区	马岭溪和西江湖溪汇合处至上游 1000 米水域	马岭溪和西江湖溪汇合处至上游 1000 米两岸外延各 50 米范围的陆域	GB3838-2002 Ⅱ类
	马岭溪、西江湖溪饮用水地表水源二级保护区	马岭溪和西江湖溪汇合处上游 1000 米以上水域	马岭溪和西江湖溪汇水面积的陆域（一级保护区除外）	GB3838-2002 Ⅲ类
马铺乡水源保护区	下庵水库饮用水地表水源一级保护区	下庵水库库区水域及下庵水电站引水渠道水域	下庵水库沿岸正常水位线以上 50 米范围的陆域、下庵水电站引水渠道靠山一侧 50 米范围的陆域	GB3838-2002 Ⅱ类
	下庵水库饮用水地表水源二级保护区	下庵水库上游 1000 米溪流水域	下庵水库库区一重脊的陆域（一级保护区除外）	GB3838-2002 Ⅲ类

第六节　机　构

一、县环境保护局

1991 年 3 月成立。1997 年行政编制 6 人，在编 5 人，内设人秘股、监督管理股。2006 年定编 5 人，在编 9 人。下辖县环境监察大队、县环境监测站 2 个事业单位。

二、县水土保持办公室

2003 年前隶属县委农办，后划归县水利局。

第六章　城乡建设

云霄唐时在西林设漳州州治，元逐渐形成集镇，为当时辖区内军事、政治、经济中心。明初经济中心逐渐由西林转移至今县城区。正德七年（1512 年）始建云霄镇土城，嘉靖五年（1526 年）改为石城，后多次修建。清中期城区向南拓展，并形成街市与居民区。民国 17 年（1928 年），对旧街道拓宽取直，修建和平、中山、南强等主要街道。民国 20 年后相继修建公共体育场、县立图书馆、中山纪念堂。新中国成立后，县政府重视城乡建设，20 世纪 70 — 80 年代，对县城街道进行拓宽整修，90 年代加快城乡建设步伐，1996 年县城面积由 1950 年 1.9 平方公里增至 4.7 平方公里。

1997 — 2006 年，是云霄县城乡建设快速发展的重要时期。结合城区干道网络建设，开始进行较大规模的旧城改造，新建扩建江滨路、复兴路和江辉路等主要街道。新区建设向南、向西拓展，商品房建设开始起步并发展迅速，形成新的街区。新建人民公园、将军山公园、江滨绿化带及一批广场绿地，各类休闲、健身配套设施更加完善。村镇建设以规划为基础，推进村容村貌整治，开展“家园清洁行动”，抓好新农村建设示范，取得初步成效。10 年间，云霄县城乡建设总投资 13.83 亿元，其中县城建设 9.98 亿元（公建项目 3.59 亿元，私人建设 6.39 亿元），村镇建设 3.85 亿元（公建项目 2.23 亿元，私人建设 1.62 亿元）。县城总体规划进行第二轮调整，规划总面积扩大到 90 平方公里。

2006 年，县城建成区面积由 1996 年 4.7 平方公里增至 9 平方公里，常住人口 12 万人；人均住房面积约 24.5 平方米、道路 8.98 平方米、公共绿地 8.2 平方米。

第一节　建设规划

一、县城总体规划

1997 年仍执行 1994 年制定的县城总体规划。2000 年，县政府委托福建省城乡规划设计研究院对县城总体规划进行第二轮调整，2006 年 12 月完成规划调整，当月经县人大常委会审议通过后，报市政府批准。总体规划的县城控制区，东至厦深高速铁路，西至将军山，南至疏港公路，北至火田镇菜埔村，总面积 90 平方公里；城区人口近期（2010 年，下同）15 万人，远期（2020 年，下同）20 万人；用地规划近期 10.48 平方公里，远期 18.43 平方公里；城市发展确定为轻型加工业和以商贸为主体的临海生态型工贸城市。

二、县城改造规划

（一）旧城经堂口片区改造规划

2006 年由厦门市城市规划设计院与云霄县城乡规划设计室共同编制，改造范围北至云平路，西至云漳路，东至中山路，总面积 14.29 公顷，居住人口 8310 人，规划作为县城新的商业小区。

（二）旧城九美片区改造规划

2006 年，由厦门市城市规划设计研究院与云霄县城乡规划设计室共同编制。改造范围北临江滨路，西临国道 324 线，南临绥阳东路，总面积 8.25 公顷，居住人口 2870 人，规划作为滨江步行居住小区。

（三）专项规划

1997 — 2006 年，先后编制江辉路、复兴路改造规划，县行政中心区概念性规划，县城消防专项规划，云霄一中、城关职业中学建设规划，人民公园、将军山公园、江滨路、绥阳路、宝城路规划，以及御史岭工业园区规划、县城住房建设规划和将军大道 5 平方公里控制性规划。

三、村镇建设规划

1992 — 1996 年，完成全部建制村的建设规划。全县 162 个建制村，其中纳入县城发展规划区内 28 个，在乡镇所在地规划区内 25 个，在云陵工业开发区内 4 个。2001 年，对陈岱、列屿、火田、东厦等 4 个镇进行规划调整，并完成大埔村、阳下住宅小区、西林村、竹塔村、乌山风景区等 5 个中心村（区）的建设规划，其中阳下住宅小区（面积 4.8 公顷）规划设计得到建设部教授骆中钊的指导，被省建设厅定为第四批省级村镇住宅建设试点小区。2002 年，由县村镇设计所和城乡规划设计室完成和平乡政府建设规划、厦门航空公司扶贫村梅林村扶贫项目（面积 5 公顷）建设规划、和平中学 10 公顷校园设计规划。2004 年完成陈岱镇消防设计规划。2005 年完成和平乡、礁美村、马铺乡规划调整及火田镇移民安置点设计规划。2006 年，由城乡规划设计室完成西林新村和火田镇消防设计规划。

四、规划设计单位

（一）县建筑设计院

1995 年 6 月，县建筑设计室改称建筑设计院，具有丙级工程设计资质。2006 年全院人员 16 人，其中专业技术人员 12 人（一级注册结构工程师 1 人、二级注册建筑师 4 人、助理工程师 4 人）。能独立承担工程等级为 5000 平方米、高度 24 米、投资 1000 万元以下的单体民用建筑项目、跨度不超过 24 米的单层厂房和仓库。

（二）县城乡规划设计室

1993 年 8 月成立，具有丁级规划设计资质，2006 年有人员 23 人，其中注册规划师 2 人、高级工程师 1 人、工程师 9 人。承担建制镇总体规划与各种专项规划的编制与修订、中小型工程项目规划选址可行性研究。

（三）县村镇建设规划设计所

1993 年 7 月成立，承担村镇建设规划和四层以下（含四层）民用建筑，跨度 12 米以下厂房和仓库设计。2005 年 8 月改制为股份制公司，更名为漳州佳景建筑设计有限公司。2006 年有人员 15 人，其中二级注册建筑师、结构工程师 6 人，助理工程师 6 人，技术员 3 人。

第二节　城区建设

一、新区建设

（一）小区建设

1997 年，县城建设以新区建设为主，南部向绥阳路以南至顶溪片区推进，西部向宝城路以西至将军大道片区拓展，北部向金霞路至风吹岭一带延伸，东北部在江辉路、县体育场一带实行新建与改造并举。2003 年，县城新区开始实施规范化的商品房开发，以建设分层居住的小高层建筑为主（详见本章第六节“房地产业”）。至 2006 年，新建成的居住区主要有漳南大市场、将军山美食村、将军山君豪别墅小区、宝城里社区、前埔别墅区、城元里小区、绥宝里社区等 10 个，总用地面积 584958.8 平方米，入住居民 3295 户，人口 11852 人。新建小区中的居民住宅，多为个人自建的单门独户并列楼房，一般为 4 ~ 6 层，每户占地面积多为 4 米 ×12 米或 6 米 ×10 米。多数居住小区留有数百平方米的绿化地。巷道宽度多为 4 ~ 6 米。共有自有建房 2300 户，建筑面积 59 万平方米。前埔、后汤、宝树、演武亭、顶溪等村成为城中村。

（二）公共建筑

1997 年，新城区中建成一批公共建筑物及配套设施。至 2006 年，主要有云陵镇政府、县检察院、法院、国税局、地税局、移动通信云霄分公司、电信云霄分公司、药监局、海洋与渔业局、机关社保中心等办公大楼或业务综合楼，以上 10 家机关单位办公楼占地面积 58379.57 平方米，建筑面积 56292.98 平方米，投入资金 106884.2 万元。楼房结构多为框架结构，少数为混合结构；楼层除药监局为 4 层外，余者多为 7 — 8 层，最高为 12 层（县国税局、电信云霄分公司）。建筑物结构逐步由混合结构过渡到框架结构，楼层向小高层、高层发展，最高高度 50 米左右。

二、旧城改造

（一）道路拆建

1996 年，旧城区主要在宝城路以东、绥阳路以北、江滨路以西，面积约 3.5 平方公里。1997 年初，县城开始进行较大规模的旧区拆迁改造，拆迁下坂人行桥头至九美岸燃料公司煤炭场一带沿江企业及居民住宅，共拆迁 30 个单位、241 户住宅，占地面积 53336 平方米，房屋总建筑面积 55302 平方米。新建长 1000 米、宽 20 米的江滨路南段及沿街西侧 4 — 5 层楼房。1999 年 5 月，对复兴路中段进行拆迁改造，拆迁 199 户，占地面积 10948 平方米，房屋总建筑面积 19232 平方米。新建复兴路中段长 240 米、宽 24 米的街道及两侧 5 — 6 层高的临街商住房。2000 年，对西北路东段一带进行拆迁改造，拆迁 162 户，占地面积 13047 平方米，房屋总建筑面积 21281 平方米，新建长 580 米、宽 24 米的江辉路及沿街两侧楼房。4 月，云平路 15 层商住楼——鑫业大厦举行奠基仪式。该大厦为全县首幢建设的高层商住楼，建筑面积 1 万平方米。拆迁安置采用就地安置及异地安置两种形式。同年，对经堂口片区拆迁改造进行规划。

（二）单位集资建房

1997 年开始，在旧城区改造中，部分单位采用集资等形式新建、改建职工住房。主要有 1998 年县国土资源局在宝城里投资 4394 万元，建占地 2036.5 平方米、建筑面积 5493.42 平方米的职工大楼。1999 年县工行在宝城里投入 10776.77 万元，建占地面积 5179.18 平方米、建筑面积 13470.96 平方米大楼。2000 年，县医院在楼仔脚 15 号投入 2592 万元，建占地面积 1051.78 平方米、建筑面积 2880 平方米集资房。2001 年，县委党校在云平路北侧原党校校址投入 3764.03 万元，建占地面积 773.25 平方米、建筑面积 4182.25 平方米职工大楼。2005 年，云霄一中在原校办厂投入 3678.3 万元，建占地面积 719.87 平方米、建筑面积 4087 平方米综合大楼。至 2006 年，单位建房或集资建房共投入资金 25205.83 万元，占地面积 9760.61 平方米，建筑面积 30113.63 平方米。

（三）旧房改建

1997 — 2006 年，旧城区除统一拆迁改造外，多数民宅由住户陆续自行改建，原有一至二层住宅多改建为三至五层的楼房，居民居住条件大有改善。不少“下山虎”等传统民宅不再保留天井及原有内部格局，红青瓦的“人”字屋顶也改建为平台式屋顶。但旧区巷道狭窄、通风采光差的状况未有改善。南强路、和平路等原主要商业街区两侧店面，改建后带有西式风格的浮雕及闽南特色的临街红砖墙面已少有保留。支撑“骑楼”的红砖方柱虽多仍保留，但多已涂为白色。一些民宅年久失修已无人居住。

第三节　城区市政设施、公用事业建设与管理

一、街区道路建设

1997 年，城区建成江滨南路、云漳北路、云旭路、侨兴路、兴汀路、宏华路、兴业路、金兴路、兴业横路、前埔北路；1998 年，建成金霞路、宏发路；1999 年建成绥阳东路、陈政路、复兴路中段；2000 — 2002 年，建成江辉路、绥阳东路（延伸段）、前埔北路（延伸段）等街区道路，总长 12.971 公里，道路面积 21 万余

平方米，投入资金累计 9400 万元。新建的县城街区主干道路宽度分为 32 米、36 米，次干道分为 20 米、24 米，支路多为 12 米、18 米。至 2006 年，城区南北向主干道路，主要有宝城路、云漳路、江滨路。东西向干道，主要有陈政路—绥阳路、元光路—云平路、江辉路、复兴路及前埔北路。城区道路总长 31.9 公里，道路面积 0.86 平方公里，密度 2.65 公里 / 平方公里，人均道路 8.98 平方米。

1996 — 2002 年云霄县城主干道路建设情况表

表 6-1　　　　单位：米、平方米

名　称	长度	宽度	道路面积	建设年份	起　　止
陈政路	695	24	16680	1996、1999	绥阳路口—将军山公园
江滨南路	1000	24	24000	1997	云平路东—九美
云漳北路	1436	32	45952	1997	云漳大桥—鼓山
云旭路	560	12	6720	1997	建设银行—侨兴路
侨兴路	1100	20	22000	1997	云漳路—九美
兴汀路	495	18	8910	1997	土地局—侨兴路
宏华路	220	12	2640	1997	大酒店—宏国电子
兴业路	455	18	8190	1997	云旭路—中国银行宿舍楼
金兴路	460	12	5520	1997	宏华路—云旭路
兴业横路	250	9	2250	1997	云漳路—宏源家具公司
前埔北路	1060	18	19080	1997、2000	前埔路口—莆质美新村
金霞路	2080	24	49920	1998	宝城路北—世坂桥
宏发路	100	12	1200	1998	云漳路—财产保险公司
绥阳东路	2240	36	80640	1999、2002	振云大楼—阳下村
复兴路中段	240	24	5760	1999	中山路—云漳路
江辉路	580	24	13920	2000、2001	云漳路 (享堂)—江滨路
合计	12971	—	313382	—	—

二、城区绿化美化

1997 年，县政府加大对县城区等主要街道植树绿化、房屋立面美化等综合改造的投入。云平路、云东路、云漳南路、绥阳路、宝城路、陈政路、金霞路两侧种有苦楝树、杧果树、黄花槐、紫荆花、榕树、假槟榔、高山榕等树木，并建有街旁花圃 1320 余平方米；建设江滨绿化带 1.56 万平方米，绿化面积 1.336 万平方米；建设人民公园，种草植树，绿化面积 1.2 万平方米。1997 — 1998 年，在江滨路、云漳北路下坂段、80 米大通道和云平路、元光路沿路栽种玉兰树、榕树、紫荆花、假槟榔、印度紫檀、波罗蜜、华盛棕、香樟、美人树、海藻、马练、南洋杉、高山榕、大王椰子、黄花槐、杧果、榕树、凤凰木、美丽尖葵、散尾葵、大叶榕树、皇后葵、变色木、塔松、橡皮树、蒲葵等树木。1999 年开始，将军山公园配套种植各类树木和大面积草地。主要居民小区均规划建设公共绿地，内种植花草树木，配有简易体育设施及健身器械，供居民休闲锻炼。机关、学校内也种植树木花卉，铺设草坪。至 2006 年末，县城区的将军山公园、人民公园、江滨绿化带、城南绿化带及机关单位、居民小区、主要街道等绿化总面积 2065647 平方米，覆盖率 34.18%，人均绿化面积 8.2 平方米，已基本形成行道树、小区绿地和公园点、线、面相结合的绿化格局。县绿化建设管理专职队伍，常年对县城区的花木、绿地进行补植、维护管理。

三、公园建设

1997 年 5 月，县委、县政府决定将原人民体育场改建为人民公园，并确定为“为民办实事”重点建设项目之一。同年 7 月 21 日成立县人民公园建设指挥部，下设办公室于建设局。7 月 24 日，人民公园建设工程动工，1998 年元旦竣工。公园占地 1.33 公顷，总投资 368 万元。园内建有音乐灯光喷泉、绿地草坪、休闲座椅、灯光夜景等景观设施，种植榕树、大王椰子、散尾葵等树木，面积虽小，但地处县城中心，为群众娱乐休闲健身的主要场所。

1998 年 10 月，县委、县政府决定建设将军山公园。公园总规划用地 86 公顷，环境控制区 3.19 平方公里，由西安建筑科技大学、陕西省古建筑设计研究所、云霄县建筑设计院、福建省九龙建设集团设计院联合规划设计。第一期工程为基础设施及标志性建筑；第二期工程为经营性项目开发。1999 年 1 月 8 日县委召开常委扩大会议讨论规划方案，1999 年 4 月 3 日县第十三届人大常委会第二次会议审议批准规划。同年 8 月 28 日举行开工典礼，至 2006 年建成公园大门、归德楼、龙湖、茗香榭、碑楼碑亭、陈政墓园、十里香美食村及停车场。该园为集现代休闲娱乐、历史文化保护和自然风光游览为一体的综合性公园（详见专记《将军山公园》）。

四、照明设施建设

1998 年，建人民公园西南角 22 孔 25 米高杆灯 1 座，迎宾门 16 孔 15 米高杆灯 1 座，江滨路—云平路口 12 孔 15 米高杆灯 1 座。2000 年建国道 324 线—云漳北路口 22 孔 25 米高杆灯 1 座。2002 年改城区路灯为高压钠灯，计 385 盏。2006 年，主干道路灯计 780 柱 1589 盏，其中高杆高压钠灯 4 座 72 盏、高压钠灯 675 盏、HID 类灯 312 盏、节能灯 522 盏，白汞灯 8 盏。

五、排水及污水处理设施建设

1997 — 2006 年，城区新建排水渠 10 条，长 11.26 公里。至 2006 年，县城主要道路排水渠共 34 条，长 36.1 公里（其中铺排水管 4.8 公里）。主干道为阴渠，其余以盖板边沟居多。但由于部分旧城改造、新区建设缺乏排水专项规划以及管渠淤塞，加上填塘建房、明渠改暗沟，蓄水排水能力大幅度下降，导致强降雨时常出现内涝。至 2006 年，城区塘、河多填建他用，城区只剩下县政府前一口池塘县前塘（大佬衙塘）。内港、外港、下港尾港等城区三条主要港道均改为排水暗沟。

2006 年 6 月，县政府委托中国市政工程中南设计院编制《云霄县城区污水处理厂及配套管网工程可行性研究报告》，规划近期（2008 年）污水处理 2.5 万吨 / 日，处理率 65%；中期（2013 年）4 万吨 / 日，处理率 75%；远期（2020 年）8 万吨 / 日，处理率 90%。计划总投资 2976.79 万元。污水处理开始进入实质性工作阶段。

2006 年县城主要排水设施表

表 6-2　　单位：米

所在路段	经过路线	长度	建设年份
元光路	鸿亚制衣厂 260米→ 建设局 350米→ 外贸 170米→ 武装部	780×2 道	
金霞路	向东渡槽 240米→ 西霞亭 400米→ 金霞停车场 300米→ 城监大队	940×2 道	
金霞排洪港	金霞加油站北侧 220米→ 烟厂 250米→ 微生物研究所	1230	
西北路、工农路	云霄一中西北侧 220米→ 防疫站 250米→ 享堂村委会 90米→ 元光路口	560	
云糖路	和泰制衣 400米→ 渡头村路口 350米→ 党校	750	
云漳北路	和泰制衣 220米→ 环保局 130米→ 旧大桥	350	
云漳路北段	和泰制衣 350米→ 一中校门 460米→ 海天宾馆	10×2 道	

续表 6-2

所在路段	经过路线	长度	建设年份
望江路	北门帝爷庙 180米→ 文化局 100米→ 江滨路口	280	
江辉路	石龟（赑屃）300米→ 祖师公庙路口 250米→ 江滨路口	550×2 道	
江腾路	北门帝爷庙 260米→ 祖师公庙路口 210米→ 体委	470	
太师公港北段	大吼塘 210米→ 云霄宾馆 240米→ 云霄宾馆宿舍 200米→ 云陵镇新镇址南侧 150米→ 江滨路出水口	1010	
江滨路北段	城建公司 600米→ 江辉路口 345米→ 云霄卫校	945×2 道	1997
云平路	海天宾馆 280米→ 广电局 330米→ 县幼儿园 150米→ 江滨路出水口	880×2 道	
大人公港	黄山埔 370米→ 人大宿舍 120米→ 宝元里公厕 320米→ 前埔路口 260米→ 工会 120米→ 云陵饭店 180米→ 石桥头 420米→ 江滨路出水口	1870	
前埔北路	莆质新村 450米→ 元光中学 220米→ 建设局园林档案室 350米→ 大人公港	1020×2 道	
宝城小区 18 米路	档案馆 110米→ 城郊法庭路口 210米→ 宝城路	320×2 道	
含美山后汤港	宝城路口 200米→ 含美山垃圾中转站 70米→ 后汤小学 300米→ 后汤村委会	570	
宝城路	城监大队 450米→ 元光中学路口 520米→ 第一圆圈	970×2 道	
陈政路	将军山公园大门 440米→ 演武亭路口 280米→ 第二圆圈 475米→ 第一圆圈	1190×2 道	1996 1999
绥阳路	第一圆圈 320米→ 交管路口 240米→ 五板桥	560×2 道	
排洪港	第一圆圈 110米×2→ 水产局 100米×2→ 宝树水闸 300米→ 绥阳市场 230米→ 五板桥 440米→ 佳佳保龄球 100米→ 阳霞宾馆 600米→ 中柱路	1880	
云漳路中段	海天宾馆 250米→ 复兴路口 250米→ 益民大厦 220米→ 特需公司 100米→ 商业大厦	820×2 道	
经堂口	百货公司 100米→ 供销商场 160米→ 特需公司	260×2 道	
太师公港	东园新村 220米→ 县幼儿园 100米→ 中医院 150米→ 云山书院 380米→ 邮政大楼 110米→ 江滨路出水口	960	
江滨路南段	卫校 630米→ 邮政大楼 500米→ 鲤鱼洲大桥	1130×2 道	1997
云东路	商业大厦 80米→ 南市口 460米→ 木材公司门口 30米→ 大东堀下港街居委会 50米→ 江滨路出水口	620×2 道	
云旭路	建行 600米→ 侨兴路	600	1997
兴汀路	土地局 270米→ 宏源家具厂 180米→ 电力公司宿舍 130米→ 侨兴路	580	1997
兴业路	云旭路 140米→ 宏源家具厂 130米→ 医保中心 50米→ 五板桥排洪港；宏发路 90米→ 宏华路 120米→ 五板桥排洪港	530	1997
兴业横路	审计局 180米→ 环卫处 30米→ 排洪港 120米→ 宏华路 90米→ 大酒店	420	1997
云漳路南段	工商银行 380米→ 五板桥 120米→ 交警大队门口 130米→ 大酒店 210米→ 房地产综合开发公司 200米→ 双益宾馆	1040×2 道	
宏华路	交警路口 310米→ 宏国电子 50米→ 侨兴路	360	1997
侨兴路	迎宾门 200米→ 二建公司 200米→ 佳佳保龄球 40米→ 五板桥排洪港；振云 400米→ 九美鲤鱼洲大桥	840	1997
宏发路	大酒店 250米→ 二建公司 70米→ 漳南大市场 200米→ 双溪口村委会 380米→ 双溪口农民街东端	900	1998

六、供水设施建设

据1978年11月县水井普查资料，城区的公用水井及家庭私井尚存948口水井，其中水质优良、可饮用的名井有10多口。靠近漳江的东南片居民多饮用江水，离漳江较远的西北片居民，主要饮用井水。水桶（吊桶）、水缸为每个家庭取水、蓄水的必备器物。1979年，城区建成自来水厂后，居民饮用水逐渐使用自来水，亦有部分居民在自家屋内建竹筒井（少数建机井），以供日常洗涮之用，饮用多取自来水。

1996年，县自来水公司日制水2.9万吨，铺设DN100毫米以上管道46.7公里，供水面积6.5平方公里，用户14975户7.8万人。1998年3月投资建第二条出厂管道，从大番山至金霞路十字路口铺设DN600毫米球墨管600米，接铺DN300毫米管道270米至城关西门与原管道连接；从云平路与云漳路交叉点铺设DN300毫米管道740米，沿云平路至下坂桥头连接江滨路管道；铺设DN300 ~ 100毫米管道740米，分别连接东市场、和平路、新安路、东园新村。同年7月投资88万元，从体育场沿江滨路至下港街新安路口铺设DN600毫米管道780米，接铺DN500毫米管道720米至鲤鱼洲大桥头连接汀洋里DN300毫米管道。2000年1月，征地0.911公顷，投资1369万元，增置2.4万吨/日制水设备1套，建成2.4万吨/日反应沉淀池1座、2.4万吨/日过滤池一座、2000立方米清水池2座，以及投药投氯系统和管理房等。水厂占地面积由0.734公顷扩大为1.645公顷，制水能力由2.6万吨/日扩大为5万吨/日。同年8月，投入100万元，铺设从高洋电信大楼至御史岭工业区DN300毫米管道3.3公里，并于上坑村征地0.2公顷筹建工业区供水站。2003年5月，投资50万元铺设从江滨路体育场至北门、渡头和原糖厂宿舍区DN300毫米管道600米、DN200毫米管道500米、DN150毫米管道300米。2006年6月，投入56.6万元从绥阳东铺设DN300毫米管道600米、DN200毫米管道1600米至阳下大众兴纺织城和阳下、中柱、高塘、向北等村。同年11月，投入95万元从大番山铺设DN300毫米管道200米至世坂桥头下河乡工业集中区。2006年，县自来水公司有员工127人，其中专业技术人员11人，固定资产2931.6万元，供水面积10平方公里，用户28336户10万人。尚有部分公用水井及私家水井仍在使用，但多数因水质被污、被填而废弃。自来水成为绝大多数家庭的用水来源。

2006年9月，云陵工业开发区投资1016万元于上坑村猫狮山建设自来水厂（2007年9月投入使用），水源来自杜塘水库。

七、燃气设施建设

20世纪90年代后，县城居民生活燃料由柴草、煤炭逐步为液化石油气取代。2001年投资130万元建裕宝液化气储配站，2003年投资420万元建华荣、常山常凯液化气储配站。2006年，城区有液化气分销店16家，用户17300户5.81万人，日供气量约20吨，气化率91.6%。2006年12月，漳州安然燃气有限公司云霄分公司成立，开始筹建燃气管道，推广使用天然气。

八、环卫设施建设

1997年，县城垃圾处理中转站有汀洋区2座、宝城路1座、江滨路1座，专用车辆11部，设垃圾填埋场于新坡村山地，日处理垃圾110吨。1998 — 2000年，投资100万元，购置120装载机1部、垃圾筛选机1台套、摆臂式5吨东风液压车4部、2.5吨吸粪车1部、小型板车30架、木制垃圾车75辆，改（扩）建一、二类公厕22座。城区主干道由县环卫处负责清扫、保洁，其他街道、居民区由所在地村委会、社区居委会设点定时收集垃圾。2006年，县城建成区的社区环卫队划归县环卫处管理。环卫工人每天清扫面积54万平方米，清运垃圾量约130吨，清洗公厕18座。县环卫处2006年在编41人，内设垃圾清运组、卫生费收费组，负责云陵片区、莆美片区的环境卫生工作。

九、公共交通建设

1997 年，县城区未有公共交通车辆。2002 年 6 月 10 日，成立长顺公共交通有限公司。2006 年公司投资 151 万元购置公交车 10 辆，2007 年 3 月 21 日投入营运，为漳州市首个开通县城公交的县份。线路为将军山公园—演武亭—将军山学校—安居工程—欣然超市—县运管所—长途汽车站—工商银行—南市场—太阳花幼儿园—九美—临泰大酒店—云山书院—县中医院—云陵镇政府—体育场—云霄一中—计生局—恒晟超市—县建设局—城关中学—元光中学—城郊法庭—欣然超市—安居工程—将军山学校—演武亭—将军山公园，双向循环，8 分钟一班，年营运里程 50.6 万公里。

十、城建监察

1997 年，县城区管理由城建监察大队负责，主要做好城市规划建设、市政工程设施、公用事业、市容环境卫生、园林绿化、房地产业的监督管理，制止查处违反规划建设等违法行为，保障县城区总体规划的顺利实施及环境整洁。2002 年 1 月成立县市场管理中心，加强市场管理。10 年间，共查处各种违法（章）建设 2083 起，立案处理 1821 起，罚款 285 万元，拆除各种违法建筑物 291 起，面积 10365 平方米。对城区存在的占街为市、占道经营和市容市貌脏、乱、差等不良现象，开展专项整治活动，加强县城区主干道两侧经营摊点的日常管理，对非法占道经营的店外店、摊点予以取缔。清理乱排摊点 1.5 万多起，拆除各种非法搭盖 3050 多起，面积 42728 多平方米，清理各种杂物 100 多车次。对城区干道路面、绿化带、行道树等公共设施实行日常巡查和重点管理，查处擅自挖掘市政道路、砍伐损坏花木等破坏市政设施行为，并予以相应的行政处罚。

第四节　村镇建设与管理

一、村镇建设

1997 年，各乡镇政府所在地仍普遍存在人口少、镇区小、基础设施缺等情况。除云陵镇及莆美镇为县城区，陈岱镇与列屿镇依托的村社人口较多外，其他乡镇政府所在地仅为人口不足千人的小村，有的远离村社，除政府机关办公场所外，仅有几个单位的办公楼房及一条百米的简易街道，难以形成集镇。至 2006 年，各乡镇（不含云陵镇）根据规划，相继建成一批公建项目，乡镇驻地规模有所扩大，其中陈岱镇 19.98 万平方米（占地面积，下同），东厦镇 0.2 万平方米，列屿镇 0.22 万平方米，火田镇 0.58 万平方米，莆美镇 4.12 万平方米，下河乡 0.62 万平方米，马铺乡 0.59 万平方米，和平乡 0.84 万平方米，合计 27.15 万平方米。各乡镇并建有小型自来水厂或连接县自来水供水管网。

村镇公共建筑、生产性建筑由县村镇建设管理站管理，村民建房由乡镇村镇建设管理所管理。

二、新农村建设

（一）示范点

2006 年开展社会主义新农村建设示范村活动，一定两年。陈岱镇礁美村被确定为首批省级示范村，云陵镇下坂村确定为首批市级示范村。每个示范村由一名市领导挂钩，并安排市直 3 个单位挂钩帮扶；县由县委书记、县长分别带领县直一个单位挂钩示范村。省市级示范村建设由市财政给予 14 万元、县财政给予 10 万元补助，主要帮助示范村建设水、电、路等公共配套设施。至年底，两村做出新村建设规划，并初步建成一批别墅型楼房及绿化园地。

（二）家园清洁活动

1997 年开始，全县农村开展以家园清洁、家园整理和创建绿色家园为内容的农村家园清洁活动。重点实施“一池三改”，即“建沼气池，改厕所、猪圈、厨房”，推广使用沼气，开展“饮水安全”活动，消除饮用水污染源，保证村民饮水安全；实施路面改造，村中道路铺设水泥路面；提高农村卫生水平，改善农村居住环境。

2006年，县委、县政府制定以垃圾治理为主要内容的“家园清洁活动”实施方案，成立县家园清洁活动领导小组，计划在“十一五”期间，全县农村垃圾处理率达50%，基本建立健全农村环境卫生管理体制，实现村容整洁卫生，人居环境质量明显改善。（详见第三十三章《卫生 体育》“爱国卫生运动”）

第五节 建筑业

一、勘测设计

（一）勘察测绘

1997 — 2006年，县内从事测绘业务有县国土局国土资源测绘管理站、建设局下属的测绘咨询服务公司和村镇建设测绘所，主要从事地形测量、建筑物定点放样及房产测量等。县内尚无勘探专业队伍，建设项目勘探工作一般由业主单位联系或通过招投标选择外地勘探队伍承担。

（二）建筑设计

1997年，县内建筑工程原多由县建筑设计院、城乡规划设计室和村镇建设规划设计所等设计单位负责设计。较有代表性的工程设计项目有：云霄一中将军山分校、老干局离退休干部活动中心、云霄四中教学综合楼、县医院1、2号职工宿舍楼、泰景佳园4、6、7号楼等。当年，设计单位进行体制改革，推行设计市场化、设计单位多元化。技术人员双向选择，一些人才开始向厦门、漳州等城市流动。2000年，外地设计单位进入本地，有福建省城乡规划设计院、厦门城市规划设计院、福建工程学院规划室、福建九龙建设集团设计院、省建专规划设计室等资质等级较高的设计院所，通过招投标参与县内建筑设计，主要设计项目有将军山公园各组建筑及移动公司、电信局、国税局、地税局等小高层建筑及县法院、检察院等另具风格的建筑。

二、建筑施工

1997年，县内注册的建筑工程企业有三级资质2家，四级资质6家，非等级农村建筑队1家。2002年起，各建筑施工企业全部实行股份制，经合并整合为二级资质1家，三级资质4家。随着科技发展和建筑房屋层次的加高，搅拌机、吊塔、推土机、挖掘机和碎石机等施工设备逐步更新。县内建筑企业自有机械设备，1997年末台数502台，设备净值351.6万元；2000年为605台，净值298.3万元；2001年，由于设备更新，旧设备淘汰，减少为371台，净值250.4万元；2006年为206台，设备净值217.7万元。尚有福建向荣集团、古田县第六建筑公司、平和县市政建筑工程公司等县外建筑企业进驻县内建筑市场，经投标参与项目建设，且所占建筑市场份额日趋增加。

（一）县第一建筑工程有限公司

原称县第一建筑工程公司，集体所有制企业。2004年底改制为民营股份有限公司。2005年9月获省建设厅房屋建筑工程二级资质认证。2006年，公司固定资产6200万元，注册资金2500万元，人员159名，其中高级工程师2人，工程师34人，二级建造师14人，项目经理20人。

（二）县第二建筑工程有限公司

原称县第二建筑工程公司，集体所有制企业。2004年12月改制为民营股份有限公司，具有房屋建筑工程三级资质。2006年，公司注册资金700万元，净资产726.8万元，人员38人，其中工程师11人，项目经理13人。

（三）莆美建筑工程有限公司

原称云霄县莆美建筑工程公司，集体所有制企业。2002年2月改制为股份合作企业，具有房屋建筑工程三级资质。2006 年有经济管理、工程技术人员 52 人。

（四）城镇建筑工程公司

1979 年 3 月成立的云陵镇集体企业，具有房屋建筑工程三级资质。2006 年，有经济管理、工程技术人员 50 人。

（五）翔成建筑有限公司

2005 年 8 月成立的民营股份有限公司，具有房屋建筑工程三级资质。2006 年有工程技术、经济管理人员 55 人。

1997 — 2006 年，全县县内建筑企业施工产值 25641.9 万元，施工面积 534961 平方米，竣工产值 22032.9 万元，竣工面积 283056 平方米，实现税利 1382 万元。

1997 — 2006 年云霄县县辖建筑企业主要指标统计表

表 6-3　　单位：万元、平方米

年份	家数	建筑施工		房屋竣工		流动资产	固定资产	实收资本	税利	年末人数
		总产值	施工面积	产值	面积					
1997	9	2174.5	35879	2057.5	27035	8705.4	759.6	730.2	210.5	1540
1998	9	2760.9	80882	2638.4	40256	9989.6	864.5	730.2	287.7	1770
1999	9	2551.3	57194	1949	24014	9875.6	876.8	717.3	185.7	1655
2000	9	1452.4	39952	1570.2	15834	10233.1	819.4	759.2	106.1	1449
2001	7	7221	104703	6959.1	82650	5937.1	1225.4	1673.6	480.2	1620
2002	7	1368	29885	1639	15346	6723	2089	2864	4.5	1089
2003	4	1335	20550	1093	14062	6735	1747	2759	7.6	839
2004	4	668.9	12140	765.7	8413	6892.1	1659.8	2438.5	7	321
2005	4	1663	46647	1231	17731	7655.7	1249.1	4688.9	59.7	519
2006	5	4446	107129	2130	37715	6497	624	4692	33	830

注：资料来源为县统计局 1997 — 2006 年《统计年鉴》

三、装饰装潢

1997 年 10 月，为加强装饰装潢管理，县成立室内装饰装修质量管理监督站，主要职责是对公建工程、家居工程及店面装饰装修进行全面管理，帮助公私建筑工程装饰装修造价预算和决算的裁量，对施工装潢队进行定期培训，发给岗位证书等。

1997 年后，随着人民群众生活水平的提高，住房的装饰装潢标准要求也随之提高，从较为简单的粗装修转变为标准较高的精装修。民居住宅、商铺店面、办公场所、KTV 等娱乐场所都广泛使用各类新型材料，进行多种风格与特色的装饰装潢。外墙立面采用瓷砖、花岗岩或大理石板材、玻璃幕墙、铝塑板等材料进行装修，或进行彩色涂料喷涂，白灰墙已基本消失，窗户多为大开户或落地窗，使用铝合金或铝塑材框肩。内墙用各种涂料或瓷砖粘贴，设计电视墙、台。室内多安装天花板、木地板、壁橱、陈列架、各类灯具，摆设及悬挂书画等艺术品。

四、建筑业管理

（一）工程招投标管理

1997年，由政府投资的建筑项目统一进入有形建筑市场实行招投标。2000 — 2006年，实施《招标投标法》，进一步完善和创新工程招投标机制，规范建筑市场交易行为，全县进入有形建筑市场进行招投标的项目累计达200多个，平均节资率为15%。

（二）工程造价管理

主要进行全县建设工程造价日常管理，办理国有资产投资项目造价预算及结算审核工作，组织编制本地建筑市场所用各种建筑材料价格情况、地材的价格特点，每月调查一次，每半年汇总上报市工程造价管理站审定后汇编成册，向全市公布，引导施工企业合理投标报价，为各时期工程造价特点、指标、工程计价等提供相对应材料价格支持。引导施工企业、设计部门等工程造价计价人员使用工程定额和取费标准。至2006年，全县有取得全国建设工程造价员资格证书34人，从事工程造价计价业务人员近百人。

（三）工程质量管理

1997 — 1998年，县工程质量监督管理主要是按照设计单位提供的设计文件及相关的验收规范对工程项目进行微观管理，管理的对象主要是施工单位，并以核定的形式对工程质量进行合格或优良评定。1999年起，随着《建筑法》《工程质量管理条例》等一系列法规的出台，工程质量管理从管理施工单位的质量行为转到管理建设单位、设计单位、勘察单位、监理单位的质量行为，工程实体质量监督以监督抽查为主，工程竣工验收采用备案形式。至2006年，全县没有发生质量安全事故，全县共申报并纳入质量监督的工程623个，总建筑面积197.3万平方米，工程总造价17.76亿元，其中县医院病房大楼、将军山公园、江滨路、云霄师范行政楼和科技楼、云霄一中科技楼、云霄一中朝阳楼、江滨邮政大楼、云霄移动通信大楼、云霄县电信大楼、云陵镇政府大楼等工程被评为市“水仙杯”优质工程。全县房屋建筑优良工程共156240平方米。

第六节　房地产业

一、住房制度改革

（一）住房公积金和公有住房出售

1997年5月4日，成立云霄县住房制度改革领导小组。同年6月，县政府颁布《云霄县深化城镇住房制度改革的实施方案》及《云霄县1993年已售公有住房与国务院〈决定〉衔接的实施规定》《云霄县出售公有住房实施细则》《云霄县公有住房租金计算标准》等文件，建立干部职工住房公积金制度，开始出售公有住房。同年7月，成立云霄县住房资金管理中心。9月2日县房改领导小组出台《云霄县住房公积金暂行规定》和《云霄县出售公有住房资金管理规定》。

1999年7月1日起正式实施住房公积金制度，县管单位缴存比例单位和个人（下同）各为3%，直管单位各为5%；2002年，县管单位缴存比例提高到各为5%，直管单位缴存比例提高各为6%。2003年1月1日起，住房公积金归漳州市住房公积金管理中心管理，设立漳州市住房公积金管理中心云霄管理部。至2006年底，全县住房公积金缴存单位207个，职工9197人，归集总额14303.43万元，归集余额9497.02万元。职工购房、偿还贷款、离退休以及调离等共提取公积金4806.41万元；职工购买、建房申请公积金贷款累计739户4602.9万元，贷款余额2919.14万元。出售公房、单位违规集资房10批2322套，建筑面积16.8014万平方米，应交房款6136.61万元。县房改领导小组审批20个行政、企事业单位的职工集资建房494套，建筑面积43881平方米。

1998 — 2006 年云霄县住房公积金归集及贷款统计表

表 6-4　　单位：万元

年度	归集			个人贷款	
	缴交单位数	实缴人数	归集金额	放贷金额	放贷户数
1998	136	5300	814.61	0	0
1999	138	8501	685.22	0	0
2000	147	6100	848.45	0	0
2001	157	7300	1180.29	142.9	36
2002	161	7100	1189.78	254.5	58
2003	161	7200	1554.94	1067	288
2004	161	9500	1865.81	1204	201
2005	175	9600	2174.47	739.5	109
2006	207	9197	3989.86	1195	141

1998 — 2006 年云霄县公房出售统计表

表 6-5　　单位：平方米、万元

房改日期	批次	套数	建筑面积	预交款	应补交款	总价款
1998-03-18	1	276	16690.31	203.22	241.29	444.51
1998-08-08	2	540	32651.82	353.41	475.24	828.65
1998-12-28	3	238	14281	267.33	241.33	508.66
1999-12-12	4	498	38140.95	1061.21	480	1541.81
2000-12-04	5	224	18545.05	403.73	358.43	762.16
2002-09-26	6	288	22495.54	477.97	421.71	899.68
2003-08-26	7	40	2826	46.45	41.27	87.72
2004-08-12	8	77	7372.88	157.81	156.68	314.49
2005-12-08	9	99	10435.22	363.31	157	520.51
2006-12-20	10	42	4574.95	187.49	40.93	228.42
合计	—	2322	168014.82	3521.93	2614.68	6136.61

注：1. 至 2006 年 12 月 20 日，全县共建公房 2960 套，面积 21.14 万平方米；2. 至 2006 年 12 月 20 日，全县尚未出售公房 638 套，面积 4.3385 万平方米，占总数 20.52%

（二）住房货币化分配

1998年12月1日起，全县停止住房实物分配，采取住房公积金与购房补贴相结合的形式。2004年4月6日，县政府发出《关于进一步深化城镇住房制度改革，加快住房建设的实施意见》和《云霄县住房货币化分配暂行规定》。但因资金等问题，住房货币化分配未能全面执行。至 2006 年 11 月 7 日，全县仅有 14 个单位（多为省市管理单位）809 名干部、职工共领取住房补贴 498.4567 万元。

2004 — 2006 年云霄县住房货币化补贴发放统计表

表 6-6　　单位：元

申报单位	发放日期	人数	应发放购房补贴		
			工龄补贴	基本补贴	合计
中行云霄支行	2004-09-30	20	20770	27974	48744
龙岩卷烟厂驻云霄办事处	2005-06-20	473	2103595	1355045	3458640
工商局	2005-06-24	98	90017	100131	190148
粮食局	2005-09-21	1	9555	3500	13055
人行云霄县支行	2005-11-30	23	45652	139564	185216
交警大队	2005-11-12	1	5460	3500	8960
峰头水库	2005-12-29	83	48397	142096	190493
电视转播台	2006-04-06	12	31872	22805	54677
建行云霄县支行	2006-02-27	31	58000	76473	134473
药品监督管理局	2006-06-27	10	37549	37741	75290
烟草专卖局	2006-06-30	44	78385	423766	502151
云霄公路稽征所	2006-09-06	5	25506	18250	43756
气象局	2006-09-18	7	46081	24398	70479
县委办	2006-11-04	1	2523	5962	8485
合计	—	209	2603362	2381205	4984567

（三）保障性住房

1997 年，建成安居工程 4 幢 180 套，主要解决干部、教师、工人住房困难，每套建筑面积 60 ~ 70 平方米，总面积 12540 平方米，投资 968 万元，址在陈政路北侧。2006 年，开始对经济适用住房和廉租房进行规划。

二、房地产开发经营

（一）房地产开发企业

1997 年，县房地产开发企业主要有云霄县房地产综合开发公司、云霄县房地产经营开发公司、漳州市常山华侨房地产开发公司、云财房地产开发公司、云利达企业改造建设公司等 5 家国有企业，云霄县金园房地产开发有限公司、两升房地产开发有限公司等 2 家民营企业。2005 年成立县鑫凯房地产开发有限公司、县城建房地产开发有限公司、福建省富城房地产开发有限公司、县祥隆房地产开发有限公司、漳州市常山三友房地产开发有限公司等民营企业。2006 年成立（云霄）漳州泰景房地产开发有限公司、（云霄）漳州市住总置业有限公司、漳州市常山华友房地产开发有限公司、福建省金华都房地产开发有限公司、云霄翠丰房地产开发有限公司等民营企业。

（二）房地产开发

1997 — 2002 年，县城住房仍以居民自建单门独户房屋为主，平均每年自建房约 330 套，县房地产开发企业建设的商品房亦多为此类建筑，仅有少量安居工程及单位集资建房为分层居住建筑。2003 年起商品房开发以建设分层居住的小高层建筑为主，并配套停车场及小型绿化地等相应公共设施与物业管理。2005 年，县房地产综合开发公司在畲仔园建 6 层商品房 5590.8 平方米，投资 5032 万元；2006 年，鑫业房地产开发公司在云平路原云霄旅社建 15 层商住房，总建筑面积 10380.5 平方米，投资 12456.6 万元；漳州泰景房地产开发公司在将军大道东侧建商品房 7 幢 35969 平方米，投资 35969 万元；鑫凯房地产开发公司在顶溪农场西侧建商品房 6884.14 平方米，投资 6884 万元；漳州住总置业有限公司在宝城小区建 7 层商品房 5000 平方米，投资 7000 万元；常山三友房地产公司在将军山公园北侧建别墅型商品房 57905.62 平方米，投资 81067.87 万元。住房建设开始走向市场化、标准化和小区化。

1997 — 2006 年云霄县县辖房地产开发企业统计表

表 6-7　　　　单位：万元、平方米、元

年份	家数	完成投资额	新增固定资产	房屋建筑面积		全年销售商品房		现房平均销售价格
				施工面积	竣工面积	面积	销售额	
1997	7	903	932	19090	5840	2150	279	1300
1998	7	1026	945	14147	2592	3372	535	1586
1999	8	3815	850	13977	11870	11928	1277	1071
2000	7	1805	1100	28816	5868	12017	1243	1034
2001	7	589	144	7272	798	1925	303	1574
2002	6	236	1103	3256	5057	1103	176	1598
2003	7	6050	2480	35607	3047	4498	631	1403
2004	8	1040	315	14518	4518	1690	178	1053
2005	9	1957	1600	25590	3650	2174	230	1058
2006	13	16452	2007	31768	5277	5556	626	1127

注：资料来源为县统计局 1997 — 2006 年《统计年鉴》

三、房产管理

（一）房地产交易

1997 年，全县从事房地产交易的中介机构约 40 家，至 2006 年，增加至 100 家，多为个人组织的小型机构。私人房地产交易多委托社会中介进行。一般每宗交易中介分别向买卖双方各收取成交价的 1% 作为中介费。县内国有、集体房地产交易多采用拍卖形式。

县房地产交易管理所负责办理房地产转让监证登记、抵押登记、租赁登记以及新建商品房预售登记，宣传房地产法律法规并提供咨询，承担房地产交易市场管理。1997 年人员 8 人。至 2006 年，全县共办理房地产过户监证登记 2457 宗，占地面积约 13 万平方米，建筑面积约 33 万平方米；办理房地产抵押监证登记约 2.6 万宗。2006 年末人员 10 人，其中专业技术人员 4 人。

（二）房产产权管理

1997 年，县房地产管理处负责房屋权属登记和公产房屋管理，人员 15 人。2000 年推行房地产交易管理与房屋权属登记一体化，2001 年启用由建设部监制、北京印钞厂印制的新版房屋所有权证书，2002 年对房地产交易与权属登记实行“一站式”服务。2005 年起，契税改由县财政局直接征收。2006 年，房屋权属档案录入计算机管理。当年末县房地产管理处人员 14 人。至 2006 年共登记确权 8669 宗，确权建筑面积 1751733 平方米；办理抵押登记 2011 宗，抵押建筑面积 499146.07 平方米，贷款金额 25022.96 万元。

1997 — 2006 年云霄县房屋所有权确权发证统计表

表 6-8　　单位：批、宗、平方米

年份	批数	宗数	确权建筑面积
1997	6	596	143562
1998	5	723	108866
1999	4	620	97400
2000	13	1444	185589
2001	12	484	89314
2002	14	640	119291
2003	16	715	164475
2004	13	1001	250037
2005	11	972	206148
2006	16	1474	387051
合计	110	8669	1751733

1997 — 2006 年云霄县房地产抵押登记及评估统计表

表 6-9　　单位：平方米、万元

年份	件数	占地面积	建筑面积	评估价	贷款额
1997	242	22226.05	49003.89	3720.2284	1934.5
1998	196	12652.39	33092.66	2890.1182	1662.7
1999	90	6632.72	14632.34	1115.2124	580.9
2000	127	6336.08	21355.24	1611.2867	767.7
2001	50	3901.20	11058.65	461.842	434.3
2002	78	12328.83	38948.62	2073.2643	1351.1
2003	268	25763.26	65748.33	4032.0254	2309.2
2004	215	46344.69	54773.58	3703.6195	2755.8
2005	188	27876.17	53980.51	4448.6668	1860.45
2006	557	158518.12	156552.25	13685.7994	11366.3
合计	2011	322579.52	499146.07	37742.0631	25022.95

第七节　机　构

一、县建设局

1997 年行政编制 9 人，在编 6 人，内设综合股、人事股、建筑工程股、城市建设股、工程技术股、法规监察股。2006 年，行政编制 10 人，在编 10 人。下辖城建监察大队（副科级单位）、城镇规划办公室、村镇建设管理站、建筑安全监督管理站、建设工程质量监督站、建设工程造价管理站、室内装饰装修管理监督站、城镇建设档案室、园林绿化管理处等事业单位，以及测绘咨询服务公司。

二、将军山公园管理委员会

2001年4月由将军山公园管理站与原将军山县农科所合并组建，2006年在编8人。

附：江滨路（南段）建设

1996年初，江滨路北段（漳江云霄大桥至下坂人行桥路段）建成通车。县委、县政府将江滨路南段建设确定为“为民办实事”的重点项目，随即组织改造建设。

当年5月29日，成立江滨路南段拆迁改造建设指挥部，县委书记黄河俊任指挥，下设办公室于建设局，并设个人组、企业组、征地组等3个工作小组；县政府制定《江滨路南段拆迁安置改造建设实施办法》。5月30日，依据《实施办法》，各工作小组分头开始宣传动员、实地丈量、征地等各项具体工作。江滨路南段改造南起燃料公司煤炭场，北至下坂人行桥桥头，总长度约1000米，共需拆迁企事业单位30家、公房73户、私人住宅168户，总占地面积5.33万平方米（其中单位36668.5平方米，个人16667.5平方米），需投入改造资金3980万元。拆迁量大，涉及住户企业多，任务艰巨，政策性强。在指挥部统一领导下，建设局为拆迁主管部门，县房地产综合开发公司、县房地产经营开发公司负责拆迁任务。县房地产经营开发公司负责下坂人行道桥桥头至农资公司地段，县房地产综合开发公司负责农资公司以南地段的单位及个人居住户的拆迁安置。经多方努力与拆迁户的配合，拆迁安置工作于1997年6月底基本结束。

江滨路是县城道路骨架环线的重要组成部分，集休闲、游览、商贸于一体，要求高起点规划、高品位建设、高效能管理。1996年12月26日，委托省建专规划设计室规划设计的“江滨路南段两侧建筑方案”获县政府常务会议审核通过，委托县村镇设计所设计的“江滨路南段道路工程设计方案”经县委常委会研究批准。道路工程分别由云霄县公路局路政分公司、平和县市政建筑工程总公司承建，配套工程设施由邮电局、自来水公司、水电公司、园林处等配合实施，工程质量、安全由县质量监督站、安全监督站负责。经通力合作，道路于1997年12月20日建成，1998年元旦举行竣工典礼。

江滨路南段的建成，贯通了县城江滨南北，与北段连接形成了一条宽24米总长2106米的环城主干道，有效地缓解了县城区的交通拥堵现象，改变了脏、乱、差的居住环境，沿江的绿化配套，为民众增加了一个休闲的好地方。江滨路云山书院前，立有《江滨路碑记》。

第七章　交　通

云霄县历史上以内河近海水路交通为主，陆路交通设施和工具落后。民国期间有机帆船、小货轮通航沿海各埠，并始建可通机动车的简易公路。新中国成立后，陆路交通发展迅速，陆续建成国道、省道及县乡道等农村公路，至 20 世纪 80 年代初实现建制村村村通公路，水路交通逐渐被陆路交通取代。但农村公路多为等级低的泥土公路。

1997 — 2006 年，云霄县全面进行交通基础设施的改造建设，相继建成漳诏高速公路云霄段、改建扩建国道、省道、县道和乡村公路 412.2 公里。2006 年，全县有公路 1074.8 公里，其中高速公路 24.87 公里，国道 39.1 公里，省道 21.1 公里，县道 165.1 公里，乡道 215.0 公里，村道及农林业专用道 609.6 公里，96% 行政村通水泥路或沥青路。机动车辆大幅度增加，2006 年底全县有机动车辆（含摩托车）7.9 万辆。客货运亦快速增长，除国有运输企业外，民营运输企业、个体运输户发展迅速，2006 年客运周转量 2.77 亿人公里，货运周转量 1.68 亿吨公里，与 1996 年相比，分别增长 2.87 倍、2.11 倍。

2005 年成立云霄县铁路建设指挥部，启动厦深高速铁路云霄段建设。

第一节　基础设施

一、陆路

（一）沈海高速公路云霄段

漳诏高速公路为国家高速公路网沈海高速（沈阳—海口，2008 年编号 G15）的漳州境内路段，全长 140.59 公里。云霄路段从浯田村接漳浦路段经船场、大步山隧道、大埔、竹港至诏安县境，全长 24.87 公里。设置云霄（位于东厦镇船场村）、常山（位于莆美镇大埔村）2 处互通口，2 个主线收费站，1 个服务区。路基宽 26 米，双向四车道，中央分隔带宽 2 米，全封闭，全立交，设计时速 100 公里，沥青混凝土路面。工程由福建省交通规划设计院设计，路桥集团第一公路工程有限公司、中铁第十六工程局施工。1999 年起，征用土地 126.67 公顷，迁移建筑物 3000 平方米、高压线路 2950 米、通信线路 2040 米、通信电缆 3050 米、低压送电线 12887 米、广电线路 12030 米、引水管道 2990 米。2000 年 5 月中旬动工，2002 年 12 月 29 日竣工，由漳州市漳诏高速公路有限公司投资 8.6 亿元。

（二）国道 324 线云霄段

国道 324 线（福州—昆明，编号 G324）云霄段，经 1992 年开始的“先行工程”改造建设，全长 39.1 公里，路基宽 23 米，路面宽 15 米，水泥路面，二级公路。1996 年 12 月 30 日，在盘陀岭第一隧道左侧（漳州—云霄方向），动工修建第二隧道及连接线，1997 年 12 月 30 日竣工，全长 4.56 公里，路面宽 15 米、路基宽 23 米（其中隧道长 950 米，宽 9 米），由交通部第一航务工程处与中铁第十六工程局联合承建。

（三）省道

境内省道原有双码线、漳东线 2 个路段，经省交通厅整合后为省道漳东线（宁德漳湾—漳州东山，编号 S201）。

双码线　从云霄双山（常山）至东山县铜陵镇码头，境内 8.7 公里。原为四级公路，1988 年列入省道养护。

1996年2月6日动工改建为水泥路面，由漳州市延北公路勘察设计所设计，云霄县公路建设工程公司、云霄县路桥工程公司施工。1997年12月竣工，改建后路基由8米拓宽为23米，路面宽15米，二级公路，总投资2400万元。2002年3月并入漳东线。

漳东线 原名漳云线（漳州—云霄），2002年3月26日省交通厅行文，改称漳东线。境内从浯田经下坂、常山至八尺门长35.7公里（其中下坂至常山14.5公里为国道324线重合线）。1996年7月，对浯田至下坂12.75公里砂土路面进行二级公路沥青路面拓宽改造，1997年6月竣工，路基宽16 ~ 18米，路面宽12米，总投资2004万元。2003年，该路段列入省交通厅水泥路面改造项目。2004年6月5日由云霄县第一建筑工程公司、福建省吴航建筑工程有限公司施工，2005年2月8日竣工，里程经改造后为12.44公里，水泥路面宽9米，总投资1600万元。

（四）县道

经多次修建及线路整合，至2006年底，全县有县道5条153.7公里。另有列入县道管理的疏港公路11.4公里。

云四线 2002年3月26日，省交通厅行文，将云霄云列线（云陵—列屿）、陈列线（陈岱—列屿）和陈岱至竹港村路段贯连通诏安县四都镇，称云四线（编号X531），境内长48.83公里。1997年起分段进行拓宽改造，部分改造为沥青路面，部分为水泥路面。2002 — 2006年，结合战备公路及农村公路建设分段进行拓宽改造，全线为水泥路面，路基宽8 ~ 8.5米，路面宽7米，三级公路。

云太线 2002年3月26日，省交通厅行文，将云霄云和线（云陵镇风吹岭—和平乡乌泥山）5.9公里、和水线（和平乡乌泥山—和平乡水晶坪）19.4公里贯连至乌山诏安县界，通诏安县太平镇，称云太线（编号X532），境内长27.5公里。1999 — 2000年由泥石路面改建为沥青路面，2004年后，扩建为水泥路面，三、四级公路。

下大线 2002年3月26日，省交通厅行文，将云霄下车线（下河—车圩）6.4公里、车曲线（车圩—曲溪）10公里贯连通平和县大溪镇，称下大线（编号X534），境内长16.4公里。2002年改建下车段为沥青路，2005年4月动工改建泥石、沥青路面为水泥路面，2006年春竣工，路基宽7.5米，路面宽6.5米，三级公路，投资730万元。

马火线 2002年3月26日，省交通厅行文将云霄马铺乡政府驻地至火田镇后埔村接国道324线，命名为马火线（编号X533），全长24公里。原为等外泥土路面，2004年开始，分段改建为水泥路面，2007年初竣工，路基宽7.5米，路面宽6 ~ 6.5米，三级公路。

坂云线 2002年3月26日，省交通厅行文，将云平线（云陵镇至平和县坂仔镇）改称坂云线（编号X575），境内长37.5公里。其中云陵至马铺乡政府驻地26.5公里，1997 — 1998年由泥石路面改建为沥青路面；马铺乡政府驻地经乌螺至平和县界11公里，1999年由泥石路面改建为沥青路面。2004 — 2007年，全线改建为水泥路面，三级公路。

疏港公路 从国道324线海峰路段至列屿镇接云四线，长11.4公里。2006年6月1日开工，2007年11月竣工。全线征地51公顷，迁移青苗果树1.12万多株，迁墓238座，拆迁房屋16间。由西南交通大学土木工程设计有限公司设计，南平闽北路桥工程公司、三明昌盛公路工程公司、龙岩新宇公路工程公司施工。水泥路面，路基宽23米，路面宽15米，总投资3436万元。

（五）乡道村道

1996年全县有乡道村道516.31公里，多为泥石路面等外公路。1997年起，部分乡村筹集资金扩建改造，建为水泥路或沥青路。1999年，根据县第九次党代会及县人大十三届一次会议决定，实施“村村通柏油路”规划，至2003年全县改建沥青路40公里。2003 — 2006年，根据省交通厅提出的“实施年万里农村路网工程，实现村村通水泥路”要求，全县开始进行大规模的农村公路建设，共改造农村公路（含县道）104条（段）279.4公里，总投资1.76亿元。至2006年底，全县共有乡道村道598公里，170个建制村、作业区有163个通水泥路或沥青路。

2004年起，陆续配套建设马铺、列屿、陈岱等农村客运站及一批候车亭。

1997 — 2006 年云霄县农村公路建设一览表

表 7-1　　　　单位：公里(里程)、米(路基、路面)

线　路	修建里程	起点	终点	路基宽度	等级	路面结构		竣工年份
						沥青	水泥	
漳东线至洲渡	1.5	漳东线	洲渡	6	四	1	0.5	1998
漳东线至荷东	2.7	漳东线	荷东草坂	8	四	0	2.7	2002
漳东线至荷中	1	漳东线	荷中村	8	四	0	1	2002
漳东线至荷西	1.2	漳东线	荷西村	8	四	0	1.2	2002
下大线至外龙	1	下大线	外龙	5	四	0	1	2002
新楼至甘埔	2	新楼	甘埔	6.5	四	0	2	2002
陈岱至礁美	2.88	漳东线	礁美	8.5	四	0.61	2.27	2002
坂云线至上窖	1	坂云线	上窖	7	四	0	1	2003
云太线至新坡	1	云太线	新坡	7	四	0	1	2003
云四线	48	城关	陈岱	8 — 24	三四	15.6	32.4	2003 — 2006
火城线至火田	0.9	火城线	火田	8	四	0	0.9	2003
G324 线至马山	3	G324 线	马山	8	四	0.8	2.2	2003
九尾岸至高塘	1.7	九尾岸	高塘	6	四	0	1.7	2003
云太线至安吉	1.5	云太线	安吉	6	四	0	1.5	2003
火田至大坑	3	火田	大坑	6	四	0	3	2004
坑口至峰头	1.7	坑口	松脚	4.5	四	0	1.7	2004
坂云线至龙镜	1.9	坂云线	龙镜	4.5	四	0	1.9	2004
下大线银空至大砂岗	3.5	银空	大砂岗	4.5	四	0	3.5	2004
下大线车圩至银空	4	车圩	银空	4.5	四	0	4	2004
莆顶至坎顶	1.2	莆顶	坎顶	4.5	四	0	1.2	2004
大砂岗至梅林	4	大砂岗	梅林	4.5	四	0	4	2004
桥头至通贝	2	桥头	通贝	5.5	四	0	2	2004
下大线至坡兜	1.3	车圩	坡兜	4.5	四	0	1.3	2004
云四线至白礁	1	云四线	白礁	5.5	四	0	1	2004
云四线至宅坂	1.1	云四线	宅坂	5.5	四	0	1.1	2004
东厦至埭洋	2.1	东厦村	埭洋	4.5	四	0	2.1	2004
G324 线至益宝山	3.2	G324 线	益宝山	4.5	四	0	3.2	2004
G324 线至莆中	1.6	G324 线	莆中	5.5	四	0	1.6	2004
董塘至坑内	3.7	董塘	坑内	5.5	四	0	3.7	2004
G324 线至上坑	1	G324 线	上坑	7	四	0	1	2004
G324 线至大埔	1.3	G324 线	大埔	6	四	0	1.3	2004
G324 线至树洞	3.5	G324 线	树洞	5	四	0	3.5	2005
云四线至油车	1.2	云四线	油车	4.5	四	0	1.2	2004

续表 7–1

线　　路	修建里程	起点	终点	路基宽度	等级	路面结构		竣工年份
						沥青	水泥	
G324 线至三东	3.7	G324 线	三东	4.5	四	0	3.7	2004
车圩至后山	1.7	车圩	后山	4.5	四	0	1.7	2004
G324 线至下城	2.7	G324 线	下城	4.5	四	0	2.7	2004
下坂至郭浦	1.6	下坂	郭浦	6	四	0	1.6	2004
S201 线至岱南	1.2	S201 线	岱南	6	四	0	1.2	2004
高塘至下尾	1.5	高塘	下尾	6	四	0	1.5	2004
火城线至西林	1	火城线	西林村	4.5	四	0	1	2004
马铺至乌石坑	2.1	马铺	乌石坑	4.5	四	0	2.1	2004
三东至下径	1	三东	下径	4.5	四	0	1	2004
外龙至内龙	1.8	外龙	内龙	4.5	四	0	1.8	2004
坂云线至下河	1.1	坂云线	下河	4.5	四	0	1.1	2004
河溪至金山	2.2	河溪	金山	4.5	四	0	2.2	2005
瑞堂至世坂	3.8	瑞堂	世坂	7	四	0	3.8	2005
顶城至半山	3	顶城	半山	4.5	四	0	3	2005
新楼至磜头	2	新楼	磜头	4.5	四	0	2	2005
洲渡至佳洲	1.4	洲渡	佳洲	4.5	四	0	1.4	2005
马火线马铺乡至高田	3.2	马铺乡	高田	7.5	三	0	3.2	2005
枧河至大仑	3.2	枧河	大仑	4.5	四	0	3.2	2005
青美至大坪	5.6	青美	大坪	4.5	四	0	5.6	2005
杉脚至青美	4	杉脚	青美	4.5	四	0	4	2005
坂云线世坂至孙坑	2.5	世坂	孙坑	7.5	三	0	2.5	2005
下大线坡下至曲溪	3	陂下	曲溪	7.5	三	0	3	2005
云太线至半岭	0.8	云太线	半岭	4.5	四	0	0.8	2005
坂云线至峰头	2.2	坂云线	峰头	4.5	四	0	2.2	2005
云四线至长洋	1	云四线	长洋	5	四	0	1	2005
和平新楼至河溪	1.8	和平新楼	河溪	4.5	四	0	1.8	2005
云太线至径仔	0.9	云太线	径仔	4.5	四	0	0.9	2005
山前至林坪	0.8	山前	林坪	4.5	四	0	0.8	2005
G324 线至山美	1	G324 线	山美	4.5	四	0	1	2005
G324 线至中柱	1	G324 线	中柱	6	四	0	1	2005
仙石至金坑	1.3	仙石	金坑	4.5	四	0	1.3	2005
坡下至仙石	1.2	坡下	仙石	4.5	四	0	1.2	2005
岱北至岱山	1	岱北	岱山	7.5	三	0	1	2005
云四线至双岭	1.4	云四线	双岭	4.5	四	0	1.4	2005

续表 7-1

线　　路	修建里程	起点	终点	路基宽度	等级	路面结构		竣工年份
						沥青	水泥	
竹港至竹港桥	2.3	竹港	竹港桥	7.5	三	0	2.3	2005
鹅豆溪至东方	2.1	鹅豆溪	东方	4.5	四	0	2.1	2005
圆峰至白石	5.6	圆峰	白石	4.5	四	0	5.6	2005
内仓至水头	1.8	内仓	水头	4.5	四	0	1.8	2005
G324 线至乌石	0.8	G324 线	乌石	4.5	四	0	0.8	2005
坂云线至宝石	0.8	坂云线	宝石	4.5	四	0	0.8	2005
马火线枋林至泮坑	3	枋林	泮坑	7.5	三	0	3	2005
枋林至上洋	1	枋林	上洋	4.5	四	0	1	2005
G324 线至马山	1.5	G324 线	马山	7	四	0	1.5	2005
车圩至石屏	1.5	车圩	石屏	4.5	四	0	1.5	2005
下大线至外龙	1	下大线	外龙	5	四	0	1	2005
漳东线至大山顶	3	漳东线	大山顶	4.5	四	0	3	2006
杨美至坪水	3.45	杨美	坪水	4.5	四	0	3.45	2006
粗溪至桥头	2.5	粗溪	桥头	4.5	四	0	2.5	2006
云四线至岱山	1	云四线	岱山	4.5	四	0	1	2006
火田镇至大坑	2.6	火田镇	大坑	4.5	四	0	2.6	2006
青美至白凤	1.4	青美	白凤	4.5	四	0	1.4	2006
坂云线石芹至枋林	7.3	石芹	枋林	7.5	三	0	7.3	2006
坂云线马铺至客寮	3.8	马铺	客寮	7.5	三	0	3.8	2006
高塘至向北	1.7	高塘	向北	4.5	四	0	1.7	2006
下大线至三星	0.7	下大线	三星	4.5	四	0	0.7	2006
马田至吉坂	1.7	马田	吉坂	4.5	四	0	1.7	2006
云太线城关至和平乡	6.8	城关	和平乡	6	三	0	6.8	2006
大坑至菜埔	2.7	大坑	菜埔	4.5	四	0	2.7	2006
G324 线至佳园	4.57	G324 线	佳园	4.5	四	0	4.57	2006
马火线高田至园峰	3	高田	园峰	7.5	三	0	3	2006
G324 线至东车	1.2	G324 线	东车	4.5	四	0	1.2	2006
杨美至粗溪	1.6	扬美	粗溪	4.5	四	0	1.6	2006
枧河至大仑	2.2	枧河	大仑	4.5	四	0	2.2	2006
内寮至湖洋	4	内寮	湖洋	4.5/5.5	四	0	4	2006
枧河至桥头	4.85	枧河	桥头	4.5	四	0	4.85	2006
大砂岗至七高礤	4.85	大砂岗	七高礤	4.5	四	0	4.85	2006
下大线坡下至曲溪	2.9	坡下	曲溪	7.5	三	0	2.9	2006
坂云线至孙坑	1.4	坂云线	孙坑	4.5	四	0	1.4	2006

续表 7–1

线　　路	修建里程	起点	终点	路基宽度	等级	路面结构		竣工年份
						沥青	水泥	
杉脚至青美	4.1	杉脚	青美	4.5	四	0	4.1	2006
坂云线下河至云陵	6.8	下河	云陵	6.5	三	0	6.8	2006
合计	共 104 条（段）长 279.4 公里					262.89		

注：1997 — 2003 年间建设的沥青路，至 2006 年多数再陆续改建为水泥路，沥青路建设项目本表不再列入

（六）桥梁

1997 — 2006 年，全县共新建、扩建永久性桥梁 30 座，总长 4250.87 米。

浯田大桥　位于漳诏高速公路云霄荷中村蔗港路段。桥长 157.2 米，半幅桥面净宽 11.75 米。1 联 6 孔，跨径组合 6 × 25 米。福建省交通规划设计院设计，路桥集团第一公路工程局厦门工程处承建。2000 年 5 月开工，2002 年 12 月 18 日竣工。

船场大桥　位于漳诏高速公路云霄船场村至白塔村路段，跨越漳江，桥长 976 米，半幅桥面净宽 11.75 米，5 联 36 孔。福建省交通规划设计院设计，路桥集团第一公路工程局厦门工程处承建。2000 年 5 月开工，2002 年 12 月 18 日竣工。

浯田分离式立交桥　位于漳诏高速公路云霄浯田村路段，跨越省道漳东线。桥长 401.2 米，半幅桥面净宽 11.75 米，4 联 16 孔。福建省交通规划设计院设计，路桥集团第一公路工程局厦门工程处承建。2000 年 5 月开工，2002 年 12 月竣工。

云霄互通式立交桥　位于漳诏高速公路云霄东厦镇境内路段。互通口与省道漳东线相连，主线长 1.02 公里。互通形式采用下穿式单喇叭形，共设 5 条匝道，4 座桥梁。匝道总长 2.16 公里，主线桥长 16 米，匝桥长 344.6 米，其中，A 匝道桥为跨越主线的分离式立交大桥，桥长 306 米。福建省交通规划设计院设计，路桥集团第一公路工程局厦门工程处承建。2000 年 5 月开工，2002 年 12 月 18 日竣工。

常山互通式立交桥　位于漳诏高速公路云霄大埔村境内路段。互通出口与国道 324 线相连，主线长 880.67 米。互通形式采用双喇叭形，设 10 条匝道，6 座桥梁，其中 5 座匝桥，1 座机耕道桥。匝道总长 3.59 公里，匝桥总长 269.02 米。福建省交通规划设计院设计，中铁第十六工程局承建。2000 年 4 月开工，2002 年 12 月 18 日竣工。

大水崛 1 号分离式立交桥　位于漳诏高速公路常山开发区大水崛管理区境内，跨越省道漳东线，为弯斜坡桥。桥长 197.9 米，左线桥共 8 孔，桥面半幅净宽 11.75 米。福建省交通规划设计院设计，中铁第十六工程局承建。2000 年 4 月开工，2002 年 12 月 28 日竣工。

云漳大桥　位于县城漳江北段渡头自然村与渡头岩之间的古渡口。2006 年 5 月动工，2007 年 3 月竣工。桥长 150 米，宽 12 米，总投资 490 万元。大桥东北向连接云漳北路，西南向接将军大道。云漳大桥建成后，其下游 200 多米处原建于 20 世纪 60 年代的漳江云霄大桥停止使用。

50 延米以下桥梁　共 23 座，长 467.9 米。

1997 — 2006 年云霄县新建、扩建 50 延米以下永久性桥梁情况表

表 7-2　　单位：米

桥梁名称	桥长			桥宽		结构形式		竣工年份
	全长	孔数	净跨	净宽	人行道	桥面	台墩	
陂兜村部桥	33	4	7.8	4.5	0.5	混凝土	条石	1977
后溪桥	14	2	6	3.5	0.25	混凝土	混凝土	1997
峰外桥	6	1	3	7	0	沥青	条石	1997
高车桥	29.5	3	7	4.5	0.5	混凝土	条石	1997
下溪桥	10	1	8	4	0.5	混凝土	条石	1997
湖丘桥	22.3	1	9.5	7	0.25	混凝土	条石	2000
山后桥	8	1	6.5	4	0	混凝土	条石	2000
内仓桥	22	2	6	4.5	0.45	混凝土	条石	2000
径头桥	24.8	1	16	7.5	0.5	混凝土	条石	2000
庙后桥	26	2	7	3.5	0.25	混凝土	条石	2002
水口桥	20	3	5.8	4.5	0.3	混凝土	条石	2002
前江桥	11.5	1	6.8	7.5	2	混凝土	条石	2003
下曾桥	10	1	6	7	0	混凝土	条石	2003
径仔桥	8	1	6.6	5.5	0	混凝土	条石	2004
河坪桥	40	4	8.4	2.6	0.2	混凝土	混凝土	2005
梅楼桥	7	1	5.5	6	0.25	混凝土	条石	2005
下庵桥	33	3	10	4.5	0.25	混凝土	条石	2005
莆顶桥	40	6	7.5	4.5	0.5	混凝土	条石	2005
安吉桥	42.6	4	9.4	4.8	0.3	混凝土	条石	2005
油车桥	12	2	5	6.2	0.3	混凝土	条石	2005
枧头桥	8	1	6	5.5	0.25	混凝土	条石	2005
狮王公桥	10	1	4	6.5	0	混凝土	条石	2005
东坝桥	30.2	3	9.6	3.1	0	混凝土	混凝土	2006

（七）隧道

1997 — 2006 年，境内新建隧道 2 座，总长 4893 米。

盘陀岭第二隧道　位于国道 324 线盘陀岭第一隧道左侧（漳州往云霄方向）53 米处。洞口两端为分离式路基，隧道长 950 米，净高 5 米，净宽 7.5 米 +0.75 米人行道。铁道部第一勘察设计院设计，交通部第一航务工程局与铁道部十九局二处联合体以 4200 万元承建。1996 年 12 月 30 日开工，1997 年 12 月 30 日竣工，1998 年 1 月 6 日投入使用。

大步山隧道　位于漳诏高速公路云霄路段，穿越东厦镇与莆美镇之间的大步山。为双洞单向行车隧道，左洞长 1988 米，右洞长 1955 米。隧道净高 5 米，净宽 10.25 米。福建省交通规划设计院设计，中铁第十六工程局承建。2000 年 5 月开工，2002 年 9 月 19 日竣工。

（八）铁路

2005 年，厦（门）深（圳）高速铁路建设启动。同年 8 月，成立云霄县铁路建设指挥部及办公室，着手开始征地、拆迁等工作。2007 年 11 月，厦深高速铁路指挥部在云霄梁山铁路隧道洞口举行开工典礼。

二、水路

（一）漳江内河航道

20 世纪 70 年代后，漳江上游多处修建水利设施，多数航道停止航运，仅下游及中游部分河段具备小型船只通行条件。据 2003 年普查，漳江航道从漳浦下寨码头至云霄菜埔村，全长 24.36 公里，分为 3 个航段。

第一航段，从漳浦下寨码头至云霄漳江北江水闸 13.17 公里，航道水深 0.9 米，航宽 30 米，最低通航保证率 90%，最小弯曲半径 500 米，为七级航道，可通航。航道未进行维护，未配备航标，有水闸枢纽 1 座，跨河桥梁 1 座，电缆 2 条，符合通航标准。

第二航段，从北江水闸至漳江云霄大桥（原国道 324 线桥梁）4.96 公里，航道水深 1.4 米，航宽 30 米，最低通航保证率 70%，最小弯曲半径 200 米，为七级以下航道，可通航。航道未进行维护，未配备航标。跨河桥梁 3 座，符合通航标准。

第三航段，从云霄大桥至菜埔村 6.23 公里，航道水深 0.6 米，航宽 15 米，最低通航保证率 70%，最小弯曲半径 70 米，为七级以下航道，可通航。航道未进行维护，未配备航标。

（二）航海线

从明代至民国期间，云霄沿海有北航线、东航线、南航线，以帆船、小货轮通航天津、台湾、香港等沿海商埠。20 世纪 50 年代后海运业务逐渐为公路运输所代替，20 世纪 90 年代起，仅有台湾小货轮来往于礁美原海军码头开展小额贸易。

（三）渡口

境内原有下坂、高塘、竹塔（至县城）、湖丘、列屿（至东山）、白塔、佳洲、洲渡、山美、渡头、马铺（峰头水库）等渡口。20 世纪 60 年代后随着公路交通的发展和永久性桥梁的建设，多数渡口作用日渐消失乃至荒废。2003 年 9 月 15 日县政府行文撤销下坂、高塘渡口，2006 年 12 月 31 日行文撤销云陵镇渡头渡口（庵仔渡）。现境内仅存马铺峰头水库渡口及沿江、沿海少数农耕渡口。

马铺峰头水库渡口　1997 年，由市、县交通部门和马铺乡建造水泥混凝土船 20 艘，用于库区客渡及环库游览。同年，市、县财政各出资 3 万元建造铁质船舶 2 艘用于运载库区学生。2002 年，由市、县交通部门补助 8 万元建造 8 艘铁质渡船，水泥混凝土船退出渡运。2004 年，县政府行文批准设立马铺乡政府驻地马铺村（圩）至库区坑口村、杉脚村、龙镜村、峰头村、青尾村等 5 条航线，由 8 艘铁质渡船承运。

（四）码头

境内城关、东厦、列屿、陈岱等处码头，原多为与渡口配套的简易石级台阶建筑，多数已随着渡口消失撤销而废弃。现存主要有礁美、山前、船场等供渔船货轮停靠的小型码头，虽进行改建，但均无装卸机械设备。

（五）港区

据 2004 年省交通规划设计院的勘察，列屿镇青崎村至刺仔尾 12.1 公里岸线水域有深 -11 米深槽，可建 3 万吨以下泊位。规划拟分设青径、后安、刺仔尾 3 个作业区和礁美、船场、东坑 3 个作业点。2005 年 8 月成立县铁路港口建设办公室，2006 年 6 月建设疏港公路，并着手港区建设前期工作。

第二节　运　输

一、运输车辆与运输量

（一）汽车

1997 年初，全县有货运汽车 120 辆 595 吨位，客运汽车 115 辆 1955 座位。2006 年，货运汽车 294 辆

1264 吨位，客运汽车 136 辆 2380 座位（含客运出租汽车 63 辆）。

（二）拖拉机

1996 年，全县有手扶拖拉机 724 辆，准载 367 吨，1997 年后渐为变型机所代替。2006 年，全县手扶拖拉机和变型机计 225 辆。

（三）农用车

1997 年初，全县有农用运输车 587 辆，之后渐为汽车所代替，2006 年仅存 65 辆。

（四）摩托车

1997 年初，全县有摩托车近万辆，2006 年近 7 万辆。

1997 — 2006 年云霄县营运客货机动车辆统计表

表 7-3

年份	客运汽车		货运汽车		手扶拖拉机及变型机		农用运输车
	辆	位	辆	吨	辆	吨	辆
1997	118	2006	135	601	620	310	571
1998	122	2196	144	640	534	267	543
1999	123	2214	148	665	500	250	520
2000	130	2275	160	680	490	245	500
2001	128	2253	162	674	411	206	470
2002	135	2349	180	730	302	151	331
2003	140	2450	200	860	225	113	205
2004	144	2506	230	989	174	87	189
2005	145	2530	248	1041	127	64	104
2006	136	2380	294	1264	225	113	65

1997 — 2006 年云霄县机动车辆客货运输量统计表

表 7-4

年份	运量		周转量	
	客运（万人）	货运（万吨）	客运（万人公里）	货运（万吨公里）
1997	245	215	7260	6090
1998	250	225	7500	6270
1999	255	228	7680	6458
2000	268.6	230	8467.4	7016
2001	298.1	257.6	9229	7717.6
2002	333.8	288.5	10059	8489.3
2003	370.5	323.1	10965.2	9338.2
2004	411.2	361.9	11952.1	10272.1
2005	456.5	405.3	13027.1	11299.3
2006	506.7	453.9	14200.1	12429.2

1997 — 2006 年云霄汽车站客货运输统计表

表 7-5

年份	完成客运量（万人）	比上年增减百分比（±%）	完成客周转量（万人公里）	比上年增减百分比（±%）
1997	52.13	13	1429	24
1998	56.24	8	1778	25
1999	59.11	5	2123	19
2000	63.52	7	2631	24
2001	64.19	1	3256	23
2002	67.48	5	3947	21
2003	69.67	3	4918	25
2004	71.36	3	5226	6
2005	74.45	4	5594	7
2006	78.34	5	6173	10

二、客货运

（一）客运

陆路　1997 年初，云霄县际公路汽车客运以至漳州、漳浦、东山、诏安为主，县内农村客运班车仅有城关至马铺、车圩等线路，其他乡镇以农用车、拖拉机及摩托车替代为主。1999 年，有 52 辆出租车投入营运，往返漳州、厦门及县内农村。至 2006 年，汽车客运线路拓展至广东等邻近省份、省内市及县内农村，共有客运班线 37 条，其中省际 7 条，最长至广东虎门 635 公里；市际 5 条，最长至武夷山 724 公里；县际 14 条，县内 11 条；有近千辆摩托车和约 500 辆人力三轮车用于城区及农村客运，农用车、拖拉机载客基本杜绝。2006 年，全县客运周转量 27700 万人公里。

水路　1997 年，峰头水库库区有 20 艘水泥质渡船和 2 艘铁质船，用于运载库区群众。2002 年，水泥质渡船退出渡运，新建 8 艘铁质渡船。2004 年，县政府批准，在库区设 5 条航线。至 2006 年，峰头水库仅存 8 艘铁质渡船，承运库区周边群众。

（二）货运

陆路　1997 年，县境外公路货运主要由县汽车运输公司和云霄糖厂等有货运汽车的企业以及个体运输户经营；县境内货运主要依靠农用车、手扶拖拉机及人力板车、三轮车、摩托车。至 2006 年，全县货运汽车迅速增加，社会上出现“老三车队”“123 车队”等个体货运企业，并有不少企业自备车辆。农用车、手扶拖拉机减少，人力板车、三轮车仅用于城区内短途运送商品。2006 年，全县货运 16800 万吨公里，比 1996 年增长 2.11 倍。

水路　自 1997 年县航运公司 4 艘钢质货船出售拍卖后而基本停止，至 2006 年仅存漳江航道有少数小木船用于群众生产生活资料的少量短途运输。

（三）装卸

1997 年，云霄县货物装卸仍多为人力，除少量小型叉车外，基本无装卸机械设备。云霄搬运公司为专门搬运装卸企业，2000 年后基本停业。货物装卸均由企业自行承担，至 2006 年不变。

三、运输企业

（一）漳州长运集团云霄分公司

1999 年 3 月 4 日，福建省漳州市汽车运输总公司云霄分公司改制为福建省漳州市长运集团有限公司云霄分公司。下设云霄汽车站，占地面积 7064 平方米，停车场 2700 平方米，经营往厦门、福州、广州、汕头等地长途客运，承包挂靠汽车 28 辆。2006 年末员工 46 人。

（二）县长达运输公司

股份制有限责任公司。1998 年 10 月成立。有客运车辆 44 部，经营县内、县际、市际、省际线路。

（三）县汽车运输公司

全民所有制企业。1996 年，公司全民、集体职工计 261 人全部转为合同制，有社会挂靠客货运汽车 16 辆。2003 年 3 月，公司组建交通客运站，占地面积 1600 平方米，停车场面积 1400 平方米，经营往诏安、漳浦、东山等县的短途客运。2006 年职工 51 人，社会挂靠客货汽车 34 辆。

（四）金霞客运站

民营企业。2000 年 8 月由原金霞停车场改建为客运站，占地面积 1300 平方米，停车场面积 780 平方米，经营往马铺、下河、和平及平和县的短途客运。

（五）中联出租车公司

股份有限公司。1999 年 1 月成立，有出租车 52 部。

（六）县航运公司

集体所有制企业。1997 年有钢质货船 4 艘 1180 载重吨，主要经营广东、福建、浙江一带沿海货运，因业务萧条，货船陆续出售或拍卖。2006 年倒闭。

（七）长顺公共交通有限公司

2002 年 6 月 10 日成立，为漳州长运集团子公司。投资 151 万元购置公交车 10 辆，经营城区及郊区部分乡村客运，2007 年初投入营运。

（八）县运输服务公司

集体所有制企业。1996 年公司职工 92 人，其中在岗 32 人，待岗 60 人。

（九）县搬运公司

集体所有制企业。20 世纪 80 年代后，随着市场开放和企业自运、自装、自卸，公司搬运业务日益萧条。2006 年，公司变卖占地 90 平方米的五层办公综合楼及部分资产，筹集资金为 235 名职工办理社会保险和已退休的 130 名职工按月发放退休金。

2006 年，全县有客、货运输企业 11 家，运输相关企业 9 家。其中客运站、场 3 家，机动车驾驶员培训机构 6 家（专项三类 5 家，综合三类 1 家）。汽车、摩托车维修企业 35 家（一类维修企业 1 家，二类 9 家，三类 20 家，摩托车维修 5 家）。

第三节　管　理

一、公路管理

（一）公路养护

1997 年开始，普通公路由漳州市公路局云霄分局、县交通局及相关乡、村养护。漳州市公路局云霄公路分局负责国道、省道和部分县道共 117.053 公里的公路养护。下设下城、常山、船场、下河公路站和大块园、西安保养组，实行里程、人员、路况、材料消耗、机械管理“五定”和成本包干责任制，负责路面、路基、边沟、边坡、桥涵、隧道、护栏、标志、公路绿化、水毁防治、安全生产的养护和监管。2000 年，公路分局设立路桥专业队，承担专案工程、水毁工程施工任务。县交通局负责部分县道及主要乡道的管理养护，聘用当地群众按线路及路段设立养护道班，负责公路日常养护，其他乡道、村道由乡镇、村指定专人负责管理养护。2003 年，境内高速公路由高速公路公司专门养护。至 2006 年，公路养护体制不变。

（二）路政管理

1997 年，县交通局、公路分局对分管公路实行路政管理，根据“公路两侧红线内无违章建筑，公路用地范围内无不规范广告标志，公路边沟无被非法侵占”的“三无”要求，进行路政巡查，从“清障除障”转为依法治路。2004 年，根据市交通局、公安局《关于联合组织治理车辆超限超载工作的通知》精神，县交通局、公安局联合执勤治超，超限超载现象明显减少。至 2006 年不变。

二、运政管理

1997 年，县交通局下属运输管理所负责全县公路、水路的旅客运输、货物运输及车辆维修、运输服务、驾驶员培训、搬运装卸的行业管理。运管所下设经堂口、樟仔脚、下坂、常山等 4 个管理站，分片区实行管理；对各车站派驻运管人员，实行日常管理，维护客运秩序；设立稽查岗，加强路面巡查。春运和重要节假日期间，加强客货运输车辆检查，严防易燃、易爆品进站上车；对违规载客的非客运车辆和无船名船号、船舶证书、船籍港的“三无”船舶及非客渡船进行查处。

2003 年，对峰头水库从事渡运的 10 艘水泥船进行查扣拆除，并调整 4 艘铁质渡船替代。2004 年 7 月，对长途客运公司连续发生的 2 起造成 41 人受伤的重大交通事故，除进行事故通报外，责成公司领导和车主做出检查，对不遵守安全生产规定的驾乘人员予以辞退，对不符合标准的车辆进行清理报废。2005 年 5 月，对列屿镇青径村长期从事超负荷运输沙石的 5 艘“三无”船舶予以取缔。2005 — 2006 年，县交通局联合公安交警大队在马铺、下河、和平等乡及城关振云、双溪口路段和常山交通稽查岗等地查处非法营运活动。2006 年上半年检查车辆 2680 辆次，查出各种违规营运车辆 920 辆次，非法营运车辆 48 辆次，异地营运出租车 2 辆次；其中危货运输违规 11 辆次，均依法予以处理。同年，对载人游览漳江口红树林国家级自然保护区的“三无”船舶进行取缔，并在竹塔、船场码头竖立 “严禁非营运船只载人”的警示牌。

三、规费征收

（一）公路养路费

1997 年，公路养路费按机动车类型分别由省公路稽征局云霄稽征所（简称云霄稽征所）和县交通局运输管理所征收。云霄稽征所负责征收汽车类养路费，征收标准为：客车 200 元 / 辆、货车 180 元 / 辆。至 2006 年共征收 991.5 万元。县运输管理所负责农用车（含变型机）、拖拉机、摩托车养路费，征收标准为：农用车（含变型机）180 元 / 吨月、手扶拖拉机 50 元 / 辆月、摩托车 5 元 / 辆月。

（二）公路运输管理费

各类机动车的运输管理费，由县运输管理所负责征收。1998 年 1 月 1 日，征收标准由最高不超过营运（营业）收入的 1% 降低为 0.8%。2003 年，客车按车型与座位、货车按吨位征收。2006 年，对汽车驾驶员培训征收公路运输管理费，标准为每人次 24 元。

1997 — 2006 年云霄县交通规费征收收入统计表

表 7-6　　单位：万元

年度	运输管理费	养路费
1997	168.39	162.76
1998	189.17	163.44
1999	210.66	137.86
2000	142.05	137.62

续表 7-6

年度	运输管理费	养路费
2001	148.33	104.13
2002	190.22	135.74
2003	171.84	133.61
2004	133.14	179.28
2005	156.24	164.38
2006	188.96	142.94

（三）车辆通行费

经省政府办公厅批准，1993 年 9 月 3 日设立国道 324 线云霄常山车辆通行费征收管理所，9 月 4 日开始征收车辆通行费。征收标准为小车（辆，下同）6 元，1 ～ 3 吨 15 元，3 ～ 5 吨 25 元，5 吨以上 40 元，摩托车 2 元，征收款项全部上缴（2009 年 2 月 21 日零时，根据省政府《关于撤销政府还贷二级公路收费站点的通知》，取消收费）。

云霄县常山车辆通行费征收统计表

表 7-7　　　　单位：万元

年度	征收总额	年度	征收总额
1993	577.46	2000	4569.8
1994	2022.84	2001	4445.8
1995	2128.72	2002	4685
1996	2408.74	2003	961.8
1997	3641.8	2004	810
1998	4288	2005	811
1999	4468.7	2006	860.4

（四）其他规费

车辆购置附加费　2001 年之前，由县交通局车辆购置附加费办公室负责征收，征收标准为新购机动车销售价的 10%，征收款项全部上缴。2001 年改称车辆购置附加税。2005 年归国家税务局征收。

山区公路建设还贷基金　1993 年 1 月 1 日起，根据省交通厅、财政厅、物委《福建省山区公路建设还贷基金征收管理办法》向载货汽车、拖拉机、摩托车征收山区公路建设还贷基金。2004 年 4 月 1 日起，改称货运附加费。

公路客运交通建设基金　1998 年之前，根据《福建省公路客运征收交通建设基金暂行办法》规定，按人 0.01 ～ 0.02 元 / 公里标准，附加于车票中征收。1998 年改称公路客运附加费。

四、机构

（一）行政机构

县交通局　1997 年定编 8 人，在编 7 人。内设人秘、财务、工程、安全等股和车辆购置附加费办公室。2002 年增设路政股。2005 年车辆购置附加费办公室撤销。2006 年核编 7 人，在编 8 人。

县国防动员委员会交通战备办公室　1998 年 3 月成立，定编 2 人，挂靠交通局办公。2006 年不变。

市公路局云霄分局　1993年1月1日，云霄公路段改称漳州市公路局云霄分局，内设路政站。1995年9月，改路政站为云霄县公路路政管理所。1996年人员100人，2006年81人。

（二）业务机构

县运输管理所　原称县交通运输管理所，副科级自收自支事业单位，辖云陵、经堂口、下坂、樟仔脚、常山等5个交通运输管理站。2003年2月改称县运输管理所，并加挂“福建省云霄县地方海事处”牌子，下辖的交通运输管理站同时改称运输管理站。省定编制35人，2006年实有32人。

县乡公路管理所　1995年成立，负责全县农村公路建设规划、监督、指导及养护。事业编制15人。2006年不变。

省公路稽征局云霄稽征所　1993年1月1日成立。2006年，事业编制17人。

常山通行费征管所　1993年9月3日成立。2005年9月归属漳州路桥公司管辖，事业编制56人。

附：白石村农路建设

白石村位于云霄县火田镇北部山区，与平和县五寨乡接壤，海拔700多米，为贫困村、老区村，全村1000余人。原通往外界的唯一公路为等外泥土路，晴尘雨泥，弯急坡陡，路况甚差，严重制约该村的经济发展及群众的生产生活。

2004年，全县掀起农村公路建设热潮，国家赋予相关的优惠政策。为解决行路难问题，白石村党支部、村委会决定发动全村村民捐资投劳，修建水泥路。2004年4月5日，利用外出人员清明节回乡祭祖扫墓之机，召开村民代表大会和外出人员座谈会，发出建设水泥路的倡议，成立募捐领导小组及村道建设领导小组，受到村民及外出创业打工人员的热烈响应。村支部书记林镇安、村主任何自旺及“两委”干部带头捐资，在深圳打工的何呈琛、何自海、何汉文三兄弟也带头捐款共8万元，当日会议即捐资20多万元。之后，全村村民不分贫富，踊跃捐款，尤其是外出创业打工的村民，纷纷将捐款汇回村里。在修路前期，共收到捐款60多万元。其中，捐款800元以上的有294人，县内外许多熟悉或素不相识的人也伸出援助之手，共收到来自台湾、广东、湖南、江苏及漳浦、龙海、平和等邻县以及县内的捐款近26万元。漳浦县企业家黄全和捐资10万元。省、市、县相关部门也予以资金支持。曾任云霄县委书记、漳州市政协主席的老干部市老区促进会会长黄长茂非常关心该村修路，多次协调市县有关部门领导专专程到白石村帮助解决修路资金。

在修路过程中，许多村民无偿让出承包的山地，主动砍掉果树林木，没有提出任何赔青要求，积极投工投劳，参加义务劳动，林镇安率先拆掉村道两侧的两座自家晒谷场，并调来自己经营的挖掘机和铲车，无偿为修路服务。全村村民共义务投入上万个工日。村两委及领导小组成员全力投入，没有领取一分误工补贴，没有报销任何支出。

2005年11月13日，经过一年零三个月的建设，白石村全长5.6公里造价200万元的四级水泥路竣工通车，为当时全县新修的里程最长、人均捐资额最多的村级公路。

第八章　邮政　通信

云霄于清光绪间设立电报和邮政机构，民国25年（1936年）开通电话。新中国成立后，邮、电合并成立邮电局。改革开放后，邮电事业发展迅速。1992年开通无线寻呼，1993年开通模拟移动电话，1996年开通数字移动电话。

1998年邮、电分营，成立县邮政局、电信局。

邮政局主要经营储蓄、汇兑、包裹、函件、快递、报刊、集邮、代理业务等。1997 — 2006年，储蓄业务稳步增长，快递、包裹业务量上升，汇兑、代办、集邮业务量下降。2006年，业务收入1991.1万元，是1997年428.3万元的4.6倍；邮政储蓄期末余额69579万元，是1997年7456.8万元的9.33倍。

电信业进入重大变更期。通信技术、设备更新换代，通信手段出现质的飞跃和量的扩张。1998年10月长途电话实现用户自拨，2001年推出宽带业务，互联网进入百姓家。经营主体逐步实现多元化，1999年7月移动通信业务从电信局分出，成立福建移动通信有限责任公司云霄分公司。2004年2月，中国联通成立云霄联通分公司。形成固定电话、移动电话多家经营、竞争的局面。2006年底，全县固定电话用户125566户，是1997年25078户的5.01倍，移动电话用户145795户，是1996年2826户的51.59倍。现代化的信息技术为全县经济建设、社会事业发展和人民生活提供快速、便捷的通信服务。

第一节　邮　政

一、服务网点与邮路

（一）服务网点

1998年9月邮、电分营，邮政局服务网点农村有东厦、火田、和平、马铺、下河、陈岱、列屿、常山、莆美等9个乡镇支局；城关有和平路（2000年6月撤销）、云漳南路（2004年6月撤销）、云东路、宝城路、云平路等5个支局。2001年投资132万元建列屿邮政综合楼，占地面积394平方米，建筑面积750平方米。2004年6月，增设江滨路支局。2005年投资1650万元建成江滨邮政综合楼，占地面积1318.54平方米，建筑面积7538.68平方米（同年下半年出租给漳州临泰大酒店）。2006年5月，增设江滨邮政储蓄点。2006年，服务网点计有支局13个，储蓄点6个，代办所1个。

（二）投递邮路

1997年初，县城邮路5条，日均总行程45公里；农村邮路16条，日均总行程650公里。1999 — 2006年县城增加6条邮路，农村增加2条邮路，并调整1条邮路。2006年，县城邮路11条，日均总行程194公里；农村邮路18条，日均总行程752公里。

2006年云霄县农村邮路一览表

表8-1　　单位：公里

支局名称	邮路起止	里程
莆美支局	莆美—上坑	35
	云霄—顶溪—阳下	45

续表 8-1

支局名称	邮路起止	里程
火田支局	火田—岳坑—东车	45
	火田—圆峰—古楼	50
	云霄—菜埔—大坑	45
东厦支局	东坑—山后	45
	东厦—浯田	40
马铺支局	马铺—枧河	50
	马铺—峰头	50
下河支局	下河—后山	50
和平支局	和平—棪树	40
	云霄—上窖—孙坑—河溪	45
列屿支局	列屿—青崎	40
陈岱支局	陈岱—礁美—白礁	40
	本埠（镇内）	30
常山支局	常山—梧园	45
	大埔—下径	42
	本埠（区内）	15

注：2004 年 1 月 1 日起，由邮政局至和平乡、下河乡、马铺乡支局邮件，委托汽车班车代运，车程 90 公里

（三）局际邮路

1997 年，县邮电局出口邮件由漳州市邮电局自办邮车运送。1998 年，改集中于漳州市邮政局漳州邮区中心局运送。2003 年 4 月 18 日漳州邮区中心局撤销，改集中于厦门邮区中心局运送。

厦门邮区中心局邮车实行厦门—诏安二班制。第一班于上午 9:10 时至云霄火田支局，9:25 时至云霄县局，9:55 时至莆美支局，10:17 时至常山支局、往诏安；返程于当天下午 13:40 时至常山支局，14:10 时至莆美支局，14:20 时至云霄县局，14:50 时至火田支局、往厦门。第二班于 11:55 时至云霄县局、往诏安，返程于 19:15 时至云霄县局、往厦门。云霄陈岱、列屿支局进出口邮件由东山局自办邮车带运。

二、函件 特快专递

（一）函件

1997 年，平信、印刷品资费收取不分本埠、外埠。1999 年 3 月 1 日起，平信、印刷品资费改分本埠、外埠，并按首、续重量计费。平信 100 克以内（含 100 克），本埠由每 20 克 0.5 元改为 0.6 元，外埠由 0.5 元改为 0.8 元；单件本埠首重 100 克 3 元，续重每 100 克 1.2 元；外埠首重 100 克 4 元，续重每 100 克 2 元。挂号费和撤回邮件或更改收件人姓名、地址手续费 2 元。外埠挂号信由 1996 年 1.5 元改为 2.8 元。印刷品首重 100 克本埠 0.3 元、外埠 0.6 元，续重每 100 克本埠 0.15 元、外埠 0.3 元。新计费方式以 100 克为首重，100 克以上至限重为续重。首、续重均以 100 克为一计费单位，不足 100 克以 100 克计费。明信片资费每件 0.6 元。

2006 年 11 月 15 日起，平信 100 克以内（含 100 克），本埠由每 20 克 0.6 元改为 0.8 元，外埠由 0.8 元改为 1.2 元；100 克以上的续重资费计费标准不变。明信片资费每件由 0.6 元改为 0.8 元。

1997 — 2006 年云霄县进、出口函件统计表

表 8-2　　　　　　　　　　　　　　　　　　　　　　　　　　　　单位：件、张

函件走向	函件类型	1997	1998	1999	2000	2001	2002	2003	2004	2005	2006
出口	国内平常函件			1407456	1343809	1683316	1426103	1899849	1151691	890317	1324297
	国内给据函件			102261	51110	42430	56935	36989	27492	18105	22757
	台湾函件			2909	3525	3804	2393	1876	1458	680	520
	港澳函件			7364	3354	2627	2006	1424	1491	470	342
	国际函件	1020550	1031657	3690	3278	2435	1707	1528	1183	625	420
	广告			——	30926	1910000	2200000	2715200	342000	465000	221500
进口	平常函件			553494	669311	626556	633573	739937	765575	737000	811875
	给据函件			69836	69408	64451	80258	109293	104907	65242	48461
	包件			20378	21122	27440	30648	25715	24241	20681	24509
	汇票（张）	24464	26230	23434	19104	18649	17721	19063	17301	25643	22458

注：1997 年、1998 年数据来自县统计局当年《统计年鉴》；1999 — 2006 年数据由县邮政局提供

（二）特快专递

1998 年，成立邮政局特快公司，开办用自行车送鲜花、同城送汇款业务。1999 年增设代收贷款业务。2003 年 8 月邮购公司（成立于 2001 年 6 月）划归特快公司（两块牌子一套人员）。国内特快专递资费起重、续重计费单位由 200 克改为 500 克，续重由每个计费单位 6 元改为按空间距离分区计费。2004 年，开办公证文书及债权保全文书单、证、照和法院法律文书单、证、照等速递业务。2005 年，开办高速公路违章通知单及枇杷、花卉速递业务。

1997 — 2006 年云霄县特快专递业务统计表

表 8-3　　　　　　　　　　　　　　　　　　　　　　　　　　　　单位：件

年份	1997	1998	1999		2000		2001		2002		2003		2004		2005		2006	
速递类别	总数	总数	进口	出口	进口	出口	进口	出口	进口	出口	进口	出口	进口	出口	进口	出口	进口	出口
国内			13903	——	14592	——	13344	——	11068	——	13077	——	22871	——	58583	——	51248	——
国际			30	——	102	——	5	——	38	——	68	——	72	——	61	——	43	——
国内异地信件			——	——	——	10471	——	2676	——	4409	——	5888	——	7637	——	35884	——	20504
国内同城信件			——	——	——	2549	——	4310	——	940	——	2	——	——	——	3621	——	14370
国际信件	10000	19000	——	——	——	154	——	74	——	35	——	61	——	89	——	121	——	126
国内异地物品			——	——	——	15005	——	33736	——	28865	——	21777	——	87810	——	93257	——	94891
国内同城物品			——	——	——	103	——	11	——	42	——	75	——	50	——	49	——	2
国际物品			——	——	——	116	——	36	——	34	——	28	——	145	——	127	——	156

注：1997 年、1998 年数据来自县统计局当年《统计年鉴》；1999 — 2006 年数据由县邮政局提供

三、汇兑 包裹

（一）汇兑

1997 年，国内汇款仍按每汇款 1 元（不足 1 元按 1 元计算）收取 0.01 元汇费。1999 年，规定最高汇费标准每笔为 50 元，每笔汇款最低汇费、撤回汇款手续费和退汇、改汇费为 2 元。2001 年 7 月开办邮政电子汇款业务。2002 年 10 月 8 日起，国内邮政电子汇兑每笔汇款最高限额由 1 万元提高至 5 万元；每笔汇款（限额内）最低汇费 2 元，最高汇费 50 元。国内邮政电子汇兑回执费每件 3 元。电子汇兑业务有 24 小时汇兑，2 小时到达加急汇款，即时到达特急汇款，与账户相关的汇款，国际汇款等。

2003 年 8 月 30 日起，国内邮政汇兑附言 6 个汉字以内（含 6 个字）免费，超过部分每字按 0.1 元收费。2004 年开办国际西联汇款兑付业务。2006 年，邮政速递汇兑业务代收速递业务营收款。

1997 — 2006 年云霄县邮政汇兑统计表

表 8-4　　单位：笔

年 份	1997	1998	1999	2000	2001	2002	2003	2004	2005	2006
国内汇票	40000	43000	38299	28984	26935	19177	16872	14437	15928	14138
兑付汇票	24464	26230	23424	19014	18649	17721	19063	17031	25598	24793

（二）包裹

分国际、国内和港澳包裹，国际与港澳分航空包裹、水陆路包裹。收费标准分普通、快递二类。2001 年 8 月开办国内快递包裹业务。

1997 — 2006 年云霄县邮政包裹业务统计表

表 8-5　　单位：件

年份	1997	1998	1999	2000	2001	2002	2003	2004	2005	2006
国内包裹	12000	16000	28661	15637	14232	14426	52496	65011	28157	43076
国际包裹			58	62	27	23	51	37	7	14

注：1. 包裹指出口数。2.1997 年、1998 年数据来自县统计局当年《统计年鉴》；1999 — 2006 年数据由县邮政局提供

四、报刊发行 集邮

（一）报刊发行

1999 年 12 月 8 日成立报刊图书中心，负责报刊征订、分发、投递、零售业务。2005 年撤销报刊图书中心，成立报刊发行业务分局。

1998 年，全县报刊零售点 4 个（自办 1 个，委办 3 个），2001 年 9 个。同年在广电局、特需公司、益民大厦、建设局、经堂口小商品市场等地设报刊亭 5 个。2006 年，报刊零售点 6 个，报刊亭 2 个。

1997 年报刊流转金额 282.4 万元，1998 年 365.2 万元，1999 年 400 万元，2000 年 456.5 万元，2001 年 543.5 万元，2002 年 730.4 万元，2003 年 678.3 万元，2004 年 307.8 万元，2005 年 309.6 万元，2006 年 338.3 万元。

1997 — 2006 年云霄县邮政报纸、杂志发行、零售统计表

表 8–6　　单位：万份

<table>
<tr><th>年份</th><th>1997</th><th>1998</th><th>1999</th><th>2000</th><th>2001</th><th>2002</th><th>2003</th><th>2004</th><th>2005</th><th>2006</th></tr>
<tr><td>发行报纸</td><td rowspan="4">602.0</td><td rowspan="4">686.4</td><td>619.1355</td><td>625.3364</td><td>497.8831</td><td>305.4158</td><td>414.2327</td><td>440.3722</td><td>450.9769</td><td>466.9865</td></tr>
<tr><td>发行杂志</td><td>——</td><td>23.2179</td><td>10.9834</td><td>17.0258</td><td>14.0970</td><td>15.3636</td><td>15.8390</td><td>17.3405</td></tr>
<tr><td>零售报纸</td><td>——</td><td>27.6517</td><td>19.3356</td><td>14.1636</td><td>13.7616</td><td>9.8599</td><td>11.2004</td><td>14.6642</td></tr>
<tr><td>零售杂志</td><td>——</td><td>11.1246</td><td>10.2588</td><td>7.9332</td><td>4.1494</td><td>5.3444</td><td>5.4729</td><td>5.2456</td></tr>
</table>

注：1997 年、1998 年数据来自县统计局当年《统计年鉴》；1999 — 2006 年数据由县邮政局提供

（二）集邮

邮电局原设集邮门市部，1997 年改设集邮公司。公司经营新邮票预订和年册、定向邮品、明信片、实寄封、首日封、纪念封及集邮刊物。1997 年集邮协会会员 231 人，2006 年 400 人，集邮爱好者 1200 多人，主体为在校初、高中生。

2003 年，集邮公司联合县委宣传部、文联、电信局、移动通信分公司举办“孙用钊画展暨云霄县第六届集邮展览”，征集展出云霄及漳州市各县（市、区）历年参加省级邮展获奖的专题邮集、邮品计 84 个标准展框，并举行集邮专题灯谜竞猜和 4 场集邮知识讲座，参加者约 3000 人。

1997 — 2006 年云霄县邮票售出统计表

表 8–7　　单位：万枚

年度	1997	1998	1999	2000	2001	2002	2003	2004	2005	2006
邮票出售	69.9	57.8026	74.2346	62.8562	46.0287	83.6877	45.8524	64.7631	39.6844	15.6427

五、代办业务

1999 年 12 月，邮政局成立代办业务营业部，2001 年 6 月改成立邮购公司（2003 年并入特快公司）。2003 年 6 月改成立电信业务分局及电信业务公司（2 块牌子一套人员）。2004 年 5 月撤销电信业务分局及电信业务公司，成立邮政代理与信息业务分局。

代办业务有代收电信、联通、移动话费，代售充值卡，代理移动、电信、联通放号业务，代办宽带业务等。1998 年开办代理同城送嫁新娘（2000 年停办）、代办同城特快汇款。1999 年开办代收贷款业务。2001 年 7 月开办代缴电信业务（使用电信业务缴费发票），8 月开办代理移动 IP 商务电话业务。2003 年 1 月开办代投完税凭证业务，6 月受县国税局委托开办代征个体双定户税款业务，11 月开办为县电信局代投广告宣传单业务和代投电报、制作投送宽带及公话用户对账单业务。2004 年 9 月开办代收移动电话营收款业务和为全县居民办理代投身份证业务。2005 年开办代投高速公路违章通知单业务。2006 年开办代投二代身份证业务。

1997－2006 年云霄县邮政局主要业务收入统计表

表 8-8　　　　　　　　　　　　　　　　　　　　　　单位：万元

年份	1997	1998	1999	2000	2001	2002	2003	2004	2005	2006
储蓄收入	156.6	225.9	401	328	405	500	554	741.4	932.2	1228.9
特快收入		149	272	270	310	281	342	288.8	309.9	321.4
函件收入		26	123	100	185	207	192	76.3	84.3	101.3
包裹收入		23	85	44	55	65	49	79.5	77.3	75.7
汇票收入	271.7	47.8	33	30	25	25	24	9.9	11.5	16.1
报刊 收入		84	92	105	125	168	156	70.8	71.2	77.8
代办收入		——	——	——	208	230	145	76.4	47.8	50.7
集邮收入		303	307	312	315	275	234	150.4	79.7	95.1
物流收入	——	——	——	——	——	36	67	15.2	32.2	24.1

注：1997 年数据来自县统计局《统计年鉴》；1998－2006 年数据由县邮政局提供

六、机构

1998 年 9 月，成立邮政局，内设综合办公室、经营服务部和财务部，员工 143 人，其中正式工 75 人、招聘工 68 人。2006 年，内设办公室、市场部、财务部，生产部门设邮储、速递、报刊、代办电信、商函等 5 个分局和一个集邮公司，员工 225 人。

第二节　电　信

一、网络设置

（一）营业网点

1997 年，电信营业网点有县邮电局营业窗口和云漳南路邮电支局、和平路邮电所、云东路邮电支局电信台以及常山、陈岱、东厦、马铺、火田、列屿、莆美、和平、下河等乡（镇、场）邮电支局。1998 年邮电分营，支局全部产权归邮政局；电信局城市网点仅保留县局营业窗口，农村由邮政支局代办。1999 年，有自办县局、列屿、下河、马铺、常山、陈岱、火田、东厦、和平等 9 个网点，并增设爱心电脑培训中心、恒通电脑技术中心、云霄一中计算机研究所等 3 个代办点。2000 年，增设菜埔、竹塔、学进网吧、环宇网吧、临隆网吧、先知电脑、奔腾电脑和列屿、下河、马铺、常山、火田、东厦、和平、陈岱邮政支局等 15 个代办点，并设立 23 个缴费点。2001 年末，为预防欠费，保留乡镇邮政支局代办点，撤销其余代办点和缴费点。2006 年，电信局有城市自办点 1 个，农村自办点 8 个，代办点 8 个。

（二）交换网点

1997 年，增设城关、竹塔、后埔、莆美交换点 4 个；陈岱、火田移动通信模拟基站和数字基站各 1 个。1998 年，新增城关交换点 4 个，农村交换点 6 个。1999 年增设下坂、高塘交换点 2 个。2000 年计有城市交换点 9 个，农村交换点 28 个。2001 年增设县委党校（原云霄糖厂厂址）交换点。2003 年，本地网交换网点 41 个。2005 年增设云霄汽车站交换点。2006 年，交换网点计 42 个。

（三）有线接入网点

1999 年，在陈政路开通全县第一个网点。2000 年开通 29 个。2003 年，城市电话、农村电话统称本地电话，接入网网点 44 个。2006 年，有线接入网点共 46 个。

（四）无线寻呼网点

1992 年 5 月开办。1997 年有无线寻呼基站 9 个，并在将军山建无线寻呼房。1998 年 1 月，将军山基站装通 F1、F2、F3、F4、F5、F7 、FZ1、FZ2 等 8 个频道。同年 3 月，无线寻呼移交“国信”经营，计移交基站 8 个，频点 30 个，用户 39995 户。

二、电话

（一）长途电话

电路 1997 年，有可视电话电路 30 路，会议电话 1 路，报用电路 1 路，DDN 网话路 30 路，移动网 60 路，无线寻呼网 5 路。同年底，长途电路转为本地网电路统计。本地网增开公众网长途中继电路 961 路，移动通信中继 510 路，无线寻呼网中继 10 路。长途中继电路总数 1481 路。1998 年，本地网长途中继电路 1479 路，其中公众网 631 路，移动电话网 840 路，无线寻呼 8 路。同年 10 月，撤销营业厅供用户使用的长话间，长话由用户的电话自拨完成。1999 年，长途中继电路改称本地网跨县中继电路，除出租的 360 路称长途电路外，有跨县中继电路 1015 路。2000 年 2101 路，2001 年 3241 路，2002 年 4291 路。2003 年取消“路”指标，统一为本地网，停止长话电路统计。

设备 1997 年，有长途数字终端复用设备容量 34080 路，其中同步（SDH）30240 路，实占 5040 路。年底，原模拟大通路载波电路关闭。1998 年，长途数字终端复用设备因口径改变调整为 13290 路，其中同步 9450 路，实占 5520 路。1999 年 12 月 31 日，长途数字终端复用设备 5700 路，实占 3840 路。2000 年 8 月增开长途数字终端复用设备电路 5670 路，11 月 20 日增开云霄—厦门出租业务电路 90 路，当年底出租电路计 450 路。2004 年长途数字终端复用设备容量由“路”改为 2Mbps 传输端口（每个端口为 32 个话路），共有 9450 个端口，实占 450 个端口，至 2006 年不变。

（二）固定电话

交换设备和用户 1997 年 4 月全县实现电话程控化。全县程控电话城市 23552 门，用户 19037 户；农村 11168 门，用户 6041 户。1998 年，城市 31208 门，23243 户；农村 27040 门，9996 户。1999 年，城市 39400 门，28204 户；农村 32624 门，18056 户。2000 年，城市 41420 门，35552 户；农村 55944 门，22291 户。2001 年，城市 43356 门，44485 户；农村 22794 门，53303 户。2002 年进行扩容，城市 26704 门，57769 户；农村 23018 门，54904 户。

2003 年取消城市、农村界限，称本地网电话，交换机总容量 108662 门，接入网设备经整顿退网 24159 门，年末总容量 31082 门，城乡交换能力 139744 门。当年全县电话用户 114933 户。2004 年，交换机容量 98220 门，接入网设备容量 26496 门，用户 118210 户。2005 年，装通云霄汽车站 S1240 交换机 2000 门，交换机总容量 100220 门，连同接入网设备总容量 126716 门，用户 122449 户。2006 年用户 122883 户。

公共电话 1997 年邮电局投资 720 万元，在云陵镇云漳、江滨、宝城三条主要道路及各乡镇所在地、圩场、中学建设“IC”卡公用电话亭 680 个（其中云陵镇 500 个）。2001 年后，无绳电话开通，公话使用率大幅度减少，加上公话亭受损，至 2006 年仅安装在各中学近百部公共电话可正常使用。

线路设备 1997 年，全县中继光缆和接入网光缆 207.8 皮长公里，电缆总长度 746.9 皮长公里。1998 年，电缆总长度 1592 皮长公里，其中市话 422.6 皮长公里，农话 1169.4 皮长公里；中继光缆市话 25.7 皮长公里，农话 135.7 皮长公里；光纤芯线市话 961.3 纤芯公里，农话 1063.6 纤芯公里；出局线对 108900 对，其中市话 76000 对，农话 32900 对。2001 年，电缆总长度 3373 皮长公里，光缆 505 皮长公里，8351 纤芯公里，其中中继光缆 404 皮长公里，6919 纤芯公里；接入网光缆 101 皮长公里，1432 纤芯公里。出局用户线对数 178830 对。2003 年，电缆统计口径改为中继光缆、接入网光缆、主干光缆合为同一指标。电缆分为光纤电缆和铜芯电缆两类。当年光缆总长度 615 皮长公里，9477 纤芯公里。城乡主干电缆合计 603.4 皮长公里，28748 对公里；城乡配线电缆共 2004 皮长公里，22147 对公里。

2004 年，对主干电缆和配线电缆进行整治、更新和改造。

2006 年，光缆总长度（含中继、接入网、主干、用户）计 924 皮长公里，其中接入网 657 皮长公里。芯线总长度 15240 纤芯公里，其中接入网 9857 纤芯公里。城乡电缆总长度 2624 皮长公里，其中主干 549 皮长公里，配线电缆 2075 皮长公里。芯线总长度 259957 对公里，其中主干 137387 对公里，配线电缆 122570 对公里。线路设备管道 215 公里，570 孔公里。

传输设备　1997 年，市内电话增置 SDH 局用数字终端复用设备 1 个系统，设备容量 9660 路，农村新置常山、陈岱、列屿、东厦局用数字终端复用设备 622M，容量 7560 路。1998 年，本地网局用数字终端复用设备容量 31320 路，实占容量 4290 路，其中城市总容量 13500 路，农村 17820 路。1999 年，局用数字终端复用设备改按 2Mbps 端口计算，有 SDH（同步）设备 1813 个端口，PDH（准同步）设备 128 个端口；中继电路中央网 1015 路（属区内跨县电路），农话中继电路减少 240 路。2001 年，增装德国同步（SDH）局用终端复用设备 861 个 2M bps 端口和国产准同步（PDH）局用终端复用设备 104 个 2M bps 端口，局用终端复用设备共 3272 个端口，其中同步（SDH）3040 个，准同步（PDH）232 个。2003 年，本地网传输设备有 SDH（同步）日本富士 12 台，德国西门子 13 台，共 2769 个 2Mbps 端口。PDS（准同步）国产设备 1353 个 2Mbps 端口。2006 年，本地网传输设备 SDH（同步）增装国产设备 1965 个 2Mbps 端口，PDH（准同步）增装国产设备 127 个 2Mbps 端口。年末，局用数字终端复用设备 SDH（同步）4671 个 2Mbps 端口，PDH 系统数字终端复用设备 1480 个 2Mbps 端口。

（三）无绳电话（小灵通）

2000 年 9 月，在电信局、县政府周围装通 10 个 10 毫瓦小灵通基站，试放 10 部免费试通电话。2001 年 3 月，装通 200 毫瓦基站 84 个，10 毫瓦基站 170 个，并开始放号，至年底计有用户 7977 户。2002 年，在各乡镇政府驻地及常山开发区和主要集镇安装 200 毫瓦基站近 200 个，用户 22281 户。2003 年城关地区 188 个基站更换为 500 毫瓦，200 毫瓦基站设备全部移至农村，用户 22621 户。2004 年后对农村基站进行更新、替补，用户 25047 户。2005 年用户 28513 户。2006 年底，全县有 500 毫瓦基站 668 个，200 毫瓦基站 287 个，10 毫瓦基站 293 个。乡镇政府驻地及人口较密集的乡村，基本都能使用小灵通电话，用户 31564 户。

三、数据通信

1995 年，县邮电局购置加拿大 DPN100/3 分组交换节点机，装 32 个端口，美国 IDNX/20 数字数据网节点机，装 22 个端口，用于出租长途数据通信。1997 年，分组交换节点机扩容 56 个端口，数字数据网节点机扩容 20 个端口。1999 年，增置长途同步时钟（BITS）2Mbps 端口 32 个和长途同步时钟（BITS）2MHZ 端口 32 个。2001 年增置美国朗讯 PSAX1000 帧中继 /ATM 网设备和加拿大 ADSL 设备，公众网数据正式放号，用户 93 户。2002 年增置国产（华为）ADSL 设备，用户 757 户。2003 年，增置国产（华为）ADSL 设备，用户增为 2418 户。2004 年增置国产（华为）ADSL 设备，用户增为 4346 户。2005 年增置国产宽带 ADSL 设备，用户增为 5911 户。2006 年继续增置国产宽带 ADSL 设备 832 个端口。至年末，数据通信设备有：分组交换节点机 84 个端口，实占 7 个端口。数字数据网（DDN）节点机端口 244 个，实占 79 个。本地 IP 网专线接入用户端口 100Mbps 有 44 个。省内帧中继及 ATM 网设备 84 个 Mbps 端口，实占 34 个 Mbps 端口。宽带 ADSL 设备端口总容量 18512 个，实占 7893 个。公众网数据通信用户计 7893 户。22 个 2Mbps 端口用于出租基础数据电路。业务收入（含出租）1998 年 42.7 万元，1999 年 120 万元，2000 年 103.6 万元，2001 年 164 万元，2002 年 229.1 万元，2003 年 341 万元 ,2004 年 465.6 万元，2005 年 557.5 万元，2006 年 682.1 万元。

2003 年 10 月，县广播电视事业局与“东南网络”联合开通“云霄县广电综合信息宽带网”，为公众提供数据网络服务。2005 年 1 月，合作对象“东南网络”改为“中国铁通”，2006 年数据用户 800 多户。

四、电报

1997 年有云霄—福州、云霄—漳州二级电路 2 路；出租中国银行云霄支行—福州 1 路；县内至气象台 1 路。1999 年 12 月，电报电路纳入本地网，电报由营业窗口受理后用电传机发至漳州自动转报系统直达收报局。电报出口 1997 年 1.2 万份，2000 年 0.72 万份，2001 年 0.91 万份，2002 年 0.29 万份，2005 年 1600 份，2006 年 0.04 万份。年底终止公众电报业务，保留传真业务指标。2006 年传真 462 份（1997 — 2005 年传真归并电报业务统计）。

五、土建工程

1997 年建成马铺、枧河、大埔等 10 处光环点、交换点机房，建筑面积 2246 平方米，造价 219.71 万元；1998 年建成下坂、古楼、莱埔等 10 处光环点、交换点机房，建筑面积 2501 平方米，造价 210.94 万元（其中含高洋电信大楼附属房 484 平方米，造价 42.64 万元）；1999 年建成高洋电信大楼，建筑面积 9415 平方米，造价 2153.21 万元，圆峰、岳坑等 3 处交换点机房，建筑面积 504 平方米，造价 43.9 万元；2000 年建成金霞、东车、浯田等 8 处接入网、交换点机房，建筑面积 908 平方米，造价 144.54 万元；2001 年建成火田、东厦、高塘等 7 处接入网、交换点机房，建筑面积 973 平方米，造价 97.07 万元；2002 — 2004 年分别建成宝洋、西园、后汤等 3 处接入网、交换点机房，建筑面积 480 平方米，造价 35.09 万元（不含西园、后汤两处机房金额）。

2006 年末，公司自有房屋 20626 平方米，其中城区母局用房 11480 平方米，支局、乡村交换点及接入网点等用房 9146 平方米。

1997 — 2006 年云霄县电信局固定资产投资总表

表 8-9　　单位：万元

年度	1997	1998	1999	2000	2001	2002	2003	2004	2005	2006	合计
金额	5903.09	9564.93	3800.8	5507.79	7462.74	2413.67	1960.92	2126.07	1085.77	381.37	40207.15

注：固定资产投资包括机房、线路、设备投入

1997 — 2006 年电信云霄县分公司业务指标统计表

表 8-10

年 度	电信业务总量（万元）	出口电报（万份）	长途电话（万次）	长途通话总时长（万分钟）	固定电话（户）	其中：小灵通 PHS（户）	业务收入（万元）	固定资产期末余额（万元）	纳税金额（万元）
1997	6571	1.21	447.84	13670849	25078	_	6029	18379	341.78
1998	11355	1.36	580.97	17307393	33209	_	9374	23759	496.71
1999	5246	1.05	447.43	13543202	46260	_	7480	22829	348.93
2000	4518	0.72	258.65	8529758	57843	_	6039	27626	252.86
2001	6283	0.91	278.21	8682883	97788	7977	6286	35023	258.01
2002	7133	0.29	403.99	11983961	112673	22281	6003	35325	231.82
2003	6339	0.22	503.13	14066810	114933	22621	6371	31292	240.49
2004	6573	0.22	439.03	13872541	118210	25047	6297	33253	224.44
2005	6423	0.16	449.73	14673182	122449	29153	6225	34155	234.00
2006	6077	0.04	400.83	14039687	122883	31564	6186	34019	231.97

六、机构

1998 年 9 月，成立县电信局，内设综合办公室、市场经营部、财务部、管线公司（原各邮电支局产权划归邮政局，电信人员仍属电信局管理）。1999 年成立常山、陈岱、列屿、东厦、火田、下河、和平、马铺、

莆美等9个乡、镇电信支局，员工141人，其中招聘工47人。2000年9月，成立福建省电信公司云霄县电信局。2002年10月，成立城关、莆美电信分局。2003年11月25日，成立福建省电信有限公司云霄县分公司。保留电信局机构，由分公司总经理、副总经理分别兼任局长、副局长。电信局没有资产和经营权。

第三节　移动通信

一、移动通信云霄分公司

1999年7月1日，从县电信局分出移动通信业务，成立福建移动通信有限责任公司云霄分公司。公司设综合部、市场网络部，有员工24人，招聘工4人。当年设云平路营业厅。2002年增设五板桥营业厅，2004年增设常山营业厅。2005年，改设综合办公室、销售服务室、客户服务室、网络技术维护组。2006年11月14日更名中国移动通信集团福建有限公司云霄分公司。有员工15人，合同工2人，招聘工72人。同年增设服务管理组和莆美营业厅。

分营后，分公司有模拟移动电话基站5个，数字移动电话基站10个。2002年最后一个模拟电话基站关闭，数字移动电话全面替代模拟移动电话。数字移动电话基站建设快速发展。2003年有基站45个，直放站31个。2004年有基站57个，直放站26个。2005年有基站67个，直放站25个。传输线路总长度510.28公里，其中架空杆路272.275公里，管道129.145公里，直埋光缆108.86公里。2006年8月，开通马铺乡下庵村直放站，网络覆盖全县建制村。

1999年，分公司推出“八闽通”移动电话品牌，2003－2006年，提供“全球通”“动感地带”及“神州行”三种消费方式供使用者选择。

1999－2006年云霄移动通信分公司电话用户统计表

表8-11　　单位：户

年份	1999	2000	2001	2002	2003	2004	2005	2006
用户数	37000	39000	41200	43000	44784	61418	82193	120795

二、县联通公司

1999年11月，中国联通云霄客户服务中心成立。2004年2月升格为中国联合通信有限公司云霄联通分公司，设综合部、客户服务部、业务拓展部、建设维护部。分公司经营固定网国内长途、IP电话（限Phone-Phone）、900/1800M HZ GSM第二代数字蜂窝移动通信、因特网数据传送、国际数据通信、26GHZ无线接入、国内甚小口径终端地球站（VSAT）通信，与通信信息业务相关的系统集成、设备生产销售、设计施工，以及技术开发、服务、咨询、培训和寻呼机、手机配件销售、维修，电信卡制作、销售，客户服务，房屋租赁，编印、出售电话号码簿等。2006年，员工21人，移动电话用户2.5万户，固定电话用户1883户，年收入超1000万元。

第九章　水　利

云霄历史上常受干旱、洪水、台风等灾害威胁。唐始修军陂等渠坝，至民国期间，境内有陂、池、渠、坝、埭等简单水利设施。20世纪50年代初，修陂圳堤防，筑水渠山塘，建抽水机站。1958年开始，建设一批中小型水库和电力排灌设施。20世纪70年代，建大型水库峰头水库、大型干渠向东渠、标准化江海防护堤和人、畜饮用水工程。

1997 — 2006年，全县新建小（二）型水库1座，加固小（二）型水库40座。新建山地蓄水池607个、提水工程5处、干支渠26.06公里、节水防渗田间渠道151.55公里。新建6个乡镇政府驻地和52个村级饮用水供水工程。新建县城漳江防洪堤12.29公里，修建海堤369处26.582公里。防汛抗旱设施通过省、市验收达标，在抗击风洪和干旱灾害中发挥重要作用。

第一节　蓄水工程

一、水库（灌区）

1997年，全县有大型峰头水库1座，库容1.77亿立方米；中型杜塘水库1座，库容1621万立方米；小（一）型水库9座，总库容3424.2立方米；小（二）型水库78座，总库容2046.96立方米。峰头水库、杜塘水库、向东渠、漳江水闸及东山县红旗水库组成漳江灌区，其中县境内保灌面积15333.41公顷，远期灌溉面积18666.76公顷。2000年，根据省水利厅提出的“巩固一批，改造一批，降级一批，报废一批”要求，把全县（不含常山）69座小（二）型水库划分为巩固类62座，改造类2座，降级类4座（龙镜丁岭桥、长洋下北鼎、下河淡坑、湖丘山仔埔），报废1座（红旗坂水库）。2004年，列屿镇油车村建小（二）型水库1座，库容23.3万立方米。同年3月峰头水库列入中央直属库区管理。至2006年，全县完成40座小（二）型水库加固，投入资金611.76万元，其中上级补助303.2万元。

二、山地水利工程

2002 — 2006年，在莆美、和平、云陵、下河、和平等5个乡镇投资670.47万元，建成山地水利工程6处，共有蓄水池607个，总库容56252立方米，灌溉面积346公顷。主要用于果园灌溉。

1997 — 2006年云霄县山地水利工程统计表

表9-1

所在乡镇	工程名称	蓄水池（个）	水池容积（立方米）	受益作物	灌溉面积（公顷）	投资（万元）	建成年份
莆美	莆美大山	61	14400	枇杷、荔枝、龙眼	40	110.19	2002
和平	金山枇杷基地	340	10000	枇杷	200	299.16	2003
云陵	下坂、下城、大臣山	50	4800	枇杷	13	61.87	2004
下河	北坑庄园	98	24000	枇杷	67	146.04	2004

续表 9-1

所在乡镇	工程名称	蓄水池（个）	水池容积（立方米）	受益作物	灌溉面积（公顷）	投资（万元）	建成年份
和平	南山枇杷基地	29	1502	枇杷	13	27.8	2005
莆美	和尚寮枇杷基地	29	1550	枇杷	13	25.41	2006

第二节 提水与节水工程

一、提水工程

1997 年，全县有电力灌溉站 26 座、电力喷灌站 6 处，灌溉面积 1120 公顷。1997 — 2006 年，新建提水工程 5 处，配备干支渠 26.06 公里，灌溉面积 406.67 公顷，保证灌溉面积 353.34 公顷。

1997 — 2006 年云霄县电力提水工程统计表

表 9-2

所在乡镇	工程名称（电灌站）	河系	处数	装机（千瓦）	扬程（米）	抽水流量（立方米 / 秒）	灌溉面积（公顷）		建成年份
							有效	保证	
东厦	佳州	漳江	3	3×18.5	20	3×0.087	60	56.67	2002
下河	上窖	漳江	3	3×90	39	3×0.116	120	110	2003
东厦	竹塔	漳江	3	3×10	13	3×0.087	106.67	100	2004
列屿	山前	山前溪	1	1×18.5	20	1×0.055	86.67	66.67	2005
列屿	林坪	山前溪	1	1×18.5	20	1×0.055	33.33	20	2006

二、节水工程

1997年初，全县建成管道输水灌溉站14个，埋布管道34.9公里，总投资256.34万元，灌溉面积706.67公顷。1997 年开始，建设水田节水灌溉工程，主要为修建防渗渠道及铺设塑胶管两种形式。防渗渠道以砌石、混凝土板和铺设水泥 U 形槽为主。至 2005 年，建成防渗田间渠道总长 151.55 公里，塑胶管总长 15.6 公里。全县 1999 — 2005 年建成节水灌溉工程 32 处，灌溉面积 5873.37 公顷（占全县有效灌溉面积的 56.91%），其中管灌面积 489.34 公顷。总投资 2373.7 万元。

1999 — 2006 年云霄县节水灌溉工程统计表

表 9-3

节水类型	所在乡镇	所在村（地）	所属灌区	渠道防渗或管灌长度（公里）	水稻灌溉面积（公顷）	投资（万元）	建成年份
渠道防渗工程	东厦	荷东	漳江	3	140	39.44	1999
	东厦	竹塔	漳江	5.35	106.67	31.99	1999
	东厦	埭洋	漳江	1.2	86.67	16.48	1999
	东厦	浯田	漳江	2.2	104	26.48	1999
	东厦	佳州	漳江	0.5	80	23.3	2000
	东厦	荷东等	漳江	15	233.33	72	1999

续表 9-3

节水类型	所在乡镇	所在村（地）	所属灌区	渠道防渗或管灌长度（公里）	水稻灌溉面积（公顷）	投资（万元）	建成年份
渠道防渗工程	和平、东厦、陈岱等	向东管理处	向东	35.5	1700	1054	1999
	下河	世坂	漳江	10.13	293.33	50.65	2003
	下河	下河、凤兴等	向东	13.51	433.34	125.7	2004
	陈岱	岱北	杜塘	5.4	373.34	115.86	2003
	莆美	莆东	向东	5.5	126.67	42.5	2004
	莆美	莆下	向东	2.4	93.33	18.9	2004
	列屿	顶城、林坪等	山前溪	6.5	233.33	84.09	2005
	和平	莆顶、坎顶	漳江	11.36	433.34	104.1	2005
	火田	火田、莆中	漳江	1.2	66.67	15.3	2001
	火田	莆中	漳江	0.8	53.33	10.4	2001
	火田	火田	漳江	0.8	86.67	15.9	2001
	火田	东车	漳江	2.2	86.67	17.31	2001
	火田	后埔、高田等	漳江	15.3	426.67	147.5	2003
	火田	菜埔	漳江	13.7	226.67	92	2004
	小计			151.55	5384.03	2103.9	—
管灌工程	东厦	佳州	漳江	5.45	176.67	105.3	2000
	东厦	白塔	漳江	0.8	56.67	40.2	2000
	东厦	埭洋	漳江	2.6	69.33	35.6	2000
	火田	东车	漳江	6.74	146.67	68.1	2001
	莆美	莆下	向东	0.01	40	20.6	2004
	小计			15.6	489.34	269.8	—

三、村级农田水利设施

根据云霄县第二次全国农业普查，2006 年末，全县村一级农田水利设施中，17 个村建有机电井，110 个村建有能够使用和灌溉用水塘和水库，29 个村建有排灌站。

2006 年云霄县各乡镇农田水利设施统计表

表 9-4　　单位：个

乡镇	年末有机电井的村数	有能够使用的灌溉用水塘和水库的村数	年末有排灌站的村数	乡镇	年末有机电井的村数	有能够使用的灌溉用水塘和水库的村数	年末有排灌站的村数
合　计	17	110	29	火田镇	5	16	4
云陵	0	4	0	下河乡	0	13	1
陈岱	4	13	3	马铺乡	0	24	0
东厦	1	12	8	和平乡	1	11	1

续表 9-4

乡镇	年末有机电井的村数	有能够使用的灌溉用水塘和水库的村数	年末有排灌站的村数	乡镇	年末有机电井的村数	有能够使用的灌溉用水塘和水库的村数	年末有排灌站的村数
莆美	3	4	8	常山开发区	0	1	0
列屿	3	12	4				

第三节 乡村饮水工程

一、乡镇级饮水工程

1997 — 2003 年，投资 235 万元，建成 6 个乡镇驻地饮用水供水工程，受益人口 2.34 万人。至 2003 年底，全县乡镇政府驻地全部通自来水。

1997 — 2003 年云霄县乡镇政府驻地饮水工程统计表

表 9-5

乡镇	设计规模（万吨 / 日）	现状供水量（万吨 / 日）	投资（万元）	受益人口（万人）	建成年份
马铺	0.04	0.04	30	0.44	1997
下河	0.025	0.025	15	0.07	1998
列屿	0.15	0.1	127	1.2	2000
东厦	0.05	0.03	20	0.23	2001
火田	0.06	0.03	25	0.2	2002
和平	0.05	0.03	18	0.2	2003

二、村级饮水工程

1997 — 2003 年，建成马铺乡的湖洋、下庵、坪水，和平乡的安吉，陈岱镇的岱北、中江，东厦镇的东崎，列屿镇的油车、林坪等 9 个村级饮用水供水工程，总投资 78 万元，受益人口 15206 人。2004 — 2006 年，建成云陵开发区马山、山美，火田镇火田、瑞堂，陈岱镇竹港、礁美等 43 个工程。至 2006 年全县共建成村级饮用水工程 52 个，占建制村总数的 32.1%，总投资 645.62 万元，受益人口 8.46 万人。

2004 — 2006 年云霄县村级饮水工程统计表

表 9-6　　单位：万元、人

项目所在村	项目投资		落实资金			受益人口	建成年份
	计划投资	完成投资	到位补助资金		自筹资金		
			省级	市级			
马山	5	7	3.5	1	2.5	400	2004
三东	14	14	3.5	0.5	10	695	2004
高田	7	12	3.5	1	7.5	1940	2004
瑞堂	17	17	3.5	1	12.5	1880	2004
内龙	8	7.4	3.5	1	2.9	1640	2004

续表 9-6

项目所在村	项目投资		落实资金			受益人口	建成年份
	计划投资	完成投资	到位补助资金		自筹资金		
			省级	市级			
下径	6	6	3.5	0.5	2	1104	2004
上坑	7	7	3.5	1	2.5	2379	2004
东车	6	10	3.5	0.5	6	2900	2004
莆中	10	10	3.5	0.5	6	2300	2004
火田	18	18	3.5	0.5	14	3200	2004
佳园	7	11	3.5	1	6.5	4200	2004
外龙	6	12.3	3.5	0.5	8.3	712	2004
岱山	14	12	3.5	0.5	8	1370	2004
下曾	5	5	3.5	0.5	1	1560	2004
岱南	15	13	3.5	0.5	9	1418	2004
宅后	10	7	3.5	1	2.5	959	2004
坎顶	7	9	3.5	1	4.5	1259	2004
东方	6	10	3.5	0.5	6	800	2004
长洋	7	7.5	3.5	1	3	1195	2004
董塘	5	5	3.5	1	0.5	550	2005
坑内	9	9	3.5	1	4.5	1067	2005
双岭	10	10	3.5	1	5.5	1120	2005
后江	11	11	3.5	1	6.5	1050	2005
呈安	7	7	3.5	0	3.5	350	2005
峰外	12	12	3.5	1	7.5	1092	2005
岱东	8	8	3.5	0	4.5	1000	2005
半山	7	7	3.5	1	2.5	621	2005
莆美	15	15	3.5	0	11.5	3083	2005
前涂	8	8	3.5	1	3.5	1200	2005
山美	12	28	3.5	1	23.5	1100	2005
宝树	10	10	3.5	0	6.5	1000	2005
菜埔	8	9.68	3.5	1	5.18	1468	2005
乌石	9	8.11	3.5	1	3.61	689	2005
岳坑	8	9.46	3.5	1	4.96	407	2005
瓦坑	14	10.77	3.5	1	6.27	1343	2005
石前	7	8.9	5	1	2.9	1750	2006
礁美	20	67.5	5	1	61.5	4100	2006
前江	6	12	5	1	6	1056	2006
竹港	18	52.5	5	1	46.5	4321	2006

续表 9-6

项目所在村	项目投资		落实资金			受益人口	建成年份
	计划投资	完成投资	到位补助资金		自筹资金		
			省级	市级			
树洞	7	12	5	1	6	1000	2006
顶溪	6	10	5	1	4	1200	2006
古楼	13	13.5	5	1	7.5	2617	2006
后埔	17	28	5	1	22	4252	2006

第四节 防洪防潮工程

一、海堤工程

1997年，全县海岸线长75.5公里，其中应建海堤58.81公里，全部建成石砌或草皮护坡的标准海堤。1998年10月被10号台风和暴雨损坏海堤134处10.221公里，决口17处0.95公里；2004年8月被18号台风“艾利”损坏12处0.912公里；2005年8月被热带风暴“珊瑚”损坏7处0.532公里和水闸6座；2006年5月被1号台风“珍珠”损坏142处10.76公里，决口23处1.307公里；2006年7月9日被热带风暴“碧利斯”袭击决口10处0.8公里；2006年7月19日被“格美”台风损坏24处1.1公里。受损海堤都及时按标准进行修复。

二、城区防洪江堤工程建设

县城区防洪堤工程主要在漳江两岸，东岸江堤3.34公里（原国道324线云霄大桥至巷头山的下坂堤段），西岸8.95公里（虎头山至山美山）。1999年9月动工砌石，2001年10月竣工，东岸砌石2.25万立方米，抛石1.38万立方米；西岸汀洋段完成石方9.2万立方米，土方8.5万立方米，设计标准为20年一遇，总投资1578.2万元。

第五节 水力发电工程

一、新建工程

1999年9月，和平乡甘树埔甘竹电站投产，投资2111.4万元，装机1600×2千瓦/台千伏。2001年7月，下河村峰二电站新建投产，投资2847万元，装机1000×2千瓦/台千伏；马铺乡乌螺电站投产，投资40万元，装机75×1千瓦/台千伏。2002年1月，马铺乡枧河电站投产，投资70万元，装机100×1＋55×1千瓦/台千伏。2004年7月，马铺乡后溪枧河二电站投产，投资94万元，装机200×1千瓦/台千伏；火田镇古楼厝美田电站投产，投资119.96万元，装机200×1千瓦/台千伏；10月，火田镇瓦窑坑华瑶电站投产，投资78.04万元，装机160×1千瓦/台千伏。2005年2月，下河乡梅林电站投产，投资298万元，装机500×2千瓦/台千伏；9月，和平乡内洞石对坑一级电站投产，投资1032万元，装机630×3千瓦/台千伏；10月，火田镇菜埔（农晨）峰三电站投产，投资1100万元，装机250×4千瓦/台千伏；常山埔径坤鑫电站投产，投资300万元，装机100×5千瓦/台千伏；11月，马铺乡福石电站投产，投资140万元，装机200×1千瓦/台千伏。2006年8月，下河乡龙透电站投产，投资135万元，装机100×1＋200×1

千瓦 / 台千伏；10 月，火田镇高田 1 ~ 3 级电站投产，投资 900 万元，装机 1 级 500×1 千瓦 / 台千伏、2 级 400×1 + 500×1 千瓦 / 台千伏、3 级 160×1 + 320×1 千瓦 / 台千伏。以上共建水力发电工程 14 座，总投资 9265.4 万元。

二、技改工程

1997 年 8 月，马铺乡湖洋割藤坪电站技改，投资 35 万元，装机 55×1 千瓦 / 台千伏。2001 年 10 月，东厦镇荷东村梁二电站技改，投资 152 万元，装机 500×1 千瓦 / 台千伏。2004 年 6 月，马铺乡岭后乌螺电站技改，投资 80 万元，装机 200×1 千瓦 / 台千伏；10 月，马铺乡桥头高车电站技改，投资 60 万元，装机 200×1 千瓦 / 台千伏。2005 年 4 月，和平乡内洞石对坑二级电站技改，投资 100 万元，装机 630×1 千瓦 / 台千伏。以上 5 个电站进行技改，总投资 427 万元。

新建和技改工程发电量详见第十三章《工业》第四节“电力”。

第六节　水政监督管理

一、水资源与河道管理

1997 年实施取水许可证制度，年取水量 40339.31 万立方米，共征收水资源费 290 万元。河道管理实施河道采沙许可证制度，采沙户须根据规定范围、数量、作业方式进行合理采沙。至 2006 年，共征收采沙管理费 48 万元（详见第三章《国土资源管理》第三节）。

二、水利工程管理

峰头水库由市属峰头水库管理局管理，水库通过向东渠向县内东南部及东山县供水。

向东渠由县向东渠管理处管理，下辖 12 个管水站，分段管理 39 公里渠道，年正常引水量 5000 万立方米，其中城镇生活用水 900 万立方米，农业用水 4100 万立方米，建有一座汛期排洪发电的大湖电站。1997 年末人员 62 人，2006 年末 56 人。

杜塘水库设管理处，负责水库和 33 公里干渠管理，利用坝后发电每年向县电网供电 100 万千瓦时，向东山县供水 900 万吨，向常山开发区供水 10 万吨。1997 年末人员 54 人，2006 年末 43 人。

漳江水闸设管理处管理 2 座挡潮蓄淡水闸，以配套南、北江渠道，为东厦、莆美两镇 0.16 万公顷农田提供灌溉和 8 万人生活用水及工业用水。1997 年末人员 26 人，2006 年末 16 人。

马铺下庵水库设管理所，负责水库和 2.6 公里渠道及下庵水电站管理，灌溉面积 0.08 万公顷。1997 年末人员 19 人，2006 年末 14 人。

碗窑水库设管理所，负责水库和 20.5 公里干渠管理，为莆美镇 6 个村、常山开发区 2 个管理区和列屿镇 0.07 万公顷农田提供灌溉用水，并配套坝后和西江湖 2 座电站，为县电网提供电力。1997 年末人员 14 人，2006 年末 10 人。

其他小（二）型水库灌溉设施归乡镇、村管理，业务上接受县水利局指导。小小型水库灌溉设施归村管理。

第七节　防汛抗旱

一、设施

县设防汛抗旱指挥部，指挥部指挥中心和办公室设在县水利局。1997 年 9 月防汛办“三化”（规范化、制度化、现代化）建设，经省、市领导和专家组验收确认中级达标。指挥系统由洪水预警报、卫星云图接收、洪水风险图查询系统、台风路径预报、电话监控和工程数据库查询系统等组成，配有短波电台、全球卫星电话、海事卫星电话、GSM 手机、固定电话等设备。

1997 年，县指挥部和云陵、莆美、东厦等乡镇及峰头水库等主要水利设施配置机动救灾船 8 艘，设立抢险救灾物资仓库，常年储备救生衣、编织袋、木桩、铁锹等材料与工具。至 2006 年，投入 150 万元，建成 2 个雨量站和 3 个水位雨量站，建成漳江洪水预警系统第一期工程。在出现气候异常或灾害性天气时，实行 24 小时监控，及时把各站点的水位、降雨量信息定时传至县防汛办。2006 年，完成《云霄县漳江上游洪水预警报系统与洪水风险图》绘制。

二、防汛

1997 年，县防汛、气象部门加强对台风、暴雨等灾害的测报工作。至 2006 年，全县发生风洪灾害 14 次，以 2006 年 5 月 17 — 18 日的 1 号台风“珍珠”最为严重（见表 9-7 及专记《抗击“珍珠”强台风灾害纪实》）。灾害发生时，县委、县政府均多次召开会议，部署防汛抗灾。组织乡镇、重点水利工程和各有关部门人员及时分赴抗灾一线。

1997 — 2006 年云霄县风洪灾害统计表

表 9-7

发生时间	台风编号	台风名称	风力（级）	过程雨量（毫米）	日最大雨量（毫米）	受灾人口（人）	农作物受灾（公顷）	成灾面积（公顷）	绝收（公顷）	房屋（间）		损失（万元）	
										损坏	倒塌	农业	直接
1997-08-01	10 号	—	8	255.7	143.5	115000	2408	2145	221	249	144	1014	3926
1998-10-25	10 号	—	12	155.7	66.6	276540	8187	4666	1256	869	330	1815	10132
1999-06-06	3 号	—	8	117.7	82.3	72633	700	320	80	145	29	500	1008
1999-10-09	14 号	—	9	21.8	19.9	63252	782	500	150	486	83	1050	2638
2001-07-06	4 号	尤特	9	122.2	117.3	53624	1730	825	263	152	65	3255	4234
2002-08-03	12 号	北冕	8	506.5	210.1	56700	2475	968	463	465	77	1569	2889
2003-09-02	13 号	杜鹃	10	55.2	32.4	64300	587	386	150	89	17	82	194
2004-08-25	18 号	艾利	10	122.5	63.5	75620	56	22	6	0	0	27	46
2005-06-22	—	—	21 — 23 日暴雨	249	128.1	45000	488	250	123	450	25	869	1374
2005-08-13	10 号	珊瑚	10	368	207.7	162000	7398	4567	687	940	95	6825	17500
2005-10-02	19 号	龙王	11	67.1	51.1	15000	80	30	12	46	2	100	214
2006-05-17	1 号	珍珠	11	296.5	208.2	262000	18489	11546	1986	3528	822	27950	38500
2006-07-14	4 号	碧利斯	9	484.1	211.9	180000	726	511	200	86	30	2540	3735
2006-07-25	5 号	格美	9	207.5	85.9	158000	436	259	38	287	142	2351	3124

三、抗旱

2001 — 2004 年，全县发生旱灾 5 次（见表 9-8）。2001 年 9 月 21 日至 2002 年 5 月 9 日 230 天的干旱最为严重，过程仅降水 112.2 毫米，比常年少 80% 左右，仅次于云霄有记录的最严重特大干旱（1962 年 11 月 13 日至 1963 年 6 月 16 日 216 天仅降雨 35 毫米）。旱情发生后，县委、县政府多次召开电话会议和县委扩大会，部署保苗、抢种工作。县委、县政府和县直机关领导及水利技术人员分赴第一线组织抗旱。由于县境旱情严重，2002 年 4 月 25 日，由市防汛抗旱指挥部在下河乡政府驻地（旧址产田埔）广场，发射火箭炮催雨弹 46 发进行人工降雨，旱情得到一定缓解。同年 5 月，国家防汛抗旱指挥部派员莅县视察指导抗旱工作。2003 年 2 次重大旱情，因抗旱措施得力，损失较小。2004 年 2 次干旱，投入抗旱 18 万人次，投入资金 1562 万元，确保干旱地区 5727 公顷的作物收成。

1997 — 2006 年云霄县干旱灾害统计表

表 9-8

<table>
<tr><th colspan="2">发生年月</th><th rowspan="2">过程雨量（毫米）</th><th rowspan="2">干旱天数</th><th rowspan="2">受灾人口（人）</th><th rowspan="2">饮水困难（人）</th><th rowspan="2">农作物受灾（公顷）</th><th rowspan="2">成灾面积（公顷）</th><th rowspan="2">绝收（公顷）</th><th colspan="2">损失（万元）</th></tr>
<tr><th>起</th><th>止</th><th>农业</th><th>直接</th></tr>
<tr><td>2001-09-21</td><td>2002-05-10</td><td>112.2</td><td>230</td><td>292000</td><td>115000</td><td>20500</td><td>15600</td><td>5300</td><td>14600</td><td>22600</td></tr>
<tr><td>2003-06-30</td><td>2003-08-03</td><td>29</td><td>35</td><td>250000</td><td>80000</td><td>1000</td><td>1000</td><td>0</td><td>0</td><td>0</td></tr>
<tr><td>2003-10-14</td><td>2004-01-17</td><td>无降雨</td><td>95</td><td>250000</td><td>80000</td><td>1200</td><td>1200</td><td>0</td><td>0</td><td>0</td></tr>
<tr><td>2004 春末</td><td>2004 初夏</td><td>无降雨</td><td>36</td><td>200000</td><td>85000</td><td>1267</td><td>1267</td><td>0</td><td rowspan="2">7500</td><td rowspan="2">7500</td></tr>
<tr><td>2004 秋末</td><td>2004 初冬</td><td>无降雨</td><td>40</td><td>200000</td><td>85000</td><td>1500</td><td>1500</td><td>0</td></tr>
</table>

第八节　机　构

一、县防汛抗旱指挥部

由县政府及有关成员单位领导组成。指挥中心和办公室为常设机构，设在县水利局。2006 年末人员 4 人。

二、县水利局

原称县水利水电局，1997 年编制 10 人，在编 7 人。1999 年 7 月所辖县电力公司移交省电力工业局。2002 年 12 月改称县水利局。2003 年，内设人秘股、水利工程管理站、水利建设技术队、电力建设管理站、水政水资源管理站、水政监察大队、防汛抗旱指挥部办公室、水土保持办公室（原为县水土保持办公室，隶于县委农办，2003 年划归水利局）。2006 年核定编制 8 人，在编 9 人。

三、漳州市峰头水库管理局

漳州市属自收自支事业单位，1986 年 3 月成立，1997 年末人员 123 人，2006 年末人员 143 人。

第十章 农 业

云霄属南亚热带气候区，光照充足，年均无霜期347.4天，耕地宜种性广，农作物主要为粮豆、果蔬、烟蔗等。

新中国成立后，经土地改革，组织互助合作，农作物产量得到提高。20世纪50年代中期，大兴农田基本建设，改革农具，推广良种，1957年全县粮食总产64499.1吨，比1949年22141吨增产42358.1吨。但由于刮“共产风”、浮夸风等，造成1958年秋后连续三年减产减收。1962年贯彻“调整、巩固、充实、提高”的方针，农业生产得到恢复。1966年开始的“文化大革命”十年间，农业片面强调“以粮为纲”，限制多种经营，农业经济停滞不前，甚至倒退。中共十一届三中全会以后，实行家庭联产承包责任制，促进了农业生产的快速发展。20世纪90年代后，突出农业基础地位，围绕“脱贫致富奔小康”主线，努力实现农业从粗放经营型向高产、优质、高效的集约经营型转变，1996年粮食产量13.15万吨，农业总产值7.02亿元（1990年不变价）。

1997—2006年，县委、县政府继续贯彻执行“三农”（农业、农村、农民）各项政策，进一步完善家庭承包责任制，调整农业产业结构，大力推广农业新技术、新品种和机械化，推进农业产业化，转变农业增长方式，发展水果种植和水产养殖，建立种植、养殖基地，增加农民收入。1999年，县农业局被农业部授予全国农业技术推广先进单位。2001年，云霄县被中国特产之乡宣传与推介委员会和国家林业局命名为“中国枇杷之乡”。2006年，全县各种水果种植面积17994.9公顷，产量169720吨，产值超4亿元。分别比1997年增加4907.1公顷、6535.9吨。至2006年，有漳江实业、丽西罐头、东州冷冻、金山生态园、燕顶茶业、绿野农业等一批企业被评为省市农业产业化龙头企业。全县农业总产值22.39亿元，农户人均纯收入从1996年2628元增加到4805元。

第一节 农村经济体制改革

一、土地延包

1997年，县委、县政府制订并组织实施《云霄县新一轮土地承包合同签订工作实施方案》，规定承包期限为1999年1月1日至2028年12月31日，计30年。集体土地承包权以“谁所有、谁发包”为原则，承包费以当年农民负担监督卡载明的村提留、乡统筹费额为准，总额控制在1996年村农民人均纯收入的5%以内，从1997年开始，一定三年不变。1998年，全县（不含常山）9个乡镇158个村基本完成承包经营权证书发放工作。

二、惠农政策

1997年以后，国家不断加大“支农”力度，实施统筹城乡发展和城市反哺农村的支农惠农政策，2003年取消由农业人口承担的村三提留（公积金、公益金、管理费）、乡五统筹（教育附加费、计划生育费、民政优抚费、民办交通费、民兵训练费），每人每年在数十元至上百元之间。2003—2004年分别停征特产税、农业税，至此，农民种田实现零税负。2006年为鼓励农民种粮积极性，实行种粮直补的政策，每亩每季补贴现金5元。

三、农业综合开发

1997年，全县农业综合开发改变传统的“稻—稻—麦（烟）”的种植模式，大力发展多种经营，重点做好“两水”（水产、水果）开发工作。沿海的东厦、列屿、陈岱等镇在稳定粮食总量的同时，着力发展水产养殖。东厦镇大面积推广“稻稻菜、稻菜菜”等种植模式，大幅度提高农业种植的效益。下河、和平、马铺等山区乡镇，侧重发展林果业生产，发展枇杷、阳桃、荔枝、香蕉、龙眼等优质水果。至2006年，全县形成蔬菜、水果、水产等产业基地。

四、社会化服务

1997年，重点做好农业科技服务和农业机械作业服务。县农办、农业局聘请市、县有关农业专家授课，每年举办农业技术员培训班3 — 4期，培训1500多人次，每年组织科技下乡1000多人次，帮助解决农业生产过程中遇到的问题，加强农业信息化服务。2002年，县农业局开通969155农业服务热线，选聘10位不同专业的农业专家负责在线解答指导。每年接来电、来访、来信等农业技术咨询2000多人次。2005年，建成“云霄县农业信息网”，为广大农民及时提供农业科技、市场、营销、农业气象等信息。印发《农技简讯》《病虫情报》等农技宣传材料1万多份，服务“三农”生产。10年间，为农户提供的农业机械服务主要有：机耕34058公顷，植保1200798公顷，收割1315公顷，灌溉870796公顷。

第二节　生产条件

一、耕地

1997年初，全县耕地面积12262.5公顷（不含田埂、沟渠等）。之后，工业、交通、城乡建设、居民住宅建设等征用土地逐年增多，尤其是云陵工业开发区及高洋、下坂、下河（世坂）、东厦等工业小区的兴建，征用县城周边大部分耕地，全县耕地面积逐年减少。2006年，根据新的统计口径，当年全县耕地含田埂沟渠总面积为15065.3公顷（2006年云霄县农业普查耕地面积为10824公顷），划为522个基本农田保护片，保护面积14771.2公顷。10年间，通过土地整理和标准化建设，共改造农田5900公顷，新增节水灌溉面积5873.37公顷，达到“田成方、渠相连、路相通、旱能灌、涝能排、机能耕”的要求，为农业发展提供良好条件。

1997 — 2006年云霄县耕地面积统计表（含常山）

表10-1　　单位：公顷

年份	总面积	其中	
		水田	旱地
1997	12251	9005	3246
1998	12240	8991	3249
1999	12203	8932	3271
2000	12049	8733	3316
2001	12012	8729	3283
2002	11944	8641	3303
2003	11937	8626	3311
2004	11967	8681	3286

续表 10-1

年 份	总面积	其　中	
		水田	旱地
2005	11906	9001	2905
2006	10824	7908	2916

注：1997 — 2005 年，据云霄县统计局当年《统计年鉴》资料；2006 年据云霄县农业普查年鉴资料

二、劳动力

1997 年，全县农村实有劳动力 153014 人，2000 年 154440 人，2003 年 159813 人，2006 年 131326 人。农村男性青壮年、女性青年多外出务工。

三、农机具

1997 年，全县农机总动力 11.2846 万千瓦，2006 年增为 15.3327 万千瓦，其中柴油发动机 11.2898 万千瓦，汽油发动机 1.7685 万千瓦，电动机 2.2744 万千瓦。2006 年底，全县农机具分别有：

耕作机具　有大中型拖拉机（含变形）382 台 1.0961 万千瓦，小型拖拉机 1025 台 8895 千瓦，耕整机 101 台 379 千瓦，机引犁 18 部，旋耕机 520 部，机引耙 26 部，总动力 2.0235 万千瓦。全县机耕面积 8620 公顷，其中东厦镇佳洲岛机耕面积 347 公顷，占该岛耕地面积 80%。

排灌机具　有柴油机 2723 台 1.8181 万千瓦，电动机 1506 台 1.0067 万千瓦，总动力 2.8248 万千瓦。农用水泵 3850 台，喷灌机械 494 套。

植保机具　有手动喷雾（粉）器 15000 部，机动喷雾（粉）机具 5301 部 1.0614 万千瓦，田园管理机 11 台 21 千瓦，总动力 1.0635 万千瓦。

收获机具　有机动脱粒机 336 部 980 千瓦，人力打谷机 6850 部，联合收割机 5 台 150 千瓦，谷物烘干机 30 台，总动力 1130 千瓦。2006 年，机械收割总面积约 135 公顷。

农产品加工机具　有粮食加工机械 1396 部，油料加工机械 88 部，饲料加工机械 426 部，总动力 1.5246 万千瓦。

运输机具　有农用载重汽车 176 辆 1.6514 万千瓦，机动运输船 220 艘 2972 千瓦，农用运输车 400 辆 1.3866 万千瓦，总动力 3.3352 万千瓦。

农田作业机具　有推土机 60 台 4126 千瓦，挖掘机 30 台 2918 千瓦，装载机 67 台 5990 千瓦，平地机 7 台 223 千瓦，开沟机 19 台 502 千瓦，总动力 1.3759 万千瓦。

种植机具　有久保田 SPW-48C 插秧机 5 台 10 千瓦，机械插秧面积约 124 公顷。佳洲岛被列入省、市机械化插秧项目示范点。

第三节　粮油作物

一、水稻

1997 年，全县水稻种植面积 14450.4 公顷，亩产 432 公斤，总产 93644 吨。1997 年后，从广西、广东、江苏、湖南、浙江、四川及省内其他地区引进多种水稻杂交品种，通过试种获推广的主要有：早中熟品种华优桂 99、谷优 527，亩产 450 — 500 公斤；特优 923、特优多系 1 号、港仓 515（常规），亩产 550 公斤；特优 63、特优 175、特优 73、特优航 1 号、特优航 2 号，亩产最高者超 600 公斤；较抗纹枯病、细菌性条

斑病、稻瘟病的为华优桂 99、特优多系 1 号、特 898，较抗稻瘟病的为特优 627、T55 优 627；米质优良的为博优 501、谷优 527、宜优 99、佳辐占（常规）、泉珍 10 号（常规）。1999 年 7 月，县农业部门引进巴西陆稻试种成功。2000 年开始推广，主要套种在幼龄果园中，以提高复种指数，增加效益，每公顷产量在 2250 ~ 3000 公斤之间（亩产 150 ~ 200 公斤），推广面积最多近 300 公顷，后因效益、管理等原因，2002 年后停种。2005 年早季，省农科院在洲渡村的“千亩水稻丰产示范片”试种特优航 175、特优 175，特优航 175 加权平均每公顷产干谷 9996 公斤（亩产 666.4 公斤），特优 175 加权平均每公顷产干谷 9873.6 公斤（亩产 658.24 公斤）。2006 年，在东崎村的“高产水稻新品种百亩示范片”试种特优航 1 号，加权平均每公顷产干谷 9621 公斤（亩产 641.4 公斤）。2006 年全县水稻种植面积 13232.6 公顷，亩产 420 公斤，总产 83349 吨。

二、甘薯

1997 年全县种植甘薯 4262 公顷，亩产 443 公斤，总产 28295 吨；2000 年种植 4333.9 公顷，亩产 480 公斤，总产 31220 吨，主推品种为从龙岩农科所引进的龙薯 5 号、岩薯 3 号等。2002 年全县试种马铃薯 13.3 公顷，亩产 200 公斤，总产 400 吨。2006 年种植薯类作物 4258 公顷，亩产 491 公斤，总产 31337 吨（其中马铃薯 13 公顷，总产 300 吨）。

三、小麦

1997 年，全县小麦播种面积 1619 公顷，总产 5293 吨（亩产 218 公斤）。因经济效益低下，播种面积逐年减少。2000 年，全县种植小麦 1160 公顷，总产 3845 吨（亩产 221 公斤）。2003 年种植 330 公顷，总产 1259 吨（亩产 254 公斤）。2004 年后停止种植。

四、杂粮

主要为玉米、高粱。1997 年种植 1448.3 公顷，总产 4141 吨（亩产 191 公斤）。2006 年种植 634.5 公顷，总产 2131 吨（亩产 224 公斤）。

五、大豆

1997 年全县种植 1172 公顷，总产 3573 吨（亩产 203 公斤）。2006 年种植 1001 公顷，总产 3777 吨（亩产 251 公斤）。

六、杂豆

主要有绿豆、红小豆。1997 年种植 227.3 公顷，总产 736 吨（亩产 216 公斤）。2006 年种植 592.7 公顷，总产 2201 吨（亩产 247 公斤）。

七、油料

油料作物主要为花生及少量油菜籽。1997 年，推广白砂 3 号、奥油 523、奥油 521 等花生新品种，种植 1937 公顷，总产 5549 吨（亩产 191 公斤）；种植油菜籽 73.3 公顷，总产 133 吨（亩产 121 公斤）。2006 年，种植花生 1991 公顷，总产 6317 吨（亩产 212 公斤）；种植油菜籽 7 公顷，总产 15 吨（亩产 150 公斤）。

1997 — 2006 年云霄县粮油作物统计表

表 10-2 单位：亩、吨、公斤

年份	粮食作物			其中								
				稻谷			小麦			薯类		
	面积	总产	亩产	面积	总产	亩产	面积	总产	亩产	面积	总产	亩产
1997	347681	135682	390	216756	93644	432	24280	5293	218	63930	28295	443
1998	345185	134995	391	215840	92880	430	23880	5229	219	64252	28579	445
1999	348360	137359	394	215880	93402	433	19790	4147	210	66457	29935	450
2000	342096	138280	404	215796	93410	433	17400	3845	221	65009	31220	480
2001	340740	139103	408	213580	92018	431	17400	3845	221	60869	33435	549
2002	306898	126184	411	194148	83205	429	7300	1759	241	66627	32181	483
2003	308752	128293	416	198212	86065	434	4950	1259	254	67277	31990	475
2004	305623	131046	429	205593	89432	435	0	0	0	67720	33717	498
2005	305602	127838	418	204147	89015	436	0	0	0	65567	30876	471
2006	296494	123392	416	198489	83349	420	0	0	0	63867	31337	491

续表 10-2

年份	其中									油料作物		
	杂粮			大豆			杂豆					
	面积	总产	亩产	面积	总产	亩产	面积	总产	亩产	面积	总产	亩产
1997	21725	4141	191	17580	3573	203	3410	736	216	30150	5674	188
1998	21288	4143	195	16010	3432	214	3915	732	187	31098	5878	189
1999	21098	4335	205	18510	4115	222	6625	1425	215	34483	6548	190
2000	19356	4215	218	17970	4175	232	6565	1415	216	33743	6479	192
2001	19538	4247	217	17220	4091	238	6925	1360	196	34113	6514	191
2002	16998	3601	212	15540	3950	254	6285	1488	236	32163	5995	186
2003	15668	3343	213	15780	3924	248	6865	1712	249	30938	6099	197
2004	13310	3125	235	14220	3533	248	4780	1239	259	30060	6145	204
2005	12618	2649	210	13720	3428	250	9550	1870	196	32713	6507	199
2006	9518	2131	224	15025	3777	251	8890	2201	247	29965	6332	211

注：据云霄县统计局编纂的各年度《云霄统计年鉴》

第四节 经济作物

一、甘蔗

历史上云霄为蔗糖产区。1997 年全县种植甘蔗 1200.7 公顷，总产 75058 吨（亩产 4168 公斤）。1998 年种植 1177.5 公顷，总产 73478 吨（亩产 4164 公斤）。1999 年，云霄糖厂停产，农户改种果蔗。2000 年种植 321.2 公顷，总产 20175 吨（亩产 4417 公斤）。2006 年为 226.7 公顷，总产 15625 吨（亩产 4596 公斤）。

二、烟草

20 世纪 30 年代末云霄引进烟草种植，20 世纪 50 年代发展为云霄主要经济作物。20 世纪 90 年代后由于经济效益低，种植面积逐年减少。1997 年种植 307 公顷，总产 412 吨（亩产 90 公斤）。2000 年种植 146.7 公顷，总产 210 吨（亩产 95 公斤）。2002 年种植 66.7 公顷，总产 102 吨（亩产 102 公斤）。2003 年后停止种植。

三、茶叶

云霄乌山、梁山山脉种茶、制茶历史悠久。新中国成立后茶叶生产有过几次较大起落。1997 年，全县种植 410.3 公顷，其中采摘面积 373.3 公顷，总产 360 吨。2006 年，种植 428.4 公顷，其中采摘面积 353.7 公顷，总产 539 吨；当年新植 4.8 公顷，主要为铁观音、金观音、大白鸡冠、大红袍、悦茗音等品种。产区主要分布于和平、火田、下河等山区乡镇。

四、淮山

主产于马铺、下河、火田等乡镇，农户零星种植多作菜食用，少量由医药部门收购。2006 年，县农业局热作站从广西引进桂淮 2 号、桂淮 5 号在马铺乡试种，当年全县种植约 400 公顷，总产 6000 吨（亩产 1000 公斤）。

五、仙草

下河、马铺等山区乡历来均有种植。20 世纪 70 年代，因建峰头大型水库而移居莆美镇狮山村的马铺乡农民，至 2006 年依然种植不辍，但未形成规模产量。

六、食用菌

历史上境内山区出产野生黑木耳，产量不多。20 世纪 70 年代开始，人工培育蘑菇、黑木耳、草菇等食用菌。1997 年始人工培育袖珍菇、金针菇等优良食用菌。当年食用菌总产量 2430 吨，其中蘑菇种植面积 238450 平方米，产量 2407 吨，余者为香菇、金针菇、草菇等。2000 年总产量 2008 吨，其中蘑菇种植面积 248900 平方米，产量 1996 吨，余者为香菇、猴头菇等。2003 年总产量 1796 吨，其中蘑菇种植面积 150885 平方米，产量 1780 吨，余者为草菇、香菇、黑土耳等。2006 年，食用菌总产量 2751 吨，其中蘑菇种植面积 168200 平方米，产量 2709 吨。主要产地为东厦、下河、火田等乡镇。

七、芦笋

1997 年全县种植 306.7 公顷，产量 5600 吨。2000 年种植 466.67 公顷，产量 7569 吨。2003 年种植 467 公顷，产量 7569 吨。2006 年种植 400 公顷，产量 5700 吨。产区主要分布在东厦、陈岱等乡镇。

第五节　蔬　菜

一、总产量

云霄土壤肥沃，气候温暖，雨量充沛，盛产多种蔬菜，尤以韭、蒜、葱、姜、笋、甘蓝（包菜）、白菜、萝卜、空心菜、菠菜、芥菜、芥蓝菜、小白菜、丝瓜、葫芦、南瓜等为大宗。1997 年，全县种植蔬菜 5563.3 公顷，总产 11.26 万吨。2000 年种植面积 6004 公顷，总产 9.36 万吨。2003 年种植面积 6143 公顷，总产 11.24 万吨。2006 年，全县蔬菜种植面积 6333.3 公顷，产量 10.76 万吨。

二、新品种

1997 — 2006 年引进 12 个蔬菜新品种，主要为 2002 年后引进。引进来源地主要为中国台湾和韩国。

（一）矮脚大头清江白菜

直播 15 ~ 25 天可采收，单季每公顷产量 3.75 万公斤（亩产 2500 公斤）。2002 年引进后年均种植约 400 公顷。

（二）一代交配樱夏结球白菜

生长期 60 天左右，每公顷产量约 3.75 万公斤（亩产 2500 公斤）。2002 年引进后年均种植约 150 公顷。

（三）春夏秋结球白菜

生长期 45 天左右，每公顷产量 1.5 万公斤（亩产 1000 公斤）。2003 年引进后年均种植约 33.33 公顷。

（四）泰国空心菜

夏季直播 20 天左右采收，每公顷产量 3 万公斤（亩产 2000 公斤以上）。是长年种植的上佳品种，2003 年引进后年均种植约 533.33 公顷。

（五）改良奇珍甜豌豆 76

适合秋冬单季种植，每公顷产量约 3 万公斤（亩产 2000 公斤）。2003 年引进后年均种植约 133.33 公顷。

（六）高雄丰田秀玉茄子

采收期长，每公顷产量约 4.5 万公斤（亩产 3000 公斤）。2005 年引进后年均种植约 33 公顷。

（七）韩国兴福一号杂交甘蓝

定植后 50 天左右可采收，春秋及高海拔山区夏季均可种植，每公顷产量约 3.75 万 ~ 4.5 万公斤（亩产 2500 ~ 3000 公斤）。2005 年从引进后年均种植约 333 公顷。

（八）油青菜心

直播 20 ~ 30 天采收，每公顷产量约 1.5 万公斤（亩产 1000 公斤）。2006 年引进后年均种植约 200 公顷。

（九）油青菜豆

单季种植，采收期长，品质好，每公顷产量约 3.75 万公斤（亩产 2500 公斤）。2006 年引进后年均种植约 67 公顷。

（十）特选客家芥

每公顷产量约 2.25 万公斤（亩产 1500 公斤）。2006 年引进后年均种植约 67 公顷。

（十一）蜜枣南瓜

每公顷产量约 3 万公斤（亩产 2000 公斤）。2006 年引进后年均种植约 33 公顷。

（十二）珍珠番茄

单季种植，采收期长，每公顷产量约 3 万公斤（亩产 2000 公斤）。2006 年引进后年均种植约 20 公顷。

第六节　水　果

一、枇杷

为云霄传统优质水果，主产区在云陵镇下坂、下城，和平乡金山与莆美大山、蕉坑等处。主要品种有“长红”“早钟六号”等，一般在清明节前上市，有“开春第一果”美名。1994 年，云陵镇农技站干部杨慰先在和平乡征山作业区试种从省农科院引进的“早钟 6 号”良种枇杷，该品种具有果大色美、皮薄易剥、果肉细腻、甜酸适度、农历年底前即可上市等特点。1997 年，县委、县政府做出在全县大种优质枇杷的决策，提出“1113”工程（即种植“早钟 6 号”枇杷 10 万亩，产量 10 万吨，产值 10 亿元，果农人年均增收 3000 元），列入全县重要产业发展规划。当年全县种植 403.4 公顷（6051 亩），产量 4177 吨。2000 年增为 1599.2 公顷（23988 亩），产量 5447 吨。2003 年全县种植面积 3194.7 公顷（47921 亩），产量 12098 吨。2001 年，云霄县被国家林业局和中国特产之乡推委会分别授予“中国枇杷之乡”称号。2002年12月成立云霄县枇杷协会，制定《云霄县枇杷栽培管理技术规范与鲜果产品质量标准》，组织科技人员下乡指导果农4095户；举办果农培训班54期，6480人次。协助组织举办产品推介，协调解决有关生产、加工、销售等问题。2004年，云霄县被农业部确定为南亚热带作物名优（枇杷）基地，产品销售浙江、江苏、江西、广东、云南、重庆、香港、澳门、台湾和印尼、新加坡、马来西亚等地。至2006年，全县种植面积4635.8公顷（69537亩），产量37166吨。县内枇杷鲜果注册有“乌山”“征山”“金山”“大山”等品牌，深加工系列产品有金山春牌枇杷酒、漳江牌枇杷高（膏）、枇杷酒和枇杷三宝、枇杷花茶。

云霄枇杷明代已有种植。古时云霄有以枇杷花代为茶饮的习惯，谓之有调治咳嗽之功。在新中国成立初期，云霄枇杷得到大面积推广种植，枇杷花大量加工为干品，成为云霄民间普遍使用的冲泡饮品。20世纪70年代末，枇杷花茶成为大宗市销农副产品。2006年全县有枇杷花茶生产商近百家，年销售量300多吨，产值0.5亿元。

1990 — 2003年云霄县万亩、千亩枇杷园统计表

表10–3　　单位：亩、万元

地点	面积	建园时间	投入
云陵下坂	1350	1990–03	405
和平征山	1100	1994–02	352
下河内外龙	1000	1994–03	350
下河北坑	1000	1998–02	350
火田白花洋	1500	1999–03	600
莆美大山	10800	1999–03	3780
火田瓦坑	1800	2000–02	540
和平金山	11000	2000–03	4400
马铺新楼石古	1300	2001–02	416
云陵下城	3500	2002–02	1050
和平内洞	1200	2002–03	360
莆美宝树蕉坑	2300	2003–02	912

注：据云霄县枇杷协会资料

二、阳桃

云霄阳桃种植历史悠久。以下河乡为主产区。1997年，全县仍以下河村传统的“虎尾种”为主品种，具有果大汁多、果色橙黄、清甜脆软的优点。1999年，下河乡果农从漳浦县等地引进种植台湾软枝、泰国种、红龙、香蜜等优良品种。2000年，全县种植200公顷，年产9000吨。2001年，下河乡果农在江西、浙江、上海一带销售水果时，发现“锥子”和“马来西亚B17”两品种比台湾软枝佳，当年从长泰引进上述2个品种。2002年，农业部门设立“云霄县高优阳桃创品牌示范基地项目课题组”。2006年全县种植266.67公顷，其中下河乡下河村133.33公顷，上河、内龙、外龙、凤兴、世坂和上窖等村66.67公顷，马铺乡峰头村和莆美大山等种植66.67公顷，亩产3000 — 3500公斤。

三、金枣

下河、和平、火田、马铺四个乡镇为金枣主产区。1997年种植面积807公顷，总产2249吨。2002年面积 700 公顷，总产 2013 吨。2006 年面积 767 公顷，总产 2125 吨。

四、其他水果

1997 年，全县继续执行“以果代林”政策，除重点发展枇杷、阳桃外，柑橘、荔枝、龙眼、菠萝、香蕉等种植面积及产量保持稳定状态，还引进印度枣、四季杧果等新品种，但未形成规模量产。2001 年由源发食用菌场李福源从广东省肇庆市科委龙眼研究所引进龙眼新品种“金秋 2 号”，可四季开花结果。

1997 — 2006 年云霄县水果种植面积统计表

表 10-4　　单位：公顷

年份	水果种植	其中									
		柑橘	荔枝	龙眼	枇杷	菠萝	香蕉	柚	李	杨梅	青枣
1997	13087.8	696.7	4147.3	3243.3	403.4	433.6	1796.7	193.7	207.3	126.8	0
1998	14584.8	667.3	5097.6	3622.7	466.2	433.6	1762.8	195.5	239.6	129.9	0
1999	15362.7	585.4	5545.8	3757.9	803.5	358.3	1763.9	189.7	220.9	126.9	0
2000	15936.1	446.2	4977.1	3918.7	1599.2	302.9	2019.2	193.5	232.7	157.5	0
2001	16036.1	422.1	6165.7	3913.5	2168.2	295.9	1955.5	43.3	172.5	117.2	14
2002	17332.1	453.5	6164.2	3913.6	2813.7	296.5	1955.8	43.2	166.6	117.9	16
2003	17840.1	438	5827.3	3926.7	3194.7	291.9	1841.1	70.5	184.5	38.6	15.3
2004	17927.3	443.7	6130.9	3962.7	2628.9	282.1	1855	137.8	184.4	78.6	15.3
2005	18948.0	455.1	6055.8	3959.1	4438.9	282.1	1840.1	174.5	184.3	80.9	18.7
2006	17994.9	451.5	5505.6	3675.3	4635.8	348.8	1784.2	655.5	209.1	78.9	18.7

1997 — 2006 年云霄县水果产量统计表

表 10-5　　单位：吨

年份	水果产量	其中									
		柑橘	荔枝	龙眼	枇杷	菠萝	香蕉	柚	李	杨梅	青枣
1997	104361	11649	13289	6648	4177	5277	49653	1733	2014	785	0
1998	98219	12704	10746	6973	4266	5063	42709	1767	2224	873	0
1999	110017	11192	16375	10407	4208	4173	47492	1756	2495	874	0
2000	117629	9286	17120	11521	5447	3853	54287	1862	2559	1035	0
2001	121044	8949	24729	13260	7432	3966	53238	1516	2471	882	155
2002	125632	9305	24710	13270	7349	3966	53242	1516	2644	884	155
2003	134010	9132	21721	16887	12098	5072	55301	2486	2632	289	170
2004	150704	9360	33814	19251	19269	4019	53062	1932	2592	960	173
2005	159152	9432	32816	20343	30637	4096	44916	1437	2632	957	278
2006	169720	10568	31481	24002	37166	5190	42347	4496	2950	922	454

第七节　畜牧业与疫病防治

一、家畜饲养

（一）猪

20 世纪 80 年代，全县仍保持以家庭户为主的养猪传统，养猪是居民现金收入的主要来源之一。一些养猪户专门饲养母猪，繁育仔猪出售，城区小猪交易市场每天均有数百头仔猪的交易量。20 世纪 90 年代始，务工收入不断增加，养猪经济效益较低且影响环境卫生，城区住户基本不再饲养，农村住户因青壮年外出务工也多数停养。新中国成立后设立的小猪交易场至此关闭。

20 世纪 90 年代后期，全县养猪业不断向集约化、专业化、规模化发展。主要有下径村的高山园加工养殖有限公司（年存栏约 6000 多头，出栏 1 万多头）、圆峰村的福建省漳州市海兴养殖有限公司（年存栏约 3000 多头，出栏近万头）、东车村的奕铭养猪有限公司（年存栏约 1500 头，出栏 5000 多头）等 10 多家年存栏 500 头以上饲养场。1997 年全县存栏 20.4 万头，出栏 19.7 万头，能繁母猪 1.47 万头；1998 年全县存栏 15.4 万头，出栏 18.28 万头，能繁母猪 1.05 万头；2002 年存栏 14.42 万头，出栏 17.23 万头，能繁母猪 0.785 万头；2006 年存栏 12.96 万头，出栏 14.85 万头，能繁母猪 0.9 万头；

（二）牛

农村实行生产责任制以后，农户从事农业生产对畜力的依赖程度大大减少。耕牛的数量逐年减少，肉牛数量逐年增加。牛肉成为群众日常消费食品。主要养殖方式仍为农村养牛户分散饲养。

1997 年全县存栏 3.6 万头，其中黄牛 2.58 万头（役牛 2.02 万头），水牛 1.02 万头（役牛 0.86 万头）；1998 年存栏 2.36 万头，其中黄牛 1.32 万头（役牛 0.53 万头），水牛 1.04 万头（役牛 0.42 万头）；2002 年存栏 2.51 万头，其中黄牛 1.48 万头（役牛 0.59 万头），水牛 1.03 万头（役牛 0.43 万头）；2006 年存栏 2.58 万头，其中黄牛 1.48 万头（役牛 0.59 万头），水牛 1.10 万头（役牛 0.44 万头）。

1997 年城区饲有良种乳牛 3 头，1999 年 7 头，2000 年后停养。

（三）羊

20 世纪 60 年代，城区有一广东籍饲户，雇工养奶羊数只，挤奶上门分送订户。80 年代，养奶羊户增加 2 家。90 年代后，城乡陆续出现小规模的养羊专业户。市面常年有羊肉出售。并有由北方调入的冻羊肉在超市出售，鲜羊肉成为冬季受欢迎食品。

1997 年全县存栏 2325 头，出栏 1866 头；1998 年存栏 5450 头，出栏 6540 头；2002 年存栏 1.235 万头，出栏 1.482 万头；2006 年存栏 4200 头，出栏 5040 头。

（四）兔

1997 年全县存栏 1.04 万只，出栏 1.449 万只；1998 年存栏 1.523 万只，出栏 9.13 万只；2000 年存栏 7.845 万只，出栏 47.07 万只；2006 年存栏 1.346 万只，出栏 8.076 万只。

二、家禽饲养

（一）鸡

农村各农户均有养殖。20 世纪 90 年代后，部分果农在果园内养殖商品鸡，并出现数家养鸡场，如 1997 年陈岱镇石前村李建通养鸡场，存栏 5 万多只商品鸡；2000 年火田镇高田村李其春养鸡场，饲养海褐蓝蛋鸡，2006 年存栏 2 万只，年产蛋 50 吨；火田镇岳坑吉嘉禽畜养殖公司，2006 年存栏 1.6 万只，年产蛋 30 吨。

1998 年，全县蛋鸡存栏 0.12 万只，产蛋 3.24 吨；商品鸡存栏 72.68 万只，出栏 106.88 万只。2002 年，蛋鸡存栏 0.84 万只，产蛋 22.68 吨；商品鸡存栏 71.54 万只，出栏 108.42 万只。2006 年，蛋鸡存栏 3.8 万只，产蛋 82.6 吨；商品鸡存栏 45.8 万只，出栏 96.1 万只。

（二）鸭

1998年，存栏30.4032万只，出栏54.89万只。2002年，存栏27.5万只，出栏50.38万只。2006年存栏30多万只，出栏50多万只。以东厦镇浯田、荷步、佳洲、洲渡等村和列屿镇碗窑及火田镇溪口、大坑、莱埔等地水库养殖较多。主要品种有麟鹉1号、麟鹉2号、台湾3号等。

（三）鹅

1998年存栏7541只，出栏1.58万只。1999年存栏8828只，出栏1685只。2000年以后，随着草山草坡综合开发示范工程的推广应用，畜牧兽医技术服务中心从诏安灰鹅种苗场引进3000多只种鹅苗，在白花洋水库和下楼、孙坑等地示范饲养推广，全县养鹅业有较大发展。2002年存栏9532只，出栏3.336万只；2006年存栏1.63万只，出栏5.71万只。

三、其他饲养

（一）蜜蜂

1997年全县养蜂2121箱，产蜜8.484吨；2000年5657箱，产蜜22.628吨；2003年4020箱，产蜜16.08吨；2006年9500箱，产蜜78吨。

（二）鸽

云霄养鸽历史悠久，清嘉庆《云霄厅志》记载，明嘉靖三年就有养殖。2006年，肉鸽存栏8000多羽，出栏6.4万羽，尚有信鸽4580羽。

（三）猫

1996年后，先后引进的新品种有波斯猫、泰国猫、波曼猫、缅恩猫、喜马拉雅猫、日本短尾猫、狸花猫、云猫、东山狮子猫等。2006年，全县家养约2.8万只。

（四）狗

农村农户多数有饲养。2006年，全县家庭养殖超过1万头，多在秋冬季节屠杀上市供食用。另有近千头宠物狗。

四、饲料

（一）饲料生产经营

1997年，县粮食局所属献宝山饲料厂年产饲料1700吨左右，2000年减为504吨，2001－2006年间，年产400～500吨左右。精饲料多从外地调入，城区主要有正大康地、金钱、厦门正大农牧有限公司云霄经营部、江滨兴畜、华康、北门等6家饲料经营商。

（二）牧草

全县牧草草场主要分布在列屿镇大帽山300公顷，火田镇笔架山233公顷、白花洋333公顷，马铺乡湖洋233公顷，和平乡半坑170公顷等。1999年由国家计委立项下拨的“云霄县草山草坡开发示范工程”项目建设资金300万元，对白花洋草山进行综合开发，引进种植数十种优质牧草，其中黑麦草1公顷，年产15万公斤；短象草1.67公顷，年产70.98万公斤；箕草3.33公顷，年产24.975万公斤。后因管理不善、经济效益低等原因，至2006年所存数量无几。

五、疫病防治

1998年8月，开始对猪的“五号病”（口蹄疫）进行强制免疫，施挂耳标作为免疫标识，并建立免疫档案。1999年，云霄县被列入农业部无规定动物疫病区建设项目县，由农业部投资近百万元，配备检测仪器和防疫专用车辆，加强疫病监测和防控，对免疫后的畜禽进行抽样采血化检，对不达标或无抗体的畜禽进行补防，对疫病动物建立扑杀制度；同年11月在竹仔前养猪场扑杀“五号病”猪400多头。2001年3月在县集宰中心扑杀“五号病”猪60多头，同年8月，成立云霄县重大动物疫情应急控制指挥部。2003年在瓦坑村扑杀家禽200多羽，同年7月，成立云霄县重大动植物疫情防治指挥部。2004年，每年对家禽实施禽流感疫苗强制注射。2005年，县重大动植物疫情防治指挥部办公室实施24小时值班和零报告制度，每个建制村配备村级防疫员1名，每月发给工作津贴50元；同年9月，在马铺乡枧河村发生一例屠工感染疑似猪链球菌病例，经医治后康复。之后，县防控指挥部对全县养猪户注射猪链球菌疫苗强制免疫。

第八节　农业“五新”推广

一、新技术推广

1997年，主要在农村地区推广沼气“一池三改”（建沼气池，改厕所、猪圈、厨房）技术，果蔬、茶叶、枇杷无公害栽培和育秧盘育秧技术，机械采茶、制茶技术，微灌、滴灌设备使用技术，机械收割，水稻、水果机械烘干技术，平整机打桩搭架、建塑料大棚技术。县农业局成立沼气技工队，在各乡镇设立沼气推广站，常年在农村推广沼气技术，修建沼气设施。至2006年，每年推广新技术10项，应用总面积4000公顷以上，新增经济效益1000万元。当年，全县农业科技贡献率达到42%。

二、新农药推广

主要推广阿维菌素系列、BT系列、蚍虫啉系列等杀虫剂和链霉素系列、春雷霉素系列、代森锰锌系列等杀菌剂。

三、新肥料推广

主要推广水稻、香蕉、甘薯、荔枝、龙眼、枇杷专用肥和“高乐”“快丰收”“富久利多”等叶面肥。1997 — 2006年，每年推广新肥料5种以上，施用面积约16666公顷，年新增经济效益600万元。

四、新品种推广

1997 — 2006年，先后从国内各省及泰国、韩国等引进推广粮油、蔬菜、水果等新品种近百个，每年平均推广新品种8种，播种面积3555.6公顷以上，年新增经济效益850万元。

五、新机具推广

1997 — 2006年，主要推广微耕机、割灌机、锄禾器、起垄机、平整机，微喷、滴灌设备（XMXFDG-XF-1），久保田联合收割机、洋马联合收割机，上海三久粮食干燥机、福州三发农副产品干燥机，久保田SPW-48C型手扶进步式插秧机、育秧盘，上海纽荷兰SNH704、SNH554、SNH504大中型拖拉机，茶叶揉捻机、烘干机、采茶机、茶叶杀青机和水产养殖新型增氧机、投饵机等。

第九节　农业产业化

一、产业化模式

1997年，全县继续围绕着“脱贫致富奔小康”主线，加大力度实现传统农业从粗放型向优质、高效的集约经营型转变，扶持培育发展粮食、水果、水产、蔬菜等种、养殖企业。2003年，县政府颁发《云霄县人民政府关于公布2003年农业产业化县级龙头企业的通知》，确认云霄县东州冷冻食品有限公司、漳州鲜品冷冻食品有限公司、云霄县丽西罐头厂、云霄县金山农业生态园有限公司、云霄县漳江实业有限公司、云霄县臣果经贸有限公司、漳州市绿野农业开发有限公司、云霄县云峰粮油贸易公司、云霄县北坑庄园、云霄县日特水产品冷冻有限公司、云霄县列屿集华冷冻厂、漳州市绿洋农作物有限公司等 12 家为农业产业化县级龙头企业。至 2006 年，全县以“公司＋基地＋农户”为主要发展模式成立 100 多家农业企业，其中枇杷产业 7 家（市级 3 家、县级 4 家），蔬菜产业 3 家，畜牧产业（养猪场）92 家（其中存栏 100 ~ 500 头 75 家，500 头以上 1000 头以下 11 家，1000 头及以上 6 家），茶叶产业 3 家。

二、重点企业

（一）福建省丽西食品有限公司

1987 年创办丽西罐头厂，注册资金 460 万元。地址在金霞开发区，工厂占地面积 1.2 公顷，建筑面积 10665 平方米，为创汇型农产品加工企业，年产值近 1 亿元。2004 年改称福建省丽西食品有限公司。2006 年企业迁至云陵工业开发区。企业主要生产“丽西牌”芦笋、蘑菇、荔枝、枇杷等罐头系列产品，出口美国、日本、法国、比利时等多个国家和地区。1997 年获得国家检验检疫局 3500/01019 的卫生注册代号和轻工部 Q19 代号，1998 年获得进入美国市场权威机构 FDA 认证，1999 年获农业部管理质量达标证书，2003 年被省乡镇企业局评为省级农产品加工业龙头企业，2005 年产品质量通过 QS 认证。2006 年被评为福建省农业产业化重点龙头企业。

（二）云霄县漳江实业有限公司

2002 年创办，总部位于城西将军大道旁。固定资产 2050 万元，年产值 3380 万元，年创利税 56 万元。公司与省内外多家高校、科研单位建立“产学研”技术合作关系。有乌山、白花洋枇杷基地 540 公顷。产品主要有“乌山”牌枇杷鲜果、“漳江牌枇杷膏”浓缩型饮料、“漳江乐透”牌枇杷汁、“漳江”牌枇杷酒等。“乌山”牌枇杷鲜果被省消委会推荐为绿色食品，2002 年获中国绿色食品 A 级认证，产品出口新加坡、马来西亚等国家。2004 年被评为福建省农业产业化龙头企业。2006 年，员工 68 人，其中具有大专学历或中级技术职称者 18 人。

（三）云霄县东州冷冻食品有限公司

2000 年 5 月创办，位于东厦镇宜美开发区。注册资金 750 万元，占地 1.2 万平方米，建筑面积 6000 平方米。公司在东厦、火田、列屿镇自建蔬菜基地 540 公顷，在漳浦县石榴镇建麻笋基地 340 公顷，在龙海市程溪镇建麻笋基地 540 公顷，在马铺乡、陈岱镇以及龙海市海澄镇建蘑菇生产基地 4 万平方米。有国内一流的蔬菜速冻加工设备，生产能力 50 吨 / 日。建有 1500 吨的低温库（−18℃以下）和 200 吨的保鲜库。主要生产和经营的产品有毛豆、敏豆、芦笋、麻笋等速冻蔬菜，蘑菇、香菇、木耳等食用菌和荔枝、龙眼、枇杷等保鲜水果产品。年产量 8000 多吨。产品大部分出口欧洲、美国、日本、新加坡等国。2002 年 5 月被评为省级农业产业化龙头企业。2003 年被评为全省百佳农业龙头企业。2005 年 7 月，被评为福建省农业产业化省级龙头企业。2005 年 12 月获中国绿色食品发展中心颁发的“绿色食品证书”。

（四）云霄县金山农业生态园有限公司

2001 年 1 月创办，地址在和平乡（农场）金山作业区。1999 — 2006 年累计投资 1000 万元，有标准果园 200 公顷，年产枇杷 2650 吨，产值 1600 万元。公司还开发干型枇杷果酒等产品。2003 年，被省政府定为全省八大有机种植试验基地。2004 年“金山”牌早钟六号枇杷鲜果获国家绿色食品 A 级认证，2006 年获“福建名牌产品”称号。2006 年被评为漳州市农业产业化龙头企业。固定员工 80 人，季节性雇工 150 人。

（五）福建燕顶茶业有限公司

2005 年 6 月创办，注册资金 1000 万元。生产基地在和平乡乌山水晶坪，基地总面积 667 公顷，已种植 234 公顷，总投资 3500 万元，年产茶叶 50 吨，产值 1050 万元。基地建有占地面积 4000 多平方米、建筑面积 4250 平方米的茶叶初、精制厂房，以及集茶艺、餐饮、宾馆为一体的综合楼。2006 年，公司有管理人员 17 人，短期用工 230 人。

（六）福建漳州绿野农业开发有限公司

1999 年创办，地址在云陵镇汀洋社区。为以生产绿色农产品、生物农药与肥料为主的科技服务型企业，固定资产3000万元，持有2项国家发明专利。年生产有机肥6000吨，生物菌杀虫剂200吨，果蔬2000吨，淡水鱼45万公斤，商品鸭4万只。2003年1月公司生产的木瓜、小番茄、紫背天葵、甜豆、青花椰菜被农业部中国绿色食品发展中心授予“绿色食品”称号；10月，被市政府评为漳州市农业产业化龙头企业。2006年员工65人，其中高级职称2人，中级职称4人；博士1人，硕士2人。

（七）云霄福农农机合作社

2005年8月由农民参股创办，地址在元光路，为福建省首家农民农机合作社，固定资产528万元，注册资金300万元。有大、中型拖拉机6台，手扶拖拉机284台及配套耕作机具350台（套），插秧机4台（套），水稻收割机5台（套）等。常年为县内外农户提供机耕、机插、机收、农副产品运输、植保等农田作业服务。2006年有社员88人。

第十节　机　构

一、县农业办公室

1997年，县农业委员会改称县农业办公室，挂县委农村工作领导小组办公室与县政府农业办公室牌子，主管全县农业、农村、农民工作。内设人秘科、农村经济科、农村政策法规科。1997年行政编制6人，在编8人。2006年核编7人，在编10人。下设农业综合开发办公室。

二、县农业局

1997年行政编制10人，在编6人。2006年行政编制12人，在编14人，内设综合股、人秘股、农业法制股、信息与科技股、企业管理股。下辖农业技术推广站、经济作物站、植保植检站、种子站、热带作物站、畜牧兽医站、经营管理站、农业资源农村能源综合建设办公室、农业资源区划办公室、农产品检验检测中心、执法大队、土肥站、农业机械管理站等13个事业单位。事业编制42人，在编45人。

附：云霄水稻原种场

位于莆美镇辖区内的顶溪自然村。1952年创办时称云霄县水稻示范场。1958年被评为农业先进单位，场领导出席全国群英会。同年，根据省农业厅要求，以繁育水稻原种为主，改称云霄县水稻原种场，并把顶溪自然村划归原种场管理。共有耕地18.7公顷（水田16.7公顷，农地2公顷）。担负省、专区、县水稻新品种区域试验（简称“区试”）任务。2003年后负责甘薯新品种区试。1997 — 2006年共试验307个水稻新品种、55个甘薯新品种，其中适应性较强表现较好的水稻品种有龙特早、佳禾早占、世纪137、荆术6号、特优明86、世纪118、龙早1号、漳丰2号、漳香1号、新香优80、汕优156、谷优明86、农优90、特优航1号、奇宝优1号、特优329、佳辐占、泉珍7号、Ⅱ优航1号、谷优133、明优6号等；甘薯品种有龙薯10号、龙薯11号、宁薯6号、莆薯941、龙薯13号、金山763、宁薯8号、金山679、泉薯76、福薯12号、莆薯14号、广薯87、龙薯16号等。曾自育水稻新品种云红选、云晚3号、云包1号、云良18（获县科技进步奖三等奖）等。2006年被省种子总站授予“十一五期间全省种子工作先进单位”。

至2006年，该场大部分土地被政府征用为建设用地。场户籍人口75人，编列为财政全拨款副科级农业事业单位，归县农业局管理。

第十一章　林　业

清云霄厅境内有森林6万公顷（90万亩）。1949年尚存大洞、梁山、大帽山和大湖山等地部分原始森林。1952年全县森林面积35333公顷。1957年造林累计8.8万公顷。1958年后，在“大跃进”“全民大炼钢铁”运动中，乱砍滥伐山林13333公顷。1972年山林普查，全县森林面积恢复至39333公顷，木材总蓄积量55.69万立方米。此后由于“文化大革命”以及“以粮为纲”的影响，森林资源再次遭到严重破坏，至1978年全县森林面积减至27467公顷，木材总蓄积量31.3万立方米。改革开放后，落实山地承包责任制，多种经营形式发展林业。1989年全县森林面积增至41053公顷，木材总蓄积量34.09万立方米。1996年全县森林面积62020公顷，木材蓄积量49.66万立方米。全县森林覆盖率为60.72%。

1997年7月，国家林业部授予云霄县“全国沿海防护林建设先进单位”。1998年1月，和平乡内洞村被全国绿化委员会授予“全国造林绿化千佳村”称号。2003年，漳江口红树林自然保护区被国务院批准为国家级自然保护区。2003年全县通过集体林权体制改革，采用承包、租赁、联户、集体、股份合作等多种经营模式，并由农村集体经营发展到社会个人、单位经营，有效调动社会各方营林造林积极性。2006年，全县森林面积64042公顷，蓄积量从1998年的423770立方米增为710119立方米，无林地由15026.7公顷减少到12076.2公顷，覆盖率达59.7%。

第一节　集体林权制度改革

一、登记发证

2003年，县委、县政府根据《福建省人民政府关于推进集体林权制度改革的意见》精神，组织实施全县集体林权制度改革。至2005年5月，全县103个村27650.5公顷的集体林权制度进行改革，完成“山有其主，主有其权，权有其责，责有其利”的改革任务。2006年完成明晰产权面积27199.7公顷，其中家庭承包经营23005.1公顷，其他经营方式4194.6公顷。全县集体林应登记和发、换证面积55995.2公顷，已登记54414.2公顷，其中商品林应登记面积27830.5公顷，已登记面积（材料录入计算机）26069.5公顷；集体生态公益林应登记28344.7公顷，完成登记100%。全县应林改集体商品林宗地1451宗，达标宗地1300宗。林权证发证准确率100%，做到林权到人，林权与地、证、册、图相符。建立了经营主体多元化，权、责、利相统一的林权机制。2005年，云霄县代表全省沿海地区市、县向国家林业局作林权改革典型汇报。

二、经营方式

2003年林权改革后的林地分为承包经营、租赁经营、股份合作经营、折价转让、乡村集体经营等形式。承包经营，以合同形式明晰到户、联户或其他社会单位，实行较长期承包，收益按合同约定分成。租赁经营，把采伐、火烧迹地和荒山进行公开投标，经营者一次性或定期缴交林地租金。股份合作经营，林木量化成股份，由集体、村民或社会单位以资金或劳力入股，或实行联户经营，收益按股分配。折价转让，把林木评估定价，在林地所有权不变前提下，由村民或其他社会单位一次性公开招标转让，转让收入分配由村民代表大会或村民大会确定。乡、村集体经营，由乡、村成立林场，实行专业管理、自主经营、独立核算、自负盈亏；或将山林（主要为生态公益林）划片，选聘护林员并签订合同进行管护，收益分配和护林员报酬由村委会或村民大会确定。

第二节　林业用地与木竹品种

一、林业用地

1996 年全县林业用地面积 72166.7 公顷（不含湿地及未退耕还林等面积）。1998 年进行调查测量，全县林业用地（含湿地等）为 75945.6 公顷。2006 年，由于进一步退耕还林增为 77124.7 公顷，占全县土地总面积 103116 公顷的 74.79%，其中有林地 61595.8 公顷，疏林地 525.6 公顷，灌木林地 1920.8 公顷，未成林造林地 1003.3 公顷，苗圃地 3 公顷，无林地 12076.2 公顷。以林权划分，国有林地 4269.8 公顷，集体林地 72854.9 公顷。

在有林地面积中，生态公益林 18090.5 公顷，商品林 31189.3 公顷，兼用林（生态与用材兼有）12316 公顷。以林分来源划分，人工林 46051.6 公顷，天然林 15544.2 公顷。

在无林地面积中，宜林荒山荒地 8785.5 公顷，采伐迹地 267.1 公顷，火烧迹地 947.4 公顷，宜林沙荒地 1012.7 公顷，林中林缘空地 71.3 公顷，可封育成林荒山荒地 33.7 公顷，暂未利用荒山荒地 958.5 公顷。

二、湿地

1997 年上半年，省林业厅启动全省湿地专项调查。1999 年底，完成全县湿地专项调查任务。全县有湿地 23095 公顷，其中天然湿地 9485 公顷（包括海岸湿地 8796 公顷，河口海湾湿地 78 公顷，湖泊湿地 506 公顷，河流湿地 105 公顷）。天然湿地中，漳江 4 支流面积 80 公顷，温泉湿地 25 公顷，漳江口下游湿地属国家级红树林自然保护区 2360 公顷；人工湿地 13610 公顷（包括水库湿地 1385 公顷，鱼塘 2956 公顷，水田湿地 9189 公顷，盐碱田湿地 80 公顷）。

三、木竹品种

天然乔木主要有壳斗科的木荷、米槠、赤皮青冈、格木、南岭栲、闽粤栲、红栲、樟树、枫香、红锥、马尾松等 185 种，灌木有桃金娘、黄端、冬青、黑面神、檵木、油茶、山苍子、鹅掌柴、胡枝子、野漆、野茉莉、柃木、黄枝子等 285 种，果树类主要有龙眼、荔枝、柚、橄榄、枇杷、阳桃等。20 世纪 90 年代以前主要引进桉树、木麻黄、肉桂、橡胶树；1997 — 2006 年主要引进大叶相思、马占相思、巨尾桉等耐旱耐瘠和速生树种，以及降香黄檀、印度紫檀、大叶桃花心木、团花、土沉香等名贵树种。名贵树种多散种于私家庭院，主要街道及部分公路两侧与村内绿化地亦有种植。

竹类品种主要有毛竹、石竹、刚竹、小刚竹、绿竹、麻竹、莿竹、吊竹、花竹、长枝竹、季竹、苦竹等。

第三节　林木营造

一、生态公益林

2001 年进行生态公益林区划界定，全县（含常山）划分西、北、东北中低山地带为水源涵养林区，中部丘陵、台地为环境保护区和风景区，南部平原、滨海为水土保持、风沙防护区和漳江口湿地保护区，以及公路、城乡绿化区等，总面积 35593.73 公顷，其中有林部分 32221.07 公顷（其中国家级生态林 20052.4 公顷，省级生态林 12168.67 公顷）。在总面积中，因经济建设需要，2005 年征用 133.73 公顷，2006 年征用 1187.99 公顷，实有面积为 34272 公顷。按类别分有自然保护林 1334 公顷，自然保护小区 228.07 公顷，环境保护林 3072.07 公顷，风景林 20.6 公顷，国防林 15990.73 公顷，母树林 20.8 公顷，名胜古迹、革命圣地林 14 公顷，水源涵养林 8000.87 公顷，水土保持林 4471 公顷，防风固沙林 979.13 公顷，护岸林 61.07 公顷，护路林 79.67 公顷。

二、用材林

主要为杉木、马尾松、阔叶树类和桉树等。分布区域，按面积和蓄积量依次为马铺乡、和平乡、下河乡、火田镇、圆岭林场、常山华侨农场、莆美镇、陈岱镇、列屿镇、东厦镇、云陵镇。1997 年全县用材林面积 2422.87 公顷。2006 年为 15758.866 公顷，蓄积量 301121 立方米，其中杉木 523.467 公顷，蓄积量 13900 立方米；马尾松 8979.533 公顷，蓄积量 186181 立方米；阔叶树类 2775.467 公顷，蓄积量 67158 立方米；桉树类 3480.4 公顷，蓄积量 33882 立方米。总量中，国有圆岭林场面积 510.133 公顷，蓄积量 36306 立方米。

三、经济林

主要以枇杷、荔枝、柑、橘、柚、龙眼、阳桃、李、柰等果林为主，饮料林（主要为茶叶）、食用油林（主要为油茶）、工业经济林（主要为橡胶、栲胶）、薪炭林等次之。1998 年，全县 24679.1 公顷。2006 年，全县 26663.4 公顷，其中橡胶林因经济效益低由 213.87 公顷减为 95.5 公顷。

四、竹林

1997 年，全县竹林营造面积 633 公顷，其中毛竹 3 公顷，其余为绿竹、石竹及其他杂竹。至 2006 年，全县竹林面积 701.6 公顷，其中毛竹 15.7 公顷（蓄积量 3.75 万株），其余为绿竹、石竹及其他杂竹。

第四节 林 产 品

一、木材

1997 年木材采伐实施“伐前有设计，伐中有检查，伐后有验收，运出有验证”的规定，并严格执行省林业厅下达的限额指标。1997 年采伐出材 4187 立方米，1998 年采伐出材 6942 立方米，1999 年采伐出材 5885 立方米。2000 年全县全年（下同）采伐区 30 个，采伐面积 127.4 公顷，采伐蓄积 1224 立方米，出材 951 立方米。2001 年采伐蓄积 1895 立方米，出材 773 立方米。2002 年采伐区 29 个，采伐面积 157.6 公顷，采伐蓄积 2399 立方米，出材 1831 立方米。2003 年采伐区 28 个，采伐面积 153.6 公顷，采伐蓄积 2086 立方米，出材 1622 立方米。2004 年采伐区 36 个，采伐面积 307.5 公顷，采伐蓄积 3330 立方米，出材 2458 立方米。2005 年采伐区 32 个，采伐面积 264.3 公顷，采伐蓄积 4050 立方米，出材 2899 立方米。2006 年采伐区 6 个，采伐面积 104.1 公顷，采伐蓄积 792 立方米。

二、竹

主要有鲜笋、竹材、生活日用品及生产工具等。1997 — 2000 年，年产鲜竹笋（含绿竹、毛竹、石竹笋，以绿竹笋为主，下同）50 吨上下。2000 年后，年产鲜笋 100 吨以上，笋干 35 吨以上。2006 年，出毛竹 1100 多株约 6.65 吨，杂竹 167.66 万株约 2353 吨。竹椅、竹凳、竹簸、竹筐、竹畚箕等竹制品已逐步被塑料、木材、金属等制品代替。

三、橡胶

1989 年，全县橡胶园 1320 公顷，年产胶 128.5 吨。1990 年开始，橡胶不再列为“国防战备物资”，胶园渐为果园代替。1997 年后，多数胶园改种优质早熟枇杷。2006 年，全县尚存胶园 95.5 公顷，年产橡胶约 1.4

吨。其中马山村牛腿山留有抗寒良种 IAN873 近千株。

四、油桐籽

由于铝、塑和钢铁用品的广泛使用，桐油需求量逐步减少，油桐树多被木本果树所替代。1997 — 1999 年均年产油桐籽 1 吨，2000 年后，桐油产量无几。

五、油茶籽

1997 年产油茶籽 41 吨。此后，由于效益低，油茶园大都被经济用材林替代。2000 年产油茶籽 1 吨。2006 年，仅存国有圆岭林场油茶园 20 公顷，作为防火林保留，年产油茶籽 1.65 吨。

六、紫胶

1996 年停止放养紫胶虫后，已不再产紫胶片，2006 年尚存紫胶虫寄生林 13.3 公顷。

七、木炭与木柴

20 世纪 90 年代后期，城乡居民普遍使用液化气，木炭、木柴的需求量大幅减少。至 2006 年，从山区采伐地运出的采伐剩余木以及锯木厂废木料年均约 900 — 1500 吨，木炭年均约 70 — 100 吨。

八、松脂

主产区为马铺、下河、火田、和平等山区乡镇及圆岭林场，1997 年产松脂 111 吨。2000 年后，因部分马尾松林受“松突圆蚧”和“松褐斑病”危害，产量逐渐减少，2000 年产 5 吨，2003 年 5 吨，2006 年年产 6 吨（主要为圆岭林场）。

九、棕片

主产区为马铺、下河乡。1990 年后因塑料薄膜的普遍使用，棕片需求量大幅减少，棕园多数抛荒或改种其他作物。1997 — 2000 年，年产棕片约 6 吨，2003 年 1 吨，2006 年年产 3 吨。

十、花卉

20 世纪 90 年代开始，先后有云陵镇下坂村花农成立“含漳花卉研究所”，莆美镇宝树村花农成立“宝树花果良种场”，东厦镇成立“天地农业有限公司”。还有东厦、竹塔、湖坵、宝树、演武亭、前涂、上坑、白凤、宝石、马铺、枧河、郭浦、佳园等村花农以及顶溪良种场等，至 2006 年，共建成花圃 29 公顷，年产花卉 18.4 万盆，鲜切花、切叶 21 万株，产值 700 余万元。花卉市场有双溪口、汀洋 18 米街 2 处。鲜花商店有花仙子、寸草心、君百合、月亮桥、雾中梅等 5 家，年销售鲜花 11 万多支。

第五节　采种育苗与病虫害防治

一、采种育苗

1996 年前主要采集乡土树种。1996 年后，发展速生丰产用材林，种子由省林业厅、市林业局从外省调拨。调拨的种子，1997 年厚荚相思 3 公斤、马占相思 4 公斤。1998 年，厚荚相思 2.5 公斤、马占相思 4.5 公斤。1999 年，厚荚相思 3 公斤、马占相思 5 公斤。2000 年，厚荚相思 3 公斤、马占相思 4 公斤。2001 年，厚荚相思 4 公斤、马占相思 4 公斤。2002 年，厚荚相思 3 公斤、马占相思 5 公斤。相思类育苗，1997 年 35 万株，1998 年 43.2 万株，1999 年 40 万株，2000 年 49 万株，2001 年 48 万株，2002 年 54 万株，2003 年 51 万株，

2004－2006年各60万株。从省种苗试验中心调入的巨尾桉苗，2003年50万株，2004年150万株，2005年200万株，2006年200万株。

二、病虫害防治

1997年开始，县政府把防治林木病虫害的发生率、成灾率、防治率、检疫率的“四率”指标下达到乡镇（场），由县、乡分管领导具体抓，把责任落实到人、到山头地块。县林业局雇用专职测报员2人，加上林业站兼职测报员10人和重点村的生态公益林护林员145人，在21915.7公顷的寄主树种中设置551个监控点，定期测报虫情发生情况。其中马尾松林401个点，监控20619.3公顷；木麻黄林10个点，监控67.1公顷；桉树林70个点，监控1052.1公顷；湿地松林70个点，监控1069.3公顷；同时建立野外固定虫情观察点3个、室内养虫点1个。2002年发生病虫害2004.5公顷，其中轻度危害1707.9公顷，中度危害258.7公顷，重度危害37.8公顷。2003年发生面积2193.3公顷，有效防治面积2032.5公顷。2004年对153名护林员进行业务培训。2006年发生松树病虫害318.4公顷，病虫害发生后，及时邀请省林业厅、林科院、福建农林大学、漳州市林业局专家进行现场诊断，制定《林业有害生物除治和监控方案》，伐除枯死木连同1厘米以上的树梢彻底烧毁，并对枯死木根部进行药物处理，扎塑料膜防止扩散蔓延；对同时发现的松墨天牛挂设诱捕器205套进行诱杀。同年4月，县政府制定实施《云霄县处置重大外来林业有害生物应急预案》，对外来林业有害生物加强监控。

第六节　依法治林

一、查处盗伐

2001年4月，莆美镇演武亭村一村民盗伐将军山杂木2.6立方米，获刑1年6个月。2003年开展“夏季百日会战”“春雷行动”和“绿剑行动”，查处破坏森林资源案件101起，挽回经济损失91473元。2004年8月，东厦镇郊洋自然村一村民盗伐木麻黄10株，罚款500元并补种50株。2005年10月，火田镇古楼村一村民盗伐林木2.8立方米，罚款1080元。

二、查处占用林地

2000年，查处占用林地案件3起，涉案面积11.25公顷，征收植被恢复费112535.7元；处理占用林地案1起60平方米，罚款1500元。2002－2005年批准申请用林地15起面积60公顷，征收植被恢复费近500万元。2006年批准云陵工业开发区等单位申请用林地10起，面积52公顷，征收植被恢复费410万元。

三、木材经营、加工与运输管理

1999年清理整顿木材经营企业，发放经营许可证78家。2000年清理整顿木材经营、加工企业122家，重新审批发证91家（木材经营67家，加工厂24家）。2006年，根据国家《森林法》，改“经营加工木材许可证”为“木材经营加工同意批准书”，批准52家。其间，每年处理无证运输木材100多人次，近百立方米，总计罚款220万元。

四、野生珍稀动物保护

1999年，县政府颁发《关于加强红树林自然保护区建设管理的通告》。2000年，林业局组织林政站、野生动物管理站、森林公安分局与工商行政管理局联合行动，查处非法经营贩卖野生动物责任人数十人，没收属国家重点保护及一般保护的蛇、鸟数千条（只）并予放生。2001－2006年，查处非法捕捉野生动物案件6起，依法处理2人次，没收、烧毁在红树林保护区非法捕鸟的鸟网200多幅（幅长80～120米），放生各类鸟数千只、野生动物139只（头），其中国家级保护动物1头，省级保护动物138只（头）。在和平乡金京头山和下河乡坡下村放生国家一级保护动物蟒蛇6条，在和平乡田仔苏放生穿山甲2只，在峰头水库放生蛇78条。

五、森林防火

1997 — 2002年，县委、县政府向各乡镇、开发区颁发《云霄县森林防火责任书》，每乡镇成立一支30 — 50人应急扑火队。县防火办到乡镇开展防火宣传，在各主要路口设固定宣传标语近1200平方米。2003年发生火灾2起，面积3.2公顷。2004年出动防火宣传车，印发宣传材料10.75万份、图书4000册，发布森林防火戒严令4次；全县建立11支半专业化的扑火队并进行扑火培训；当年发生森林火灾6起，过火面积255.8公顷，受害面积187.6公顷。2006年，县政府颁发《云霄县处置重、特大森林火灾应急预案》，加强应急处置管理。

六、古树名木保护

1990年，对全县古树名木进行第一次调查，并进行造册、编号、挂牌，加予保护。2002年，根据省林业厅要求进行全县“生物多样性保护”项目调查，基本查明境内具有历史价值、纪念意义、树龄百年以上、树种珍稀、树形奇特和国家规定的重点保护树种情况。

（一）古树

全县有古树643株，古树群35个，共24个科、36个属。树种分别为：榕树368株、重阳木8株、刺桐13株、木荷14株、黄连木6株、榔榆4株、朴树2株、樟树53株、杧果45株、柿树1株、麻栎1株、荔枝1株、枫香40株、马尾松12株、含笑1株、桂花2株、油杉3株、绿果榕1株、波罗蜜1株、二色波罗蜜1株、木棉1株、人心果1株、乌桕3株、白桂木2株、龙眼4株、相思树3株、格木25株、橄榄5株、肥皂夹1株、丛花厚壳桂2株、红锥3株、米槠1株、赤皮青冈2株、鹅掌柴1株、贵州木瓜红1株、白果蒲桃1株、酸枣1株、铁冬青1株、秋风3株、苏铁2株（丛）、凤凰木2株、林檎1株（又名番荔枝）。

乡镇分布，云陵镇有榕树8株、樟树1株、刺桐1株、重阳木1株、杧果2株、凤凰木2株，共15株。东厦镇有榕树50株、重阳木3株、刺桐5株、木荷1株、黄连木2株、榔榆2株、朴树2株、樟树2株、杧果2株、柿树1株、麻栎1株、荔枝1株，共72株。莆美镇有榕树53株、枫香1株、马尾松1株、樟树2株、杧果8株、含笑1株、桂花2株、油杉2株、绿果榕1株、刺桐2株、波罗蜜1株，共74株。陈岱镇有榕树63株、木棉1株、人心果1株、乌桕2株、黄连木3株、刺桐1株、樟树4株、榔榆1株、白桂木1株、龙眼2株，共79株。列屿镇有榕树30株、樟树11株、相思树2株、马尾松2株、榔榆1株、重阳木1株、枫香1株、黄连木1株，共49株。火田镇有榕树60株、杧果26株、枫香10株、格木18株、马尾松3株、重阳木2株、樟树8株、刺桐2株，共129株。下河乡有榕树38株、樟树10株、刺桐2株、枫香10株、杧果5株、龙眼2株、橄榄5株、木荷4株、丛花厚壳桂2株、红锥1株、白桂木1株、肥皂夹1株、二色波罗蜜1株、相思树1株、米槠1株、鹅掌柴1株、贵州木瓜红1株、白果蒲桃1株、酸枣1株，共88株。马铺乡有榕树19株、樟树9株、木荷6株、马尾松6株、格木6株、赤皮青冈2株、枫香15株、油杉1株、乌桕1株、铁冬青1株、红锥2株、秋风3株，共71株。和平乡有榕树40株、樟树6株、枫香2株、重阳木1株、杧果2株、木荷3株、格木1株、苏铁2株（丛）、林檎1株，共58株。常山开发区有榕树7株、枫香1株，共8株。

（二）名木

主要有格木、黄连木、油杉、苏铁、白果蒲桃、樟树、华南锥（又名红锥）、闽楠木，以及丛花厚壳桂、白桂木、青冈栎、秋风、榔榆、贵州木瓜红等。

格木 豆科，格木属常绿乔木，俗称铁莎，属国家Ⅱ级保护树种，为名贵用材，云霄是福建省格木主要分布地之一。据2001年测定，火田镇旺林尾村现存1.8公顷，活立木蓄积34立方米；圆峰村1.67公顷，活立木蓄积34立方米。高田、大坑、莆中、船场、石鼓、大坪、曲溪、大斜等村，也有小量分布。全县现有格木古树25株。峰头林场有1989年县林业局营造的格木13.33公顷，并套造大叶相思木，形成大叶相思与格木混合林。

油杉 松科，油杉属针叶树种，俗称杜松或松罗，是我国特有树种，属国家Ⅱ级保护树种。主要分布于树洞、大坑、双岭、下云等村及下河五斗山。全县有油杉古树3株。

苏铁 苏铁科，苏铁属植物，俗称铁树，是我国特有古老残遗植物，属国家Ⅰ级保护植物。和平乡河溪村树德岩（也称“河溪岩”）存有2株（丛）苏铁，株高3.5米，茎粗40厘米，每丛抽茎5～8个，相传为明弘治年间户部侍郎吴原之父吴永绥在建岩时所植，距今500多年。

白果蒲桃 桃金娘科，蒲桃属常绿阔叶树，近年在下河乡梅林自然村发现，属稀有品种。

华南锥 壳斗科，栲属常绿阔叶树、大乔木，俗名红锥，是云霄乡土树种，属亚热带优质用材树种，国家Ⅱ级保护树种。主要分布于马铺、下河、和平乡一带，与其他树种混生。

闽楠木 樟科，楠属常绿阔叶树种，俗称楠木，是珍贵用材树种，国家Ⅱ级保护树种。主要分布于下河乡、和平乡、马铺乡一带，与其他杂阔林混生。

樟树 樟科，樟属常绿阔叶大乔木，是国家珍贵树种之一，材质致密，有香气、耐腐、防虫，属国家Ⅱ级保护树种。火田镇白石村内槽自然村有近6.67公顷樟树疏林地，东厦镇东坑村、山后村，列屿镇半山村等有小面积樟木树分布，下河乡世坂村有两株千年以上古樟，全县有古樟树53株。

黄连木 漆树科，黄连木属落叶乔木（在云霄因气候温暖，为常绿树种）。树形秀丽，枝繁叶茂，对氯化氢、二氧化硫和烟尘抵抗性强。材质坚韧，纹理细致，可作家具用材。嫩叶有香味，可制成饮料，树皮供药用。

第七节 漳江口红树林国家级自然保护区

一、保护区范围

漳江口红树林国家级自然保护区位于云霄漳江出海口，距云霄县城10公里，地处北纬23° 55′～23° 56′，东经117° 24′ 68″～117° 28′ 27″，海拔6～8米。2006年，保护区面积2360公顷（约合35400亩），有天然红树林200多公顷，是以保护红树林及其栖息的野生动物为主要对象的森林生态类型与海洋和海岸生态类型综合性自然保护区，也是福建省唯一的国家级红树林湿地自然保护区。

二、红树林组成和结构

红树林组成种类已知有5科6属6种，即红树科木榄（小乔木）、秋茄树（灌木），紫金牛科桐花树（灌木），马鞭草科白骨壤（灌木），爵床科老鼠簕（亚灌木）和蝶形花科鱼藤（藤本）。结构为两层次，层间即为鱼藤。其他植被为滨海盐沼植被，滨海沙生植被。树林和植被植物共20多种（详见《自然环境》章第二节“野生植物”）。

三、常见动物种类

保护区范围内有鸟、兽和两栖爬行动物218种，其中国家Ⅰ级保护动物有中华白海豚、蟒蛇两种，国家Ⅱ级保护动物19种，“中日协定”保护候鸟77种，“中澳协定”保护候鸟41种。其中稀有鸟类有灰雁、豆雁、斑脸海香鸭、针尾鸭、黑尾鸥、黑鹳、白鹭等6目14科82种；有黑眶蟾蜍、中国雨蛙、沼水蛙等两栖动物10多种。重要经济软体动物种质资源有泥蚶、多纹巴非蛤、长竹蛏、缢蛏等，还有经济种质资源二色桌片参、黑斑口虾蛄、方格星虫等。还大量生长鳗鱼、弹涂鱼、长体鳝、锯缘青蟹、招潮蟹、泥螺、笋锥螺等。

四、保护与开发

1992年，县政府颁发《关于加强红树林管护的决定》，建立县级红树林自然保护区，加强对红树林的保护和管理。

1997 年，经省政府批复，成立省级漳江口红树林自然保护区，面积 1300 公顷（19500 亩）。同年，县委、县政府颁发《云霄县漳江口红树林省级自然保护区管理规定》，成立保护区管理站，负责对保护区的保护和管理。聘请厦门大学等高校专家对保护区进行综合科学考察，确定宜林滩涂地 752.9 公顷，作为保护区的发展范围，出版《福建漳江口红树林湿地自然保护区综合科学考察报告》，聘请省林业厅林业调查规划院进行总体规划。至 1998 年共营造新幼红树林 120 公顷。

2002 年，经国家环保总局的专家评审，建立保护区。2003 年 6 月 6 日，国务院办公厅发文批准为国家级自然保护区（《国务院办公厅关于发布河北衡水湖（注：含云霄）等 29 处新建国家级自然保护区的通知》）。2003 年，保护区开展国际合作，与世界自然（香港）基金会开展“漳江口红树林保护区的湿地资源保护和合理利用”合作项目。2005 年，开展“香港米埔红树林保护区帮助培训管理人员、编写管理计划”“培训 12 名宣传教育人员”“租赁保护区周边池地、农地作为鸟类的栖息、觅食场所”等意向合作项目。2006 年，进行第一轮的可行性论证。同年，香港汇丰银行资助 17 万元（港币）建设的观鸟屋建成投入使用。沃尔玛丹霞分店提供 20 万元人民币帮助建设“沃尔玛红树林标本园”。

第八节　机　构

一、县绿化委员会

由县政府分管领导任主任委员和有关部门、人民团体主要负责人为成员计 17 人组成。下设办公室于林业局，由局长兼主任，分管副局长兼副主任，另配专职副主任 1 人，工作人员 3 人负责日常工作。

二、县森林防火指挥部

由县人武部、县政府办、农办、林业局、公安局、检察院、法院、卫生局、广播电视事业局、消防大队、旅游局、发改局、教育局、安监局、气象局、民政局、交通局、农业局、电信局等为成员单位。由 1 名副县长任指挥，县人武部副部长与林业局局长任副指挥，下设办公室于林业局，由 1 名副局长兼主任，配专职副主任 1 人，工作人员 2 人。

三、县林业局

1997 年机关行政编制 8 人，在编 6 人，事业编制 2 人。内设人秘股。2006 年机关行政编制 5 人，在编 5 人。下设林政站、种苗站、林业技术推广站、林业规划设计队、森林资源站、营林站、山林纠纷调处办公室、森林病虫害防治检疫站、白藤站（2005 年 4 月撤销）、野生动物管理站（2005 年 3 月成立）等事业单位，编制 25 人。

四、乡镇林业工作站

各乡镇均设林业工作站，由乡镇政府管理，县林业局负责业务指导。2000 年 5 月，根据国家林业局《林业工作站管理办法》规定，划归县林业局管理，作为林业局派出机构，与乡镇实行双重领导，编制由 24 人增为 36 人。2006 年编制数不变。

五、国有云霄圆岭林场

为漳州市林业局下属事业单位。1997 年内设办公室、财务股、经销股、生产股、工区，编制 89 人。2006 年，下设机构不变，工区分别为烤塘、乌营、石鼓、大洞、岭脚、蕉坑、圆峰、高地、坪水洋、溪畔等，另有 1 家锯木厂、1 家压片厂，有职工 65 人。营林面积有速生丰产桉树林 400 公顷，经济林 220 公顷，生态公益林 2657.5 公顷，森林覆盖率 83.2%，绿化覆盖率 92%，防火线长 161 公里。房建总面积 4265 平方米，晒场 750 平方米，木材堆场 900 平方米。

六、县圆岭森林公安派出所

1997 年为林业公安科，编制 6 人，在编 5 人。1999 年 12 月，更名为圆岭森林公安派出所。2004 年 10 月由事业编制转为森林公安专项编制，归属县森林公安分局管理。2006 年 5 月转制为公务员，编制数不变。

七、漳江口红树林国家级自然保护区管理局

2005 年 2 月，根据中共漳州市委机构编制委员会《关于漳江口红树林国家级自然保护区管理局机构规格问题的批复》，设立漳江口红树林国家级自然保护区管理局，为副处级事业单位，隶属云霄县政府领导，编制 35 人。内设办公室、计财和项目建设科、资源保护科。

附：白石村重阳木群

火田镇白石村白石自然村坐落于县境东北方大帽山（海拔 1075.7 米）南坡，海拔高度约 450 米，村落依山势呈梯级状建筑。全村最高处的建筑物称为顶楼，现为一座扇形楼。楼后墙外东北角约 10 米处的小山坳里长有一片百年以上的天然重阳树群（云霄俗称“胶冬树”）。树木长势良好，树冠巨大，树高普遍在 10 米以上，胸径超过 1 米的计有 14 棵，最大的达到 2.30 米，另有 2 棵直径在 0.6 米以上。每棵大树的树根都突出地面，曲折突兀，形态各异。有棵大重阳木的树根环抱着一块长方形巨石，板状树根环抱巨石严丝密缝，支撑大树抗风挡雨岿然不动。林间还生长着不少幼龄重阳树。这片重阳木树群生长集中，分布在村后约 1000 平方米的山坳里，是白石自然村的风水林。重阳木结成的果实秋天成熟后可食，入口细嚼，有一股涩酸带甜的特殊味道，因而受到少年儿童的喜爱。

2006 年，村委会组织开展家园清洁活动，美化家园，打造农村绿色休闲旅游景点，在这片重阳木林中石砌一条宽约 0.8 米的曲折小径。小径依地形和浅涧走势筑有多处平台和小桥。丰水季节，林间浅涧，流水潺潺，成为村民休闲憩息的小公园，也是游人寻幽探趣到此游览的一个景点。

（1990 年，云霄县对全县古树名木进行第一次调查，2002 年省林业厅指定进行全县性“生物多样性保护”项目调查，数据载明，火田镇百年以上重阳木 2 株，该数据不含白石村这一树群。）

第十二章　渔　业

云霄县地处东南沿海，漳江水系发达，渔业资源丰富，生产历史悠久。主要渔业生产区域漳江湾和东山湾海区位于海淡水交汇处，有多种浮游与底栖生物，为鱼贝类生长繁殖提供丰富的食饵，也使各类海产品鲜美可口。泥蚶、缢蛏、牡蛎、文蛤、巴非蛤、银鱼等海产品久负盛名。中共十一届三中全会以后，渔区实行生产责任制，因地制宜发展海水、淡水养殖，渔业生产稳步发展。

1997 — 2006 年，渔业生产“以养为主，养殖、捕捞、加工并举”。利用浅海、滩涂、埭沟、池塘、水库大力发展海淡水养殖，实施泥蚶“168”工程和巴非蛤增养殖技术，成为全国最大的县级无公害泥蚶养殖基地和全国巴非蛤标准化示范区建设基地，并出现两个跨省巴非蛤养殖、供销联合体股份制企业。引进推广一批养殖新品种和新技术，促进养殖业的转变升级。2006 年，全县养殖面积 6956 公顷，比 1996 年 5320 公顷增长 31%，养殖产量 16.69 万吨，占渔业总产量 17.51 万吨的 95.3%。贯彻渔业资源保护方针，设立禁渔区，更新捕捞船只及设备，捕捞产量保持基本稳定。2006 年，渔业总产量从 1996 年的 4.51 万吨增至 17.51 万吨，产值（当年价，下同）从 2.13 亿元增至 8.98 亿元。水产品加工与流通形成多体制、多渠道发展的态势，加工产品的产值和销售量、销售收入都有较大增长，质量明显提高。

第一节　渔区与渔业生产体制

一、渔镇

（一）东厦镇

在县境东部漳江湾两岸，海岸线长 34.11 公里。以泥蚶、蛤蛏、锯缘青蟹、文蛤、花蛤、对虾及鱼类养殖为主，有全国最大的无公害泥蚶养殖基地。捕捞以地拖网、手抛网、定置网等作业为主。2006 年，养殖面积 2194 公顷，产量 47457 吨，占全县水产品总产量的 27.1%；渔业产值 15016 万元，占全镇农业总产值 67%。以渔业为主（渔业产值在农业产值中占大部分，下同）的渔业规模生产建制村（下简称“渔业规模生产村”）有竹塔、船场、东厦等 3 个渔村，渔农兼业有长洋、佳洲、埭洋、东崎、湖丘、洲渡等 6 个村。

（二）陈岱镇

在县境东南部沿海，海岸线长 21.5 公里。2006 年有网箱养殖 7341 公顷，对虾养殖 268 公顷，牡蛎、贻贝吊养与滩涂养殖 322 公顷，波纹巴非蛤、东风螺等贝类年产量 6000 吨，螃蟹、对虾、石斑鱼等年产量 1700 吨，占全县水产品总产量的 4.3%。渔业规模生产村有礁美村，渔农兼营有后江、中江、前江、坑内等 4 个村。

（三）列屿镇

在县境东南部沿海，海岸线长 18 公里。渔业以牡蛎、巴非蛤养殖为主，近海捕捞为辅。有万亩巴非蛤“国家示范养殖基地”和万亩牡蛎吊养基地。2006 年，渔业产量 11 万吨，占全县总产量的 62.8%。渔业规模生产村有人家、青径等 2 个村，渔农兼营有宅后村。

二、重点渔村

（一）人家村

隶属列屿镇。1996 年，全村 200 多户 1000 多人，人均收入 1800 元。1997 年，该村以增养巴非蛤、加工蛤肉出口为主，并建虾池 6.67 公顷，放养虾、鱼、贝。1999 年，该村村民李漳山（2005 年全国劳动模范）组织海产开发联合体，并与城内、城外等邻村渔民实行联营，养殖巴非蛤 234.34 公顷，养殖鲍鱼 0.34 公顷。2001 年，联合体组织村民到东山县西埔湾、广东珠江三角洲、广西北海及海南等地，承包滩涂养殖巴非蛤。2003 年李漳山等人创办漳联水产有限公司，从事巴非蛤肉加工出口和网具生产。全村有 17 艘渔轮、20 多艘小船、300 余名劳动力投入省内外水产养殖、加工、运输与营销。1997 — 2006 年，村民新建占地面积 100 平方米以上、高 3 ~ 4 层住宅 55 幢，村内街巷通道全部水泥硬化，并建有自来水、公共厕所、垃圾场等公共设施。2006 年，全村 285 户 1280 人，人年均纯收入 6000 多元。

（二）礁美村

隶属陈岱镇。1996 年全村 1000 余户 4000 多人口，人均收入 2100 元。1997 年，有浅海滩涂 666.67 公顷，是县内巴非蛤生产主要海区。2006 年，该村对海区实行划片管理，严格禁渔期捕捞工具网眼规格，发动村民购苗投放。全村常年有 700 多个劳动力、60 多艘大小渔船投入巴非蛤人工增养，并发展太平洋牡蛎吊养和鲍鱼饲料藻养殖。殖生产。有对虾、花蛤、欧洲鳗等养殖面积 53 公顷，鲍鱼场 5 个，牡蛎加工场 3 个。1997 — 2006 年，全村新建楼房 300 多幢，新建礁美小学和中心幼儿园以及 3 个篮球场。2006 年，全村 1086 户 4126 人，人年均纯收入 6500 多元。先后被评为“福建省精品村”“福建省教育先进村”“漳州市文明村”“漳州市新村建设先进村”。2001 年 7 月，全国政协副主席周铁农率专家团到礁美村调研，为其题词：“科学管理海域，礁美经济腾飞”。

（三）长洋村

隶属东厦镇。1996年，全村 320 户 1300 人，人均收入 1700 元。1997年，该村在滩涂开发人工增养殖巴非蛤，并设有巴非蛤加工场，加工巴非蛤肉出口欧美和日本。1999 年，村民高茂松、高宝结在当地开发人工增养殖巴非蛤 200 多公顷，同时在广东省井州、东莞和广西壮族自治区的北海等地，开发增养殖面积 6000 多公顷，开辟巴非蛤养殖生产、加工、销售的一条龙服务，解决长洋村 200 多名劳动力外移。2002 年，高茂松、高宝结等人合股，投资创办东南海巴非蛤协会，协会拥有 28 艘 100 吨以上船只，每年有 7000 吨以上的产品销往广东、广西、海南和台湾等地。2006 年，村人均年收入 6000 元。新建村部、环村水泥公路、长洋小学、篮球场、文化室、老人活动中心等，改善村民的居住条件、生活水平和文化生活。

三、渔港

（一）山前二级渔港

位于列屿镇山前村。2006 年建渔港防波堤 250 米，总投资 500 万元，其中省级补助 180 万元，银行贷款 200 万元，自筹 120 万元，“九五”期间立项，2006 年 4 月 26 日竣工。渔港可停靠渔船 200 — 400 艘，年卸港量 1 万 ~ 2 万吨，具备相应冷藏能力。

（二）礁美二级渔港

位于东山湾八尺门海区礁美村。拟建渔港防波堤 300 米，“十五”期间项目。总投资 500 万元，其中省级补助 180 万元，地方配套 100 万元，自筹 220 万元。2006 年尚在筹建阶段。

（三）青径三级渔港

位于列屿镇青径村。2006 年建渔港防波堤 100 米，总投资 120 万元，其中省级补助 35 万元，银行贷款 10 万元，自筹 20 万元，“九五”期间立项，2006 年 4 月竣工。渔港可停靠渔船 100 ~ 200 艘，年卸港量 0.5 万 ~ 1 万吨。

（四）船场三级渔港

位于东厦镇船场村。拟建渔港防波堤 120 米，总投资 126 万元，其中省级补助 30 万元，银行贷款 5 万元，自筹 66 万元。“十五”期间立项，2006 年尚在筹建阶段。

四、渔业生产体制

1997 年，全县有水产养殖、育苗、加工和渔具修造等经济实体 730 个，其中乡镇创办 274 个，村创办 182 个，渔（村）民自愿组合的股份制联合体 130 个，个体经营 144 个。联合体和个体经营户向村委会缴交管理费和滩涂（库区、池塘）承包费，利润按股份分配或归个人所有。2006 年，全县有股份制联合体 587 个，乡镇办 91 个，村办 74 个，个体 192 个。

五、渔业人口

据 2005 年漳州市渔业户口劳力综合调查，全县渔业户数 3960 户，渔业人口 23554 人（传统渔民 23054 人），渔业劳动力 7262 人，其中渔业专业 5156 人（捕捞 1200 人，养殖 3635 人，其他 321 人），渔农兼业 2106 人。

第二节　海水养殖

一、浅海滩涂养殖

漳江湾有浅海（水深 10 米以下，下同）567 公顷，滩涂 1333 公顷；东山湾云霄海区有浅海 6091 公顷，滩涂 931 公顷，分布于东厦镇、陈岱镇、列屿镇。主要养殖泥蚶、波纹巴非蛤、文蛤、缢蛏、牡蛎、花蛤、翡翠贻贝、虾、蟹等。1997 年，海水滩涂养殖面积 3920 公顷，产量 113115 吨，占渔业总产量 87.5%，比 1996 年占比 65.4% 提高 22.13 个百分点。1998 — 2003 年，养殖占比一直保持在 82.7% ~ 88.65% 之间。2006 年，海水滩涂养殖面积 5456 公顷，产量 154622 吨，占比 94%。

（一）泥蚶

原产于竹塔村一带滩涂，其养殖区域位于咸淡水交汇处，咸淡适宜，肉质鲜美，所含血分多，被称为“血蚶”。1997 年 8 月，县委、县政府实施泥蚶“168”养殖工程，当年养殖面积 167.33 公顷，产量 5040 吨，产值 1.78 亿元。1998 — 2003 年，年养殖面积 300 公顷、年产量 9000 吨，产值 3.72 亿元；2004 年养殖面积扩大至 545.67 公顷、产量增至 11520 吨，产值 4.77 亿元。2005 年 9 月，“云霄万亩泥蚶养殖技术”项目获农业部“全国农牧渔业丰收奖”二等奖。2006 年养殖面积 545.67 公顷，年产量 11387 吨，产值 4.72 亿元。

（二）波纹巴非蛤

为浅海滩涂生长贝类。1980 年在东山湾礁美海区发现自然生长巴非蛤资源。20 世纪 90 年代初，陈岱镇礁美、列屿镇人家、东厦镇长洋村一带开始围网保护亲贝，实行人工增养殖。1997 年全县养殖 1333.34 公顷，产量 91486 吨，产值 1.02 亿元。1999 年列屿镇养殖基地扩大至 666.67 公顷，为全省最大养殖基地。2000 — 2002 年，县海洋与渔业局和省水产研究所合作承担农业部丰收计划项目“云霄县巴非蛤海区增养殖技术研究”项目并通过验收，2003 年 10 月获农业部“全国农牧渔业丰收奖”二等奖。2004 年全县养殖面积 3333.35 公顷，产量 115516 吨，产值 2.1 亿元。2006 年养殖面积 2270 公顷，产量 61756 吨，产值 1.06 亿元。

（三）文蛤

原在漳江出海口的新浮洲自生自繁。20 世纪 80 年代初期，东厦镇溪塘村养殖成功后，从广西购苗进行增养殖，产区逐渐发展到长洋村和列屿镇各渔村。1997 年养殖面积 16.67 公顷，产量 3500 吨，产值 2120 万元；2006 年养殖面积 42 公顷，产量 8920 吨，产值 6352 万元。产品销往中国港、澳、台地区及东南亚等地。

（四）缢蛏

原自生自长于漳江湾江海交汇处滩涂中，清代就有人工养殖记载。改革开放后，东厦镇的竹塔、东崎、长洋、埭洋、洲渡、佳洲、船场、荷步、浯田、溪塘、东厦和陈岱镇的白礁等村均有养殖。1997 年，养殖面积 140 公顷，产量 2000 吨，产值 600 万元。2006 年，养殖面积 300 公顷，产量 5000 吨，产值 1100 万元。产品畅销闽西北，以及粤、港、澳等地。

（五）牡蛎

主要生长于列屿、陈岱海区。1985 年，推广人工吊养（把牡蛎壳钻洞系于尼龙索上，吊于海水中），年可收获 2 季。1997 年，产量 2250 吨，产值 408 万元。1998 年 7 月，陈岱镇养殖日本太平洋牡蛎获得成功。2006 年产量达到 51148 吨，产值 4503 万元。产品销往中国粤、台、港、澳及东南亚等地。

（六）花蛤

1989 年厦门集美水产学校一位副教授出资购花蛤苗 3.15 吨，在陈岱镇曾江村滩涂垦区内的虾池进行虾蛤混养和繁殖蛤苗试验。试验结果池外滩涂附苗多，村水产联合体即利用垦区排洪沟及滩涂进行养殖，获得较佳经济效益。随后花蛤养殖在全县推广，成为对台贸易的主要水产品之一。1997 年产量 3950 吨，产值 3055 万元。2004 年增加到 6500 吨，产值 5005 万元。 2005 年为保护资源，进行封海限捕。2006 年，养殖面积 53.33 公顷，产量 2125 吨，产值 2300 万元。

（七）翡翠贻贝

俗称青蚶，产于深水区岩礁上，加工成干制品称淡菜，营养丰富，被誉称"海底鸡蛋"。1958 年，县水产养殖场在石矾塔周围海区试养。1997 年，养殖 23 公顷，产量 400 吨，产值 400 万元。2006 年，养殖 56.67 公顷，其中陈岱吊养 10 公顷，列屿吊养 46.67 公顷，全县年产量 1020 吨，产值 800 万元。

（八）虾蟹

1985 年开始在东厦、陈岱等乡镇养殖对虾。至 1989 年养殖 413.33 公顷，总产 8990 吨。后由于虾病影响，产量大幅度下降。1997 年试行对虾、青蟹混养，养殖面积 163 公顷，年产对虾 82 吨，青蟹 620 吨，总产值 3690 万元。青蟹主要养殖区在东厦镇漳江湾及陈岱、列屿沿海。后发展至漳江湾两侧的东厦镇 15 个村。2004 年全县虾蟹养殖 530 公顷，产对虾 140 吨、青蟹 1493 吨，总产值 8730 万元；2006 年养殖 533 公顷，产对虾 148 吨、青蟹 1526 吨，总产值 9000 万元。锯缘青蟹咸淡适中、肉质清香、营养价值高，产品销往厦门、广东、香港等地。

（九）东风螺

1980 年在陈岱镇曾江海区首次发现方斑东风螺，肉质脆嫩、味道鲜美。20 世纪 80 年代后期，县政府在该海区设立东风螺禁捕区和禁捕期。1992 年陈岱镇的养殖户开始进行东风螺人工试养殖，当年养殖面积 8.67 公顷。1997 年养殖 40 公顷，年产量 700 吨，产值 750 万元。1999 年陈岱镇养殖户引进新的东风螺养殖技术，主要养殖品种有方斑东风螺、泥东风螺和台湾东风螺三种，分布于陈岱镇的后江、中江、前江、礁美、石前、岱南等村。到 2006 年，陈岱镇共有东风螺养殖面积 100 公顷，年产量达 800 吨，产值 850 万元。有池塘养殖、自然海区沙滩养殖和海区沉箱养殖三种模式。产品远销国内外。

（十）海带

20 世纪 60 年代，开始在五屿海区养殖海带，年均产量 103 吨。1997 年养殖 16.7 公顷，年产 70 吨，产值 30 万元，1998 年受市场价格和水质变化影响，海带产量减至 30 吨，产值 14 万元。2004 年停养。

（十一）紫菜

1997 年在青径海区养殖紫菜，年产 75 吨，产值 50 万元。2004 年产量 30 吨，产值 20 万元。2006 年产量 45 吨，产值 30 万元。

1997 — 2006 年云霄县海水养殖主要产品统计表

表 12-1　　　　单位：吨

年份	总产量	其中								
		泥蚶	缢蛏	牡蛎	巴非蛤	文蛤	花蛤	其他贝类	虾蟹类	紫菜
1997	113155	5040	3927	2250	91486	3500	3950	2225	702	75
1998	91131	6700	3500	1550	70226	1500	4100	2720	785	50
1999	116056	7500	3700	1880	95496	1200	4300	1250	680	50
2000	129268	8200	4500	2500	106208	800	4500	1700	800	60
2001	129778	9100	4560	3800	103728	650	5500	1500	890	50
2002	132238	9000	4750	4200	106053	550	5200	1550	885	50
2003	137130	9000	4800	4500	110650	450	5100	1500	1130	35
2004	147831	11520	5162	5500	115516	450	6500	1520	1633	30
2005	154686	11508	5126	52956	60782	9184	2312	11096	1672	50
2006	155247	11387	5013	51148	61756	8920	2125	13179	1674	45

二、网箱养鱼

20 世纪 90 年代初，沿海乡镇开始进行网箱养鱼，之后在八尺门海区形成重点养殖区。1998 年，陈岱镇养殖户在八尺门海区进行美国红鱼网箱养殖。2000 年，养殖 4800 箱，面积 8784 平方米，年产 520 吨，产值 990 万元。2005 年，养殖户改小箱并大箱，养殖 1000 大箱，面积 9000 平方米，产量 535 吨，产值 1020 万元，2006 年养殖面积、产量与 2005 年持平。养殖产品主要有石斑鱼、大黄鱼、牙鲆鱼、多种鲷鱼、鲈鱼、鮸鱼、美国红鱼、鰤鱼、褐兰子鱼、褐毛鲿、卵形鲳鲹、东方鲀、褐菖鲉等。

三、工厂化鲍鱼养殖

2001 年，开始在列屿镇人家村进行鲍鱼工厂化养殖 0.34 公顷，生产鲍苗 0.4 亿粒，养殖种类有九孔鲍、盘鲍、皱纹盘鲍、杂交鲍等。之后，列屿镇又发展 3 家鲍鱼养殖场。2001 — 2005 年，年产量保持在 50 ～ 80 吨之间。2006 年，山东红鲍鱼移往列屿镇越冬成功。当年生产成品鲍鱼 90 吨和鲍苗 0.6 亿粒，产值 1180 万元。

第三节　淡水养殖

一、水库、池塘、埭沟放养

20 世纪 80 年代后，养殖品种除鲤、草、鲢、鳙等传统淡水鱼类外，新增对虾、胡子鲶、鳗鱼、罗非鱼、白鲳、鳗鲡、甲鱼、河蟹、牛蛙等经济价值高的种类，传统养殖鱼类逐步减少，养殖结构有很大改变。全县水库、池塘、埭沟等淡水养殖面积每年都保持在 2100 ～ 2200 公顷之间，主要为水库放养。1997 — 2006 年水库养殖面积稳定在 1400 ～ 1500 多公顷之间。由于单位面积产量提高，全县淡水鱼养殖产量从 1997 年的 6997 吨至 2005 年 11840 吨。2006 年 11617 吨，比 1996 年 8388 吨增长 38.5%，占渔业总产量 7.22%，比重比 1997 年提高 0.88 个百分点。淡水鱼养殖产值 1997 年 2603 万元，2005 年 9092 万元，2006 年 8506 万元。

1997 — 2006 年云霄县淡水养殖统计表

表 12-2　　单位：公顷、吨

年份	面积				产量			
	池塘	水库	埭沟	合计	池塘	水库	埭沟	合计
1997	554	1587	56	2197	4367	2395	235	6997
1998	554	1587	56	2197	5491	3500	778	9769
1999	554	1587	56	2197	6218	3664	920	10802
2000	554	1587	56	2197	7810	2848	320	10978
2001	554	1587	56	2197	8367	3845	380	12592
2002	554	1587	56	2197	8548	4000	390	12938
2003	554	1587	55	2196	8118	3712	350	12180
2004	554	1423	55	2032	7665	3042	320	11027
2005	554	1425	55	2034	8016	3448	376	11840
2006	554	1425	55	2034	7856	3379	382	11617

二、江河放养

1994 — 1995 年，县水产局在漳江内湾两次人工放流银鱼 65 万尾，使近于绝种的银鱼在 1997 年恢复上市。1997 — 2005 年，在漳江放流中华绒螯苗 700 万只。

第四节　苗种繁育

一、贝类

（一）蚶苗

1997 年，陈岱海水温泉源利特优海产苗种场培育泥蚶夏苗 3 亿粒，秋苗 4 亿粒，并从浙江乐清引进蚶苗 1.4 亿粒，投放白礁、岱南、青崎、竹塔等村海区和虾池培育；引进蚶沙 600 万粒、蚶豆 2 万粒，投放曾江垦区虾池进行中间培育。1999 年与鱼虾同池养殖试验成功。各示范点和养殖区人工培育蚶苗逐步自育自给，2005 年全县育蚶苗 13 亿粒。2006 年育蚶苗 15 亿粒。

（二）蟹苗

1997 年 9 月，厦门大学海洋学系与县源利特优海产苗种场合作的“锯缘青蟹人工育苗及中间培育技术推广”项目，于 1998 年获得成功，并向养殖户批量供应蟹苗。

（三）牡蛎苗

1998 年 7 月，源利特优海产苗种场催产日本太平洋牡蛎苗种 24 亿粒，由该场养殖 33.34 公顷。1999 — 2006 年，县内全面推广使用日本太平洋牡蛎苗种。

二、鱼类

1997 年，台商蔡先生租赁位于陈岱的县海水温泉水产良种实验场创办光洋温泉渔场，占地 8 公顷，有日出水量 2000 吨的海水温泉 2 口，从事鱼、虾、贝育苗和亲种越冬，培育石斑鱼苗，供应县内外养殖户。至 2006 年，全县石斑鱼及其他鱼类苗种全部由县内自育自供。

第五节 捕 捞

一、海洋捕捞

主要在江海交汇的漳江湾和东山湾海区等近海作业。捕捞的种类主要有康氏小公鱼、日本鳀、二长棘鲷、真鲷、带鱼、刺鲳、兰点马鲛鱼、石斑鱼、鲳鱼、鯯鱼、兰园鱼参、金色小沙丁鱼、黄鳍鲷、海鳗、海鲶、英氏鲻、鲈鱼、叫姑鱼、黄姑鱼、黑鲷、弹涂鱼、大弹涂鱼、牙鲆、舌鳎、条纹东方鱼屯、日本对虾、长毛对虾、短勾对虾、周氏新对虾、日本毛虾、中国毛虾、虾姑、锯缘青蟹、日本蟳、斑纹蟳、三庞梭子蟹、鲨鱼、中国枪乌贼、小乌贼、墨鱼等。捕捞产量，1997 年 7918 吨，产值 1980 万元，1998 年后产量逐年有所上升，多在 8000 吨左右，但占水产品总产量的比例逐年下降，1997 年占 6.13%，1998 年占 4.72%。2001 年后，实施"调整近海作业、保护渔业资源"方针，禁止密眼网具和定置作业，产量保持在每年 7000 吨上下。2006 年产量 7238 吨，占渔业总产量 4.13%，产值 1810 万元。

二、江河捕捞

主要集中在漳江中下游作业。20 世纪 90 年代以后，在漳江主要放流银鱼和蟹苗，捕捞量从 1996 年 1138 吨增至 1997 年的 1204 吨，其中鱼类 1156 吨，虾蟹类 30 吨，贝类捕捞 18 吨，产值 522 万元。1998 年产量 1200 吨，1999 — 2005 年产量保持在千吨左右。2006 年产量 1024 吨，其中鱼类捕捞 861 吨，虾蟹类捕捞 120 吨，贝类捕捞 43 吨，另有少量鳗鱼，当年产值 410 万元。

三、渔船渔具

渔船均为木质，无帆机动渔船已基本取代传统风帆渔船，且吨位、动力有所增加，但多数仍属 20 吨以下的小型渔船，且数量逐渐减少。2006 年机动渔船从 1996 年的 681 艘减少到 375 艘，总吨位从 1992 吨增加到 3249 吨；非机动渔船 68 艘总吨位 120 吨。

捕捞多采用张网、刺网、围网、拖网、抄网、耙网、定置网和钓具等，20 世纪 90 年代后，渔政部门实施捕捞许可证和渔船年审制度，禁止使用密眼网具和定置网等破坏资源作业。

附："金华兴号"三桅古式帆船

列屿镇城外村汤坤海家庭的"金华兴号"（闽云渔 2001 号）渔船，长 24.6 米、宽 7 米、排水量约 200 吨，是以三叶帆为动力的木质牵风作业古帆船。2004 年 8 月，该船在东山湾作业时，被福建海岸行考察组专家发现，认定该船为中国海岸线最后保存下来的三桅古式帆船，可能有上百年历史，牵风船研究小组负责人大连海事大学航海史学专家许路认为，该船的存在及其作业方式，为一种已经消逝的文化传统提供了独特的见证，具备列入世界文化遗产名录的条件。2006 年此船被深圳博物馆收藏。

第六节 水产品加工与流通

一、水产品加工

（一）干制品

主要为鱼类、贝类、海藻类。1997 年，仅有渔民手工晒干品 3 吨。2000 年后，先后创办漳联水产有限公司、中联水产有限公司、宝兴水产开发有限公司、永欣水产加工有限公司，并引进维尔京群岛外商独资漳州超大食品有限公司、美国外商独资常山亨利同食品有限公司、泰国外商独资漳州市江泰食品有限公司、港商独资漳州金泰隆食品有限公司等加工企业，产品与产值从 2001 年的 5350 吨、582 万元，增至 2006 年的 8218 吨、732 万元。产品增加鱿鱼丝、鱼果、鱿鱼片等软包装、小包装干制品。

（二）保鲜冷冻品

主要为鱼类、贝类。1997 年，县水产供销公司冷冻 45 吨。2002 年后，引进台商独资永德冷冻有限公司、台商独资漳州鲜品冷冻食品有限公司、港商独资漳州常山聚福水产加工有限公司等加工企业，产量与产值从 2001 年的 2300 吨、130 万元，增至 2006 年的 3448 吨、222 万元。产品一般分为每袋 15 公斤、20 公斤、25 公斤大冻片。2002 年，又逐步改为小冻片及小包装，每袋 1 公斤、2 公斤、2.5 公斤、5 公斤、10 公斤、15 公斤、20 公斤。鱼类冷冻品有冻大黄鱼、冻鲳鱼、冻带鱼和冻鳀鲳鱼、冻鳗鱼等，有块冻（包括小包装）和单冻两种。冻虾主要产品有带头冻虾、无头冻虾、冻虾仁、冻虾球、冻凤尾虾和冻面包虾等。冻蟹主要有冻梭子蟹，分双螯、单螯和臂足 3 类，有大、中、小冻块。冻贝肉主要有冻蛏肉，由鲜蛏烫熟、去壳，速冻而成，每块 0.5 公斤，每箱 10 块 5 公斤。

1997 — 2006 年云霄县水产品加工统计表

表 12–3　　　　单位：吨、万元

项　目	年　份									
	1997	1998	1999	2000	2001	2002	2003	2004	2005	2006
产量	48	40	25	5280	5350	8150	5420	5930	7988	8218
产值	92	36	20	520	582	1582	585	605	692	732

二、水产品流通

1997 — 2006 年，随着经济体制改革的进一步深化，属国家三类商品的水产品全部放开，以多种流通渠道，多种价格形式，自由交易，自由竞争。渔民不仅生产、加工，还直接参与流通运销。云霄水产品除供应本县市场外，大部分以鲜活或深加工方式运销汕头、广州和福州、厦门等地，文蛤和波纹巴非蛤运销日本和中国台湾等地，并开拓了对台水产品小额贸易。1999 年 1 月 13 — 19 日，由市、县渔业主管部门组织云霄泥蚶、鲍鱼等鲜活名优水产品参加省农展会展销，产品供不应求。2001 年 1 月 8 — 14 日，在漳州市第三届海峡两岸（福建・漳州）花卉博览会上，市海洋与渔业局举办漳州水产展销会，云霄县展出 10 多种水产品，泥蚶和巴非蛤成为格外畅销的产品。同年 9 月 29 日，云霄巴非蛤在重庆举办的福建省水产百家企业名优产品展销会上被抢购一空。2003 年 1 月 18 — 20 日，组织泥蚶、巴非蛤、鲍鱼等产品参加由市政府和省海洋与渔业局主办的“海峡两岸（福建・漳州）海洋与渔业产品展销会”展销。2005 年 11 月 28 日— 2 月 4 日，第四届海峡两岸（福建・漳州）花卉博览会暨农业合作洽谈会在漳州举办，市海洋与渔业局举办水产业成果（水产馆）展，在 40 个展位中，云霄县设 4 个展位，产品全部畅销。

1997 — 2006 年云霄县水产品销售统计表

表 12–4　　　　单位：吨、万元

项目	年　份									
	1997	1998	1999	2000	2001	2002	2003	2004	2005	2006
销售量	155176	132292	166199	184879	186910	191341	199969	207335	225661	226250
销售额	54070	58790	68107	76986	78657	85384	84934	96806	112838	117524

注：销售量包括调出县外

第七节　海洋渔政管理与服务

一、许可证制度

（一）捕捞许可证制度

1996 年，全县办理捕捞许可证 780 本。1998 年进行第二次换证。2000 年，在全国海洋渔业船舶普查中，全县普查登记船舶 467 艘，总吨位 2448 吨，总功率 12033 千瓦。其中 59 千瓦以上 63 艘，总吨位 1954 吨，总功率 8178.18 千瓦；9 千瓦以上未满 59 千瓦 72 艘，总吨位 378 吨，总功率 2071 千瓦；9 千瓦以下 332 艘，总吨位 116 吨，总功率 1784 千瓦。根据普查登记，证书齐全 68 艘，总吨位 1713 吨，总功率 6976 千瓦；证书不齐 111 艘，总吨位 735 吨，总功率 3029 千瓦；未持有渔业船舶证书 288 艘，总功率 2028 千瓦。2002 年实行年审制度。2003 年换发为全国统一的《中华人民共和国小型渔业船舶证书》（三证合一），2005 年换发为全国统一的新版渔业捕捞许可证。2006 年全县办证 443 本，比 1996 年减少 337 本。

（二）养殖使用证制度

1996 年 6 月，云霄县在全省率先推行养殖使用证制度，对全县巴非蛤底播和增养殖户核发养殖使用证，确认其养殖海域使用权。2001 年 6 月，县启动国家级海域使用管理示范区建设，对东厦镇泥蚶、文蛤、青蟹，陈岱镇巴非蛤，列屿镇太平洋牡蛎等 4 个面积上万亩、产值超亿元的水产基地，核定用海面积 0.5 万公顷（7.5 万亩），发放海域使用证 108 本，征收海域使用费 280 多万元。2005 年 8 月，县海洋与渔业局被农业部办公厅授予“全国养殖证制度建设工作先进单位”。

二、海域功能区划与管理

2002 年 6 月 28 日《漳州市比例海洋功能区划》经省政府批准实施。云霄县渔业开发的海洋功能区分为，渔港功能区：青径渔港、山前渔港；滩涂养殖功能区：列屿至陈岱滩涂养殖区；浅海养殖功能区：八尺门浅海养殖区；围垦养殖功能区：东方埭、东升埭、崎尾、浯田埭、青径、宅后、梅山、曾江埭、澳底、陈岱、八尺门；竹港围垦养殖区；海洋捕捞功能区：漳州沿海及台湾海峡渔场海洋捕捞区；增殖功能区：漳江口贝类增殖区、东山湾（列屿海区）巴非蛤增养殖区；禁渔区：按国家规定，在某个时期内禁止任何捕捞或禁止部分渔具进入使用，以利于生物资源恢复，使资源处于良好状态的海域；农业功能区：沿海农业区；科学研究实验区：五屿养殖科研试验区。县海洋与渔业执法大队根据海洋功能区划和与东山、诏安、漳浦海域线划分的海域，进行海域、船只和渔政监督管理。2003 年，漳州市海洋与渔业环境监测站正式在云霄县启动“贝类养殖区海洋环境监测”项目。

三、安全生产整治

1997 年 3 月 12 日，东厦镇竹塔村群众乘坐滩涂养殖船下海捕捞蛏苗，急转弯时翻船，21 人落水，15 人死亡，市政府就此向各县（市、区）政府、市直有关部门发出通报。

1998 — 2004 年，全县开展 3 次船舶安全整治，查处渔船安全违规案件 25 起 32 艘次，开展港口检查 22 次，检查渔船 625 艘次，责令整改配齐安全设备 220 件。至 2006 年，全县未再发生渔船生产事故。

四、疫病防治

1997 年，针对海区虾病致病因子的侵袭与危害问题，根据斑节对虾、刀额新对虾等虾类具有的极强耐低盐能力，以及海水虾类病害发病机制与传播途径的特点，县水产技术推广站在市水产技术推广站指导下，开展对虾兑淡养成试验获得成功，养殖 10 公顷，产量 23.7 吨。1998 年，水产技术推广站成立水产养殖病害防治室，开展咨询服务，向水产养殖户推介市海洋与渔业局编印的《鱼虾贝病虫害防治》，分发《漳州水产科技简讯》，对常见的草鱼出血病、牙鲆弹状病毒病，真鲷虹彩病毒病、赤皮病、链球菌病、弧菌病、巴斯德氏菌病、假单胞菌病、爱德华氏菌病、疖疮病、黏孢子虫病、车轮虫病、隐核虫病、瓣体虫病和本尼登虫病及时提出指导性防治方法。2001 年，根据省、市治理“餐桌污染”的部署和实施方案，县海洋与渔业局成立治理工作领导小组，对水产养殖用药和病害等情况，制定治理方案，开展整治防治工作。2001 — 2006 年，共组织 9 次水产品污染专项整治。

五、机构

县海洋与渔业局　1997 年，行政编制 8 人，在编 6 人。2000 年，县水产局改称县海洋与渔业局，2006 年行政编制 6 人，在编 6 人。内设人秘股、渔业产业股、计划与执法股。下辖海洋与渔业执法大队、水产技术推广站、水产开发中心和海洋站。计有行政事业人员 35 人。

2005 年 5 月，东厦镇、列屿镇、陈岱镇分别设立海洋与渔业站。

附：泥蚶“168”养殖工程

云霄竹塔泥蚶历来享誉中外。明清时就有当地村民进行养殖，产品畅销东南亚国家和中国香港。由于蚶苗均依赖外省产地购入，加上海区水质变化，养殖面积受到制约。1997 年春，县委组织科研人员对泥蚶生长规律、养殖技术及其对滩涂与虾池养殖适应性进行调查研究、勘测，并聘请省外人员参加育苗和暂养。8 月，县委提出实施泥蚶“168”工程，成立工程指挥部，县委书记黄河俊任指挥，县长赖文达任常务副指挥，副县长张小梅、汪田吨，县人大副主任黄松木任副指挥，县水产局、科技局、计划局、环保局、财政局、农行、税务局和沿海 3 个镇的主要领导为成员，陈岱、列屿、东厦等镇相应成立领导和办事机构。工程规划养殖面积为东厦镇 333.34 公顷，列屿镇 133.33 公顷，陈岱镇 200 公顷，并确定以列屿镇青崎村 66.667 公顷为高优示范区，陈岱镇礁美村 66.667 公顷为示范点，南屿头为稚贝中间暂养示范点，高洋澳为育苗示范点。养殖范围有东厦镇的竹塔、东崎、长洋、湖丘、埭洋，陈岱镇的白礁、礁美、岱南、前江、中江、后江、坑内，列屿镇的青径、宅后、人家等 15 个村。工程启动后，省长贺国强、省委副书记习近平、副省长童万亨、市委书记曹德淦、市长李天森等多次到云霄进行调研和指导，省水产厅在立项与资金配套方面给予优先支持。县委书记黄河俊带队到浙江乐清县蒲岐镇考察泥蚶人工育苗和中间培育成蚶养殖技术，并聘请省水产研究所研究员陈文龙和浙江省温岭市蚶苗培育技术员 2 人到云霄现场指导。当年，由县海水温泉良种实验场培育泥蚶夏苗 3 亿粒、秋苗 4 亿粒，从乐清购进蚶苗 1.4 亿粒，投放白礁、岱南、青崎、竹塔等海区滩涂和虾池培育，另购进蚶豆 2 万粒投放曾江虾池进行中间培育成蚶。1999 年试验泥蚶与其他海产品同池养殖成功并逐步实现育苗自给，2005 年育苗 13 亿粒。

在实施过程中，县举办有 200 多人次参加的泥蚶育苗和成蚶养殖技术培训班，发放技术资料 1800 多份，县电视台开辟专题栏目对泥蚶养殖进行技术指导，县农行发放泥蚶养殖贷款 150 万元。民间相应成立三新水产开发有限公司及伪和、大洲养殖有限公司，陈岱“168”泥蚶养殖场以及忠平、豪力、顺盛、得洲、富海、龙发、海瑞、志来、明文、忠福、茂发、荣美、团结等养殖场。至 2006 年，全县养殖泥蚶 545.67 公顷（8185 亩），年产量 11387 吨，产值 4.72 亿元，为全国最大的县级无公害泥蚶养殖基地。

第十三章　工　业

云霄明清年间，有造船、陶瓷、冶炼、制糖、晒盐、腌制、酿酒、染织、榨油、竹木加工等行业；清中期，城镇手工业生产形成规模；民国期间，出现印刷、卷烟、碾米等机械生产。新中国成立后，发展食品加工、制糖、罐头、卷烟、陶瓷、综合肥料、皮革、抽纱、建材、机械、电器、家具、服装和供电供水等行业。20世纪80年代，初步形成国有、集体、“三资”企业共同发展的工业体系。1997年，全县工业总产值35亿元，占工农业总产值73.6%。1998年后，由于工业布局的调整和东南亚金融危机的影响，国有和集体工业实施体制改革，云霄糖厂、罐头厂等相继关停，云霄卷烟厂被龙岩卷烟厂兼并。2000年，全县规模工业（企业年销售收入500万元以上）从1998年的43家减为19家。当年，县委、县政府提出“工业立县”的战略，通过引进外资和吸引民间资金建设云陵、高洋、东厦等工业园区，发展机械、节能光电、纺织、食品等工业。2004年，国有工业仅存供电、供水企业，制造业全部停产、拍卖，二轻集体企业全部关停。2006年，全县工业总产值19.9亿元，其中规模工业企业71家，总产值14.18亿元，比1998年增加2.24亿元。1997－2006年，投资9692.4万元续建、新建和技改升级小水电站，并实施农村电网改造，全面改造供电网络，新建、续建变电站。2006年全县供电量31120.35万千瓦时，比1997年增加21041.75万千瓦时，人均用电量744.15千瓦时，比1997年增加490.21千瓦时。

第一节　工业体制改革

一、国有工业体制改革

1997年初，根据“抓大放小，放开搞活”的国有工业体制改革政策要求，县采取“一厂一策、因企制宜、分类指导”的办法对国有企业进行改革。县橡胶厂以总值247万元进行拍卖，由国有企业云发贸易公司购买改制为橡塑制品有限公司。3月，原于1995年6月宣布破产的县罐头厂，拍卖给港商办服装厂。当年末，全县国有工业共有云霄卷烟厂、云霄糖厂和县印刷厂、农械厂、砖瓦厂、综合食品厂、烟叶复烤厂、天源环保资源利用有限公司、橡塑制品有限公司、陶厂、瓷厂、食品厂、益展矿泉水有限公司、碾米厂、面粉厂、陈岱油厂、木材加工厂、水电公司、自来水公司、峰三水电站、坪水水电站、梁山水电站、车圩水电站、和平农场机砖厂、和平农场茶厂、和平水电公司、常山华侨水电公司、常山华侨自来水公司、常山华侨橡胶公司、常山罐头厂、常山食品厂等31家，职工1651人，固定资产总额10880万元，流动资产总额11150万元，工业总产值14696万元，销售收入14061万元，利税总额4638万元。1998年，县陶厂、瓷厂兼并于农械厂，食品厂破产拍卖，综合食品厂、碾米厂、面粉厂和陈岱油厂等停产，全年工业总产值15989万元，销售收入16075万元，利税总额5680万元。1999年，云霄糖厂停产。同年农械厂停产，厂房由长亮有限公司租用。全县国有工业职工837人，固定资产总额13123万元，流动资产总额10170万元，工业总产值18614万元，销售收入18528万元，利税4204万元。2000年，云霄糖厂破产，云霄卷烟厂兼并于龙岩卷烟厂，印刷厂停产。2004年，峰三水电站、峰二水电公司改制为自然人控股私营企业；其他国有企业也全部实行改制，至年末，全县国有工业（含国有控股）已没有制造业企业，仅有县供电公司、坪水水电站、车圩水电站、梁山水电站、县自来水公司、莆美电力公司和常山电力公司等7家国有供电、供水企业，工业总产值8074万元，职工596人，固定资产总额6949万元，流动资产总额3778万元，销售产值7974万元，利税总额312万元。

至2006年，全县新注册的有漳州市莆美电力公司、峰二水电公司、陈岱镇自来水有限公司、列屿镇自来水有限公司、七星自来水有限公司、纸质餐具有限公司、豆奶厂、东圣高新科技有限公司、真元汽车维修公司、圣安纸业有限公司等10家国有及国有控股工业企业。至2006年，部分企业改制或拍卖，规模以上的国有控股工业企业有县供电公司、县自来水公司、莆美电力公司和常山电力公司等4家，职工478人，工业总产值13445.1万元，实收资本4269.2万元，固定资产总额10678.7万元；流动资产总额3230.4万元，销售产值13416.4万元，利税总额1019.7万元。规模以下有车圩水电站、梁山水电站、列屿镇自来水公司、陈岱镇自来水公司、七星自来水公司、圣安纸业有限公司等6家，职工183人，工业总产值2920万元，利税总额12万元，资产总额1852万元。

至2006年，在体制改革过程中，共安置国有工业企业下岗职工3000多人。

二、集体工业体制改革

（一）二轻集体工业

1997年2月，县日用工艺厂、农机修配厂、铁工厂、铁器厂、丝印厂、橡胶皮塑厂，因江滨路建设厂房拆迁又缺乏资金重建，303名职工按工龄（下同）领取补助金并与企业签订协议自谋职业。由于产品缺乏市场竞争力，多数企业相继关停或解体。同年5月，木制品厂解体，26名职工领取安置费与企业解除关系；7月，木器厂资产移交二轻联社，81名职工由联社安置，企业解体。1998－2000年，塑料制品厂、木工厂、二轻工贸公司先后解体，124名职工领取安置费与企业解除劳动关系。2000年12月，因旧城改造拆迁，电线厂152名职工、电机厂81名职工领取安置费与企业解除劳动关系，企业解体；轻工机械厂97名职工因在金霞区的厂房地产权未获解决而领取部分安置金下岗。2001年12月，铸造厂、五金厂因厂房、门市产权被县房管处收回拍卖，企业关停。2002年8月－2006年5月，农具厂、服装厂、塑料厂、车修厂先后解体，81名职工领取安置费，与企业解除劳动关系。至2006年末，二轻联社集体工业企业全部解体、关停，26家企业安置职工991名，衡器厂、皮革厂、衣帽厂、铸造厂、综合厂、供销公司等6家企业299名职工因企业无资产或资产无法处置而未予安置，仅有二轻综合厂3家门市、木器厂3家门市、塑料制品厂1家经营部仍挂企业名称，改为从事服装、家具、百货等商业贸易，共有职工65人。

（二）乡镇集体工业

1997年，全县乡镇企业74家，其中罐头业18家，产量7451吨，产值6500万元；糖果业35家，产量13520吨，产值9464万元；包装印刷业9家，产值2550万元；建材业11家，产值2800万元；粮食加工业1家，日产量100吨。乡镇工业中，规模以上企业有云峰米厂、丽西罐头厂等30家，规模以下企业有再生纸厂、城关机砖厂等44家。共有职工2871人，工业总产值37896万元，固定资产总额8300万元，流动资产总额8813万元，销售收入34795万元，利税总额1944万元。1998年，新增玻璃厂1家、钢管家私厂1家，橡塑制品厂26家，织造服装针织厂20家，工业品、轻工制品、食品罐头厂各1家。1999年，新增糖果、铝合金装潢加工、食品加工、玻璃工艺品装潢加工、竹器、易拉盖制造等6家，注册资本81万元，职工94人。2000年，新增塑料印刷企业1家，注册资本20万元，职工12人。2001年，新增汽车维修服务1家，注册资本25万元，职工14人。2004年，全县规模以上企业有云峰粮油有限公司和包装、机砖制造企业等7家，工业总产值7115万元，销售产值7974万元，职工449人，固定资产总额968万元，流动资产总额1563万元，销售产值6702万元，利税总额139万元；规模以下企业有彩印包装、食品冷冻、建材、机砖等42家。2005年，部分集体工业企业根据资本来源变更为股份合作联营、自然人投资或控股、个人独资等私营企业。2006年，规模以上企业有云峰粮油有限公司1家，工业总产值963万元，销售产值828.1万元，职工120人，固定资产总额589.5万元，流动资产总额110.7万元，实收资本50万元，利税54.8万元。规模以下企业有制造胶粘材料、建筑木制品、灰粉、藤木、竹器、塑料制品、电器和水力发电等27家，工业总产值9150万元，职工685人，销售产值1874万元，利税总额201万元，资产总额2492万元。

三、私营与个体工业

（一）私营工业

1997 年，个人独资或自然人控股私营工业企业有宏源家具有限公司、精艺家私有限公司和泡沫制品、汽车修配、照明机械、水产食品加工、印刷、食品包装、石材加工、纸塑包装、纸业制造、糖果生产、建材灰粉、化学制品、自控机械、蚊香、塑胶制品等 23 家。1998 — 1999 年，县委、县政府出台《关于进一步扶持个私经济发展若干规定》和《云霄县鼓励民营企业发展若干暂行规定》，新增罐头、食品加工、彩印、纸品、石材、家具 7 家企业，注册资本 610 万元，员工 96 人。2000 — 2004 年，新增绿通塑胶有限公司、东洲冷冻食品有限公司、漳江实业有限公司、漳联水产有限公司、金山酒业有限公司、丽西食品有限公司和塑料制品公司等规模以上企业 7 家，以及制造、食品、饮料、制酒、蜡制品、新型建材、包装、香料、肥料、纸制品和工程机械、工艺品、包装设备、文具、泡沫制品、机砖、塑料、鲜品冷冻、复合纸加工、卷板纸、建材、糖果、工程机械配件、人造花、网具织造、织造、家具、鞋业、照明电器、制衣、彩印、纸箱等企业 76 家，总注册资本 21769 万元，员工 635 人。2004 年 3 月，县委、县政府出台《加快民营经济发展若干意见》，新增高车水电站、梁二技改电站等 10 家电力企业，注册资本 1950 万元，员工 96 人。当年全县有规模以上私营工业企业 21 家，工业总产值 17480 万元，员工 1194 人，固定资产总额 6214 万元，流动资产总额 4365 万元，工业总产值 17480 万元，销售产值 16913 万元，利税总额 477 万元。2005 年，新增超大木业有限公司和食品加工、轻工织造、制衣、农资、工艺品、电子、汽车配件加工、制冷、皮业、复合纸加工和石材、无纺布、机床制造、茶业、制砖、饮料、玻璃工艺、玩具以及电光源电器、饲料、生物工程、电教设备、木材加工等 42 家制造企业，注册资本 17193 万元，员工 336 人；新增恒志水电站、福石水电有限公司等 5 家电力企业，注册资本 400 万元，员工 42 人。2006 年，县委、县政府出台《工业发展补充规定》和《招商引资、工业发展考核若干意见》，新增节能照明、光电产品、生物工程、建材、服饰织造、轻钢结构、纸业、服装、家具、工艺品、新型建材、铝箔、食品冷冻、玉瓷礼品、胶合板、橡胶塑料、机械加工、机械配件制造、饲料加工、包装制品、五金配件、木器、茶叶、酒类、金枣、枇杷系列产品生产等 55 家企业，注册资本 27961 万元，员工 456 人；新增安然燃气、峰三电站等 3 家企业，注册资本 400 万元，员工 17 人。2006 年，全县有私营企业 215 家，其中规模以上私营企业 33 家，总产值 51220.3 万元，职工 2408 人，固定资产总额 11548.9 万元，流动资产总额 12212.2 万元，销售产值 49114.1 万元，利税总额 3057.9 万元。

至 2006 年，全县新办私营企业 201 家（其中制造业 182 家），注册资本 70283 万元（其中制造业 67403 万元），员工 1728 人（其中制造业 1567 人）。

（二）个体工业户

1997 年注册登记 2 户，员工 6 人。1998 年新增 1 户，员工 2 人。1999 年新增 17 户，员工 56 人。2000 年新增 99 户，员工 217 人。2001 — 2005 年，新增 42 户，员工 123 人。2006 年新增 15 户，员工 35 人。2006 年末个体工业户合计 186 户，注册资本 739 万元，员工 467 人。其中从事食品加工、塑料制品、蚊香等制造业 184 户，注册资本 707.2 万元，从业人员 459 人；电力和水的生产供应 2 户、注册资本 31.8 万元、员工 8 人。

四、“三资”工业

1997 年，全县已投产的“三资”企业主要有宏国电子、云龙毛织、天第食品饮料、名城人造花、吉亨丝印、鸿亚制衣实业、宝裕针织、永利隆油脂食品、精美针织、德霸食品机械、征毅五金工业、全美玩具实业、峰奇制衣、仁霸食品机械、永德冷冻、华祥石材、泷进精细化工、益峰食品、上顺电器、华成机电工业、弘展五金机械铸造、震夏电器、荷信德电力开发等 44 家，职工 2463 人，总产值 13.04 亿元，销售税金 1132 万元，利润 125 万元。同年，县与 12 家外资企业签订合同 5859 万美元（其中美国万和集团 3000 万美元）。1998 年，受东南亚金融危机影响，部分企业关闭或无法到资履约。县委、县政府通过“4・9”漳台经贸恳谈会、京沪港投资说明会、“9·8”投资贸易洽谈会，引进洪德食品、兴耀服装织造、欧霸食品机械、常山一大食品等4家工业有限公司。当年，全县有规模以上“三资”企业16家，工业总产值8.75亿元，销售税金77万元，亏损220万元。1999年，规模以上企业减少为13家，工业总产值6.14亿元，销售税金19.4万元，利润31万元。2000年8月，台商投资590万美元在云陵工业开发区创办漳州鲜品冷冻有限公司；12月，荷兰客商投资375万美元、龙岩卷烟厂投资1625万美元在原云霄卷烟厂厂址创办中外合资企业福建省贝森蜂窝新型材料公司，注册资本500万元，引进蜂窝纸板生产线，职工142人。当年全县规模以上“三资”企业6家，工业总产值1.07亿元。2001年，全县“三资”企业10家，工业总产值1.21亿元，销售税金16万元。2002年，县委、县政府出台《关于2002年工业经济工作的若干意见》，实施土地让利、税收返还、规费减免、人才倾斜等优惠政策，全县规模以上“三资”企业10家，职工979人，工业总产值1.25亿元，销售税金23万元。2003年，引进运丰修配、光泰包装、豪昌服装、启业生物科技等独资企业，当年“三资”企业11家，职工1490人，工业总产值1.44亿元，销售税金29万元。2004年，成立泉州市云霄商会、深圳地区云霄商会，引进签约报批三资企业7家，总投资额6126万美元（其中大众兴纺织城项目投资额1860万美元，注册资本1400万美元）。2005年，签约“三资”企业17家，其中投资超亿元的有上市公司超大食品、世纪阳光生态科技、元欣五金等7家。当年，大众兴纺织城开始试产。

2006年，实施县直机关和乡镇负责人招商引资责任制，建立乡镇创业园，采取境内“飞地工业”措施，全年引进签约的有奥龙吉实业、煜坤五金、鲜之味冷冻食品、印美油墨等工业有限公司等企业32家，新增投产的有汉嘉工艺品、义峰鞋业、印美油墨、艺娃服饰、鲜之味冷冻食品等规模工业5家；在建的有阳弘食品、奥龙吉实业、大茂山茶叶、富意城人造花等4家企业。同年，全县规模以上港、澳、台商投资企业17家，实收资本22396.2万元，工业总产值38688.5万元，职工3369人，固定资产总额13011.9万元，流动资产总额19668.2万元，销售产值38212.4万元，利税总额3003.9万元；外商投资企业4家，实收资本10273.4万元，工业总产值11008.5万元，固定资产额5218.8万元，流动资产总额6852.1万元，销售产值10836.1万元，利税总额1100.4万元，职工2647人。同年，全县有规模以下“三资”企业24家，工业总产值1750万元，利税总额41.2万元，自有资金512万元，职工172人。

第二节　工业门类与产品

一、门类

（一）服装纺织

1997－2006年，主要有豪昌服装、昆鸿服装、金宝达服饰、义峰鞋业、艺娃服饰和大众兴纺织等“三资”企业。2006年有20家集体针织制衣厂和18家私营服装厂。

（二）食品加工

1997－2006年，有丽西罐头、云峰粮油、东洲冷冻、漳江实业、金山酒业等内资企业和鲜品冷冻、阳弘食品、大茂山茶叶、鲜之味冷冻食品等“三资”企业。

（三）机械制造

1997－2006年，有县农械厂和长亮、天星照明机械、东南自控机械、运元工程机械、鑫隆工程机械配件、运元机床制造、运祥工程机械、俊明机械加工、和鑫机械配件等私营企业和三晖轻工、博胜机械、元欣五金等“三资”企业。

（四）电子灯具

1997年，有宏国电子、沪云照明电器、毅力电子等企业。2005－2006年，先后引进信实电光源、晨隆工业、荣达电子、斯比达电子、夏星节能照明、信丰光电、奕全电子和云陵工业开发区的24家光电企业。

（五）工艺品制造

1997 年有名城、金艺人造花等 34 家塑料工艺品制造企业。至 2006 年，有规模以上企业 3 家，规模以下企业 28 家。

（六）建材包装

2006 年，有建标、绿通 2 家生产塑胶管材等新型建材企业和 8 家机砖厂、9 家纸箱包装厂、4 家石材厂、3 家玻璃厂。

（七）能源及其他产业

2006 年，有水力发电站 41 家、供电企业 3 家、自来水生产供应企业 6 家，饲料生产企业 4 家，以及沙、石等矿产开采和有机磷钾肥、氨基酸液肥、腐殖酸生物产品等生产企业。

1997 — 2006 云霄县规模以上企业行业分布统计表

表 13-1　　　　　　　　　　　　　　　　　　　　　　　　　单位：家

项　目		年　份									
		1997	1998	1999	2000	2001	2002	2003	2004	2005	2006
轻工业	食品加工	20	3	2	1	2	3	5	8	8	8
	食品制造	33	9	6	5	2	1	1	3	8	10
	烟草加工	2	1	1	1	0	0	0	0	0	0
	纺织服装及纤维制品制造	13	2	1	0	0	0	0	4	10	12
	造纸及纸制品	12	3	3	0	0	0	1	4	4	5
	印　刷	10	2	2	0	1	0	1	1	1	0
	文教体育用品及工艺品制造	3	1	0	0	0	0	1	1	1	2
	塑料制品	6	2	2	1	1	2	2	4	2	3
	日用各类制品	11	4	2	2	2	2	1	1	0	0
	皮革、毛皮、羽毛制品	3	0	0	0	1	1	1	1	1	1
	家具制造	8	0	0	0	0	0	1	3	2	2
	木料加工及竹木制品	3	0	0	0	0	0	0	1	1	1
	小　计	124	27	19	10	9	9	14	31	38	44
重工业	非金属矿物制品	17	2	2	0	0	0	0	2	4	4
	合成材料与钢压延	10	2	0	0	0	0	0	1	2	2
	普通机械制造	5	1	1	0	1	2	2	4	5	6
	专用设备制造	8	2	2	1	3	3	2	4	4	5
	电气机械及器材制造	6	1	1	0	0	0	0	2	5	5
	农药肥料制造	3	0	0	0	0	0	1	3	2	2
	电力生产供应	10	6	6	6	7	7	7	5	1	2
	自来水生产供应	3	2	2	2	2	2	2	2	2	1
	小　计	62	16	14	9	13	14	14	23	25	27
合　计		186	43	33	19	22	23	28	54	63	71

注：1997 年数据系乡以上独立核算企业（规模以上企业从 1998 年起才设立指标）

二、主要制造企业

云霄糖厂　1957年4月投产，1965年1月扩建为日榨蔗500吨的白砂糖生产厂，生产白砂糖、酒精、酵母等产品，是全国500家最大食品制造企业之一。1997年、1998年分别生产白砂糖5906吨、5608吨，1999年榨季停产。2000年，根据国家经贸委关于制糖行业结构调整部分企业关闭破产有关问题的文件精神，云霄糖厂实行破产，安置职工848人，其中带资自谋或一次性领取安置费484人，进入再就业中心80人，离退休人员229人由社保统筹发给退休金，55名遗属一次性发放抚恤金。原有部分设备拍卖，收回资金230万元，全部用于职工安置。之后进行清产核算。原有厂房场地用于新建学校及开发其他产业。

云霄卷烟厂　1970年12月创办，1978年8月纳入国家计划内卷烟厂，1990年进入全国500家最大工业企业行列。经过“七五”“八五”3期技改和扩建，1997年、1998年、1999年分别生产卷烟33000大箱、36200大箱、34000大箱，销售产值分别为8459.6万元、9991万元和12621万元，税利分别为4292万元、5223万元和3503万元。1999年11月9日，国家烟草专卖局决定龙岩卷烟厂兼并云霄卷烟厂。2000年8月，兼并工作结束，分流职工459名，其中内部退休308名，解除劳动关系40名，留用83名，待岗28名。同年12月，在原云霄卷烟厂厂址创办中外合资企业福建省贝森蜂窝新型材料公司，投资2000万美元。原卷烟厂留用和待岗的111名职工全部被新企业聘用。

福建省丽西食品有限公司　1985年1月，云陵镇潘培南兄弟创办丽西罐头厂，1996年在金霞社区新建厂房。2004年改称丽西食品有限公司。2006年迁入云陵工业开发区，占地面积66599平方米。主要生产枇杷、蘑菇、芦笋、荔枝、玉米等罐头，2003年起年生产能力1.6万吨以上。2003－2004年，产值分别为3836万元、5097万元，税利分别为215万元、301万元。2005－2006年，产值和销售收入分别达2亿多元，出口创汇3000多万美元。公司获国家3500101019卫生注册，Q19出口代号和QS认证以及欧盟“IFS”质量体系认证，产品出口日本、法国、比利时、美国等20多个国家和地区。2001－2006年连续被县政府评为纳税大户。

云霄县宏源家具有限公司　1988年9月方源水创办，为家具产供销企业。址在云陵镇兴汀路，占地面积15318平方米，设木制车间、聚酯喷漆车间、藤器车间。2006年产值、销售收入分别超1000万元。1996年后，连续被漳州市人民政府授予“重合同、守信用”单位。

漳州市宏国电子有限公司　1989年9月台商何希灏创办，址在汀洋开发区。1997年增资至700万美元，2006年增资至1100万美元。销售收入超1000万元。是大型的线圈、变压器、电感器、半导体二极管、硅晶显示器、石英振荡器、电源稳压器生产厂家，产品销售欧美、日本和东南亚地区，先后被评为漳州市“三资”企业出口创汇前10名企业、福建省“百佳”外商企业、全国台商投资先进企业。

云霄县云峰粮油有限公司　1991年12月林典奇创办，址在莆美镇双溪口村。从事粮食、饲料加工销售，注册资金400万元，员工100多人，日加工能力100吨，年均产值、销售收入分别达1000万元，创利税82万元。2001年1月“云峰”牌大米获第三届海峡两岸花博会金奖，2002年1月被省消费者委员会推荐为“绿色消费品”，2003年获全国首批食品市场准入QS标志。当年1月，公司被评为省级质量管理先进单位，4月被评为省级农产品加工龙头企业；2006年被市政府授予“守合同重信用单位”，9月被省粮食厅、省粮食行业协会授予“放心粮油”称号。

云霄县名城人造花有限公司　1992年8月台商黄新旺创办，址在顶溪。产品为人造花卉，销售东南亚各地，1997－2006年，年均产值2.14亿元，销售收入2.1亿元，税利1807万元，出口值2986万美元，2006年员工980人。

漳州常山大统联丰兴业饲料有限公司　1998年创办，址在常山开发区，为综合型、规模化的台资企业，占地面积2万多平方米，投资总额1000万美元。是全国第一家大型的鲍鱼饲料生产厂家，主要从事鲍鱼饲料和对虾饲料的研究、开发与生产，加工生产粉状饲料、一号鲍鱼苗饲料、二号鲍鱼苗饲料、成鲍饲料等鲍鱼饲料系列产品。年饲料生产能力6000吨。“大统”牌鲍鱼饲料被评为漳州市名牌产品，远销广西、广东、浙江、山东等省区。公司被授予漳州市优秀台资农业企业称号，有员工46人。

漳州市绿通塑胶有限公司 2000年1月方源水创办，地址在云陵工业开发区，占地面积1.54公顷。生产PP-R、PVC-V、PEMPP等塑胶管材。2003年起，年产值、销售收入均超4000万元，利税总额超400万元。2003年被农业部评为“全面质量管理达标单位”，产品获“福建省企业名牌产品”“绿色环保建材”称号。2004年，被市政府授予“守合同、重信用”单位，“绿通”牌被评为“漳州市知名商标”。2005年被评为福建省高新技术企业，“无规共聚聚丙烯PP-R管材管件开发”获市“科技进步三等奖”。2006年，被省消费者委员会评为“诚信单位”。

云霄县东洲食品冷冻有限公司 2000年5月黄振山出资750万元、洲渡村农民入股创办，址在东厦镇宣美开发区，占地面积1.2万平方米，建筑面积6000平方米。生产能力速冻蔬菜50吨/日。有贮藏能力1500吨的低温库（-18℃以下）和200吨的保鲜库，生产毛豆、敏豆、芦笋、麻笋等速冻蔬菜和蘑菇、香菇、木耳等保鲜食用菌以及荔枝、龙眼、枇杷等保鲜水果，年产量8000吨，产值6400多万元，销售收入6600多万元，创汇300多万元，利润200多万元，上缴税收140多万元。产品出口欧洲（主要为德国）和美国、日本、新加坡等国家。2002年取得“出口食品卫生注册证书”和进出口企业资格证书。2003年通过HACCP质量体系认证，2005年12月获中国绿色食品发展中心“绿色食品证书”。2006年5月，“东州冷冻”被评为“漳州市知名商标”。

漳州鲜品冷冻有限公司 2000年8月台商刘文斌投资590万美元创办，址在云陵工业开发区。公司占地面积3.3万多平方米，生产、加工冷冻水产品，年水产品生产加工能力2000多吨，产品有冷冻贻贝、冷冻虾仁、冷冻扇虾、冷冻鱿鱼、冷冻鲨鱼、冷冻南美白对虾和冷冻鲭鱼等，销往欧盟及美国、多米尼加、澳大利亚等国家。2001 — 2006年总计产值1.81亿元，销售收入1.7995亿元，税利750万元，出口创汇2069万美元。2005 — 2006年被评为福建省水产产业化龙头企业和福建省农业产业化龙头企业。2006年员工250多人。

云霄县金山酒业有限公司 2001年1月吴春生投资2000万元创办，为金山农业生态有限公司的子公司。址在高洋工业区，占地面积4.23公顷，建筑面积8000平方米。公司自主研发复合活化率与关键温控点两项工艺技术，引进意大利低真空隔氧冷灌装酒生产线、可控温调温发酵罐、带式压滤机等系列现代化生产、质检设备，年产“金山春”干型枇杷酒500吨，产值2670万元，销售收入2720万元。2002年获省消费者委员会“绿色食品推荐产品”证书。2005 — 2007年被评为漳州市农业产业化龙头企业。

云霄县漳江实业有限公司 2002年1月高坚强创办，所属有漳州市乐透食品饮料有限公司、乌山果园和白花洋枇杷基地。所产“乌山牌”枇杷获漳州名牌农产品称号，产品包装设计取得国家专利。2004年评为福建省农业产业化龙头企业。2006年，所产枇杷膏、枇杷汁销售新加坡、马来西亚及中国香港等地，年产值3380万元，销售收入3460万元，员工68人。

漳州市大众兴纺织工业有限公司 2004年10月，菲律宾华侨吴时代投资创办，注册资本1400万元，占地面积40公顷。2006年3月投产，月产高档纱、特种功能纱、多晶纳米功能纺织品、吸汗排汗生态纺织品30万米，产品30%以上销售国际市场，年产值、销售收入分别达1亿元以上。

福建省信实电光源有限公司 2005年11月创办，为自然人控股的福建信实集团子公司，生产V型、XS型（半螺）及FS型（全螺）无积粉电子节能灯系列，罩灯、反射灯、球泡灯、独型灯等各种紧凑型电子节能灯系列，以及直管TS高效日光灯、LED太阳能庭院灯、草坪灯等，年产量1000万支（套），产值、销售收入分别达1亿元以上，产品出口日本、东南亚、西亚及欧美等30多个国家和地区。

三、主要工业产品

1997 — 2006年，工业产品主要有粮食、饲料、罐头、软饮料、白砂糖（1999年停产）、卷烟（2000年停产）、服装、皮鞋、皮包箱、木竹藤棕草制品、水产品、家具、纸浆、机制纸、纸板、纸制品、印刷品、人造花卉、机砖、石板材、机械设备、电子器件、节能灯具等。

1997—2006年云霄县主要工业产品统计表

表13-2

年份	大米（吨）	饲料（吨）	罐头（吨）	服装（万件）	家具（件）	卷烟（箱）	白砂糖（吨）
1997	3200	1751	11434	196.3	2933	33000	5906
1998	4880	718	8416	122.96	3280	36200	5608
1999	2930	477	9251	89.7	1080	34000	0
2000	3386	504	10627	110.4	1253	0	0
2001	4250	747	9983	94.3	1254	0	0
2002	5395	580	4277	82.4	1108	0	0
2003	4969	524	2969	70	1166	0	0
2004	3158	344	5562	807	34567	0	0
2005	2999	520	7690	2080	13758	0	0
2006	3120	620	7810	2110	15133	0	0
合计	38287	6785	78019	5763.06	75532	103200	11514

1997—2006年云霄县工业企业主要指标统计表

表13-3　　单位：家、人、万元

年份	全部工业总产值（当年价）	国有及年销售收入500万元以上规模工业企业（含1997年乡以上工业）								
		企业数	职工人数	工业总产值	产品销售产值	固定资产总额	流动资产总额	利税总额	亏损企业数	亏损总额
1997	350000	186	7201	176420	176008	32048	36187	8553	32	2126
1998	279700	43	3822	119400	114713	28529	27087	5780	19	1182
1999	270900	33	2694	95002	92087	27678	22009	4512	16	1405
2000	224700	19	2009	22009	20902	15900	12090	745	8	669
2001	246300	22	2109	24509	23752	17735	12415	515	15	149
2002	262575	23	1894	23975	22609	17737	10879	80	16	722
2003	262362	28	2511	28362	25828	23323	12872	260	17	1030
2004	117147	54	5032	63447	61808	27640	22274	1102	21	1197
2005	161304	63	6548	102904	99585	38889	36622	3330	18	1439
2006	199000	71	7962	141789	136780	46223	48724	9677	5	212

注：以上数据含常山开发区，常山开发区数据详见本章表13-4

第三节　开发区建设

一、乡镇工业区

（一）高洋工业区

高洋工业区位于莆美镇政府对面，1994年投建，规划面积30公顷。1999年，工业产值8亿元，创汇1714万美元，税收800万元。同年10月21日，漳州市市长办公会议决定高洋工业区为市级乡镇工业区。

2000年8月，漳州市委机构编制委员会批准成立云霄县高洋工业区管委会，依托于莆美镇，为副科级建制，工业区规划面积扩大为333公顷。至2000年末开发17.7公顷，签约企业58家，合同总投资额2.38亿元，投建27家，实际投资1.58亿元。2003年3月，高洋工业区被省乡镇企业局确定为福建省级工业园区建设基地。

（二）乡镇工业小区

2000年，云陵镇下坂工业小区投建。2001年，东厦镇宣美工业小区、莆美镇阳下工业小区投建。至2006年，还有云陵、莆美、东厦等8个乡镇以项目带开发的山美、白塔、尾坑、陈岱、火田、下河、马铺、和平等8个工业小区，全县11个乡镇工业小区总面积432公顷，落户工业企业家131户。2006年末，疏港公路在建后，列屿镇筹建临港工业小区。

二、县工业开发区

（一）云陵工业开发区

1991年10月，省政府批准云霄县建立云陵工业开发区，由分管副县长兼任开发区主任。至1997年，形成下坂区板块和汀洋区板块。下坂区东至漳江和324国道线，南至鲤鱼洲大桥，西至下坂村，北至云漳北路。汀洋区东至漳南大市场，南至双溪口村，西至汀洋社区，北至鲤鱼洲大桥。总开发面积71.83公顷。1998 — 2000年，引进签约“三资”企业31家，投资总额6650万美元。2000 — 2006年，由于县城规划调整，区内工业企业大部分迁出而逐渐成为居民商住区，开发区建制取消。

（二）福建云霄常山经济开发区—云陵片区

1999年3月，县委、县政府决定在与常山开发区毗邻的七星山附近建设七星工业园区，后称云陵工业开发区（与1991年10月成立的云陵工业开发区不同建制、不同地域）。同年4月，县政府批复成立云陵工业区开发建设有限公司。2000年9月，开发区第一期工业园区总体规划由漳州市城市规划设计院编制完成，着手进行开发区水、电、路、通信等基础设施建设。2003年9月，开发区第二期工业园区规划设计由重庆市规划设计院设计研究院厦门分院编制完成，投入1000万元完善道路、水电、通讯等基础设施。2004年，引进泉州华蓄集团投资开发工业用地20公顷，采取“以地换路”办法吸引民间资金建设主干道路等配套设施；引进县外资金500多万元，建设标准通用厂房1万多平方米。2006年3月15日，省政府批准常山华侨工业区、云霄云陵工业开发区整合为福建云霄常山经济开发区；4月，国家发改委予以公布。云陵工业开发区对上称为福建云霄常山经济开发区云陵片区。同年7月22日，县委、县政府印发《云霄县云陵工业开发区整合方案》，决定从莆美镇划出马山、狮山、益宝山、树洞、大埔、下径、三东、上坑8个建制村并入组建云陵工业开发区。开发区北至上坑村、西至杜塘水库渠道、南至下径与列屿交界处、东至树洞岩与东厦交界处，总面积13平方公里。开发区管委会为县政府派出机构，正科级单位，编制38名。2006年10月，第三期工业园区由辽宁省城市建设规划设计院闽南分院编制完成并经县政府常务会议通过。园区分为御史岭工业小区、七星工业小区，以发展节能光电为重点。至2006年已建厂房3.75万平方米，在建厂房5.6万平方米，入驻企业46家，其中节能光电企业27家。至2008年，累计总投资2.7亿元，共开发2.65平方公里，其中“七通一平”工业用地（通道路、给水、排雨水和污水分离、通讯、双回路供电、有线电视和场地平整）141公顷，入驻企业62家，同年8月，被省政府批准为福建光电产业园、福建省生产力促进中心科技创新平台、省第二批循环经济示范园区。

三、常山华侨经济开发区

常山开发区原以农业为主，设区之后，以工业兴区为战略目标，重点推进工业园区建设。利用国有土地资源优势和优越的地理区位优势，抓住厦深铁路客货运站建设和列屿深水港口建设契机，规划建设南、北两个工业园区，提出“在工业区集中办工业”的发展思路。1997年，在常山管理区和溪墘管理区之间开发建设70公顷工业区，当年引进外资6670万美元，创办33家企业，其中外资企业22家，实现工业总产值45139万元。2002年，全面完成常山罐头厂、食品厂、农械厂、电力公司一、二级发电站、自来水公司等国有及集体工业企业的改制。2003年，建成2万平方米标准厂房。当年引进项目14个，投资总额5000万美元，实现工业总产值4.73亿元。2006年8月，在海峰、下云、新寮三个管理区开发建设北片工业园区，4个月内引进项目27个，总投资折人民币6.4亿元。同时加大基础设施投入，投入1000多万元修建侨兴南路、侨光南路、商贸区1号路、3号路及北区的北横3号路、北纵2号路、南片工业园区内的路网等工程。当年全区共签约项目40个，总投资折人民币11.3亿元。其中外资项目8个，总投资3659万美元；内资项目32个，总投资人民币8.4亿元。

常山工业园区建设使产业结构由农业转向工业，2002年起，每年平均新引进项目15个，工业总产值年递增3%以上，至2006年达到5.66亿元，其中规模工业总产值4.62亿元。全区共有“三资”企业35家，内资企业60家，总投资达19.7亿元，初步形成以五金机械、食品加工、服装包袋和物流业为主的产业集群。拥有10座中小型水库，2座水电站，装机容量1450千瓦；有110千伏和35千伏的输变电站各1座，与闽西南电网并网供电。有日产2万吨的自来水厂1座，供水管、排污管设施配套完善，工农业生产和日常生活用水、用电、通信均有可靠的保障。2006年有大统联丰兴业饲料有限公司、常山金泰隆食品有限公司、常山聚福水产加工有限公司、常山华成机电工业有限公司、漳州升源机械工业有限公司、常山弘展五金机械铸造有限公司、常山锭立机械工业有限公司、常山东亿机械工业有限公司、常山吉立机械工业有限公司等20家规模以上工业企业。同年，第一、二、三产业比例为18 ∶ 71 ∶ 11。

1997—2006年常山经济开发区工业企业主要指标统计表

表13-4　　单位：人、万元

年份	全部工业总产值（当年价）	年销售收入500万元以上规模工业企业（含1997年乡以上工业）								
		企业数	职工人数	工业总产值	产品销售总额	固定资产总额	流动资产总额	利税总额	亏损企业数	亏损总额
1997	45139	8	845	25635	26844	5903	4090	−4.7	2	382
1998	46267	8	822	25430	26822	5863	3940	15.4	2	342
1999	47840	9	954	27540	28433	6238	4540	35.4	2	213
2000	50519	10	1085	29540	30155	7234	6344	75.8	2	122
2001	52050	11	1385	35214	37322	9543	8432	95.9	2	113
2002	53158	12	1452	35488	37923	10522	9823	153.4	2	95.2
2003	47300	12	1480	35043	36122	10522	9733	184.5	2	83.5
2004	51415	15	1754	40022	41213	15422	12122	1233.4	2	76.2
2005	53266	16	1912	42122	43523	17355	14154	1755.5	2	75.4
2006	56600	20	2412	46238	45933	19680	19975	3711	2	71.1

第四节　电　力

一、电力生产

（一）火电

1994年云霄电厂撤销，1999年云霄糖厂破产，火电机组拍卖。2006年，火电机组仅有电信局400千瓦2台，50千瓦、30千瓦各1台；宏国电子有限公司150千瓦1台，30千瓦1台；名城人造花有限公司120千瓦1台；县医院18.5千瓦1台，均为单位备用电源。

（二）水电

全县水力资源理论蕴藏量 3.74 万千瓦，可开发利用发电 2.75 万千瓦。1997 年初，全县并入电网的水力发电站有：坪水三级、坪水二级、坪水一级、梁山二级、梁山一级、峰头水库坝左、峰头水库右岸等 7 家 35 千伏电站；车圩、坪水四级、大湖四级、杜塘水库坝后、白花洋二级、白花洋三级、西江湖、石对坑、碗窑水库坝后、下庵、观音亭、峰三等 12 家 10 千伏电站。瓦坑、高车 2 家 0.4 千伏电站未并入电网。1997 年初，峰头水库右岸电站新建 4000 千瓦 1 台机组发电，原 1250 千瓦 2 台机组停发。2001 年，峰三电站因引水渠维护成本高、发电环境差拍卖，机组拆除，站址改在漳江菜埔村河段，拦江建站，更名为农晨水电公司。2001 年 7 月国有企业峰二水电公司投产，2004 年拍卖，变更为个人独资恒志水电站。同年峰头水库右岸电站 1250 千瓦 2 台机组拍卖。

1997 — 2006 年，续建、新建和技改升级小水电站 19 座，装机容量 11045 千瓦，年发电量 11789 千瓦。至 2006 年，全县共有小型水电站 40 座，装机容量 33180 千瓦，70 台机组年发电量 18696 千瓦时。

1997 — 2006 年云霄县新建与技改小型水电站统计表

表 13–5

站　名	站址	设计单位	投建年月	投运年月	资金来源
恒志（峰二）	下河村	县水电局	1994–6–15	2001–07	国有拍卖给个资
甘竹	和平乡甘树埔	漳州水电勘测设计	1994– 冬	1999–09	台商陈德旺独资
梁二	东厦荷东	漳州设计	2000–10	2001–10	个资股份
石对坑（一级）	和平乡内洞	漳州设计	2003–11	2005–09	力锦股份公司
石对坑（二级）	和平乡内洞	漳州设计	2004–06	2005–04	力锦股份公司
梅林	下河乡梅林	漳州水电设计院	2004–01	2005–02	漳州发源公司
农晨（峰三）	火田菜埔	永川水利设计院	2004–06	2005–10	个人集资
福石	马铺乡福石	县水电局	2004–07	2005–11	个人集资
龙透	下河乡龙透	县水电局	2005–10	2006–08	个人集资
乌螺	马铺乡乌螺	县水电局	1983–10 自供	2001–07	个人集资
岭后（乌螺技改）	马铺乡乌螺	县水电局	2003–11	2004–06	个人集资
枧河	马铺乡枧河	县水电局	1971 年建成后自供	2002–01	个人集资
后溪（枧河二）	马铺乡枧河	县水电局	2002–11	2004–07	个人集资
割藤坪	马铺乡湖洋	县水电局	1983 年投建改造	1997–08	个人集资
高车	马铺乡桥头	县水电局	2004–03	2004–10	个人集资
凤竹	火田镇高田	市水利水电设计院	2005–07	2006–10	个人集资
美田	火田镇古楼厝	县水电局	2003 年间	2004–07	个人集资
华瑶	火田瓦窑坑	县水电局	2003 年间	2004–10	个人集资
埔鑫	常山埔径	县水电局	2003–10	2005–10	个人集资

续表 13–5

站　　名	投资金额（万元）	设计水头（米）	装机（千瓦 / 台千伏）	并网电压及系统
恒志（峰二）	2847	13.28	1000 × 2	35 千伏县网
甘竹	2111.4	102.63	1600 × 2	35 千伏县网

续表 13-5

站　　名	投资金额（万元）	设计水头（米）	装机（千瓦 / 台千伏）	并网电压及系统
梁二	152	1229	500×1	10 千伏县网
石对坑（一级）	1032	400	630×3	35 千伏县网
石对坑（二级）	100	90	630×1	10 千伏县网
梅林	298	82	500×2	10 千伏县网
农晨（峰三）	1100	4	250×4	10 千伏县网
福石	140	5	200×1	10 千伏县网
龙透	135	20	100×1 ＋ 200×1	10 千伏县网
乌螺	40	18	75×1	10 千伏县网
岭后（乌螺技改）	80	26	200×1	10 千伏县网
枧河	70	24	100×1 ＋ 55×1	10 千伏县网
后溪（枧河二）	94	18	200×1	10 千伏县网
割藤坪	35	72	55×1	10 千伏县网
高车	60	56	200×1	10 千伏县网
凤竹	900	230 170 38	500×1 400×1 ＋ 500×1 160×1 ＋ 320×1	10 千伏莆网
美田	119.96	51.5	200×1	10 千伏莆网
华瑶	78.044	58	160×1	10 千伏莆网
埔鑫	300	200	100×5	10 千伏常山网

2006 年云霄县联网小水电（5000 千瓦以下）电站统计表

表 13-6　　　　单位：千瓦

站　名	装机容量	联网系统	站名	装机容量	联网系统
峰头左岸	5000	县电网	碗窑坝后	150	县电网
峰头右岸	4000	县电网	大湖	100	县电网
甘竹	3200	县电网	大湖（技改）	200	县电网
恒志（峰二）	2000	县电网	车圩	200	县电网
梁山二级	1260	县电网	观音亭	200	县电网
梁山一级	1600	县电网	乌螺	75	县电网
梁山二级（技改）	500	县电网	枧河	155	县电网
坪水三级	1200	县电网	高车	100	县电网
坪水四级	600	县电网	高车（技改）	200	县电网
杜塘坝后	600	县电网	后溪（枧河二）	200	县电网
石对坑一级	1890	县电网	割藤坪	55	县电网
石对坑二级	800	县电网	福石	200	县电网
石对坑二级（技改）	630	县电网	龙透	300	县电网

续表 13-6

站　名	装机容量	联网系统	站名	装机容量	联网系统
梅林	1000	县电网	乌螺（技改）	200	县电网
农晨（峰三）	1000	县电网	下庵	400	县电网
			西江湖	125	县电网
坪水一级	800	常山区网	白花洋二级	400	莆美区网
坪水二级	1000	常山区网	白花洋三级	100	莆美区网
埔鑫	500	常山区网	凤竹（三级）	1880	莆美区网
			美田	200	莆美区网
			华瑶	160	莆美区网
联常山网小水电合计：3 座电站，9 台机组 2300 千瓦。			联莆美网小水电合计：7 座电站，10 台机组 2740 千瓦。		
全县合计联网小水电 40 座电站，70 台机组 33180 千瓦。					

二、电网与配电网络

（一）电网建设

1997 年，农村低压供电网络多由村投资自建并由个人承包管理，普遍存在管理混乱、线损严重、电价高昂（ 1 元每千瓦时以上）等问题。1999 年，国家提出对农村用电实行“两改一同价”（体制改革、网络改造、与城市同价）改革；6 月，县成立农电“两改一同价”工作领导小组（常山开发区于 2001 年 3 月成立），对农村电网的基础设施进行全面改造。云霄电力公司农网改造一、二期工程分别于 1999 年、2003 年完成，共新建、改造主干线 19 条，10 千伏线路 301.27 千米，0.4 千伏线路 299.88 千米，接户线 112038 户，配电变压器 391 台容量 23870 千伏安，更换高耗能变压器 281 台容量 15936 千伏安，新增变压器 62 台容量 6525 千伏安，安装一户一表 73075 架，动力表 3760 架，总投入资金 5133.28 万元。漳州电业局直供区于 2001 年 11 月新建、改造主干线 5 条，10 千伏线路 73.71 千米，0.4 千伏线路 69.6 千米，接户线 217.7 千米，配电变压器 97 台容量 6365 千伏安，安装一户一表 14794 架，动力表计 485 架，总投资 1297.91 万元。常山电力公司于 2001 年 11 月新建、改造 10 千伏线路 14.05 千米，0.4 千伏线路 33.08 千米，接户线 132.2 千米，改造配电变压器 45 台容量 3325 万千伏，更换高耗能配电变压器 25 台容量 2055 万千伏，总投资 545.41 万元。2000 年 12 月 20 日调整农村电价为 0.78 元每千瓦时，2002 年 7 月起，与县城同价，0.66 元每千瓦时。

（二）配电网络

县电力公司配电网络　1997年初，县水电公司有城关、陈岱、梁山、罗田等4个35千伏变电站的配电网络，向全县及东山、漳浦的近邻乡镇供电。1998年8月，110千伏云陵变电站投入使用，原城关35千伏变电站撤销，其 11 条馈线，改从 110 千伏出线，共 18 回路。陈岱变电站 10 千伏出线有陈岱、礁美、后林、列屿等 4 回路。梁山简易变电站 10 千伏出线有下寨、船场等 2 回路。罗田简易变电站 10 千伏线路为杜塘电站、坪水四级站到罗田升压站的联络线，从罗田升压站到半坑村约 3 公里。杜塘电站往荷仔埔、马山方向至树洞村转由莆美供电所供电。公司共供电 136 个建制村（含东山县杏陈镇后林村、漳浦县沙西镇北旗等 4 个村）8.13 万户 32.8 万人。

莆美供电公司配电网络　1997 年，漳州电业局在云霄设立莆美供电公司，在莆美镇佳兜、阳下、马山、大埔等村和火田镇大部分村设立变电站直供区，从 220 千伏莆美变电站架设 10 千伏配电线路至各村，并利用原线路进行供电；同时投资 70 万元，架设从莆美变电站到火田镇配电网络 10 千伏线路，对火田镇大部分建制村供电。体制上由莆美供电公司以趸售形式供电，莆美镇、火田镇分别成立电管站售电到户。公司共供电 19 个建制村 1.5 万户 5.8 万人。

常山电力公司配电网络　2001年11月新建和改造由35千伏双山变电站供电的10千伏5条馈线(常山线、沿海线、开发线、大埔线、罐头厂线)，向常山侨区，诏安县的盐仑、港口、林头、东葛头及陈岱镇的白礁、竹港、峰外等村供电。公司共供电28个建制村（含陈岱镇4个村和诏安县四都镇6个村）1.1万户，4.2万人。

2006年云霄电网各供电所配电网络统计表

表13-7

公司名称	辖区供电所	配电线路长（千米）			配变台数（台）		配变容量（千伏安）		用户数（户）		
		35千伏	10千伏	0.4千伏	专用	公用	专用	公用	35千伏	10千伏	0.4/0.2千伏
县电力公司	城区	0	80	450	124	156	24555	51640	0	125	42000
	陈岱	1.5	85	720	79	63	12725	6250	1	76	16645
	东厦	0	78.51	190	60	70	8755	6455	0	60	18060
	和平	0.18	69.3	108.7	33	56	12360	2610	1	28	7172
	下河	0	78	500	39	69	4465	4725	0	39	13058
	马铺	0	142	678	17	106	1080	5310	0	17	10250
莆美供电公司	火田	0	173	920	4	129	720	6465	0	4	14545
	莆美	0	82.543	480	58	69	8460	4800	0	58	10140
常山电力公司		2	30.525	120	62	96	7165	4500	1	173	8994
合计		3.68	818.878	4166.7	476	814	80285	92755	3	580	140864

三、电力调度与供应

（一）调度

1998年11月，110千伏云陵变电站投资120万元安装IES—500调度自动化系统，1999年2月投入运行。主站1个，分站6个，对全县电网运行中的开关位置、周波、电压、电力潮流，进行遥信、遥测，实时监视。2005年11月15日县电力公司并入省电网，根据漳州中心调度室调令，实施限制峰荷、限制电量和峰谷电价、低周减载等。

（二）供应

1997年，全县供电量10078.6万千瓦时，人年均用电量253.94千瓦时。2006年，全县供电量31120.35万千瓦时，人年均用电量744.15千瓦时。2006年比1997年增加供电量21041.75万千瓦时，人年均用电量增加490.21千瓦时，供电量年均增长11.45%。

1997—2006年云霄县供用电水平统计表

表13-8

年　份	人　口（万人）	供 电 量（万千瓦时）	人均用电量（千瓦时）	增长率（%）
1997	39.689	10078.6	253.94	10.89
1998	39.879	12910.26	323.74	27.49
1999	40.5168	13223.5	326.37	0.81
2000	40.9691	12726.38	310.63	-4.82
2001	41.1179	12905.7	313.87	1.04

续表 13-8

年　份	人　口 （万人）	供 电 量 （万千瓦时）	人均用电量 （千瓦时）	增长率（%）
2002	41.3135	13561.74	328.26	4.58
2003	41.3184	16416.22	397.31	21.04
2004	41.5116	20587.79	495.96	24.83
2005	41.6402	25750.91	618.41	24.69
2006	41.82	31120.35	744.15	20.33

1997 — 2006 年云霄县供电公司供电分布统计表

表 13-9　　单位：万千瓦时

年 份	全社会用电总计	行业用电				城乡居民生活用电		
		小计	第一产业	第二产业	第三产业	小计	城镇	农村
1997	8110	4090	57	3047	986	4020	1233	2787
1998	9425	5247	50	4247	950	4178	1642	2536
1999	9180	4133	56	2902	1175	5047	2297	2750
2000	8628	3613	84	2302	1227	5015	2345	2670
2001	9092	3776	80	2435	1261	5316	2565	2751
2002	9542	4447	86	3201	1160	5095	2833	2262
2003	11061	5250	74	3788	1388	5811	2635	3176
2004	13592	6946	103	4900	1943	6646	3459	3187
2005	16266	7901	188	5524	2189	8365	4246	4119
2006	19701	9373	380	6430	2563	10328	5081	5247

注：本表数据为云霄县供电公司营业区行业生产用电及居民生活用电情况

1997 — 2006 年云霄县供电公司供电量、售电量、最高负荷表

表 13-10

年　份	供电量		售电量		最高负荷	
	电量（万千瓦时）	年增长率（%）	电量（万千瓦时）	年增长率（%）	最高负荷（千瓦）	年增长率（%）
1997	8110	14.89	6934	16.56	20800	10.76
1998	9425	16.21	8392	21.03	26228	26.1
1999	9180	−2.6	8410	0.21	25100	−4.3
2000	8628	−6.01	7915	−5.89	26550	5.78
2001	9092	5.38	8353	5.53	24945	−6.05
2002	9542	4.95	8528	2.1	21870	−12.33
2003	11061	15.92	9696	13.7	26200	19.8
2004	13591	22.87	11827	21.98	35000	33.59
2005	16266	19.68	14329	21.15	37300	6.57
2006	19701	21.12	17415	21.54	40700	9.12

四、变电站

（一）35 千伏变电站

城关变电站　位于云陵镇元光路，占地面积 6600 平方米（1977 年 8 月兴建，1981 年 1 月投运）；1998 年 8 月，变电站撤销。

陈岱变电站　位于陈岱镇云霄二中边，占地面积约 6000 平方米（1982 年 12 月兴建，1983 年 3 月份建成投运。1989 年 5 月，增容为 1800 千伏安；1993 年 5 月，再增容为 3150 千伏安）；2003 年 5 月再次增容为 6300 千伏安。2006 年 6 月 9 日 35 千伏陈列线建成投运。

马铺变电站　位于马铺乡马铺村边，占地面积约 5300 平方米（1990 年投建），1999 年续建，2000 年 12 月投运，主变容量 3150 千伏安。

列屿变电站　位于列屿镇宅坂村边，占地面积 1335.6 平方米。2001 年 1 月兴建，2006 年 6 月入运，主变容量 3150 千伏安。

梁山简易变电站　位于东厦镇荷东村（1983 年 3 月兴建），2000 年 11 月实施扩容改造，2000 年 12 月投运，主变容量 3150 千伏安。

罗田简易变电站　位于常山开发区罗田自然村（1979 年，装设 1 台变压器接入 35 千伏罗城线。1981 年投运）。

双山变电站　位于常山华侨农场场部，占地 400 平方米（1982 年建成投运）。

（二）110 千伏变电站

常山变电站　位于常山农场场部（1984 年兴建，1987 年 11 月投运），占地面积 16914.89 平方米。2000 年常山电力公司改用 35 千伏华常线与 110 千伏常山变电站联网；2005 年 4 月，常山变电站设备移交给常山供电有限公司管理。

云陵变电站　位于云陵镇享堂村新厝，占地面积 15059 平方米（1997 年兴建，1998 年投运）。

火田变电站　位于火田镇东车村，占地面积 7326 平方米。2005 年 11 月兴建（2007 年 3 月投运）。

（三）220 千伏莆美变电站

位于莆美镇莆南村南山寺山下，占地面积 22467.8 平方米（1994 年 4 月兴建，1996 年 8 月投运）。

五、供电企业

（一）云霄县供电有限公司

1998 年 3 月，县水电公司更名县电力公司。2005 年 11 月县电网并入省网，称福建省云霄县供电有限公司，由省电力公司控股、县参股，为国有控股股份制企业。县公司下辖溪美、汀洋供电管理区，陈岱、东厦、和平、下河、马铺供电所，云陵、陈岱、马铺、列屿变电站以及力辉发展有限公司。2006 年，职工 207 人，其中专业技术人员 63 人。另聘用农村电工 99 人。

（二）漳州市莆美供电公司

漳州电业局郊区供电站所属企业。2006 年职工 57 人（固定工 3 人，农村电工 54 人），其中莆美供电所 24 人，火田供电所 33 人。

（三）漳州市常山经济开发区供电有限公司

1998 年，常山水电公司更名电力公司，2005 年并入省网，称漳州市常山开发区供电有限公司。2006 年职工 81 人，其中专业技术人员 56 人，农村电工 24 人。

第五节 机 构

一、县工业办公室

1999 年 4 月，县政府成立工业经济发展领导小组，下设工业办公室，挂靠于县政府办，负责协调、指导全县工业企业发展。2006 年人员 4 人。

二、县经济贸易局

1997 年 3 月，县经济委员会、财贸委员会、工业局、经济协作办公室合并成立县经济局，行政编制 23 人，在编 22 人。2002 年 8 月更名为县经济贸易局。2005 年 9 月，县乡镇企业局并入（对外仍加挂县乡镇企业局牌子）。内设人秘股、贸易股、工业股。2006 年定编 11 人，在编 17 人。

三、县乡镇企业局

1997 年 4 月，县乡镇企业管理局改称乡镇企业局。2002 年 8 月并入县农业局。2005 年 9 月又从农业局并入县经济贸易局（对外仍挂乡镇企业局牌子）。

四、县对外贸易经济合作局

1997 年 3 月，县对外经济委员会更名县对外经济贸易局，行政编制 11 人，在编 8 人。2002 年 8 月更名对外贸易经济合作局。2006 年定编 8 人，在编 9 人，内设人秘股、外资引进管理股、对外贸易管理股。

五、县二轻集体工业联社

1997 年 3 月，县第二轻工业局成建制转为经济实体改称二轻总公司，保留二轻集体工业联社牌子，行使原二轻局职能。2005 年 11 月，县二轻集体工业联社转为财政全拨事业单位，编制 8 人。

第十四章　商贸与服务业

云霄县历史上素有“漳南商埠”之称。明清时商贸活动活跃，商船北走上海、天津，南下台湾及东南亚，民国时街市初具规模，为漳州南部的商品集散地。20世纪90年代中后期，随着经济体制改革的深化，国有商贸企业、粮食企业及供销合作企业进入实质性改制阶段，政企分开、职能转换、职工分流、转换服务，部分财产拍卖盘活，大量职工分流安置，所属企业门市均实行承包或租赁经营，在流通领域份额日渐减少。个体私营经济迅速发展，成为商品流通领域的主体。商业服务网点遍布城乡，商品流通领域进一步扩大，对台对外经济贸易活跃，形成多成分、多渠道的商品流通网络。1997年，新增各种所有制商贸与服务业企业56家，注册资本1778万元，员工415人，全县社会消费品零售额7.04亿元，出口商品总值6023万元；1998—2005年，企业增加541家，注册资本25360万元，员工3104人；2006年，企业增加70家，注册资本6865万元，员工388人。至2006年末，共有各种所有制企业569家，注册资本34474万元，员工2811人；个体商户2938户，从业人员5409人；全县社会消费品零售总额17.56亿元，出口商品总值3106万美元。

第一节　商　业

一、国有商业

（一）县商业系统体制改革

1. 县商业总公司

1997年1月，根据县委、县政府《关于政府专业经济行政管理部门成建制转为经济实体的若干意见的通知》，县商业局改制为商业总公司，其系统内所属各公司为子公司。1998年，总公司成立转制工作领导小组和网点开发经营部、再就业服务中心、国有资产委托经营公司，分流安置各子公司下岗职工。按县委、县政府《通知》精神，总公司注册资本须以自有资产、政府财政投入和社会投资解决，因注册资本没有到位，改制无法实施。2003年，根据县委、县政府决定，总公司改为事业单位，2006年人员6人。

2. 县商业总公司所属子公司

商业特需公司　1997年有门市部12个，职工40人，1999年10月起，其所属门市店面全部陆续出租，2006年职工49人。

饮食服务公司　1997年有网点5个，分别由公司经营及职工个人承包经营或对外出租。2000年全部网点通过投标由个人承包经营。1998年通过拍卖资产和贷款筹资530万元，2001年建成云东路5号7层商业大厦（占地面积449.2平方米，建筑面积2550平方米）向外出租。2005年拍卖云霄旅社611万元，以376万元偿还银行贷款和作为职工安置经费，余上交国库。2006年职工45人。

百货公司　1997年，6个门市部全部由职工承包经营，职工116人。1998年职工113人，85人带资（由公司提供一定资金）自谋职业。2000年将经堂口商场改建为7个店面出租。2002年收回经堂口商场附属平房改造出租。2005年拍卖宝南里29～32号职工宿舍危房，资金用于原住户搬迁补贴和缴交职工社保基金。2006年经营网点全部出租，职工25人。

糖烟酒公司　1997年17个经营网点全部招标出租，职工94人。2000年对原烟杂四店41名职工进行分流安置，收回 3 个网点出租；2002 年拍卖第 3、4 号仓库。2003 年收回元光路 11 号网点出租。2004 年以 10 年租期出租和平路 3 间门市，租金用于缴交职工社保基金。2006 年经营网点全部出租，职工 7 人。

五交化公司 1997 年，3 个门市部由 29 名职工承包经营。2006 年，门市由 18 名职工承包经营，50 名下岗待业人员由公司逐月发给生活补助费和缴交社保基金。

食品公司 1997 年职工 108 人，因屠宰场土地被政府征用，有 93 人每人带资 0.7 万元自谋职业，15 人下岗待业。1998 年由总公司筹资 450 万元在莆美镇建生猪集宰中心，8 月集宰中心划归县经贸局管理。

1997 — 2006 年云霄县商业总公司、子公司经营统计表

表 14-1　　单位：万元

年份	商品总销售额				盈亏额							税金
	总公司合计	其中			总公司合计	其中						总公司合计
		特需	五交化	其他		特需	饮服	百货	糖烟酒	五交化	其他	
1997	2214	132.87	170.54	1910.59	−23	0.26	0.4	−8.74	−12.56	0.34	−2.7	178
1998	2385	93.42	194.27	2097.31	−17	2.16	0.56	−3.74	−11.64	−3.7	−0.64	182
1999	2528	112	266.95	2149.05	−14.66	3.94	0.7	−3.06	−10.78	−4.23	−1.23	180
2000	2645	118.4	265.5	2261.1	−6.27	−9.24	0.02	0.17	−8.88	−3.91	15.57	176
2001	2100	14.4	243.6	1842	−27	−9.24	0.05	−4.01	−7.02	−3.25	−3.53	170
2002	2500	7.7	198.8	2293.5	−33	−4.14	0.08	−7.57	−10.18	−10.03	−1.16	200
2003	180	0	180	0	−30.54	−6.21	0.04	−1.91	−13.54	−10.83	1.91	0
2004	168	0	168	0	−31.96	−9.5	0.09	−4.35	−10.37	−12.18	4.35	0
2005	144	0	144	0	−42	−16.11	0.68	−4.2	−10.63	−15.94	4.2	0
2006	144	0	144	0	−44.87	−19.68	0.37	−4.89	−9.28	−16.28	4.89	0

（二）县物资局体制改革

1997 年 1 月，根据县委、县政府《关于政府专业经济行政管理部门成建制转为经济实体的若干意见》的通知，县物资局改制为县物资总公司。建材市场放开后，总公司经营长期处于亏损状态。2003 年，根据县委、县政府决定，总公司改为事业单位。除炸药继续实行专营外，6 个经营网点实行租赁经营。2006 年取消炸药专营，与市物资公司等组建专营公司。2006 年总公司人员 29 人，其中事业编制 5 人。

1997 — 2006 年云霄县物资总公司经营统计表

表 14-2　　单位：万元

年份	销售额	盈亏	年份	销售额	盈亏
1997	62.17	−36.11	2002	61.59	−36.57
1998	67.04	−34.09	2003	51.39	−35.03
1999	72.15	−36.78	2004	78.75	−18.09
2000	65.12	−36.13	2005	84.26	−8.42
2001	63.1	−35.99	2006	173.95	11.68

（三）县经贸局系统体制改革

县医药公司　1997年8个门市继续由职工承包经营，中、西药批发部实行责任制经营，共有职工92人。1999年6月，由于效益低下，公司实行集体和个人承包，对富余人员按工龄发放基本生活费。2002年12月公司西药批发部由1名职工以资产抵押承包经营。2004年8月公司通过省药监局GSP认证。2006年8月通过省药监局《药品经营质量管理规范》验收。2006年，职工31人。

工业供销公司　1997年职工16人，负债280万元，以出租店面及办公楼为职工缴交社保基金及发放基本生活费。2006年留守职工5人，下岗自谋职业7人。

台胞购物公司　1997年职工20人，因长期亏损关闭，以出租店面及办公楼为职工缴交社保基金及发放基本生活费。2006年，留守职工14人。

食品公司　1998年8月从商业总公司划归县经济贸易局管理。1999年1月建成生猪集宰中心6000平方米，日宰量180头。2003年，集宰64000头，销售1300万元，上缴税收20万元。2006年集宰78000头。年末职工56人。

（四）燃料系统体制改革

县燃料公司　原专营煤炭。1997年煤炭市场放开，居民燃煤也逐渐被液化气和电力所取代，同年改经营液化气，因市场竞争，依靠出租下坂液化气储配站，用于发放28名职工基本工资和缴交社保基金。2003年5月下坂创办工业区，液化气储配站被拆迁，公司停业，43名职工下岗自谋职业。2006年职工35人。

福建省石油总公司云霄县支公司　2000年2月更名为中国石油化工股份有限公司福建漳州云霄石油分公司。同年，支公司收购金霞、下坂鼓山、新园、东厦、陈岱、常山、福达等加油站7座，新建列屿、云霄、下坂加油站3座。2006年职工17人。

华南石油销售分公司加油站　2004年6月，国有控股中国石油华南销售分公司在云霄境内设船场加油站、大埔东加油站、大埔西加油站。

自营加油站　2005年，设立漳江加油站（火田鸡笼山）、旭光加油站（前涂）、能源加油站（莆美）、新港加油站（常山）、马铺加油站（马铺）等5家自营成品油零售企业。

二、集体商业与私营个体商业

（一）集体商业

1997年，全县有百货、副食品、农资、五交化、饮食、土产等集体商业企业62家，其中属供销社系统14家，商业系统23家，物资、烟草、乡镇企业、二轻、劳动系统19家，职工1601人。

1998年，县委、县政府出台《关于进一步扶持乡镇企业发展若干规定》，全县新增百货企业14家、五交化企业8家、茶叶企业4家、糖烟酒企业5家、建材石油等企业11家。2000－2005年，下岗职工和进城农民开办五交化、百货、日杂用品等企业9家。二轻系统及供销系统部分企业解体或关闭，部分挂靠乡镇企业的集体企业按其资本来源变更为私营企业。2006年，全县集体商业企业107家，从业人员553人，消费品零售额20110.5万元，占全县消费品总额11.45%。

（二）私营商业

1998－1999年，县委、县政府先后出台《关于进一步扶持乡镇企业和个私经济发展若干规定》《云霄县鼓励民营企业发展若干暂行规定》，私营商业企业有较大发展。2001－2003年，全县原挂靠乡镇企业的部分建材、百货、五金、交电等批发业和零售业，根据其资本来源变更注册为私营企业。至2003年全县新增汽车、摩托车、电器、电信、自选商场等批发零售私营企业105家。

2004年3月，县委、县政府出台《加快民营经济发展若干意见》，全县新增汽车、电脑、摩托车、电器、电信等私营商业40家。2005－2006年新增医药、计算机、摩托车、电器、电气工程、百货、电子、汽车、成品油零售等私营企业74家。2006年，全县私营、联营及台资商业企业计434家，职工1840人。其中百货、纺织品53家，五金、交电、化工43家，食品、烟酒18家，茶叶7家，建材18家，农资18家，医药4家，超市12家。

（三）个体商业

1997 年，商业体制改革使涉及群众衣、食、住、行、用、娱、医等方面经营服务的个体商户迅速发展，经营网点遍布城乡。当年，新增个体商户 12 户（其中批发零售业 6 户）、注册资本 6.6 万元（其中批发零售业 3 万元）、从业人员 26 人（其中批发零售业 13 人），1998 — 2005 年，新增个体商户 6154 户（其中批发零售业 3068 户）、注册资本 5096.1 万元（其中批发零售业 2748 万元）、从业人员 11760 人（其中批发零售业 5876 人），2006 年，新增个体商户 828 户（其中批发零售业 318 户）、注册资本 944 万元（其中批发零售业 446 万元）、从业人员 1615 人（其中批发零售业 583 人）。至 2006 年末，全县办理注册登记并正常经营的个体商户 2938 户（其中批发零售业 1470 户）、注册资本 3186 万元（其中批发零售业 1595 万元）、从业人员 5409 人（其中批发零售业 2710 人）。

三、商贸市场与商品购销

（一）商贸市场

县城商业街市 1997 年初，主要商业街市主要分布在经堂口、和平路、云平路、元光路、云漳路、云东路、中山路、南强路、复兴路、永绥路、永绥横路、溪边路、槐荫路、前进路等。至 2006 年，县城新建商业街市主要有云漳北路、绥阳路、宝城路、陈政路、金霞路、江滨路、兴汀路、宏华路、莆政路、侨兴路、江辉路、前埔北路、城元路、将军大道等 28 条。

县城商贸市场 1997 年，县城有南市场、西市场、溪美市场、经堂口小商品市场、供销商场、商业商场、一建小商品市场，总占地面积 2.55 万平方米。1998 年，云陵镇政府与个人联合在县城畲仔园建东市场，面积 1 万平方米左右。2000 年，莆美镇政府与个人联合在莆美镇双溪口村建枇杷批发市场，面积 1.65 万平方米。同年，宝树村村委会与个人联合，在该村毗邻绥阳路中段建绥阳市场，面积 1.14 万平方米。

农村农贸（圩）市场 农村农贸（圩）市场主要有莆东、陈岱、列屿、车圩、马铺、常山、和平、竹塔、大埔、浯田、白塔、阳下、枧脚、荷步、船场、后埔、莆中、下坂、梅山以及莆美水果市场等。1997 年前以每月农历“一、四、七”（即逢一、逢四、逢七，下同）、“二、五、八”“三、六、九”为圩期，进行赶集（俗称“赴圩”）贸易。1997 年后，圩期虽依旧，但均成为全天候市场。农村（圩）市场内多数设立商场或自选商店。

2006 年，全县列入贸易统计的商品交易市场 15 个，年末摊位数 955 个，营业面积 20732 平方米，全年成交额 17467 万元。

超市 1997 年 4 月 20 日，由林国强投资创办的漳州市恒晟商贸发展有限公司开业，在县城经堂口设立县内首家大型超市（自选）商场，后在经堂口、云漳路、东市场、宝城里、常山等及 5 个邻县建立 16 家超市连锁店，职工 1300 多人，年纳税超百万元，是漳州市县级规模最大、网络最广、商品品种最多、物流最快的连锁超市。经营范围含食品、日用、百货、服装、生鲜品以及建材等。2001 年建恒晟大厦，共六层，营业面积 6000 平方米。为县内首个配备使用电梯及中央空调的大型商场。2002 年，被中共福建省委宣传部、省经贸委、省商业协会评为“放心店”；2005 — 2006 年，被市政府评为“守合同、重信用”企业；2006 年，被市工商局、物价局评为“共建规范市场”“价格信得过”单位。

1997 年，县城还开办欣然超市（址在绥阳路及经堂口）、联顺超市（址在陈政路）；1998 — 2000 年，百姓超市（址在云漳路南段及其元光路西段）、力天超市（址在经堂口）、云客隆超市（址在云漳路南段）、绥客隆超市（址在绥阳东路）、新华都超市（址在宝城里）等陆续开办。超市经营日用百货、食品副食品、五金交电化工、粮油、农副土特产品等，商品品种繁多，成为城乡百姓主要购物场所。

2005 年 8 月，医药超市“杏春堂”在云平路开设，为县第一家医药超市。

网购 随着互联网及电子商务的迅速发展，网上购物开始成为百姓购物的新形式。县城亦有少数商户或网民自办网店。2000 年，恒晟连锁超市在网上开辟“恒晟易购”，送货上门。网上购物者以年轻人居多。

（二）商品购销

1997年后，随着流通体制改革的不断深化，商品流通市场更加开放、活跃，除卷烟等专营商品外，呈现多种所有制并存、多渠道、多形式购销的新特点，个私商业的户数、从业人员及销售额已成为商品流通市场的主体。

1. 社会消费品零售总额

1997年，全县社会消费品零售总额7.04亿元（根据抽样数据统计，下同）。其中，国有、集体经济1.83亿元，占25%；私营、个体等经济5.21亿元，占75%。2006年，全县社会消费品零售总额17.56亿元，比1996年增加11.67亿元。其中，国有、集体经济3.99亿元，占22.7%；私营、个体等经济13.57亿元，占77.3%。

1997－2006年云霄县社会消费品零售总额统计表（按行业分类）

表14-3　　单位：万元

年份	合计	批发零售贸易业			住宿餐饮业			其他行业
		小计	限额以上	限额以下和个体户	小计	限额以上	限额以下和个体户	
1997	70415.6	47946.9	2033	45913.9	4534.7	0	4534.7	17934
1998	84710	60078	2167	57911	5533	365.7	5167.3	19099
1999	95362	61419	2385	59034	7607	300.5	7306.5	26336
2000	102714	67710	5930	61780	8989	255	8734	26015
2001	105799.2	72265.3	6776.4	65488.9	9467	229.6	9237.4	24066.9
2002	108716.6	74213.2	5677.4	68535.8	9727	183	9544	24776.4
2003	103428.9	86472.1	6929.3	79542.8	9899.8	221	9678.8	7057
2004	115925.9	99017.9	10343.9	88674	10967	160	10807	5941
2005	154176	134444	20543.5	113900.5	13583	154	13429	6149
2006	175605.9	158058	27268.7	130789.3	15131.3	164	14967.3	2416.6

1997－2006年云霄县社会消费品零售总额统计表（按经济类型分类）

表14-4　　单位：万元

年份	国有经济	集体经济	私营经济	个体经济	联营经济	港澳台投资经济	其他经济
1997	5023.2	13225.9	3982	35410	969	196.5	11609
1998	13584	19596	2305	37811	161	185	11068
1999	14217.8	18005.5	5505	48433.7	545	200	8455
2000	16921	18071	6718	51000	433	158	9413
2001	17612.6	18869	7475.4	51305	1711	165	8661.2
2002	18318.6	19278	7783	52825	1794	64	8654
2003	19213	19822	8122	45551.9	1799	121	8800
2004	19012.1	19920.2	8211	57730.3	1822.1	130	9100.2
2005	19352.3	19950.1	22113.4	81393.4	2122.3	142	9102.5
2006	19822.4	20110.5	30254.3	93205	2233.4	158	9822.3

注：1997－2005年资料来源于县统计局各年度《云霄统计年鉴》，2006年资料来源于漳州市统计局当年《漳州统计年鉴》

2. 主要商品购销

纺织品服装鞋帽 主要集中在县城经堂口服装城、供销商场、商业商场及复兴路、云漳路、中山路等街区，其他街区及农村市（圩）场也散布众多小型店铺，还有不少流动摊位在闹市区设立临时摊位，节假日或换季时各商家举行展销或降价打折促销活动。布匹经营店铺已基本消失，纺织品店铺以经营床上用品为主，有水星家纺、佳丽斯等经营品牌商店。服装鞋帽商店主要有七匹狼、九牧王、利郎、劲霸、361°、柒牌、李宁、安踏、阿迪达斯及奥康、蜘蛛王、红蜻蜓、皮尔·卡丹、中兴等专营店。据城镇农村住户抽样调查数据统计，1997 年全县纺织品服装鞋帽销售额 3520 万元，2001 年为 5290 万元，2006 年为 8754 万元。

家用电器与电子产品 电视机、洗衣机、电冰箱、空调机等电器已成为家庭常用商品，手机、计算机、数码照相机、摄像机等电子产品越来越受青睐，品种、数量及使用群体越来越多，尤其是手机换代迅速，促进销售剧增，各类销售店铺遍布城乡。主要商家有海尔专营店、德信电器、环宇电讯、宏晔电脑、恒通电脑、百脑通电脑、新兆兴电器等商店。据城镇农村住户抽样调查数据统计，1997 年全县销售额 1331 万元，2001 年为 2000 万元，2006 年为 3332 万元。

自行车与机动车 自行车仍作为主要代步工具，1997 — 2006 年销售长年不衰，消费群体主要在中小学生，尤其是中学生及高年级小学生，基本人手 1 车。另有少数喜爱自行车运动人群购置山地车、变挡车等高档自行车为健身、旅游之用。摩托车日渐普及，年销售量数千辆。电动车销售亦明显增加。汽车销售以家用轿车为主，货运车辆次之。主要销售商有豪锦汽车、漳南汽贸及名牌、宏顺、安达、中宝等摩托车行。主要商品有宝马、本田、奥迪、别克、日产等高中档轿车及五铃等微型面包车，雅马哈、本田及嘉陵等两轮摩托车，爱玛、雅迪等电动车。

粮油 1997 年，粮油市场放开。至 2006 年，城乡销售的粮油商品，除少量县内自产外，大部分从东北、江西、安徽及泰国等地调入。粮食以大米为主，面粉、玉米、高粱、小米等北方品种亦被群众接受，大米有散装及 5 — 20 公斤袋装等。食用油多为外地企业生产瓶装产品，本地自产的散装花生油销量甚少。

肉禽蛋水产品 肉禽蛋由本地自产为主。1997 — 1998 年，猪肉均为个体户自宰自售。1999 年 6 月，县食品公司生猪集宰中心建成，经营生猪购销调存，日宰量达 180 头。禽蛋牛羊均由私营企业及个体商户经营。牛肉销售以下坂原圩场为主，且加工为牛肉丸等产品上市，销售量明显增加。水产品主要从本地收购贝类及淡水鱼类，从邻县购进海水鱼类及干制品销售。据城镇与农村住户抽样调查数据统计，1997 年全县肉禽蛋零售总额 20069 万元，2001 年 30153 万元，2006 年 50169 万元。水产品销售总额 1997 年 2655 万元，2001 年 3989 万元，2006 年 6622 万元。县城区各市场及农村农贸（圩）市场均设置肉禽蛋与水产品交易区，少量在县城街市和渔产区销售。

蔬菜水果 1997 年，蔬菜多为县内农村自产，每日清晨菜农挑运到县城各市场交易，或贩给菜商经营。1998 年，有经销商从外地调运白菜、包菜、萝卜等品种入市。2000 年东洲、绿野等农工商企业通过建立生产基地，或收购进行保鲜、冷冻等加工后运销外地。水果除云霄县自产品种外，还有外地调入的苹果、葡萄、火龙果、椰子等“北果”“南果”入市销售，品种繁多。2002 年 12 月县建立枇杷协会，为全县枇杷种植户提供产加销服务，先后在成都、杭州等地举办展销会，组织云霄枇杷外销。

酒 1997 — 2006 年，云霄经营酒类企业较多，除各类副食品商店外，有陵城酒类商行、乐天酒类公司、云霄地产的枇杷酒专卖店等较大型的酒类专营企业。随着生活水平的提高以及社交往来的活跃，酒类销售量有较大幅度增加，经营的品种亦日趋高档。茅台、五粮液等国产名牌白酒成为热销品牌，人头马、轩尼诗等国外品牌也不乏消费人群。

茶叶 1997 年，全县经销茶叶大部为乌龙茶，绿茶、红茶、普洱茶次之。乌龙茶以武夷山地区的水仙、肉桂等品种为主，市场经销茶叶多从武夷山地区购进，且有企业长期与武夷山地区茶农、茶企、茶商建立合作关系，所购茶叶不仅供县内销售，还批发至县外其他地区，为武夷山茶叶的重要批发地。2005 年有燕顶茶叶公司等生产的茶叶上市销售。主要批发销售商家有云山茶叶公司、溢香茶叶公司、沁之韵茶叶公司、奇芳茶庄、义发茶庄、长隆茶庄等企业。茶叶经销店铺遍布县城各处，仅县城区就有数百家，故民间有“乌米店比白米店多”之说。全县常年销售额亿元以上。

燃气　1997年，燃气逐步取代煤炭成为城镇居民主要的生活燃料。2005年县城区用气户1.73万户，用气人口5.81万人，日供气量约20吨，气化率达91.6%。全县燃气类型主要为液化石油气，设有裕宝、华荣与常凯等3家储配站，16家分销站。据2006年城镇与农村住户抽样调查数据统计，全县燃气消费为6308万元。2006年12月设立漳州安然燃气有限公司云霄分公司，开始建设燃气管道，提供管道燃气。

家具　城乡建设的发展及群众居住条件的改善，促进家具销售量的增长。1997年，地产的中低档家具销售2933件，1998年3280件，1999年开始从广东顺德一带调运。桌、橱、柜等品种已基本为板式家具。红木家具等高档商品大量进入市场，县内厂家也同时开始生产。主要商家有精艺家俬城、金华家具城、宏源家具城等。

化工建材　基本建设投资逐年增加及群众居住水平的提高，带动建材化工商品销售额随之增长，建材商品向多样性、高档化转变。销售商品除钢筋、水泥、机砖等外，地产红砖销售逐年减少，瓷砖、木地板、卫浴设备、铝合金、玻璃、不锈钢等商品销售量日增。主要经销商家有金亿利建材、启信建材等。2006年，综合性建材批发销售企业18家，化工经销企业有立邦、三棵树等商家。

第二节　粮油经营

一、政企分开

1997年，县粮食局与所属粮油企业实行政企分开。7月，粮油企业完成第二轮承包经营，县粮食局对粮食企业承包经营中政策性平价粮油经营发生的业务费用，按区域和经营量核定标准和总额，对商业性议价粮油的经营实行核定上缴利润基数。

1998年7月，根据国务院《关于进一步深化粮食流通体制改革的决定》，粮油企业实行收储业务与附营业务分离，撤销乡、镇、场粮站和直属库，设立乡、镇、场粮食收储有限责任公司和陵城粮食销售有限责任公司及粮食储备库等12个粮食收储企业，专事定购粮、议价粮、中央和地方储备粮的收购、储存、调拨业务，以及国家指定企业经营的粮食进出口业务；设立具有独立法人资格的乡、镇、场粮站经营部和直属库经营部作为附营企业；保留县粮油供应公司，专事粮食收购企业收储业务以外的生产、经营业务；政策性粮油库存划归粮食收储公司粮食储备库；粮食经营网点、加工设施及其他附营业务和资产划归经营部。同年8月，经省审计检查组核实认定，县属12个粮食企业1991年4月至1998年5月政策性亏损挂账1180万元，由财政部门按5年计划分年度列入预算安排消化，属经营性亏损挂账191万元由企业通过减员增效消化。1999年，对粮食收储企业进行重组，组建城关、莆美、东厦、火田4家粮食购销公司，专事政策性粮食收储业务；组建城关、莆美、东厦、陈岱、列屿、和平、下河、马铺、火田和直属库经营部等10家企业，专事非政策性粮食购销业务。1999年7月28日，常山粮食收储有限责任公司及其定购任务30万公斤（含公粮5.195万公斤）和新增储备粮50万公斤指标划归常山开发区管理。2001年，粮食价格由市场供求形成，粮食购销企业实行自主经营、自负盈亏。

二、职工分流安置

1997年，全县粮油购销企业职工447人。1998年，择优选聘100人安置在收储企业，选聘70人到10家非政策性粮食购销企业，214名与企业签订协议解除劳动关系，一次性发给辞职安置费。并将52名5年内达到退休年龄的职工划分到4家购销公司办理内退、离退休手续。1999年，拍卖城关米厂、列屿米厂、饲料厂，按职工工龄发放一定的资金自谋出路；粮食复制品一厂以厂址改建商住房，盘活存量资产46万元，分流职工37人。2000－2005年，全县粮食系统（含工业及购销企业）与企业解除劳动关系自谋职业280人，企业职工从2000年的630人裁减至350人。

三、粮食收购

1997 年，全县（下同）定购任务 1020 万公斤（含甘蔗奖售粮 120 万公斤），其中早稻 612 万公斤，晚稻 408 万公斤。每 50 公斤中等早籼稻收购价 75 元，晚籼稻 80 元（等级差均为 2 元），价外补贴 10 元（不含农业税），由县财政筹措并奖售化肥 12.5 公斤。1998 年、1999 年，定购任务均为 900 万公斤（不增加蔗粮），定购比例早稻占 60%，晚稻占 40%。实行保护价，每 50 公斤中等早籼稻 61.75 元（等级差 2 元），价外补贴、粮肥奖售不变。

2000 年收购任务 750 万公斤，其中定购任务 450 万公斤（含 60% 农业税），指导性收购计划 300 万公斤（含 40% 农业税）。早籼稻退出保护价收购范围，纳入指导性收购，定购任务除农业税外一律收购晚籼稻。价外补贴每 50 公斤 8 元（不含农业税）。农业税部分于早季一次性完成，原则上征收实物，不交现金。早籼稻以每 50 公斤 45 元计价（含无定购任务交代金部分），由粮食购销企业代理，先结算 70%，预留 30% 作为农业税销售价格低于市场价格的补偿准备金。农业税征收的代购手续费每 50 公斤 2.5 元由县财政支付。有定购任务而改种经济作物确无现粮可交的农户，必须委托当地国有粮食购销企业代购入库。农业税交现金每 50 公斤折 55 元（含代购费 7 元及农业税结算款）。定购粮仍实行粮肥挂钩。

2001 年取消定购任务，全县农业税任务 376.12 万公斤，指导性收购计划 510 万公斤（其中早籼稻 360 万公斤，晚籼稻 150 万公斤）。农业税以征收实物为主，夏季一次性完成，每 50 公斤中等早籼稻 45 元。无法交实物而交现金的，按每 50 公斤 50 元（含代购费 5 元）由乡镇财政所及粮食购销企业征收。2002 年农业税任务 514.16 万公斤，早籼稻指导性收购计划 200 万公斤，夏季一次性完成。2003 年农业税任务 500.54 万公斤，早籼稻指导性收购计划 200 万公斤。农业税计价每 50 公斤中等早籼稻 47 元，折征现金每 50 公斤 51 元（含代购费 4 元）。2004 年 4 月农业税停征，夏粮收购价格随行就市，中等早籼稻最低限价每 50 公斤 70 元，签订单的每 50 公斤给予 5 元直接补贴和良种补贴。同年，县政府根据储备轮换需要，下达早籼稻收购指导性计划 250 万公斤，对订单农户按中等早籼稻每 50 公斤最低市场收购价格 70 元收购，市场价格低于 70 元时仍按 70 元收购，并继续执行订单直接补贴和良种补贴。2006 年，县政府下达早籼稻指导性收购计划 250 万公斤，收购价及补贴与上年同。

四、粮食储备

1997 年全县粮食库存月平均 13000 吨。1998 年全省粮食安全大检查，对云霄库存实物进行清查。2000 年全国粮食清仓查库，对云霄库存粮食进行清查，对查出的超期库存粮食及时作了处理。2001 年，根据省要求核定建立粮食风险基金，由县自筹 137 万元，省补贴 63 万元，合计 210 万元，纳入财政预算，作为储备粮保管、轮换、陈化粮处理等专项费用。2002 年 12 月，根据国家关于粮食主销区储备的要求，组建县储备粮管理有限公司，由漳州市核定全县储备粮数量，储存于 3 个粮库。2003 年，县储备粮管理与省、市建立信息联网，县政府成立粮食安全应急指挥部加强粮食市场预警监控。2004 年，省政府发出《福建省地方储备粮管理办法》通知，建立储备粮每两年一换制度，核定云霄县级储备粮规模（含应急储备大米）。2006 年，在中心库周边征用土地 4 公顷，扩建粮油储备库。

五、粮油市场管理

1997 年，粮油市场开放。1998 年，根据县政府《云霄县粮油经营管理暂行规定》，县粮食局对粮油批发业务实行审批许可制度。当年配合县工商局建立粮食稽查队，取缔粮商米贩非法收购粮食 6 例，没收粮食 25975 公斤，罚款 8000 元。2000 年，全县批准国营、集体、个私等从事粮食批发业务的企业 6 家，取缔违法收购和运销粮食 40 吨，罚款 10 多万元。2006 年，全县批准经营粮油的企业有国有企业 25 家，民营 20 家，个体商户 77 家。

六、粮籍与军供

粮油市场开放后，非农居民继续保留粮籍，凡征兵入伍、大中专升学、工作调动和外迁办理户口迁移时，粮籍需随户口迁移。2001 年，粮籍取消，粮食部门主要负责军队和救灾、平抑粮价等方面粮油供应。驻军和过境部队军供，由县粮油供应公司机关粮店和陈岱粮站经营部办理。2006 年，军供纳入电脑联网管理。

第三节　供销合作社

一、县联社和社直企业改革

（一）制定任期目标责任制

1997 年 3 月，县供销合作社联合社根据企业经营亏损情况，出台《云霄县供销社第二轮主任（经理）任期目标责任制方案》，对各基层社和直属企业提出“七定一抵押超奖亏赔的全奖全赔”（七定指定人员、定资金、定上缴、定社有资产保值增值、定清欠、定甩包袱、定发展新股金；一抵押指以个人财产作抵押）的经营办法，并按县联社《扭亏增盈目标管理责任制方案》要求下达财务指标。

（二）企业改制

1997 年，县江滨路拆迁改建，农资公司、果品公司、土产公司等社直企业的仓库、门市和办公用房属拆迁范围，县政府补偿用地 4179.7 平方米，因无资金重建，企业停业。县联社将陈政路南侧补偿土地 1587.7 平方米转让给职工建住宅，并把拆迁赔偿款及土地转让所得，用于缴交职工社保基金和职工分流安置费。同年 10 月，社直企业茶叶公司改制为股份制公司，以公司资产经评估扣除政府征收的土地出让金后，作为 43 名参股职工的配股依据（以职工身份置换股权）；供销商场 86 间店面进行二轮出租；县联社宾馆由果品公司职工个人承包经营。1998 年县联社宾馆改由果品公司承包经营。2004 年 3 月，茶叶公司以 110.6573 万元转让于溢香茶业股份有限责任公司，公司自此不属供销社社直企业。1999 — 2006 年，对社直企业进行清产核资，办理产权证，清收产权有效证件 46 件，对社有闲置资产进行公开招标拍卖。

（三）职工分流安置

1997 年，社直企业职工 397 人。2001 年县联社下发《关于深化产权制度改革和减员增收的实施意见》，社直企业职工下岗 241 人，其中分流安置 34 人。2006 年末社直企业下岗职工 207 人，在职 52 人。至 2006 年，县联社共上缴社保统筹金 135.92 万元，其中 5 家社直企业 120.45 万元。

二、基层供销社改革

（一）职工分流安置

1997 年，全县有莆美、东厦、陈岱、列屿、火田、车圩、马铺、马田 8 家基层供销社职工 519 人。2001 年，职工下岗 398 人，有 97 人带资自谋再就业。至 2006 年末下岗职工 301 人，在职 59 人，基层供销社共上缴社保统筹金 117.97 万元。

（二）组建专业合作社

2004 年 6 月，莆美供销社与当地枇杷种植大户成立莆美枇杷专业合作社，将莆美镇农贸市场的 281 平方米社址房屋作价入股，总注册资金 22 万元，入社社员 50 户，带动农户 70 户，年销售额 50 万元，年利润 2.3 万元。2005 年，马铺供销社吸收淮山种植大户入股，成立马铺琪琪淮山专业合作社，注册资金 50 万元，入社社员 70 户，带动农户 200 户，年销售额 350 万元，利润 2.2 万元。2006 年，列屿供销社吸收牡蛎养殖大户参股，成立列屿海蛎养殖专业合作社，注册资金 20 万元，入社社员 15 户，带动农户 155 户，年销售额 34 万元，利润 3.5 万元。2006 年 5 月，莆美枇杷专业合作社被确定为全省供销系统示范专业合作社。

（三）建设“万村千乡”市场工程

2004年，云霄县被国家商务部批准为漳州市供销系统“万村千乡”市场工程建设的三个试点县之一。2004 — 2006年，在集镇所在地开设包括食品、日用百货以及烟花爆竹、图书、药品、音像制品等各类商品的综合超市，建立乡级农家店1个，村级农家店29个，“龙得宝”农资农家店20个（其中1个为市“龙得宝”直营店），村级综合服务站31个，农资配送中心1个。其中有5家村级农家店被评为示范店。

（四）建立服务农业“庄稼医院”

1997 — 2006年，农资公司和车圩、马铺、东厦、火田、列屿、陈岱、莆美、城北等基层社建立9家“庄稼医院”，订立服务公约，接受农民咨询和开展“出诊服务”。共服务农户13050户，“出诊”11850次，接受咨询3万多人次。

三、供销系统物资购销

（一）农业生产资料供应

1997年，实行化肥连锁经营，减少流通环节，降低运输成本。全年供应化肥11917吨、农药41吨、农膜10吨，全部农资供应值1884万元。1998 — 2005年，8年供应化肥130320吨、农药2341吨、农膜34吨，农资供应值19468万元。2004年，改为生产厂家代销或与经销商联营，减轻进货资金压力。2006年，参与“万村千乡”市场建设，全年供应化肥15051吨、农药3220吨、农膜12吨，农资供应值2669万元。

（二）生活资料供应

1997年，农民生活资料供应值298万元，其中茶叶54万元、粮油11万元、肉禽蛋1万元、糖烟酒64万元、针纺织品54万元、五交化38万元、日用杂品13万元、百货文化47万元、建材11万元、燃料5万元。1998 — 2005年，农民生活资料供应值3841万元，其中茶叶1353万元、干鲜果9万元、食用品9万元、水产品65万元、肉禽蛋98万元、烟花爆竹89万元、建材31万元、糖烟酒698万元、针棉纺织396万元、五交化79万元、日用杂品385万元、干菜调味品2万元、百货文化377万元、燃料10万元。2006年，农民生活资料供应值624万元，其中茶叶325万元、水产品13万元、粮油51万元、肉禽蛋20万元、糖烟酒70万元、针棉纺织品59万元、五交化3万元、日用杂品32万元、百货文化51万元。

（三）土特产品购销

主要购销产品有茶叶、龙眼、荔枝、香蕉、柑橘、鲜淮山等。其中枇杷、淮山、牡蛎等土特产通过基层供销社参股的莆美枇杷专业合作社、马铺琪琪淮山专业合作社、列屿海蛎养殖专业合作社调运到省内外销售。

1997年，收购茶叶4吨、柑橘4吨、龙眼1吨、荔枝4吨、香蕉1吨，总金额18万元。1998 — 2005年，收购茶叶281吨、柑橘128吨、龙眼77吨、荔枝318吨、香蕉535吨、蘑菇5吨，总金额596万元。2006年，收购茶叶110吨、荔枝30吨、香蕉10吨、淮山180吨，总金额208万元。

（四）废旧物资收购

由土产日杂公司再生资源经营部经营。1997年停止收购业务。1998年恢复经营，以废钢铁的回收为主，年收购63吨5万元。1999年上升到1183吨75万元。2000 — 2002年分别收购464吨、1200吨、1100吨和28万元、72万元、66万元。2003 — 2005年，分别收购950吨、1180吨、700吨、2006年收购1300吨，92万元。

1997 — 2006年云霄县供销系统商品购销统计表

表14-5　　单位：万元

年份	商品总购进	商品总销售	其中：消费品零售额	上交税费	利润
1997	5811	6057	1947	114	-97
1998	6903	7310	2078	125	-90

续表 14–5

年份	商品总购进	商品总销售	其中：消费品零售额	上交税费	利润
1999	5572	5944	2086	34	–189
2000	4177	4324	1324	102	–103
2001	3974	4059	1136	36	–100
2002	4039	4110	1576	25	–74
2003	4050	4129	1709	24	–82
2004	4129	4209	1696	20	–68
2005	4828	4730	1965	34	–20
2006	4967	4900	2124	63	–16

第四节　专卖经营

一、烟草专卖

1997 年，继续实行烟草专卖许可证颁发及年检制度，实行运输准运制度，建立覆盖城乡、渠道畅通、调控有效的卷烟销售网络。1997 年销售卷烟 8265 箱，1998 年销售卷烟 9456 箱，1999 年销售 10603 箱。2000 年，实行卷烟销售统一批发价格，开始推动“访送分离，集约配送”模式，销售卷烟 9083 箱。2001 年，实行卷烟专卖户籍化管理，对经营化分类登记建档，销售卷烟 9936 箱。2002 年实行“专销一体、集约配送、三线互控、优化流程、考评到位”动作模式，销售卷烟 10750 箱。2003 年开始，实施卷烟零售明码标价，卷烟价格管理伸至零售终端。2003 年、2004 年分别销售卷烟 11645 箱和 13966 箱。2004 年，提高农村办证面，新办证 98 户，总办证 1196 户，办证率 98%。2004 年查处专卖管理案件 73 起，处罚没款 13.2339 万元。2005 — 2006 年，分别销售卷烟 14345 箱和 15200 箱，查处案件 76 起，处罚没款 1.3992 万元。

打击制售假冒香烟违法犯罪活动详见专记。

二、盐品专卖

1997 年盐品销售 347 吨。1998 年 1 月，成立福建省云霄盐务局、福建省盐业公司云霄支公司（一套人员，两块牌子）。1998 年和 1999 年，分别销售盐品 861 吨和 811 吨。2000 — 2005 年，年销盐品在 685 — 876 吨波动，共销售盐品 4859 吨。2002 年，云霄盐务局（支公司）归漳州盐业局（分公司）管理，盐业局增设云霄县盐政稽查大队，负责辖区内（含常山开发区）食盐专营和盐业市场行政执法管理。2005 年 9 月，云霄、东山盐务局（支公司）合并。2006 年 5 月起，全省实行盐业配送，全县各乡镇均设有碘盐销售网点，云霄、东山两县各设客户经理负责辖区碘盐及加工用盐销售业务，两县盐政稽查大队合并，负责两县盐业市场规范管理和行政执法。2006 年，销售盐品 9280 吨，人员 16 人。

第五节　对台对外贸易与合作

一、对台贸易

1997 年，在陈岱镇礁美码头台轮停泊地设立对台贸易点，由国有企业云发贸易公司为定点贸易机构，专司办理对台贸易业务。到云霄台湾商渔船多数来自台湾高雄地区，载重量为 100 ~ 300 吨位不等。1997 — 2006 年，计有台湾商渔船 4184 船次到云霄贸易，出口贸易商品以巴非蛤、文蛤、沙蛤为多，贸易额34612吨2320.6万美元，其中部分由台湾商人（渔民）转销日本及欧美。对台小额贸易成交量较高年份为2000年、2001年、2002年，年贸易量分别达3955吨、4111吨和4853吨，年贸易额分别达591.11万美元、130.55万美元、167.89万美元。

1997 — 2006年对台小额贸易统计表

表14-6　　单位：吨、美元

年份	船次	贸易数量	贸易总值
1997	244	3159	2209840
1998	288	3450	2276000
1999	266	3930	4221227
2000	613	3955	5911082
2001	663	4111	1305473
2002	691	4853	1678930
2003	413	2936	1173180
2004	394	3105	1241800
2005	336	2849	1581100
2006	276	2264	1607320
合计	4184	34612	23205952

二、进出口贸易

（一）出口贸易

出口商品　1997年，云霄县出口商品主要有农副产品、水产品、土产品、食品罐头和其他商品等5大类，以枇杷、金枣、柑橘、茶叶、对虾、缢蛏、鳗鱼、文蛤、红鲟、泥蚶、食品罐头等为大宗，通过厦门、汕头、漳州、福州、广州等口岸出口中国港澳台地区和东南亚、欧美等地。全年出口商品总额6023万美元，其中“三资”企业5917万美元，外贸公司106万美元。1998年，金枣、柑橘、茶叶出口量下降。1999年，以电子元件、工艺品、服装、罐头食品为主。2000 — 2006年，以水产冻品、巴非蛤、文蛤、沙蛤及速冻蔬菜、农副产品、中药等为大宗。2006年全年出口商品总额3106万美元，其中常山1260万美元，全部为“三资”企业出口。

出口商品基地　主要有东厦、列屿、陈岱贝类海产品基地，电子、食品、服装、工艺品等“三资”工业企业；云陵、莆美、和平、下河等枇杷、阳桃农产品基地。

1997 — 2006年云霄县对外贸易统计表

表14-7　　单位：万美元

年份	全社会出口商品总值				年份	全社会出口商品总值			
	合计	外贸公司	三资企业	常山		合计	外贸公司	三资企业	常山
1997	6023	106	5917	未单列	2002	752	0	561	191
1998	6674	21	6002	未单列	2003	682	0	682	归市区
1999	962	7	834	128	2004	1266	0	1266	归市区

续表 14-7

年份	全社会出口商品总值				年份	全社会出口商品总值			
	合计	外贸公司	三资企业	常山		合计	外贸公司	三资企业	常山
2000	1268	3.2	1056.8	208	2005	1081	0	1081	归市区
2001	874	1.3	675.7	197	2006	3106	0	1846	1260

注：1999 年开始，云霄县与常山开发区对外进出口管理业务分开，1999 — 2000 年“三资”企业出口总值含常山开发区，2003 — 2005 年不含常山开发区

（二）主要出口企业

县外贸公司　1997 年起，“三资”企业产品直接出口，公司经营处于半停顿。2000 — 2006 年起，公司进出口业务经营权转让承包，每年收取承包费 10 万元，其经营场所出租，大部分职工自谋职业。

县云发贸易公司　县国有企业。主要通过礁美码头开展对台巴非蛤、文蛤、沙蛤等鲜贝贸易。1997 — 2006 年，年均出口值超百万美元，其中 2000 年为 591.11 万美元。

漳州市宏国电子有限公司　台商独资企业。产品为线圈、电感器等电子元件，销售欧美、日本和东南亚地区，公司曾列漳州市“三资”企业出口创汇前 10 名。1998 — 2000 年，年出口百万美元以上。2001 — 2006 年，年出口 50 万美元以上。

云霄县名城人造花有限公司　台商独资企业。产品为人造花卉，销售东南亚各地。1998 — 2000 年，出口值百万美元以上。2001 年、2002 年出口值分别达 294 万美元、309 万美元；2003 — 2005 年，出口值分别达 304 万美元、303 万美元、284 万美元；2006 年出口值 256 万美元。

漳州鲜品冷冻有限公司　台商独资企业。2000 年 8 月创办，生产加工冷冻水产品，产品销售欧盟及美国、多米尼加、澳大利亚等国家。2004 — 2005 年，出口值分别达 662 万美元和 520 万美元，2006 年出口值 639 万美元。

漳州云明进出口有限公司　私营外贸企业。2006 年出口值达 599 万美元。

县对外加工装配服务公司　对外加工企业。1998 年出口百万美元以上。1999 年停业。

县艺辉服装织造有限公司　服装制造“三资”企业。1998 年出口百万美元以上。1999 年停产。

县奥利特服装织造有限公司　服装制造“三资”企业。1998 年出口百万美元以上。1999 年停产。

县宏陵织造有限公司　服装制造“三资”企业。1998 年出口百万美元以上。1999 年停产。

（三）进口贸易

县内进口贸易主要为“三资”企业进口原辅材料、零配件、机械设备和车辆。2002 年开始，主要进口用于食品、电子产品、蜂窝纸板箱、人造花、纺织、饲料、水产品生产加工的机械设备和车辆等。2002 — 2006 年，有宏国、名城、鲜品冷冻、贝森蜂窝、大众兴纺织、大统、欧霸食品、超大食品等企业进口机械设备 538 台（套）、车辆 75 辆（轿车 23 辆，叉车 52 辆）。2002 年，进口付汇 110.2 万美元；2005 年和 2006 年，进口分别付汇 204.1 万美元和 334 万美元；2002 — 2006 年，共进口付汇 956.3 万美元。

（四）“三来一补”业务

20 世纪 90 年代中期，外商投资逐渐转向创办私资或合资企业，“三来一补”（来料加工、来样加工、来料装配和补偿贸易）项目呈减少趋势。1997 — 1998 年，全县累计承接“三来一补”企业 25 家，涉及服装、玩具、塑胶、石板材加工等行业，签订项目 50 项，合同工缴费 125 万美元，实收工缴费 85 万美元，产品销往欧、美、日、中东和中国香港、澳门、台湾地区。1999 年起，专门承接“三来一补”业务的县外商投资服务总公司未再开展业务，进料、来料加工贸易业务逐渐由外商投资企业或有进出口经营权的企业承担。

至 2006 年，全县批准加工贸易合同 98 份，进口料件 2154 万美元，出口成品 10659 万美元，主要涉及服装、食品、玩具、水产品、塑料制品等加工，产品销往欧、美、日、中东等国家和中国香港、澳门、台湾地区。

（五）利用外资

1997 年全县利用外资额（含港资企业、澳资企业、台资企业和外商投资额，下同）3530 万美元（含常山），比 1996 年 3012 万美元增长 17.2%；1998 年 4022 万美元；1999 年 1765 万美元。2000 年 3100 万美元（不含常山，下同）；2001 年 3300 万美元；2002 年 3353 万美元；2003 年 3525 万美元；2004 年 2826 万美元；2005 年 1246 万美元；2006 年 2505 万美元。上述数据包括农业、工业和商贸业、旅游业、房地产业等第三产业引进利用外资项目。

第六节　服务业

一、住宿餐饮

（一）经营商户

1997 年，住宿餐饮新增企业 6 家，全县共有住宿餐饮企业 50 家，职工 725 人；个体户 449 户，1580 人。主要有县饮服公司、云霄宾馆、兴粮宾馆、常山中国旅行社等国有企业，经堂口旅社、双益宾馆、银城宾馆等集体、私营企业。1997 年起，县城区先后开办天成、日月明等中式快餐店。1998 — 2006 年，全县住宿餐饮业新增企业 63 家，职工 484 人，新增个体户 3596 户，从业 6916 人。新增企业主要有永新宾馆、新云宾馆、瑞阳宾馆、振洋旅馆、海天宾馆、鑫如家宾馆、城西饭店、龙江海洋大酒店、望江楼饭店、云陵饭店、富源大酒店、东园饭店、得月楼酒家、诏安粥铺、潮州酒楼等。以上住宿餐饮企业多为中低档旅馆饭店。2004 年起，陆续有中高档酒店开业。址于县城区江滨路漳江畔的漳州临泰大酒店，2004 年 12 月开业，租用江滨邮政综合楼按三星级宾馆标准改造装修，营业面积 1 万平方米。2005 — 2006 年，址于将军山公园边按五星级标准兴建的云顶温泉大酒店，有 147 间豪华客房和中、西、日式餐厅，24 间温泉房。址于漳南大市场、按四星级标准建设的益恒大酒店，占地 8000 多平方米，有客房、餐饮及会议服务等设施。址于陈岱镇八尺门海滨的金汤湾海水温泉大酒店，占地面积 5 万平方米，建筑面积 2 万平方米，有可容纳千人的海水温泉园区、水疗馆及 110 套各类型客房等。县城区及农村市（圩）场尚有数量众多的大排档等经营餐饮的小型店家。

（二）地方风味小吃

云霄地方风味小吃品种繁多，味美价廉，深受群众喜爱。主要有将军山烧窑鸡、清汤大肉丸、四果汤、绿豆粉粿、山尾薯粿、发粿、咸粿、水晶粿、萝卜粿、麦粿、水饺、水面、香肠、肉卷、海蛎煎、发煎和各式包子等传统品种。1997 — 2006 年，引进沙县小吃、山西刀削面、羊肉串、卤鹅、涮羊肉、麻辣烫、面包、蛋糕、奶茶、仙草粒、玉米汁等外地品种，并有麦卡基、德克士、曼德夫等西式餐饮在县城开业。一年四季，夜市甚为热闹，尤其是云漳路中段、云平路、元光路的各类小吃和大排档丰俭随意，通宵达旦，直至早点上市。

（三）经营额

1997 年，全县住宿餐饮业社会消费品零售额为 4534.7 万元。1998 — 1999 年，分别增加到 5533 万元和 7607 万元。2000 — 2001 年，分别增加到 8989 万元和 9467 万元。2002 — 2005 年，分别增加到 9727 万元、9899.8 万元、10967 万元、13583 万元。2006 年达到 15131.3 万元。

二、租赁商务

（一）广告业

1997 年初，广告企业有县广播电视服务部、蓝天广告装饰有限公司和美术广告服务部（2002 年注销）等 3 家。1997 年增鹭光广告装潢有限公司。1998 — 2006 年，增都得利广告装潢有限公司、县广告公司（2003 年注销）、福建省电信有限公司云霄分公司、云天广告有限公司、县邮政收投有限公司和福建省新华发行（集团）有限责任公司云霄县分公司等。2006 年，全县经营广告企业 8 家，从业人员 98 人。尚有数十家制作广告的商家店铺。

广告已遍及社会生活各个方面，广告载体及形式多种多样。主要有：广播电视，县广播电视台每天广告播出时间2小时以上；网络网站，在网站上刊登广告，通过手机信息发送广告；印刷品，包括在县内“乡讯”“商讯”等刊物上刊登广告，自印商品广告单在街头散发或委托邮政发到各户，或塞在各户门缝，在业务表单上印制广告，在电话黄页上及单位电话本上印制广告；灯箱广告，在公路两侧及主要街道竖立灯箱；路牌、公交站牌上印制广告；在主要街道上悬挂横幅广告；在商铺店面上张贴广告；小商品，在打火机、购物袋、汗衫、背心、T恤等商品上印制广告免费赠送；车辆，在公交汽车的两侧、三轮车的顶篷、企业自用车辆上涂印广告。

（二）咨询中介

1997年，全县注册登记的租赁商务企业6家，注册资本166.84万元，职工10人，2000年，注册登记户数17家，注册资本2550万元，职工77人。2006年，注册登记10家，注册资本905万元，职工59人。至2006年，全县租赁商务企业34家，注册资本7071万元，职工149人；新办咨询、中介服务机构主要有县测绘咨询服务公司、开源咨询有限公司、福建平诚工程造价咨询有限公司云霄分公司、县劳务派遣有限公司、德峰信息咨询有限公司、力宏劳务有限公司、月亮桥文化传播有限公司等。主要经营项目有房屋测绘、租赁、产权转让、土地转让、钟点清洁工、保姆、搬家搬运、管道维修、资产评估、家教、就业、二手车转让等咨询介绍，书画、英语及职业技能培训、礼仪服务等。

1997年，县对经纪人进行培训、年检，对不符合要求的经纪人进行清理。2005年，全县有34人进行执业备案登记，建立执业经纪人一人一卡、一卡一档备案制度。2006年，以火田工商所为试点，举办第一期农村执业经纪人培训班，50多人取得资格证书。

三、居民服务

（一）美容美发

1997年初，全县有注册登记的美容美发店103家，从业532人。至2006年，新增14家从业112人，全县注册登记的美容美发服务店（含个体户）共有117家，从业644人。规模较大的有专业理美城、天姿美容服务部、粉暇美容SPA馆等。主要服务项目有理发、烫发、洗面、干洗、焗油、染发以及女士美容、发型设计，洗汤、泡脚、推拿按摩、盲人按摩、踩背桑拿等。

（二）照相服务

1997年初，县城有2家国营照相馆（由个人承包经营）及6家个体照相馆，主要经营项目有黑白冲印、彩色冲印。1997年8月，开办佳丽摄影有限公司、鹭光广告公司摄影部等。2001年，婚纱影楼进入云霄，照相馆引进进口冲印设施及数码快照速印设备，并开展特约外拍、彩车迎亲、婚纱摄影、摄像、光盘刻录、KTV制作一条龙服务，兼营进口照相器材、相机出租等业务。2006年，县城有照相馆14家，各乡镇政府驻地均设有个体照相馆。

（三）其他服务业

主要有手机、钟表、家用电器、自行车及家具维修，补鞋补伞，锁具修配，家政服务，丧葬服务，礼仪婚嫁服务等。1997年初，全县有注册登记的个体服务业429户，933人。至2006年间新增124户，310人。同年末，全县共有注册登记的个体服务业454户，1198人。

2000年1月，漳州市保安服务公司云霄分公司成立，为企事业和居民居住新区物业管理派遣保安人员和提供保安服务。2001－2002年，县及各乡镇都分别成立残疾人服务社，为残疾人提供服务。

第七节　机　构

一、县经济贸易局

1997 年 3 月，县经济委员会、财贸委员会、工业局、经济协作办合并成立经济局。2002 年 8 月，更名为经济贸易局，下辖县医药公司、食品公司、燃料公司、工业供销公司、台胞购物公司等国有企业。

二、县粮食局

1997 年，行政编制 19 人，在编 15 人，内设办公室、人事股、计划财务股、购销股、储运股。2002 年改设人秘股、财会股、储备股、市场股。2006 年，定编 10 人，在编 9 人。

三、县供销合作社联合社

1997 年人员 28 人，设人秘科、财计科、业务科。2001 年 2 月定编 20 人。设人事秘书科、财务统计科、业务指导科。2006 年核定事业编制 20 人，在编 16 人。设办公室、人事教育科、财会审计科、综合指导科、监察保卫科。

四、县烟草专卖局

1997 年，仍为云霄县烟草专卖局、云霄县烟草公司（两块牌子，一套人马）。2004 年 8 月，县烟草公司取消法人代表资格，云霄县烟草公司改称漳州市烟草公司云霄营销部。2006 年末人员 56 人，外聘工 40 人，下设综合办公室、财务办、客户服务中心、专卖办（稽查大队）和物流中转站，下设 4 个专管所、4 个客户经理工作站、4 个稽查中队。

五、县对外贸易经济合作局

1997 年 3 月，县对外经济委员会更名对外经济贸易局，行政编制 11 人，在编 8 人。2002 年 8 月更名为对外贸易经济合作局。2006 年定编 8 人，在编 9 人，内设人秘股、外资引进管理股、对外贸易管理股。

六、县外贸公司

1997 年与外贸局合署办公，职工 38 人。2006 年末人员 5 人。

第十五章　金　融

民国期间，福建省银行、中国交通银行、中国农民银行先后在云霄县设立分支机构，地方成立云霄县银行，县邮政局开办小额邮政储蓄和简易人寿保险。新中国成立后，相继设立中国人民银行和商业银行分支机构、邮政储蓄、农村和城市信用社及商业保险公司支公司。

1997 — 2006 年，银行业实施金融体制改革，人民银行不再办理存款贷款业务，商业银行实行股份制，农村信用社健全“三性”“三会”制度，对益民、云兴、联发等 3 家城市信用社进行停业整顿。随着社会经济发展和民间经济的活跃，全县金融机构各项存款余额从 87908 万元增至 411308 万元，各项贷款余额从 75488 万元增至 80870 万元。保险业从混合经营转变为分业经营，相继分设和增设多家保险机构。1997 — 2006 年，保费总收入 24077 万元，理赔 7431 万元。1997 年兴业证券公司在县城开设服务部，至 2006 年累计股民 2688 户，交易额 61.58 亿元。

第一节　金融体制改革

一、银行业体制改革

（一）人民银行与政策性银行改革

1997 年，县人民银行停止贷款业务，于 6 月、12 月分两次将专项贷款划归农业发展银行漳州市分行管理，其中“老少边穷”地区发展贷款 69.2 万元，地方经济开发专项贷款 2270.8 万元；县工商银行、农业银行政策性金融业务同时划归。政策性金融业务划归农发行后，工行、农行、中行、建行成为国有独资商业银行。

农发行主要办理粮油收购贷款、代理财政支农资金拨付等业务。1998 年 5 月 15 日，因云霄未设农发行，市农发行将不属粮油收购贷款的专项贷款 2340 万元划归县农行，委托县农行办理。2004 年末，委托业务收回，云霄粮油收购贷款余额 2764 万元移由诏安农发行代理。

（二）商业银行股份制改革

1999 年，县工行、农行、中行、建行进行不良贷款剥离，启动股份制改革。第一阶段剥离 10393 万元，其中 1999 年工行剥离给华融资产公司 88 万元，建行剥离给信达资产公司 750 万元；2000 年工行剥离给华融资产公司 3566 万元，农行剥离给长城资产公司 4088 万元，中行剥离给东方资产公司 1901 万元。第二阶段剥离 10332 万元，其中 2004 年中行剥离给东方资产公司 900 万元，建行剥离给信达资产公司 185 万元；2005 年工行剥离给华融资产公司 9247 万元。2005 年 2 月，县建行、中行完成财务重组；3 月，建行更名为中国建设银行股份有限公司云霄支行；6 月，中行更名为中国银行股份有限公司云霄支行；10 月 28 日，工行更名为中国工商银行股份有限公司云霄支行。2006 年，县农行仍属国有独资银行。

二、其他金融业体制改革

（一）保险业体制改革

1997 年，中国人民保险公司云霄支公司改设为财产保险、人寿保险两个国有控股支公司。2001 — 2005 年，有平安保险、太平洋保险、中华联合保险等 6 家保险股份有限公司漳州中心支公司在云霄设立营销服务部。

在经营方式上，财险采取直销和兼业代理人并存，寿险由直销转为以个人代理人为主营销；保险产品销售从保障型向分红理财型扩展，兼业代理机构向多行业扩展；提供兼业代理机构专营的保险产品，按国际惯例不再划分国内业务与涉外业务。各保险公司执行统一条款和费率，并停办高风险、高预定利率险种。

（二）农村金融体制改革

1997 年 3 月，省农村金融体制改革领导小组办公室在县城关农村信用社开展管理体制改革试点工作，进行清股扩股、规范股金，建立健全“三性”（组织上群众性、管理上民主性、经营上灵活性）、“三会”（社员代表大会、理事会、监事会）制度。7 月，在全县 13 个农村信用社进行体制改革。1998 年 12 月，根据中国人民银行要求，对县农村信用联社领导班子进行调整交流，并召开县农联社和 13 个农信社社员代表大会，选举产生理事会、监事会。

2004 年 8 月，漳州市辖区的农信社被列为全国第二批农村信用社改革试点地区，县人行和银监办事处根据国务院和福建省政府有关深化农村信用社改革试点实施方案的要求，组织制定增资扩股、提高资本充足率、降低不良贷款比例等工作计划，进行清产核资和申购央行专项票据 669 万元。2006 年 6 月，县农联社召开社员代表大会，选举产生理事会、监事会，由理事会、监事会选举产生联社理事长、监事长。县农联社与基层农信社的两级法人改为县农联社一级法人，县农村信用合作社联合社改称为县农村信用合作联社。

（三）典当行业管理体制改革

1996 年 9 月，县鑫发典当行与陵城城市信用社合并设立联发城市信用社。2000 年 8 月，人行总行、国家经贸委联合下发《关于典当行业监管职责交接的通知》，取消典当行金融机构的资格，典当行交由当地经贸委（局）监管。2006 年末，全县没有经批准的典当行。

第二节　银 行 业

一、机构

（一）管理机构

县人行　县人行在辖区内履行中央银行职能。1998 年 3 月，内设人秘股、信贷调统股、金管稽核股、营业室、保卫股、农村合作金融管理股。2004 年 6 月改设办公室、信贷调统股、外汇管理股、营业室、纪检监察室、保卫股。原农村合作金融管理股、金管稽核股职能于 2004 年 1 月移归云霄银监处。2006 年末，员工 36 人。

国家外汇管理局云霄支局　简称外汇支局，1990 年 8 月成立，与县人行合署办公，局长、副局长由行长、副行长兼任。

中国银行业监督管理委员会漳州监管分局云霄办事处　简称银监办事处，在辖区履行银行业监管职能。2004 年 1 月 31 日中国银行业监督管理委员会漳州监管分局成立，设云霄监督组，4 月 24 日改监督组为办事处。2006 年人员 4 名。

（二）银行业机构

县工行　1997 年，内设办公室、人事科、计划科、信贷科、储蓄科、会计科、出纳科、保卫科、技改科，下辖云东、城关、江滨、宝丰、中心、和平、大路街储蓄所。2000 — 2003 年陆续对科室和网点进行撤并。2006 年，内设办公室、结算部、公司业务部、个人业务部，下辖支行营业部、富云储蓄所。员工 55 人。

县农行　1997 年，内设办公室、人事科、监察稽核科、计财科、业务科、保卫科及经警小队、储蓄劳动服务部，下辖支行营业部和城关、莆美、常山、陈岱、火田、东厦、列屿、马铺、下河、和平等 10 个乡镇营业所，以及永绥、云平、南市、西市、一中、南强、常山、聚星（陈岱）等 8 个储蓄所。1998 — 2006 年陆续对科室和网点进行撤并。2006 年，内设综合部、计划财务部、业务管理部、客户部、风险资产经营部，下辖支行营业厅和莆美、城关、和平、江滨、常山、绥阳分理处与南强储蓄所。员工 124 人。

县中行　1997年，内设行长办公室、人保科、财务科、业务科，下辖支行营业厅、常山分理处和元光、宝山、云宾等3个储蓄所。2001－2006年陆续对科室和网点进行撤并。2006年，内设综合管理部，营业网点设支行营业厅和元光、常山分理处。员工40人。

县建行　1997年内设办公室、业务科、财会科、储蓄科、保卫科，下辖支行营业厅和贝洋、宝楼、东园新村、经堂口、建云等储蓄所和云霄师范等储蓄网点，1999－2005年陆续对网点进行撤并。2006年，内设办公室、客户部、营业部，营业网点设支行营业部和宝城储蓄所。员工41人。

（三）其他银行业机构

县农联社　由县人行直接领导和管理。1997年，内设人事教育科、会计出纳科、业务科、稽核科、保卫科、营业部，下辖云城储蓄所和城关、莆美、东厦、竹塔、陈岱、列屿、常山、下河、车圩、马铺、火田、西林、和平等独立核算法人信用社。城关信用社设下坂、享堂、塘坪分社和城关储蓄所，莆美信用社设后汤、高塘分社，东厦信用社设荷步、洲渡分社，陈岱信用社设礁美、竹港分社和陈岱储蓄所，常山信用社设双山分社，火田信用社设后埔分社，和平信用社设马田分社，马铺信用社设枧河、杨美分社，列屿信用社设梅山分社，下河信用社设世坂分社。分社、储蓄所属非独立核算单位。2006年，联社内设综合部、计财部、业务部、资产风险管理部、稽核部、保卫部，下设联社营业部和城关、莆美、东厦、陈岱、列屿、常山、下河、车圩、马铺、火田、西林、和平等12家非法人农村信用社及下坂、云漳、享堂、塘坪、高洋等5家分社。员工198人。

县邮政局储汇分局　1997年有云平路、云东路和常山、马铺、火田邮政储蓄专柜。1998年10月设储汇股，1999年3月改储汇股为储汇中心。2000年开办代理保险业务。2001年12月改储汇中心为储汇分局。2003年6月设储蓄大客户经理部。2006年3月开办小额质押贷款，5月增设江滨路储蓄专柜。分局员工74人。

城市信用合作社　1997年，联发信用合作社有中山路、五星路、兴汀储蓄所，云兴信用合作社有云平、下坂、贝洋储蓄所。同年，益民信用合作社迁址云漳路新建10层益民大厦，设溪美（原社址）、西市、下坂储蓄所。同年10月22日，县城市信用社中心社成立。1998年10月起，3家信用社因不良资产占用支付困难。2000年6月18日，经省政府同意和人行总行批准，由市政府、中国人民银行上海分行联合发布公告，对上述3家信用社实施停业整顿。至2006年，整顿工作仍在进行（详见专记《城市信用社停业整顿》）。年末员工43人。

二、存贷款

（一）存款

储蓄存款　1997年，各银行机构相继推出个人定期储蓄存单、小额抵押贷款、通知存款、储蓄卡证券交易磁卡以及代发工资等业务。1997年末余额（下同）80572万元，比上年增长18%。1998年117066万元，1999年126203万元。2000年，受城市信用社停业整顿、储蓄存款16233万元置换给商业银行和农村信用社、部分定期存单抵押贷款冲销存款影响，年末余额118108万元，下降6.42%。2001年136041万元，2002年141343万元，2003年169746万元，2004年217666万元，2005年261673万元，2006年348508万元。

企业存款　1997年，私营、集体工商企业发展较快，企业存款余额17165万元，比1996年增加1390万元。1998－2000年，企业存款处于平稳增长状态，2000年为19992万元。2001年由于云霄卷烟厂被龙岩卷烟厂兼并和云霄糖厂破产，企业存款下降为18968万元。2002年又下降为12677万元。2003年后随着工商企业和农村经济的发展，企业存款再度上升。2006年末企业存款余额34829万元。

财政性存款　1997年全县财政性存款1759万元，其中由金融机构代理的机关团体存款999万元全额按法定划缴县人行。1998年3月，机关团体存款改为金融机构一般存款，但须按法定存款准备金比例划缴县人行。2006年，在县人行存款的财政存款3092万元，由金融机构办理的机关团体存款13183万元。

存款准备金　含法定存款准备金和备付金存款。1997年，存款准备金率为13%，备付金率不低于存款的5%～7%。在县人行开立存款准备金账户有各商业银行、县农联社、城市信用社等，年末存款准备金22637万元。1998年3月21日起，存款准备金率下调为8%（此后各年份均有所调整），并对各金融机构的法定存款准备金改按法人统一考核。各商业银行改制为股份制后，备付金存款改存其上级行。2006 年，全县存款准备金 30113 万元，其中国有独资银行备付金 1087 万元、城市信用社备付金 42 万元、县联社准备金和备付金 28984 万元。

邮政储蓄转存款 邮政储蓄机构吸收的储蓄存款除保留不低于 10% 的备付金外，其余转存县人行。2006 年储蓄存款余额 69579 万元，比 1997 年增加 62122 万元；转存款余额 15430 万元，比 1997 年末增加 8040 万元。

1997 — 2006 年云霄县单位存款余额统计表

表 15-1 单位：万元

年份	年末合计	财政性存款	企业存款	农村存款	信托存款	其他
1997	21052	1759	17165	1867	18	243
1998	26026	2402	18979	3010	–141	1776
1999	29650	3531	20329	5540	–162	412
2000	29499	5200	19992	3795	–162	674
2001	26071	2863	18968	3170	–12	1082
2002	23495	7034	12677	2705	41	1038
2003	25656	6267	14111	3900	13	1365
2004	25860	8629	12885	3593	43	710
2005	42753	12261	21005	5477	16	3994
2006	62799	16275	34829	5260	0	6435

（二）贷款

工业贷款 1997 年始，加大对国有企业、民营企业和“三资”企业工业贷款的支持力度，年末全县工业贷款余额 15566 万元，比 1996 年增加 2094 万元。1997 年支持云霄卷烟厂引进德国卷烟设备配套的流动资金，1998 年支持电信行业扩容和电力、自来水公司技改，1999 年支持丽西罐头厂、宏源家具有限公司等技改和流动资金。1999 年，由于开始剥离不良贷款，云霄糖厂破产，贷款余额大幅度减少，当年减少贷款 2860 万元。2000 年云霄卷烟厂兼并于龙岩卷烟厂，由龙岩卷烟厂归还全部贷款 6380 万元，同年支持东洲冷冻食品有限公司出口产品生产。2001 年支持绿通塑胶有限公司知名商标“绿通”塑胶管生产。2002 年支持漳江实业有限公司枇杷深加工技改和流动资金。2002 — 2003 年支持“三资”企业贷款 355 万元。2003 — 2005 年支持漳联水产有限公司、丽西食品有限公司流动资金和金山酒业有限公司引进枇杷酒生产线。2006 年支持信实电光源等电子光电企业，当年全县工业贷款余额仅为 8744 万元。

1997 — 2006 年云霄县金融机构工业贷款余额统计表

表 15-2 单位：万元

年 份	工业短期贷款	“三资”企业贷款	技术改造贷款	合 计
1997	10144	1746	3676	15566
1998	12197	2394	4692	19283
1999	10781	1596	4523	16900
2000	6838	1778	3854	12470
2001	6241	1756	2474	10471

续表 15-2

年 份	工业短期贷款	“三资”企业贷款	技术改造贷款	合 计
2002	9275	1951	180	11406
2003	10716	1911	180	12807
2004	13431	1136	180	14747
2005	6427	600	171	7198
2006	8199	545	0	8744

农业贷款 1997 年支持高优农业和创汇农业发展，全县农业贷款余额 10391 万元，比 1996 年增加 2648 万元。1998 年支持发展优质枇杷种植，年末余额 15199 万元。1999 年支持发展泥蚶、巴非蛤养殖，年末余额 17498 万元。2000 年县人行发放农村信用社支农再贷款 2100 万元，年末贷款余额 21048 万元。2001 年 23780 万元，2002 年 25965 万元，2003 年 25457 万元，2004 年 25209 万元。2005 年、2006 年支持枇杷、蘑菇、芦笋、毛豆等果蔬种植和泥蚶、巴非蛤养殖，贷款余额分别为 30365 万元、34850 万元。

乡镇企业贷款 1997 年支持乡镇企业农副产品加工出口创汇，年末贷款余额 16704 万元，比 1996 年末增加 2726 万元。乡镇企业改制为民营企业后，其贷款项目分别归到工业、农业和商业贷款。1998 年贷款余额 3573 万元，1999 年 5287 万元，2000 年 4356 万元，2001 年 4289 万元，2002 年 4706 万元，2003 年 5004 万元，2004 年 4311 万元，2005 年 3187 万元，2006 年 180 万元。

商业贷款 1997 年支持县供销社和县粮食局体制改革，年末商业贷款余额 30667 万元，比上年增加 9325 万元。1998 年 32142 万元，1999 年 33598 万元，2000 年 32274 万元。主要用于解决商贸企业流动资金需要。2000 — 2006 年，由于商业银行不良贷款的剥离和农发行粮食贷款由诏安农发行代理，全县商业贷款余额呈下降趋势。2001 年 24257 万元、2002 年 18534 万元、2003 年 15751 万元、2004 年 12102 万元、2005 年 6971 万元、2006 年 5814 万元。

基本建设贷款 主要为农田基本建设贷款。1997 年末余额 870 万元，1998 年 785 万元。1999 年县农行增加农业基础设施贷款。1999 年、2000 年余额均为 1382 万元。2001 年新增农业基本建设贷款 241 万元，年末余额 1141 万元。2002 年县工行、农行增加水电、农田基本建设贷款 1700 万元和 940 万元，年末余额 3781 万元。2003 年 3277 万元，2004 年 2071 万元，2005 年 2699 万元，2006 年 4846 万元。

消费贷款 主要为住房、耐用消费品储蓄贷款和个人定期储蓄存单小额抵押贷款。2003 年余额 6262 万元。2004 — 2006 年先后推出一级市场按揭、二手房、家居装修、旅游消费、个人质押、国家助学、个人汽车消费、长城卡大额消费、出国留学生保证、个人综合消费和邮政储蓄小额质押等贷款，2006 年全县消费贷款 13470 万元，比 1996 年增加 12629.4 万元。

贴现贷款 1997 年承兑汇票贴现余额 6500 万元，由县人行同时办理同样数额的再贴现。此后由于融资方式多样化，承兑汇票业务减少，2005 年余额 150 万元，2006 年 992 万元。

央行短期再贷款 县人行为解决辖区金融机构资金周转和票据清算问题，按额度向上级行申请贷款，向金融机构发放年度性、季节性、日拆性 3 种贷款，1997 — 2002 年累计发放 17.36 亿元。2002 年后发放业务上收。

央行支农再贷款 1999 — 2006 年，县人行累计向县农联社发放 1.04 亿元。

央行紧急再贷款 1998 年 10 月，益民城市信用社支付困难，县人行发放紧急再贷款 6 笔 2450 万元；1999 — 2000 年，益民等 3 家城市信用社支付困难，县人行发放紧急再贷款 16 笔 7060 万元。

地方政府向中央专项借款 2000 — 2002 年，县政府累计借入专项借款 21470 万元，用于兑付清理关闭的农村基金会欠款和停业整顿的城市信用社兑付储蓄存款。其中用于清理农村基金会 4200 万元，用于城市信用社支付个人存款的借款 17270 万元（含农联社在城市信用社停业前先垫付 1500 万元）。

1997 — 2006 年云霄县金融机构存款贷款余额统计表

表 15-3　　　　单位：万元

项 目	1997 年	1998 年	1999 年	2000 年	2001 年	2002 年	2003 年	2004 年	2005 年	2006 年
各项存款	101624	143092	155853	147607	162112	164838	195402	246526	304426	411308
各项贷款	89679	103716	111554	108050	80464	82176	88295	83961	70598	80870

三、外汇业务和管理

（一）贸易外汇

1997年3月1日起实施贸易进口付汇核销监管。当年全县出口收汇315万美元，比1996年增加32万美元。1998 年出口收汇 424 万美元。1999 年 1 月起，实施进口报关单通过联网核查系统核查，并采取实际进料抵扣的方式进行差额核销，防范利用伪造进口报关单骗汇，当年出口收汇 543 万美元。2000 年 634 万美元。2001 年 6 月 1 日起，启用“中国电子口岸”出口外汇核销系统，当年出口收汇 845 万美元。2002 年 1012 万美元、2003 年 1532 万美元、2004 年 1652 万美元、2005 年 1844 万美元、2006 年 2646 万美元。进口付汇，2002 年 110.2 万美元，2003 年 132.4 万美元、2004 年 175.6 万美元，2005 年 204.1 万美元，2006 年 334 万美元。

（二）非贸易外汇

2002 年，县外汇管理局推行外汇账户改革，放宽开户标准，允许涉外企业多头开户。当年中资企业开立外汇结算账户 8 户，比 2001 年增加 6 户。2006 年全县外汇账户 8 户。

（三）外商投资企业外汇

1997 年，外商投资企业的外汇通过外汇调剂中心云霄办事处买卖。1998 年 12 月 1 日办事处撤销，外汇买卖归县中行办理。1997 — 2006 年 6 月，全县外商投资企业办理外汇登记计 127 家，注销 44 家，应检 83 家，参检 70 家。

（四）外债

外债外汇收入办理结汇和还本付息，由县外汇管理局核准。2006 年末，全县外债余额 58.48 万美元。

（五）外汇存贷款

1997 年初存款余额 148 万美元，2006 年末 624 万美元。1997 年初贷款余额 287 万美元。2001 年起，外汇贷款余额除县农行外，其他商业银行归市各分行统计。2006 年余额 40 万美元。

1997 — 2006 年云霄县外汇存贷款余额统计表

表 15-4　　　　单位：万美元

年份	外汇存款	外汇贷款	年份	外汇存款	外汇贷款
1997	153	396	2002	898	40
1998	362	463	2003	890	40
1999	595	0	2004	863	40
2000	875	0	2005	665	40
2001	875	40	2006	624	40

四、代理业务

（一）代发工资和缴费

代发工资　1998 年起，各商业银行及邮政局邮政储蓄为企事业单位代发工资。1999 — 2006 年，农村信用社也开办代发工资业务。（代发数参见表 15-9）

代收税费　1997 年，县农行代收电费，县建行代收税款。1999 年起，各商业银行、信用社代扣缴个人储蓄利息所得税，2000 年起又代收水电费、电话费以及行政罚款等。

代理保险业务　1996 年，县工行代理平安保险业务，又与中国人寿保险、平安人寿保险、太平洋人寿保险等公司签订代理协议。1998 年后，县建行、邮政储蓄、农行、中行相继代理保险业务。

（二）代办证券业务

代理发行债券　1997 — 2006 年，县 4 家商业银行向个人发行 2 年期、3 年期、5 年期国债 17 种，金额 2540 万元；并配合证券公司，开展认购及上市买卖交易业务。

代理发行基金　2002 年，县工行代理发行鹏华行业成长基金、南方宝元债券型基金、华安 180 上证指数基金。2002 年后县农行、建行、中行也相继开办。

代理证券资金　1998 年 3 月，县建行与漳州兴业证券公司签订 POS 转账协议，开通电话银行委托办理证券交易和交易资金结算。1998 年 4 月县工行开通与闽发证券公司漳州分公司证券资金自动转联系统；1999 年 5 月与该公司签订《关于实时股民保证金账户与银行储蓄账户双向自动划转协议》；2001 年 5 月开通“银证通”，实现工行资金业务处理系统与证券公司证券交易系统相连接，通过电话银行委托办理证券交易和交易资金结算。

（三）代理国库结算

1999 年 1 月，常山开发区从县支库分出设立常山支库，仍由县人行管理。

（四）代理工程造价咨询业务

1997 年，县建行开办代理工程造价审价咨询业务和资产评估业务。至 2006 年，共完成审价业务量 7.08 亿元，完成评估业务量 9.56 亿元。

第三节　保　险　业

一、机构

（一）国有控股保险支公司

中国人民财产保险股份有限公司云霄支公司　1999 年 5 月原中保集团财产保险公司云霄支公司更名为中国人民保险公司云霄支公司，2003 年 7 月 19 日再次更名为中国人民财产保险股份有限公司云霄支公司。1997 年公司设 4 个科和交通管理保险中心站。2006 年改设综合部、营销部、营业部、业务部，员工 26 人。

中国人寿保险股份有限公司云霄支公司　1999 年 4 月中保集团人寿保险公司福建省云霄县支公司更名为中国人寿保险公司云霄支公司，2003 年 9 月 28 日再次更名为中国人寿保险股份有限公司云霄支公司。1997 年公司设 3 个科和营销部。2000 年 3 月改设办公室、团体业务部、代理人管理部、财务处理中心、业务处理中心。2006 年员工 21 人。

（二）股份制保险支公司营销服务部

2001 年 2 月 20 日设立中国太平洋人寿保险股份有限公司漳州中心支公司云霄营销服务部。

2002 年 3 月设立中国平安财产保险股份有限公司漳州中心支公司云霄营销服务部。

2002 年 10 月设立中国太平洋财产保险股份有限公司漳州中心支公司云霄营销服务部。

2003 年 2 月设立中国平安人寿保险股份有限公司漳州中心支公司云霄营销服务部。

2004 年 9 月设立泰康人寿保险股份有限公司漳州中心支公司云霄营销服务部，2005 年 10 月撤销。

2005 年 10 月设立中华联合财产保险股份有限公司漳州中心支公司云霄营销服务部。

二、承保

（一）险种

财产保险 1997 年始，有企业财产保险、农业保险、家庭财产保险、机动车辆及第三者责任保险、船舶保险、货运保险、工程保险、责任保险、信用保险等险种。2002 年县人保获准经营短期人身意外伤害保险，2005 年获准经营短期健康保险，2006 年 7 月机动车辆交通事故责任强制保险正式实施。

人身保险 1997 年始，有人寿保险、意外伤害保险、健康保险、养老保险、年金保险、医疗保险、终身保险、定期寿险、死亡保险、生死两全保险、重大疾病终身保险、重大疾病定期保险、子女婚嫁金保险、子女教育金保险、关爱女性疾病保险、团体人身保险、团体意外保险、团体医疗保险等险种。2000 年县寿险开办分红保险业务。

（二）保费收入

1997 年，县人保、县寿险保费收入分别为 677.59 万元、411.86 万元，1998 年 523.41 万元、498.68 万元，1999 年 823.42 万元、486.82 万元，2000 年 652.68 万元、385.87 万元。2001 年后拓展新险种，保费收入逐年上升。2006 年，县人保保费收入 1100.23 万元，县寿险保费收入 2612.7 万元。其他保险公司以太平洋人寿保险、财产保险和平安财产保险营销服务部的保费收入较高。

1997 — 2006 年云霄县各保险公司保费收入情况表

表 15-5　　单位：万元

年份	合计	人民财产保险公司	人寿保险公司	平安财产保险公司	平安人寿保险公司	太平洋财产保险公司	太平洋人寿保险公司	泰康人寿保险公司	中华联合财产保险公司
1997	1089.45	677.59	411.86	—	—	—	—	—	—
1998	1022.09	523.41	498.68	—	—	—	—	—	—
1999	1310.24	823.42	486.82	—	—	—	—	—	—
2000	1038.55	652.68	385.87	—	—	—	—	—	—
2001	1269.05	715.26	421.4	—	—	30.6	101.79	—	—
2002	1783.45	618.25	590.91	83.5	—	135.5	355.29	—	—
2003	2358.31	621.71	696.38	125.91	65.21	250.8	598.3	—	—
2004	3706.37	742.56	1835.33	173.8	90.22	400.6	441.76	22.1	—
2005	4611.53	906.75	2233.75	261.58	105.76	500.8	548.39	18.3	36.2
2006	5888.18	1100.23	2612.7	416.21	116	550.2	584.45	—	508.39

三、理赔

主要有风洪灾害、火灾、机动车辆交通事故和医疗保险、重大疾病终身保险、重大疾病定期保险等理赔。

1997 年 8 月 1 日 10 号强台风袭击云霄，县人保理赔 100.2 万元；1998 年 10 月 25 日 10 号强台风，理赔 98.5 万元；1999 年 6 月 6 日、10 月 9 日，3 号、14 号台风，理赔 121.8 万元；2001 年 7 月 6 日 5 号强台风，理赔 132.5 万元。2002 年 8 月 3 日 12 号强台风，县人保等 5 家保险公司共理赔 83.5 万元。2003 年 9 月 2 日 13 号强台风，5 家保险公司理赔 5.4 万元。2004 年 8 月 25 日 18 号强台风，5 家保险公司理赔 2.5 万元。

2005 年 3 次强台风，8 家保险公司共理赔 1063.34 万元。2005 年 12 月 22 日下午 2 时，莆美镇 1 家企业因电线短路发生火灾，县人保理赔 5 万多元。2006 年 3 次强台风，7 家保险公司理赔 2062.71 万元。

1997 — 2006 年云霄县各家保险公司理赔支出情况表

表 15-6　　　　单位：万元

年份	合计	人民财产保险公司	人寿保险公司	平安财产保险公司	平安人寿保险公司	太平洋财产保险公司	太平洋人寿保险公司	中华联合财产保险公司
1997	509.63	465.21	44.42	—	—	—	—	—
1998	372.31	353.76	18.55	—	—	—	—	—
1999	593.62	575.22	18.4	—	—	—	—	—
2000	446.33	421.41	24.92	—	—	—	—	—
2001	367.85	344.06	22.12	—	—	—	1.67	—
2002	490.78	409.4	34.7	20.32	—	18.6	7.76	—
2003	693.68	505.06	39.48	47.58	1.21	84.6	15.75	—
2004	830.78	407.01	157.12	91.27	6.8	157.5	11.08	—
2005	1063.34	492.74	127.77	167.6	4.32	259.5	11.41	—
2006	2062.71	936.8	171.22	388	3.9	322.5	27.8	212.49

第四节　证　券　业

一、机构

（一）兴业证券股份有限公司云霄服务部

1997 年 3 月，设立福建兴业证券公司漳州支公司云霄信息咨询服务站，为漳州市县级首家证券机构。2000 年 1 月改称服务部，10 月改称兴业证券股份有限公司漳州延安北路证券营业部云霄服务部。

（二）闽发证券公司证券交易系统

1998 年 4 月，闽发证券公司漳州分公司在云霄开通证券资金自动转联系统。2001 年 5 月开通“银证通”，通过证券交易系统与县工行资金业务处理系统相连接开展证券业务。

二、业务

（一）证券与基金

兴业证券服务部于 1997 年开办代申购新股业务。1999 年 11 月开发集合申购新股。2000 年 5 月，服务部推出代配售新股与集合市值配售新项目。2002 年 10 月，根据股票市场弱势和国债回购收益走高的趋势，开发国债集合回购业务，根据国债品种设置短、中、长三种周期子账户。2003 年开拓开放基金、债券、可转债等低风险产品市场，代理销售华夏回报基金、博时裕富基金、易方达基金和可转债的债券及同债投资业务。2004 年，举办理财专题讲座和咨询活动，拓展开放式基金。2005 年，加强国债、基金等低风险证券销售，主推友邦华泰盛世中国基金、工银瑞信股票基金与兴业趋势投资基金。2005 年 3 月停止“国债集合回购”业务，开通建行、工行、兴业银行银证通业务。

（二）股民与交易额

兴业证券云霄服务部设有电子化股票交易经营大厅和大中户室，股民包括云霄、诏安、东山等县。1997 年兴业证券公司有股民 322 户，交易额 14188 万元。1998 年 5 月，兴业证券公司和闽发证券公司开办远程可视电话和网上业务，证券交易进入家庭。2006 年兴业证券有股民 2688 户，交易额 195113 万元。

1997 — 2006 年兴业证券云霄服务部股票基金交易统计表

表 15-7　　　　单位：万元、户

年份	1997	1998	1999	2000	2001	2002	2003	2004	2005	2006
交易额	14188	15661	21183	41803	42644	50124	58111	106389	70574	195113
累计开户数	322	542	720	1240	1645	1702	1813	2152	2205	2688

第五节　金融监管

一、银行业监管

（一）货币与金银管理

反假币　1997 年 5 月，县金融机构、公安局、法院、工商局、国家安全局等 14 个单位建立反假币联席会议制度；6 月，开展“爱护人民币宣传周”活动，并进行反假币业务培训，当年收缴假币（指人民币，下同）293 张面值 15230 元。1998 年 5 月，通过县广播电台“金融指南”节目，宣传识别真假币基本常识及有关法律，全年收缴假币 395 张面值 18495 元。1999 年 6 月，县电视台播放《真假人民币识别》VCD 专题片；9 月，组织第五套人民币 100 元券防伪培训，全年收缴假币 1144 张面值 33687 元。2000 年 4 月举行金融机构防假技能培训，受训 212 人。当年收缴假币 407 张面值 22885 元。2001 年，县政府成立反假币工作领导小组，下设办公室于县人行，当年收缴假币 1040 张面值 91874 元。2002 年后，每年 6 月举办“反假币宣传周”活动。2003 年 8 月，举办假币收缴人员上岗资格培训，参训 187 人。2002 年、2003 年，共收缴假币 2147 张面值 164595 元。2004 年 11 月，对金融机构进行《中国人民银行假币收缴管理办法》执行情况检查，当年收缴假币 654 张面值 58205 元。2005 年，开展“反假币工作年”活动，当年收缴假人民币 335 张面值 28948 元，假美钞 26 张 3000 美元。2006 年，设立反假币宣传咨询点 13 个，当年收缴假人民币 564 张面值 49003 元，假美钞 7 张 700 美元。

现金管理与防诈骗反洗钱　1997 年，贯彻《大额现金支付登记备案管理制度》，提现 10 万元以下由开户银行审批，10 万元以上由县人行审批，当年对 18 家金融机构进行 3 次现金管理检查。2000 年，改现金支付（含 10 万元以上）和现金账户管理由开户银行审批，向县人行报备，现金管理重点转向防诈骗、洗钱、逃税等经济犯罪。2002 年 10 月 25 日烟草公司申请销户，在核对中发现 2000 年烟草公司经营部伪造烟草公司公章和法人代表私章进行诈骗贷款 3 笔金额 500 万元，经工行总行纪委查处转交刑事机关追究。2003 年 12 月，县人行成立反洗钱工作领导小组，建立了解客户、大额交易、可疑交易的报告和保存记录制度。2004 年对商业银行进行反洗钱现场检查。2005 年 7 月，县人行召开反洗钱工作会议；10 月，开展“‘百行’反洗钱调查”，对县中行、邮政储蓄进行现场检查。2006 年，县人行与公安、国税、地税等联席会议成员单位建立季度反洗钱情报会商会制度，与证券、保险业建立业务联系网络；10 月，对县农行进行反洗钱现场检查。

1997 — 2006 年云霄县银行现金收入统计表

表 15-8　　　　单位：万元

项　目	1997 年	1998 年	1999 年	2000 年	2001 年	2002 年	2003 年	2004 年	2005 年	2006 年
商品销售收入	47007	41324	38999	42522	45119	41613	50386	68253	77295	68107
服务事业收入	12593	32436	28837	36273	32650	12885	36665	74337	67944	63902

续表 15-8

项 目	1997 年	1998 年	1999 年	2000 年	2001 年	2002 年	2003 年	2004 年	2005 年	2006 年
税款收入	6587	7116	5163	4471	3386	2897	5737	12111	7750	16491
城乡个体经营收入	30148	78692	48822	18264	47935	29066	9335	24415	12221	16737
储蓄存款收入	299797	1056719	1058845	771211	958744	753117	810058	1084950	1351559	1893898
其他金融机构收入	13465	313	48	15	35	882	25	103	60153	20
居民归还贷款收入	0	28154	39529	29200	31691	44983	26706	26638	25225	28387
汇兑收入	13496	13936	12546	13582	19045	10441	8741	6064	1775	3137
有价证券收入	87	39	15	15	0	0	6836	105	0	0
其他收入	58223	31929	25371	28499	31881	38906	64875	59161	61690	58762
合 计	481403	1290658	1258175	944052	1170486	934790	1019364	1356137	1665612	2149441

1997 — 2006 年云霄县银行现金支出统计表

表 15-9 单位：万元

项 目	1997 年	1998 年	1999 年	2000 年	2001 年	2002 年	2003 年	2004 年	2005 年	2006 年
一、工资性支出	21596	23510	29148	36964	28596	29640	25365	31806	45792	62630
1. 国家工资及奖金支出	11045	11863	11443	10400	10021	9867	12756	18073	24238	35753
2. 国家对个人其他支出	3418	4371	8775	22160	12126	14712	6484	8496	9788	7059
3. 部队存款支出	408	47	80	95	9	0	87	271	195	368
4. 其他单位工资性支出	6726	7229	8850	4309	6440	5061	6038	4966	11571	19450
二、产品采购支出	10358	23658	28295	14839	29432	24458	14386	37763	42859	34370
其中：农副产品采购支出	9406	18752	27709	14057	570	524	1359	36724	39500	28219
三、行政企业管理费支出	7592	17308	20383	16554	12295	14670	25162	31562	29791	16901
四、城乡个体经营支出	37466	125110	106752	47671	76630	46654	12993	26128	8850	14048
五、储蓄存款支出	319300	1131564	1083737	765981	955244	760278	850584	1133287	1571125	2061724
六、其他金融机构支出	51484	633	347	140	104	49	90	135	90	5971
七、居民提取贷款支出	0	25767	29784	28565	30286	30631	25966	20449	2571	1151
八、汇兑支出	83406	79188	55916	80184	60390	28946	9131	5393	647	320
九、有价证券支出	113	73	66	75	17	0	1	0	0	0
十、其他支出	15824	35749	30974	23505	53445	50720	109726	150500	59944	110510
其中：兑换外币支出	0	6	0	0	360	55	209	136	0	0
支出合计	547139	1462560	1385402	1014478	1246439	986046	1073404	1437023	1761669	2307625
投放	65736	171902	127227	70426	75953	51256	54040	80886	96057	158184
附：代发工资	0	5626	13370	14344	15846	16750	16574	13149	23073	19819

金银管理 县人行负责金银管理工作。1998 年，对金银饰品零售和加工户实行经营许可证制度，颁发许可证 24 家。2000 年 1 月 1 日起停办白银收购、配售业务，取消白银制品加工、批发零售“许可证”管理制度。2002 年 10 月 30 日起，停办黄金配售业务，转为加强黄金市场监管、调控、服务和金银币发行、管理，

首饰用金需求通过上海黄金交易所解决。2006 年取消黄金制品加工、批发零售“许可证”管理制度，金银饰品加工、批发、零售按一般商业有关规定管理。

（二）征信管理

1997 年，各商业银行和农村、城市信用社加强信贷资产管理，做好不良资产的清收和处置，当年清收逾期贷款 2432 万元。

1999 年 2 月，漳州市被列为全国 16 个银行信贷登记系统试点城市之一，登记点下伸至云霄县。信贷登记咨询系统运行后，公布逃废债企业和法人有关情况，为金融部门联手打击逃废债提供信息。2002 年开展“信用镇”“信用村”“信用户”和“重合同，守信用企业”评选活动，全县评选出信用镇 2 个、信用村 37 个（2006 年增为 42 个）、信用企业 16 家。2004 年，县人行与工商行政管理部门建立协调机制，规定企业退出市场需经银行信贷登记系统进行金融债务审查，建立“商业银行系统数据停报业务变动情况通报制度”“个人信用信息基础数据库”，保全金融债权 9585 万元。

（三）账户管理

1997 — 2001 年多次进行银行账户检查。2002 年实行账户审核发证制度。2003 年 9 月 1 日实施《人民币银行结算账户管理办法》，加强账户管理审查，严禁多头开户，撤销 247 个行政事业单位预算外资金银行账户，规范各类银行结算账户的开立、变更、撤销和使用。2004 年，县会计核算中心建立统一银行账户，取消 141 个行政、事业单位账户，对单位资金活动进行集中核算和监督。2005 年，进行账户清理核实和录入工作，银行账户管理系统正式运行。

（四）整顿金融秩序

1997 年开展全县金融秩序整顿，制止涉及储蓄、利率、结算、现金、国库、贷款证、发行、保险、证券、外汇管理等 25 项不正当竞争，组织各金融机构负责人签订《储蓄管理公约》《同业公约》《利率管理公约》，规范经营行为。1998 年开展履行《同业公约》大检查。1999 年对金融机构贷款质量、盈亏真实性、内控制度和高级管理人员任职资格等方面开展大检查，同年 12 月，对县内镇办、村办 22 个农村合作基金会进行清理整顿，共清理筹资 7399.6 万元，投放 7166.4 万元（至 2006 年底尚未结束）。2000 年 6 月，对益民、云兴、联发城市信用社实施停业整顿（详见专记）。2001 — 2006 年，进一步健全和完善整顿和规范金融秩序领导小组工作责任制，督促商业银行切实防止不良贷款的发生。

（五）金融机构的准入与退出

1997 年，针对当时“存款立行”盲目扩张机构网点的情况，本着“专业分工、合理布局”的原则，对违规设立和年检不合格的网点机构进行清理退出。1998 年各商业银行对效益差、安全防范弱的网点进行调整和撤并。2003 — 2005 年，全部撤销农村信用社的代办站。

二、保险业监管

1997 年，保险业监督管理由县人行负责实施，县人行对 2 家保险支公司主要负责人进行任职资格审核，开展“机构合法性、业务合规性、经营安全性”为主要内容的自查自纠工作，纠正套用费率不准确、保单、赔案单据不齐全等问题。1998 — 1999 年，对保险支公司主要负责人进行任职考核和离任稽核，对 100 多名营销员进行培训和考试。2000 年 4 月，县保险机构直接由中国保险监督委员会福州管办监管。2005 年，县保险支公司和各营销部执行《漳州市保险行业财险（非车险）自律公约》。2006 年，强化内控制度管理，注重赔案处理过程管理，对已立案未理算、已核赔未付款环节的理赔案，主动进行催赔、催取。

三、证券业监管

1997 年，证券业市场与退出监督及高级管理人员管理由县人行负责实施。1999 年 7 月 1 日，县不设证券监督机构，直接由中国证券会福州证券监管特派员办事处管理。

第十六章　财政　审计

20世纪80年代后，云霄县财政收入基本保持逐年小幅增长，但财政支出包括上解支出也逐年增加，多年收支结余均为负数，至1997年，县财政收支结余负数876万元。1998年起努力培植财源，财政收入有明显增长，财政总收入突破2亿元，逐渐实现收支平衡，1999年收支结余811万元。2000－2004年，因企业改制，兼并、破产，税利减少，农业特产税和农业税停征以及常山开发区财政单独核算，财政收入下降至2002年的9074万元，2003年的8306万元。收支结余从2000年1120万元连续下降至2003年的500万元。2004年收支结余负数739万元，被财政部列为国家财政困难县。此后两年，由于民营企业的发展、外资的引进以及省专项转移支付补助，财政收入开始恢复增长，2006年财政总收入增至1.7亿元，收支结余5684万元。

1999年云霄县开始实行的领导干部经济责任审计经验在全省推广，被中央五部委经济责任审计会议办公室授予“全国经济责任审计工作先进单位”称号。1997－2006年审计631个单位，查出违纪金额27109.93万元，上缴县财政3404.49万元，向司法机关和纪检监察部门移送案件6起10人。

第一节　财　政

一、财政体制改革

（一）县级财政体制改革

1997－2002年，县级财政继续执行中央、省、县分税制管理体制。2003年，省对县将原来的耕地占用税、罚没收入、土地增值税等收入按比例上缴改为以2002年收入为基数纳入体制上缴，企业所得税和个人收入所得税实行中央与地方共享，并先后核定停征农林特产税、屠宰税、农业税的体制补助基数和农村税费改革补助基数以及缓解财政困难县专项转移支付补助基数。1997－2002年，县共获得体制补助基数14297万元、2003－2006年，获得体制补助基数25039万元；2003－2006年，获得取消特产税农业补助3995万元，缓解财政困难县专项转移支付补助等3394万元。

（二）乡镇财政体制改革

1997年，县对乡镇财政继续实行“划分收支、核定基数、逐年递增、超收分成、短收扣支、一定三年”管理体制，按1995－1997年的3年平均值乘以增长率测算，核定特产税包干基数。乡镇支出包括行政管理费、农林水等部门事业费和中小学、卫生院、财政所、计生、村（街）主干补贴等经费。1999年，取消特产税包干基数，实行按税种超收分成奖励。2000年9月，对乡镇财政实行支出包干，乡镇在编人员工资、医疗费由县财政下拨，其他经费按乡镇收入任务实际完成情况下拨。2001年，实行“划分项目，核定基数，超收分成，短收扣支，一年一定”体制。2002年，改为“划分收支、核定基数、缺口县补、结余留用”体制，收入主要为工商税收（含中央级、地方级）和非税收入（含海域租金及其他收入）等，支出主要为工资和各项办公费用以及义务兵优待金、农村低保金（乡镇负担额10%）、村主干补贴、村级组织运转经费等。

二、财政收入

（一）税性收入

1997 — 1998 年，全县税性收入从 1996 年的 5322 万元分别增加为 12258 万元、13574 万元，占财政总收入比重从 1996 年的 34.12% 提高到 65.2% 和 64.03%，其中工商税收收入从 1996 年的 3258 万元增加至 4264 万元、5001 万元。1999 — 2000 年，保持增长势头，2001 年后因主要税源的云霄卷烟厂、云霄糖厂被兼并或停产，2003 年停征农林特产税，2005 年全面停征农业税等因素的影响，工商税收连续负增长，财政收入锐减。2005 — 2006 年，随着工业的发展，全县税性收入稳步增长。2005 年，税性收入 9535 万元，比 2004 年增加 2306 万元，占比 77.15%，提高 5.47 个百分点，其中工商税收 5207 万元，比 2004 年增加 1124 万元。2006 年税性收入 12594 万元，占比 73.96%，其中工商税收 6249 万元。

营业税 1997 年收入 1544 万元，1998 — 1999 年，金融保险税率由 5% 提高为 8%，分别增加到 1792 万元和 1789 万元。2000 年，农村信用社营业税率调整，由 8% 调为 6%，2001 年再调整至 5%，减少为 1291 万元，2002 年为 1363 万元。2003 — 2006 年，金融保险业和交通运输业、建筑业、邮电通信业、文化体育业营业收入不断增加，分别为 1782 万元、2222 万元、2698 万元和 2872 万元。

增值税 增值税按总税额 25% 归地方级收入。1997 年增值税地方级收入 870 万元，1998 年增加为 1008 万元。1999 年，云霄糖厂停产，下降为 963 万元。2000 年，卷烟厂被兼并，逐年下降至 2004 年 472 万元。2005 — 2006 年，工业企业增加，分别增加至 805 万元和 1002 万元。

个人所得税 1997 年收入 759 万元。1999 年对储蓄存款利息开征个人所得税，增加为 1279 万元。2000 年，因对下岗职工转为个体工商户实行优惠免税，及个人所得税征收起点提高等因素，2000 年下降为 900 万元，之后逐年下降，至 2005 年为 355 万元。2006 年因云霄卷烟厂 362 名职工解除劳动合同后安置费缴纳个人所得税，增加到 758 万元。

企业所得税 1997 年收入 152 万元。因招商引资及国内民营企业发展，1998 — 2001 年逐年上升，2001 年收入 697 万元，为历史最高点。2002 — 2005 年，由于部分企业效益滑坡，逐年回落至 2005 年 257 万元，2006 年增加到 319 万元。

城建税 1997 年收入 500 万元。1998 — 2006 年，由于建筑企业改制等原因，城建税逐年下降，2006 年为 233 万元。

其他工商税 1997 年收入 439 万元。1998 — 2006 年，除 1999 年减少至 274 万元外，其他年份都有不同程度增加。2006 年为 1065 万元。

农业税 1997 年收入 316 万元。1998 — 2004 年，呈下降态势。2004 年为 226 万元。2005 年全面停征。

农业特产税 1997 年收入 1095 万元。1998 — 2002 年因水果、水产种养业发展，逐年上升，2002 年为 2092 万元。2003 年起免征。

耕地占用税 1997 年收入 151 万元，1998 年减少为 41 万元。1999 — 2001 年，分别增加到 265 万元、439 万元和 249 万元。2002 — 2004 年，分别减少为 5 万元、9 万元和 47 万元。2005 — 2006 年分别增加为 600 万元和 543 万元。

契税 1997 年收入 79 万元，1998 年随着房产业的发展和房屋转让交易的逐年增加逐年上升，2005 — 2006 年分别增加到 528 万元和 1171 万元。

（二）非税收入

国有资产经营收益 1999 年收益 691 万元。2000 — 2001 年，随着企业改制、国有资产拍卖和转让，收入分别为 3245 万元和 1191 万元。2002 年以后收入逐渐减少。至 2006 年收益 200 万元。比 2005 年减少 65 万元。

行政事业性收入 1997 年全县 174 个行政事业收费单位，收入 474 万元。1998 年以后，部分收费项目取消，收入逐年减少。2002 年，收费单位减少为 108 个，收入 12 万元。2003 — 2005 年，收费单位业务量逐年增加，为769万元、1770万元和1731万元。2006年，收费单位89个，收入1894万元。

罚没收入 主要是打击假冒卷烟和公安等执法部门的罚没收入。1997年收入2449万元、1998年3012万元，1999年开始逐年减少，至2003为最低点769万元。2004－2005年，分别增加为1770万元和1731万元，2006年收入1341万元。

专项收入 1999年收入200万元，其中排污费98万元，教育费附加102万元。2000年增加为257万元，其中排污费87万元，教育费附加170万元。2001年后，逐年下降，至2003年为151万元，2004年开始回升。2006年增加至335万元，其中排污费71万元，教育费附加144万元，交通运管费120万元。

其他收入 1997年收入3619万元。1998－2001年，分别增加到4312万元、6679万元、4608万元和3773万元，2002年开始大幅度减少，2006年收入664万元。

（三）上划中央收入

增值税 1997年上划2610万元，1998－2000年，分别为3023万元、2890万元和3074万元。2001年，云霄糖厂破产及卷烟厂被兼并后，企业产品增值税减少，从2988万元下降到2004年1467万元。2005－2006年，随着国内企业及“三资”企业发展，分别增加至2278万元和3005万元。

消费税 1997年上划3743万元，1998年为3666万元，1999－2001年，分别为3961万元、4100万元和4792万元。2002年，云霄卷烟厂停产后，消费税仅为2万元。2005年，随着摩托车、小汽车购置量增加，汽油、柴油、汽车轮胎和鞭炮烟花等销量增加，消费税为4万元，2006年增加到10万元。

所得税 2002年开始，所得税上划中央收入，2002－2004年，分别为621万元、777万元和1060万元。2005－2006年，分别为918万元和1616万元。

1997－2006年云霄县财政收入统计表

表16-1 单位：万元

项 目	1997年	1998年	1999年	2000年	2001年	2002年	2003年	2004年	2005年	2006年
财政总收入	18800	21200	23366	24078	21046	9074	8306	10086	12360	17028
其中：税收收入	12258	13574	14150	14384	14383	8012	6641	7229	9535	12594
占比重％	65.20	64.03	60.56	59.74	68.34	88.29	79.96	71.68	77.15	73.96
一、县级一般预算收入	12447	14511	16515	16904	13266	6828	5709	7556	9160	12397
（一）税收收入	5905	6885	7299	7210	6603	5766	4044	4699	6335	7963
1.工商税收	4264	5001	5007	4862	4810	3237	3645	4083	5207	6249
增值税	870	1008	963	1025	996	579	607	472	805	1002
营业税	1544	1792	1789	1630	1291	1363	1782	2222	2698	2872
个人所得税	759	1049	1279	900	890	426	345	315	355	758
企业所得税	152	231	206	326	697	195	175	179	257	319
城建税	500	401	496	483	462	147	171	196	205	233
其他工商税	439	520	274	498	474	527	565	699	887	1065
2.农业四税	1641	1884	2292	2348	1793	2529	399	616	1128	1714
农业税	316	317	280	269	191	234	131	226	0	0
农业特产税	1095	1411	1576	1398	1039	2092	11	3	0	0
耕地占用税	151	41	265	439	249	5	9	47	600	543
契税	79	115	171	242	314	198	248	340	528	1171

续表 16-1

项　目	1997 年	1998 年	1999 年	2000 年	2001 年	2002 年	2003 年	2004 年	2005 年	2006 年
（二）非税收入	6542	7626	9216	9694	6663	1062	1665	2857	2825	4434
1. 国有资产经营收益	0	0	691	3245	1191	196	473	185	265	200
2. 行政事业性收入	474	87	122	130	261	12	148	201	320	1894
3. 罚没收入	2449	3012	1524	1454	1209	729	769	1770	1731	1341
4. 专项收入	0	215	200	257	229	113	124	143	244	335
其中：排污费	0	0	98	87	48	50	44	47	43	71
教育附加费	0	0	102	170	181	63	80	96	111	144
交通运管费	0	0	0	0	0	0	0	0	90	120
5. 其他收入	3619	4312	6679	4608	3773	12	151	558	265	664
二、上划中央收入	6353	6689	6851	7174	7780	2246	2597	2530	3200	4631
1. 增值税	2610	3023	2890	3074	2988	1623	1818	1467	2278	3005
2. 消费税	3743	3666	3961	4100	4792	2	2	3	4	10
3. 所得税	0	0	0	0	0	621	777	1060	918	1616

（四）乡镇级收入

1997 年，全县乡镇财政收入 4350 万元，其中莆美镇 1604 万元，云陵镇 944 万元。1998 — 2001 年，乡镇收入均持上升趋势。2002 — 2005 年，由于实行农村税费改革，停征农林特产税、屠宰税、农业税，各乡镇收入锐减。2005 年开始，各乡镇加大工业园区建设力度，发展支柱工业。2006 年，全县乡镇财政收入 4891 万元，其中莆美镇 1486 万元，云陵镇 879 万元。

1997 — 2006 年云霄县各乡镇财政收入统计表

表 16-2　　单位：万元

乡镇	1997 年	1998 年	1999 年	2000 年	2001 年	2002 年	2003 年	2004 年	2005 年	2006 年
云陵镇	944	1067	1174	1257	1106	486	448	659	823	879
陈岱镇	110	124	136	364	254	112	137	134	182	103
东厦镇	304	343	377	522	351	154	178	122	133	281
莆美镇	1604	1812	1993	2155	2159	950	1024	1277	1368	1486
列屿镇	191	216	238	197	133	59	95	121	160	178
火田镇	465	525	577	439	352	155	191	220	341	434
下河乡	337	381	419	179	115	51	48	140	144	314
马铺乡	127	144	158	211	144	63	94	197	234	117
和平乡	268	303	333	201	115	51	96	138	174	249
云陵开发区	—	—	—	—	—	—	—	—	—	820

注：根据《云霄县财政局关于云陵工业开发区管委会财政体制管理办法的通知》，云陵开发区从2006年开始纳入乡镇（开发区）上下级决算

三、财政支出

（一）农林和水利气象事业支出

农业支出　1997年支出397万元，1998年316万元，后逐年减少。1999－2001年，分别为257万元、108万元、242万元，至2002年减至149万元，后逐年增加，2003年增加为989万元，2004年1216万元，2005年减为1104万元。2006年增加至1229万元，其中行业管理963万元，自然灾害救助40万元，农业生产资料补贴15万元，土地管理费支出153万元，农业综合开发58万元。

林业支出　1997年支出111万元，1998年83万元，1999年增为268万元。2000年、2001年分别增为473万元、450万元。2002－2005年逐年减少。2006年减少为126万元，其中行业管理98万元，森林救灾28万元。

支援不发达地区支出　主要对少数民族村投入。1997年17万元，1998年33万元，1999年减为26万元，2000年增为44万元。2003年增加对少数民族村投入，为325万元，2006年减少为16万元。

水利和气象支出　1997年支出324万元，1998年减少为253万元。1999－2002年，投入防洪江堤和节水灌溉工程等2434万元，其中2002年844万元。2003－2005年，分别略有减少。2006年506万元，其中水利行业管理支出172万元，防汛抗旱261万元，水文水质水土水资源管理5万元，水利建设62万元，气象支出6万元。

（二）经济建设支出

基本建设支出　主要支持农田基本建设。1997年174万元，1998－1999年分别支出171万元和161万元。2000年后基本建设投资拨改贷由银行贷款。

科技三项费用　指企业挖潜、改造和科技三项费用。1997年23万元，1998年增至157万元。2000年增至306万元，2001年、2002年皆为120万元。2003年起又略有增加，2006年减少为64万元。

城市维护费　1997年275万元，1998年394万元，1999－2000年，变动不大，2001年增为555万元。2002年起又保持在1997年水平。2006年为268万元。

海域开发建设和场地使用费支出　指海区开发建设和场地支出。1998年260万元，1999年增加300万元，2000年、2002年分别减少为1万元和2万元。

（三）文教科卫支出

文体广播事业费　1997年支出416万元，1998年404万元。1999年起逐年增加。2006年增加为1101万元，其中文化事业费108万元，文物事业费5万元、体育事业费12万元、档案事业费14万元、地震事业费9万元、广播电影电视事业费60万元、计划生育事业费843万元、党政群干部训练事业费50万元。

教育支出　1997年支出4173万元，1998年4424万元。1999－2005年，随着教育投入加大，逐年增加，2005年5974万元，年均增长4.38%。2006年增加为7232万元。

科学支出　1997年支出35万元，1998年47万元。1999－2005年逐年减少，2005年为30万元。2006年增加为47万元。

医疗卫生支出　1997年支出907万元，1998年减少为896万元。1999－2000年分别增加为1122万元、1034万元。2001－2005年逐年减少，2005年为481万元。2006年增加为700万元。

（四）部门事业费

工业交通部门事业费　1997年支出35万元，1998年43万元，1999－2004年变动不大。2005年和2006年，分别增为69万元和129万元。

流通部门事业费　1997年支出16万元，1998－2004年逐年增加，2005年和2006年分别增为105万元和120万元。

其他部门事业费　1997年支出1607万元，1998年1844万元。1999－2004年逐年增加，2005年、2006年分别增为3730万元和3988万元。

（五）保障支出

抚恤和社会福利救济 1997 年支出 327 万元，1998 年 372 万元。1999 — 2005 年逐年增加，2005 年增为 941 万元。2006 年 1191 万元，其中抚恤 272 万元、安置 98 万元、城市居民最低生活保障 93 万元、农村及其他社会救济 576 万元、社会福利 24 万元、其他民政 83 万元、残疾人事业 18 万元、自然灾害生活救助 27 万元。

行政事业单位离退休支出 1998 年支出 1313 万元。1999 — 2006 年，随着离退休人员增加和标准提高，支出也同时逐年增加，2005 年增为 2900 万元。2006 年增为 3193 万元，其中行政单位 774 万元、公检法司机关 167 万元、事业单位 2252 万元。

社会保障补助支出 1998 年支出 123 万元。1999 — 2006 年，由于保障范围扩大支出也同时逐年增加，2005 年增为 199 万元。2006 年增为 332 万元，其中社会保险基金补助 169 万元、就业补助 111 万元、社会保险经办机构经费 52 万元。

（六）行政军事管理费

国防支出 指民兵事业费。1997 年支出 27 万元，1998 年 37 万元，1999 — 2006 年逐年有所增加，2005 年为 45 万元，2006 年为 63 万元。

行政管理费 主要用于人大、政府、政协、中共、民主党派、社会团体等机关的行政管理。1997 年支出 2293 万元，1998 年 2208 万元。1999 — 2006 年逐年增加，2005 年为 2462 万元，2006 年 2599 万元。

武装警察部门支出 1997 年支出 28 万元，1998 年 39 万元。1999 — 2006 年逐年增加，2005 年 98 万元，2006 年 217 万元。

公检法司支出 1997 年支出 1020 万元，1998 年 1130 万元。1999 — 2006 年有所增减，2005 年增为 2556 万元，2006 年增为 3595 万元。

（七）专项支出及其他支出

专项支出 指教育费附加和治理排污项目支出。1998 年 99 万元。1999 — 2006 年有所增减，2005 年增为 264 万元，2006 年增为 371 万元。

政策性补贴支出 主要为粮食风险基金和处理陈化粮补助。1997 年 140 万元，1998 年 126 万元。1999 — 2004 年有所增减，2005 年增为 137 万元，2006 年增为 145 万元，其中粮食风险基金 137 万元，处理陈化粮补贴 8 万元。

其他支出 指财政贴息、补助村民委员会等。1997 年 2663 万元，1998 年 1650 万元，1999 — 2005 年有所增减，2005 年减为 315 万元，2006 年增为 3061 万元。

（八）乡镇支出

1997 年，全县乡镇财政支出 1568 万元，其中莆美镇 506 万元，云陵镇 211 万元。1998 年，乡镇支出增为 1708 万元。1999 — 2001 年逐年有所减少，2001 年减为 990 万元。2002 — 2006 年，逐年有所增加，2005 年增为 2399 万元，2006 年增为 3233 万元，其中莆美镇 1013 万元，云陵镇 419 万元。2006 年乡镇财政供给人数 699 人（公务员 175 人、事业编制 363 人），供给人员工资 881 万元，其中莆美镇 240 万元，云陵镇 168 万元。

1997 — 2006 年云霄县一般预算支出统计表

表 16-3 单位：万元

项　目	1997年	1998年	1999年	2000年	2001年	2002年	2003年	2004年	2005年	2006年
合　计	15008	16448	18957	19322	16576	17909	19238	22864	23081	30293
基本建设支出	174	171	161	0	0	0	0	0	0	0
科技三项费用	23	157	131	306	120	120	154	160	98	64

续表 16-3

项　目	1997年	1998年	1999年	2000年	2001年	2002年	2003年	2004年	2005年	2006年
农业支出	397	316	257	108	242	149	989	1216	1104	1229
林业支出	111	83	268	473	450	258	218	102	148	126
水利和气象支出	324	253	379	507	704	844	227	353	183	506
工业交通等部门事业费	35	43	44	44	31	35	34	37	69	129
流通部门事业费	16	25	55	125	104	94	95	100	105	120
文体广播事业费	416	404	452	520	401	523	717	799	960	1101
教育支出	4173	4424	4859	5102	5603	5680	5830	6361	5974	7232
科学支出	35	47	44	39	39	35	33	28	30	47
医疗卫生支出	907	896	1122	1034	533	502	461	440	481	700
其他部门事业费	1607	1844	2538	2583	1396	2237	2360	2802	3730	3988
抚恤和社会福利救济	327	373	485	467	415	434	482	641	947	1191
行政事业单位离退休支出	0	1313	1594	1892	2417	2630	2664	2828	2900	3193
社会保障补助支出	0	123	267	198	112	149	139	175	199	332
国防支出	27	37	44	32	73	23	32	78	45	63
行政管理费	2293	2208	2318	2495	1841	1558	2144	2725	2462	2599
外交外事支出	0	0	0	0	0	0	0	0	0	0
武装警察部门支出	28	39	51	79	55	39	83	84	98	217
公检法司支出	1020	1130	1151	1465	1103	1610	1662	1997	2556	3595
城市维护费	275	394	334	264	555	170	190	201	242	268
政策性补贴支出	140	126	123	140	115	121	80	194	137	145
支援不发达地区支出	17	33	26	44	40	18	325	21	34	16
海域开发建设和场地使用费支出	0	260	300	1	0	2	0	0	0	0
专项支出	0	99	153	189	125	55	0	52	264	371
其他支出	2663	1650	1801	1215	102	623	74	1470	315	3061
预备费	0	0	0	0	0	0	245	0	0	0

1997 — 2006 年云霄县财政收支平衡表

表 16-4　　单位：万元

项　目	1997年	1998年	1999年	2000年	2001年	2002年	2003年	2004年	2005年	2006年
一、上年结余	-828	-876	-81	811	1120	837	694	500	-739	453
其中：净结余	0	-1455	-363	273	69	164	139	155	-1333	-181
财力总收入	15706	18112	20479	20284	16905	18883	24500	27348	30029	40538
1. 地方级一般预算收入	12447	14511	16515	16904	13266	6828	5709	7556	9160	12402
2. 上级补助收入	3259	3601	3964	3380	3588	4798	11739	13090	14255	21439
①体制补助基数	2419	2386	2318	2269	2225	2680	6229	6352	6229	6229

续表 16-4

项　　目	1997年	1998年	1999年	2000年	2001年	2002年	2003年	2004年	2005年	2006年
②专项补助	840	851	976	773	927	705	958	1033	881	2211
③一般性转移支出补助	0	0	364	17	96	1344	1554	1981	2541	4505
其中：调整工资转移支付	0	0	0	0	0	0	0	0	0	1686
④农村税费改革转移支付	0	0	0	0	0	0	1946	1154	1365	2269
⑤取消特产税农业补助	0	0	0	0	0	0	182	1263	1275	1275
⑥缓解县乡财政困难转移支付补助	0	0	0	0	0	0	0	0	515	2879
⑦结算补助	0	364	306	321	340	69	870	1307	1449	2071
3. 调入资金	0	0	0	0	51	7257	7052	6702	6614	6697
一般性调入	0	0	0	0	51	5346	7052	6702	6614	6697
专项借款扣款挂账	0	0	0	0	0	1911	0	0	0	0
财力总支出	15754	17317	19587	19975	17188	19026	24694	28587	28837	35307
1. 地方级一般预算支出	15008	16448	18957	19322	16576	17909	19238	22864	23081	30293
本级支出	14155	15684	18314	18649	15671	17123	18387	20927	22200	29059
专款支出	853	764	643	673	905	786	851	1937	881	1234
2. 专项上解支出	746	869	630	653	612	1117	5456	5723	5756	5014
上解中央支出	0	0	365	388	304	0	3408	3667	3667	3667
专项上解	746	869	265	265	308	1117	2048	2056	2089	1347
收支结余	–876	–81	811	1120	837	694	500	–739	453	5684
结转下年	579	282	538	1051	673	555	345	594	634	1713
其中：净结余	–1455	–363	273	69	164	139	155	–1333	–181	3971

1997 — 2006 年云霄县各乡镇财政支出统计表

表 16-5

单位：万元

乡镇	1997年	1998年	1999年	2000年	2001年	2002年	2003年	2004年	2005年	2006年
云陵镇	211	230	264	269	96	208	206	247	253	419
陈岱镇	102	111	128	131	112	418	197	94	156	207
东厦镇	139	151	174	177	135	456	205	123	197	278
莆美镇	506	551	634	647	131	212	424	302	665	1013
列屿镇	92	100	115	117	85	223	148	66	143	184
火田镇	162	177	204	208	126	452	285	170	271	325
下河乡	115	125	144	147	97	399	154	144	290	229
马铺乡	123	134	154	157	108	298	160	128	183	246
和平乡	118	129	148	151	100	266	229	101	241	237
云陵开发区	0	0	0	0	0	0	0	0	0	95

四、财政管理

（一）预算资金管理

预算管理 1997 年，县财政沿用分税制后的预算编制办法。2003 年，进行部门预算与综合预算改革，部门预算由政府各部门、各单位编制，内容包括收入预算、基本支出预算、项目支出预算和政府采购预算。县财政局根据县政府制订的定员定额标准，人员经费预算核定到人，公用经费核定标准和定额，项目支出落实到具体事项。实行“零基预算”，改变公用经费基数加固定比例增长的传统预算。实行综合预算，预算内与预算外资金通盘考虑，预算外资金安排的预算内不安排或少安排。强化预算约束机制，县级预算变动，须经县人大常委会审议通过。

预算外资金管理 县行政事业单位收费全部纳入预算外财政专户。2000 年，对预算外收入和非税性收入实行“收支挂钩、超收奖励”，部分预算外资金改为预算内资金的专项收支或其他收支。2003 年，清理行政事业单位预算外资金，撤销行政事业单位 247 个银行账户，缴入财政专户 272 万元，清退不合理收费 330 万元。2004 年 7 月，贯彻财政部《关于加强政府非税收入管理的通知》，对行政事业单位管理的预算外资金，实行计划管理，财政审批，银行监督，专款专用，未经批准，不得用于基本建设投资。

（二）票据管理监督

1998 年 9 月，县财政局实施财政部《行政事业性收费和政府基金票据管理规定》，行使专用票据的印制、发放、核销、销毁和稽查监督管理职能。国家机关、事业单位、社会团体和具有行政管理职能的企业主管部门以及政府委托的其他机构，收取行政事业性费用或政府性基金，必须向被收取的单位和个人开具行政事业性收费或政府性基金专用票据。2005 年，推行“单位开票、银行代收、财政统管”的管理办法，对执收执罚单位的收费项目进行清理，并为各单位设置收费项目编码，确定银行代收网点，开设非税收入汇缴专户，推行电脑开票业务，要求“开票的不收钱，收钱的不开票，管钱的不用钱”。对个别不宜实行票款分离的单位，实行委托代收，定期入库，防止截留挪用。

（三）国有资产管理监督

1997 年 4 月成立国有资产管理局，挂靠于县财政局。2003 年 3 月国资局更名国有资产管理委员会办公室。先后对县属罐头厂、橡胶厂、农械厂、云霄糖厂、峰二水电公司以及商业系统、粮食系统各公司开展改制资产清查评估、损失处置、资产剥离和国家股股权设置等工作。县财政局设立国有资产专户，统筹企业拍卖的资金，专项用于职工下岗安置、离退休养老保险等支出，同时加强对预算单位的资产清查工作。2002 年 6 月，县联发、云兴、益民 3 家城市信用社停业整顿，县政府通过漳州市政府向中央借入地方政府中央专项借款资金 17270 万元兑付居民储蓄存款，把城市信用社的资产变现工作纳入国有资产管理监督范围。至 2006 年末，城市信用社共变现资产归还借款 5699 万元。

（四）财务管理

行政、事业单位财务管理 1997 年，对行政事业单位实行核定收支、定额或定项补助、超支不补、结余留用管理办法。1998 年，加强行政事业费支出管理，规范会议费、旅差费、公务车辆以及电话费用开支范围。2003 年，针对预算单位多重分散设置银行账户的情况，由县财政局在县人行开设单一的“国库存款账户”，用于记录、核算和反映纳入预算管理的财政收入和支出活动。预算单位根据就近原则选择代理银行网点，经财政、人行批准开设“预算单位零余额账户”，用于财政授权支付和清算。资金拨付实行财政直接支付和财政授权支付，直接支付是财政部门根据预算单位提出的支付申请，将资金直接支付到商品劳务供应者或用款单位，主要为工资、大宗物品和服务采购、大型修缮、基本建设项目和其他专项资金；授权支付是预算单位根据财政部门授权，自行开具支付指令，由代理银行办理支付业务，主要为小额零星支出。2004 年 8 月建立县会计核算中心，至 2006 年 12 月，共有 141 个行政、事业单位在会计核算中心办理会计核算。

企业财务管理 1997 年，企业执行分行业会计制度。2001 年 1 月 1 日起，执行统一的企业会计制度。按照《企业财务通则》《企业会计准则》要求，建立、健全企业内部财务核算规程。县财政局对企业会计信息质量进行检查，发现问题及时纠正。

社会保障财务管理 1999年，县财政局建立“财政社会保障补助资金专户”，对资金的到位、拨付、使用进行管理监督，围绕就业、再就业、城乡最低生活保障、社会保障等做好支出预算安排。

会计人员管理 1997年，县财政局对会计从业人员加强资格管理、资格考试和继续教育工作。根据财政部要求，换发全国统一的会计从业资格证书并建立个人档案。2006年，全县取得从业资格的会计人员884人，其中大专以上学历480人（本科49人），大专以下学历404人；中级职称34人，初级职称191人，一般会计人员659人。

（五）政府采购

1999年4月，建立县政府采购办公室，主要采购项目有电脑、空调、摄影机、复印机、打印机等，此后扩大到教学仪器设备、课本书籍、电视台专用设备、医疗器械、大宗办公用品和信息系统软件等。2000年1月，采购办公室与县政府控制社会集团购买力办公室合署办公，5月，成立政府采购中心，设立“政府采购资金专户”，实行采购管理监督与采购业务分开。采购实行公开招标，县纪检监察部门、政府采购办公室、财政局纪检监察室、监督检查股对招标全过程进行监督，并把招标结果在政府采购网和政务公开栏公告。

2001 — 2006年云霄县政府采购统计表

表16–6 单位：次、万元

年　份	采购批次	采购预算	实际采购	节约额	节约率
2001	23	168.97	129.62	39.35	23.2%
2002	66	409.66	362.47	47.19	11.5%
2003	96	788.5	691.8	96.7	12.26%
2004	48	1594.1	1471.3	122.8	7.7%
2005	45	648.12	501.61	146.51	22.6%
2006	47	1915.05	1672.36	242.69	12.8%
合　计	325	5524.4	4829.16	695.24	12.58%

（六）财政监督检查

1997年，由财政、税务、审计、物价等部门联合成立税收、财务、物价大检查办公室，组织开展每年一次的“三大检查”。2000年，大检查办公室撤销，取消每年一次的“三大检查”，改为专项检查。2004年，财政局与审计、监察、纠风办等部门配合，对公安、卫生、环保等执收执罚单位进行检查，检查有否按规定执收、执罚，有无扩大范围和超越标准，有否按规定使用财政票据和执行“收支两条线”。检查发现的问题责成相关单位限期改正。2005年，财政监督检查机构根据布置，对执法单位的统一着装和干部拖欠公款问题开展检查，查出未经国务院批准而擅自着装的部门16个、人员402人，收回制服582套，标志606套。查出11名科级干部拖欠公款10.22万元，2006年拖欠公款全部清理收回。

五、机构

（一）县财政局

1997年，核编38人，在编34人，内设5个股室。1998 — 2006年增设纪检监察室、社会保障股、统计评价股。2006年末，内设纪检监察室和人秘股、预算股、国库股、行政政法股、教科文股、经济建设股、农业股、社会保障股、外经股、企业股、综合股、外债股、农税股、会计股、统计评价股、监督检查股、会计委派管理办公室等18个职能股室，下设政府采购中心、会计核算中心、控制社会集团购买力办公室和契税征收中心服务窗口等9个事业单位。2006年核定行政编制31人，在编27人。

（二）乡镇财政机构

1997 年，设云陵、东厦、火田、莆美、陈岱、列屿、马铺、下河、和平等 9 个乡镇财政所和常山华侨农场财政征收管理所。1999 年 1 月，常山征管所移交常山开发区。2002 年，乡镇财政所与乡镇经济办公室合署办公。2005 年，云陵工业开发区管委会设财税经济科。

第二节　审　计

一、审计事务

（一）预算执行审计

1997 — 1998 年，进行常规预算执行情况年度审计，查出县驻外 3 个办事处违纪资金 289 万元，并完成村级财务清理。1999 年，对县财政局、地税局和其他 6 个预算执行单位进行审计，查出违规金额 502 万元，其中处理罚款 18 万元，指明纠正 484 万元。2000 年，对财政局、地税局等 8 个单位进行 1999 年度预算执行的真实性、合法性、效益性及预算管理审计，查出违规违纪金额 514 万元，处罚上缴财政 11 万元；对云陵镇、陈岱镇、马铺乡的财务收支决算进行审计，查出资产不实、虚列支出等违规违纪金额 514 万元，并及时给予纠正。2001 年，对财政局、地税局、人行经理国库、科技局、教育局、林业局、建设局、公安局、卫生局、交通局、水电局等 12 个财政资金预算执行单位进行审计，查出违规违纪金额 531.73 万元，处罚 177.5 万元，上缴县财政 37.41 万元；对莆美镇、火田镇、东厦镇的财政收支决算进行审计，向纪检监察机关和司法机关建议移送案件 1 起。2002 年，对财政局、地税局、交通局、土地局等 14 个财政资金预算执行单位进行审计，查出违规违纪金额 1388.4 万元，其中处罚 63.72 万元，上缴县财政 35.46 万元。2003 年，对财政局、地税局（含直属分局）、人行经理国库、教育局、林业局、土地局、水利局、环保局等 13 个单位进行审计，对部分单位存在预算收支不合理及计划外基建等问题，提出限期纠正的处理意见。2004 — 2006 年，对管理财政资金较多、有预算内外专项资金和基金再分配权的国土资源局、教育局、计生局、农业局、林业局及其下属共 35 个单位，进行专项资金和基金审计，查出违规金额 157.93 万元，管理不规范 4898.5 万元，处罚上缴县财政 74.89 万元。

（二）行政事业审计

1997 — 2000 年，对行政事业单位的 69 个项目进行审计，查出违规违纪单位 43 个，金额 315 万元，给予指明纠正 242.8 万元，决定处理 72.2 万元，上缴县财政 31.5 万元。2001 年，对民政局、海洋与渔业局、广电局、残联、县委办、教育局、林业局、土地局等 11 个单位进行财务收支审计，查出虚列项目支出、欠缴预算内外资金、漏缴税金等违纪违规金额 1517.2 万元，给予指明纠正 0.88 万元，处罚 1516.32 万元，其中上缴县财政 30.78 万元。2002 年，对县住房公积金管理中心的公积金管理和归集情况进行审计，公积金管理中心与主管部门资产交叉管理职能不清和部分政府职能履行不到位等问题予以核实，并提出建议。2003 年，对广电局、公安局、交警大队等 23 个行政事业单位的资金及财务管理进行审计，发现存在财务管理不严和“收支两条线”执行不力等问题。2004 年，对城关中学、一中、二中、四中、环卫处等 10 个单位进行审计，查出部分专项资金和预算外资金收支违法违规问题，提出整改意见。2005 — 2006 年，对管理财政资金较多，有预算内、外专项资金和基金再分配权，年末结转结余量较大的县委宣传部、交通局、市场管理中心等 26 个单位进行审计，就预算外资金收支的违法违规问题，提出整改意见。

（三）金融单位审计

2001 — 2002 年对益民、云兴、联发等 3 家城市信用社 1988 — 2000 年财务收支进行审计，查出违规收取利差、私设小金库、超规模贷款、高息揽储、漏交税款、公款私存私分等问题，决定处理违纪违规金额 8000 多万元；查清经营期间各责任人的直接责任和间接责任，及资产、负债和净资产情况，向司法机关移送案件 1 起 2 人。2003 年，对县农联社和城关、火田、列屿等农信社进行审计，并就存在问题提出改进意见。

（四）企业审计

1997 — 1999 年，对云霄糖厂、县粮食局、县供销社等国有、集体企业进行审计，为清理破产、实行兼并和转制提供资料依据。2000 年，在粮食系统、供销系统等国内贸易 16 家企业进行财务收支审计，查出违纪金额 2636 万元。2001 年至 2002 年 9 月，对坪水、梁山、车圩、峰头二级等水电站进行资产负债审计，为水电企业体制改革提供决策依据。2003 年，为加强国有企业资产负债损益情况监督，对县自来水公司、云发贸易公司、百货公司、电力公司、农机公司、房地产公司进行审计。2004 — 2006 年，对新华书店、房地产交易所、电力公司、物资公司、云发贸易公司、饮服公司、五交化公司、盐业公司、茶叶公司等进行审计，指出违纪违规问题并提出改进意见。

（五）专项资金审计

1997 — 2000 年，开展政府负债、行政收费、政府基金收支、世界银行贷款、机关社保保障基金等专项资金审计调查工作。2001 年，对世界银行、亚洲开发银行贷款项目进行专项审计，对金融系统养老金收支管理、残联就业保障金、普及教育经费和农村社保公司财务收支进行审计，对农村电网改造进行审计。2002 — 2003 年，根据国家审计署《关于 2001 年农业综合开发资金审计方案的通知》，对县农业综合开发项目计划的执行和资金投入管理、使用以及效益情况进行审计。根据审计署《关于 2002 年政府外债审计调查工作方案的通知》，对县财政截至 2001 年底借入世界银行和亚洲开发银行款项的借、用、管、还情况进行审计调查。2003 年，对“万亩草山草坡”项目专项资金进行审计，向纪检监察和司法机关移送案件 2 起。2004 — 2006 年，对“世行贷款沿海资源可持续开发利用项目”和“世行贷款结核病控制项目”进行审计，促进严格外资运用管理。2005 年进行全省统一开展的农业开发资金专项审计，并延伸审计莆美镇、火田镇相关项目资金使用情况，查清 2002 — 2004 年县农业综合开发资金拨付、管理和使用情况。

（六）基建工程审计

2001 年，对县医院博爱大楼的基建项目进行竣工审计。2002 年，进行自来水厂基建决算审计。2003 年，对上年竣工的 3 个固定资产投资项目进行审计。2004 年对人民会堂修缮一期工程投资情况进行审计。2005 年，对四中学生公寓、元光中学教学楼基建进行审计。2006 年，对城南中学高中教学楼、和平乡政府办公楼、看守所大楼、一中江滨教学楼、二中中信楼（C 区）、防疫站检验大楼等 6 个项目进行审计，核实减少工程支出近 6 万元。

（七）经济责任审计

1999 年，在全市率先实行领导干部经济责任审计。在对峰二水电站审计中，查出电站“豆腐渣”工程的犯罪线索，案件交由县纪委、检察机关查处。2000 年，对全县一、二级核算股级事业单位的任期经济责任进行审计，查出违规违纪单位 43 个金额 315 万元，给予指明纠正 242.8 万元，决定处罚 72.2 万元，上缴县财政 31.5 万元。2001 年 5 月，县纪委、监察局、组织部、人事局、审计局联合发出《关于党政领导干部和企业、事业领导人员任期经济责任审计的实施意见》。2001 — 2003 年，对 9 名乡镇党委书记、乡镇长的 2002 年度和县直 11 个科级、4 个股级单位领导干部的 1999 — 2002 年期间经济责任进行审计，共查出违规违纪金额 2199.4 万元，其中给予指明纠正 1653.07 万元，给予处罚 365.26 万元，上缴县财政 134.08 万元。2004 年，经济责任审计，乡镇由一年一审改为二年一审，人员调离必审改为离任与任中审计相结合，县直机关 5 年未审的必审，审计成果为组织人事部门选拔任用干部提供依据。云霄经济责任审计经验在全省推广，被中央五部委经济责任审计会议办公室授予“全国经济责任审计工作先进单位”称号。2005 年，在全省率先推出建立科级领导干部审计廉政档案制度。1999 — 2006 年，共对 166 个（次）乡镇、科局的 235 位领导干部和 29 个企业法人代表进行任期经济责任审计，计查出各类违规金额 8612.12 万元，其中给予指明纠正 5555.12 万元，上缴财政 736.66 万元；查出贪污、受贿等个人经济犯罪金额 28.77 万元，移送司法机关查处 4 件 6 人，发现案件线索移送纪检监察部门查处 3 件 4 人，受到法律制裁 6 人，党纪处分 10 人。

1997—2006年云霄县审计监督统计表

表16-7 单位：万元、个

年份	审计单位数	违规违纪金额	上缴财政金额	查处情况
1997	55	598.53	179.34	查出渎职贪污、受贿案件2起4人，移送检察机关处理。
1998	76	615.47	54.66	
1999	85	1109	117	查出经济违法案件1起1人，移送纪检监察部门处理。
2000	102	7521	219	
2001	34	1614	120.68	查出经济违法案件1起2人，移送纪委检察机关处理。
2002	71	11055.41	342.11	查出经济违法案件1起2人，移送司法机关处理。
2003	54	907.9	184.9	
2004	57	595	98	查出经济违法案件1起1人，移送纪检监察部门处理。
2005	43	365	73	
2006	54	2728.62	2015.8	土地出让金上缴
合计	631	27109.93	3404.49	

二、内部审计与社会审计

（一）内部审计

1997年，全县有10个单位设审计股（室）并配备专、兼职审计员。2006年，有县人行、农行、中行、农信社、教育局、供销联社等单位设内审机构，专、兼职人员8人。内审机构主要开展财务收支、经济效益和离任审计。

（二）社会审计

1987年10月，县设审计师事务所，隶属于县审计局，为自收自支事业单位。1999年人员18人。负责社会审计的委托事项，并承担全县建设项目（工程）竣工决算审计。同年12月3日，根据《中华人民共和国注册会计师法》和财政部有关文件精神，审计师事务所撤销。2000年1月，设立漳州信源有限责任会计师事务所，受理社会审计事务。

三、机构

县审计局 1997年，定编17人，在编18人，内设人秘股、行政事业审计股、经济责任审计股、财政金融审计股、固定资产投资审计股、经济贸易审计股。2006年内设机构不变，定编19人，在编16人。

第十七章　税　务

1994年9月，云霄县税务局分设为国家税务局、地方税务局。税务部门推进依法治税进程，努力培植税源，夯实税基，强化税务征收和管理，实现税收稳步增长。1997年，全县税收收入（下简称收入）12258万元，占财政总收入65.20%。1998－2001年，开征代征基本养老保险费、失业保险费、车辆购置税等新税费，收入年均增长4.08%；2002－2003年，因企业改制，实施破产、兼并等，企业税利减少，收入分别下降为8012万元和6641万元。2004－2006年，随着民营企业的发展和外资的引进，收入年均增长23.78%。2006年收入12594万元，占财政总收入73.96%。

第一节　国家税务

一、征管体制改革

（一）征收机构改革

1997年初，县国家税务局下设涉外、莆美、常山、陈岱、列屿、东厦、火田、和平、下河、马铺等税务所及云陵分局、稽查分局。同年12月撤并税务所改设分局，涉外税务所改为外税分局，合并东厦、莆美、火田所设立东厦分局、合并常山、陈岱、列屿所设立常山分局、合并下河、和平、马铺所设立下河分局。2001年设稽查局、外税分局、云陵分局（合并东厦分局）、常山分局和下河分局。2002年改设稽查局、管理局（负责全县一般纳税人、涉外企业和云陵、莆美、东厦、火田镇的征收）、征收局（负责除常山、下河分局管理的纳税人外的其他各种类型企业、个体户的征收）、常山管理分局和下河管理分局。2003年改设稽查局、计征局，基层设云陵分局（负责全县一般纳税人、涉外企业和云陵、莆美、东厦、火田镇的征收）、常山分局和下河分局。2005年计征局取消，在县局内设计征科。2006年，改设云陵分局（负责云陵、莆美镇的征收）、常山分局、下河分局（负责下河、和平、马铺、火田、东厦等乡、镇的征收）。一般纳税人和涉外企业改由属地分局管理。

（二）征收服务改革

1997年1月，县国税局根据国家税务总局《关于深化税收征管改革的方案》，进行“以申报纳税和优化服务为基础，以计算机网络为依托，集中征收，重点稽查，强化管理”征管改革。2001年7月1日，开通“金税”工程（税收征管计算机应用系统），2002年运行个体“双定户”（定期、定额）邮政划缴。2003年11月，中国税收征管信息系统CTAIS上线运行。2004年9月，“阳光办税、效能监督”服务软件上线运行；同年11月推行“能级”管理员制度。2005年举行税收管理员考前培训，有36名管理员（含稽查员）参加培训考试合格，同年举行3期内外资企业所得税汇算清缴、税务业务培训。同时推行电子申报，实现税库行横向联网电子缴税。2006年7月，综合征管软件V2.0系统上线运行。

二、税种与征收

（一）增值税

征税范围主要为机械、电子、纺织、建材、轻工、食品、有色金属、冶金等行业。1997年征收3506.73万元，随着商贸企业和制造业发展，1998年增为4049.91万元，1999年云霄糖厂停产，减为3884.61万元。2000—2001年，台资漳州鲜品冷冻等5家规模工业企业落户云霄，国内6家规模制造工业企业投产，增为4001.27万元。2002年，因糖果、食品、纺织等行业相继停产和商贸企业改制的影响，减至2339.21万元，2004年减至2272.5万元，2005年增加为2478.61万元。2006年，随着民营和“三资”企业的发展，增为3424.42万元。

（二）消费税

征税范围为烟、酒及酒精、化妆品、护肤护发品、贵重首饰及珠宝玉石、鞭炮焰火、汽油、柴油、汽车轮胎、摩托车、小汽车（含小轿车、越野车、小客车）等11种商品。1997年征收3398.72万元，1998年征收3665.82万元，1999年征收3960.76万元，2000年征收4100.16万元，2001年征收4792.49万元。2002年，由于云霄卷烟厂被兼并，作为征收主要商品的卷烟停产，减为2.14万元。随着汽油、柴油、轮胎等产品提价及小汽车购置量增加，2005年征收4.27万元，2006年征收9.87万元。

（三）利息所得税

1999年9月30日开征，1999年10—12月征收2.20万元，2000年征收279.08万元。2001年，随着城乡储蓄存款不断增加，增加至409.92万元，2002年减少为370.04万元，2003年、2004年分别增加为381.53万元和476.36万元，2005年、2006年分别增加为565.54万元和762.27万元。

（四）国内企业所得税

1997年征收386.61万元，1998年征收277.89万元，1999年征收280.95万元，2000年因云霄糖厂、卷烟厂停产和内贸企业改制为个私经营，个私经营的企业所得税由地税局征收，下降为96.8万元。2001年新办民营制造企业发展，增为181.76万元。2002年起逐年上升，2004年431.98万元，2005年因制造业订单减少、效益下降，减少为69.18万元，2006年增加到162.27万元。

（五）外商投资企业和外国企业所得税

1997年征收6.14万元，1998年征收5.23万元，1999年“三资”企业发展，增为22.26万元。2000年，税率从按收入金额的20%降为10%征收，加上受东南亚金融危机影响，部分企业关闭或无法履约到资，当年仅征收2.8万元。2001—2004年，引进规模工业13家，征收30.8万元。2005年征收55.86万元，2006年征收177.85万元。

（六）营业税

征收对象为金融保险业。1997年征收183.82万元，1998年征收244.07万元，1999年征收208.15万元，2000年征收191.18万元。2001年税率调整，减为103.25万元。2002年征收30.37万元，2003年1月1日起，营业税改为全部由地税局征收，仅征收上年税额5.58万元。

（七）车辆购置税

2001年1月1日起开征，取代车辆购置附加费，仍由县交通部门代征。2005年1月1日起，由国税局直接征收。征收范围包括汽车、摩托车、电车、挂车、农用运输车。纳税人在向公安机关车辆管理机构办理登记注册前缴税。车辆购置税实行一次征收制度，购置已征税的车辆不再征收。2005年征收352.5万元，2006年征收411.16万元。

1997—2006年云霄县国税局征收统计表

表17-1　　单位：万元

项　目	1997年	1998年	1999年	2000年	2001年	2002年	2003年	2004年	2005年	2006年	合计
增值税	3506.73	4049.91	3884.61	4123.01	4001.27	2339.21	2465.56	2272.51	2478.61	3424.42	32545.84
消费税	3398.72	3665.82	3960.76	4100.16	4792.49	2.14	2.21	2.9	4.27	9.87	19939.34
个人利息所得税	0	0	2.2	279.08	409.92	370.04	381.53	476.36	565.54	762.27	3246.94
国内企业所得税	386.61	277.89	280.95	96.8	181.76	389.41	416.44	431.98	69.18	162.27	2693.29
外商投资企业和外国企业所得税	6.14	5.23	22.26	2.8	1.21	3.5	6.98	19.11	55.86	177.85	300.94

续表 17-1

项　目	1997 年	1998 年	1999 年	2000 年	2001 年	2002 年	2003 年	2004 年	2005 年	2006 年	合计
营业税	183.82	244.07	208.15	191.18	103.25	30.37	5.58	0	0	0	966.42
车辆购置税	0	0	0	0	0	0	0	0	352.5	411.16	763.66

三、纳税登记与申报

（一）纳税登记

1997 年，税收征管基础数据纳入计算机网络管理监督，简化纳税人申领税务登记证和换证手续，从原由市局集中审批打印、县分级审核管理，改为由县局审批打印、市局录入归集，基层税务所可随时查询征管户信息。

1998 年 7 月，纳税人实行统一代码。2002 年 5 月，对企业所得税新办户数实行月报制度。2003 年纳税人归入中国税收征管信息系统管理，同年 8 月进行纳税人税务登记代码的编制工作（逐年数据详见表 17-2）。2004 年对纳税人实行普遍登记，并建立国税局、地税局对同一纳税人的税务登记采用统一代码，实行信息共享；税务部门与工商行政管理机关建立工商登记信息与税务登记信息交换与共享制度。

2003 — 2006 年云霄县国税局纳税登记统计表

表 17-2　　单位：家

类　别		2003 年	2004 年	2005 年	2006 年
内资企业	国有企业	80	70	64	55
	集体企业	201	186	185	145
	股份合作企业	0	1	1	0
	联营企业	2	0	0	0
	有限责任公司	91	98	155	237
	股份有限公司	12	15	25	16
	私营企业	38	55	74	69
	其他企业	0	12	12	0
	小　计	424	437	516	522
港澳台商投资企业	合资经营企业（港或澳、台资）	1	1	1	5
	合作经营企业（港或澳、台资）	1	1	1	1
	港或澳、台商独资经营企业	32	37	42	40
	港或澳、台商投资股份有限公司	0	1	1	1
	小　计	34	40	45	47
外商投资企业	中外合资经营企业	2	3	3	4
	外资企业	1	2	3	8
	外商投资股份有限公司	0	0	1	1
	小　计	3	5	7	13
个体经营		2100	2093	2226	1730
其　他		12	0	0	13

（二）纳税申报

1999年7月，举办增值税一般纳税人新纳税申报办法业务培训；10月与县人民银行联合举办储蓄存款利息所得税开征业务培训，参加培训87人。2001年8月，完成全部2683家纳税户税务登记证验证。2002年6月，移交1803家个体定期定额户由邮储代缴纳税。2003年3月，开通小规模纳税人"语音电话报税系统"。2004年9月1日，"阳光办税、效能监督"办税服务软件上线运行；9月，评定全县2002－2003年度纳税人信用等级A级纳税人8家，B级纳税人1972家，C级纳税人34家。2005年3月，电子申报系统试运行；同年4月，对全县21家经营摩托车企业进行税收征管业务培训；同年11月15日，税库行横向联网系统上线，推行电子缴税。2006年5月，组织管理服务、征收监控、稽查法制岗位人员进行综合征管软件V2.0系统培训和考试。

四、税务稽查

1997年，立案查处个私企业漏税46起，补收税款80多万元；查处假停业户和漏征管户补税款30多万元；对2069户纳税人查补税款263.68万元；清回欠税180万元。

1998年，对烟酒、电力、石油、汽车汽配、机械、摩托车、建安、医药、包装、金融保险、铝合金等11个行业727家企业进行专项检查，660家被查补税款250.39万元，入库261.85万元；对2家拒不纳税企业，被从银行强制扣缴税款、滞纳金147万元；对拒不纳税又有转移财产嫌疑的1家企业，采取扣押货物的税收保全措施，并通过新闻媒介予以曝光。全年共查补税款432万元。

1999年，成立税务违章案件审理委员会，对重点行业进行发票专项检查，查补税款210万元；对100家普通发票户补、罚税款13万元；对1家企业虚开增值税专用发票抵扣案件，补罚税款22万元；对1家企业虚开增值税发票偷税30多万元的案件移送公安机关查处；对1家到期不纳税的企业实行强制扣缴税款26万元。

2001年，查处假停歇业12家、清理漏征漏管170多家，查补税款、罚款10多万元；开展专项检查，立案查处30家，应补税款33.3万元，核减留抵税额9.5万元，罚款和加收滞纳金12万元。在公安机关配合下，对1家企业抗税案件进行查处，对3家拖欠税款经催不缴者采取强制执行扣押货物措施，并通过媒体曝光，以案释法，扩大教育面。

2002年，国税局、地税局与公安局、检察院、法院建立联席会议制度。开展集贸市场、加油站、跨地区经营的集团性企业及其异地分支机构的专项检查整治，查补增值税166.42万元、所得税31.61万元。对副食、家具、家用电器、通信设备等专营户开展典型调查，其中111家进行重点检查。全县2500家纳税户全部完成自查，补征增值税1.48万元，对190家集贸市场纳税户查补增值税98.18万元。对465家纳税户月税款调高4.52万元，170家纳税户月税款核减1.57万元。清理漏征漏管户59户，查补税款3.03万元。完成15个加油站78台加油机111条加油枪税控装置安装，对6家加油站查补税款22.7万元、滞纳金2万元、罚款0.8万元。对8家摩托车经营企业查补增值税5.56万元，3家电力企业查补增值税5.1万元，4家跨地区经营的集团性企业及异地设立的分支机构查补增值税款27.06万元、所得税31.61万元。

2003年，对实行"免、抵、退"税的企业、化妆品行业以及重点企业所得税等进行专项检查，在检查的47家中，立案稽查35家，应补税款、滞纳金及罚款87.59万元，清回欠税38.67万元。在检查虚开增值税专用发票和骗取出口退税等案件中，查处2起虚开增值税抵扣税款案件，涉税金额2.7万元。

2004年，对医药、汽车、摩托车等经营户及部分税负异常的商贸企业进行检查，共补税罚款176.14万元，其中受理5起举报案件补税罚款3.75万元；对3家税负异常的企业补税罚款5.7万元，调减留抵税款32.2万元；8家摩托车经营行业补税4万元；提请公安部门介入，破获一起涉嫌虚开假增值税专用发票案，逮捕2人，追补入库涉案税款11万元。与公安、地税联合开展打击虚开货物运输发票和制售假发票等专项整治行动，查处两起假增值税专用发票案件，涉及发票45份，追补税款59.08万元。

2005年，查处做假账、两套账、账外经营及利用财务电算化进行逃税款的行为，1家企业涉嫌逃避追缴欠税案件移送公安机关办理。检查农产品收购及加工企业 6 家、废旧物资收购企业 3 家，钢铁生产、农副产品加工、废旧物资经营等 43 家企业开展自查自纠，补税 10.29 万元。检查 74 家纳税户补税罚款 143.93 万元，调整计税所得 241 万元。

2006 年，整规纳税户 202 家，查补罚款 120.28 万元；开展以农副产品加工企业、废旧物资经营企业、房地产企业、液化气经营行业、金融保险业、邮政通信业等为重点的税收专项检查，发动 40 家纳税人开展自查自纠，补税 48.7 万元；检查纳税人 40 家，补税、罚款 34.18 万元。开展商业滞留增值税专用发票核查 19 家，涉及发票 200 份。开展以茶、烟、酒等行业为重点的税收专项整治。以摩托车经营行业为重点，联合车购办，对使用外来发票不记收入进行虚假纳税申报等问题，开展逐户核查，共组织 606 家纳税人自查补税 6.8 万元，对 202 家纳税人进行检查，补税 29.1 万元。

五、票据管理

1997 年，加强普通发票用户管理，补收税款 30 多万元。1999 年，对 100 户普通发票户进行检查，补罚税款 13 万元。2001 年，开展打击假申报、假注册、假账册、假发票、假停歇业和清理漏征漏管及虚开、倒卖、伪造增值税专用发票整治活动；同年 12 月，集中销毁 1990 年前旧税收票证 2414 本、894646 张，1981 年至 1987 年 5 月税收入库凭证 80 本，基层各类报表 680 份、税收应征凭证 115 本、票据结报手册 38 本、账簿 2 本，生猪代扣单 89 本 20834 张。2003 — 2004 年，查处伪造倒卖虚开增值税专用发票抵扣税款案件 5 起，涉案税款 72.78 万元。

六、机构

县国家税务局　内设机构及人员编制由上级国税部门核定。1997 年初，有干部职工 91 人，内设办公室、人事教育股、监察股、计财股、税政股、征管股、检察室。1997 年 12 月，监察股改监察室。2001 年，人教科、计财股改科，税政股、征管股合为税征科，并设信息中心。2002 年，人教科、监察科合为人监科。2003 年，计财科改财务科。2004 年，设办公室、人教科、监察室、财务科、税征科及信息中心。2005 年，设办公室、人教科、监察室、财务科、综合业务科、征管科、计征科及信息中心。2006 年，全局干部职工 86 人。（下辖征收机构见第一节“征收机构改革”目）

第二节　地方税务

一、征管体制改革

（一）征收机构改革

1997 年初，县地方税务局下设云陵分局、稽查分局和莆美、常山、陈岱、列屿、东厦、火田、和平、下河等 8 个税务所。同年 11 月，设立涉外税务所。1998 年 9 月，云陵、莆美、常山税务所升格为分局。1999 年 7 月，常山分局划归市地税局管理。2001 年 10 月，撤销涉外、东厦、火田、陈岱、列屿、马铺、和平等 7 个税务所，改设稽查局、云陵分局（负责云陵镇、和平乡征收）、莆美分局、东厦分局（负责东厦镇、火田镇征收）、陈岱分局（负责陈岱镇、列屿镇征收）、下河税务所（负责下河乡、马铺乡征收）。2006 年 4 月和平、下河、马铺乡税收征管工作划归东厦分局管理，12 月改由莆美分局管理。2006 年 5 月、10 月，在国土资源局、房管处办证大厅设立土地房屋交易纳税申报中心。2006 年末，设稽查局和云陵分局、莆美分局（下河税务所并入）、东厦分局、陈岱分局及土地房屋交易纳税申报中心。

（二）征收服务改革

1997 年，实施“以申报纳税和优化服务为基础，以计算机网络为依托，集中征收，重点稽查，强化管理”的税收征管模式。2002 年 4 月起定期定额征收户（双定户）缴纳税款由邮政储蓄划缴入国库，同年 10 月推行双定户税收定额民主评税。2003 年 1 月提高营业税起征点；同年 4 月办税服务厅更名为办税服务中心，进行"一窗式"全程纳税服务规范化建设。2005 年 4 月推行片区税收管理员制度，全县纳税户共分 15 个片区、32 个责任区。2006 年 5 月推行库行横向联网电子划缴系统，企业税款可直接划入国库；同年 12 月 20 日，启用福建省地税行政管理信息系统。

二、税种及征收

（一）营业税

征税范围为交通运输业、建筑业、邮电通信业、文化体育业、金融保险业、娱乐业、服务业及无形资产转让、不动产销售。1997 年征收（县级收入，下同）2129.37 万元，其中金融营业税 600.11 万元。1999 年、2001 年受农村信用社营业税率调整影响，金融营业税分别降至 382.36 万元和 116.97 万元。2003 年 1 月 1 日起金融保险业税率全部下调，当年金融营业税征收 216.2 万元。2003 年增加到 1625.9 万元，2004 — 2006 年逐年上升，2006 年征收 2478.96 万元。

（二）个人所得税

1997 年征收 755.27 万元；1999 年对储蓄存款开征个人所得税，增加到 1251.85 万元；2000 年，对下岗职工转为个体工商户实行优惠免税，及个人所得税起征点提高等因素，个人所得税逐年减少。2005 年，征收 299.03 万元。2006 年，因卷烟厂 362 名下岗职工，解除劳动合同后，得到安置费缴纳个人所得税，当年征收增加到 703.24 万元。

（三）企业所得税

1997 年征收 144.44 万元，其中国有企业 18.93 万元，集体企业 125.51 万元。2001 年，国有企业实施兼并、转制等改革，国有企业所得税从 1999 年 100.43 万元增加到 2000 年 212.62 万元和 2001 年 255.7 万元，使企业所得税从 1999 年 182.77 万元增加到 2000 年 322.72 万元、2001 年 329.56 万元。2002 年，由于部分企业效益滑坡，总征收额有所下降，但随着民营企业发展，个私企业所得税从 2001 年 18.31 万元增加到 81.82 万元。2006 年企业所得税征收 163.17 万元，其中国有企业 23.86 万元、集体企业 24.58 万元、个私企业 114.73 万元。

（四）城市房地产税

1997 年征收 200.33 万元；1998 年起随着房地产业的发展，逐年上升，年递增 6.9%；2006 年增加到 366.21 万元。

（五）城镇土地使用税

以城市、县城、建制镇和工矿区范围内的建设用地为征税对象。1997 年征收 37.04 万元，1998 — 2005 年征收额变化不大，征收 31.06 万元，2006 年增加到 74.26 万元。

（六）土地增值税

以转让国有土地使用权、地上建筑物及其附着物取得的增值额为征税对象。1999 年开征，当年征收 0.8 万元，2004 年因工业开发区土地开发量增加，从 2003 年征收 1.68 万元增加到 115.6 万元，2005 年、2006 年分别增加到 194.21 万元和 164.96 万元。

（七）车船使用税（车船使用牌照税）

以车辆、船舶为征税对象。1997 年征收 24.92 万元，2002 年 86.7 万元，2003 年随着汽车运输发展增加到 106.43 万元，以后各年份略有下降，2006 年征收 93.54 万元。

（八）城市维护建设税

以增值税、消费税、营业税的税额为计税依据。1997 年征收 499.42 万元，1998 — 2005 年因建筑业改制影响逐年下降。2005 年征收 176.4 万元，2006 年增加到 202.37 万元。

（九）印花税

征税范围为经济合同、产权转移书据、营业账簿、权利许可证照及财政部确定征收的其他凭证。1997 年征收 59.77 万元，1998 — 2005 年逐年下降，2005 年征收 47.57 万元，2006 年增加到 65.58 万元。

（十）屠宰税

征税范围为屠宰的猪、羊、牛、马等牲畜。1997 年征收 39.91 万元。1999 年 1 月，生猪集宰中心投产，当年征收 58.74 万元，2002 年征收 55.75 万元，2003 年 1 月起停征。

（十一）资源税

征税范围主要为金属矿产品原矿、其他非金属矿产品原矿等应税矿产品和盐。1997 年征收 5.66 万元，2001 年增加到 28.32 万元，2006 年征收 22.93 万元。

（十二）固定资产投资方向调节税

征税范围为基本建设投资项目、更新改造投资项目。1998 年开征，征收 119.54 万元，1999 年、2000 年分别为 63.86 万元和 19.96 万元，2000 年 1 月停征。

（十三）教育费附加

依增值税、消费税、营业税的税额附征。1997 年征收 55.89 万元，1998 — 2001 年逐年上升，2001 年增加到 176.28 万元，2002 年因卷烟停产消费税减少，仅征收 57.61 万元，以后逐年因产品商品流转增加上升至 2006 年 124.66 万元。

（十四）地方教育附加

2002 年 1 月，根据《福建省人民政府关于征收地方教育附加有关问题的通知》开征，附于营业税、消费税、增值税征收。2002 年征收 20.17 万元，2005、2006 年分别征收 31.65 万元和 47.87 万元。

（十五）社会事业发展费

以销售（营业）总额为计费依据。1997 年征收 156.43 万元，以后逐年下降，2001 年征收 146.94 万元，2002 年 1 月停征。

（十六）以工建农资金

以乡镇企业的销售或营业收入为计费依据。1997 年征收 3.42 万元，2000 年征收 0.81 万元。2001 年 6 月停征。

（十七）预算外资金调节费

1997 年征收 1.2 万元，1998 年、1999 年分别为 4.8 万元和 0.5 万元，2000 年 1 月停征。

（十八）基础设施建设附加费

1997 年 1 月随同营业税、消费税、增值税征收。1997 年征收 68.82 万元，1998 — 1999 年略有下降。2000 年 9 月停征，2000 年征收 54.86 万元。

（十九）文化事业建设费

1997 年 1 月开始对娱乐业、广告业按其营业额的 3% 征收文化事业建设费。1997 年征收 0.54 万元，1998 年起逐年上升，2006 年征收 17.23 万元。

（二十）基本养老保险费

2000 年 11 月，对城镇各类企业及其职工和个体劳动者征收基本养老保险费。2001 年征收 962.17 万元，之后随着社保事业发展而逐年上升，2005 年、2006 年分别征收 1058.65 万元和 1481.93 万元。

（二十一）失业保险费

2000 年 11 月开始征收。2001 年征收 119.35 万元。2002 年起，随着企业发展逐年增加，2006 年征收 166.57 万元。

（二十二）残疾人就业保障金

2005 年 10 月 15 日，县残疾人服务所委托县地方税务局，开始向财政差额拨款事业单位、自收自支事业单位、企业和民办非企业等用人单位代征，2006 年征收残疾人就业保障金 31.07 万元。

1997—2006年云霄县地税局税、费、金征收统计表

表 17-3　　单位：万元

项　目	1997年	1998年	1999年	2000年	2001年	2002年	2003年	2004年	2005年	2006年	合计
各项收入合计	4321.9	4889.18	4886.46	4387.93	5119.58	4523.35	4770.62	5153.82	5999.3	7830.53	51882.67
一、税收合计	4035.6	4575	4599.66	4015.18	3707.56	3303.33	3551.6	3882.23	4586.65	5947.06	42203.87
（一）中央级	0	0	0	0	731.29	523.65	621.16	551.72	658.04	1299.62	4385.48
1. 企业所得税	0	0	0	0	329.56	133.8	137.39	146.66	209.49	244.76	1201.66
2. 个人所得税	0	0	0	0	401.73	389.85	483.77	405.06	448.55	1054.86	3183.82
（二）地方级	4035.6	4575	4599.66	4015.18	2976.27	2779.68	2930.44	3330.51	3928.61	4647.44	37818.39
1. 省级	676.08	586.9	442.28	361.67	118.75	373.49	216.2	290.01	234.77	312.22	3612.37
(1) 金融营业税	600.11	462.15	382.36	341.71	116.97	373.49	216.2	290.01	234.77	312.22	3329.99
(2) 固投税	75.92	119.54	63.86	19.96	1.78	0	0	0	0	0	281.06
(3) 企业所得税	0.05	5.21	-3.94	0	0	0	0	0	0	0	1.32
2. 县级	3359.52	3988.1	4157.38	3653.51	2857.52	2406.19	2714.24	3040.5	3693.84	4335.22	34206.02
(1) 增值税	0	0	0	0	0	0	0	0	0	0	0
(2) 营业税	1529.26	1791.51	1760.13	1563.33	1229.37	1268.33	1625.9	1891.31	2350.19	2478.96	17488.29
①交通运输	107.22	85.67	80.38	86.86	54.41	43.9	88.87	108	110.14	127.79	893.24
②邮电通信业	321.12	434.07	498.25	437.86	478.73	378	433.79	475.7	435.58	574.1	4467.2
③建筑安装	470.31	460.53	332.77	349.49	301.63	266.88	419.2	483.48	751.55	720.86	4556.7
④转让土地使用权	21.08	84.55	178.62	150.34	11.24	0.49	21.55	20	339.32	101.4	928.59
⑤销售不动产	266.3	320.98	306.42	181.2	66.51	93.87	260.04	365.86	321.21	432.57	2614.96
⑥其他	343.23	405.71	363.69	357.58	316.85	485.19	402.45	438.27	392.39	522.24	4027.6
(3) 个人所得税	755.27	1048.65	1251.85	823.41	401.73	389.85	322.51	270.04	299.03	703.24	6265.58
(4) 城建税	499.42	400.77	495.4	476.97	455.23	138.42	156.92	172.53	176.4	202.37	3174.43
(5) 车船使用税	24.92	31.37	31.12	45.04	36.38	86.7	106.43	86.7	99.12	93.54	641.32
(6) 房产税	200.33	229.11	245.61	281.16	278.33	268.29	345.76	339.06	341.68	366.21	2895.54
(7) 屠宰税	39.91	58.14	58.74	52.59	46.18	55.75	4.44	0	0	0	315.75
(8) 资源税	5.66	5.72	6.88	7.87	28.32	14.13	5.86	3.89	14.92	22.93	116.18
(9) 土地使用税	37.04	29.18	27.9	25.36	26.98	26.46	29.23	31.99	31.06	74.26	339.46
(10) 印花税	59.77	48.32	32.32	30.25	18.63	22.86	23.92	31.56	47.57	65.58	380.78
(11) 固投税	0	119.54	63.86	19.96	1.78	0	0	0	0	0	205.14
(12) 企业所得税	144.44	225.79	182.77	322.72	329.56	133.8	91.59	97.78	139.66	163.17	1831.28
①国有	18.93	22.91	100.43	212.62	255.7	34.23	29.79	38.67	47.22	23.86	784.36
②集体	125.51	202.88	82.34	109.9	55.55	17.75	17.98	18.14	33.4	24.58	688.03
③其他	0	0	0	0.2	18.31	81.82	43.82	40.97	59.04	114.73	358.89
(13) 土地增值税	0	0	0.8	4.85	5.03	1.6	1.68	115.64	194.21	164.96	488.77
(14) 工商税收税款滞纳金、罚没收入	63.5	0	0	0	0	0	0	0	0	0	63.5

续表 17-3

项　目	1997年	1998年	1999年	2000年	2001年	2002年	2003年	2004年	2005年	2006年	合计
二、其他收入合计	286.3	314.18	286.8	372.75	1412.02	1220.02	1219.02	1271.59	1412.65	1883.47	9678.8
1. 社会事业发展费	156.43	126.26	128.41	144.56	146.94	15.91	0.51	0	0	0	719.02
2. 基础设施费	68.82	66.82	53.4	54.86	1.48	0	0	0	0	0	245.38
3. 以工建农资金	3.42	1.43	0.64	0.81	0.47	0	0	0	0	0	6.77
4. 文化事业建设费	0.54	2.6	1.8	4.04	3.93	2.46	2.17	3.4	11.57	17.23	49.74
5. 教育费附加	55.89	112.27	102.05	168.48	176.28	57.61	71.46	81.85	93.36	124.66	1043.91
6. 地方教育附加	0	0	0	0	0	20.17	21.82	23.6	31.65	47.87	145.11
7. 预算外资金调节费	1.2	4.8	0.5	0	0	0	0	0	0	0	6.5
8. 基本养老保险费	0	0	0	0	962.17	985.06	932.96	964.5	1058.65	1481.93	6385.27
9. 失业保险费	0	0	0	0	119.35	129.97	153.4	161.56	171.72	166.57	902.57
10. 税务行政性收费收入	0	0	0	0	0	8.18	34.1	32.61	39.44	7.06	121.39
11. 税务部门其他罚没收入	0	0	0	0	1.4	0.66	2.6	4.07	6.26	7.08	22.07
12. 残疾人就业保障金	0	0	0	0	0	0	0	0	0	31.07	31.07

三、纳税登记与申报

（一）纳税登记

2000 年 8 月，全县 3095 户纳税人管理数据导入市局小型机，11 月各基层单位实现与市局联网，征管信息系统投入运行。云陵镇、莆美镇新开业户，在纳税人申报资料齐全的情况下一天之内即可办妥税务登记。2001 年开始，征管信息系统提供纳税登记数据。2006 年 8 月起，国、地税共管的纳税户合并办理税务登记。至 2006 年，向县地税局办理税务登记的企业、个人共 2904 家，其中内资企业 685 家（国有企业 84 家、集体企业 202 家、股份合作企业 18 家、有限责任公司 232 家、股份有限公司 25 家、私营企业 117 家、其他 7 家），港、澳、台资企业 23 家，外商投资企业 14 家，个体纳税人 2116 家，临时纳税人 66 家。

2001 — 2006 年云霄县地税局税务登记统计表

表 17-4　　　　单位：家

行　业	2001 年	2002 年	2003 年	2004 年	2005 年	2006 年
农林牧渔业	1	3	5	14	25	45
采矿业	2	0	1	1	1	8
制造业	317	288	251	197	236	256
电气燃气及水的生产和供应业	16	17	17	17	21	28
建筑业	13	15	15	13	17	18
交通仓储及邮政	0	0	0	28	44	48
信息传输、计算机服务和软件业	11	12	20	10	7	28

续表 17-4

行 业	2001 年	2002 年	2003 年	2004 年	2005 年	2006 年
批发和零售业	1998	1984	1832	1672	1721	1800
住宿和饮食业	31	33	31	218	212	203
金融业	12	11	10	32	35	32
房地产业	401	372	335	14	18	27
租赁和商务服务	5	6	7	72	72	66
其他行业	43	40	44	338	365	345

（二）纳税申报

纳税人在规定期限内，如实向税务机关报送纳税申报表、财务报表及其他纳税资料。申报方式有上门申报、邮寄申报、网上申报等。1998 年 11 月，歌唱家李谷一一行到云霄演出，由代理人向县地税局云陵分局申报交纳个人所得税 2857.14 元。1999 年 11 月，县地税局对云霄县 800 万元福利彩票销售活动实行“凭税单领奖”，现场征收税款 37.92 万元。2005 年 5 月，县政府批转县地税局《关于重新确定房产税和土地使用税征收范围的通知》，对县城及建制镇房产税和城镇土地使用税的征收范围作了重新确定。纳税申报均由产权人或建设单位申报。

四、地方税务稽查

1997 年 11 月，县地税局与县法院联合成立“云霄县地方税务审判合议庭”，审理偷、抗税和涉税行政诉讼案件。当年税务检察室受理偷税案件 6 起，查补税款 54.49 万元。1998 年，由县公安局配合到广东汕头市追回漳州某装饰工程有限公司偷逃税款 30 万元；受理涉税举报，查补罚税款 86 万元；清查漏征漏管户 501 家，查补罚款 11.8 万元，补办登记证 349 家。1999 年，成立税务违法案件举报中心，接受群众举报 10 起，查补税款 15.79 万元，加收滞纳金、罚款 4.41 万元；查处假报停业户，追补税款 12.21 万元，罚款 10.02 万元。2000 年，对行政事业单位、重点企业开展专项检查，查补税款 10 万元；对私房出租专项检查 98 家，查补税款 8 万元；受理举报案件 3 起，查补罚款 9.57 万元。2001 年，开展“20 点行动”，配合法院、银行对餐饮服务业与娱乐业进行专项突击检查，查封部分娱乐场所，对 2 家纳税户执行银行强制扣缴 31 万元。2002 年 4 月，县地税局与国税局、公安局、检察院、法院建立涉税工作联席会议制度。6 月，联合国税局、工商局、各乡镇政府开展漏征漏管户清理以及加油站、夜市等专业市场的整顿，清理漏征漏管户 289 家，查补税款 21.37 万元。2003 年 2 月，对云陵、莆美分局辖区 253 家报停户进行突击检查，实查 187 家，查获假停业 46 家，查补税款 3 万多元；7 月，对云陵和莆美镇重点街道、区域进行漏征漏管户清理，对超市、医药、烟酒批发、家用电器、美容美发、营利性医疗机构等行业开展专项检查，共清理漏征漏管户 120 多家，查补税款近 10 万元；10 月，推行稽查自查告知制和稽查恳谈制。2005 年，查处举报案件 5 起，查补税费 57.43 万元；清理乡镇开发土地、商住楼及其他房产，补税 20 多万元。

五、票据管理

1997 年 9 月，启用服务业定额发票并实行按月报验和验旧购新制度。1999 年，对交通运输业、建筑业、邮政电信业、房地产业专用发票及定额发票进行清理检查，查出违章发票 249 份，查补税款 6.21 万元，罚款 4.98 万元。2000 年 9 月 1 日起，云陵、莆美、涉外等税务所对外使用征管信息系统开票。2001 年，杜绝窗口开具餐费发票，并按季进行内部交叉审核，规范发票管理。2003 年 5 月起，全县服务业、娱乐业启用有奖定额发票，最高奖 10000 元，当年使用有奖发票 1022.1116 万份，税费收入 101.06 万元，中奖 1139 人次，奖金 3.084 万元。2004 年 9 月启用新版货物运输业发票。2005 年 8 月启动建筑业税收信息管理系统，发放建筑安装业新版发票。2006 年 4 月，旧版定额发票和统一发票停止使用。

六、机构

县地方税务局　内设机构及人员编制由上级地税部门核定。1997 年初，有干部职工 86 人，设办公室、人事教育股、监察室、计划财务股、税政（社保）股、征管法规股，同年 11 月增设信息技术股。2006 年末，内设办公室、人教股、监察室、计财股、税政股、征管法规股、信息技术股、规费征收管理股。干部职工 87 人。（下辖征收机构见本章第二节“征收机构改革”目）

第十八章　综合经济监管

1997 — 2006 年，云霄县执行经济法规政策，按照市场经济规律，转变经济监管方式。计划管理由微观管理转为宏观管理，先后编制并认真实施“九五”“十五”“十一五”计划（规划），改革行政审批制度，强化重点项目管理，推进结构调整。2006 年，全县国民生产总值 34.7 亿元（1990 年不变价，下同），比 1997 年 17.5 亿元增长 98.34%；农民年纯收入 4805 元，比 1997 年 2991 元增长 60.64%；城镇居民人均可支配收入 11190 元，比 1997 年 5646 元增长 98.19%。统计管理，做好常规统计，健全统计数据收集上报制度，组织专项普查和社会调查，加强执法检查，发挥统计数据、信息在国民经济发展中的功能作用。工商行政管理，加强市场管理与服务，查处打击走私贩私与生产和销售假冒伪劣产品，维护市场秩序，立案 1794 起，总案值 5389 万元。物价管理，依法开展价格收费检查和价格监督，立案查处乱涨价、乱收费案件 260 件，处理退还群众 237.81 万元，没收违法所得 67.76 万元，罚款 48.05 万元。审验 1321 个（次）行政事业单位，办理涉案物品价格鉴证 1574 件。质量技术监督，全面开展标准化、计量管理，加强质量监督与特种设备安全监察，推进云霄特色名优产品质量认证，立案查处假冒伪劣商品案件 271 起，案值 1369 万元。

第一节　计划管理

一、管理体制改革

1997 年，计划部门主要职能逐步转向宏观管理、经济预测、结构调整与重点项目建设，加快投、融资体制改革，落实基本建设项目资本金制度、项目法人责任制、工程招标制和项目监理制度。2000 年，取消固定资产投资许可证。2001 年 8 月，全县建筑工程招标的核准与指导、协调、监督工作改由计划部门负责。2003 年，省赋予县相当于设区市的经济社会管理审批权限。2004 年，继续改革政府审批制度，对需要政府配置资源、国有或国有控股的投资建设项目，简化审批、核准程序，将不属国家限制禁止的、非政府配置资源的非国有企业竞争性投资项目的审批改为备案制，取消非国有固定资产投资计划。至 2006 年审批项目数由 25 项减少到 11 项。

二、计划编制与实施

（一）“九五”计划（1996 — 2000 年）编制与实施

1996 年 2 月，编制《云霄县国民经济和社会发展“九五”计划及至 2010 年规划纲要》，经县人大十二届常委会第三次会议通过。

1996 — 2000 年，全县固定资产投资累计完成 27.07 亿元（其中 1996 年 4.42 亿元、1997 年 5.47 亿元、1998 年 5.85 亿元、1999 年 6.26 亿元、2000 年 5.07 亿元）。主要完成双码线云霄路段 8.67 公里水泥路建设，省道漳云线和云漳北路拓宽改造，江滨路拆迁改造和莆美 80 米宽通道、江滨体育场、图书馆建设，甘竹和峰二电站相继投产。漳南综合大市场投入建设。

2000 年，全县国内生产总值当年价 29.45 亿元，按 1990 年可比价（下同）22.23 亿元计算，平均年增长 11.19%，三次产业结构比例为 32 ： 26 ： 42，财政收入年均增长 11.27%，城镇居民人均纯收入年均增长

13.17%，农民人均纯收入年均增长 11.12%，全县人口 40.97 万人（含常山），人口自然增长率 13.48‰。

（二）“十五”计划（2001 — 2005 年）编制与实施

2001 年 4 月，编制《云霄县国民经济和社会发展“十五”计划和 2010 年规划纲要》，经县人大第十三届三次会议通过。“十五”计划的目标是，全县国内生产总值年均增长 14.5%，力争至 2005 年比 2000 年翻一番；三次产业结构比例调整为 14 ∶ 49 ∶ 37；预算内财政收入 4 亿元，年均增长 10.8%；全社会固定资产投资 15 亿元，年均递增 15.5%；实际利用外资年均递增 14.1%；农民人均纯收入年均增长 11.0%；城镇登记失业率控制在 3% 以内；农业总产值 13.5 亿元，年均增长 6.36%；工业总产值 82 亿元，年均增长 15.9%；高新技术产业产值占工业总产值的 7.5%；科技进步贡献率达 55%；高等教育入学率 10%；至 2005 年末全县人口控制在 42.3 万人以内；主要污染物排放总量控制在省定的指标范围内；县城绿化率达 35%；初步建立覆盖全社会的社会保障制度和城乡一体化的社会保障网。

至 2005 年，全县国内生产总值当年价 31.13 亿元，按可比价 29.27 亿元计算，平均年增长 5.66%，农业总产值年均增长 5.4%，工业总产值年均负增长 8.6%，三次产业结构比例为 41 ∶ 18 ∶ 41，社会固定资产投资年均递增 7.3%，财政收入年均负增长 12.49%，城镇居民人均纯收入年均增长 7.09%，农民人均纯收入年均增长 5.5%，全县人口 41.64 万人（含常山），人口自然增长率 7.28‰。

“十五”期间，全县固定资产投资累计完成 26.66 亿元（其中，2001 年 4.92 亿元、2002 年 4.19 亿元、2003 年 4.74 亿元、2004 年 5.62 亿元、2005 年 7.19 亿元）。主要完成漳诏高速公路云霄段 24.8 公里、省道漳东线拓宽 12.5 公里、农村水泥公路 100 公里、自来水日供应能力 5 万吨扩容、复兴路与江辉路拆迁改建、力锦水电、漳南综合大市场、垃圾处理厂等建设项目；东洲食品、蜂窝纸板、PP-R 管、大众兴纺织、金山春酒业、丽西食品、鲜品冷冻、运元机械制造等科技含量高的项目相继投产；建成云陵工业开发区、东厦宣美、莆美阳下、云陵下坂工业开发区等基础设施；建成将军山公园、七星山旅游景区；新建县人民法院、检察院、国税局、地税局、县卫校、看守所、边防大队、消防大队、人武部、老年人活动中心、残疾人服务中心、台胞接待中心等工程投入使用。

（三）“十一五”规划（2006 — 2010 年）编制与实施

2006 年元月，编制《云霄县国民经济和社会发展第十一个五年规划纲要》，经县人大第十四届三次会议通过。“十一五”规划的总体目标是，全县国内生产总值年均增长 10.5%，达 55 亿元，实现 2008 年全县生产总值比 2000 年翻一番，2009 年人均地区生产总值比 2000 年翻一番，人均国内生产总值超过 1 万元。具体发展目标为，地区生产总值年均增长 10.5%，达 55 亿元；三次产业结构调整为 30.4 ∶ 28.4 ∶ 41.2；农业总产值 29.65 亿元，年均增长 6.2%；工业总产值 49 亿元，年均增长 19.8%；规模以上企业数 100 家，规模工业总产值 40 亿元，年均增长 37.5%；社会消费品零售总额 23.9 亿元，年均增长 12.1%；农民人均纯收入 6120 元，年均增长 6%；实际利用外资额 7000 万美元，年均增长 10.5%；居民消费价格指数 103；财政总收入 21060 万元，年均增长 11%，其中地方级收入 15090 万元，年均增长 10.5%；城镇登记失业率控制在 4.2% 以内；人口自然增长率控制在 7‰以内；全县固定资产投资 12.1 亿元，年均增长 13.5%，其中 2006 年完成 6.79 亿元。

2006 年是实施“十一五”规划第一年。2006 年，国内生产总值（当年价）实现 35.08 亿元，按可比价 34.71 亿元计算，比 2005 年增长 11.54%，三大产业结构比例为 40.0 ∶ 20.0 ∶ 39.9，财政收入增长 37.8%，城镇居民人均收入增长 1.7%，农民人均收入增长 5.1%，全县人口 41.61 万人（含常山），人口自然增长率 3.9‰。实际完成固定资产投资 8.04 亿元，主要完成疏港公路、将军大道、云漳大桥、全县建制村通水泥路工程；厦深高速铁路境内路段、坂云线境内路段、云太线拓宽改造工程和污水处理厂等项目动工。奕全电子、信实电光源等 30 多家企业入驻节能光电科技产业园，按五星级标准设计、位于将军山风景区的云顶温泉大酒店和位于陈岱金汤湾的海水温泉度假大酒店建成开业。

三、机构

县发展和改革局　1997年5月，县计划委员会改称县计划局，定编10人，在编10人。2002年5月改称县发展计划局，2005年9月再改称县发展和改革局。内设人秘股、综合规划股、基建投资股、社会发展股，下设县重点建设项目前期工作监察室、县经济信息中心。2006年末，定编8人，在编10人。

第二节　统计管理

一、常规统计

（一）经济结构分析

三次产业产值构成　1997年国内生产总值（当年价，下同）26.63亿元，比1996年23.79亿元增长11.95%，其中第一产业4.45亿元，比1996年5.66亿元增长25.06%，第二产业7.28亿元，比1996年11.43亿元负增长5.48%，第三产业5.77亿元，比1996年6.71亿元增长30.54%。1998－2001年，云霄糖厂、云霄罐头厂、常山罐头厂、云霄卷烟厂等主要国有工业企业相继停产、破产、兼并，第二产业比重缩小。2002年，推进云陵、常山开发区和下坂、莆美、宜美等乡镇工业小区建设，“三资”企业和私营企业逐步恢复增长。至2006年，国内生产总值35.07亿元，其中第一产业14.06亿元，是1996年的1.07倍；第二产业7.01亿元，比1996年负增长38.67%；第三产业14亿元，是1996年的1.09倍。

1997－2006年云霄县国内生产总值（当年价）结构统计表

表18-1　　单位：万元

年份	国内生产总值				所占比重		
	合计	第一产业	第二产业	第三产业	第一产业	第二产业	第三产业
1997	266336	70751	108026	87559	26.56	40.56	32.88
1998	252500	76605	80073	95822	30.34	31.71	37.95
1999	278900	88525	79455	110920	31.74	28.45	39.81
2000	294500	92949	77147	124404	31.56	26.2	42.24
2001	317000	97224	86975	132801	30.67	27.43	41.9
2002	320995	92080	89431	139484	28.7	27.9	43.4
2003	355235	100489	103647	151099	28.3	29.2	42.5
2004	273610	117316	44093	112201	42.9	16.1	41
2005	311260	128904	55654	126702	41.4	17.9	40.7
2006	350777	140632	70052	140093	40.1	20	39.9

1997－2006年云霄县国内生产总值（1990年不变价）结构统计

表18-2　　单位：万元、%

年份	国内生产总值				增长%			
	合计	第一产业	第二产业	第三产业	合计	第一产业	第二产业	第三产业
1997	174980	44510	72765	57705	16.6	11.6	10.7	29.9
1998	186107	48741	72707	64659	6.4	9.5	-0.1	12.1
1999	208181	55389	78791	74001	11.9	13.6	8.4	14.4

续表 18–2

年份	国内生产总值				增长 %			
	合计	第一产业	第二产业	第三产业	合计	第一产业	第二产业	第三产业
2000	222324	60205	80052	82067	6.8	8.7	1.6	10.9
2001	317563	98080	87366	132117	42.8	62.4	9.1	61
2002	333949	101155	92750	140044	3.1	6.2	6.2	6
2003	358337	104264	101680	152393	7.3	3.1	9.6	8.8
2004	264967	111708	43436	109823	–26.1	7.1	–57.3	–27.9
2005	292657	117107	55664	119886	10.4	4.8	28.2	9.2
2006	347090	139183	69314	138593	18.6	18.9	24.5	15.6

工农业产值构成 1997 年农业、工业产值比例（当年价，下同）为 26.44 ∶ 73.56。2000 年后，受国有工业改制影响，工业产值及比重逐年减少，而农业总产值稳定增长，尤其是种植业和渔业增长较快。2000 年农业、工业产值比例为 40.59 ∶ 59.41，2006 年为 52.95 ∶ 47.05。（详见表 18–3，表 18–4）

1997 — 2006 年云霄县工农业总产值及比重统计表

表 18–3　　单位：万元

年份	当年价格					1990 年不变价格				
	合计	农业总产值		工业总产值		合计	农业总产值		工业总产值	
		总量	比重	总量	比重		总量	比重	总量	比重
1997	475790	125790	26.44	350000	73.56	338135	79135	23.4	259000	76.6
1998	416333	136633	32.82	279700	67.18	310680	87180	28.06	223500	71.94
1999	419308	148408	35.39	270900	64.61	318478	92878	29.17	225600	70.83
2000	378246	153546	40.59	224700	59.41	298687	99187	33.21	199500	66.79
2001	408432	162132	39.7	246300	60.3	325809	104709	32.14	221100	67.86
2002	418897	156322	37.32	262575	62.68	347281	107976	31.09	239305	68.91
2003	431121	168759	39.14	262362	60.86	352637	111324	31.57	241313	68.43
2004	313460	196313	62.6	117147	37.4		124346			
2005	377689	216385	57.3	161304	42.7		129124			
2006	422932	223932	52.95	199000	47.05		123185			

注：2004 年起，试用国际通用价格缩减法替代不变价格，故表中总值及工业总产值无数据

1997 — 2006 年云霄县农林牧渔业总产值统计表

表 18–4　　单位：万元

年份	当年价格				1990 年不变价格			
	农业	林业	牧业	渔业	农业	林业	牧业	渔业
1997	56781	2646	21381	44982	42592	1429	10583	24531
1998	62311	1725	23635	48962	43569	1053	11459	31099
1999	67947	1409	23243	55809	47513	702	10606	34057

续表 18-4

年份	当年价格				1990 年不变价格			
	农业	林业	牧业	渔业	农业	林业	牧业	渔业
2000	67214	1619	22545	62168	48666	757	11131	38633
2001	72755	2201	23701	63475	50487	1720	11894	40608
2002	59554	2013	26623	68132	52278	1577	12402	41719
2003	69961	5097	24662	68299	52434	2102	12167	44021
2004	79368	6019	32344	77582	57530	2054	13870	50142
2005	87135	6427	31523	90085	59487	2265	12502	53935
2006	92124	6629	22843	89792	55937	2481	12159	51607

（二）居民生活统计

农村居民生活统计　1997 年农民人均年收入（下同）2991 元，比 1996 年增加 363 元，2001 年 3660 元，2006 年 4805 元。消费支出逐步增加，消费水平有所提高。食品消费，1997 年肉、禽及制品人均消费 306 元，水产品 13.35 元。2006 年人均肉、禽及制品 351.40 元，水产品 178.42 元，主副食消费比例由 1997 年 1 ： 4.41 上升至 1 ： 12.31。衣着消费，1997 年人均 124.28 元，2006 年为 165 元，主要为成衣、呢绒、毛料、针织品及皮鞋、旅游鞋等。房产，1997 — 2006 年新建房屋增多，并多数配有卫生间、浴室等设备，下坂、礁美、竹港、人家等村，为全县新农村建设典型。2006 年，全县农村居民人均住房面积 26 平方米。居住消费以电、液化燃料为主，1997 年人均 165.62 元（电费 64.17 元，燃料 71.83 元），2006 年人均 522.1 元（电费 105.30 元，燃料 196.02 元）。家庭设备、用品及服务消费，以耐用消费品、家庭日用杂品为主，1997 年人均 188.15 元（耐用消费品 63.63 元，家庭日用杂品 91.91 元），2006 年人均 169 元（耐用消费品 87.37 元，家庭日用杂品 66.75 元）。医疗保健消费，1997 年人均 58.64 元，2006 年 74 元。文教娱乐用品及其他服务消费，1997 年人均 393.8 元，2006 年 264 元。交通、通讯消费， 1997 年人均 117.71 元，2006 年 255 元。

1997 — 2006 年云霄县 70 户农民耐用消费品调查统计表

表 18-5

名　称	单位	1997年	1998年	1999年	2000年	2001年	2002年	2003年	2004年	2005年	2006年
家庭人口	人	320	310	314	311	319	314	310	301	269	268
自行车	辆	105	98	92	71	74	76	76	71	46	51
缝纫机	架	65	54	54	54	54	54	54	54	54	54
热水器	台	0	0	0	3	8	8	8	8	16	18
微波炉	台	0	0	0	0	8	8	8	6	11	17
电风扇	台	148	149	147	111	141	141	141	158	130	151
洗衣机	台	6	11	14	2	10	10	10	7	7	9
电冰箱	台	2	1	1	3	5	5	5	6	3	9
摩托车	辆	29	29	31	33	34	34	34	42	49	49
吸尘器	台	1	1	1	0	0	0	0	0	0	10
空调机	台	1	1	1	1	1	1	1	2	2	2

续表 18-5

名　称	单位	1997年	1998年	1999年	2000年	2001年	2002年	2003年	2004年	2005年	2006年
黑白电视机	台	26	9	9	11	7	7	7	2	2	0
彩色电视机	台	44	10	48	50	56	56	56	70	64	74
照相机	台	0	0	0	1	4	4	4	4	4	4
收录机	台	49	22	18	20	28	28	28	28	28	50
抽烟机	台	4	4	4	0	1	1	1	1	3	10
计算机	台	0	0	0	1	1	1	1	1	1	1

城镇居民生活统计　1997 年在岗职工年平均劳动报酬 5646 元，2001 年 8618 元，2006 年 11190 元。2006 年，人均可支配收入 7904 元，人均生活消费 6320 元。食品消费，主食消费减少，副食品消费增多。衣着消费，多讲究质量，追求新颖。住房消费，实行银行“按揭”贷款，促进了商品房销售，2006 年人均居住面积 24.5 平方米。燃料消费，由燃煤改为液化气和电力。日用品消费，彩电、空调、冰箱、洗衣机成为城镇家庭必备品，小轿车进入部分家庭。2006 年末，每百户城镇居民有摩托车 46 辆、家用汽车 4 辆、电脑 22 台、彩色电视机 130 台、洗衣机 84 台、空调器 30 台、摄像机 4 台、照相机 10 架、固定电话 100 部、移动电话 150 部。文化教育消费支出逐年提高。

1997 — 2001 年、2005 — 2006 年云霄县职工人均收入统计表

表 18-6　　单位：人、元

年份	职工年末人数	职工平均人数	职工平均劳动报酬	国有经济单位			城镇及集体经济单位			其他各种经济类型		
				年末人数	年平均人数	平均劳动报酬	年末人数	年平均人数	平均劳动报酬	年末人数	年平均人数	平均劳动报酬
1997	31005	27005	5646	22942	19905	5874	6012	4880	4316	2051	2220	6499
1998	27222	26938	5971	21326	21131	6214	4361	4207	4848	1535	1600	5708
1999	25550	24809	6539	20718	20742	6667	3062	2186	5677	1770	1881	6128
2000	21313	20552	7809	17191	17021	8203	2481	1862	5758	1641	1669	6080
2001	20883	20690	8618	16944	16856	8859	2519	2418	7798	1420	1416	7155
2005	20409	20588	11003	15433	15533	11003	963	1051	8178	4013	4004	9599
2006	21092	21203	11190	15512	15572	11749	1040	1120	7991	4540	4511	9758

注：表内 2002 — 2004 年因统计指标设置不同，在表 18-7 分列

2002 — 2004 年云霄县职工人均收入统计表

表 18-7　　单位：人、元

年份	职工年末人数	职工平均人数	职工平均劳动报酬	企　业			事　业			机　关		
				年末人数	年平均人数	平均劳动报酬	年末人数	年平均人数	平均劳动报酬	年末人数	年平均人数	平均劳动报酬
2002	20116	19532	8544	10750	10139	6734	6930	6972	10255	2436	2421	11197
2003	20817	20491	8933	11808	11454	7002	6637	6653	11420	2372	2384	11273
2004	20914	20799	9753	11984	11853	8268	6448	6452	11661	2482	2494	11875

二、专项调查统计

（一）定期专项调查

城镇居民消费价格指数和商品零售价格抽样调查　1997—2006年，常年通过调查编制物价指数。调查规模为31个调查点、673种商品，包括食品、衣着、服务项目等8类320种商品价格，各种经济类型的商业、饮食业、工业和其他行业的零售商品和农民对非农民出售商品等15类353种零售价格；调查方法采取记账制度，各调查点按月、季、半年、全年填报，由县城调队审核汇总形成价格指数（参见本章第四节）。

农村住户经济收支抽样调查　1997—2006年，调查样本按县内农民年人均纯收入水平由低到高编制抽样框，采取对称等距抽样。调查规模为7个建制村，每村10户计70户，调查点每隔几年不定期调整一次。调查内容包括吃、穿、住、燃和生活服务消费。调查方法为由被调查户逐日逐笔记账，按规定时间报送县农调队审核汇总。抽样调查数据作为推算全县农村住户年人均纯收入依据。

1997—2006年云霄县农村住户收支抽样调查数据统计表

表18-8　　单位：元

年份	年人均总收入	年人均纯收入	年人均总支出
1997	3733.32	2991	3254.88
1998	3830.09	3121	3227.5
1999	3910.08	3397	2640.95
2000	4052.95	3499	2130.14
2001	4134.09	3660	1609.83
2002	4334.07	3728	2625.14
2003	4399.87	3932.7	2460.61
2004	4846.55	4234.44	2813.54
2005	5217.6	4573.27	3278.64
2006	5453	4805	3638

粮食产量抽样调查　1997—2006年，抽取10个有代表性的建制村为调查点，通过对每个调查样本进行早晚稻实收实测统计，取得水稻单产数据，并以此作为推算全县粮食产量的依据。

1997—2006年云霄县早稻抽样实割实测统计表

表18-9　　单位：亩、公斤

项目	1997年	1998年	1999年	2000年	2001年	2002年	2003年	2004年	2005年	2006年
亩产	422.04	429.57	433.04	431.79	432.81	315.43	426.23	428.48	429.3	395.91
调查村数	10	10	10	10	10	10	10	10	10	10
调查地块数	150	150	150	150	100	100	100	100	100	100
调查样本数	1446	1446	828	838	607	602	605	603	500	500
原报播种面积	1019.11	1163.13	1175.73	1159	2082.68	2505.21	2108.11	2138.46	1120.76	1117.99
核实播种面积	1016.08	1156.25	1160.99	1154.27	2055.08	1879.7	2082.61	2110.69	1104.4	1096.72
核实系数	99.7	99.41	98.75	99.59	98.67	75.03	98.79	99.1	98.5	98.3
调查地块核实面积	159.49	172.99	168.28	171.21	165.37	157.34	156.8	153.89	149.52	156.67

续表 18–9

项目	1997年	1998年	1999年	2000年	2001年	2002年	2003年	2004年	2005年	2006年
调查地块丈量面积	159.49	173.09	168.27	171.24	165.37	157.6	156.85	153.98	149.38	156.37
丈量系数	100	100.06	100	100.02	100	100.17	100.17	100.1	99.9	99.8
实测标准亩产	423.13	432.08	439	435.21	438.84	397.7	431.37	433.47	435.44	404.37

1997 — 2006 年云霄县中晚稻抽样实割实测统计表

表 18–10　　单位：亩、公斤

项目	1997 年	1998 年	1999 年	2000 年	2001 年	2002 年	2003 年	2004 年	2005 年	2006 年
亩产	425.79	424.97	419.02	418.65	422.96	422.96	422.87	425	426.61	419.13
调查村数	10	10	10	10	10	10	10	10	10	10
调查地块数	150	150	150	150	150	150	150	150	100	100
调查样本数	1434	1452	832	837	916	916	904	335	500	500
原报播种面积	1093.12	1095.48	1093.55	1143.54	2095.52	2095.52	2063.27	2134.28	1190.51	1193.26
核实播种面积	1088.91	1090.7	1089.55	1115.33	2061.93	2061.93	2022.94	2071.6	1180.7	1174.73
核实系数	99.6	99.56	99.63	97.53	98.4	98.4	98.05	93.6	99.1	98.4
调查地块核实面积	162.47	178.32	165.97	167.89	243.26	243.26	231.14	227	175.68	178.28
调查地块丈量面积	162.57	178.32	165.97	167.87	244.68	244.68	231.23	227.05	175.63	178.33
丈量系数	100.1	100	100	99.99	100.58	100.58	100.04	100	100	100
实测标准亩产	428.49	427.53	422.07	430.96	427.53	427.53	431.17	437.2	430.82	426.36

注：上表 18–9、18–10，面积计量单位以亩（0.066667 公顷）计算

（二）全社会调查

第一次全省税源普查　1998 年 3 月进行。对象为具有纳税义务、实行独立核算的企事业单位，时点为 1997 年 12 月 31 日。普查结果，1997 年全县纳税单位 406 个（不含个体），实缴税额 9419 万元，其中增值税 3480 万元，消费税 3743 万元，营业税 1544 万元，城建税 500 万元，企业所得税 152 万元。

第五次全国人口普查　1999 年 6 月 6 日进行。普查结果，截至 2000 年 11 月 1 日零时，全县（含常山）总户数 105497 户（其中家庭户 104551 户），总人口 403617 人（家庭户 398104 人），其中男 210310 人，女 193307 人，性别比为 108.8%。家庭户每户人口 3.81 人。各民族人口，汉族 402233 人，占总人口 99.66%；少数民族 1384 人（详见第四章《人口》第二节）。各种文化程度人口 329056 人，占总人口 81.53%，比第四次全国人口普查（1990 年 7 月 1 日 0 时）的 239632 人增加 90226 人，增长 37.65%，占 6 周岁以上人口的 88.15%，比漳州市全市平均数 92.17% 低 4.02 个百分点；各种文化程度人口中大专及以上 5557 人，中专 10915 人，高中 19483 人，初中 117241 人，小学 175860 人。文盲人口 44238 人，占总人口 10.96%，比第四次人口普查 90226 人减少 45988 人，下降 50.97%。

第二次全国基本单位普查　2001 年 8 月进行。普查对象为农业、工业、建筑业、地质及水利管理业、交通运输、仓储及邮电通信业、批发零售贸易、餐饮业、金融业、保险业、房地产业、社会服务业、卫生、体育和社会福利业、教育、文化艺术及广播电视业、科学研究和综合技术服务业、国家机关、政党机关和社会团体等所有法人单位，普查年度为 2001 年，普查时点为 2001 年 12 月 31 日。普查结果，全县法人单位 1081 个，比 1996 年第一次普查增加 144 个。

第一次全国经济普查　2004 年 4 月进行。普查范围为各种经济类型的第二、第三产业的法人单位，产

业活动单位和个体经营户。普查登记的标准时点为2004年12月31日，时期资料为2004年。普查结果，2004年全县第二、第三产业法人单位1040个，从业人员22611人；产业活动单位1302个，从业人员26303人。从业人员中文化程度，研究生以上8人，大学本科1020人，大学专科3767人，高中8455人，初中及以下9361人。专业技术职称，高级302人，中级1753人，初级4502人。技术等级，高级技师8人，技师46人，高级工516人，中级工1211人。规模以上工业企业单位54个，工业总产值63448万元，其中轻工业40181万元，重工业23267万元；国有工业8074万元，集体工业7116万元，“三资”工业30778万元，其他17480万元。工业增加值16917万元，工业销售产值61808万元。规模以上工业企业从业人员年平均数5032人，其中国有工业596人，集体工业449人，“三资”工业2793人。劳动生产率按工业总产值计算年人126088元，按工业增加值计算每人33619元，其中国有工业41807元，集体工业35304元，“三资”工业27639元。流动资产总计22274万元，平均余额20861万元；固定资产原值36992万元，固定资产净值年均余额27639万元；资产总计52993万元，负债总计22205万元。实收资本30363万元，其中国有2447万元，集体1059万元，个人6129万元，港澳台15369万元，外商5359万元。主营业务收入61780万元，主营业务税金及附加300万元，其他业务收入227万元，营业费用2501万元，管理费用4489万元，财务费用594万元，亏损231万元，亏损总额1197万元，利税总额1102万元，应交所得税101万元，应交增值税1033万元。企业亏损面38.89%，资产负债率41.9%，资产贡献率3.15%，主营业务收入利税率1.78%，资金利税率2.27%，成本费用利润率-0.37%，流动资产周转次数2.96次。规模以下工业企业、个体工业138家，工业总产值20976万元，销售产值20571万元，产销率98.1%。固定资产原值28860万元，资产总计48154万元，负债合计12344万元，实收资本24259万元，其中国有5277万元、集体1459万元、法人296万元、个人6246万元、港澳台9281万元、外商1700万元。营业收入20575万元，主营业务收入20550万元，主营业务税金附加143万元，费用合计2623万元，利润总额818万元，亏损企业亏损总额946万元。交通运输个体户1432家，从业人员1649人，固定资产原值4307万元，营业收入9909万元，营业支出5257万元。批发和零售商业法人单位数110家，按规模分，限额以上(批发业年销售额2000万元及以上，零售业年销售额500万元及以上)7家，限额以下103家；按行业分，批发业26家，零售业84家。从业人员1334人，批发和零售商业销售总额19102万元。

全国1%人口抽样调查　2005年4月进行。以2005年11月1日零时为时点，抽样调查样本1308户，其中家庭户1306户，总人口4359人(家庭户人口4352人)，其中男2257人，女2102人，性别比107%；汉族人口4351人，其他民族7人；6岁及以上人口4042人，各种文化程度人口中大专及以上62人，高中261人、初中1337人、小学1720人，未上过学662人；人口年龄构成，0～14岁为22%、15～59岁64%，60岁及以上14%。根据抽样调查数据推算全县（含常山）调查时点总人口为41.66万人。

三、统计服务与监督

（一）统计服务

县统计局定期编印《云霄县统计年鉴》《云霄统计》，开展统计分析调研，组织统计人员撰写调研文章，配合有关经济部门开发利用统计数据，向各级党政领导及相关部门提供各项经济运行信息和社会事业发展情况，分析经济运行态势和存在的热点、难点。并与县人行联合建立15个经济监测点，按月收集经济变动数据，提供云霄经济态势分析报告。

（二）统计监督

每年进行一次统计法规执行情况检查，并重点加强对劳动工资、工业、农业、贸易、建筑业、固定资产投资及房地产等行业的统计监督，每年检查单位40个以上。1997年6月，县统计局根据国家和全省的统一部署，以1996年年报和1997年1—5月定期统计报表以及有关原始记录、统一台账为重点的检查内容，开展全县统计工作大检查，对10家违反《统计法》的企业进行处罚，被评为全省统计执法大检查先进单位。2002年8月，对统计人员实行注册登记和年检考核制度，通过培训考试颁发“统计证”，持证上岗；对全县机关、企事业单位、个体工商户和基层群众组织的成立、变更或撤销进行登记，发放统计单位登记证正、副本并执行年检制度。2002 年 12 月 25 日，对 27 家规模以上工业企业和陈岱镇、马铺乡统计工作进行全面检查，发现 25.9% 工业企业统计人员未持“统计证”上岗，有 1 个镇以县下达的任务数编制《2002 年福建省乡镇企业统计年报》上报，以及个别规模以上工业企业虚报产值等问题，分别给予提出批评和整改意见，并制定整改方案。

四、统计机构与人员

（一）县统计局

1997 年人员 17 人（其中农调队 4 人，城调队 3 人）。2006 年，内设综合统计股、农工贸统计股、人秘股（加挂政策法规股），定编 17 人，在编 17 人（其中农调队 5 人，城调队 3 人）。

（二）乡镇统计工作站

1997 年全县乡镇统计工作站 10 个，1999 年常山开发区归市辖，统计站仍属云霄不变。2002 年，乡镇统计工作站与乡镇经济办公室合署办公。2005 年云陵工业开发区管委会设财税经济科，兼管统计工作。

（三）专业人员

1997 年，全县有统计专业中级职称 3 人，初级 41 人。2006 年，全县有专兼职统计人员 1000 多人，其中统计师 4 人，助理统计师 61 人，统计员 20 人。

第三节　工商行政管理

一、市场监督管理

（一）管理体制改革

1997 — 2001 年，县、乡镇、村（区）市场建设管理统一由县工商局负责。2001 年 11 月 28 日，根据省政府有关文件精神，工商局不再承担市场投资与建设职能，将市场与市场服务中心机构与人员移交县财政局，移交市场服务中心职工 20 人、协管员 69 人，市场 10 个，市场总投资 1719 万元，占地面积 31763 平方米，建筑面积 17347 平方米，总估值 3446 万元，移交投资市场建设的债务 555 万元。

（二）市场管理

食品百货市场管理　1998 年，查处非法收购粮食案件 5 件，没收粮食 28475 公斤并处罚款，对粮食收储、批发企业重新审查，批准 11 家，取缔 2 家。1999 年，打击非法粮食收购活动，纠正违章经营 59 家，取缔批发、加工企业 9 家，查处非法收购、贩运粮食案件 10 起，罚款 16.4 万元，没收粮食 66575 公斤。2001 年，对 8 个乡镇近 400 家饮食店和农贸市场餐饮业进行检查，收缴不合格快餐盒 1 万个，取缔非法经营 9 家；查获劣质手机 25 部及一批劣质低压电器；检查成品油、液化气经营户 46 家，发出整改通知书 9 份。2002 年，查获制造和贩运假冒产品的车辆 38 辆、摩托车 2 辆、电脑 57 台、伪劣化妆品 594 瓶；查获违反定点屠宰检疫猪肉案件 10 起，销毁农药残留超标蔬菜 33.8 公斤。2003 年，查获假冒驰名商标“大白兔”奶糖 300 件，案值 9.9 万元；结合“非典”防治，查处被污染肉品、水产品、蔬菜加工食品 0.597 吨、其他物品 0.491 吨；开展查禁“毒鼠强”专项执法行动，查获“毒鼠强”293 包、杀鼠剂 253 包。2004 年，查获不卫生肉品、水产品、蔬菜水果、冷冻食品等 168.7 公斤以及一大批案值万元、千元、百元不等的酒、奶粉、饮料、味精及“黑心棉”棉被、床垫、棉花等。2005 年，开展省工商系统“2005 红盾行动”暨工商局长现场接受群众申诉举报活动，受理申诉 2 件、举报 12 件，发放传单 1000 张；检查经营主体 58 家，立案 12 件，案值 4.415 万元，取缔无照经营户 2 家，捣毁窝点 2 个，曝光违法案件 2 件；开展食盐市场专项整治，查扣非碘盐 400 公斤；加强对商品展销会审核监管，立案查处仿冒并销售名牌商标的侵权行为 1 件，案值 8000 元。2006 年，查获假冒“大白兔”奶糖 1114 公斤；整顿移动电话市场经营秩序，立案 16 起，查获贩私电话 39 部；查处生产销售“黑心棉”制品，立案1起，查扣“黑心棉”144条（张）。

农资建材市场管理　1997—1998年，开展“红盾护农”活动，检查化肥、农药经营点32个，取缔无证照经营点6个，没收过期失效农药204瓶并处罚款，捣毁制售假化肥窝点1处，销毁假化肥2吨。1999年春耕期间，会同相关部门查处违法违章案件32件，没收劣质和过期失效农药745瓶罚款5000元；同年3月25日，查获龙海市某石油公司倒卖劣质柴油11.5吨，移交县法院行政诉讼判决，依法予以没收。2001年，检查农药化肥经营户92家，取缔无照经营户5家，收缴过期失效农药125瓶、劣质化肥32吨，罚款1.3万元。2004年，查获不合格化肥7吨、地条钢980公斤。2006年，整顿农资市场9个，没收过期失效和劣质农药35种134瓶（包），对43家经营者进行规范和限期整改。

二、公平交易执法

（一）打击走私贩私

1997—1998年，查处走私贩私美元4万元和进口摩托车56辆、卷烟9.37万条、布料43.6万码、丝束2.1万公斤等案件169件。1998年6月17日，配合县公安局在从东山往广东两辆集装箱车中查获进口“三五”“万宝路”“希尔顿”牌卷烟1800件，案值400多万元。1999年，查处走私进口轿车3辆、钢板100吨、布料160万码、卷烟210件、缝纫机76台、塑料米60吨、塑料薄膜14吨、牛皮58吨、柴油26吨等，立案查处200起，罚没款300万元。2000年，查获晋江市某贸易有限公司走私台湾产彩色钢板14.565吨等，共立案165件案值1800多万元，罚款350多万元。2001年，查获走私进口布料1.9万米等，办结案件138起，案值385万元，罚款149万元。2002年，查获走私钢板149吨、走私布料6.3万米等，共立案504起结案462起，移送公安机关38起，罚款92.6万元，查获物资总案值1080万元。2005年，查获走私手机198部、钢板55.298吨、化肥2.85吨等，共办结案件28起，总案值75.93万元，罚款18.6万元。2006年，查处案件155件，案值63.15万元，罚款91.226万元，移送公安机关及相关部门9起。

（二）反商业贿赂

2006年5月16日，查处县某医疗单位向上海某公司购买2台多参数监护仪时，接受赠送2台V3和V5型挥发罐。同年5月30日，查处县某医疗单位向武汉某公司购买1台自凝刀治疗系统时，接受赠送2把肌瘤自凝刀。两个单位均未按规定的财务制度入账，违反《中华人民共和国反不正当竞争法》和《关于禁止商业贿赂行为的暂行规定》，分别予以没收违法所得1.9万元并罚款1.1万元及没收违法所得4000元。

三、维护消费者权益

1997—2006年，每年“3·15”国际消费者权益日期间，由县消费者委员会会同工商局、广电局、技（质）监局、环保局、卫生局、物价局、农业局、盐务局、烟草专卖局等单位，在县城繁华路段开展维护消费者权益的宣传活动，接受消费者消费维权咨询、申诉、举报。1997—2006年共受理投诉1921件，调解纠纷1786件，接受咨询2030人次，为消费者挽回经济损失83.7万元。

四、企业登记管理

（一）内资企业与个私经济登记管理

1997年，为减少安置就业登记环节，鼓励个体、私营企业参与国有、集体企业联营。1998年，实施《企业年度检验办法》，开展1997年企业年检，应检1658家实检1578家。1999年7月，检查云陵镇、莆美镇工商户2400多家，补办营业执照280家，办理变更登记53家，换发到期营业执照45家，取缔粮食批发业务4家、金银首饰加工经营店6家。1999年初，对全县110家美容美发店进行清理整顿，责令38家违规现象的美容美发店限期整改，取消2家单设“洗脚屋”，拆除7个洗脚招牌。2000年，引导个私企业接纳安置国有企业下岗职工，对下岗职工申办私营企业或个体户，实行优先受理、优先办照并减半收费、优先安排经营场地和两年免交管理费、第三年减半收费的优惠政策。2001年，对个私经济办证实行“不限发展成分、不限发展比例、不限发展规模；放宽经营行业、放宽经济范围、放宽经营方式”，并推行预约和限时办结制度。同年，结合年检清理涉及前置审批许可证企业266家，予以变更4家，注销2家，吊销8家。2002年，结合年检清理前置审批企业126家，取缔无照经营45家，补办执照95家；联合相关部门对易燃易爆品、化学危险品的生产经营企业和建筑施工、交通运输、成品油经营企业以及娱乐场所、文化市场进行清理整顿，对欠缺资料的前置审批企业限期补交，建立“经济户口”1235家。2003年，对个体工商户、私营企业实施信用和行为管理，并建立信用记录和披露评价，指导企业申领“CA”证书。2004年3月1日起，个体工商户登记审批权下放到工商所，实行一审一核制；取缔无照造船加工厂3家，查处小炼铁厂3家并没收地条铁2吨，立案查处无照经营户68家；对注册资金300万元以上的企业，实行无偿代理服务制度。2005年，配合县人行对拟吊销的企业进行债务查询，保全金融债权9585万元，评定2005年度绿牌企业20家。2006年，推行企业注册官制度，聘任四级企业注册官16人，六级企业注册官1人。

（二）港资、澳资、台资及外资企业登记管理

1997年，全县有港资、澳资、台资企业及中外合资、中外合作、外商独资企业101家。1998年，办理外资企业初审登记24家，清理吊销“三无”（无资金、无人员、无场地）外资企业6家。1998年末，全县有港澳台企业74家，中外合资企业2家、中外合作企业1家、外商投资企业61家。2000年吊销34家。2001年，吊销欠缺前置审批条件企业19家，办理登记2家。2004年末，全县有港澳台企业18家、中外合资企业2家、外商投资企业13家。2005年，评定“绿牌企业”7家（其中台资企业3家）。2006年，全县有港资、澳资、台资及外资企业55家（其中台资23家、中外合资企业4家、外商投资企业28家），注册资本27564.3万美元，投资总额23302.81万美元（其中外方投资11747.58万美元）；注册资本500万美元以上企业11家，注册资本8616万美元。

五、商标与广告管理

（一）商标管理

查处假冒商标 1998年11月，根据广东省汕头市某鱼露厂投诉，在云霄城关某店查获“飞机”牌冒牌鱼露68瓶，按《商标法》规定予以处罚；同年，查获冒牌卷烟标识1300万张。2000年，查处商标侵权案件16起128万张，罚款20.66万元。2001年，举办《商标法》讲座、业务培训12场次，印发宣传材料500份，并通过电视、广播开展《商标法》宣传，全年受理商标注册14件，查处冒牌商标案11起，罚款10万元。2002年，开展打击印刷销售假商标、假发票、假证件专项行动，查获假冒商标案件5起，捣毁制假窝点5个，销毁冒牌卷烟标识67万张，案值6.7万元。2006年，工商局与有关厂家联手，查处冒牌“金德”铝塑管、“金门”高粱酒和冠生园“大白兔”奶糖等侵犯注册商标专用权案82起，罚款60万元。

商标注册 2000年，茶叶注册商标有“汀洋”“奇枞”“冬片”“玉袍春”“丹香”等10多枚。2004年有绿通铝塑管有限公司的“绿通”和臣果有限公司的“臣果”，2005年有金霞罐头厂的“盛吉”和东州食品冷冻有限公司的“东州冷冻”获得漳州市知名商标称号认定。2005年，金山生态园有限公司注册“金山春”枇杷商标，后又陆续注册“金山”“金京头”“金山福”等10多枚枇杷和枇杷酒商标。2006年11月，金山生态园“金山牌”早钟六号枇杷获“福建名牌产品”称号。同年县成立枇杷协会，注册“云霄”牌枇杷集体商标。

（二）广告管理

1997年有县广播电视服务部、县蓝天广告装饰有限公司、县美术广告服务部（2002年注销）等3家注册广告企业。1997 — 1999年，增加鹭光广告装潢有限公司、都得利广告装潢有限公司和县广告公司（2003年注销）等3家。2000年，发布商业广告须经工商局审批由邮政投递；查处虚假广告16起，没收广告单19.8万多张；批准户外广告20件，印刷品广告2件、公共广告栏6件。2002 — 2004年，每年办理登记的户外广告60多件，2005 — 2006年每年办理登记100多件。2003 — 2006年，增设福建省电信有限公司云霄县分公司、云天广告有限公司、县邮政收投有限公司和福建省新华发行（集团）有限责任公司云霄县分公司。

2006 年查办广告案件 27 件，罚款 7100 元。年末，全县有广告企业 8 家。

六、经济合同管理

（一）鉴证

1997 年，为永利隆油脂食品有限公司、天第饮料有限公司等“三资”企业办理抵押登记 6 份，全年监督检查经济合同 176 份。1998 年，办理成交确认书鉴证 95 份。1999 年，办理合同鉴证 205 份，合同金额 3124 万元；办理动产抵押登记 9 份，抵押物金额 2637 万元。2000 年，办理合同鉴证 32 份，合同金额 4625 万元，其中建安合同 20 份金额 4458 万元、工程委托监理合同 1 份佣金 10 万元、租赁合同 11 份金额 157 万元；办理企业动产抵押登记 3 份，主债权金额 313 万元，抵押物评价估值 722 万元。2001 年，办理合同鉴证 14 份，合同金额 2084 万元；为台资企业办理企业动产抵押登记 1 份，主债权金额 165 万元，抵押物估值 381 万元。2002 年，办理各类合同鉴证 21 份，合同金额 2952 万元；办理企业动产抵押登记 1 份，抵押物评价估值 90 万元。2005 — 2006 年，合同监管重点转移向订单农业，以涉农龙头企业、农产品生产加工企业为重点，开展“合同帮农”活动，共备案订单合同 30 多份，订单农业基地 200 公顷。

（二）拍卖监督

1998 年对县拍卖行 10 期拍卖活动实行监督，竞买金额 2740 万元。2000 年监督 12 期，委托拍卖合同备案 30 份，拍卖成交确认书 60 份，拍卖金额 2500 多万元。2001 年监督 9 期，委托拍卖合同备案 28 份，金额 3450 万元。2003 年监督 10 期，拍卖成交 310 份，金额 888 万元。2004 年监督 10 期，拍卖成交 122 份，金额 1010 万元。

（三）查处合同欺诈案件

1997 年，查处县兴农建材机械厂以假台商合资的名义，骗取某罐头食品有限公司设备订货款 10 万元和城关某经营部被外地人推销“洁神爽”诈骗 2 万元的合同欺诈案件，移交公安机关查办。

2003 年，开展打击以“专卖”为名的非法经营活动，立案查处 1 户虚构主体资格的合同欺诈案件。立案查处不按《经济合同法》规定签订劳动合同的 2 家用人单位。

2006 年，对 4 起欺诈合同、8 起利用格式合同侵权和 1 起房地产中介合同等 13 起案件进行查处，罚款 4600 元。对 5 家重点房地产开发企业，发送行政指导提示书 2 份，并通过有线电视告知消费者，调解合同纠纷 5 起。

1997 — 2006 年云霄县工商局罚没款、行政性收费统计表

表 18-11　　　　单位：万元

年度	罚没款收入	企业登记费	个体登记费	市场管理费	个体工商户管理费	广告登记费	合同登记费	行政性收费
1997	1082.93	15.44	4.17	68.49	277.25	0	4.91	370.26
1998	793	16.18	3.54	81.62	361.74	0	1.91	464.99
1999	250	18.5	3.2	105	390	0	1.3	518
2000	287.92	9.83	8.27	130.1	225.15	0	1.12	374.47
2001	139.3	6.44	3.4	19.05	248.26	0	0.52	277.67
2002	105.8	5.84	4.09	4.44	190.22	0	0.34	204.93
2003	55.4	9.97	1.88	13.61	187.87	0.5	0.36	214.2
2004	42.75	11.85	1.45	6.03	176.74	0.2	0	196.28
2005	125.37	23.66	1.16	14.84	181.16	0	0	220.83
2006	127.34	44.53	1.2	8.25	188.22	0	0	242.2

七、机构

县工商行政管理局 1997年行政编制34人、事业编制98人。1999年6月15日划归省工商局垂直管理。2002年7月实行机构改革，内设办公室（原财务装备股并入）、人事教育股、纪检监察室、注册管理股（由企业管理股、外资企业管理股、个体管理股合并）、行政执法股（由公平交易股、合同管理股、市场管理股、商标广告管理股合并）、法制股2003年撤回驻常山检查大队。基层设云陵分局、莆美分局、火田分局、陈岱分局、马铺工商所、检查大队。2004年，设信息技术管理股、财务装备股，云陵、莆美、陈岱、火田等分局改称工商所。

2006年在编105人，其中干部98人。

第四节　物价管理

一、物价水平

1997年，受亚洲金融危机影响，云霄市场家用电器、石油、水泥、汽车、钢材、轮胎、卷烟等商品持续降价，居民消费价格指数103（以上年为100，下同），其中服务项目109.7，交通和通信工具97.3。1998年价格指数98.8，其中医疗保健105.3，衣着类95.8。1999年价格指数101.6，其中服务项目133.8，娱乐教育文化用品96.1。2000年价格指数101.1，其中服务项目137.2，食品类95。2000 — 2001年，基本完成以政府定价为主的计划价格体制向国家宏观调控下以企业定价为主的市场价格体制的转变。2001年价格指数98.3，其中居住100.7，家庭设备及用品91.8。

2002年7月，实现城乡居民用电“同网电价”，居民生活用水价格上调，300余种药品价格平均降幅26%，医疗服务价格降幅20%；当年价格指数100.4，其中居住110.2，娱乐教育文化用品93.7。2003 — 2006年，物价水平平稳，各年中价格指数分别为103.9、104.4、102.3、101.5，其中仍以居住涨幅最高，分别为110.3、105.4、105、104.91；娱乐教育文化用品涨幅分别为96.3、118.1、98.4、96.84；交通和通信工具分别为97.8、94.3、95.3、100.74。

1997 — 2006年云霄县消费价格指数表

表18-12　　　　单位：%

年份	居民消费价格总指数	食品类	衣着类	家庭设备及用品	医疗保健	交通和通信工具	娱乐教育文化用品	居住	服务项目烟酒及用品
1997	103	102.3	103.4	103.6	108.3	97.3	97.6	106.5	109.7
1998	98.8	98.4	95.8	100.2	105.3	99	97.6	96.6	104.1
1999	101.6	98.8	97.5	98.2	103.9	98	96.1	105.8	133.8
2000	101.1	95	96.9	97.7	103.5	96.5	95.6	118.6	137.2
2001	98.3	97.8	100.3	91.8	96.8	99.8	94.9	100.7	96.5
2002	100.4	100.2	102.8	101.1	97	99.7	93.7	110.2	98.2
2003	103.9	101.7	100.6	100.2	100.4	97.8	96.3	110.3	100.6
2004	104.4	104.3	99.3	98.3	98.4	94.3	118.1	105.4	100.1
2005	102.3	105.2	101.2	99.3	100.3	95.3	98.4	105	99.1
2006	101.5	103.9	99.6	99.38	100.66	100.74	96.84	104.91	99.56

注：1. 价格指数以上年为100。2. 从2003年开始，“服务项目”改为“烟酒及用品”。3. 资料来源为县统计局编纂的各年度年鉴

二、价格调控管理

（一）主要商品价格管理

粮食购销价格管理　1997年，省规定挂牌零售价格不降，每50公斤早籼米84元。1998—2000年，粮食销售价格由市场决定。1998年每50公斤早籼米104元，2000年83元，2004年上升为114元，2006年又升为121元。

石油价格管理　1997年，汽油、柴油零售价格实行计划内外并轨国家定价。1998年6月，改为实行国家指导价，90号车用汽油每吨2751元，0号柴油每吨2430元。1999年11月，按省物价局规定，云霄成品油价格划归二类区，90号汽油和0号柴油中等零售价格每吨分别为2985元和2560元，按照中准价在5%上下幅度内制定和公布具体零售价格。2000年5月起成品油零售价每月变化一次，90号汽油最低价5月份每吨3755元，最高价8月份每吨4225元，0号柴油最低价5月份每吨3120元，最高价10月份每吨4180元，11月开始走低，至12月份柴油价格每吨3730元、汽油价格每吨3965元。

2001年，成品油价格频繁变动11次，至12月份90号汽油每吨2020元，0号柴油价格每吨2680元。2002年，经过4次调整，10月90号汽油每吨3630元，0号柴油每吨3270元。2003年，经过3次调整，12月90号汽油每吨3820元，0号柴油每吨3360元。2004年，经过3次调整，90号汽油每吨4360元，0号柴油每吨3860元。2005年，90号高标准汽油每吨4660元，0号柴油每吨4010元。2006年，云霄成品油价格划归一类区价格。5月90号高标准汽油每吨5710元，0号柴油每吨5020元。

电力价格管理　1997年10月，贯彻落实省委、省政府有关整顿农村电价、减轻农民负担政策后，每千瓦时从1元下降至0.2元。2000年12月，对已进行电网改造的农村规定到户最高限价0.78元每千瓦时。2002年7月，全县电网改造完成，实行城乡同价，生活用电0.66元每千瓦时。

农业生产资料价格管理　1997年，核定优质肥料最高零售价格：统配三明尿素1835元每吨、议价尿素2367元每吨、进口尿素2380元每吨、进口复合肥2284元每吨、进口氯化钾1471元每吨，农用薄膜价格聚乙烯中膜9720元每吨、聚乙烯地膜9830元每吨。核定地产25%混配肥价格1192元每吨。同年3月，核定合成氨零售价581元每吨，磷肥厂过钙（12%）零售价561元每吨，最高零售统配三明尿素1828元每吨、议价尿素2101元每吨、议价进口尿素2112元每吨、进口复合肥2270元每吨、进口氯化钾1350元每吨，7月份统配尿素降为1763元每吨。1998年3月，统配尿素再次降为1393元每吨。1999年化肥价格全部放开。2001年11月三明尿素零售价1200元每吨，2002年7月上涨至1550～1600元每吨。2002年底，进口尿素零售价1600元每吨。2004年三明尿素零售平均价格1750元每吨。2005年5月实行同城限制一道批发，缩小批发环节进销差率水平，由进销差率不超过3%调整为不超过2%，化肥零售环节不超过4%核定价格，尿素零售价格1850元每吨左右。

自来水价格管理　按国家规定，县城自来水供水价格由市物价部门审批，乡镇自来水供水价格由县物价部门审批。1997年，居民用水1元每吨，工业用水1.2元每吨，营业用水1.4元每吨。1998年5月实施《价格法》，自来水供价变动须通过听证会。2002年，对县自来水公司调整水价申请，首次召开听证会进行定价，核定县城生活用水1.2元每吨，生产用水1.3元每吨，商业用水1.5元每吨。

药品价格管理　1997年，药品价格由国家、省价格管理部门按药品管理目录制定。2000年，药品价格实行政府定价和市场调节价，药品销售实行明码标价。完善药品集中招标采购的价格和收费管理，建立健全药品价格监测报告制度和药品价格公布制度。同年，实行药品联合采购政策，县物价局核定联合采购108种中标药品价格，药品平均价格比规定价格降低40%。

液化气价格管理　1997年3月，调整民用液化石油气零售最高限价，每公斤由4.37元调为4元，YSP-15型钢瓶（容量15公斤，净重不少于14.5公斤，下同）液化气每瓶价格不超60元。2001年11月，规定零售中准价为52元每瓶，允许上下浮动7%。2002年3月，每瓶规定零售中准价由52元下调为41元，允许上下浮动7%。由于气源进价大幅度上扬，2004年10月，规定县城及乡镇所在地，批发价核定为73元每瓶，零售价核定为79元每瓶。2005年10月，调整零售价控制在87元每瓶（内含运送费2元）。2006年1月受国际油价影响，瓶装液化气涨至120元每瓶。为遏制价格攀升势头，县物价局做出规定，县城最高零售限价（含送气费）115元每瓶。2006年3月以后，逐步恢复至75 — 85元每瓶。

食盐价格管理 1997年4月全县实行碘盐配给制，改提货制为送货制，加碘日晒细盐小包装零售价500克0.68元。2001年12月，实行全省统一价，复合袋加碘日晒盐（外包装为纸箱）零售价格为500克0.9元。

（二）非商品价格管理

汽车旅客运价管理 1997年，汽车旅客基本运价人公里0.048元调整为0.077元。1998年1月1日起，实行优质优价：大型豪华客车人公里一级0.17元、二级0.2元、三级0.22元、四级0.24元，中型豪华客车人公里一级0.15元。1998年10月1日，原公路客运交通建设基金改为公路客运附加费，人公里由0.02元调整为0.03元。2004年5月起实行政府指导价，允许平时按基价上浮幅度不超过10%，春运（春节期间，下同）按基价上浮不超过30%。2005年改春运加价上浮不超过20%，经营者实行票价浮动需提前5天对外公示。2006年5月，因燃油价格上涨，汽车旅客运输基本运价从人公里0.077元调整为0.081元。

汽车货运价格管理 1997年，定价吨公里0.52元，并允许运输企业根据货源适当下浮。2006年，调整为吨公里0.65元。

水利工程供水价格管理 2002年12月，核定水利工程水价0.1元每立方米工业供水。农业用水0.06元每立方米，至2006年不变。

三、行政事业收费管理

1998年，对上年度行政事业收费进行年审，审验174个行政事业单位，收费总额2282.27万元。1999年，审验178个单位，收费总额2708.72万元。当年，收费许可证由5年一换改为3年一换。2000年，审验194个收费单位，收费总额2658.9万元。2001年，审验197个收费单位，收费总额3598.47万元。2002年，审验203个收费单位，收费总额3444.26万元。当年，经贸局等13个部门的66项行政事业性收费转为经营服务性收费，全县行政事业性收费单位减为108个。2003年，审验108个单位，收费总额3090.5万元。2004年，收费单位减为95个，审验收费总额2195.4万元。2005年，审验收费单位83个，收费总额1872.62万元。2006年，审验收费单位89个，收费总额1651.7万元。

四、物价检查监督

1997年，对农村电价、药品价格和建设、国土、劳动、中小学、医疗、公用电话、服务行业收费以及元旦、春节市场物价等进行物价大检查。全年立案查处乱涨价乱收费违法案件164件，处理退还群众9万元，没收违法所得7.5万元，罚款2.2万元。当年5月1日，物价局开通“12358”价格举报电话。

1998 — 1999年，开展农业生产资料价格和物业管理服务、中小学、交通、电信资费、向外商投资企业等收费专项检查，元旦、春节期间，开展市场价格检查，共查处乱涨价案件3起，处理没收违法所得5.5万元，罚款0.05万元。2000年，开展电力、药品价格和公安系统、农村中小学、农村电网建设与改造收费等专项检查，开展对明令取消、合并和降低收费标准等有关政策规定的贯彻落实情况检查，查处乱涨价、乱收费案件27起，处理退还群众160.57万元，没收违法所得15.45万元，罚款8.16万元。2001年，开展教育、涉农建房、国土建设收费，电信资费、农村电价和电网改造收费，成品油、药品和医疗服务价格，面向农民的行政事业性和经营性收费等检查，共查处乱涨价、乱收费案件15起，处理退还群众15.34万元，没收违法所得13.01万元，罚款5.85万元。2002年，开展药品、医疗服务价格，机动车辆、路桥收费，工商、防疫、技术监督、公安、城建、环保、劳动等部门涉及的集贸市场收费，农村中小学、建房、计划生育、婚姻登记、粮食购销、农村电价和电网改造收费等涉农价格、收费检查，开展春运期间公路客运价格专项检查，查处乱涨价、乱收费案件10起，处理退还群众0.3万元，没收违法所得8.87万元，罚款4.24万元。

2003年1月12日至2月28日，对全县液化气价格暴涨进行单日核算和专人监控，对教育、邮政、农民进城务工、城市下岗失业人员再就业收费，农业生产资料、药品价格和农业供水、供电、农机服务及农民建房收费等进行检查。查处乱涨价、乱收费价格案件19起，处理退还群众20.51万元，没收违法所得5.25万元，罚款4.65万元。2004年，开展对教育、民政、计划生育、屠宰、防疫、检验、检疫等部门涉农收费专项检查，对司法、教育、医疗、医药、电力价格、成品油等收费、价格检查，并对汽车营运市场开展专项整治，查处乱收费案件10起，处理退还群众32.09万元，没收违法所得2.94万元，罚款10.1万元。

2005年，开展对有关化肥等农业生产资料价格和中秋节月饼价格专项检查，并对建设、环保、教育及婚姻登记、计划生育、农业机械等涉农收费进行专项检查，查处乱收费案件2起，罚款6.8万元。2006年，开展化肥、电力、药品、医疗服务价格，教育、人事、劳动和社会保障、出租汽车等系统收费以及通信行业价格欺诈等检查，查处乱收费案件10起，处理没收违法所得9.24万元，罚款6万元。

五、价格鉴证

侧重涉案物品的价格鉴证，涉案物品价格鉴证业务主要来源于法院、检察院、公安局、行政执法机关等和仲裁机构办理的刑事、民事和经济与行政案件。办理涉案物品价格鉴证业务分别为1997年65件、1998年78件、1999年82件、2000年86件、2001年108件、2002年121件、2003年134件、2004年156件、2005年258件、2006年486件。

六、机构

县物价局　1997年8月，撤销物价委员会，成立物价局，定编4人，在编3人。2006年定编3人，在编4人。下设物价检查所、价格事务所。2001年3月物价检查所更名为物价检查分局。2002年价格事务所更名为价格认证中心。2006年，含物价检查分局、价格认证中心人员10人。

第五节　质量技术监督

一、计量管理

1997－1998年，全县检定台面案秤、地中衡、天平、血压计、加油机、电话计费器、压力表等5719台(件)，合格率90.4%。1998年结合农村电网改造，检定电表8.2万台件。1998年1月1日起，县城区所有商业和主要农贸市场的固定摊店禁止使用杆秤。1998年，有47家称重计量行（站）通过计量合格认证，城区集贸市场固定摊点禁止使用杆秤达90%以上。1999年1月1日起，在乡镇公众交易摊点禁止使用杆秤，流动摊点逐步淘汰杆秤。

1999年启动“1112”（11项12种类）强制检定工程，全县备案应检计量单位2743家，定检定计量器具11项3125台件。

2000年，首次对电力公司的电能表和县自来水公司水表2个项目实行强制检定，强制检定3.79万只电能表、水表和压力表。同时加强定量包装商品计量监督，全年共监督检查定量包装商品31批次，合格27批次，合格率86.7%。

2002年，进行计量定量商品抽查73批次，对全县14个加油站90枪加油机进行税控改造，安装防爆装置。2003年6月，对加油站负责人和计量员46人进行培训，邀请漳州市计量所对城区住宅单相电能表、水表进行计量监督抽查，抽查单相电能表40只，水表15只；9月，对全县9家眼镜商店进行眼镜计量检查。

2004年11月，开展集贸市场和加油站计量专项整治行动。对辖区内重点集贸市场和所有的加油站在用的地中衡、天平、砝码、加油机等计量器具实施强制检定。结合QS认证工作，指导食品企业开展计量体系确认工作，建立完善计量体系。2005年，对辖区内的医疗卫生机构在用的强检计量器具进行普查登记，并建立台账和备案制度，实行动态管理。2006年，完成全县19个加油站156枪加油机的流量计电脑芯片的铅封工作。

二、标准化管理

1998年，实施《质量振兴纲要》，执行GB/T1900-ISO9000质量管理和质量体系标准，为5家企业查找13个产品标准，为1家合资企业4个产品制定企业标准，帮助2家企业制定产品标准。2000年，协助6家企业制定、审定12项产品企业标准，并对6个废用标准进行改正和指导2家企业建立标准体系。

2001年，核准云霄巴非蛤养殖为市级农业产业化综合标准化示范区，并申报国家级农业产业化综合标准化示范区；引导创建无公害蔬菜生产试验基地25公顷；帮助火田镇经济发展公司申请注册“华瑶”牌荔枝，经中国绿色食品发展中心许可使用绿色食品标志；帮助企业制定标准122项，产品标准备案9项，全县产品标准覆盖率98.46%。同年9月，对40多家月饼生产厂家进行产品包装标识规范，取缔非法月饼加工场2家，没收劣质月饼246盒，对4家月饼生产企业责令整改。

2002年，为46家企业88个产品执行标准的有效性提供咨询服务，帮助3家企业8个产品制定产品企业标准，完成东州食品冷冻有限公司、漳州鲜品冷冻有限公司上报采用国际标准和国际先进标准的复审工作。绿野农业开发有限公司实施“无公害—绿色食品—纯有机”生产发展模式，通过ISO9000质量认证，为全市首家取得国家“无公害农产品认证标志”的农业企业。

2003年7月，举办生产企业标准化人员上岗前培训班，参训92人。8月，组织40余家月饼生产厂家和作坊学习新颁布的《月饼馅料标准》，并对其原辅材料、馅料、包装标识、生产工艺标准进行监督指导；帮助45家茶叶分装企业制定企业标准和6项产品标准；对40家企业执行标准的有效性进行查询。当年，全县产品标准备案158项，经省级复查验收，全县产品标准覆盖率为99.1%。云峰粮油贸易公司“云峰牌”大米获全县首家QS标志，绿野农业开发有限公司木瓜、小番茄、紫背天葵、甜豆、青花椰菜等产品和漳江实业公司“乌山”牌枇杷获农业部中国绿色食品发展中心授予“绿色食品”称号。

2004年，对食品加工企业使用的原辅材料及添加剂实行备案登记管理，有30家月饼、糕点生产加工企业完成登记；协助3家企业制定产品标准7项，2家企业产品标准备案5项，10家企业登记注册20项，采标3项，为42家企业提供咨询服务。2005年6月，云海水产品加工冷冻有限公司产品“海塔”牌泥蚶获省“名牌产品”称号；12月，东洲食品冷冻有限公司产品获中国绿色食品发展中心“绿色食品证书”；当年，福建大统圣味食品有限公司（常山）食品获QS市场准入；举办“预包装食品标准”“食品添加剂使用卫生标准”培训班，参训105人；清理食品企业产品标准备案8项，协助6家企业制定产品标准6项，2家企业产品标准备案2项，12家企业执行标准登记注册12项。2006年，协助6家企业制定产品标准13项，6家企业产品备案10项，7家企业执行标准登记注册13项；10月，云霄巴非蛤国家级农业标准化第四批示范区通过国家验收；11月，（云霄）漳州市金山生态园有限公司产品“金山牌”枇杷获福建省“名牌产品”称号，“乌山牌”枇杷获国家绿色食品A级认证；同月，启动“云霄枇杷地理标志产品保护”申报工作。

三、代码条码管理

1997年6月，执行省政府《福建省统一代码标识制度管理办法》，全年办理代码证书321户。1998—1999年，为250家企业办理代码、换证。2000年，办理代码289户，办理条形码新用户3户。2001年，办理代码280户，条形码1户。2002年，变更、换证和新办代码证书219户，为7家企业13个产品申办产（商）品条形码提供无偿服务。2003年，办理代码498户。2004年，新办代码223户，换证214户，年检478户。2005年，新办代码277户，换证237户，年检621户。2006年，新办代码154户，换证161户，年检516户，条形码新申办3户，续展4户。

至2006年，全县办理代码证2511户，其中企业1932户、事业278户、党政机关158户、社团92户、其他机构51户。代码在银行、税务、统计、固定资产管理、车辆挂牌、法院审理、保险、公费医疗管理等部门得到广泛运用。

四、质量管理

1999 年 9 月，对在建的电信大楼建筑用电器进行监督检查，查处不合格低压电器总案值 2.3 万元。当年查获假农药 119 箱、假上海联合利华系列日用品 62 箱、假惠泉啤酒 382 箱，捣毁非法生产瓶装饮料窝点 4 个，没收假惠泉啤酒 152 瓶，总案值 14.2 万元。

2000 年 11 月，查处制售假冒上海冠生园集团的“大白兔”“喔喔”“阿尔卑斯”奶糖及包装原辅材料，案值 12.5 万元。2001 年 5 月，对 114 个肥料、农药经销点和仓库进行检查，查获伪劣农药 125 瓶（包），抽样送检化肥 804.5 吨，对 15 家涉嫌质量问题的经销点进行立案查处；12 月，组织 62 家生产、经销企业人员学习《强制性产品认证管理规定》《第一批实施强制性产品认证的产品目录》。

2002 年，开展农资专项整治，对全县农资经销点、仓库进行检查，抽样送检化肥 226 吨，对 2 家涉嫌质量问题的经销点进行立案查处；在东厦镇查获并捣毁一制售假肥料窝点，查获“多元叶面肥”“植生素”“云大 120”等假农用高级肥料 170 件及部分生产工具，案值 3 万余元；查获劣质地条钢 12 批次 216 吨，捣毁生产窝点 1 个。2003 年，推广使用防伪标识 2 家，完成工业企业质量状况普查建档 35 家；查获销售涉嫌假冒广东可口可乐有限公司雪碧牌汽水饮料 432 瓶，案值 2160 元；查获劣质地条钢 87 吨。

2004 年，建立食品生产加工企业档案，对使用的原辅材料及添加剂实施备案登记和严格监管，对其卫生许可证进行调查；对制假窝点、严重涉假企业和无证生产加工企业建立“黑名单”数据库并上报和跟踪监督；查处生产劣质地条钢窝点 2 处 20.5 吨，按“黑名单”制度通报有关部门，建议予以停水断电并取缔。

2005 年 6 月，县质监局与县电视台周二视点栏目组联合制作“QS 在身边”专题节目，加强食品质量安全宣传；查获劣质棒棒冰 2900 条、内包装袋 12000 个，查获劣质猪油 250 公斤，劣质地条钢 32.5 吨。

2006 年 10 月对 120 家茶叶经销企业产品进行 160 余批次抽查。

五、特种设备管理

据 2001 年普查，全县 98 个单位有锅炉 47 台，其中蒸汽 31 台，常压 16 台，压力容器 105 台，电梯 14 台部，起重设备 25 台，厂内机动车辆 9 辆。

2002 年 12 月，举办锅炉司炉工资格培训班参训 35 人，举办液化气安全员培训班 3 期参训 146 人；当年，查封锅炉 1 台，销毁锅炉 2 台，责令停止使用锅炉 6 台，塔吊 1 台。2004 年 3 月，开展压力管道专项普查，全县使用压力管道 30 户近 4000 米；同月举办操作人员培训班，参训 47 人，举办起重设备操作人员培训班，参训企业 25 家 33 人；当年，销毁涉假锅炉、压力容器 87 台，其中土制锅炉 5 台，废旧及其他锅炉 79 台，土制压力容器 3 台；查封和责令停止使用锅炉 6 台，压力容器 25 台，电梯 1 台，起重设备 1 台。2005 年 6 月启用特种设备安全监察网络平台，通过日常安监建立特种设备动态监督管理体系。2006 年 7 月，县政府建立乡镇政府对属地食品加工和特种设备安全负责制，并将其列入政府工作考核内容；10 月，县质检所筹建云霄县液化石油气钢瓶检测站。

六、机构

县质量技术监督局　2000 年 6 月，县劳动局所属锅炉、压力容器、电梯等特种设备安全监察管理机构（含人员、资产）划归技监局。同月，技监局更名为县质量技术监督局（简称县“质监局”）。2001 年 12 月，县质监局划归省局垂直管理，行政编制 13 人，工勤编制 1 人，内设办公室、稽查监督股、综合管理股。2006 年 7 月，设立县计量检定所、县产品质量监督检验所。2006 年，质监局行政编制 13 人，工勤 1 人；事业编制计量检定所 8 人，产品质量监督检验所 7 人，标准化所 6 人，稽查大队 10 人。

第十九章　中国共产党地方组织

民国 23 年（1934 年）4 月，云霄县境内成立中共坪水村支部。1935 年 10 月成立中共云和诏县委，在境内设 3 个区委、7 个交通站。1949 年 9 月 25 日，国民党云霄县当局与中共云和诏县委签订云霄和平解放协议，10 月 2 日，由南下长江支队与中共云和诏县委在火田镇莆中村组建的中共云霄县工作委员会进城开展领导工作。1956 年 5 月召开中共云霄县第一次代表大会，选举产生第一届中共云霄县委员会。1966 年“文化大革命”开始后，县委工作陷入瘫痪状态。1971 年 6 月重建县委，实行党的“一元化”领导。1980 年 11 月党政分开办公，县委工作逐步走上正轨。

1997 — 2006 年，第八至第十一届县委贯彻中共十五大、十六大精神，开展国有企业体制改革，扶持民营经济发展，做出工业立县、建设海峡西岸生态工贸港口强县的战略决策，建立工业开发区，开展招商引资，发展环保节能光电产业，先后获得“福建省经济发展十佳县”和“全国科技工作先进县”称号。纪检工作着重反腐倡廉，共查处违法违纪案件 651 起，受党纪政纪处分 628 人；组织工作着重加强基层党组织领导班子建设和发展新党员，并独创“三级核心网络”，通过建立党支部作用网区、党小组责任网站、党员责任网点，发挥基层党组织战斗堡垒作用和党员先锋模范作用，获得省委领导的高度重视，并在《人民日报》报道推广；宣传工作着重开展思想政治理论和依法治县宣传，加强思想道德建设和文明创建活动；统战工作着重做好党外人士工作和对台、港、澳对外联谊，落实民族宗教政策；政法工作着重加强社会治安综合治理，开展“平安云霄”建设。

第一节　组织机构

一、领导机构

根据党章规定，县委在每届第一次党代会选举产生的县委委员中选出书记、副书记和常务委员（简称“常委”）组成常委会。第九届县委第一次全体会议（下同）选出书记 1 人、副书记 3 人、常委 7 人；第十届第一次会议选出书记 1 人、副书记 3 人、常委 8 人；第十一届第一次会议选出书记 1 人、副书记 3 人、常委 8 人。在党代会和全委会闭会期间，由常委会主持领导工作。因工作需要，常委在届中由市委任命。常委会定期或因工作需要临时召开常委会、全委会或常委扩大会。

1997 — 2006 年中共云霄县委书记、副书记、常委名表

表 19-1

姓　名	性别	籍贯	届别	职务	任职时间
黄河俊	男	漳浦	八	书记	1996-04 至 1998-09
朱福清	男	漳浦	九、十	书记	1998-09 至 2006-05
黄舜斌	男	平和	十、十一	书记	2006-05 至
韩文利	男	芗城	八	副书记	1995-05 至 1997-07

续表 19-1

姓　名	性别	籍贯	届别	职务	任职时间
黄云山	男	诏安	八	副书记	1997-07 至 1998-11
许友明	男	龙海	八	副书记	1996-07 至 1998-11
黄舜斌	男	平和	九、十	副书记	1998-09 至 2006-05
黄清坤	男	漳州	九	副书记	1998-11 至 2001-10
沈炎申	男	诏安	九	副书记	1998-11 至 2003-11
柯志明	男	漳浦	八	副书记	1994-12 至 1998-11
多布杰	男	西藏	九	副书记	1999-10 至 2000-01
唐利如	男	湖南郴州	九	副书记	2000-07 至 2000-10
沈志平	男	平和	九、十	副书记	2001-08 至 2006-05
王毅群	男	龙海	九、十	副书记	2002-03 至 2003-11 2004-04 至 2006-07
郑俊生	男	诏安	九、十、十一	副书记	2003-11 至
刘加来	男	福州	十、十一	副书记	2003-11 至
陈福州	男	龙海	十、十一	副书记	2006-05 至
吴和盛	男	云霄	八	常委	1996-04 至 1998-11
吴治玉	男	东山	八、九	常委	1996-04 至 1999-11
黄建平	男	平和	八	常委	1996-08 至 1998-11
张　敏	女	云霄	八	常委	1997-07 至 1998-11
王天辉	男	南靖	八	常委	1993-12 至 1997-07
刘加来	男	福州	九	常委	1998-11 至 2003-11
吴文团	男	云霄	九	常委	1998-11 至 2003-11
沈志平	男	平和	九	常委	1998-11 至 2001-08
倪昌源	男	晋江	九	常委	1998-11 至 2003-11
沈锦才	男	诏安	八	常委	1995-09 至 1998-11
陈福州	男	龙海	八	常委	1993-11 至 1998-11
庄加瑞	男	平和	九	常委	1999-11 至 2003-11
周　平	男	三明	九	常委	2000-01 至 2001-10
张中文	男	平和	九、十、十一	常委	2001-10 至 2004-05 2006-07 至
林育东	男	诏安	九、十	常委	2001-12 至
张海鹰	男	东山	十、十一	常委	2003-11 至
卢　锋	男	长泰	十、十一	常委	2003-11 至
林秀珍	女	云霄	十、十一	常委	2003-11 至
陈锦满	男	莆田	十	常委	2004-05 至 2005-07
洪文建	男	厦门	十	常委	2004-12 至 2006-12
蔡港溪	男	龙海	十、十一	常委	2005-07 至

续表 19-1

姓　名	性别	籍贯	届别	职务	任职时间
刘革生	男	江苏南京	十、十一	常委	2006-07 至
杨镇发	男	诏安	十	常委	2006-12 至

二、工作机构

1997 年 8 月，进行第一次机构改革。县委工作机构有办公室（政策研究室与办公室合署办公，机要局归口办公室管理）、宣传部、组织部（组织员办公室挂靠组织部）、统一战线工作部、政法委员会（县社会治安综合治理委员会办公室与其合署办公）、台湾工作办公室（加挂县政府台湾事务办公室牌子）、县机构编制办公室（与县人事局合署办公）、中共云霄县直机关委员会、老干部局（由组织部管理）、县精神文明建设办公室（由宣传部管理）、县委、县政府信访局（归县政府办公室管理）、农村工作领导小组办公室、党校（组织部直属科级事业单位）、党史研究室（办公室直属科级事业单位）等 14 个。

2001 年 12 月，进行第二次机构改革。政策研究室、保密局并入办公室，保留牌子；县机构编制办公室改为县委机构编制委员会办公室，加挂县政府机构编制管理办公室牌子；县直机关委员会改为县委直属机关工作委员会；县委、县政府信访局改由县委办公室、县政府办公室管理，以县委办公室管理为主，列入县委机构序列。

2006 年，县委工作机构有办公室（政策研究室、保密局并入办公室，机要局归口办公室管理）、宣传部、组织部（组织员办公室挂靠组织部）、统一战线工作部、政法委员会（县社会治安综合治理委员会办公室与其合署办公）、台湾工作办公室（加挂县政府台湾事务办公室牌子）、县委机构编制委员会办公室（加挂县政府机构编制管理办公室牌子，与县人事局合署办公）、县委直属机关工作委员会等 8 个。

部门管理机构有老干部局（由组织部管理），县精神文明建设办公室（由宣传部管理），县委、县政府信访局（由县委办公室、县政府办公室管理，以县委办公室管理为主）等 3 个。

议事协调机构有农村工作领导小组办公室。

直属事业单位有党校（组织部直属科级事业单位）、党史研究室（办公室直属科级事业单位）等 2 个。

三、派出机构

1997 年全县有党组 6 个。2006 年，全县党组有县人大常委会、县政府、县政协、县人民法院、县人民检察院以及药监局、质监局、工商局、国土资源局、国税局、地税局等 11 个。同年 6 月，成立云陵工业开发区党工委；10 月，成立中共云霄县委教育工作委员会。

四、基层组织

1997 年有乡、镇、场党委 10 个，县直机关党委 1 个，企业党委（卷烟厂、糖厂）2 个；党总支 28 个；党支部 454 个（其中党政机关、事业单位 229 个，国有企业 31 个，乡镇企业 12 个，“三资”企业 2 个，村、社区 168 个，作业区 12 个）。2006 年，基层党（工）委 23 个，党总支 32 个（县直 27 个），党支部 518 个。

1997 — 2006 年云霄县党的基层组织一览表

表 19-2　　单位：个

年份	党组	党（工）委	党总支	党支部
1997	6	13	28	454
1998	6	13	27	493
1999	7	21	25	486

续表 19-2

年份	党组	党（工）委	党总支	党支部
2000	7	21	25	487
2001	7	20	31	505
2002	8	20	32	508
2003	9	21	32	548
2004	8	21	32	537
2005	11	21	32	537
2006	11	23	32	518

第二节　党员与代表大会

一、党员队伍

1997 年，全县有党员 12178 人。1997 — 2006 年，发展新党员 4554 人。2006 年，全县党员 14187 人；其中女性 2003 人，大专及其以上学历 2333 人，35 岁以下 3409 人。

1997 — 2006 年云霄县党员统计表

表 19-3　　单位：人

年份	总数	其中				
		男	女	35 岁以下	文化程度	非公经济单位
1997	12178	10781	1397	2156	4362	0
1998	12422	10909	1513	2545	4518	0
1999	12144	10638	1506	2956	4784	0
2000	12456	10843	1613	3029	5127	0
2001	12746	11064	1682	3253	5484	0
2002	13054	11326	1728	3465	5741	0
2003	13148	11432	1716	3264	1927	0
2004	13364	11561	1803	3263	2159	157
2005	13769	11882	1887	3444	2208	147
2006	14187	12184	2003	3409	2333	144

注：党员文化程度人数，1997 — 2002 年为高中及其以上，2003 — 2006 年为大专及其以上

二、党员代表大会

1997 — 2006 年，共召开县党员代表大会 3 次。第九届县委任期 5 年，第十届县委任期 3 年，第十一届县委任期 5 年。

（一）第九次党代会

1998 年 11 月 27 — 29 日召开，正式代表 260 人，到会 254 人，列席代表 72 人。大会听取并审议通过

县委书记朱福清所做的《同心同德，奋发进取，把云霄现代化建设全面推向新世纪》的报告、县纪委书记沈志平所做的纪委工作报告。大会对第八届县委在推进改革开放、发展经济、维护社会稳定等方面工作作了回顾和肯定，对新一届县委有关建立社会主义市场经济、强化农业基础地位、加快基础设施建设步伐、推进国有企业改革和发展外向型经济等目标要求进行讨论。大会无记名投票（下同）选出第九届县委委员 25 人，候补委员 4 人；选出新一届县纪律检查委员会委员 13 人。

（二）第十次党代会

2003 年 11 月 17 — 19 日召开，正式代表 280 人，到会 277 人，列席代表 74 人。大会听取并审议通过县委书记朱福清所做的《与时俱进，开拓创新，为云霄县全面建设小康社会而努力奋斗》的报告和县纪委书记郑俊生所做的纪委工作报告。大会对第九届县委在推进改革开放、经济建设、精神文明建设、党的建设等方面工作作了充分肯定；对新一届县委有关推进城镇化建设、扶持民营经济发展、强化招商引资、增加城乡居民收入和推进依法治县、加强机关效能建设、党风廉政建设、维护社会稳定等目标要求进行讨论。大会选出第十届县委委员 25 人，候补委员 4 人；选出新一届县纪律检查委员会委员 15 人。

（三）第十一次党代会

2006 年 7 月 14 — 15 日召开，到会代表 279 人，列席代表 86 人。大会听取并审议通过县委书记黄舜斌所做的《把握新机遇，实现新跨越，为加快建设生态工贸港口强县而努力奋斗》的报告和县纪委书记郑俊生所做的《深入反腐倡廉，全面履行职能，为加快云霄县发展提供纪律保证》的报告。大会充分肯定第十届县委在解放思想、开拓创新、推动社会经济发展等方面的成绩；对新一届县委有关实施“十一五”规划、建设生态工贸港口强县、调整经济结构、依靠改革开放和科技进步，提高自主创新能力，提高人民生活水平等目标要求进行讨论。大会选出第十一届县委委员 31 人，候补委员 5 人；选出新一届县纪律检查委员会委员 15 人。

附：1997 — 2006 年云霄县省、市党代会代表名单

一、福建省党代会代表

2001 年省第七次党代会代表：朱福清　林荣坤

2006 年省第八次党代会代表：黄舜斌　黄荣来

二、漳州市党代会代表

2001 年市第八次党代会代表：

方建平　方海赐　方碧花（女）　朱木荣　朱福清　汤荣明　汤海瑞　孙启铭　吴丽花（女）　吴荣泉　何流芳　沈志平　张玉林　张亚屋　张志达　张志和　张启基　张泗川　张绍庆　张敏华（女）　张智斌　陈素琴（女）　林荣坤　林奕斌　柳其文　施仲达　倪昌源　高跃卿（女）　黄劲武　黄清坤　黄舜斌　黄毓斌

2006 年市第九次党代会代表：

王志远　方幼华（女）　方中信　方锦祥　刘小英（女）　汤荣明　许云州　许师逊　纪建仁　孙启铭　吴丽花（女）　吴清辉　吴耀辉　张志达　张来坤　张启基　张佳阳　张炯辉　张敏华（女）　张锦毅　张增智　陈韩英（女）　陈福州　林达祥　林育东　林宗跃　林铭儒　周连勇　郑俊生　柳其文　柳建荣　郭定建　黄方忠　黄舜斌　蔡兴州　谭培根

第三节　重要决策

一、经济发展战略

1997 年，县委制定“突出一线，开发两翼，拓展一城，建设一区”的经济发展战略，以发展国道 324 线沿线经济带为重点，拓展县城，建立工业开发区，加快工业发展步伐，向两侧辐射，推进沿海、山区同步

协调发展。对国有企业实施经济体制改革，根据“抓大放小”“放开搞活”“因企而异、分类指导”的原则，采取“一厂一制”“一厂多制”等办法，全县63家国有企业，分别实行破产、兼并、盘活资产、异地搬迁改造、股份制改造和完善内部承包等改革；制订进一步扶持乡镇企业发展的相关规定，鼓励、支持乡镇企业和民营经济发展，重点扶持30家罐头、糖果、食品加工企业。1998年农村小康建设通过省级验收。2005年，县委根据省委关于建设海峡西岸经济区的要求，提出突出一个重点（工业），发挥两大优势（农业、对台），加快形成三大产业基地（纺织服装、机械制造、农产品加工），实现“两个翻番”（规模工业、出口创汇）、“两个进位”（经济综合实力、工业经济综合指标）、“两个增收”（财政增收、农民增收），甩掉“两顶后进帽子”（计划生育、农村道路建设）的改革发展战略。

二、“两水”开发

（一）枇杷“1113”工程

1997年，县委、县政府提出在全县实施种植“早钟6号”枇杷10万亩，产量10万吨，产值10亿元，果农人均增收3000元的“1113”工程。全县以和平乡金山作业区“早钟6号”优质枇杷示范场为典型，要求“户种百株果，建设枇杷专业村”。当年，全县种植枇杷403.4公顷，2000年增为1599.2公顷，2001年云霄县被国家林业局和中国特产之乡推委会授予“中国枇杷之乡”称号。2002年，县委发出《关于进一步加强枇杷产业化工作的若干意见》，在全县掀起种植热潮。2004年，云霄县被农业部确立为名优枇杷基地。2006年，全县枇杷种植面积4635.8公顷，形成金山、莆美大山2个万亩枇杷基地和下城、蕉坑等10个千亩以上枇杷园。枇杷鲜果年产由1997年4177吨增加到2006年的37166吨，当年果农平均每人增收1500元。

（二）泥蚶“168”工程与巴非蛤养殖

1997年8月，县委提出实施泥蚶“168”工程，泥蚶养殖由漳江口的竹塔等村发展到沿海乡镇的白礁、岱南、曾江等15个村，并兴办20家泥蚶养殖场，全县泥蚶养殖面积由1997年的167.33公顷、产量5040吨，增加到2006年的545.67公顷、11387吨。2005年云霄县万亩无公害泥蚶养殖基地获农业部“全国农牧渔业丰收奖”二等奖。同时，在陈岱和列屿镇的浅海滩涂推广养殖巴非蛤，养殖面积由1997年的1333.34公顷增加到2004年的3333.35公顷，最高年产量115516吨。

三、工业立县

2000年11月，县委出台《关于加快工业化进程的若干意见》，加快御史岭、下坂、东厦工业小区建设，鼓励民间资金在工业区内建设通用厂房，对33家非公有制工业企业进行扶优扶强。2001年4月，县委提出并由县政府报县人大常委会审议通过《云霄县国民经济和社会发展“十五”计划和2010年规划纲要》，《规划纲要》提出，突出建设县城中心，规划建设东山湾云霄经济协作区和漳江出海口，加快国道线工业区群建设，开发山区腹地，实现山海联动发展，把云霄建成漳南地区发达的沿海生态工贸城市。

2002年1月，县委、县政府出台《关于2002年工业经济工作的若干意见》，实施国道324线县城路段东移和西环路开发。加快陈岱、下河、马铺、火田等乡镇工业小区的规划建设。继续完善七星、下坂、阳下、宜美等工业小区基础设施建设。

2003年1月，县委、县政府出台关于各乡镇招商引资在云陵开发区内设厂的有关规定，全县实施重点项目42个（续建9个，新开工33个），其中农业项目13个、工业项目7个、交通项目3个、城建项目11个、社会事业项目8个。项目总投资9.18亿元，年度投资4.74亿元。

2004年，县委抓紧云陵工业开发区的资源整合，重点推进七星生态工业园区建设，完善下坂、莆美、高洋等工业小区的配套建设。同年3月，县委、县政府出台《加快民营经济发展若干意见》；8月，县委召开十届三次全会，研究部署全县推进海峡西岸经济区建设；9月，县委、县政府出台《关于贯彻落实省委、省政府海峡西岸经济区建设纲要的实施意见》。2005年，县委、县政府做出《关于加快工业发展的若干补充规定》。

四、建设生态工贸港口强县

根据云霄县具备建设深水良港的天然优势，县委提出在“十一五”规划期间建设海峡西岸生态工贸港口强县的奋斗目标，并进行港口建设规划，把云霄港区与古雷港区、东山港区互相配套。重点发展仓储物流、石油化工、机械制造和新型材料等临港工业项目。2006 年 6 月，投资 3436 万元开工建设从国道 324 线海峰路段至列屿镇城内村港区疏港公路 11.4 公里，形成港区—高速互通—县城 20 分钟经济圈，并将公路两侧 666.67 多公顷山坡地规划为工业用地。同时加快将军大道建设和启动厦深高速铁路云霄县段及坂云线公路建设，形成“一港四路”的漳南交通枢纽。

五、重大城乡建设项目

1997 — 1998 年，投资 4.6 亿元完成江滨路、云漳北路、双码线、漳云线、人民公园、体育场等建设项目。1999 年，县委提出每个乡镇“建设一条商品街、一座农贸市场”的要求，乡镇根据各自特色，先后建成水果、水产、蔬菜、畜牧等 10 座农村专业贸易市场。

1999 — 2002 年，完成城区复兴路、江辉路拆迁工程和建成振洋枇杷、花卉专业市场，推进将军山公园和东市场等建设项目，县城建成区扩大到 6.3 平方公里。2003 — 2005 年，完成漳诏高速公路云霄段、省道漳东线云霄段公路，县城商业区复兴路、江辉路和县 5 万吨自来水工程扩容、县垃圾处理场、力锦水电站、113 公里农村水泥公路等建设项目。

2003 — 2006 年，改建扩建、新建学校 89 所，总投资 2265 万元，竣工建筑面积 54717 平方米，基本消除学校危房；建成有线电视、调频广播、微波传输、宽带网、数字电视。县广电局被省广电局、省发改委、省财政厅评为“全省电视村村通先进集体”。

2003 — 2006 年，实施农村公路建设“村村通水泥路”工程，至 2006 年底，共改造建设农村公路 104 条(段)279.4 公里，总投资 1.76 亿元，163 个村（区）通水泥路或沥青路，占全县总村（区）数的 95.9%。

第四节　纪检监察

一、机构

县纪律检查委员会组成人员由历届党代会选举产生，并在第一次纪委委员全体会议上选举纪委书记、副书记、常委。

1997 年，县纪委与县监察局合署办公，人员编制 30 人，在编 20 人。2006 年，行政编制 26 人，事业编制 6 人，在编 33 人，内设办公室、第一纪检监察室、第二纪检监察室、案件审理室、信访室(举报中心)、执法监察室、宣传教育室、党风廉政建设室、纠正行业不正之风工作室(挂“县政府纠正行业不正之风办公室”牌子)、县机关效能建设工作领导小组办公室、县机关效能投诉中心。派驻党政机关的纪检监察机构，实行县纪委、监察局和驻在单位的双重领导，派驻的纪检组长为副科级。

1997 — 2006 年中共云霄县纪委书记名表

表 19-4

届别	姓名	性别	籍贯	任职时间
八	韩文利	男	芗城	1995-05 至 1997-07
八	黄云山	男	诏安	1997-07 至 1998-11
九	沈志平	男	平和	1998-11 至 2003-11
十	郑俊生	男	诏安	2003-11 至 2007-01

二、廉政建设

1999年，结合“三讲”（讲学习、讲政治、讲正气）教育，召开党风廉政教育活动会议7次，播放《中国共产党纪律处分条例》讲义录像片150多场，受教育的党员、干部、群众18万多人次；拍摄专题新闻片4集；发放《条例》知识测试卷1000份。2000年1月，举办“云霄县反腐倡廉成果展”，展出案例23个，图片170张。2001年，开展党员不参与“六合彩”赌博教育活动，制定《关于党员干部参与民间“六合彩”非法赌博活动的处理意见》。

2002年初，开展“年关过廉关”和“迎七一、话廉政”电教周活动，有线电视《党员廉政教育之窗》播放省“十佳廉内助”和案例警示片。同年6－8月，县纪委与县委党校组成党风廉政教育讲师团，在乡镇和县直机关举办18场次讲座，受教育党员干部近2万人（次）。同年，修订和完善县党政领导成员政务公开细则，每季度公布一次个人建房、收入情况等24项重大事项，并邀请党风廉政监督员和群众代表进行监督。开展落实党风廉政建设责任制主题活动，18名打假失职和7名计生工作失职的党员干部被追究责任。在乡镇推行建立“村账乡（镇）管”“村账站审”和月报账制度。会同审计部门结合乡镇换届，进行任期经济责任审计，查出违规违纪金额2702.01万元。开展县直单位重点科（股）室民主评议活动，实行“末位淘汰”，评出优秀科（股）室6个，并对2个不合格科（股）室负责人进行组织处理。制订《关于推行政务公开听证制度的通知》和《云霄县政务听证暂行办法》。同年8月，在莆美、陈岱举行战备公路规划投资听证会，节约工程投资25万元；同年11月，举行和平乡新楼至甘埔道路改建听证会，使改建计划更为科学合理，节省开支。

2003年，根据省委文件精神，出台《关于建立和完善反腐倡廉“六个机制”的若干规定(试行)的通知》，组织600多名科级干部参加反腐倡廉和预防职务犯罪巡回教育活动，把反腐倡廉的42项任务归类分解到35个牵头部门，明确协作单位、参与部门的工作职责和具体任务，并建立“六个机制”督查联席会议制度。在乡镇试行建立“招投标中心”，规定集体所有的山地、果园等出租、承包、转让需进入招投标中心公开招投标。

2004年，配合《中国共产党党内监督条例（试行）》和《中国共产党纪律处分条例》的颁布实施，召开反腐败工作会议，组织开展“两个《条例》学习月”和“我谈两个条例”知识测试答卷活动。同年5月发出《关于在县纪委委员中试行询问与质询制度的通知》，有8名委员提出8条询问与质询问题。

2005年，结合“保持共产党员先进性”教育活动，开展学习宣传贯彻中共中央《建立健全教育、制度、监督并重的惩治和预防腐败体系实施纲要》活动，发出《云霄县委、县政府党政领导班子成员实行党风廉政建设责任制的责任范围及2005年主要任务分工的通知》。纪委领导对下级党政主要负责人进行谈话12人（次），领导干部任前廉政谈话9人（次），执行领导干部报告个人重大事项制度17人次。县纪委试行纪委委员询问与质询制度并在全市推广，同时建立健全纪委委员年度询问（质询）谈话制度、纪委常委挂钩乡镇交叉询问（质询）制度、询问与质询半年座谈交流制度。全年11人（次）提出询问案11条，提供案源线索6条，查处案件6起，挽回经济损失28万元。

2006年，开展农村基层党风廉政教育巡回宣讲活动，组织县纪委、检察院、党校等单位到乡（镇）、村（社区）巡回宣讲18场次。

三、纪律检查

1997年，查处干部住房建房违规违纪，退出公房4套面积210平方米，退出集资建房33套建筑面积2025平方米和建房单位挪用资金21万元。在落实中共中央勤政廉政“八项规定”中，县委、县政府将拟建办公楼预算资金1500万元改投入人民公园和其他社会福利事业建设；撤销涉农收费文件26份，清理国有企业税外收费项目83个，收费单位43个，降低收费标准1项。开展村级财务清理整顿，清退村干部个人拖欠公款52.3万元，违规、违纪、违法侵占公款公物194.15万元。派纪检监察员进驻打假办，查处违反打假责任状的党员干部。对96个竣工和在建工程等项目进行清理检查和执法监察，其中省、市规定50万元以上项目 36 个，县规定 50 万元以下项目 60 个，通过检查帮助建章立制 4 项，补办各种手续 70 多件，补交税款 20 多万元，受处罚单位 4 个。

1998 年，清理用公款违规配备的移动电话 253 部，住宅电话 270 部，收回话机折价处理资金 60 多万元。查处 13 名干部违规违纪占住公房和集资建房，退出住房 13 套建筑面积 947 平方米，缴交集资建房违规资金 21 万元。制止向农民乱收费金额 165.58 万元并退还 5 万元，废止涉农负担文件 2 份金额 758.2 万元。立案查处打假失职案件 13 件。对公路通行费征收明察暗访 3 次，纠正违章 5 起 7 人罚款 1840 元。参与工程招投标 29 场次，监督工程投资 1643.4 万元，为国家节约投资 207.9 万元。

1999 年，在全市率先实行领导干部经济责任审计，3 月结合乡镇、科局领导班子任期总考核，对县直机关 42 个法人代表和 10 个乡镇(场)党委书记、乡镇长进行任期经济责任审计。对粮食流通体制改革进行专项监察，清理新老挂账 1000 多万元。对全县 54 个重点村的财务进行审计，清理出违纪金额 250 多万元。

2000 年，对交通、工商、税务、民政、建设等 31 个执法收费部门进行检查清理，取消收费项目 193 项，各种基金及附加 11 项，降低收费标准 22 项，清退不合理收费 90.25 万元。开展国有资产收益专项检查，34 个单位近 500 万元账外资金被缴入财政专户。

2001 年，会同审计局对 61 个单位及其领导人进行任期经济责任审计，查出违规金额 32 万元，责令 13 个单位进行整改。

2003 年，贯彻中央纪委、监察部《关于坚决制止开具虚假发票公款报销行为的通知》精神，协调财政、审计、税务、工商等部门组织检查组，对各重点部门、重点岗位及经济较发达的村（社区）和战备公路、中小学危房改造等国债资金项目进行专项检查。

2004 年，开展森林防火督查，对发生多起森林火灾的马铺乡实行责任追究。

2006 年，成立治理商业贿赂工作领导小组，在整治工程建设、土地出让、产权交易、医药购销、政府采购以及资源开发和经销等领域中查处商业贿赂案件 6 起。

四、案件查处

1997年，受理各类信访举报373件，累计办结案78件，涉案人员受党纪政纪处分66人，其中开除党籍5人、留党察看 3 人、撤销党内职务 4 人、党内严重警告 23 人、党内警告 11 人，政纪开除留用 2 人、撤职 3 人、记大过 6 人、记过 6 人、警告 4 人，共为国家和集体挽回经济损失 33.74 万元。主要案件有车圩水电站站长石某某以发电量回收率 6.9 成承包给外线人员收受 14605 元贿赂案等。配合省、市纪委，查处云霄原县委书记郭某某腐败案的涉案人员。

1998 年，以查处司法机关、行政执法机关贪赃枉法，金融违法违纪，企业领导干部以权谋私、玩忽职守造成国有资产流失等案件为重点，受理举报 229 件，经核实后立案 27 件，累计立案 62 件，涉案人员受党纪处分 57 人，政纪处分 10 人，为国家和集体挽回经济损失 46.32 万元。主要案件有县检察院批捕科助检员陈某某等 6 人贪赃枉法、徇私舞弊、敲诈勒索 4.5 万元案；莆美镇党委原副书记兼高洋开发区负责人方某某，利用职便，从云兴城市信用社领取开发区公款存款利息和储蓄代办手续费 7.22 万元案等。

1999 年，受理举报 157 件，转立案 41 件。累计办结案 70 件，其中大要案 11 件，经济类案件 28 件，涉案人员受党纪政纪处分 65 人，涉及乡科级干部 5 人（其中复查改变处分档次 1 人），为国家和集体挽回经济损失 61.85 万元。查处制售冒牌香烟涉假案件 16 起，有关单位人员受贿和收受礼品金额近 8 万元，涉案人员受党纪处分 14 人、政纪处分 2 人。主要案件有县技监局原局长方某某隐瞒截留罚没款和工作失职案，莆美镇原副镇长李某某、镇村建站主任吴某某打假失职案，技监局原打假队长方某某等 8 人在打假中徇私舞弊、索取和接受制假人员贿赂、宴请案，火田镇后埔村党支部书记林某某受贿 8 万元案，县水利局原局长何某某及陈某某、陈某某的峰二水电站“豆腐渣”工程案。马铺学区原校长许某某贪污受贿挪用公款 5 万多元案等。

2000 年，受理举报 138 件，转立案 23 件。累计办结案 67 件，涉案人员受党纪政纪处分 61 人（其中科级干部 6 人），为国家和集体挽回经济损失 56 万元。主要案件有县科技局原局长蔡某受贿案，列屿镇城内村党支部书记汤某某和村主任汤某某收受贿赂案，马铺乡党委委员蔡某某、黄某某贩卖查扣的制假烟原辅材料私分赃款案等。

2001年，受理举报152件，转立案49件。累计办结案71件，涉案人员受党纪政纪处分69人（其中副科级及以上人员9人），为国家和集体挽回经济损失50多万元。主要案件有马铺乡原副乡长蔡某某挪用征收的计划外生育费1.48万元并搞串供违纪案，县公安局行政科原科长林某某受贿8.27万元并挪用公款1.75万元案等。

2002年，受理举报128件，转立案62件。累计办结案69件，涉案人员受党纪处分65人，政纪处分3人，移送司法机关21人，受刑事处分10人，为国家和集体挽回经济损失100多万元。主要案件有益民城市信用社原主任林某某私自放贷、非法吸储及虚构土地开发的金融腐败案，水稻原种场原场长何某某和党支部原书记张某某受贿、私分国有资产案等。

2003年，受理举报125件，转立案32件。全年立案56件，结案56件，涉案人员受党纪处分56人，政纪处分2人，移送司法机关2人，为国家和集体挽回经济损失55万元。主要案件有莆美镇狮山村原村主任罗某某贪污高速公路征地补偿款和果树赔偿款10多万元案，下河乡孙坑村党支部原副书记方某某截留贪污打假罚没款案等。

2004年，受理举报69件，转立案42件。共立案58件，结案58件，涉案人员受党纪政纪处分58人，为国家和集体挽回经济损失100多万元。主要案件有莆美镇社会事务办公室原主任、打假队组长钟某某“护假纵假”案，县法院原副院长马某某于退休前收受贿赂为他人谋取私利案，马铺乡杉脚村党支部原书记、原村主任合伙私分造福工程款案等。

2005年，受理举报73件，转立案31件。共立案59件，结案59件，涉案人员受党纪政纪处分59人，挽回经济损失43万元。主要案件有火田镇原武装部长陈某某、马铺乡原副乡长何某某打假失职案，东厦镇干部陈某某充当“六合彩”赌博庄家案，埭洋村原村主干吴某某贪污侵占、挪用公款、收受贿赂10.89万元案等。

2006年，受理举报67件，转立案22件，立案59件，结案56件，涉案人员受党纪政纪处分56人，挽回经济损失41万元。主要案件有县工商局云陵分局原局长方某某打假纵假案，马铺乡桥头村原村主任贪污“低保金”案等。

五、纠正行业不正之风

1998年，在全县12个部门98个基层所、站中开展行风评议整顿活动，评出最佳所、站5个，收集整改意见447条；查处强制企业参加不必要的培训、评比和订购书报刊物问题，减轻企业负担323万元。1999年8月，清理部分村级干部和部分团体单位用电不交费转嫁负担、导致农村电费居高不下的腐败问题。2001年，对医疗机构提出实行医、药分离和“分级管理，分开核算”要求；对行政事业性收费单位实行“罚缴分离，票款分离”管理。2002年，对公务车辆实行单车核算，限定燃、修费用，统一投保、统一招投标、定点维修和按派车单报支费用制度。2004年，查禁公车私用、公款旅游，加强对公车外出报备、定点停放和定点维修的监督检查，制止6个单位公费旅游计划；发出《关于严肃查处党员和干部参与赌博的通知》和《给全县领导干部家属的一封信》，加强对党员、干部“八小时外”的监督，开展“领导干部访谈”活动，营造禁赌氛围；8月，组织260多名医务人员参加“讲医德、正行风、树形象”宣誓和拒收“红包”、回扣签名仪式，发出“拒绝‘红包’、回扣、提成，维护医学圣洁”倡议；2005年，开展整顿统一着装活动，清理出未经国务院批准的着装部门16个着装人员402人，擅自扩大着装范围的部门3个着装人员22人，收回制服582套、标志606套。

第五节　组织建设

一、发展党员

1997 年，制订《云霄县发展党员三年规划》，开展“农村党员发展年”活动。1998 年，开始在非公有制企业建立党支部或党小组。2000 — 2002 年，在农村、企业、科研、非公有制企业中发展党员 910 人。2003 年 5 月，根据市委组织部通知，取消入党积极分子的测评和公示制度。2004 年，对非公有制领域实行挂靠、委托、联合等办法发展党员。2005 年，提出“全面储优”“专项推优”“重点推优”，培养入党积极分子，规定发展党员的责任追究试行办法，推行发展党员公示制，执法执纪部门联审制和责任追究制，加快党员发展步伐。至 2006 年，全县发展新党员 4554 人。

二、党员教育

（一）党校培训

县委党校负责培训全县副科级及其以下党员干部和普通党员，培训形式分为专题性培训 5 ~ 7 天，理论性培训 1 ~ 3 个月，知识性培训（如青年干部英语培训）6 个月，岗位培训和政策法规培训等为 10 ~ 20 天。乡镇、县直机关各口基层党校，根据工作需要不定期对基层党支部委员和党员进行培训。

1997 年，县委党校举办科级干部学习中共十四届六中全会精神培训班 3 期 270 人，“三讲”教育培训班 3 期 270 人，学习中共十五大精神培训班 3 期 270 人。1998 年，开展“纪念中共十一届三中全会召开 20 周年”理论研讨活动，举办 1995 — 1997 年新党员轮训班、科级干部邓小平理论学习班 3 期 270 人。1999 年，举办青年干部马克思主义基本理论培训班 1 期 46 人，青年干部邓小平理论学习班 1 期 91 人，中青年干部培训班 1 期 32 人。2001 — 2002 年，开展“三个代表”重要思想学习教育活动，参训乡镇干部 1048 人，县直机关干部、职工 2078 人，村级干部 1353 人。2003 年，学习中共十六大精神和“三个代表”重要思想，县举办科级干部短训班 5 期 510 人，主体班 2 期 80 人，机关党员干部理论骨干班 1 期 60 人；基层、乡镇党校举办党员短训班 20 期 2662 人。2004 年，学习“三个代表”重要思想，举办科级干部培训班 1 期 50 人，县直机关事业单位新党员和入党积极分子培训班 1 期 100 人，驻村任职党员干部培训班 1 期 40 人。2005 — 2006 年，开展保持共产党员先进性和社会主义荣辱观为内容的教育活动，举办科级干部培训班 3 期 175 人，县直机关、事业单位新党员及入党积极分子培训班 1 期 80 人，参加学习、讨论、整改的党员共 5438 人。至 2006 年，共培训村、社区党支部书记 2000 多人次，入党积极分子 1500 多人次。

（二）电化教育

1997 年，以“争先创优”“讲党性、作奉献”和“三讲”为主题，播放《领导干部楷模—孔繁森》《您身边的共产党员》等电教片 20 多部。1998 — 2002 年，在基层组织播放电教宣传片近 200 片，组织党员干部撰写心得体会，出版学习专栏。2003 年，在县有线电视台开辟“三个代表”重要思想电教之窗，播放村级电视辅导教材及《“牛”书记的一天》《县城来的女支书》等 40 多片反映农村基层干部和党员先进事迹的专题片，并组织党员干部收看《胡长清案件警示录》《广东湛江特大走私受贿案透视》等 30 多部电教片。2005 年，县委组织部电教办、县广电局联合制作《农村基层组织建设的创造实践》《黄土地上的下派“村官”》《链接网络当先锋》等专题片，组织 323 个党支部 5300 多名党员收看和讨论。2006 年，配合县党代会召开，专题播放宣传全县先进党支部和优秀党员事迹的 7 部党课宣传片。

三、党员管理

（一）党员民主评议

县委每年“七一”前后开展一次党员民主评议活动，表彰一批优秀共产党员、党务工作者、党支部书记、基层党组织和处置个别不合格的党员。

（二）流动党员管理

1998 年，根据山区群众外出打工多、党员流动性大的情况，制订《云霄县外出党员暂行管理办法》，实行党籍所在地与流动地的“双向管理”、属地与行业的“双重管理”。2001 — 2002 年，各乡镇党委建立流动党员管理站，对流动党员管理存在的问题进行调研并提出强化教育管理的意见，利用元旦、春节返乡机会，组织党员进行集中培训。2005 年，对 235 名外出暂时无法转移组织关系的党员进行登记、建档和领取“流动党员活动证”，持证在外出所在地参加组织生活、交纳党费。

（三）党内民主生活会

1997 — 2000 年，每半年举行一次县委常委民主生活会，2001 年，根据上级规定改为每年一次。党组民主生活会每年 1 ~ 2 次。基层党委、县直机关党委每年一次，乡镇党委民主生活会，由乡镇党委和政府、人大主席团的党员领导干部参加。党支部结合每年党员民主评议举行，或根据需要临时召开。县委常委会民主生活会，在召开前由县委组织员办公室以座谈会、个别了解或分发征求意见表等形式，征求离退休干部、社会各界人士、乡镇村干部和群众意见，上报县委主要领导，由主要领导反馈主要责任人，然后通过民主生活会开展批评与自我批评进行整改（党组、基层党委民主生活会基本与此同）。

四、领导班子建设

1997 年 3 月，实施党政机关的机构改革，县委按照“精简、统一、效能”的原则，撤并重叠多余机构，合理设置党政机构，压缩机关行政编制，对全县机关和事业单位进行“三定”（定职能、定机构、定编制）。县委对全县 400 多名副科级以上领导干部进行全面测评考核，形成总体评价；对全县机关和事业单位领导干部进行人事调整，实行交流换岗 58 人，改任非领导职务 11 人，新提拔领导职务 17 人，新提拔非领导职务 19 人。

1998 年，县委以创建全省党建工作先进县为目标，贯彻执行《党政领导干部选拔任用工作暂行条例》，以正确的用人导向带动和促进领导班子整体素质的提高，抓好领导班子建设；11 月，选举产生的中共云霄县第九届委员会，常委平均年龄从 43 岁降至 41.7 岁，其中大专文化程度的由 42% 提高到 78%。1999 — 2006 年，县委运用审计成果，给予提拔使用 37 人，对新提拔的 94 名领导干部实行任前公示。2003 年，推行股级干部竞争上岗；全县选拔第五批专业技术拔尖人才 16 人，第二批优秀青年科技人才 25 人。对新提拔的乡镇和县直机关正职领导干部实行县委常委会票决制度。2004 年，采取组织推荐、群众推荐、领导推荐、个人自荐办法，共推出正科级后备干部人选 266 人，副科级后备干部人选 109 人。

2006 年乡镇党委、村级基层组织换届，根据社区建设和乡镇工作两个《纲要》要求，组织乡镇和村级班子换届选举工作。乡镇领导班子年龄 35 岁以下的 27 人，占 32.92%，平均年龄 37.9 岁；大专文化程度以上 73 人，占 77%。全县 173 个村（社区）的领导班子及成员，进行全面考核，选拔优秀人才担任村主干。

五、老干部工作

1997年，全县建立23个老干部党支部。县委根据老干部的各自所长分别安排参加关心下一代工作委员会、计划生育协会、老年大学、老区建设促进会、老年体育协会、农民体育协会、闽粤赣边区革命史研究会等社团组织的工作和活动，并经常组织老干部阅读有关重要文件和学习政治时事，参加县委、县政府的重大决策、重要会议和大型庆典活动。县委召开民主生活会之前，开座谈会征求老干部意见。老干局不定期组织老干部参观考察了解县情和改革开放进展情况，做好走访慰问和上门服务等工作；对老干部的思想动态和急需解决的问题及时向县委、县政府和县委组织部、市委老干局报告。

1999 年，县政府转发组织部、老干局、劳动局、财政局《关于建立国有困难企业离休干部和建国前入伍老工人离休费及其他经费保障机制的意见》，将倒闭、困难企业离休干部的离休费、医药费、各种补贴及遗偶生活补助费纳入县财政保障机制。同年，根据省委组织部、老干部局、财政厅《关于部分退休干部适当提高生活待遇若干经费标准的通知》，对58名在1949年10月1日至1950年5月12日（东山县解放日）参加工作并享受供给制待遇的退休干部，参照离休干部适当提高生活待遇（称“5·12”退休干部）。

2004年，设立老干部活动中心，事业单位，编制4人。同年，在江辉路旧城改造地带划地1450平方米，筹资96万元，建成建筑面积960平方米的老干部活动和老干局办公场所。

2006年全县健在离休干部51人，离休干部遗偶71人，“5·12”退休干部58人。

六、机构

（一）县委组织部

1997年编制20人，在编14人。2006年编制17人，在编15人。设部长1人（由县委常委或县委副书记兼任），副部长2～3人。内设秘书科、干部科、干部督查室、党群机关管理科、组织科。县委组织员办公室挂靠组织部，1997年编制5人，在编5人，2006年编制5人，在编3人。

（二）县委老干部局

1997年编制4人，在编3人。2006年编制4人，在编6人，内设人秘科、安置科。下辖老干部活动中心，事业编制2人。

（三）县委党校

1997年事业编制30人，2006年编制30人，在编25人。内设办公室、教务处、总务处、函授站、基层工作室。

第六节　思想宣传

一、社会宣传教育

1997年，围绕香港回归祖国，开展“迎回归”系列宣传活动，以举办巡回报告会、演讲比赛、征文比赛、知识竞赛、歌咏比赛、文艺晚会、书画展览、图片展览等形式，宣传《香港基本法》和香港回归重大意义、“一国两制”伟大构想。1998年，开展创建宣传思想工作规范化建设活动，要求乡镇用3年时间实现思想教育、文化教育、科技教育、文明教育“四位一体”规范化。1999年，重点加强打击违法制售假冒卷烟宣传活动，除通过各种会议和巡回报告外，在电视台开辟“聚焦打假”专题节目，录制播映“打假”专题片和领导专题讲话；印发“打假”通告、打假法律法规宣传小册，张贴打假标语；出动宣传车宣传《商标法》《烟草专卖法》；举办“十佳农民”“十佳企业家”评选活动，树立守法致富典型。同年10月，举办庆祝新中国成立50周年系列活动。

2000年，在全县城乡开展以反对封建迷信、反对铺张浪费，扫除社会丑恶现象为重点的“两反一扫”宣传活动，有线电视台每天播放“开展‘两反一扫’统一行动通知”；印发“两反一扫”材料3万份，制作录音带30盒分发各街村，大力宣传树新风除陋俗，并运用高音喇叭和出动宣传车强化舆论态势。由县委宣传部牵头宣传并督查，农历七月初一、七月十五日简办或不办普度节；由宣传部、文明办、文化局组织工作组入庙宇宣传“两反一扫”精神，反对利用封建迷信活动大演戏和滥修、滥建庙宇。在开展“两反一扫”同时，由宣传部门牵头组织举行第五届“漳江之夏”音乐会等树新风文化活动。2001年，开展打击“六合彩”骗赌宣传活动，在县有线电视台、广播电台开辟专栏，宣传“六合彩”骗赌的危害性，举行千人踩街宣传和签名仪式，并进入学校向中小学生进行宣传教育。2002年，开展揭批“法轮功”邪教组织宣传教育活动，及时转播中央关于处理“法轮功”邪教组织问题的重大决策，举办《反对邪教、崇尚文明》大型图片展览，开展马克思主义唯物论、无神论和科学知识讲座，在中小学开展“校园拒绝邪教”宣传教育。在社会上开展创建文明家庭的文化宣传活动，并首批选出10户命名为“文化之家”。2003年，结合预防“非典”防治工作，县有线电视台在黄金时段大力宣传预防方法，并印发“非典”防治宣传材料1.2万份。2004年9—10月，开展新中国成立55周年宣传庆祝活动，举办“庆祝中华人民共和国成立55周年”大型文艺晚会，开展“高举爱国主义旗帜，弘扬中华民族精神”报告活动。2005年，着重推进镇、村宣传文化中心，村级广播室，农村文化中心户等基层宣传文化队伍和设施建设。2006年，县委举行抗灾救灾先进集体、先进个人表彰会，开展抗灾救灾先进事迹宣传教育活动。

二、思想政治理论宣传

1997年，在开展学习宣传贯彻中共十五大精神活动中，通过组织报告团、举办专题专版和运用电视媒体，广泛宣传十五大的报告、公报及重要文章，进行政治理论宣传教育。同年12月至1998年7月，县委开展“我在任时做什么，我离任后留什么”的大讨论，宣传部门组织开展形势教育、爱国主义教育、先进典型教育等系列宣传教育活动和“纪念中共十一届三中全会召开20周年”理论研讨活动。2000年3月16日，县委召开领导干部“三讲”教育动员大会后，配合全县党员干部的“三讲”学习教育活动，宣传部门通过组织党员干部参观云霄革命根据地的思想政治教育基地，增强党员干部的党性和抵御腐败的自觉性，树立正确的世界观、人生观和价值观。2001年，开展“三个代表”重要思想学习宣传活动，在县有线电视台开辟“学习贯彻‘三个代表’”专栏，摄制《从严把关、注重实效》的“三个代表”学习教育活动专题片，并组织开展专题讨论、报告会、座谈会、演讲比赛、征文、图片展览等宣传教育活动，推进学习教育活动的开展。同年12月，县委出台《关于贯彻〈公民道德建设实施纲要〉的实施意见》。2002年4月，组织报告团分赴各乡镇、中小学开展报告活动，在有线电视台开辟《道德新风尚》专栏进行社会公德、职业道德、家庭美德系列报道，开展“美在社区、美在家庭、美在心灵”征文活动和创作道德建设公益广告，通过树立典型宣传典型，扩大社会先进面。2004年9月，在全县各中小学组织开展“弘扬和培育民族精神月”活动，在活动中宣传“三个代表”重要思想和党的十六大精神，加强未成年人思想道德建设。2005年，开展“创建学习型社会”活动，通过组织建立学习日制度，建设远程教育平台，开展群众性读书活动，建立终身教育培训网络，在全县开展“学理论、学知识、学外语、学技能”主题活动，推动终身学习的学习型社会建设。2006年，开展社会主义荣辱观宣传教育活动。

三、形势政策宣传

1998年，开展以“伟大的转折，光辉的历程”为主题的纪念改革开放二十周年宣传教育活动。1999年，开展“迎澳门回归”系列宣传活动。2000年，组织党员干部观看大型影片《国歌》，参观爱国主义教育基地；开展“制假引发腐败给我们的启示”专题讨论活动，引导党员干部从反面教材中吸取教训，牢固构筑党纪国法和思想道德两条防线，增强拒腐防变的自觉性。2001年1月，县委、县政府在人民体育场举行万人升国旗仪式。2003年10月—2004年5月，开展“奋发有为建小康”和“学习谷文昌先进事迹”读书教育活动；通过故事会、演讲会、知识竞赛及参观、调研、宣传栏、墙报、黑板报等形式，激发党员干部和青少年爱国爱党努力工作学习的热情。2005年，开展纪念中国人民抗战胜利暨世界反法西斯胜利60周年大型宣传教育活动。2006年4—5月，在全县中小学和城乡青少年中开展纪念中国共产党成立85周年、纪念红军长征胜利70周年和宣传“十一五”规划、学习贯彻社会主义荣辱观等报告活动。

四、依法治县宣传

1998年9月，县委制订《关于依法治县的决定》，县人大、政协做出相应决议。1999年1月，县政府制定《关于依法行政的实施细则》，各乡镇、部门加强依法治县工作的领导和宣传，组织干部群众学习中共十五大关于依法治国的论述，通过各种形式开展依法治县宣传。“三五”普法期间，全县共举办科级干部法制讲座9场，行政执法和企业管理人员培训班9期，机关和乡镇举办普法骨干培训班26期，参训人员5000多人。

五、对外对台宣传

1997 年，县委、县政府邀请新华社等新闻单位记者 60 多人举行云霄县新闻发布会，扩大云霄对外知名度。2000 年 11 月，县举办同温开漳史、共续“血缘情”交流活动，并在台湾《新生报》、新加坡《星州日报》等报刊发表有关开漳史料 10 多篇。2001 年 8 月，县青年潮剧团前往马来西亚槟城等地进行文化交流演出。“闽南风、海峡情”少儿文艺夏令营全体成员来云霄县进行文化艺术交流。2002 年，美国洪门致公党总堂顾问伍焕鹏带领纽约侨界中国访问团友好人士 27 人到东厦镇参观考察洪门天地会发祥地。2003 年，举行“枇杷品尝鉴定会”，邀请市、县领导及来自中央、省内外新闻媒体单位的记者、外商代表、营销大户等前往参加。2004 年，县委做出“加强和改进新形势下对外宣传工作的十五条意见”，加强对外宣传，使更多人了解云霄、关注云霄、投资云霄、支持云霄。2005 年 5 月，组织台海形势报告团到全县各中小学、各基层单位开展《反分裂国家法》和台湾海峡形势宣讲活动；组织开展“红色之旅”青少年爱国主义读书活动。2005 年 8 — 9 月，以纪念红军长征胜利 70 周年、抗日战争胜利 60 周年、《反分裂国家法》颁布实施等活动为契机，开展以爱国主义为核心的民族精神教育和“爱祖国、爱福建、爱家乡”系列活动。2006 年 10 月，县组团参加在新加坡举办的首届国际开漳圣王文化联谊大会。

六、机构

县委宣传部 1997 年编制 12 人，在编 8 人。2006 年编制 11 人，在编 9 人。设部长 1 人（由县委常委或县委副书记兼任），副部长 2 ~ 3 人（其中 1 人兼县文联主席），内设秘书科、干部科、宣传科、理论科。

第七节 精神文明建设

一、思想道德建设

1997 年，实施《云霄县“九五”期间社会主义精神文明建设规划》，在全县开展“三德”（职业道德、社会公德、家庭美德）、“四有”（有理想、有道德、有文化、有纪律）的思想道德教育和学习“漳州 110”、人民好乡长曾潮州，争当“十佳公仆”“十佳市民”活动，涌现出全省法院系统学习“漳州 110”的先进单位、云霄城郊法庭和全国“十大杰出青年卫士”李建强等先进典型。1998 年，组织学习邓小平理论，在继续进行“三德”“四有”的思想道德教育中开展学习孔繁森、林炳熙、曾潮州、城郊法庭等先进典型和“当公仆、办实事”“讲文明、树新风”活动，在县有线电视台开辟“讲文明话、办文明事、做文明人”专题节目，并围绕社会公德存在的问题，通过曝光、开展评论，实行监督，把思想道德教育不断引向深入。2000 — 2001 年，重视思想教育基地建设，在和平乡建立乌山革命纪念馆，修复中共闽南地委机关革命遗址，在献宝山修建烈士陵园等思想教育基地；组织开展“三德教育宣传月”和“两反一扫”活动，举办“公民道德建设大家谈”征文和《公民道德建设实施纲要》知识竞赛活动。2002 — 2004 年，通过组织学习中共十六大精神和“三个代表”重要思想，开展“依法治县、以德治县”“致富思源、富而思进”的思想教育活动。2005 — 2006 年，通过建立未成年人思想道德建设联席会议制度，清理整顿文化市场和发出《关于在全县广泛深入开展“知荣辱、树新风”青少年爱国主义读书教育活动的通知》，在青少年中组织开展社会主义荣辱观和“爱我漳州、爱我云霄、崇尚文明、致力发展”思想教育活动。

二、文明创建活动

1997 年，组织开展争创省级文明县城和卫生城市活动，对县城环境卫生、交通秩序和集市贸易“脏、乱、差”进行整治，禁止在县城燃放烟花鞭炮。2001 年，获漳州市文明县城创建工作进步奖。2003 年，县委以争创省级文明县城为目标，加强“六项管理”（社会治安、环境卫生、交通秩序、集市贸易、建筑工地、娱乐场所管理），实施“四个工程”（保洁、绿化、亮丽、畅通工程）。2004年，开展群众性创建“文明之家”活动。2006年，全县共有文明单位476个，文明片区6个，文明村镇110个，文明学校47所，文明户354户，文明市民115人，文明行业4个，满意窗口59个，青年文明号144个（其中国家级2个，省级12个，市级53个，县级77个），精神文明建设先进工作者151人。云霄县家庭文化创建活动的经验在全市推广。

三、机构

县精神文明建设办公室　1997年编制6人，在编6人，2006年编制5人，在编6人。同年8月，县精神文明建设办公室改由县委宣传部管理。

第八节　统一战线

一、党外人士工作

县委每年多次召开有政协委员、社会各界人士参加的座谈会、通报会、协商会，就有关全县的重大事项进行通报协商，并聘请多名非中共人士为特约监察员、审计员和教育督导员；建立县委常委同非中共代表人士联系交友制度；政府、人大、政协换届，由县委统战部配合有关部门与党外人士协商、听取意见和进行推荐、考察，2003—2004年共推荐党外县人大代表候选人73人（占人大代表总数35.6%），推荐党外政协委员人选98人（占政协委员总数60.8%）。

二、海外联络联谊

贯彻“不忘老朋友，结交新朋友，扩大联谊面，着眼二、三代”的方针，以云霄“开漳祖地”的人文、血缘、地理优势，做好“三胞”探亲、谒祖、旅游观光、文化交流、投资经商、兴办慈善事业等联络联谊及接待工作。新加坡华侨陈东平每次返乡，相关部门均给予热情接待，并指定专人与其经常保持联系，介绍家乡有关情况，陈东平共为家乡文化、教育、卫生等公益事业捐资近800万元。1997年，英国致公党总堂和侨社人士访华团及缅甸洪门人士访华团35人，专程到云霄高溪庙、观音亭考察天地会遗址。2005年7月开通《云霄乡亲网》，通过互联网站宣传云霄人文环境，推介招商项目，展示云霄形象。1997—2006年，共接待300多个“三胞”团、组4600多人次，其中重点人士23人。

三、落实民族宗教政策

（一）扶助少数民族村发展

2002年，县有关职能部门对下河乡陂兜畲族村进行入户实地调研，提出发展项目上报省、市民族事务委员会。2002—2006年，共争取下拨扶持资金60.7万元，为该村水利、道路、校舍建设和民族文化遗产保护等提供支持。2006年，开展台胞高山族“一户一卡”经济情况调查，对5户14人的经济情况进行评估上报，争取扶助资金。

（二）加强宗教活动管理

1997年，制止2起宗教非法组织活动。在宗教信仰较活跃的常山华侨农场举办2期宗教法规学习班，80多名信徒参加培训。同年，配合有关部门处理天主教堂和经堂口基督教堂的房产遗留问题，做好基督教溪边教堂拆迁安置工作。1998年，选送30多名佛教信徒到省佛教协会学习受戒，推荐5名佛教徒为县政协第九届委员人选。同年，对全县115座寺庙进行调查，其中纳入登记37座，保留75座，拆除1座，改作他用2座，并登记开放14座宗教活动场所。2004年，开展乱建滥建寺庙专项治理工作，对全县各类宗教、民间信仰活动场所 269 座、土地公庙 386 座，落实整改措施。2005 年，开展《宗教事务条例》宣传教育活动，建立完善宗教、民间信仰场所活动报告、基建报告和治安安全管理制度，促使宗教、民间信仰活动依法有序进行。2001 — 2006 年，在县宗教界开展爱国主义、社会主义和“爱国爱教作奉献”活动，实施功德工程，为赈灾、扶贫助学和公益事业捐资 130 多万元。

四、机构

县委统一战线工作部　1997 年编制 7 人，在编 6 人。2006 年编制 5 人，在编 6 人，设部长 1 人（由县委常委或县政协副主席兼任），副部长 2 人，内设人秘科、联络科。

第九节　政法工作

一、社会治安综合治理

县委、县政府于每年年初与乡镇和县直机关各口签订社会治安综合治理责任书，落实综治领导责任制，1999 年，县综治委对各综治成员单位的职责任务予以规范明确。当年开展追逃专项斗争和“严打”整治行动，重点整治和规范市场经济秩序。2000 — 2001 年，开展查处“六合彩”骗赌专项行动，查处“六合彩”赌博案 326 件，抓获涉赌人员 717 人，处刑拘 46 人，逮捕 28 人，劳动教养 20 人；开展“打黑除恶”严打专项斗争，查处黑恶势力团伙 11 个，带破刑事案件 119 起，抓获团伙成员 42 人。2002 年，以莆美镇中柱村、东厦镇浯田村为重点整治区域，开展全县严打整治“百日会战”，破各类刑事案件 1958 起，抓获犯罪嫌疑人 440 人，摧毁犯罪团伙 14 个，抓获“六合彩”涉赌人员 443 人。2003 年，发布《关于敦促在逃人员投案自首的通告》，缉捕在逃人员 212 人，其中网上在逃 164 人，省、市督捕 5 人，外地逃犯 37 人。同年，在全县开展“无毒社区、无毒村”创建活动。2004 年，县综治委派工作组进驻东厦镇开展重点整治。2005 年，确定将军山管委会为重点整治单位。2006 年，组织对莆美至火田国道 324 线路段开展打击“两抢一盗”重点整治。2000 — 2006 年，共排查矛盾纠纷 3730 件，调处 3430 件。2005 — 2006 年开展涉法涉诉大接访。县政法委印发《社会治安防控体系建设三年规划》，投入 30 多万元在 22 处安装电子监控设施。至 2006 年，全县组建各类群防群治队伍 55 支 600 余人，在农村、社区配备平安中心户长 800 人，综治协管员 172 人。

二、执法监督协调

1999 年，县委政法委成立执法检查领导小组，组织政法各部门对 1997 — 1999 年办理案件开展执法大检查，发回重审案件 24 件，落实整改措施 12 条。为落实县委提出的抓人、追刑的从严打假政策，政法委召开公、检、法三长和各业务主管部门负责人的案件协调会，2000 — 2006 年，共研究协调涉假案件 16 批次 160 件，研究协调其他重大、疑难案件 18 批次 32 件。2006 年，发出《关于实施涉假刑事案件侦破责任制的规定》，从政法委、公安局、检察院、法院、综治办、烟草等部门抽调人员成立涉假案件侦破协调小组，对列入县委督办的涉假刑事案件，要求公安机关在三个月内破案，破案率必须达到 70% 以上。

三、“平安云霄”建设

1997 年启动文明安全片区四年创建规划，逐年分批对安全村（街、小区）进行考评命名。至 2002 年云陵镇创安率达 100%，其他乡镇达 70% 以上，其中大园街、宝楼街、塘坪街、船场村被评为漳州市示范街、村。

2004 年 6 月，县委、县政府下发《关于建设“平安云霄”的实施意见》，召开全县建设平安云霄电视电话会议，成立平安建设领导小组，并抽调政法部门专职人员组建平安办，集中办公。同年 7 月，确定云陵镇、莆美镇为平安乡镇建设试点，铺开平安家园、平安学校、平安企业等平安创建子细胞工程。同年 11 月，建立平安云霄建设分片挂点联系制度和建设平安云霄六项工作制度。同年 12 月，下发《云霄县关于县直机关、乡镇党政领导干部实行建设平安云霄和社会治安综合治理领导责任制的考核办法》，在县电视台开辟建设平安云霄专题系列报道，在主要街道、重要路口设置一批以平安云霄建设为主要内容的公益广告牌。

2005 年 3 月，县委、县政府表彰平安云霄建设先进单位 5 个，先进个人 11 人。县政法委、综治办组织综治成员单位在云陵镇汀洋社区举办以创建平安云霄为主要内容的宣传板展活动，县人大、政协组织部分人大代表、政协委员对平安工作进行视察。同年 4 月，印发《创建平安金融工作方案》并召开动员会。同年 7 月，开通"爱贝通"系统，形成社会、学校、家庭"三位一体"的校园安全防范体系。同年 11 月，开展"宣传平安建设，加强治安防控"统一行动，云霄、漳浦、诏安、东山四县签订县际治安联防协议，建立平安边界创建联动机制。同年 12 月，平安办发出《关于组织县直机关党员、干部参加社区志愿者平安家园活动》通知，组织对平安家园、平安金融试点单位进行达标验收。

2006 年 1 月，县委下发《关于建立县五套班子领导成员平安云霄建设挂钩联系制度的通知》。2 月，开通建设平安云霄电话、手机语音宣传广告，下发《云霄县县直机关单位考评验收办法》。3 月，在火田镇召开平安家庭工作现场会，对 98 户家庭授予"平安家庭"荣誉称号；综治委组织开展平安综治宣传活动，印发综治平安建设宣传材料 8 万多份。4 月，县政府组织有关部门人员分组对各中学、中心校、金融单位、厂矿企业及重点保卫部门进行安全大检查。7 月，县综治委命名县委办等 7 个单位为平安单位。8 — 11 月，政法委、综治办、平安办人员分组对乡镇平安建设进行督查，并对首批申报平安乡镇及部门、金融单位进行考评检查，对申报平安校园的 40 所中小学进行考评验收，举办全县综治平安建设培训班，并在火田镇实地交流平安建设工作经验。12 月，9 个社区开展志愿者平安家园活动，参与的志愿者 1020 人。

四、机构

县委政法委员会　1997 编制 8 人，在编 6 人。2006 年编制 7 人，在编 7 人。设书记 1 人（由县委常委兼任），副书记 3 人，内设政工科、秘书科、信访协调督查科。

县社会治安综合治理委员会办公室　与政法委合署办公。综治办 1997 年编制 3 人，在编 3 人，2006 年人数不变。

第十节　政策研究和保密工作

一、政策研究

1997 年机构改革，县委政策研究室与县委办公室合署办公。2001 年第二次机构改革，政策研究室并入县委办公室，保留牌子。至 2006 年，围绕县委中心工作和有关农业产业化、工业化、城镇化、财税结构、城乡结构等课题进行调研并提出政策建议。共编写调研报告 100 余篇，出版《云霄调研》80 多期，《政策参考》40 多期，一些优秀调研成果被省市政策研究部门采用、收录。其中，2000 年出版《云霄县重点课题调研成果》，收入县领导班子成员及乡镇、部门领导人调研文章 36 篇。

二、保密工作

1997 年，设保密科，为县委办内设机构，2002 年，改为保密局，归党委系列，挂靠县委办，设单列编制。1997 — 2006 年，县保密局根据《保密法》及其《实施办法》，制订《关于加强对国家秘密载体保密管理规定的意见》《关于规范定密工作的通知》和《加强对计算机信息系统保密管理规定的意见》等规章制度。每年对全县重点保密单位进行 1 次以上保密检查，并及时提出整改意见。2000 年开始，县委党校把《保密法》知识纳入教学计划，至 2006 年共举办保密培训班 3 期。

附：县三级核心网络建设

三级核心网络是1997年前后云霄县基层党组织和党务工作者在党建实践工作中，发挥基层党支部战斗堡垒作用和党员先锋模范作用的创举。网络由党支部作用网区、党小组责任网站、党员责任网点组成。1999年，县委以瓦坑村、礁美村党支部为试点，并逐步向全县推广。2000年6月，运用三级核心网络开展“我为党旗增光辉”活动，取得良好宣传教育效果。同年8月，中组部组织局局长欧阳淞带领华东各省市组织部长到瓦坑村调研，把云霄三级核心网络建设誉为“农村基层党建的一个伟大创举”。2005年1月，全县运用三级核心网络开展“保持共产党员先进性”宣传教育活动。3月，县委召开三级核心网络建设流动现场会，并作《三级核心网络建设的实践探索》总结。4月10日，漳州市委在云霄举行“三级核心网络”全市现场会。6月，三级核心网络建设从农村党支部推广到县直机关党组织。至2006年，全县158个村和15个社区党支部，建成党支部作用网区173个、党小组责任网站703个、党员责任网点3342个。其中综合管理型网络474个，网点2461个；专业服务型网站174个，网点598个；产业纽带型网络38个，网点206个；流动型网站17个、网点77个。在三级核心网络的建设发展过程中，福建省委书记陈明义、宋德福、卢展工先后到云霄进行专题调研和指导，《人民日报》《福建日报》做过专题报道。

附：1997 — 2006 年中共云霄县委重要文件选登

表 19-5

文　件　名　称	文　号	发文时间
县委关于切实做好减轻农民负担工作通知	云委〔1997〕2 号	1997-02-02
县委、县政府关于确认小康建设达标村的决定	云委〔1997〕57 号	1997-10-25
县委、县政府关于打击制贩假冒卷烟责任制的若干意见	云委〔1997〕64 号	1997-12-11
县委、县政府关于加快农村新村建设优惠政策的暂行规定	云委〔1998〕5 号	1998-02-20
县委、县政府关于严厉打击制售冒牌香烟违法活动的实施方案	云委〔1998〕8 号	1998-02-18
县委、县政府关于认真做好农民负担监督管理工作的通知	云委〔1998〕18 号	1998-04-16
县委、县政府关于加快卫生改革与发展的决定	云委〔1998〕20 号	1998-06-04
县委关于依法治县的决定	云委〔1998〕31 号	1998-09-16
县委、县政府关于进一步扶持乡镇企业和经济发展的若干规定	云委〔1999〕25 号	1999-04-19
县委关于印发《中共云霄县委常务委员会工作规则》的通知	云委〔1999〕48 号	1999-07-08
县委、县政府关于加快实施科教兴县战略的决定	云委〔1999〕70 号	1999-11-18
县委、县政府关于进一步扶持高新技术产业发展的若干规定	云委〔1999〕71 号	1999-11-18
县委、县政府关于严厉打击制售假冒卷烟违法活动的决定	云委〔2000〕2 号	2000-01-10
县委、县政府关于鼓励各类人才从事非公有制工业经济活动的若干规定	云委〔2000〕50 号	2000-11-03
县委、县政府关于加快工业化进程的若干意见	云委〔2000〕53 号	2000-11-03
县委关于制订国民经济和社会发展第十个五年计划的建议	云委〔2000〕58 号	2000-12-13
县委、县政府关于进一步加快云霄枇杷开发种植的通知	云委〔2001〕35 号	2001-11-09
县委关于贯彻《公民道德建设实施纲要》的实施意见	云委〔2001〕40 号	2001-12-12
县委、县政府关于印发《云霄县开展落实党风廉政建设责任制工作主题活动实施方案》的通知	云委〔2002〕34 号	2002-06-28
县委、县政府关于云霄县各乡镇场招商引资在云陵工业开发区（七星工业园区）的有关规定〈试行〉	云委〔2003〕2 号	2003-01-02

续表 19-5

文　件　名　称	文　号	发文时间
县委关于贯彻落实中共福建省委《关于建立和完善反腐倡廉工作“六个机制”的若干规定（试行）》的通知	云委〔2003〕23 号	2003-04-23
县委、县政府关于党政领导班子成员实行党风廉政建设责任制的责任范围及 2003 年主要任务分工的通知	云委〔2003〕27 号	2003-05-08
县委、县政府打击制售假冒卷烟工作专项整治方案	云委〔2004〕20 号	2004-03-09
县委、县政府关于进一步加快民营经济发展的若干意见	云委〔2004〕22 号	2004-03-22
县委、县政府关于进一步加快农村公路建设的决定	云委〔2004〕27 号	2004-06-05
县委、县政府关于建设“平安云霄”的实施意见	云委〔2004〕31 号	2004-06-27
县委、县政府关于加快发展高中阶段教育的实施意见	云委〔2004〕40 号	2004-07-06
县委、县政府关于创新农村工作机制的实施意见	云委〔2004〕44 号	2004-10-11
县委关于加强党的执政能力建设的实施意见	云委发〔2005〕1 号	2005-01-18
县委、县政府关于加快工业发展的若干补充规定	云委〔2005〕8 号	2005-09-15
县委、县政府关于制订国民经济和社会发展第十一个五年规划的建议	云委〔2005〕13 号	2005-12-27
县委、县政府关于印发《首届中国云霄国际“开漳圣王”文化节暨枇杷节活动方案》的通知	云委〔2006〕30 号	2006-11-30

第二十章　地方人大

1950年4月、1952年11月，召开第一、二届县各界人民代表会议。1953年7月，分选区选举人民代表，1954 — 1966年共召开五届县人民代表大会。“文化大革命”期间，人民代表大会停止举行。1978年4月恢复召开第七届县人民代表大会。1980年11月至2004年1月，召开第八届至第十四届县人民代表大会，其间，从第八届开始，历届人民代表大会均选举产生人大常委会。县人大根据《宪法》《选举法》《代表法》《地方组织法》规定，行使对县政府、法院、检察院工作的监督权，对全县重大事项的审议和决定权，对国家机关工作人员的任免权，并对代表提出的议案和建议进行督办。

第一节　县人大代表选举与代表大会

一、代表选举

1998年12月选举产生第十三届县人大代表。选前成立县选举委员会，进行选举法宣传、划分选区、选民（年满18周岁公民）登记、公布选民名单，然后根据选区分配的代表名额推荐初步候选人，协商确定正式候选人，在规定的选举日以无记名投票进行差额选举，当选代表名单由县选举委员会发布公告。至2006年12月选举产生县第十五届人大代表。

云霄县第十三、十四、十五届县人大代表选举统计表

表20-1　　单位：人、个

届次	选举年月	选举日	选民数	参选人数	选区数	初步候选人数	正式候选人数	代表数		
								应选名额数	预留数	实际数
十三届	1998-06 — 1999-01	1998-12-10	278156	268814	152	790	358	211	5	206
十四届	2003-09 — 2004-01	2003-12-09	295540	272558	154	646	363	211	3	208
十五届	2006-09 — 2007-01	2006-12-08	311186	288727	154	511	362	211	3	208

注：1.1994年起，县人大代表每届任期由3年改5年。2.县第十四届人大根据上级布置提前换届，任期为3年

二、代表构成

第十三届代表206人，其中工人14人，农民91人，干部55人，知识分子39人，归侨5人，少数民族1人，军人1人；中共党员127人，无党派79人；男性156人，女性50人；大中专以上文化117人，初中文化84人，初中以下文化5人；35岁以下54人，36 ~ 55岁139人，56岁以上13人。连任代表46人。

第十四届代表208人，其中工人20人，农民151人，干部20人，知识分子11人，归侨4人，少数民族1人，

军人1人；中共党员133人，无党派75人；男性164人，女性44人；大中专以上文化127人，初中文化76人，初中以下文化5人；35岁以下46人，36～55岁156人，56岁以上6人；连任代表56人。

第十五届代表208人，其中工人20人，农民103人，干部50人，知识分子28人，归侨5人，少数民族1人，军人1人。中共党员134人，无党派74人；男性164人，女性44人；大中专以上文化137人，初中文化67人，初中以下文化4人；35岁以下34人，36～55岁169人，56岁以上5人；连任代表84人。

三、代表大会历次会议

（一）第十二届第四次会议

1997年1月16—19日召开，出席代表289人。会议听取并审议县长赖文达《振奋精神、把握大局，全面开创全县两个文明建设新局面》政府工作报告和县人大常委会、法院、检察院工作报告，审查1996年县国民经济和社会发展计划执行情况及1997年国民经济和社会发展计划草案、1996年财政预算执行情况及1997年财政预算草案的报告（历次会议审查内容相同，下略），并通过以上报告的决议（历次同，下略）。列席会议的有非人大代表的县委、政府领导，各部门、各乡镇负责人，历届人大离退休正副主任以及出席县政协会议的政协委员等（各次会议列席对象相同，下略）。选举县人民法院院长1人。会议收到议案50件，建议意见33件，均作建议意见处理（历次同，下略）。

（二）第十二届第五次会议

1998年1月2—5日召开，出席代表285人。会议听取并审议县长赖文达《统揽全局、稳中求进，努力开创改革开放和现代化建设新局面》政府工作报告和县人大常委会、法院、检察院工作报告，审查计划和预算的报告，并通过报告的决议。会议收到议案60件，建议意见35件，其中《关于切实做好将军山旅游风景区规划、建设、管理的建议》议案，经大会审议通过列为001号议案。

（三）第十三届第一次会议

1999年1月11—15日召开，出席代表206人。会议听取并审议代县长黄舜斌《团结和动员全县人民，为推进云霄的现代化建设而奋斗》政府工作报告和县人大常委会、法院、检察院工作报告，审查计划和预算的报告，并通过报告的决议。大会选举第十三届人大常委会主任1人、副主任3人，常委会委员13人。选举县长1人、副县长5人及法院院长和检察院检察长各1人。会议收到议案75件，建议意见42件。

（四）第十三届第二次会议

2000年1月6—9日召开，出席代表208人。会议听取并审议县长黄舜斌《高举旗帜再奋进，励精图治创辉煌，全面开创云霄现代化建设事业新局面》政府工作报告和县人大常委会、法院、检察院工作报告，审查计划和预算的报告，并通过报告的决议；补选常委会委员2人。会议收到议案53件、建议意见25件。

（五）第十三届第三次会议

2001年4月10—13日召开，出席代表208人。会议听取并审议县长黄舜斌《面向新世纪，开创新局面，为全面实现“十五”规划而努力奋斗》政府工作报告和县人大常委会、法院、检察院工作报告，审查计划和预算的报告，并通过报告的决议。选举漳州市第十三届人大代表34人，补选县人大常委会委员1人。会议收到议案55件，建议意见33件。

（六）第十三届第四次会议

2002年1月11—13日召开，出席代表203人。会议听取并审议县长黄舜斌《与时俱进，奋发有为，全面推进云霄现代化建设进程》政府工作报告和县人大常委会、法院、检察院工作报告，审查计划和预算的报告，并通过报告的决议。会议收到议案36件，建议意见22件。

（七）第十三届第五次会议

2003年1月18—20日召开，出席代表199人。会议听取并审议县长黄舜斌《紧扣发展主线，实践“三个代表”，全面建设云霄小康社会》政府工作报告和县人大常委会、法院、检察院工作报告，审查计划和预算的报告，并通过报告的决议。会议收到议案27件，建议意见13件。

（八）第十四届第一次会议

2004 年 1 月 2 — 6 日召开，出席代表 208 人。会议听取并审议县长黄舜斌《面向新世纪，实现新跨越，为全面加快建设云霄小康社会而努力奋斗》政府工作报告和县人大常委会、法院、检察院工作报告，审查计划和预算的报告，并通过报告的决议。选举第十四届人大常委会主任 1 人、副主任 3 人，常委会委员 14 人。选举县长 1 人、副县长 7 人及法院院长、检察院检察长各 1 人。会议收到议案 79 件，建议意见 36 件。

（九）第十四届第二次会议

2005 年 1 月 11 — 14 日召开，出席代表 210 人。会议听取并审议县长黄舜斌《以人为本，和谐发展，凝聚力量，扎实推进全面建设小康社会》政府工作报告和县人大常委会、法院、检察院工作报告，审查计划和预算的报告，并通过报告的决议。补选人大常委会副主任 1 人。会议收到议案 69 件，建议意见 13 件。

（十）第十四届第三次会议

2006 年 1 月 4 — 6 日召开，出席代表 207 人。会议听取并审议县长黄舜斌《立足新起点，把握新机遇，努力实现“十一五”规划良好开局》政府工作报告和县人大常委会、法院、检察院工作报告，审查计划和预算的报告，并通过报告的决议；审议通过《云霄县国民经济和社会发展“十一五”规划暨2020年远景目标纲要》。会议收到议案 45 件，建议意见 20 件。

（十一）第十四届第四次会议

2006 年 5 月 25 — 26 日召开，出席代表 205 人。会议听取 2006 年 1 — 4 月县政府工作报告；补选县长 1 人。

第二节　县人大常委会

一、工作机构

人大闭会期间由人大常委会行使人大职权。1997 年，县人大常委会设办公室、法制委员会、农村工作委员会、财政经济委员会、华侨工作委员会、教育科技文化卫生委员会。1998 年 1 月农村工作委员会改为农村经济委员会，华侨工作委员会改为华侨台胞民族宗教委员会。2004 年 1 月增设人事代表委员会。办公室负责处理常委会日常事务，各工作委员会与县“一府两院”及其所属工作部门实行对口定向联系，并根据常委会授权进行法律和工作监督，承办有关事项。2006 年，人大常委会机关在编 31 人。

二、主任会议

1997 年，主任会议继续由县人大常委会主任、副主任组成。2005 年县第十四届人大常委会第十四次会议审议通过《云霄县人大常委会工作暂行规定》，主任会议一般每月举行一次，常委会办公室主任列席会议并负责记录。根据会议内容需要，安排常委会有关工作机构负责人及县有关部门负责人列席。会议的决定必须由全体组成人员的过半数表决通过。至 2006 年不变。

三、常委会会议

1997 年，县人大常委会会议按照《地方组织法》规定，至少两个月举行一次，并须有过半数组成人员出席方能举行。“一府两院”负责人、人大常委会各工作机构负责人、各乡镇人大主席及有关部门负责人或有关县以上的人大代表列席会议。会议对议案或决议、决定，用无记名投票或举手方式表决，以全体组成人员过半数同意为通过。至 2006 年，共举行人大常委会会议 75 次。

云霄县第十二、十三、十四届人大常委会主任、副主任名表

表 20-2

届 别	职务	姓名	籍贯	任职时间
十二届	主　任	张如崧	云霄	1994-01 至 1999-01
	副主任	陈振权	云霄	1994-01 至 1999-01
	副主任	林添林	云霄	1994-01 至 1999-01
	副主任	黄松木	云霄	1994-01 至 1999-01
	副主任	曾文幸	台湾高雄	1994-01 至 1999-01
十三届	主　任	吴和盛	云霄	1999-01 至 2004-01
	副主任	张束香	云霄	1999-01 至 2004-01
	副主任	曾文幸	台湾高雄	1999-01 至 2004-01
	副主任	陈耀国	云霄	1999-01 至 2004-01
十四届	主　任	张小梅	云霄	2004-01 至 2007-01
	副主任	曾文幸	台湾高雄	2004-01 至 2007-01
	副主任	陈耀国	云霄	2004-01 至 2007-01
	副主任	陈传生	云霄	2004-01 至 2007-01
	副主任	汤全平	云霄	2005-01 至 2007-01

第三节　县人大常委会主要工作

一、审议决定重大事项

1997 年，第十二届人大常委会第二十七次会议做出《关于继续开展法制宣传教育的决议》，第二十九次会议做出《关于批准〈云霄县人民政府关于 1997 年城建重点项目资金安排的报告〉的决定》，第三十二次会议做出《关于批准县政府〈关于提请批准对全县教育“普九”进行核查的报告〉的决议》。1999 年 2 月 11 日，第十三届人大常委会第一次会议审议通过《依法治县决议》；4 月 3 日，第二次会议审议通过县政府《将军山公园总体规划》，审议批准《云霄县人民政府关于依法行政的实施规划》；12 月 8 日，第十次会议审议批准《云霄县科学技术发展“九五”计划和 2010 年远景规划》；2000 年 6 月 28 日，第十四次会议审议通过《关于严厉打击制售假冒卷烟违法犯罪活动决议》；8 月 28 日，第十五次会议审议通过《云霄县人民政府关于提请审议贷款解决我县三家城市信用社兑付资金的方案》；11 月 10 日，第十七次会议审议通过《云霄县人民政府关于提请审议贷款解决全县农村合作基金会兑付资金的议案》；2001 年 12 月 14 日，第二十四次会议审议通过《关于开展法制宣传教育的第四个五年规划的决议》。2005 年 7 月 26 日，第十四届人大常委会第十一次会议审议批准《云霄县人民政府关于提请审议云霄县西环路建设路线方案（二期）的议案》；2006 年 9 月 26 日，第二十次会议审议通过《“五五”普法决议》；12 月 29 日，第二十三次会议审议通过《云霄城市总体规划》（第二轮调整）。

1997 — 2006 年，县人大常委会共召开 11 次人民代表大会会议，听取、审议“一府两院”及所属部门的工作报告 90 多项，审议批准决议、决定 84 项。

二、人事任免

1997 — 2006 年，县人大常委会根据党管干部和人大依法任免干部的原则，任命县政府及其组成人员 124 人次，免职和接受辞职 60 人次，撤职 1 人；任命人大机关工作人员 26 人次，免职和接受辞职 22 人次；

任命法院工作人员53人次，免职和接受辞职41人次；任命检察院工作人员31人次，免职和接受辞职4人次。其中，1997年3月3日，依法罢免犯受贿罪的原云霄县委书记郭育祺漳州市人大代表职务（由云霄选区选出）。

三、依法监督

1997年，县人大常委会加大依法监督力度，每年均听取审议县“一府两院”专项工作报告，审查和批准决算；听取审议国民经济和社会发展计划、预算执行情况报告和审计工作报告。至2006年共组织对《审计法》《统计法》《环境保护法》《规划法》《福建省建筑市场管理条例》《工会法》《消防法》《道路交通安全法》《老年人权益保障法》《义务教育法》《民办教育促进法》《计划生育服务管理条例》《食品卫生法》《农业法》《农业技术推广法》《村集体财务管理条例》《动物防疫法》《森林法》《水法》《防洪法》《土地管理法》《海域使用管理法》《归侨侨眷权益保护法》等82部法律法规实施情况进行执法检查。对公安局、检察院、法院、司法局工作进行评议，对“一府两院”及垂直管理部门等48个单位进行民主测评。提出质询案1件，纠正办案不公、超期限办案及超期限羁押案件59件。

四、视察与调研

（一）视察

1997 — 2006年，县人大常委会先后组织县人大代表进行13次视察活动。主要视察的项目有御史岭工业小区、七星工业区和云陵工业开发区的工业生产建设；泥蚶“168”工程，东厦万亩现代农业示范区，和平乡金山枇杷生态农业园，漳江（枇杷）实业有限公司，超大集团云霄蔬菜园区等农业综合开发项目；城关东市场、后汤市场建设，县城市容市貌，县城漳江防护堤管理，西市场卫生管理，将军山公园建设，自来水厂扩建，江辉路拆迁改造，大人公港、太史公港卫生整治，居民区石板材加工企业搬迁，城区内涝治理，将军大道建设，陈政路扩建等城建环保项目；云霄一中、实验小学教学情况，第四中学危房改造，江滨小学建设，计生“七不准”法规落实以及药品经营管理等科教文卫项目；下曲线道路拓宽改造，全县农村公路建设，疏港公路施工等交通建设工程；看守所、拘留所管理，检察院检务公开，国税、地税征管，“打假”以及东厦、火田、莆美等乡镇建立办证大厅为民办实事等事项，并提出建议意见。

至2006年，县人大常委会受市人大常委会委托，每年组织一次县内的市人大代表开展视察活动。

（二）调研

1997 — 2006年，县人大常委会先后开展农业技术推广，教育“两基”达标，农业、农村工作，科技创先，农村电价与“农网”改造，公民诉讼权利，社会保障，农业产业化，发展民营经济，县城建设总体规划，民族宗教事务，集体林权制度改革，社会主义新农村建设，优质食品供应基地建设和基层平安创建等60个专题调研，形成书面报告，责成相关部门协调处理并提供县委作决策参考。

五、议案与建议督办

第十二届第四次会议至第十四届第四次会议，县人大代表共提出议案549件，建议意见272件。内容主要有农业结构调整，枇杷种植及病害防治，创建体育先进县，乡村道路建设，提高村级主干工资补贴，建立县养老机构，县医院、中医院职工养老保险，县城内涝与环境卫生整治，增设东市场，建设江滨水泥路，网吧整治，校园环境整治，申报“燕翼宫”文物保护，云平线、云列线拓宽改造，无牌车辆整治，液化气价格整治，城区禁放烟花爆竹，清退电话初装费等等。其中，第十二届第五次会议《关于切实做好将军山旅游风景区规划、建设、管理的建议》议案，经审议列为大会议案。每次会议结束后，人大常委会即召开议案、建议交办工作会议，将议案、建议交由相关部门、单位办理。依照《代表法》规定，承办单位应在3个月内将办理情况向代表答复，不能如期办结的，应向代表说明并须在6个月内办结并向代表答复。人大常委会每年召开一次常委会会议，听取县政府办公室关于议案、建议办理情况报告。10年中，办复率100%。

六、信访办理

1997年，县人大常委会继续执行《云霄县人大常委会关于建立信访件挂号督办制度的规定》，对来信来访建立登记、批办、督办、反馈制度。至2006年共收到代表、群众来信929件，接待来访1875人次，来信来访案件办结率97%以上。

其间，1997年3月，东厦镇洲渡村群众反映北江水闸桥道年久失修存在交通安全隐患问题，经批转协调，由县水利局、交通局及时进行维修。1998年，代表、群众反映云霄糖厂拖欠农民甘蔗款问题，经专题调查，督促县政府于当年11月清还欠款950万元；同年7月，列屿镇政府以山前村“八五”期间计生漏报、错报而停止村委会主任汤某某职务，根据汤的情况反映督促镇政府纠正了违反《村民委员会组织法》规定的做法。1999年初，厦门某居民多次来信反映其家属陈某涉嫌贩毒抢劫案，因证据不足被云霄县公安局超期羁押三年未结案的问题，人大常委会作为重点督办案件，经由公安局调查取证于3月23日将案卷和嫌疑人移交厦门警方办理；同年6月，河塘村群众来信反映1998年9月一辆外地无牌车辆撞断一少女大腿后弃车逃逸，由于经办干警对现场遗留的线索没有及时追查而使事故处理久拖不决的问题，经督办，交警大队根据遗留电话号码簿的记录查到肇事者，使案件得到圆满解决。2000年，液化气储备企业和用户反映液化气瓶检验项目和检验收费标准一定不变的情况，经组织调查形成专题报告，由省人大常委会在《省人大财经》刊登并批转有关部门，经省物价局、财政厅调研审定调低收费标准；同年1月，前埔村何某来信反映其被人挟持勒索现金6万元，报案后公安机关未予立案的问题，经重点督办，案犯蔡某等3人被缉拿归案。2001年9月，向北村村民方某来信反映他与岳父到埭洋村前南江捕鱼，被该村吴某等人用扁担、棍子殴打致重伤害而10年悬案未决的问题，经责成公安局领导亲自督办并由检察院履行监督职能，通过调查取证得到查办结案。2004年2月，群众来信反映荷东村周某因“涉假”嫌疑被公安局刑拘，但存在证据不足的问题，经督促检察院向河南省荥阳警方提出检察意见，通过荥阳警方核查落实撤销该案；同年春节，世坂村村民来信要求增加电视收视频道问题，经批转由广电局筹资20多万元拓宽电缆线路。2005年4月，洲渡村10多名群众反映超大集团返还土地流转的超益利润被村委会侵占问题，经督办进行清退。

七、指导乡镇人大工作

1997年，指导乡镇召开第十一届人大第一次会议，选举乡镇人大主席团和政府领导班子。1998年，指导乡镇召开第十一届人大第二次会议。1999年，指导乡镇召开第十一届人大第三次会议。同年，成立乡镇选举委员会进行换届选举，11月18日，在全县430个选区264119名选民中选出乡镇第十二届人大代表601人，并补选县人大代表6人。2000年，指导乡镇召开第十二届人大第一次会议，选举出乡镇人大主席团和政府领导班子；建立联系代表的核心三级网络10个网点，联系非党人大代表80人；提出乡镇人大主席团“六有”（有独立办公室，有人大代表活动室，有人大主席团工作计划，有主席团职责和工作制度上墙，有主席团专职秘书，有人大代表活动经费）建设意见，以陈岱镇人大主席团为试点，建立乡镇人大主席团工作制度。同年12月，组织开展“六有”建设情况检查，促进了乡镇人大主席团的基础建设。2001年，指导乡镇召开第十二届人大第二次会议，继续推进主席团“六有”建设和核心三级网络建设，推进人大代表小组活动的开展。2002年，指导乡镇召开第十二届人大第三次会议，成立乡镇选举委员会进行换届选举。11月23日，在全县435个选区262849名选民中选出乡镇第十三届人大代表599人。2003年，指导乡镇召开第十三届人大第一次会议，选举出乡镇人大主席团和政府领导班子。2004年，指导乡镇召开第十三届人大第二次会议，举办乡镇人大代表学习《代表法》《地方组织法》培训班，建立县人大常委会组成人员挂钩联系乡镇人大代表制度，指导乡镇人大整合代表活动小组，按有活动室、有活动任务、有活动经费要求，规范代表活动行为。2005年，指导乡镇召开第十三届人大第三次会议，并指导乡镇人大主席团开展视察活动。2006年，指导乡镇召开第十三届人大第四次会议，成立乡镇选举委员会进行换届选举，于12月8日在全县436个选区311475名选民中选出乡镇第十四届人大代表601人，并指导筹备召开第十四届乡镇人大第一次会议。

第四节　乡镇人民代表大会

一、机构职责

乡镇人民代表大会每届任期 3 年，代表换届选举办法与县人大代表选举同。1997 — 1999 年为第十一届，2000 — 2002 年为第十二届，2003 — 2006 年为第十三届。每届第一次人大会议于本届代表选举产生后的两个月内举行。乡镇人大会议，听取并审议乡镇政府、人大主席团工作报告、财政预算执行情况和预算草案报告，选举产生乡镇长、副乡镇长和人大主席团主席、副主席。乡镇人大专职主席或副主席（个别乡镇由党委书记兼任主席）为乡镇领导成员，列席党委会议，主席团设秘书 1 人。主席团负责乡镇人大召开、换届选举、监督宪法法律的实施和政府工作；组织人大代表开展评议、视察和联系选民活动；督促乡镇机关单位办理和答复代表提出的建议、批评和意见，维护代表人身自由不受侵犯。

二、主要工作

各乡镇人大主席团根据当地实际，1997 年分别参与公路、海堤、学校建设、工业发展和招商引资等方面的监督、管理工作。莆美镇人大主席团，1999 年审议通过《莆美镇七星山万亩优质果园和莆美大山优质枇杷开发种植规划》；2000 年审议通过《莆美镇重点卫星城镇建设总体规划》；2001 年配合镇政府和有关部门解决阳下、高塘、向北、佳兜等村生活用水和个别村电价偏高问题；2004 年审议批准莆美镇人民政府《关于局部调整漳州大众兴纺织工业有限公司用地涉及莆美镇土地利用总体规划的请示》；2005 年审议批准镇人民政府《关于局部调整漳州亿德织造有限公司用地涉及莆美镇土地利用总体规划的请示》；2006 年参与县疏港公路莆美段的协调和建设，并先后向县、镇及有关部门提交了《关于彻底解决城区内涝问题的议案》《关于要求交通主管部门在学生出入主要路段设立斑马线、警示灯和警示牌的议案》《关于要求理顺双溪口 80 米大通道拆迁安置办理证件和赔青款的议案》等 20 多件。列屿镇人大主席团主席从 2002 — 2006 年先后参与云列线战备公路、莆列线以及油车、林坪、人家等农村公路和县疏港公路建设的负责、监督与协调工作；先后向县、镇有关部门提交《关于建设云霄滨海新区的议案》《关于解决列屿半山自然村移动通信讯号的议案》《关于在云霄县城区设立车辆限速区的议案》等 10 多件。

附：云霄县省、市人大代表名单

省第九届人大代表：张若茵　林秋禧；

省第十届人大代表：黄舜斌　陈碧珠（女）　周志达

市第十三届人大代表：朱福清　吴和盛　黄舜斌　高伟强　林秀珍（女）　林建仁　汤瑞福　吴友堂
方可仲　高家凌　余瑞兰（女）　高志强　高德芳　汤耀火　汤妙玲（女）
何荣宗　黄木涛　陈维正　周小方　方瑞珠（女）　王水金（女）　吴东海
陈济元　朱旭东　李惠珍（女）　张亚清　黄正华　戴河山　郑玲（女）
张赞河　翁志刚　董惠聪
许跃华（女）　方志勇

第二十一章　地方人民政府

1949 年 9 月 25 日，国民党云霄县当局与中共云和诏县委签订云霄和平解放协议；10 月 2 日，由南下长江支队与云和诏县委在火田莆中村组建的县政府班子进城，宣告云霄县人民政府成立。1955 年 12 月，县政府改称县人民委员会。1967 年 1 月，“文化大革命”期间，人委会被“造反派”夺权，政府工作瘫痪。1968 年 10 月与全国同步成立县革命委员会，行使部分政府职能。1980 年 11 月恢复县人民政府。

1997 — 2006 年，第十二届至十四届云霄县人民政府，围绕建设海峡西岸生态工贸港口强县的目标，在发展“两水”（水产、水果），提高农业商品化、市场化水平的同时，实施工业立县战略，深化国有企业改革，扶持民营企业和个私经济发展，加大市场开放力度，完善基础设施和工业园区建设，改善投资环境，加强招商引资，大办光电企业，推动农业型经济向工业型经济转变，促进城乡建设和文教、卫生等各项社会事业发展，提高人民群众的物质、文化生活水平。

第一节　组织机构

一、领导机构

县政府设县长、副县长。县长、副县长由县人民代表大会选举产生，副县长在人大闭会期间，由县人大常委会任命。第十二届县政府县长 1 人、副县长 4 人，由 1994 年 1 月县第十二届人大第一次会议选举产生。第十三届县政府县长 1 人、副县长 5 人，由 1999 年 1 月县第十三届人大第一次会议选举产生。第十四届县政府县长 1 人、副县长 7 人，由 2004 年 1 月县第十四届人大第一次会议选举产生。

1997 — 2006 年云霄县历任县长、副县长名表

表 21-1

姓　名	性别	籍　贯	届别	职　务	任职时间
赖文达	男	福建平和	12	县　长	1994-01 至 1998-09
黄舜斌	男	福建平和	12	代县长	1998-09 至 1999-01
黄舜斌	男	福建平和	13 ~ 14	县　长	1999-01 至 2006-05
陈福州	男	福建龙海	14 ~ 15	县　长	2006-05 至
方加群	男	福建云霄	12	副县长	1997-01 至 1998-12
张小梅	男	福建云霄	12 13	副县长	1997-01 至 2004-02
苏惠卿	女	福建泉州	12 13	副县长	1997-01 至 2003-11
汪田吨	男	福建福州	12	副县长	1997-01 至 1998-07
黄建平	男	福建平和	12 13	常务副县长	1997-01 至 1999-09
吴文团	男	福建云霄	13	常务副县长	1998-11 至 2003-11

续表 21-1

姓　名	性别	籍　贯	届别	职　务	任职时间
黄银寿	男	福建平和	13 14	副县长	1998-11 至 2006-07
汤全平	男	福建云霄	13 14	副县长	1999-01 至 2005-01
廖世铢	男	福建福州	13	副县长	1999-05 至 2001-04
平　措	男	西　藏	13	副县长	1999-10 至 1999-11
杨镇发	男	福建诏安	13 14	副县长	1999-12 至 2006-12
魏江平	男	福建武平	13 14	副县长	2002-11 至 2004-10
高伟强	男	福建云霄	13 14	副县长	2002-08 至 2005-07
沈志平	男	福建平和	14	副县长	2003-11 至 2006-05
何伟燕	女	福建漳浦	13 14	副县长	2003-11 至
詹　伟	男	福建漳浦	14	副县长	2004-01 至
张中文	男	福建平和	14	副县长	2004-10 至 2006-07
高伟强	男	福建云霄	14	副县长	2005-07 至 2006-12
张海鹰	男	福建东山	14	常务副县长	2006-07 至

二、工作机构

1997 年，县政府设职能机构 58 个：办公室、人事局、监察局、编制委员会办公室、民政局、信访局、侨务办公室、土地管理局、档案局、地方志编纂委员会、地震办公室、老区办公室、经济体制改革委员会、技术监督局、公安局、司法局、国家安全局、计划委员会、物价委员会、统计局、劳动局、物资局、协作办公室、农业委员会、农业局、林业局、水电局、水产局、气象局、乡镇企业局、峰头水库移民办公室、城乡建设委员会、环境保护局、经济委员会、工业局、二轻工业局、交通局、邮电局、农机管理站、财贸委员会、财政局、审计局、国税局、地税局、粮食局、商业局、供销合作联社、工商局、打击走私办公室、烟草专卖局、对外经济贸易委员会、教育局、科学技术委员会、文化局、广播电视局、卫生局、计划生育委员会、体育运动委员会。1997 年 8 月实施机构改革，10 月，改物资局为物资总公司、商业局为商业总公司；12 月，撤销国家安全局、工业局、协作办公室、经济体制改革委员会、财贸委员会，改水产局为海洋与渔业局，增设旅游事业局。2000 年 6 月，改打击走私办公室为整顿市场经济秩序工作领导小组办公室。2001 年 12 月第二次机构改革，增设人民防空办公室，安全生产监督局，民族与宗教事务局；改土地管理局为国土资源局，经济委员会为经济贸易局，计划委员会为发展和改革局，物价委员会为物价局，劳动局为劳动和社会保障局，水电局为水利局，城乡建设委员会为建设局，对外经济贸易委员会为对外经济贸易局，科学技术委员会为科学技术局，文化局为文化体育局，广播电视局为广播电视事业局，计划生育委员会为人口和计划生育局，二轻工业局为二轻联社。2005 年 2 月，增设漳江口红树林国家级自然保护区管理局。

2006 年，县政府职能机构有办公室（含支前双拥办公室、文化体育局、法制办公室），发展和改革局（含统计局、粮食局、物价局），经济贸易局（含对外贸易经济合作局、安全生产监督局），教育局，公安局，民政局（含老区办公室），司法局，财政局，人事局（含劳动和社会保障局、退休干部管理办公室），交通局（含国防动员委员会交通战备办公室），人口和计划生育局，审计局，农业局（含水利局、畜牧兽医局），林业局，海洋与渔业局，建设局，科学技术局，卫生局，环境保护局，国土资源局；监察局与县纪委、民族与宗教事务局和县委统战部合署办公。议事协调办事机构有整顿市场经济秩序工作领导小组办公室，人民防空办公室；事业单位有漳江口红树林国家级自然保护区管理局（副处级），旅游事业局，广播电视事业局，地方志编纂委员会，地震办公室，移民开发管理局，档案局，二轻联社，供销合作联社，外贸公司；国有企业单位有商业总公司，物资总公司，二轻总公司（挂牌）。县政府成员单位正职领导由县人大常委会任命。

三、基层机构

1997 年，全县有云陵、莆美、陈岱、列屿、东厦、火田、下河、马铺、和平等 9 个乡镇。乡镇政府设乡镇长 1 人，副乡镇长若干人，由乡镇人民代表大会选举产生。全县乡镇核定编制（含党、政、人大、人民武装、群团，下同）计 390 人，在编 401 人。2006 年核定编制 312 人，在编 311 人。乡镇设党政办公室，农业办公室，经济办公室，乡村建设办公室，社会事务办公室，计划生育办公室，人民武装部，团委会，妇联会等机构。

四、派出机构

20 世纪 90 年代初，县政府设立驻福州、厦门、汕头办事处，编制各 4 人，负责云霄与驻地经贸往来、乡亲联谊及县政府交办的事项。2000 年驻汕头特区办事处撤销。2006 年 9 月，根据《漳州市人民政府关于印发开发区整合方案的通知》精神，设立云陵工业开发区，为县政府科级派出机构，行使政府赋予的管理和服务职能。

第二节　重要会议

一、县长办公会议

1997 年，根据工作需要，不定期举行。会议由县长或县长委托常务副县长主持召开，副县长和办公室主任参加，主要议程为通报工作情况、研究处理政府工作的重要问题、审批有关事项和发布通告、报告、文件等。

2000 年 8 月县长办公会（下同），研究加快信息产业发展，部署实施政府上网工程和创建电话县等工作；11 月会议，研究云霄糖厂实施破产及职工分流安置事宜，并通过《云霄糖厂职工分流安置具体方案》。2003 年 4 月会议，研究采取紧急措施加强非典型肺炎防治工作，决定下拨专项经费，对流动人口实施登记报告制度，及时进行体温检测，对患者实行隔离收治，并通过《云霄县人民政府关于加强乡镇防治非典型肺炎工作的意见》；11 月会议，研究同意成立云霄县社会福利院、光荣院，同意实施《云霄县接收三峡库区农村外迁移民安置实施方案》；12 月会议，研究同意成立云霄县婚姻登记中心，办理包括国内和涉台港澳同胞、华侨的全县婚姻登记。2004 年 3 月会议，研究同意国有破产企业职工按不同年龄段给予分期分批享受失业保险金待遇问题，研究同意成立云陵工业开发区工程建设指挥部，并下设办公室挂靠于云陵工业开发区管委会；5 月会议，同意实施粮食收购最低限价政策（中等早籼稻最低收购保护价 70 元／50 公斤），在夏粮收购入库时根据订单合同和售粮卡按 5 元／50 公斤标准一次性兑付直接补贴和良种补贴；8 月会议，研究制定义务教育阶段公办学校“一费制”杂费收费标准；9 月会议，研究解决中学师资紧缺问题，同意聘用云霄县应届师范类毕业生 18 人到完全中学任教，从 2001 — 2004 国家任务计划内全日制师范类大专毕业生中公开择优考聘 34 人作为中学紧缺学科教师。12 月会议，研究解决原罐头厂职工破产前养老金欠缴问题；成立云霄县会计核算中心，负责全县机关事业单位会计集中核算管理问题；从 2004 年起在全县实行种植水稻（包括单季稻和双季稻）耕地免征农业税及附加税问题。2005 年 9 月会议，研究出台《关于加快工业发展的若干补充规定》（县委、县政府联合行文）。2006年1月会议，研究提出加快云霄旅游业发展的意见；4月会议，研究编制云霄县消防规划、县城消防规划纳入城市总体规划、乡镇同步编制消防规划问题。

二、县政府常务会议

1997年，一般每月召开1次。由正、副县长组成，政府有关职能部门领导参加，主要议程为讨论决定政府工作有关问题，政府工作部门和乡（镇）政府请示的重要事项。至2006年，共召开县政府常务会议116次。

三、县政府全体成员会议

1997年，会议组成人员为县长、副县长和政府成员单位正职领导，半年举行1次。主要议程为传达上级党委、政府和县委的重要指示、决定，总结半年、全年工作（多与下半年工作会议结合召开），研究部署政府的重要工作或需要政府全体成员会议决定的重大事项。县直有关单位负责人和乡镇长列席会议。至2006年，共召开县政府全体成员会议19次。

四、县政府专题会议

1997年，根据工作需要，不定期举行。会议由县长、副县长按分管的工作范围，分别主持召开。2000年6月会议（专题会议，下同），主要研究国有粮食企业下岗分流减员增效问题。2003年7月会议，讨论解决发展工业经济及招商引资工作存在的17个问题。2004年4月会议，研究引进民资创办云霄一中分校，同意在师资、用地、建设等方面给予一定的优惠扶持；9月会议，讨论协调五板桥排洪港清理整治解除城区内涝问题，并制定清理整治方案。2005年5月会议，研究讨论殡葬改革问题，同意自7月1日零时起对未执行火化的36个村推行火化制度；6月会议，研究解决原云霄橡胶厂部分职工破产前社会养老保险欠缴遗留问题。2006年6月会议，研究全县公共通信管道统一规划建设问题，要求城区通信管道改造或新建应坚持统一规划、统一设计、统一施工、共同使用的原则，规划应适度超前，避免重复开挖建设；8月会议，研究讨论乡镇卫生院改造提升问题，要求县财政补助的资金主要用于莆美、东厦、下河、陈岱卫生院的更新和添置医疗设备，并提出通过公开考试择优聘用乡镇卫生院专业卫技人员，在2006年底前把县城村、街卫生院改建为社区卫生服务中心，把0 ~ 7岁儿童计划免疫经费追加为16万元。

第三节　政务纪要

一、第十二届人民政府（1994 — 1998年）

1997年，全县在农业方面投入620万元开发“两水”（水产、水果），在火田、马铺、下河、列屿、和平、莆美等乡镇建立6670多公顷龙眼、荔枝等水果和蔬菜基地，在东厦、列屿、陈岱等乡镇建立泥蚶、巴非蛤、青蟹、牡蛎等海水养殖八大基地；投入4168万元扩建改造向东渠、城关防洪堤和修复水毁工程78处，建成防火林带318.5公里、沿海防护林带21.5公里。工业方面，对全县63家国有企业进行股份制改造9家，兼并7家，异地搬迁16家，出售重组5家，破产4家，完善内部承包22家，盘活资产1亿多元，分流、安置下岗职工2100多人，消化历史债务4000多万元；新增乡镇企业、个私企业405家，就业人员3500人，并组团参加厦门“9·8”、漳州“9·10”经贸会和前往日本、马来西亚以及香港、台湾、深圳等地招商。基础设施建设方面，投入6128万元建人民公园、云漳北路、江滨路、省道漳云线（扩改建）。医疗卫生方面，“123健康工程”通过省级初级卫生保健达标验收，县医院通过省二级甲等综合医院验收。云霄县获1997年“福建省经济发展十佳县”称号。1998年，全县58公里海堤建设达标通过验收，自来水供水能力由9000吨增至3万吨，电力装机容量增加1.2万千瓦，公路通车里程增加102公里，广播电视覆盖率达95%，程控电话扩容至6万门，移动电话用户达1.6万户；投资6000万元规划建设礁美、双溪口、前埔、下坂、后埔、常山管区等6个新村建设示范点，建设面积6万平方米；筹措资金6736万元（含1996、1997年）改善办学条件，新建校舍15.7万平方米，扩大校园25万平方米，教育“两基”达标通过省级验收；投入3000多万元进行科技开发，完成泥蚶冬季育苗、青蟹人工育苗、生物磷钾肥等实用科技项目，其中棕榈藤研究项目获国家科委科技进步一等奖。启动城乡居民低保工程，全县经济困难户456户1361人获得基本生活保障。1997—1998年实际利用港澳台和外资7552万美元，外资和港澳台工业企业总产值21.79亿元。1998年财政收入2.12亿元。

二、第十三届人民政府（1999—2003年）

1999—2003年，农业方面，投入基础设施建设资金1.3亿元，完成向东渠扩改工程14.5公里、城区防洪堤12.29公里、建立水文自动测报预报系统、对15座水库及4公里海堤进行除险加固并通过全国初级电气化县达标验收。完成土地整理面积3000公顷、改造中低产田2660公顷、建设节水农业示范片665公顷，连续4年被列为国家农业综合开发项目县。工业方面，投入8000多万元，开发建设七星、下坂、阳下、宣美等4个工业园区，工业总产值126.69亿元。招商引资方面，共引进港澳台和外资企业32家，合同金额21260万美元，实际利用资金15043万美元，外贸出口额10460万美元，对台贸易1657万美元。整顿市场经济秩序方面，加大打击制售冒牌香烟力度，共捣毁制假窝点1089处，查获一大批大型制假机械、原辅材料、成品、半成品。基础设施建设方面，投入固定资产建设资金21.84亿元，建成沿海战备公路和800公顷的七星生态工业园区一期工程以及农村电网改造工程；投入2.1亿元，完成5万吨自来水厂扩容、元光小区道路配套和复兴路、江辉路改造以及电信、邮政、移动公司大楼和云霄一中教学楼建设。县城面积由1998年的4.8平方公里扩大到2003年的6.3平方公里，新增公共绿地27.2公顷，绿化覆盖率达32.7%。科教文卫方面，1999年承办漳州市第三届农民运动会。2000年9月，获“全国科技工作先进县”称号。2001年，云霄一中高考本科上线提高率跃居全市第二名。2002年，多媒体教学设备进入中小学课堂，计划生育工作列为省“三类”先进县，承办全国中学生足球联赛福建赛区比赛和省第五届足球联赛。同年，漳江口红树林自然保护区晋升为国家级保护区。2003年建成县疾控中心大楼并投入使用。同年获全国城市环境综合整治先进县称号。

三、第十四届人民政府（2004—2006年）

2004—2006年，农业方面，继续发展“两水”生产，至2006年全县枇杷种植面积4635.8公顷，产量3.72万吨；巴非蛤、泥蚶等水产养殖面积7490公顷，渔业总产量17.51万吨，产值8.98亿元，水产品“海塔牌”泥蚶获福建名优产品称号。漳州（云霄）鲜品冷冻有限公司产品通过欧盟HACCP认证，为全省欧盟HACCP认证示范单位；丽西食品有限公司被省政府评为省级重点农业龙头企业，枇杷协会评为省级示范组织。交通方面，投入1.61亿元，建农村水泥路230公里。工业方面，全县规模工业企业由2003年28家增至2006年71家，产值19.9亿元。组建厦门、泉州、深圳云霄异地商会开展招商引资，实际利用外资6577万美元，引进8家投资上亿美元的外资项目。城乡低保5367户、11656人，三年共发放低保金1764.42万元。失业保险金、养老金发放率100%。县长环保目标责任制考核连续6年排在漳州市各县区前列。2006年5月17日发生“珍珠”强台风灾害，县下拨救灾款3000多万元，社会捐款捐物近650万元，为12个集中重建点518户灾民和分散重建点2726户灾民重建新居。科教文体方面，三年共投入1656万元，新建、维修校舍4万多平方米，并引进创办将军山中学、漳州海峡科技中等职业技术学校、立人学校等民办学校；广播电视“村村通”工程名列全省前茅。全县财政收入由2003年的8306万元增至2006年的17028万元。

第四节　综合政务

一、政府法制

1999 年 1 月，县政府制订《关于依法行政的实施细则》，并按照依法行政的要求出台《关于推进行政决策科学化民主化的实施意见》《关于做好规范性文件备案审查的通知》，建立行政决策的专家咨询、公示听证、人大代表和政协委员议政、民主协商、社情民意反馈及决策的监督和责任追究制度，规定凡未经政府法制办审查和审查未同意的涉法事项，一律不提交政府常务会议审议；政府各部门和乡镇政府制定的规范性文件必须自发布之日起 15 日内报县政府法制办备案。至 2006 年，县政府共制发规范性文件 150 份，均按要求报市政府和县人大常委会备案；在招商及其他经济活动中，法制办共审查各类经济合同 29 份，对 10 多份合同进行了修改。在处理企业改制、涉法信访和重大群体性事件中，法制办发挥了参谋助手和法律顾问的职能作用。

1999 年 10 月，县政府出台《云霄县行政执法责任制实施办法》《关于进一步推行行政执法责任制的实施意见》，为法制办配备法律专业人员 2 名与政府办合署办公，建立由县长负总责，常务副县长具体抓，政府办直接联系的行政复议工作首长负责制。至 2006 年，共接收复议申请 50 件，其中撤销 2 件，当事人主动撤回 20 件，维持具体行政行为 18 件，不予受理 10 件。

二、机关效能建设

1999 — 2000 年，县委、县政府制订《云霄县关于加强机关效能建设的暂行规定》和《云霄县关于进一步深化机关效能建设的实施方案》，推行机关“办事时限工作票”制度，开展机关“清理积事周”和乡镇“清理积事日”活动，乡镇以逢 5（5、15、25 日）为“清理积事行动日”。县直机关对外窗口单位建立综合办证大厅，乡镇建立综合办事大厅，实行一个窗口办事，并设立“96615”机关效能投诉中心、乡镇投诉中心分中心，制止“三乱”（乱收费、乱罚款、乱摊派）、“四难”（门难进、脸难看、话难听、事难办）现象发生；开展“创文明行业，建满意窗口”活动和“110”社会服务联动，在有线电视开辟“机关效能建设访谈录”专栏，在机关设置警示牌、政务公开栏、机关科室分布图、办事流程图、人员去向牌等。1999 年全县共清理“积事”1022 件。

2001 年，开展“企业主评议有关职能部门”活动，对 25 个重点涉企单位进行评议，收集反馈意见 61 条，评出满意单位 13 个、不满意单位 2 个，责令被评为不满意单位的领导作书面检讨并公开向企业作整改承诺。莆美镇实行干部量化考核管理的经验，在全省机关效能建设工作会议上作典型介绍。2002 年，县纪委与组织、人事部门联合制订《关于进一步加强乡镇干部驻乡（镇）村工作的若干规定》，经督查对“走读”现象严重、干部队伍反映强烈的 4 名乡镇干部进行组织处理；清理机关、事业单位擅离工作岗位人员 27 人，给予辞退 12 人，限改 11 人，告诫 2 人，办理病退 2 人。2006 年，全县机关效能建设逐步走上正轨。

三、政务公开与电子政务

1999 年 6 月，县政府在政府大院外设置政务集中公开栏，将县财政局、国土局、建设局、民政局、计生局、教育局等 12 个主要政府成员单位，按季度将行政事务和办事结果进行集中公开。2001 年 12 月，县政府下发《关于政务公开的实施细则》，要求在公开办事结果的同时公开办事过程。县领导干部工作分工，干部提拔调动，财政大额资金使用，政府采购的数量和金额，部门执法情况和处理结果，土地规划、利用和出让，重点项目招投标，公务员、教师招考录用，社会保险费征缴、支付，城市居民低保发放对象和金额等公开上墙接受群众监督，对干部的提拔任用要事先在电视上公示。2004 年，县发展和改革局开通“政府门户网站”，发布动态信息。2004 年 9 月，火田镇开通“云霄火田信息网”，为漳州市政府“中国漳州”信息网站的第一个乡镇网站。至2006年，县直单位政务公开共33期。县直单位政务公开内容须报送县效能办备案，由效能办跟踪督促并纳入年终绩效考评。乡镇政府设政务公开栏，每月或每季公布一次，接受群众监督。

四、突发公共事件应急管理

2006年10月，云霄县由政府办完成编制《云霄县人民政府突发公共事件总体应急预案》，由地震办完成《云霄县地震应急预案》、县供电公司完成《云霄县处置电网大面积停电事件应急预案》、环保局完成《云霄县突发环境事件应急预案》、电信局完成《云霄县通讯保障应急预案》、卫生局完成《云霄县突发公共卫生事件应急预案》和《云霄县突发公共事件卫生医疗救援应急预案》、农业局完成《云霄县突发重大动物疫情应急预案》、人行支行完成《云霄县金融突发事件应急预案》、劳动和社会保障局完成《云霄县大规模群体性事件应急预案》、公安局完成《云霄县处置大规模恐怖袭击事件应急预案》等编制工作。县防汛指挥部、民政局、卫生局、粮食局等先后成立应急救援专业队伍和储备相关应急物资，防汛办、地震办、消防大队联合经贸、教育等有关部门，在中小学校园、企业中开展应急常识宣传和演练。

第五节　信访工作

一、机构与制度

（一）机构

1997年县委、县政府信访局编制4人，在编4人。1997年8月，信访局由县政府办公室管理。2002年12月，改由县委办公室、县政府办公室管理，以县委办公室管理为主。2006年编制4人，在编5人。

（二）制度

1997年，建立每月10日为县党政领导接待群众来访的接访日制度。1999年，改为每月15日。接访工作由县委、县政府领导轮值，对接访中反映的问题能即时解决的当场解决；不能解决的批示由信访局转承办单位，并定时催办、督办，承办结果由信访局向负责接访的领导反馈。

二、信访办理

1997年，县信访局对群众来信来访反映的问题，由信访局负责及时答复，或转交有关单位办理，或呈交分管副县长批示。对信访件的办理实行定督办领导、定责任单位、定责任人、定结案时间，和定期通报制度。对信访热点、难点，不定期以《信访反映》报送县领导阅批，为领导决策服务。并按《信访条例》，引导群众依法上访、文明上访。至2006年，信访局共受理来信1046件，来访2358批6925人次（其中集体访297批4319人次），办结3286件，办结率93.6%。

三、信访事件选介

1997年，火田镇古楼村二级肢体残疾人王某某，因自办的小型锯木厂收购6截松木被园岭林场派出所查扣引起纠纷，被以妨碍公务罪判刑2年（因肢残未入狱）。王以生活无着多次上访、申诉并印发《告全国同胞书》拦路喊冤，成了“信访专业户”。经信访部门配合镇、村干部耐心做思想工作，在经济上给予适当照顾，并让其承包荒山种植巨尾桉速生林而平息了这一访诉案件。

1997年春，下河、上河村村民集体上访，反映峰二电站建设时征用11.3公顷耕地，每亩地价仅4000元，补偿费、安置补助费都偏低，而且还要继续缴交被征耕地的粮食征购任务和农业税。县领导接访后，通过座谈、现场办公和召开县政府常务会议，决定给予每亩增补1000元，并在电站投产后从每度电费中提取1分作为专用基金用于增加地价、安置补贴，期限15年；被征用的耕地粮食征购任务价差和农业税由峰二电站承担。

1998年2月，县运输服务社改制，全社147名社员有90名老工人申请自愿退社，每人领取一次性安置费 5000 元。3 月，社领导未经召开社员大会通过和未经评估、招标，擅自将一座社有楼房出售。社员获悉后集体上访，经县领导批示交由交通局承办，通过召开社员代表会和协调，将该社址在云旭路楼房交由县土地局公开拍卖，所得款项 146 万元全部用于办理社员养老保险和为已办退休社员每人增发 800 元安置费。

1998 年 11 月，县水产养殖场在改制过程中，由于经营欠佳，每年仅靠滩涂承包款 9 万元，难以支付 15 万元的社保统筹资金及遗属生活困难补助，养殖场职工集体上访要求办理社保。县领导接访后，责成县水产局先借款给养殖场补发当年退休金，并召开县政府办公会研究，同意养殖场拍卖闲置的荷步鱼苗站和浯田盐埕，得款 128 万元全部办理职工社保，该场退休职工按时足额领到退休金。

2006 年初，云霄卷烟厂部分职工多次到县政府上访，反映云霄卷烟厂被龙岩卷烟厂兼并后，要与职工解除劳动关系的经济赔补偏低问题。经县劳动仲裁委员会调查和召开职工座谈会，并与龙岩卷烟厂协商达成一致意见，当年 6 月，原云霄卷烟厂 349 名职工与厂方签订解除劳动关系协议书。

附：1997 — 2006 年云霄县人民政府重要文件选登

表 21-2

文　件　名　称	文　号	发文时间
关于下达《云霄县生物多样性保护工程规划》的通知	云政〔1997〕综 58 号	1997-05-04
关于印发《云霄县贯彻〈福建省企业职工养老保险制度改革方案〉实施意见》的通知	云政〔1997〕综 84 号	1997-06-25
关于鼓励外商投资的若干规定	云政〔1997〕19 号	1997-07-31
批转《云霄县残疾人事业“九五”计划纲要》的通知	云政〔1997〕综 97 号	1997-08-06
关于印发《云霄县医疗机构设置规划（1996 — 2000）试行》的通知	云政〔1998〕综 2 号	1998-01-06
关于进一步扶持个私经济发展的若干规定	云政〔1998〕7 号	1998-04-28
关于批转《云霄县“两基”整改工作意见》的通知	云政〔1998〕综 62 号	1998-04-20
关于印发《云霄县个体私营经济发展规划》的通知	云政〔1998〕综 66 号	1998-04-29
关于颁发《云霄县殡葬管理暂行规定》的通知	云政〔1998〕11 号	1998-05-28
关于印发《云霄县农村居民最低生活保障暂行规定》的通知	云政〔1998〕17 号	1998-08-24
关于印发《云霄县跨世纪绿色工程规划纲要》和《云霄县污染物排放总量控制计划》的通知	云政〔1998〕22 号	1998-12-29
关于审议批准将军山公园总体规划的议案	云政〔1999〕综 21 号	1999-03-21
关于印发《复兴路西段拆迁安置的实施方案》的通知	云政〔1999〕综 76 号	1999-05-25
关于建立并实施全县基本农田保护区分级监控制度的通知	云政〔1999〕128 号	1999-08-10
关于江辉路（云漳路至江滨路段）拆迁改造建设的通知	云政〔2000〕综 20 号	2000-03-06
关于印发《云霄县浅海滩涂水产增养殖管理暂行规定》的通知	云政〔2000〕综 25 号	2000-03-14
关于乡镇财政体制的通知	云政〔2000〕综 57 号	2000-05-09
关于实施城镇职工基本医疗保险制度改革的通知	云政〔2000〕综 171 号	2000-12-05
关于申报“中国枇杷之乡”的报告	云政〔2001〕综 20 号	2001-02-19
关于进一步加快农村通信发展的通知	云政〔2001〕综 26 号	2001-02-28
关于申请命名云霄县为“福建省青少年足球训练基地”的报告	云政〔2001〕综 55 号	2001-04-02
关于政务公开的实施细则	云政〔2001〕综 165 号	2001-12-03
关于印发《将军山公园管理暂行规定》的通知	云政〔2001〕综 167 号	2001-12-07

续表 21-2

文　件　名　称	文　号	发文时间
关于印发《云霄县水土保持生态环境建设规划》的通知	云政〔2002〕7 号	2002-08-05
关于印发《云霄县老龄事业发展“十五”计划纲要》的通知	云政〔2002〕10 号	2002-11-05
关于要求在计算转移支付时将常山华侨经济开发区因素剔除的请示	云政综〔2003〕22 号	2003-03-14
关于请求申报云霄县高洋工业区管委会为省级工业园区的请示	云政综〔2003〕23 号	2003-03-18
关于印发《云霄县集体林权制度改革实施方案》的通知	云政综〔2003〕84 号	2003-07-01
关于批转《云霄县经济适用住房建设管理实施方案的通知》	云政综〔2003〕94 号	2003-07-30
关于成立福建省漳江口红树林国家级自然保护区管委会的通知	云政综〔2003〕186 号	2003-12-05
关于印发云霄县农村居民最低生活保障制度实施意见的通知	云政综〔2004〕23 号	2004-02-25
关于印发《云霄县创建“省中小学事业教学普及县”工作实施方案的通知》	云政综〔2004〕34 号	2004-03-16
关于进一步深化城镇住房制度改革加快住房建设的实施意见	云政〔2004〕2 号	2004-04-06
关于请求将国电福建漳州云霄电厂建设项目纳入市、省“十一五规划”的请示	云政综〔2004〕130 号	2004-10-20
关于请求将东山湾云霄港区码头建设纳入市、省港口建设发展规划的请示	云政综〔2004〕131 号	2004-10-20
关于开展种粮耕地减免农业税改革试点有关问题的通知	云政综〔2004〕152 号	2004-12-27
关于厦深高速铁路云霄路段走向及站点设置建设方案的报告	云政〔2005〕12 号	2005-06-15
公布具有行政处罚权单位的通告	云政〔2005〕20 号	2005-8-23
关于厦深铁路云霄路段线路和站场建设意见的报告	云政综〔2005〕138 号	2005-11-14
关于公布县级行政许可事项目录的通知	云政综〔2005〕140 号	2005-11-24
关于加快旅游业发展的若干意见	云政〔2006〕4 号	2006-1-23
关于印发《云霄县漳江流域“十一五”环境保护规划》的通知	云政〔2006〕25 号	2006-9-22
关于印发《云霄县推进实施商标品牌战略的实施意见》的通知	云政综〔2006〕188 号	2006-10-23
关于提请审议云霄县城市总体规划的议案	云政综〔2006〕234 号	2006-12-27

第二十二章　政协地方组织

1956年7月，中国人民政治协商会议云霄县委员会成立。“文化大革命”期间，政协工作处于瘫痪状态；1980年10月恢复活动。县政协从成立至2006年第十届委员会，共召开32次全体委员会议，委员从7个界别51人增至16个界别162人。1997年第八届至2006年第十届期间，县政协参与地方各项重要决策、施政方针的协商和贯彻落实，组织委员开展调研视察和提案活动，履行“政治协商、民主监督、参政议政”职能，推动促进全县改革开放的深化和社会经济的发展。

第一节　政协委员与政协委员会议

一、政协委员

1997年县政协第八届第五次会议委员增为162人。1998年第六次会议增为168人，并增选常务委员2人；委员分为13个界别，其中中共地方组织10人，工、青、妇界6人，农民代表6人，科技界15人，教育界16人，文化体育界7人，医药卫生界9人，侨台界20人，港澳界4人，宗教界3人，工商界15人，经济界15人，特邀人士42人。

1999年1月第九届第一次会议委员156人，分为13个界别，其中中共地方组织10人（在政协机关工作7人），工会和共青团及妇联界6人，农民代表7人，教育界15人，医药卫生界12人，科技界13人，文化体育界8人，宗教界5人，“三胞”界15人，经济界24人，工商金融界11人，法制界4人，特邀人士26人。

2004年1月第十届第一次会议委员156人，分为16个界别，其中中共地方组织11人（在政协机关工作9人），总工会2人，共青团1人，妇联2人，工商联9人，台联3人，侨联12人，科协3人，文化艺术界9人，农林界7人，科技界9人，教育界15人，医药卫生界12人，经济界21人，宗教界6人，特邀人士34人。

二、政协委员会议

（一）第八届第五次会议

1997年1月15 — 19日召开。出席委员152人，列席会议有在县的省、市政协委员、历届县政协领导及社会各界人士代表（下同）68人。县委、县人大、县政府、县纪委领导应邀出席开幕式。会议听取县委书记黄河俊所做的《同心同德，开拓前进，为实现跨世纪的宏伟目标而努力奋斗》讲话。听取审议县政协主席方接枝所做的政协常委会工作报告，审议第八届第四次会议提案办理情况报告和本次会议提案审查情况报告，通过有关决议。并列席县第十二届人大第四次会议。

（二）第八届第六次会议

1998年1月1 — 5日召开。出席委员156人，列席75人。县委、县人大、县政府、县纪委领导应邀出席开幕式。会议听取县委书记黄河俊所做的《同心同德，群策群力，为全面推进新一轮创业而努力奋斗》讲话，听取审议主席方接枝所做的政协常委会工作报告；审议八届五次会议提案办理情况和本次会议提案审查情况报告；通过有关决议。并列席县第十二届人大五次会议。

（三）第九届第一次会议

1999 年 1 月 10 — 14 日召开。委员 156 人，到会 150 人，列席 65 人。县委、县人大、县政府、县纪委领导出席开幕式。会议听取县委书记朱福清所做的《同心同德齐拼搏，群策群力绘宏图》讲话，听取审议副主席何天全所做的第八届常委会工作报告；审议八届六次会议提案办理情况和本次会议提案审查情况报告，通过有关决议。并列席县第十三届人大一次会议。会议选举方加群为主席，何天全、吴金瑞、陈福来、黄志文为副主席，选举常务委员 23 人。

（四）第九届第二次会议

2000 年 1 月 5 — 8 日召开，委员 161 人，到会 151 人，列席 57 人。县委、县人大、县政府、县纪委领导出席开幕式。会议听取县委书记朱福清所做的《履行协商职能，发挥监督作用，为实现跨世纪宏伟目标而努力奋斗》讲话，听取审议主席方加群所做的常委会工作报告；审议九届一次会议提案办理情况和本次会议提案审查情况报告，通过大会有关决议。会议增选常务委员 1 人。并列席县第十三届人大二次会议。

（五）第九届第三次会议

2001 年 4 月 9 — 13 日召开。委员 161 人，到会 153 人，列席 55 人。县委、县人大、县政府、县纪委领导出席开幕式。会议听取县委书记朱福清所做的《同心同德，携手奋进，为加快云霄新世纪发展而努力奋斗》讲话，听取审议主席方加群所做的常委会工作报告；审议九届二次会议提案办理情况和本次会议提案审查情况报告；通过大会有关决议。会议增选常务委员 1 人。并列席县第十三届人大三次会议，

（六）第九届第四次会议

2002 年 1 月 10 — 12 日召开，委员 159 人，到会 150 人，列席 53 人。县委、县人大、县政府、县纪委领导出席开幕式。会议听取县委书记朱福清所做的《与时俱进，奋发有为，为发展“十五”计划良好开局而努力奋斗》讲话。听取审议主席方加群所做的常委会工作报告；审议九届三次会议提案办理情况和本次会议提案审查情况报告，通过有关决议。并列席县第十三届人大四次会议。

（七）第九届第五次会议

2003 年 1 月 17 — 20 日召开。委员 165 人，到会 153 人，列席 53 人。县委、县人大、县政府、县纪委领导出席开幕式。会议听取县委书记朱福清所做的《凝聚人心谋发展，鼓足干劲创新业》讲话，听取审议主席方加群所做的常委会工作报告；审议九届四次会议提案办理情况和本次会议提案审查情况报告，通过有关决议。并列席县第十三届人大五次会议。

（八）第十届第一次会议

2004 年 1 月 1 — 4 日召开。委员 156 人，到会 150 人，列席 55 人。县委、县人大、县政府、县纪委领导出席开幕式。会议听取县委书记朱福清所做的《与时俱进谋发展，开拓创新绘宏图》讲话，听取审议副主席何天全所做的政协常委会工作报告；审议九届五次会议提案办理情况和本次会议提案审查情况报告，通过有关决议。会议选举张東香为主席，何天全、陈福来、方可仲、潘培南为副主席，选举常务委员 23 人。并列席县第十四届人大第一次会议。

（九）第十届第二次会议

2005 年 1 月 10 — 13 日召开。委员 162 人，到会 158 人，列席 54 人。县委、县人大、县政府、县纪委领导出席开幕式。会议听取县委书记朱福清所做的《群策群力，共图大计，为实现云霄跨越发展做贡献》讲话，听取审议主席张東香所做的常委会工作报告；审议十届一次会议提案办理情况和本次会议提案审查情况报告，通过有关决议。会议增选常务委员 2 人。并列席县第十四届人大二次会议。

（十）第十届第三次会议

2006 年 1 月 4 — 6 日召开。委员 162 人，到会 157 人，列席 53 人。县委、县人大、县政府、县纪委领导出席开幕式。会议听取县委书记朱福清所做的《团结奋斗创伟业，开拓进取谋新篇》讲话，听取审议副主席何天全所做的常委会工作报告；审议第十届二次会议提案办理情况和本次会议提案审查情况报告，通过有

关决议。并列席县第十四届人大三次会议。

附：云霄县省、市政协委员名单

省政协第七、八届委员：吴祥兴。

省政协第九届委员：汤如旭。

市政协第九届委员：方接枝　方坤水　高先进　张梅谷　张敏（女）　廖金英（女）　黄金珍（女）　钟金龙　方群达　方源水　林进荣　方朝晖　方永顺　林国盛

市政协第十届委员：方加群　张束香（女）　陈福来　何建生　方朝晖　方群达　林进荣　方源水　罗清枝　钟金龙　廖金英（女）　王丽莉（女）　陈葆玲（女）

第二节　政协常委会与工作机构

一、政协常委会

1997 — 2006 年，县政协委员会每届任期 5 年，闭会期间由常委会主持工作。驻会主席 1 人、副主席 3 人。政协常委除驻会正、副主席和各委办主任外，均属兼职。常委会通过召开会议听取有关部门情况通报，研究有关“政治协商、民主监督、参政议政”重大事项。第八届常委会（1997 — 1998 年）共召开常委会议 10 次，第九届（1999 — 2003 年）召开 22 次。第十届（2004 — 2006 年）召开 13 次。

1997 — 2006 年政协云霄县委员会主席、副主席名录

表 22-1

姓　名	性别	籍贯	职务	届别	任职时间
方接枝	男	福建云霄	主席	八届	1994-01 至 1999-01
方坤水	男	福建云霄	副主席	八届	1994-01 至 1999-01
何天全	男	福建诏安	副主席	八、九、十届	1994-01 至 2006-12
张积强	男	福建云霄	副主席	八届	1994-01 至 1999-01
吴金瑞	女	福建泉州	副主席	八、九届	1994-01 至 2004-01
黄德庆	男	广东番禺	副主席	八届	1994-01 至 1999-01
方加群	男	福建云霄	主席	九届	1999-01 至 2004-01
陈福来	男	福建云霄	副主席	九、十届	1999-10 至 2006-12
黄志文	男	福建平和	副主席	九届	1999-01 至 2004-01
张束香	女	福建云霄	主席	十届	2004-01 至 2006-12
方可仲	男	福建龙海	副主席	十届	2004-01 至 2006-12
潘培南	男	福建云霄	副主席	十届	2004-01 至 2006-12

二、工作机构

1997 年，县政协常委会设办公室、专门委员会、工作组（简称委、组）办公室、台港澳侨联络办公室和学习委员会、提案委员会、文史资料委员会。政协委员按界别成立经济科技委员会（下设工商经济一组、工商经济二组），文教卫体委员会（下设教育工作组、文体工作组、医药卫生计生工作组），台港澳侨委员会，社会法制委员会，政协委员常山联络组。至2006年不变。

第三节　主要工作

一、参政议政

县政协通过召开常委会，听取有关部门工作情况通报，提出意见、建议，并开展调查研究，综合反映社情民意，提高参政议政成效。1997年4月，第八届常委会第二十三次会议听取县财政局、企业局工作情况通报，政协经济科技委员会关于糖果生产情况调查汇报；7月，第二十四次会议听取县教育“两基”达标情况、国有企业改革、泥蚶养殖情况通报。1998年4月，八届常委会第二十八次会议听取县科技局、农业局、财政局关于科技兴县、高优农业和财政工作情况通报；7月，第二十九次会议听取县政府上半年经济工作、县政法委政法队伍教育整顿、县经济贸易局国有企业改革、劳动局职工下岗和再就业情况通报；10月，第三十次会议听取县财政局财政工作、外经局外经工作、教育局“两基”达标和民政局殡葬改革情况通报。1999年5月，第九届常委会第二次会议听取县教育工作和新村建设情况通报。2001年9月，第九届常委会第十四次会议听取县综治办关于打击“六合彩”违法骗赌活动情况通报。2002年6月，第九届常委会第二十一次会议听取“非典”防治工作、爱国卫生运动和卫生防疫工作情况通报。2006年5月，全县遭受“珍珠”强台风袭击，县政协召开主席会议，发动政协委员捐资、捐物46万多元赈济灾区，并组织带领医务人员、药品，到下河、火田两个灾民临时安置点开展诊治活动。

二、提案办理

1997年，政协委员的提案，继续由提案委员会综合、整理、审查，召开提案交办会，送交相关部门、单位办理。第八届第五、六次会议提案175件，整理为164件；第九届提案341件，整理为331件；第十届提案225件，整理为211件，归纳整理为706件，办复率100%。1999年1月，九届一次会议《关于进一步加强对县城交通秩序管理的建议》提案，交交警部门办理，经县政府发布《云霄县人民政府关于城区交通秩序管理的通告》，使县城交通秩序得到改观。2001年1月，第九届第三次会议，部分委员提出《关于建议解决莆美镇阳下片的自来水问题》提案，经提案委员会邀请供水单位实地调查并立项，于2001年7月20日完成扩宽管道工程，解决近2万人口的饮用水困难问题。其中，1997年全会开展提案及提案办理评优表彰活动，评选优秀提案8件，提案办理先进单位6个；1998年评选优秀提案8件，提案办理先进单位8个，第九届评选优秀提案32件，提案办理先进单位22个。第十届（2004—2006年）评选优秀提案8件，提案办理先进单位7个。

三、调研视察

1997年11月，视察文明安全片区建设，听取县政法委、莆美镇、火田镇和人民银行领导汇报，形成《关于全县文明片区创建工作的视察报告》，提出“深化思想认识，强化‘三德’教育、建立督查机制、净化社会环境和加强技防人防建设”等5条建议。

1999年6—8月，两次组织视察复兴路西段拆迁安置和新村建设，形成《珍惜土地，精心设计，新村建设与旧城改造并举》报告，为拆迁安置工作和新村建设提供了重要参考意见。

2001年7月，视察云陵、火田、陈岱等乡镇打击“六合彩”骗赌活动，形成《关于打击‘六合彩’违法骗赌活动的视察报告》，提出加强宣传教育和严厉打击“六合彩”具体建议。

2002年10月，邀请市政协医卫界部分委员对云霄药品流通管理进行调研视察，对药监部门提出加强专业人才培训、县医药公司体制改革等建议。

2004年9月，组织委员对9个乡镇18个村的68户低保户进行入户座谈，形成《关于对全县农村低保工作的视察报告》，提出公开、公平、公正和实行滚动管理、应保尽保与引导就业相结合建议。

2005年9月，组织委员对农村公路建设进行调研视察，形成《关于对全县农村公路建设视察的情况报告》，提出加快建设和保质保量等建议。当年全县新建农村公路97公里。

四、文史资料工作

1997 — 2006年，《政协云霄文史资料》征集整理出版。反映乌山革命斗争、云霄和平解放、剿匪、土改、“大跃进”时期纠“左”刹“五风”、消灭血吸虫、预防麻风病、清理民间标会，以及抗日战争见闻、日寇流窜云霄、庆祝抗日胜利等史料，10辑322篇97万多字。考证27处名胜古迹、14座寺庙宫观、22位历史名人、47项民间岁时节俗等。2006年，汇编出版1956 — 2006年的30辑《政协云霄文史资料》，计800余篇238.6万字。

五、“三胞”联谊

1997年，加强“三胞”联谊工作。1998 — 2003年，主要有云霄旅台上层人士方妙才回阳下村省亲；马来西亚拿督陈良民访祖，为家乡下曾村和陈岱镇捐资办学、捐建将军山公园“御碑楼”、竹塔“魏妈纪念堂”；新加坡侨胞陈东平为家乡陈岱捐资助学、设立奖学金、捐建中心幼儿园、医院；台胞方宽铭认祖归宗，捐建怀德亭等。至2006年，县政协台港澳侨联络办公室向台湾《新生报》、新加坡《星洲日报》等报刊投稿，发表有关开漳史料10多篇。

六、委员学习活动

第八届期间，主要组织学习中共十五大有关文件和公报，收听厉以宁教授《建立社会主义市场经济》录音报告。在庆祝香港回归活动中，举办《雪洗国耻，振兴中华》专题报告会和“迎回归、盼统一”诗词吟唱会；选送委员和各界人士创作的“迎回归”美术、书法、诗歌作品70多件，参加市政协举办的专题展览并入编《漳州市“迎回归”作品专集》。

第九届期间，主要组织学习中共十六大有关文件和公报、邓小平理论和“三个代表”重要思想；对新一届委员进行政协知识和统战理论学习培训；组织学习中共十六届三中全会《关于完善社会主义市场经济体制若干问题的决定》等文件。

第十届期间，主要组织学习中共十六届四中、五中全会有关文件、公报和新修订的《政协章程》。2005年1 — 7月，政协机关开展保持共产党员先进性教育活动，组织听取省政协副主席苍震华在云霄举行的“党员先进性”教育学习会上讲话，查摆党性党风存在问题，提出整改意见和制订党支部规章制度；组织学习《江泽民文选》《中共中央关于加强人民政协工作的意见》等文件。

第二十三章　群团组织

云霄县群团组织有总工会、团县委、县妇联、工商联、科协、侨联、台联、文联、残联、关工委、计生协等群众团体和在民政局办理登记的老区建设促进会、闽粤赣边区革命史研究会、劳模协会、消费者权益保护委员会、个体私营经济组织协会、开漳历史文化研究会、老年大学、老年体育协会、农民体育协会等48个社会团体。群团、社团组织根据各自章程开展活动，推动各项社会事业的发展。

第一节　群众团体

一、县总工会

（一）组织机构

县总工会　1997年内设办公室、组织宣教部、生活福利部、女工工作委员会、退休职工管理委员会、职工物价监督总站，编制6人，在编8人。2003年7月，退休职工划归社区管理，职工物价监督总站移挂县物价局。2006年编制5人，在编6人。

基层工会　1997年，基层工会49个，会员2325人。2006年，基层工会319个，会员20952人。其中国有企业34个，会员1190人；集体企业27个，会员675人；机关事业单位43个，会员6832人；非公企业215个，会员12255人。

（二）代表大会

第十三次职工代表大会　1998年10月11日召开，出席代表130人，主题为“坚持改革开放、为振兴云霄经济贡献力量”。大会选举产生第十三届县总工会委员17人，其中常委9人、主席1人、副主席2人；选举经费审查委员会委员5人、女工工作委员会委员13人。

第十四次职工代表大会　2003年12月30日召开，出席代表120人，主题为“坚持以邓小平理论和‘三个代表’重要思想为指导，贯彻落实科学发展观，树立中国特色社会主义工会维权观，开拓工会工作新局面”。大会选举产生第十四届县总工会委员17人，其中常委9人，主席1人，副主席3人；选举经费审查委员会委员5人、女工工作委员会委员15人。

基层工会职工代表大会　根据《工会法》规定，各基层工会按时召开职工代表大会，听取单位负责人有关生产经营和发展规划报告，讨论年度生产工作计划、技术改造方案及有关合同、职工利益、厂务公开等问题，行使职工知情权、建议权、否决权、监督检查权、民主评议权和选举罢免权。

（三）主要活动

“巾帼双文明”“自我达标”活动　1997年，全县有女职工委员会63个，配备专、兼职干部196人，宣传贯彻《女职工保护条例》和《妇女权益保护法》，开展“巾帼双文明立功竞赛”和“女职工自我达标”活动，为1248名女职工进行妇科病普查。东州食品冷冻有限公司女职工委员会，组织女职工开展技术练兵和劳动竞赛提高产品质量和经济效益。2003年12月被省总工会授予“非公有制企业工会女职工工作示范单位”称号。2001－2004年，全县有3人被福建省总工会授予“女职工标兵”或“先进女职工工作者”称号。

“职工之家”建设　2006年，全县有“职工之家”56个，被授予省级“职工之家”5个，省级“职工小家”5

个；市级“先进职工之家”20 个，市级“职工小家” 7 个。

合理化建议和技术革新活动 1997 — 2006 年，全县职工 2 万多人（次）提出合理化建议 18562 条，被采纳 3000 多条，创造价值 1626 万元。102 个单位开展技术创新活动，举办岗位练兵和劳动竞赛 51 场。

劳动安全与劳动保护 根据《劳动法》《工会法》规定，县总工会定期对职工劳动环境、劳动安全，对有毒、有害、高温、高空作业及女职工特殊保护等进行检查监督。全县共建立劳动保护委员会 89 个，安全小组 326 个。1997 年 11 月，总工会成立社会保险监督委员会，聘请 10 位监督员，对社保基金收支、运营进行监督检查，定期听取社保经办机构和劳动、财政、审计等部门的社保管理、监督情况汇报。1997 — 2006 年，共组织安全生产大检查 42 次。1999 年起，每年组织开展“安康杯”竞赛活动，有 5 个单位获省、市总工会的表彰。

扶贫济困 2003 年 7 月，成立困难职工帮扶中心，至 2006 年，共筹资资助困难职工（含农民工）2835 人（次）金额 18 万多元，资助困难职工子女考上大学 51 人金额 8 万多元，帮助下岗职工再就业 289 人。

二、共青团云霄县委员会

（一）组织机构

共青团云霄县委员会 1997 年编制 6 人，在编 6 人。2006 年编制 5 人，在编 5 人。内设办公室、宣传组织部、学校部、县直机关团委。下设青少年活动中心。2006 年全县有基层团委 36 个，团总支 41 个，团支部 604 个，团员 30259 人（占青年总数 117879 人的 25.7%）。

（二）代表大会

第十五次代表大会 1997 年 4 月 21 日召开，出席代表 220 人。传达贯彻团中央、团省委、团市委有关会议精神，提出做好常规工作、特色工作、实体工作的要求。会议选举产生第十五届团县委委员 29 人，其中常委 7 人，书记、副书记各 1 人。

第十六次代表大会 1999 年 11 月 12 日召开，出席代表 181 人。提出以邓小平理论和中共十五大精神为指导，加强共青团队伍建设，做好青联、少先队工作。会议选举产生第十六届团县委委员 29 人，其中常委 7 人，书记 1 人，副书记 2 人。

第十七次代表大会 2002 年 10 月 18 日召开，出席代表 183 人。提出学习邓小平理论和“三个代表”重要思想，为改革开放、两个文明建设贡献青春和力量的要求。选举产生第十七届团县委委员 29 人，其中常委 7 人，书记 1 人，副书记 2 人。

第十八次代表大会 2005 年 11 月 9 日召开，出席代表 200 人。大会学习贯彻中共十六届五中全会精神，总结上一届工作成绩和经验，提出下一届工作任务。会议选举产生第十八届团县委委员 29 人，其中常委 7 人，书记 1 人，副书记 2 人。

（三）主要活动

青少年思想政治教育 1997 — 2004 年，各级团组织围绕提高青少年思想道德素质为目标，以“爱我云霄”为主题，开展征文比赛、知识竞赛、文艺活动和服务农村等主题活动，加强青少年爱党、爱国教育。2005 — 2006 年，通过在各级团组织中组织学习、举办讲座、上团课开展增强团员意识的主题教育活动，增强基层团组织的活力。

创建“青年文明号” 1997 年，开展“满意服务，情暖云霄”“青年文明号与您同行”“青年文明号进万家”等主题活动，组织“青年文明号”与贫困户、下岗职工、贫困学生、留守儿童结对子，团县委共筹集资金近 50 万元，为 800 多名贫困学生和其他弱势群众解决困难。1998 年“五四”期间，在各行业青年中开展“十佳百杰”评选活动，共评出 100 名杰出青年。2004 年，印制《云霄青年文明号之窗》画册，举行“青年文明号”创建 10 周年成果展览和座谈会。至 2006 年，全县获“青年文明号”命名 144 个，其中国家级 2 个，省级 12 个，市级 53 个，县级 77 个。

青年志愿者活动 1997 年，团县委组建青年志愿者队伍，1998 年，成立“云霄青年‘110’志愿者”网络，开展新农村建设、社区文明建设、保洁护绿、抗灾救灾等志愿服务活动。2005 年联合厦门大学、福建农林大学、漳州师范学院青年志愿者在全县开展家电维修、法律咨询、就业服务、环境保护等服务活动。

爱心助学活动 2004年团县委与县关心下一代工作委员会及有关单位联合，在恒晟超市设立“爱心助学捐款箱”，牵线搭桥促成“青年文明号”单位和社会经济能人与贫困学生结对，开展“大手拉小手”（县外大学生与县内小学生）活动和“圆梦”助学行动。2006年6月1日，团县委联系集美大学、厦门理工学院、厦门团市委等单位筹集资金2.3万元和一批文具，扶助云霄山区贫困小学生115人。

预防青少年违法犯罪和青少年维权 县预防青少年违法犯罪工作领导小组办公室设在团县委，1997年开始在中小学中开展法制讲座、知识竞赛和结合节庆活动，对青少年进行自护教育；通过举办青春期教育讲座、模拟法庭、自护训练营、少年军校等活动，增强青少年法律意识和提高防灾避险技能。2002年，团县委实施“健康上网”工程，引导未成年人文明上网，远离游戏厅、歌舞厅，同时开展健康向上的文化活动，营造青少年健康成长的环境。2005年，开展“青少年维权岗”创建活动，从公、检、法、司、教育、广电等部门开始，逐渐向乡镇、行业拓展。2006年，全县共有11个市级以上优秀青少年维权岗，其中县法院少年审判庭被评为省“优秀青少年维权岗”和漳州市“十佳青少年维权岗”。

青年人才工程 2002—2006年实施“共青团城乡互动百千万工程”，开展农村实用技术培训，培养青年创业致富带头人。火田、东厦、和平、下河等乡镇团委经常组织农业、水产等方面的专家开展枇杷、荔枝、反季节蔬菜、鱼虾贝和禽畜等种养技术培训与咨询。2006年，东厦镇白塔村农民吴龙茂获“省级青年创业致富带头人”称号。团县委从服务企业发展出发，推进“青春蓝领计划”，开展青工技术比武、岗位练兵活动；组织青年工人与企业主洽谈，为企业招工牵线搭桥。同年团县委先后在大众兴纺织、斯比达电子有限公司开展团员、青年员工生产技能大赛，召开服务企业招工工作现场培训会。

文化体育活动 2003年5月，举办“小康路上团旗红”主题晚会。2006年4月，举办“漳江之夏”音乐会暨第八届青年歌手赛，400多名青年歌手参加；同年11月，结合县城环境卫生整治专项活动举办“爱我云霄，美化家园”专场文艺晚会，县领导和4000多名群众观看了演出。团县委少工委与各中小学团、队联合组织多场演讲、辩论、征文、制作等比赛活动。

少先队工作 县少先队工作委员会设在团县委，由一位团县委副书记兼主任。2001年5月召开云霄县第二届少先队代表大会。少工委将少先队活动划分为山区片（马铺、下河、和平）、沿海片（东厦、列屿、陈岱）和城区片（云陵、莆美、火田），城区片组织“文明卫生礼仪劝导队”和志愿者服务队，开展服务社会的公益性志愿活动；山区片开展“绿色通邮小分队”行动、“红色之旅”小讲解员等活动；沿海的东厦、列屿少先队员以各种形式介绍当地的泥蚶、巴菲蛤等特产。各中小学普遍开展“雏鹰争章”“星星火炬”“五自教育”等活动。将军山、立人等民办学校也先后建立少先队组织。2006年，全县有少先队206个大队，906个中队，少先队员3.58万人，辅导员215人。

附：青少年宫

青少年宫址在县人民公园内，设有培训部、活动部和艺术幼儿园，有专职管理人员4人，兼职教学人员12人。先后开办舞蹈、美术、书法、武术、声乐、英语、写作、小播音员、电脑、钢琴、古筝等培训项目。有300多名学员在国际、全国、省、市、县各类展览、竞赛中获奖，为大中专艺术院校输送人才42名。结合党团中心任务及节假日举办“城乡少儿手拉手联谊会”“庆‘六一’文艺汇演”“科技、环保夏令营”等40多场次主题活动和比赛演出。2002年10月，被团省委授予“丙级青少年宫”称号。2005年改称县青少年活动中心。至2006年参加培训青少年1.8万多人次。

三、县妇女联合会

（一）组织机构

县妇女联合会 1997年编制7人，在编7人。2006年行政编制6人，事业编制1人，在编8人。内设办公室、组织宣传部、城乡权益与儿童工作部。

2006年基层妇女组织有乡镇（开发区）妇联会10个，县直机关（按口）妇委会9个，事业单位妇委会2个，村(社区)妇代会174个。

（二）代表大会

第十二次妇女代表大会 1998年10月19日召开，出席代表（含特邀代表，下同）274人。主题为“高举旗帜，面向未来，团结全县妇女在新一轮创业中再立新功”。县领导出席。大会选举产生第十二届县妇联执委26人，其中常委8人，主席、副主席各1人。

第十三次妇女代表大会 2003年12月29日召开，出席代表262人。主题为“以‘三个代表’重要思想为指导，团结全县妇女为全面建设小康社会而努力奋斗”。县领导和市妇联主席出席。大会选举产生第十三届县妇联执委25人，其中常委9人，主席1人，副主席2人。

（三）主要活动

维护妇女儿童合法权益 1997—2002年，各级妇女组织开展《妇女权益保障法》《婚姻法》《母婴保健法》《未成年人保护法》宣传和“‘三八’妇女维权周”“法律义务咨询”等活动；配合公安部门开展打击拐卖妇女儿童和“扫黄禁毒”等专项斗争；建立妇女维权工作联席会议、妇女法律援助、妇联干部担任陪审员等制度及妇联信访网络。2003年，县妇联在“六一”儿童节前夕，向福利院和贫困家庭女童送慰问金、学习用品、生活用品。2004年，县妇联开展全县女干部、女职工妇科病普查和防治工作。2005年培训女司法调解员8期198人，在各级调解委员会中配备女性委员；同年8月，县法院聘请3名妇联干部担任陪审员。县妇联筹资22.38万元，扶助2047名贫困儿童接受义务教育。至2006年，共受理妇女来信710件、来电65件，接待来访2026人（次）。

“双学双比”竞赛活动 1997—2006年，县、乡镇妇联与有关部门联合举办枇杷、蜜柚、香蕉、蘑菇等果蔬栽培和畜牧、淡水养殖、棒球加工、人造花制作、病虫害防治等实用技术培训班125期，参加培训的妇女1万多人次，发放宣传资料15万多份；组织1462名妇女参加“农函大”“农广校”学习，其中被评为“女农民技术员”188人；举办妇女文化夜校112班3800人次。其中，2004年6月绿野农业开发有限公司总经理张丽被授予全国“双学双比女能手”称号。2005年成立县妇女就业创业指导中心，开通服务咨询专线，建立女劳力转移站并举办企业用工需求见面会，帮助8000多名女劳力到第二、三产业就业。

“巾帼建功”活动 2004年县“巾帼建功”活动领导小组制订《云霄县“巾帼文明岗”管理办法》《关于深入开展创建“巾帼文明岗”的活动意见》，在卫生、金融、邮电、税务等行业开展创建“巾帼文明岗”活动。至2006年，全县共评出“巾帼文明岗”27个，其中省级3个、市级9个、县级15个。2006年在“巾帼文明岗”中开展“知荣辱 献爱心”活动，向2000多名贫困女童、孤儿及两女户和贫困户资助30多万元；开展“巾帼文明岗”进企业、进村镇活动，全县评出“巾帼建功”先进集体50个，先进个人100多人。2006年5月17日，1号强台风袭击云霄，县妇联组织30多支巾帼志愿者抗灾突击队，并募款3.22万元和衣物4万多件慰问灾民。同年，与县计生协会联合开展“为贫困母亲献爱心捐献一日所得”活动，捐资17万元免息贷给贫困母亲。

“五好文明家庭”“平安家庭”创建活动 1997—2006年，县妇联联合有关部门组织“家庭美德教育”报告团深入学校、农村巡回演讲152场次，听众1.84万人次；开展“五好文明家庭”“廉洁家庭”“平安家庭”“学习型家庭”“绿色家园”创建活动，受县妇联表彰“五好文明家庭”100户，廉内助、好警嫂、好婆媳、好夫妻等90人（对）；评出市级“平安家庭”示范户171户，县级“平安家庭”示范户384户。其中，2004年莱埔村张瑞吉一家被全国妇联、中央文明办联合授予“五好文明家庭户”称号。

文体活动 2001年举行“三八”节纪念大会暨健身操表演活动。2002年举行拔河比赛。2004年举办“迎‘三八’暨‘江山如此多娇’”大型时装表演。2005年举行“‘三八’节95周年暨弘扬美德展示风采”演讲比赛。2006年，举行“三八”节《妇女权益保障法》知识竞赛；同年11月，结合县城环境卫生整治专项活动，联合团县委举办“爱我云霄，美化家园”专场文艺晚会。基层妇女组织，每年“三八”节举办女子健身操、女子龙舟赛、文艺踩街、拔河、跳绳、游园、时装表演、演讲会、歌咏会等活动。

四、县工商业联合会（总商会）

（一）组织机构

县工商业联合会　1997年编制4人，在编6人，设主委、副主委。2003年10月，县工商联并称县商会，改设主委（会长）、副主委（副会长）、执行委员。2005年县商会更名县总商会，会员900人。2006年，编制3人，在编3人。

基层商会　肉食品商会、渔业商会，共有会员150人。

异地商会　泉州市云霄商会，2004年10月成立，会员118人。深圳地区云霄商会，2004年12月成立，会员230人。厦门市云霄商会，2006年9月成立，会员190人。

（二）会员代表大会

第九次会员代表大会　1997年1月22日召开，出席代表130人，选举第九届工商联主委（会长）1人，副主委（副会长）6人，执行委员47人。

第十次会员代表大会　2003年12月30日召开，出席代表180人，选举第十届县工商联主委（会长）1人，副主委（副会长）6人，执行委员56人。

（三）主要活动

1997年9月，县工商联成立会员互助基金会，为240人次解决经营短缺资金1036万元；肉食品商会配合有关部门推动生猪定点集宰，防止2号病进入市场。1998年，长江洪水灾害，商会系统捐资4万元支援灾区；同年，肉食品商会被市工商联评为先进单位。2001年，云峰粮油贸易公司、三发水产养殖场被市工商联评为1997－2000年“爱国敬业守法先进企业”。2002年10月，配合劳动部门协调解决140名原工商业者基本养老金问题；同年，渔业商会被市工商联评为先进单位。2003年，县工商联执委黄荣来被评为漳州市劳动模范。2004年12月，泉州市云霄商会会长吴主昌引进投资上亿元的大众兴纺织有限公司及豪昌制衣、三辉制衣厂等多家企业。2005年5月，创办《云霄商讯》，至2006年计出版20期。2005年6月，厦门市云霄商会副会长吴耀辉引进临泰大酒店等项目。2006年，吴主昌、吴耀辉被评为市劳动模范；同年10月，县工商联被市人事局、市工商联联合授予“开展异地商会工作先进单位”称号；同年，丽西食品有限公司和豪昌制衣厂被市评为纳税大户。总商会组织开展非公有制会员职称评审工作，评定工程、经济类初级职称68人；成立工商联法律工作站，为非公有制企业提供法律服务；同年1号台风袭击云霄，全县非公有制经济人士捐资捐物折款50多万元，厦门市漳州商会捐资15万元，深圳地区云霄商会为云霄福利院捐赠2万元。泉州市云霄商会和深圳地区云霄商会成立两年间，共为全县农村道路建设和奖学助学等公益事业捐资200余万元。

五、县科学技术协会

（一）组织机构

县科学技术协会　1997年，编制5人，在编6人。2006年行政编制4人，在编5人。设主席、副主席。

基层科协　有乡镇科协9个，村科协158个，社区科协15个。乡镇科协主席一般由科技副乡镇长兼任，秘书长由乡镇农技站站长兼任。村、社区科协由乡镇科协负责指导。

1998年全县有各类协会、学会18个，因缺乏资金仅有4个办理社团登记。2003年县科协筹集资金36万元为14个协（学）会办理登记注册手续。2006年全县有农学会、林学会、医学会、药学会、水利水电学会、计算机学会、教育学会、税务学会、营养学会、科普宣传工作者协会、枇杷协会、技术监督协会、花卉协会、青少年科技辅导员协会、建筑企业协会、老科学技术工作者协会等16个学（协）会，单位会员146人，个人会员2376人。另有泥蚶、枇杷、荔枝研究会各1个。

（二）代表大会

第三次代表大会　1997年10月31日召开，出席代表134人，特邀代表20人，县领导出席大会。会议听取县科协第二届委员会《团结拼搏，推进科教兴县大业，为实现跨世纪目标努力奋斗》工作报告，表彰先进集体8个，先进工作者30人。会议向全县科技工作者发出《团结奋斗，为实施科教兴县战略和可持续发展战略奉献智慧和力量》倡议。选举产生县科协第三届委员会委员25人，其中常务委员9人，主席1人，副主席2人。

第四次代表大会 2003年12月28日召开，出席代表139人，特邀代表48人，列席代表9人。县领导出席大会。会议听取县科协第三届委员会《与时俱进，开拓进取，为全面实施科教兴县战略作出新贡献》工作报告，表彰先进集体5个，先进工作者25人。选举产生县科协第四届委员会委员33人，其中常务委员11人，主席1人，副主席5人。

（三）主要活动

1997年5月，举办科技宣传周活动，主题为“可持续发展——人口、资源、环境”。1998年为“科学技术与跨世纪蓝图”。1999年为“科技创新与科教兴县”，并确定全县中小学每新学年的第12周为校园科技教育宣传周，通过成立科技兴趣小组和举办讲座、版报、校园广播，对学生进行科普教育。2000年为“崇尚科学文明、反对迷信愚昧”，组织科技团体和科技工作者揭批“法轮功”邪教组织本质，提高公众科学素养和识假辨伪能力。2001年为“科技在我身边”。2002年为“科技创造未来”。2003年为“科技与可持续发展”，校园科技教育宣传周改为与全国科技宣传周同步开展。6月，举办第一个全国科普日活动，纪念《中华人民共和国科学技术普及法》实施一周年。2004年为“以人为本，科学发展”，开展宣传周活动并举办“科学普及——你我共参与”的第二个全国科普日活动。2005年为“科学、和谐、发展”，以每年第三个公休日为全国科协科普日活动时间。同年9月17日，以“环境保护——你我共参与”为主题，开展“母亲河——漳江水资源保护”专题科普活动。2006年，为“携手建设创新型国家”开展科普宣传周活动，第四个科普日以“节约能源——你我共参与”为主题开展活动。县科协与县广播电视台联办《学科学》调频广播专题节目539期，以《科技服务信箱》栏目，向农民介绍先进生产技术，提供致富信息和就业门路（详见第二十九章《科学技术》）。

六、县归国华侨联合会

（一）组织机构

县归国华侨联合会 1997年编制3人，在编2人。2006年，编制2人，在编2人，设主席（专职）1人，副主席3人（专职1人）。

基层侨联 云陵、陈岱、列屿等3个镇成立侨联，在归侨、侨眷较集中的村、社区成立村级侨联小组10个，并在云霄一中、二中成立直属小组。2006年9月19日成立云霄县侨联海外留学人员亲属联谊会，会员100多人。

（二）代表大会

县第九次归侨、侨眷代表大会 2003年9月召开，出席代表80人。会议听取县侨联《与时俱进，求真务实，努力开创全县侨联工作新局面》工作报告。选举第九届县侨联主席1人，副主席1人，委员20人。

（三）主要活动

2001 — 2002年，与县侨办、政协台港澳侨联络办公室联合开展新一轮侨情普查和海外新移民调查，澄清云霄籍华侨、华人的分布及有关社团组织、事业成就和眷属等情况。2003年，县侨联获省“基层侨联组织建设先进单位”称号。（详见第二十六章《外事与港澳台事务》）

七、县台湾同胞联谊会

（一）组织机构

县台湾同胞联谊会 1988年3月成立县台金马同胞联谊会，1991年改称县台湾同胞联谊会（以上前志缺载）。1997年编制2人，在编1人。2006年编制2人，在编3人。其中会长1人（兼职），副会长1人。

（二）代表大会

第二次台湾同胞代表大会 1998年1月召开，出席代表32人。选举产生第二届理事会常务理事9人，其中会长1人，副会长2人。聘请台商何希灏为名誉会长，老台胞高先进、曾在为顾问。

第三次台湾同胞代表大会　2003年9月召开，出席代表40人。选举产生第三届理事会常务理事7人，其中会长1人，副会长1人。聘请台胞何希灏、谢铭洋为名誉会长，台胞刘文斌、高凯士、黄瑞添为顾问。

（三）主要活动

1984—2006年，为台籍老兵办理返台探亲、扫墓、旅游、定居手续计32批93人次。配合有关部门为彭文贺、许尉、林锦秀、陈庆宝等4位原台籍老兵，按照政策办理转干或离、退休。为3名台籍老兵办理返台定居手续。期间，结合传统节日对台胞进行访问、慰问，为受灾和生活困难的台胞以及就学困难的台籍学生资助4.5万元，协助18位考入大学的台籍学生办理入学手续。

海峡两岸开放至2006年，县台联共接待340多批次计1万多人（次）台胞回云霄寻根谒祖、探亲访友、朝圣、旅游。其中，1998年、1999年，为嘉义何氏，台北、桃园、宜兰林氏，嘉义吴氏找到其在马铺、前涂、曲溪等祖籍地。台胞共为云霄文化教育等公益事业捐赠人民币200多万元。县台联经常走访台资企业，并关心和维护其合法权益。（详见第二十六章《外事与港澳台事务》）

八、县文学艺术界联合会

（一）组织机构

县文学艺术界联合会　1997年编制3人，在编3人。2006年编制2人，在编2人。会长由县委宣传部副部长兼任，设专职副会长1人。

直属协会　1997年县文联所属社会文化艺术团体有文学、灯谜、书法、舞蹈、美术、音乐、电影、戏剧、花卉盆景、民间文艺等协会。1998年5月成立交谊舞协会。2001年10月成立摄影、收藏协会。2003年10月成立漳江画院。2005年灯谜协会更名为楹联灯谜协会。2006年，共有13个协会和1个画院，会员1200人，其中国家级会员9人，省级会员45人。

（二）代表大会

县文联第五次代表大会　2001年10月23日召开，出席代表120人。选举产生第五届文联主席1人，副主席3人，秘书长1人，委员25人。聘请顾问4人。

（三）主要活动

书画展览与艺术交流　1997年6月，承办“迎香港回归祖国当代书法名家作品邀请展”，展出全国有关书法名家作品100件。1998年9月，河南书画家张建才、周斌、李健强、林玮及福建书法家柯云瀚等应邀在云霄举办“‘建设新云霄’著名书画家笔会”。同年12月，与县政协组织“云霄赴宁德市书画作品交流展”。1999年2月，举办“云霄东山书画邀请展”，展出两县作品100多件。1999年举办“云霄漳浦南靖平和书画联展”，展出4个县书画精品100多件。举办“漳州市美术书法摄影全国会员作品展”，展出漳州市书法、美术、摄影国家级会员作品60件。举行庆祝新中国成立50周年青少年百米长卷绘画比赛、美术书法摄影作品展。2000年举办“方文达书法作品展”“董国强画展”“云霄漳浦南靖平和书画联展”“漳州市美术书法摄影全国会员作品展”。新疆画院院长王世昌与夫人齐社君（齐白石孙女）到云霄写生并进行艺术交流。2003年，举办云霄县首届青少年书画大赛（此后每两年举办一届）。2005年5月“福建省第五届工笔画展”在云霄举行，省文联党组书记陈济谋、省美协主席陈一峰、南京艺术学院江宏伟博导及省内外艺术家20多人参加开幕式。

音乐歌舞活动　2000年举办第五届“漳江之夏”音乐会（此后每两年举办一届），分为声乐、器乐、舞蹈等类别比赛，为县内规模最大、参与面最广的音乐赛会，至2006年共举办4届。其后举办“家家乐”文艺晚会、“合家欢”书画展、“幸福杯”乒乓球赛等以家庭为单位参加的家庭文化创建系列活动。音乐、舞蹈、交谊舞协会每年组织编排春节文艺贺岁片，《迎春乐》《漳水欢歌》《春天的祝福》《云城春晓》《相约云霄》等贺岁片在漳州电视台和县有线电视台播出。2006年1月组织文艺界赴漳举办“奋进漳州——相约云霄”大型专场文艺晚会（详见第三十一章《文化》）。

九、县残疾人联合会

（一）组织机构

县残疾人联合会 1997 年编制 3 人，在编 3 人。2001 年 5 月，由副科级单位升格为正科级单位。2006 年编制 2 人，在编 3 人，其中理事长 1 人，副理事长 2 人。

县残联下设直属事业单位县残疾人劳动服务所。2001 年 10 月成立县残疾人服务所，与残疾人劳动服务所两块牌子，一套人员。2002 年，县残疾人综合服务大楼列入省委、省政府为民办实事项目，由县有偿划拨 390 平方米土地作建设用地，由省拨款 16 万元、县拨款 223 万元建成总建筑面积 2300 平方米，配套无障碍设施的 5 层大楼。2005 年 9 月，改残疾人劳动服务所为县残疾人就业服务指导中心，编制 3 人，在编 3 人。

（二）代表大会

第三次残疾人代表大会 2001 年 7 月召开，正式代表 91 人，列席代表 21 人，特邀代表 8 人。选举产生第三届县残联主席团主席 1 人，副主席 5 人，委员 29 人，执行理事会理事长 1 人、副理事长 1 人。

（三）主要活动

残疾人保障金征收与就业安置 1998 年在全县机关、团体、企事业单位征收残疾人保障金。2003 年，委托地税局代征残疾人保障金。扶助 9 个乡镇残疾人 30 人经营公用电话。1999 年批准 1 位盲人开办保健按摩中心，安置盲人 6 人就业。2000 年县残联被评为全省按比例安排残疾人就业先进单位。2002 年，残联设电脑培训部，培训残疾人 10 人。2004 年批准 3 位盲人开办按摩室。同年，县残联被市政府残疾人协调委员会评为残疾人劳动就业工作先进单位。2002 — 2005 年，共选送残疾人 32 人到漳州企业就业，为失业的残疾人 11 人办理失业证。1997 年残疾人蔡松溪被评为省“自强模范”。

助残扶贫 1997 年开展助残脱贫义售黑芝麻洗发香波 5 万份。1998 — 2002 年为城镇无业残疾人 53 人办理养老保险。2001 年在全国助残日和春节期间走访慰问残疾人特困户 58 户，发放慰问金 12600 元；为 12 名濒临失学的特困残疾学生发放助学金 3300 元。2001 — 2003 年，以中央康复扶贫贷款与省、市财政配套资金 25 万元，为残疾人 36 人提供小额贷款。2004 年配合民政部门为贫困残疾人 2634 人办理最低生活保障。2005 年与力天超市联合向持证残疾人优惠供应大米、食用油。2006 年开展每个县直单位挂钩扶持 1 ~ 2 户贫困残疾人和省、市挂钩扶持 15 个贫困村活动，为 2 户贫困残疾人危房改造各补助 2 万元，3 户受灾残疾人危房户各补助 2000 元，为 20 名残疾学生到漳州聋校、泉州盲校就读提供交通费补贴。1997 — 2006 年，开展“光明行动”，由广州（慈爱）狮子会、深圳坪地狮子会，免费为贫困白内障患者作复明手术 230 例；由美国关爱基金会为 24 名聋儿实施听力救助；县残联为残疾人赠送轮椅、盲杖、助行器等 78 件，安装假肢 11 例，为 20 名聋童配备助听器。

体育与技能竞赛 2000 年残疾人潘良才参加省第四届残疾人运动会获游泳金牌。2003 年 2 名盲人参加全国第六届残疾人运动会，张国川获田径 1500 米第三名，陈梅旗获田径 800 米第六名。2003 年 2 名盲人参加省第一届中小学生残疾人运动会，张国川获田径 800 米、1500 米、5000 米等 3 项第一名，陈梅旗获田径 1500 米第二名和田径 800 米、5000 米第三名。2005 年 12 名残疾人参加市首届残疾人运动会，获体育风尚奖，获 3 个第一名、6 个第二名、8 个第三名；4 名残疾人参加省第五届残运会暨第三届特奥会，获金牌 5 个、银牌 2 个、铜牌 2 个。2002 年方国兴参加省盲人按摩比赛获第一名；5 名参加第二届福建省残疾人技能竞赛，张志成获海报设计项目第一名，方坤阳获计算机组装第二名，何恋君获女装制作、服装剪裁第三名。2006年12名有劳动能力的残疾人参加市首届技能竞赛，张志成获广告设计第一名，周爱辉获木柜制作第一名，张志成获省第三届残疾人职业技能竞赛海报设计第一名。

十、县关心下一代工作委员会

（一）组织机构与工作网络

1988 年 12 月成立县关心下一代协会，与县老龄工作委员会合署办公。1994 年 7 月更名县关心下一代工作委员会，1999年7月从老龄委分出，设主任1人、副主任3人、秘书长1人，下设办公室，行政编制2人（在编1人）。县关工委设报告团，团长1人，副团长2人，聘请老教师、老干部报告员18人，聘请中小学教师不离校报告员180人；设关爱工作团，团长1人，副团长2人，成员7人。设农技服务团，团长1人，副团长2人，成员12人。

全县乡镇、开发区和村（社区）、县直机关、中小学以及民营企业共建立336个基层关工委，成员2352人。

（二）主要活动

报告活动　1997年，县关工委报告团每年根据党和国家的中心工作，以及结合重要节日和县内重要活动，到中小学开展报告活动。至2006年，共开展报告会近百万人次。县关工委被评为漳州市“思想工作先进单位”和“未成年人思想道德建设先进单位”。

助学奖学　1997年，关工委通过发动干部职工捐资、与企业家签订“留本付息”捐资协议、争取侨胞建立奖学助学基金及发动民间互助和结对帮扶，从对九年义务教育阶段特困生的扶贫助学，拓展到奖励中小学和中考、高考成绩特别优秀学生。至2006年，县关工委共向7731名大、中、小学生发放助学、奖学金128.9万元；基层关工委共为1.2万多名学生捐助奖学助学金518.3万元。全县有各种形式助（奖）学基金会17个，总金额2206.19万元。

关爱帮教　1997年，关工委依托县、乡、村三级关爱工作网络，配合政法、综治部门对失足青少年开展《预防未成年人犯罪法》和《未成年人保护法》宣传教育，聘请“五老”（老干部、老教师、老军人、老专家、老模范）为关爱员。至2006年，共对300多名“两劳”（劳动教养与劳动改造）回归人员和失足青少年进行帮教，引导其走遵纪守法勤劳致富道路，使其中有的人成为种养大户、经济能人或见义勇为者。县关工委两次被省授予未成年人保护工作先进单位。

十一、县计划生育协会

（一）组织机构

县计划生育协会　1989年5月成立，设理事会，选举会长、副会长，挂靠于县计生委。1999年，第二次会员代表大会设专职副会长1人，主持日常工作。2006年，编制2人，在编1人，理事47人，每届任期5年。

乡镇计生协会，设会长、专职副会长和秘书长各1人，理事15～20人，每届任期3年。

村（社区）计生协会，设会长1人，专职副会长1人，秘书长1人，理事若干人。2005年1月起，村协会专职副会长每人每月补贴80元，计生女小组长1097人每人每月补贴30元，纳入县财政预算。

村（社区）以下设立会员小组。

全县计生协会会员41456人，其中女会员30318人；基层协会理事1701人，其中“五老”565人，育龄群众559人，干部577人，为“三三制”结构。村（社区）协会有办公场所、工作人员和活动经费。

（二）代表大会

第二次会员代表大会　1999年4月22日召开，代表169人。选举理事35人，会长1人，副会长4人，专职在编1人，秘书长1人。

第三次会员代表大会　2004年6月16日召开，代表210人。选举理事35人，会长1人，副会长4人，秘书长1人。

2006年6月9日，召开第三届理事会第二次会议，改选会长1人、专职副会长1人。

（三）主要活动

制定实施《计划生育村规民约》　2000年2－6月，配合县计生委先在12个村进行制订实施计划生育村规民约试点。同年6月26日，县委、县政府发出《关于推进计划生育民主管理制定实施〈计划生育村规民约〉的通知》，并召开会议进行部署。12月3日，县计生领导小组印发《云霄县制定实施〈计划生育村规民约〉试点工作材料汇编》。2001年7月14－15日，市委、市政府在云霄召开现场会，省计生委、计生协领导出席会议。当年起《计划生育村规民约》在全县实施。

“幸福工程” 2004 年，云霄县按《福建省幸福工程·救助贫困母亲行动管理办法》进行筹备实施，被省幸福工程组委会确定为幸福工程项目县。同年 3 月，发起“为计生贫困母亲献爱心，捐献一日所得”活动。2004 年 8 月 11 日，首期幸福工程项目款发放仪式在和平乡举行。之后，各乡镇（开发区）按照“小额资助，直接到人，滚动运作，劳动脱贫”模式，以合同的形式把资金不计息借给实行计划生育的贫困母亲发展家庭经济，借期 1 年，最多可续借 3 年，额度 1000 — 5000 元，期满回收资金再滚动。2006 年 4 月 16 日，省计生协会副会长、省幸福工程组委会主任韦立到云霄调研幸福工程工作。同年 5 月再次发动“捐献一日所得”活动，至年底全县共自筹资金 102.52 万元，为全省第三个“幸福工程百万资金县”。2004 — 2006 年，救助贫困母亲 228 户（次）963 人。

第二节　主要社会团体

一、县老区建设促进会

1997 年成立，有农业、林业、经贸、水利、交通、建设、科技、教育、邮电、广电、民政、老区办等职能部门与和平、下河、马铺、火田等老区乡镇共 20 多个成员单位，设理事会，有会长、副会长、秘书长、常务理事 9 人，各成员单位领导为当然理事。老促会成立后，开展全县老区革命遗址、遗迹普查，并进行名称刻石和立碑；普查增补“五老”及其遗偶遗属，按国家规定标准给予生活补贴和补助；围绕老区经济发展项目和路、水、电、通信、广播电视的“五通”状况进行调查研究，协调有关职能部门逐个落实解决；对于涉及面较广的问题，将调研形成书面材料向县领导呈报或提出建议，作为县领导决策参考。（详见第二十四章《民政与革命老区工作》）

二、县闽粤赣边区革命史研究会

1997 年 7 月成立，会员以边区老战士、离退休干部和热心革命史研究人员组成，共 120 多人。研究会设理事会，有会长、副会长、秘书长、常务理事、理事 15 人。至 2006 年历 2 届。

组织开展县内外、省内外有关闽粤边区、闽粤赣边区革命斗争人与事的面访、电话采访和调查研究活动。先后搜集整理《陈国桢与云霄地下交通站》《神枪何凤》《从侨眷千金到游击队员》《云霄革命先驱陈元宰》《无畏战士潘金德》《为人民捐躯的红军团长张长水》《坪水女杰何两花》《坪水乡苏维埃主席何意》《血染乌山路》等 32 篇文稿，刊载于光明日报出版社出版的《乌山风云》、中国文献出版社出版的《烽火征程》和作家出版社出版的《闽粤赣边区革命故事丛书·血沃杜鹃红》，配合市革命史研究会合作撰写由作家出版社出版的原中共云和诏县委副书记张振福革命回忆录《巍巍乌山战士情》。整理完成边区革命史料计约 40 万字。还组织举行“纪念闽粤赣边区纵队成立 48 周年”“纪念乌山革命根据地建立 70 周年”“纪念红三团北上抗日 70 周年”等活动。先后向全县各中学和老区小学赠送《血沃杜鹃红》《烽火征程》《乌山风云》等革命书籍 1000 多册，向中小学和有关单位宣讲边区革命史 50 多场次，协助接待和引导省内外老战士及有关单位瞻仰游览乌山革命遗址 10 多批 400 多人次。

三、县劳动模范协会

1998 年 8 月成立，挂靠于县总工会，会员共有全国、省（部、委）、市劳模及省级以上“‘五一’劳动奖章”获得者 102 人。协会组织劳模到工厂、农村巡回演讲 3 次。1998 年 8 月，协会对全县劳模进行登记造册录入全省劳模管理网，对其生产、生活、健康状况及经济困难进行访问调查。至 2006 年，共补助经济困难的劳模 138 人（次）金额 21 万元，并做好劳保、体检、医疗等工作。

四、县消费者权益保护委员会

1988 年 2 月成立县消费者保护协会，挂靠县工商行政管理局办公。2006 年 4 月改称县消费者权益保护委员会。2006 年，在编 6 人。

1998 年，结合“3・15”国际消费者权益日开展“讲诚信、反欺诈”“明明白白消费”宣传活动。2000 年，对经营者开展县、市、省三级诚信单位评选活动，先后有漳南汽车经贸有限公司、县台联汽车维修有限公司、省电信有限公司云霄县分公司、省移动通信有限公司云霄县分公司、市绿通塑料有限公司等 5 家公司被省消委会评选为诚信单位，15 家企业评选为市诚信单位，16 家企业评选为县诚信单位。至 2006 年共接受咨询 2030 人次，受理投诉 1921 件，调解纠纷 1786 件，为消费者挽回经济损失 83.7 万元。

五、县个体私营经济组织协会

1997 年 1 月成立云霄县个体劳动者协会，1998 年 12 月成立云霄县私营企业协会，并成立个协互助基金会和光彩法律事务所，创办《个私经济信息》简报。

2000 年个协基金会关闭。2003 年 10 月云霄县私营企业协会注销，2006 年 3 月云霄县个体劳动者协会注销后改成立云霄县个体私营经济组织协会。

六、县开漳历史文化研究会（见第三十一章《文化》）

七、县老年大学（见第三十章《教育》）

八、县老年人体育协会（见第三十三章《卫生　体育》）

九、县农民体育协会（见第三十三章《卫生　体育》）

第二十四章　民政与革命老区工作

1997 — 2006 年，县民政部门做好拥军优抚和赈灾救济、移民安置、居民自治组织建设以及婚姻、社团登记管理、推行殡葬改革等，为全县弱势群体办理最低生活保障 5367 户 11656 人。建成 9 个灾民安置点，安置 2006 年“珍珠”强台风受灾群众 1765 人，安置三峡移民 14 户 63 人，并妥善处理境内大中型水库建设历史遗留问题。

全县有 5 个老区乡镇、开发区，4 个老区分布乡镇，以及 113 个老区基点村（自然村）和 100 个老区建制村。1997 — 2006 年，开展“五通”建设，实现老区建制村村村通水泥或柏油公路，102 个老区基点村通公路、通电力、电信和广播电视，大部分村建成或接通饮用自来水。从财力物力上对老区的经济发展、人才培养和扶贫救助给予照顾与倾斜；对革命烈士、“五老”及其遗偶，按国家规定给予生活上、医疗上定额补助，并不断提高补助标准。

第一节　民　政

一、拥军优抚

（一）拥军

1997 年 1 月，国家实行军粮供应改革，改实物供应模式为粮食供应和领取军粮差价补贴并存模式，2005 年 12 月县成立支前物资供应站，负责军需物资供应。

1997 年 7 — 10 月，东海舰队在云霄县沿海举行军事演练，县政府成立保障军事演练领导小组，组织交通部门及有关单位抢修参演部队驻地与武器库之间 5 公里通道，迁移沿海网箱养殖鱼排 15 排、网箱 36 箱及靠近航道的渔船 25 艘，并组织 58 名基干民兵参加演练。

1998 年底，摩步某部到云霄执行地下通信光缆国防施工任务，县成立“二一〇”工程保障领导小组，为部队师部和一个团安排住宿并协调云霄电讯线务段提供技术协助，使其在 15 天内按时完成 48 公里施工任务。

1999 年，武警 93 师前往广东参加全国武警部队拉练途经云霄，县领导到现场慰问并协助部队安排住宿营地。

2000 年，县成立维护军人军属合法权益领导小组和合议庭、法律咨询站，县司法局每季度组织 3 名律师到军营提供法律咨询服务，保护军人军属合法权益。

2005 年 10 月，31 集团军某部到常山与诏安交界处军事训练，县和有关乡镇、部门主动为演练部队提供后勤保障。

（二）优待

义务兵优待　1997 年，义务兵军属优待金从乡镇向农民收取的统筹款中支付。1998 年 7 月，县委、县政府出台《拥军优属若干规定》《义务兵优待金统筹试行办法》，2003 年义务兵优待金改由县财政转移支付，农村军属每户每年 3200 元，城镇军属每户每年 1360 元。2006 年全县发放 374 户 107.3 万元。

革命伤残优抚　1998 年开展“爱心献功臣行动”，全县向社会募集 60.852 万元帮助重点优抚对象解决生活难、住房难、医疗难的问题。1999 年云霄县被全国双拥工作领导小组、民政部授予“全国‘爱心献功臣行动’先进县”称号。至 2006 年，全县接收军队退役残疾军人 13 人，评定伤残国家机关工作人员 2 人、伤残警察 2 人、已退役精神病致残军人 19 人。全县共有革命伤残人员 156 人，共发放残疾优抚金 198 万元。

其他优抚优待　2000 年 1 月，按国家规定对在乡复员军人 499 人实行定补。2001 年开展全国重点优抚安置对象和优抚安置事业单位普查并建立数据库，全县重点优抚对象 1069 人。2006 年对重点优抚对象实行医疗补助，每人每年 600 元（30% 为医疗门诊费，70% 为住院医疗报销基金），省、市、县财政按 7 ： 2 ： 1 比例分担，三级共拨款 45.66 万元。

（三）抚恤

1997 年，追认革命烈士 3 人，确认因公牺牲军人 3 人、病故军人 1 人。2006 年全县烈属 70 人，每月每人发给抚恤金（下同）城镇 601 元，农村 419 元；因公牺牲军人遗属 21 人，城镇 576 元，农村 409 元；病故军人遗属 33 人，城镇 545 元，农村 389 元。至 2006 年，全县发放各种优抚安置补助金 1886.3 万元，其中，发放抚恤金 244.1 万元。

（四）安置

1997 年，重视退役士兵安置工作，至 2006 年，共接收退役士兵 1821 人，其中志愿兵、转业士官 73 人，城镇退役士兵 317 人，安置机关、企事业单位 287 人，自谋职业 103 人，发放自谋职业一次性补助金 80.3 万元，回乡参加农业生产 1431 人。

1997 — 2006 年云霄县优抚安置事业费支出表

表 24-1　　单位：万元

年份	优抚总数	牺牲病故军人抚恤	烈军属复退军人补助	革命残疾军人抚恤	复退军人安置费及其他
1997	68.8	13	48.5	7	0.3
1998	82.5	15.5	57.3	8.2	1.5
1999	131	18.8	97.8	11.4	3
2000	128.5	18.8	97.8	11.4	0.5
2001	140	22	106	11	1
2002	206.5	21	166.5	18	1
2003	205.5	21	166.5	18	
2004	218	21	177	20	
2005	327.5	43	217.5	43	24
2006	378	50	229	50	49
合计	1886.3	244.1	1363.9	198	80.3

二、赈灾救济

（一）赈灾

1997 — 2006 年，全县因风洪灾害直接经济损失 15 亿元，拨付救灾款 3041.98 万元。其中，2006 年 5 月 17 日遭受 1 号“珍珠”强台风正面袭击，全县受灾 26.2 万人，房屋倒塌 4350 间，农作物受灾面积 18489 公顷，绝收 1970 公顷，包括水产养殖、交通、水利设施等直接经济损失 6.6 亿元，全县拨付救灾款 2074.58 万元以及大批救灾物资，干部职工和社会各界募集救灾资金 592.59 万元，支持 2511 户受灾群众重建住房。

（二）救济

1997 年元旦、春节期间走访特困户 981 户、残疾困难户 227 户、五保户 194 户、失散红军 6 户、人民功臣 7 户，发放慰问金 12.38 万元，棉被 70 套，棉衣 50 件。1998 年春节期间走访五保户 612 户、特困户 1215 户，城镇“三无”孤老 11 户，城镇保障对象 25 户，发放慰问金 34.17 万元；同年全县开展 3 次捐赠活动，筹集捐赠资金 105 万元、衣物品 3 万余件。1999 年春节走访慰问五保户 612 人、特困户 1262 人，城镇“三无”对象 6 人，城镇保障对象 120 人，军队离退休人员 9 人，优抚对象 1226 人，抗洪有功人员 4 人，其他对象 650 人，发放慰问金 34.58 万元，棉被 155 床。2001 年春节期间，走访慰问对象 3254 人，发放慰问金 28 万元，棉被 133 床；同年，为 24 名二女特困户学生、下城村 9 名特困学生、云霄一中高三届 30 名特困学生发放扶贫助学金 36291 元，为下河乡等 37 户特困家庭发放补助款 9800 元。2003 年为 7 名孤儿每人发放 1000 元济困助养资金。2004 年春节期间，走访慰问困难户 2208 人，发放慰问金 15.2 万元，慰问物品折价 3 万元。2005 年春节期间，走访慰问贫困户 1846 人，发放慰问金 14.5 万元，慰问物品折款 4.1 万元。2006 年春节期间，走访慰问贫困户 2131 人，发放慰问品、慰问金计 27.6 万元。

三、城乡最低生活保障

（一）城镇居民最低生活保障

1998 年 1 月实施城市居民最低生活保障，全县 44 户 99 人，人年保障标准（下同）1440 元。1999 年 751 户 1793 人，每人每年 1872 元；2006 年 756 户 1806 人，每人每年 2400 元，年发低保金 127.6 万元。

（二）农村居民最低生活保障

1998 年 8 月，实施农村居民最低生活保障，全县 412 户 1262 人，人年保障标准（下同）360 元。2004 年 1 月全面实施农村居民最低生活保障，全县农村低保 4611 户 9850 人，其中五保户 894 户 956 人，每人每年 1000 元。2006 年，全县农村居民纳入低保 4611 户，9850 人，年发低保金 468.7 万元。

四、社会福利

（一）福利彩票

1998 年 1 月，发行赈灾社会福利彩票金额 1000 万元，其中 200 万元为赈灾专款募集款。1999 年省市募委办同意云霄县销售 1000 万元福利彩票额度，县政府批准销售 800 万元，实际销售 791.31 万元，募集福利彩票金额 158.26 万元。同年又完成 8000 套额度 128 万元的“八闽风采”福利彩票销售任务。2000 年完成“中华风采”福利彩票销售额 800 万元，上缴市 150.35 万元，县获得福利彩票返还资金 158.26 万元；中奖兑券 30 万元，奖品 376.34 万元，其中特等奖为价格 18 万元的桑塔纳小轿车一部。同年 12 月，县在体育场销售福利彩票 1000 万元，由于市场疲软和两个特等奖较早出现，结果只销售 149 万元。至 2006 年，共发行福利彩票 5 批，金额 2877 万元，销售后资金分配为奖金返还占 50%，社会福利金占 39%，其中县 20%、省市 19%，宣传发行费用占 11%。

（二）福利机构

敬老院 20 世纪 80 年代，列屿镇在城内村墓林山建敬老院，建筑面积 200 平方米，后因年久失修，常年仅入住 2 ~ 3 人，2006 年院址被征作新建列屿镇办公大楼之用，2009 年在顶城村择地重建。

福利院 2003 年 3 月，县民政局与香港晶顺艺有限公司合资在下坂工业开发区建福利院，占地面积 8774 平方米，建筑面积 892 平方米，有 23 个房间，30 张床位，总投资 300 多万元。先后收养弃婴 39 名，至 2006 年共有 14 名孤儿被西班牙、丹麦、美国等国籍人士收养。

（三）残疾救助

1998 — 2002 年，为 53 名城镇无业残疾人办理养老保险。2001 — 2003 年，为 36 名残疾人提供 25 万元小额贷款，为 26 名肢残患者免费安装假肢，为 22 名唇腭裂患者进行整形矫治。2004 年民政部门为 2634 名贫困残疾人办理低保。2005 年为持有残疾人证者优惠供应大米、食用油。至 2006 年，共免费为 230 名贫困的白内障患者作复明手术，为24名聋儿进行听力救助，给20名聋童配备助听器，向残疾人赠送轮椅、盲杖、助行器78件，安装假肢11例（参见二十三章《群团组织》第九目）。

五、村（居）民自治组织建设

（一）村（居）民自治组织换届

村（居）民委员会每届任期3年。1997年全县162个村委会（含常山4个村），10个居委会，进行换届选举，选民240101人，参加投票223774人，通过选举，新一届村（居）委会主任平均年龄38.2岁，比上届下降2.3岁，经济能人占72%，初中以上文化程度占97%。2000年全县158个村委会12个居委会进行换届选举，选民245659人，参加投票211267人。2003年全县173个村（居）委会换届选举，选民273154人，参加投票237568名，新一届村（居）委会主任平均年龄比上届降1.36岁，经济能人占81.18%。2006年全县173个村（居）委会换届选举，选民281447人，参加投票258918人，新一届村（居）委会成员中，经济能人占35.56%，高中以上文化程度占41%。一些致富能手、复退军人、回乡大中专毕业生被选进村领导班子。每次换届选举后，对新当选的村（居）委会主任进行集中培训，组织学习《村民委员会组织法》《人口与计划生育知识》和举行有关农村法律法规知识讲座，做好建章立制工作。

（二）村务公开与民主管理

1997年，推行村务公开民主管理制度，对后进村进行分期分批整顿。1998年，各村成立村务监督委员会，对村务进行监督。1998－2000年，实施新村建设“书记工程”，开展全县新农村建设。2001年实行村财乡（镇）管村用和集中记账日制度，出台村级零接待制度。2004年，以白礁村、浯田村、演武亭村为村务民主听证试点，并在21个村逐步推开。2005年又以18个村为示范村，在全县推开，全县158个村有117个村实行了村务决策听证制度；同年，在陈岱镇、火田镇、和平乡进行村集体会计委托代理制度试点工作。2006年，在全县开展“村务公开和民主管理示范单位”创建活动和村集体会计委托代理工作。

六、移民安置

（一）国家三峡水库移民安置

2003年5月，云霄县接受三峡建设委员会安置重庆市万州区三峡水库农村移民14户63人任务，分别安置在火田镇后埔村6户32人、陈岱镇竹港村8户31人。按三峡建设委员会要求，由安置地无偿划给每个安置人口耕地5分，蔬菜地0.2分，每个安置户建房地皮40平方米。2004年，后埔安置点完成建房6套总建筑面积460平方米，竹港安置点完成建房8套总建筑面积580平方米，8月17日，三峡建设委员会专车护送移民到达定居点。

（二）自然灾害移民安置

2006年5月17日“珍珠”强台风正面袭击云霄，许多山区发生山体滑坡、房屋倒塌。县委、县政府决定对受灾严重的边远山村进行移民重建。当年建成移民安置点9个，其中马铺乡4个，和平乡1个，下河乡3个，火田镇1个，安置移民460户1765人。

（三）县内水库移民遗留问题处理

峰头水库移民遗留问题处理　峰头水库于1986年3月16日建成，库区移民11770人，全部在县境内安置。2002年，云霄县库区移民开发管理局编制《福建省峰头水库移民遗留问题处理2002－2007年规划及总体规划》上报，2002年6月，批复下拨解决遗留问题建设基金1590.2万元。2003－2006年，按《规划》完成修建18个移民村、点四级水泥道路26条78公里，自来水设施16处，农田水利设施18处，建成环库区水泥道路3条29.8公里，并衔接火田镇后埔村贯通国道324线。

杜塘水库移民遗留问题处理　杜塘水库于1959年10月竣工蓄水。水库移民以生产大队集中建房、集体安置。根据国务院、省政府有关水库移民安置遗留问题的资金直补规定，对凡在2006年6月30日前属于水库移民的原迁人口（死亡扣除）和新增人口，每人每年直补600元，“一人一折”，委托县农村信用联社按季度发放，20 年不变。原移民 533 人，现存 104 人，新增 429 人。

全县水库移民安置区集体项目扶持 由县库区移民开发管理局编制《2006 — 2010 年项目扶持规划》，按年度向省、市移民局申报。2006 年，已实施和正在实施项目有道路 50 条 41.2 公里，自来水设施 12 处，农田水利设施 13 处，文化活动场所 2 处，家园清洁工程 5 个（村）。

七、其他社会民政事务

（一）殡葬管理

云霄殡仪馆，1978 年建成，址在下河乡新坡村石龙山，占地面积 9.3 公顷，建筑面积 3560 平方米。1998 年 5 月，县政府颁发《云霄县殡葬管理暂行规定》，全县分三批推行火葬。同年 7 月 1 日起，首批在云陵镇和莆美镇的绥阳街、前埔村、后汤村推行；9 月 1 日起，第二批在火田镇、莆美镇、常山华侨农场、东厦镇、陈岱镇、列屿镇，下河乡的新坡、世坂、上窖、孙坑、新湖村，和平乡的东方村、河塘作业区推行；2005 年 7 月 1 日起，实现全县推行。至 2006 年，共火化遗体 16942 具(含东山县 650 具),其中五保户、特困户遗体 2000 具减免火化费 120 万元。2006 年，新建等级火化车间，全馆有车辆 10 部，冷冻棺 12 台，冷冻机 3 台，火化机 3 台。有干部、职工 16 人，雇佣人员 30 人。

（二）婚姻登记

2003 年 7 月，国务院颁布第五部《婚姻登记条例》，取消婚姻登记需由单位或村（居）民委员会出具证明、婚前强制性医学检查的规定。2004 年 2 月，根据《婚姻登记工作暂行规范》规定，成立婚姻登记处，办理居民有关国内和涉港、澳、台、华侨的结婚、离婚登记，以及婚姻证件补领业务。至 2006 年，共办理国内结婚 35083 对，离婚 257 对，与台、港、澳同胞及侨胞结婚 479 对，离婚 270 对，出具夫妻关系证明 34 份。

1997 — 2006 年云霄县婚姻登记统计表

表 24-2

年份	结婚	离婚	涉外婚姻	出具夫妻关系证明书
1997	3731	——	178	——
1998	3794	——	110	——
1999	3965	12	61	3
2000	4042	——	21	——
2001	2900	——	26	8
2002	2831	32	16	16
2003	2902	30	6	7
2004	3479	40	8	——
2005	3289	40	15	——
2006	4150	103	38	——

（三）地名管理

县地名办根据地名规范规定，将地名报经县政府批准认定。2000 年 8 月，报批云陵镇北园、金霞和莆美镇宝洋等 3 个居委会。2002 年 12 月，报批云陵镇下港、大园、溪美、王府、塘坪、大路、西园、宝楼、汀洋、北园、金霞、城元和莆美镇绥阳、宝城、宝洋等街道居委会更名为社区居委会。2005 年 6 月，报批下河乡政府驻地道路为政和路；下河乡后坑埔村更名为凤兴村；旧城改造和城区扩建，报批增设建新里、君豪里、云山里、双溪里、贝洋里、绥宝里、宝溪里、顶溪里、宝洋里、绥阳里、宝城里、唐营里、莆政北路、溪云路、绥阳东路、溪福路、复兴西路、江滨路、江辉路、宝溪路。2005 年 12 月，漳江大桥上游 200 米新建大桥命名云漳大桥；从云漳大桥经渡头村、金霞社区、陈政路口、宝树村、竹仔前衔接国道324线路段，命名将军大道。

（四）社团登记

1998年9月，县民政局对民间社团依法办理注册登记和颁发登记证书，并实行年检制度。2004年11月，根据国务院《民办非企业单位登记管理暂行条例》，对全县民办非企业单位进行登记。2006年，全县办理登记的社会团体48个，民办非企业单位17个。

行业性社会团体　县离退休教师协会、花卉盆景协会、建筑企业协会、文化娱乐业协会、农村卫生协会、企业发展咨询协会、旅游(宾馆)协会、卷烟经营业协会、质量技术监督协会、枇杷协会、药协会、婚姻家庭建设协会、革命烈士纪念建筑物管理保护协会等13个。

学术性社会团体　县农学会、药学会、林学会、计算机学会、教育学会、青少年科技辅导员学会、医学会、营养学会、水利水电学会、老科学技术工作者学会、税务学会、财政学会、粮食经济学会、声乐艺术研究会、开漳历史文化研究会等16个。

专业性社会团体　县老年人体育协会、文物保护协会、老区建设促进会、道路交通安全协会、集邮协会、游泳协会、足球协会、登山协会、县委机关秘书工作者协会、殡葬协会、信鸽协会、羽毛球协会、农民体育协会等13个。

联合性社会团体县一中校友会、佛教协会、劳动模范协会、消费者权益保护协会、科普宣传工作者协会、个体私营经济组织协会等6个。

民办非企业单位　教育类有庆华幼儿园、宝城幼儿园、童欣中英文幼儿园、欣欣幼儿园、下坂幼儿园、益民幼儿园、蓓蕾幼儿园、乐乐幼儿园、太阳花幼儿园、佳佳幼儿园、华泰幼儿园、毓秀幼儿园、毓英幼儿园、将军山学校、职业技术学校、立人学校等16个。民政类有县福利院1个。

（五）烈士陵园管理

献宝山烈士陵园　安葬1953年东山战斗13位烈士。2000年、2002年共拨款15.5万元进行整修。雇用管理人员2人。

陈岱烈士陵园　安葬1953年东山战斗71位烈士。2003年、2006年共拨款8.83万元进行整修，雇用管理人员1人。

八、机构

（一）县民政局

1997年，编制14人，在编13人。2002年9月，民政局老区工作办公室分出成立县老区办公室；民政局编制13人，在编14人，内设人秘股、社会福利和社会事务股、救灾救济股、优抚安置股。2003年12月，增设老龄工作办公室。2006年编制不变。

（二）县老区办公室

2002年9月从民政局分出单列，编制3人，在编3人。2006年编制不变。

（三）县库区移民开发管理局

1974年9月成立云霄县人民政府移民安置办公室，2007年12月27日改成立为云霄县库区移民开发管理局，编制12人，在编12人。

第二节　革命老区工作

一、革命老区分布

1985年1月，省老区办颁发《关于进一步核实革命老根据地乡村的通知》，确定云霄县和平乡、下河乡、马铺乡、火田镇为老区乡镇，莆美镇、陈岱镇、东厦镇、云陵镇为老区分布乡镇，全县共有 113 个老区基点村和 100 个老区建制村。至 2006 年不变。

2006 年云霄县老区乡镇、老区基点村分布表

表 24-3

老区乡镇		建制村	老区基点村
老区基点村	和平乡	桥头村	坪坑、楼仔、桥头、瓦厝、屐巷
		通贝村	屐仔寮、坑仔尾、瓯子湖、通贝
		梾树村	梾树
		内洞村	后塘、南五、墩仔、凹湖
		半岭村	九堀
		上坂村	内湖、口洞、蜂湖
	下河乡	三星村	梾树坑、赤土、后溪
		仙石村	白石后，取切、下寮、泗近塘、石厝、仓下、黄潦、石仔岗、上塘、旧楼、长田
		曲溪村	大丘头、圳坪、曲溪、后寮、胶塘、汰高潦、新田、岸坑、曹坑、下溪墘
		坡下村	斜格田、柯岩、赤岭鞍、下厝、粟欧、坡下、石下坑、孔塘、三斗种、坑仔湖、陂尾、松柏、割稻岩
		龙透村	洞底、龙镜、旧厝、龙透、打石
		七高磜村	九潦坑、大沙岗、七高磜
		金坑村	轮龙、横坑尾、圆墩、后墩凤、水井、石学、陂仔头、陂仔头陂、凤门亚、虎岩、牛坪、冬瓜坑、九坵、大社、蛤石
		梅林村	蛇仔地、大茅坪、梅林者、三坑、玉寮、玉角湾、益高寮、银空、顶坪、朱湖、四角坵
		车圩村	南溪
	马铺乡	下庵村	丼坑、愽史古、山城、鹅江豆、片仔、石埒、小坪水
		坪水村	大坪水、牛埔、楼仔厝、茶仔后、决老、长湖、大石、茅坪里、高坎、半岭、三丘、风坪、岭鞍、老公
		湖洋村	湖洋
	火田镇	佳园村	水沟头

2006 年云霄县老区村分布表

表 24-4

乡　镇	老　区　村
和平乡	通贝、桥头、梾树、半岭、内洞、大斜、上坂、吉坂、径仔、莆顶、坎顶、东方、半坑、田坎、河塘、后坪、宜谷径、田仔苏、金山、征山、甘埔、河溪、新楼、牛尾、茶山、安吉
下河乡	龙透、梅林、七高磜、三星、仙石、金坑、曲溪、坡下、车圩、坡兜、石屏、后山、下洞、内龙、凤兴、孙坑、新坡、新湖、世坂
马铺乡	坪水、下庵、湖洋、宝石、宝洞、峰头、龙镜、马铺、客寮、桥头、上洋、粗溪、乌螺、枧河、磜头、石芹、杉脚、白凤、泮坑、青美、枋林、石鼓、大坪、坑口、大仑
火田镇	古楼、瓦坑、圆峰、白石、佳园、高田、后埔、岳坑、水头、莆中、火田、新园
莆美镇	阳下、演武亭、前埔、宝树

续表 24-4

乡　镇	老　区　村
东厦镇	荷东、荷中、荷西
陈岱镇	竹港、呈安、贝园
云陵镇	下城
云陵工业开发区	狮山、三东、马山、大埔、益宝山、树洞、上坑

二、革命老区建设

1997 — 2006 年，由县交通局、老区办、库区移民开发管理局拨款和社会捐资、群众投工，共筹集 6000 多万元，建成 14 个老区村柏油路 56 公里，34 个老区村水泥路 134.6 公里，9 个老区基点村公路 28 公里，加上原有已通公路，全县 100 个老区村全部通水泥路或柏油路，102 个老区基点村通公路。在电力、广电、邮电部门的重视支持下，实现电力、电话、电视“村村通”。

其间，由上级老区部门拨款 366.5 万元，为 8 个老区村建设卫生饮用水设施，为 6 所中小学改造危房 2140 平方米，修建村部 2 处 246 平方米以及龙透村卫生保健所，修建引水坝、渠 3 处长 286 米。全县通过引进资金、技术、良种，扶助革命老区种植优质枇杷 3370 公顷，其中有金山万亩枇杷园和征山、白花洋、下城、蕉坑、内洞、石古、瓦坑等 7 片千亩以上枇杷园；引进燕顶、大茂山等茶叶有限公司种茶 266.67 公顷；引进良种淮山在马铺革命老区村种植 26.67 公顷。

三、老区救济扶助

（一）老区救济

1997 — 2006 年，县老区办救助革命“五老”及其遗属的特困或因灾、因病 19.8 万元，补助“五老”建房资金 3.2 万元，发放“五老”慰问金、物品共 40.2 万元。

（二）生产扶助

1997 — 2006 年，由县老区办向上级老区部门申报下拨扶持资金 106 万元，为龙透、通贝、梅林等老区基点村扶持“早钟六号”优质枇杷苗 5.8 万株，铁观音茶苗 25 万株，青梅苗 4 万株；为老区乡镇、老区村举办农业科技培训班 82 期，受训人数达 3000 多人次。

（三）扶贫助学

1997 — 2006 年，全县老区基点村品学兼优学生受漳州市科华电子集团公司奖学，资助金额 28.68 万元。期间，县老区办推荐到漳州市第一技工学校学习的老区贫困生 198 人，每人由市老区办一次性资助 500 元，每人减免学费 800 元。至 2006 年，受华侨黄仲咸教育基金会资助的高中老区贫困生 393 名金额 19.65 万元。

（四）技术培训与劳务输出

2003 — 2006 年，县老区办推荐老区初中毕业生 198 人到漳州市第一技工学校学习电脑、电子装配、电工、烹饪等专业，毕业后定向分配到工厂、公司就业；输送 286 名老区高中、初中毕业生到漳州宾馆、厦门市西华家具厂、漳州市鸿瑞鞋厂、漳州市正兴钢圈厂、云霄县豪昌制衣厂等企业就业。

四、“五老”及其遗偶补助

（一）定期生活补助

1997 年，全县登记在册的“五老”有老游击队员 6 人，老接头户 32 人，老交通员 13 人，共 51 人。1998 年，国家对不在职的“五老”人员进行定期生活补助，每人每月 80 元。2002 年，对全县健在的“五老”遗偶进行定期生活补助，每人每月 40 元。2003 — 2006 年，在全县的老苏区、老区进行“五老”调查、取证、核实、张榜公示并报送县政府批准，全县有老地下党员 54 人，老游击队员 206 人，老接头户 353 人，老交通员 152 人，老苏区乡干部 6 人，合计 771 人。2006 年，“五老”定期生活补助标准，无依无靠“五老”由每人每月 80 元提高为 265 元，有依无靠“五老”由每人每月 50 元提高为 170 元，有依有靠“五老”由每人每月 30 元提高为 115 元。2006 年 7 月，换发“五老”荣誉证书，有老地下党员 20 人，老游击队员 53 人，老接头户 212 人，老交通员 30 人，共 315 人，“五老”遗偶为 103 人。

1997 — 2006 年云霄县“五老”定期生活补助标准表

表 24-5　　单位：元

补助依据	无依无靠			有依无靠			有依有靠			执行时间
	原标准	提高标准	提高后标准	原标准	提高标准	提高后标准	原标准	提高标准	提高后标准	
闽财社〔1999〕98 号	80	54	134	50	30	80	30	20	50	1999-07-01
闽财社〔2001〕56 号	134	31	165	80	20	100	50	10	60	2001-01-01
闽财社〔2002〕58 号	165	20	185	100	15	115	60	10	70	2002-07-01
闽财社〔2003〕83 号	186	20	205	115	15	130	70	5	75	2003-07-01
闽政老办〔2005〕20 号	205	30	235	130	20	150	75	20	95	2005-01-01
闽政老办〔2006〕27 号	235	30	265	150	20	170	95	20	115	2006-01-01

（二）医疗补助

2006 年，根据省政府《关于福建省重点优抚对象和革命“五老”人员医疗补助办法的通知》精神，县政府决定，2006 年 7 月 1 日，全县革命 “五老”人员每人每年医疗补助费 600 元，其中 30% 为门诊费一次性划拨入个人账户，70% 为住院医疗补助基金，医疗费可报销比例按 50% 补助，最高限额每人每年 1 万元。

附记：黄荣来与爱心小分队

黄荣来，下河乡凤兴村人（现居县城），1983 年发起成立爱心小分队，在学校、商界、社区、农村开展爱心慈善活动，受到有关部门关注和社会好评。2006 年，爱心小分队由成立时的 5 人发展至 398 人，外围参加一定活动的爱心人士合计 1000 多人，其中有企业家、工人、农民、干部、教师、学生等各阶层人士。爱心小分队从最初赠送价值 1 万多元的金枣苗给困难农户种植开始，发展到捐资助学、修路造桥、扶贫济困、尊老敬贤、化解矛盾、活跃社区文化等多方面爱心活动。至 2006 年共捐助公益项目资金 425 万元，其中黄荣来个人捐资 166.14 万元。爱心小分队先后印发“爱心点滴”宣传材料 15 万份。黄荣来 2005 年被选为“感动漳州”十大人物，2006 年被省民政厅授予“八闽慈善”奖，被省委授予“优秀共产党员”称号，并出席中共福建省第八次代表大会。

2008 年 6 月，爱心小分队申请登记为云霄县爱心协会，挂靠于云霄县老区建设促进会。

第二十五章　人事　编制　劳动和社会保障

1997年、2001年，先后进行两次机构改革，对全县机关、事业单位实行“三定”（定职能、定机构、定编制），按照《国家公务员暂行条例》和《公务员法》规定，做好干部选拔录用、调配、培训、考核和职称评聘、工资改革、离退休人员管理等方面工作。

劳动和社会保障部门，加强劳动就业、劳务市场管理和劳动监察，维护企业和劳动者的合法权益；宣传贯彻《劳动法》，完善职工养老、失业、医疗、生育、工伤等社会保障。安全生产管理部门，加强安全生产的宣传教育、安全生产大检查和日常的安全监管监察，及时处理重大安全事故。

第一节　人　事

一、干部队伍

（一）公务员

1997 年初，全县公务员 900 人，县直机关使用行政编制 720 人。其中，女性 93 人；少数民族 2 人；中共党员 604 人；大学本科 70 人、大学专科 293 人、中专 296 人、高中及以下 241 人；35 岁及以下 372 人、36 ~ 40 岁 110 人、41 ~ 45 岁 100 人、46 ~ 50 岁 103 人、51 ~ 55 岁 89 人、56 ~ 59 岁 126 人。同年，全国第一次机构改革，省编委核定云霄县公务员编制 630 人，超编 270 人。县编委根据机构改革精神缩减行政编制 178 人。2006 年，全县行政机关公务员 1109 人，其中，女性 136 人；少数民族 2 人；中共党员 984 人；研究生学历 3 人、大学本科 312 人、大学专科 495 人、中专 203 人、高中及以下 96 人；35 岁及以下 286 人、36 ~ 40 岁 209 人、41 ~ 45 岁 249 人、46 ~ 50 岁 142 人、51 ~ 55 岁 115 人、56 ~ 59 岁 108 人；正处级 5 人、副处级 25 人、乡科级 133 人、乡科副职 355 人、科员 583 人、办事员 3 人、试用期 5 人。

1997 — 2006 年云霄县公务员基本情况统计表

表 25-1　　单位：人

年末	总数	女	少数民族	中共党员	学历					年龄						
					研究生	大学本科	大学专科	中专	高中及以下	35岁及以下	36岁至40岁	41岁至45岁	46岁至50岁	51岁至55岁	56岁至59岁	60岁及以上
1997	900	93	2	604		70	293	296	241	372	110	100	103	89	126	
1998	801	84	1	596		70	284	262	185	216	123	94	86	71	109	2
1999	697	75	1	545		71	277	215	134	230	137	96	84	61	88	1
2000	658	77	1	529		73	272	196	117	218	141	82	79	57	77	4
2001	682	81		557		80	302	188	112	235	149	77	76	68	77	

续表 25-1

年末	总数	女	少数民族	中共党员	学历					年龄						
					研究生	大学本科	大学专科	中专	高中及以下	35岁及以下	36岁至40岁	41岁至45岁	46岁至50岁	51岁至55岁	56岁至59岁	60岁及以上
2002	662	81		566	1	91	302	169	99	203	158	86	77	60	78	
2003	1128	149	2	975		202	516	283	127	367	250	152	151	94	110	4
2004	1089	140	2	971	2	260	478	237	112	305	241	190	148	101	104	
2005	1067	142	3	929	3	278	477	215	94	284	217	207	144	110	105	
2006	1109	136	2	984	3	312	495	203	96	286	209	249	142	115	108	

（二）事业单位干部

1997 年全县事业单位干部 5284 人，其中国家事业单位 5067 人，集体事业单位 217 人；女性 1574 人；少数民族 12 人；中共党员 956 人；研究生 1 人、大学本科 382 人、大学专科 1316 人、中专 2857 人、高中及以下 728 人；35 岁及以下 3192 人、36 ~ 45 岁 860 人、46 ~ 55 岁 862 人、56 ~ 59 岁 368 人、60 岁及以上 2 人。2006 年全县事业单位干部 5563 人，其中女性 1904 人；少数民族 12 人；中共党员 1406 人；研究生 3 人、大学本科 907 人、大学专科 2508 人、中专 1912 人、高中及以下 233 人；35 岁以下 2619 人、36 ~ 45 岁 1741 人、46 ~ 55 岁 907 人、56 ~ 59 岁 296 人。

1997 — 2006 年云霄县国家事业单位干部基本情况统计表

表 25-2　　单位：人

年末	总数	女	少数民族	中共党员	学历					年龄						
					研究生	大学本科	大学专科	中专	高中及以下	35岁及以下	36岁至40岁	41岁至45岁	46岁至50岁	51岁至55岁	56岁至59岁	60岁及以上
1997	5067	1515	12	935	1	382	1279	2728	677	3051	462	377	423	405	347	2
1998	5269	1599	9	1018	1	391	1359	2883	635	3159	516	444	424	410	312	4
1999	5284	1662	11	1013	1	417	1472	2833	561	3187	1011		763		323	
2000	5280	1708	10	1028		424	1596	2772	488	3156	1087		722		315	
2001	5190	1682	10	1096		432	1619	2795	344	3307	1024		652		207	
2002	5141	1763	10	1227		442	1759	2616	324	3016	1206		714		205	
2003	5061	1740	11	1287	1	470	1814	2475	301	2917	728	491	407	313	205	
2004	5362	1760	11	1359	2	587	2352	2147	274	2969	782	576	458	342	235	
2005	5347	1817	11	1413	3	741	2382	1973	248	2852	846	584	489	331	245	
2006	5444	1855	11	1383	3	905	2481	1822	233	2536	1006	709	550	351	292	

1997—2006年云霄县集体事业干部基本情统计表

表25-3　　单位：人

年末	总数	女	少数民族	中共党员	学历				年龄						
					大学本科	大学专科	中专	高中及以下	35岁及以下	36岁至40岁	41岁至45岁	46岁至50岁	51岁至55岁	56岁至59岁	60岁及以上
1997	217	59		21		37	129	51	141	21		34		21	
1998	189	46		23		37	127	25	135	8		31		15	
1999	179	42		30		37	124	18	130	12		30		7	
2000	131	40		18		23	105	3	98	21		10		2	
2001	195	56		29	5	46	130	14	150	29		11		5	
2002	181	40		48	5	45	118	13	133	23		9		16	
2003	155	45	1	41	5	45	101	4	101	29	4	4	1	16	
2004	99	32	1	21	2	20	75	2	58	20	4	4	1	12	
2005	110	37	1	23	2	24	83	1	69	22	4	4	2	9	
2006	119	49	1	23	2	27	90		83	22	4	4	2	4	

（三）企业单位干部

1997年，全县企业单位干部520人，其中国有企业单位干部449人，集体企业单位干部71人；女性34人；中共党员192人；大学本科27人、大学专科105人、中专243人、高中及以下145人；35岁及以下245人、36～45岁62人、46～55岁100人、56～59岁106人、60岁及以上7人。2006年，全县企业单位干部237人，其中国有企业单位干部190人、集体企业单位干部47人；女性23人；中共党员100人；大学本科11人、大学专科77人、中专139人、高中及以下10人；35岁以下109人、36～45岁92人、46～55岁23人、56～59岁13人。

1997—2006年云霄县国有企业单位干部基本情况统计表

表25-4　　单位：人

年末	总数	女	少数民族	中共党员	学历				年龄						
					大学本科	大学专科	中专	高中及以下	35岁及以下	36岁至40岁	41岁至45岁	46岁至50岁	51岁至55岁	56岁至59岁	60岁及以上
1997	449	31		164	27	90	222	110	228	27	25	36	33	93	7
1998	456	39			27	97	227	105	238	28	28	32	33	87	
1999	420	37			22	104	221	73	211	34	23	45	23	84	
2000	392	40		137	19	104	210	59	208	80		49		55	
2001	382	34	10	134	18	106	204	54	199	86		48		49	

续表 25-4

年末	总数	女	少数民族	中共党员	学历				年龄						
					大学本科	大学专科	中专	高中及以下	35岁及以下	36岁至40岁	41岁至45岁	46岁至50岁	51岁至55岁	56岁至59岁	60岁及以上
2002	276	31	10	116	11	70	160	35	154	61		35		26	
2003	266	23	11	118	9	70	155	32	150	32	27	17	12	28	
2004	217	21		91	5	58	125	29	75	68	20	16	14	24	
2005	209	17		84	6	53	133	17	77	63	22	12	14	21	
2006	190	17		82	6	53	126	5	77	63	21	10	12	7	

1997 — 2006 年云霄县集体企业单位干部基本情况统计表

表 25-5　　单位：人

年末	总数	女	少数民族	中共党员	学历				年龄						
					大学本科	大学专科	中专	高中及以下	35岁及以下	36岁至40岁	41岁至45岁	46岁至50岁	51岁至55岁	56岁至59岁	60岁及以上
1997	71	3		28		15	21	35	17	10		31		13	
1998	65	2		24		13	20	32	14	9		26		16	
1999	61	2		22		12	20	29	13	9		26		13	
2000	57	2		21		12	19	26	13	9		26		9	
2001	52	2		19		12	19	21	13	9		26		4	
2002	44	2		15		11	19	14	10	5	5	11	2	11	
2003	48	6		11	5	16	20	7	25	6	6	2	2	7	
2004	47	6		18	5	24	13	5	32	3	5	1		6	
2005	47	6		18	5	24	13	5	32	3	5		1	6	
2006	47	6		18	5	24	13	5	32	3	5		1	6	

二、干部来源

（一）考试录用与选调生、选拔生安排

考试录用　1997 年，云霄县首次面向社会招考国家公务员，参加考试 523 人，录用 24 人。2006 年县单列行政编制的公、检、法、司机关，通过考试录用公务员 129 人。其中，2001 年，村主干参加全省公务员考试、考核，录用为乡镇机关公务员 2 人。

选调生安排　1997 年，继续做好选调生安排工作。至 2006 年，共接收分配云霄县选调生 36 人，直接选调到县公、检、法、乡镇机关或县直机关工作。

选拔生安排　1999 — 2001 年，共接收安排选拔到云霄县的选拔生 13 人，选拔到乡镇农业“七站”（农业技术推广站、农业机械服务站、水利电力技术服务站、兽医站、水产技术站、经管站、林业站）或村委会

当助理，试用 2 年期满经考核合格录用为公务员。

（二）军转干部安置

1997 — 2006 年，全县共接收安置军转干部 38 人，其中副团级及以上（含技术中校）5 人，营级及以下 33 人。

（三）调配

1997 年，30 多名农科类毕业生通过考试，选拔 10 人到乡镇农业“七站”工作。同年通过考试，挑选乡镇卫生院 15 名医护人员到县城卫生医疗部门工作；对混岗、混编的 55 名科技人员，通过调配回归科技生产岗位。之后，又组织 7 次考试（本科毕业生免试），录（聘）用专业技术人员 91 人（其中乡镇计生服务所 19 人）。至 2006 年，共办理干部调动 256 人，其中跨县 35 人（含照顾夫妻异地分居 20 人），县内 221 人；非师范毕业生安排就业 411 人。

三、干部管理

（一）培训

1998 年 11 月，举办机关事业单位分管政工领导及人事干部培训班，参训 200 多人。2002 年举办人事干部学习中共“十六大”精神暨岗位培训班 1 期。2003 年举办公务员《依法行政》《WTO 知识》培训班 3 期，参训 360 人，并组织 620 人参加全省《依法行政》通用法律统一考试。2004 年举办公务员及参照公务员管理人员《行政许可法》培训班 5 期，并组织 1320 人参加全市统考。2005 年举办《公务员法》培训班 8 期，参训 1500 多人。2006 年举办公务员及参照公务员管理人员《电子政务》培训 11 期，参训 1410 人。

专业技术人员培训（继续教育），初级职务每年 7 天（42 学时）以上，中高级职务每年 12 天（72 学时）以上。机关事业单位工勤人员培训，2005 年前只在晋升技术等级考试考核前培训，2005 年起每年培训一次。

（二）考核

1997 年，机关事业单位实行年度考核制度，分优秀、称职（合格）、基本称职、不称职（不合格）4 个档次。2006 年参加考核 7258 人，其中优秀 1118 人，合格 5937 人，不合格 15 人，不定等次 147 人，未参评 41 人。年度考核不合格的给予告诫，并不得晋升工资、职务和享受年终一次性奖金；年度考核连续二年不合格的予以辞退。至 2006 年，全县连续 2 年考核不合格被辞退 10 人；擅离岗位被责令辞退、辞职 30 人，开除 1 人；不称职被降职降薪处理 141 人。

四、专业技术人员职称评聘

评聘对象包括事业、企业和参照公务员管理单位的专业技术人员。1997 年全县专业技术职称干部 4324 人，其中高级职称 88 人，中级职称 850 人，初级职称 3386 人。1997 — 2004 年，实行评、聘一致，共评聘专业技术干部 3428 人。1999 — 2000 年对户籍在农村的中级职称专业技术人员家属办理“农转非”，1999 年办转 48 人、2000 年办转 54 人。2001 年后取消“农转非”。2005 年 1 月 1 日起实行评聘分开，不受单位专业技术职务职数限制，用人单位建立“按需设岗，按岗聘任，竞争上岗，优胜劣汰”用人机制。2005 — 2006 年评定各类专业技术职称干部 2167 人，聘用 428 人。2006 年底，全县共有各种专业技术职称干部 5864 人，其中高级职称 486 人、中级职称 1759 人、初级职称 3619 人。

五、人才工作

1989 年 1 月成立县人才交流服务中心，办理人才交流和人事代理业务。服务中心按人才的不同类型进行分类登记，建立信息库，不定期向社会发布人才供求信息，引导应届大中专毕业生进入人才市场，拓宽毕业生就业渠道。服务中心并向企业、事业单位推行人事代理制，为用人单位和个人承办政府人事部门授权的就业咨询、档案管理、招聘人才等业务。至 2006 年末，共举办人才招聘会 18 场，向用人单位输送人才 1500 余人；为 2300 余人代理档案管理和办理职称评定、人事委托等事项。

六、工资福利

（一）工资

根据《福建省公务员工资制度改革实施意见》《福建省事业单位工作人员收入分配制度改革的实施意见》和《福建省机关事业单位离退休人员计发离退休费等问题的实施意见》精神，2006 年 7 月，在职机关工作人员 1369 人，人均月增资 283 元，人均年工资 19071 元；在职事业单位工作人员 6819 人，人均月增资 329 元，人均年工资 17968 元。

（二）津贴 补贴

1997 年，机关事业单位工作人员实行岗位津贴、职务津贴、地区补贴（县补），机关人均每月津、补贴 732 元，事业单位人均每月津、补贴 737 元。至 2006 年，共增发津贴补贴 11 次，全县干部职工每人每月平均 703 元，其中县补 1999 年 7 月起每人每月增加 120 元，2000 年每人每月增加 70 元，2003 年地区补贴（县补）240 元取消。

（三）离休、退休人员待遇

2006 年，全县离休干部 51 人，其中机关 25 人，每年人均离休费 28160 元；事业单位 7 人，年人均离休费 23428 元。机关退休人员 597 人，年人均退休费 20446 元；事业单位退休人员 1622 人，年人均退休费 18720 元。

（四）高龄补贴

1996 年 7 月，对年满 70 周岁的退休干部实行高龄补贴，每人每月 50 元。2006 年，增为每人每月 100 元。

（五）抚恤金及遗属补助

1999 年 1 月，机关事业单位在职和离退休、退职人员死亡抚恤标准，统一以县内职工最低工资标准的相应数额计发：丧葬费为最低工资标准（下同）7 个月，一次性困难补助 6 个月；遗属补助：因公死亡，非农业人口每人每月按 60% 发给，农业人口每人每月按 55% 发给；非因公死亡，非农业人口每人每月按 50% 发给，农业人口每人每月按 45% 发给。一次性抚恤金：在职因公死亡的为其本人 40 个月基本工资，因病死亡的为其本人 20 个月基本工资。离退休人员以死亡当月的基本离退休费作为基数计发。退职人员按当地最低工资标准的 5 个月计发一次性困难补助，遗属不享受定期生活补助。

2006 年云霄县机关职工工资统计表

表 25-6

		单位个数（个）	职工年末人数（人）	职工年工资总额（万元）			年平均工资（元）
				合 计	基本工资	津贴、补贴 其他	
总 计		77	1211	2309.5	1244.8	1064.7	19071
层次	县（市、区）	68	955	1879	1015.7	863.3	19675
	乡（镇）	9	256	430.5	229.1	201.4	16816

2006 年云霄县事业单位职工工资统计表

表 25-7

		单位个数（个）	职工年末人数（人）	职工年工资总额（万元）			年平均工资（元）
				合计	基本工资	津贴、补贴	
总 计		297	6819	12252.1	6218.2	6033.9	17968
套改情况	工资尚未套改的单位	297	6819	12252.1	6218.2	6033.9	17968

续表 25-7

		单位个数（个）	职工年末人数（人）	职工年工资总额（万元）			年平均工资（元）
				合计	基本工资	津贴、补贴	
层次	县（市、区）	232	3120	5605.8	2845.1	2760.7	17967
	乡（镇）	65	3699	6646.3	3373.1	3273.2	17968
类型	1 类事业单位	226	5430	9698	4893.2	4804.8	17860
	2 类事业单位	30	1130	2030.2	1030.4	999.8	17966
	3 类事业单位	41	259	523.9	294.6	229.3	30228

2006 年云霄县事业单位分行业职工工资统计表

表 25-8

	单位个数（个）	职工年末人数（人）	职工年工资总额（万元）			年平均工资（元）
			合计	基本工资	津贴、补贴	
总　　计	297	6819	12252.1	6218.2	6033.9	17968
农、林、牧、渔业	54	382	687.8	346.9	340.9	18005
交通运输、仓储和邮政业	3	45	81	40.9	40.1	18000
其中：交通运输	3	45	81	40.9	40.1	18000
信息传输、计算机服务和软件业	1	2	3.5	1.8	1.7	17500
科学研究、技术服务和地质勘查业	14	44	76.6	38.7	37.9	17409
其中：科学研究业	2	8	14.4	7.4	7	18000
水利、环境和公共设施管理业	46	233	418.5	210.8	207.7	17961
其中：水利	13	192	343.4	172.6	170.8	17885
教育	35	4309	7713	3909.1	3803.9	17900
其中：中、小学校	33	4283	7666.4	3885.5	3780.9	17900
卫生、社会保障和社会福利业	38	1072	2011.6	1046.8	964.8	18765
其中：卫生事业	17	942	965	919.8	45.2	10244
社会福利业	2	22	39.6	20	19.6	18000
文化、体育和娱乐业	25	191	337.3	167.2	170.1	17660
公共管理与社会组织	81	541	922.8	456	466.8	17057

2006 年云霄县机关、事业单位离休人员待遇统计表

表 25-9

	机关					事业单位			
	年末人数（人）	年离休费（万元）			年人均离休费（元）	年末人数（人）	年离休费（万元）		
		合计	基本离休费	补贴			合计	基本离休费	补贴
离休干部	25	70.4	39.4	31	28160	7	16.4	9.1	7.3
其中：厅局级副职	1	3.5	2.5	1	35000				

续表 25-9

	机关					事业单位			
	年末人数（人）	年离休费（万元）			年人均离休费（元）	年末人数（人）	年离休费（万元）		
		合计	基本离休费	补贴			合计	基本离休费	补贴
县处级正职	3	8.7	5.7	3	29000	1	2	1.1	0.9
县处级副职	9	28	15	13	31111	2	5.2	2.7	2.5
乡科级正职	12	30.2	16.2	14	25167	3	6.7	3.9	2.8
副教授级						1	2.5	1.4	1.1

2006 年云霄县机关、事业单位退休（退职）人员待遇统计表

表 25-10

	机关					事业单位			
	年末人数（人）	年退休费（万元）			年人均退休费（元）	年末人数（人）	年退休费（万元）		
		合计	基本退休费	补贴			合计	基本退休费	补贴
一、退休干部	574	1173.6	782.3	391.3	20446	1811	3390.2	1797.7	1592.5
其中：县处级正职	3	8.1	5.2	2.9	27000				
县处级副职	15	37.5	25	12.5	25000	3	5.8	3.7	2.1
乡科级正职	56	137.2	91.5	45.7	24500	5	9	5.5	3.5
乡科级副职	136	299.2	199.5	99.7	22000	14	24.8	15	9.8
科员及以下	364	691.6	461.1	230.5	19000	165	269.1	153.6	115.5
教授级					0	4	9.2	5.6	3.6
副教授级					0	142	298.2	170.4	127.8
讲师级					0	992	1884.8	992	892.8
助教级					0	396	736.6	380.2	356.4
其他人员					0	90	152.7	71.7	81
二、退　　职	14	10.7	8.7	2	7643	16	12.1	9.9	2.2
三、退休工人	28	47.6	28	19.6	17000	437	718.9	393.3	325.6

七、机构

县人事局　1997 年编制 15 人，在编 13 人。2001 年机构改革，县机关事业单位社保公司（后改社保中心）划归县劳动和社会保障局管理。2004 年 6 月成立县人事争议仲裁委员会，下设办公室挂靠人事局。2006 年，内设人秘调配股、考核任免股、考录职称股、工资福利股、人事争议仲裁股。下设考核办、人才交流服务中心、干部教育培训中心和社保中心。县干部退休管理办公室归县人事局管理。编制 13 人，在编 12 人。

第二节 编 制

一、编制管理

1997年，县机构编制委员会继续由县长任主任，县委组织部长任副主任，以县委组织部、县人事局、劳动局、财政局、计划委员会等为成员单位，负责全县行政管理体制、机构改革和机构编制工作。1998年，根据省委办公厅、省政府办公厅《关于严肃机构编制纪律加强机构编制管理的通知》，加强机构、事业单位人员编制结构管理和增减人员的核编制度，并统一使用《机关事业单位申请使用编制审批表》及《机构编制核编证》，作为机关、事业单位有关核拨经费、人员增减和办理工资基金、工资发放、公费医疗的依据。至2006年不变。

二、机构改革

1997年8月，进行第一次机构改革。全县行政机构58个，行政干部1259人，其中党政群机关552人、政法部门306人、乡镇401人；省核定机构31个，行政干部1358人，其中党政群机关621人、政法部门347人、乡镇390人。根据核定，党政群机关缺编69人、政法部门缺编41人、乡镇超编11人。全县事业单位507个，其中国家全额拨款261个，差额拨款212个，自收自支34个，人员6994人，其中全额拨款5205人、差额拨款1014人、自收自支775人；省核定人员编制全额拨款5652人，缺编447人；差额拨款789人，超编225人；自收自支644人，超编131人。当年，由县编委进行重新编制，商业局、二轻局、物资局改制为经济实体，广播电视局、档案局转为事业单位，分流出行政编制65人；对原在机关干部岗位的工人通过考试录用分流到企事业单位9人，机关后勤管理占用行政编制的工勤人员转为事业编制47人，符合条件办理提前离岗56人，辞职办企业1人，共缩减行政编制178人。

2001年12月，进行第二次机构改革。省核定全县行政部门机构61个，其中县委机构13个、县政府机构26个、综合机构13个、乡镇9个；全县行政编制1157人，实有1283人，超编126人，其中党政群机关424人，实有544人，超编120人；政法部门421人，实有438人，超编17人；乡镇312人，实有301人，缺编11人。全县事业单位机构核定446个，其中国家全额拨款351个、差额拨款17个、自收自支78个；核定全县事业编制6295人，实有6800人，超编505人，其中全额拨款5029人，实有5196人，超编167人；差额拨款621人，实有848人，超编227人；自收自支645人，实有756人，超编111人。

三、登记管理

2005年7月，根据《福建省机构编制监督检查暂行办法》规定，对全县有关超编、借调和临时聘用人员的情况进行整顿清理，并落实人员编制实名制登记，确保全县编制的稳定。2006年，全县行政机构61个，省核定行政编制1362人，实有1163人，缺编199人，其中党政群机关17人、政法部门90人、乡镇92人；事业单位机构477个，其中全额拨款375个、差额拨款23个、自收自支72个、企业化管理7个。全县事业单位编制6855人，实有6654人，缺编201人。其中全额拨款5166人，实有5021人，缺编145人；差额拨款1061人，实有935人，缺编126人；自收自支616人，实有565人，缺编51人；企业化管理12人，实有133人，超编121人。

四、机构

县委机构编制委员会办公室 1997年，编制3人，在编1人。同年8月，县机构编制委员会办公室更名县机构编制办公室，与县人事局合署办公。2002年12月，更名县委机构编制委员会办公室，加挂县政府机构编制管理办公室牌子，归县委机构序列。内设综合科。2006年编制4人，在编5人。下设县事业单位登记管理局，编制2人，在编1人。

第三节　劳动和社会保障

一、职工队伍与劳动工资

（一）职工队伍

1997 年，全县国有企业 22 家 3009 人，集体企业 21 家 3003 人，农垦企业（和平农场）1 家 4101 人，“三资”企业 6 家 613 人，股份联营企业 5 家 258 人，民营企业 21 家 996 人，个体企业 29 家 747 人，乡镇集体企业 18 家 2103 人。2000 年，云霄糖厂破产。2004 年，峰二电站破产。2006 年，全县国有企业 20 家 2562 人，集体企业 21 家 3177 人，农垦企业 1 家 2769 人，“三资”企业 19 家 4365 人，股份联营企业 23 家 3112 人，民营企业 22 家 3396 人，个体企业 62 家 3556 人，乡镇集体企业 21 家 3941 人。职工中 1 — 5 级技工 6654 人，约占职工总数 30%（比 1996 年 8675 人、占职工总数 45% 下降 15%）。其中一级技师 5 人占 0.022%，二级技师 60 人占 0.266%，三级技工 1149 人占 5.1%，四级技工 2050 人占 10%，初级技工 3381 人占 15%。

1997 — 2006 年云霄县企业职工人数统计表

表 25-11　　单位：家、人

	国有企业		集体企业		农垦企业		三资企业		股份联营		民营企业		个体企业		乡镇集体企业	
	企业数	职工数	企业数	职工数	企业数	职工数	企业数	职工数	企业数	职工数	企业数	职工数	企业数	职工数	企业数	职工数
1997	22	3009	21	3003	1	4101	6	613	5	258	21	996	29	747	18	2103
1998	22	3018	21	3000	1	4051	7	628	5	221	21	1100	29	824	18	2580
1999	22	3033	21	3004	1	4005	7	750	5	240	21	1421	29	910	20	3005
2000	22	3038	21	3050	1	4000	7	800	5	200	22	1630	31	990	21	3245
2001	21	2555	21	3065	1	3850	7	830	5	210	22	1750	31	1010	21	3522
2002	21	2555	21	3085	1	3800	8	860	5	226	22	1900	31	1080	21	3616
2003	21	2555	21	3095	1	3640	13	3056	15	2112	22	2650	55	2050	21	3500
2004	21	2559	21	3162	1	3509	16	3456	15	2212	22	2706	58	2846	21	3571
2005	21	2559	21	3172	1	3138	17	3956		2612	22	3096	60	3256	21	3891
2006	20	2562	21	3177	1	2769	19	4365	23	3112	22	3396	62	3556	21	3941

（二）劳动工资

1997 年，推行企业工资总额与经济效益挂钩。1999 年，实行劳动力工资指导价位制度。2002 年，对国有企业控制总工资，总额包干，企业调资自主。人均月工资由 1997 年的 497 元增至 2006 年的 933 元；集体企业由 497 元增至 928 元。民营、个私企业职工在不低于最低工资标准的前提下，由企业根据经济效益和职工绩效自主调资。

1997—2006年云霄县企业职工工资统计表

表25-12

	工资制度		国有企业			集体企业			农垦企业			每月最低工资标准（元）
	效益月工资企业数	工资总额包干企业数	企业数	工资总额（万元）	每月人均（元）	企业数	工资总额（万元）	每月人均（元）	企业数	工资总额（万元）	每月人均（元）	
1997	8	15	22	149.5	497	21	149.3	497	1	88	214	215
1998	8	13	22	168.7	559	21	167	556	1	87	215	215
1999	8	10	22	167.7	553	21	166	552	1	96	240	240
2000	5	6	22	208	686	21	209	685	1	104	260	260
2001	5	5	21	177	698	21	214	698	1	108	280	280
2002	4	2	21	179	700	21	215	396	1	114	300	300
2003	4	5	21	182	712	21	220	710	1	109	300	300
2004	3	7	21	188	757	21	232	733	1	91	260	300
2005	3	2	21	2245	879	21	279	879	1	125	398	400
2006	2	2	20	239	933	21	295	928	1	135	487	480

二、劳动就业与职业培训

（一）就业安置

1997年，全县劳动服务企业21个，从业人员216人，介绍安置就业1050人，营业额305万元；失业人员910人，登记失业率2.49%。同年企业下岗职工946人，由企业调整安置103人，转换岗位安置99人，买断工龄自谋职业295人，领取失业救济金174人，带资自谋职业275人。1998年，国有企业下岗职工1455人，分流安置1339人；同年，向县外、省外劳务输出2680人，从县外、省外办理劳务输入2324人。1999年，全县劳动服务企业25个，从业人员246人，共办理用工登记1420人，求职登记1645人，进行就业指导1360人；为下岗职工免费介绍就业715人，办理劳务输出1784人，劳务输入265人；同年，全县为下岗职工发放基本生活费678人，发放优惠证500人。2001年3月，县劳动力市场开始运作，职业介绍业务逐步扩大。2004年，成立县劳务派遣有限公司，至2006年，共为用人单位输送工人8062人，搜集用工单位138个，介绍农村劳动力转移就业9060人次。

（二）职业培训与技能鉴定

1997年，县就业培训中心和高圣电脑培训部根据劳动部《职业培训实体管理规定》，参加培训97人；同年，成立县就业训练中心职业技能鉴定站，首次进行电工技能培训鉴定，参加考核鉴定31人，评出初级工10人，中级工21人；参加上岗培训910人、技能培训鉴定34人。1998年5月，成立再就业服务中心，为失业和下岗职工进行就业培训和职业指导。至2006年，全县接受就业培训13489人，下岗职工再就业培训4151人，参加技能鉴定1012人，为9300名失业人员和下岗职工进行职业指导。

三、社会保障

（一）退休养老保险

1997年执行《国务院关于建立统一的企业职工基本养老保险制度的规定》，全县参加企业职工养老保险的统筹单位112户，在职职工5452人，月人均缴费工资313.10元，计征收养老基金584.65万元。退休人员月人均养老金283.60元，政策性增加待遇后人均月养老金296元，年发放690.5万元；1998年省政府颁发《福建省国有农垦企业实施〈福建省城镇企业职工基本养老保险条例〉方案》，国营和平农场943名职工参加养老保险省级统筹，一次性征收养老保险费259.42万元，参保职工开始按时足额领到养老金。期间，县国有破产关闭企业离退休人员及职工全部纳入社会养老保险统筹。2000年4月18日，对企业离退休人员实行基本养老金社会化发放，由原向单位领取改为由社保机构按时足额发放。2001年1月1日，基本养老保险费交由地税机关征缴。同年登记参保单位733户（企业310户，个体423户），在职职工月人均缴费工资443元，退休职工月人均养老金365.82元。2006年，全县参加养老保险单位877户，10616人，在职职工9325人。其中，企业6982人、城镇个体工商户382人、灵活就业人员1961人，每月人均缴费工资492元，计征收养老保险费1482万元；离退休4903人，每月人均养老金580元，年发放养老金3497万元。

（二）机关社保

1995年5月，机关事业单位实施“一步到位，全员参保”养老保险制度，全县参保单位219个，在职人员7705人，离退休人员2578人。2003年，从单位保险过渡为社会保险，社保金按个人工资总额计提，由财政负担29%，个人缴交工资额3%。2006年，参保单位222个，参保在职人员7873人，养老统筹金收入4146.34万元；离退休人员2836人，支付养老金3807.38万元。同年基金结余338.96万元，历年累计结余1668.09万元。

（三）农村社保

2001年4月，农村社会养老保险由民政部门划归劳动保障部门，参保对象为农村义务兵、村干部和残疾人等。2003年11月，有残疾人和农村义务兵700人，累计收取养老金63多万元。2004 — 2006年扩保135人，其中农村义务兵53人，村干部及村民82人，收取保险金40.4万元。至2006年，全县参保1287人。其中，2001 — 2006年，共收保险金575820元，支付养老金10591元，基金结余565229元。

（四）医疗保险

2000年12月，成立县医疗保险中心。2003年全县参保186个单位，其中，机关事业单位145个、企业41家，共1.34万人。医疗保险费按工资额9%收取，在职干部、职工40周岁以下（含40周岁）按其本人缴费工资2.8%划入个人账户；41周岁以上（含41周岁）按其本人缴费工资3.5%划入个人账户，退休人员按基本退休金4.5%划入个人账户。2006年，全县参保单位239家15718人，全年征收基金1278.55万元，其中统筹金704.41万元，个人账户574.14万元；全年住院报销572人次，统筹金支出643.54万元。基金累计滚存1753.96万元。

（五）生育保险

根据劳动部《企业职工生育保险试行办法》规定，按“以支定收，收支平衡”的原则，覆盖范围包括城镇各类企业及劳动者，按工资总额0.7%缴费，参保生育女职工可享受医疗费及产假工资。1997 — 2006年办理生育保险56家3716人，征收生育保险基金114.35万元，支付73.25万元，累计结余61万元。

（六）工伤医疗保险

根据国务院《工伤保险条例》和福建省《实施〈工伤保险条例〉办法》规定，伤残等级按10级评定。收取标准为商业经营性按工资0.5%、生产性按1%、制造业按1.5%、矿产开采业按2%收取。1997 — 2006年纳入保险6318人，征收保险基金152.27万元，支付60.62万元，累计结余102万元。

（七）失业保险

失业保险金按职工本人工资总额向个人收取1%、单位收取2%。1997年，投保单位140家6400人，按缴费工资总额2448万元，收取基金35.7万元，同年，46个单位的困难职工1034人次（其中特困73人）发放救助金18万元。至2006年，参保企业525个，参保职工10616人，征收失业保险基金220万元，累计向569名失业人员发放失业金174万元。

（八）丧葬抚恤

根据《劳动法》规定，工人、职工、机关工作人员，因公、因工或因病死亡，均按规定标准给予丧葬补助、困难补助及对其供养的直系亲属救济抚恤，1997 — 2006年，县财政共支出丧葬抚恤补助1554万元（抚恤标准详见第一节第六目第五小目）。

四、劳动争议仲裁

（一）劳动合同管理

根据《劳动法》和《劳动合同法》规定，在全县国有企业、城镇集体企业、外资企业、私营企业、乡镇企业和事业单位、社会团体中实施依法签订劳动合同。1997 — 2006 年共签订劳动合同 2376 份，其中，非公有制企业名城人造花厂、丽西罐头食品有限公司签订 101 份，供销系统签订 87 份。2005 年，县劳动保障监察中队对 39 家拖欠农民工工资的用人单位依照合同为 3875 人讨回工资 3700 万元。2006 年，县劳动保障部门配合总工会、工商联合会及企业主管部门，在七星工业园区开展创建劳动关系工业园区活动，签订劳动合同 545 份（其中非公有制企业 232 份）。

（二）劳动争议仲裁

由县劳动局、总工会、经贸局三个部门组成。1997 — 2006 年，共处理劳动争议 64 起（集体争议 3 起），主要为工伤赔偿、解除劳动合同、经济补偿、拖欠工资、养老保险等。其中 2001 年受理 11 起，解决的争议标的金额 72 万元。2006 年受理 5 起，其中主要为云霄卷烟厂被兼并于龙岩卷烟厂的 349 名职工经济赔偿问题，经劳动争议仲裁委员会与双方多次协商达成一致意见，取得解决（详见第二十一章第五节）。

五、安全生产管理

（一）"安全生产月"活动

1997 — 2001 年，每年 5 月开展全国安全生产周活动，对道路交通、乡村船舶、易燃易爆等进行安全生产督查。2002 — 2006 年，每年 6 月 1 — 30 日开展全国性安全生产月活动，由县政府安全生产委员会办公室组织安监局、交通局、建设局、国土资源局、质监局、教育局、旅游局、海洋与渔业局、消防大队、交警大队等单位，开展安全咨询、图片展览、安全知识现场答题、"安康杯"知识竞赛、发放安全常识资料，宣传安全生产方针政策、法律法规和创建"青年安全示范岗"活动；乡镇、开发区、县直机关、企事业单位开展安全"进机关、进学校、进企业、进社区、进农场、进家庭"活动。

（二）安全生产培训与安全大检查

2000 年，县安办、安监局组织电工、电焊、危险化学品、登高架设、矿山作业、厂内机动车辆驾驶员等进行特种作业培训、考核和颁发特种作业操作证。至 2006 年，共培训 3000 人次。

1997 — 2006 年，每年的春运、重大节日和预报台风、暴雨期间，县安委会都及时组织开展安全大检查。其中，2000 年，突出市场防火安全审查，组织 14 个专项检查组对人造板、包装箱、印刷、打火机充气、烟花爆竹、液化石油充装、成品油、农药等易燃易爆的生产经营企业、销售点和餐饮业、娱乐服务业、旅馆业、商场、集贸市场开展专项整治，对生产经营户发出整改通知书 386 份。

（三）危险化学品安全监察

1997 年，根据国家法律法规，对全县矿山企业、建筑施工企业和危险化学品、烟花爆竹生产经营单位实行生产经营许可。2005 — 2006 年，共办理危险化学品安全生产经营许可证 79 家，其中 17 家加油站办理甲种经营许可证，62 家化工油漆、化肥农药经营单位办理乙种经营许可证，3 家危险化学品使用企业进行安全评价备案，取缔无证加油站 1 家。其中，2002 — 2006 年，发出整改指令书 165 份，整改指令 308 条，培训危险化学品从业人员 180 人、主要负责人 20 人，至 2006 年危险化学品领域未发生生产安全事故。

（四）非煤矿山安全监察

1997 年，加强非煤矿山安全监察。同年 3 月，对火田镇乌石采砂场等 10 家逾期未申办的企业，由县政府发文依法予以关闭。2002 年，县安监局发出《关于申办矿山企业安全生产许可证的通知》，对矿山企业实行安全生产许可证制度。至 2006 年，全县非煤矿山企业已颁发安全生产许可证有碎石场 8 家、黏土采矿 2 家、采砂场 4 家，已申办未发证 19 家。县安监局对矿山进行安全评价和安全达标整改，推进生产机械化，建立矿山档案和安全管理制度，每年对 80 名企业负责人和安全管理人员进行 1 ～ 2 次培训。

（五）重大安全事故

竹塔村翻船事故　1997年3月12日上午7时许，竹塔村民驾驶滩涂养殖管理船搭载33人往大土洲乌沙尾1号滩涂捕集蛏苗，因船速过快在屿尾港逆流中转弯时船体大幅度摆动，21名妇女落水，15人死亡。

国道324线火田路段碰车事故　1999年7月9日14时许，省林业厅林业技术发展研究中心大客车自福州开往东山，在324线403公里+900米右转弯处，因雨天路滑车速快，占道交会时与迎面正常行驶的大客车左前部剧烈碰撞，死9人，伤9人。

国道324线常山路段撞车事故　2001年1月17日凌晨4时，晋江安海镇交通联运社大型牵引车自泉州往广东方向行驶，在324线428公里+600米处与对向大霸王旅行车交会碰撞，尾随牵引车的安凯大客车又撞上牵引车尾部，造成旅行车7人全部死亡，车辆报废，牵引车局部损坏。

国道324线孔仔岭碰车事故　2005年11月25日2时许，一部金杯旅行车从云霄城关往漳州方向行驶，在324线云霄孔仔岭路段右弯下坡时，跨越公路中心双实线与相向微型车正面碰撞，死6人，伤3人。

国道324线七里铺路段碰车事故　2005年12月20日凌晨4时许，一部丰田旅行车从漳浦往云霄方向行驶，在324线火田七里铺处，占道碰撞对向行驶的粤籍旅行车，粤车右侧翻，死3人，伤6人。

沈海高速云霄段撞车事故　2006年4月23日零时许，一部大型客车从福清开往深圳，在沈海高速（A道）608公里+400米处，追尾碰撞停车维修故障的大货车，死7人，伤14人。

1997 — 2006年云霄县安全生产事故四项指标统计表

表25-13

年份	起数（起）	与上年同比（%）	死亡人数（人）	与上年同比（%）	受伤人数（人）	与上年同比（%）	直接经济损失（万元）	与上年同比（%）
1997年	197	+34.93	48	0	144	−9.15	159.12	+7.56
1998年	257	+30.45	86	+79.17	186	+29.17	255.94	+60.85
1999年	244	−5.32	60	−43.33	174	−6.45	189.56	−25.12
2000年	327	+34	42	−30	314	+80.46	296.9	+57
2001年	440	+35	54	+29	426	+36.69	253.16	−15
2002年	254	−43	41	−24.07	289	−32.16	222.97	−11.93
2003年	173	−32	25	−39	228	−21.2	217.5	−3.7
2004年	207	+20	45	+72	221	−9	76.46	−31
2005年	233	+12	61	+32.6	240	+8.6	221.5	+88.3
2006年	223	−5	43	−29.51	197	−17.92	189.46	−14.47

六、机构

（一）县劳动和社会保障局

1997年，县劳动局行政编制13人，事业编制1人，在编10人。内设监察调配股、工资保险股，县安全生产委员会办公室、县劳动争议仲裁委员会办公室挂靠于劳动局。2002年12月，改称劳动和社会保障局，并划入体改委的社会保险改革、人事局机关的事业单位社会保险、民政局的农村社会保险、财政局的公费医疗管理、医改办的医疗保险制度改革、劳动服务公司的就业管理和失业保险等职能；划出安全生产综合管理、职工安全监察、矿山安全监察、职业卫生监察、锅炉压力容器与电梯安全监察等职能归安全生产监督局。内设劳动就业和培训股、工资保险股、劳动仲裁监察股，并挂靠县劳动仲裁委员会办公室；2006年行政编制11人，在编11人。

劳动和社会保障局下辖　社会保险中心、劳动就业管理中心、社会劳动保险中心、医疗保险中心、农村社会保险中心、劳动监察中队。2003 年 4 月，成立云陵镇、莆美镇、和平乡劳动保障事务所，各配专兼职人员 2 人。2005 年 11 月，和平乡劳动保障事务所更名为和平乡（场）劳动保障事务所。

（二）县政府安全生产委员会

县政府安全生产委员会，为全县安全生产综合管理协调机构，下设办公室，事业编制 3 人。挂靠于劳动和社会保障局。

（三）县安全生产监督局

2002 年 12 月 11 日成立，行政编制 3 人，事业编制 1 人，工勤人员 1 人，归云霄县经济贸易局管理。承担原劳动局工、矿劳动安全和原经济局工交、化学危险品安全生产等管理职能。2006 年，编制 4 人，内设综合股，同年 10 月增设安全生产执法大队，事业编制 6 人。

第二十六章　外事与侨港澳台事务

历史上，云霄人因谋生、避难移居海外称“过番”，多在东南亚一带。20 世纪 50 — 70 年代，向海外移居及交往极少。国家实行改革开放后，多为求学、谋职、经商、婚嫁而出国或侨居海外，政府与民间组团互访、来往探亲、旅游和经贸活动日益增多。至 2006 年，云霄各姓氏在台后裔约 50 多万人，并有部分人移居香港、澳门。侨居东南亚等国家侨胞 10 多万人。

1997 — 2006 年，全县共接待外宾和侨胞、港澳同胞 7200 多人次，接待台胞 27800 多人次。向海外 20 多个国家和港澳台地区寄送乡讯乡刊 6000 多份，寄送贺年卡 3000 多份。制定《关于鼓励外商投资的若干规定》，为侨胞、港澳台同胞及外籍人士在云霄投资兴业创造良好条件。至 2006 年，全县有港澳台及外资企业 55 户，其中台资企业 23 户，投资总额 23302.81 万美元，注册资本 500 万美元以上的“三资”企业有 11 家。10 年间，共接受侨胞、港澳同胞捐资人民币 1249.3 万元，接受台胞捐资人民币 200 多万元兴办教育、卫生、文化等公益事业。部分侨胞、港澳台胞（台属）当选为省、市、县人大代表和政协委员。

第一节　外　事

一、来访

1997 年 10 月，英国致公总堂首席副会长彭康率致公党英国总堂和徐嘉庆率缅甸洪门人士访华团共 31 人，由中国致公党中央联络部部长蔡祝生陪同到云霄高溪庙、观音亭考察天地会遗址。

1999 年 6 月，缅甸“洪门致公堂”堂主徐先生一行 9 人到天地会创立地高溪庙观光考察；8 月，新加坡漳州总会赴漳州访问团一行 18 人，到云霄参观考察。

2004 年 12 月，菲律宾中国洪门致公党福建访问团 30 人到云霄考察天地会史迹。

2006 年 4 月，菲律宾中国洪门致公党中吕宋支部理事长李炳南到溪塘村商谈捐资建希望小学事宜。9 月，云霄县与菲律宾道度马斯市缔结友好城市。12 月，加拿大前农业部副部长、加拿大大不列颠与哥伦比亚省国际经贸局局长、加拿大洛基山西洋参有限公司布莱恩·赫治总裁、江绍舒副总裁到云霄考察西洋参加工基地及林业产业等。

二、出访

1997 年，县文化、科技、艺术团体 4 批出访日本、马来西亚、新加坡、泰国，开展文化和经贸科技交流。

2001 年 12 月，县政协应邀赴新加坡参加保赤宫建立 125 周年纪念大会，并访问新加坡陈、汤、施、方、江、洪、翁、龚、汪等姓氏公会。

2004 年 9 月，云霄威惠庙开漳圣王陈元光神像到新加坡举行巡礼活动。

2005 年 7 月，县委常委、统战部长林秀珍等 5 人应邀出席新加坡汤氏公会成立 63 周年庆典，并访问南洋施氏公会、浮光陈氏公会和保赤宫。

2006 年 10 月，县委常委、宣传部长刘革生一行 32 人赴新加坡出席首届“国际开漳圣王文化联谊大会”，出席大会的有来自大陆、台湾地区和缅甸、印尼、马来西亚、日本、菲律宾、泰国和柬埔寨的专家和学者。

2006 年 11 月，县长陈福州赴印度、埃及、阿联酋开展经贸考察。

2006 年 12 月，县长陈福州、副县长詹伟赴马来西亚、新加坡等地开展经贸考察。

三、经济合作

1998 年美国商人独资在常山创办亨利同食品有限公司。

2005 年 6 月，中新（新加坡）商人合资（人民币）1200 万元租赁云霄县邮政局大楼开办三星级临泰大酒店。

2006 年，英属维尔京群岛商人独资 256 万美元在火田镇东车村创办（云霄）漳州印美油墨有限公司。美国商人合资 2500 万美元在陈岱镇创办云霄翠丰房产开发有限公司。

第二节　华侨事务

一、侨胞分布

云霄侨胞分布于东南亚和欧美等 19 个国家。1996 年（含常山开发区）侨胞 137034 人，其中华侨 11172 人，华人 125540 人，出国人员 322 人。2005 年（不含常山）有 24622 人，其中华侨 88 人，华人 24499 人，出国人员 35 人。

2005 年云霄县华侨华人（含出国人员）普查统计表

表 26-1　　单位：人

乡镇	村或社区（片）	合计	类型			居住国																	
			华侨	华人	出国人员	印尼	新加坡	菲律宾	马来西亚	越南	泰国	日本	缅甸	柬埔寨	巴布亚新几内亚	美国	加拿大	阿根廷	法国	英国	德国	西班牙	澳大利亚	新西兰
云陵镇	宝楼社区	328		320	8		81		64		35	2				129	17							
	下港社区	247		247			63			12	19			10		139			4					
	北园社区	317		317		59	24		234															
	城元社区	21		21												21								
	西园社区	68	5	57	6	19	12	9		3	11	3				6	2		1				1	1
	溪美社区	423		423		163		117	16		39					32	1						55	
	王府社区	281		281		11	109		5		4					148				1			3	
	汀洋社区	616		610	6		71			46			1		3	483	4			4	1		3	
	塘坪社区	42	1	40	1	8	27		3							4								
	下坂村	2		2													1			1				
	金霞社区	16		16							13					3								
	大路社区	232		232			137		30		58									1	1		5	
	亨堂村	92		92			57			13							22							
	大园社区	70		70		22	21		26							1								
	塘坪村	9		9							8												1	
	合计	2764	6	2735	23	282	602	126	378	74	187	5	1	10	3	966	47		5	7	2		68	1

续表 26-1

乡镇	村或社区（片）	合计	类型			居住国																		
			华侨	华人	出国人员	印尼	新加坡	菲律宾	马来西亚	越南	泰国	日本	缅甸	柬埔寨	巴布亚新几内亚	美国	加拿大	阿根廷	法国	英国	德国	西班牙	澳大利亚	新西兰
陈岱镇	岱南村	498		498			466		30		2													
	岱东村	1049		1049			988		59		2													
	岱北村	940		940			928																	12
	岱山村	1257		1257			1103		29	83	29					13								
	礁美村	790		790		31	640		119															
	前江村	80		80			37		43															
	双岭村	281		281			213		68															
	后江村	167		167		21	27		119															
	竹港村	860		860			707		153															
	白礁村	92		92			56		36															
	坑内村	444		444			325		89		30													
	石前村	262		262			141		121															
	中江村	121		121			121																	
	下曾村	174		174			140		34															
	董塘村	81		81			81																	
	大山顶村	476		476			476																	
	峰外村	1106		1106			1001		72		31	2												
	合计	8678		8678		52	7450		972	83	94	2				13								12
列屿镇	宅后村	626		626			626																	
	山前村	3091	38	3051	2	78	3006									7								
	林坪村	2086	13	2072	1		833		1243							9				1				
	南山村	533		533		44	489																	
	城外村	737		737			737																	
	宅坂村	315		315			315																	
	人家村	11		11			10									1								
	油车村	598		598			598																	
	顶城村	1000		1000			1000																	
	城内村	987		986	1		986															1		
	合计	9984	51	9929	4	122	8600		1243							17				1		1		
莆美镇	中柱片①	41		39	2		26		1	4						8			1	1				
	四莆片②	191	10	181			8			25	18					74	46						10	10

续表 26-1

乡镇	村或社区（片）	合计	类型			居住国																		
			华侨	华人	出国人员	印尼	新加坡	菲律宾	马来西亚	越南	泰国	日本	缅甸	柬埔寨	巴布亚新几内亚	美国	加拿大	阿根廷	法国	英国	德国	西班牙	澳大利亚	新西兰
莆美镇	新城区片③	173	10	161	2	112	6		26			1				21							1	6
	大埔片④	27		27																				27
	合计	432	20	408	4	112	40		27	29	18	1				103	46		1	1			11	43
东厦镇	船场村	168	11	157		30	44				94													
	洲渡村	13		13					13															
	浯田村	44		44		11	30									3								
	佳州村	11		11					11															
	东厦村	111		111			68		20		23													
	湖丘村	21		21			21																	
	溪塘村	37		36	1		33															1	3	
	竹塔村	48		45	3		1				44							3						
	白塔村	14		14																			14	
	东崎村	23		23			23																	
	长洋村	13		13			13																	
	荷西村	3		3			3																	
	合计	506	11	491	4	41	236		44		161					3		3				1	17	
下河乡	外龙村	4		4												4								
	曲溪村	461		461							461													
	下河村	1277		1277							1277													
	世坂村	68		68			21		47															
	合计	1810		1810			21		47		1738					4								
火田镇		121		121			55		41		25													
马铺乡		4		4			4																	
和平乡		323		323							320						3							
合计		24622	88	24499	35	609	17008	126	2752	186	2543	8	1	10	3	1106	96	3	6	9	2	2	96	56

注：1. 中柱片含中柱、阳下、高塘、佳兜、向北。2. 四莆片含莆南、莆北、莆下、莆东、前涂、山美、上坑。3. 新城区片含绥阳、宝城、宝洋、后汤、前埔、宝树、演武亭、双溪口。4. 大埔片含大埔、马山、树洞、益宝山、下径、狮山、三东

二、归侨侨眷

1996年，全县（含常山）归侨与侨眷2289户，归侨3220人，侨眷10739人；出国人员眷属1446人。2005年，

全县（不含常山）归侨与侨眷 1060 户，归侨 149 人，侨眷 1830 人；华人眷属 511 人，出国人员眷属 60 人。

2005 年云霄县归侨侨眷（含出国人员眷属）统计表

表 26-2　　单位：人

乡镇	村或社区（片）	合计	类型			居住国																	
			归侨	华侨华人眷属	出国人员眷属	印尼	新加坡	菲律宾	马来西亚	越南	泰国	日本	缅甸	柬埔寨	巴布亚新几内亚	美国	加拿大	阿根廷	法国	英国	德国	西班牙	澳大利亚	新西兰
云陵镇	宝楼社区	63		55	8		30				6	11				12	1						3	
	下港社区	77	5	72			44		1	13	9					4	4					2		
	北园社区	107	7	100		25	9		73															
	城元社区	7		7												7								
	西园社区	83	9	64	10	42	6			8	7	3				12	1						2	2
	溪美社区	63	5	58		25	22				5					7						4		
	王府社区	44	4	40		7	29				1					3							4	
	汀洋社区	38		29	9											15	3			9	5		6	
	塘坪社区	38	4	34	1	8	15		7		5					3								
	下坂村	7			7												4			3				
	金霞社区	11		11							4					7								
	大路社区	41	1	40			23		10		4				1								3	
	享堂村	17	1	16						13							4							
	大园社区	2		2		1	1																	
	塘坪村	3		3							1												2	
	合计	601	36	531	34	108	179		91	34	42	14			1	70	17			12	5	6	20	2
陈岱镇	岱南村	93	7	86			85		5		3													
	岱东村	161	9	152			158				3													
	岱北村	66	1	65			66																	
	岱山村	88	3	85			88																	
	礁美村	173	8	165			173																	
	前江村	32	4	28			32																	
	双岭村	29	2	27			29																	
	后江村	16	2	14			16																	
	竹港村	90	18	72			34		56															
	白礁村	12	1	11					12															
	坑内村	3		3							3													
	石前村	25		25			25																	

续表 26–2

乡镇	村或社区（片）	合计	类型			居住国																		
			归侨	华侨华人眷属	出国人员眷属	印尼	新加坡	菲律宾	马来西亚	越南	泰国	日本	缅甸	柬埔寨	巴布亚新几内亚	美国	加拿大	阿根廷	法国	英国	德国	西班牙	澳大利亚	新西兰
陈岱镇	中江村	21	2	19			21																	
	下曾村	7		7			6		1															
	董塘村	7		7			7																	
	大山顶村	46	2	44			46																	
	峰外村	65	2	63			65																	
	合计	934	61	873			851		74		9													
列屿镇	宅后村	61	3	58			61																	
	山前村	201	13	188		9	192																	
	林坪村	88	4	82	2		38		41							9								
	南山村	50		50			50																	
	城外村	102	2	100			102																	
	宅坂村	18	2	16			18																	
	人家村	18	1	17			18																	
	油车村	44	5	39			44																	
	顶城村	57	2	55			57																	
	城内村	95	11	84			95																	
	合计	734	43	689	2	9	675		41							9								
莆美镇	中柱片①	8		3	5					3										5				
	四莆片②	6		6			1																	5
	新城区片③	39		33	6	7	3					4				18							2	5
	大埔片④	3		3																				3
	合计	56		45	11	7	4			3		4				18				5			2	13
东厦镇	船场村	19	3	16			13				6													
	洲渡村	1		1					1															
	浯田村	6		6			2									4								
	佳州村	5		5					5															
	东厦村	13	3	10			7		1		5													
	湖丘村	1		1			1																	
	溪塘村	15		9	6		4															6	5	
	竹塔村	7			7		3											4						

续表 26-2

乡镇	村或社区（片）	合计	类型			居住国																		
			归侨	华侨华人眷属	出国人员眷属	印尼	新加坡	菲律宾	马来西亚	越南	泰国	日本	缅甸	柬埔寨	巴布亚新几内亚	美国	加拿大	阿根廷	法国	英国	德国	西班牙	澳大利亚	新西兰
东厦镇	白塔村	1		1																			1	
	东崎村	3	1	2		3																		
	荷西村	5		5			5																	
	合计	76	7	56	13	3	35		7		11					4		4				6	6	
下河乡	外龙村	1		1												1								
	曲溪村	33		33							33													
	下河村	77	1	76							77													
	世坂村	15	1	14			10		5															
	合计	126	2	124			10		5		110					1								
火田镇		1		1							1													
马铺乡		5		5			5																	
和平乡		17		17							13						4							
合计		2550	149	2341	60	127	1759		218	37	186	18			1	102	21	4		17	5	12	28	15

注：见表 26-1 表下注

三、海外社团与重点人士

（一）海外社团

2006 年，已取得联系的社团组织有新加坡星洲汤氏公会，新加坡浮光陈氏公会，新加坡南洋施氏公会，马来西亚陈氏宗亲总会，吉隆坡暨雪兰莪陈氏书院宗亲会，马来西亚峇株吧辖云诏东会馆等。

（二）重点人士

陈东平，新加坡鸿裕有限公司董事长、新加坡浮光陈氏公会副会长，祖籍（下同）陈岱镇人。

施剑徽，新加坡新洲保险代理私人有限公司董事长、新加坡南洋胡姬协会会长、新加坡南洋施氏公会副会长，云陵镇人。

汤顺才，新加坡德兴布庄经理，列屿镇人。

汤来成，新加坡联合蒸气锅炉修理工程有限公司总经理，列屿镇人。

张清才，泰国成昌橡胶公司经理，父张笃生曾任泰国中华总商会顾问，云陵镇人。

陈良民，马来西亚大成集团总裁、马来西亚皇家拿督、马来西亚陈氏宗亲总会会长，陈岱镇人。

高英茂，美国布朗大学政治研究院教授、主任，父高先进出生于台湾台南县，后定居云霄，为云霄县中医院医师、县政协第四、五届副主席，高荣茂于 1971 年陪同杨振宁博士访问中国。

卢希立，美国加州大学教授，华侨施剑徽之子，云陵镇人。

卢希龄，美国华盛顿国立大学教授，华侨施剑徽之女，云陵镇人。

林志宏，美国普林斯顿大学等离子体实验室研究员、美国加利福尼亚大学教授，1989 年北京大学毕业，赴美国普林斯顿大学留学，获高能物理博士。下河乡人。

方是民，笔名方舟子，侨居美国学者、科普作家，1990 年中国科技大学毕业，留学美国获密歇根州立大学生物化学博士。1994 年创办中文网络文学刊物《新语丝》。1998 年起从事写作和网站建设。2000 年创办中文学术打假网站“立此存照”。先后在中央电视台“面对面”“新闻会客厅”“人物”“中国周刊”等栏目接受专访，在美国《科学》刊物刊登两次专文介绍。出版《进化新解说》《方舟在线》《进化新篇章》《餐桌上的基因》《科学成就健康》等 10 多部著作。云陵镇人。

陈健君，美国密西根大学医学院教授，美国纽约州立大学免疫学博士，云陵镇人。

陈天健，美国南阿拉巴马大学医学院临床分子遗传诊断实验室主任，美国加利福尼亚大学分子遗传学博士，云陵镇人。

吴青海，美国凯斯大学电子设计中心传感器专家、教授，主要从事嗅觉传感器的研究，云陵镇人。

吴晓枫，新加坡中央医院国家癌症研究中心研究员，新加坡国立大学医学博士，云陵镇人。

张岚，美国新德西洲贝尔实验室高级职员，1986 年厦门大学毕业，留学美国，获纽约州立大学医学及计算机双博士，云陵镇人。

吴丽姿，美国哈佛大学医学研究院肿瘤研究所研究员，1991 年厦门大学毕业，留学美国获波士顿东北大学生物医学博士，云陵镇人。

张维薇，美国托福坦尼思大学医学院医学博士，侨居美国，云陵镇人。

方加福，美国休斯敦大学化学博士，侨居美国，莆美镇人。

吴晓云，美国加利福尼亚大学博士，侨居美国，云陵镇人。

张易宁，美国知名科技公司高级研发人员，1982 年厦门大学毕业，1991 年获美国北卡罗来纳大学教堂山分校博士，从事新材料研发及其在新型电子元器件的应用。云陵镇人。

林毅桢，美国伊特纳集团机械工程师，云陵镇人。

张劲龙，英国欧雅商务公司董事长、英国福建总商会会长，福建农林大学毕业，1984 年赴英国经商。火田镇人。

吴佐龙，澳大利亚福建云霄同乡会会长，福建农林大学毕业，1989 年赴澳大利亚经商。云陵镇人。

蓝志强，美国田纳西州孟菲斯教会心脏研究所、教会医院医师，1985 年上海第一医学院毕业，心脏内科、心脏电生理领域专家。云陵镇人。

四、来访与经济合作

（一）来访

1997 年 7 月，旅澳华人方志民夫妇回乡探亲。同年，新加坡星洲汤氏公会、浮光陈氏公会，马来西亚陈氏宗亲总会等访问团回乡省亲访问。全年来访 540 人次。

1998 年，马来西亚华人两批到云霄学习妇产科医术。全年有马来西亚等东南亚国家侨胞 250 多人次回云霄寻根谒祖、观光考察。

1999 年 4 月，新加坡华侨柯金成一行，到云霄威惠庙拜谒开漳先贤，并回列屿省亲；10 月，马来西亚陈良民应邀来京参加新中国成立 50 周年庆典并回乡省亲；12 月，在美国普林斯顿大学、加利福尼亚大学任职的林志宏，访问母校云霄一中并做科技成果报告。全年来访侨团 8 个，369 人次。

2000 年 9 月，新加坡浮光陈氏公会陈东平一行，到云霄参加陈东平奖学助学金颁发仪式。同年 10 月，新加坡陈宽成一行 29 人，到威惠庙开展民俗文化交流；新加坡华侨朱月香到云霄寻根谒祖；马来西亚陈氏宗亲总会陈良民一行，到云霄参加由其捐建的下曾小学及“秀英亭”落成庆典；菲律宾东北吕宋区华文学校联合会理事长张进军回云霄寻根谒祖。全年来访有澳大利亚、东南亚等国家华人、华侨 460 多人次。

2001 年 9 月，马来西亚大成集团秘书陈国庆一行，到云霄考察投资环境及了解由陈良民捐建的陈政墓园御碑楼建设进展情况。全年有来自美、英、日、澳大利亚、加拿大及东南亚等国家的华人、华侨回乡寻根谒祖、观光旅游、文化科技经贸交流964人次。

2002年1月，陈再成为团长的新加坡宗亲联谊会团一行9人，到云霄威惠庙开展民俗文化交流。同年10月，陈东平被推举为新加坡华人代表，来京参加国庆53周年庆典，并回云霄参加由其捐资建成的陈岱中心幼儿园落成剪彩仪式。全年来访华人、华侨728人次。

2003年9月，新加坡华侨陈东平、汤顺才率团回云霄参加县第九届归侨、侨眷代表大会。全年有美国、东南亚等国家华人、华侨来访1000多人次。

2004年10月，新加坡华侨陈东平一行，到云霄参加由其捐建的陈岱中心卫生院落成剪彩仪式；新加坡华侨汤建东回云霄寻根谒祖；陈光镇为团长的新加坡保赤宫民俗文化交流团一行20人到云霄威惠庙开展民俗文化交流。全年华人、华侨来访1089人次。

2005年2月，陈明辉为团长的印尼棉兰颍川堂宗亲会一行18人，到云霄威惠庙开展民俗文化交流。同年6月，陈祯森为团长的新加坡兴山殿进香团一行8人，到云霄威惠庙开展民俗文化交流。同年12月，开漳圣王陈元光国际联谊会组团75人到云霄考察，并晋谒威惠庙和陈政墓园。全年有美国、新加坡、印尼、马来西亚等8个国家和地区侨团来访1000余人次。

2006年3月，新加坡陈宽成到云霄拜谒开漳下营将军庙。同年4月，澳大利亚闽南同乡会副会长、太平绅士安琪女士回云霄祖籍地探亲参观。同年11月，新加坡华侨陈东平一行，到云霄参加由其捐建的云霄二中科技楼、陈岱自来水增压站落成剪彩仪式和2006年陈东平奖学助学金颁发仪式。同年12月，新加坡陈宽成到云霄参加“省级文物保护单位”威惠庙碑记揭彩。全年华人、华侨来访754人。

（二）经济合作

1997年，贯彻《福建省鼓励归侨侨眷兴办企业的若干规定》，全县归侨、侨眷总投资（含常山）200多万元，其中利用外资50多万元。共开办15家水产、水果开发企业，安排就业250多人。

2000年，归侨、侨眷利用外资人民币1000多万元（不含常山，下同），发展种养业、加工服务业近700家，安排就业1000多人。

2002年，归侨、侨眷利用外资人民币500万元，兴办企业30多家，安排就业700多人，其中归侨、侨眷80多人。

2004年10月，菲律宾华侨吴时代、吴莲花等计划投资人民币6亿元在莆美镇创办（云霄）漳州大众兴纺织工业有限公司，首期投资1860万美元，2006年3月投产，当年产值人民币1亿元以上。

2006年，菲律宾华侨吴时代等投资1980万美元在莆美镇创办漳州泰景房地产开发有限公司。马达加斯加侨商独资90万美元在莆美镇创办漳州艺娃服饰有限公司。菲律宾侨商合资1200万美元在云陵工业开发区创办奥龙吉（云霄）实业有限公司。

（三）慈善活动

1997年，海外侨胞捐助公益事业人民币92.3万元。

1998年，新加坡侨胞柯先生夫妇捐赠人民币10多万元维修威惠庙、剑石岩等文物古迹。当年海外侨胞捐赠公益事业人民币86万元。

2000年，陈良民向下曾小学捐赠电脑15台。9月，陈东平捐资人民币40万元在县关心下一代工作委员会设立奖学助学金，捐资人民币14万元修缮岱北小学教学楼并添置教学设施。

2001年，陈良民捐资70多万元建将军山公园“御碑楼”和竹塔村的半径山北麓魏妈纪念堂。全年海外侨胞共捐资人民币180多万元

2002年，加拿大华侨陈永华先生向云霄将军山公园陈政墓园捐资2万元。陈东平捐人民币247万元建陈岱镇中心幼儿园，福建省人民政府授予“乐育英才”金质奖章和荣誉证书，漳州市侨联聘请他为海外顾问、云霄县侨联聘其为名誉主席。

2004年，陈东平捐人民币210万元建陈岱中心卫生院。后又捐资22万元为医院添置医疗设备。同年，新加坡华侨汤建东捐资人民币5万元修建汤氏宗祠。

2004－2006 年，陈东平捐赠小轿车 1 辆给县侨联，捐人民币 180 万元建陈岱镇自来水厂和云霄二中科技楼，捐人民币 110 万元建陈岱镇“思亲堂”，捐人民币 30 万元修缮陈氏祠堂，福建省侨联为其颁发“支持侨联事业发展贡献奖”。

五、权益保护

2000 年，县侨办会同财政、民政等部门解决归侨特困户基本生活保障金 15 户，每户每月补贴 100 元。2001 年，县侨办为在“文化大革命”中被清退出干部队伍的印尼归侨汤某复职问题，根据党的归侨政策，经向市委组织部和人事局反映，获得解决。2003 年，协助解决云霄糖厂、农械厂 6 名退休归侨职工津贴问题。2004 年，配合县民政局增补 20 户归侨特困户为最低生活保障对象。

第三节　港澳事务

一、港澳同胞

1996 年，全县（含常山）在港同胞 8874 人，眷属 17559 人；在澳同胞 289 人，眷属 636 人。2005 年，全县（不含常山）在港同胞 679 人，眷属 206 人；在澳同胞 10 人，眷属 12 人。

2005 年云霄县香港、澳门同胞及眷属情况表

表 26-3　　　　单位：人

乡镇	村或社区（片）	香港		澳门		乡镇	村或社区（片）	香港		澳门	
		在港人员	眷属	在澳人员	眷属			在港人员	眷属	在澳人员	眷属
云陵镇	宝楼社区	34	10	1	12	列屿镇	山前村	20			
	下港社区	13	9				林坪村	92			
	北园社区	23	9				城外村	13			
	下城村	1	7				合计	125			
	西园社区	19	7			莆美镇	中柱片①	22	9		
	溪美社区	131	23	9			四莆片②	27	10		
	王府社区	24	9				新城区片③	9	10		
	汀洋社区	10	8				大埔片④	103	7		
	塘坪社区	2	28				合计	161	36		
	下坂村		7			东厦镇	船场村	18	5		
	大路社区	4	14				埭洋村	6	2		
	享堂村	4	5				洲渡村	44			
	大园社区	6	4				荷中村	3	2		
	合计	271	140	10	12		合计	71	9		
陈岱镇	竹港村	2	4			马铺乡		1	3		
	白礁村	32	7								
	呈安村	16	7								
	合计	50	18			全县总计		679	206	10	12

注：见表 26-1 表下注

二、交流与合作

1997 年，港商在常山华侨农场投资创办永利隆油脂食品有限公司。1998 年港商在常山独资创办漳州常山聚福水产加工有限公司。同年，港商在云霄独资创办漳州展鸿水产养殖公司。至 2000 年，先后有香港棉布行旺能有限公司经理陈传兴，漳属香港同乡会理事张主寿、薛文光、黄英火、沈振栋等率领社团来访，开展文化交流，促进经贸往来。2003 年 12 月，港商独资 53 万美元在云霄高洋开发区创办漳州豪昌服饰织造有限公司。2004 年 8 月，县长黄舜斌，县委常委、统战部长林秀珍赴港参加香港漳州同乡会成立 20 周年庆典。2004 年 10 月，港商独资 50 万美元在莆美镇创办漳州三晖轻工有限公司。2005 年 9 月，港商独资 1930 万美元在七星工业区创办漳州超大食品有限公司；11 月，港商独资 770 万美元在云陵工业开发区创办世纪阳光（漳州）生态科技有限公司；12 月，港商独资 140 万美元在下河乡创办漳州金宝达服饰有限公司。

第四节　台湾事务

一、台湾同胞与台属

（一）台胞

根据各姓氏族谱记载，云霄从明代开始陆续有何、陈、蔡、林、郑、方、张、吴、刘、罗、李、黄、杨、许、郭、汤、赵、徐、柳、王、朱、石、高、叶、卢、苏、赖、潘、廖、施等 30 多个姓氏民众，因垦殖、经商或从军而迁往台湾，主要分布于嘉义、宜兰、台北、基隆、桃园、新竹、花莲、台中、台东、台南、高雄、彰化、南投、金门等地，现后裔约 50 多万人。台北市、基隆市、高雄市都设有云霄同乡会，还成立闽南第二乐团、云霄灵塔理事会等社会团体和慈善机构。祖籍云霄在台知名人士有：汤曜明，台湾地区陆军一级上将，曾任“参谋总长”“国防部长”。何希淳，曾任台湾新竹科学园区管理局副局长、台湾地区“行政院大陆委员会”主任秘书。何希灏，创办宏国电子有限公司，曾任全国台企联常务副会长、漳州市台商协会会长，现任漳州市台商协会荣誉会长。方妙才，1999 年 9 月去世，曾任台湾地区“交通部”人事处长、“行政院”办公室主任、连战“副总统”办公室主任。

1980 年后，陆续有部分旅台人员返回原籍定居。1996 年 57 户，176 人。至 2006 年计 76 户 178 人，其中云陵镇 51 户 114 人、东厦镇 4 户 11 人、莆美镇 3 户 12 人、火田镇 5 户 10 人、下河乡 7 户 15 人、马铺乡 3 户 7 人、陈岱镇 3 户 9 人。

（二）台属

1996 年全县台属 5075 户，25383 人。2006 年台属 5092 户 25596 人，分布于全县各乡镇，其中阳下、竹塔、荷步、船场等村人数较多，为台属重点村。

二、交流与合作

（一）寻根访祖

1998 年 2 月，台湾地区知名人士何希淳偕妻子及胞弟何希炯夫妇回乡探亲祭祖。

1998 年 3 月，阳下村去台人员方妙才回乡省亲。

1999 年底，宜兰县吴松柏（广东省东莞市润丰金属塑胶集团有限公司执行长），寻找到祖籍地下河乡曲溪村大龟头自然村。2000 — 2006 年，多次到云霄寻根祭扫祖墓。

2003 年夏，台北市政府顾问、台湾长荣航运集团顾问方宽铭寻找到祖籍地阳下村。2004 — 2006 年 3 次回乡认祖。

2005 年 7 月，台湾台南罗氏宗亲会 5 人到马铺乡大坪村寻根谒祖。

2006 年 12 月，台湾嘉义县何氏恳亲团一行 11 人到马铺乡寻根谒祖。

（二）慈善活动

2000 — 2004 年，吴松柏为威惠庙捐资人民币 2 万元、为将军山公园捐资人民币 16 万元。2004 — 2006 年，方宽铭捐资人民币 48 万元修阳下村方氏祖庙、捐资人民币 12 万元修祖墓。

10 年间，台胞到云霄威惠庙、云山书院、吴原享堂及其祖籍地谒祖进香、文化交流并捐献款物。据统计，共为云霄文化教育等公益事业捐赠人民币 200 多万元。

（三）台胞投资经商

1997 年，台胞何希灏独资 30 万美元创办的云霄宏国电子有限公司增资到 700 万美元；同年，台胞黄新旺独资 128 万美元创办云霄名城人造花有限公司；台胞陈德旺、周信辉与东厦镇荷东、荷中、荷西等 3 个村合作，投资 175 万美元创办云霄荷信德电力开发有限公司；台胞陈德旺独资 210 万美元创办云霄甘德水电开发有限公司等。

1998 年，台胞谢铭洋独资 1000 余万美元，在常山创办漳州大统联丰兴业饲料有限公司，生产大统牌鲍鱼饲料，是国内较大型的鲍鱼饲料生产厂家，年产 6000 吨，远销全国各地。同年台胞蔡先生创办云霄光洋温泉渔场，建成日出水量 2000 吨的海水温泉 2 口，培育石斑鱼及其他鱼、虾、贝类的苗种和亲种越冬。1999 — 2000 年，引进东丰水产养殖有限公司、利仕捷水产养殖公司、新松水产养殖有限公司、连胜水产开发有限公司、永德冷冻有限公司等台资企业。

2000 年 8 月，台胞刘文斌独资 590 万美元在云陵工业开发区创办漳州市鲜品冷冻有限公司，年产冷冻水产品 4000 多吨。

2001 年 7 月，台胞独资 18 万美元创办云霄全达水产养殖有限公司，租赁东厦镇竹塔村的滩涂、海域，养殖龙须菜。

2003 年 5 月，台胞何希炯独资 21 万美元在陈岱镇岱山村创办云霄县启业生物科技有限公司，建标准化养猪场。

2005 年 2 月，台胞独资 80 万美元在云陵工业开发区创办漳州市博胜机械有限公司，生产自动洗、烘机动车机械产品。5 月，台胞何佳鸿独资 9 万美元在云陵镇创办云霄昆鸿服装织造有限公司。8 月，台胞李锡萤独资 375 万美元在云陵工业开发区创办漳州市元欣五金皮具有限公司，生产五金皮具、纺织机械等。9 月，台胞黄淑彬独资 70 万美元在云陵工业开发区创办云霄县昌泽精细化工有限公司。

2006 年 4 月，台胞陈思行独资 70 万美元在云陵工业开发区创办云霄县阳弘食品有限公司。5 月，台胞陈黄秋桂独资 140 万美元在陈岱镇工业小区创办云霄县义峰鞋业有限公司。8 月，漳州市（云霄）宏国电子有限公司增资 400 万元，投资总额达 1100 万美元。9 月，台胞陈正丰独资 70 万美元在火田镇创办云霄县大茂山茶叶有限公司，租赁山地种植茶树、蔬菜和花卉等。同月，台胞林春生独资 400 万美元在云陵工业开发区创办漳州市鲜之味冷冻有限公司，加工水产品出口。10 月，台胞黄新旺独资 980 万美元在云陵工业开发区创办漳州市富意城人造花有限公司。

（四）文化交流

拜谒威惠庙　1997 年 4 月 14 日，台北市汾阳宫总干事郭国进率开漳圣王谒祖进香团 120 人到威惠庙谒祖进香。

2001 年 4 月 20 日，台湾开漳圣王庙团联谊会朝圣团 162 人到云霄参谒威惠庙。

2002 年 4 月，台湾开漳圣王庙团联谊会会长林茂荣率台湾各开漳圣王宫庙代表 180 多人到威惠庙谒祖进香。

2003 年，台湾彰化县、台北县石礁乡彭山天后宫、台北万里乡昆阳宫、台北士林区等 89 人组团到威惠庙进香参拜。

2004 年 4 月 26 日，台湾开漳圣王庙团联谊会会长林茂荣率代表 120 人到威惠庙谒祖进香。同年，开三圣殿、桃园外社圣王庙、台湾世界弘道复兴协会高雄市走马堂伏山君庙、台北万里乡昆阳宫、台湾开漳圣王庙团南区联谊会、台北忠惠宫等 354 人到威惠庙谒祖进香。

2005 年，台中沙鹿护安宫、台南祀典武庙、桃园陈氏宗亲会、宜兰县玉尊宫、云林县斗六镇慈灵宫、桃园福海宫、高雄路竹乡慧贤宫、台北县万里乡昆阳宫、台北县清武宫、台北县新店市安康太平宫 410 人到威惠庙谒祖进香。

2006 年，台北县芝山宫、惠济宫，台中县建兴宫、斗六市慈宁宫、台北县东芝乡村长联谊会、桃园县石桥复兴宫、宜兰县振兴宫共 134 人到威惠庙谒祖进香。

拜谒云山书院（林太史公庙） 1993 年，台湾南投县草屯镇林太史（师）公庙到云霄寻访祖庙云山书院后，该庙主委洪登宜分别于 1994、1998 年（56 人）、2002 年（104 人）、2006 年组团到云山书院谒祖进香。2006 年 5 月 13 日，该庙委托云霄雕塑的林太史公及夫人神像完成，组团 60 人到云霄迎神像入岛奉祀并举行庆典仪式。

2003 年 1 月，台中县大里市永隆里林太史（师）公庙组团到云山书院进香朝拜，并迎请林偕春及夫人神像入岛奉祀。

拜谒吴原享堂 2005 年 12 月 28 日，台湾中华道教文化团体理事长吴光辉及海峡两岸民俗文化交流协会副秘书长唐忠义等应邀参加吴原享堂重修落成庆典，吴光辉理事长赠送“吴家行善，花开灯火迎富贵；原源积德，华堂香烟现祯祥”楹联。

（五）访台活动

1997 年 1 月，县政协主席方接枝参加“漳州市开漳圣王赴台民俗文化交流代表团”，赴台开展联谊活动。

1998 年 11 月，县政协副主席方坤水参加“漳州市陈元光研究会赴台参访团”，赴台开展漳台民俗文化交流。

2000 年 1 月，县人大常委会主任吴和盛参加“漳州市开漳圣王赴台民俗文化交流团”，赴台开展联谊活动。

2001 年 7 月 10 — 19 日，县长黄舜斌率经贸考察团赴台考察台湾经济发展情况。

2001 年 9 月 28 日至 10 月 7 日，县委书记朱福清率经贸考察团赴台考察台湾经济发展情况。

2004 年 8 月 6 — 15 日，县委副书记沈志平率云霄威惠庙民俗文化交流团 7 人赴台考察交流威惠庙民俗在台情况。

2005 年 1 月 14 — 23 日，吴原享堂民俗文化交流团 12 人赴台考察交流吴原民俗信仰文化。

2005 年 10 月 25 日至 11 月 3 日，吴原享堂民俗文化交流团 10 人赴台考察交流吴原民俗信仰文化。

2006 年 8 月 1 — 10 日，县委副书记郑俊生率威惠庙民俗文化交流团 10 人赴台考察交流威惠庙民俗在台情况。

三、维护权益、帮困解难

1999 年 9 月，台湾中部发生 7.6 级地震，县台办及时走访在云的台资企业和台胞，并开展赈灾募捐。2000 年 8 月，台资企业名城人造花有限公司有意迁厂到异地，县领导与公司董事长黄先生及时沟通，黄先生取消迁厂的念头，安心在县创业。2001 年 8 月，台轮“正合胜 3 号”停泊礁美码头，船长因故死亡，协调公安、边防、公证等相关部门妥善地进行处理。2004 年 8 月，及时协调边防等有关部门，倾听台商合理建议，给台商提供帮助，备受台胞赞誉。2004 年 5 月，积极协调有关职能部门帮助 88 岁高龄的台胞方特群先生解决房屋纠纷问题。2005 年，解决台资企业陈岱启业生物科技有限公司因税费问题决定撤资另选投资点的问题。2005 年 5 月，帮助台胞方小姐在马铺乡宝石村寻找到其亲属。至 2006 年，县台联为受灾和生活困难的台胞及就学困难的台籍学生资助 4.5 万元，协助 18 位考入大学的台籍学生办理入学手续。还为云台两地的台胞台属互往探亲、探病、奔丧、相亲等提供帮助。

第五节 机 构

一、县委台湾工作办公室

1997 年，县委台湾工作部、县政府台湾工作办公室合署办公，改称县委台湾工作办公室，加挂县政府台湾事务办公室牌子，编制 8 人，在编 7 人，内设人秘联络科、宣传经济科、沿海工作科。2006 年，编制 6 人，在编 9 人。

二、县外事侨务办公室

1997 年 7 月，县外事办公室与县政府侨务办公室合署办公，一套人员两块牌子。2002 年末，县政府侨务办公室与县外事办公室撤销，改为在县政府办公室设外事侨务科。2006 年，在编 3 人。

三、县归国华侨联合会

设主席 1 人，副主席 3 人，其中专职主席 1 人、副主席 1 人（详见第二十章群团组织）。1997 年编制 3 人，在编 2 人。2006 年编制 2 人，在编 2 人。

四、县台湾同胞联谊会

1997 年编制 2 人，在编 1 人。2006 年编制 2 人，在编 3 人。设会长 1 人（兼职），副会长 1 人。

五、县礁美台胞接待站

为县台办下属事业单位。址在陈岱镇礁美村，负责接待对台小额贸易停靠码头的台轮人员。2006 年，在编人员 4 人。

附记：爱国爱乡侨胞陈东平

陈东平，祖籍陈岱镇岱北村，1934 年出生于新加坡，幼年回国求学。1948 年返回新加坡，在新加坡经营加油站、旅馆及咖啡店。

2000 年，捐资 40 万元设立陈东平奖学助学基金，每年为云霄二中及岱东、岱山、岱南、岱北等四所小学的学业优秀和家庭困难的 100 名学生发放奖学助学金 2 万元。2002 年，捐资 247 万兴建陈岱镇中心幼儿园，该园占地 3335 平方米，总建筑面积 1800 平方米，可容纳 400 名幼儿就学，为一所园区美化、净化、绿化的花园式学校，并每年为 200 名幼儿和教师发放 1 万元奖学助学金，被县政府确定为“人口早期教育暨独生子女培养示范基地”。2014 年获市级示范幼儿园称号。2003 年，在云霄一中设立陈东平高考奖学金，每年向高考成绩前 10 名学生发放奖金 1 万元。

2004 年，捐资 210 万元建陈岱中心医院，该院占地面积 5400 平方米，总建筑面积 2680 平方米，设 45 个床位，并捐资 22 万元添置医疗设备，达到卫生部“一级甲等”综合医院标准。同时为岱东、岱山、岱南、岱北四村 65 岁以上老人建立健康档案，办理“平安保健卡”，每年进行一次全面免费体检，并对持卡在医院看病的老人实行医药费优惠。

2006 年，捐资 120 万元为云霄二中兴建科技楼，捐资 14 万元为岱北小学添置课桌椅和整修校舍。捐资 60 万元建陈岱自来水增压站，使陈岱 4 村村民用上自来水；捐资 30 万元修建陈氏家庙“浮光堂”“石城堂”。2007 年，捐赠 110 万元建设陈岱镇“思亲堂”，2012 年，捐资 150 万元为云霄县重修省级文物保护单位“燕翼宫”，为奖学助学基金增捐 40 万元，为陈岱中心医院康复中心捐资 50 万元。

此外，还为云霄潮剧团捐赠 40 万元。为县侨联和“珍珠”台风灾害赈灾等捐资 7 万元。每年为陈岱镇归侨、侨眷和低保户发放春节慰问金。至 2013 年，总共捐资 1157.34 万元。2002 年，陈东平荣获省政府“乐育英才”金质奖章；2004 年，获省政府“热心公益事业”金质奖章；2012 年，获“漳州市荣誉市民”称号；2013 年，获“福建省捐赠公益事业突出贡献奖”。

第二十七章　政　法

1949年10月，成立县人民政府公安局；11月，县政府设司法科，代行审判职能。1952年，撤销司法科，成立县人民法院。1954年4月，成立县人民检察院。“文化大革命”期间，公检法机关受冲击并实行军管；1968年10月，县革委会成立人民保卫组，行使原公、检、法职能。1972年10月，恢复县法院。1973年4月，改人民保卫组为县革委会公安局。1978年3月，恢复县检察院。1979年12月成立司法科，1980年12月改称司法局。

1997 — 2006年，公安、检察、法院、司法部门依法打击严重刑事犯罪活动、查办职务犯罪案件和制售假冒卷烟犯罪活动，加强民事行政诉讼监督，开展依法治县和普法宣传教育活动，以及做好调解、公证和律师服务工作。

第一节　公　安

一、治安管理

（一）枪支、爆炸物管理

1997年，对民用枪支、爆炸物进行重新登记造册和办证。2000年，检查爆炸物品使用单位47家，查处非法储存、买卖爆炸物品案件3起，收缴炸药6.6公斤、黑火药618公斤、雷管69枚、导火索50米；对非法制售烟花、爆竹进行专项整治，查处无证销售烟花爆竹12家，销毁不合格鞭炮500多公斤，查处无证运输鞭炮4起6人，没收鞭炮688件、土造鞭炮3536公斤；取缔东厦、火田、马铺等乡镇一批地下作坊。2004年，印发缉枪治爆通告1万份、宣传材料1万多份，检查持枪、涉爆单位50个，责成整改20个，收缴非法枪支36支、子弹43发、黑火药27公斤、硝铵炸药52.3公斤、雷管243枚、导火索46.7米、鞭炮1120公斤，抓获涉爆在逃嫌犯2人。2005年，检查50家（次），发整改通知书12份，责令整改14家。至2006年，共收缴非法枪支317支、管制刀具238件、炸药1255.1公斤、雷管18538枚、导火索3575.5米，以及一批非法生产和经营的烟花爆竹。每年对74名民用爆炸物品安全员、爆破员、仓管员进行2 ~ 3期培训。

（二）公共场所和特种行业管理

1997年，加强发廊、美容厅、电子游戏机、音像市场、机动车修理、印刷、桑拿、旅馆和公共场所管理，举办从业人员培训班3期512人。2000年，开展特种行业警民相互监督责任制签署暨守法情况监督卡发放活动。2006年，清理整顿特种行业、公共场所520家，培训从业人员3期603人，核发营业许可证294本。

（三）禁毒

1997年，开展“创建无毒社区、无毒村”活动，对吸毒人员进行摸底登记跟踪。2002年，收戒吸毒人员3人，抓获教唆犯1人，缴获海洛因20克。2003年，抓获吸毒人员12人，登记在册吸毒人员12人，破获毒品案件33起，创建无毒社区3个。2004年，举办禁毒图片展、讲座和播放电视宣传片，分发宣传材料2000多份，15名吸毒人员经帮教戒了毒；全县在册吸毒人员42名。2005年，破获毒品案件10起，缴获海洛因2.75克，摇头丸3粒。2006年，在礁美对台小额贸易码头从台轮上缴获冰毒49千克、海洛因1.4千克、抓获嫌疑人7人。至2006年，共破获毒品案件45起，抓捕54人，缴获冰毒49千克、海洛因1422.75克。

（四）禁赌与扫黄打丑

1997 年，查处赌博 227 起 1254 人；开展 6 次“扫黄打丑”行动，查处卖淫嫖娼 60 起，抓获 97 人，捣毁窝点 5 处，收缴淫秽物品 526 件。1998 年，查处卖淫嫖娼 22 起 57 人，取缔窝点 2 个，抓获暗娼嫖客 17 人，查处卖淫团伙 1 个 3 人。1999 年，查处赌博 241 起 3194 人；查处卖淫嫖娼 30 起，取缔卖淫窝点 10 个，对涉案人员进行收容教育和罚款处理。2002 年查处卖淫嫖娼 9 起 14 人。2005 年，查处赌博 98 起 349 人，取缔赌博团伙 2 个 11 人。至 2006 年，共查处赌博案件 1123 起 8166 人，卖淫嫖娼案件 157 起 197 人。

（五）查禁非法宗教活动

1997 年，破获境外会道门及宗教渗透活动事件 3 起，并依法开展查禁“法轮功”邪教组织的活动。2001 年 12 月 13 日，破获 “法轮功”邪教组织散发非法宣传品案件 1 起拘留涉案人员 3 人。2003 年，配合县有关部门，对“法轮功”邪教组织骨干成员继续做好教育转化工作，并配合统战、宗教部门加强宗教寺庙活动的规范管理。2004 — 2006 年，对台海局势变化、宗教领域非法活动和“法轮功”邪教组织活动，进行“多管齐下”的整治和防控。

（六）户籍与人口管理

1999 年，全县公安派出所实现户籍微机管理。2005 年，进行居民身份证第二代换发工作，当年换发 25562 份，2006 年换发 116859 份，共占应换发总数的 34.4%。

人口分常住、暂住（外来）和重点人口三类。1999 年，常住人口通过身份证清理进入计算机管理；登记外来暂住人口 6534 人，新办暂住证 655 本，检查 701 间出租房，通过上网比对，抓获潜逃嫌犯 1 人，破获刑事案件 3 起抓 3 人，查处治安案件 72 起。2000 年清理检查暂住人口（下同）699 人次，整顿出租房 303 户 306 间，查验暂住证 567 人次，发现 10 条破案线索。2002 年清理、登记 2040 人，检查出租房 253 间，破治安案件 9 起、刑事案件 5 起 7 人。2006 年清理登记 1436 人。其中，根据公安部《重点人口管理工作规定》，1999 年列管重点人口 1461 人， 2000 年 1277 人，2006 年 1503 人，均由派出所建立档案。

（七）出入境管理

1997 年根据常山华侨农场出入境人员多的特点，公安局出入境管理科每周二到常山现场办证。1998 年办理多次入境签注 40 人，暂住加注 31 人，停留延期 73 人次，办理出境（国）1351 人（多数为往港、澳、台探亲及旅游）。1999 年办理出国 250 人，办理前往港、澳、台 1312 人。2000 年办理入境 3500 人次，办理各类签证和延期变更 75 人次，处理涉外案件 25 起 29 人。2002 年办理申请往来港、澳、台 1864 人次，入境暂住加注 39 人次，办理台湾居民延期签注 91 人次。2004 年对出入境的申请加强审核登记备案和通报备案，批准出国（境）466 人，入境 1726 人，处理涉外案件 5 起 8 人。2005 年批准出境 4692 人次，入境 1673 人，处理涉外案件 3 起 3 人。2006 年批准出境 4513 人次，入境 1151 人次。

（八）“110”巡逻治安

1997 — 2006 年，县公安局巡逻警察大队和“110 报警台”共出警 6648 起，制止斗殴 724 起，平息纠纷 581 起，为群众办好事 611 次，收缴管制刀具 71 支，收容审查可疑人员 673 人（次）。

（九）内保安全

1997 — 2006 年，加强治安防控管理，消除金融系统等内保单位安全隐患 125 处，接待处理群众来信来访 1459 件（次），制止群体性、突发性事件 10 起，创建安全文明小区 279 个。其中，2003 年 3 月 17 日，公安部《全国公安机关加强内部管理工作简报》第 43 期刊载云霄县公安局工作经验。

1997 — 2006 年云霄县治安行政案件查处情况表

表 27-1　　　　单位：件、人

年份	立案件数	查处件数	查处人数
1997	1270	1270	2636
1998	1241	1241	2955

续表 27-1

年份	立案件数	查处件数	查处人数
1999	1144	1144	3194
2000	1901	1763	3730
2001	2153	2014	4098
2002	2495	2271	4207
2003	2072	1948	3961
2004	1966	1848	3153
2005	2804	2672	4501
2006	2014	2011	2941
合计	19060	18182	35376

二、打击刑事犯罪活动

1997 年立刑事案（下同）676 起，破案 510 起，其中重大案件 223 起，抓获犯罪嫌疑人 549 人（其中在逃犯 58 人），已逮捕 285 人，取保候审 51 人，监视居住 80 人，劳教 66 人，收教 35 人，其他方式处理 32 人。破获往年隐积案 144 起，摧毁各类犯罪团伙 21 个成员 87 人。预审科全年共受案 200 件，刑拘 328 人，逮捕 285 人，起诉 183 件 285 人，深挖 75 起（其中重大 37 起），追缴赃款 28.6435 万元。主要破获在城区江滨路、绥阳路一带抢劫案件 37 起；破获盗窃摩托车、撬盗保险柜等大案 3 起。10 月 29 日，发生于 1995 年“8・12”抢劫杀人移尸案重大嫌疑犯柳氏兄弟被从上海抓获归案。当年，公安局向在逃嫌犯亲属发出《给逃犯亲属的一封信》，在政策感召下，相继有 1995 年“10・23”“11・1”涉枪杀人嫌犯投案自首。全年共抓获在逃嫌犯 58 名，其中投案自首 21 名。追逃工作获省公安厅、市公安局表彰，省、市电视台作了专题报道。

1998 年建立责任区刑警中队，实行侦审合一，全县立刑事案件 888 起，其中大要案 445 起；破 560 起，其中大要案 210 起，往年隐积案 209 起。在“打流氓、挖团伙、破大案”专项斗争中，摧毁犯罪团伙 15 个成员 47 人，追获潜逃嫌犯 93 名（其中投案自首 19 名）。

1999 年立案 1212 起，破 701 起，其中重特大案 813 起，破案 380 起；破往年隐案 180 起，抓获犯罪嫌疑人 716 人，其中网上逃犯 161 人，逮捕 297 人，监视居住 178 人；摧毁抢劫团伙 3 个 12 人，盗窃团伙 2 个 9 人，其他团伙 4 个 16 人。侦破 5 月 8 日七高磜村抢劫杀人案、5 月 27 日特大轮奸抢劫案、6 月 22 日系列绑架勒索案。抓获 1997 — 1999 年盗窃、改装、销售摩托车 55 辆嫌犯罗某某，共查处盗车销赃案 72 起，抓获嫌犯 17 人，缴获赃车 58 辆。

2000 年立案 1431 起，其中重特大案 906 起；侦破 812 起，其中重特大案 368 起、往年隐案 180 起；抓获嫌犯 534 人，其中网上逃犯 38 人，含省级督捕 1 人，市级督捕 5 人；摧毁犯罪团伙 3 个 12 人。破获 3 月 10 日圆峰村伤害致人死亡案，张某某及其同伙系列抢劫盗窃案，汤某某及其同伙系列盗窃机动车案；破获拐卖妇女儿童案件 78 起，捣毁犯罪团伙 3 个 12 人，逮捕 10 人，解救被拐卖妇女 50 人、儿童 7 人。

2001 年立案 1671 起，侦破 968 起。重点打击涉枪、凶杀、爆炸、绑架和“两抢”（抢劫和抢夺）等暴力犯罪和经济犯罪，破获汤某某、吴某某等故意杀人案件。

2002 年立案 1910 起，破案 1124 起（其中隐积案 117 起）；抓获犯罪嫌疑人 473 人，在逃嫌犯 45 人（其中省督捕 1 人，市督捕 2 人，带破刑事案件 112 起）。6 月，在“打黑除恶”专项斗争中摧毁以船场村为据点，寻衅滋事，扰乱市场，殴打过路群众的“青龙帮”犯罪团伙。全年摧毁犯罪团伙 15 个 74 人，其中黑恶势力团伙 7 个 23 人。

2003年立案1409起，破824起，其中隐积案78起；抓获犯罪嫌疑人242人，其中网上逃犯164名，逮捕195人，起诉217人。抓捕在逃人员164人，其中协助外省市抓获41人。5月20日，破获省督办的2003年“1·6”抢劫案，抓获团伙成员3人；6月，摧毁以周某某为首在云霄、漳州、厦门等地盗、改、销机动车62辆、案值190多万元的特大盗车团伙，抓获成员5人。

2004年立案1302起，破案811起，抓获犯罪嫌疑人369名，其中逃犯149名，逮捕107起140人，起诉128起160人。开展“侦破命案”专项行动，破命案7起（其中积案3起）、现行故意杀人案2起、故意伤害致死案1起、过失致死案1起，抓获犯罪嫌疑人19人，其中方某某开枪杀人潜逃10年。

2005年立案1557起，破1141起，其中隐积案83起、盗窃案293起。抓获犯罪嫌疑人376人，其中网上在逃人员245人，刑拘179人，逮捕180人，起诉238人，劳教12人，取保候审128人。抓获侵财犯罪嫌疑人114人，挽回经济损失430多万元。开展“侦破命案”专项行动，立现行命案3起，破3起；破隐积命案2起。破轰动云霄的“杀人碎尸案”1起，抓获凶犯伍某1人；破获年前隐积命案2起，抓获犯罪嫌疑人2人，抓获杀人逃犯2人；1990年“3·21”杀人案，嫌犯张某某在政策攻势下投案自首。

2006年立案1101起，破895起，其中盗窃销赃汽车案163起，抓获犯罪嫌疑人495人，其中刑拘219人，逮捕170人，起诉238人，劳教43人，取保候审164人，监居1人。抓获各类在逃人员298人。破现行命案6起，抓获嫌犯15人，其中潜逃嫌犯3人；侦破年前命案1起，抓获犯罪嫌疑人1人。

三、监所管理与建设

（一）监所管理

2001年开展监所安全、行为规范、内务卫生和余刑犯管理的“在押人员行为规范竞赛”活动。2002年巩固与深化监所内务规范化建设，经验收达省“三级所”标准。2003年为筹备新看守所建设，完成在押人员异地寄押工作。2004年协调与邻县寄押看守所关系，做好在押人员的收押工作；打击拘留所“牢头狱霸”，确保拘舍安全。2005年2月成立“云霄县公安局监所管理科”，设于看守所院内，配科长1人、内勤1人；6月，县政协视察看守所，为看守所添置阅览室设施资助2万元和400多册图书，并与县财政局协调解决看守所购车经费。2006年初县公安局治安拘留所改称“云霄县拘留所”，6月由火田镇郭浦村（虎坑）迁入看守所院内。至2006年，看守所共收押犯罪嫌疑人3288人次，预审审结移送犯罪嫌疑人2341人，审结率99.11%。其中，2005年、2006年度，获“全省公安监管系统深挖犯罪工作先进单位”。

（二）县看守所建设

县看守所始建于20世纪70年代，时间长，设施简陋，存在安全隐患。2000年，加固和扩修外围墙。2002年，看守所建设经市计委审批立项，计划投资1050万元，规划占地面积2公顷总建筑面积5795平方米，分两期建设；10月新址建设动工。2004年基本完成主体工程建设。2005年3月，首期工程竣工交付使用，共投资520万元，其中国债270万元，省补助30万元，贷款200万元，自筹20万元。2006年9月，第二期建设动工，投资530万元。

四、消防

1997年，全县发生火灾8起，损失7万余元。1998年以“三资企业”和公共娱乐场所为重点，开展消防宣传和专项治理，全年扑救火灾9起。1999年出警120多次，扑救较严重火灾4起。2000年贯彻执行《消防法》，落实消防监督三级管理制度；出警110人次，扑救火灾3起，参加社会救助9起。2002年，出警16人次，扑救火灾2起，参加社会救助4起，配合有关部门开展打击破坏森林和野生动植物资源的违法犯罪活动。2003年开展加油站消防专项治理和建筑工程消防执法、消防规划大检查，对公共场所安全疏散通道、违法建筑物等进行专项治理，扑救消防事故20起，抢救18人。2004年强化消防监督与执法，对人员密集场所和古旧建筑物开展消防安全专项治理，扑灭一般火灾15起。2005年扑灭一般火灾63起。

至2006年，共扑灭火灾532起，为国家、集体和个人挽回经济损失2000多万元，提出整改意见1535条；

按《建筑设计防火规范》的要求，审核建筑设计项目316个。开展消防宣传154次，发送专题宣传资料1万多册，举办消防文艺晚会5场。

五、边防

1998年，对全县船舶、渔船、渔民边防证件进行年检年审，换发“出海船证”68本。对来泊的台轮加强检查监护与管理，破获走私案2起，案值22万元。1999年查办涉嫌走私偷税案件6起，总案值230多万元。2000年列屿边防工作站查获台湾非法入境大陆案2起3人，涉嫌走私台湾食品案1起1人。2003年查获“红油”走私案1起，抓获涉嫌组织妇女非法入境台湾犯罪团伙1个成员3人。2006年1月23日，列屿边防工作站从礁美码头台轮“满利丰1号”查获冰毒49千克、海洛因1.4千克，抓获犯罪嫌疑人7人。至2006年，共监护靠泊台轮4219艘次，为其办理登陆证件12425本，审验各类船舶1603艘次。2006年全县船舶556艘，渔、船民1490人。

六、道路交通管理

1997年，全县发生交通事故202起，死50人，伤155人，经济损失175.73万元。1998年开展交通秩序整顿和专项治理，打击无牌、证驾驶，在城区设交通治安岗亭9处，全年交通事故247起，死52人，伤202人。1999年，在国道324线开展创平安大道文明活动；全年交通事故240起。2000年，在城区交通要道增设红绿灯、斑马线和监控摄像设施，全年处理交通事故340起。2001 — 2002年，开展交通秩序综合治理，宣传交管法规，提高群众交通安全意识，处理交通事故395起，破获交通肇事逃逸案19起。2003年，交通事故168起，死亡24人，受伤222人，经济损失75.45万元；破获重大交通肇事逃逸案件4起。2004年，交通事故135起，死亡34人，受伤203人，经济损失59.6万元；破获肇事逃逸案16起。2005年，交通事故144起，死亡48人，受伤196人，经济损失48.74万元。2006年，查扣无牌无证、无合法手续汽车468辆，其中赃车93辆，侦破盗窃、销赃汽车案件163起，处理犯罪嫌疑人63人；破获交通肇事逃逸案件9起。至2006年，共处理交通事故1871起，其中重特大事故6起，死亡208人，受伤978人；纠正处罚各类交通违法行为114546起；办理各种车辆入户手续4.8万辆；车辆检验6.2万辆次，驾驶员培训3.8万人，审验、发放、换发各种驾驶证、车牌证11.4万人次。

七、机构

（一）县公安局

1997年编制167人，在编151人。2001年4月，县公安局刑事警察大队更名刑事侦查大队，并成立经济犯罪侦查大队。2003年5月，撤销原一科、二科、三科和行政科、机要通信科、户政科，成立国内安全保卫大队、治安管理大队、禁毒大队、装备财务科、信息通信科、公共信息网络安全监察科、户政中心、宣传科、监所管理科。2005年11月，陈岱公安分局改为派出所；12月，成立公安局指挥中心。2006年，公安局设政工科、办公室、法制科、宣传科、装备财务科、监所管理科、出入境管理科、信息通信科、公共信息网络安全监察科、户政中心、警务监察队、国内安全保卫大队、治安管理大队、巡逻警察大队、刑事侦查大队、经济犯罪侦查大队、禁毒大队、交通警察大队、看守所、拘留所及边防大队、消防大队。乡镇设城关、莆美、常山、陈岱、列屿、东厦、火田、马铺、下河、和平等派出所，公安局编制203人，在编176人。

（二）基层治安组织

1997年，全县村（社区）治保会215个，治保委员750人；机关、企事业、学校保卫科（组、部）119个，保卫人员535人。2006年治保会201个，治保委员785人；机关、企事业、学校保卫科（组、部）428个（其中民营和“三资”企业保卫科96个），保卫人员1653人。

第二节 检 察

一、刑事检察

1999年，向社会公开审查起诉案件办理情况，试行主诉检察官制度。2000年，在全市率先试行不起诉案件公开听证制度。2002年，试行庭审过程多媒体示证制度。2003年，对适用简易程序和普通程序审理的"被告人认罪案件"实行简化审理。至2006年，审结批准逮捕犯罪嫌疑人1587件2287人，其中贪污、贿赂、侵权、渎职等职务犯罪嫌疑人59件63人；不批准逮捕86件202人；监督公安机关立案侦查83件，追捕犯罪嫌疑人97人；纠正公安机关不应立案而立案3件、侦查违法28件次。受理审查起诉案件2001件2638人，经审查提起公诉（含移送市院及其他院起诉）1869件2594人，不起诉33件42人，建议追诉漏犯85件91人，追诉漏罪28件33人，对法院判决提出抗诉10件。起诉至法院的刑事案件有罪判决率100%。

二、反贪污贿赂检察

1997年，受理34件37人，立案21件24人，其中贪污4件4人，受贿8件8人，挪用公款4件4人，偷税1件1人，假冒注册商标4件7人。1998－2006年受理212件228人，立案114件125人，其中贪污42件47人，受贿46件48人，行贿5件5人，挪用公款18件21人，私分国有资产2件3人，滥用职权1件1人，涉及科级以上干部19人。主要案件有：1998年云霄人民银行原行长林某某、诏安县人民银行原副行长陈某某受贿案；1999年县水利局原局长何某某等3人"峰二"水电工程受贿案；2000年县司法局原局长蔡某某受贿案；2001年县打假办原主任、县技监局原局长方某某受贿案；2002年县农行原出纳员杨某某挪用公款案；2004年县法院原副院长马某某受贿案，县农业局兽医站原站长朱某某受贿案；2005年县实验幼儿园原园长张某某私分国有资产案；2006年县二轻局原局长林某某、副局长许某某、方某某集体受贿案等。

三、反渎职侵权检察

1997年，抓好反渎职侵权检察工作，至2006年，受理各类渎职侵权案件72件76人，立案36件40人。其中徇私枉法案件4件4人，滥用职权案件6件10人，玩忽职守案件9件9人，放纵制售伪劣商品犯罪行为案件14件14人，失职致使在押人员脱逃案件2件2人，故意伤害案1件1人。其中案件涉及副科级以上干部10人，主要有1997年公安局治安科原副科长徇私舞弊案，1999年水利局原局长玩忽职守案，2001年公安局刑警大队原副大队长徇私枉法案，2004年县公安局原巡警故意伤害案（全省第一起由省检察院批准县检察院直接受理案件），公安局信息通讯科原负责人和工商局云陵分局原局长滥用职权案，2005年漳州市烟草局原工作人员放纵制售伪劣商品犯罪行为、受贿案等。

四、监所检察

1997年，加强监所检察，至2006年，监所检察科共进行狱情检查、动态分析3158次，纠正超期羁押352人次，纠正无证关押11人次，纠正无证及单人提审35人次，纠正无及时释放22人次，打击"牢头狱霸"25件29人，接受控告和申诉40件40人，对犯人进行时势和法律教育69次。

对监外执行的罪犯，通过规范监管制度和深入了解罪犯的表现，并不定期进行专项检察。

五、控告申诉检察

1997年，认真受理控告、申诉案件，至2006年，共受理来信1013件，来访434件，其中控告类690件，申诉类227件，举报类530件。对来件按规定在7天内处理完毕，对应立案的予以立案，构不成犯罪的及时向来信来访者反馈。

六、民事行政检察

1997 年，民事行政检察工作中涉及征地拆迁、教育、社会保障、医疗卫生和社会管理等方面，至 2006 年，共受理民事行政申诉案件 76 件，提请市检察院抗诉 22 件，建议提请抗诉 3 件，建议法院再审 2 件、执行和解 12 件。对法院确有错误的判决和裁定的为其提出抗诉，对不符合抗诉的，向申诉人和上访户做好服判息诉工作。

七、预防职务犯罪检察

2003 年，在县委党校建立“预防职务犯罪教育基地”。2004 年，预防职务犯罪教育基地迁至乌山革命纪念馆。2005 年，县委成立预防职务犯罪工作领导小组，并制订实施意见发至乡镇和县直单位。其中，2002 — 2006 年，共派出干警 107 人次到金融、税务、工商、烟草、林业、质监、教育、电力等部门及各乡镇，开展预防职务犯罪法制宣传教育活动。

八、机构

县人民检察院 1997 年，设审查批捕检察科、审查起诉检察科、反贪污贿赂局、监察室、办公室、政工科、法纪检察科、监所检察科、民事行政检察科、控告申诉检察科、法律政策研究室，编制 59 人，在编人员 50 人。2002 年 12 月，改政工科为政治处、审查批捕检察科为侦查监督科、审查起诉检察科为公诉科、法纪检察科为渎职侵权检察科、监察室为监察科，撤销法律政策研究室，保留办公室、反贪污贿赂局、监所检察科、民事行政检察科、控告申诉检察科，增设职务犯罪预防科、行政装备科、司法警察大队。2004 年 12 月，恢复法律政策研究室，与办公室合署办公。2006 年，设政治处、办公室、侦查监督科、公诉科、渎职侵权检察科、反贪污贿赂局、监所检察科、民事行政检察科、控告申诉检察科、职务犯罪预防科、行政装备科、司法警察大队。编制 53 人，在编 54 名。

第三节　法　院

一、刑事审判

刑事审判贯彻“从重从快”“宽严相济”的审判原则，重点打击杀人、放火、爆炸、投毒、强奸、抢劫、绑架等犯罪，特别是带黑社会性质的团伙犯罪和盗窃、抢夺、制售假冒伪劣商品犯罪及贪污、受贿等严重经济犯罪。1997 年 141 件 197 人；1998 年 162 件 213 人；1999 年 200 件 255 人；2000 年 193 件 279 人；2001 年 193 件 276 人；2002 年 210 件 332 人；2003 年 156 件 219 人；2004 年 146 件 205 人；2005 年 180 件 261 人；2006 年 206 件 300 人。至 2006 年，县法院审结各类刑事案件 1787 件，判处 2537 人。

（一）暴力犯罪案

主要有 1997 年方某某强奸案，判处徒刑 14 年；1998 年吴某某抢劫、绑架勒索案，数罪并罚执行徒刑 20 年，剥夺政治权利 3 年，追缴全部非法所得；1999 年赖某某、张某某抢劫、盗窃案，数罪并罚，判处赖某某徒刑 19 年剥夺政治权利 3 年、张某某有期徒刑 11 年剥夺政治权利 2 年；2003 年张某某、张某某、林某某共谋以做生意为借口，劫持安徽黄某某勒索案，判处 3 犯有期徒刑各 13 年 6 个月，罚款各 1 万元；2005 年吴某某故意伤人致死案，判处徒刑 11 年，赔偿丧葬费等 4 万元；2006 年陈某某求爱不成故意杀人案（女方经抢救生还），判处徒刑 15 年，剥夺政治权利 3 年。至 2006 年，审结 515 件，处刑 670 人。其中，杀人案 9 件 9 人，故意伤害案 320 件 371 人，纵火案 3 件 4 人，爆炸案 6 件 11 人，强奸及奸淫幼女案 36 件 42 人，抢劫案 128 件 199 人，绑架案 13 件 34 人。

（二）制售毒品犯罪案

1999 年，审理赖某某贩卖毒品案。1998 年 9 月至 1999 年 5 月，罪犯赖某某多次贩卖毒品海洛因 31.35 克，判处徒刑 13 年，剥夺政治权利 3 年，罚款 1 万元。

（三）制售假冒卷烟犯罪案

1995 年，被告人张某某等 3 人制售假冒“云斯顿”“三五”“万宝路”牌卷烟，经瑞士里乔烟草公司委托中联知识产权调查中心上海办事处查实，由公检机关侦破起诉，于 1999 年分别被判处有期徒刑 6 年、4 年、3 年罚款 30 万元、8 万元、5 万元。2001 年，林某某等 2 人制售“大哥大”“宾士”“七星”牌假冒牌卷烟，被分别判处徒刑 15 年、12 年，罚款各 100 万元。2002 年，张某某等 5 人，制售“七星”等假冒牌卷烟给台湾人李某某等，首犯张某某被判徒刑 14 年、罚金 50 万元，其余同案犯判处徒刑及罚金不等。2005 年，周某某等 11 人在佳园村设点长途包运假冒卷烟，2006 年案发，周某某被判徒刑 14 年、罚款 289 万元，其余同案犯判处刑期、罚金不等。至 2006 年，共审结制售假冒牌卷烟案 239 件，处刑 361 人。

（四）贪污受贿职务犯罪案

莆美镇原党委副书记兼高洋开发区负责人方某某，1994 — 1996 年间，利用职便以假名将开发区土地款存入云兴信用社，将7.22万元储蓄代办费占为已有，1998年被以贪污罪判处有期徒刑5年，追缴全部非法所得。1998 年，诏安县人行原副行长陈某某，在任云霄县人行外汇管理股长期间，将外汇调剂金存入云兴信用社，从中领取储蓄代办费 13.16 万元建私房，被判处徒刑 11 年并没收个人财产人民币 2 万元。县技监局原局长方某某，于 1997 — 1998 年打击制售冒牌卷烟行动中，接受被查获的卷烟机机主吃请和钱物折合人民币 9.58 万元后，默许其中两台套卷烟机继续制售假烟一个月，并让其调换旧机上缴，另有一台套被转移，2001 年被判徒刑 14 年。1998 年，县农行出纳员杨某某购买假冒牌“云烟”227 件价值人民币 692.25 万元往河北销售，因货款被欠，利用职便，以挪后补前手段挪用公款 41 万元，用于归还假烟款及购买“六合彩”11 期的外围彩款，案发尚有 64.2186 万元公款未归还；2003 年杨某某被以挪用公款罪处刑 14 年，以销售伪劣产品罪处刑 8 年、罚款人民币 35 万元，以赌博罪处刑 1 年、罚款人民币 2 万元，总和刑期 23 年、罚款人民币 37 万元，决定执行有期徒刑 19 年、罚款人民币 37 万元，并退赔未归还的公款。至 2006 年，共审结贪污案 25 件处刑 29 人，审结受贿案 28 件处刑 43 人。

二、民事审判

民事审判方式经历从侧重调解到侧重裁决再到调判结合等过程。1997 年审结民事案件（下同）1101 件，1998 年 850 件，1999 年 716 件，2000 年 775 件，2001 年 717 件，2002 年 359 件，2003 年 296 件，2004 年 861 件，2005 年 784 件，2006 年 468 件。其中婚姻家庭纠纷 1825 件，继承纠纷 98 件，借款合同纠纷 2559 件，农村土地承包合同纠纷 346 件，人身损害赔偿纠纷（包括交通事故）636 件，权属纠纷 824 件，邻居纠纷 156 件，其他 501 件。调判工作采取便民措施，实施巡回上门办案。2005 年城郊法庭、常山法庭巡回办案 46 件。

三、经济审判

1997 年，审结经济纠纷案件（下同）383 件，标的金额（下同）2400.6729 万元。1998 年，249 件 7526.5649 万元。1999 年，201 件 2317.3066 万元。2000 年，236 件 303.4690 万元。2001 年，257 件 143.4554 万元。2002 年，623 件 5414.3480 万元。2003 年，251 件 2316.7006 万元。2004 — 2006 年，377 件 7100.1288 万元。

四、行政审判

行政审判范围涉及治安行政处罚、林业行政处罚、土地使用证、山林权纠纷、收容劳教强制措施、交通事故责任认定，以及其他行政处置和行政人身损害赔偿等。1997 年审结行政纠纷案件（下同）11 件，1998 年 9 件，1999 年 5 件，2000 年 11 件，2001 年 18 件，2002 年 19 件，2003 年 10 件，2004 年 12 件，2005 年 5 件，2006 年 4 件，合计 104 件。其中维持行政机关处罚决定 14 件，撤销 37 件，部分撤销 2 件，变更 3 件，驳回原告起诉 8 件，驳回原告诉求 4 件，原告撤诉 35 件，移送审理 1 件。办理非诉行政申请执行案件，1997 年 137 件，1998 年 184 件，1999 年 165 件，2000 年 145 件，2001 年 139 件，2002 年 94 件，

2003 年 116 件，2004 年 93 件，2005 年 137 件，2006 年 168 件，合计 1378 件。

五、申诉复查

1998 年 1 月至 2003 年 5 月，立案受理民事申诉案件（下同）3436 件，经济案件 2500 件，行政案件 76 件。2003 年 6 月改告诉申诉庭为立案庭，增加刑事案件申诉复查立案登记。刑事案件登记，2003 年 161 件，2004 年 135 件，2005 年 196 件，2006 年 216 件。2003 年 6 月增设审判监督庭，原属告诉申诉庭受理的再审（申诉复查）职能归属于审判监督庭。告诉申诉庭从 1997 年 1 月至 2003 年 5 月共受理申诉复查刑事案件 10 件，民事案件 8 件（经复查改判 2 件）。审判监督庭从 2003 年 6 月至 2006 年 12 月，共受理申诉复查刑事案件 1 件，改判 1 件；民事案件 3 件，改判 2 件。至 2006 年，告诉申诉庭、立案庭共接收人民来信 570 件（次）、接待来访 380 人（次）。

六、案件执行

1997 — 2003 年，执结案件 4000 余件。2003 年法院执行庭改称执行局。2004 年执结金融案件 102 件，标的金额 1730 万元。2005 年，执行益民、联发、云兴 3 家城市信用社金融案件和长期查封未处理积案 30 件，通过拍卖，获价款 288 万元。2006 年，清理拍卖未果案件 7 件，执结积案 104 件，标的金额 1477 万元，执结益民、联发、云兴 3 家城市信用社金融案 11 件 158.84 万元。至 2006 年，共受理申请执行案件 6481 件，标的金额 18173.61 万元；执结 5619 件，标的金额 18114.61 万元；部分执行 292 件，标的金额 116.36 万元。

1997 — 2006 年云霄县人民法院案件执行统计表

表 27-2　　单位：件、万元

年份	受理申请执行案件	执结案件	执结标的额
1997	969	673	690.50
1998	747	649	879.00
1999	680	680	775.81
2000	544	544	1440.00
2001	694	694	723.68
2002	583	583	439.64
2003	504	273	4451.00
2004	476	367	2683.40
2005	676	620	3348.00
2006	608	572	2723.58

七、机构

县人民法院　1997 年，编制 69 人，在编 59 人。1998 年增设研究室、监察室、司法警察大队。1999 年撤销南塘法庭。2003 年，改民事审判庭为民事审判第一庭、经济审判庭为民事审判第二庭；改告诉申诉庭为立案庭、政工科为政治处，撤销研究室、陈岱法庭，增设审判监督庭、执行局、司法行政装备管理科。2004 年 10 月，县纪委派驻法院纪检组。2006 年，法院内设刑事审判庭、民事审判第一庭、民事审判第二庭、行政审判庭、立案庭、审判监督庭、城郊人民法庭、常山人民法庭、执行局、政治处、纪检组、监察室、办公室、司法行政装备管理科、司法警察大队。2006 年，编制 62 人，在编 60 人。

第四节　司法行政

一、法制宣传

1997年，切实加强普法宣传教育活动，至2006年，全县开展“三五”“四五”普法宣传教育讲座、法律知识培训班、法制课共620场，参加人数4.5万人次。其中，副科级及以上领导干部法制讲座42场，9200人次；普法骨干培训班26期600人次，公务员、行政执法人员法律知识培训班14期，企业厂长、经理法律知识讲座15场650人次，学校法制课72场4200人次，村级干部培训班45期1200人次。结合“打假”“严打”“减负”“综治”“计生”等中心工作，通过县广播电视台开展每周一次专项法制宣传。出版宣传栏330期，制作宣传图片1460幅，出动宣传车600多辆次，张贴标语4500余幅，开展法律咨询活动280次。全县共建立2个省级、5个市级、38个县级“民主法治示范村”。

二、人民调解

1997年，村（社区）继续设立调解委员会、调解小组，建立乡镇人民调解委员会，在村（社区）建立“十户调解员”。在乡镇与乡镇、村（社区）与村（社区）、企事业与村（社区）结合部，推行民间纠纷联合调解。2003年2月，调整充实规范调委会，全县共配备调解员582人，纠纷信息员230人。至2006年，调委会共调解各类民间纠纷两万多起，调解成功率98%以上。

三、帮教安置

1997－2006年，对全县劳教、劳改释解人员1480人，通过造册登记、跟踪教育、排忧解难等方法加强帮教，有1220人解除了帮教并得到了妥善安置。

四、公证

1997－2004年，办理身份、经济、民事等各类公证12640件，其中民事公证4600件、经济合同公证5200件、涉港澳台公证2200件、涉外公证640件，公证书发至30多个国家和地区。2004年7月起，公证业务划归漳州市公证处办理。

五、律师服务

1997－2006年，办理诉讼案件4745件，其中民事案件2500件，经济案件1800件，刑事案件420件，行政案件25件。律师事务所担任82家相关单位法律顾问，接受法律咨询1.2万人次，代理非诉讼法律事务3200件。

六、基层法律服务

1997－2006年，基层法律工作者担任法律顾问25家，办理见证440件，协办公证145件，调解民间纠纷2400多件，代理各类诉讼案件2200件。案件涉及劳动纠纷、工伤赔偿、经济合同纠纷、交通事故、婚姻家庭纠纷等。

七、法律援助

2001年3月，法律援助中心受理弱势群体法律援助申请，至2006年共办理非诉讼法律援助案件420件，代理诉讼案件520件。案件有交通事故赔偿、赡养、抚养、工伤赔偿等。

八、机构

（一）行政机构

县司法局 1997 年编制 35 人，在编 27 人。2006 年编制 37 人，在编 25 人，内设人秘股、基层工作股、宣传教育股、公证律师管理股。

乡镇司法所 1997 年取消乡镇司法办公室，成立乡镇司法所，每所编制 3 人（其中司法助理员 1 人，自收自支事业编制 2 人）。行政管理隶属于乡镇，接受司法局业务指导。2002 年县编委核定司法所司法助理员编制 2 人（其中列屿镇司法所 1 人）。2003 年 1 月乡镇司法所收归司法局管理，为司法局派出机构。

县公证处 1997 年有公证员 3 名。2004 年 7 月，因公证员不足注册人数，未办理注册。

（二）事务机构

县律师事务所 1996 年，云霄县律师事务所更名漳州嘉诚律师事务所，工作人员 3 人。2000 年 11 月设立福建建云律师事务所，为合伙制，人员 6 人。2001 年 2 月取消漳州嘉诚律师事务所，原工作人员 3 人辞去公职；2 月，成立福建法益律师事务所，为合伙制。

法律服务所 1997 年，云陵镇、莆美镇、火田镇、陈岱镇、马铺乡、下河乡等设立法律服务所。1999 年 8 月成立县法律服务中心。2007 年法律服务中心更名“148”法律服务所，为自收自支、自负盈亏中介机构。乡镇法律服务所与司法所一套人员、两块牌子。全县共有法律服务工作者 26 名。

附记：曾云波与乌山“通贝警务室”

2004 年 11 月，曾云波从公安消防部队转业，2005 年安排到和平乡派出所工作，后任驻乌山地区通贝村责任区民警、通贝警务室民警、通贝警务室警长。村民将通贝警务室喻为“家门口的派出所”，对云波亲切称为“阿波”。先后被评为省优秀责任区民警、福建省人民满意公务员、省特级优秀人民警察，记个人一等功一次。2008 年 7 月，县委做出《在全县公安机关开展向曾云波同志学习的决定》。2010 年 3 月晋京受到胡锦涛主席等中央领导的亲切接见。

乌山是云霄、诏安、平和三县的交界地，地处偏远山区，通贝、桥头都是乌山革命老根据地的基点村，村民都是客家人。这里山高水冷，只能种单季水稻，经济发展较慢，治安情况也比较差，年均发生刑事案件 2 起、治安案件 5 起。曾云波入驻乌山地区后，访遍每个农家，熟知每家家底。他在通往警务室的山路岔口设置 7 个提醒标志，挂警民联系箱、联系卡、公开栏；对到警务室办事的群众，做到热情接待，认真办理；入户访查工作也由当初的“门难进”变为“户户通”。他把辖区人口细化成放心人口、一般人口、重点帮教人口三种类型进行管理。帮助村建立治安巡逻队和义务消防队，定期召开各村治安联席会。还专题解决通贝、桥头、梂树三个村未落户村民的户籍难题，方便村民孩子上学、外出务工。

2005 — 2006 年，共调解辖区内矛盾纠纷 20 起，其中现场调解民事纠纷 15 起，平息家族械斗事件 1 起。在警务室开展“利民招工活动”，向企业推荐农民工 25 人。每季度邀请乡卫生院医生到警务室开展义诊活动。从自己微薄的工资里挤钱买文具、书籍送给当地学生；对辖区村民的婚丧喜庆，都抽出时间上门看望。他先后资助孤寡老人、贫困学生、特困户和留守儿童约 4500 元，还发动通贝、桥头两村村民向“5·12”四川汶川大地震灾区献爱心捐款 3100 元。

第二十八章　武　装

1949 年 10 月，县政府设军事科；1951 年 3 月撤销军事科，成立县人武部。1954 年 10 月，人武部改称兵役局；1960 年 1 月，撤销兵役局恢复人武部。1967 年，县委、人委在“文化大革命”中被“造反派”夺权；5 月，以人武部为主成立工农业生产领导小组，主持全县工农业生产工作。1986 年 6 月，人武部归地方建制；1996 年 4 月，人武部恢复部队建制。2006 年，境内驻军有县人武部、海军厦门水警区礁美装备修理所、南京军区第三通讯总站厦门营云霄站、武警云霄中队、县公安边防大队、县公安消防大队。

1997 — 2006 年，县人武部和各驻军单位在云霄履行兵员征集、民兵整组、消防救灾、加强沿海边防、国防教育、防空宣传教育等职责，开展军民共建、拥政爱民活动，增进军民团结，提高人民国防意识，为云霄的社会发展做出贡献。县人武部多次被省军区和市军分区评为先进单位。

第一节　兵　役

一、兵役登记

1997 年 9 月，由县政府、县人武部继续联合成立兵役登记工作领导小组，县长任组长，人武部部长、政委和 1 名副县长任副组长，有关部门领导为成员，下设办公室；乡镇及县直机关相应成立领导小组和办公室。登记对象，1997 — 2002 年为年满 17 ~ 22 周岁的男性公民；2003 年起，改为年满 18 ~ 22 周岁。每年符合条件的青年百分之百参加登记，至 2006 年。

二、兵员征集

1997 年，按照规定进行兵员征集。一般在冬季进行。根据兵员征集任务，由县政府、县人武部发布征兵命令，从 11 月 1 日开始征集。征集对象为 18 ~ 20 周岁（高中毕业以上放宽至 21 周岁，女性为 18 ~ 19 周岁，部分可降为 17 周岁）。农业户口适龄青年，应具初中毕业以上文化，并尽量多征集高中毕业的优秀青年，个别地区文化程度可放宽至小学毕业；非农业户口和企事业单位的适龄青年，应具高中毕业以上文化，并重视征集企事业中高中毕业以上优秀青年；乡镇非农业户口可放宽至初中毕业；女性只限当年应届高中毕业生（含同等学历）。兵员确定后，于 12 月底完成送兵任务。

1997 年，根据上级分配的任务，征集 19 名进西藏兵员，对兵员要求政治可靠、思想纯洁、身体健壮、文化程度较高，并给予农转非、招工安置和 3 倍优待金等优惠政策。该批进藏新兵于当年 11 月 22 日入伍。2005 年，征集 2 名。

第二节　民　兵

一、整组

民兵分为基干民兵和普通民兵，以乡镇、建制村为主体组编，并在符合要求的企事业单位和科研机构中组建。1997 年，全县基干民兵 6855 人，其中专业技术兵 3481 人。

民兵整组一般在春节期间进行，根据《民兵工作条例》和《民兵整顿暂行规定》，主要抓好民兵进出转队和队伍的落实。新入队基干民兵必须是 28 周岁以下的退伍军人、经过军事训练的人员、与军事专业对口的技术人员。对沿海乡镇，要求基干民兵应占总人口的 1.8%，女民兵应占基干民兵的 20%。

1999 年 2 月，在云霄县组建漳州市陆军预备役后勤保障旅油料营。同年 4 月，漳州军分区在云霄开展基层人武部正规化建设和民兵营（连）部建设试点。2000 年，全县民兵应急分队从 3 个增加为 5 个，并在邮电、交通、医院等部门和东厦镇组建 4 个技术分队；对油料营油料运输一连和输油管线连进行整顿，对超龄和专业不对口的预任军官、预编士兵进行调整。2003 年 7 月，县政府、县人武部发出《关于做好地方与军事专业对口技术人员预备役登记专业调整工作的通知》，对全县地方与军事专业对口技术人员预备役登记的种类、对象、范围进行调整，按 17 个专业类、153 个对口专业进行登记与核对。对当地常住户口、当年 12 月 31 日前年满 18 — 35 周岁，符合士兵预备役条件的男性地方技术人员、退伍军人、公检法系统人员、铁道兵部队专业对口技术人员、民兵专业技术分队人员进行登记。2004 年预备役保障旅油料营官兵专业对口率 100%，退伍军人占 85%。2005 年 5 月，县组建民兵破障营，下辖陆上破障连、海上破障连、水际滩头破障连。2006 年组建一支民兵船运分队。

二、军事训练

1997 年，根据《民兵军事训练大纲》和《民兵军事训练成绩评定标准》，6 — 9 月分期进行民兵军事训练。1998 年，主要训练新入队的基干民兵和拟参加基干民兵的 18 ~ 19 岁青年以及民兵应急分队、专业技术分队、高技术含量专业分队，分 3 期训练基干民兵 611 人，专职武装干部、民兵干部 68 人。1999 年分 2 期训练民兵应急分队 240 人，分 2 期训练新入队基干民兵 120 人和专业技术兵 80 人，分 2 期训练预备役部队油料营 238 人。2000 年，训练沿海和 324 国道沿线民兵营长 96 人；训练陈岱、列屿、马铺、下河、和平等乡镇基干民兵 100 人（其中女 50 人）；分 2 期训练民兵应急分队 240 人，训练专业技术分队 255 人，其中通讯、防化专业对口分队 175 人；训练民兵预备役部队 67 人。2001 年，重点训练民兵专业分队，提高军事技术素质。2002 年 7 月，重点加强预备役后勤保障旅、油料营运输连和民兵“四支队伍”的军训，共训练基干民兵 560 人，其中应急分队 260 人，专业技术兵 220 人，步兵 80 人。同年，云霄一中、云霄师范、云霄卫校学生均参加军训。2003 — 2006 年，重点训练对口专业分队、民兵应急分队以及按计划安排训练的基干民兵。

三、政治教育

1997 年，基干民兵政治课从之前的每月 1 节课增为每月 4 节，订阅《中国民兵》《东海民兵》供民兵阅读。元旦、“八一”“十一”和春节期间，运用演讲、出版宣传栏和文艺演出进行宣传教育。至 2006 年，主要结合整组和军训，组织基干民兵学习《国防法》《国防教育法》，并开展革命传统教育、爱国主义教育和坚定党管武装的信念教育、台海形势教育等。

第三节　国防教育　国防动员

一、国防教育

（一）议军会与军事日

1998 年，县委举行首次“议军会”，传达学习上级有关国防建设和党管武装的指示精神，研究解决人民武装建设中的有关问题。组织县领导班子和县直机关领导每年开展一次“军事日”活动，观摩军事表演和举行手枪、冲锋枪实弹射击训练，增强国防观念、军事技能。该活动至 2006 年不变。

（二）国防教育日

1998年3月，成立全民国防教育领导小组，县委书记任组长，人武部政委和1位副县长任副组长，有关部门领导为成员，下设办公室于人武部群工科。根据《福建省国防教育条例》《福建省全民国防教育大纲》要求，开展国防理论、国防历史、国防精神、国防常识、国防法规等教育活动。

2001年9月，确定每年9月的第3个星期六为“全民国防教育日”。在第一个“全民国防教育日”活动中，县委和县人武部领导通过有线电视向全县人民作国防教育日讲话。2002年国防教育日，出动宣传车2辆到乡镇开展宣传活动，举办“中国周边安全形势”报告会3场。2003年国防教育日，举办“美伊战争对中国国防的启示”报告会3场。2004年国防教育日，组织县直机关干部和中学生1500多人开展“勿忘国耻，强我国防”签名活动，举办“中日关系形势报告会”5场。2005年国防教育日，举办“台海形势”讲座13场，在主要场所和交通要道安装国防教育宣传牌600块。2006年国防教育日，出动宣传车2辆到乡镇开展国际形势、台海形势及国防知识宣传，举办“中国周边安全形势”报告会3场。

二、国防动员

（一）国防动员体制

1996年1月，成立云霄县国防动员委员会，县委书记任第一主任，县长任主任，人武部部长任常务副主任，人武部政委、政府各副县长任副主任，党、政、军及有关部门领导为成员，下设秘书组及人民武装动员、经济动员、科技动员、信息动员、交通战备、人民防空、支前双拥等办事机构。至2006年不变。

（二）预编和扩编动员

2001年起，根据省军区的统一调配及军分区的海、空军预编任务，对全县服预备役的退伍军人进行核对登记，根据其服役的专业特长，优先纳入海、空军预编人员的补充。

第四节 人民防空

一、人防知识宣传

1997年，继续做好人防知识宣传。2001年7月，县政府发出《关于贯彻执行〈福建省结合民用建筑修建防空地下室规定〉的通知》文件，在全县主要街道、工厂、学校悬挂宣传标语，印发宣传材料1万多份，通过有线电视、广播专栏和展板开展《中华人民共和国人民防空法》《福建省人民防空条例》宣传。2002年，制作“人防专访”节目在县有线电视“周二视点”栏目播出。2003年6月，县国防动员委员会制订战时人民防空保障方案；9月，人防办印发2000多份宣传材料和图片、标语，宣传人防法律、法规、政策和防空常识。2004年2月，县政府制订《云霄县战时人民防空应急指挥方案》；5月15日，制作宣传图片展板8版，张挂宣传标语12幅，分发人防知识材料5000多份。2005年9月，人防办制作宣传图片展板4块，张挂宣传标语22幅，分发宣传材料2000多份，在县城开展形式多样的宣传活动；9月，县政府制订《云霄县战时人民防空应急行动方案》。

二、警报设置

2002年6月，县政府发出《云霄县人民防空警报设施建设管理规定》；7月，在县政府大楼、江滨路邮政大楼、工商银行大楼、双溪口村委会大楼、县海洋与渔业局大楼、县电力公司大楼设7个防空警报点，安装警报器；并以每年9月19日为人防警报试鸣日，当年9月19日进行第一次试鸣。同年12月，增设车载人防移动通信报警器。

三、队伍建设

2000年12月，成立县人民防空办公室，隶属于县国防动员委员会。2001年3月，组织有关单位成立县人防专业队伍，总编制 290 人。其中，抢险抢修分队 80 人，防化防疫分队 36 人，医疗救护分队 40 人，通信分队 36 人。

第五节　拥政爱民

一、军民共建

2002 年，县人武部与和平乡后坪村建立帮扶关系，帮助搞好村支部、村委会组织建设和村部办公场所建设；2003 年，捐资 3000 元资助 3 名贫困生完成高中学业。至 2006 年，为该村小学改善办学条件，投入 6800 元。

2003 年，边防大队东坑派出所与云霄—漳浦恒安运输有限公司共建信誉班车安全运输关系。2004 年与佳洲村共建“扶贫助困基金会”，至 2006 年，筹资 20 多万元，向困难户 100 多人和上大学特困生 2 人发放补助金 9 万多元。

2005 年，与驻地下坂村建立军民共建关系，至 2007 年，配合村两委筹资 600 多万元建水泥路 7800 米，筹资 500 多万元建漳江防洪堤 7340 米，筹资 40 多万元建垃圾处理场 4000 平方米，筹资 80 多万元种植名贵环境树 2000 多株；开展村貌村容整治 10 多次，军民联欢活动 2 次。

至2006年，县驻军单位与地方共建文明学校、文明窗口、文明片区40多个，为1万多名中小学生举办军训、“少年军校”和夏令营。县人武部官兵和民兵应急分队，参与修筑加固海堤河堤 1565 人次 2234 米，义务植树 6400 多株，清理沟渠 5000 余米，整修道路 1.2 万多米。驻军官兵共向县中心血站献血 6 万毫升。

二、抢险救灾

1998 年，10 号台风袭击云霄，县人武部官兵和基干民兵 486 人次参加抢险，并捐救灾款 4500 元。2000 年 9 月，莆美镇大步山发生森林大火，人武部官兵及民兵 278 人次上山灭火，并捐资 4500 元。2002 年 10 月东厦镇蔗坑森林火灾，人武部官兵和基干民兵 250 人次上山灭火，并捐资 2400 元；11 月，莆美大山森林大火，人武部官兵和民兵 318 人次参加灭火，并捐资 1800 元。2003 年，13 号台风袭击云霄，人武部官兵和基干民兵 358 人次参加抗灾，并捐款 3500 元。2004 年，18 号台风袭击云霄，县人武部官兵和基干民兵 524 人次参加抢险，并捐资 5200 元。2005 年 8 月，10 号台风袭击云霄，佳洲岛 16 公里海堤缺口 12 处 200 多米，边防大队参加抢险，安全转移居民 3000 多人和部分家畜，并参加修复海堤缺口；海军礁美装备修理所官兵参与当地海堤加固抢险。2006 年多次发生台风，人武部部长任抗灾指挥部副指挥，先后组织基干民兵和预备役人员 6800 人次、武警 300 多人次投入抗灾和灾后重建；武警中队抢救受困群众 38 人，协助转移财产及现金 3000 多万元；县人武部捐款 1.87 万元。

三、帮扶结对

1996年，县人武部与6户特困户和6户“五保”户结对帮扶，常年帮助其发展生产和解决具体困难。1997年，为希望小学捐资 1 万多元。每于春节、“八一”建军节走访慰问军烈属，帮助解决有关困难。1998 年，列屿边防派出所官兵到列屿敬老院慰问 2 位孤寡老人并送生活用品；县边防大队退伍官兵发起“献出一片爱心，留下一份真情”助学募捐活动，购买图书赠送共建的佳洲小学和希望小学。至 2006 年，县驻军单位每年均开展帮扶结对活动。

第六节 机 构

一、县人民武装部

为正团级现役编制，设军事科、政工科、后勤科，编制19人。2006年，军官8人，职工11人。

云霄县人民武装部历任部长、政委名表

表28-3

部 长	任职时间	政委	任职时间
吴治玉	1996-04至1999-06	周 平	1996-04至2001-05
张中文	1999-06至2004-04	蔡 建	2001-05至2003-04
蔡港溪	2004-04至2008-03	陈锦满	2003-04至2005-04
		袁水华	2005-10至2006-10
		吴苏武	2006-10至2007-03

二、海军厦门水警区礁美装备修理所

1995年，猎护艇第32大队修理所改组为猎潜艇第83大队岸勤处。1999年4月，改组为海军厦门水警区礁美装备修理所，副营级建制。

三、南京军区第三通讯总站厦门营云霄站

1965年,组建解放军三总站云霄通讯台站。1997年,改为南京军区第三通讯总站厦门营云霄站,连级建制。

四、武警云霄中队

1985年组建，称中国人民武装警察部队漳州支队云霄县中队，负责县看守所武装看守、维护社会治安、处置突发事件，连级建制。

五、县公安边防大队

1997年，为正营级建制，所属东坑、列屿边防派出所为正连级建制。1998年，东坑、列屿边防派出所升格为副营级建制。2000年6月，边防大队升格为副团级建制，东坑、列屿边防派出所升格为正营级建制。原列屿边防派出所与列屿边防工作站的“所站合一”再次分开，边防工作站升格为独立营建制，设站址于陈岱镇礁美港口。县边防大队隶于漳州市边防支队，受市支队和县公安局双重领导，对内称“云霄县公安边防大队”，对外称“武警云霄县边防大队”。2003年10月，边防大队迁驻下坂村新址。至2006年不变。

六、县公安消防大队

1997年3月，县公安局消防科改称县公安消防大队，隶于漳州消防支队，受市支队和县公安局双重领导。2000年，办公场所总建筑面积815平方米。2006年，迁驻原云霄糖厂厂址新建办公场所。有消防指挥车1部、消防专业车4部。营级建制。至2006年不变。

七、县国防动员委员会

1996年1月成立，由县委、县政府、县人武部及相关部门主要领导组成。下设秘书组、人民武装动员办公室、

经济动员办公室、交通战备办公室、支前办公室。2001 年 10 月进行设置调整，秘书组改称综合办公室（设在人武部），人民武装动员办公室、政治动员办公室、经济动员办公室（设在经贸局），人民防空办公室、交通战备办公室（设在交通局），支前双拥办公室（设在县政府）。2003 年 12 月，成立科技动员办公室（设在科技局）、信息动员办公室（设在电信局）。至 2006 年不变。

八、县人民防空办公室

2000 年 12 月成立，编制 4 人。2006 年在编 4 人。

九、县支前双拥工作领导小组办公室

1953 年 1 月设县支前办，1957 年 3 月撤销。1958 年 7 月设支前委员会，1963 年 7 月改称县支前办，1968 年至 1980 年 1 月停止活动。1980 年 2 月恢复设立县支前办，科级单位。2006 年 10 月，改称县支前双拥工作领导小组办公室，编制 4 人，在编 4 人。

第二十九章　科学技术

1959年，成立县科学技术委员会，1962年科委撤销，1978年恢复。1990年各乡镇配备科技副乡镇长。1997年撤销县科委，成立县科学技术局。

1997－2006年，科技工作围绕"两水"（水产、水果）开发进行科研攻坚，开发、引进、推广近60个项目，有科研成果获多种"国际金奖""科技进步奖"或申请国家专利。其中2000年9月，云霄县被国家科学技术部授予"全国科技工作先进县"。2004年8月，获国家科技部授予"通过2001－2002年度全国科技进步考核县"和省科技厅授予的"2001－2002年度福建省科技进步先进县"称号。科技进步对经济增长贡献率45.98%。

第一节　机构队伍

一、管理机构

（一）县科学技术局

1997年3月，撤销县科委，成立县科学技术局。2006年，编制6人，事业编制6人。内设科技活动中心、农函大、电脑网控中心、技术交易市场、民营科技企业之家等技术交流中心和培训基地；下辖科技情报研究所、技术开发服务站、科技信息网络站等三个事业单位。

（二）县气象局

1997年，县气象局内设办公室、业务股、防雷装置安全监测组、客户中心，事业编制7人，在编7人。2006年，编制数不变。

（三）县地震办公室

1997年编制4人。2006年，编制数不变。

二、县属科研机构

（一）县科技情报研究所

1987年3月成立，隶属县科技局，事业单位。编制3人，在编3人。2006年在编3人。主要从事信息采集、加工、分析、发布、信息资料管理、提供服务和信息系统建设。

（二）县农业科技研究所

1959年6月，国营云霄顶溪农场（后改称顶溪良种场）成立农业科技研究所，编制6人。1979年，迁址将军山南麓，有耕地2.8公顷。2000年，在编7人，其中中级专业职称3人、初级4人。2001年4月，与将军山公园管理站合并为将军山公园管理委员会。

三、科技队伍

（一）专业技术人员

1997年，全县专业技术人员7100人（含教育、卫生系统人员，下同），其中高级职称112人，中级职称 1310 人，初级职称 5678 人。2002 年 7080 人，其中高级职称 109 人，中级职称 1306 人，初级职称 5665 人。2006 年 7055 人，其中高级职称 105 人，中级职称 1301 人，初级职称 5649 人；按专业技术分类，工程系列 612 人，占 8.6%；卫生系列 820 人，占 11.6%；农业系列 155 人，占 2.1%；教育系列 4021 人，占 56.9%；经济系列 650 人，占 9.2%；会计系列 148 人，占 2.0%；统计系列 85 人，占 1.2%；其他系列占 8.4%。

（二）农民技术员

1997 年，全县农民技术员 224 人，每人每月津贴 50 元。2006 年 361 人，每人每月津贴 100 元。津贴由省（70%）、市（12%）、县（18%）财政拨付。

第二节　科技咨询服务

一、科技咨询网络

1997 年 12 月，县成立热带林保护与发展规划编制领导小组，组织科技人员到马铺、和平、火田、下河等乡镇开展宣传和接受群众咨询。1998 年 2 月，成立“创全国科技工作先进县”活动领导小组，县科技局科技情报研究所在全县各主要部门、乡镇和重点企业建立信息联络点和县、乡、村三级科技网络体系，与有关高等院校、科研机构建立合作信息通报咨询点。同年 4 月，县成立农村技术信息服务中心，组建农业科技专家服务队伍；乡镇成立农业技术服务站，组建科技特派员队伍；各村根据产业特色设立由农技员组成的专业小组。1999 年 5 月，县科协建立“农村科技 110”联动网，成立科协农村科技服务中心，作为漳州市“农村科技 110”联动单位。服务中心聘请中级以上职称的农业科技人员 20 人组成“110 专家服务团”，开展电话咨询、专家会诊、讲座培训、田间指导等服务活动。2002 年 3 月，开通“969155”农业科技免费咨询服务热线。2003 年 7 月，成立“农技 110”“农业 155”协调小组。2005 年 1 月，成立云霄县科技咨询中心林业科技咨询专家组，开通 96355 热线电话。至 2006 年不变。

二、专项技术咨询服务

1998 年 6 月，《云霄县草山草坡开发示范工程可行性研究报告》公布，县科技局、农业局、畜牧兽医技术服务中心在云陵、莆美、和平、列屿等乡镇开展咨询活动。1999 年火田镇成立荔枝研究会，为全县首个农村专业技术协会，为农户开展荔枝栽培管理技术咨询；和平乡成立枇杷研究会，邀请省农科院专家授课，指导“早钟 6 号”优质枇杷新品种的引进和推广；12 月，成立云霄县专家决策咨询小组，组长陈奎（省人大科教文卫委主任），副组长严正（省社科院院长、研究员）、高钰仁（省科委科管处处长、高级工程师），成员有县有关行业、部门的专家、科技人员 12 人。2000 年 8 月，东厦镇成立泥蚶研究会；12 月，县成立云霄县建设工程抗震技术咨询部。2002 年 3 月，县组织科技下乡为农民现场解答问题和提供科技信息服务。同年 11 月，成立县枇杷协会，为农户提供产前、产中和产后服务，内联农户，外联市场，促进枇杷产业发展。2004 年，云陵镇汀洋社区被评为省级科普示范社区；5 月，漳州市和云霄县科协组织由科技群团、涉农部门 56 个单位 75 名技术人员，组成的“以人为本、服务三农、科技致富”三下乡农业科技服务团，到车圩、石屏、后埔、白石等村，举办科普讲座，开展技术咨询；县医疗卫生、检疫防疫、环境保护、质量监督、农林水等部门及相关学会团体，组织科技下乡服务队，进行公众卫生、药械使用、食品安全、动物产品检疫等科普知识宣传，开展名优水果栽培技术和疑难病虫害防治、食用菌生产技术、水产品养殖技术、发展速生丰产林等实用技术咨询活动，开展涉农法律科技政策宣传、咨询服务。1999 — 2006 年，县专家决策咨询小组对城乡建设、农村能源综合建设、公路、渔港、草山草坡开发等重大项目进行可行性研究论证或提供科学咨询。

第三节　科技培训

一、短期培训班

1997年5月，举办“万亩泥蚶养殖技术”培训班，东厦、列屿、陈岱等乡镇农技站技术员、水产养殖场技术员参训90人次。1998年6月，举办“草山草坡开发的现状和发展方向”培训班，云陵、莆美、和平、列屿等乡镇农技站技术员、养殖专业户、开发项目技术员参训120人次。1999年初，举办“荔枝栽培管理技术”培训班、“早钟六号优质枇杷引进推广”培训班，乡镇农技站技术员和荔枝、枇杷种植专业户参训200多人次。1999年8月，举办“漳江口海洋综合开发的现状与发展前景”培训班，东厦、列屿、陈岱镇科技副镇长和海水水产养殖场负责人参训32人次。2002年3月，举办“两高一优农业”培训班，乡镇科技副乡镇长、农业项目负责人和技术骨干参训65人次。2003年3月，举办“四季龙眼特性观察及技术研究”培训班，乡镇农技站技术员和龙眼种植户参训105人次。2004年6月，举办“应用绿色（无公害）栽培集成系统技术生产珍稀果蔬”培训班，乡镇农技站技术员和农业基地技术员参训22人次。2005年7月，举办“波纹巴非蛤底播技术推广”培训班，沿海乡镇农技站技术员和部分水产养殖户技术员参训42人次。2006年4月，举办“科技网络建设”培训班，乡镇科技副乡镇长、乡镇和建制村网点负责人参训126人次。

二、农函大培训

省农函大云霄分校在全县9个乡镇和各中学设辅导站，招收种植、养殖、经管、机电、综合等5个系28个专业函授生，为农村培养致富能手和实用技术人才。1997年招收811名，结业793名。1998年1300名，结业1277名。1999年1511名，结业1426名。2000年1091名，结业1054名。2001年700名，结业700名。2002年731名，结业731名。2003年2882名，结业2882名。2004年2686名，结业2686名。2005年796名，结业796名。2006年730名，结业730名。至2006年，共招收13238名，结业13075名，年年被省农函大评为省办学先进单位。

三、专业技术人员继续教育

根据《福建省专业技术人员继续教育条例》要求，1996年4月，县政府制订《云霄县专业技术人员继续教育工作规划》，充实调整县干部教育培训工作领导小组成员，翻印《条例》6500份，组织教育、卫生、农业等专业人员密集的单位进行集中学习。初级专业技术人员继续教育工作由县委党校、县干部教育培训中心，按系列和专业举办培训班；高、中级专业技术人员由市级有关部门负责。高、中级专业技术人员每年脱产学习时间累计不少于72学时，初级专业技术人员累计不少于42学时，并将继续教育的考核成绩作为专业技术人员聘任或晋升技术职称的必备条件。科技局还按上级要求，选送各类专业技术人员参加省、市举办的研修班、培训班培训。

第四节　科技引进推广

一、重点科研项目

1997年，实施“锯缘青蟹多季育苗及中间培育技术”“草虾苗淡化技术研究”“泥蚶稚贝培育及养成技术开发”“泥蚶中间培育技术研究”等4个项目研究。1998年，实施“泥蚶高产高效养殖技术开发”“太平洋牡蛎育苗人工授精技术研究”“眼斑拟石首鱼人工育苗技术研究”“稻蕉套种增产增收栽培”“长红三号枇杷种植示范推广”等5个项目研究。1999年，实施“早钟6号优质枇杷良种高效栽培技术示范”“优质龙眼、荔枝新品种嫁接技术示范”“稻蕉套作增产增收栽培模式示范推广”“台湾金苹枣引进试验推广”“漳江口蟛蜞蟹类泥蚶高效养殖技术开发”“高效多功能 BB 肥研制应用”等 6 个项目研究。2000 年，实施“火田闽台高优农业产业化示范”1 个项目研究。2001 年，实施“东厦镇万亩现代农业示范片建设”“高优阳桃创品牌示范基地建设”“BT 生物农药研制应用”“ 牡蛎三倍体示范养殖”“泥蚶人工育苗、中间培育及高效养殖示范”等 5 个项目研究；生物工程研究所引进创新的“BT 生物农药研制应用”（“生物磷钾肥”“BB 水果专用肥”）等绿色产品高技术项目，获得显著效益，被市政府确定为市重点科技企业；“泥蚶人工育苗、中间培育及高效养殖示范”，采用三倍体育苗技术和无性繁殖技术获高效养殖效益。2002 年，实施“优质早熟枇杷有机栽培园建设”“PP-RE 三型管材开发”“超低电子率导电橡胶连接器开发”“云霄县大比例尺海洋功能区划”等 4 个项目研究。2003 年，实施“小型番木瓜日升示范推广”“绿野绿色食品种植示范基地建设”“纯天然功能性食品——枇杷膏开发”“四季龙眼特性观察及技术研究”“肉牛肥育新技术应用技术”等 4 个项目研究。漳江实业有限公司应用现代生物发酵技术新工艺，生产具有自主知识产权的枇杷高（膏）、干型系列枇杷酒、枇杷鲜果汁等系列产品。2004 年，实施“应用现代生物发酵技术生产干型系列枇杷酒”“纯天然功能性食品—枇杷三宝的开发”“零污染保干式养猪法推广”“珍稀食用菌产业化栽培及保鲜技术开发”“霸王花开发应用技术开发”“应用绿色（无公害）栽培集成系统技术生产珍稀果蔬”等 6 个项目研究。2005 — 2006 年，实施“无规共聚三型聚丙烯 PP—R 管材”“ 蜂窝纸板生产过程控制自动化”“罐头封装技术引进及应用”“名优茶园人工复合生态系统应用研究”“单芽嫁接法在木瓜高产栽培中的推广应用”“波纹巴非蛤底播新技术推广”“油墨喷码机应用技术开发”等 7 个项目研究。

二、“金桥工程”

1997 年，县、乡科协及所属科技团体（协会、学会）以“村会协作”“厂会协作”模式，组织科技人员开展技术推广和技术服务的“金桥工程”活动。至 2006 年，开展的主要项目有“锯缘青蟹养殖技术”“珍贵鱼类育苗技术”“泥蚶育苗及养成技术”“泥蚶洁净包装技术”“旱育、抛秧技术”“旱地粮油多熟制栽培技术”“稻蕉模式高产增效栽培技术”“巴西陆稻——旱稻栽培技术”“地膜花生栽培技术”“四季龙眼特性观察及其配套技术研究”“早钟 6 号枇杷高产高效种植模式”“枇杷配方施肥技术”“枇杷种植滴灌试验研究”“纯天然功能食品——枇杷膏的开发”“零污染环保干式养猪法推广”“珍稀食用菌产业化栽培及保鲜技术开发”“应用现代生物发酵技术生产干型系列枇杷酒”等 20 多个。其中，1997 年、1999 年县农学会组织实施的“水稻软盘旱育抛秧栽培技术”项目、“旱地粮油多熟制栽培技术”项目，获省“金桥工程”奖。

第五节　防震减灾

一、天气预报

1989 年 1 月，县气象站改成立为县气象局，主要设备有观测场、百叶箱、温度表（计）、湿度计、雨量筒、量杯、日照计、风向风速仪、蒸发皿、地温测量仪和气压表（计）等，主要观测项目为能见度、云、天气现象、气温、气压、湿度、降水量、蒸发量、地温、日照、风向风速等。1999 年，建成预警预报分布平台和专业服务平台。2000 年，开通气象服务热线“12121”，开展气象影视、气象问题解答、效果反馈、需求了解和投诉、建议服务。2003 年 5 月，局配备 ZSQ-1（123）天气传真接收机、气象卫星接收系统，开通 X.25 分组交换电路，可接收北京、欧洲气象中心以及东京气象传真图；建立 9210 系统，接收云图、雷达图和天气形势图等信息；建立省、市、县视频会商系统，每天与相关单位进行天气形势视频会商；建成县、乡镇自动气象站，实现气象数据采集自动化。2003 年 9 月，配齐人工影响天气装备，强化防灾减灾管理，提高服务能力。

至 2006 年，气象预报从单一的广播传播发展为广播、电视、“121”天气自动答询、电话、传真、短信、网络等多形式、宽需求气象服务。预报分一天预报、短期预报、中期预报和长期预报，预报有偿服务覆盖工业、农业、能源、交通运输、建筑、林果、粮油、商业、水利、保险、经济开发等10多个行业和部门。

二、地震测报

（一）监测

1995年10月，省地震局在云霄建电磁波地震监测站，安装DPJ-Ⅲ地震记录仪。2003年12月1日，县制订《破坏性地震应急预案》。2004年7月，省地震局在云霄元光中学建强震台，2005年10月安装设备运行，为工程建设提供抗震基础数据和震后应急反应提供依据。2006年2月，根据《漳州市人民政府关于加强防震减灾工作的通知》，成立"三网一员"（防震减灾宣传网、观测网、灾情速报网，防震减灾宣传员、助理员、观测员）防震减灾队伍。

（二）应急措施

1997年，县委、县政府成立防震减灾闽南示范工程指挥中心，配备电脑、传真机和专用电话。1999年，台湾发生"9·12"地震后，县政府启动《破坏性地震应急反应预案》，增加宏观点观测频率。2003年，县政府制订《云霄县破坏性地震应急反应预案》，完善破坏性地震应急反应机制，明确相关部门工作职责。2006年2月，在乡镇配备防震减灾助理员，建立地震灾情速报点、地震科普宣传点；同年8月，县制订《云霄县地震应急检查工作制度》，开展地震应急工作检查和收集基础数据，建立县地震应急基础数据库，数据内容涉及36个部门和258项单项指标。同年9月，根据上级指示，县政府重修《云霄县破坏性地震应急预案》。

（三）地震知识宣传与避震演练

1997年，结合科技下乡开展防震减灾科普知识宣传，在全县各中学结合地理课教学和举办讲座，进行防震减灾教育。1998年，县地震办与教育局联合发出《关于在全县学生中加强防震减灾宣传教育》的通知，要求各中小学，每年在新生入学时举办1～2次避震疏散演练或举办地震知识讲座。同年，实施《中华人民共和国防震减灾法》，在有线电视台播放防震减灾知识录像科教片。1999年10月10日，谣传长泰发生大地震，引起群众恐慌，地震办迅速通过有线电视台进行平息。2000年开始，编发《防震减灾信息》简报。2005年，向全县各中学发放《漳州市中学、中等学校地理课地震部分补充材料》；同年，在云霄一中、三中、二中、四中、城关中学、火田中学等学校举办紧急避震疏散演练。2006年，县地震办获省防震减灾工作综合评比科普宣传单项奖。元光中学被市人事局、地震局评为市防震减灾科普示范学校。

（四）抗震设防管理

1997年，根据县政府《关于加强工程建设场地地震安全性评价管理工作》通知，加强民生工程、重要工程、高层建筑抗震设防管理。对1998年兴建的邮电大楼、大番山水厂，1999年兴建的新厝变电站、县医院病房大楼、中医院门诊大楼，2000年兴建的县地税局、国税局办公楼建设，进行工程场地剪切波速及地脉动测试。2002年，抗震设防列入县发展计划局立项审批项目。2005年8月，地震办与建设局联合对全县在建工程项目抗震设防管理开展专项检查，共抽查6个单位计6栋在建工程，均能按照《中国地震动参数区划图》的规定要求（县城抗震设防烈度为七度）进行设计施工。

第六节　科技成果

一、学术成果

1997年，各学会举行首届学术交流研讨会15场，参加会员560人次，收集学术论文120篇。1999年，学术交流活动收集论文45篇。2000年9月，陈淮淮《注重教法研究，加强学法指导》、方冠《沼气建设与农业的持续发展》、陈若萍《胆囊炎胆石病的中医诊治》、吴寿德（主笔）《复合生物杀虫剂防治马尾松毛虫研究》等论文，获漳州市自然科学优秀学术论文二等奖；方跃飞、柳其文等14篇论文获三等奖。2001年，组织涉农学会开展茶材小蠹和果树桔小实蝇防治研讨会。2003 年，县科协副主席、一中特级教师方跃飞出版专著《数林探幽》。2004 年 10 月，以“科技进步与县域经济发展”为主题举办第四届学术年会，收集论文 45 篇。2005 年 10 月，以“科技教育与公民素养提高”为主题，举办第五届学术年会。2006 年，由农学会、林学会以“农业现代化与产业化”为主题举行第六届学术年会。至 2006 年，县教育学会汇编《云霄县教育教学论文集》33 辑，收入学术论文 2228 篇。其中 1999 — 2006 年，农业局林来金等在《植保技术与推广》《福建农业科技》《福建畜牧兽医》《农药》等 CN 刊物发表论文 27 篇。

二、科研成果

1998 年，县实践医学研究所“一种易见回血的输液器”研制成功并实现转让，列入 1998 年省“五新”项目第一批专项资金计划。1999 年 3 月，福建省生物工程研究所（云霄）“无公害生物磷钾肥”“BB 肥”研制成功投产，产品销售福建、广东、广西、云南、海南等地；漳州惠强易拉盖机械自动化研究所（云霄）研制的“啤酒瓶杠杆式易拉瓶盖”，获 2000 年香港国际发明展览会金奖。2000 年 9 月，云霄县被国家科学技术部授予“全国科技工作先进县”。2001 年，县农业局源发食用菌场高优农业开发基地研发“人参果”“促丰素”产品获首届中国种植业大会金奖，李琳牌促丰素获省农业名特优新产品展销会金奖。2002 年 8 月，“由磷酸二氢钾等肥料混合分为两组的多元叶面肥”研发项目获第二届香港中华专利技术博览会金奖。2004 年，漳州绿通塑胶有限公司（云霄）研发的“无规共聚聚丙烯 PP-R 管材管件开发”成果，获市科技进步三等奖。2006 年，漳州市金山酒业有限公司（云霄）的“综合运用低温控温与生物发酵技术规模化生产干型枇杷酒”工艺获漳州市科技进步三等奖。同年，县妇幼保健院院长许跃华发明“一次性阴道圆刷清洗器”获国家知识产权局“实用新型专利证书”。

三、青少年科技竞赛成果

1999 年，云霄县参加市第五届青少年生物与环境科学探索活动，获二等奖 2 个、三等奖 3 个。2003 年，参加省“大手拉小手”中小学生科普作文竞赛，获三等奖 1 个。2003 年，云霄一中被漳州市授予首批“青少年科技教育示范学校”称号。县青少年科技辅导员协会获“2003 年福建省青少年科技教育活动先进集体”。2003 — 2006 年，参加全国青少年信息学奥赛，获省级三等奖 2 个，市级一等奖 2 个、二等奖 6 个、三等奖 6 个。参加福建省青少年科技创新大赛，云霄一中初一年生物科技活动小组《废电池为什么不能随意丢弃》获二等奖，初二年科技活动小组《我们希望能吃到放心蔬菜》获三等奖，另一学生《银行存款》获三等奖。参加市青少年科技创新大赛，云霄一中学生《漳江口红树林自然保护区红树林植物资源调查》获二等奖，《废旧电池的危害、回收、处理及利用探讨》《酸雨对动植物及建筑物的影响》获三等奖。小学参加漳州市小学生计算机竞赛活动，获 1 个一等奖、4 个二等奖、4 个三等奖。

第三十章　教　育

20世纪40年代，云霄县有县立初中、省立高中、公立简易师范、私立元光中学，是漳南教育中心。20世纪60年代中期，高考成绩名列全省前茅。“文化大革命”期间教育基础受严重破坏。20世纪90年代中后期，又受社会上制售冒牌香烟影响，学生辍学率居高不下，教育质量严重下降。1997年县委、县政府提出“实现教育‘两基’达标，建设教育强县”目标，1998年、1999年、2000年教育“两基”工作，经市、省验收合格。2004年，县委、县政府颁发《云霄县发展高中阶段教育的实施方案》，引进社会力量办学，并随着打击制售假烟运动的开展，初高中入学率和巩固率不断提高。但由于教育基础破坏严重，至2006年，全县参加高考本科录取率万人比14.17，专科万人比27.44，均居全市末位。

至2006年，全县小学毕业生77001人（含常山929人），初中毕业生70721名（含常山314人），高中毕业生8421人（含常山6人），中等职业教育毕业生5783人，考上高等院校7736人，其中本科第一批848人。

第一节　学前教育

一、幼儿园（班）

1997年，全县幼儿园（班）159所，267班，在园幼儿8022人。1999年，144所，243班，在园幼儿7333人。2006年，161所，279班，在园幼儿7522人。其中，县教育部门办2所，小学附设园29所，云陵、莆美、陈岱、东厦、和平、火田等乡镇中心园6所，村办园59所，民办园65所。

二、教学

1997－2001年春季，幼儿教育设语言、体育、常识、计算、音乐、美术等课程，使用统编教材，并结合开展综合教育和主题活动。2001年秋季至2006年，实施教育部《幼儿园教育指导纲要（试行）》，课程改为健康、语言、社会、科学、艺术，使用省编《领域》与《主题》教材。

三、管理

1997年，教育局初教股配负责幼儿教育工作1人，教师进修学校设立幼儿教育研究室，学区（2003年改中心校）配幼教辅导员1人。2004年，根据教育部《幼儿园管理条例》《幼儿园工作规程》规定，对幼儿园（班）实行注册登记。至2006年不变。

第二节　小学教育

一、学校设置

1996年，全县小学179所，附设教学点47个，其中重点小学2所，中心小学19所，完全小学147所，初级小学11所，在校学生47855人，学龄儿童入学率99.61%。1997年秋季，增设佳兜小学，演武亭、枋林、下庵等初级小学改为完全小学，全县计180所，1453个教学班，在校学生51612人，学龄儿童入学率99.71%。1998年8月，撤销狮山初级小学，马铺乡坪水初级小学改为完全小学。

1999年7月，常山华侨农场下云、常山、观阳、白竹、柘林、东升、海峰、溪墘、坪岭、埔径、吉仔、大水堀、梧园等13所小学划归开发区管辖。同年，全县调整学校布局，撤销莆北小学，学生分流莆东、莆南小学。2000年郭浦小学改为完全小学。2003年3月撤销小学学区建制，改设中心校；8月，撤销佳兜小学并入阳下小学。2005年8月，撤销后墩凤、泗近塘、梨仔畲等47个附设教学点，撤销前江小学并入下曾小学，撤销白礁小学并入竹港小学，撤销河溪小学并入新楼小学。2006年，民办漳州立人学校在原云霄师范学校校址开办云霄立人学校（含幼儿、小学和初、高中）；全县共有完全小学162所，1070个班，学生35621人，学龄儿童入学率99.93%；当年毕业生6213人。

1997－2006年，全县小学毕业生计77001名。

2006年秋季云霄县小学及在校学生统计表

表30-1　　单位：人

学校名称	学校级别	在校生数	所在乡镇
实验小学	重点小学（县直）	3041	云陵镇
云师附小	重点小学（县直）	2900	
立人学校	民办完小	587	
云陵一小	完小（中心小学）	1334	
云陵二小	完小	1282	
下坂小学	完小	635	
下城小学	完小	94	
莆东小学	完小（中心小学）	338	莆美镇
莆南小学	完小	274	
莆下小学	完小	216	
前涂小学	完小	128	
山美小学	完小	132	
上坑小学	完小	210	
马山小学	完小	237	
大埔小学	完小	155	
树洞小学	完小	68	
益宝山小学	完小	69	
下径小学	完小	74	
三东小学	完小	52	
阳下小学	完小	457	
中柱小学	完小	231	
大高塘小学	完小	97	
小高塘小学	完小	94	
后汤小学	完小	765	

续表 30-1

学校名称	学校级别	在校生数	所在乡镇
前埔小学	完小	383	莆美镇
宝树小学	完小	323	
双溪口小学	完小	304	
演武亭小学	完小	236	
竹港小学	完小	423	陈岱镇
峰外小学	完小	153	
岱山小学	完小	182	
岱南小学	完小	225	
岱北小学	完小	236	
岱东小学	完小（中心小学）	282	
石前小学	完小	91	
礁美小学	完小	352	
坑内小学	完小	111	
下曾小学	完小	182	
中江小学	完小	92	
后江小学	完小	81	
双岭小学	完小	101	
董塘小学	完小	73	
大山顶小学	完小	62	
呈安小学	完小	32	
顶城小学	完小（中心小学）	293	列屿镇
城内小学	完小	321	
山前小学	完小	248	
城外小学	完小	97	
南山小学	完小	71	
油车小学	完小	159	
三春小学	完小	151	
青崎小学	完小	81	
径头小学	完小	39	
大坂小学	完小	43	
白衣小学	完小	42	
高山楼小学	完小	16	
浯田小学	完小	338	东厦镇
荷步小学	完小	689	
溪塘小学	完小	186	

续表 30-1

学校名称	学校级别	在校生数	所在乡镇
船场小学	完小	364	东厦镇
东厦小学	完小（中心小学）	214	
洲渡小学	完小	287	
佳洲小学	完小	239	
白塔小学	完小	191	
埭洋小学	完小	318	
竹塔小学	完小	427	
东崎小学	完小	193	
湖丘小学	完小	93	
长洋小学	完小	48	
下楼小学	完小	142	火田镇
西林小学	完小	189	
郭浦小学	完小	31	
菜埔小学	完小	260	
瑞堂小学	完小	138	
溪口小学	完小	261	
东车小学	完小	253	
大坑小学	完小	242	
乌石小学	完小	25	
莆中小学	完小	138	
火田小学	完小（中心小学）	282	
水头小学	完小	147	
岳坑小学	完小	297	
后埔小学	完小	305	
佳园小学	完小	272	
瓦坑小学	完小	140	
古楼小学	完小	158	
高田小学	完小	184	
圆峰小学	完小	141	
白石小学	完小	63	
新园小学	完小	26	
三星小学	完小	21	下河乡
金坑小学	完小	129	
仙石小学	完小	124	
曲溪小学	完小	104	

续表 30-1

学校名称	学校级别	在校生数	所在乡镇
坡下小学	完小	143	下河乡
七高磜小学	完小	33	
龙透小学	完小	77	
梅林小学	完小	54	
车圩小学	完小	267	
坡兜小学	完小	120	
石屏小学	完小	111	
后山小学	完小	171	
下洞小学	完小	214	
内龙小学	完小	59	
外龙小学	完小	217	
后坑埔小学	完小	67	
上河小学	完小	137	
下河小学	完小（中心小学）	256	
新湖小学	完小	38	
孙坑小学	完小	221	
世坂小学	完小	363	
新坡小学	完小	232	
上窖小学	完小	91	
峰头小学	完小	125	马铺乡
宝洞小学	完小	72	
大坪小学	完小	38	
青美小学	完小	80	
白凤小学	完小	137	
泮坑小学	完小	61	
杉脚小学	完小	99	
上洋小学	完小	74	
枋林小学	完小	70	
坑口小学	完小	77	
龙镜小学	完小	198	
宝石小学	完小	171	
马铺小学	完小（中心小学）	504	
石芹小学	完小	174	
乌石坑小学	完小	154	
客寮小学	完小	227	

续表 30-1

学校名称	学校级别	在校生数	所在乡镇
杨美小学	完小	175	马铺乡
粗溪小学	完小	143	
桥头小学	完小	155	
湖洋小学	完小	78	
下庵小学	完小	54	
坪水小学	完小	29	
坑湖小学	完小	32	
乌螺小学	完小	249	
枧河小学	完小	277	
礤头小学	完小	73	
九埒小学	完小	77	
石鼓小学	完小	146	
新楼小学	完小	98	
西安小学	完小	128	和平乡
东方小学	完小	227	
河塘小学	完小	61	
后坪小学	完小	52	
半坑小学	完小	23	
宜谷径小学	完小	89	
甘埔小学	完小	90	
新楼小学	完小（中心小学）	139	
坎顶小学	完小	159	
莆顶小学	完小	177	
径仔小学	完小	183	
安吉小学	完小	191	
吉坂小学	完小	131	
大斜小学	完小	30	
上坂小学	完小	144	
内洞小学	完小	50	
棪树小学	完小	140	
半岭小学	完小	53	
桥头小学	完小	82	
通贝小学	完小	40	

二、学制与课程

1997年，小学学制6年，实行义务教育。至2006年不变。

课程设置，1997—2004年春季，开设语文、数学、社会（四年级开设）、自然、体育、音乐、美术、劳动、思想品德等9个科目；活动课程为晨会、班级或少先队活动、体育锻炼、科技、文娱、社会实践和革命传统教育等。2004年秋季，实施课程改革，执行新教学计划，取消社会、自然、劳动3个科目。一、二年级保留语文、数学、体育、音乐、美术，改“思想品德”为“品德与生活”，增设综合实践活动、地方与学校课程，计8个科目，每周26节，每节40分钟。三、四、五、六年级保留语文、数学、体育、美术、音乐，改“思想品德”为“品德与社会”，增设外语、科学、综合实践活动、地方与学校课程，计10个科目，每周30节，每节40分钟。至2006年不变。

三、教学教研

1997年，以九年义务教育新大纲、新教材作为教学研究和教学方法改革重点。1999年，推广“说课、听课、评课一条龙”教研模式，实验小学“小学语文三段导读教学法研究”被确定为省级研究课题。2003年4月，实验小学、云师附小被确定为市小学课程改革实验基地。2004—2005年，实验小学、云师附小被评为市小学课改先进集体；云师附小、云陵一小、云陵二小和莆美镇后汤、火田镇后埔、列屿镇城内等小学，被评为市小学教学常规管理优秀学校，实验小学获市小学课改成果展示一等奖。2006年，实验小学“阅读教学的语文本色研究”、云师附小语文科“课前预设与课堂生成的实施策略”研究课题被确定为省级子课题；有13个课题获市级立项，其中1个为市级重点课题。

第三节 中等普通教育

一、学校设置

1996年，全县完全中学有云霄一中、云霄二中、云霄四中、云霄五中、常山中学等5所；初级中学（含九年一贯制学校）有云霄三中、元光中学、莆美中学、列屿中学、火田中学、和平中学、阳下中学、竹塔中学、菜埔中学、城南中学、仙石中学、枧河中学等12所；职业中学附设初中班有海峰职业中学、城关职业中学。全县共有33个高中教学班学生1299人，283个初中教学班学生16009人。

1997年秋，调整学校布局，撤销阳下中学，莆美中学并入城南中学；开办竹港中学（1995年投建）、车圩中学（1996年投建）。全县有32个高中教学班学生1477人，360个初中教学班学生20666人。1999年7月，常山中学划归常山开发区管理。2002年秋季，撤销仙石小学九年一贯制初中班设置，并入车圩中学。

20世纪90年代中后期，受社会上制售冒牌卷烟影响，全县初中学生辍学严重，高中发展滞后。2004年，县委、县政府制订《云霄县发展高中阶段教育的实施方案》，高中入学生数开始增加。2004年4月，县政府与厦门拓智信息咨询有限公司签订《办学协议书》（见《附录》），把云霄一中初中部划由该公司承办，以一中江滨路校区为校舍，命名为云霄一中分校。同年，该公司按照协议在将军山附近（将军大道旁）购地建设新校舍。2004年5月，市教育局批准城南中学为完全中学。

2005年9月，县政府与厦门海峡科技中等职业学校签订筹办云霄职业技术学校（民办）《办学协议书》（见《附录》）。2006年，福建省云霄职业技术学校停办，改制为云霄城关中学（完全中学）；云霄海峰职业中学停办，保留初中部，更名海峰中学（初级中学）。2006年，漳州立人学校以原云霄师范学校校址创办云霄立人学校，为寄宿制民办学校，同年秋高中部开始招生。2006年9月，云霄一中分校更名福建省云霄将军山学校（民办初级中学）。云霄一中成为独立高级中学。

2006年秋季，全县公办高级中学有云霄一中，完全中学有云霄二中、云霄四中、城关中学、城南中学、云霄五中（1992 年秋季停止高中招生，省教育厅未取消注册）等 5 所；初级中学有云霄三中、元光中学、火田中学、和平中学、列屿中学、枧河中学、竹港中学、菜埔中学、竹塔中学、海峰中学、车圩中学等 11 所。民办中学有云霄立人学校（完全中学，并设小学部、幼儿园）、将军山学校。共有 372 个初中教学班学生 20379 人，133 个高中教学班，学生 7493 人。

2006 年秋季云霄县普通中学统计表

表 30–2　　单位：人

高级中学	所在地	在校生数	完全中学	所在地	高中在校生数	初中在校生数	初级中学	所在地	在校生数
云霄第一中学（省一级达标校）	云陵镇	2638	云霄第二中学（省三级达标校）	陈岱镇	1265	1260	云霄第三中学	马铺乡	1220
			云霄第四中学	东厦镇	1411	1494	云霄元光中学	莆美镇	2618
			云霄城关中学	云陵镇	550	2018	云霄火田中学	火田镇	1634
			云霄城南中学	莆美镇	1217	1429	云霄和平中学	和平乡	1028
			云霄第五中学	下河乡		1142	云霄列屿中学	列屿镇	885
			云霄立人学校	云陵镇	412		云霄枧河中学	马铺乡	522
							云霄竹港中学	陈岱镇	522
							云霄菜埔中学	火田镇	526
							云霄竹塔中学	东厦镇	771
							云霄海峰中学	常山华侨农场	583
							云霄车圩中学	下河乡	950
							云霄将军山学校	莆美镇	1777

1997 — 2006 年云霄县普通中学在校生数统计表

表 30–3　　单位：人

学　年	初中在校生数	高中在校生数	合　计
1996 — 1997	20666	1477	22143
1997 — 1998	22697	1572	24269
1998 — 1999	25446	2261	27707
1999 — 2000	23998	1793	25791
2000 — 2001	23185	2261	25446
2001 — 2002	24493	3533	28026
2002 — 2003	25559	4171	29730
2003 — 2004	24847	5178	30025
2004 — 2005	22598	6787	29385
2005 — 2006	20379	7493	27872

注：2000 — 2001 学年起不含常山

二、学制与课程

（一）初中

初中学制 3 年，实行义务教育。1997 — 2004 年春季，课程设置分学科、活动、地方课程三大类：学科类设思想政治、语文、数学、英语、物理、化学、生物、历史、地理、音乐、美术、体育、劳动技术；活动类设科技文艺活动、社会实践；地方性课程（由学校自行安排）。2004 年秋季至 2006 年秋季，初中一、二、三年级改称七、八、九年级，与小学 6 年义务教育相连贯，学科类改“思想政治”为“思想品德”，“体育”为“体育与健康”，取消劳动技术课；改活动类课程为综合实践活动；地方性课程为地方与学校课程。综合实践活动，包括信息技术教育、研究性学习、社区服务与社会实践、劳动与技术教育。研究性学习一般每周两课时，社区服务与社会实践以及劳动与技术教育每学期各安排一周。地方与学校课程由学校自编教材，每月 1 — 2 课时。课时每周 34 节，每节 45 分钟。

（二）高中

高中学制 3 年，实行非义务教育。1997 — 2001 年春季，课程设置分国家规定、地方安排二大类。国家规定课程分三类：学科类课程设思想政治、语文、数学、英语、物理、化学、历史、地理、生物、体育、艺术欣赏、劳动技术；活动类课程设社会实践、社区服务；选修类课程，地方安排类由学校自编教材。2001 年秋季，一年级增设信息技术课，改“体育”为“体育与健康”“艺术欣赏”为“艺术”，劳动技术课归入综合实践活动（其中研究性学习每周比初中阶段增加 1 课时）。分课程为必修课与选修课，必修课为思想政治、语文、英语、体育与健康、艺术、综合实践活动；选修课为地方和学校课程（高三下学期不安排）；数学、信息技术、物理、化学、生物、历史、地理等 7 门课程又按学年规定为必修或选修。2006 年秋季，进行新课程实验，改“体育与健康”为“体育和保健”，并增加地方和学校课程的选修课时，总课时由原 249 ~ 375 课时增为 306 ~ 429 课时。每周 34 节，每节 45 分钟。

三、教学与教研

1996 年 11 月，县教育局规定，中学校长每学期至少听课 20 节，分管教学副校长、教务主任每学期至少听课 30 节，教师每周至少听课 1 节，并进行评议。教育局每学期对各校进行一次备课、课堂教学、听课与评课以及作业布置、批改的常规检查，以此作为年度考核、评优及职称评聘的依据。

2004 年秋季，进行初中新课程“自主—合作—探究或学习”教学模式改革实验，以元光中学、城关中学、城南中学为基地校。至 2006 年，教育局共组织教师听课 400 多节，总结优秀课例 50 多节，确定校级课改研究课题 38 个。

2005 年海峰职业中学研究课题《初中学科教学法》获市义务教育改革实验优秀成果三等奖；学生研究课题《探索勾股定理》《生活中的对称美》《在学校征地“赔青”过程中的数学问题》分获 2005 年市普通中学“研究性学习”优秀研究成果一、二、三等奖。

2006 年，进行高中新课程实验，县成立以分管副县长为组长的普通高中新课程实验领导小组，制订《云霄县普通高中新课程实施方案》《云霄县普通高中新课程实验指导意见》；各校成立新课程实验领导小组，制订实施方案，并以高一年级为实验年段，云霄一中被定为普通高中新课程实验省级样本校。同年 4 月，云霄一中《中学教师与学生互评信息化管理研究实施方案》被教育部确定为全国教育科学“十五”规划重点课题的子课题。

至 2006 年，全县（以云霄一中为主）参加全国和省、市学生学科竞赛、小论文评比，共获国家级一等奖 4 人次，二等奖 57 人次；省级一等奖 37 人次，二等奖 42 人次。教师指导学生参加课外活动研究性学习获省二等奖 1 项，三等奖 1 项，市一、二、三等奖多项。教师在《中学理科园地》《福建基础教育研究》《福建教育学院学报》等 CN 刊物发表论文 155 篇。

第四节　中等专业教育

一、中等师范教育

云霄师范学校创办于 1958 年，是当时龙溪专区第二所中等师范学校。1998 年秋季，根据国家小学师资大专化的要求，当年新生学制改为 4 年。2000 年，增设高中部，学籍挂靠云霄常山中学，学生 233 名。学校停止招收中等师范专业学生。2001 年末，与福建师范大学签订联合办学协约，成立“福师大”网络教育学院漳州第三学习中心，开设汉语言文学、思想政治教育、英语、数学与应用教育、计算机科学与技术、公共事业管理、工商管理、法学、小学教育等远程教育本科、专科班，注册学员 278 人。2003 年 4 月，漳州市市长办公会议决定云霄师范学校并入漳州教育学院，12 月省教育厅批准，并改称漳州教育学院云霄校区。学院 2003 年、2004 年、2005 级 5 年制专科生计 720 名到云霄校区就读。2006 年夏，漳州市市长办公会议决定，将云霄校区校址置换给漳州立人学校开办云霄立人学校，云霄校区教师、学生迁回漳州教育学院本部。云霄师范学校于“文化大革命”期间停办，至 2003 年共为国家培养小学师资 8389 名。

云霄师范学校四年制普师课程设置表

表 30–4

课程		第一学年	第二学年	第三学年	第四学年
思想政治		2	2	1	1
语文	阅读与写作	3	3	3	3
	现代汉语知识	2	2		
	教师口语		1	1	
	书法	1			
	小学语文教学法			2	1
数学	数学	5	2	2	2
	小学数学教学法		2	2	1
计算机应用基础			2	2	
英语		2	2	2	2
物理		2	2	2	
化学		2	2		
生物		2	2		
现代科技常识					2
教育技术基础					2
历史				2	
地理			1	2	
心理学		2	2		
小学教育学				2	2
体育		2	2	2	2
音乐		2	2	2	2（必选其一）
美术		2	2	2	

续表 30-4

课程	第一学年	第二学年	第三学年	第四学年
劳动技术	（1 周）	（1 周）	（1 周）	
周必修学时	29	31	29	22
选修课			2 ～ 3	6 ～ 8
活动课	2 ～ 3	2 ～ 3	2 ～ 3	2 ～ 3
教育实践课	1 周	1 周	2 周	6 ～ 8 周
每周课时合计	31 ～ 32	33 ～ 34	33 ～ 34	30 ～ 33

1997 — 2006 年云霄师范学校毕业生一览表

表 30-5

年份	校　　名	毕业生数（人）	学制（年）
1997	云霄师范学校	339	中师三年制
1998	云霄师范学校	500	中师三年制或四年制
1999	云霄师范学校	397	中师三年制或四年制
2000	云霄师范学校	423	中师四年制、普高三年制
2001	云霄师范学校	0	中师四年制、普高三年制
2002	云霄师范学校	260	中师四年制、普高三年制
2003	漳州教育学院云霄校区	179/230	中师四年制、普高三年制
2004	漳州教育学院云霄校区	240	普高三年制
2005	漳州教育学院云霄校区	220	普高三年制
2006	漳州教育学院云霄校区	280	普高三年制

二、中等职业教育

（一）学校设置

1997 年春季，全县职业教育学校有城关职业中学、海峰职业中学以及三中、火田中学、和平中学附设职高班，在校学生 1193 人。同年秋季起，火田中学、和平中学职高班停止招生。1997 — 2005 年，云霄职业技术学校与海峰职高共招收学生 10702 人，毕业 5783 人。

福建省云霄职业技术学校　1998 年 6 月，省教委批准云霄城关职业中学更名“福建省云霄职业中专学校”；2000 年秋季，经市教育局批准，增办三年制“综合高中”，毕业生可参加全国普通高考也可参加省厅“3 + X”高职单招考试（至 2005 年共招生 22 班 1320 名）。2003 年 12 月，省教育厅批准再更名为“福建省云霄职业技术学校”。2004 年，被市教育局确定为市重点职业技术学校，实行春秋两季招生。其间，1997 — 2005 年，与县委组织部联办“村镇行政管理中专班”，并开设音乐、幼儿教育、电脑文秘、电脑财会、装潢美术、家电维修、烹调、宾馆旅游服务、计算机应用、美容美发等专业。村镇行政管理中专班共毕业 4 届、240 人；音乐、幼儿教育面向全市招生 2740 人。2006 年起，福建省云霄职业技术学校改称城关中学。

海峰职业中学（职高职专）　1997 — 2005 年，先后开设水产养殖、果树栽培、畜牧兽医、农机维修、机电、农村经营管理、建筑施工、轻工机械等 8 个专业，面向全市招生，其中水产养殖、农机维修、机电、建筑施工为职专专业，其余为职高专业。其间，2001 年，海峰职业中学与福建省华夏中等技术学校联合办学，开设信息管理与网络技术、通信设备与维修、电脑美术设计、服装设计与制作、烹饪技术、旅游服务等 6 个专业，至 2004 年共招生 330 人，其中 2004 年春、秋两季招生。2004 年与厦门大宇工贸职业技术学校联合办学，开设信息管理与网络技术、旅游服务等专业，2005 年春季招生 89 名。2006 年，海峰职业中学改称海峰中学。

民办漳州市海峡科技职业技术学校 2005 年 9 月，县委决定，由县政府与民办厦门海峡科技中等职业学校签订《办学协议书》，将福建省云霄职业技术学校、海峰职业中学（职专）割交厦门海峡科技中等职业学校承办，定名“漳州市海峡科技职业技术学校”。2006 年，招收计算机系列、机械系列、电子系列、管理系列等 4 个专业，学生计 890 人，学制 3 年。

2006 年云霄县职业技术学校一览表

表 30-6

学校	班级数（个）				学生数（人）				专业及生数												
	小计	三年制		二年制	小计	三年制		二年制	小计	音乐	幼师	文秘	财会	家电	美术	计算机系列	机械系列	市场营销	加工制造系列	电子系列	管理系列
		一、二年级	三年级	一、二年级		一、二年级	三年级	一、二年级													
合计	53	20	17	16	2528	890	861	777	2528	44	95	138	166	106	38	861	502	2	144	212	220
云霄海峰职业中学	8		4	4	336		185	151	336							98	110		128		
云霄职业技术学校	25		13	12	1302		676	626	1302	44	95	138	166	106	38	513	184	2	16		
漳州市海峡科技职业技术学校	20	20			890	890			890							250	208			212	220

（二）学制与课程

1997 — 2006 年，中等职业学校招生对象为应届及往届初中毕业生。村镇行政管理、装潢美术、烹调、果树栽培、畜牧兽医、农村经济管理、轻工机械等专业学制 2 年；音乐、幼儿教育、电脑文秘、电脑财会、家电维修、宾馆旅游服务、计算机应用、美容美发、水产养殖、农机维修、机电、建筑施工、信息管理与网络技术、通信设备与维修、电脑美术设计、服装制作与设计、果蔬栽培等专业学制 3 年。

课程设公共基础课和专业技能课。公共基础课含德育、语文、数学、外语、计算机应用基础、体育健康、艺术等，约占总学时的三分之一；专业技能课含专业基础课、专业课和实习实训，约占总学时的三分之二。公共基础课为部编职专（职高）教材，专业课为部编或省编教材。

（三）教学与教研

1997 — 2006 年，职业技术学校以“培养具备综合职业能力和全面素质的，直接在生产、服务、技术和管理第一线工作的应用型人才”为目标，海峰职业中学以“培养第一线生产、技术服务和管理的应用型人才”为目标，根据教育部《关于制定中等职业学校教学计划的原则意见》的精神，严格完成公共基础课、专业技能课的教学任务，坚持在“做中学、做中教”的方法，培养学生的专业技能和专业知识。教研活动由漳州市职业技术教育中心统一组织，做到“六个统一”（即统一开学时间、统一公共课教材、统一教学计划、统一进度、统一教研、统一组织质量抽查）。漳州市职业教育中心各学科教研组，每学年制订教学、教研计划，指导教学、教研工作。

第五节　成人教育

一、扫除文盲

1997年，全县脱盲28624人，大路街女子文化夜校获第二届“中华扫盲奖”特等奖（全国5名）。2002年扫盲2312名，全县青壮年非文盲率99.61%，通过省验收。同年，农村成人教育重点转入乡镇文化技术学校，培训对象主要为小学和初、高中毕业后停学回乡（称“三后生”）人员。全县每年参训约1.5万人。文化技术学校由学区（中心小学）管理，各配专职教师2—3人，使用“农村实用技术教材”和“农函大”课本，以培训形式直接为“三农”服务。1998—2006年，扫盲工作依托乡镇文化技术学校进行。

二、卫生职工中等专业教育

云霄卫生职工中等专业学校，为省人民政府批准面向全省招生的成人学校。1997年，在校生738人。1998年，招收乡村医士专业187人，助产士专业31人。1999年，招收乡村医士专业200人。2000年，实行初中毕业免试入学，招收乡村医士专业普通班140人，成人班210人，社区医疗专业118人，护理专业44人。2001年，招收医士专业118人，其中成人班66人，普通班52名。2002年招收卫生保健专业成人班40名、普通班28名，护士专业（函授）26名。2003年，招收卫生保健专业普通班22人。2004—2005年，生源不足，停止招生。2006年，与漳州卫生职业学院联合办学（毕业证书由漳州卫生职业学院颁发），开设助产士、护理2个专业，学生44人。

至2006年，共开设医士、助产士、医疗、护理、卫生保健、护士6个专业，学制均为3年，共毕业学生1907名。

三、党校函授教育

1989年，在县委党校设立省委党校函授点，当年秋季招收经济管理专业大专班，至1992年共招收4届，有毕业生63名。1993年，县委党校成立函授站，中央党校函授大专班学制3年、本科班学制2.5年。2002年，县委党校招办法律专业本科班。2005年，函授本科对持有专科毕业有效文凭的考生实行免试入学。1997—2006年，云霄县委党校计招收中央党校函授学院经济管理专业专科班9届9班毕业491人、法律专业专科班4届4班毕业190人。2002—2006年，招收法律专业本科班3届4班毕业195人（其中省委党校函授学院毕业生24人，文凭由省委党校函授学院颁发）。2006年，在校有专科经济管理专业2004级、2005级2班89人，法律专业2004级、2005级、2006级3班153人，有本科经济管理专业2005级31人，法律专业2005级、2006级2班140人。

四、广播电视大学教育

1980年，成立福建省广播电视大学云霄工作站，由县干部职工业余学校（与县教师进修学校合署办公，一套人员，两块牌子）管理。1997—2000年，招收中文、财会和法律等专业的成招生及注册视听生。2000年春季，进行“人才培养模式改革和开放教育”试点，开设教育管理、小学教育、法学、金融、会计等专科专业。2004年春季，被省教育厅“开放教育试点”专家组评估为“良好”等级。同年秋季，被批准为“本科导学试验区”，开招汉语言文学和法学专业本科班。1997—2006年，计招收成招生专科43名，注册视听生专科432名，开放教育专科生959名，本科生79名；毕业成招生36名，注册视听生239名，开放教育专科生747名，本科生20名。

五、自学考试

1984年5月成立县自学考试办公室。考试于每年4月、10月举行，考生集中到市级政府所在地应考。

1984 年 10 月，全省高等专科汉语言文学、统计学、会计学首次开考，由厦门大学、福建师范大学、福州大学主考。1984 — 2006 年计开考 33 个专业，全县毕业 815 人（含小学大专化自考生 785 人）。1986 年 6 月，张志和、方永盛通过考试，首获毕业证书（汉语言文学）。

1987 年 4 月大学本科开考，专业为汉语言文学、党政管理等。1987 — 2006 年计开考 32 个专业，全县毕业 35 人。首位通过考试者为方永盛（汉语言文学，1995 年 4 月）。

1986 年 10 月，中等专业自学考试开考。至 1998 年 10 月，全县毕业 21 名。

1997 年，根据省教委关于小学教师学历大专化的要求，全县公办小学教师 1203 人从 1997 — 2003 年参加大专自学考试，获毕业证书 785 人。

六、老年教育

1990 年，开办云霄县老年大学，县长兼任校长，每周一至周五上午上文化课，周二或周五下午举行舞蹈活动。先后开设保健、心理学、家用电器、烹调、书法、诗词、花卉、音乐、太极拳、电脑等课程。2002 年，增开英语课，成立诗词学会和书画学会。2003 年，成立合唱团、摄影学会和腰鼓队。2004 年，迁址江辉路新落成的县老干部活动中心。2006 年，有 8 个教学班，学员 315 人。其中，2002、2005 年，被评为漳州市老年教育示范校。

第六节　教师队伍

一、队伍结构

（一）幼儿教师

1997 年，全县有公办幼儿教师 101 人，民办 326 人。2000 年（不含常山，下同），公办 118 人，民办 256 人。2003 年，公办 109 人，民办 279 人。2006 年，公办 97 人，民办 396 人。

（二）小学教师

1997 年，全县有公办小学教师 2425 人，民办（含代课）208 人；其中专任教师 2494 人；中级职称 327 人，初级职称 1816 人，未定级 351 人。同年，根据省教委关于“凡 1979 年底在册的中小学民办教师给予办理转公办教师手续，1979 年后招收的民办教师一律办理退养手续”的通知，1998 年 2 月完成民办教师办理退养审批工作，1999 — 2001 年清退代课教师、编外人员 294 人。2003 年，全县有小学教师 2254 人。2006 年 7 月，实行全员聘用合同制；同年 9 月，面向全市公开考录 50 名教师到农村小学任教。2006 年，全县有小学教师 2211 人，其中专任教师 2134 人。专任教师中有高级教师 1124 人（含“小中高”6 人），一级教师 963 人，初级教师 34 人，未定级 13 人。

（三）中学教师

1997 年，全县有中学教职员工 1530 人（其中民办 40 人，行政、后勤 367 人），其中专任教师 1163 人，专任教师中高级教师 12 人，一级教师 32 人。1998 年，对民办教师办理转正或退养手续和对代课教师、编外人员进行清退后，有教师 1636 人。2003 年，1552 人。2004 年 9 月，对新教师实行双向选择、考核择优上岗聘用合同制，聘用 11 名应届本科毕业生到完全中学任教；同年 11 月，考试录用 41 人到农村中学任教。2005 年 9 月，聘用 24 名应届本科毕业生到完全中学任教；11 月，考试录用 75 人到农村中学任教。2006 年 7 月，实行教师全员聘用合同制；同年 8 月，面向全国聘用应届本科毕业生 49 人到完全中学任教。至 2006 年底，全县中学教师 1902 人，其中专任教师 1619 人，有高级教师 215 人（含在岗中学特级教师 2 人），一级教师 745 人，初级教师 525 人，未定级 134 人。其中，2001 — 2006 年，每年选派 1 名教师赴宁夏贫困地区对口支教。

（四）中专教师

1997 年，云霄师范教职工 138 人，其中高级讲师 10 人，讲师 35 人，助理讲师 63 人，未定级 9 人，职工21人。2000年，有高级讲师12人，讲师56人，助理讲师32人，未定级2人。2003年5月，云霄师范并入漳州教育学院为教育学院云霄校区，有高级讲师18人，讲师55人，助理讲师19人。

（五）职业中学教师

1997年，全县有职业中学教职员工154人。2006年，149人，其中专任教师121人，有中学高级教师20人，一级教师74人，初级教师27人。

（六）进修学校教师

1997年，有教师34人，其中中学高级教师7人，中学一级教师（含小学高级教师）15人，初级教师12人。2006年，有教师33人，其中中学高级教师11人，中学一级教师（含小学高级教师）20人，初级教师2人。

（七）干部职工业余学校教师（含电大站）

1997年，有教师9人，其中中学高级教师2人，中学一级教师4人，初级教师3人。2006年，有教师10人，其中中学高级教师4人，中学一级教师4人，初级教师2人。常年聘任兼职教师16人。

（八）卫生职业中专教师

1997年，有教师28人。2006年，有教师17人，其中中学高级教师1人、一级教师6人、初级教师10人。常年聘任兼职教师25人，其中高级职称10人，中级职称15人。

1997—2006年云霄县中小学、幼儿园教师统计表

表30-7　　单位：人

学年	中小学教师				城镇教师			农村教师		
	合计	中学	小学	幼儿	中学	小学	幼儿	中学	小学	幼儿
1996—1997	4590	1530	2633	427	300	429	107	1230	2204	320
1997—1998	4573	1596	2549	428	307	438	98	1289	2111	330
1998—1999	4689	1636	2647	406	326	462	94	1310	2185	312
1999—2000	4676	1631	2671	374	327	446	87	1304	2225	287
2000—2001	4322	1575	2401	346	333	512	121	1242	1889	225
2001—2002	4210	1567	2325	318	333	544	110	1234	1781	208
2002—2003	4194	1552	2254	388	388	495	179	1164	1759	209
2003—2004	4246	1577	2253	416	370	423	171	1207	1830	245
2004—2005	4272	1650	2211	411	383	413	198	1267	1798	213
2005—2006	4606	1902	2211	493	588（民办31人）	610（民办32人）	275	1314	1601	218

注：2000—2001学年起不含常山

二、进修培训

1997年，进修学校开设思想政治、师德修养、现代化管理理论与实践、课程改革与教材教法、现代化教育技术以及常规学科学习等课程，对见习期的新教师进行培训和考核，至2006年，共培训幼儿、中小学教师6期496人。其间，1998—2003年，对全县小学校长分批培训416人次。2000—2006年，组织中小学、幼儿园教师参加继续教育18455人次。2001年、2002年、2004年，对教师进行普通话培训并进行省级普通话水平测试，2006年全县3506名中小学教师取得普通话合格证书。

三、学历认定

2005 年 9 月，由本人申请，所在单位初审、职能部门审核和人事部门复核审批，县委组织部、县人事局、县委党校、县教育局联合对全县教职工学历、学位进行统一清理，并对学历更改给予认定。全县申请学历更改的小学、幼儿园教师 1042 人（含党校学历 39 人），中学、进修学校、干校教师 514 人（含党校学历 32 人）。至 2006 年 12 月，经审核认定改为本科学历 145 人，专科学历 96 人。其中中学教师本科 88 人，专科 26 人；小学教师本科 45 人，专科 52 人；幼儿教师本科 12 人，专科 18 人。

第七节　教育经费

一、教师工资

1997 年，县财政继续执行“划分收支、核定基数、逐年递增、超收分成、短收扣支、一定三年”规定。全县除县级重点中小学和云陵、莆美两镇的中小学教师工资基本能保证逐月发放外，其余乡镇中小学教师工资经常出现未能按时发放的情况。

2004 年，县财政实行“划分收支、核定基数、缺口县补、结余留用”的新办法，教师工资实行由国库直拨的规定。教师工资按时发放得到保证。

二、经费来源

（一）国家财政拨款

1997 年，国家财政（含省、市、县财政）拨款 4218.3 万元。1998 年，4890.7 万元。1999 年，5466.2 万元。2000 年，5149.1 万元。2001 年，5494.6 万元。2002 年，5650.4 万元。2003 年，6905.8 万元。2004 年，6752.4 万元。2005 年，6671.5 万元。2006 年，7712 万元。合计 58911 万元。

（二）教育附加费

政府委托税务部门征收。1997 年，征收 359.2 万元。1998 年，551.9 万元。1999 年，59.7 万元。2000 年，86.1 万元。2001 年，39.2 万元。2002 年，5.8 万元。2003 年，23.4 万元。2004 年，62.5 万元。2005 年，93.5 万元。2006 年，247 万元。合计 1528.3 万元。

（三）勤工俭学

1997 年，收入 112.9 万元。1998 年后，校企分离，收入下降。2001 — 2006 年，收入 1.1 万元。至 2006 年，共收入 426.4 万元。

（四）学杂费收取

公办学校学生学杂费按学期收取。1997 年，小学每生 30 元，初中每生 45 元。2000 年起增收信息费，与学杂费一并计收，小学每生 50 元，初中每生 65 元。2004 年秋季起实行“一费制”，农村小学 1 ～ 2 年级每生 60 元，3 ～ 6 年级每生 80 元，初中每生 110 元；城市小学 1 ～ 2 年级每生 100 元，3 ～ 6 年级每生 120 元，初中每生 160 元。2006 年起农村公办中、小学义务教育阶段学杂费小学每生每年 160 元，初中每生每年 200 元，由中央及省财政拨付。高中阶段学杂费按有关规定收取。至 2006 年，共收学杂费 10154.5 万元。民办校学费、杂费按有关规定收取。

（五）助学奖学奖教

社会助学　20 世纪 90 年代以后，有的村社或姓氏联谊会通过各种渠道募集资金奖学助学，考上重点大学（尤其名校）者，少则奖给每人数千，多则数万。团县委联合邮政、电信、供电等单位，在收费窗口设立“爱心助学”捐资箱，募集助学资金。

团体助学　1999 — 2006 年，县关心下一代工作委员会募集资金 111 万元，初期对全县九年义务教育阶段的贫困学生进行助学，后逐步扩大到对高中、大学录取的贫困生进行助学奖学。2002 年，县老区建设促进会开始向老区在校高中贫困生发放“福建省黄仲咸教育基金会”，至2006年共发放助奖学金13.05万元。2006年，云山书院对当年全县高考文科前10名和理科前20名的学生进行奖励，现金及学习生活用品计10万元。

侨胞助学　1997年下曾侨胞陈良民先生捐资53万元建下曾小学。2001年新加坡侨胞陈东平先生捐资240万元建陈岱中心幼儿园，向县关工委捐资40万元，并设立陈岱镇中小学、幼儿园奖教金；2006年，捐资120万元建二中科技楼。

（六）企业助学

1997年，漳州科华技术有限责任公司，设立科华老区育才奖，每年出资100万元，奖励全市老区基点村考上县重点中学的学生。每学年给予云霄县10个奖励（资助）名额，奖励（资助）项目分为：初中升高中、高中升大学升学奖，学业成绩优秀奖、各种表现优秀奖、生活困难补助。本科第一批学生最高单项奖励3000元，生活困难补助500元。至2006年，全县有180人次获奖或受资助，总金额28.68万元。据县教育局提供的数据，至同年底，全县由单位、社会团体、侨胞、台胞、村社及个人捐资（含实物折款）总计4269.8万元。

1997－2006年云霄县捐（集）资助学名表

表30-8　　　　单位：万元（人民币）

时间（年）	捐（集）资人	受捐单位	金额（项目）
1997	陈良民（华侨）	下曾小学	53
1998	方俊源	云霄一中	8
1999	社会及个人	实验小学	28（小学操场建设）
2000	陈东平（华侨）	县关工委	40（奖教金）
2001	陈东平（华侨）	陈岱中心幼儿园	240（建园）
2001	云霄三中深圳同学会	云霄三中	8.6（教学楼装修）
2002	中信集团	云霄二中	100（建中信教学楼）
2000－2002	何文山	石芹小学	10.1
2003	郭志荣	竹港中学	10
2003	厦门大学	洋坑小学	10.2
2005	刘锦木	坑内小学	45（学校建设）
2006	陈东平（华侨）	云霄二中	120（建科技楼）
2006	石鼓村教育基金会		7.2
2006	西林村（集资）	西林小学、西林幼儿园	600（建小学、幼儿园）
2006	方火明	云霄一中	10
合　计			1290.1

注：表中数据由县教育局提供，5万元以下未录入

（七）国家助学优惠

2005年，国家财政对农村义务教育阶段的贫困生免费提供课本，省财政拨补17.69万元。2006年，实施“两免一补”（免除学杂费、免费发放教科书及寄宿生活补助）助学规定，农村义务教育阶段学生全部免交学杂费，所需资金由省、县财政按8 ：2的比例分担。特教班、农村低保家庭学生及革命烈士子女均纳入补助范围，由省财政全额负担。同年，市、县各出资5万元，给予农村义务教育阶段的贫困寄宿生每人每年300元生活补助。

三、设施建设

（一）校舍建设

1997 年，建竹港中学，占地面积 14052 平方米，建筑面积 2420 平方米，投入金额 150 万元；建车圩中学，占地面积 7920 平方米，建筑面积 1932 平方米，投入资金 80 万元；侨胞陈良民建下曾小学，占地面积 3600 平方米，建筑面积 640 平方米，投入资金 53 万元。2001 年，根据国家和福建省对农村中小学危房改造的部署，完成第一期 D 级校舍危房改造 3942 平方米，投入资金 190.03 万元（其中中央、省、市补助 37 万元）。2002 年，建云霄一中江滨分校，占地面积 7350 平方米，建筑面积 3360 平方米，投入资金 210 万元；侨胞陈东平建陈岱中心幼儿园，占地面积 3335 平方米，建筑面积 1800 平方米，投入资金 240 万元；中信集团捐建二中“中信教学楼”，占地面积 566 平方米，建筑面积 2638 平方米，投入资金 100 万元。2003 — 2005 年完成第二期 D 级危房改造 22958 平方米，并加固维修 B 级、C 级危房面积 18253 平方米，投入资金 1944.5 万元，其中省级以上投入 686 万人，县级再配套 1258.5 万元。2006 年，厦门拓智信息咨询有限公司建民办中学将军山学校，占地面积 41990 平方米，建筑面积 21186 平方米，投入资金 5000 万元；侨胞陈东平建二中“科技楼”，占地面积 400 平方米，建筑面积 1900 平方米，投入资金 120 万元。火田镇西林村民集资 600 万元，建西林小学，占地面积 12006 平方米，建筑面积 2800 平方米；建大地幼儿园，占地面积 2200 平方米，建筑面积 1800 平方米。

（二）远程教学设备投入

2003 — 2004 学年，云霄一中建成学校网站、千兆校园网和教育资源点播系统，对外为社会提供了解学校的窗口，对内为学生提供学习、研究的平台。2004 — 2006 年，根据《福建省中小学教育技术装备标准》的要求，全县投入 1400 多万元，为中小学购置计算机 2000 台套，校园广播系统 18 个，多媒体教室 54 套，高考网上巡视系统 2 套，80% 以上学校开设了信息技术课，并安排 90% 以上的教师参加现代教育技术培训。

1997 — 2006 年云霄县教育经费支出情况表

表 30-9　　单位：千元

项目	1997 年	1998 年	1999 年	2000 年	2001 年	2002 年	2003 年	2004 年	2005 年	2006 年	合计
一、全县教育支出	67556	59979	67068	66117	66562	76949	93811	83890	95500	103445	780877
其中人员经费	43957	42387	49818	48918	53967	44837	66487	58097	65211	67211	540890
其中办公及设备等	23599	17592	17250	17199	12595	32112	27324	25793	30289	36234	239987
二、全县教育支出	67556	59979	67068	66117	66562	76949	93811	83890	95500	103445	780877
1. 小学	32824	29484	33025	32031	32650	29257	46830	40047	42217	45533	363898
2. 普通中学	25985	22466	25704	25451	24645	26783	36031	33578	48571	50775	319989
3. 中等职业学校、	5956	4112	4657	4687	4838	4609	5845	5820			40524
4. 幼儿教育	723	1015	1090	1174	1173	1020	1063	940	990	1116	10304
5. 其他	950	2902	1064	1228	1105	12928	1451	1497	1569	3772	28466
6. 成人中等学校（中等专业学校）	897		1528	1546	2151	2352	2591	2008	2153	2249	17475
7. 成人高等	221										221

注：2000 年起不含常山开发区

1997—2006年云霄县校园校舍面积统计表

表30-10

单位：平方米

时间（年）	校园占地面积				校舍占地面积			
	中学	职业学校	小学	幼儿园	中学	职业学校	小学	幼儿园
1997	512320	146881	528695	13719	138137	16883	189732	8266
1998	516439	153639	552511	13818	146051	21694	196508	8601
1999	497677	153639	537231	14228	148239	21694	185139	8762
2000	497667	153639	545718	16207	148389	21694	193514	9766
2001	609261	153639	473628	10527	149814	21694	182340	8054
2002	608661	153639	495148	13896	150979	17095	182280	10474
2003	609261	173149	486122	12923	142444	44168	184290	9305
2004	609261	173149	521164	18251	156444	44168	183259	10338
2005	609261	173149	498940	20557	151780	44258	181238	15679
2006	720079	150177	552800	10527	205028	43848	201147	8054

第八节　教育督导与德育

一、教育督导

1997年，督查做好省级“两基”达标评估验收前期工作，9月通过省级评估验收，此后坚持做好每年自查自评工作，2002年通过省级“两基”达标的复查评估。2003年，制订《云霄县关于开展中小学实施素质教育工作督导评估的初步方案》和《云霄县中小学实施素质教育督导评估三年规划》，成立领导小组，对全县中小学素质教育进行督导评估。2004年6月，在城南中学、后汤小学召开全县中小学实施素质教育督导评估试点现场会。2005年制订《关于深化教育改革，全面推进素质教育的实施意见》。2006年，完成对全县中小学实施素质教育的第一轮督导评估。

二、德育

1997—1999年，贯彻教育部颁发的《家长教育行为规范》《九年义务教育小学思想品德课和初中思想政治课标准（试行）》《关于加强中小学心理健康教育的若干意见》和省教委颁发的《中小学日常行为规范若干具体要求》，在学校中开展“迎香港回归祖国”“学雷锋、树新风”“庆祝新中国成立五十周年”“迎澳门回归祖国”“保护生态环境、倡导文明新风”等活动。

2000年，制订《云霄县学校德育工作检查评估标准》。开展“远学英雄模范，近学身边榜样”“交通安全法规宣传踩街”等活动；3月28日，组织全县分管德育工作的副校长到“乌山革命纪念馆”参观学习，接受革命传统教育；4月上旬，举办“云霄县首期心理健康教育培训班”，180多名教师参加培训。2001年，在学生中开展“讲公德、守法规”“打击六合彩”“预防未成年人犯罪”和“四五普法”等学习宣传活动；举办“党在我心中”为主题的第三届中小学生美术、书法现场赛；11月19日，在后埔小学召开全县学校德育工作现场会。

2002—2003年，举办以“永远跟党走”为主题的云霄县第二届学校艺术节教职工演讲比赛。在学生中举行“民族精神代代传”“思雷锋、学雷锋”和《公民道德建设实施纲要》报告会、开展《走向世界的中国》读书教育等活动，并汇编出版《云霄县学校德育论文集》。

2004年，贯彻《爱国主义教育实施纲要》《公民道德建设实施纲要》，10月，全市学校德育工作进行新一轮评估验收。12 月，实验小学通过市级德育工作评估验收，云霄职专、云师附小、云陵一小、云陵二小创建市级家长学校通过市级验收。

2005 — 2006 年，加强班主任队伍建设和学校德育工作评估验收工作，全县举办班主任培训班两期，300 多人受训。对全县 89 所中小学校德育工作分四批次评估验收合格。一中、四中、实小、附小通过市级验收，被评为学校德育工作先进校；云霄四中、实小被评为省级“文明学校”；实验小学等 6 所学校被评为市级“文明学校”；四中被评为省级“绿色学校”；城关中学等 4 所学校被评为市级“绿色学校”。教育局被市文明委评为“爱我漳州”主题宣传教育活动先进单位，德育股被评为“未成年人思想道德建设”先进单位。2006 年 10 月，与县消防大队联合举行云霄县第一届“将军杯”中小学生消防安全作文竞赛。同年在全国青少年五好小公民主题教育“弘扬中华美德，构建和谐学校”读书征文活动中，全县有 9 名学生获奖。实验小学组织学生撰写“八荣八耻”快板并汇编成册。云师附小编辑《学生思想教育系列读本》等校本教材。

第九节　机　构

一、县委教育工作委员会

2006 年 10 月成立，由县委一名副书记兼任书记，教育局长兼任副书记，下设办公室、宣传部、组织部，与县教育局一套人员两块牌子合署办公。

二、县教育局

1997 年，编制 10 人，内设办公室、计财股、人事股、德育股、中教股、初教股，并设职教股、教仪站、电教站、教学服务公司、考试办、自考办、语委办、职改办、监察室、校园安全办。2005 年，县纪委派驻纪检组长 1 人。2006 年，编制不变。

三、县政府教育督导室

1997 年，县教育督导室编制 5 人。2003 年 4 月，改为县政府教育督导室，编制 7 人。2006 年，编制不变。

四、县成人教育办公室

1997 年，编制 13 人，在编 13 人（含乡镇专干 9 人），挂靠县政府办公室办公。2006 年，编制不变。

附：云霄一中

20 世纪 50 年代初，省立云霄高中和县立云霄初中合并成立云霄一中，漳浦、平和、诏安、东山等县学生多来此求学。20 世纪 60 年代中期，高考成绩列全省前茅，是福建省一所重点中学。

学校占地面积 6.77 公顷，总建筑面积 35731.54 平方米。有 6 座教学楼（含实验楼），1 座行政办公综合楼，2 座合计可供千人寄宿和 1000 多人就餐的食宿一体化生活楼。2004 年 10 月，通过省二级达标校验收。2004 年 4 月，根据县委、县政府的决定，进行初高中分离，以全力办好高中。2006 年 5 月 8 日被省教育厅确认为省普通中学一级达标学校，同年秋季有学生 2657 人 49 个教学班。学校建成学校网站、千兆校园网和教育资源点播系统。图书馆面积 1862 平方米，藏书 9 万多册，电子阅览厅电子读物 10 万册，图书借阅实现自动化管理，是省级示范图书馆。2006 年，高中专任教师 195 人，其中高级教师 67 人，中级教师 104 人；特级教师 2 人，省学科理事 3 人，省级骨干教师 9 人，市级骨干教师 22 人；省级优秀教师 8 人，省学科带头人 6 人，县学科带头人 10 人，县级学科兼职教研员 11 人。

1997 — 2006 年，云霄一中高考录取本一 848 人，本二 1688 人，本三（从 2004 年开始招收）259 人，专科 2263 人。其中，1997 年黄明章录取于北京大学科技情报专业，2000 年张志勇录取于清华大学热能与动力工程专业,2002年林和坤录取于北京大学中国语言文学系,2004年吴健锋录取于清华大学环境工程专业。学校参加课改课题51项，其中国家级课题2项，省级课题5项，市级课题14项。教师在省级以上刊物发表和获奖论文70多篇，出版专著5部。有近百篇的学生科学小论文在全国、省、市获奖。学校文娱艺术活动丰富多样，每年举办歌手大奖赛、国庆歌咏大会、校园文化艺术节、读书节、体育节、邮展和学生美术作品展，以及文艺联欢会、诗歌朗诵会、辩论赛等活动。还成立集邮协会、书画协会、舞蹈兴趣小组。

附：将军山学校

2004年4月，县政府与厦门拓智信息咨询有限公司签订办学协议书，由该公司承办云霄一中初中部。学校暂借云霄一中江滨校园，冠名云霄一中分校，为全日制民办初中学校，秋季招生。同年，该公司根据协议书在将军大道中段临路建校舍，2006年上半年竣工，9月迁入，命名“云霄将军山学校”。学校邻近将军山公园，占地面积41990平方米，总建筑面积21186平方米。有高标准的物理、化学、生物实验室，多媒体教室，教师电子备课室，多功能学术报告厅和音乐、舞蹈、美术、乒乓球室，有300米环形塑胶跑道、篮球场。共投入资金5000多万元。2006年秋季，有33个教学班，学生1777人，教职工104人，其中中学高级教师6人、一级教师64人。

第三十一章　文　化

云霄有较好的文化创作基础和群众文艺活动基础。1997 — 2006 年，有各种文学、戏剧、诗歌、散文、美术、书法作品，获省和全国奖项，或收入《中国诗人文库》《中国诗词文库》和优秀作品集。群众性文化活动遍及城乡，威惠庙开漳圣王“巡安”民俗文化活动，被公布为省首批非物质文化遗产。家庭文化建设特色突出，有“家庭文化示范户”50 多户，“中心文化户”900 多户，居全省前列。

广播电视事业和新闻、出版、史志、档案、文物保护等工作扎时开展，成绩显著。2006 年，“广播电视村村通”被省评为先进集体单位。2005 — 2006 年，整理点校出版（内刊）民国增刊本清嘉庆《云霄厅志》和民国《云霄县志》。党史研究，撰写论文、人物传记 25 篇，被收入省市党史研究文集或在党史月刊刊登；开漳历史文化研究，出版《开漳圣王陈元光与云霄》等论文集和专集。

第一节　文化载体

一、县级文化单位

（一）县文化馆

1997 年有干部 8 人、职工 7 人，设音乐、舞蹈、曲艺、戏曲、美术、摄影、文学和民间文艺组。每年举办、协办文艺活动 100 多场。2005 年被省艺术馆授予“艺术扶贫”实施单位。2006 年，迁馆于将军山公园新落成的文化活动中心，总建筑面积 2900 平方米，在编干部 8 人，职工 4 人。

（二）县图书馆

1997 年与县文化馆在同一栋楼办公，使用面积 290 平方米。设外借部、阅览厅、采编室、咨询室、微机室，藏书 2 万余册。同年立项建新馆，址在江滨路人民体育场北侧，占地面积 1000 平方米，建筑面积 1920 平方米，1999 年 8 月建成投入使用。2006 年有干部 5 人、职工 3 人。

（三）县博物馆

1990 年 10 月，从县文化馆分出成立博物馆。馆址设于与县文化馆同一栋楼的五层，使用面积 180 平方米。其中展厅 90 平方米，库房 25 平方米，办公室及通廊 65 平方米，有文物藏品 179 件（套），二级文物 5 件，三级文物 106 件，一般文物 68 件；标本约 200 件。2006 年，编制 2 人，实有人员 3 人。

二、乡镇文化单位

1997 年，乡镇有文化站或文化中心 10 个，人事权归属于乡镇政府，县文化局从业务上进行指导。2000 年，文化站人事权改归县文化局。2006 年，全县乡镇文化站 10 个，有干部 10 人（含聘用干部 3 人），职工 16 人。普遍成立“四室”（阅览室、活动室、录像播放室、图书室）文化活动机构和开辟“三栏”（中心工作宣传栏，文化、教育科技信息栏，法制宣传栏）宣传活动阵地。

三、村级文化室（点）

1997 年，全县有村文化室（点）168 个，俱乐部 3 个，供阅报刊 15 种，藏书 2 万册；有器乐 200 件，棋类150套。2006年，村级文化室（点）182个，俱乐部5个，供阅报刊18种，藏书2.5万册，有器乐260件，棋类220套，村（社区）民间乐队和锣鼓队35个1550人。

四、文艺团体

（一）职业剧团

1997年，全县有潮剧、芗剧、木偶戏共18个团。专业剧团有云霄潮剧团，1997年进行事业体制改革，实行团长签约责任制，演职员43人，上演剧目50个。2000年在原址建新团舍，总面积2900平方米，设有资料室、排练厅、培训中心及职工宿舍，2006年有演职员68人。民间职业（业余）剧团有云霄潮剧二团，该团主要人员于1998年从县潮剧团分流组建，演职员50人；云霄潮剧三团，原为长垄村业余潮剧团，2006年改称云霄潮剧三团，演职员58人；青年潮剧团，1994年成立，演职员54人；新星潮剧团，2004年成立，演职员53人。2006年末，全县有云霄潮剧团、云霄潮剧二团、云霄潮剧三团、青年潮剧团、新星潮剧团及宝楼、顶城、青崎、下曾、莆美、下云、下港、火田、湖丘、河塘、新城、田畔和孙坑、船场、龙坑等23个潮剧团，以及马铺芗剧团和仙石2个木偶剧团。

（二）业余文艺团体

1997年，漳江潮韵社建立，由云陵镇下港社区离退休干部、潮乐爱好者40多人组成，多次参加县文艺活动与庆典仪式。2002年6月与台胞共同创作、演奏潮曲《云水谣》，在市、县广播电台播出。文化（业余）艺术团2000年3月建立，主要由城关中、小学和幼儿园教师组成。至2006年，共移植和编演40个舞蹈、小品、声乐、器乐节目，下乡演出50多场。声乐研究会，2001年6月成立，由热心声乐艺术的教师、干部120人组成，开展业余声乐理论探讨并经常参加文化下乡和节日文娱演出。漳江画院2003年建立，有创作委员15人，数十件美术作品入展全国性展览并获奖，为培养大批美术新秀，在省内外享有一定的知名度。同年，由城乡潮乐爱好者组成云山书院民乐队，有各种乐器40多件，多次参加县文艺晚会，其演奏节目多次在市、县电视台播出。快乐大姐演出队2005年建立，每年参加各类演出60多场，到2006年发展成员近百人。至2006年，全县有县文联直属的文学、书法、美术、音乐、舞蹈、戏剧、交谊舞、灯谜楹联、摄影、电影、花卉盆景、民间文艺、收藏等13个文艺协会及漳江画院（见第二十三章第一节第八目）。

第二节　文艺创作

一、文学创作

1998年，方朝晖等创作的电视广播剧《乡长曾潮州的最后一天》获全国电视广播剧一等奖。1999年，方朝晖创作的剧本《铁马风铃》获福建省新中国成立五十周年剧本征文一等奖，古装剧《翠翘传》和现代剧《代代乡长》分获福建省第21届戏剧会演剧本二、三等奖。2000年，唐镇河的诗歌《美丽梦幻》收入《中国诗人文库》。2001年，唐镇河散文《雪花姑》获《文艺报》全国作品评比二等奖，并收入《新世纪之歌》作品集。出版文学作品集主要有：唐镇河的《唱给故乡的颂歌》《爱心真情暖千家》《百姓忧乐挂心头》、方文达的散文集《秋韵依然》。2003年，吴爱智中篇小说《买来的女人》获中国文联主办的首届中国通俗文学大赛优秀作品奖。1997－2004年，方文达的散文《秋之思》《室有蕙兰香》等参加全国性比赛获奖，并被收入优秀作品集。2006年，何复初的《快板人生》出版，收集1953－2006年何复初创作的65篇快板和附载《快板书的基本功》等。古体诗词创作业余作者主要有张瑞莹、陈嘉音、董楚扬、张耀堂、吴鼎文、吴连德、许燕、方碧菱、方志勇、张天宇。作品散见于国内外诗词刊物，有的作者自费出版诗词作品集。

二、艺术创作

（一）音乐创作

1999 年，吴晓燕参加福建（中国）第六届“映雪杯”闽南语青年歌手电视邀请赛获漳州赛区第一名，在总决赛中获二等奖。2002 年，汤本立《把弘扬民族音乐为己任》获“南京·国际古筝艺术研讨会”优秀论文一等奖。《钢琴之岛出现一所古筝班》入编《当代中国科教文集》。2004 年，吴耀聪作曲的《祖国恋》在《中国音乐周刊》发表。

（二）舞蹈创作

2006年，林璐、吴芳等排演的《俏花旦》获福建省第二届社区文化艺术节漳州赛区一等奖。同年，林璐编排、黄婉珠等人表演的《叶儿青青枇杷黄》，获省文联、省舞协主办的福建省首届“太姥山杯”中老年舞蹈大赛三等奖。

（三）书画创作

1997 年，方文达、罗觉华作品（下同）入选“全国第七届中青年书法篆刻展”，方文达入选“全国首届扇面书法艺术大展”。1998 年，方政和、吴俊雄入选“第四届中国书坛新人作品展”。1999 年，方广智、方文达、方政和、吴俊雄、林秀娟入选“全国第七届书法篆刻作品展览”；邓建民入选“全国第三届楹联书法展览”。2000 年，方广智、方文达、林宗跃、林秀娟入选“全国第八届中青年书法篆刻展览”。同年，《云霄书法集》由中华书局出版发行，该书收入新中国成立以来云霄 50 多位书法作者的作品。2001 年，方广智入选“首届中国重彩画展”。2002 年，方政和获“全国中国画作品展”金奖；方文达入选“第三届全国正书大展”、“第四届全国楹联书法大展”。2003 年，方政和获“第二届中国美术金彩奖”中国画银奖、“全国中国画作品展”铜奖；方广智入选“全国第二届流行书风·流行印风大展”。2004 年，吴伟义入选“首届全国青年书法篆刻作品展”“全国第五届楹联书法作品展”“纪念邓小平诞辰 100 周年全国大型书法展览”“‘羲之杯’全国书法展”；方政和获“全国首届中国画电视大赛”银奖、“全国‘牡丹’题材专题创作大赛”银奖，另一作品被文化部选送参加“中法文化年美术交流展”。2005 年，方政和获“纪念蒲松龄诞辰 365 周年全国中国画展提名展”金奖；朱三益获“全国中国画作品展”优秀奖；方广智入选“第二届全国扇面书法展”；林宗跃入选“全国‘冼夫人杯’书法大赛”；吴伟义入选“第三届全国书法百家精品展”。同年，《云霄当代美术作品集》编辑出版，收入新中国成立以来云霄 51 位美术作者的作品。2006 年，方政和、朱三益、刘建新分别获“全国第六届工笔画展”铜奖、优秀奖；刘建新、林慕才入选“纪念中国工农红军长征胜利 70 周年中国画大展”；朱三益、方玉云、方钦桅、方美德分别获“全国中国画作品展”优秀奖；刘建新入选“远大杯北京国际美术双年展提名资格展”；林继枞刻字作品入围“全国第四届正书展”；吴伟义入选“全国首届行书作品大赛”。同年，林汉荣摄影作品《齐心协力》获全省税务系统摄影比赛二等奖。

个人书画作品集有《方文达书法集》《方正禾画集》《方政和工笔画创作解析》，唐镇河文学作品集《唱给故乡的歌》《爱的真情暖万家》。

第三节　群众文化活动

一、文艺晚会

1998 年 1 月，在县人民会堂举行李谷一专场演唱会。同年 12 月，刘晓庆、郁钧剑与广州轻音乐团在此同台演唱。1999 年 9 月 30 日，在人民会堂举行庆祝新中国成立 50 周年“祖国颂”文艺晚会，演出 20 个节目。1999 年 11 月，蒋大为在此演唱。2000 年 1 月 10 日，新疆昌吉回族自治州少数民族歌舞团抵达云霄慰问演出。同年 11 月，总政歌舞团在县人民会堂演出，杨洪基、田桂英等登台演唱。2001 年 6 月 30 日，在人民公园举行纪念中共建党 80 周年“心中歌儿献给党”万人歌咏大会，县直机关、企业、中小学 42 支合唱队参加演唱，县电视台转播实况。2003 年 2 月 14 日，在人民公园举行“枇杷品尝会”专题文艺晚会，演出 22 个节目。2004 年 4 月，漳州市“亿万老年人全民健身展示会暨启动仪式”在人民公园举行，县委宣传部、文体局、老体协组织 20 个节目参演，市和各县老体协人员及云霄观众 6000 多人观看演出。2004 年 9 月 30 日，县委宣传部、统战部在人民会堂举办“爱我中华”文艺晚会，6 个企业组织演出 18 个节目。2005 年 10 月，县委、县政府在人民公园主办“廉洁奉公，勤政为民”文艺晚会，各乡镇组织节目参加演出。2006 年 1 月 13 日，云霄县组织编演《奋进漳州，相约云霄》专场文艺晚会在漳州电视台演播厅演出，实况全市转播，市、县电视台多次重播。

二、戏曲演出

（一）潮剧

云霄潮剧团常年演出于闽南、粤东各地，年均演出 400 场左右，收入 140 万元。1997 年、2002 年两次在香港演出 150 场。该团《后汉风云》《左良玉》《曲判记》《狄青会姑》《金龙阵》《金玉良缘》等剧目首次拍制碟片。潮剧二团、三团及青年潮剧团、新星潮剧团常年在粤东、闽南地区演出，并多次到中国香港、泰国、新加坡献艺，年演出 300 多场。每年农历年底或陈元光、林偕春等诞辰纪念日，多数乡村、庙宇均请剧团演出酬神。

（二）木偶

1997 年，下河乡仙石村旧楼组建锦珍春木偶提线芗剧团，常年演出于闽南各地，演职员 12 人。1998 年，下河乡组建仙石村木偶提线潮剧团，常年演出于闽南、粤东各地，演职员 10 人。

（三）芗剧

1999 年，马铺乡磜头村门岭自然村组建马铺艺新芗剧团，常年演出于闽南各地，演职员 32 人。

三、舞蹈健身

1997 年，县文联、文化局、教育局及中小学、老年人大学经常举办舞蹈教学、培训、演出活动，县城区有数所民办舞蹈培训班。县城区、郊区的部分社区、村老年人协会、社会舞蹈爱好者，经常组织交谊舞、广场舞、民族舞等活动，参与者以中青年女性居多。每逢晨昏，在人民公园、云山书院、绥阳公园、江滨路、将军山公园、将军庙及社区内空地，都有爱好者练舞表演，参加者千人以上。参与者自发组织表演队伍，自费购置服装、自编舞蹈节目，自发组织社区文艺晚会，组织文艺踩街、秧歌队、锣鼓队，参与县举办的文艺晚会。至 2006 年，舞蹈成为普及的群众文艺活动。其中 2002 — 2006 年，青年学生曾一度流行街舞、爵士舞培训及表演。

四、焰火礼花燃放

1997 — 2006 年，县委、县政府共组织举办 6 次大型焰火礼花燃放活动。每年元宵节，县城区、农村有部分村社举办焰火燃放活动。

1999 — 2006 年云霄县举办焰火晚会统计表

表 31-1

	地　点	名　称	经 费（万元）	主办单位
1999-09-29	县人民体育场	庆国庆焰火晚会	10	县委宣传部
2000-02-19	县人民体育场	云霄焰火晚会	10	县委宣传部
2002-02-24	县人民体育场	庆祝江辉路通车	8.5	云陵镇政府
2003-02-15	漳南水果市场	枇杷品赏会焰火晚会	10	县枇杷协会

续表 31-1

	地点	名称	经费（万元）	主办单位
2005-02-23	将军山公园	云霄焰火晚会	10	莆美镇政府 临泰大酒店
2006-02-12	将军山公园	云霄焰火晚会	10	莆美镇政府 云陵镇政府 县三友房地产公司

五、家庭文化创建

1997 年，家庭文化活动日渐普及，城区居民户有钢琴 680 多架，筝 70 多架，各类文艺培训点 60 多处。2001 年，县举办“家家乐”文艺晚会，有 68 个家庭 256 人参加演出，县电视台进行实况转播。2004 年 11 月，漳州市在云霄召开“家庭文化建设”现场会，何复初、方整夫妇俩参加现场会，汇报演出《赞“农民活雷锋”黄荣来》等节目。至 2006 年，全县共评出“家庭文化建设示范户”50 多户，“文化中心户”920 户。

六、灯谜花灯展猜

1997 年，节日的县城区经常举办由县灯谜协会组织的专题灯谜活动，参与举办的单位有国税局、地税局、文明办、邮电局、国土资源局、工商局、烟草专卖局、文化馆、人民银行、农业银行、农村信用联社、环保局、建设局、财政局等。每年元宵节，莆美镇后汤村农民汤锦泗经常在村里组织举办灯谜活动。2001 年 2 月 26 日，县在将军山公园和陈政路举办元宵节花灯观摩活动，各乡镇、机关企事业单位和城关中、小学共有花灯 280 盏参展。2002 年 2 月，在江辉路举办元宵灯展，参展花灯 306 盏。同年，张铁城获锦州市“中旅杯”全国灯谜函寄创作大赛“最佳创作奖”；2003 年张铁城的代表作被收录《中国当代灯谜艺术家大辞典》。2004 年 5 月，专题节目灯谜《西厢记》《红楼梦》《宝镜篇》《追鱼》获漳州市首届水仙花文化创作奖铜奖，并被漳州市灯谜艺术馆收藏。2005 年，张铁城在中央电视台第 7 套《乡村大世界——印江印象》楹联征赛中，由中国楹联学会专家组评定获奖。同年 5 月，张伟雄参加“南安电力杯” 第二届网络现场灯谜会专题灯谜创作赛获佳作奖。同年 9 月，漳州市文明委组织的未成年人思想道德建设灯谜竞猜“建行杯”活动，云霄一中学生吴沁、蔡健怀、柳子昂获“团体电控竞猜”季军，吴沁被选入漳州市代表队，获省比赛个人竞猜第二名。同年 10 月，县国税局与灯谜楹联协会联合举办《税收宣传楹联集锦》征文，作品印制成册，被省国税局推广。2005 — 2006 年，县地税局与灯谜楹联协会联合举办 2 次税收知识灯谜大赛，参赛者 600 多人次。

七、舞狮舞龙

1996 年，大园醒狮队购置舞狮服饰器具 4 套，从大园社区挑选 24 名青少年组建醒狮队。1997 年陵北舞龙队成立，购置器具 6 套，队员 85 人。经常参与县各种庆典、新春拜年和文艺演出活动。

八、盆景根雕

1999 年，吴伟义榕树盆景参加中国盆景艺术家协会在厦门举办的“99 澳门杯全国盆景花卉精品展”；高振顺鹊梅盆景参加 1999 年海峡两岸花博会精品展。方永胜果蔬盆景分别获 2001 年、2002 年海峡两岸花博会创新奖、银奖。2005 年 11 月，中国盆景艺术家协会理事汤本立《书法与古筝、盆景艺理相通趣谈》获香港“世界文化艺术研究中心”国际优秀论文奖。根雕艺术作品主要有方启德《龟鹤图》等各种根雕 10 多件，陈振鑫《十二生肖》等根雕作品 20 多件。至 2006 年，县花卉盆景协会共举办春节、国庆盆景根雕展览 6 次。

九、民间工艺

县城黄金定戏具头盔店手工制作戏具头盔工艺，已有60余年历史，其制作工艺曾载入《中国戏曲志》。黄金定的儿子黄寿贵继承父业，1997 — 2006年，制作戏具头盔得到省内外戏剧团的青睐，产品远销新加坡、泰国等地。其制作技艺被县列入申报福建省非物质文化遗产项目。

十、收藏

1997年，张铁雷已收藏连环画册1.5万本，其中最早有民国18年（1929年）线装石印《三国演义》一套12本。方章雄收藏1966 — 2006年中央及省市报纸1.2万种。李国盛收藏陶瓷、杂件文物1000多件，张学明各种名酒5万多瓶，其中有20世纪60年代土陶罐茅台和红旗牌五粮液，20世纪70年代三大革命牌茅台。陈震收藏名家书法作品100多件（幅），郑连桂各种砚台150方，包括唐宋明清砚台。陈云平收藏各种中外烟标5万多张，最早为民国期间黄锡包牌烟标。方建民收藏火花（火柴商标）及火柴实物11万多件，其中有清光绪五年（1879年）中国首枚舞龙牌火花，由广东巧明火柴厂出品。2005年，方健民出席在无锡市召开的亚洲火花学会艺术研讨会，在会上发表论文《火花现状与发展》，获优秀奖。

第四节　新闻　图书　出版

一、新闻

（一）广电新闻

1997年，云霄人民广播电台每天播出《云霄新闻》一组3次，各15分钟。云霄电视台《云霄新闻》每星期播出3组，1999年1月1日，每天播出1组3次，各15分钟。至2006年，县电视台播出新闻2500多条。在市台播出200多条，省台播出近百条。县人民广播电台每天有12档新闻，每年播出新闻2300多条，在市台播出200多条，在省台播出近百条。

（二）报刊新闻报道

1997年，县委报道组为县内向上级新闻媒体报送新闻稿件的主要单位，并负责与上级新闻单位和基层通讯员的通联工作。全县机关各部门及各乡镇、开发区配有新闻报道通讯员，经常向报刊投递新闻稿件。至2006年，全县每年在市级以上及海外报刊发表稿件均在1000篇以上。其中，2006年1215篇，有200多篇在国家和省级报刊发表。县委报道组2006年被《福建日报》评为优秀报道组，被《闽南日报》评为先进报道组。2006年县委报道组有新闻工作者3人。

二、图书

（一）新华书店

县新华书店属事业单位，实行企业管理，经营各类学校课本和各种图书。地址在云漳路占地面积618平方米，建筑面积1280平方米，旧址和平路书店改为第二门市部。1997年职工23人。同年在“全国迎香港回归读书活动”中获全国组委会特等奖。2005年7月，加入福建新华发行集团，组建为福建省新华发行(集团）有限责任公司云霄分公司。同年9月，根据中共福建省委宣传部文件通知，分公司比照正科级单位实行管理。2006年有职工19人。

1997 — 2006 年云霄县新华书店图书销售统计表

表 31-2　　单位：种、元

	图书品种	销售金额	净利润	人均销售
1997	5383	7100378	206781	308712
1998	5439	9316983	307073	423499
1999	5651	10233485	363702	465158
2000	5694	9675639	428489	460745
2001	5765	9622230	346314	506433
2002	5832	10522298	153517	553805
2003	6029	11137002	334794	586158
2004	6053	12272028	428086	645896
2005	6378	12754148	320930	671271
2006	6548	12647321	434506	665648

（二）个体书店

1997 年，全县私营个体书店 30 家。由于经营效益差，1999 年降为 24 家，2002 年降为 22 家，2004 年降为 17 家，2006 年为 16 家。个体书店经营课本之外的各种图书。

三、出版

（一）《云霄乡讯》

1992 年 2 月，由县文联和对外文化交流联络会创办，县委宣传部主管。刊号 CN-35Q 第 0026 号，4 开 4 版、黑白版面、双月刊、印数 3000 份。主编张待德，至 2006 年共出版 58 期，为彩色版面，向香港、澳门、台湾地区和东南亚国家的云霄籍“三胞”发行 1.16 万份。

（二）《云霄商讯》

2005 年 5 月，由县工商联（商总会）主办，漳州市云天广告有限公司协办。刊号（漳）新出（2005）内书第 045 号，4 开 4 版，月刊，每期印数 1 万份。第一版为新闻，其他三版为专栏和广告。主要发行对象为工商企业、个体户。至 2006 年，共出版 20 期。

（三）《云霄文艺》

1992 年县文联创办。16 开本。1997 — 2006 年，每年出版 1 期。刊登县内文艺爱好者创作的文学、书画、音乐、灯谜、摄影等作品。

（四）《云霄文史资料》

县政协创办。1960 年创刊，1964 年停刊，1981 年复刊。每年出版 1 辑，32 开本。至 2006 年共出版 10 辑。每辑印数 1000 本。

第五节　广播　电视　电影

一、广播

（一）广播覆盖率

1997 年，广播设施老化严重，广播覆盖率低。2005 年，实施全县“村村通广播”工程，从行政村所在地和居民 50 户以上的自然村通广播，向居民 20 户以上的自然村发展。同年末，广播电视台的调频广播节目人口综合覆盖率99.5%。

（二）广播时间与节目设置

1997年，根据全国统一规定，县人民广播电台按时转播中央和省、市电台新闻节目，并自办县新闻和其他专题节目，用普通话和云霄方言播出。广播时间每天凌晨6点开播，晚上零点结束。设置的专题节目主要有《改革风云》《农业科技信箱》《经济潮》《人口与计生》《环保之窗》《金融指南》《理论学习》《综艺彩虹》《体育先锋》《音乐幻想》，以及各个时期党和国家的各项中心任务。至2006年不变，共有6个专题节目获省奖。

二、电视

（一）电视传输

1997年，莆美、陈岱、列屿、火田、东厦、下河、马铺、和平8个乡镇设有广播电视站，各站有3名职工。同年，云霄电视台有将军山、西公尾山、剑石岩等微波转播站。系统内有线电视台1座，终端1.04万个；系统外有线电视转播终端27座，终端0.68万个，传输线路电缆43公里，微波76公里。1999年9月，广电大楼扩建竣工，占地面积580平方米，建筑面积1240平方米，增设标准机房和演播厅。2001年，对城区有线电视进行光纤联网升级改造，网络由300MHZ系统改为750MHZ系统，节目由24套增为30套。2003年10月，与省东南网络公司合作开通宽带网，全县架设杆路94.23公里，光缆3763.8纤公里，光接点127个。电视光纤信号传递至各乡镇政府驻地。2004年，对莆美镇、东厦镇、火田镇、列屿镇、下河乡进行光纤联网改造，新增光纤杆线40.85公里，光纤总长度109纤公里，农村有线电视用户6057户。2005年，乡镇广播站收归县广播电视局管理。2006年3月推广有线数字电视，全县电视节目人口综合覆盖率95%。

（二）电视节目制播

云霄电视台的自办节目设有《天气预报》《云霄新闻》《周二视点》《警界纵横》《教育之窗》及点歌台、广告、电视剧等。另转播中央电视台《新闻联播》以及省市电视台的节目。2000年8月1日，创办《周二视点》专题栏目，以“反映社情民意，追踪社会热点，服务大众生活”为宗旨，至2006年底共播出334期，其中1件作品获省一等奖、4件获省二等奖、7件获省三等奖、8件获市一等奖。2003年被评为“福建新闻名专栏”。2003年11月23日，开播《警界纵横》，每月2期，以法制宣传和法制、法治新闻以及法律服务为主，至2006年底共播出75期。2005年2月，开办《教育之窗》，播出全县教育事业的工作动态，每星期播出一期，至2006年底共播出92期。此外，还辟有反映全县经济、社会发展及文艺演出、知识竞赛等专题节目。2001年元旦，首次实现室内现场直播大型文艺节目《家家乐文艺晚会》。春节期间播出“世纪之春”文化专题片。2002年2月2日，配合中央电视台采访报道“早钟6号”枇杷种植的新闻。2004年，配合中央电视台“发现之旅”栏目组拍摄播出《开漳圣地——土楼探秘》专题节目。2005年，配合中央电视台第7套《科技苑》播出《巴非蛤富了云霄人》。

（三）“村村通”工程

2005年2月，县广播电视同步实现“村村通”工程开始实施，全县共有盲村42个。2006年3月，全省广播电视“村村通”工作会议在云霄召开。县在广播电视“村村通”工程中采取“村锅”方式，被省广电局推广，并评为全省广播电视“村村通”建设先进集体，至2007年，全县共有90个20户以上自然村实现广播电视“村村通”。

三、电影

20世纪90年代，因受电视普及等影响，电影放映业务连续下降。全县仅存露天影剧院、县影剧院2个影院及3个放映队，2个影院放映场数大幅度下降，夜场多租作文艺演出之用。县电影发行放映公司，属自收自支事业单位，1997年人员40人。同年4月，县电影发行放映公司开展百部革命传统教育优秀影片放映活动，每年为全县中、小学生放映电影360场，观众12万人次。至2006年，举办农民电影节，下乡巡回放映电影560场，观众约22万人次。2006年有电影从业人员45人。

第六节　文　物

一、发现与征集

（一）历史文物

1997年初，县博物馆在火田大坑发现宋代浮雕佛教造像。同年10月，在十八间内向汤兆发征集一方古印度佛教四面体人物故事群雕石刻构件。1997年12月至翌年1月，省考古队与县博物馆在青莲庵遗址出土旧石器晚期小石器1件，距今约1万年。1998年初，省考古队在下营将军庙遗址进行发掘，出土了大量唐宋重要文物，其中有垂拱二年、开圣元年和大极元（年）三件巨型鼎炉铭文残片。1999年5月，在复兴路的古陶瓷遗址中，发现2件同类小石器。2002年1月，在陈政墓前新建石拱桥拱工程工地发现龟趺碑座头部残件，雕造年代为南宋嘉熙四年（1240年）。同年，县博物馆征集《明故正议大夫资治尹户部左侍郎吴公神道碑铭》两块残件。2003年2月，向元光中学学生征集1件卵圆形恐龙蛋化石，属白垩纪古生物化石，被鉴定为三级文物；同年6月17日，在民生路征集1方清咸丰六年（1856年）云霄抚民厅同知段喆断案碑刻。2004年，县博物馆在文物调查中发现北宋十八学士汤景琛墓道碑、山美城禁碑、油坑庵碑刻等。2005年8月，东厦镇方建平、张文清等在漳浦沙西派出所发现清新建石矾宝塔捐金碑记1件。还在大坑村玄宝庙发现宋浮雕石佛，在菜埔堡张士良故居前发现明浮雕麒麟照壁，在云山书院发现福建大总制少保李公重建云霄镇城功德碑，在水月楼左侧甬道口北侧发现康熙四十四年（1705年）四月遵奉宪行禁革商渔船只陋规碑记。

（二）革命文物

乌山闽南老游击队员之家　在原中共闽南地委机关驻地乌山公头里。2001年3月建，占地面积206平方米，建筑面积272平方米，内设革命历史文物展厅。展品有闽粤边红军独立营军号、原中共闽南特（地）委书记卢叨革命战争年代的笔记、《机关夜月图》（国画），卢胜将军20世纪60年代用过的钢盔、圆珠笔，永春县“功勋车”（LD牌自行车，时永春县属闽南地委领导范围，1949年冬永春县游击队攻入县城缴获该自行车）等革命文物。2007年1月，由省政府批准为“国防教育基地”。

云霄人民革命斗争纪念亭　在后汤村献宝山烈士陵园前。1995年由中共云霄县委、县人民政府建。亭内立碑，有卢胜将军题词及云霄人民革命历史简介。

陈元宰烈士纪念亭　在乌山原中共闽南地委机关驻地公头里。陈元宰20世纪20年代参加革命，后病逝。1957年，由福建省人民委员会追认为烈士。2006年9月，由陈元宰女儿陈甦、儿子陈哲承及和平乡出资兴建纪念亭，亭内有烈士生平碑刻。

仙石小学“乌山革命史展览室”　有中共云和诏县委第四游击大队枪支、土炸炮、挂包等革命文物。

红军歌曲　在下河乡顶梨畲村屋内墙上，一为《山地行军歌》：“我们就是无敌的红军……”，一为《工农筑路歌》：“谁是革命主力军，我们工农兵……”（有歌谱），落款“永定县十区”。为民国24年（1935年）闽西红九团在闽南地区时书写。

红军标语　在和平乡甘埔村一座房屋的白灰前墙上，有“一切不愿当亡国奴的人们，起来当义勇军！”“拥护北上抗日义勇军！”等标语11条，落款“中国抗日义勇军”。系民国25年，住此屋内的中共云和诏县委世吉区区委书记文阿业所书。当时驻乌山的闽粤边红军独立营番号为“闽粤边红军抗日第一支队”，并发动群众成立抗日义勇军大队。

二、文物保护

（一）省级文物保护单位

1997 年，全县有陈政墓、天地会遗址——观音亭、高溪庙等 3 处省级文物保护单位。2005 年 5 月 11 日，省政府以闽政文〔2005〕164 号，公布威惠庙、云山书院为第六批省级文物保护单位。

云霄县省级文物保护单位情况表

表 31-3

文物保护单位名称	公布时间	批准文号	年代	类别	地址
陈政墓	1991-03-20	闽政综〔1991〕162 号	唐	古葬墓	演武亭村
天地会遗址—观音亭	1991-03-20	闽政综〔1991〕162 号	清	古建筑	高溪村
高溪庙	1991-03-20	闽政综〔1991〕162 号	明	古建筑	高溪村
威惠庙	2005-05-11	闽政文〔2005〕164 号	明	古建筑	享堂村
云山书院	2005-05-11	闽政文〔2005〕164 号	清	古建筑	溪美社区

（二）县级文物保护单位

1997 年，全县有 39 处（详见表 31-5 附表），2001 年 8 月，县政府公布第四批文物保护单位 10 处。

云霄县县级文物保护单位情况表

表 31-4

文物保护单位名称	公布时间	批准文号	年代	类别	地址
华庙	2001-08-02	云政〔2001〕13 号	明	古建筑	中柱村
林偕春故居	2001-08-02	云政〔2001〕13 号	明	古建筑	前涂村
白云寺与帝昺井	2001-08-02	云政〔2001〕13 号	宋	古建筑	古楼村
寅饯寺与提喜故居遗址	2001-08-02	云政〔2001〕13 号	明、清	古建筑	高塘村
燕翼宫	2001-08-02	云政〔2001〕13 号	唐	古建筑	王府社区
吴原享堂	2001-08-02	云政〔2001〕13 号	明	古建筑	享堂村
下普庵	2001-08-02	云政〔2001〕13 号	宋—清	古建筑	演武亭村
林太史祖祠	2001-08-02	云政〔2001〕13 号	明	古建筑	郭墩村
下营将军庙遗址	2001-08-02	云政〔2001〕13 号	唐	古遗址	前埔村
普贤寺	2001-08-02	云政〔2001〕13 号	宋—清	古建筑	演武亭村

（三）文物点

涉台文物点　2005 — 2006 年，开展涉台文物普查，全县申报为省涉台文物单位有：陈政墓、威惠庙、燕翼宫、西林张氏孝思堂、阳下方氏孝思堂、阳下咸正堂、阳下观音亭、新衙内陈氏迪光堂、三房里张氏家庙，城关下关帝庙、云山书院、将军山、枧河何氏家庙、中柱墩上凤燕堂、莆美英济宫、礁美广德王庙、陈氏大宗、东厦高溪庙、高溪观音亭、白塔吴氏绍德堂、山美陈氏宗祠、城内汤氏大宗等处。

市级文物点　2006 年 5 月，漳州市文管办批准紫阳书院、陈氏迪光堂、吴氏志庆堂、方仁春墓、唐氏永锡堂、武庙、吴氏凤燕堂、高东溪祠、何氏家庙等 9 处为市级文物点，予以挂牌保护。

三、非物质文化遗产

2005年，云霄威惠庙开漳圣王巡安民俗被省人民政府公布为省首批非物质文化遗产名录。“巡安”风俗（俗称走王），清嘉庆《云霄厅志》记载。每逢元宵节，西门威惠庙等供奉“王爹”（陈元光）庙寺，从正月十二日开始，信众、鼓乐、彩旗、仪仗、燃放三眼铳沿街巡游，精壮青年即抬举“王爹”“王妈”等神像，疾力奔走，以祈求境域百姓平安，故曰“巡安”。沿途民众于门前置香案跪拜，场面极一时之盛。“巡安”神像正月十四在燕翼宫（又称王府）过夜，正月十五下午5时返庙。

四、馆藏文物

2006年，县博物馆馆藏珍贵文物126件，其中二级品5件、三级品121件、一般文物68件、未定级100件，标本200多件。馆藏文物中，商周石器、碑刻和书法等，多数为县内所发现和原有藏品，其余为县工商局移交的查没走私的外地文物。

（一）石器类24件

其中恐龙蛋化石1件、商周穿孔石戈2件、商周石镞1件、商周石饼2件、商周石锛14件、小石器1件、商周三穿孔石戈1件、商周砺石1件、商周尖状器1件。

（二）陶瓷类80件

其中陶网坠2件、印纹硬陶罐1件、陶钵1件、商周陶纺轮1件，汉弦纹辅首罐2件、汉锥刺纹单耳小罐1件、汉青釉锥刺点纹单耳小罐1件、东汉绿釉陶羊圈1件、东汉铅绿釉陶猪圈1件，六朝青釉水盂2件，晋青釉圆形虎子1件、晋青釉天鸡壶1件、晋青釉四系方格纹水盂1件、晋青釉四系盘口壶1件、晋青瓷鸡首壶1件、晋青釉锥点纹水盂1件、晋青釉方格纹水盂1件、晋青釉双耳杯2件、东晋青瓷天鸡壶1件，南朝青釉刻画莲瓣纹钵1件、南朝青釉水盂2件、南朝青黄釉耳杯3件、南朝四系盘口壶1件，唐青釉双耳罐6件、唐青釉盘口壶1件、唐青釉四系盘口壶1件、唐涩胎印花盖罐1件、唐青釉四系罐1件，五代青釉葵口碗3件、五代青釉瓜棱水盂2件、五代青釉碗1件，宋青釉碗3件、宋青釉莲瓣纹碗1件、宋青釉划花碗2件、宋青瓷印莲花盖罐1件、宋黑釉省油灯盏1件、宋堆塑魂瓶1件、宋青釉瓜形盖盒1件、宋黑釉陶鸡1件、宋建窑免毫盏1件、宋建窑黑釉免毫盏2件、宋建窑撇口免毫盏1件、宋青釉水盂1件、宋青釉器盖1件、宋青釉葵口碗1件、宋水波纹盖罐1件、南宋青釉小罐1件、宋青釉莲瓣纹碗1件，元青釉小盖罐4件、元青釉悬三足炉1件、元龙泉窑盖盒1件、元青釉小罐1件，明青釉三足炉1件、明青花缠枝莲花卉罐1件、明青花人物山景盖罐1件、明青花盖罐3件，清青釉三足炉1件。

（三）铜器类7件

其中汉半圆方枚人物镜1件，晋龙首三足铜谯斗1件、晋带鋬龙首三足铜谯斗1件，明仿花叶铜镜1件、明重轮“马氏从善”银锭纽铜镜1件，清“麟凤呈祥”铜镜1件、清“麟趾螽斯”铜镜1件。

（四）碑刻类7件

其中明诰封奉政大夫临澜张公墓志1件、明待赠诚斋庄公墓志铭1件、明“清漳重镇”匾1件，清奉旨边界碑1件、清十文良法碑1件、清新建石矾宝塔捐金碑记1件、清新建云霄石矾塔碑记1件。

（五）石雕类2件

其中宋四面佛石雕1件、南宋古印度佛教石雕1件。

（六）杂件类5件

其中元代铁权1件，清双马纹犀角杯1件、清料龙带钩1件、清白玉葫芦佩1件、清玉雕螭龙烟嘴1件。

（七）书画类1件

陈宝琛楷书七言对联，文曰“摄衣丈室参耆宿，放浪万里求蓬莱”。上款“纪周仁弟雅属”，下款“壬戌八月陈宝琛”，下钤印朱文“臣陈宝琛”，白文“太保之章”二枚印章。

附：1996年之前公布的云霄县文物保护单位

1985—1992年云霄县县级文物保护单位一览表

表31-5

文物保护单位名称	公布时间	批准文号	年代	类别	地址
林偕春墓	1985-01-15	云政〔1985〕40号	明	古墓葬	马山村
仙峰岩及七贤祠(包括摩崖石刻)	1985-01-15	云政〔1985〕40号	宋-清	古建筑	树洞村
南山寺及南屏书院	1985-01-15	云政〔1985〕40号	明、清	古建筑	莆美山
剑石岩（包括摩崖石刻剑石）	1985-01-15	云政〔1985〕40号	清	古建筑	城外村
磨剑之石（包括石刻）	1985-01-15	云政〔1985〕40号	唐	其他	享堂村 风吹岭
龙湫岩（包括石刻）	1985-01-15	云政〔1985〕40号	明	古建筑	白塔村
碧湖岩	1985-01-15	云政〔1985〕40号	明	古建筑	枧河村
五通庙	1985-01-15	云政〔1985〕40号	唐以前	古建筑	西林村
石矾塔	1985-01-15	云政〔1985〕40号	清	古建筑	湖丘村
军陂遗址	1985-01-15	云政〔1985〕40号	唐	古遗址	火田村
乞丐岭遗址	1985-01-15	云政〔1985〕40号	商、周	古遗址	火田村
漳州故城遗址	1985-01-15	云政〔1985〕40号	唐	古遗址	西林村
水头瓷窑遗址	1985-01-15	云政〔1985〕40号	宋	古遗址	水头村
闽南地委机关所在地	1985-01-15	云政〔1985〕40号	解放战争	近现代重要史迹	乌山 水晶坪
烈士陵园	1985-01-15	云政〔1985〕40号	1953	近现代重要史迹	后汤村 献宝山
万夫之望	1990-10-09	云政〔1990〕15号	元	石刻	莆美大山
天星聚讲	1990-10-09	云政〔1990〕15号	元	石刻	石牌村
仙字湖岩画群	1990-10-09	云政〔1990〕15号	青铜时代	石刻	树洞村
仙峰岩古岩画	1990-10-09	云政〔1990〕15号	青铜时代	石刻	树洞村
碧云亭与戴郡马神道碑	1990-10-09	云政〔1990〕15号	唐—宋	石刻	七里铺村
柔懿夫人庙	1990-10-09	云政〔1990〕15号	明	古建筑	山前村
青崎岩画	1992-05-29	云政〔1992〕7号	青铜时代	石刻	青崎村
降灵宝塔	1992-05-29	云政〔1992〕7号	宋	石刻	后安村
英济宫与莆美堡	1992-05-29	云政〔1992〕7号	明	古建筑	莆下村
古楼庙	1992-05-29	云政〔1992〕7号	明	古建筑	古楼村
龙章褒锡坊	1992-05-29	云政〔1992〕7号	明	古建筑	西林村
仙师洞石刻与岳坑关帝庙	1992-05-29	云政〔1992〕7号	明、清	石刻	岳坑村
树滋楼	1992-05-29	云政〔1992〕7号	清	古建筑	宜谷径村
秋瑾出生地——七先生祠	1992-05-29	云政〔1992〕7号	清	古建筑	享堂村
天后宫	1992-05-29	云政〔1992〕7号	明	古建筑	溪美社区
顶关帝庙	1992-05-29	云政〔1992〕7号	明	古建筑	大园社区

续表 31-5

文物保护单位名称	公布时间	批准文号	年代	类别	地址
下关帝庙	1992-05-29	云政〔1992〕7 号	清	古建筑	下港社区
菜埔堡	1992-05-29	云政〔1992〕7 号	明	古建筑	菜埔村
水月楼	1992-05-29	云政〔1992〕7 号	明	古建筑	溪美社区
贞烈坊	1992-05-29	云政〔1992〕7 号	清	古建筑	下港社区
龙泉岩	1992-05-29	云政〔1992〕7 号	清	古建筑	横山村
太平庙	1992-05-29	云政〔1992〕7 号	明	古建筑	大坪头村
炉峰书院与炉峰岩	1992-05-29	云政〔1992〕7 号	清	古建筑	石鼓村
魏太夫人神道碑	1992-05-29	云政〔1992〕7 号	唐	石刻	竹塔村

第七节　史志　档案

一、党史研究

（一）专题研究

1997 年，开展“云霄县拨乱反正”专题研究，编写《摆脱“左”的束缚，探索云霄振兴之路》专稿，入编《漳州拨乱反正》专辑；同年夏开展“云霄县农业合作化运动”专题研究，编写《组织起来，全面实现农业合作化》专稿，入编《漳州农业合作化运动》专辑；搜集整理原王涛支队第四大队大队长连大汉烈士史料，撰写《连大汉献身泗近塘》，入编《闽粤赣边区革命故事丛书〈血沃杜鹃红〉》第三辑（作家出版社出版）。

1998 年，开展“云霄县‘大跃进’运动”专题研究，编写《痛定思痛再反思》专稿，入编《漳州“大跃进”运动》专辑；搜集整理潘金德烈士和云霄县武工队革命斗争史料，编写《无畏的战士潘金德》和《威震敌胆的云霄武工队》，入编革命斗争故事丛书《烽火征程》。

1999 年，开展“云霄县社会主义市场经济体制的探索与构建”专题研究，编写《在改革中求发展》，入编《漳州社会主义市场经济体制的探索与构建》专辑；收集整理和平乡乡长曾潮州为抢救落水学生而牺牲的事迹《曾潮州》，发表于《福建省革命烈士传〈第十三辑〉》；《人民的好乡长曾潮州》入编大型纪实文集《历史的足迹》。

2000 年，编写“新时期云霄农村变革”专稿《深化农村改革，加快发展步伐》，入编《漳州新时期农村变革》专辑；搜集整理《红军奇袭云霄城》《水晶坪大捷》和《峰头水库的建设与库区开发》，入编市委党史研究室迎接中国共产党成立八十周年献礼专集《八十春秋党旗红》。

（二）其他编研

2001 年，搜集整理省政协原副主席（解放战争时期闽南特委书记）卢叨 1958 年、1959 年（时任福建省委宣传部副部长兼省委党校副校长）到云霄检查工作有关纠“左”的言行史实，编写《卢叨在云霄的两次纠“左”努力》（发表于《福建党史月刊》）和《浅析卢叨的思想作风和工作作风》（入选“2003 年漳州市加强和改进党的作风建设理论研讨会”论文集）。同年，泗近塘红军训练营地等 17 帧照片入选《闽南革命史画册》。

2002 年，搜集整理陈元宰、何两花、陈国桢、连大汉、文阿业、许大贵、潘金德等烈士事迹，编写《鞠躬尽瘁，默默无闻》《豆蔻年华写青春》《矢志不移，奋斗不息》《喋血泗近塘》《贫苦农民的贴心人》《胸怀大志，腹有良谋》《血洒桃仔寮》等革命史料，入编《为了崇高的信念》一书；搜集整理新中国成立后曾在云霄任职的 23 位处级以上干部履历资料，入选《中共漳州党史人物》，三位正厅级传主入选《中共福建党史人物》。

2003 — 2004 年，编写《云霄县农村党支部三级核心网络建设》，入选《漳州党史特色专题研究》。2005 年，着手搜集整理1949年10月至1978年12月党史专题史料，启动《中共云霄地方简史》的编撰工作。2006年，撰写《厦门、漳州早期党的领导人陈元宰》《抗战时期福建省云霄县人口伤亡和财产损失调研报告》。

（三）党史研究机构

1961年设立中共云霄县委党史办公室，1989年8月，改称中共云霄县委党史研究室。2006年编制7人，在编7人。

二、地方志编纂

（一）新方志编纂

1984年，县成立地方志编纂委员会，由县长兼任主任。下设办公室，为临时修志机构。进行新中国成立后首次修志工作。1988年，改县方志委为事业单位，编制6人，原办公室同时撤销。1999年12月，新编《云霄县志》由方志出版社出版发行，全书分上、下两册，共213万字。新编县志上溯云霄历史渊源，下止于1996年。2006年，编制6人，在编6人。2008年8月，根据福建省地方志编纂委员会部署，启动云霄县第二轮修志工作。为前志之续修，上限起于1997年，下限止于2006年，并对前志进行补遗与勘误。

（二）旧志整理出版

云霄旧志有清嘉庆版《云霄厅志》（北京图书馆藏孤本）、民国24年增刊本《云霄厅志》、民国36年版《云霄县志》。2005年，县人大常委会主任张小梅、副主任陈耀国发起组织旧志整理出版小组，由云霄师范学校高级讲师吴鼎文点校，先后于2005年、2006年经漳州市文化与出版局批准，出版《云霄厅志》（点校本）和民国《云霄县志》，两志各印600册。

三、开漳史研究

县开漳历史研究会，1995年3月成立。2006年5月换届，更名为县开漳历史文化研究会，是学术性、地方性、非营利性的社会团体，由近百名理事、常务理事组成。设会长、秘书长各1人，副会长、副秘书长、名誉会长、顾问各若干人。研究会对开漳史迹进行调查考察、对开漳史料进行搜集整理，并就陈政、陈元光为代表的唐府兵部众开发漳州前后的军事、政治、经济、文化、教育、民族、民俗、方言、移民和开漳部众谱牒以及对历代有关人物、史料、史迹等历史文化问题，多次召开研讨会，先后撰写出版《开漳圣王陈元光与云霄》《开漳圣王文化节论文汇编》《陈元光与开漳圣王文化》《开漳史参考资料》《开漳历史文化交流》《龙湖集笺注》《将军山与将军山公园》《将军山公园将军书法集》《将军山公园将军名人书画集》《将军山公园军旅书法家作品集》等论文、资料、书刊。

四、档案

（一）档案接收与管理

1996年8月，接收县委整党办公室档案21卷。2001年10月，接收县委组织部“三讲”（讲学习、讲政治、讲正气）档案56卷。2005年12月，接收县政府1981—2003年文书档案658卷。至2006年末，馆藏档案共15675卷，其中档案全宗76个，案卷总数11163卷；资料八大类4512卷（册）。全县各机关单位档案室整理并保存的档案63750卷，尚待进馆。1998—2006年，接收馆藏的还有新编的《闽漳蔡氏族谱》《马堂张氏族谱》（马堂属平和县，云霄有衍派）《朱氏族谱》《龚氏族谱》《云霄西林张氏家谱》《何氏族谱》；接收县开漳历史文化研究会编印出版《将军山公园将军名人书画集》《将军山公园将军书法集》《将军山公园军旅书法家作品集》等。2005年12月，对馆藏档案进行钴60放射灭菌处理。2006年12月，对馆藏档案目录进行电脑录入。

（二）档案开放利用

1998年10月，开放第四批档案39个全宗2916卷，1999年8月开放第五批档案2个全宗41卷。2006年6月，建立已公开现行文件利用中心，收集提供利用的法律、法规文书30册，文件144份。

（三）档案机构

1997 年，实行档案局、档案馆合署办公，事业编制 8 人，2003 年 11 月，新建档案馆落成，址在莆美镇宝城社区，占地总面积 613 平方米，总建筑面积 1500 平方米。同月迁址新馆。内设人秘股、监督指导组和保护利用股。2006 年，编制 9 人，在编 9 人。被省档案局确认为三级档案馆。

第八节　管　理

一、文化娱乐场所管理

1997 年初，文化娱乐经营单位 5 家。1997 — 2006 年，新办网吧 24 家，保龄球馆 1 家，娱乐厅 3 家；文化稽查队配合有关部门加强管理，查处传播“黄色影碟”案件及利用网吧、电子游戏机赌博行为。2006 年，全县有网吧 24 家、保龄球馆 1 家、娱乐歌厅 9 家、溜冰城 1 家、游戏机室 9 家、画廊画室 11 家、音像制品店 70 家。

二、音像、书刊市场管理

1998 年，检查文化市场经营摊（店）138 户，收缴走私、盗版及黄色、淫秽音像制品 662 片（盒），音像带 15 盒，录像带 2 盒，非法出版物 900 多册及其他印刷品，责令 9 户印刷厂和 7 户音像经营摊（店）停业整顿，并由公安部门拘留出售黄色淫秽音像嫌疑人 1 人。1999 年，查获盗版 VCD 碟片 3810 张。2001 年会同文化主管部门出动 390 人次、38 车次，检查书店 65 户、音像经营店 70 户、网吧 15 户、歌舞厅 8 户、电子游戏机店 9 户，收缴非法出版物 850 本、VCD5260 片、录音带 850 盒、电子游戏机 11 台，取缔不法经营户 9 户。2002 年，查获盗版 VCD200 张，予以没收罚款。2005 年，没收非法书刊 1280 册，案值 1.02 万元，罚款 1.2 万元。2006 年，查获盗版光盘 25 张。

三、有线电视管理

1997 — 2000 年，执行县政府《云霄有线电视管理暂行规定》，对破坏有线电视设施的行为，依照有关法令、法规，追究法律责任。2001 年会同公安局、工商局、外经局、科技局、经贸局联合制订《关于开展境外卫星电视传播秩序专项整治工作的实施方案》，由公安局、工商局、广电局联合发出《关于全面清理境外卫星地面接收设施的通告》，组织清理小组，加大查处力度。2003 年 1 月，县政府发出《云霄县有线电视管理规定》。至 2006 年，每年均组织人员对各乡镇有线电视点巡查管理，严肃查处滥播乱放行为。

四、文物管理

（一）管理责任制

1997 年，制订《博物馆库房管理制度》，文物藏品管理实行物账分开，专人专管。对征集到的文物及时入库存放，造册登记，根据不同质地，分级分类存放。博物馆内设立文物库房，配置铁橱、铁柜、铁窗、报警器、消防器、强光手电筒等。县文物保护协会同年在全县 54 个省级、县级文物保护单位设立工作委员会。县文体局制订《云霄县文化遗产保护管理制度》，加强文物保护、维修和管理。1998 年 3 月，省文化厅致函县政府要求保护青莲庵遗址，县博物馆将碑刻移入原址管理。1998 年 5 月，县文管会初定下营将军庙保护范围。2002 年 6 月，会同县安办、消防大队对全县文物保护单位进行防火安全检查，逐步建立安全保护报警设施。至 2006 年，定期做好防火、防盗工作。

（二）查处违法行为

1997 年 3 月，对七星山林太史墓路段及周边环境进行文物行政执法，制止取土碎石破坏；协调解决购置水月楼右侧建筑；4 月，协调征用城关下关帝庙后砖瓦厂旷埕 300 平方米，划为文物保护范围和建设控制地带；县文化局提出依法理顺吴原享堂交付博物馆使用的实施意见。1998 年 7 月，县政府召集相关单位在东厦镇溪塘村召开现场办公会，依法调整村办公楼建设计划，防止破坏高溪观音亭文物环境风貌。1999 年 8 月，县文管会、文化局出台《关于对水月楼切实加强管理的通告》，解决水月楼管理中出现的混乱现象，维护正常管理秩序。2001 年 12 月，省级文物保护单位高溪庙在维修中加强现场施工监督，确保工程质量符合要求。同年 9 月，县文管会出台《关于加强文物保护管理工作的意见》《关于加强云霄县文物市场管理的通知》，并协助公安、检察机关鉴定截获文物及文物案件定案工作，查处多起文物违法行为。2002 年 4 月，依法解决城关顶关帝庙右侧室庙产并予重修复原；同年 6 月，协调县城监大队处置天后宫文物被损与场地被占行为，妥善解决 5 方碑刻按原状嵌入南邻民房后墙问题。2004 年，依法加强西林慈济宫、吴原享堂、水月楼、上林圣宫、提喜故居、志庆堂维修工程监督，纠正施工违规行为。2006 年 8 月初，古建筑菜埔堡遭遇台风，倒塌部分城墙和 9 间民房，县博物馆提出疏通城濠、保护原状和维修保养方案，为申报省保保存条件。

第九节　机　构

一、县文化体育局

1997 年，县体育运动委员会并入县文化局，2001 年 8 月，更名为云霄县文化体育局。2006 年编制 7 人，内设人秘科、社文股、竞训股。下设直属县文化稽查队。2006 年人员 10 人。

二、县广播电视事业局

1997 年核定地方事业编制 9 人。内设人秘股、事业股、乡镇广播电视管理股和总编室。2006 年编制不变。

三、县广播电视台

1998 年 12 月，县人民广播电台、县电视台合并为县广播电视台，保留“云霄人民广播电台”和“云霄有线电视台”业务呼号，为县广播电视局下设单位。与县广播电视事业局实行局台合一，一套人马，二块牌子，下设新闻部、专题部、播出部、广告部。

四、县文物管理委员会

1984 年成立。由县委常委、宣传部长任主任，一位副县长和人大常委会副主任为副主任，主要进行文物保护法宣传、审查呈报文物保护单位和检查督促文物保护管理工作。

五、县文物保护协会

1991 年成立，会长 1 人，副会长若干人，秘书长 1 人。协会为民间社团组织，在所属 5 个省级文物保护单位和 49 个县级文物保护单位设工作委员会，依托文化主管部门宣传贯彻国家《文物保护法》和管理指导文物单位的维修、保护与管理。

第三十二章　旅　游

云霄县旅游资源丰富。境内气候宜人，山川秀美，花果飘香，有隽秀挺拔的将军山、乌山、梁山，国内罕有的海水温泉，被誉为“地球之肾”的红树林湿地，品种繁多的四季花果；有众多的开漳文化、天地会等遗迹，有独特的闽南民俗，有重要的闽南乌山革命根据地。1999 年起，先后建设将军山公园、乌山旅游风景区、红树林自然保护区、金汤湾海水温泉度假景区，是生态旅游、开漳文化旅游、红色旅游、休闲旅游的重要目的地。但旅游开发起步较慢，尚未有星级景区，旅游产业未形成规模。进入 21 世纪后，云霄县抓紧旅游产业的规划建设，加大资金投入，完善各类配套设施，为加快旅游业发展、建设闽南重要的旅游胜地打下基础。1997 — 2006 年，接待游客 228.2 万人次，旅游收入 3.67 亿元。

第一节　旅游资源

一、主要旅游风景区

（一）将军山旅游风景区

将军山为闽南文化名山，海拔 426 米，位于云霄县城西郊。东麓建有将军山公园，总控制面积 3.19 平方公里。园内有陈政墓园、归德楼、龙湖、碑林、开漳历史纪念馆等景点，停车场、美食村、茗香榭、儿童乐园等配套设施，城区主干道陈政路直抵公园东大门。大门上方有中共中央政治局原常委、中央军委原副主席刘华清上将的“将军山公园”题匾。为集休闲、观光、度假、娱乐、寻根谒祖于一体的综合性风景区（详见《专记》）。

陈政墓园　唐归德将军陈政暨夫人司空氏合葬于此。墓葬保存完整，墓前立石翁仲、石马、石羊、石望柱等，属宋代遗物。有整修重建的灵星门、华表、大门、长廊、御碑楼、碑亭、牌坊等仿唐建筑。墓园享堂有全国人大常委会原副委员长彭冲的“开漳先哲”题匾和国民党元老陈立夫的“开漳元勋”题匾，墓园入口处有厦门大学著名教授黄典诚书写的神道碑，神道前有中国书协主席张海书写的“陈政墓园”碑刻，墓园大门有中央军委原副主席迟浩田上将、全国政协原副主席杨成武、中国书协原副主席刘炳森、福建省委原常委何少川、著名古建筑专家罗哲文等书写的题匾、柱联等。为省级文物保护单位。

归德楼　为公园主体建筑，仿古风格，楼三层（不含夹层），高 21.9 米。登楼揽胜，大臣山、梁嶽、漳江入海口历历在目。楼南连曲廊通龙湖中纳凉亭，北接茗香榭亲水茶室。楼东西两面有驻闽部队原副军长郭喜华、福州军区原副政委王直、福建省书协原主席陈奋武、中国书协主席张海等书写的柱联、匾额。

龙湖　位于公园中心，面积 2.38 万平方米。湖为月牙形，呈环抱将军山之状，将军山与远处大臣山均可倒影湖中，再现“仙人倒影”之云霄胜景。

碑林　占地 8000 平方米，由书家、将军、名人三处碑林分区组成。共有 1000 块碑石、85 根花岗岩、圆柱、方柱，30 块自然状青石，镌刻墨宝 662 件、文字 18000 字、印通 495 通。书家碑林汇集中国书协启功、沈鹏、张海、刘炳森、张飚、陈永正、申万胜等百名书法家及会员作品，入口处有沈鹏题写的“开漳圣地”碑刻。将军碑林汇集刘华清、迟浩田、杨成武、徐惠滋、李景等 363 名共和国将军手迹，迟浩田为该区题词。名人碑林作者为 33 位省部级领导及 259 位各界知名人士，中国书协副主席张飚题写“名人书画”碑。

开漳历史纪念馆　建筑面积1040平方米，仿古建筑，庭院或布局，内设三个展厅，分别展示陈政、陈元光等开漳先贤的开漳伟绩，以及各历史时期的文物。

（二）乌山旅游风景区

乌山位于云霄县境西部，主峰西山源海拔1117米。距县城30公里，连绵云霄、平和、诏安三县边界，核心景区3.8平方公里。乌山巍峨挺拔、层峦叠嶂，奇峰、异石、幽谷、曲洞、碧水、云海，自然景观奇特，炎夏气候凉爽，为避暑胜地。又是著名的闽南革命根据地，为一处集自然景观与红色旅游为一体的重要旅游景区。

自然景观　有可容纳2000人站立的巨石，人称“龙床石”，有深不可测的石井，有盘曲蜿蜒由巨石堆砌而成的天然石洞，更有高耸入云、直冲苍穹的“笋石”，还有“八仙过海”“雏鹰待哺”“独占鳌头”“猴象接吻”“大圣升帐”“乌龟探井”“长剑横空”“鲤鱼跃龙门”“一线天”等奇峰异石，构成一幅巧夺天工的天然景观。有位于群峰之间的“天池”，水域面积26.6万平方米，水清如玉，清澈透底，周边多奇峰怪石，“太极仙翁”“石猴望月”等栩栩如生，巧奇天工。方圆79公里为森林公园、植被丰富，为天然氧吧。

红色史迹　乌山为革命战争年代中共闽南地委机关所在地，主要革命遗存有石门垒（公头里，原闽南特委机关旧址）、军械所、印刷所、伤兵处、交通点站、秘密通道等10多处遗址以及原闽南地委书记、福建省政协副主席卢叨的陵墓。2001年在乌山公头里建“闽南乌山老游击队员之家（云霄乌山革命纪念馆）”，为省爱国主义及国防教育基地。馆内陈列革命战争年代的各类文物。2006年，在公头里建陈元宰烈士纪念亭，陈元宰是20世纪30年代初中共厦门、漳州地区领导人之一。

（三）漳江口红树林自然保护区旅游风景区

位于东厦镇境的漳江口红树林湿地自然保护区，是中国红树林自然分布最北面积最大的重要区域。国务院于2003年6月批准为国家级自然保护区，保护区面积2360公顷。红树林被誉为“地球之肾”，人称“海底森林”。区内拥有100多种珍稀濒危动物物种，是候鸟迁徙的重要驿站，林中栖息着绿头鸭、灰雁、豆雁、黑嘴鸥、苍鹭等多种鸟类，林下养息着弹涂鱼、螃蟹、泥蚶、泥螺、鳗鱼等多种海洋生物，还滋生着多种藻类，构成独特的自然生态景观。建筑物有观海亭、观鸟屋。置身其中，但见海天万里、群鸥起舞、银涛千叠、绿树婆娑，实为县内一处不可多得的风景区。另有位于景区东面的清代建筑石矾塔，立于万顷波涛之中，岩石下海浪环涌，颇具特色。此塔还起着航标作用。

（四）金汤湾海水温泉度假景区

位于云霄县与东山岛交界处八尺门大桥旁的陈岱镇岱南村。拥有国内罕见的天然高矿化度海水温泉。温泉出水量大，出水温度高，矿化度高，又含稀有的氡气放射能。经相关专家鉴定，浸泡金汤湾海水温泉并结合各项疗法，对于骨骼关节、心肺血管、消化系统等方面的疾病有显著疗效，并可舒缓神经、减轻疲劳等，为不可多得的温泉极品。2006年7月，云霄翠丰房地产开发有限公司，注册资本1000万美元，建设金汤湾海水温泉大酒店和度假景区。

二、景点

（一）唐开漳遗迹

县境内开漳史迹甚多，主要有云陵镇威惠庙、燕翼宫、下营将军庙、磨剑石，莆美镇将军山陈政墓园，火田镇西林始建漳州城遗址、五通庙、陈政故居（开漳祖庙）、军陂遗址、开漳圣王陈元光原葬处（割布山）、戴郡马亭等。众多史迹中以威惠庙最为著名，为年接待海外组团游客谒祖的重要景点。省级文物保护单位。

（二）明林太史遗迹

主要有云陵镇云山书院，云陵开发区马山七星山太史公墓、莆美镇双溪口林太史公庙和林氏宗祠、前涂村林太史故居、莆美山“梅亭”南屏书院太史读书处、东厦镇佳洲村林太史祖祠等。云山书院占地1300多平方米，为闽南少见的方形楼阁建筑，庙前立有林偕春铜像及石牌坊、芳树亭与甘霖亭；殿额有艺术大师刘海粟题匾“云山书院”。省级文物保护单位。七星山太史公墓位于马山村马径山麓，墓近周共有七个小山包，状若北斗七星。墓呈风字形结构，封土堆上筑墓亭，墓园列置石狮、石马、石羊、石虎、望柱等石象生。墓园林木繁茂、绿草如茵、环境清幽。为省内外及海外游客的朝谒胜地。

（三）天地会遗迹

有位于东厦镇溪塘村北山的“天地会”创立地高溪观音亭及位于莆美镇高塘村北门的“天地会”创始人郑开故居等，多年来成为海外“洪门”人士拜谒参观的重要史迹。高溪庙为省级文物保护单位。

（四）明孝宗敕建遗迹

云陵镇望安山下明户部左侍郎吴原享堂，明弘治年间建，约3420平方米。堂前列置石狮、石马、石羊、石虎、龟趺等明代遗物。

（五）其他遗迹

有位于云陵镇享堂村的近代革命家秋瑾出生地“七先生祠”，有天后宫（妈祖宫）、顶关帝庙和西霞亭、水月楼、南山寺、龙湫岩、仙峰岩、剑石岩、灵鹫寺、炉峰岩、碧湖岩等佛寺，以及城隍庙、三坪祖师公庙、玄天上帝庙、三山国王庙、梁山尊王庙、地藏王庙（义坛）、英济宫等庙宇。

（六）土楼

县境内山区多处存有生土楼，楼为以生赤土、砂土、石、石灰为原料，竹条、木条为筋骨而夯筑成墙的土木结构楼房，二至四层不等，85%呈圆形，次者半圆形，少数正方形和长方形。楼内间数不一，多则八九十间，少则六七间。为清初和中叶建筑物，作为居住和防御作用。全县至2006年保存完好的土楼有81座，其中云陵镇1座、莆美镇3座（含云陵开发区）、陈岱镇1座、火田镇7座、东厦镇2座、下河乡32座、马铺乡17座、和平乡10座、常山开发区8座。保存较完整、规模较大的有：

世恩楼 位于云陵镇世恩地，为明户部侍郎吴原夫人林氏“京妈”驻楼。建于弘治二年（1489年），坐西北向东南，占地面积920多平方米，楼为回字形，分前后楼，中天井，前旷院，后大花园，左右厢房。楼墙均为三合土结构。现主楼保存完好，有石马槽等遗物。

聚星楼 位于陈岱镇岱东村。建于清乾隆四十四年（1779年），以花岗岩条石为基，三合土夯墙，圆形直径60米，面积3300多平方米，高3层16米，每层33间，计99间，均设前堂后室。二、三层各有内通廊。

树滋楼 俗称“宜谷径楼”，位于和平乡宜谷径村。建于清乾隆五十四年（1789年）。楼基至第二层墙壁均以花岗岩条石砌成，上为三合土夯墙。墙厚2米，高3层18米，楼平面呈正圆形，直径50米，周长151米，二坡顶。每层都有厅房，共有6厅78房。楼院里有一古井。

萃亨楼 位于常山开发区下云村，清中期建。呈方形，坐西北向东南，由前后两座构连成四合院，面积约350平方米。三合土夯墙，外大门石框雕琢精美，整体完好。

2006年云霄县现存土楼调查情况表

表32-1

楼名	所在地		形状	层次	结构	建筑时间	附注
	乡镇	村（区）					
世恩	云陵	大路	回字	3	三合土	明弘治年间（1488 — 1505年）	明吴原故居
武兴	莆美	益宝山	圆	3	土木、夯墙	明代	
圆楼	莆美	大埔	圆	2	土木	清末	
萃亨	常山	下云	方	2	三合土、夯墙	清中期	
聚星	陈岱	岱东	正圆	3	三合土	清乾隆四十四年（1779年）	

续表 32–1

楼名	所在地		形状	层次	结构	建筑时间	附注
	乡镇	村（区）					
彝阳	火田	溪口	单环马蹄	1	三合土	清乾隆年间（1736 — 1795 年）	黄颂建
恒升	火田	瓦坑	双圆正圆	3	三合土	清嘉庆三年（1798 年）	
怀德	火田	莆中	平面双圆	3	三合土	清中晚期（1852 — 1909 年）	1949 年 9 月，解放军长江支队与云和诏县委会师处。
四角	火田	溪口	四边形	3	三合土	清中后期	
麟游鹊起	火田	溪口	圆	2	三合土	清中后期	
静安	火田	火田	方	2	三合土	清道光年间（1821 — 1850 年）	
横云	火田	岳坑	圆	3	三合土	清道光年间（1821 — 1850 年）	太平军残部踞此
龙盘	东厦	竹塔	方	3	三合土	明万历年间（1573 — 1615 年）	豪绅廖龙盘建
光裕	东厦	荷东	四方形	3	三合土	清乾隆年间（1936 — 1795 年）	
下楼	下河	凤兴	圆	2	生土、土木	明代	
陶淑	下河	内龙	圆	2.5	生土、土木	明代	
交椅	下河	新坡	方圆合璧	3	生土、土木	明代	
上下圆	下河	新坡	圆	2	生土、土木	明代	
霞洞	下河	下洞	背椅形	3	生土、土木	明代	
瑞美	下河	下洞	圆	2	生土、土木	明代	
顶楼	下河	下洞	圆	2	生土、土木	明代	
燕翼	下河	梅林	圆	2	生土、土木	明代	
杨美	下河	车圩	圆	3	生土、土木	明代	
四角	下河	孙坑（大厝内）	四边形	2	生土、土木	明嘉靖三十五年（1556 年）	
四角	下河	孙坑（下孙坑）	四边形	2	生土、土木	清初	
无名	下河	石屏	圆	2	生土、土木	清康熙二十七年（1688 年）	
背椅	下河	石屏	背椅形	2	生土、土木	清康熙三十六年（1697 年）	
圆山	下河	石屏	圆	2	生土、土木	清康熙四十九年（1710 年）	
东园	下河	上河	半圆	1	生土、土木	清雍正年间（1723 — 1735 年）	
上楼	下河	石屏	圆	2	生土、土木	清乾隆二十一年（1756 年）	

续表 32–1

楼名	所在地		形状	层次	结构	建筑时间	附注
	乡镇	村（区）					
背椅	下河	坡兜	背椅形	3	生土、土木	清嘉庆五年（1800 年）	
庆昌	下河	上河	半圆	1	生土、土木	清道光二年（1822 年）	
圳头	下河	坡兜	圆	3	生土、土木	清道光三十年（1850 年）	
安前	下河	坡兜	四边形	2	生土、土木	清光绪二十六年（1900 年）	
安后	下河	坡兜	半圆	2	生土、土木	清光绪二十六年（1900 年）	
燕翼	下河	车圩	圆	3	生土、土木	清宣统年间（1909 — 1911 年）	
交椅	下河	龙透	背椅形	2	生土、土木	清中期	
洞府	下河	龙透	圆	1	生土、土木	清中晚期	
无名	下河	世坂	圆	2	三合土	清代	
无名	下河	世坂	圆	2	三合土	清代	
梅福	下河	后山	圆	2	生土、土木	清代	
无名	下河	后山	圆	3	生土、土木	清代	
新楼	下河	凤兴	圆	2	生土、土木	清末	
四角	下河	三星	四方	2	生土、土木	民国	
九垢	下河	金坑	圆	2	生土、土木	近代	
金安	下河	金坑	圆	2.5	生土、土木	近代	
石古	马铺	石鼓	圆	3	生土、土木	明弘治十三年（1500 年）	
旧寨	马铺	上洋	圆	2	生土、土木	明万历二十八年（1600 年）	
新寨	马铺	上洋	圆	2	生土、土木	明万历二十八年（1600 年）	
乐善	马铺	杨美	圆	2	生土、土木	明万历二十八年（1600 年）	
水头	马铺	石鼓	圆	3	生土、土木	明万历二十八年（1600 年）	
朝辉	马铺	客寮	圆	2	生土、土木	清康熙三十九年（1700 年）	
和兴	马铺	乌螺	圆	3	生土、土木	清乾隆十五年（1750 年）	
树滋	和平	宜谷径	圆	3	三合土	清乾隆五十四年（1789 年）	革命战争期间乌山游击队被国民党军队围困 7 昼夜楼攻不破
文山	马铺	泮坑	圆	2	生土、土木	清嘉庆五年（1800 年）	

续表 32–1

楼名	所在地		形状	层次	结构	建筑时间	附注
	乡镇	村（区）					
内向	马铺	泮坑	圆	2	生土、土木	清嘉庆五年（1800 年）	
顶楼	马铺	乌螺	圆	3	生土、土木	清嘉庆五年（1800 年）	
楼内	马铺	客寮	圆	2	生土、土木	清光绪二十六年（1900 年）	
桥头	马铺	桥头	圆	2	生土、土木	清宣统三年（1910 年）	
凤山	马铺	大坪	半圆	2	生土、土木	民国九年（1920 年）	
圆楼	马铺	大坪	圆	2	生土、土木	民国九年（1920 年）	
坪水	马铺	坪水	方	2	生土、土木	民国九年（1920 年）	
新楼	马铺	乌螺	半圆	2	生土、土木	民国九年（1920 年）	
新楼	马铺	磜头	圆	2	生土、土木	1950 年	
四角	和平	通贝	四边形	2	生土、土木	近代	
中楼	和平	上坂	圆	2	生土、土木	近代	
顶楼	和平	上坂	圆	2	生土、土木	近代	
永春	和平	河塘	圆	2	生土、土木	近代	
顶楼	和平	内洞	圆	2	生土、土木	近代	
莆阳	和平	莆顶	圆	3	生土、土木	近代	
岳德	和平	莆顶	圆	2	生土、土木	近代	
溪坪	和平	莆顶	圆	2	生土、土木	近代	
无名	和平	甘埔	圆	2	生土、土木	近代	
官宅	常山	官洋	圆	2	生土、土木	近代	
马洋	常山	官洋	圆	2	生土、土木	近代	
半径	常山	大埔	圆	2	生土、土木	近代	
白狗洞	常山	白竹	圆	2	生土、土木	近代	
楼仔岭	常山	坪岭	圆	2	生土、土木	近代	
九溪	常山	石牌	圆	2	生土、土木	近代	
石牌	常山	石牌	圆	2	生土、土木	近代	
柘林	常山	柘林	圆	2	生土、土木	近代	

注：本表由张煌辉、张耀堂整理。表中数据由县方志委联合各乡镇党政办、文化站调查

第二节　旅游开发

一、规划

1998 年，聘请西安建筑科技大学古建筑专家赵立瀛教授对将军山公园进行规划设计。公园总体规划结构概括为“三点一线十个片”。“三点一线”即公园大门—归德楼—揽胜台成一条直线；“十个片”即十个景区：龙湖、文化中心、颐华园、儿童乐园、机械游戏城、十里香美食村、荔园山庄及百果园、蕉园别墅、绿野天地及植物园、陈政墓园。金汤湾海水温泉景区规划占地总面积 100 公顷。第一期规划建设用地 20 公顷，按五星级标准建造温泉度假酒店，建室外汤池及各类客房 110 间，其中 45 间配套温泉泡池。配套温泉疗养、客房、餐馆、会议等多种服务功能。2003 年开始进行全县旅游发展规划，委托北京达沃斯景观规划设计院就全县旅游产业的重点景区、旅游线路、旅游产品、旅游地营销及支持保障、生态环境保护等方面的发展进行规划，2005 年 4 月 5 日经专家组评审通过。

二、建设

1997 年，主要投入资金用于将军山、乌山、漳江口红树林、陈岱海水温泉等景区景点开发建设、旅游规划、环境整治、基础配套设施建设及宣传促销等。至 2006 年，全县累计投入旅游业资金 4 亿多元。其中将军山公园共投入 1.7 亿元，基本完成景区主要项目建设；乌山风景区投入 7400 万元，用于建设通景区的公路 30 公里及景区内的人行便道、停车场、护栏、石阶等配套设施、纪念馆与革命遗址维修。2003 年，红树林保护区与“世界自然（香港）基金会”开展“漳江口红树林保护区湿地资源保护和合理利用”合作项目。2005 年，由香港米埔红树林保护区帮助培训红树林管理人员和宣传员 12 人。保护区内建有观鸟屋及木质栈道。七星山风景区投入 700 多万元用于景区道路、停车场、绿化、水电等设施建设。至 2006 年，各乡镇场（开发区）、各村区对其管辖的景区景点进行维修扩建，投入经费 1 亿多元。

三、开发

（一）风味特色小吃开发

2005 年，县政府在将军山风景区建美食村，有风味餐馆 49 间。主要风味小吃有将军山烧窑鸡、水面、各色包子、清汤大肉丸、牛肉丸、绿豆粉粿、咸粿、水晶粿、萝卜粿、水饺、香肠、肉卷、海蛎煎、发煎、糯米糍、酥糖、四果汤等。在乌山、红树林景区等处，也有村民利用山海特色食品，开发农家菜肴应客。

（二）民俗风情活动开发

1997 年，在对香港、澳门、台湾地区和对外旅游接待活动中，县、常山开发区组织开发圣王巡安（包括鉴王、走王、巡城）、潮剧、东南亚风味美食、舞蹈等民俗风情项目，丰富旅游产品，提高旅游品位。至 2006 年，成为云霄县颇具特色的涉外涉台项目。

第三节　旅游市场

一、旅游宣传

2001 — 2006 年，发行云霄风光明信片 5 万张，制作《云霄旅游指南》《云霄重点旅游项目招商指南》《乌山重点旅游项目推介》等多种宣传材料共计 6 万册。历年均参加国内旅游交易会和中国厦门“9·8”贸易洽谈会，并在展厅设置展位展示云霄旅游特色产品；制作云霄旅游风光专题片在国内各重点客源市场进行展播。每年均组织人员分赴广东、厦门、福州等地进行旅游推介，与漳厦、潮汕地区联手开拓和巩固客源市场。

二、旅游线路

1997 — 2006 年，县内两家旅行社主要组织或代办国内游、境外游，接待过境游。过境游客多为广东潮汕地区，主要停留旅游景点为金汤湾及云顶大酒店。县内游多为一、二日短线游，主要为由县内居民及周边厦、漳、泉、潮汕等地区的游客自发组织的自助游，不拘线路，依喜好及季节自行安排旅游线路。另有前来寻根朝拜的海外游客组团占较大比重。县内旅游主要有唐开漳遗迹游、明林太史遗迹游、红树林湿地生态游、乌山红色游等线路。

三、游客与旅游收入

1997 年，前来境内旅游观光和商贸活动的游客日益增多，并呈逐年增长的态势。至 2006 年，全县共接待游客 228.2 万人次，旅游总收入 3.67 亿元。旅游消费中交通、餐饮、导游、娱乐为主要消费点，约占 95% 以上，县内各景区景点均未设立收费门票制度，旅游纪念品除明信片外，品种甚少。购物消费尚处于起步阶段，所占比重很低。

1997 — 2006 年云霄县接待游客人数及旅游总收入表

表 32-2　　单位：万人次、万元

年份	1997	1998	1999	2000	2001	2002	2003	2004	2005	2006
接待游客	14.2	15.6	16.9	18.8	21.5	24.3	25.6	28	30.1	33.2
旅游总收入	700	1100	1500	2100	2800	3700	4100	5000	6800	8900

1997 — 2006 年云霄县住宿业接待过夜旅游者人数统计表

表 32-3

	合计		外国、华侨及中国香港、澳门、台湾地区旅客										中国大陆游客	
			合计		外国人		华侨		中国香港、澳门		中国台湾地区			
	人次	人天数	人次	人天数	人次	人天数	人次	人天数	人次	人天数	人次	人天数	人次	人天数
1997	11685	47879	3343	31258	106	526	64	217	1744	16477	1429	14038	8342	16621
1998	12555	50918	3453	32370	111	615	28	100	1730	16364	1584	15651	9102	18548
1999	12181	44562	2777	25651	157	787	9	9	1572	15067	1039	9788	9404	18911
2000	13747	49364	3617	29230	137	680	32	55	1296	11773	2152	16722	10130	20134
2001	12349	36377	2164	16265	87	554			1069	9318	1008	6393	10185	20112
2002	12618	36871	2278	16673	78	336			858	3212	1342	13125	10340	20198
2003	12723	43105	1992	19419	61	277			504	4859	1427	14283	10735	23686
2004	13959	57704	1856	18273	38	186			361	3545	1457	14542	12103	39431
2005	11819	48801	1306	12368	19	80			195	1904	1092	10384	10513	36433
2006	11831	36585	1687	16485	27	120			211	2057	1449	14308	10144	20100

注：2001 年后的华侨统计在外国人指标内

四、旅行社组团旅游

1997 年，县内旅行社组织外出旅游团 120 批（次），参加人数 1800 人，旅行社代收费 270 万元。1998 年开始，旅游团业务逐年发展。2000 年，组织 135 批（次），人数 2430 人，代收费 413.1 万元。2006 年，组织 135 批（次），人数 2450 人，代收费 465.5 万元。

1997 — 2006 年云霄县居民参加国内旅游团统计表

表 32-4　　　　金额单位：万元

年份	批（次）	人数	旅行社代收费	主　要目的地	年份	批（次）	人数	旅行社代收费	主　要目的地
1997	120	1800	270	北京、华东、西南	2002	135	2430	413.1	北京、西南、华南
1998	125	2250	360	北京、华东、西南	2003	65	1040	176.8	西南、华南
1999	122	1830	274.5	北京、华东、西南	2004	86	1720	306	华东、华南
2000	128	2304	368.64	北京、华东、华南	2005	126	2520	428.4	北京、华东、西南
2001	130	2340	386.1	北京、华东、西南	2006	135	2450	465.5	北京、华东、西南

第四节　旅游服务设施

一、旅行社

（一）云霄长城旅行社

1997 年成立。主要服务项目为组团、导游、预订机票（火车票）、小车出租、旅游（探亲）办证、航空货运、商务考察、商务信息等，有从业人员 8 人。2003 年获福建省青年文明号称号，2006 年被评为省百佳旅游单位。

（二）康华旅行社

位于将军大道泰景新城 9 号楼，主要服务项目为组团导游、预订机票、火车票、旅游探亲办证、航空货运、商务考察与信息等，有从业人员 6 人。

二、宾馆与餐饮酒店

1997 年末，全县各类宾馆、酒店 50 家，床位 900 余个，725 人，旅游从业人员 1000 多人。1998 — 2006 年，新增 63 家，床位 1000 余人，职工 484 人，旅游从业人员 800 多人。（详见第十四章《商贸与服务业》）

附：主要酒店

（一）临泰大酒店

2004 年 12 月开业，位于县城江滨路漳江河畔。中新（新加坡）合作企业，按三星级宾馆标准设计。营业面积 1 万平方米。设有各种套房 80 间 KTV、RTV、会议室、茶室、餐厅。2006 年 6 月，国家旅游局授为三星级旅游涉外饭店。

（二）云顶温泉大酒店

2006 年开业，位于将军山风景区旁，按国际五星级标准兴建。有 147 间豪华客房，卡拉 OK 厅、夜总会，中、西、日式餐厅和国际会务中心，24 间温泉汤房及 6000 平方米的室外汤池。

（三）金汤湾海水温泉大酒店

2006 年开业，位于陈岱镇八尺门海滨，占地面积 5 万平方米，建筑面积 2 万平方米。有可容纳千人的海水温泉团区、水疗馆及110套各类型客房、4个主题餐厅、大堂吧、汤吧，具有温泉养生、休闲度假、商务接待、亲子娱乐、水上运动等多项功能。

第五节 旅游管理

一、景区景点保护与管理

1997年，县成立旅游工作领导小组，由县长任组长，负责研究协调全县旅游业发展的重大问题，指导全县旅游发展总体规划的修订与实施，加强对全县旅游产业政策、旅游重点项目的指导与协调，检查督促扶持旅游业发展有关政策措施的贯彻落实。下设办公室，办公地点在旅游局。2001年2月，县政府公布《将军山公园管理暂行规定》，明确保护区的范围和保护事项。在风景资源区外围划出一定的保护地带，在将军山公园区域内实行十不准。不准危害公园破坏文物古迹和公共设施、环境保护等。2005－2006年，加强对乌山、红树林、七星山等风景区保护。

二、安全管理

1998年，年初县旅游局督促各旅游企业层层签订安全责任状，开展旅游安全大检查，督查各类事故隐患的排查整治。及时对外公布旅游投诉、咨询电话。在旅行社审批、星级饭店认定、A级旅游景区评定活动等工作中强化安全测评。健全事故报告制度、举行制度和责任追究制度。发生安全事故立即上报县旅游局，在12小时内报市旅游局，24小时内报省旅游局。至2006年，云霄未发生重大旅游安全事故。

三、机构

县旅游局 1997年3月成立县旅游事业管理局，事业编制5人。承担着全县旅游业行政、行业管理和执法监督等职能。设人秘股、综合股。2006年定编7人，在编5人。

第三十三章　卫生　体育

1997 — 2006 年，推行医疗保险制度，开展医疗机构和药品流通体制改革，完善县、乡、村三级医疗卫生保健网络，推进疾病防控、妇幼保健、食品医药安全监督的法制化、规范化、标准化管理和开展爱国卫生运动；县财政投入卫生事业 7076 万元，年均增长 2.19%；县医院、中医院晋级为二级甲等医院，妇幼保健院晋级为一级甲等院；村级卫生所（室）从 173 个发展到 237 个，全县医务人员 1300 多人。

体育事业贯彻执行《全民健身计划纲要》和《奥运争先计划》，增建运动场馆和体育设施，开展全民健身活动，组织参加各级各类运动会，为国家培养输送一批人才。1997 — 2006 年，全县举办 4 届中小学生运动会和 4 次单项比赛，组织参加全国、省、市运动会及市中小学生运动会和单项比赛，获全国第 6 名、第 8 名 2 项，获省级冠军 2 次，获市级冠军 70 人，亚军 62 人，第 3 名 31 人；农民体育获省龙舟比赛冠军，女子龙舟获全国第 3 名；少体校皮划艇获全国比赛好名次。

第一节　卫　生

一、医药卫生体制改革

1997 年，继续实施“农村人人享有卫生保健”的初级卫生保健工程，强化县、乡、村三级医疗卫生保健网络的建设和管理。2000 年 4 月，经福建省初级卫生保健工作委员会评审和省卫生厅批复，云霄县达到初级卫生保健的合格标准。

1998 年，县委、县政府出台《关于加快卫生改革与发展的决定》，推行医疗保险制度、医疗机构和药品流通体制改革，执行新的医疗机构分类管理制度，引进竞争机制，完善医疗机构的价格体系、补偿机制、医院内部运行机制及人事分配制度改革；构建疾病预防控制体系和卫生、药品监督体系，探索乡镇卫生院公益性管理体制和运行机制等方面的改革。1999 年，县医药公司实行集体或个人承包改革（详见第十四章《商贸与服务业》），放开医药市场（国家禁止私营药品除外），个体私营药店及诊所均可直接向制药厂或药品经营单位购买药品。2000 年 12 月成立县医疗保险中心，2001 年，实行机关、企事业员工个人医疗保险制度。2006 年，围绕解决群众“因病致贫、因病返贫”难题，采用“政府举办、县为单位、保障适度”模式，推行农村新型医疗保障制度。

二、医疗卫生机构

（一）县级医院与急救中心

县医院　在云陵镇宝楼街楼仔脚 15 号。1997 年，医院总建筑面积 1.38 万平方米，病床 200 张，工作人员 294 人。同年，贯彻执行卫生部颁发的等级医院建设标准。1998 年 7 月新建病房博爱楼落成，总建筑面积 8800 平方米，增加病床 100 张，购置全自动生化仪等设备，经省卫生厅验收认定为二级甲等医院。2000 年，增设“CT”诊断室。2001 年，增设彩色 B 超室、电子胃镜室、血液透析室。2002 年，增设综合性重症监护室（ICU 病房）。2005 年与福建医科大学第一附属医院建立医疗联合体，开展心脏外科、颅脑外科、脊柱融合等高难度手术。2006 年，医院占地面积 2 万平方米，总建筑面积 2.18 万平方米，病床 300 张，人员 370 人（专业技术人员 287 人）。年门诊、急诊 160578 人次，住院 7879 人次。1996 年，由卫生部、联合国儿童基金会、世界卫生组织授匾“爱婴医院”。

县中医院　在云陵镇江滨路 129 号。1997 年，医院总建筑面积 9000 平方米，病床 150 张，工作人员 212 人。1999 年 10 月，建成新病房安泰楼，总建筑面积 4500 平方米，增加病床 50 张，购置“CT”“彩超”、全自动生化仪等高新设备。2000 年 2 月，经省卫生厅验收定为二级甲等中医院。2006 年，医院总建筑面积 17779 平方米，病床 200 张，人员 253 人（专业技术人员 213 人）。年门诊、急诊 92927 人次，住院 5268 人次。中医药治疗率 85%，中医病历书写率 80%，中医痔漏科、骨伤科等中医特色科室中医药治疗率 100%，治疗有效率 98%。1996 年，由卫生部、联合国儿童基金会、世界卫生组织授匾“爱婴医院”。

县妇幼保健院　1997 年，县妇幼保健所保健人员 19 人，乡镇卫生院妇幼科 29 人，村接生员 145 人。2002 年推行住院分娩，村接生员改称妇幼保健员。县妇幼保健所原设于县防疫站，内设妇女保健科、儿童保健科、婚前保健科、检验室、B 超室、放射室、药房、婚前保健室，并于云平路 40–2 号设门诊部。2001 年 9 月，迁入县城新区宝城里 707 号新建保健所，占地面积 1908 平方米，总建筑面积 2700 平方米，内设医务科、护理部、检验科、药剂科、保健部、婚检室、咨询室和保健科技培训中心。住院部床位 30 张，产床 4 张。2003 年 8 月，获国家卫生部、联合国儿童基金会、世界卫生组织授匾“爱婴医院”；10 月，妇幼保健所改为县妇幼保健院；12 月，批准为一级甲等妇幼保健院。2006 年，增设儿科病床 20 张，全院 55 人（专业技术人员 51 人）。

县“120”急救中心　1998 年 1 月设立，设在县医院内并由该院管理，急救车 2 部，人员 10 人，全天候 24 小时呼叫服务。2000 年 10 月，县中医院成立“120”急救中心服务点，急救车 2 部，人员 9 人。后改为县“120”急救中心县医院急救站、县中医院急救站，实行县医院站逢单日、县中医院站逢双日出勤。

（二）乡镇卫生院

陈岱中心卫生院　在陈岱镇集星路 110 号。1997 年，卫生院建筑面积 3000 平方米，人员 30 人，病床 30 张，设内科、外科、妇产科、儿科、中医科；同年被中国爱婴医院最高评审委员会批准为爱婴中心卫生院，由卫生部、联合国儿童基金会、世界卫生组织授匾《爱婴中心卫生院》。1998 年，与县医院结为协作医院。2001 年，与漳州市医院结为协作医院；同年 5 月开设皮肤科，8 月添置尿十项分析仪，开展尿常规快速检验。2002 年 7 月，添置半自动生化仪，开展血液生化检查。2003 年，建立耳鼻口喉科。2004 年 7 月，开设肛肠科，添置全自动生化仪和 XG200 毫安 X 光机；10 月 20 日，新加坡华侨陈东平捐资人民币 232 万元建新病房、门诊楼和添置设备，建成后医院占地面积 5400 平方米，总建筑面积 2680 平方米。2005 年，增设 B 超室；4 月，成功进行首例肾脏摘除手术。2006 年，人员 45 人（其中专业技术人员 34 人），病床 80 张，门、急诊 24021 人次，住院 884 人次。

下河中心卫生院　在下河乡车圩村。1997 年，建筑面积 2027 平方米，设内科、外科、妇产科、儿科、五官科、防疫科、妇幼科、B 超室、心电图室，病床 30 张，医务人员 47 人（其中专业技术人员 34 人）。1998 年 1 月起，做卵巢囊肿摘除术，1999 年 6 月起做甲状腺瘤摘除术。2000 年 6 月，增设骨外科，做骨折内固定术。2005 年 6 月，添置心电监护仪。2006 年，建成医疗综合楼，全院总建筑面积 3127 平方米，并添置多功能麻醉机、全自动生化仪；13 个科室，病床 50 张，人员 28 人（专业技术人员 27 人），

莆美卫生院　在莆美镇莆政路 525 号。1997 年，建筑面积 1300 平方米，人员 35 人（专业技术人员 34 人），病床 30 张。2000 年 4 月，验收达初级卫生保健合格标准。2005 年，与县医院建立医疗联合体，开展普通外科中小手术。2006 年，总建筑面积 1337 平方米，设内科、外科、妇产科、五官科、肛肠科、小儿科、牙科、放射科，病床 30 张，工作人员 33 人（专业技术人员 28 人）。

列屿卫生院　在列屿镇顶城村。1997 年，建筑面积 2000 平方米，病床 30 张，人员 39 人（专业技术人员 27 人）。2000 年 4 月，验收达农村乡镇卫生院初级卫生保健标准，设内科、外科、儿科、中医科、防疫科、妇幼科、妇产科，病床 20 张。2006 年，人员 29 人（专业技术人员 19 人）。

东厦卫生院　在东厦镇东坑村。2006 年，总建筑面积 2929 平方米，设内科、外科、妇产科、儿科、五

官科、手术室、检验科，放射科，病床 50 张。下设荷步分院、竹塔分院。荷步分院以原保健院改称，建筑面积 1200 平方米。1997 年 8 月，投资 27.5 万元建竹塔分院，占地面积 2150 平方米，建筑面积 400 平方米，2006 年，全部人员（含分院）61 人（专业技术人员 46 人）。其中（东坑村）东夏卫生院医务人员 42 人（专业技术人员 35 人）

火田卫生院 在火田镇政和路 61 号。1997 年，建筑面积 1300 平方米，病床 30 张，人员 48 人（专业技术人员 42 人），设内科、儿科、外科、妇产科、骨伤科、化验室、心电图室、肛肠科。1998 年增建用房 200 平方米。1999 年，添置 X 光机、B 超机。2004 年，添置胎儿监护仪。2006 年，总建筑面积 1500 平方米，病床 30 张，人员 25 人（专业技术人员 21 人）。

马铺卫生院 在马铺圩 165 号。1997 年，建筑面积 2560 平方米，病床 30 张，人员 30 人（专业技术人员 22 人）。2006 年，设有内科、外科、儿科、牙科、眼科、中医科、骨伤科、化验室、放射科、防疫科、妇幼保健科，病床 30 张，人员 28 人（专业技术人员 18 人）。下设杨美分院，在杨美村，建筑面积 1213 平方米，人员 14 人（专业技术人员 10 人）。

和平卫生院 位于和平乡乌年山自然村。1997 年，建筑面积 1400 平方米，病床 22 张，人员 31 人（专业技术人员 26 人）。2006 年，总建筑面积 1450 平方米，设内科、外科、妇产科、儿科、五官科、中医科、防疫科、妇幼保健科、牙科、检验科，病床 40 张，人员 21 人（专业技术人员 19 人）。

（三）村（社区）卫生所（室）

1997 年，全县有 173 个村（社区）卫生所（室），乡村医生、接生员 255 人。2000 年，经验收均符合卫生部规定的标准。2006 年，全县颁发医疗机构许可证的村级卫生所（室）237 个，其中云陵镇 22 个，莆美镇 33 个，陈岱镇 29 个，列屿镇 12 个，东厦镇 26 个，火田镇 33 个，马铺乡 25 个，下河乡 35 个，和平乡 22 个；考核合格的乡村医生 333 人，合格乡村医生享受政府津贴。

（四）事业单位、工厂医务所（室）

1997 年，全县基层单位医务所（室）28 个，医务人员 35 人。2006 年 29 个，人员 38 人。

附：个体医疗诊所

1997 年，全县个体医疗诊所（室）86 家，医务人员 159 人。1998 年后进行整顿规范。2006 年，个体医疗诊所 19 家，其中云陵镇 16 家，莆美镇 2 家，东厦镇 1 家，医务人员 20 人。

三、爱国卫生运动

（一）卫生防疫

1997 年，县卫生防疫站设立消杀科，加强自然疫源地的消杀工作和防疫知识宣传，通过电视台、广播电台和结合科技、卫生、文化“三下乡”及有关节日活动分发宣传材料，开展防疫知识宣传。2002 年，县投资 8 万多元在县城区设垃圾箱 820 个。2003 年春，外地发生传染性非典型性肺炎，县政府于 4 月 21 日、25 日召开电视直播紧急防治会议，县防疫站建立“非典”应急预案，各医疗单位紧急做救护人员、防护用品和医疗器械准备和加强疫情监测及报告制度。对外来人员和运载工具进行检测、消毒，共消毒车辆 8240 辆，环境面积 82400 平方米；机关、公共场所消毒面积 72000 平方米；共使用消毒药品 0.2% 过氧乙酸 790 公斤、次氯酸钠 1610 公斤。举办乡镇预防、消毒培训班 10 多次 205 人次。并对市场、影剧院、舞厅、网吧等公共场所的卫生工作进行整治。2005 — 2006 年，防疫站分发《防禽流感知识》12000 多份，转发防禽流感小册及挂图 5800 多份，刊出墙报 500 多版。

（二）整治家园

农村改水改厕 1997 — 2002 年，开展以清垃圾、清路障、清淤泥、改水、改厕、改圈为主要内容的村容村貌整治。至 2003 年，全县投资 235 万元，建成 6 个农村乡镇政府驻地饮用水供水工程，受益人口 2.34 万人。至 2006 年，全县共投资 5876.31 万元用于农村饮用水改造，受益人口 34.87 万人，占农村人口 95.95%；建卫生厕所 5.83 万个，占 70.07%。

除“四害”　1997 年，防疫站成立专业消杀队伍。至 2006 年，坚持环境治理与化学防治并举措施，每年开展 2 次以上群众性“除四害”（老鼠、蟑螂、苍蝇、蚊子）活动。其中，2000 年 3 月，云霄县城经省爱国卫生运动委员会验收，获“省级灭鼠先进城区”称号。

（三）创建卫生城镇

1997 年，开展“百日大行动，告别脏乱差，创建卫生县城”活动，修订完善城区市容市貌法规。1998 年，每月组织 1 次群众性卫生大扫除，并发放有关预防传染病的科普卫生知识、文明健康知识，文明卫生习惯的宣传教育材料。至 2006 年不变。

四、公共卫生监管

1997 — 2005 年，县卫生防疫站（后改称县疾病控制中心）公共卫生科负责全县食品卫生、公共场所卫生、学校与环境卫生、医疗与妇幼卫生、职业卫生的监督管理工作。每年开展地沟油、问题奶粉、食品添加剂等专项整治活动 1 ~ 3 次。根据省“治理餐桌污染建设食品放心工程”要求，与县工商、公安、教育等部门联合开展公共卫生检查 8 次，进行食品、餐具、公共用品抽检 7650 余份，生活饮用水抽检 207 份。

2005 年 12 月 13 日，公共卫生监督划归县卫生局卫生监督所负责。2006 年，“珍珠”台风正面袭击云霄，灾后出动监督员 98 人次进行食品和饮用水卫生检查，自来水抽样 21 份，合格率 100%。同年，对旅馆、文化娱乐、美发美容、游泳、商场、书店、公共交通等公共场所进行卫生监督检查，共监测 191 户，合格率 100%；抽取自来水水样 33 份，合格率 88%；对人造花厂、石材厂、砖厂、造纸厂等 13 家企业进行卫生监督监测，监测样品 15 份，监督监测覆盖率 81.2%。

2006 年，全县办理食品卫生、公共场所卫生、学校与环境卫生、医疗妇幼卫生等公共卫生许可证 721 份，体检从业人员 2123 人；监测食品 202 份合格率 89.1%、餐具消毒效果 1047 份，合格率 76.89%。处理违法案件并予罚款 62 起，没收销毁不合格食品 850 公斤；对全县 19 所中学食堂进行检查，发出整改意见书 16 份；对餐饮店、农贸市场食品卫生和托幼园班餐具消毒进行监督。

五、疾病预防控制

（一）计划免疫

小儿麻痹症防控　1997 — 2006 年，每年开展两次强化免疫活动，未发生病例。

乙型肝炎防控　2002 年，对 18262 名中小学生进行乙肝表面抗原调查，呈现阳性 2134 人，病毒感染率 11.7%，对未感染者给予疫苗注射。

（二）急性传染病防治

1998 年在竹塔村发生 3 例霍乱病例、列屿镇城外村发生 1 例霍乱病例；1999 年，西林村发生 2 例，都因救治、防控及时，无死亡及扩散。

（三）慢性传染病防治

1999 年 3 月，根据《福建省结核病归口管理办法》和省政府办公厅《关于加强结核病防治工作的通知》，境内肺结核病人统一归县卫生防疫站管理治疗（马铺、下河、陈岱、列屿 4 个乡镇由乡镇卫生院管理治疗）。1999 年 3 月至 2001 年 3 月，云霄县被确定为世界卫生组织西太区结核病控制援助项目县。1999 — 2001 年，共发现涂阳病人 232 人，可疑病人就诊 880 人，涂阳病人新登记率 29/ 十万，治愈率 94.4%，涂阳病人督导率 90% 以上。对涂阳病人减免药费约 3 万元。2002 年，云霄被定为“世行贷款 / 英国赠款中国结核病控制项目”试点县，县成立结核病防治规划领导小组，在建设疾控中心综合楼的同时，投资 80 万元，建设结核病门诊部。2002 年 6 月，县结核病防治人员定编 4 人，乡、村兼职 190 人。至 2006 年，共有初诊病人 884 人（其中活动性结核病人 330 人），涂阳病人 172 人，治愈率 91.7%。

（四）地方性疾病防治

麻风病防治 1997 年，全县麻风病人多长型 4 例，少菌型 3 例（其中现症病人 2 例），经治疗，同年 12 月由省卫生厅验收，宣布云霄县基本消灭麻风病。

碘缺乏病防治 2006 年 5 月，云霄县承办福建省第十三届“防治碘缺乏病日”大型系列宣传活动，县卫生局、发改委、教育局、计生局、工商局、质监局、广电局、妇联、残联、关工委、盐务局等 11 个单位及 200 多名小学生参与省、市疾控中心领导及专家的现场互动。同年末，对东厦镇、和平乡、火田镇及常山华侨经济开发区共 16 个建制村 128 户进行食用盐监测（2007 年 12 月，经省、市评审组验收，宣布云霄县消除碘缺乏病）。

丝虫病防治 2000 年 11 月，据专家测评验收，省卫生厅确认云霄县为“消灭丝虫病标准县”。

（五）艾滋病防治

2000 年至 2006 年末，开展艾滋病查检。全县确诊艾滋病病毒感染者 2 人（2001 年、2002 年各 1 例）艾滋病患者 4 例（2002 年、2006 年各 2 例）。其中 3 例由县疾控中心检出，属外来人口；另 3 例由外地医疗机构检出，交云霄造册登记管理。县疾控中心把防治宣传与重点检查相结合，每年对看守所在押人员进行一次采检监测。对患者每年随访 2 次。2006 年 5 月，疾控中心建立艾滋病抗体检测初筛实验室。

六、妇幼保健

（一）婚前保健

1997 年 6 月，据《母婴保健法》，县民政局、卫生局联合行文，由县妇幼保健所实施婚前医学检查和建立孕产妇及儿童保健制度。先以云陵镇为试点，1997 年 12 月增加莆美镇，覆盖人口 11200 多人。1997 — 1998 年，接受婚前健康教育 3215 人次、婚姻保健咨询 12516 人次；婚检 612 对，疾病检出率 3.1%，暂缓结婚率 1.2%，禁止结婚率 0.16%。

2000 年 2 月 13 日，省卫生厅确定云霄为全省第一批婚前医学检查县，5 月，婚检在全县推开。县妇幼保健所按卫生部规定标准，设置男检室、女检室、男咨询室、女咨询室、资料室、放射科、B 超室、检验科，配备男主检一人，女主检 1 人，由省卫生厅培训持证上岗。2001 年 10 月，经省卫生厅批准增设陈岱镇计生指导站、马铺乡计生指导站婚检点。2002 年，全县婚检率 76.3%，疾病检出率 4.3%，治疗率 100%，治愈好转率 98.5%，暂缓结婚率 1.6%（缓 1 ~ 6 个月）。2003 年，除军婚外，婚检工作停止，婚检机构保留。2005 年恢复婚检，由政府支付婚检费。2006 年，婚检改由县妇幼保健院负责。

（二）孕产妇保健

1997 年，推行孕产妇保健制度，怀孕满 3 个月建立保健卡并定期进行检查，生产实行住院接生，产后 42 天内进行定期随访，满 42 天进行母婴体检，婴儿转入儿童保健管理；全县孕产妇保健系统科学管理率 85.84%，新法接生率 100%，住院分娩率 27.8%，高危妊娠住院分娩率 100%，孕产妇死亡率十万分之 28.57。2002 年推行住院分娩制度。2006 年，孕产妇保健系统科学管理率 90.5%，县乡两级总住院分娩率 97.9%，高危孕产妇住院分娩率 100%，孕产妇死亡率十万分之 20.6，住院分娩率 96.1%。

（三）妇女保健

1997 年，县总工会、妇联、卫生局联合行文，推行妇女病普查普治制度，对已婚 50 岁以下妇女两年普查一次，50 岁以上每年普查一次，并筛查妇科肿瘤和进行子宫颈细胞学检查、乳腺透视、乳腺 B 超。同年，普查受检 1215 人，查出患者 120 人，治疗率 98%。2006 年受检 1615 人，查出患者 272 人，治疗率 100%。

（四）儿童保健

1997 年，推行儿童系统保健管理制度，儿童从出生至一周岁，每三个月体检一次，1 ~ 3 周岁每半年体检一次，3 ~ 7 周岁每年体检一次，并进行体弱儿筛查和疾病、缺陷的治疗矫正，对健康状况进行评价。同年，全县 7 岁以下儿童 35995 人，系统管理 25520 人，系统管理率 70.87%；其中体弱儿 2597 人，管理率 100%，婴儿死亡率 20‰。2006 年，7 岁以下儿童 32625 人，系统管理率 88.3%；其中体弱儿 1695 人，系统管理率 100%，婴儿死亡率 9.9‰。

七、管理

（一）卫生执法

1997 年，县卫生局设立卫生法制与监督股，依据卫生法律法规和标准要求，对全县公共卫生、劳动卫生、学校卫生、环境卫生和食品卫生实施监督管理；对重大疾病及医疗质量等实行监测。2001 年 12 月，药品监督管理执法划归县药品监督管理局。至 2006 年不变。

（二）医政管理

医院管理 1997 年，各医院逐步建立完善行政管理制度与运行机制，实行党委领导下的院长负责制及院、科两级责任目标管理。各医院制订实施组织管理、行政管理、制度管理、医疗质量管理、护理质量管理、设备管理、住院管理、总务后勤管理、财务管理等各项工作制度；试行事业单位企业化管理改革，把各科室工作实绩与人员工资挂钩，实行多劳多得的分配制度。至 2006 年不变。

个体开业医管理 1998 年，对全县 86 家个体医疗诊所（室）整顿规范。1999 年，组织个体开业医参加省卫生厅组织的统一业务考试。对于考核不及格或不办理申请手续、擅自开业行医者予以取缔。1999 年 5 月，国家施行《执业医师法》，全县认定具有执业医师资格 257 人。同年，执行国家卫生部《医师执业注册暂行办法》，医师执业资格管理实行准入制度。2006 年，全县取得执业医生资格 321 人。

（三）药政管理

2001 年 12 月，成立县药品监督管理局，对各类进口药品、精神药品、血液、生物制品实行监督检查和打击查处违禁、伪劣药品。2002 年 4 月，对全县 36 家零售药店进行换证；6 月，福建医药学校在云霄举办药学初级专业技术中专函授班，共举办 3 届学员 312 人，获药师职称 7 人、药士职称 125 人。2003 年 3 月，开展“诚信药店”评审活动，授予县医药公司第一门市部和益群药店等 5 家药店为“诚信药店”称号。2004 年 3 月，成立县药品监测领导小组，聘请县药品监督员、乡镇协管员和村信息员；在马铺、下河、和平 3 个乡 36 个无医无药村设“便民药柜”，由乡所在地骨干药店负责配送乙类非处方药。全县药品主要由县 2 家医药批发企业配送和 10 家外地批发企业辅助供应。同年，县医药公司经省药监局验收，获药品经营质量管理规范 GPS 认证。2005 年 6 月，开展“规范药房”评审活动，全县 202 家医疗机构和药房达规范标准。2006 年 5 月，县药协会向药品经营企业发起“拒绝商业贿赂、打造诚信药业、维护公平竞争”倡议签名承诺活动，全县 2 家药品批发企业和 75 家零售企业通过 GPS 认证。

（四）经费管理

医疗卫生单位实行经济独立核算，自负盈亏。经费主要依靠医疗收入，部分由财政投入。1997 年，县财政投入 907 万元。2000 年，投入 1034 万元。2006 年，投入 700 万元，其中卫生 627 万元，中医 71 万元，食品和药品监督管理 2 万元。

（五）机构

县卫生局 1997 年，编制 9 人，在编 8 人。内设人秘股、医政股、疾病控制与妇幼保健股、卫生法制与监督股。2006 年，编制 7 人，在编 4 人。

县食品药品监督管理局 2001 年 11 月 30 日成立县药监局，编制 13 人，工勤编制 1 人，内设综合股、监管股、稽查股。2006 年 8 月 24 日，更名县食品药品监督管理局，增设食品安全监管股。

县疾病预防控制中心 2005 年 3 月，县卫生防疫站更名县疾病预防控制中心，事业单位编制 47 人，在编 28 人。内设人秘股、健康教育股、传染病地方病与慢性病防治股、结核病控制股、卫生技术服务与消毒杀虫股、职业卫生与预防性健康体检股、检验股。至 2006 年不变。

县卫生监督所 2005 年 12 月成立，事业单位，编制 14 人，在编 10 人。至 2006 年不变。

第二节 体 育

一、群众体育

（一）职工体育

1997 — 2006 年，全县 56 个企事业单位创建职工之家，设乒乓球、象棋以及排球、羽毛球、篮球等活动场所或健身房。每年“五一”劳动节，一些机关企事业单位举行排球、羽毛球、乒乓球、拔河、象棋等比赛。

（二）农民体育

1997 年，县农体协每年举行 1 次单项体育比赛。1998 年 11 月、1999 年 10 月、2002 年 10 月和 2006 年 11 月，组团参加漳州市农民运动会。其中，1999 年 10 月第三届全市农民运动会由云霄县农体协承办。2001 年，云霄县龙舟队代表漳州市参加省第六届运动会，获冠军；云霄女子龙舟队代表福建省参加全国第六届农民运动会，获第三名。2006 年，全县 154 个村成立农体协，会员 31143 人。

（三）老年人体育

1997年，老年人体育运动项目日益增多。2000年，县召开老体协第五届会员代表大会，并成立乡镇老体协。2006 年，全县有 179 村（社区、作业区）建立老体协，会员 2.3 万余人。县老体协建立太极剑、太极拳、健身气功、民族舞、回春操、门球、柔力球、泰迪球等辅导站（点）14 个，辅导员 72 人；乡镇老体协建立辅导站（点）13 个，辅导员 56 人。2003 年，县老体协获全省老人健身会优秀组织奖。2004 年起云陵镇老体协每年举办 1 次剑、操、拳、舞展示会。2004 年 7 月，漳州市“全国亿万老年人健身活动展示会”在云霄县人民公园举行。2005 年，中老年妇女兴起广场操、健身操活动。2006 年，有广场操队 10 队 1420 人。同年，列屿镇、云陵工业开发区在全县首次举办村级老年人运动会。

（四）主要体育项目

足球 2000 年 11 月 29 日由民间组织成立县足球协会，有球队 12 支会员 640 名。2001 年 5 月，云霄足协代表漳州市参加省第四届“足协杯”比赛获第三名；县少年足球队参加市第九届运动会足球赛获冠军。2001 年 12 月，省体育局确定云霄县为“福建省青少年足球培训基地”“福建省全民健身足球训练中心”。2002 年，省第五届足球锦标赛在云霄举行，云霄金都足球队获第三名；8 月，全国中学生足球联赛福建赛区在云霄举行，云霄一中足球队获冠军。同年 10 月，县足协代表队参加在霞浦举行的省首届足球明星赛，获亚军。2005 年，参加在南安举行的省第六届足球赛，获第三名。2006 年，参加在泉州举行的省第七届足球赛，获第三名。

乒乓球 乒乓球是云霄较为普及的体育运动项目。部分机关企事业单位设有乒乓球室，全县家庭乒乓球桌近 2000 台。县少体校、青少年宫及民办俱乐部经常举办培训。1993 年，成立县乒乓球协会，2006 年有会员 126 人。每年“五一”劳动节、国庆节、春节经常举行比赛活动。2001 — 2006 年，每年一次组队参加省、市业余乒乓球锦标赛，先后获省业余乒乓球团体赛第二名、第三名，漳州市业余乒乓球团体赛第二名和男子单打（公开组）冠、亚军。2006 年，获市第七届老年人运动会男子双打、女子双打冠军，男子单打、女子单打第三名。

登山 2000 年起，登山运动爱好者日益增多，每年“五一”劳动节举办将军山登山比赛，并设立奖项。2004 年 12 月成立云霄县登山协会，会员 138 人。协会不定期举行登山经验和野外生存常识交流。2006 年，有会员 289 人。

游泳 2004 年 7 月 14 日成立县游泳协会，会员 120 人，常年在漳江及峰头、杜塘等水库开展游泳健身活动。2004 — 2006 年，先后举办“爱我漳江”2000 米游泳比赛，“豪锦杯”5000 米远程游泳比赛。至 2006 年，有会员 215 人，其中坚持冬泳 90 人。

跆拳道 1998 年，县少体校开设跆拳道培训项目。2004 年，成立文雄、京奕民办跆拳道俱乐部。文雄跆拳道俱乐部有教员 6 人，设跆拳道、拳击、散打等培训项目。2005 年，文雄跆拳道俱乐部学员朱镇荣参加全国长安跆拳道邀请赛获 48 公斤级冠军，2006 年获福建省第十三届运动会跆拳道 48 公斤级冠军。至 2006 年，全县共培训跆拳道学员 280 多名。

信鸽　1997 年，全县信鸽协会会员 72 人，信鸽 3200 羽。1997 年起与东山、诏安信鸽协会开展联赛活动，2000、2001 年参加以浙江省台州市为起点放飞，2004 年参加以浙江省温州市为起点放飞，云霄连获冠军。2005、2006 年，云霄、东山、诏安与广东饶平举办闽粤联赛，参加以浙江温州为起点放飞，云霄均获第二名。2006 年，有会员 96 人，信鸽 4580 羽。

二、学校体育

（一）体育教学

1997 年，全县中小学每周 2 节体育课，每节 40 分钟。2004 年秋季，初、高中“体育课”改为“体育与健康”。2006 年秋季，高中“体育与健康”改为“体育与保健”。中小学都有体育运动场所和运动器材。

（二）运动会

1998 年 10 月 16 — 18 日，举行县第八届中小学生田径运动会，云霄二中、云霄一中、云霄职专获高中男子组前三名；云霄职专、海峰职校、一中获高中男子组前三名；元光中学、常山中学、四中、一中获初中男子组前四名，一中、元光中学、常山中学、和平中学获初中女子组前四名；云师附小、常山学区、实验小学、东厦学区获小学男子组前四名；常山学区、云师附小、实验小学、城关学区获女子组前四名，列屿中学、陈岱学区获“体育道德风尚奖”。常山学区罗艺华以 2 分 45 秒 2 的成绩打破县小学女子儿童组 800 米 2 分 46 秒 7 的记录。同年 11 月，组队参加 1998 年市中小学生田径运动会比赛，获女子甲组团体总分第四名、女子丙组团体总分第二名。

2000 年 10 月 15 — 17 日，举行县第九届中小学生田径运动会，一中、二中、四中获高中男子组前三名，一中、云霄职专获高中女子组前二名，元光中学、云霄职专、一中、城南中学获初中男子组前四名；云霄职专、一中、元光中学、和平中学获初中女子组前四名；城关学区、云师附小、马铺学区、陈岱学区获小学男子组前四名；云师附小、实验小学、城关学区、东厦学区获小学女子组前四名。同年 11 月，组队参加市中小学生田径运动会，获初中女子组团体总分第四名、小学男子组团体总分第六名、高中女子组团体总分第六名。

2004 年，举行县第十届中小学生田径运动会，并组队参加市中小学生田径运动会，获体育道德风尚奖。2006 年，举行第十一届中小学生田径运动会，并组队参加市中小学生“安踏杯”运动会。同年，云霄一中教师陈红，获省中小学体育卫生和艺术教育工作体育先进工作者称号。

（三）专项比赛

2001 年 3 月 30 日— 4 月 2 日，举行全县中小学生乒乓球赛，二中、一中、云霄职专获高中男子组团体前三名，二中、云霄职专获高中女子组团体前二名，竹港中学、二中、五中、枧河中学、一中、三中获初中男子组团体前六名，火田中学、一中、城南中学、云霄职专获初中女子组团体前四名，实验小学、城关学区、云师附小、火田学区、下河学区获小学男子组团体前五名，实验小学、云师附小获小学女子组团体前二名。

2002 年 5 月 24 — 27 日，举行全县中学生乒乓球比赛，10 月 17 — 18 日举行县第十届中学生田径运动会。

2003 年 11 月 28 日— 12 月 1 日，举行全县中小学生乒乓球比赛，一中、莱埔中学、二中、海峰中学、和平中学获初中男子组团体前六名，陈岱学区、和平学区、下河学区、东厦学区、实验小学、云师附小获小学男子组团体前六名。

2004 年 9 月 26 日，组队参加在漳州市举行的全国第二套广播体操比赛。同年 11 月，组队参加市中小学生田径运动会比赛，获“体育道德风尚奖”。

2005 年 4 — 5 月，举行中小学生第二套广播体操比赛，元光中学、二中、火田中学、五中获中学组一等奖；云陵二小、莆美中心小学、云陵一小获小学组一等奖。同年 10 月，举行中学生篮球比赛。

2006 年 9 月，组队参加市中小学校第二届“新德和杯”广播操评比，元光中学获一等奖，云陵一小、云陵二小获三等奖。同年 11 月，举行县第十一届中小学生田径运动会，并组队参加市中小学生“安踏杯”运动会。

三、参加全国、省、市运动会

1997 — 2006 年，云霄县组队参加全国、省、市运动会及各类单项比赛，共获冠军 72 人次，亚军 62 人次，第三名 31 人次。

参加全国运动会获奖表

表 33-1

运动会名称	时间	项目	参赛者	名次	地点
全国田径锦标赛	2005-06	男子撑竿跳高	汤长贵	第 6 名	石家庄
第十届全运会	2005-09	男子撑竿跳高	汤长贵	第 8 名	南京市

参加省运动会获奖表

表 33-2

运动会名称	时间	项目	参赛者	名次	地点
第十二届省运会	2002-09	男子乙组撑竿跳高	汤长贵	第 1 名	福州市
西北农林科技大学田径运动会	2005-04	女子三级跳远	汤朝凤	第 1 名	西安杨陵

1997 — 2006 年县少体校学员参加全国全省比赛获奖表

表 33-3

运动会名称	时间	项目	参赛者	名次	地点
全国赛艇锦标赛	2004	男子轻量级双人双桨	方伟忠	第 7 名	上海
全国赛艇锦标赛	2004	青年测功仪	方伟忠	第 6 名	上海
全国赛艇锦标赛	2004	男子轻量级单人双桨	方伟忠	第 6 名	上海
全国赛艇锦标赛	2004	青年测功仪	方伟忠	第 4 名	上海
全国赛艇锦标赛	2005	男子轻量级单人双桨	方伟忠	第 6 名	上海
全国赛艇冠军赛	2005	男子轻量级四人单桨	方伟忠	第 8 名	上海
全国赛艇锦标赛	2006	男子轻量级单人双桨	方伟忠	第 7 名	上海
全国皮划艇夏季冠军赛	2004-07-04	男子双人皮艇 1000 米	朱荣彬	第 4 名	山东日照
全国青年帆船锦标赛	2005-04-22 至 29	男子激光级奥林匹克航线赛	唐钰麟	第 3 名	广东汕尾
全国青年帆船锦标赛	2005-04-22 至 29	男子激光级长距离赛	朱荣彬 郑质斌	第 2 名	广东汕尾
全国青年皮划艇锦标赛	2005-06-18 至 21	男子四人皮艇 500 米	方金泉	第 8 名	江西宜春
全国皮划艇锦标赛暨第十届全运会预赛	2005-07-13	男子双人皮艇 2000 米	朱荣彬 郑质斌	第 4 名	广东广州

1997—2005年云霄县参加全市体育运动会比赛成绩表

表33-4

运动会名称	时间	项目	参赛者	名次	地点
第八届漳州市运动会	1997年	男子举重64公斤级	周拱灿	第3名	漳州
		女子甲组4×100米混合接力	方淑珍 张清芳 温彩玉 胡志华	第2名	漳州
		200米蝶泳	温彩玉	第3名	漳州
		女子乙组运动步枪卧射30发	方丽晖 陈纯华 吴芳玲	第1名	漳州
		男子乙组运动步枪3×10	吴志敏	第1名	漳州
		女子乙组运动步枪3×10	方丽晖	第1名	漳州
		女子乙组运动步枪卧射30发	陈纯华	第1名	漳州
		男子乙组运动步枪卧射30发	张煜坤	第2名	漳州
		女子乙组运动步枪卧射30发	方丽晖	第1名	漳州
		男甲自选步枪卧射30发	江奇	第1名	漳州
		男甲自选步枪卧射30发	杨波	第2名	漳州
		男甲自选步枪3×10	江奇	第1名	漳州
		男甲自选步枪3×10	杨波	第2名	漳州
		女甲标准步枪卧射30发	吴琳丽	第1名	漳州
		女甲标准步枪3×10	江梅	第1名	漳州
		男乙自选步枪卧射30发	吴志敏	第2名	漳州
		男乙自选步枪3×10	吴志敏	第1名	漳州
		女子乙组运动步枪卧射30发	陈纯华	第3名	漳州
		女子乙组运动步枪3×10	方丽晖	第2名	漳州
		女子乙组10米汽步枪40发	方丽晖	第1名	漳州
		女子乙组10米汽步枪40发	陈纯华	第3名	漳州
		女子甲组团体总分	云霄队	第3名	漳州
		女子乙组团体总分	云霄队	第1名	漳州
		男子甲组800米	吴平强	第2名	漳州
		男子甲组1500米	吴平强	第2名	漳州
		男子甲组5000米	方伟鑫	第3名	漳州
		男子甲组110米栏	方旺树	第3名	漳州
		男子甲组铅球	黄杨福	第1名	漳州
		男子甲组铁饼	黄杨福	第2名	漳州
		女子甲组100米	李锐华	第3名	漳州

续表 33-4

运动会名称	时间	项 目	参赛者	名 次	地 点
第八届漳州市运动会	1997 年	女子甲组 200 米	李锐华	第 1 名	漳州
		女子甲组 800 米	张小华	第 1 名	漳州
		女子甲组 100 米栏	林艺儒	第 1 名	漳州
		女子甲组 4×100 米接力	李锐华 施雪梅 林艺儒 张 欣	第 1 名	漳州
		女子甲组跳远	施雪梅	第 1 名	漳州
		女子甲组三级跳远	施雪梅	第 1 名	漳州
		女子乙组 100 米	张婉彬	第 1 名	漳州
		女子乙组 100 米	汤雪燕	第 2 名	漳州
		女子乙组 200 米	张婉彬	第 1 名	漳州
		女子乙组 200 米	汤雪燕	第 2 名	漳州
		女子乙组 400 米	吴秋娥	第 3 名	漳州
		女子乙组 800 米	吴秋娥	第 2 名	漳州
		女子乙组 1500 米	吴来贞	第 1 名	漳州
		女子乙组 3000 米	吴来贞	第 1 名	漳州
		女子乙组 4×100 米接力	张婉彬 钟雪云 汤雪燕 张云雪	第 1 名	漳州
		女子乙组 4×400 接力	张婉彬 钟雪云 林振珠 吴秋娥	第 2 名	漳州
		男子乙组篮球	云霄队	第 3 名	漳州
		女子乙组跳高	郑思敏	第 2 名	漳州
		女子乙组三级跳远	钟雪云	第 2 名	漳州
		女子乙组铅球	张淑玲	第 3 名	漳州
		女子乙组铁饼	张淑玲	第 2 名	漳州
第九届漳州市运动会	2001 年	男子甲组举重 69 公斤级	方举兴	第 2 名	漳州
		男子甲组举重 85 公斤级	施镇兴	第 2 名	漳州
		女子乙组撑竿跳高	黄珏臻	第 2 名	漳州
		乙组武术集体基本功	张捷凯 陈建德 蔡添加 郑绍云 吴艺萍 张 灵	第 3 名	漳州
		丙组武术集体基本功	郑健华 吴鸿盛 张 甜 叶 虹 张 倩	第 3 名	漳州

续表 33-4

运动会名称	时间	项　目	参赛者	名 次	地 点
第九届漳州市运动会	2001 年	男子组足球	云霄队	第 1 名	云霄
		男子甲组 100 米	林彬建	第 2 名	漳州
		男子甲组 200 米	林彬建	第 1 名	漳州
		男子甲组跳高	王海通	第 1 名	漳州
		男子甲组跳高	施友平	第 2 名	漳州
		男子甲组三级跳远	施友平	第 1 名	漳州
		男子甲组 4×100 米接力	云霄队	第 1 名	漳州
		男子甲组 4×400 米接力	云霄队	第 1 名	漳州
		女子甲组 100 米	施惠茶	第 2 名	漳州
		女子甲组 200 米	林丽卿	第 2 名	漳州
		女子甲组 400 米	林丽卿	第 1 名	漳州
		女子甲组 100 米栏	吴来贞	第 2 名	漳州
		女子甲组 400 米栏	林丽卿	第 1 名	漳州
		女子甲组 400 米栏	吴来贞	第 3 名	漳州
		女子甲组七项全能	林艺儒	第 1 名	漳州
		女子 4×100 米接力	云霄队	第 2 名	漳州
		女子 4×400 米接力	云霄队	第 1 名	漳州
		男子乙组 400 米	郑荣忠	第 1 名	漳州
		男子乙组 100 米栏	吴志强	第 1 名	漳州
		男子乙组 100 米栏	吴伟清	第 2 名	漳州
		男子乙组 100 米栏	方训阳	第 3 名	漳州
		男子乙组撑竿跳高	汤长贵	第 2 名	漳州
		男子乙组 4×100 米接力	云霄队	第 2 名	漳州
		男子乙组 4×400 米接力	云霄队	第 2 名	漳州
		女子乙组 100 米	林立秀	第 1 名	漳州
		女子乙组 100 米	李红华	第 2 名	漳州
		女子乙组 100 米	施幼华	第 3 名	漳州
		女子乙组 200 米	林立秀	第 1 名	漳州
		女子乙组 200 米	李红华	第 2 名	漳州
		女子乙组 200 米	罗丽香	第 3 名	漳州
		女子乙组 400 米	林红华	第 1 名	漳州
		女子乙组 400 米	罗丽香	第 3 名	漳州
		女子乙组 800 米	林丽珍	第 1 名	漳州
		女子乙组 1500 米	林丽珍	第 2 名	漳州
		女子乙组 3000 米	林丽珍	第 3 名	漳州
		女子乙组 100 米栏	施幼华	第 1 名	漳州

续表 33-4

运动会名称	时间	项 目	参赛者	名 次	地 点
第九届漳州市运动会	2001 年	女子乙组 100 米栏	陈锦菊	第 3 名	漳州
		女子乙组撑竿跳高	黄珏臻	第 2 名	漳州
		女子乙组 4×100 米接力	云霄队	第 1 名	漳州
		女子乙组 4×400 米接力	云霄队	第 1 名	漳州
第十届漳州市运动会	2005 年	男子乙组 200 米自由泳	黄仕凯	第 1 名	漳州
		女子乙组 200 米蛙泳	方琳楠	第 1 名	漳州
		女丙 44 公斤级举重	梁彩菊	第 2 名	南靖
		女乙 53 公斤级举重	林淑茹	第 1 名	南靖
		男丙 43 公斤级举重	游兆欣	第 3 名	南靖
		男丙 44 公斤级举重	柳锦辉	第 2 名	南靖
		男乙 56 公斤级举重	黄睿栋	第 2 名	南靖
		男乙 62 公斤级举重	方晓俊	第 1 名	南靖
		羽毛球男子甲组团体	张伟国 欧煌群 方永强	第 2 名	漳州
		羽毛球男子双打	张伟国 方永强	第 3 名	漳州
		散打男子 48 公斤级	林树泉	第 2 名	漳州
		散打男子 56 公斤级	林继辉	第 1 名	漳州
		散打男子 75 公斤级	林道洁	第 2 名	漳州
		散打男子 52 公斤级	张坤生	第 2 名	漳州
		散打女子 48 公斤级	蔡惠贞	第 2 名	漳州
		散打女子 52、56 公斤级团体乙组	林晓倩 蔡丽卿	第 1 名	漳州
		皮划赛艇女子甲组单人皮艇 4000 米	张小敏	第 1 名	云霄
		皮划赛艇女子甲组单人皮艇 4000 米	张虹芬	第 3 名	云霄
		皮划赛艇男子乙组单人皮艇 4000 米	张晓章	第 1 名	云霄
		皮划赛艇女子乙组单人皮艇 4000 米	陈加妹	第 2 名	云霄
		男子赛艇单人双桨 4000 米	方锦涛	第 3 名	云霄
		女子赛艇单人双桨 4000 米	周幼勤	第 1 名	云霄
		女子赛艇单人双桨轻量级 4000 米	方　菁	第 1 名	云霄
		男子甲组赛艇单人双桨公开级 6000 米	蔡文勇	第 1 名	云霄
		男子甲组赛艇单人双桨轻量级 6000 米	郑江森	第 2 名	云霄
		男子甲组皮艇单人 500 米	方金泉	第 1 名	云霄
		男子甲组皮艇单人 500 米	唐钰璘	第 3 名	云霄
		女子甲组皮艇单人 500 米	张小敏	第 2 名	云霄
		女子甲组皮艇单人 500 米	张虹芬	第 3 名	云霄

续表 33–4

运动会名称	时间	项　目	参赛者	名 次	地 点
第十届漳州市运动会	2005 年	男子乙组皮艇单人 500 米	张晓章	第 2 名	云霄
		男子乙组皮艇单人 500 米	陈少辉	第 3 名	云霄
		男子乙组划艇单人 500 米	林文滨	第 3 名	云霄
		女子甲组皮艇单人 1000 米	张虹芬	第 2 名	云霄
		女子甲组皮艇单人 1000 米	张小敏	第 3 名	云霄
		男子乙组赛艇单人双桨轻量级 1000 米	陈秋德	第 1 名	云霄
		男子乙组皮艇单人 1000 米	张晓章	第 1 名	云霄
		女子乙组赛艇单人双桨轻量级 1000 米	方菁	第 1 名	云霄
		女子乙组皮艇单人 1000 注	陈加妹	第 1 名	云霄
		女子甲组皮艇单人 2000 米	张小敏	第 2 名	云霄
		男子甲组赛艇单人双桨公开级 2000 米	蔡文勇	第 1 名	云霄
		女子乙组皮艇单人 2000 米	陈加妹	第 2 名	云霄
		女子甲组赛艇单人双桨公开级 2000 米	陈至婷	第 2 名	云霄
		男子甲组赛艇单人双桨轻量级 2000 米	郑江森	第 3 名	云霄
		女子甲组赛艇单人双桨轻量级 2000 米	陈惠荣	第 1 名	云霄
		跳远男子甲组	张敏聪	第 3 名	漳州
		跳远男子乙组	林清海	第 1 名	漳州
		110 米栏男子乙组	李剑华	第 2 名	漳州
		4×100 米接力男子乙组	云霄队	第 2 名	漳州
		4×400 米接力男子乙组	云霄队	第 3 名	漳州
		男子丙组 100 米	陈贵龙	第 1 名	漳州
		男子丙组 200 米	陈贵龙	第 1 名	漳州
		男子丙组跳高	施明杰	第 1 名	漳州
		男子丙组 100 米	施明杰	第 3 名	漳州
		男子丙组跳远	陈贵龙	第 3 名	漳州
		女子丙组 100 米	蔡　艺	第 1 名	漳州
		女子丙组 200 米	蔡　艺	第 1 名	漳州
		女子丙组 400 米	方　莉	第 1 名	漳州
		女子丙组 100 米	方　莉	第 2 名	漳州
		女子丙组 200 米	方　莉	第 2 名	漳州
		女子丙组 400 米	陈艺华	第 3 名	漳州
		女子丙组跳高	林晓真	第 2 名	漳州
		女子丙组跳远	林晓真	第 2 名	漳州
		跆拳道女子甲组 59 公斤级	方炳生	第 1 名	漳州
		跆拳道女子乙组 40 公斤级	方粉霞	第 2 名	漳州
		跆拳道女子乙组 42 公斤级	黄明玉	第 2 名	漳州

续表 33-4

运动会名称	时间	项 目	参赛者	名 次	地 点
第十届漳州市运动会	2005 年	跆拳道女子乙组 44 公斤级	蔡凤娇	第 1 名	漳州
		跆拳道女子乙组 48 公斤级	何雯琼	第 2 名	漳州
		摔跤男子甲组 51 公斤级	蔡锦泉	第 2 名	漳州
		摔跤男子乙组 55 公斤级	陈伟强	第 2 名	漳州
		摔跤男子乙组 60 公斤级	陈汉森	第 1 名	漳州
		摔跤女子甲组 48 公斤级	蔡爱玲	第 2 名	漳州
		摔跤女子甲组 55 公斤级	张凤珠	第 1 名	漳州
		摔跤女子乙组 43 公斤级	蔡桂花	第 2 名	漳州

四、人才培养与输送

（一）皮划赛艇专业培训

2000 年 2 月，市体育局在云霄漳江设立皮划赛艇训练基地。2002 年，基地运动员参加省第十二届运动会，获金牌 2 枚，银牌 6 枚，铜牌 7 枚；第十三届运动会获金牌 2 枚，银牌 6 枚，铜牌 3 枚；在参加省青少年皮划赛艇锦标赛中，2000 年，获团体总分第三名；2001 年，男女皮艇获第二、三名，赛艇女子第一名；2003 年，皮艇男子、女子各获第二名，女子赛艇第二名；2004 年，男子、女子皮艇各获第二名，女子赛艇团体第一名；2005 年获皮艇男子、女子第四名，赛艇男子团体第三名、女子第四名。至 2006 年，共举办训练班 7 期。

（二）少体校专业培训

县少体校 1992 年 6 月成立。1997 年，有教练 6 人，举办田径、羽毛球、乒乓球、武术班，学员 56 人。1998 年，有教练 7 人，增设跆拳道、游泳，学员 102 人。1999 年，举办 6 班学员 98 人。2000 年，举办 6 班 195 人。2001 年，增设皮划赛艇，举办 7 班学员 140 人。2002 年，举办 7 班 120 人。2004 年，增设体育社会指导员培训项目，举办 8 班学员 120 人；2005 年，举办 8 班 108 人。2006 年，有教练 7 人，举办田径、羽毛球、乒乓球、武术、跆拳道、皮划赛艇、游泳、体育社会指导员共 8 班学员 183 人。

五、管理

（一）体育设施

县人民体育场 1997 年，原县体育场改建为人民公园。1998 年，投资 760 万元，在江滨路新建县人民体育场，占地 41292 平方米。场内有 400 米跑道和足球场、篮球场、排球场、门球场及田径运动设施，两侧看台 2400 座位。

县体育馆 在县人民公园东北侧，1993 年 6 月建，总建筑面积 924.7 平方米，有篮球场、排球场、体操、乒乓球、武术等比赛项目设施，看台 560 个座位。

乡镇体育设施 2002 年，云陵镇建文体活动中心，总面积 880 平方米，可供排球、羽毛球、毽子操等比赛和交谊舞活动。同年 3 月，云陵镇北门社区建“泳康”游泳池，面积 750 平方米。2006 年，全县乡镇所在地有篮球场 21 个，排球场 19 个，门球场 5 个，羽毛球场 9 个；142 个村建立文体活动室及锻炼场地，有乒乓球、象棋和健身器械等设施。

学校体育设施 1997 — 2006 年，全县 17 所中学，共有 200 ~ 300 米环形跑道 15 条，60 ~ 200 米环形跑道 2 条；篮球场 47 个，篮球架 94 个。全县 162 所小学，共有篮球场 52 个，篮球架 104 个。54 所小学有 60 ~ 200 米跑道或环形跑道。

老人体育活动设施 1997 — 2006 年，全县城乡有门球场 18 个，地掷球场 12 个，柔力球场 38 个，汽排球场 2 个，配置棋类及室内活动器材活动室 171 间。

（二）体育彩票

1997 — 2006 年，云霄县从体育彩票受益 180 多万元，全部投入体育设施建设。主要为县体育场、少年体校及乡镇体育设施建设。

（三）机构

县体育运动委员会　1997 年，县体育运动委员会并入县文化局。2001 年 8 月，县文化局更名县文化体育局。（详见第三十一章《文化》）

第三十四章　风俗　宗教　方言

云霄民间保留着较多传统习俗。改革开放后，随着经济社会的快速发展，一些传统习俗被赋予新内容和新形式，有的则日渐淡化或消失。由于广泛的文化交流和多媒体的信息传播，在以县城为中心的年轻一代中，也出现一些外来的“洋”节俗。

宋时云霄佛教兴盛，今犹存嘉定六年（1213年）后安莲花峰“金刚经会众　降灵宝塔”摩崖石刻、嘉熙四年（1240年）将军山“会首进士陈哲夫、陈缄，住庵净智、戒院僧自知”建开漳归德将军陈政墓“仪制十事”碑碣。道教有建于明成化间的玄天上帝宫和正德间的三清宫。清光绪、宣统年间传入基督教、天主教，民国期间传入真耶稣教。新中国成立后，开展破除封建迷信活动，道、佛神职人员多数还俗；基督教、天主教、真耶稣教开展“三自”（自传、自养、自治）革新运动，宗教活动减少。20世纪80年代后，落实党的宗教政策，宗教场所和宗教活动得到恢复并有所发展。

云霄方言为闽南语系中别具一方特色的漳州次方言。前志《方言》以标明常用字的云霄闽南语音文读音为主。此次修志，则以标明云霄闽南语音文读音与普通话读音、与云霄话日常会话俗（白）音的对应为主，并收录部分别有特色的俗音语料以及语言变化情况。云霄话俗称“贺佬话”，广东人称之为“福佬话”。“佬”与古时泉潮间少数民族“蛮獠”的“獠Luo③”同音，云霄现存许多为外人所难理解的语料，或与古时“獠”语遗存有关，值得探究。

第一节　风　俗

一、节俗

（一）传统节俗

春节　习称“新正”，与除夕相连。正月初一子时放鞭炮“开正”，清早以素饭菜祭拜祖先，早餐吃素；上午，城区庙宇或有关单位，时有舞龙、舞狮拜年活动。初二，出嫁女儿看望父母，娘家宴请女婿。初三、初四，亲友互访拜年和迎神下天。初五节日结束。1999年，国家实施“黄金周”，春节放假至初七。春节期间民间习惯燃放烟花爆竹，1980年后，县城燃放愈演愈烈，造成空气和噪音污染，1997年，县委、县政府采纳群众建议，发文禁止城区燃放烟花爆竹。2006年起，“禁炮”规定停止执行。

元宵节　祠堂庙宇于正月十三日起点花灯，演灯戏。十三至十五日，鸣锣击鼓，举旗幡，抬开漳圣王陈元光神像巡境祈安，沿途居民置香案迎拜，鞭炮声、三眼铳声不绝于耳。入夜，儿童提灯，商户结彩灯，彻夜通明，故亦称“灯节”。新中国成立后，时有政府或有关单位举办花灯观摩比赛和燃放焰火，使节日更为辉煌。2005年，云霄开漳圣王巡安民俗被省政府公布为福建省首批非物质文化遗产。

天穿节　云霄民间传说古时正月二十日天破了一个洞，故于是晚煮海蛎粥补天，称“天穿节”。云霄方言称海蛎为娲（o②），或与女娲补天故事有关。

清明节　民间称农历三月初三为“古清明”，古清明与按历法推算的清明日均有人祭扫祖坟，但多数在从历法清明日起的一段时间内举行。一般祭扫称“压纸”，旧时多奉粿品牲礼，20世纪80年代后多以糕饼水果为主。如有动土修封则需具三牲或五牲酒礼。1998年实行殡葬改革后，有的把骨灰匣寄存于殡仪馆或葬于公墓区，亦于清明进行祭扫。云霄客家人祭墓称“醮午”，祭时由一男童撑伞蹲墓丘上，众人列墓前读祭文如仪祭拜，20世纪50年代后已无此俗。

立夏节　旧时民间于立夏日磨小麦烙“麦煎”，并吃面条。20世纪70年代后，县城多用面粉烙“薄饼”（春卷）。20世纪90年代后云霄不种小麦，只吃薄饼和面条。立夏节农家尤为重视，故有“作田的吃立夏”之说。

端午节　习称“五月节”，民间以包粽子和划龙船纪念屈原。云霄漳江两岸及有场所举行龙舟竞渡的村社，从五月初一（也有从四月中下旬）起响起锣鼓声，称“打龙船鼓”。五月初五凌晨，有的村社划船到江中举行“献江”“祭江”仪式，击鼓鸣锣唱龙船歌、投粽子、焚香楮。并从此日起举行龙舟竞渡比赛。2000年以后有的村社增设友谊赛、邀请赛、夺标赛等名目，竞赛活动直至月底才结束。民间于初五日采榕树枝、蒲艾插门楣上，称可辟邪；中午12时正蓄积“午时水”饮用，称有利人体。旧时还有在屋内喷洒雄黄酒和给儿童佩带雄黄袋辟瘴，20世纪60年代后已无此俗。

大暑　民间认为大暑过后即进入秋天，故于此日取有补益的中药材炖鸡鸭或猪蹄进补，称“大暑吃补”。

七夕　民间相传农历七月初七牛郎织女鹊桥相会，于是日下午备红糖糯米糖饭、韭菜花、石榴、海蛏拜“床公婆”，焚化“喜鹊黑银纸”，寓鹊桥相会、甜蜜、长久和多子之意。

普度节　习称“做中元”，祭祀孤魂野鬼，即佛家之所谓盂兰盆会。称农历七月初一为“头中元”，月底最后一天为“尾中元”。农村历来以十五日最为隆重，于夜间举行。旧时城区以“福社”或片落错开为“十八福”“廿四福”不等，于夜间举行，并由近城僧道到案前念经喷洒法水称“喷香”。民国25年（1936年）农历七月十八，卢胜率红军攻打县城后，全城普度改在午后举行。20世纪80年代中期起，经政府疏导，城关地区统一改在十五日午后举行，亦称“丰收节”。20世纪90年代以后，城区不断扩大，居民新区因未建土地庙而不敢做普度（认为土地公是管一方平安的）。但此后虽建了土地庙，有的居民便习以为常不再做普度。

中秋节　以月饼（习称“中秋饼”）祭拜神明和祖先，亲友间也多互相馈赠，寓团圆之意。旧时，女子和儿童常于中秋夜玩“观姑神”“观箸神”和扎“草姑丈”冲“观姑神”活动，20世纪50年代后消失。2000年后，从厦门传入“博饼”习俗，逐渐在年轻人中流行。

重阳节　农历九月芋熟，民间于初九日重阳节吃芋头饭，芋头轻而松，寓“轻松”之意。今亦称“老人节”，各单位多于节日前开展慰问老人活动。

冬节　民间称冬至日为“冬节”，于此日备红糖糯米汤圆拜天公和祖先，并取甜圆粘贴在柜、橱、箱、门环等器物上和牛角、牛身、牛尾上，用芥菜叶子裹甜圆喂牛。此日亦称“过小年”，罢农事，忌说不吉利的话。

尾牙　农历十二月十六日为一年中的最后一个“牙”日，以丰盛的饭菜拜游神（俗称“相公妈”）。旧时商家于此日设席宴请“辛劳”（伙计）并送红包和决定来年的去留，故有“做生意的吃尾牙”之说。今私营商户仍有此俗，但只宴请或派发红包，不作去留决定。

除夕　俗称“过年”，从农历十二月廿四送神上天之前的“清尘”大扫除开始做过节准备，接着贴春联、送神上天。除夕夜合家“围炉”吃团圆饭，送灶君上天，给亲朋未成年晚辈送“压岁钱”，亲友间相互致电或发短信拜年。进入21世纪，经济条件好的家庭，为图方便把“团圆饭”交由饭店置办。有的饭店菜馆逢年过节不打烊，预先向社会推介各款家庭宴席的菜谱及价格，成为云霄一款新的社会消费时尚。旧时除夕有守夜为父母添岁称“守岁”之俗，今已消失；代之以移动电话互发短信，或通过互联网互致节日问候。

（二）国外传入节俗

情人节　20世纪90年代中期伊始，主要在县城盛行，2月14日为情人节，男青年向心仪的女友赠送玫瑰花等礼物。

母亲节　5月份的第二个星期日为母亲节，子女给母亲送康乃馨花、红包、衣物或挂电话、发短信祝贺，或举行宴会。

父亲节　6月份的第三个星期日为父亲节，子女向父亲致电祝贺，并购送礼物。

圣诞节　12月25日为耶稣圣诞节。节前，县城商店开卖圣诞老人像、圣诞树、圣诞蜡烛、圣诞小红帽，前夜称“平安夜”，城乡基督教徒与慕道友都在就近教堂集中举行教仪；城区有的年轻人和小孩在家中布置圣诞树、点圣诞蜡烛、唱圣诞歌。

二、婚丧喜庆习俗

（一）婚礼

20世纪80年代后，云霄婚礼日趋城市化时代化。过去新婚夫妇吃“十二碗”“合房圆”和指教姆（伴娘）“说四句”等婚俗已淡出历史。代之而起的是轿车（甚或小车队）迎亲、旅游结婚和婚纱留影。择吉嫁娶虽有，结合重大节庆举行婚礼者也日渐增多。云霄风俗，男方舅父要送大烛、中堂，进房说“四句”；女方舅父要送红布（麻）袋。娶嫁双方各有亲朋赠送红包或器物，在城区的接受方以红包及糕饼等作回礼，一般不设婚宴请客，农村则尚有设宴习俗。

（二）丧礼

人逝世后第一天，向亲友及生前工作单位报丧；第二天，孝子、孝孙到江边“请水”为逝者擦身入殓，当晚请僧道作“引路斋”或“开冥路”；第三天（也有五天）送葬（火化）。送葬前举行祭拜，并请“礼生”司仪。死者有工作单位或有一定社会地位、社会影响的由生前工作单位或当地基层组织为其举行追悼会。20世纪90年代后，宗教活动活跃，凡宗教徒和皈依佛门（主要为莆田广化寺）的俗家弟子去世，举行葬礼时均有宗教团体临场主持或参与，并进行诵经和礼忏。民间半职业性质的西式丧礼乐队也往往受聘表演“围棺”“哭灵”和奏乐（既有哀乐也有流行歌曲）等节目。送葬队伍既有西式乐队，亦有中式锣鼓乐队。举丧期间，亲朋戚友多上门送“纸仪钱”，奇数，千百不等。送葬盛行送花圈、挽联，多者达数百件。民间称丧事为“白事”，认为是一种晦气，丧家为答谢葬礼参加者，以红包、茶叶、饼、红烛等“四色”为回礼，并多在饭店设席，必备韭菜，称“吃韭菜春”以去除晦气。

（三）生育

云霄历史上重男轻女，时有溺女婴恶性事件发生。新中国成立后，随着女性社会地位的提高和计划生育政策的推行、关爱女孩政策的实施，逐渐改变了重男轻女的旧观念。过去生男孩第4天，娘家送鸡、蛋、鱼、肉、酒等食品，生女孩第11天只送猪肚，寓意换肚生男孩。男孩4周月，外婆送银牌、项链、红衫、绿裤和饼食；周岁，外婆、舅母、姑母送衣裤鞋帽，而女孩则免。20世纪90年代后，生育男女孩喜庆送礼已无差别，此亦社会风气之一大改变。但生男孩，必于农历八月“做龟”（原用糯米粉蒸制，今多用面粉甜红包子）拜土地公并分送亲友邻居。农村生育男孩则仍有在元宵节“办丁桌”宴请族人的习俗。

（四）寿庆

俗称“做生日”。不分男女，凡虚龄步入51岁即可举行。此后，每年生日为小生日，逢旬一为大生日。普通人家由家人、出嫁女儿送寿面、猪蹄等举行简单寿宴，社会地位高的人则接受亲友拜寿并举办寿宴。20世纪90年代后，因受外来文化影响，以城镇为主的地区，亦重视为未成年的孩童做生日，不论男、女童，每逢生日，父母、外婆家即买生日蛋糕邀请亲朋小伙伴及要好的同学，按年龄点蜡烛、吹蜡烛，同唱《祝你生日快乐》歌曲为其祝福，然后同吃蛋糕、水果，尽情欢乐。亲朋好友并按其年龄特点赠送衣服、玩具、学习用品等，成为关爱下一代的社会新风气。

（五）乔迁

女方娘家要送一篮糯米蒸制的“发粿”以及中堂、大烛、连炮等12色，亲朋戚友送红包。移居一般在夜间进行，有的民家用箩子一头挑祀神和香炉，一头挑生火的火炉和开水，全家鱼贯而行，途中不讲话也不与人家答话，进屋即焚香点烛拜神明放鞭炮。今有的已改步行为乘小汽车，有的还设席宴请亲友。

三、食衣住行习俗

（一）饮食

民间历来一日三餐，以大米为主食。改革开放后餐饮业快速发展，外地业者纷至沓来，近者如诏安“猫仔粥”、沙县小吃，远者如兰州牛肉面、四川火锅，还有西式餐厅曼德夫、麦卡基、华来仕等。有的饭店还设自助餐，以满足个人的不同需求。19世纪90年代以后，城区小炒摊、大排档通宵达旦。早餐方便饭档面食、甜食、牛奶、豆浆、饭粥应有尽有，遇有客人常在饭店用餐；有的小家庭不煮早饭，让赶时间上学的孩子到饭档就餐。

民间嗜茶，亲朋来访必以茶烟相待。历史上以饮用武夷、安溪乌龙茶和本山（地产）茶为主。19世纪80年代后，有红茶、绿茶、普洱茶传入，但仍多数饮用乌龙茶，尤其崇尚武夷岩茶。20世纪90年代后，也流行饮用矿泉水和果汁，形成饮料多样化。

（二）衣着

民国至20世纪50年代，男子流行汉装、中山装，女子流行弯裾上装；60年代后，男子流行军便服，女子流行对襟上衣；80年代后，男子时行西装、夹克、休闲服，并注重价位与品牌。女子则讲究色彩与流行款式，进入21世纪，年轻女子则更喜前卫时装。学生统一定制校服。

（三）居住

旧时民居，山区多圆土楼，平原、沿海地区多并列，或加城堡；独立构建大者如“五马拖车”，小者如“下山虎”、小平屋；多数土墙瓦顶，间有乱石、沙灰结构，高度为平房或2层楼房，并习惯“光厅暗房”，窗户小，光线、通风差，不少农家甚至人畜同屋。新中国成立后，住房建筑逐渐由土木结构向砖瓦、钢筋混凝土结构发展。20世纪90年代后，新建房屋讲究通风、采光、道路交通和内外装修，城区民居独立构筑高者5～6层，房地产楼盘高者十数层不等，农村也出现3～5层的建筑。个别经济条件好的也有自建或购置别墅居住。

（四）出行

旧时云霄人外出主要靠徒步，仅沿海、沿江部分地区可通舟楫。出远门者因跋涉艰难，时间长，行前都要择吉或在神前许愿。新中国成立后，随着公路交通的发展，20世纪50—70年代，出远门靠乘汽车，近程或乘自行车、拖拉机或徒步。20世纪80—90年代流行摩托车，进入21世纪则代之以电动自行车、小汽车和轿车。2006年，全县有摩托车7万多辆，小汽车、轿车600多辆。同年末，县成立公交公司，有公交车28辆。随着交通事业的发展和生活节奏的加快，过去的择吉出行已为现实生活所淘汰，但求神许愿也或有之。如今流行在车上悬挂袖珍神佛或毛主席像，以祈求行车平安。

四、生产习俗

（一）农耕习俗

旧时农耕靠天思想严重，遇旱祈雨，遇虫求神。五月初四、八月十四，撮土为香具牲礼拜“田头土地公”祈保丰收。新中国成立后，随着水利等农业基础设施建设的发展和农民文化水平的不断提高、科学种田的不断实践，已逐渐去除陋习形成科学种田的新局面。

（二）商贾习俗

旧时商家讲究店号吉利，并必求有书法名望或有社会地位的人题写，清末至20世纪70年代，主要题写者有洋坑罗体贤、城关张八卦等。民国期间云霄开首家书店，竟求得国民党元老名书法家于右任为其题写“亚东书局”店号。商家择吉开张，祀神许愿，大放爆竹，大的商家还聘请曲馆到店前坐唱。店内常年张贴“童叟无欺”“百无禁忌”等字样，以示取信于顾客和不分吉凶对象。20世纪50年代对私改造后，商店多为国营或公私合营，店号习俗淡化。国家实行改革开放后，随着个体、私营企业的发展又兴起重视店号和名人题写。20世纪90年代后，一般的个体、私营商户店号有用自己名字的，也有用外语译音的等等，无奇不有，字体也多从电脑中凭兴趣选择。开张多由亲朋好友和同行商户赠送花篮，并放鞭炮和播放歌曲；大的商户，每逢节日即彩印推介商品及其折扣、起止时间的彩色传单分送到户，形成一种新的商俗。

（三）工建习俗

旧时建房造屋，因皆木瓦结构，均以木工为主，泥工为副。择地定基，先祀“杨公”（即古代堪舆家杨时），房主每天夜晚焚香点烛。上中脊之日要以红糖糯米汤圆拜杨公和“墨斗公”（木工信奉鲁班，以弹准绳的墨斗为代表）；房屋落成，要举行“谢土”拜杨公，宴请工匠和亲朋，亲朋馈赠红包千百不等。20 世纪 80 年代后，随着房屋构件日渐向钢筋混凝土转化，施工变为以泥水工为主。公、私建房仍多祀杨公，也有悬挂毛主席像的。大型公共建筑还注重由党政官员主持的奠基和竣工剪彩典礼。

五、崇祀信仰习俗

（一）玉皇上帝

习称“天地公”。城乡大多数家庭都在门前悬挂天灯，每逢初一、十五（或每天）和逢年过节都要烧香点烛（20 世纪 80 年代后，天灯都改装红色小灯泡，昼夜通明）。正月初九“天地公生”以丰盛酒礼敬拜，六月初一、九月初一以甜糯米或籼米圆礼拜；除夕前以牲礼和粿品敬拜。有的家庭遇大事则祷告许愿，事后按许愿答谢神恩。

（二）佛

除佛寺外，许多家庭也祀如来或观音，初一、十五或每天都焚香。二月十九佛诞，岩寺多举行佛事活动或聘请戏班演戏。逢年过节，善男信女也常上岩寺礼拜（岩寺庙宇参见表 34–1，下同）。

（三）关圣帝君

清代城区有武庙、顶关帝庙、下关帝庙、东门帝君庙，尽皆构筑恢宏，辉煌金碧。今城区尚存顶关帝庙、下关帝庙，农村主要有岳坑、菜埔、太平楼、列屿城内等处。五月十三帝君诞辰，隆重祝拜搭台演剧，称“帝君出社”。过去民间和商家多有供祀，今则较少。

（四）开漳圣王

唐初陈元光袭父职镇云霄，以漳江为名奏置漳州于云霄西林，后世追封开漳州主圣王。民间敬称“王爹”（典出梁荆州刺史始兴王故事：“始兴王民之爹……”），奉为保护神，庙宇遍及城乡，民间和商家店户普遍供奉。诞辰和元宵节巡境祈安，迎神演剧，祝拜备极丰盛。

（五）林太史公

明翰林院编修林偕春，云霄人，曾历官两浙学政、赣南兵备、湖广右参政。原祀于漳浦乡贤祠，光绪九年（1883 年），云霄人以其为官清正，有直声，且两次辞官归里，奖掖后学，关心民瘼，对家乡卓有贡献而建“云山书院”并雕像奉祀，顶礼膜拜者络绎不绝。民间各行业普遍供奉并分香闽南、台湾，以及新加坡等地。农历四月初四诞辰，祝拜演剧，热闹非凡。2000 年起，云山书院每年提取部分香火钱作为高考文科前十名、理科前二十名学生奖学金，借以弘扬太史精神。

（六）三平祖师公

明清间云霄城内龚姓富户“龚百万”在畲仔园建“广恩室”供奉。1999 年，信众在广恩室左侧旷地仿三平寺规制建寺雕像供奉，并成立“祖师公会友”香客组织，每年农历六月初六日数百人组团到平和三平寺朝拜。

（七）其他民间信仰

沿海多祀妈祖，山区多祀介子推（称“大伯爷公”），医家祀孙思邈（称“先生公”），木工祀鲁班，商家祀陶朱公，理发匠祀吕洞宾，戏班祀田元帅；还有祀玄天上帝、五显帝、三山国王、三王公、诸葛武侯、夫人妈（开漳圣王陈元光女儿）、吴真人（吴夲）、大人公、包公、韦佗爷等等。西林、下坂则祀广平尊王（亦称“王爹”），相传陈政（陈元光之父）入镇时将所带的周亚夫香火置于西林五通庙，后世雕周亚夫神像崇祀，称“广平尊王”。随着社会变革和科学技术的发展，有的行业如医家、理发等已无原祀或改他祀。

云霄许多庙宇岩寺设“签诗”，有的还设“药签”。信众（尤其妇女）多在农历年初到寺庙抽“家门签”（全家）和“月令签”（个人）以问运途；平时遇事则抽签以问休咎；遇疑难病症则抽“药签”以解病厄。

（八）拜公妈

云霄称已谢世的父母辈及其以上为“公妈”，旧时祀木质神牌称“神主”，新中国成立后多废神主改用照片，每逢忌辰必祭拜，称“做忌”。在一年中的春节、元宵、清明、端午、中元、中秋、冬节、除夕等节日也必祭拜。

（九）拜门兜

农历每月初一、十五（多在农村）或初二、十六（多在城关），于傍晚用饭菜在门口祭拜无主游魂（俗称“相公妈”），称“拜门脚兜”或“做牙”。20 世纪 70 年代后此俗日渐淡化。

第二节　宗　教

一、道教

云霄道教宫庙，主要有明成化年间（1465 — 1487 年）建于渡头村漳江对岸的玄天上帝宫（后倾圮，20 世纪 90 年代重建）、明正德年间（1506 — 1521 年）建于石鼓村炉峰的三清宫（后倾圮，1990 年重建）。此后又有火田天师府、县城北门陵北宫，以及 20 世纪 80 年代建于后汤献宝山道佛合祀（李老君与观世音）的凌风寺、20 世纪 90 年代重建的三房里城隍庙和西霞亭佛寺后增建的玉皇上帝殿。云霄道教未见过有教会组织的记载。民间称道士为“师公”，多在自己家中设坛，民国期间全县 30 多坛，多数各自向江西龙虎山天师府请教敕和受印。师公平时受聘为人画符念咒、驱鬼制煞、安龙做醮、开光晋主、难产催生以及为死者“开冥路”等。新中国成立后，社会上开展破除封建迷信，道坛先后自行撤除，仅存宝石村一坛。2006 年，县内仅有少数道士及习道者自行活动，道教宫庙没有道士住持，县没有道教协会组织。

二、佛教

云霄人称祀佛之所为寺、岩、院、庵、亭（也有庙宇附祀观音）。全县主要有莆美南山寺（亦称莆美岩）、古楼白云寺（原称岭顶庵）、荷步金山寺、中柱心印寺、列屿灵鹫寺（21 世纪初在灵鹫岩遗址重建）和剑石岩、白塔龙湫岩、竹塔龙泉岩、下城树德岩、枧河碧湖岩、城西树德岩、将军山普贤院（分上普贤、下普贤）、城西西霞亭、城区水月楼观音亭、高溪观音亭等。

1997 年后外地僧尼涌入云霄，到各岩寺住持、谈经者 40 多人。2003 年农历七月十九日成立县佛教协会。2006 年，全县岩寺共有住持僧尼 20 多人，佛教徒 5000 多人，多数修净土宗，部分修禅宗，个别修密宗。

三、基督教

清光绪二十六年（1900 年）传入。1996 年有城区大夫第教堂一处，教徒 196 人。1999 年教堂重修扩建，2006 年有教徒 300 人，慕道友 200 多人。

20 世纪 80 年代，陈岱镇前江村有教徒到大夫第参加礼拜活动，2003 年建前江教堂，有教徒 100 余人，慕道友 40 多人。

1998 年，漳浦县牧师到陈岱镇竹港村传道，2003 年建教堂，教徒 60 多人，慕道友 30 多人。

2000 年，大夫第教堂另辟莆美教堂，先租用鸿亚制衣厂，继租宏华路民房，2006 年，迁入莆美镇后汤村 190 号为教堂，教徒 150 人，慕道友 50 多人。

2006 年，全县共有基督教徒 600 余人，慕道友 300 余人。

四、真耶稣教

真耶稣教入教洗礼为“全洗”，以“安息日”（星期六）为祈祷日。民国 24 年（1935 年），广东汕头人迁居云霄业医的吴道泽，在参加云霄基督教会活动中亮出其原系真耶稣教执事身份后，遂在云霄发展教徒。20 世纪 80 年代有教徒 180 多人。1997 年因旧城改造迁建教堂于陈政路 480 号，2006 年有教徒 400 人，慕道友 80 多人。

1997 年，教堂执事到陈岱镇坑内村讲道并发展教徒，2003 年资助建坑内教堂，2006 年有教徒 90 多人，慕道友 50 多人。

2006 年，全县共有真耶稣教教徒 500 余人，慕道友 230 多人。

五、天主教

清宣统元年（1909 年）传入，民国 3 年教堂建成，教徒 100 多人。民国 38 年（1949 年）教堂被国民政府军队占用，同年 9 月云霄和平解放，由人民解放军某部独立营进驻。1951 年改为县人民武装部驻地，教徒分散在家中诵经祈祷。1979 年后逐步归还教会房产。2002 年 12 月成立天主教会筹备组，恢复宗教活动。2004 年由政府拨款 31.02 万元作为地皮补偿款。2006 年完成教堂复建，有教徒 180 人。

六、机构

（一）县宗教领导小组

1997 年 8 月，宗教工作以一位县委常委、一位县政协副主席和县委统战部长为分管领导，由县委统战部具体负责全县宗教事务管理，部内设宗教科抓日常事务工作。2002 年 8 月成立县宗教领导小组，以一位县委副书记任组长，分管宗教工作的县委常委、副县长或政协副主席为副组长，由县委组织部、县委办、政府办、公安局等有关部门、单位的领导为成员，同时成立县民族与宗教事务局。县宗教领导小组下设办公室于民族宗教事务局，由正、副局长兼正、副主任。

（二）县民族与宗教事务局

2002 年 8 月成立，编制 4 人。至 2006 年不变。（管理工作参见第十九章《中国共产党地方组织》第八节“统一战线”）

2006 年云霄县现存寺庙调查情况表（不含常山）

表 34-1

名　称	所在地址		崇　祀	建筑年代	建筑面积（平方米）	有关情况	文物保护等级
	乡镇	村（社区）					
吴原享堂	云陵	享堂	吴原	明弘治年间	3420	祀明户部左侍郎，明孝宗敕建。近年重修一新。	2001 年批准为县级文物保护单位
西霞亭	云陵	金霞	西方三宝佛	明弘治年间	5600	1980 — 2006 年，增塑“四大天王”“昊天金阙玉皇大帝”“南斗北斗星君”“地藏王”“观音金身”等神像。	
文祠	云陵	享堂	朱文公	清乾隆三十八年（1773）	460	配祀黄勉斋、陈北溪。	
七先生祠	云陵	享堂	七先生	清乾隆年间	350	七先生即施邦曜、陈汝咸、汪绅文、江环、薛凝度、章辅延、倪惟钦。秋瑾在此出生。	1992 年 5 月批准为县级文物保护单位
威惠庙	云陵	享堂	开漳圣王陈元光及夫人，归德将军陈政、王子陈珦及将佐李伯瑶、马仁。	明成化年间	800	明里人吴永绥建。近年屡经大修。为云邑最大的威惠庙。	2005 年 5 月批准为省级文物保护单位
树德岩	云陵	享堂	陈元光、观音	1991 年	1000	旁有磨剑石。	
渡头岩	云陵	享堂	玄天上帝	2001 年	2000	坐落渡坪山麓，与渡头自然村隔江相望。庵建自明，后废。旁有泉，甚甘冽。	

续表 34-1

名 称	所在地址		崇 祀	建筑年代	建筑面积（平方米）	有关情况	文物保护等级
	乡镇	村（社区）					
帝母宫	云陵	享堂	九天玄女	2001 年	1000		
北霞亭	云陵	享堂	观音佛祖		200	旧有庙，时间莫考。经重修。	
陵北宫	云陵	享堂	玄天上帝	20 世纪 90 年代	1400		
祖师公庙	云陵	享堂	杨义中祖师	20 世纪 90 年代	3000	旁有广恩室，祀三平祖师。乾隆年间里人龚姓建。	
城隍庙	云陵	享堂	城隍爷	1996 — 2003 年	2000	原庙在县委大院东侧，建于乾隆元年（1736 年），后废。新庙由张另国、张祥益等另址创建，二进一殿，香火特盛。	
英济宫	云陵	三房里	莆美张氏祖姑英济夫人	清中期	4000	原为张氏宗祠。2003 年由张祥益主持重修，2006 年 8 月竣工。	
燕翼宫	云陵	王府	陈元光	始建于唐初，北宋熙宁年间重修时加挂“开漳祖庙”	960	为陈元光故居，成立重修理事会，规划修建。	2001 年 8 月批准为县级文物保护单位
广平尊王庙	云陵	下坂	周亚夫	明代	1200	俗称“王爹庙”	
文殊庙	云陵	下城	文殊广法天尊	年代不详	1200		
永石寺	云陵	下城	释迦如来、九爪禅师（清住持）	明末	600	俗称树洞岩，创建者朱垂裕（人称进爷公）。	
天后宫	云陵	溪美	妈祖林默娘	明初	374	俗称“妈祖宫”	1992 年 5 月批准为县级文物保护单位
水月楼	云陵	溪美	南海观音	明代	350		1992 年 5 月批准为县级文物保护单位
云山书院	云陵	溪美	林偕春	清光绪年间	2000	俗称“太史公庙”，1985 年大修。香火为云邑宫庙之最。	1985 年 1 月批准为省级文物保护单位
圣公庙	云陵	宝元	开漳圣王陈元光、种氏夫人、马仁、李伯瑶等	1992 年	120	创建者郑和平。	2006 年 8 月批准为市级文物保护点
广泽尊王庙	云陵	宝楼	广泽尊王、元帅爷、五谷王	清末民初	200	由客居云霄南安人创建。民国末年因氏族械斗被焚烧。1978 年，在军礼巷重建。	
顶关帝庙	云陵	大园	关帝爷	明嘉靖中期	300	1983 年重建，存有秋嘉禾（秋瑾祖父）题“圣不可知”匾。	1992 年 5 月批准为县级文物保护单位

续表 34-1

名 称	所在地址		崇 祀	建筑年代	建筑面积（平方米）	有关情况	文物保护等级
	乡镇	村（社区）					
下关帝庙	云陵	下港	关帝爷	清康熙元年（1662 年）	200	蔡禄建。	1992 年 5 月批准为县级文物保护单位
石桥头车水口伯公庙	云陵	下港	土地爷	清	10	曾氏和尚建。	
衍庆亭	云陵	下港	观音佛祖	清顺治年间			
帝爷庙	云陵	下港	关帝爷	清光绪年间	120		
普贤院	莆美	演武亭	普贤菩萨	始建宋，20 世纪 90 年代重建。	600		2001 年 8 月批准为县级文物保护单位
下普庵	莆美	演武亭	普贤菩萨及罗汉	始建宋，20 世纪 90 年代重修。	400		2001 年 8 月批准为县级文物保护单位
下营将军庙	莆美	前埔	陈政、陈元光及将佐	始建唐嗣圣二年（682 年），20 世纪 90 年代重修。	2000		2001 年 8 月批准为县级文物保护单位
开漳圣王庙	莆美	佳兜	陈元光	明代	20		
帝君庙	莆美	佳兜	关帝爷	1985 年	130		
华庙	莆美	中柱	陈元光	明末	600	经大修庙貌华丽壮观。	2001 年 8 月批准为县级文物保护单位
心印寺	莆美	中柱	佛祖	清初			
南山寺	莆美	莆美	三宝佛祖，韦驮	始建于明，清重修。	8000	经大修	1985 年 1 月批准为县级文物保护单位
南屏书院	莆美	南山寺右侧	林偕春	明代		经大修	
灵贶庙	莆美	莆美堡南门	三山国王	明代			
灵风寺	莆美	后汤	观音（佛）、李老君（道）	20 世纪 90 年代	150		
宝山宫	莆美	后汤	“大人公”（不知何许神）	明嘉靖三十五年（1556 年）	150	进士汤应科创建	
灵云宫	莆美	后汤	太上老君	明嘉靖三十五年（1556 年）	150	进士汤应科创建	
王子公庙	莆美	后汤	陈元光之子陈珦	20 世纪 90 年代	150		
林太史公庙	莆美	双溪口	林偕春	清光绪初年（1875 年）	600		
林太史公故居	莆美	前涂	林偕春	明	1000	有二进上下及前大埕	
开漳圣王庙	莆美	前涂	陈元光	不详	400	已损坏	

续表 34-1

名　称	所在地址		崇　祀	建筑年代	建筑面积（平方米）	有关情况	文物保护等级
	乡镇	村（社区）					
仙峰岩	云陵开发区	树洞	佛祖	始建宋代，清重修	660	俗称“树洞岩”。旁有“七贤祠”，祀陈景肃、翁待举、杨士训、杨耿、郑柔、薛京、吴大成等。	1985 年 1 月批准为县级文物保护单位
英济宫	莆美	莆美	明莆美张氏祖姑英济夫人	明代	200	俗称“姑婆妈宫”	1992 年 5 月批准为县级文物保护单位
佛祖庙	莆美	前涂	观音	不详	150	主庙一座及侧室三间	
城隍庙	莆美	前涂	城隍爷	不详	50		
城隍庙	莆美	莆美	城隍公	明万历年间	66	明进士张纯创建，为云霄第一座城隍庙。	
惠应庙	莆美	山美	开山尊王 西方三圣 五谷王	清咸丰八年（1858 年）			
威惠庙	莆美	山美	陈元光	不详	250		
开漳圣王大庙	陈岱	岱山	陈政、陈元光父子及其将佐，右有慈航寺	清代	386		
莲花庵	陈岱	新圩	祖师公（三坪分灵）	清代	256	陈聪白创建。反清白扇会活动地点。	
顶佛堂（普贤堂）	陈岱	岱北	观世音、释迦牟尼	明代	376	陈普等人修建。	
下佛寺	陈岱	岱东	观音佛祖、四股公	明代	350		
姑婆妈庙	陈岱	八尺门	不知何神	明代	300		
竹溪亭	陈岱	竹港	观音佛祖	明代	250		
大庙	陈岱	礁美	三山国王	清代	1200		
妈祖庙	陈岱	礁美	妈祖林默娘	明代	400		
剑石岩	列屿	城内	观世音	始建清代，近年重修	1000	俗称“旧岩”。旁有紫阳书院（原址重建）。	
灵鹫寺	列屿	城内	华严三圣、观世音	始建于宋，1999 年起重建	1660	俗称“新岩”。原称“擘峰岩”。	
夫人妈庙	列屿	山前	陈元光女柔懿夫人陈怀玉	明弘治十一年（1498 年）	280	又称“柔懿夫人庙”	1990 年 10 月批准为县级文物保护单位
王爹庙	列屿	林坪	陈元光	明弘治十一年（1498 年）	235		
慈航寺	列屿	顶城	观世音	明弘治元年（1488 年）	270		

续表 34–1

名　称	所在地址		崇　祀	建筑年代	建筑面积（平方米）	有关情况	文物保护等级
	乡镇	村（社区）					
武庙	列屿	顶城	关帝爷	明弘治九年（1496 年）	350		
大伯爷公庙	列屿	城外	介子推	明弘治九年（1496 年）	140		
城隍庙	列屿	城内	城隍爷	不详	15		
太史公庙	列屿	城内	林偕春	不详	52		
真君庙	列屿	城内	保生大帝吴夲	1988 年	35		
帝爷庙	列屿	宅坂	关帝爷	2006 年	27		
大道公庙	列屿	南山	吴夲	1997 年重修	65		
王爹庙	列屿	油车	陈元光	2000 年重修	280		
天后岩	列屿	人家	妈祖林默娘	1995 年重修	50		
太史公庙	列屿	人家	林偕春	1993 年重修	40		
王爹庙	列屿	宅兜	陈元光	1960 年重修	30		
夫人妈庙	列屿	后安	柔懿夫人陈怀玉	2000 年重修	30		1985 年 1 月批准为县级文物保护单位
镜楼庙	列屿	径头	关帝爷	不详	30		
玄天上帝庙	列屿	青崎	玄天上帝	1997 年重修	120		
武庙	列屿	半山	关帝爷	不详	20		
武庙	列屿	半山	关帝爷	不详	20		
武庙	列屿	半山	关帝爷	不详	20		
碧云亭	火田	七里铺	观世音	始建宋	200	有康熙、乾隆、光绪等碑记 4 方。1986 年在其左建戴郡马亭。	1990 年 10 月批准为县级文物保护单位
戴郡马亭	火田	七里铺	陈元光女儿及女婿戴君胄	1986 年	200	陈元光女儿及女婿神道碑	
开漳圣王庙	火田	火田	陈政陈元光等开漳将佐	清中期			
五通庙	火田	西林	五显帝、周亚夫	建于唐总章之前	1200	《云霄厅志》载，“查此庙石柱镌有盘、蓝、雷字样”，“云霄宫庙唯此最古”。	1985 年 1 月批准为县级文物保护单位
上林圣宫	火田	西林	陈元光及其将佐	元代	456		
慈济宫	火田	西林	保生大帝吴夲	元代	388		
五里亭（雨亭）	火田	东车	西天佛祖	清光绪六年（1880 年）	40	云霄人为离任的云霄厅同知秋嘉禾（秋瑾祖父）所建“去思碑”，后人在亭中增祀佛祖。	
威惠庙	火田	古楼	陈元光	明代	224	习称“古楼庙”，唐代古驿站。	

续表 34-1

名　称	所在地址		崇　祀	建筑年代	建筑面积（平方米）	有关情况	文物保护等级
	乡镇	村（社区）					
白云寺	火田	古楼	如来佛	始建宋代	400	旁有帝昺井。传宋少帝南奔饮水于此。	2001 年 8 月批准为县级文物保护单位
双峰岩	火田	高田	佛祖	明成化七年（1491 年）		朱业叟捐田所建	
关帝庙	火田	岳坑	关帝爷、观音、五谷王	始建明天启年间，清重修	300		1992 年批准为县级文物保护单位
开漳圣王庙	火田	后埔庐者坑	陈元光	始建唐，经重修	92	原陈珦为陈元光庐墓处。	
山西夫子庙	东厦	浯田	关帝爷	始建宋代，清中期重修	80	陈江松创建。	
妈祖宫	东厦	荷东	妈祖林默娘	清嘉庆八年	226		
金山寺	东厦	荷中	南海观音、三宝佛	始建于宋，清宣统二年重建	2000	陈江松创建。	
佛祖庙	东厦	荷西	佛祖	清嘉庆八年（1803 年）	200		
高溪观音亭	东厦	溪塘	观音佛祖	清乾隆二十年（1755 年）	130	清洪门天地会遗址。	1991 年 3 月批准为省级文物保护单位
高溪庙	东厦	溪塘	开漳圣王	始建南宋，清乾隆年间重建	660		1991 年 3 月批准为省级文物保护单位
帝君庙	东厦	船场	关帝爷	明末	40		
梁山尊王庙	东厦	东坑	王爷公	清末	120		
善才爷公庙	东厦	洲渡	善才爷公	1975 年	130		
帝君庙	东厦	洲渡	关帝爷	1993 年	90		
林太史公庙	东厦	佳州	林偕春	明万历四年（1576 年）	558	林太史祖祠	2001 年 8 月批准为县级文物保护单位
佳洲大庙	东厦	佳州	魏妈、陈政	明崇祯八年（1635 年）	660		
水镜亭佛祖庙	东厦	佳州	南海观世音佛祖	明崇祯八年（1635 年）	222		
正德庙	东厦	佳州	玄天上帝	清康熙五十九年（1720 年）	86		
龙湫岩	东厦	白塔	佛祖	明崇祯年间	850	山门“铃袈深处”石刻，传为黄道周所书。	1985 年 1 月批准为县级文物保护单位
南塘寺	东厦	白塔	南海佛祖	明宣德年间	52		
玄天上帝庙	东厦	白塔	玄天上帝	清同治年间	36		
山西夫子庙	东厦	白塔	关帝爷	2005 年	42		
王爹庙	东厦	埭洋	陈元光	明代	30		

续表 34–1

名　称	所在地址		崇　祀	建筑年代	建筑面积（平方米）	有关情况	文物保护等级
	乡镇	村（社区）					
达尊爷庙	东厦	埭洋	达尊爷公	1998 年重建	25	原庙始建，年代不详	
大伯爷公庙	东厦	埭洋	介子推	明代	25		
帝爷公庙	东厦	埭洋	关帝爷	明代	30		
开漳圣王庙	东厦	竹塔	陈元光	清康熙二年（1663 年）	70		
关帝庙	东厦	竹塔	关羽	清乾隆二十八年（1763 年）	24		
龙泉岩	东厦	竹塔	佛祖	清代	300	存蔡世远“鹫岭晨钟”题匾	1992 年 5 月批准为县级文物保护单位
开漳圣王庙	东厦	竹塔楼下	陈元光	年代不详	20	传陈元光为祖母庐墓处。	
辅胜公庙	东厦	竹塔	辅胜公	清代	18		
尾份庙	东厦	东崎	陈政、陈元光	清中期	20		
湖山庙	东厦	湖丘	赵元帅	清光绪六年（1880 年）	300		
三山国王庙	东厦	长洋长垅	三山国王	年代不详	72		
三山国王庙	东厦	长洋郊洋	三山国王	年代不详	80		
梁注圣庙	下河	上窖	梁山尊王	年代不详	500		
佛祖庙	下河	新坡	观音佛祖	清初	100		
王爹庙	下河	新坡	陈元光	清初	120		
诸葛武侯庙	下河	新湖	孔明	1985 年从峰头水库马铺移民迁建	180		
珠星苑	下河	三星新村	观音佛祖	2006 年规划修建	300		
上河庙	下河	上河	大伯尊王、梁山尊王、广平尊王、观音佛祖、珈蓝爷公、土地伯公、夫人妈	清光绪年间	250		
顶楼庙	下河	凤兴	三殿尊王	清乾隆十五年（1750 年）	300		
崇耀府	下河	坡兜	三殿尊王	民国年间	300		
关公庙	下河	坡兜安前	关帝爷、钟馗	19 世纪 20 年代	20		
龙境堂	下河	下洞	三宝佛、开漳圣王、武当众神灵	明代	20		
碧云岩	下河	下洞	南海菩萨	明代			

续表 34–1

名　称	所在地址		崇　祀	建筑年代	建筑面积（平方米）	有关情况	文物保护等级
	乡镇	村（社区）					
龙隐寺	下河	车圩	佛祖	明中期	250		
兴福庵	下河	车圩	佛祖	明代			
观音庙	下河	龙透	观音	1995 年重修	70		
玉帝庙	下河	龙透	玉帝	1998 年重修	30		
关帝庙	下河	龙透	关帝爷	2002 年重修	40		
观音庙	下河	梅林	观音	清代	30		
甲溪庙	下河	仙石	佛祖	明万历年间			
玉安庙	下河	七高礤	南海佛祖	清代			
王爷庙	下河	孙坑	梁山尊王	清代			
元帅爷公庙	下河	孙坑	元帅爷公、关帝爷	清代			
霞美庙	下河	下河	介子推、梁山尊王、许天正	始建明嘉靖二十三年（1544 年）	600	存蔡新墨书“霞美庙”匾额。	
王爹庙	下河	世坂	陈政、陈元光父子	明代	700		
帝爷庙	下河	世坂	刘备	明代	300		
帝君庙	下河	后山	关帝爷	近代	95		
观音庙	下河	后山	观音、佛祖	近代	150		
镇山庙	下河	石屏	关帝爷	清代	90		
景峰庵	马铺	峰头	五显大帝	民国九年（1920 年）	100		
孔明庙	马铺	大坪	孔明	1985 年	22	村民集资建。	
水口庙	马铺	青美	南海观音	清嘉庆五年（1802 年）	30		
王公庙	马铺	白凤	三王公	明万历二十八年（1600 年）	13		
泮水宫	马铺	泮坑	三王公	明万历二十年（1600 年）	60		
水仙宫	马铺	宝石	三王公	明弘治十三年（1500 年）	30		
慈霞宫	马铺	宝石	南海佛祖	1975 年	35	村民集资建。	
龙宫	马铺	宝石	南海佛祖	年代无考	50		
庵门庙	马铺	宝石	南海佛祖	年代无考	32		
太平庙	马铺	龙镜	关帝爷	明洪武二十年（1388 年）	1000	有明木雕神像、神龛及清碑记数方	1992 年 5 月批准为县级文物保护单位
油坑庵	马铺	龙镜	佛祖	年代不详	300		
玄天上帝庙	马铺	坑口	玄天上帝	1980 年	70	村民集资建。	

续表 34-1

名　称	所在地址		崇　祀	建筑年代	建筑面积（平方米）	有关情况	文物保护等级
	乡镇	村（社区）					
枋林庵	马铺	枋林	佛祖	清道光三十年（1850 年）	30		
水尾庵	马铺	上洋	观音佛祖	1960 年	40	村民集资建。	
帝君庙	马铺	上洋	关帝爷	1990 年	50	村民集资建。	
谷春庵	马铺	马铺	地藏王、观音	清乾隆二十年（1755 年）	400	何子祥倡建。	
关帝、五帝爷庙	马铺	马铺	关帝爷、五帝爷	清嘉庆五年（1800 年）	120		
佛祖妈庙	马铺	石芹	佛祖	1975 年	30	村民集资建。	
帝君庙	马铺	石芹	关帝爷	1975 年	60	村民集资建。	
地藏王庙	马铺	石芹	地藏王	1975 年	40	村民集资建。	
帝君庙	马铺	乌石坑	关帝爷	年代无考	80		
雨伞庵	马铺	乌石坑	佛祖、三王公	年代无考	35		
王公庙	马铺	乌石坑	开漳圣王	年代无考	50		
佛祖庙	马铺	乌石坑	南海观音	清嘉庆五年（1800 年）	35		
水尾庵	马铺	客寮	佛祖	年代无考	60		
佛祖庙	马铺	客寮	佛祖	清道光三十年（1850 年）	80		
三王公庙	马铺	客寮	三王公	2008 年	30	村民集资建。	
中和庙	马铺	杨美	南海观音	清嘉庆五年（1800 年）	100		
观音亭	马铺	杨美	南海观音	清嘉庆五年（1800 年）	100		
王公庙	马铺	粗溪	王公	1960 年	200	村民集资建。	
关帝爷庙	马铺	粗溪	关帝爷	1900 年	50		
佛祖庙	马铺	粗溪	南海观音	1950 年	100	村民集资建。	
关帝爷庙	马铺	桥头	关帝爷	1970 年	20	村民集资建。	
赵子龙庙	马铺	桥头	赵子龙	1970 年	20	村民集资建。	
观音庙	马铺	桥头	南海观音	2003 年	20	村民集资建。	
关帝庙	马铺	坪水	关帝爷	2006 年	20	村民集资建。	
三王公庙	马铺	坪水	三王公	清道光三十年（1850 年）	20		
佛祖庙	马铺	坪水	南海观音	1950 年	20	村民集资建。	
佛祖庙	马铺	下庵	佛祖	清康熙三十年（1700 年）	30		
三王公庙	马铺	下庵	三王公	清乾隆十五年（1750 年）	30		
关帝庙	马铺	新楼	关帝爷	2006 年规划修建	40	村民集资建。	

续表 34–1

名　称	所在地址		崇　祀	建筑年代	建筑面积（平方米）	有关情况	文物保护等级
	乡镇	村（社区）					
关帝庙	马铺	新楼	关帝爷	2006 年规划修建	20	村民集资建。	
观音庙	马铺	新楼	南海观音	1970 年	40	村民集资建。	
炉峰书院	马铺	石鼓	南海观音	清乾隆十三年（1748 年）	300	习称炉峰岩。何子祥倡建。	1992 年 5 月批准为县级文物保护单位
三界公庙	马铺	石鼓	开漳圣王	清顺治七年（1650 年）	50		
石保庵	马铺	石鼓	开漳圣王	清康熙三十年（1700 年）	200		
帝君庙	马铺	石鼓	关帝爷	1960 年	50	村民集资建。	
帝君庙	马铺	坑仔尾	关帝爷	1980 年	150	村民集资建。	
水口庵	马铺	磜头	关帝爷	2006 年	40	村民集资建。	
碧湖岩	马铺	枧河	南海观音	明崇祯五年（1632 年）	200	1980 年村民集资重建。	1985 年 1 月批准为县级文物保护单位
枧河庵	马铺	枧脚圩	开漳圣王	明万历二十年（1600 年）	200		
帝君庙	马铺	乌螺	关帝爷	清光绪二十年（1900 年）	200		
水尾庵	马铺	乌螺	开漳圣王	1980 年	100	村民集资建。	
三王公庵	马铺	乌螺	三王公	1980 年	20	村民集资建。	
汉德宫	马铺	大仑	三坪祖师公	清顺治七年（1650 年）	150		
坑底庵	马铺	大仑	南海观音	年代无考	150		
英济宫	和平	安吉	英济夫人	近代	80	自莆美分灵。	
帝爷公庙	和平	大斜	帝爷公、佛祖	1990 年	40	村民筹建。	
水晶庙	和平	桥头	观音	民国年间建	40		
玄武宫	和平	宜谷径	玄天上帝	民国十一年(1922 年）	45		
帝君庙	和平	顶半坑	关帝爷	1984 年	48	村民筹建。	
深水庙	和平	新楼	梁山尊王	年代无考	130		
河溪庙	和平	河溪	梁山尊王	年代不详	38	村民重建。	
树德岩	和平	河溪	佛祖	明代	2000	1996 年重建。	
帝爷公庙	和平	上坂村	帝爷公	年代不详	50		
甘埔岩	和平	甘埔	佛祖	清代	30		
天师公庙	和平	棪树	天师公	20 世纪 90 年代	40		

注：本调查表由张煌辉、张耀堂整理提供

第三节　方　言

一、云霄方言声韵母与调值

（一）声母

声母有：柳、边、求、去、地、颇、他、曾、入、时、英、文、语、出、喜，计 15 字。按发音用国际音标划分为双唇音、舌尖中音、舌尖前音、舌根音、零声母。

双唇音：p（边—声母字，下同）。p‘（颇）、b（文）。

舌尖中音：t（地）、t‘（他）、l（柳）。

舌尖前音：ts（曾）、ts‘（出）、dz（入）、s（时）。

舌根音：k（求）、k‘（去）、ɡ（语）、h（喜）。

零声母：ø（英）。

（二）韵母

韵母有：君、坚、金、规、嘉、干、公、乖、经、观、沽、娇、稽、恭、高、皆、巾、姜、甘、瓜、娃、江、兼、交、迦、桧、监、艍、胶、居、丩、更、裈、茄、栀、薑、惊、官、钢、伽、间（潮）、姑、姆、光、闩、糜、嘄、箴、爻、扛（长泰）、牛，计 51 字。因历史上《雅俗通十五音》通行于整个闽南语系，而各地闽南语音尤其白读音又有所差异，如“扛”云霄读“kŋ”，长泰读“kɔ̃”；“嘉”厦门读“ka”，漳州读“ke”，而云霄则读“kɛ”；“间”云霄白音读“keŋ”，潮州白音读“kãi”；故在云霄的“十五音”韵母中标出“长泰”、“潮”等字样作提示。韵母字除个别外，均以该字的韵母与“k”声母反切得出的字音。

云霄方言韵母字，每字按阴阳分为 7 个声调，如“君”的七声是：君（阴平）、滚（阴上）、棍（阴去）、骨（阴入）、裙（阳平）、滚（阳上，与阴上同）、郡（阳去）、滑（阳入）。依此，有的韵母字在七声中或在与声母字反切时，会出现有音无字，称“空韵”。云霄语音韵母除空韵外，与国际音标对应如下（字下“_”号为白音，“ʔ”为入声，促音）：

开口呼　元音：a（胶）、aˀ（甲），o（高）、oˀ（阁），ɛ（嘉）、ɛˀ（格）、e（伽）、eˀ（荚）；元音尾韵：ai（皆），au（交）、auˀ（雹），ou（沽），ei（稽）。鼻化韵：ã（监）、ãˀ（唔），ɔ̃（扛，长泰韵）、ɔ̃ˀ（膜），ɛ̃（糜）、ɛ̃ˀ（咩），m（姆），ŋ（钢）；鼻尾韵：ãi（间，潮州韵）、ãu（爻），am（甘）、apˀ（鸽），an（干）、atˀ（葛），aŋ（江）、akˀ（角），om（箴）、omˀ（），õu（姑），oŋ（公）、okˀ（国），eŋ（经）、ekˀ（革）。

齐齿呼　元音：i（居）、iˀ（滴），iu（尤）、iuˀ（缩），ia（迦）、iaˀ（屐），io（茄）、ioˀ（药）；元音尾韵：iau（娇）、iauˀ（勪）。鼻化韵：ĩ（栀、更）、ĩˀ（物），iã（惊），iãˀ（影），iãu（嘄）、iãuˀ（）；鼻尾韵：im（金）、ipˀ（急），iam（兼）、iapˀ（夹），in（巾）、itˀ（吉），ian（坚）、iatˀ（杰），iaŋ（姜）、iakˀ（剧），ioŋ（恭）、iokˀ（菊）、ĩu（薑、牛）。

合口呼　元音：u（艍）、uˀ（揬），ua（娃）、uaˀ（活）、uɛ（瓜，云霄），uɛˀ（画），ue（桧）、ueˀ（月），ui（规）；元音尾韵：uai（乖）。鼻化韵：uã（官），uĩ（裈），uãi（闩），ũe（关）。鼻尾韵：un（君）、utˀ（骨），uan（观）、uatˀ（决）。

（三）调值

以《十五音》第一个韵母字“君”，按平（阴平、阳平）上（阴阳相同）去（阴去、阳去）入（阴入、阳入）顺序，其调值分别为：

君 kun 阴平 55，裙 kun 阳平 23，滚 kun 上声 53，棍 kun 阴去 21，郡 kun 阳去 22，骨 ut 阴入 4，滑 ut 阳入 12。

二、文读音与普通话语音对应

以闽南话通用的《增注雅俗通十五音》韵母为序。根据云霄语音特点，韵母中的“瓜”漳厦语音读为“kua①”，而云霄读为“kuɛ①”，故须增加“uɛ”一韵。对应表中闽南语音用国际音标标示，声调按阴平、阳平、上声（云霄阴上与阳上同调）、阴去、阳去顺序用①②③④⑤标示；普通语音声调按“ˉ”“ˊ”“ˇ”“ˋ”标示。

（一）阴平同声同调举隅

[K'un① kūn]　[tun① dūn]　[t'un① tūn]　[tsun① zūn]
坤昆崑髡堃焜锟鹍琨　敦墩嗷礅燉　吞椿暾涒　尊樽遵鳟罇

[sun① sūn]　[ts'un① cūn]　[hun① hūn]　[pian① biān]　[tian① diān]
孙狲荪飧　村　昏婚阍棔惛荤　边鞭编笾　颠傎巅癫蹎攧

[p'ian piān]　[t'ian① tiān]　[tsian① jiān]　[sian① xiān]
偏扁篇翩　天　戋煎笺　先仙鲜

[ian① yān]　[ts'ian① qiān]　[kui① guī]
烟鄢湮阏咽菸胭燕嫣焉　芊迁千阡　皈圭鲑归规龟珪瑰沩闺邽

[k'ui① kuī]　[tui① duī]　[sui① suī]　[ts'ui① cuī]　[pan① bān]
亏窥睽　堆　虽 荽　崔催摧　班斑攽颁癍瘢般搬

[kan gan]　[k'an① kān]　[tan① dān]　[p'an① pān]　[t'an① tān]
干竿矸杆肝　刊 看　丹单箪郸　攀潘番（禺）　摊瘫滩

[an① ān]　[ts'an① cān]　[koŋ① gōng]　[k'oŋ① kōng]　[toŋ① dōng]
安桉鞍鮟鹌氨　餐湌飡　工公攻功魟　空倥悾箜崆　东冬蝀咚氡

[t'oŋ① tōng]　[tsoŋ① zōng]　[ts'oŋ① cōng]　[kuai① guāi]　[uai① wāi]
通 嗵　宗琮鬃综踪棕　囱葱匆聪骢　乖　歪

[kuan① guān]　[k'uan① kuān]　[tuan① duān]　[huan① huān]　[suan① suān]
官观鳏棺倌冠关纶瘝　宽　端　欢蠸嚾獾　酸狻痠

[uan① wān]　[kou① gōu]　[tou① dōu]　[t'ou tōu]　[sou① sōu]　[ou① ōu]
弯 湾　勾沟钩　都　偷　搜溲蒐飕艘廋　沤讴鸥

[tiau① diāo]　[p'iau① piāo]　[t'iau① tiāo]　[tsiau① jiāo]
凋彫刁叼蛁雕碉貂　飘螵剽漂缥　挑祧佻　焦蕉礁嶕椒

[siau① xiāo]　[iau① yāo]　[ioŋ① yōng]　[po① bō]　[p'o① pō]
消霄宵销逍绡蛸魈翛嚣硝潇箫　夭妖幺吆要喓腰　邕雍噰雝痈壅饔　菠 嶓　坡 颇

[t'o① tuō]　[so① suō]　[o① wō]　[ts'o① cuō]　[kai① gāi]　[tai① dāi]
拖　唆梭娑莎睃　倭窝涡莴挝　磋蹉搓　该垓荄陔　呆

[k'ai① kāi]　[t'ai① tāi]　[tsai① zāi]　[ai① āi]　[ts'ai① cāi]
开　胎 苔　栽灾哉　埃挨哀唉欸　猜 偲

[pin① bīn]　[tsin① jīn]　[sin① xīn]　[in① yīn]
宾滨傧缤豳玢槟彬邠斌　津　新薪辛莘锌　因姻茵禋殷堙湮洇氤骃歅

[ts'in① qīn]　[tsiaŋ① jiāng]　[siaŋ① xiāng]　[iaŋ① yāng]
亲　将 浆　相湘厢葙箱缃襄镶骧　央泱秧鞅殃鸯

[ts'iaŋ① qiāng]　[k'ua① kuā]　[ua① wā]　[paŋ① bāng]　[pau① bāo]
锵 枪　夸跨垮胯　娃蛙挖　邦帮梆　包 胞

[p′au ① pāo] [tsau ① zāo] [ts′au ① cāo] [u ① wū] [la ① lā] [pa ① bā]
抛 糟 操 污圬杇 拉垃啦喇 巴疤芭粑鲃笆吧

[p′i ① pī] [i ① yī] [tiu ① diū] [siu ① xiū]
丕邳披狉坯伾砒 衣依伊咿漪医 丢 修羞馐脩

[iu ① yū] [ts′iu ① qiū]
忧优悠攸呦幽 秋湫萩楸鹙

（二）阳平同声同调（调值略有差异）举隅

[lun ② lún] [sun ② xún] [hun ② hún] [lian ② lián] [tian ② tián]
仑抡轮纶论囵伦 巡循旬驯 馄 连莲联 填阗恬

[ian ② yán] [sui ② suí] [lan ② lán] [han ② hán] [loŋ ② lóng]
延筵蜒沿铅（地名） 绥隋随遂 兰拦澜斓 韩 寒 农浓笼脓珑茏聋

[hoŋ ② hóng] [p′an ② pán] [uan ② wán] [huan ② huán] [lou ② lóu]
红虹洪宏弘泓鸿闳 盘磐槃 丸纨完 环圜轘寰还桓 楼 娄

[hou ② hóu] [liau ② liáo] [p′iau ② piáo] [iau ② yáo] [lo ② luó]
侯喉猴篌糇 僚寮嘹獠缭遼聊寥 嫖 瓢 姚摇遥谣瑶傜窑 罗萝骡螺

[ho ② huó] [lai ② lái] [ts′ai ② cái] [hai ② hái] [lin ② lín] [in ② yín]
和 来 柴 豺 孩 骸 邻鳞麟磷粼燐 寅 夤

[bin ② mín] [liaŋ ② liáng] [siaŋ ② xiáng] [iaŋ ② yáng]
民岷珉 良粮凉量梁 详祥翔 羊洋阳扬杨烊徉佯炀玚飏疡

[ts′iaŋ ② qiáng] [haŋ ② háng] [ba ② má] [li ② lí]
墙蔷樯嫱 杭 行 麻痳蔴 离篱漓螭璃缡厘狸骊鹂罹嫠

[p′i ② pí] [i ② yí] [liu ② liú] [iu ② yóu]
皮疲脾貔狓罴 怡诒饴贻夷姨痍胰迤迻移圯彝 刘流琉硫鎏榴留 游犹尤由油蝣邮繇

[nĩ ② ní] [no ② nuó] [bɔ̃ ② mó]
尼妮泥 挪 摩磨魔蘑

（三）上声同声不同调举隅

云霄闽南语音，阴上与阳上单字独读时同一声调，只在连读时才会出现上声变调，不另举。

[kun ③ gǔn] [k′un ③ kǔn] [sun ③ sǔn] [ts′un ③ cǔn] [lian ③ liǎn]
衮滚磙绲辊鲧 捆悃阃壸 损榫笋 忖 刌 琏

[bian ③ biǎn] [tian ③ diǎn] [t′ian ③ tiǎn] [tsian ③ jiǎn] [sian ③ xiǎn]
扁匾窆褊稨贬藊 典 腆倎殄觍 谫翦剪戬 跣燹鲜癣藓铣冼洗

[ian ③ yǎn] [ts′ian ③ qiǎn] [kui ③ guǐ] [k′ui ③ kuǐ] [hui ③ huǐ] [lan ③ lǎn]
演 浅 鬼诡宄佹 傀 跬 虺 毁 懒

[pan ③ bǎn] [kan ③ gǎn] [t′an ③ tǎn] [tsan ③ zǎn] [san ③ sǎn]
版板舨坂畈阪钣 赶秆扞杆 坦忐袒毯 趱 散

[han ③ hǎn] [loŋ ③ lǒng] [k′oŋ ③ kǒng] [toŋ ③ dǒng] [t′oŋ ③ tǒng]
罕 拢笼垄 孔 董 懂 桶捅统

[tsoŋ ③ zǒng] [luan ③ luǎn] [kuan ③ guǎn] [k′uan ③ kuǎn] [tuan ③ duǎn]
总 偬 卵 馆管绾琯莞 款 窾 短

[dzuan ③ ruǎn] [uan ③ wǎn] [kou ③ gǒu] [k′ou ③ kǒu] [tou ③ dǒu]
软 阮 碗宛婉莞惋畹菀 狗拘笱苟耇 口 斗抖枓阧陡

[tsou③ zǒu]　[sou③ sǒu]　[ou③ ǒu]　[hou③ hǒu]　[liau③ liǎo]　[piau③ biǎo]

走　叟瞍擞薮　呕　吼　了　表婊裱

[siau③ xiǎo]　[iau③ yǎo]　[ioŋ③ yǒng]　[kuo③ guǒ]　[p′o③ pǒ]

小 筱　窈舀窅　甬俑踊涌勇恿湧　果裹馃蜾　叵笸钷

[suo③ suǒ]　[pai③ bǎi]　[kai③ gǎi]　[k′ai③ kǎi]　[tai③ dǎi]

锁唢琐　摆　改　恺鎧楷凯锴剀垲闿　歹

[tsai③ zǎi]　[ai③ ǎi]　[ts′ai③ cǎi]　[hai③ hǎi]　[p′in③ pǐn]

宰载崽　霭蔼毐矮欸　采彩寀睬踩　海 醢　品

[in③ yǐn]　[bin③ mǐn]　[liaŋ③ liǎng]　[tsiaŋ③ jiǎng]　[siaŋ③ xiǎng]

隐瘾引蚓尹　敏黾抿泯湣闵悯愍　两魉俩　蒋奖桨　想

[iaŋ③ yǎng]　[ts′iaŋ③ qiǎng]　[ua③ wǎ]　[paŋ③ bǎng]　[kaŋ③ gǎng]

养 氧　抢　瓦　绑　港

[pau③ bǎo]　[tsau③ zǎo]　[la③ lǎ]　[bã③ mǎ]　[li③ lǐ]

饱　蚤　哪　马玛蚂码犸　里理俚哩鲤娌锂李逦

[pi③ bǐ]　[ti③ dǐ]　[p′i③ pǐ]　[i③ yǐ]　[liu③ liǔ]

匕比妣佊彼秕芘　氐诋抵坻牴柢底邸砥　庀否嚭痞仳　以倚椅踦旖已苡迤　柳绺罶

[tsiu③ jiǔ]　[iu③ yǒu]　[tse③ jiě]　[lãi③ nǎi]　[bãi③ mǎi]

酒　友有酉莠牖卣羑　姐　乃奶艿氖迺　买

[liãu③ niǎo]　[lãu③ nǎo]

鸟袅茑　脑恼堖

（四）阴去与去声同声不同调举隅

[kun④ gùn]　[k′un④ kùn]　[tun④ dùn]　[ts′un④ cùn]　[pian④ biàn]

棍　困　顿　寸　遍 变

[p′ian④ piàn]　[tsian④ jiàn]　[sian④ xiàn]　[ian④ yàn]　[ts′ian④ qiàn]

片 骗　溅箭荐　线　燕宴谳嚥嬿　倩茜蒨

[k′ui④ kuì]　[kui④ guì]　[tui④ duì]　[tsui④ zuì]　[sui④ suì]

愧　贵 桂　对怼碓　醉　祟谇邃

[ts′ui④ cuì]　[k′an④ kàn]　[tan④ dàn]　[p′an④ pàn]　[t′an④ tàn]

翠粹啐萃脺毳脆　看　旦诞蛋疍　盼 判　叹 炭

[tsan④ zàn]　[san④ sàn]　[an④ àn]　[ts′an④ càn]　[han④ hàn]　[koŋ④ gòng]

赞讚瓒酂　伞 散　按 案　灿粲璨　汉 漢　贡

[k′oŋ④ kòng]　[toŋ④ dòng]　[t′oŋ④ tòng]　[tsoŋ④ zòng]　[soŋ④ sòng]

控空鞚　冻 栋　痛　粽　宋 送

[kuai④ guài]　[k′uai④ kuài]　[kuan④ guàn]　[tuan④ duàn]

怪　快块筷　贯惯丱灌罐观鹳盥掼冠　断

[tsuan④ zuàn]　[suan④ suàn]　[ts′uan④ cuàn]　[huan④ huàn]　[kou④ gòu]

钻　算 蒜　篡窜爨　焕奂唤幻换瘓　够夠彀

[k′ou④ kòu]　[tou④ dòu]　[tsou④ zòu]　[sou④ sòu]　[ts′ou④ còu]

扣叩筘寇蔻　斗　奏　嗽　凑 辏

[tiau④ diào]　[p′iau④ piào]　[t′iau④ tiào]　[iau④ yào]　[po④ bò]

吊 钓　票漂嘌　跳眺粜糶　要　簸

[ko ④ guò] [p′o ④ pò] [t′o ④ tuò] [tso ④ zuò] [ts′o ④ cuò] [pai ④ bài] [kai ④ gài]
过 破 唾 做 错锉剉 拜 丐盖芥钙

[k′ai ④ kài] [tai ④ dài] [p′ai ④ pài] [t′ai ④ tài] [tsai ④ zài] [sai ④ sài] [ai ④ ài]
忾 欬 带戴襶 派哌蒎湃 太态泰汰 再载傤 赛 塞 爱瑷嫒隘

[ts′ai ④ cài] [pin ④ bìn] [tsin ④ jìn] [sin ④ xìn] [in ④ yìn] [tsiaŋ ④ jiàng]
菜 蔡 膑摈殡鬓髌 进晋缙瑨溍 信囟 印茚鲗 将 酱

[siaŋ ④ xiàng] [iaŋ ④ yàng] [kua ④ guà] [p′aŋ ④ pàng] [p′au ④ pào] [lau ④ lào]
相 快 挂罣褂 胖 砲炮泡疱 落

[pa ④ bà] [p′a ④ pà] [pi ④ bì] [p′i ④ pì] [t′i ④ tì] [i ④ yì]
坝霸灞 帕 怕 庇秘毖畀閟痹闭臂嬖赑髀 屁譬媲 剃 意薏懿翳衣

[liou ④ liù] [siu ④ xiù] [iu ④ yòu]
溜 秀绣锈袖宿琇 幼

（五）阳去与去声同声不同调举隅

[lun ⑤ lùn] [tun ⑤ dùn] [dzun ⑤ rùn] [hun ⑤ hùn] [lian ⑤ liàn] [pian ⑤ biàn]
论 遁楯遯 润 混 诨 练炼链 便卞汴忭辨辩辫

[tian ⑤ diàn] [tsian ⑤ jiàn] [kui ⑤ guì] [tui ⑤ duì] [sui ⑤ suì]
电殿佃钿甸奠靛癜 贱 溅 跪 柜 队憝怼 穗遂燧隧

[hui ⑤ huì] [lan ⑤ làn] [pan ⑤ bàn] [tan ⑤ dàn] [han ⑤ hàn]
惠僡蕙慧嘒卉喙恚憓潓 烂 办扮瓣 但惮弹 汗旱焊翰瀚

[loŋ ⑤ lòng] [toŋ ⑤ dòng] [luan ⑤ luàn] [p′an ⑤ pàn] [tuan ⑤ duàn]
弄 动洞峒恫 乱 叛 畔 缎断籪

[huan ⑤ huàn] [lou ⑤ lòu] [tou ⑤ dòu] [hou ⑤ hòu] [liau ⑤ liào]
换宦患漶豢 漏 陋 豆饾荳脰痘逗读窦 后厚候逅郈 料 廖

[iau ⑤ yào] [ioŋ ⑤ yòng] [to ⑤ duò] [lai ⑤ lài] [pai ⑤ bài]
耀曜燿 用 舵惰堕 徕睐赍 败

[tai ⑤ dài] [tsai ⑤ zài] [lin ⑤ lìn] [tsin ⑤ jìn] [in ⑤ yìn]
代岱玳黛袋贷殆怠迨逮 在 吝蔺躏 尽赆荩 胤

[liaŋ ⑤ liàng] [iaŋ ⑤ yàng] [paŋ ⑤ bàng] [lãu ⑤ nào] [bã ⑤ mà] [pa ⑤ bà]
亮谅量喨唴晾 样漾恙 蚌 棒 闹 骂 罢 爸

[li ⑤ lì] [pi ⑤ bì] [i ⑤ yì] [tsiu ⑤ jiù] [iu ⑤ yòu]
利俐例莉痢厉吏詈 婢币弊避敝毙蔽 易异肄裔 就僦鹫 右佑又囿柚侑宥

[lãi ⑤ nài] [bãi ⑤ mài] [bãu ⑤ mào]
奈萘耐鼐褦 卖 迈 貌

三、文读音与白音一般常用字对应表

字	文读	白音	字	文读	白音	字	文读	白音
分	hun ①	pun ①	门	bun ②	bũi ②	牵	k′ian ①	k′an ①
天	t′ian ①	t′ĩ ①	线	sian ④	suã ④	燕	ian ④	ĩ ④
扁	pian ③	pĩ ③	洗	sian ③	sei ③	见	kian ④	kĩ ④
片	p′ian ④	pĩ ④	箭	tsian ④	tsĩ ④	扇	sian ④	sĩ ④
节	tsiat ⑥	tsat ⑥	血	hiat ⑥	hue ⑥	年	lian ②	lĩ ②

续表

字	文读	白音	字	文读	白音	字	文读	白音
田	tian ②	ts'an ②	缠	tian ②	tĩ ②	前	tsian ②	tseŋ ②
钱	ts'ian ②	tsĩ ②	棉	bian ②	bĩ ②	眠	bian ②	bin ②
面	bian ⑤	bin ⑤	砚	hian ⑤	hĩ ⑤	件	kian ⑤	kiã ⑤
裂	liat ⑦	li ⑦	热	driat ⑦	drua ⑦	舌	siat ⑦	tsi ⑦
篾	biat ⑦	bi ⑦	淋	lim ②	lam ②	林	lim ②	liã ②
笠	lip? ⑦	lie ⑦	十	sip? ⑦	tsap? ⑦	龟	kui ①	ku ①
吹	ts'ui ①	ts'ue ①	水	sui ③	tsui ③	肥	hui ②	pui ②
下	hɛ ⑤	kɛ ⑤	斑	pan ①	peŋ ①	山	san ①	suã ①
鞍	an ①	uã ①	赶	kan ③	kuã ③	伞	san ④	suã ④
看	k'an ④	k'uã ④	炭	t'an ④	t'uã ④	散	san ④	suã ④
八	pat ⑥	pe ⑥	割	kat ⑥	kua ⑥	葛	kat ⑥	kua ⑥
獭	t'at ⑥	t'ua ⑥	杀	sat ⑥	sua ⑥	零	leŋ ②	lan ②
栏	lan ②	luã ②	闲	han ②	ieŋ ②	寒	han ②	kuã ②
岸	g an ⑤	huã ⑤	旱	han ⑤	uã ⑤	汗	han ⑤	kuã ⑤
工	koŋ ①	kaŋ ①	光	koŋ ①	kuĩ ①	空	k'oŋ ①	k'aŋ ①
东	toŋ ①	taŋ ①	冬	toŋ ①	taŋ ①	当	toŋ ①	taŋ ① tŋ ①
汤	t'oŋ ①	siaŋ ① t'ŋ ①	庄	tsoŋ ①	tsŋ ①	妆	tsoŋ ①	tsŋ ①
方	hoŋ ①	puĩ ① hŋ ①	枫	hoŋ ①	puĩ ①	霜	soŋ ①	sŋ ①
汪	oŋ ①	aŋ ①	葱	ts'oŋ ①	ts'aŋ ①	窗	ts'oŋ ①	t'aŋ ①
桶	t'oŋ ③	t'aŋ ③	网	boŋ ③	baŋ ⑤	纺	hoŋ ③	p'aŋ ③
冻	toŋ ④	taŋ ④	痛	t'oŋ ④	t'iã ④	送	soŋ ④	saŋ ④
瓮	oŋ ④	aŋ ④	放	hoŋ ④	paŋ ④	哭	k'ok ⑥	k'au ④
啄	tok ⑥	te ⑥	郎	loŋ ②	lŋ ②	房	poŋ ②	paŋ ②
同	toŋ ②	taŋ ②	堂	toŋ ②	tiŋ ②	筒	toŋ ②	taŋ ②
糖	t'oŋ ②	t'ŋ ②	床	ts'oŋ ②	ts'ŋ ②	黄	hoŋ ②	uĩ ②
红	hoŋ ②	aŋ ②	虹	hoŋ ②	k'ioŋ ⑤	弄	loŋ ⑤	laŋ ⑤
动	toŋ ⑤	taŋ ⑤	状	tsoŋ ⑤	tsŋ ⑤	望	boŋ ⑤	baŋ ⑤
梦	boŋ ⑤	baŋ ⑤	落	lok ⑦	lo ⑦	薄	pok ⑦	po ⑦
缚	pok ⑦	pak ⑦	木	bok ⑦	bak ⑦	目	bok ⑦	bak ⑦
凿	ts'ok ⑦	ts'ak ⑦	崩	peŋ ①	paŋ ①	经	keŋ ①	kĩ ①
京	keŋ ①	kiã ①	庚	keŋ ①	kĩ ①	更	keŋ ①	kĩ ①
听	t'eŋ ①	tiã	声	seŋ ①	siã ①	星	seŋ ①	ts'ĩ ①
生	seŋ ①	sĩ ①	青	ts'eŋ ①	ts'ĩ ①	蛏	ts'eŋ ①	t'an ①
领	len ③	liã ③	岭	len ③	liã ③	丙	pen ③	piã ③
饼	pen ③	piã ③	请	ts'eŋ ③	ts'iã ③	姓	seŋ ④	sĩ ④

续表

字	文读	白音	字	文读	白音	字	文读	白音
百	pek ⑥	piɛ ⑥	栢	pek ⑥	piɛ ⑥	壁	pek ⑥	pia ⑥
格	kek ⑥	kɛ ⑥	隔	kek ⑥	kɛ ⑥	客	k′ek ⑥	k′ɛ ⑥
僻	p′ek ⑥	p′ia ⑥	劈	p′ek ⑥	put ⑥	癖	p′ek ⑥	p′ia ⑥
踢	t′ek ⑥	t′at ⑥	拍	p′et ⑥	p′a ⑥	仄	tsek ⑥	tsɛ ⑥
昃	tsek ⑥	tsɛ ⑥	锡	sek ⑥	sia ⑥	塞	sek ⑥ sai ④	sat ⑥
虱	sek ⑥	sat ⑥	尺	ts′ek ⑥	ts′io ⑥	册	ts′ek ⑥	ts′ɛ ⑥
棚	p′eŋ ②	pĩ ②	程	t′eŋ ②	t′ĩa ②	呈	t′eŋ ②	tĩa ②
层	tseŋ ②	tsan ②	城	seŋ ②	sĩa ②	营	eŋ ②	ĩa ②
名	beŋ ②	bĩa ②	行	heŋ ② haŋ ②	kĩa ②	赠	tseŋ ⑤	tsan ⑤
命	beŋ ⑤	bĩa ⑤	力	lek ⑦	lat ⑦	白	pek ⑦	pɛ ⑦
宅	t′ek ⑦	t′ɛ ⑦	贼	tsek ⑦	ts′at ⑦	石	sek ⑦	tsio ⑦
驿	ek ⑦	ia ⑦	脉	bek ⑦	bɛ̃ ⑦	墨	bek ⑦	bak ⑦
核	hek ⑦	hut ⑦	般	puan ①	puã ①	搬	puan ①	puã ①
官	kuan ①	kuã ①	关	kuan ①	kuɛ̃ ①	穿	ts′uan ①	ts′ioŋ ⑤
软	luan ③	luĩ ③	坂	puan ③	puã ③	短	tuan ③	te ③
碗	uan ③	uã ③	满	buan ③	buã ③	卷	kuan ④	kuĩ ④
半	puan ④	puã ④	钻	tsuan ④	tsuĩ ④	算	suan ④	suĩ ④
唤	huan ④	hiam ④	泼	p′uat ⑥	pua ⑥	抹	buat ⑥	bua ⑥
泉	tsuan ②	tsuã ②	瞒	buan ②	buã ②	船	ts′uan ②	tsun ②
圆	uan ②	ĩ ②	伴	p′uan ⑤	puã ⑤	袜	buat ⑦	ɡue ⑦
勾	kou ①	kau ①	钩	kou ①	kau ①	沟	kou ①	kau ①
偷	t′ou ①	tau ①	疏	sou ① sou ④	sei ①	梳	sou ①	sei ①
搜	sou ①	ts′iau ①	沤	ou ①	au ①	狗	kou ③	kau ③
斗	tou ③	tau ③	走	tsou ③	tsau ④	瘦	sou ③	san ③
吼	hou ③	hau ③	够	kou ④	kau ④	叩	k′ou ④	k′au ④
扣	k′ou ④	k′au ④	嗽	sou ④	sau ④	楼	lou ②	lau ②
投	tou ②	tau ②	猴	hou ②	kau ②	喉	hou ②	au ②
漏	lou ⑤	lau ⑤	豆	tou ⑤	tau ⑤	痘	tou ⑤	tau ⑤
后	hou ⑤	au ⑤	候	hou ⑤	hau ⑤	厚	hou ⑤	kau ⑤
椒	tsiau ①	tsio ①	招	tsiau ①	tsio ①	幺	iau ①	io ①
腰	iau ①	io ①	表	piao ③	pio ③	裱	piau ③	kiau ③
小	siau ③	sio ③	少	siau ③	tsio ③	舀	iau ③	io ③
叫	kiau ④	kio ④	钓	tiau ④	tio ④	票	p′iau ④	p′io ④
漂	p′iau ④	p′io ④	照	tsiau ④	tsio ④	醮	tsiau ④	tsio ④
皺	dziau ④	liãu ④	桥	kiau ②	kio ②	潮	tiau ②	tio ②

续表

字	文读	白音	字	文读	白音	字	文读	白音
摇	iau②	io②	窑	iau②	io②	描	biau②	bio②
瞄	biau②	bio②	轿	kiau⑤	kio⑤	庙	biau⑤	bio⑤
低	tei①	kɛ⑤	西	sei①	sai①	剃	t′ei④	t′i④
啼	t′ei②	t′i②	弟	tei⑤	ti⑤	叔	siok⑥	tsiok⑥
虫	t′ioŋ②	t′aŋ②	六	liok⑦	lak⑦	肉	dziok⑦	ba⑥
俗	siok⑦	sio⑦	高	ko①	kuan②	拖	t′o①	t′ua①
老	lo③	lau⑤	早	tso③	tsa③	草	ts′o③	ts′au③
簸	po④	pua④	过	ko④	kue④	课	k′o④	k′ue④
到	to④	kau④	灶	tso④	tsau④	扫	suo④	sau④
坐	tso⑤	tse⑤	开	k′ai①	k′ui①	改	kai③	kei③
疥	kai④	kei④	带	tai④	tua④	柴	ts′ai②	ts′a②
鞋	hai②	ei②	大	tai⑤	tua⑤	代	tai⑤	te⑤
袋	tai⑤	te⑤	陈	tin②	tian②	食	sit⑦	tsia⑦
张	tiaŋ①	tĩu①	章	tsiaŋ①	tsĩu①	箱	siaŋ①	sĩu①
两	liaŋ③	lĩu③	掌	tsiaŋ③	tsĩu③	蒋	tsiaŋ③	tsĩu③
桨	tsiaŋ③	tsĩu③	赏	siaŋ③	sĩu③	酱	tsiaŋ④	tsĩu④
唱	ts′iaŋ④	ts′ĩu④	娘	liaŋ②	lĩu②	粮	liaŋ②	lĩu②
量	liaŋ②	lĩu②	梁	liaŋ②	lĩu②	长	tiaŋ②	tŋ②
杨	iaŋ②	ĩu②	场	ts′iaŋ②	tĩu②	肠	ts′iaŋ②	tŋ②
洋	iaŋ②	ĩu②	羊	iaŋ②	ĩu②	墙	ts′iaŋ②	ts′ĩu②
丈	tiaŋ⑤	tiŋ⑤	匠	ts′iaŋ⑤	ts′ĩu⑤	着	tsiak⑦	tio⑦
药	iak⑦	io⑦	担	tam①	tã①	三	Sam①	sã①
叁	Sam①	sã①	胆	tam③	tã③	瓦	ua③	hia⑤
淹	iam①	im①	抱	p′au⑤	p′o⑤	蛇	sia②	tsua②
岁	sue④	hue④	内	lue⑤	lai⑤	外	ɡue⑤	ɡua⑤
打	tã⑥	p′a⑥	马	bã③	bɛ③	码	bã③	bɛ③
骂	bã⑤	bẽ⑤	死	su③	si③	蛀	tsu④	tsiu④
四	su④	si④	无	bu②	bo②	浮	hu②	p′u②
柱	tsu⑤	t′iau⑤	知	ti①	tsai①	鬚	si①	ts′iu①
医	i①	ui①	纸	tsi③	tsua③	耳	dzi③	hĩ⑤
齿	ts′i③	k′i③	屁	p′i④	p′ui④	娶	ts′i④	ts′ua⑤
骑	k′i②	k′ia②	詈	li③	lei③	二	dzi⑤	luõ⑤
芋	i⑤	ou⑤	九	kiu③	kau③	手	siu③	ts′iu③
有	iu③	u⑤	流	liu②	lau②	刘	liu②	lau②
旧	kiu⑤	ku⑤	舅	kiu⑤	ku⑤	坑	k′eŋ①	kĩ①

续表

字	文读	白音	字	文读	白音	字	文读	白音
争	tseŋ ①	tsĩ ①	婴	eŋ ①	ĩ ①	井	tseŋ ③	tsĩ ③
省	seŋ ③	sĩ ③	醒	seŋ ③	ts′ĩ ③	柄	peŋ ④	pĩ ④
姓	seŋ ④	sĩ ④	晴	tseŋ ②	tsĩ ②	病	peŋ ⑤	pĩ ⑤
郑	teŋ ⑤	tĩ ⑤	硬	ɡeŋ ⑤	ɡĩ ⑤	买	bĩ ③	bei ③
卖	baĩ ⑤	bei ⑤	五	ɡo͂u ③	ɡou ⑤	鸟	lĩau ③	tsiau ③
我	ɡõ ③	ɡua ③	好	hõ ③	ho ③	火	hõ ③	hue ③
夥	hõ ③	hue ③						

四、俗音语词举隅

（一）亲属称谓

老 (lau ⑤) 公 (koŋ ①)——曾祖父

老妈 (mã ③)——曾祖母

阿 (a ①) 公——祖父

阿妈——祖母

娘 (lĩu ②) 爸 (piɛ ⑤)——父亲

娘妳 (lei ③)——母亲

阿兄 (hiã ①)——哥哥

阿姐 (tsie ③)——姐姐

小 (sio ①) 弟 (ti ⑤)——弟弟

小妹 (bĩɛ ④)——妹妹

阿伯 (pɛ ③)——伯父

阿姆 (m ③)——伯母

阿叔 (tsiok ⑥)——叔父

阿婶 (sim ③)——叔母

月 (ɡue ⑤) 公——外公

月妈——外婆

丈 (tĩu ⑤) 人 (laŋ′)——岳父

丈姆——岳母

阿舅 (ku ⑤)——舅父

阿妗 (kim ⑤)——舅母

妻 (ts′ei ①) 舅——妻子的兄弟

妻姨 (i ②)——妻子的姐妹

同 (taŋ ②) 门 (buĩ ②) 丈——连襟

翁 (aŋ ①)——丈夫

某 (bou ③)——妻子

大 (tua ⑤) 官 (kuã ①)——公公

大家 (kɛ ①)——婆婆

囝 (kiã ③)——儿子

查 (tsa ①) 仔团——女儿
团婿 (sai ④)——女婿
心 (sim ①) 妇 (pu ⑤)——儿媳
同姒 (sai ⑤)——妯娌
阿姑 (kou ①)——姑母、姑妈
姑丈——姑父
阿姨——姨妈
姨丈——姨父

（二）器物名称

鼎 (tiã ③)——铁锅
薄 (po ⑦) 碾 (ue ①)——砂锅
煎 (tsian ①) 匙 (si ②)——锅铲
饭 (puĩ ⑤) 乞 (ue ⑥)——干饭杓
糜 (mẽ ②) 楪 (ti ⑦)——稀饭杓
鼎擦 (ts'ei ④)——锅刷
烘 (haŋ ①) 炉 (lou ②)——烧木炭的火炉
暖 (dzuan ③) 炉——火锅
茶 (tɛ ②) 碾——茶锅
冲 (ts'ioŋ ①) 罐 (kuan ④)——茶壶
茶瓯 (au ①)——茶杯
糜碗 (uã ③)——饭碗
碗公 (koŋ ①)——大碗
葵 (kue ②) 扇 (sĩ ④)——扇子
葵笠 (lie ⑦)——斗笠
棕 (tsaŋ ①) 蓑 (sui ①)——蓑衣
墨 (bak ⑦) 砚 (hĩ ⑤) 盘 (puã ②)——砚台
番 (huan ①) 仔 (a ①) 火 (hue ③)——火柴
番仔油 (iu ②)——煤油
锲 (ke ④) 仔——割稻麦有齿的镰刀
草 (ts'au ①) 锲——割草的镰刀
柴 (ts'a ②) 刀 (to ①)——伐木、劈柴用的砍刀
倒 (to ①) 梯 (t'ui ①)——梯子
水 (tsui ③) 鸡 (kei ①)——青蛙
田 (ts'an ②) 婴 (ĩ ①)——蜻蜓
客 (k'ɛ ③) 鸟 (tsiau ③)——喜鹊
利 (lai ⑤) 叶 (hio ⑦)——老鹰
麦 (bɛ ⑦) 仄 (tsɛ ③) 仔——麻雀
尾 (bue ①) 页 (ia ⑦)——蝴蝶
草 (ts'au ①) 蜢 (bĩ ③)——蚱蜢
田 (ts'an ②) 串 (ts'uã ⑤)——鳝鱼
杜 (tou ⑤) 允 (un ③)——蚯蚓
狗 (kau ①) 蚁 (hia ⑤)——蚂蚁

鸡 (kei ①) 媛 (luã ④)——未孵过小鸡的小母鸡
鸡母 (buo ③)——孵过小鸡的母鸡
鸡角 (kak ⑥) 仔——刚成熟的小公鸡
俏 (ts′io ①) 鸡——大公鸡
王 (oŋ ②) 梨 (lai ②)——菠萝
金 (kim ①) 簪 (tsam ①)——黄花菜
蕹 (ioŋ ④) 菜 (tsai ④)——空心菜
匏 (pu ②) 仔 (a ③)——葫芦瓜
菜 (ts′ai ④) 瓜 (kuɛ ①)——丝瓜
豆 (tau ⑤) 生 (sĩ ①)——豆芽
番 (huan ⑤) 薯 (tsi ②)——地瓜
番黍 (sei ③)——高粱
黍仔——玉蜀黍
麦穗——玉米
牙 (ɡɛ ②) 蕉 (tsio ①)——香蕉
令 (len ⑤) 景 (ken ③)——龙眼
绿 (liok ⑦) 荷 (ho ②) 包 (pau ①)——荔枝
檨 (suãi ⑤) 仔——杧果
篮 (lã ⑤) 菝 (pat ⑦)——番石榴
香 (hĩu ①) 圆 (ĩ ②)——佛手

（三）性状形容

力 (lat ⑦) 相 (sĩu ④)——勤劳
相 (sio ①) 共 (kaŋ ⑤)——相帮、帮忙
相 (sio ①) 输 (su ①)——打赌
斑 (pan ①) 烂 (luã ⑤)——懒惰
喊 (ham ④) 谎 (hoŋ ①)——说谎
张 (tĩu ①) 池 (ti ②)——提防
狂 (k′oŋ ②) 砍 (k′am ③)——轻狂
白 (pɛ ⑦) 仁 (rin ①)——傻瓜
弄 (laŋ ⑤) 狮 (sai ①)——戏弄、调侃
白 (pɛ ⑦) 直 (tit ⑦)——说话做事不会转弯
吞 (t′un ①) 囵 (lun ③)——忍耐
喝 (k′at ④) 耐 (laĩ ⑤)——极力忍耐
暗 (am ④) 残 (tsan ②)——冷不防伤人，暗中害人
生 (sĩ ①) 水 (sui ③)——长得漂亮
溜 (liu ④) 水 (tsui ③)——灵活乖巧
烂 (luã ⑤) 贱 (tsuã ⑤)——卑贱，没人要
无 (bo ②) 彩 (ts′ai ③)——可惜
无 (bo ①) 销 (siau ①)——不要
超 (t′iau ①) 工 (kaŋ ①)——故意
相 (sio ①) 斟 (tsim ①)——接吻
相 (sio ①) 啰 (suan ⑤)——用粗话对骂

相 (sio ①) 呦 (au ④)——互相争辩
辏 (tau ④) 空 (k'aŋ ①)——暗中套好对策，串通
占 (tsiam ④) 钻 (tsuĩ ④)——善于钻营抢先
读 (t'ak ⑦) 册 (ts'ɛ ⑥)——读书
敕 (t'it ⑥) 桃 (t'o ②)——游玩
郃 (k'iap ⑥) 世 (si ④)——丑陋不好看
缺 (k'ue ⑥) 少 (zio ③)——多得是
刁 (tiau ①) 治 (ti ⑤)——作践，作弄
池 (ti ②) 超 (t'iau ①)——凌除，带有报复色彩的报复行为，对物品的破坏行为
无 (bo ②) 变 (pian ④)——没办法
称 (ts'in ④) 彩 (ts'ai ③)——随便，马马虎虎
破 (p'ua ④) 病 (pĩ ⑤)——害病
稳 (un ①) 龟 (ku ①)——驼背
真 (tsin ⑤) 心 (sim ⑤) 色 (sek ⑥)——小孩子天真好玩、新鲜且有趣味
甘 (kam ⑤) 输 (su ①) 赢 (iã ②)——出手大方，舍得
畏 (ui ③) 小 (siau ①) 礼 (lei ③)——害羞，怕生人
无 (bo ②) 目 (bak ⑦) 第 (tei ⑤)——瞧不起
无 (bo ②) 目 (bak ⑦) 侷 (kiok ⑦)——数量少，无分量
无 (bo ②) 彩 (ts'ai ①) 工 (kaŋ ①)——无效，不可能
遏 (at ⑥) 手 (ts'iu ①) 门 (muĩ ②)——较劲
白 (pɛ ⑦) 目 (bak ⑦) 鬼 (kui ③)——大傻瓜
相 (sio ①) 创 (ts'oŋ ③) 治 (ti ⑤)——故意作弄
辏 (tau ③) 做 (tso ④) 位 (ui ⑤)——聚在一起，结伴
茹 (ri ②) 叉 (ts'ɛ ⑤) 叉 (ts'ɛ ①)——乱来，没规矩，很乱
大 (tua ⑤) 股 (kou ③)——身体粗壮、魁梧
粗 (ts' ①) 涩 (siap ⑥)——刚猛
豉 (sĩ ⑤) 盐 (iam ⑤) 坯 (p'ue ①)——凶悍，不怕死
无 (buo ②) 鼻 (p'ĩ ⑤) 牛 (ɡu ②)——难以管束
甕 (aŋ ④) 底 (tei ③) 蚊 (baŋ ③)——什么都不了解，井底蛙
小 (sio ①) 粒 (liap ⑦) 籽 (tsi ③)——身体小巧玲珑
白 (piɛ ⑦) 洗 (sei ①) 手 (ts'iu ③)——什么都得不到，有付出、无回报
目 (bak ⑦) 嗫 (nĩ ①) 仔 (ã ③)——眨眼间
死 (si ①) 绝 (tsie ⑦) 好 (ho ③)——非常好
透（t'au ④）码（biɛ ③）——原指透露六合彩“码数”，演化为透露消息

（四）成（俗）语

姑 (kou ⑤) 将 (tsiaŋ ①) 无 (bo ⑤) 奈 (naĩ ⑤)——万不得已
阔 (k'ua ⑥①) 罔 (boŋ ①) 荡 (toŋ ⑤) 是 (si ⑤)——漫无边际，无从说起，难以找到头绪
盐 (iam ⑤) 馆 (kuan ①) 量 (nĩu)（秤）锤 (t'ui ②)——极度悭吝
针 (tsiam ①) 头 (t'au ⑤) 削 (sia ③) 铁 (t'i ⑥)——生意薄利
抲 (ts'ia ⑤) 心 (sim ①) 扒 (piɛ ⑥) 腹 (piak ⑥)——焦躁不安，费尽心思
抲 (ts'ia ⑤) 龟 (ku ①) 弄 (liaŋ ⑤) 甕 (aŋ ④)——翻箱倒柜，想尽一切办法
软 (nũi ①) 土 (t'ou ②) 深 (ts'im ⑤) 掘 (kut ⑦)——对弱势者任意欺凌

无(bo⑤)横(hũɛ⑤)道(to⑤)直(tit⑦)——野蛮，不讲理

喽(liau⑤)罗(luo②)散(suã③)寨(tsɛ⑤)——一哄而散，各奔前程

盐(iam⑤)甕(aŋ④)生(sĩ⑤)虫(t'aŋ②)——无中生有，硬想出来

死(si①)人(laŋ②)拎(g im⑤)桃(t'o⑤)枝(ki①)——固执

客(kɛ⑥)鸟(tsiau③)枷(kɛ⑦)风(hoŋ⑤)飑(tai①)——喜鹊喜筑高巢，常被台风吹倾，喻逆潮流

刣(t'ai⑤)赢(iã②)兼(kiam⑤)泻(sia④)铳(ts'ioŋ④)——自鸣得意，得到好处还说大话

咸(kiam⑤)水(tsui③)渴(k'ua⑥)人(laŋ⑤)吃(tsia⑦)——迫不得已

土(t'ou①)公(koŋ①)兼(kiam⑤)孝(hau③)男(lam②)——又要埋死人又要当孝男，负担太重了

补(pou①)被(p'ue⑤)换(uã⑤)挨(ei①)砻(laŋ②)——女人替男人补被子，男人替女人砻谷子，互补长短

钩(kau⑤)香(hĩu①)篡(ts'uam③)韭(ku①)菜(ts'ai③)地(tei⑤)——香附状似韭菜，繁殖力强，喻客篡主位

鸡(kei①)啄(tie③)蚶(ham①)打(p'a⑥)损(sŋ①)嘴(ts'ui④)——非但吃不成，反而磨损了嘴，喻白费劲

咬(ka⑤)三(sã⑤)嘴(ts'ui③)未(bue⑤)见(kĩ③)馅(ham⑤)——离想要了解或解决的问题还很远

惊(kiã①)死(si⑤)巧(k'a⑥)济(tsei⑤)跌(pua⑦)死(si⑤)——胆小怕事的人往往被表象吓住

金(kim⑤)兄(hiã⑤)弟(ti⑤)贼(ts'at⑦)心(sim⑤)肝(kuã①)——表面上像亲兄弟，心底里各怀鬼胎

杜(tou⑤)允(un③)也(ia⑤)有(ou⑤)三(sã⑤)寸(ts'un③)气(k'ui④)——蚯蚓最软弱总还有一口气

狗(kau③)咬(ka⑤)铁(t'i⑥)钉(teŋ⑤)尾(bue③)不(m⑤)甘(kam⑤)放(paŋ④)——分明得不到一点好处也不肯放弃

脚(k'a①)踏(ta⑦)马(bɛ①)屎(sai③)傍(pŋ⑤)官(kuã⑤)威(ui①)——为官员牵马也能借着官员展示威风

牵(k'an⑤)猪(ti⑤)哥(ko①)放(paŋ③)冗(lioŋ⑤)索(suo⑥)——不能急

掠(lia⑦)死(si①)隼(tsuo⑦)励(lei⑤)——墨守成规，不会转弯改变

五、语言变化

（一）普通话推广与普及

旧时称普通话为“官话”，云霄尤其农村会讲会听普通话的人寥寥无几。新中国成立之初，从北方南下的领导干部召开扩大干部会和群众大会必须有人翻译。此后，随着教育事业的迅速发展，社会上青年就业和参军复退人员不断增多，以及国家实行改革开放后各行各业人员走南闯北交流频繁，使普通话迅速得到推广与普及。

（二）方言俗（白）音为日常用语主体，文读音趋向弱化

云霄人日常用语多使用闽南语系方言俗（白）音。由于日常会话使用俗音，学校教育使用普通话，使闽南语系语言的文读音（亦称“雅音”“正音”）日趋弱化。长期以来，许多人（包括有的中小学教师）如“光”只读 kuĩ①（俗音，下同）不知读 konŋ①（文读音，下同），“门”只读 buĩ②不知读 bun，“力”只读 lat⑦不知读 lek⑦等等（参见本章第三目《文读音与白音一般常用字对应表》）。

（三）方言会话夹带普通话

2000 年以后，在县城的相当部分青壮年和少年中，由于较常使用普通话和受电视、网络信息的影响，日渐出现在方言会话中夹带普通话词语的现象（俗称“半精白”）。如当父母的喜欢用普通话给孩子取名字并用普通话呼唤，到商场购买工业品时也喜欢按电视、网络推介的普通语音称呼商品，如“诺基亚”手机、“格力”空调、“西门子”冰箱、“娃哈哈”矿泉水等，在路上碰到朋友询问是什么品牌也都用普通话回答品牌名称。

（四）客家话区域在缩减

云霄（含常山）讲客家话的地区，通贝、桥头、金山、三星、仙石、白竹、坪岭等村社和常山华侨农场归侨居住区，计约5000左右人口。历史上，三星、坪岭、通贝、桥头的一些自然村居民，只会讲客家话而听不懂其他语言被称为“死客”。新中国成立后，随着政治和经济社会的变革和发展，逐步演化成客家话、福佬话和普通话的混合体。20世纪50年代后，由于水库建设和地质灾害移民以及外出务工务商等原因，至21世纪初，白竹、仙石、坪岭等村社已演化为以讲福佬话为主。客家话的区域处于日益缩减的局面。

附：云霄乌山客家歌谣　　张煌辉、张耀堂收集整理

桐子开花白蒙蒙

桐子开花白蒙蒙，两人相好睡一床。
七寸枕头两人枕，扇子拐来两人凉。

山歌要打我还未

山歌要打我还未，我有山歌十八缸；
提起一缸给你打，打到明年开新正。

锣鼓不打不知音

锣鼓不打不知音，溪水无过不知深；
提起竹篙试深浅，不知阿妹么个心。

八月十五月当光

八月十五月当光，一对鲤鱼游水上；
鲤鱼唔惊深潭堀，阿妹唔惊路头长。

一枝雨伞油桐油

一枝雨伞油桐油，屋前屋后种石榴；
不知石榴真难种，不知阿哥敢难留。

爱打山歌得出名

爱打山歌得出名，条条山歌有妹名。
条条山歌有妹份，无妹山歌打不赢。

十八阿妹嫩葱葱

十八阿妹嫩葱葱，也无吃酒脸朕红。
牙齿可比天山雪，嘴唇可比荔枝红。

哥着白衫坐船头

哥着白衫坐船头，妹穿花衣坐彩楼。
心想给妹讲句话，船要开走水要流。

日头一出亮堂堂

日头一出亮堂堂，阳光照入妹的房。
妹的房中样样有，多个枕头少个郎。

十五十六月当圆

十五十六月当圆，山区处处开茶园；
茶园成长绿芽芽，乌山燕顶出好茶。

人 物

云霄是唐初漳州发祥地，历代人文荟萃。明清为漳南重镇。民国期间创办省立云霄高中、师范学校，是漳南文化中心。革命战争年代，中国共产党在境内建立梁山、乌山革命根据地，大批工农、知识分子投身革命，为新中国的诞生做出贡献。在社会主义建设中，涌现许多杰出人物。卷中所录除时限内代表人物外，余为对前志的补遗。

一、人物传

张 纯

张纯（1531 — 1591 年），字硕恒，云霄莆美人。明嘉靖四十四年（1565 年）二甲第七十二名进士，初授兵部观政。次年，江西巡抚潘季驯调任总理河道都御史，协助工部尚书朱衡开南阳新河（简称“南河”），改授纯为南河工部都水司观政。隆庆元年（1567 年）两河水灾，纯回部具表详述灾情，后调任北河工部营缮司郎中，他长年沿河踏勘，了解河防实况。隆庆三年海啸，因河床淤沙灾情严重。次年十月，翁大立被劾“治河不力论罪”，当时纯适从北河调南河，工部上疏以“纯初从北河继管南河，尚未视事”免责；潘则上《乞留贤官疏》，言其与纯“朝夕共事，稔知其人，志行贞亮，才识充融，悉全河皆其履历，要害故所熟知，欲保是河，诚非本官不可”。遂擢纯以制河道。同年十二月，纯具表堤防之策，促成潘的“筑堤束水，借水攻沙，蓄清刷黄”治黄谋略。隆庆五年八月，调纯任都水司郎中。万历二年（1574 年）秋，河、淮并涨，河决崔镇，淮决高家堰。次年三月，朝议以纯兼任河南知府，纯赴任，以工代赈，蠲免岁赋。万历五年八月两河决堤，引发河、漕治理矛盾，由总督漕运侍郎吴桂芳总制河、漕，朝议授纯为副使。万历六年二月吴卒于任，由潘季驯代之，纯随潘巡视徐、沛、淮、扬等郡，并与同僚勘察制订治理河、漕规划，于九月十五日治理工作分八段全面开工，纯总管自徐州南岸玄黄二铺月堤和灵睢界内遥堤五十余里，并建脐沟滚水坝一座。万历七年夏功成，潘督至云龙山督查后上《旌别効劳诸臣疏》，彰纯“策有方，行效著”，特请久任之。

万历八年，纯升为河道按察使兼任山东按察使，整饬徐州等处兵备，其所管水利事务并归徐州道。纯制臬宪于山东济宁府“总河”衙门。万历十三年，兖州府金乡知县杨楫擢升巡漕御史，妄劾纯“弃漕务”，部议降俸官仍旧，万历帝恐误漕运，令降俸二级别调河北参政。纯上奏倭寇扰乡，要求“近籍抚民”，故改任江西参政。不久，海瑞复官南京吏部侍郎，朝令其途访纯制内乡况民情，瑞履闽二度私访莆美堡，归奏“制内乡实民安”，并责“言官劾蔑”。据《应天府志》载，朝廷得海瑞奏闻后，即授纯“以巡抚虚位之，钦赐加二品俸”。

张 士 良

张士良（1578 — 1664 年），字思源，又作思元，号起南，云霄菜埔村人。明万历四十七年（1619 年）进士，初任贵池县令、太和府尹，不久调任礼部试同考官，取士为众所服，升礼部郎中。时倭寇扰乱沿海，士良调任宁波知府，筹饷练兵，倭寇不敢犯。后任河南副使、大梁兵备道。天启五年（1625 年）告假回乡，建菜埔城堡御寇，并请准为祖母朱氏立贞德垂芳坊（保存完好，县级文物保护单位）。崇祯（1628 — 1644 年）

后期弃官归隐，于平和大峰山（时菜埔属平和县辖）狮子岩带发修行，自称“发僧”。其间，与以抗清复明为宗旨的诏安九甲会党（前期“天地会”）骨干万礼①、万五②往来密切，以禅兄弟相称。顺治十一年（1654年）、十二年，道宗在诏安官陂建寺庙，士良为作《长林寺记》和《长林寺弟子报恩题名志》。今狮子岩存士良摩崖石刻二处，一为“皇明 天子万寿 龙飞崇祯庚辰季冬臣张士良稽首拜祝”，一为“自渡渡人 顺治十一年”。

注：①即张要，因誓言结义一万人，自为“万一”。后归郑成功，现台湾延平郡王祠有其塑像。②即万礼从弟张云龙，称第五和尚，法号道宗，曾到云霄建龙湫岩，后随万礼入郑军随营参赞军机。万礼镇云霄时，由万五建小隐庵于城南隅，亦称经堂，堂联“开门便见先君面，入室犹存古佛心”为天地会祖联，存于《会簿》。

林 镇 荆

林镇荆（1864 — 1905 年），字崇楚，号湘帆，云霄城关人。清光绪十一年（1885 年）拔贡；光绪十九年中举，隔年会试告捷，光绪二十四年殿试成进士。曾参与康有为发动的“公车上书”运动，请求“拒和、迁都、变法”。同年分发吏部主事，任职验封司兼文选司。因戊戌政变党争激烈，辞官归里，借故友汤氏献宝山绿榕轩设馆讲学授徒。镇荆诗文作品甚多，因家境衰落，多数散失。民国 27 年（1938 年），由镇荆弟林亦楼（秀才）门生方景袁多方搜集整理，刊印为《话雨山房诗抄》传世。

陈 亚 掷

陈亚掷（1858 — 1920 年），云霄陈岱新圩人。自幼习武，擅治跌打损伤，参加村中反清白扇会，任武师。光绪三十年（1904 年），白扇会首领陈苍白被清军拘捕，时亚掷赴诏安梅州访亲免于遭难，遂携妻女秘密出洋，南渡新加坡。

陈亚掷到达新加坡后，先在丹戎巴葛租赁乡亲胜兴号居住，以出卖苦力为生。后听说马来亚柔佛州府龟咯镇巴内村贩卖丝黎栳叶可赚大钱，但当地民风强悍，外人前往恐会受伤害。亚掷以为凭借自身武艺，当无大碍，遂移居龟咯镇。

他先给园主当佣工，一面通过结交朋友探询往巴内村的路径以及买卖规矩和行情，一面认真学习马来语。不久，便找到一个有胆识的朋友当向导，前往巴内村贩卖丝黎栳叶。途中，果然遇到 20 多个手持大砍刀的马来人截路抢劫，亚掷施展武功，把他们打败。第三天再到巴内村，当着众村人表示愿同他们结交为友，公平买卖，不结仇恨，还愿意免费为他们治伤。村人见他拳术厉害，又心地善良，也就不与他为敌，还推他担任村落首领。数年后略有积蓄，在龟咯镇购置荒地，垦殖橡胶、椰子和槟榔树，据传还在龟咯秘密组织过洪门会。以后又在龟咯与人合资开办椰干、槟榔干厂。民国 9 年（1920 年）病逝，子孙迁往新加坡。

张 以 礼

张以礼（？ — 1940 年），云霄菜埔村人，读过私塾，粗通文字。曾浪迹今龙海一带，或贩鸦片，或当教师，并与同事刘武结为知交。抗日战争爆发后还乡，任菜溪乡联保办事员。不久，与村中保长为争族产结怨。一次，保长欲抓一村民独子当兵，以礼向联保主任周某说项得免，双方关系更趋紧张。保长系村中强房富户，以礼自量非其对手，遂别图发展。

县境东北圆峰、白石一带，原是中共闽粤边特委领导的红三团游击区。时游击队已北上抗日，以礼便乘机联络当地何福仕、何六合等人进行秘密活动。又联络刘武到圆峰国民学校任教共商机宜。不久，平和马塘张阿明带 20 多人枪来附，大坑、溪口、瑞堂、东车、古楼、岳坑、竹塔等地也有数十人加入，队伍发展至 100 多人枪。

民国28年（1939年）农历正月初二，以礼化名张曹国，将其队伍成立为抗日救国军（又自称“红九团”），自任司令，任刘武为参谋，罗国辉为营长，张阿明、罗汰高为连长，以大洞村为总站，东车庙为行军议事地点。国民党省政府闻报，即下令云霄县政府“剿办”。6月某日，侦知以礼驻扎圆峰，县政府派保安队和警察四五十人前往围剿。是日晌午，以礼与部众三四十人在圆楼里歇息不及撤离，即紧闭楼门固守，枪战两个多小时。正当保安队准备纵火烧楼之际，以礼派往庐者坑的护兵张水齐、何赞绪，听到圆峰受困消息，立即赶回，冒死冲杀，以礼也从楼内杀出，把保安队和警察打得落荒而逃。

圆峰战后，以礼军威大振。县长陈庆姚急请地方绅士共商对策，决定“剿抚”并施。一面由县保安分队长张建雄、警佐陈启硕率队到菜埔弹压；一面利用宗族关系，由张挺峰往菜埔、方时言往大坑、黄初悟往溪口进行安抚。7月20日上午保安队进入菜埔，下午以礼即从东车杀来，保安队渡河避入溪口，以礼追杀，激战一个多小时，因大雨收兵回东车庙。第二天，以礼进攻县城，因国民党75师一部已于20日乘夜进入云霄，结果抗日救国军一败涂地，以礼及罗汰高等逃匿马铺粗溪一带山间。国民党75师派史旅长坐镇云霄，严令一月内捉拿以礼归案。县政府即拘拿马铺罗姓族长罗墨香，以“连坐”相威胁。墨香便以白银200元收买罗汰高。罗以下山觅食为由，为国民党军队带路，并开枪打死以礼的警卫许开云。以礼等7人被捕，民国29年1月被杀害于漳州。

陈 楷

陈楷（1864－1944年），字端仁，号茯园，习称“端先生”。云霄陈岱人，中年迁居城关畲仔园。父丰玉，字璞山，贡生，是诏安翰林林壬的业师。楷年幼丧父，家境中落，由母亲教导读书。当时云霄莆美举人张少安到陈岱行医并受聘为塾师，楷家贫不能入塾，常于窗外听讲。某日，向张呈上《题书院阶前梅花》诗：“十载虬枝委棘荆，一朝幸得养生成。终愁枯瘦乖时俗，只管霜中独自清。”张惊叹，特约他到学校作课外补习。15岁时，林壬回乡探亲听说陈楷的处境，当即邀他到家中拥书楼读书，林父天翔也将其视为己出，督促甚严。不久，院试入学（即秀才），又入漳州丹霞书院读书4年，多次乡试未中，为廪膳生。

民国时期，楷先后受聘于县立两等学堂、基督教会浚源小学、厦门鼓浪屿寻源中学任教。民国14年（1925年）春，受乡人邀请，辞去厦门教职，在城关水月楼附近赁屋创办“高山讲舍”传授国学。第二年，门生张瑞莹之父张陈谟新建家祠昭德堂落成，无偿借作讲舍。楷在云霄传授国学13年，受业生徒350多名。山东海洋学院原副院长方崇熙、省立云霄高中原校长梁焕章，都曾在其门下拜习学业，福建诗词学会理事、县政协漳江诗社副社长张瑞莹即其高足。存有《诗稿丛书》（手稿），2005年收入由张耀堂、吴鼎文主编的《云霄历代诗文稿存》。

赵 醒 东

赵醒东（1893－1961年），曾用名肖云，祖籍同安县石浔乡，生于福州。幼年就读厦门，清光绪三十年（1904年）转学福州，三十三年入福州工业学校，翌年转闽陆军小学。民国元年（1912年）就读武昌陆军第二预备学校；6年，入保定军官学校第六期工兵科；8年，毕业后参加福州山炮、机关枪训练班结业，同年受洗于上海基督教会。民国10年，任臧致平师第八团教练官，驻军云霄，受聘兼云霄基督教会浚源小学体育教职。民国12年辞军职与林明德牧师（漳浦人）长女淑玲结婚，定居云霄。

民国14年应三姐邀赴鼓浪屿学牙科，并兼任毓德女子中学国文教职。民国16年入上海万国牙科学社深造，翌年4月卒业回云开设牙科诊所。云霄原只有游医卖药拔牙，既不卫生且多危险。诊所开业，群众皆额手称庆。民国22年冬，十九路军发动“福建事变”，醒东出任县民团副指挥，遍走县境测绘云霄县图，闽变失败罢归。民国24年，到鼓浪屿开牙科诊所，萨镇冰上将题赠“誉遍牙城”。抗战爆发后回云霄。

新中国成立之初，赵申请加入江苏中国针灸学研究社，为通函社员。1952年在牙科诊所附设针灸科，因疗效显著，即有吴家驹（云霄高中国文教师）、吴三和及一些漳浦青年上门就学。同年，县卫生科举办针灸培训班，请赵执教，赵自编《针灸经穴分寸歌诀》作为参考教材，针灸医术在云霄得到推广。1956 年后，赵为县政协第一、二届委员。

醒东爱好诗词、绘画、象棋、灯谜、集邮和书法。所存诗词及《象棋残局攻守秘诀序》《灯谜考》等笔记手稿，于 2005 年收入由张耀堂、吴鼎文主编的《云霄历代诗文稿存》。

张 达 卿

张达卿（1886 — 1965 年），曾用名张源来，别号崇钧，云霄城关三房里人。出身农家，幼读私塾，后入读漳州芝山学堂，家贫中途辍学，18 岁往粤东谋生。清宣统元年（1909 年）在广东惠来参加同盟会，为反清武装起义做后勤工作，宣统三年广州起义失败后，避居广西桂林。同年 10 月，武昌起义成功后返粤，在蒲枢（诏安人）部下负责联络工作。民国 2 年（1913 年）袁世凯窃国，孙中山发动二次革命失败，张来往广州、桂林、昆明间联络革命党人。民国 4 年蔡锷成立护国军（滇军）讨袁，张到方声涛（闽侯人）护国军第四旅工兵二营当中士传达，后任旅部准尉军需。民国 6 年护国军改称靖国军，张任少尉军需兼帅府传达，参与扩建黄花岗七十二烈士墓，到香港等处协助筹款购置材料。民国 7 年，孙中山命陈炯明率粤军进驻汕头、方声涛率滇军进驻潮州，准备入闽，张奉命至泉州联络革命党人为内应。陈入闽后驻漳州，方入闽后驻凤巢山，张转任福建靖国军张贞（诏安人）部少尉军需。民国 11 年陈炯明叛变，达卿在张贞东路讨贼军指挥部任中尉军需。次年 7 月讨贼军在广东饶平浮山与陈炯明作战失利，随张贞败退回闽。

民国 13 年秋，孙中山在韶关成立北伐大本营，张随张贞部入粤，任大本营直属辎重独立营营副兼建国军第四兵站站长。民国 15 年任张贞独立第四师少校军需，北伐入闽驻漳州，任漳码税捐局局长。

民国 16 年 4 月蒋介石下令清党，时张贞部政治处主任陈祖康、师部秘书处秘书陈伯达（惠安人）和樊渊博等都是共产党员。因同是闽南人，平时相处亲密，达卿即与林学渊（诏安人）劝说张贞放陈伯达等潜逃。民国 19 年，陈伯达留苏回国，到厦门工作，5 月间达卿自漳赴厦与陈相遇，赠陈光洋数十元。翌年 4 月陈在天津被捕，通过关系写信给达卿。达卿利用与张贞的宗亲关系，拨数千光洋，托师部秘书处王雨亭（后加入中共）往天津买通关节，将陈释放（注）。民国 22 年“福建事变”发生后辞官家居。民国 36 年夏，与陈耀焜等发起创办云霄私立元光中学。民国 38 年 9 月，参与云霄和平解放活动，为云霄自动解放筹备委员会委员。20 世纪 50 年代初，因达卿曾于厦门鼓浪屿参加“一贯道”被判刑，后保外就医，1965 年逝世。

注：1971 年中共中央“批陈整风”文件谓：陈伯达在天津被捕，通过张贞的叔父张达卿营救出狱。达卿与张贞实为宗亲，非叔侄。

吴 县 秋

吴县秋（1898 — 1969 年），潮剧演员，原籍诏安县梅州乡。9 岁卖身云霄下云永正兴潮音班学戏。初学须生，后改乌净，曾拜潮剧名师乌面谨为师。乌面谨把从汉剧师傅学得的拿手戏《搜楼》（官袍戏）、《搜书》（雉尾戏）、《专诸进鲈鱼》（裘头戏）、《马武擂金砖》（白须戏）等传授给县秋。民国 6 年（1917 年）卖身期满，转云霄下坂怡正兴戏班，又求教于乌净前辈“乌面聪”（广东人）。县秋秉承师训，对艺术精益求精，在实践中研磨出不少独到的硬工夫。在《搜书》中扮司马师，表演翎子功，能使两支雉尾一动一静左右交替成波纹状；在《搜楼》中扮严世藩，能从右内台角一步倒窜至左前台角；在《进鲈鱼》中扮专诸，100 多个乌净动作无一重复。表演技能和工架气派，为潮剧同行所称道。后又转三春香戏班。抗日战争中，潮汕、厦门沦陷，戏班解散，回乡务农。

1953 年，县秋被聘为云霄潮剧团艺术指导，虽然长期贫病潦倒，两耳重听，双眼昏花，仍孜孜传艺不倦，积极参加演出。1954年4月，龙溪专区戏剧会演，县秋饰演《马武擂金砖》中的马武，获大会奖励，并与木偶大师杨胜结成知交。同年8月，参加福建省第二届戏曲观摩会演，在《搜楼》中独特的表演，得到全省戏剧界盛赞。此后十多年间，上述四个拿手戏在省内外均受到热烈欢迎，常有同行上门求教。1960年，福建省戏曲研究所特为其拍下剧照，留作戏曲资料。

“文化大革命”运动中，县秋赋闲在家。闻云霄潮剧团被宣布撤销，赶回剧团痛哭失声，不久病逝。《中国戏曲志・福建卷》有传。

李 晓 山

李晓山（1914－1981年），又名和，化名小李、文达、志宣、小顾，原籍福建省永春县太平乡人。民国3年（1914年）出生于马来西亚吉隆坡蔗赖镇，民国6年回国。后就读于陶行知创办的南京晓庄学校，参加由中共地下党领导的中国青年反帝争自由大同盟发动的支援南京和记火柴厂罢工及反对英国军舰驶入长江等运动。民国19年6月晓庄学校被国民政府查封后，到永春太平小学任教。同年9月参加共青团，后转为中共党员，化名“小李”从事革命活动。民国24年遭国民党通缉，南渡马来亚避难。民国26年参加马来亚共产党，任马六甲教师公会执委、马六甲州人民委员会秘书长，在华侨中积极开展抗日宣传，发动华侨青年回国参加抗日，组织开展拥护爱国华侨陈嘉庚的活动。民国35年加入中国民主同盟，出席在新加坡召开的马来亚中国民盟代表大会。民国37年遭英当局逮捕，次年7月被驱逐出境，回归祖国，加入中共领导的潮汕游击队。潮汕解放后，任潮汕地委干校秘书处副主任兼文书科长，1950年调福建省龙溪专区工作。1951年任云霄县文教科长，主持修建县体育场，组建县潮剧团，组织开展扫除文盲运动。1953年，任云霄县立初级中学与省立云霄高中合并的云霄中学（后改称云霄一中）校长。

李一生在国内外13所中小学和中专学校任过教员、教务、校长等职。他博学多才，治学严谨。在1953－1959年任云霄一中校长期间，执行党的知识分子政策，尊重知识，尊重人才，注重建立师资队伍；在校内开辟小动物园、植物园，组建合唱团、歌舞队、篮排球队、体操队，创办校办农场，培养良好校风，提高教学质量，使云霄一中成为全省19所重点中学之一。1960年调任龙溪师范校长，“文化大革命”中遭受迫害，1973年平反恢复名誉，1981年逝世于漳州。

潘 国 瑞

潘国瑞（1895－1985年），原名宝贵，云霄城关人。幼拜陈岗习“四书”，光绪三十二年（1906年）入读公立开智两等小学堂。民国元年（1912年）考入漳州中学堂，第二学期因英语教师故出难题，全班学生罢考，宝贵被疑为策划者而开除学籍。翌年7月易名国瑞，由云霄人福建省参议员方圣徵介绍就读福州府中学堂，继读福州公立甲种商业学校，毕业后任云霄基督教会浚源小学英语、国文教员，后任校长。民国16年，因族姓械斗浚源小学停办，转任县立初级中学英语、国文教员。民国31年，到战时临时省会永安参加中学教师集训，未几因国民党派系斗争，云霄中学校长易人，国瑞被解聘失业，一家生活无着，患上精神分裂症。经受业学生募款送平和琯溪救世医院治疗，愈后被因抗战内迁琯溪的厦门双十中学聘为英语教师。民国33年，受聘为福建省立云霄高级中学英语、生物教师。新中国成立后继续任教至1962年退休，从教46年，为云霄一代师表。逝世时，城乡数千人参加追悼送葬，挽联云：“育李培桃化雨百年垂教泽，素车白马临风一恸感师恩”。

汤 顺 池

汤顺池（1903－1987年），云霄列屿林坪村人。父海南，于清光绪四年（1878年）到新加坡谋生。

光绪二十九年，顺池在新加坡出生后抱回故乡抚养，6岁到新加坡读书，因英文成绩优异，获政府助学金到英国伦敦留学，攻读医科，学成回新加坡中央医院当医生。顺池孝顺父母，同情穷人，为云霄侨胞办了许多好事。为加强华侨团结互助，和衷共济，由他倡议成立新加坡汤氏公会，民国27年（1938年）经新加坡华人政务司批准，顺池被公推为会长。

民国31年，日本侵占新加坡，顺池拒绝为侵略者做事而闲居家中，仅靠妻子务工和宗亲资助维持生活。日本投降后，返回新加坡中央医院工作，任新加坡中央医院医药主任。新加坡独立后，专权负责检查入境药品，当选为新加坡议员，受聘为新加坡中央医院医学顾问。

李银钦

李银钦（1935 — 1994年），别号殷菁，原籍广东饶平县柘林人，抗战期间，潮汕沦陷，随父母逃难定居云霄县竹塔村。1953年考入龙溪师范学校，其间被选为学生会主席、漳州市学联副主席。1956年被保送华东师范大学中文系学习，毕业后留校任教。1963 — 1971年，先后任教于山西大学、福建二师院、厦门大学教育系，后调龙溪地区革委会宣教组工作。1972年后任龙溪师范教师、教务处副主任、副校长、校长。1979年加入中国共产党。1983年任漳州师范专科学校校长。1986年漳州师专升格为漳州师院，先后任副院长（主持工作）、党委副书记、书记、院长。是漳州市人大常委会委员。

李曾参与《辞海》《中国古典文学批评史》和福建省师范院校中文系教材编写工作，主编过中学语文教学参考材料，在国内有关学刊、学报发表古典文学研究学术论文数十篇，多次为市中小学教师作《红楼梦》《三字经》、古典诗词教学与研究学术报告，多次被评为省、市优秀教师、先进教育工作者。1987年11月代表福建省教育系统赴菲律宾开展学术交流。1990年被评为副教授，是省高教学会、语文学会、中学教育研究会理事，市海外联谊会、人才学会理事。1994年3月，在省委党校厅级干部读书班期间，因连续5天熬夜编订《漳州师院改革发展规划》，突发大面积心肌梗塞逝世。他生前还把家乡竹塔村的全部房宅、宅基地捐献给竹塔小学。

施待来

施待来（1926 — 1994年），云霄礁美村人。民国32年（1943年）3月在厦门华侨师范读书时加入中国共产党，任同安县二区区委组织委员。新中国成立后，历任中共同安五区区委书记，漳浦县一区区委书记，龙溪县一区区长，龙溪县委宣传部长，龙海县委办公室主任、农工部长，中共漳浦县委副书记，华安县委副书记兼纪委书记，漳州农业学校党总支书记，龙溪师范党总支书记。20世纪80年代在漳州农校、龙溪师范任职期间，经常深入教学改革第一线，组织师生听课、评课；访问教职工困难家庭，为提高教职工福利待遇而奔走。1994年3月28日上午，在骑车赶赴漳州师院院长李银钦丧礼途中，因车祸逝世。

张章言

张章言（1921 — 1995年），云霄仙石村人。民国34年（1945）年7月参加革命，先后在中共闽粤赣边区王涛支队第四大队、闽南支队第一大队任战士、班长、事务长。民国36年8月，任中共闽南地委机关通信班长，不久调任闽南第八支队第四大队大队长。曾参加攻打国民党军队驻乌山公田的云和诏联防办事处和泗近塘、秋收保卫战等重要战斗。民国37年2月加入中国共产党。漳州城解放后，于9月到第六军分区参加培训学习。1950年9月至1954年8月，先后在平和、漳浦、东山、厦门等县、市情报站任站长，从事反敌特情报工作。1956年4月至1966年10月，先后任福建省兵役局助理员、龙溪军分区动员科参谋、华安县人武部副政委。1966年4月转入地方工作，先后任华安县副县长、华安县仙都公社整党宣传队队长、华安水电站战斗营政委、华安县水电局局长。“文化大革命”期间遭迫害，降职降薪，子女受株连。1979年12月平反昭雪，1982年调任云霄县政协副主席，1984年3月离休，享受正处级待遇。

许周泽

许周泽（1923 — 1995年），云霄世坂村人。民国24年（1935年）入读云霄县立初级中学，毕业后受聘云霄清华小学任教。民国28年考入省立永安师范学校，毕业后任教云霄醒音、船场小学。民国32年考上省立高等师范专科学校，民国35年9月毕业到省立龙溪师范学校任教。民国36年7月，在省立云霄高中任教务处主任兼语文教员，翌年应邀到台湾台中女子中学任教。民国38年9月回云霄初中任语文教员。新中国成立后任云霄初中副校长、校长、县人民代表、县教育工会主席、县中小学团总支书记、县抗美援朝分会主席。1952年11月，当选为县第二届各界人民代表会议常委会副主席。1953年9月，调任漳浦一中副校长，主持学校工作，是漳浦县人民代表。1957年被错划为“右派分子”，回乡参加劳动。1978年10月平反恢复工作，任教云霄一中，1982年退休。1980 — 1987年，是云霄县政协第四、五届委员。

许福任

许福任（1939 — 1996年），云霄城关塘坪街人。1957年云霄一中高中毕业考入厦门大学物理系，1960年因国防建设需要提前毕业到国防部第五研究院工作。1962年参与中国第一枚中近程导弹遥测系统的研制工作。1964年参与完成中国第一枚导弹核武器测量设备的自主研制任务。1966年后参加第一代回收卫星测控系统研究，并担任火箭和卫星测量、跟踪系统总设计师。1975年担任中国第一颗可回收卫星遥测系统总体负责人，为卫星发射、回收积累大量科学数据，为此后回收卫星获得百分百成功率打下良好基础。1980年，担任中国第一枚洲际导弹试验“远望号”远洋测量船测量设备的研制任务，参与发射及数据仓的回收。1984年参与中国第一颗同步通信卫星发射并完成测控任务，还参与完成中国第一艘潜艇导弹发射试验任务。1987年后，负责承担中国卫星发射基地新一代遥测系统总体设计任务，并完成第一批产品装备部队。是中国航天工业总公司（原航天部）第一研究院（中国运载火箭技术研究院）704研究所研究员，是新中国培养的第一代运载火箭遥测专家。1996年4月，因脑溢血逝世于北京。

曾潮州

曾潮州（1949 — 1996），云霄后坑埔村人。1968年7月高中毕业后任后坑埔生产队会计。1973年10月加入中国共产党。1980年12月被录用为国家干部，先后任县农业局经管站经管员、县委组织员。1986年10月，任和平乡党委副书记，1992年3月当选为乡长。他经常进村入户开展调研和听取群众意见。根据乌山地区实际，重视发展枇杷等高优水果生产和交通道路建设。1995年修通莆顶村7公里柏油路，1996年修通水晶坪4.5公里公路，他经常深入公路工地，还从自己工资中垫付2000元作为民工伙食费。

1996年6月24日下午，他从水晶坪公路工地赶到县里与县领导商量7月1日举行通车典礼事宜。第二天上午他陪同分管科技工作的副县长和县科技局人员到乡果林场和养殖场调研；下午3点多钟正在乡政府开会研究工作，忽从附近苦溪滚水坝方向传来有人落水的呼救声，他立即带领参加会议的10多人奔向滚水坝。原来，这天雨越下越大引起山洪暴发，和平中学提早放学，有两名学生行经滚水坝时被洪峰冲入坝下深潭。曾潮州赶到现场立即指挥大家手挽手迈向深水区找人，找了好一会仍不见踪影，他心急如焚，毅然纵身潜入深潭，几分钟后，他浮出水面深吸一口气又再次潜下去，因体力不支，被卷入漩涡，不幸牺牲。

1997年5月，省人民政府批准曾潮州为烈士。

林　文　涛

林文涛（1924 — 1996 年），祖籍安溪县罗岩村，父辈到云霄经营茶业并定居。文涛先后就读于漳平永福及南靖水潮高中，毕业后任小学教员。民国 34 年（1945 年）2 月回家帮助父亲经营林金记茶庄。1952 年，在对私改造运动中率先申请将茶庄纳入公私合营，被任命为经理，当选为县工商联主委、县人民委员会委员。1956 年 7 月，被推选为县政协第一届委员会副主席，主持政协工作。1957 年 8 月，被错划为“右派分子”，翌年被撤销县政协副主席、省工商联常委等职务，下放县食杂公司门市部当营业员。1979 年 4 月，落实政策摘去“右派分子”帽子，被选为省工商联常委、市工商联副主委，受聘为县工商联顾问。1980 年 10 月当选第四届县政协常委，1984 年 12 月— 1987 年 1 月，当选为第五届、第六届县政协副主席。1960 年起，参与县政协《云霄文史资料》编辑工作，为文史资料研究工作小组、文史资料委员会成员。先后撰写《北伐军进入云霄纪略》《抗战时期日机对云霄的轰炸》《日军流窜云霄》等 21 篇文史资料，是《云霄县政协志（1956 — 1989 年）》主编。

何　龙　章

何龙章（1946 — 1997 年），云霄马铺乡乌螺村人。1964 年云霄一中高中毕业，考入厦门大学中文系。毕业后赴福清渔溪军垦农场锻炼。1971 年 7 月分配到龙溪地区民事组知识青年办公室工作，1977 年 12 月加入中国共产党，1983 年 12 月任中共龙溪地委办公室副主任，1985 年 7 月调任中共漳州市委政策研究室主任。1986 年 1 月调任诏安县委书记，任上注重调查研究，倾听群众呼声，从整治不正之风入手，严厉打击社会黑恶势力，经几年努力，诏安县呈现社会稳定、经济发展、各项事业欣欣向荣的新景象。

何龙章 1990 年 3 月调任漳州市人民政府副市长，分管科教文卫体工作。1992 年 4 月调福建省经济体制改革委员会，历任党组副书记、副主任、正厅级巡视员，主编《福建改革》。在企业股份制改革试点过程中，深入调查研究，总结推广经验，为推进福建省国有企业改革和发展做出贡献。何平易近人，作风民主，勇于开拓，敢于负责，严于律己，廉洁勤政，深受干部群众的敬重和爱戴。1997 年 12 月，因心脏病突发在福州逝世。

陈　高　顺

陈高顺（1913 — 1997 年），云霄陈岱人。祖父陈春洲为晚清秀才，参加过同乡陈苍白组织的反清白扇会，光绪三十年（1904 年）与陈苍白一起被捕，后由家里变卖财产赎出，从此家贫如洗。小时与母亲相依为命，常靠捡地瓜和挖野菜度日。民国 22 年（1933 年）2 月，中共地下党员周木（云霄荷步人）到该村活动，建立岱山庙联络站，吸收其为交通员，为红三团转送活动经费和运送军服，并暗中到东山为闽粤边特委、红三团刊刻印章；6 月，加入共青团，到红三团六连一排当班长。民国 23 年调团部教导大队任排长。民国 25 年 5 月加入中国共产党，调任闽粤边独立营一连连长。民国 26 年 7 月 16 日，国民党 157 师设圈套，把要开赴抗日前线在漳浦县城集中的红三团缴械，制造了震惊中外的漳浦事件。事件发生后，高顺随卢胜等乘夜潜出漳浦县城，随后奉命到漳浦车本、云霄金坑等地寻找失散人员，重建红三团。民国 27 年初，红三团编入新四军第二支队北上抗日，高顺任第四团一营三连副连长。抵皖北后，历任江北游击纵队第一大队第三连连长、纵队新七团一营副营长、新四军第二师第十八团二营副营长兼通讯参谋、新四军第七师含山支队江全大队大队长、含山支队独立团一营营长、六十三团副团长，并到军部教导营、抗大分校学习。解放战争期间，调华东军政大学第四大队学习后，任华东军区学兵训练处第 4 支队副支队长、支队长，第十三纵队三十九师一一五团团长，胶东军区东海军分区独立团团长，北海军分区参谋长。参加大小战役、战斗近百次，荣获过三级八一勋章、三级独立自由勋章、二级解放勋章和二级红星功勋荣誉章。

新中国成立之初，高顺任胶东军区莱阳军分区副司令员兼干部部部长，后调华东区速成中学学习文化并赴朝鲜参观。1954—1961年任福建省龙岩军分区副司令员、司令员兼第二政委、龙岩地委常委。1955年被授予上校军衔，1960年晋升大校，1962年任龙岩军分区政委，1964年4月离职休养。曾撰写《忆漳浦事件前后》《这里有胜利也有失败》《回忆1940年袭击含山县城》等革命回忆录。1979年被选为省政协第四届常务委员。1982年8月，经中央军委批准享受副军级待遇。

高先进

高先进（1900－2000年），又名高应贤，台湾省台南县北门区佳里镇香仔寮（漳州里）人。出身农家，初中毕业后，考入日本早稻田大学医科预科班。20世纪20年代东京大地震后回台，由于母亲反对，没有去日本而留在台南大安医院与三哥学医。后因参加“读书会”爱国组织被日本侵占当局驱逐出境，到漳州投亲行医。抗日战争爆发后，“读书会”部分在大陆的台湾人士成立台湾抗日义勇军，高为领导者之一。民国27年（1938年）被国民党当局疑为日本间谍责令回台，仍来往于台海两岸，继续开展抗日活动。抗战胜利后，国民政府通知台湾抗日义勇军协助接收台南地区，高被任命为台南县北门区区长。民国37年台湾“二二八”事件后，北门区蔡姓警察署长，为夺区长职位诬先进窝藏起义人员，虽查无实据，终以特嫌罪名被迫离台回漳州行医。新中国成立后留居大陆，先后在云霄菜埔、莆中、车圩、曲溪等村务医。“文化大革命”运动中受冲击，1974年落实政策调入县中医院。

1980年10月后，高相继被推选为县政协第四、五届副主席，任职期间通过书信为大陆乡亲寻找在台亲属做了许多工作。1983年，出席在北京召开的“为祖国统一大业做出贡献”的代表大会，受到邓小平等党和国家领导人接见。同年，被聘请为漳州市政协委员。百岁寿诞时，曾接受中央电视台、中央人民广播电台、福建电视台、东南电视台联合采访。逝世前立遗嘱，将其个人存款捐献给县、市台联资助贫困学生和台胞困难子女。

张天保

张天保（1923－2001年），云霄通贝村人。少时家贫，高小辍学，在家乡参加儿童团，为中共地下党组织和游击队传送情报。民国35年（1946年）11月，任中共闽南地委情报员兼地委机关后勤工作。翌年1月，为闽南支队连夜递送情报，使水晶坪坪坑伏击省保安团战斗取得胜利。同年3月加入中国共产党，任吉龙乡工作团副团长。民国38年6月调任中共靖和浦县委执委、游击独立大队党总支副书记兼第一中队中队长。新中国成立后任云霄县公安局副局长。1951年到省公安干校、龙溪地委党校学习。1952－1954年任县第五区区长、区委书记。1954年9月任县人民委员会副县长。1956年9月任县委副书记。1958年创办国营云霄和平农场，任场党委书记，出席省、全国农业社会主义建设先进单位代表大会。同年，在“反右倾”运动中受到批判，降任菜埔公社副社长。1962年9月任县人委会副县长、县委常委。“文化大革命”中受到冲击，1971年5月下放南靖县龙山公社劳动，1972年任南靖县林化厂书记。1976年2月任南靖县人民银行行长、书记。1983年任云霄县政协副主席，同年11月离休，享受副厅级待遇。

黄坤仪

黄坤仪（1937－2001年），云霄城关谢厝街人，中共党员。1958年南京大学天文系毕业，到紫金山天文台太阳物理研究室工作。1960年6月任天文台新技术组组长，负责筹建光电成像物理实验室。1961年4月调任人造卫星研究室主任，从事人造卫星照相观测设备的改造和研制、卫星照相观测资料的处理等研究。1966年，组织中国科学院人造卫星系统科研人员进行卫星照相同步观测。20世纪60年代后期，参加中国第一颗人造卫星地面观测系统方案论证，制订卫星跟踪照相机的技术方案；完成“大气光学折射偏角的估算”课题研究，学术科研成果受到国际同行称赞。1972年负责组建卫星测地组，对中国卫星测地进行探索研究。在“7435”会议上，提出独立自主开展中国卫星动力测地设想方案，被列为国家项目。1985年10月，卫星动力测地成果通过解放军总参测绘局和中国科学院数理化局联合鉴定，为国家经济和国防建设做出重大贡献。

黄坤仪1963年任助理研究员，1979年任副研究员，1985年任研究员。曾任中国天文学会卫星动力学专业委员会主任、中国天文学会理事、中国《天文学报》副主编、紫金山天文台学术委员会副主任、国际天文学会大气折射工作组委员。1978年获全国科学大会奖，1982年获中科院奖，1986年获中国科学院科技进步一等奖，1987年获国家科技进步一等奖，1992年起享受国家特殊津贴。出版《人造卫星的照相观测和资料处理》《卫星动力学》专著和译著两部及科学论文多篇，为中国人造卫星事业做出重要贡献，是中国卫星动力学及其应用研究学科的开拓者之一。2001年病逝。

赖 新 水

赖新水（1928 — 2002年），云霄龙透村人。少读私塾、小学，后入中共地下组织团校学习。民国33年（1944年）2月参加中共云和诏新字队武装班，同年秋编入中共闽南地委政治保卫队。民国34年7月任中共王涛支队第四大队班长，同年8月在平和县国强乡后溪村战斗中负伤。民国36年12月，任闽南地委水晶坪欧仔湖交通总站站长。民国38年1月1日，交通总站遭国民党保安团破坏后，转乌山伤兵处工作。1950年到地委、省委党校学习，同年5月加入中国共产党，12月调任县公安局司法股、侦察股股长。1954年任县公安局副局长。1956年任县人民法院院长。1960年1月调任国营云霄和平农场党委书记。“文化大革命”中受批判。1971年5月调任中共福州电线厂书记，后改任福州市农机公司经理。1981年12月调省委组织部落实政策办公室工作。1984年2月调回云霄，被推选为第四、五、六届县政协主席。其间，认真组织政协委员和各界人士履行政治协商、民主监督、参政议政职责，为全县的经济社会发展出谋献策。他尤为重视文史工作，多次亲自参与组织搜集撰写文史资料，并口述或整理有关革命斗争史料，在《政协云霄文史资料》发表。1991年5月离休，享受因战二等一级伤残待遇。离休后仍担任县老区建设促进会会长、县残联名誉会长、县文物保护协会会长、县计生协会会长等职务，为云霄各项建设事业做出贡献。

方 福 林

方福林(1927 — 2002年)，祖籍莆美镇高塘村，后移居城关下港街。出身木工世家，少年随父方椿学艺。新中国成立初期即被评为高级技工。历任建筑生产合作社主任，地方国营云霄建筑工程公司中共支部副书记、副经理，建筑一社支部书记、社长，云霄第一建筑工程公司支部书记，漳州建筑协会常务理事，是云霄县第九届、第十届人大代表。

1956年5月，担任木工组长参与云霄糖厂建设，组织工人攻克高跨度吊车梁等技术难关。1957年，创建云霄第一个动力车间——锯木厂。1959年10月，担任施工组长参与县人民会堂建设，该工程为跨度28米、深度58米、高度15米砖木结构的高难度项目，他发挥集体智慧解决基础、屋架、回声三大技术难题。1972年，创办云霄首家预应力钢筋混凝土制品厂；在“向东渠”工程建设中，为攻克石牌石拱渡槽建设难题，以“双铰木拱架”，采用单吊杆、龙门吊和活动“T”字架，解决重物高空吊装问题，成为土法上马高空砌筑第一例，被推广应用。

20世纪80年代，他率先推行施工承包责任制，为漳州市同行业改革先行之举。由一建公司承建的县农业楼工程被评为“省优工程”，漳州行政干校综合楼被列入“中国集协建筑博览”十大建筑物之一，云霄卷烟厂101厂房于1994年被国家建设部评为优质样板工程。为此，多次被省建委评为先进工作者。

他热心公益事业，被推举为县文物保护协会副会长、云山书院理事会常务副会长。在修复云山书院过程中，组织能工巧匠修旧如旧，并倡议修复林太史公墓和修建通往太史墓的混凝土路面，受到社会赞扬。

张国文

张国文（1925 — 2002 年），曾用名张瑞通，云霄仙石村人。民国 34 年（1945 年）4 月参加革命，任中共云和诏县委游击队工作团通讯员。民国 35 年加入中共王涛支队第四大队，先后任战士、班长。民国 36 年 8 月，任云和诏第四大队副大队长，曾参加泗近塘和保卫秋收等战斗。民国 37 年 10 月，云和诏第四大队编入闽西南联合司令部第十九团，国文任第六连指导员。1949 年 11 月调入龙溪军分区教导队，1950 年 7 月任警备第六团三连指导员，1951 年 4 月调华东第三高级步兵学校学习，1952 年 3 月任公安八十团政治处股长，1959 年 4 月调南昌第四十五速成中学学习，1960 年 12 月任守备八十九团机关协理员，1961 年 5 月任守备九十六团一营教导员，1962 年 6 月任平和县人武部副部长、政委。1976 年 5 月转业，任漳浦县革委会副主任。1980 年 10 月，任漳浦县人大常委会副主任。1983 年 12 月，调任云霄县政府调研员。1988 年 12 月离休，享受正处级待遇。1997 年 7 月，云霄县闽粤赣边区革命史研究会成立，任会长。

汤精义

汤精义（1910 — 2002 年），云霄城关塘坪街人。祖籍列屿城内村，祖父一辈因经商迁入城关定居。精义先后就读于云霄浚源小学、厦门鼓浪屿小学、集美中学。民国 15 年（1926 年）入福建省行政公署青年甲种养成所培训，民国 16 — 17 年任福建省闽北行政特派员公署外事秘书。民国 17 — 21 年先后任漳平、安溪、平和、云霄等县教育科长，在云霄任上因地方宗派势力纷争遭绑架，经地方绅士方时言解救，辞职赴香港，入读英国澳洲（墨尔本）皇家海军学院。民国 23 年分配到英国海军远东特遣舰队，同年到英国圣士提反学院受训。民国 24 年赴美国西点军校进修，结业后入美军海军陆战队东南亚特混舰队。民国 29 年回国，任国民革命军第四、五集团军总司令部上校参谋兼第三军高级参谋。后受美方派遣，先后任陆军 107 师高参，中美合作所第四、第五指挥站美方海事工作和东南军政长官公署高级参谋。民国 35 年任中美合作所水陆两栖部队上校部队长兼闽粤边区“剿匪”总指挥部参谋长、美国海军第七舰队上校参谋兼谍报组长。民国 37 年拟赴台湾接受中将授衔，因属美军人员未能成行。

民国 38 年 4 月，解放战争形势急转直下，精义回家探亲滞留。时中共闽南地委、云和诏县委为保护人民生命财产，通过各方渠道施压，力促云霄当局接受和平解放。精义以其影响力力主和谈，并以自己住家为谈判场所，促成云霄和平解放。新中国成立后到解放军漳州新生学生班学习，结业后任第 29 军高级参谋，1952 年在漳州军管会社会科“三反五反”办公室负责清账查账工作。1955 年，因追究历史问题入战犯营劳动改造，服刑期间曾到中国人民解放军南京间谍学院任教，并协助八一电影制片厂导演拍摄内部反间谍片。1976 年落实中共中央关于国民党县团级以上特赦人员政策获特赦，被安排为云霄国营食品厂职工。1982 年由县人民法院认定为起义人员。1984 年后任县政协第五、六、七、八届常务委员、第九届委员。1992 年，经市人事局批准享受离休待遇。

陈宗宝

陈宗宝（1932 — 2003 年），云霄山美村人。1951 年高中毕业，先后供职于龙溪专员公署文教科、福建省教育厅财务处。1954 年考入南京大学西方语言文学系，攻读法国语言文学。毕业后留校任教，先后任南京大学外文系法语教研室主任，中国法语教学研究会秘书长、副会长，全国高等学校外语教材编审委员会副主任、指导委员会副主任兼法语组组长。曾参与多种高校法语专业教材的编纂，组织高校法语专业基础阶段教学大纲和高年级教学大纲的制订工作，编著有《法译汉翻译教程》，主审教材 3 部，参与审订教材 15 部。

为商务印书馆翻译雨果《悲惨世界》（部分），以《流浪儿》为题出版；为人民文学出版社翻译《情感教育》《巴黎圣母院》和长篇小说《黑面包》等世界名著。

1965 年 9 月，宗宝参加高教部留学生考察小组，赴苏联、埃及、摩洛哥、阿尔及利亚、法国、英国等地考察。1981 — 1994 年，多次应邀出国访问、举行学术讲座，被加拿大蒙特利尔大学和魁北克大学聘为客座教授，被选为“世界名人代表大会”代表。其人其事被编入英国剑桥国际传记学会编纂的《国际传记大辞典》和美国传记学会编纂的《十年来最受钦佩的人名大辞典》，以及《中国名人大辞典》《翻译家辞典》《中国社会科学工作者大辞典》。1995 年退休后赴法国定居，多次回乡探亲，并设立云霄县陈宗宝奖学金。2003 年 6 月 27 日，病逝于加拿大。

张瑞莹

张瑞莹（1912 — 2005 年），字子纯，号云谿，云霄城关人。幼时就读于甄陶、浚源小学。小学毕业后因云霄尚无中学，父母念其年幼体弱，不忍其远离家门到外地求学，责其在家自修。民国 14 年（1925 年），在厦门寻源中学任教的云霄籍晚清廪生陈茯园，接受乡人邀请，辞去教职回云霄赁屋开办“高山讲舍”，传授国学，瑞莹入其门下就读。越年，瑞莹父以新建家祠昭德堂借作讲舍。瑞莹在同学中年龄最幼而学业最优，诗词作品更受业师和云霄吟坛前辈所赞赏。后因父亲年老，承接商务，但仍为学不辍。民国 35 年，龙岩郑丰稔应聘编纂《云霄县志》，于采风中阅张诗作，即上门访问，成为忘年之交。临别赠诗匾：“太史于今未采风，传人例不到茅蓬。年来我欲翻诗案，越是无名句越工。”

1961 年起，张瑞莹被推选为县政协第二届委员、第三、四、五、六届常务委员，主持政协文史工作，并曾任县政协副秘书长。20 世纪 80 年代后，任福建省诗词学会理事，县政协漳江诗社副社长，著有《云谿吟草》。还潜修中医，义务为人诊病，城乡上门求诊者络绎不绝。

陈文和

陈文和（1927 — 2006 年），笔名雷枫、芗人，云霄陈岱人，中共党员。1951 年毕业于厦门大学教育系。1984 年加入中国作家协会。历任《漳州日报》《福建农民报》副刊编辑，《龙溪农民报》编辑组组长，《漳州日报》政文组副组长，龙溪地区剧本创作室副主任，漳州市文联副主席兼《芝山》杂志主编。副编审，漳州市第十届人大常委，福建省作家协会主席团委员，中国散文诗学会理事，中国乡土诗人协会理事，中外散文诗研究会常务理事。文和擅诗、散文和书画，在《人民文学》《诗刊》《人民日报》等报刊上发表诗文、书画 3000 余篇（幅）。出版有诗集《潮生》（合集）、《野趣》《神州凝眸》，散文集《诗的花瓣》《诗人是一棵树》，书画专辑《陈文和国画作品欣赏》、《自然蒙养笔墨功—陈文和的文人画》等 7 部专著。组诗《浪花赞》获福建省优秀文学奖，《香港，闪亮的纽扣》获福建省施学概诗歌奖优秀奖。

二、人物录、表

（一）烈士英名录

革命烈士英名录

表 1

姓　名	性别	出生年月	籍贯	入伍时间	原工作单位及职务	政治面貌	牺牲时间、地点及原因
吴作枢	男	1923-10	云霄县东厦镇白塔村			中共党员	1956 年 1 月，因身份暴露在台湾被捕牺牲。2000 年 5 月，民政部追认其为革命烈士。
曾潮州	男	1949-02	云霄县下河乡后坑埔村	1980-12	云霄县和平乡乡长	中共党员	1996 年 6 月 25 日，在苦溪水坝为抢救两名溺水学生牺牲。1997 年 5 月 23 日省政府批准其为革命烈士。（见《人物传》）
方银海	男	1962-09	云霄县东厦镇洲渡村		东厦镇洲渡村村民		1997 年 11 月 16 日，在东厦镇洲渡村为抢救他人生命财产牺牲。1999 年 10 月省政府批准其为革命烈士。

（二）全国、省（部）级劳模、“五一”劳动奖章获得者及市级劳模名表

1997 — 2006 年获全国、省（部）级劳动模范（先进工作者）名表

表 2

姓　名	工作单位	授予单位	荣誉称号	表彰时间（年）
陈震英	县医院	省委、省人民委员会	省劳动模范	1960
吴永辉	云霄卷烟厂	省人民政府	省劳动模范	1982
庄木火	县支前办	中国人民解放军总参谋部、总政治部、总后勤部	全军优秀基层干部	1984
张绍猛	县人民银行	中国人民银行、中国金融工会	全国金融系统劳动模范	1992
吴泽平	县自来水公司	建设部	全国建设系统劳动模范	1993
方德茂	县计生局	省人民政府	省计生先进工作者	1992 1996 1997
李建强	县工商局	省人民政府	省劳动模范	1997
朱良泗	县二建公司	省人民政府	省劳动模范	1997
周志达	东厦镇荷东村	省人民政府	省劳动模范	1997
高养清	和平中心小学	人事部、教育部	全国模范教师	1998
林荣坤	火田镇瓦坑村	省人民政府	省劳动模范	2000
蔡建成	县公安局城关派出所	省人民政府	省劳动模范	2000
何艺升	峰头水库管理局	省人民政府	省劳动模范	2000
黄春龙	县烟草专卖局	国家烟草专卖局	全国烟草系统劳动模范	2000
陈碧珠	元光中学	人事部、教育部	全国模范教师	2001
方建设	县电力公司	省人民政府	省劳动模范	2003

续表 2

姓　名	工作单位	授予单位	荣誉称号	表彰时间（年）
李漳山	列屿镇人家村	国务院	全国劳动模范	2005

注：1997 年前表中人物，为前志（指 1999 年版《云霄县志》，下同）所遗漏，予以补录。据省有关规定，计生工作者获 3 次“省计生先进工作者”表彰，视同省级劳动模范

1997 — 2006 年获全国及省“五一”劳动奖章名表

表 3

姓　名	工作单位	授予单位	荣誉称号	表彰时间（年）
方树德	县糖烟酒公司	省总工会	省“五一”劳动奖章	1985
詹卓云	县一建公司	省总工会	省“五一”劳动奖章	1985
吴清松	县工商局	省总工会	省“五一”劳动奖章	1985
廖良图	县医院	省总工会	省“五一”劳动奖章	1985
林应珠	云霄师范学校	省总工会	省“五一”劳动奖章	1985
吴继跃	县粮食局	省总工会	省“五一”劳动奖章	1986
江坤炎	县二建公司	省总工会	省“五一”劳动奖章	1986
陈瓜配	云霄糖厂	省总工会	省“五一”劳动奖章	1987
方茂德	县供销社	省总工会	省“五一”劳动奖章	1989
张洲镇	云霄卷烟厂	省总工会	省“五一”劳动奖章	1990
高庆和	县农械厂	省总工会	省“五一”劳动奖章	1992
王　强	县一建公司	省总工会	省“五一”劳动奖章	1992
方志刚	县老干活动中心	省总工会	省“五一”劳动奖章	1992
方成才	县电力公司	省总工会	省“五一”劳动奖章	1993
龚龙泉	县农机公司	省总工会	省“五一”劳动奖章	1993
陈旺专	云霄第二中学	省总工会	省“五一”劳动奖章	1995
方　冠	县农业局	省总工会	省“五一”劳动奖章	1996
陈主义	县二建公司	省总工会	省“五一”劳动奖章	1996
方佳海	县电力公司	省总工会	省“五一”劳动奖章	1997
张　欢	县国税局	省总工会	省“五一”劳动奖章	1999
张胜花	县农村信用联社下坂分社	省总工会	省“五一”劳动奖章	1999
吴伟强	县公安局交警大队	省总工会	省“五一”劳动奖章	2001
张桂兰	县移动通讯公司	省总工会	省“五一”劳动奖章	2002
张世达	县电力公司	省总工会	省“五一”劳动奖章	2004
方文燕	县房地产综合开发公司	省总工会	省“五一”劳动奖章	2006
肖进才	县公安局	全国总工会	全国“五一”劳动奖章	2006

注：1997 年前表中人物，为前志所遗漏，予以补录

漳州市劳动模范名表

表 4

姓　名	工作单位	授予单位	荣誉称号	表彰时间（年）
陈木良	陈岱镇岱北村	市人民政府	市劳动模范	1979
汤阿吟	火田镇政府	市人民政府	市计生先进工作者	1989、1991、1992
黄友成	县公安局	市人民政府	市劳动模范	1993
郑泳涛	县水利水电局	市人民政府	市劳动模范	1993
吴　赤	县委办公室	市人民政府	市劳动模范	1993
吴天泗	县工业供销公司	市人民政府	市劳动模范	1993
苏龙成	云霄一中	市人民政府	市劳动模范	1993
张耀堂	县方志委	市人民政府	市劳动模范	1993
林建设	县公路分局	市人民政府	市劳动模范	1993
黄鸿源	县农办	市人民政府	市劳动模范	1993
陈宗才	县对台部	市人民政府	市劳动模范	1993
方建安	县电影公司	市人民政府	市劳动模范	1993
黄美娇	县医院	市人民政府	市劳动模范	1993
李月楼	陈岱镇竹港村	市人民政府	市劳动模范	1993
周丽卿	东厦镇荷东村	市人民政府	市劳动模范	1993
何添荣	县公安局巡警大队	市人民政府	市劳动模范	2000
沈尚志	县环卫处	市人民政府	市劳动模范	2000
蔡廖香	下河乡计生协会	市人民政府	市劳动模范	2000
高启民	北坑庄园开发公司	市人民政府	市劳动模范	2000
蔡金山	东厦镇农场	市人民政府	市劳动模范	2000
张赞河	县农村信用联社	市人民政府	市劳动模范	2000
汤群伟	县公安局	市人民政府	市劳动模范	2000
黄荣来	下河乡凤兴村	市人民政府	市劳动模范	2003
陈燕珠	县中医院	市人民政府	市劳动模范	2003
罗婉贞	县城南中学	市人民政府	市劳动模范	2003
吴主昌	莆美高洋工业区	市人民政府	市劳动模范	2006
张爱辉	县供电公司	市人民政府	市劳动模范	2006
张耀宗	县测绘队	市人民政府	市劳动模范	2006
陈韩英	云霄第一中学	市人民政府	市劳动模范	2006

注：市级劳动模范表中人物，前志未录，予以增补

（三）高级专业技术职称名表（已知）

1997 — 2006 年云霄县高级专业技术人员名表

表 5

姓　名	工作单位	职称	评定时间
孔　旭	云霄县医院	副主任医师	1998-05
黄金珍	云霄县医院	主任医师	1998-07
徐锦池	云霄县医院	主任药师	1998-07
毕秀莲	云霄县医院	副主任医师	1998-12
方培明	云霄县医院	副主任医师	1998-12
陈海钟	云霄县医院	副主任医师	1999-05
吴惠燕	云霄县医院	副主任医师	1999-12
江权生	云霄县医院	副主任医师	1999-12
汤达坤	云霄县医院	副主任医师	1999-12
方　炜	云霄县医院	副主任医师	1999-12
黄赐良	云霄县医院	副主任医师	1999-12
方丽君	云霄县医院	副主任医师	1999-12
魏文通	云霄县医院	主任医师	1999-12
方翰良	云霄县医院	副主任医师	2000-12
周哲范	云霄县医院	副主任医师	2000-12
张绍芳	云霄县医院	副主任医师	2000-12
罗清枝	云霄县医院	副主任医师	2000-12
王寿章	云霄县医院	主任医师	2001-06
林继宗	云霄县医院	主任医师	2001-06
林义明	云霄县医院	副主任医师	2002-03
周娥香	云霄县医院	副主任护师	2002-03
黄毓斌	云霄县医院	主任中医师	2002-06
吴培辉	云霄县医院	副主任医师	2002-06
张瑞玉	云霄县医院	副主任医师	2003-04
陈镇辉	云霄县医院	副主任医师	2003-04
汤伟华	云霄县医院	副主任医师	2003-07
梁顽强	云霄县医院	副主任医师	2003-07
方素微	云霄县医院	副主任护师	2004-06
方奇慧	云霄县医院	副主任医师	2004-10
张朝顺	云霄县医院	副主任医师	2004-11
董惠强	云霄县医院	副主任医师	2004-11
郑志雄	云霄县医院	副主任医师	2004-11
张敏华	云霄县医院	主任医师	2006-08

续表 5

姓 名	工作单位	职称	评定时间
张纯华	云霄县医院	副主任医师	2006-08
张振贤	云霄县中医院	副主任医师	1998-03
吴东雄	云霄县中医院	主任医师	1998-07
陈丽珠	云霄县中医院	副主任医师	2000-01
方连顺	云霄县中医院	副主任医师	2000-12
张良荣	云霄县中医院	副主任医师	2000-12
吴汀寿	云霄县中医院	副主任医师	2000-12
张冬生	云霄县中医院	副主任医师	2001-02
吴荣赐	云霄县中医院	副主任医师	2002-03
方义顺	云霄县中医院	副主任医师	2002-03
朱金发	云霄县中医院	副主任医师	2002-03
蔡艺群	云霄县中医院	副主任医师	2002-03
方文革	云霄县中医院	副主任医师	2003-04
张恒青	云霄县中医院	副主任医师	2004-11
朱泽南	云霄县中医院	主任医师	2006-08
吴朝森	县妇幼保健院	副主任医师	1995-09
许跃华	县妇幼保健院	副主任医师	2000-12
蔡云松	县计生服务站	副主任医师	2004-11
张若茵	云霄一中	中学高级教师	1997-02
张耀培	云霄一中	中学高级教师	1997-12
张加龄	云霄一中	中学高级教师	1997-12
方玉枝	云霄一中	中学高级教师	1997-12
王丽莉	云霄一中	中学高级教师	1997-12
王国权	云霄一中	中学高级教师	1997-12
蔡坤发	云霄一中	中学高级教师	1997-12
陈兰水	云霄一中	中学高级教师	1997-12
方汉民	云霄一中	中学高级教师	1997-12
汤来春	云霄一中	中学高级教师	1997-12
陈维平	云霄一中	中学高级教师	1997-12
方富来	云霄一中	中学高级教师	1997-12
方朝地	云霄一中	中学高级教师	1997-12
连建泉	云霄一中	中学高级教师	1997-12
张绍庆	云霄一中	中学高级教师	1997-12
朱建忠	云霄一中	中学高级教师	1997-12
董惠聪	云霄一中	中学高级教师	1997-12

续表 5

姓　名	工作单位	职称	评定时间
汤福云	云霄一中	中学高级教师	1997-12
苏龙成	云霄一中	中学高级教师	1998-02
张会广	云霄一中	中学高级教师	1998-12
吴阿秀	云霄一中	中学高级教师	1998-12
蔡清高	云霄一中	中学高级教师	1998-12
吴德文	云霄一中	中学高级教师	1998-12
张宝齐	云霄一中	中学高级教师	1998-12
陈少锋	云霄一中	中学高级教师	1998-12
郭国栋	云霄一中	中学高级教师	1998-12
徐鸿盛	云霄一中	中学高级教师	1998-12
陈景生	云霄一中	中学高级教师	2001-01
汤两国	云霄一中	中学高级教师	2001-01
吴　云	云霄一中	中学高级教师	2001-01
张阿娜	云霄一中	中学高级教师	2001-01
张士杰	云霄一中	中学高级教师	2001-01
黄进喜	云霄一中	中学高级教师	2001-01
潘丽雅	云霄一中	中学高级教师	2001-01
张少云	云霄一中	中学高级教师	2001-01
张栋才	云霄一中	中学高级教师	2001-01
张梅谷	云霄一中	中学高级教师	2001-01
张义富	云霄一中	中学高级教师	2001-01
方跃飞	云霄一中	中学高级教师	2001-01
庄培忠	云霄一中	中学高级教师	2001-02
朱联章	云霄一中	中学高级教师	2002-01
陈光辉	云霄一中	中学高级教师	2002-01
蔡志道	云霄一中	中学高级教师	2002-01
王莲娜	云霄一中	中学高级教师	2002-01
张　悦	云霄一中	中学高级教师	2002-01
蔡硕洪	云霄一中	中学高级教师	2002-01
张理慧	云霄一中	中学高级教师	2002-01
张凤珠	云霄一中	中学高级教师	2002-01
陈其火	云霄一中	中学高级教师	2003-03
黄金顺	云霄一中	中学高级教师	2003-03
陈韩英	云霄一中	中学高级教师	2003-03
蔡琳俊	云霄一中	中学高级教师	2003-03

续表 5

姓 名	工作单位	职称	评定时间
陈和周	云霄一中	中学高级教师	2003-03
吴溪元	云霄一中	中学高级教师	2003-03
张绿萍	云霄一中	中学高级教师	2003-03
汤文洁	云霄一中	中学高级教师	2003-03
刘迎春	云霄一中	中学高级教师	2003-03
吴志顺	云霄一中	中学高级教师	2003-03
蔡云龙	云霄一中	中学高级教师	2003-03
张志贤	云霄一中	中学高级教师	2003-03
张琦菲	云霄一中	中学高级教师	2004-02
石惠珊	云霄一中	中学高级教师	2004-02
曾俊荣	云霄一中	中学高级教师	2004-02
张国荣	云霄一中	中学高级教师	2004-02
汤晓滨	云霄一中	中学高级教师	2004-02
陈俊华	云霄一中	中学高级教师	2004-02
张秀英	云霄一中	中学高级教师	2004-02
张庆云	云霄一中	中学高级教师	2004-02
方森德	云霄一中	中学高级教师	2005-02
吴金火	云霄一中	中学高级教师	2005-02
汤贵曦	云霄一中	中学高级教师	2005-02
罗清松	云霄一中	中学高级教师	2005-02
方顺发	云霄一中	中学高级教师	2005-02
陈雪月	云霄一中	中学高级教师	2005-02
张碧强	云霄一中	中学高级教师	2006-03
龚德福	云霄一中	中学高级教师	2006-03
高志敏	云霄一中	中学高级教师	2006-03
林淑珍	云霄一中	中学高级教师	2006-03
陈云清	云霄一中	中学高级教师	2006-03
吴泽武	云霄一中	中学高级教师	2006-03
林建武	云霄一中	中学高级教师	2006-03
郑芸芗	云霄一中	中学高级教师	2006-03
方镇洪	云霄一中	中学高级教师	2006-03
刘珊华	云霄一中	中学高级教师	2006-03
吴静女	云霄一中	中学高级教师	2006-03
高怀红	云霄一中	中学高级教师	2006-03
蔡巧丽	云霄一中	中学高级教师	2006-03

续表 5

姓　名	工作单位	职称	评定时间
吴秀明	云霄一中	中学高级教师	2006-03
张一雄	云霄一中	中学高级教师	2006-03
林庆裕	云霄二中	中学高级教师	1997-12
陈旺专	云霄二中	中学高级教师	1997-12
许荣章	云霄二中	中学高级教师	1998-12
范美兰	云霄二中	中学高级教师	2001-01
刘珍国	云霄二中	中学高级教师	2001-01
王平顺	云霄二中	中学高级教师	2001-01
陈明照	云霄二中	中学高级教师	2002-01
苏碧芬	云霄二中	中学高级教师	2002-01
陈志清	云霄二中	中学高级教师	2003-04
陈德金	云霄二中	中学高级教师	2004-03
陈富生	云霄二中	中学高级教师	2006-03
蔡智勇	云霄二中	中学高级教师	2006-03
方茂团	云霄二中	中学高级教师	2006-03
周茂金	云霄二中	中学高级教师	2006-03
罗文才	云霄三中	中学高级教师	1997-12
张德乐	云霄三中	中学高级教师	2003-03
何仰海	云霄三中	中学高级教师	2004-02
朱普选	云霄四中	中学高级教师	2003-03
唐连兴	云霄四中	中学高级教师	2003-03
林赐明	云霄四中	中学高级教师	2003-03
张增智	云霄四中	中学高级教师	2004-02
林建火	云霄四中	中学高级教师	2005-02
陈镇国	云霄五中	中学高级教师	2003-03
吴汉钦	云霄五中	中学高级教师	2003-03
罗顺德	云霄五中	中学高级教师	2003-03
蔡如群	云霄五中	中学高级教师	2005-02
林溪洲	云霄五中	中学高级教师	2005-02
张连添	云霄五中	中学高级教师	2005-02
方耀阳	云霄五中	中学高级教师	2006-03
邱国瑞	元光中学	中学高级教师	1997-12
庄银基	元光中学	中学高级教师	2000-01
吴育志	元光中学	中学高级教师	2000-12
吴按田	元光中学	中学高级教师	2001-01

续表 5

姓 名	工作单位	职称	评定时间
方永丰	元光中学	中学高级教师	2001-01
朱国雄	元光中学	中学高级教师	2001-01
吴逸群	元光中学	中学高级教师	2001-01
陈云海	元光中学	中学高级教师	2001-01
吴酌乙	元光中学	中学高级教师	2001-01
陈碧珠	元光中学	中学高级教师	2001-01
施国荣	元光中学	中学高级教师	2001-01
刘典发	元光中学	中学高级教师	2001-01
吴思恭	元光中学	中学高级教师	2002-01
陈卓毅	元光中学	中学高级教师	2003-02
李廷平	元光中学	中学高级教师	2003-03
黄志川	元光中学	中学高级教师	2003-03
许武顺	元光中学	中学高级教师	2003-03
林朝锦	元光中学	中学高级教师	2003-03
周再扬	元光中学	中学高级教师	2004-02
游淑真	元光中学	中学高级教师	2004-02
张和顺	元光中学	中学高级教师	2004-02
方建立	元光中学	中学高级教师	2004-02
陈长乐	元光中学	中学高级教师	2005-02
张建清	元光中学	中学高级教师	2005-02
吴丽玲	元光中学	中学高级教师	2005-02
王建章	元光中学	中学高级教师	2005-02
吴明义	元光中学	中学高级教师	2005-02
周小勇	元光中学	中学高级教师	2005-02
方小雄	元光中学	中学高级教师	2006-01
许宝华	元光中学	中学高级教师	2006-03
吴泗福	元光中学	中学高级教师	2006-03
柳丽芹	元光中学	中学高级教师	2006-03
朱志强	元光中学	中学高级教师	2006-03
胡志盆	元光中学	中学高级教师	2006-03
吴默生	城关中学	中学高级教师	1997-02
方志强	城关中学	中学高级教师	1997-12
柳春芳	城关中学	中学高级教师	1997-12
李泗乐	城关中学	中学高级教师	1997-12
汤一义	城关中学	中学高级教师	1998-02

续表 5

姓　名	工作单位	职称	评定时间
方福生	城关中学	中学高级教师	1998-12
张明复	城关中学	中学高级教师	1998-12
汤少院	城关中学	中学高级教师	1998-12
吴成志	城关中学	中学高级教师	1998-12
方金水	城关中学	中学高级教师	1998-12
王国峰	城关中学	中学高级教师	1998-12
方一俊	城关中学	中学高级教师	1998-12
张友再	城关中学	中学高级教师	1998-12
张碧芳	城关中学	中学高级教师	1998-12
许锡熙	城关中学	中学高级教师	2000-01
李鸿珍	城关中学	中学高级教师	2000-01
方　定	城关中学	中学高级教师	2000-01
沈国昌	城关中学	中学高级教师	2000-01
黄明德	城关中学	中学高级教师	2000-01
陈国璋	城关中学	中学高级教师	2000-01
方文和	城关中学	中学高级教师	2000-01
汤阿森	城关中学	中学高级教师	2001-01
陈健机	城关中学	中学高级教师	2001-01
周丽津	城关中学	中学高级教师	2001-01
方永生	城关中学	中学高级教师	2001-01
陈承志	城关中学	中学高级教师	2001-01
汤荣龙	城关中学	中学高级教师	2001-01
林　伦	城关中学	中学高级教师	2001-01
方怀榕	城关中学	中学高级教师	2001-01
刘木添	城关中学	中学高级教师	2001-10
周文勇	城关中学	中学高级教师	2002-01
方进棋	城关中学	中学高级教师	2002-01
朱云泉	城关中学	中学高级教师	2002-01
黄小蜜	城关中学	中学高级教师	2002-01
林宝林	城关中学	中学高级教师	2002-01
陈启俊	城关中学	中学高级教师	2003-02
高伟民	城关中学	中学高级教师	2003-03
方建跃	城关中学	中学高级教师	2003-03
郑耀辉	城关中学	中学高级教师	2003-03
唐志强	城关中学	中学高级教师	2003-03

续表 5

姓　名	工作单位	职称	评定时间
张汉民	城关中学	中学高级教师	2003–03
柳朝龙	城关中学	中学高级教师	2003–03
江裔华	城关中学	中学高级教师	2003–03
欧香君	城关中学	中学高级教师	2003–03
张裕南	城关中学	中学高级教师	2003–03
何美色	城关中学	中学高级教师	2003–03
孙金魁	城关中学	中学高级教师	2004–02
吴镇权	城关中学	中学高级教师	2004–02
李林章	城关中学	中学高级教师	2004–03
陈丹旭	城关中学	中学高级教师	2005–02
何达钦	城关中学	中学高级教师	2005–02
朱素芸	城关中学	中学高级教师	2005–02
朱文国	城关中学	中学高级教师	2005–02
张宝珠	城关中学	中学高级教师	2005–02
石婉瑛	城关中学	中学高级教师	2005–02
林和平	城关中学	中学高级教师	2005–02
李国安	城关中学	中学高级教师	2005–02
张伟清	城关中学	中学高级教师	2006–03
朱淑珠	城关中学	中学高级教师	2006–03
王宝云	城关中学	中学高级教师	2006–03
赖永志	城关中学	中学高级教师	2006–03
张振来	城关中学	中学高级教师	2006–03
谢国和	城关中学	中学高级教师	2006–03
汤艺芳	城关中学	中学高级教师	2006–03
罗庆枝	城关中学	中学高级教师	2006–03
陈文寿	城关中学	中学高级教师	2006–03
方小丽	城关中学	中学高级教师	2006–03
张俊聪	城关中学	中学高级教师	2006–03
陈耀东	城关中学	中学高级教师	2006–03
林志红	城关中学	中学高级教师	2006–03
柳惠聪	城关中学	中学高级教师	2006–03
梁丽云	城关中学	中学高级教师	2006–03
张月华	城关中学	中学高级教师	2006–03
汤艺琪	城关中学	中学高级教师	2006–03
陈嘉禾	城南中学	中学高级教师	1997–12

续表 5

姓　名	工作单位	职称	评定时间
陈忠明	城南中学	中学高级教师	1997–12
李红炎	城南中学	中学高级教师	1997–12
林加欣	城南中学	中学高级教师	1998–12
方溪水	城南中学	中学高级教师	1998–12
吴达乡	城南中学	中学高级教师	2000–01
汤枝生	城南中学	中学高级教师	2001–01
张瑞麟	城南中学	中学高级教师	2001–01
陈嘉沛	城南中学	中学高级教师	2002–01
陈耀林	城南中学	中学高级教师	2003–03
方火印	城南中学	中学高级教师	2003–03
郑恒志	城南中学	中学高级教师	2005–02
林捍东	城南中学	中学高级教师	2005–02
林毅辉	城南中学	中学高级教师	2005–03
方跃平	城南中学	中学高级教师	2006–03
罗婉贞	城南中学	中学高级教师	2006–03
朱怀贵	城南中学	中学高级教师	2006–03
方明成	城南中学	中学高级教师	2006–03
游秀琴	城南中学	中学高级教师	2006–03
方惠升	立人学校	中学高级教师	2002–01
蔡海生	立人学校	中学高级教师	2002–01
张月珠	立人学校	中学高级教师	2002–01
朱旺文	立人学校	中学高级教师	2003–03
蔡龙山	立人学校	中学高级教师	2003–03
许明辉	立人学校	中学高级教师	2004–02
陈解添	立人学校	中学高级教师	2005–03
黄国兴	立人学校	中学高级教师	2006–03
陈元盛	立人学校	中学高级教师	2006–03
黄扬生	云师附小	中学（小学）高级教师	1999–07
林宗汉	实验小学	中学（小学）高级教师	1997–05
许国武	莆美中心小学	中学（小学）高级教师	2003–06
吴镇权	云霄职专	中学高级教师	2004–02
吴加锡	菜埔中学	中学高级教师	2000–01
林主生	火田中心小学	中学（小学）高级教师	1999–07
陈蓬发	火田中心小学	中学（小学）高级教师	1997–05
张秉德	火田中学	中学高级教师	2001–01

续表 5

姓　名	工作单位	职称	评定时间
林湖山	火田中学	中学高级教师	2002-01
林顺清	火田中学	中学高级教师	2001-01
朱怀荣	火田中学	中学高级教师	2001-01
蔡奋文	火田中学	中学高级教师	2003-03
朱银龙	火田中学	中学高级教师	2004-03
骆水泗	火田中学	中学高级教师	2004-03
方进春	火田中学	中学高级教师	2005-04
朱镇元	火田中学	中学高级教师	2006-03
方镇荣	火田中学	中学高级教师	2006-03
林金河	火田中学	中学高级教师	2006-03
朱镇强	火田中学	中学高级教师	2006-03
吴耀坤	和平中学	中学高级教师	2001-01
林经钦	和平中学	中学高级教师	2005-02
李国安	和平中学	中学高级教师	2005-02
高建行	和平中学	中学高级教师	2006-03
徐松坤	和平中学	中学高级教师	2006-03
张建耀	和平中学	中学高级教师	2006-03
吴银丰	竹塔中学	中学高级教师	2002-01
吴清万	竹塔中学	中学高级教师	1997-12
郭奉来	海峰中学	中学高级教师	2000-01
张　本	海峰中学	中学高级教师	2000-01
杨颂群	海峰中学	中学高级教师	2001-01
胡艺成	海峰中学	中学高级教师	2001-01
郭志才	海峰中学	中学高级教师	2002-01
张农平	海峰中学	中学高级教师	2003-03
方崇林	海峰中学	中学高级教师	2006-03
郑文法	列屿中心小学	中学（小）高级教师	2001-07
吴进江	列屿中学	中学高级教师	1997-12
汤周炎	列屿中学	中学高级教师	2001-01
汤建生	列屿中学	中学高级教师	2003-03
汤竹宗	列屿中学	中学高级教师	2003-03
汤木章	列屿中学	中学高级教师	2004-02
陈顺安	陈岱中心小学	中学（小学）高级教师	2004-09
施耀溪	陈岱中心小学	中学（小学）高级教师	2004-09
吴能文	下河中心小学	中学（小学）高级教师	2004-09

续表 5

姓　名	工作单位	职称	评定时间
罗秋福	下河中心小学	中学（小学）高级教师	2004-09
汤秋生	云霄干校	中学高级教师	1997-12
沈鸿扬	云霄干校	中学高级教师	2000-01
庄星萍	云霄干校	中学高级教师	2001-01
许惠雄	云霄干校	中学高级教师	2002-01
吴阿全	云霄干校	中学高级教师	2004-02
陈淮淮	教师进修学校	中学高级教师	1997-12
方泽田	教师进修学校	中学高级教师	1997-12
黄德金	教师进修学校	中学高级教师	1997-12
杨镜武	教师进修学校	中学高级教师	1998-12
汤农兴	教师进修学校	中学高级教师	1998-12
张永平	教师进修学校	中学高级教师	1998-02
林慧鸿	教师进修学校	中学高级教师	1998-12
陈恋英	教师进修学校	中学高级教师	2001-01
曾云鸥	教师进修学校	中学高级教师	2001-01
何添章	教师进修学校	中学高级教师	2001-01
沈守然	教师进修学校	中学（小学）高级教师	2001-07
罗如山	教师进修学校	中学高级教师	2002-01
江丽芳	教师进修学校	中学高级教师	2002-01
张振辉	教师进修学校	中学高级教师	2002-01
朱永文	教师进修学校	中学高级教师	2003-03
罗金全	教师进修学校	中学高级教师	2004-02
蔡永权	教师进修学校	中学高级教师	2004-02
林　化	教师进修学校	中学高级教师	2005-02
郭学齐	教师进修学校	中学高级教师	2005-02
张周海	教师进修学校	中学高级教师	2005-02
吴　革	教师进修学校	中学高级教师	2005-02
王勇辉	教师进修学校	中学高级教师	2005-03
陈　泓	教师进修学校	中学高级教师	2006-03
张森耀	教师进修学校	中学高级教师	2006-03
吴鼎文	云霄师范学校	高级讲师	1997-02
王　川	云霄师范学校	高级讲师	1997-02
方来金	云霄师范学校	高级讲师	1999-03
曾志钦	云霄师范学校	高级讲师	2000-03
罗觉华	云霄师范学校	高级讲师	2000-03

续表 5

姓　名	工作单位	职称	评定时间
郭逸标	云霄师范学校	高级讲师	2000-03
刘展顺	云霄师范学校	高级讲师	2001-04
林俊云	云霄师范学校	高级讲师	2001-04
陈慕贞	云霄师范学校	高级讲师	2001-04
吴敏兰	云霄师范学校	高级讲师	2001-04
施炎坤	云霄师范学校	高级讲师	2001-04
吴锦城	云霄师范学校	高级讲师	2002-03
汤维曦	云霄师范学校	高级讲师	2002-03
张嘉升	云霄师范学校	高级讲师	2003-06
郭玉莉	云霄师范学校	高级讲师	2003-06
周文瑾	云霄师范学校	高级讲师	2004-06
吴志华	云霄师范学校	高级讲师	2005-05
方明芳	云霄师范学校	高级讲师	2005-05
陈红英	云霄师范学校	高级讲师	2005-05
方　敏	县委党校	高级讲师	1999-03
张守尧	县委党校	高级讲师	2000-01
方赐德	县委党校	高级讲师	2000-01
方建法	县委党校	高级讲师	2000-01
张大南	县委党校	高级讲师	2001-03
黄方忠	县委党校	高级讲师	2001-03
赖素芬	县委党校	高级讲师	2004-11
方志庭	县检察院	四级高级检察官	1998-11
张致祥	县检察院	四级高级检察官	1998-11
蔡耀文	县检察院	四级高级检察官	2000-04
何添金	县检察院	四级高级检察官	2002-07
何清江	县检察院	四级高级检察官	2002-07
刘远平	县检察院	四级高级检察官	2002-11
江永元	县检察院	四级高级检察官	2002-12
张亚明	县检察院	四级高级检察官	2004-01
许　坚	县检察院	四级高级检察官	2006-04
陈耀芳	县检察院	四级高级检察官	2006-11
吴炳聪	县检察院	四级高级检察官	2006-11
汤耀宗	县法院	四级高级法官	1998-11
何金清	县法院	四级高级法官	1999-12
陈远达	县法院	四级高级法官	2001-04

续表 5

姓　名	工作单位	职称	评定时间
罗清标	县法院	四级高级法官	2001-11
林长弓	县法院	四级高级法官	2001-11
郭总团	县法院	四级高级法官	2001-11
陈玉珍	县法院	四级高级法官	2002-11
汤林国	县法院	四级高级法官	2006-06
何茂德	县法院	四级高级法官	2006-11
陈鹏飞	县水利局	高级工程师	1999-02
许云州	县水利局	高级工程师	1999-02
陈建明	县水利局	高级工程师	2001-06
朱朝和	县建设局	高级工程师	2002-12
方澄清	县建设局	高级工程师	2005-12
吴寿德	县林业局	高级工程师	2003-02
方柏州	漳江口红树林管理局	高级工程师	2003-02
张世达	县电力公司	高级工程师	2004-01
黄腾才	县环境监测站	高级工程师	2005-12
方银标	县水产技术推广站	高级工程师	2005-12
董国强	县文化馆	副研究馆员	2000-02
陈葆玲	县文化馆	二级演员	2005-08
郑少嵩	县律师事务所	二级律师	1988-09
吴寿久	县公证处	二级公证员	1988-10
林来金	县植保站	高级农艺师	2000-12
张民生	县土肥站	高级农艺师	2001-12
陈天佑	县热作站	高级农艺师	2005-04
汤毓贤	县博物馆	研究馆员	2006-01
张健民	县经济作物站	高级农艺师	2006-05
林协海	县人民银行	高级经济师	1994-08
方佳富	县经济贸易局	高级经济师	2004-01
汤育智	云霄长城旅行社	高级经济师	2004-01

（四）云霄县籍在外职官与高级专业技术人员名表

1997 — 2006 年云霄县籍在漳州市内（不含云霄）任正、副处级以上职官名表（已知）

（按姓氏首字拼音字母排序）

表 6

姓　名	性别	籍贯	单位、职务
蔡高明	男	列屿	漳州市银监局副局长
陈云水	男	云陵	中共诏安县委常委、副县长

续表 6

姓　名	性别	籍贯	单位、职务
方汉平	男	云陵	漳州市安监局局长
方木荣	男	云陵	漳州市侨联主席
方俊福	男	云陵	漳州市审计局纪检组长
方怡海	男	莆美	漳州市建设局副局长、市房管局局长
方建平	男	云陵	漳州市政府办公室副主任、中共新疆维吾尔自治区昌吉州玛纳斯县委副书记
方丽芬	女	东厦	东山县政协副主席
高家凌	男	云陵	常山开发区管委会书记、主任，中共漳州市委办公室室务会成员、市委党史研究室主任
高伟强	男	云陵	中共龙海市委常委、办公室主任
高爱民	男	东厦	东山县政协主席
洪德庆	男	云霄出生	漳州市食品药品监管局局长
何炎坤	男	马铺	漳州市国有资产管理委员会副主任
黄劲武	男	云陵	中共平和县委常委、宣传部长
黄再升	男	火田	漳州市农业局副局长
林玫瑰	女	云陵	漳州市检察院副检察长
林祺顺	男	莆美	中共漳浦县委常委、副县长
林奕斌	男	云陵	漳州市政协主席
林奕华	男	云陵	漳州市运输管理局书记
林奕民	男	云陵	漳州市公安局国保支队副支队长
柳建聪	男	云陵	漳州市交通局局长
柳亚殊	男	陈岱	漳浦县政府副县长、中共漳浦绥安工业区书记
梁开盛	男	云陵	福建省农村信用社漳州办事处副主任
李云霞	女	云陵	东山县人大常委会副主任
施仲达	男	云陵	漳州市常山华侨经济开发区副主任
汤少青	男	列屿	漳州市公路局副局长
汤如旭	男	列屿	南靖县政府副县长
王彩云	女	云陵	漳浦县政府副县长
吴两同	男	东厦	中共漳州市政法委副书记
吴文团	男	云陵	诏安县政府县长、中共诏安县委副书记
吴灿辉	男	东厦	漳州市人大常委会研究室主任
谢毅泰	男	东厦	漳州市政府副市长、中共漳浦县委书记
许荣勇	男	陈岱	中共漳州市委常委、龙海市委书记
游文忠	男	云陵	漳州市烟草局局长
于南生	男	云陵	中共诏安县委书记
张　敏	女	云陵	漳州市文化与出版局副局长
张国强	男	火田	漳州市公安局副调研员

续表 6

姓　名	性别	籍贯	单位、职务
张翼腾	男	火田	中共漳州市纪委常委
张镇城	男	云陵	漳州市海洋与渔业局局长
张镇国	男	云陵	漳州市中级人民法院副院长
张镇山	男	云陵	漳州市常山华侨经济开发区副主任
张妙珍	女	云陵	漳州市科学技术协会副主席
张学文	男	常山	漳州市常山华侨经济开发区副主任
张育闽	男	云霄出生	漳州市台湾工作办公室副主任
朱岱峰	男	东厦	漳州市政府秘书长
朱铭炜	男	云陵	长泰县政府副县长
周进春	男	东厦	龙文区政协副主席
周佩钦	男	东厦	海军 91367 部队驻海南司令部副参谋长，漳州市海洋与渔业局副局长

1997 — 2006 年云霄县籍在漳州市外任正处（团）级以上职官名表（已知）

（按姓氏首字拼音字母排序）

表 7

姓　名	性别	籍贯	单位、职务
蔡坤义	男	东厦	广东省湛江港务局调运处处长
蔡文水	男	东厦	厦门市工商局商标处处长
蔡适期	男	东厦	厦门市升汇投资集团副总裁
蔡　琳	男	云陵	海西宁德工业区管委会副主任（正处级）
陈亚溪	男	陈岱	海军旅顺基地司令员、少将
陈少华	男	陈岱	石家庄军械工程学院副政委、大校
陈金德	男	陈岱	海军北海舰队军需科科长（团级）
陈炳钦	男	陈岱	中共福州外语外贸学院党委书记
陈群林	男	云霄出生	福建省劳动与保障厅技能鉴定处处长
陈勇强	男	陈岱	中国深圳对外贸易集团有限公司董事长
陈东英	男	东厦	厦门边防检查站副政委
陈友秋	男	陈岱	福建第十三军事补给训练处主任
方培生	男	云陵	福建省工商银行副行长、厦门市工商银行行长
方伟辉	男	莆美	南京军区 73631 部队大校（正师级）
方寿中	男	东厦	福建省政府办公厅综合处处长
方庭岳	男	云陵	福建省轻工业厅处长
方　明	男	下河	河北省文化体育局竞技处处长
方弘哲	男	云陵	中共厦门市委组织部处长
龚军成	男	莆美	海军 92403 部队后勤部军港处处长

续表 7

姓　名	性别	籍贯	单位、职务
何大莫	男	马铺	宁德军分区组织科长（正团级）
何兴隆	男	马铺	甘肃省天水市 21 军 61 师独立通信营政委（正团级）
何连水	男	马铺	中共厦门市水产局党委书记
黄炳文	男	云陵	厦门市集美区副区长（正处级）
黄孟武	男	云陵	厦门市体育局处长
黄朝财	男	云陵	湖南空军总后勤部上校
江子华	男	下河	解放军某师党委常委
孔令人	男	云陵	广东省政协常委，台盟广东省委副主委，第九届、第十届全国人大代表
李信阳	男	和平	中共厦门市纪委正处级干部
柳荣良	男	云陵	福建省安监局调研员
林翼民	男	火田	中央纪委巡视办公室正处级干部
林金水	男	云陵	驻闽陆军某部团长
林镇辉	男	云陵	漳州空军基地团级干部
林钟生	男	云陵	解放军某部团级干部
林高潮	男	云陵	解放军某部团级干部
梁火明	男	云陵	福建省海洋与渔业厅副巡视员
梁建平	男	云陵	福建报业集团福建日报社总编
刘宜民	男	云陵	海峡之声广播电台台长（副师）
刘　昆	男	云陵	广东省财政厅厅长，第九届、第十届全国人大代表
刘子维	男	云霄出生	福建省水利厅副厅长
刘炎山	男	云陵	空军第三飞行学院副政委、大校
施惠财	男	陈岱	福建省安全生产监督管理局副局长
沈平忠	男	云陵	解放军某部中校
汤爱国	男	云陵	龙岩监狱监狱长
汤忠民	男	云陵	《中国海洋报》驻福建记者站站长
汤立坚	男	云陵	福州 73632 部队处长
王伟峰	男	云陵	中央机构编制委员会办公室（处长）
王建富	男	东厦	福建省政府驻深圳办事处办公室主任
吴云辉	男	东厦	集美大学水产学院系主任、书记
吴文琛	男	和平	空军杭州房产管理处处长、大校
吴镇江	男	东厦	中共福建省委组织部机关党委会（正处级）
吴月秋	男	东厦	厦门市政协副秘书长
吴友福	男	云陵	龙岩市建设银行副行长
吴枝福	男	下河	空军第七研究所大校
吴永义	男	下河	广东省珠海市行政服务中心主任

续表 7

姓　名	性别	籍贯	单位、职务
吴国樑	男	下河	厦门市湖里区湖里街道党工委书记
吴　王	男	和平	福建省消防总队处长
吴溪边	男	东厦	中国兵器总公司、华北光合仪器公司计量实验处处长
张跃毅	男	云陵	中国人民解放军空军油科所大校
张　谷	男	云陵	中共福建省委组织部办公室副主任（正处级）
张宝福	男	云陵	广东省广播事业局政教处处长
张深居	男	莆美	国务院发展研究中心副司长
张荣华	男	莆美	解放军某部装备处处长、中校
张晋杰	男	莆美	解放军某军事学院团级军医、博士
张　帆	男	下坂	厦门浯屿海关关长
张如山	男	东车	山西临汾解放军某部团长、上校
朱朝枝	男	火田	福建农林大学金山学院副院长
周金泉	男	东厦	海军司令部管理局直属卫生处处长、大校（师级）
周宽奋	男	云陵	中共福建省委办公厅信息处调研员
郑绍堂	男	云陵	福建省发展和改革委员会（副厅级）
郑小蕊	女	常山	福建省政府财政厅人事处处长

1997 — 2006 年云霄县籍在外高级专业技术（含博士、博士后、留学生）人员名表（已知）

（按姓氏首字拼音字母排序）

表 8

姓　名	性别	籍贯	单　位	职　称
蔡茂荣	男	云陵	漳州市疾病预防与控制中心	主任医师
陈阿成	男	陈岱	广州市食品开发公司	高级工程师
陈炳贤	男	云陵	中科院武汉物理研究所	高级工程师
陈兰瑞	男	云陵	甘肃第二地质勘测队	高级工程师
陈建元	男	云陵	云南省交通厅公路局	高级工程师
陈如凯	男	云陵	福建省农林大学甘蔗研究所	教授、博士生导师
陈　慧	男	云陵	福建省立医院	主任医师
陈鲁峰	男	陈岱	漳州市中医院	主任医师
陈小芸	女	陈岱	东山县医院	主任医师
陈燕浚	男	云陵	福建省协和医院	主任医师
方伟平	男	云陵	厦门大学化学系	教授
方日明	男	云陵	漳浦县中医院	主任中医师
方小壮	男	云陵	南京大学美术研究院	博士后
黄志强	男	云陵	浙江大学	教授
黄新民	男	云陵	兰州第一核研究所	研究员

续表 8

姓 名	性别	籍贯	单 位	职 称
何亦平	男	马铺	美国杜克大学肿瘤实验室	教授、博士
何亦宗	男	马铺	中国物理研究所	博士后
何学斌	男	马铺	南平市农业银行	高级经济师
蓝志强	男	云陵	美国田纳西孟菲斯心脏科中心	主任医师
李国安	男	和平	厦门大学法律系	教授、博士生导师
李光荣	男	云陵	四川省乐山市地质大队	高级工程师
罗添场	男	马铺	漳州市医院	主任医师
李漳成	男	常山	山东胜利油田	高级工程师
柳锡国	男	云陵	漳州市农业银行	高级经济师
林谷园	男	云陵	厦门水产学院	教授
林慕尧	男	云陵	原国家测绘队	高级工程师
林进初	男	云陵	原中央八机部	高级工程师
林福泽	男	云陵	厦门电容器厂	高级工程师
林 重	男	云陵	漳州市畜牧局	高级工程师
林志宏	男	下河	美国加州大学欧文分校	终身教授
林舜国	男	陈岱	福建协和医院乳腺外科	主任医师
林顺平	男	云陵	福建协和医院风湿科	主任医师
施飞凤	女	云陵	漳州市立医院	主任医师
汤 浩	男	列屿	美国加利福尼亚州	研究员
汤再智	男	云陵	福建省地矿局	高级工程师
王长河	男	云陵	中国电子科技集团公司	研究员级高级工程师
吴晓波	男	云陵	浙江大学	博士生导师
吴小淇	男	云陵	中国美术学院	教授
吴 圆	男	东厦	解放军第一军医大学附属医院	教授
吴全禄	男	云陵	新西兰	博士
吴连荣	男	东厦	铁道部第一勘察设计院	高级工程师
吴景洵	男	东厦	漳州轴承集团	总经济师
吴彼得	男	云陵	漳州市立医院	主任医师
吴丽莎	女	东厦	漳州市中医院	主任医师
吴一桓	男	东厦	新疆天山毛纺织有限公司	高级会计师、财务总监
吴聪波	男	东厦	浙江大学	教授、博士生导师
吴聪淇	男	东厦	中国美术学院	教授、硕士生导师
吴溪边	男	东厦	中国兵器总公司、华北光合仪器公司	高级工程师
吴凯伟	男	火田	福建省政协研究室	厦门大学博士
吴仲奋	男	东厦	河南省周口市电机厂	高级工程师

续表 8

姓　名	性别	籍贯	单　位	职 称
吴心愿	男	东厦	福建医科大学附属协和医院	教授、主任医师
许师亮	男	常山	上海化工学院	教授
杨丽阳	男	云陵	漳州市中医院	主任医师
杨荣利	男	云陵	北大附属人民医院骨科	主任医师
张　奕	男	云陵	漳州市医院胸外科	主任医师
张　岚	女	云陵	美国新德西洲贝尔实验室	博士后
张志彤	男	云陵	福建马尾造船厂	总工程师
张家祥	男	云陵	漳州市立医院	主任医师
朱朝枝	男	火田	福建农林大学	教授
朱金权	男	云陵	漳州九龙建设集团设计院	高级工程师
朱少波	男	云陵	漳州市立医院	主任医师

附 录

一、前志勘误补遗

（一）前志勘误

1. 大事记

（1）第 12 页（指前志，下同）原文（下同）：“汉　高祖十二年（前 195 年）以今梁山山脉盘陀岭的蒲葵关为界，南属南海国，北属闽越国”“汉文帝元年（前 179 年）南海王反，汉廷遣将军间忌讨之……南海国地归南越，云霄地属南越国揭阳县，时在盘陀岭建蒲葵关，遗址称‘南越故关’。”

按，蒲葵关既称“南越故关”，当建于汉文帝时的南越国。出现在汉高祖时的南海国，误。

（2）第 13 页：“隋　大业六年（610 年）二月，隋炀帝命武贲郎将陈棱、朝请大夫张镇周率万余人，从义安郡沿海启航抵流求贸易。其时云霄地西南属义安郡，有部分民众被征随行。”

按，《隋书·陈棱传》载：“陈棱与朝请大夫张镇周发东阳兵万余人，自义安泛海击流求国，虏男女数千而归。”又《隋书·流求传》载：“隋炀帝遣虎贲陈棱、朝请大夫张镇周率兵自义安浮海攻打流求。”“进至其都，焚其宫室，载军实而还。”属兵事，非“贸易”。错。

（3）第 14 页：“唐　万岁通天元年（696 年），陈元光之子陈珦中丙申王维榜进士，为建州后第一位进士。”

按，《辞海》王维条：“王维 701？— 761 年……开元（713 — 741 年）进士……。”《中国历代状元名录》载，王维为唐开元十九年（731 年）辛未科状元。据此，陈珦中进士时王维尚未出生。误。

（4）第 15 页：“宋　政和间（1111 — 1117 年），高东溪结庐于白石庵（高东溪书室）读易，授徒，植松，陈景肃等曾就教于此。”

按，高东溪讳登，字彦先，漳浦九都人。据《高东溪墓志砖记》，东溪生于崇宁三年（1104 年），政和间年仅 7 ~ 13 岁。明云霄翰林编修林偕春《云山居士集·邑先贤高登传》也无此记载。错。

（5）第 15 页：“宋　宣和间（1119 — 1125 年），建石屏书院，常有名人到此授课，绍熙初为朱文公漳南讲学处。”

按，云霄仙人峰石屏书院，相传为宋陈景肃（号石屏）等七贤讲学处，后世称“七贤堂”，祀七贤神牌。有堂联“吾道南来，先朱文公漳南讲学；两宫北去，痛岳武穆塞北班师”，意指陈景肃等在漳南讲学比朱文公任漳州府时传播儒学来得早，并非表示朱文公在此讲过学。朱文公在漳任职只一年多，也未见史籍有朱文公在此讲学记载，是对堂联的曲解，误。

（6）第 15 页：“宋　乾道三年（1167 年），有马武翼者……防守于盘陀山葵冈寨。”又 901 页《军事·防卫驻军》：“乾道三年，州守林孝泽拨左翼军队，将一员，更番防守葵冈寨（今油柑岭）。”又 904 页《军事》：“蒲葵关，在今火田镇古楼岭下，……宋为葵冈寨。”“葵冈山隘在厅治南 30 里，两山相峙号“相见岭”，为云霄通诏安孔道，设于明天启年间（1621 — 1627 年）。”

按，民国《云霄县志》：“蒲葵关在治东北 40 里，即盘陀岭，汉时故关也。”“葵冈寨在治南 35 里，两山对峙，号相见岭，乃诏安云霄孔道。”说葵冈寨在盘陀山，又说在油柑岭，更将蒲葵关与葵冈寨混为一谈，误。

（7）第 17 页：“明　万历元年（1573 年），翰林院编修，亚中大夫林偕春忤首辅张居正，弃官归里。”

按，据《云山居士集·前图太史公履历》，林偕春此次弃官归里应为万历三年乙亥。记述中将“翰林院编修”与“亚中大夫”混为一谈，误。据《明史·职官》，翰林院编修官职属正七品，官阶为文林郎；亚中大夫官阶为从三品，是万历十五年林偕春任湖广布政使司右参政时的官阶。

（8）第 20 页：“光绪五年（1879 年）九月，秋瑾（云霄厅同知秋嘉禾孙女）与家人进云霄……”。

按，秋瑾系光绪五年十月在云霄出生（参见第 1097 页《文物名胜》），非“与家人进云霄”，误。

（9）第 28 页：“民国 28 年（1939 年）6 月，广东潮汕被日军侵占，数千难民入境。”又 29 页《大事记》：“民国 32 年夏，潮汕沦陷，难民 5000 多人入云霄。”

按，1995 年版《潮州市志·战事》：“日军 1939 年 6 月 27 日，占领潮州城，至 1945 年 9 月 15 日全部撤离，前后达 6 年 2 个月又 25 天。”期间既无过收复，何能有再次沦陷？经查民国《云霄县志·社会救济》，所谓“民国 32 年夏，潮汕沦陷……”实系民国 32 年 8 月云霄县成立救济院收容难民，县志编纂者在记述中补叙潮汕沦陷事。将其当“沦陷”摘入《大事记》，误。

2. 文物名胜

（1）第 1096 页《文物名胜·林偕春故居》：“据林偕春《云山居士集》中黄道周《旌表节妇林母王太孺人墓碣》及《林偕春墓志铭》，均有详述林偕春循祖母之嘱改此宅居为宗祠的经过。”

按，经查“墓碣”与“墓志铭”全文，均无此记载。杜撰失实。

（2）第 1113 ~ 1118 页《文物名胜·江滨胜迹》：“古绥安溪　在大峙原下，又谓县前溪……汉越王潭为县前港，远通西夷，南梁时已有商船来往绥安港……”，“古漳江……宋时中游之南称月溪（又名益溪）……人烟繁盛，商贾辐辏，海艘溪泊皆集于此，为漳南一大市场……”。

按：大峙原下仅有漳江上游一小溪流，汉以来并无地壳变迁，何能“远通西夷”？所谓月溪“为漳南一大市场”，经查历代漳州府志及漳浦县志、平和县志、云霄厅志，均无地名及史实可稽。讹误。

（3）第 1096 页《文物名胜》：“据《云霄厅志》载，时厄于寺僧奏毁各处琳宫梵宇，因西林五通庙，先辈欧公紫夫子暨勉斋、北溪先生，置于庙中，庙不得毁。”

按，经查嘉庆《云霄厅志》，原文应为“明节推黄公以微时厄于寺僧，奏毁各处琳宫梵宇，因及西林五通庙。先辈欧公设紫阳夫子暨勉斋、北溪二先生神主置庙中，庙得不毁。”所载抄录漏字，断句失当。错。

3. 云台关系

第 1174 页《云台关系·何氏》：“明　崇祯年间（1628 — 1644 年）何石山到台湾后娶妻生子何元鼎，鼎为学堂书生，衍后何子祥送回云霄何地读书。”又 1191 页《云台关系·文化交流》：“祖籍云霄何地的何子祥，17 世纪在台湾出生，后回马铺石鼓村读书。”

按，查何子祥著《蓉林笔抄》的《王父裕轩公传》《先君旭斋公传》，子祥世居马铺石鼓村，曾祖父何石山与平和县（时马铺属平和）大溪虞古村贡生陈振翩有通家之谊，儿子何元鼎即聘陈振翩之女为妻，婚后居于岳父家中，生下何大授弟兄 3 人。何大授娶平和庠生曾震之女，生何子祥兄弟 3 人。何子祥于乾隆十六年（1751 年）登进士，后在浙江浦江、平阳为县令。所载“何石山到台湾娶妻生何元鼎”“何子祥在台湾出生后回马铺村读书”不合史实。杜撰。

4. 人物

（1）第 1294 ~ 1300 页《人物·人物名表》附注：“以子（或孙）XX 贵封。”全部用“封”，共 64 条。

按，古时朝廷授予当官者嫡系前辈官爵，被授者健在称为“封”，逝世者称为“赠”。一概用“封”误。

（2）第 1286 页《人物·人物名表》附注：“何名儒、林镇荆、张纲、方炎，乾隆五十五年（1790 年）进士。”

按，据民国《云霄县志·选举》载，何名儒为道光十六年（1836 年）进士，林镇荆为光绪二十一年（1895 年）进士，张纲为光绪二十四年进士，方炎属钦赐未注明时间。所注误。

5. 政区

第 96 页《政区·废村》：“东升：杜塘村建水库于 1958 年迁居深垅村和就地移民。”

按，东升为今常山华侨经济开发区的一个管理区，是1965年划大埔公社口内寮大队和内寮农场归常山华侨农场时成立的，与杜塘村历来没有从属关系。

6. 劳动人事

第861～862页《劳动人事》：“1964年动员32名高中毕业生到大埔公社内寮村（今常山华侨经济开发区东升管理区）开办知青农场。”又“云霄县知识青年上山下乡主要场（点）情况表：常山东升知青农场安置27人。”

按，1. 记述与所附表格数字不相符。2. 实际安置在该知青农场的城镇知识青年120左右人，其中高中、中专毕业生15人。记述数字错。

7. 前志文字勘误表

页	行	误	正
彩照34码	倒4	1926年红军出具的收据	1936年红军出具的收据
彩照末页	3	1995年6月	1986年2月
彩照末页	7	1986年2月	1995年6月
33	倒8	罗隐井、农民吴庚金	罗隐井农民吴庚金
81	倒1	绥安街	绥阳街
84	11	增设前埔、树洞2个行政村	增设前埔、狮山、三东3个行政村
87	倒5	位于城南莆美镇境内顶溪村，距县城1公里。1950年创办	位于县城南郊莆美镇辖区内的顶溪自然村，距县城2公里，1952年创办
253	16	由县水产供销社统一收购	由县水产供销公司统一收购
255	20	1978年建立水产供销公司	1956年6月，建立云霄县水产供销公司
302	倒9	5000	50000
321	13	醇母	酵母
405	4	川	穿
499	13	速热面	速熟面
592	14	12.424	120424
596	倒10	上级初助	上级补助
597	4	上级初助	上级补助
598	4	上级初助	上级补助
598	续表	1996年年终滚存结余 -826	1996年年终滚存结余 -828
601	11	1.10万多元	11000余万元
624	倒6	6.59万元	6.50万元
624	倒5	至1996年的104883.5万元	至1996年的75488万元
682	9	。除与当地	，与当地
693	倒6	何鸣	何鸣
697	1	石端	石瑞
702	10	至1996年隶变	至1996年未变
748	倒6	副主任张振权	副主任陈振权
761	倒4	福建云霄	福建泉州
816	16	慰间品	慰问品

续表

页	行	误	正
845	倒 1	146 名	145 名
856	6	1/3	2/3
911	21	李子敏	李少敏
968	23	漳州市农业局	漳州市烟草专卖局
970	16	由科委会同	由科协会同
976	9	克 176	柯克 176
980	倒 6	1977 年，水产局“泥蚶室内育苗”获省科技成果奖	1977 年，由福建省水产研究所陈文龙、何连金与云霄县水产局吴卓诚、方火顺合作，取得泥蚶人工育苗成功，获省科技成果奖。
981	倒 2	棕榈藤目录研究	棕榈藤的研究
984	8	黄松茂	黄松木
989	17	典福	碘福
1002	倒 9	周光先	周先英
1004	19	《漳江蚯蚓肥》	《漳江蛤蜊肥》
1042	倒 9	张若夫等中医生	张若夫等中西医生
1066	3	德育、智育、体育、美育	德育、智育、美育
1085	倒 6	去嗣圣未运	去嗣圣未远
1088	12	冠乱	寇乱
1147	4	张棟才	张栋才
1148	2	张棟才	张栋才
1147	20	陈泰偕	陈泰阶
1163	2	1990	1960
1169	17	旧国	中国
1182	倒 9	庄缘	庄绿
1192	18	冠乱	寇乱
1245	10	海船卤簿	海盐卤簿
1247	15	议清	议请
1247	19	《实录成》	《实录》成
1248	11	云霄城关人，父师旦。	云霄城关人。父师旦，
1249	14	循循善诱四方负笈……	循循善诱，四方负笈……
1250	22	…张有济等。先后多有…	…张有济等，先后多有…
1252	倒 12	逃循	逃遁
1253	13	梦林受总督府幕僚	梦林授总督府幕僚
1265	20	亲故知其技	亲友知其技
1270	6	陈苏	陈甦
1270	倒 13、7、4	汤维琦	汤维崎

续表

页	行	误	正
1272	倒 13	庄缘	庄绿
1272	倒 10	路边执行任务	路边村执行任务
1287	11	音洱	普洱
1292	11	海船监簿	盐卤
1293	20	刑部侍郎、赠工部尚书	工、刑部尚书、封兵部尚书、赠太子少保
1294	14	子孙	孙
1297	倒 9	孙	子
1298	13	岑南	岭南
1298	倒 8	史	使
1307	15	云霄莆美	云霄云陵
1307	18	高长栋	高张栋
1309	倒 1	刘坤	刘昆
1311	19	三明军分区司令	三明军分区副司令
1311	倒 6	国家海洋三所党支部书记	国家海洋局第三海洋研究所研究室党支部书记
1311	倒 6	厦门大学	漳州师专
1312	倒 7	东厦	东山
1316	18	白塔	竹塔
1321	倒 5	火田	东厦
1323	8	云霄县科委	云霄县科协
1326	19	云陵	莆美
1326	20	同安	惠安
1326	24	云陵	莆美
1326	30	方耀辉	方跃飞
1331	4	郭吉令	郑吉令
1337	9	吴亚桂入伍时间 1937.6	吴亚桂入伍时间 1935.6
1356	倒 4	其正门颜曰	其正门额曰
1360	倒 1	没野营	没野营
1361	倒 11	唏发	晞发
1373	11	郑石德	朱石德
1373	14	吴舜清	吴胜清
1373	倒 9	方贯世	方冠世
1374	10	陈喜音	陈嘉音

（二）前志存疑

1. 第 12 页（指前志，下同）：“故绥安县治所在今火田大峙原下。”

按，据嘉庆《云霄厅志·建置》载：“……潮阳志‘绥安晋属义安郡，即今潮州界，为云霄地’。”遗址至今仍待考证。

2. 第 14 页：“唐元和间潘存实就读于火田梁山书院”。

按，据《漳州府志》，潘存实为龙溪或漳浦人。云霄厅、县志无此人记载，也无“梁山书院”名目。

3. 第 15 页：“宋元丰五年（1086 年）藏书家吴与在梁山下（今火田高地）创办书堂，为当时四大图书馆。”

按，据《漳州府志》《漳浦县志》载，吴与为漳浦人。云霄厅、县志均无“吴与在火田高地创办书堂（室）”记载。

（三）前志补遗

1. 大事记补遗

（1）唐垂拱二年（686 年）建漳州，州治设于（云霄）西林。西林原为陈元光屯军中营驻地。陈元光为军事长官兼领州刺史，遂以屯所为州署（采自 1999 年版《漳州市志》等，下同）。

（2）正德三年（1508 年）：云霄人吴子约避难铜陵，与善士黄宗继等人发起募建关帝庙，是年五月初七日（6 月 5 日）破土动工，至正德七年（1512 年）完工，历 3 年 7 个月，庙深 120 尺，宽 51 尺。

（3）康熙十三年（1674 年），清靖南王耿精忠应吴三桂之约举兵反清。清巡海道陈启泰自尽，漳浦总兵刘炎、海澄总兵赵得胜均降耿精忠，云霄随之归附。

（4）顺治十八年（1661 年），六月十六日，铜山郭义、蔡禄降清，驱赶百姓万余人入云霄。

（5）光绪二十四年（1898 年），云霄举人张纲、林镇荆等参与康有为发动的在京会试举人千人签名上书运动，请求“拒和、迁都、变法”。

（6）民国 7 年（1918 年），靖国军和粤军争夺东山县控制权，时任靖国军营长的云霄人汤铭盘曾被委任为东山县知事。

（7）民国 8 年（1919 年），闽南护法区政府选送青年学生 21 名赴法国勤工俭学，其中有云霄人 2 名。

（8）民国 24 年（1935 年），国民党政府召集云霄、平和、诏安 3 县兵力进攻乌山革命根据地，连续烧山 14 天。

（9）民国 27 年 2 月 12 日，乌山椧树桥、七高磜等地群众 35 人被集体枪杀于云霄丁洋。

（10）民国 33 年冬，国民党政府成立青年军征集委员会，招募知识青年参加青年军，云霄应征名额 80 名，民国 35 年，全国青年军解散。

（11）民国 35 年春，云霄久旱不雨，田地龟裂。

（12）民国 38 年 9 月，中国人民解放军漳州军管会部署云霄等 7 县借粮 2100 万斤，如期完成，确保了前线军需。

（13）1958 年 5 月 18 日，兴办云霄和平农场，当年垦殖 2.8 万亩（第二年达到 4.6 万亩），当年收益，成为全省农垦的先进单位，并于 12 月荣获国务院总理周恩来署名的全国农业社会主义建设先进单位奖状。

（14）1983 年 8 月，云霄一中学生黄小雄以高考总分 555 分，摘取福建省高考（文科）“状元”桂冠。

2. 编著书目补遗（含 1997 年后）

方士正　《霞屿生诗稿》（手稿）。方，字元均，列屿人，同治贡生。

张继勋　《莆阳御寇记》（抄本）。张，莆美人，生平不详。

张循范　《长发陷云纪略》（抄本）。张，莆美人，自号懒道人，生平不详。

林镇荆　《话雨山房诗抄》（方邵安搜集整理，铅印）。林，城关人（有传）。

陈　楷　《诗稿丛抄》（手稿）。陈，陈岱人，移居城关（有传）。

赵醒东　《赵醒东笔记诗文稿》（手稿）。赵，祖籍同安，家云霄（有传）。

吴家驹　《铁盦吟草》（手稿）。吴，中埭人，曾在厦门、石码、集美任教，1949 年后任福建省立云霄高中国文教师。

方邵安　《卧斋吟稿》（手稿）。方，城关人，光绪廪生，兼研医学。在云霄设帐授徒和小学任教，抗战期间任内迁平和的厦门双十中学国文教师。民国《云霄县志》编纂委员。1953 年受聘为福建文史研究馆馆员。

张瑞莹　《云谿吟草》。张，字云谿，城关人（有传）。

石　谷　《谿庵吟存》。石，城关人，民国期间任云霄县立民众书报所主任、教育科督学。1950 年后当过教员、县手工艺社会计，省诗词学会会员。

刘文英　《刘文英诗词集》。刘，祖籍东山，抗战期间迁居云霄城关，1949 年后任县生产资料经理部会计。

陈文和　《花魂集》（1983 年福建人民出版社）、《神州凝眸》《潮声》（1981 年福建人民出版社）、《诗人是一棵树》等。陈，陈岱人，家漳州，厦门大学毕业，漳州市文联原副主席，中国作协会员（有传）。

汤漳平　《楚辞论析》（1990 年山西教育出版社）、《楚辞研究集成・楚辞评论资料选》（1985 年湖北人民出版社）、《河南风物志》（1985 年河南人民出版社）、《历代诗咏中州》（1985 年河南人民出版社）、《古典小说译丛》（1989 年中州古籍出版社）。汤，列屿人，曾任《中州学刊》杂志社社长，研究员；漳州师院教授，闽台文化研究所所长。

方庆秋　《中华民国史纲》（1985 年河南人民出版社）、《抗日战争正面战场》（1987 年江苏古籍出版社）、《廖仲恺研究》（1988 年广东人民出版社）、《中国民主社会党》（1988 年档案出版社）、《中国青年党》（1988 年档案出版社）。方，阳下人，厦门大学毕业，中国第二历史档案馆编研部主任。

方晓升　《解放上海》（1981 年上海人民出版社）、《中国革命史简明教程》（中国政法大学出版社）、《上海地下党支援华中抗日根据地》（华东师范大学出版社）。方，城关人，华东政法学院中国革命史研究室主任。

张绍滔　《汉语文化研究》（1996 年 1 月厦门大学出版社）、《周易导读》（1997 年 8 月厦门大学出版社）。张，城关人，中国对外汉语教学学会理事，厦门大学海外汉语言文化教学研究所所长、厦门大学海外教育学院中文部主任。

方朝晖　《方朝晖剧作选》（2006 年中国戏剧出版社）。方，城关人，一级编剧（县潮剧团编剧）。曾任漳州市文联副主席，获国家文华奖剧作奖。

张耀堂　《巨贾春秋》纪传体三十四回章回小说，1996 — 2000 年在内刊《云霄商情》《云霄商讯》连载。张，白竹村人，家城关，县方志委原副主任、副编审。

方文达　散文集《夏日悠情》（2006 年内蒙古人民出版社）、《秋韵依然》（2003 年中国文联出版社）、诗集《冬月心弦》（中国文联出版社）、《乐三堂闻达书法作品集》（2006 年中国书画出版社）等。方，城关人，中国书法家协会会员，省作家协会会员，市专业技术拔尖人才，云霄县文联副主席。

唐镇河　散文集《唱给故乡的颂歌》（2007 年当代中国出版社）、诗集《温暖的相思树》（2006 年中国文联出版社）、报告文学集《百姓忧乐挂心头》（2006 年作家出版社）等。唐，城关人，县文联文学协会会长。

汤毓贤　纪实文学《南国残阳》（福建教育出版社）。汤，城关人，县博物馆馆长，研究馆员。

吴鼎文　诗集《足迹》。吴，城关人，漳州教育学院高级讲师。

施武弄　《施武弄书法作品集》（中国美术出版社）。施，礁美村人，家城关，曾任云霄县副县长、教育局长、县文联美术书法协会会长，中国书协会员。

黄铁汉　《黄铁汉书法作品集》（香港名人文化艺术出版社）。黄，城关人，省书协会员，县书协会长。

方政禾　《方正禾画集》（2005 年福建美术出版社）。方，城关人，南京艺术学院中国画艺术硕士，中国美协会员，中国书协会员。

高志强　《高志强画集》（2003 年华夏文艺出版社）。高，城关人，省美协会员，县美协副会长。

方小壮　《方小壮印稿》（福建教育出版社）。方，城关人，南京大学中文系古典文献学博士后，南京艺术学院美术博士。

汤本立　《汤本立三艺作品集》（云霄县人大常委会办公室　编）。汤，城关人，中国音乐家协会古等学会会员，中国硬笔协会会员，福建农函大云霄分校花卉盆景专业班主任教师。云霄县人大常委会委员。

陈封溥、陈茵（女）　主编《云霄古建筑》（西安地图出版社）。溥、茵，城关人，福建建筑工程高等专科学校毕业。

高家凌　主编（与漳州巩玉闽合编）《闽南谚语俗语格言集萃》（中央文献出版社）、《并不遥远的年代》（中央文献出版社）。高，城关人，福建师大中文系毕业，漳州市委副秘书长、市党史研究室主任。

陈耀国　主编《将军山与将军山公园》（2004 年西安地图出版社）、《将军山公园将军书法集》（西安地图出版社）、《将军山公园将军名人书画集》及续集（西安地图出版社）、《将军山公园军旅书法家作品集》（西安地图出版社）。陈，城关人，县人大常委会副主任。

董楚扬　《闲咏集》（内刊）。董，芗城人，离休干部，曾任云霄县副县长、老年大学校长。

张耀堂、吴鼎文　主编《云霄历代诗文稿存》（云霄县人大常委会编印）。

张煌辉　主编《云霄客家歌谣》（内刊）。张，城关人，厦大中文系毕业，县方志委主任。

3.“大跃进”、人民公社化、三年困难时期补遗

（1）背景

1957 年，是云霄县国民经济“一五”计划的最后一年。经济上，工农业生产是新中国成立以来发展最好的年份之一。政治上，开展了全民整风、社会主义教育和法制大辩论运动，还在机关、团体、学校、企业中开展了声势浩大的反右派斗争，大破资本主义思想、大立社会主义思想。1958 年初，中共云霄县委开展了一场以整改为中心的“双反双比”（反保守、反浪费，比先进、比多、快、好、省）运动。“大跃进”前夕的云霄已经形成一股浓厚的政治氛围。

（2）“大跃进”运动

农业生产放“卫星”　1958 年 3 月 17 日，县召开党的第一届代表大会第二次会议，通过了《关于实现 1958 年农业生产大跃进的决议（草案）》，《决议》要求 1958 年粮食亩产要由 1957 年的 816 斤提高到 1061 斤，总产量达 16260 万斤；林业要造林 9 万亩，到 1960 年绿化全县；生猪生产要达到 10.8 万头，每户平均 3 头，并有计划地发展羊鸡鸭兔等畜业生产。从 1958 年起要在三年内扫除文盲，实现四无（无蚊、蝇、鼠、雀）县。

4 月 28 日，县委召开旨在推动农业生产早季超额丰产运动的三级干部会议，会上争先恐后放丰产“卫星”。莆美乡率先提出要在水稻、甘蔗、地瓜、水果等四项作物产量争取全县第一。丰产水稻亩产要达到 2100 斤以上，丰产甘蔗亩产要达 10 万斤以上，丰产地瓜亩产要达 3 万斤以上；全乡水稻保证亩产 1500 斤争取 1800 斤，甘蔗保证亩产 1.5 万斤争取 2 万斤，地瓜保证亩产 1.5 万斤争取 2 万斤。其他各乡也竞相高报丰产“卫星”，下坂大队提出丰产甘蔗亩产要达 10 万斤至 11 万斤；列屿乡提出全乡 2000 多亩花生平均亩产要达 500 斤，丰产花生亩产要达 1300 斤争取 1500 斤，比 1957 年翻 7 番；马山乡提出全乡 188 亩地瓜平均亩产要达 2 万斤，其中 3 亩要达到 5 万斤；船场乡太阳升农业社提出全社平均水稻亩产要达 2300 斤，争取 2500 斤。

从 1958 年 6 月 5 日— 7 月初，县委为了进一步宣传中共八大二次会议制订的“鼓足干劲，力争上游，多快好省地建设社会主义”的总路线，推进全县工农业生产的全面跃进，开展了“社会主义建设总路线宣传月”活动。并于 8 月 13 日出台《关于今年晚季粮食高额丰产的奖励办法的决定》。奖励措施颁布后，各地纷纷采取各种措施来促进晚季高额丰产，其中最主要的是“密植”和“并丘”。县委验收“卫星”，不是以整块田地来计算产量，而是仅仅选取一小撮地，从算丛数、株数、粒数来推算产量，因此，越密越好，密植规格由 6 寸见方改为 2 寸见方，密植率提高 4 倍，而且对不符合密植要求的田块，坚决当白旗拔掉，重新再播，既浪费了大量劳力和秧苗，又延误了农事季节。为了高放“卫星”，甚至由密植发展到“并丘”，把即将成熟的作物连根拔起，移植到试验田里准备接受验收，而且是不顾一切，什么作物都并丘，水稻并丘后致割尾失收，地瓜并丘后不结块，甘蔗并丘后烂杆且糖分减少，黄麻并丘后剥不了皮……1958 年 11 月 6 日到 30 日，县委对 65.36 亩水稻丰产“卫星”进行所谓“验收”，其中：1000 至 1500 斤的 22.8 亩，1500 至 2000 斤的 27.21 亩，2000 至 2500 斤的 3.46 亩，2500 至 3000 斤的 1.22 亩，3000 至 3500 的 4.72 亩，3500 至 4000 斤的 1.57

亩，4000至4500斤的2.91亩，4500至5000斤的1.47亩。

大办工业 1958年4月5日，县委做出《云霄县发展地方工业第二个五年规划（草案）》，提出今后五年发展地方工业的方针是："面向农村，为农业服务，依靠群众，遍地开花，自力更生，苦战五年，迎头赶上"，其中1958年工业总产值要达1180.70万元，为1957年的7.7倍。各乡社根据县委规划的要求，层层加码提高指标，制订工业发展规划。在一个多月内，全县共办起各种工厂4072个（包括原有厂扩建）。其中龙坑乡一个钟头就办起小型农具、肥料、壳灰等16个工厂。经过逐步整顿合并，至1958年底，全县尚存1030个工厂：其中县办工业17个、商业7个、文教1个、水利3个，公社办978个（农具厂194个、肥料厂400个、水力加工站3个、农副产品加工厂98个、其他283个）、其他单位办厂24个。工人数从1957年628人增加到3330人，1958年工业总产值实际数为963.95万元。

1958年5月26日至28日，县委召开生产队长以上干部和社会上各种技术人才共3280人参加的技术革新誓师大会，掀起了以农具改革为中心的技术革新"三土"运动。全县共办农具厂119个，有工人1033人，推广改良农具237种116886件；办土化肥厂350个，有工人1550人，制造土化肥7种699万担；办土农药厂474个，有工人1644人，制造土农药23种254.4万担。

全民大炼钢铁运动 1958年秋冬之交，县委根据党中央和毛主席关于工业大搞群众运动的指示，在全县范围内掀起一场规模巨大、全民参与的大炼钢铁运动。县委遵照"政治挂帅，以钢为纲"的方针，成立钢铁办公室及后勤指挥部、运输指挥部，县委第一书记亲自挂帅，并亲临钢铁生产第一线；抽调县级干部13人、区级干部35人、一般干部397人分赴烧炭、采矿、洗铁砂、炼钢、运输等生产环节，与工人同吃、同住、同劳动，带领群众日夜奋战；县委多次召开各级党委书记会和全县广播大会，从党内、党外到人民群众，层层进行政治思想发动，通过对所谓"重大轻小""重洋轻土""不相信群众"等思想的批判，"小、土、群"的思想迅速占据统治地位。全县遍地开花，大建"小、土、群"炉。红旗公社工业书记亲自带领230名民工用3天时间建炉15座，云霄一中师生停课半个月建炉89个。通过向群众收购废旧钢铁作原料，全县钢铁产量上升，从日产10吨提高到31.83吨。但是，"小、土、群"炉炼出来的绝大多数仍是钢铁的半成品。

据统计，在为期三个月的大炼钢铁运动中，全县共建造大小的炼钢炼铁炉588个，其中土高炉29个、喇叭炉214个、小小炉164个、炼焦炉6个、烧钢炉100个、烧结铁窑75个；全县共炼出生铁652吨、钢28吨，超额完成龙溪地委下达250吨任务数的170%。全县共抽调5万多人投入钢铁生产，占当时全县劳动力的60%；县人委按每个炼铁工厂每月每人供应48斤粮食，这5万大军3个月内就要供应700多万斤的粮食；全县共建烧炭窑1184座，烧炭3274吨，致使大洞林、梁山、大帽山一带约12万亩的原始森林大部被砍光。

大兴水利建设与兴办国营和平农场 兴修水利，建设杜塘水库和兴办国营和平农场，是"大跃进"留给云霄人民的重大成果。1957年夏秋之间，云霄遇到持续近百日的严重干旱，陈岱、常山等地连人畜饮水都困难。县委深刻体会到"水利是农业的命脉"。农业要跃进，水利建设也应来个大跃进。县委号召全县人民全面动员，每天上场民工1.6万人以上。突击修水利，保证在夏收前完成消灭旱灾任务。至1958年底，全县共修大、中、小型水利工程1009处，防洪工程210处，排洪工程96处，改串漫灌为轮灌2.44万亩，治理水土流失3000亩。

其中，重点建设蓄水1600万立方米的杜塘水库，自1958年1月11日开工至8月底止，出动民工104.96万工，已完成工程量的85%，尚有15%的工程量，需用50万工。在全民大跃进形势推动下，县委要求各乡民工10月7日开始上场，每天上场人数应保证1万人以上；县人委会发布《民工建勤暂行办法》，各乡任务实行包干负责制，没有完成任务的，一律不能退场；苦战一个月，保证11月10日以前基本完成杜塘水库建设任务！8000名民工由大队党支书带队，实行昼夜三班制，开展红旗竞赛活动，出现了"民工劲冲天，大坝不夜天"的动工场面。至1959年4月底，基本完成大坝20多万立方米的挖填任务，蓄水后受益面积33767亩。

1958年5月2日，县委决定以河坪大队为基础，筹建一个13万亩的大型综合性国营农场，取名和平农场。1958年夏收前上场民工5000人，数千名垦荒大军"组织军事化、行动战斗化"。在农场开荒指挥部领导下，白天开荒，晚上开路。经过百日会战，农场已初具雏形，共开山造小台阶梯田 2.6 万亩，以每天 260 亩的速度推进，速度快投资少（每亩仅 6 元多），随开随种，至 8 月底，已种下地瓜、荔枝、香蕉、凤梨等作物 8892 亩，并养猪 1300 多头，养羊 108 头；兴建水电站 1 座，碾米厂、磨粉厂、饮料加工厂各 1 间。1958 年底，全省农垦系统在和平农场河溪村召开现场会，会上高度评价云霄和平农场“百日办场”的成绩和“多快好省”办场的经验。

在“大跃进”的形势下，千军万马开展大规模的垦荒造田运动，由于缺乏经验，为了贪多求快，急于求成，提出“一年要造半个云霄耕地”，结果开垦的小台阶梯田水土流失严重，阔种薄收效益差。为根治水土流失，1963 年 6 月，农场党委组织科研小组，设计出“环山等高水平梯田”的方案，并在橄榄山开出 15 亩样板田作示范，秋收前、冬种后集中 4000 多劳力，用两年多时间共投入 43 万个工日，将原来开垦的小台阶梯田改造为 7000 多亩水、土、肥、林、道“五配套”的高标准梯田和 1000 多亩石砌梯田，取得了良好效果。和平农场建造高标准梯田成为全国农垦战线的典型和样板。1963 年省委书记叶飞亲临和平农场视察，并总结了农场造高标准梯田和橡胶直播成功经验，经两年多的艰苦奋斗，种橡胶 8954 亩、茶叶 6265 亩，1965 年被国务院评为全国先进国营农场。

（3）人民公社化

人民公社一哄而起　人民公社创办前夕，云霄县有 234 个大小不等的农业生产合作社，平均每社 143 户，最大的高级社有 1400 多户，最小的初级社仅有 5 户。1958 年 8 月 24 日，县委发出《关于举办人民公社的意见》，决定以地区划片建社，把全县 234 个合作社合并为 6 个人民公社，靠近和平农场的部分合作社划归和平农场管理，平均每社达到 5451 户。从 8 月 26 日至 8 月底，在短短五天内，人民公社一哄而起，以超乎寻常的跃进速度组建完毕。其中，红旗人民公社：由城关、莆美、船场、竹塔 4 个乡 31 个农业社的 13529 户联合组建而成；海峰人民公社：由陈岱、列屿、马山、官洋 4 个乡 55 个农业社的 8000 户联合组建而成；火箭人民公社：由菜埔、世坂、安吉 3 个乡 37 个农业社的 4220 户联合组建而成；卫星人民公社：由杨美、枧河、新林、车墩 4 个乡 37 个农业社的 4200 户联合组建而成；黎明人民公社：由龙坑、坡下 2 个乡 29 个农业社的 2936 户联合组建而成；超美人民公社：由后埔乡 28 个农业社的 2241 户联合组建而成。此外，还割世坂乡的 10 个社 707 户、官洋乡的 2 个社 72 户和晶岭乡 5 个社 396 户共计 1175 户并入国营和平农场，扩大和平农场规模。

全面实行“十三包”供给加补贴制　1958 年 10 月 31 日，县委出台《关于人民公社实行供给制的决定》。10 月 31 日晚七时，县委召开有 8.2 万多人（占在家 10 岁以上人口的 80% 以上）参加的广播大会，县委第一书记代表县委向全县人民宣布全县从明天起开始实行供给制，提出“鼓足干劲生产，放开肚皮吃饭”的口号，并号召全县人民“人人做一件好事向幸福日献礼！”

11 月 1 日，全面供给加补贴制开始在全县人民公社实行，范围包括吃、穿、用、住、行、婚、丧、嫁、娶、生、老、病、死和文化、教育、卫生等方面，俗称“十三包”。并规定凡参加劳动的社员，每人每月分别发给 1.5 元、1 元、0.5 元零用钱。“十三包”的出台，使云霄成为当时红极一时的跃进先进县，蜚声省内外。“十三包”的推行，加速了人民公社“一大二公”的步伐。从“十三包”执行情况看，除“吃饭吃菜不要钱”一项执行了一段时间（从 1958 年 11 月初至 1960 年上半年）外，其余各项基本没有得到落实。

大办农村公共食堂　1958 年 8 月 1 日，县委做出《关于大力举办农村公共食堂的工作意见》，要求“把公共食堂办得又多、又快、又好、又省，迎接更新的生产高潮”。食堂规模有以村办、队办、联队办、自由结合等几种形式。具体容纳户数从七八户、几十户乃至一百多户不等。但是，随着大办食堂运动的步步升级，食堂越办越大，中小食堂逐步被合并。食堂组织形式有临时、初级、高级三种形式。所谓临时的，即是不固定的，它可以时合时分，忙合闲分，午合早分，早合晚分；所谓初级的，即是公饭私菜，饭由食堂集体煮，菜由社员自己备；所谓高级的，即是公饭公菜。

初步纠正“左”倾错误的努力　中共八届六中全会《关于人民公社若干问题的决议》发布后，云霄县委根据党中央和毛主席“以五个月的时间着重抓一下人民公社和生产问题”的指示，对人民公社的管理体制和一些具体政策进行了有限度的调整。1959 年 4 月至 5 月间，省委宣传部副部长兼省委党校校长卢叨率省委党校调研组到云霄调研，把纠“左”工作大踏步地推向前进。1959年5月7—20日，县委召开整风算账五级干部会议，部署全面开展整风算账运动。至6月2日，运动告一段落，通过整改，纠正了一部分“左”倾错误做法，但粮食紧缺问题已暴露出来。

1959年5月14日，县委第一书记萧苏代表云霄县委作整风检查报告。县委承认1958年在不少问题上，有着严重的错误和深痛的教训。第一，在晚稻生产上盲目推广水稻并丘、倒种春、水直播，水稻种植面积减少到8万亩，比1957年的12万亩减少三分之一；过分强调密植，贻误了农事季节；过多地抽调劳动力去炼铁和搞基本建设，导致农业战线上的劳力过少，放松了水稻后期田间管理。第二，公社化后，刮了一阵“共产风”，错误地推行“一平二调三收款”“三统”和非现金结算等，否定了“多劳多得，按劳分配”的社会主义分配原则，大搞投资，一切归公，特别是生猪折价归公闹得人心不安，群众情绪低落，生产遭受破坏。

（4）三年困难时期

1959年反右扩大化　1959年9月2—3日，县委召开县委委员和公社第一书记参加的会议，传达中央八届八中全会精神，会议认为“右倾机会主义是当前工作的主要危险”，拉开了反右倾斗争的序幕。从10月19日至11月3日，县委连续召开县委会、县委扩大会、生产队长以上党员大会、大队以上党员干部会。传达省委扩大会议的决议，清算卢叨在云霄的所谓“罪行”并消除其所谓“不良影响”，布置全县反右倾斗争。在这场为期16天的反右倾会议中，有66名县、公社、大队、小队干部被扣上右倾机会主义反党分子、严重右倾和右倾错误、个人主义等各种帽子。从11月9日起，反右倾斗争向机关、工厂、学校、社会团体蔓延，参加学习的人数达1684人（不包括教师），学习中要求“自我检查，向党交心”。从11月20日起，各单位先后采取“定人负责，四包到底”（“四包”指包思想发动、包检查彻底、包不出事故、包解决问题）对本单位重点人进行的批判。从12月12日起转入思想建设阶段，进行“红专规划”。并在机关、工厂、学校、团体中倡导学习毛主席著作。同时，分期分批开展社会主义教育和两条道路斗争为内容的整风运动。反右倾斗争继续向农村蔓延。

1960年“更大跃进”　1959年反右扩大化，压制了实事求是的思想路线，“左”倾错误再度肆虐，导致措施一加再码，指标一超再超。9月至10月间，县委开展“反右倾，鼓干劲”运动，秋粮超产之风迅速席卷全县，晚稻估产由原报的亩产500斤、600斤、700斤增至亩产700斤、800斤、900斤乃至1000斤以上，总产也由原报的8000万斤增至9000多万斤，并出现了城关公社和东厦公社两个“千斤公社”，千斤田面积竟达2.8万亩，占耕地总面积的25%。省委一届十六次扩大会议后，县委又提出20项超出常规的生产发展指标，并决心做到在全省、全区“项项争第一，年年夺红旗”，这20项指标是：佳州水稻千斤大队；益宝山地瓜万斤大队；下坂甘蔗2万斤大队；顶城花生500斤大队；莆美万亩果大队；竹港万亩林果大队；下河千亩金枣大队；安吉万亩林和世坂千亩速生丰产林大队；上洋和坪水5000亩石竹大队；车圩万亩油茶公社；晶岭5000亩茶园大队；荷步塘鱼亩产千斤大队；后江头海洋捕捞高产大队；国营养殖场万亩蚶场；陈岱埭沟亩产600斤鱼大队；城关亩地二头猪和客寮平均每户两头母猪大队；洲渡每户30头家禽大队；仙石和白竹副业每人增收25元和20元大队；佳州实现耕牛满怀大队；溪口烤烟200斤大队。这20项指标的提出，企图使云霄县形成农林牧副渔五业并进、农业生产全面跃进的局面。

在1959年冬季农业战线更大跃进形势下，县委又提出1960年农业、工交、财贸、科教文卫诸方面更大的跃进计划，并经县第三届人民代表大会第二次会议批准，于12月13日形成决议付诸实施，掀起了新一轮跃进高潮。

“共产风”再度刮起　由于1959年反右扩大化和1960年更大跃进浪潮的推动，“共产风”再度刮起，而且越刮越猛，不顾客观实际发展社有经济、突出开发“万宝山”、超越常规大养生猪、城乡再度大办公共食堂、大搞“一平二调”等。尤为突出的是，1960年1月14日，县委做出《关于积极发展社有经济的初步意见》，提出1960年全县社有经济总产值要达1500万元以上，比1959年增长20倍，占全县集体总收入30%～35%以上。《意见》发出后，社有经济超高速发展起来。一是大搞“穷过渡”，即把“基本队有制”的工厂、农场、林果场、畜牧场、养殖场等强行过渡为“基本社有制”；二是大搞“一平二调”，公社无偿“平调”大队、小队乃至社员的财产。

在短短一个半月时间内，全县各公社的各种场从 9 个增加到 31 个；各种工厂从 7 个增加到 47 个；社办医院 17 所、敬老院 1 所；拥有耕地 956 亩、森林 32.1 万亩、果树 7.5 万亩、盐埕 2400 亩、牛 540 头、猪 6200 头、鸡鸭兔鹅 4.7 万头、发动机 2 部、碾米机 2 部；厂（场、院）固定工人 6963 人、临时工人 4669 人，合计占各公社总劳力的 13.7%。

1960 年 1 月 14 日，县委农村工作部在《关于人民公社生活管理几个问题的意见》中指出：“当前在生活管理方面主要是以巩固提高公共食堂为中心”，沉寂已久的公共食堂再度成为各级党委和人民群众关注的焦点。2 月 12 — 16 日，县委在菜埔公社南溪大队召开生活安排现场会议，鼓励大办食堂、办好食堂，提出“在现阶段应尽快把占全县 51% 的公饭私菜的初级食堂，提高为公饭公菜、集体吃饭的高级食堂，并大搞副食品生产，突出积足柴草，加速炊具改革，实现‘八好’和‘四化’食堂”。

国民经济的严重困难 由于违背客观规律的“更大跃进”全面开展，给生产力造成巨大的破坏，加之“六九”洪水灾害，给国民经济带来严重困难。

农业方面，由于“三风”的盛行，加上严重的自然灾害，导致农作物大面积减产，1960 年粮食总产量仅 10340 万斤，是 1959 年 21118 万斤的 49%；甘蔗总产量仅 36635 吨，是 1959 年 93650 吨的 39%；农业总产值 2325 万元，是 1959 年 2853 万元的 81%。林业方面，随着人民公社的一哄而起，全县所有山林全部划归公社所有，山林成为“人人无责，各取所需”的肥肉，导致了一次又一次的乱砍滥伐风潮。从 1958 年至 1960 年三年间，全县共砍去森林 20 多万亩，占全县森林总面积 63.69 万亩的 31.4%，林业生产后劲明显不足。

工业方面，由于在大办地方工业、“三土化”运动、大炼钢铁期间搞了许多“小煤窑、小化肥、小水泥、小炼铁、小水电”等“五小”工业，忽视了工业发展规律，打乱了原来工业的正常生产秩序，层层加码下达高指标，给工业生产造成巨大损失。

市场供应方面，由于农产品数量锐减和工业品数量不足，国营商业没有足够的可供商品来平抑物价和控制市场，因此，市场供应异常紧张，物价成倍增长，人民生活水平明显下降。教育方面，“大跃进”期间教育事业发展过快，规模过大，超出了国民经济的承受能力，同时高放教育卫星，搞突击竞赛，违反了教育规律，打乱了学校正常的教学秩序，加上学生停课大炼钢铁、大种试验田，荒废了学业，教学质量明显下降。

应急措施的出台 县委不得不采取压缩基本建设规模、控制社会集团购买力、降低供应标准、大量采制代食品等一系列应急措施。

第一，压缩基本建设规模。立即停建三个正在建设中的县钢铁厂、县造纸厂和县化工厂。动员 1958 年以后从农村来的职工回乡加强农业生产第一线，并敲锣打鼓，挂红花热烈欢送。

第二，控制社会集体购买力。1960 年 8 月下旬，县委、县人委联合做出《关于紧缩社会集团购买力的决定》。从 1960 年 9 — 12 月的四个月内，要压缩公用经费中商品性支出部分的 20% 左右；各机关、工厂、事业单位、人民公社历年来由财政部门和各主管部门下拨的各项专款结余部分，应在 9 月 20 日前主动汇缴财政局，专户存入人民银行；各主管部门向企业收取的管理费（包括以前结余），从 9 月 1 日起，统一收归财政部门管理，严格控制；各单位在评功表模时，不购买市场紧俏物资作为奖品，打字机、油印机、电话机、照相机、自行车、扩音设备等在二三年内应少买或不买。

第三，降低供应标准。1960 年农忙时节的 7 月份，农村社员每人每月供应口粮 40 斤，8 月份改为 30 斤。9 月份只供应 21 斤。县粮食局连续三次发出通知，降低居民粮油供应标准，城乡开始出现“大饥荒”。

第四，大量采制代食品。1960 年 11 月 26 日县委做出《关于大搞代食品工作意见》，号召全县人民“山上找、海里捞、地里拔”。县委根据中央“关于立即开展大规模采集和制造代食品运动”的紧急指示，迅速在全县掀起大采大捞大制大用大存代食品高潮。12 月 29 日，县委在中柱大队召开代食品现场会，推广中柱大队用谷皮制作代食品的经验。从此，地瓜叶、香蕉秆、甘蔗渣、野菜、谷皮成为云霄县主要代食品。

痛定思痛再反思 在国民经济严重滑坡、人民生活水平急剧下降的情况下，一些干部对“更大跃进”的所谓“伟大成就”开始提出质疑，县委也认识到一些问题尤其是“共产风”的严重危害，并决定开展整风整社。1960 年 12 月 5 日，县委派出 1 个百人工作队到东厦公社搞重点调研，派出 5 个工作组分赴陈岱、下河、马铺、溪口、城关等 5 个大队搞试点。在调查研究的基础上，县委认为自 1959 年冬反右倾以来，农村中严重存在着共产风、浮夸风、强迫命令风等“三风”，主要表现在以下 7 个方面：

第一，“一平二调”之风年年刮，今天批判明天刮，前面检讨后面刮，范围广、项目多、影响深，无论是县与公社之间、公社与大队之间、大队与小队之间，或大队、小队与社员之间，都是一阵紧接一阵逐级刮风。从平调山林、果树、土地、劳力，到动产不动产、生产资料、生活资料，能刮则刮，能调则调。

第二，生产上的瞎指挥，严重到令人难以置信的程度。1959 年秋收以后，各公社开始实行劳力统一调度、农活统一安排、生产统一措施、质量统一规格、完成统一时间的“五统一”和大清早一班、上午一班、下午一班、晚上一班的“四班制”，用电话、广播指挥生产。其结果是使大队和小队干部无所适从，使社员群众陷于一片混乱，导致生产严重损失。

第三，弄虚作假、浮夸风也十分厉害。有多报产量的，有高估收入的，有乱报肥料和乱报开荒面积的，报喜不报忧已成为习惯。如东厦公社 1959 年晚稻全社平均亩产 642 斤，却以平均亩产 1070 斤上报为千斤公社，比实际产量多报近 1 倍。全社 18 个大队没有 1 个亩产上千斤的，却向上级部门报了 15 个千斤大队。

第四，侵犯社员“小自由”，多次没收社员自留地。全县各地的社员自留地，多数经过“三放三收”：1958 年 7 月公社化前夕，以妨碍集中生产为由，全部收回社员高级社以来就一直经营着的自留地；1959 年 5 月整风算账后归还自留地，并发给社员饲料地；1959 年冬反右倾后，又以食堂要实现公饭公菜为名，第二次全部收回整风后再分的饲料地；1960 年春耕时，为了扩大水稻和甘蔗种植面积，发动所谓“自留地上山”，第三次收回社员自留地。1960 年 4 月省委六级干部会议后，才把自留地再次分给社员。个别大队还经历过“四放四收”。

第五，乱变政策。党在农村中的政策如三包一奖、粮食征购、供给制、自留地、工分粮等，经常是有贯彻无执行，有办理无兑现，而且忽多忽少，变动频繁，使党的威信受到影响。以生产责任制的实施为例，1958 年是“以产定工”，1959 年是“大包干”，1960 年是“三包一奖”，不仅在形式上变来变去，而且在处理上经常“春订夏改冬拉倒”，责任不清，好坏不明，奖赔拉平。

第六，没有执行按劳分配原则，片面提高供给比重。许多干部在宁“左”毋右的思想指导下，无视实际情况和收支差别，不执行“按劳分配、多劳多得”的政策，片面扩大供给部分。如东崎大队 1959 年分配给社员部分为 87498 元，其中供给部分达 65012 元占 74.3%，工资只有 22486 元占 25.7%，每人每月平均只能分到 1.5 元。

第七，一些干部违法乱纪，吊、打、斗、罚群众的强制命令作风严重到令人难以容忍的地步，有因偷几斤地瓜被鸣枪打死的，有因偷几枞瓜菜被吊被打的，有因吃公家一两株甘蔗被抓去劳改的，有因挖几个芋头被停膳几个月的，有因偷偷出海捕鱼被罚米或罚款的，也有因不参加开会而被扣工分、罚砍柴甚至不卖给商品，凡此种种，不一而足。

共产风、浮夸风和强迫命令风的盛行，已经造成极其恶劣的结果：

第一，“三风”严重地破坏了农业生产力，导致了农业生产的减产减收。第二，“三风”严重地挫伤了群众的生产积极性。第三，乱抽滥调，极大地削弱了大队的经济基础，直接影响到人民公社“以大队为基础的三级所有制”的巩固。第四，“三风”更严重的危害还使社员勤俭美德和集体主义思想淡薄了。县委对“三风”尤其是“共产风”的种种表现及其严重危害再次深刻反思！县委的反思，带动了广大基层干部对“左”倾错误开始有所认识并加以纠正，也为即将来临的国民经济调整奠定了思想基础。

（根据县委党研室特约稿件补充整理）

4.“文化大革命”纪实补遗

（1）从“社教”到“文化大革命”

1966 年初，全县在东厦公社洲渡等大队继续进行“点”的社会主义教育。3 月，龙溪地委派社教总团进驻云霄，先在县委、县人委和文化系统开展社教运动。从仿效北京批判“三家村”“文艺黑线”入手，以大鸣、大放、大字报形式揭批“反党反社会主义反毛泽东思想”三反分子与“黑帮”“反动学术权威”。5月16日，中共中央发出开展“文化大革命”通知。6月15日，县委组织各单位到云霄一中、县委大院参观大字报。6月25日，县长沈文福传达省委开展“文化大革命”运动的“两条决定”和“四项注意”。7月，县委成立“文化大革命”领导小组；云霄师范和各中学纷纷成立“红卫兵”组织，开展革命大串联。8月8日，中共中央发布《关于无产阶级文化大革命的决定》（亦称“十六条”）；13日，县委在县体育场召开群众大会，响应毛主席在天安门接见红卫兵发出的“你们要关心国家大事，要把无产阶级文化大革命进行到底！”的号召。随后，全县学校“停课闹革命”，一中、师范红卫兵走上街头“破四旧”“立四新”“砸烂封、资、修”，先后掘毁马山明代林太史公墓，敲毁祠堂庙宇的匾额和屋顶瓷雕，凿毁老店号，砸毁师范学校教学和学生练习用的钢琴、风琴等所谓“资、修”标志；改县城和平路为革命路、槐荫路为反帝路、永绥路为反修路、中山路为东风路、云霄饭店为工农兵饭店、县医院为人民医院、南阳街为红阳街、溪美街为红星街、塘坪街为红武街、大路街为红卫街、塘坪大队为永新大队、享堂大队为立新大队。9月，县成立社教总团，向公社、农场、机关各口派驻社教分团，向各生产大队、机关企事业单位派驻社教工作队，全面开展社教和“文化大革命”运动。运动中，在农村补划一批所谓“土改漏划”的地主、富农；在城市对土改时的工商业地主勒令没收其房屋，对入股参加公私合营的工商业者停发股息；把被残暴批斗的所谓“三反分子”“黑帮”和老文艺工作者、老艺人、老教师等“反动学术权威”押交水库工地、农业中学监督劳动。12月，机关企事业单位和农村各级组织各自成立红卫兵；中旬，云霄一中红卫兵组织发布驱逐社教工作队宣言，其他红卫兵组织群起响应，各社教分团、工作队纷纷匆徨撤离。12月28日，县委在县体育场举行“批判资产阶级反动路线”大会，宣布各机关单位在运动中整理的“三反分子”“黑帮”“反动学术权威”材料为黑材料立即烧毁，被押送监督劳动的“三反分子”“黑帮”“反动学术权威”人员回归原单位。在此期间，随着来自各地不同派性观点红卫兵组织的大串联，全县红卫兵组织分化组成不同派性观点的所谓“革命造反派”，而步入“文化大革命”的大动乱阶段。

（2）“停课闹革命”与“知青上山下乡”

“停课闹革命”和工人贫下中农管理学校 1966年秋季，全县学校关门“停课闹革命”，组织红卫兵外出大串联，县成立学生串联接待站。1968年5月2日，县工农业生产领导小组召开公社、农场文教干部和学校负责人会议，要求小学于9月上旬、中学和师范学校于下旬“复课闹革命”，并派工宣队、贫宣队进驻学校，实行工人、贫下中农管理学校。由于动乱不止，师生卷入“造反”组织派性斗争，教育基础遭受严重破坏。云霄师范因无法复课而解散，直至1978年才筹备复办，1979年开始招生。

知青上山下乡 1969年1月，县革委会做出《全县干部下放、知识青年和城镇居民插队落户的初步规划》，并成立“四个面向”办公室；2月11日，第一批知青100多名到和平农场东方村、莆美公社马山村等地插队落户。上山下乡知青除云霄县籍外，还有个别来自北京、厦门、漳州等城市，至1972年，共2164人。知青插队落户的第一年，每人每月由政府发给8元生活补助费，第二年每人每月3元，第三年起不再补助。1971年，按每人180元标准下拨给接收安置的生产大队，作为知青住房建设经费；1972年改为适当集中，由县、公社选址并拨专款建立知青农场（点），至1977年，共建立知青农场（点）34个，安置知青1076人。1970 — 1971年，知青因招工回城139人，升学24人，参军40人，因病申请回城7人。

（3）“造反”夺权与武斗

1967年1月15日，由30多个派性观点一致的“造反”群众组织联合成立“云霄县革命造反总司令部”（简称“革总”）；19日，由40多个派性观点一致的“造反”群众组织联合成立“云霄县工农兵革命造反联合总部”（简称“工总“）。1月23日，在上海“一月风暴”的影响下，县直机关的“工总造反派”冲击县委、县人委机关，夺走县委、县人委公章，其他各“造反派”也纷纷抢夺所在单位的公章，全县党政机关陷入瘫痪、半瘫痪状态。2月1日，由10多个“造反”群众组织联合成立“云霄县革命造反第三司令部”（简称“三司”，派性观点与“革总”同）。全县形成“工总”“革总”两大派严重对立，围绕“真夺权”和“假夺权”争吵不休，摩擦事件时有发生。3月12日，一些“造反”组织在县体育场举行大会，联合成立“云霄县革命造反派联合总指挥部”（简称“总指”，派性观点与“革总”同），声明“1・23”是“假夺权、真保皇”。4月19日，云霄师范部分红卫兵到县委大院静坐示威至零时，并成立“四一九”总部。6月20日，100多名“红卫兵”到县人武部门口静坐绝食，从20日上午8时持续到21日上午11时，经县支左接待站主任王树生和军分区副政委说服动员才离去。7月，两大派各设广播电台围绕“1・23”夺权的“好得很”和“臭得很”相互攻击对骂，矛盾不断尖锐化。8月1日，两大派各召集会议布置武斗准备；4日，“工总”在324线公路阻拦军车抢枪。5－6日，“革总”在红星街大楼张贴“有来犯者草席自备”，“工总”在农业楼外墙张贴“严阵以待来犯必亡”等大标语，并各用沙包构筑防御工事，在路口实行戒严。9日上午6时多武斗发生，先用石头后用枪，8时许，农渔具社1名工人在电影院附近中弹死亡，双方各有数十人负伤。同日，也在荷步圩场、马铺圩场发生两派武斗。10日下午4时，“革总”总部撤离红星街，乘渡船到下坂集合，150多人从下坂、鹅江后步行至和平农场场部；10日晚，在糖厂附近山上站岗的两名属“工总”派立新大队农民被枪击死亡。8月中旬，《红旗》杂志第12期社论提出“文攻武卫”，县两大派武斗升级，导致县城罢市，商店关门，工厂停工，医院停诊。两派武斗队伍先后到蜜果厂、联合医院、县医院、屠宰场、串联接待站等单位抢夺物品供武斗使用。8月14日，“革总”组织8人“北上控告团”，向龙溪地区军管会、省军管会汇报后上京，并通过诏安“联司”造反组织上京控告团向中央送材料；24日，又组织第二批“北上控告团”60多人，步行3天3夜经平和、南靖抵漳州，向地区军管会汇报。9月25日，住留漳州与和平农场的“革总”工人、学生、干部回城。11月2日，又有“造反”群众组织成立“云霄革命造反第四司令部”（简称“四司”）。12月13日，荷步圩发生武斗，死农民1人。其间，常山农场党委书记、南下革命老干部郭焕卿被造反派迫害到漳州医院住院致死。12月底，在县医药公司门市部楼上站岗的1名工人被乱枪打死。1968年1月4日，“工总”武卫队夜间站岗，因“口令”不符，开枪打死从云霄糖厂下班欲回莆美的1名工人。1月13日晚上11时左右，武卫队10多人进攻中山路口附近的工业局大楼，1名农民在进攻时被乱枪打死。1968年2月，“工总”“革总”“总指”各占一个制高点，经常开枪射击，造成数十人枪伤。3月初的一天上午10时左右，居民吴某某与学生曾某某在路过工商联小巷时，因误拉导火线引起手榴弹爆炸，吴当场死亡。3月中旬的一天深夜2时许，守在第一招待所的王某某手拿土制炸炮跌倒爆炸，当场死亡；下旬的一天中午，参加县春耕生产会议的大队贫协主任张某某，在总务股外被枪击中死亡。4月初，住云霄旅社的1名农民中弹死亡。5月10日，云霄两大派参加中央“毛泽东思想学习班”的代表在北京签订“制止武斗，收缴武器，促进革命造反派大联合”协议；14日，县支左接待站、县人武部发出联合通告，限令离县的城区干部、职工、学生在当月20日前，农村地区的在当月25日前返回原单位，逾期不归，一律停发工资和助学金。6月，武斗气氛解除，至此，全县因武斗死亡14人。

（4）解放军“三支两军”

1967年“1・23”夺权后，云霄全县处于无政府状态。3月，驻漳解放军陆军第三十一军、空军第八军奉命派“支左、支工、支农、军管、军训”部队人员进驻云霄；同时，由县人武部成立县工农业生产领导小组，武装部长傅成森任组长，负责全县“抓革命，促生产”工作。县公安局、法院、检察院受“造反派”冲击陷入瘫痪状态，由驻军成立中国人民解放军云霄县公检法军事管制委员会人民保卫组和公安机关管制小组。

“8・9”武斗发生的当天下午，支左接待站的解放军到红星街武斗现场动员被围困的“革总”派撤退，避免发生更大流血事件。“革总”撤往和平农场场部，8月18日中午1时，空八军1架直升机到和平农场场部上空，空投大米、药品等10多袋救援物资，并散发制止两派武斗和处理诏安“新诏安公社”的宣传传单。直升机飞经县城时，也散发同样的传单。

（5）“革命大联合”与“三结合革委会”

1968年4月，县支左接待站组织两大派代表8人到北京参加“毛泽东思想”学习班，并出入两大派群众组织之间，劝说、制止武斗，实行“革命大联合”。9月上旬，县支左接待站通知两大派群众组织各选出代表30名，到漳州南山寺参加“毛泽东思想学习班”，要求自觉“斗私批修”，只作自我批评，不攻击对方；9月底，两大派签订大联合协议；10月初，回县由支左接待站在人民会堂召开大会宣读协议。

1968年10月12日，县支左接待站组织两大派代表各15人，到漳州南山寺参加学习班，协商成立“三结合”的革命委员会；10月22日，由陆军31军政委郑国在漳州市第一招待所会议室宣读31军党委关于成立云霄县革命委员会批示。10月24日，成立军、干、群“三结合”的云霄县革命委员会，成员49人，其中军队代表8人、革命领导干部代表10人、群众代表31人。主任温友亭（军代表），代主任臧鹏安（军代表），副主任殷子峰（军代表）、常泗旺（干部代表）、卓大亮（群众代表）、蔡坤土（群众代表）、张海水（群众代表）、林来挺（群众代表），常委11人，革委会下设办事组、政治组和生产指挥组，撤销原工农业生产领导小组。9 — 10月，各公社、农场相继成立革命委员会，撤销原生产领导小组；各机关企事业单位也相继成立革委会或革命领导小组。

（6）“清队”“革命大批判”与整建党运动

1968年5月25日，中共中央《转发〈北京新华印刷厂军管会发动群众开展对敌斗争的经验〉》，要求各地区、各单位“有步骤、有领导地将清理阶级队伍这项工作做好”；同年冬，《人民日报》《解放军报》《红旗》杂志联合发表《抓紧革命大批判》社论，县成立“三〇”办公室，在全县开展革命大批判和清理阶级队伍运动。运动中，以“血统论”整家庭成分不好的干部，把各级领导干部打成“走资本主义道路当权派”，把老干部打成“叛徒”“特务”“假党员”“阶级异己分子”，进行残酷批斗和戴高帽游街。1969年2月以后，两次集中县委、县人委和公检法机关干部到云霄师范举办“毛泽东思想学习班”，在学习班期间，原副县长老干部李青死于学校的水井中。5月，云霄糖厂党委书记老干部庄澄海在清队中被迫害致死，工商局局长朱翔缢死于床头。商业系统职工吴某被迫害致死。

1969年6月4日至14日，县革委会召开党员大会，传达、贯彻中共九大精神，参加大会6181人，其中党员5033人。6月26日，县革委会发出《关于整党建党工作初步意见》。7月8日，举办整党建党学习班，参加学习的县、公社、农场以及企事业单位干部、职工751人，其中党员497人。12月，县革委会派军宣队到各企事业单位开展整党建党、吐故纳新运动，对党员进行重新登记。1970年2月，全县各公社、农场成立革委会党的核心小组，行使公社、农场党委职能。党的核心小组组长兼革委会主任，实行“一元化”领导。1971年11月，全县通过整党建党恢复党的组织生活，各公社、农场先后召开党代会，选举产生党委会，与革委会合署办公。

（7）“一打三反”与“两条路线斗争”

1970年2月15日起，全县开展“一打三反”（打击现行反革命破坏活动、反对贪污盗窃、反对投机倒把、反对铺张浪费）运动，成立“二号”办公室与人民保卫组合署办公，并组建县武装民兵基干团。2月27日，召开万人大会，宣判“一小撮反革命分子”和严重刑事犯罪分子，并进行一次全县防空疏散大演习。其间，全县抽调800多名干部和500多名小学教师组成毛泽东思想宣传队，到农村宣传党中央指示。5月下旬，召开三级干部会，县革委会主任李文庆作《狠抓两条路线斗争教育，加快我县斗批改步伐》报告；5月30日，县革委会成立“三号”办公室，与人民保卫组合署办公，清查“文化大革命”中的“5·16”分子。运动中，一些人被打成现行反革命和历史反革命，县医药公司1名职工自杀死亡。

（8）“批林整风”与“反击右倾翻案风”

1971年9月13日，林彪反党坠机事件发生。10月下旬，县委、县革委会组织各级领导班子成员、机关干部，集中学习中央有关粉碎林彪反党集团反革命政变的文件。1973年8月，“三支两军”工作结束；11月17日，全县第一批“批林批孔”和党的基本路线教育工作队进村。1974年1月下旬，县委贯彻中央21号文件，组织干部、学校师生和群众学习中央转发的有关“儒法斗争史”材料，在全县开展“批林批孔”运动。1975年1月，全国人大四届一次会议确定邓小平为国务院副总理，因周恩来总理病重住院，由邓小平主持国务院工作，提出进行全面整顿。2月，县第二批党的基本路线教育在东厦公社开展。4 — 7月，在全县开展学习无产阶级专政理论，进行党的基本路线教育和批判林彪反革命罪行，并向基层派驻工作组进行整顿。8月28日，全县集中近千名干部、职工举办“围歼资产阶级派性学习班”，9月29日学习班从县总务股移至和平农场场部，并按口成立“专案组”（学习班被利用为“一派整一派”，并错误逮捕了一批人，后在落实政策中平反）。

1976年2月，开展“批邓、反击右倾翻案风”运动，社会再度陷入混乱，直至江青反党集团被粉碎。

（县志总编室整理）

二、重要文献选辑

云霄县人民政府关于鼓励外商投资的若干规定

云政〔1997〕19号

（1997年7月31日）

各乡镇人民政府、和平农场、常山农场，县直各单位：

为了进一步贯彻落实国务院和省、市人民政府关于鼓励外商投资的优惠政策，结合我县实际，开发优惠让利政策、更好地改善投资环境，促进我县利用外资持续、健康、快速地发展，特制定本规定。

第一条 实行税赋特别优惠

1.外商投资工业企业项目经营期在10年以上，经有关部门确认，从获利年度起，执行企业所得税“二免三减半”的政策，即：头两年免收企业所得税；第三年至第五年减半征收企业所得税。

2.外商投资工业企业项目，总投资在1000万美元以上，经营期在10年以上，除执行企业所得税“二免三减半”之外，对其头两年缴纳的增值税中属地方分成部分，纳税后凭入库税单由财政部门在次年全部返还，第三年至第五年缴纳的增值税中属于地方分成部分的，纳税后凭入库税单由财政部门在次年返还50%。对我县经济建设关联度大的重特大项目还可以特优。

3.外商投资农业开发项目，经营期在10年以上，除执行企业所得税“二免三减半”之外，第六年至第十年缴纳的所得税，纳税后凭入库税单由财政部门在次年返还50%，

外商利用荒山、荒滩投资开发性农业项目，除执行上述所得税优惠之外，其产出的农特产品第一年免交特产税，第二至第三年缴纳的农特产税，纳税后凭入库税单由财政部门在次年返还50%。

4.外商投资经营专业批发市场、将军山旅游开发等重点产业项目，经营期在10年以上，除比照实行重大工业建设项目的所得税优惠政策外，头三年缴纳的营业税，纳税后凭入库税单由财政部门在次年返还50%。

5.外商投资能源、交通等基础设施建设项目，除比照实行重大工业建设项目的所得税优惠政策外，从第六年至第十年缴纳企业所得税，纳税后凭入库税单由财政部门在次年返还50%，头三年缴纳的增值税属地方分成部分的，纳税后凭入库税单由财政部门在次年返还50%。

6.外商投资经营高新技术企业，经国家或省有关部门确认，除享受第二款规定优惠政策外，引进技术设备所缴纳的关税和进口环节增值税，从该企业投产营运后缴纳的税款中属地方财政收入的部分，分年度予以返还。

第二条 实行用地特别优惠

7.鼓励外商利用荒山、荒滩投资开发各类项目和进行土地成片开发，属于生产性项目可按行政划拨方式供地，以出让方式取得土地使用权时，其地价可按国家土地政策给予50%的优惠。

8.外商投资企业经营期10年以上的，自企业设立起三年内免交土地使用费；自第四年起再按当地标准减半缴纳三年；对利用荒山、荒地进行成片土地开发和农业综合开发项目，免交土地使用费20年，从第二十一年起减半征收。

9. 外商投资高新技术产业和投资规模在500万美元以上工业项目，按照国家的土地政策可以行政划拨方式取得土地使用权，以出让方式取得土地使用权时，其地价可酌情给予更大的优惠。

第三条　实行国民待遇

10. 外商投资企业建设和生产所需的水、电、气、交通运输和通讯等，应给予及时、充分供应，收费标准与国内企业一视同仁。属于生产性企业水、电增容费一律减半征收。

11. 外商投资企业的外国投资者及其聘用的境外职员在我县境内住宿、就医、购物、游览、娱乐、子女就学，及生活等方面的收纳标准与我县居民一视同仁。

12. 鼓励外商投资企业产品内销。外商投资农业项目及外商投资企业在原材料进口不涉及配额许可证，外汇自求平衡的前提下，其产品内销比例不受限制。

第四条　为外商投资创造最为宽松的软环境

13. 对外商积极帮助招商引资或对经济建设做出重大贡献的，给予物质奖励，发给荣誉证书，并授予“荣誉市民”称号。

14. 外商在我县实际投资每30万美元，投资者可为其亲友在我县办理一名农转非指标，但累计办理最多不超过5名。

15. 简化办事手续。凡符合国家和省产业政策及产业布局要求，生产建设条件不需要政策综合平衡，配套资金能落实，进出口配额、许可证可自行解决的项目，总投资在1000万美元以下，由我县直接审批。在申办企业立项、审计、合同审批及核发批准证书，核准企业法人登记、注册时，只要手续齐全，一般在三个工作日以内办完。属省、市限权内项目，将派专人帮助给予办理。

16. 对外商投资经营活动实行联合审批、查检制度。凡基建事宜，由建设局牵头，组织外经、土地、规划、消防、防震、劳动、安全等部门，在做好各方面准备情况下，一个工作日内实行一幢楼办公完成联合审批；凡对企业年检，由工商局牵头，组织外经、国税、地税、外管和财政等部门，实行一个大厅联合年检，一个工作日内完成县级工作程序；凡涉及外商投资企业税外收费，在财政局设立一个窗口收费，收费项目标准严格按照《云霄县人民政府关于进一步规范涉外收费管理工作的意见》执行。

要严格控制对外商投资企业形式主义的检查活动。凡对外商投资企业的例行检查活动，须报县外资领导小组安排，相对集中进行。

17. 实行重大项目领导联系制度。凡投资在500万美元以上或投资于我县重点产业的外商投资项目，由县领导或投资所在乡镇场的主要领导挂钩联系，负责了解该项目的建设、生产、经营情况，帮助协调和解决遇到的困难和问题。

18. 实行否定报告制度。具体经办单位对外商投资基建、检验等事宜进行否定时，必须由上一权限审批机关批准。审批单位领导权限的否定事项须报外资领导小组核准。

19. 推进涉外部门对外商服务承诺制，进一步健全外商投诉制度。凡涉外工作部门必须严格履行对外服务承诺，定期深入外商投资企业开展各项服务，并主动接受外商投资企业的行风评议监督。负责外商投诉的有关部门，从收到外商投诉之日起，三个工作日内要有回音，七个工作日内争取办结，并实行“一把手”受理投诉责任制。

20. 港、澳、台和县外地区的企业、公司、个人前来云霄投资兴办的企业，参照本规定执行。

本规定自颁布之日起执行，由县人民政府负责解释。

中共云霄县委　云霄县人民政府
关于确认小康建设达标村的决定

云委〔1997〕57号
（1997年10月25日）

两年来，我县深入贯彻落实省委、省政府关于基本实现小康目标的战略决策，发动全社会力量，铁心拼搏，扶贫攻坚，实施科学兴农战略，大力发展农村经济，小康建设取得显著成效，基本实现小康县。各乡（镇场）按照闽委发〔1995〕20号文和闽小康办〔1996〕01号文规定对小康建设达标村进行验收并向县委、县政府提出复查的申请。经县小康建设验收复查工作小组抽样复查，报县委、县政府审核，现予以确认公布。

云霄县小康建设达标村名单

云陵镇：

塘坪村　享堂村　下坂村　下城村

陈岱镇：

礁美村　白礁村　岱南村　岱东村　双岭村　岱北村　岱山村　下曾村　竹港村　董塘村
峰外村　前江村　中江村　后江村　坑内村　大山顶村

东厦镇：

浯田村　荷东村　荷中村　荷西村　船场村　东厦村　洲渡村　佳洲村　白塔村　埭洋村
竹塔村　东崎村　湖丘村

莆美镇：

前埔村　中柱村　阳下村　莆南村　莆下村　大埔村　高塘村　后汤村　莆东村　莆北村
上坑村　山美村　前涂村　树洞村　马山村　下径村　向北村　佳兜村　宝树村　双溪口村
演武亭村

列屿镇：

山前村　林坪村　顶城村　宅坂村　城内村　城外村　南山村　油车村　人家村　宅后村
青径村

火田镇：

后埔村　佳园村　新园村　古楼村　瓦坑村　高田村　岳坑村　东车村　乌石村　莆中村
火田村　水头村　大坑村　溪口村　西林村　菜埔村　下楼村　郭浦村　瑞堂村

下河乡：

上窖村　新坡村　世坂村　孙坑村　新湖村　下河村　上河村　外龙村　内龙村　下洞村
坡兜村　后山村　石屏村　龙透村　仙石村　车圩村　金坑村　曲溪村　后坑埔村

马铺乡：

峰头村　宝洞村　大坪村　青美村　白凤村　洋坑村　宝石村　龙镜村　杉脚村　枋林村
马铺村　石芹村　客寮村　石古村　新楼村　磜头村　枧河村　大仑村　乌螺村　杨美村
粗溪村　桥头村　下安村　乌石坑村

和平乡：

东方村　莆顶村　安吉村　吉坂村　上坂村　内洞村　通贝村　径仔村　坎顶村

常山：

观阳村

云霄县人民政府关于进一步扶持个私经济发展的若干规定

云政〔1998〕7号
（1998年4月28日）

为进一步优化个体私营企业投资环境，扶持个体私营企业快速发展，促进我县经济再上新台阶，特作如下规定：

一、实行灵活税收

1. 对新办的个体私营工业企业，从工商行政管理部门批准之日起暂缓征1 ~ 2年的税费。

2. 对不符合据实计征条件的个体私营企业，实行“双定”，即一年一定的定期定额管征办法。

3. 工业小区的税费优惠：凡以民间资金为主体投资的工业企业，缓征固定资产投资方向调节税；规划区外的工业企业不收城市建设配套费（不含规划区内），乡、镇、场亦可不收。向工业小区收取的配套费，必须全部用于小区基础设施建设。

二、降低收费标准

4. 对企业收费须有国务院、国家各部（含总局）、省政府（含省物委）文件规定。

5. 属省以下（含省有关部门及以下）规定的行政性收费一律缓收。

6. 工业小区内的企业，除用地收费和基础设施配套费外（可先缴交70%，待投产后补齐），所有行政性管理费一律减半征收。

7. 收费标准有下限的，一律按下限收取。

8. 对个体私营企业的税外费征收实行“一个窗口收费”制度，具体办法按云政〔1998〕综61号文件规定执行。

三、加大资金投入

9. 建立县、乡镇场二级个私经济财政周转金和技术开发基金制度。县财政每年安排100万元以上作为县个体私营工业企业财政周转金和技术开发基金。各乡镇根据其财政收入情况，每年安排一定数量资金作为乡镇一级的个体私营工业企业周转金和技术开发基金。

县、乡二级所安排的个体私营工业企业周转金和技术开发基金，统一在财政部门设立专户进行管理，专款专用，由本级的个私经济主管部门和财政部门统筹安排、择优扶持，有偿使用，长期滚动。

10. 各专业银行要从每年新增贷款规模中拿出30% — 40%用于个体私营工业企业贷款。

四、实行重点扶持

11. 县每年确定一批投资高新技术产业，投资额在100万元以上、年产值在500万元以上、税收在20万元以上的重点个体私营企业，从领导力量、工作力度、技术和资金上给予倾斜扶持。各乡、镇、场也要确定一批重点个体私营企业给予重点扶持。

五、优化用地审批

12. 个体私营工业企业用地采用有偿出让形式取得土地使用权。属规划区内的个体私营工业企业用地，按云政〔1994〕综49号文件规定的级差地租给予优惠50%；属规划区外的个体私营工业企业用地，级差地租给予优惠70%。如有改变用途的，应提前一个月重新报批，按所改变的用途，补交规定的一切税费和优惠的级差地租。

13. 对建设用地者，实行投资额度和企业用地配额以及限定土地建设期限，并不得擅自改变用地性质。

14. 个体私营工业建设项目用地，计划、土地、环保等部门要优先给予论证、立项、规划、审批。企业用地确定后限于三个月内动工，一年内建成，并不得改变项目性质，如需改变必须重新报批，否则将按未经审批擅自投建处理。

六、发展横向协作。

15. 新办的内联企业（指引进县外资金创办的企业），凡在云陵镇投资 100 万元以上的工业企业，用地、贷款视同三资企业，边远地区的列屿、和平、下河、马铺等乡镇可再适当优惠。

16. 对依靠科技进步、开发省部级、国家级已应用生产并产生经济效益的新产品，县政府给予企业或个人奖励 4000 ~ 10000 元。

七、奖励先进乡镇和企业。

17. 对成绩突出、贡献较大的乡镇和个私企业，县政府每年年终给予奖励。

（1）县政府把发展个私经济工作列入经济工作责任状的重要考核内容，每年考评一次，评出前三名分别给予奖励。第一名奖励 12000 元，第二名奖励 10000 元，第三名奖励 8000 元（具体办法按年初县政府下达的经济工作责任书执行）。

（2）对贡献较大的个体私营工业企业纳税大户，县政府给予奖励，资金采用超额累进制计发，即每年上缴税收 20 万 ~ 50 万元，云陵镇按 1% 给予奖励；每年上缴税收 50 万 ~ 100 万元（不含 50 万元）按 1.5% 给予奖励；每年上缴税收 100 万元以上，按 2% 给予奖励。同时，每年表彰一批私营企业和个体劳动者。

八、加强组织领导

18. 县政府成立个私经济协调领导小组，加强对发展个私经济的扶持、引导和组织工作。

实行“三会一挂钩”制度，即每月召开一次协调会、每季度领导小组召开一次分析会、每季度召开一次个私企业家民主评议有关部门行风会，县领导每人挂钩一个重点企业。

19. 开展“银企结对，扶持发展”活动。财税、金融部门分别选择 2 ~ 3 家个私企业结成对子，扶持发展。具体办法按云政〔1998〕综 40 号文件执行。

20. 实行个协干部到政府办经济科挂职制度，加强上下沟通，及时反馈基层信息，为领导就近提供决策服务。

云霄县人民政府关于
颁布《云霄县殡葬管理暂行规定》的通知

云政〔1998〕11 号
（1998 年 5 月 28 日）

各乡镇人民政府、和平农场、常山农场，各有关单位：

《云霄县殡葬管理暂行规定》已经县政府研究同意，现予颁布实施，请认真贯彻执行。

特此通知

附：云霄县殡葬管理暂行规定

为加强殡葬管理，深化殡葬改革，促进两个文明建设，根据《中华人民共和国殡葬管理条例》《漳州市殡葬管理暂行规定》，结合我县实际，特制定本暂行规定。

第一条　殡葬改革是一次移风易俗的社会改革，是社会主义精神文明建设的一项重要内容，也是保持土地资源、保护生态环境的重要措施。实行殡改利国利民，造福子孙，各乡镇场各单位要把殡葬改革作为加强精神文明建设的重要内容摆上议事日程，列入社会发展规划。

第二条 实行殡葬改革，积极推行火葬，改革土葬，制止乱埋乱葬。根据我县实际情况，分批推行火化。云陵镇，莆美镇的绥阳街、前埔村、后汤村为首批火化区。火田镇、莆美镇、常山华侨农场、东厦镇、陈岱镇、列屿镇，下河乡的新坡、世坂、上窖、孙坑、新湖村，和平乡的东方村、河塘作业区为第二批火化区。本县区域内死亡的国家干部、职工和第一批火化区（包括务工、经商、求医等临时居住的，下同）死亡人员从 1998 年 7 月 1 日零时起实行火葬。第二批火化区死亡人员从 1998 年 9 月 1 日零时起实行火葬。

第三条 外国人、外籍华人、华侨和港澳台胞在本县火化区死亡的，原则上实行火葬。个别死者亲属要求土葬的，经县侨台、外事部门审核和县民政局审批后，方可安排在县公墓安葬。

第四条 凡在火化区内死亡的人员，必须用殡仪专用车接运尸体，其他任何车辆不得到上述区域接运尸体、丧属。

第五条 办理遗体火化手续，需凭下列证明：①城镇居民、农村村民死亡的，凭医院出具的死亡通知书或居委会、村委会出具的死亡证明；②交通事故、刑事案件等非正常死亡的，以及无名、无主的尸体，凭所在地公安部门出具的死亡证明书；③外来人员正常死亡的，凭医院出具的死亡通知书或死者生前所在单位出具的证明；④境外人员死亡的，凭死者家属或委托人（具有委托和被委托人的身份证明）出具的书面申请。

第六条 遗体处理期限：①正常死亡的遗体不得超过 36 小时；②经公安司法部门鉴定为非正常死亡的，不得超过 72 小时；③传染病死亡和尸体腐烂的，不得超过 24 小时。

第七条 一切出殡仪式从简，严禁在火化区内请丧事乐队、锣鼓队、请吃铺张浪费；严禁在县城的主要街道及路口（云平路、云漳路、元光路、绥阳路、宝城路、云东路、江滨路）举行出殡仪式；严禁出殡人员上街上路及丧属沿街沿路散放纸钱等迷信品；严格控制送花圈规模，今后除死者直系亲属及所在单位送花圈以外，其他单位、个人不得送花圈。若因特殊情况需要，由县委办、政府办协调决定。对出殡的花圈由丧属自行处理，不准运进殡仪馆。

第八条 凡火化对象擅自土葬的，将依据《中华人民共和国殡葬管理条例》第二十条规定，采取强制措施，实行火葬，一切费用由死者家属支付，死者属于干部、职工的，除按上述规定处罚外，取消其埋葬费、抚恤金、家属补助和遗属供养费。死者家属属干部的，视其错误情节给予党纪、政纪处分，必要时予以通报、电视曝光。

第九条 遗体火化后，骨灰一律寄存在县殡仪馆骨灰室。严禁骨灰土葬，违者强行挖掉，一切费用由丧属负责。

第十条 尚未实行火葬的地区，应当有计划、有步骤地推行火葬，对在该地区内要求火葬者，应积极支持，提供方便。

非火化区的乡（场）、村（作业区），要统一规划土葬用地，控制用地面积，以荒山脊地建立公墓。禁止占用耕地、林果地、名胜古迹、风景浏览区、交通道路两侧建坟。提倡和推行深埋，不留坟头的葬法。严禁任何单位和个人出售或变相出售墓地，违者没收其非法所得，并处以 1 — 3 倍罚款。

第十一条 加强丧葬用品管理，实行一条龙服务。凡生产、销售丧葬用品的，须经民政部门审批后，工商部门方可发给营业执照；对现有已在生产、销售丧葬用品的，要进行一次清理整顿。

第十二条 加强殡葬事业单位的建设，建立和完善殡管所、殡仪馆、公墓、殡仪服务网络；努力提高殡仪服务人员素质；完善服务设施，努力提高服务质量。

第十三条 殡葬改革工作实行归口管理负责制。实行“三包”，即包宣传教育、包措施落实、包死者火化。国家干部、职工由所在单位负责，村（居）民由所在乡镇场和村（居）委会、管理区、作业区负责。各职能部门要通力协作，政府办、文明办、民政局要负责协调，监督本规定的实施；土地部门负责查处擅自出售或变相出售墓地；工商管理部门要依法查处生产、销售封建迷信丧葬用品及取缔火化区经营棺木；文化部门要负责取缔殡仪乐队；宣传广电部门要负责殡改的宣传。交警、城管、公安要负责对妨碍交通秩序的查处；卫生部门要负责在医院死亡人员按规定收尸火化；监察、人事、劳动部门要负责查处违反殡改规定的干部、职工。各单位要各负其责，不得推诿，对不执行本规定负有责任的单位，要追究单位负责人责任。

第十四条 凡违反本规定，不听劝阻而无理取闹、侮辱、殴打执行殡葬管理公务人员的，除按上述规定罚款外，视其情节，由公安机关依照《中华人民共和国治安管理处罚条例》给予拘留，情节严重的，追究刑事责任。

第十五条　本规定自1998年7月1日起执行，1986年云霄县人民政府《关于殡葬管理的暂行规定》同时作废。本规定由民政局负责解释。

漳州市人民政府市长办公会议纪要

〔1998〕12号
（1998年7月20日）

7月14日，市长李天森主持召开今年第12次市长办公会议，现纪要如下：

一、关于华侨农场领导体制改革问题。会议听取市侨办关于我市华侨农场领导体制改革实施方案的汇报，原则同意该实施方案。会议并就云霄常山华侨农场领导体制改革问题进行讨论，初步形成八条意见：①同意接收云霄常山华侨农场，由市政府直接领导。设立常山华侨经济开发区（下称“开发区”），并保留华侨农场的牌子，实行两块牌子，一套人马。②开发区设立管委会，作为市政府的派出机构（正处级），赋予县级部分行政、经济管理职能。市侨办作为开发区的联系单位。③开发区内设机构设置要本着精简和高效的原则，机构、人员编制由市有关部门按照人事管理权限统一管理，参照漳州开发区的做法，分别设置市公安、土地、税务、工商的分局，人事编制按条条管理，工资及其他经费由开发区负责。④开发区设置一级财政，收支自求平衡，一定八年。开发区财政预决算由云霄县财政局代编代报。区内职工养老保险按省政府闽政办〔1998〕79号文办理，收支缺口由开发区财政兜底解决。农场社会性、政策性补助和职工养老金补助问题，市侨办、财政局要积极争取省把补助款列入基数，以保证农场今后正常需要。⑤开发区内学校、医院等事业性单位隶属开发区，其权限参照县级做法。⑥开发区原有与云霄县行政、经济管理的关系要脱钩，市财政要对云霄县财政收支基数作适当调整。⑦常山华侨农场领导体制改革由林瑞华副市长负责调整。⑧各级各部门要从全局出发，通力协作，积极配合，共同搞好这项工作。上述意见待报市委研究决定后实施。

二、关于再就业和社会保障问题。会议听取市劳动局关于《做好国有企业下岗职工再就业和深化社会保障制度改革的实施意见》的说明汇报，原则同意该《实施意见》，并提供全市国有企业下岗职工再就业和深化社会保障制度改革工作会议讨论，修改完善后以市委、市政府名义下发执行。

云霄县乡（镇）、村负债情况的调查报告（节选）

（2000年12月31日）

县人大常委会根据县委的要求，组织人大各委室、农办、农业局等单位组成调研组，2000年6月15日—7月15日，深入全县9个乡（镇）和20个行政村，对乡（镇）村负债进行调查研究，分析制约乡（镇）、村两级财力增长的原因及存在的问题，探讨乡（镇）、村两级财力增长的途径。

一、基本情况

（一）负债概况

1. 乡（镇）负债情况。据这次调研报表统计，全县9个乡（镇）负债总额5093.69万元。按债务数额多少依次为，云陵镇1983万元、东厦镇730.7万元、火田镇509万元、陈岱镇409.2万元、列屿镇250万元、莆美镇245万元。在乡（镇）债务中，用于兴建公共设施和办公场所3628.65万元，占债务总额的71.2%，其中用于学校建设1229万元，占债务总额的24%；用于弥补日常开支408.34万元；用于兴办企业432万元；其他开支624.47万元。

2. 村级负债情况。据县农办最近调查统计，全县158个村委会中，有144个村负债，占全县总村数的91.1%；14个村无负债，占全县总村数的8.9%。全县村级债务总额3693.72万元，村均23.37万元。生产性开支形成的债务242.63万元，占债务总额的6.6%；非生产性开支形成的债务3451.09万元，占债务总额93.4%；其中用于基础设施（水、电、路）1282.27万元，占债务总额的34.7%；用于公共设施（学校、村部）1273.14万元，占债务总额的34.4%、按照债务数额统计，负债5万元以下的（包括5万元，下同）有36个村，占全县总村数的22.8%；负债5万~30万元的有70个村，占全县总村数的44.3%；负债30万~50万元的有18个村，占全县总村数的11.4%；负债50万~100万元的有15个村，占全县总村数的9.5%；负债100万元以上的有5个村，分别是：东厦镇船场村105万元、埭洋村221万元，火田镇后埔村332万元、瓦坑村142万元、高田村134万元，占全县总村数的3.2%。按人均负债统计，人均负债50元以下有47个村，占全县总村数的29.7%；人均负债50 ~ 100元的有35个村，占全县总村数的22.2%；人均负债100 ~ 200元的有37个村，占全县总村数的23.4%；人均负债200 ~ 300元的有19个村，占全县总村数的12%；人均负债300元以上的有6个村，分别是云陵镇下城村人均393元，莆美镇前埔村人均450元，东厦镇埭洋村人均604元，火田镇高田村人均407元、后埔村人均899元、瓦坑村人均560元，占全县总村数的3.8%。

据20个村报表统计，20个村中有18个村负债，债务总额762.18万元，村均负债38.109万元。生产性开支形成的债务65.52万元，占债务总额的8.6%；非生产性开支形成的债务696.66万元，占债务总额的91.4%，其中用于学校、村部建设的217.9万元，占债务总额的28.5%。

（二）债务来源

乡（镇）债务中，向银行及信用社贷款本息1089万元，向单位借款本息725.1万元，向基金会借款本息90.59万元，应付未付款3189.2万元。全县村级债务中，向银行及信用社贷款本息1018.14万元，其他借款（包括应付未付款）2675.58万元。

（三）债务特点

1. 非生产性支出形成的债务多。乡一级债务中，非生产性支出形成的债务占债务总额的91.5%；村一级债务中非生产性支出形成的债务占债务总额的93.4%。

2. 农村实行责任制后形成的债务多。据1999年县农业局调查统计，乡（镇）、村债务中，95%的债务是1979年以后形成的，据这次对20个村调查统计，有90%的债务是近十年内形成的。如列屿镇城内村1994年以前基本不负债，1994年以后，为建校舍、修道路和垫交税费而不断举债，至今负债62.3万元。

3. 应付未付款数额大。全县9个乡（镇）应付未付款3189万元，占总乡（镇）债务总额的62.6%，村级债务中，应付未付款也接近总债务的一半。

4. 债务总额大。全县乡（镇）、村债务总额8787.41万元，是1999年全县乡（镇）、集体经济总收入的2倍［据县农业局统计，1999年全县乡（镇）、村集体经济总收入4191万元］。乡（镇）、村经济基础薄弱，偿还能力低、村一级尤其严重，这次调查的20个村中，有10个依靠现有的村财政收入，根本没法偿还债务。如马铺乡坑口村，村财年收入1200元，负债达32.49万元。

5. 账外债务值得重视。乡（镇）、村在账面上体现的债务少，如莆美镇总债务245万元，账面上只体现94.5万元，其余的都是账外债务。莆美镇益宝山村总债务27.8万元，账面上只体现1万元，其余的都是账外的拖欠工程款或者赊欠款。账外的债务利息高，向个人借款、拖欠工程款月息多在2% ~ 4%，有的高达5%，这些款项随着时日的推延，变得难以处理。

（四）债务形成的原因

1. 公共设施建设负债。由于公共设施建设项目多、投资大，为完成上级下达的任务，只好举债搞建设，集中体现在教育“两基”达标及道路建设。同时，也有一些村干部不根据本村的经济状况和偿还能力，认为搞建设借点钱不算什么，盲目上新项目。如莆美镇益宝山村，人口总数962人，建了一幢面积为550平方米的教学楼供70个学生上课，负债25.5万元。在乡（镇）债务中，有71.2%用于兴建公共设施。村级债务中，69.1%用于兴建基础设施。个别村100%的债务用于兴建学校和修道路。

2. 垫交税费负债。由于农民增收困难，再加上一些群众没有正确理解“减负”政策，以为“减负”就是“免负”，拖欠甚至拒交税费，乡（镇）、村为完成任务，借债垫交税费。如下河乡三年来垫交特产税64万元；陈岱镇岱北村负债25万元，其中用于垫交税费就达11.3万元。

3. 偿还举债利息。一些债务重又没有还款能力的村，都要背上沉重的利息负担，使债务如同“滚雪球”，一年比一年多，造成恶性循环，积重难返。如列屿镇城内村建校舍负债42万元，至今本息已达60万元；马铺乡坑口村建校舍负债17万元，至今本息已达30万元，债主讨不到钱，每学期都把学校大门锁上一个月，学生无法按时开学，干部、群众意见纷纷。

4. 兴办企业负债。一些村盲目兴办企业，因管理不善而倒闭，造成债台高筑。如下河乡内龙村兴建的白藤基地、金枣厂、锯木厂，因管理不善而倒闭，造成负债达200多万元。

5. 支付日常费用负债。乡（镇）编外人员多，财政负担重。据统计，9个乡（镇）编外人员共104人，乡（镇）债务中有8%用于弥补日常开支。一些村财收入少，又没有积极收取村提留款，村日常费用靠村干部借款垫付。如和平乡一些村，当一任村干部要为村垫付费用1万元左右。

二、制约集体经济增长的因素

（一）乡（镇）、村自身财力不足，集体经济收入渠道不宽

从这次调研看，乡（镇）、村收入主要依靠税收、计生罚款分成和乡统筹、村提留的收取。税收收入受经济状况和自然条件的制约，存在着不稳定性。如1999年因台风和霜冻的影响，沿海地区海水养殖受到破坏，山区的主要特产税源香蕉、荔枝、龙眼等遭到毁灭性打击，造成特产税收入锐减。乡统筹、村提留收取难度加大，原因是农民增收困难、依法缴纳税费的意识淡薄，甘蔗款未兑现也影响到村提留、乡统筹的收取。同时，一些乡（镇）、村干部工作方法简单，不愿做耐心细致的思想工作，怕收取税费会引发涉农案件。致使在一些地方乡统筹、村提留收取困难，或者根本没有收取。如和平乡1999年乡统筹预算42万元，仅收2.3万元。乡（镇）、村有限收入要支付超编的人头工资、补贴，应付大量的事务开支，显得入不敷出，没有财力投入生产，影响到经济的进一步发展。

（二）发展经营性项目少，投入基础设施建设多，导致后续财源缺乏

乡（镇）、村负债情况都体现出一个显著特点：发展经营性项目少，投入基础设施建设和消费项目多。乡（镇）、村债务中有90%以上的债务用于非生产性支出，违背了经济客观规律，阻碍经济的发展。农村联产承包责任制后，村级的主要工作精力都放在完成上级下达的各项任务（如计生、征收税费等），对如何发展村有经济、壮大集体经济实力主观上不重视，工作方法不多，措施不力。同时，一些村干部超前消费，寅吃卯粮，把村集体果园、山地、滩涂、鱼塘等一次性承包几十年，而又一次性收取承包金或者承包期未到又以各种借口延长承包期，并一次性收取承包金，造成低产包及干部短期内花掉集体资产，导致村财收入缺乏后续财源。也有一些村在分田到户时把集体资产（包括山地、果园）分到户，致使集体经济发展缺乏后劲。如列屿镇顶城村把集体果园发包至2043年，并一次性收取50年的承包金。有的干部为了在任期内出政绩，不考虑本地实际情况，超前搞建设，留下高额的债务，严重影响到经济的进一步发展。

（三）干部素质偏低，制度不健全，缺乏监督约束机制

这次调研我们到过一些以前被认为是经济较好、有发展潜力的村，现在却负债累累，群众很有意见。有的村干部认为“三年官、两年满”，没有长远规划和打算。基层干部素质偏低，不能适应形势发展要求，突出表现在：思想跟不上形势发展需要，工作缺乏主动性，科学技术和经济管理知识缺乏，带领村民脱贫致富的办法不多等。同时，制度不健全、缺乏监督约束机制也给一些有私心的干部有机可乘。制度不健全主

要表现在：村级财务管理不规范，财务不公开或假公开，村民理财小组形同虚设，村级财务人员变动频繁，村级投资项目没有经过村民大会或村民代表大会讨论，举债无领导责任等。

注：摘自县委办、政研室 2000 年编《云霄县重点课题 2000 年调研成果》。

云霄县人民政府关于印发《云霄县集体林权制度改革实施方案》的通知

云政综〔2003〕84 号
（2003 年 7 月 1 日）

各乡镇场、县直各有关部门：

根据《森林法》《农村土地承包法》和《福建省森林条例》规定及《福建省人民政府关于推进集体林权制度改革的意见》（闽政〔2003〕8 号）、《漳州市人民政府关于开展登记发换全国统一式样林权证和集体林权制度改革的通知》（漳政〔2003〕综 31 号）要求，经研究，决定在全县范围内开展集体林权制度改革工作，现将《云霄县集体林权制度改革实施方案》印发给你们，请认真组织实施。

附：云霄县集体林权制度改革实施方案

为确保我县集体林权制度改革工作有序进行，根据《森林法》《农村土地承包法》和《福建省森林条例》《福建省人民政府关于推进集体林权制度改革的意见》（闽政〔2003〕8 号）及《漳州市人民政府关于开展登记发换全国统一式样林权证和集体林权制度改革的通知》（漳政〔2003〕综 31 号）等有关法律法规和文件精神，结合我县实际，制定本方案。

一、指导思想

以邓小平理论和“三个代表”重要思想为指导，进一步明晰集体林木所有权和林地使用权，放活经营权，落实处置权，确保收益权，依法维护林业经营者的合法权益，最大限度地调动广大林农以及社会各方面造林育林护林的积极性，解放林业生产力，发展林区经济，增加林农收入，促进林业可持续发展。

二、总体目标

用三年的时间，全县基本完成集体林权制度改革任务并及时发换林权证。实现“山有其主、主有其权、权有其责、责有其利”的目标，建立经营主体多元化，权、责、利相统一的集体林经营管理新机制。

三、改革的范围和主要任务

（一）范围

集体林权制度改革的范围主要是林木所有权和林地使用权尚未明晰的集体商品林及县级人民政府规划的宜林地。

对已明晰权属的自留山、1982 年林业“三定”以来林木林地已经划分到户、实行家庭承包经营的竹林、经济林，林农现已开发且面积和四至清楚，以及国有、外资、民营企事业等单位和个人依据合同租赁集体林地营造的林木应予稳定，在本次改革中经确权核实，优先予以登记，发换全国统一式样林权证书。

对已经县级以上人民政府规划界定的生态公益林，暂不列入本次改革范围，但应发换林权证；凡权属有争议的林木、林地也暂不列入本次改革范围。

（二）主要任务

1. 明晰所有权，落实经营权。在保持林地集体所有的前提下，进一步明晰林木所有权和林地使用权，落实和完善以家庭承包经营为主体、多种经营形式并存的集体林经营体制。将林地使用权、林木所有权和经营权落实到户、到联户或其他经营实体。

⑴落实政策，“谁造谁有”，自主经营。

对已明晰权属的自留山、1982年林业“三定”以来林木林地已经划分到户、实行家庭承包经营的竹林、经济林，林农现已开发且面积和四至清楚，以及国有、外资、民营企事业等单位和个人依据合同租赁集体林地营造的林木应予稳定，在本次改革中经确权核实，优先予以登记，发换全国统一式样林权证书。

⑵招聘人员，责任管护。

县级以上人民政府规划界定的生态公益林、沿海防护林，特种用途林以及现有用材林中的近成过熟林，经合理划片后，由村委会公开招聘人员（包括护林员）进行责任管护，每年按合同约定付给管护费。

⑶对林木所有权和林地使用权尚未明晰的集体商品林及县级人民政府规划的宜林地有以下六种改革形式供参考：

一是风险抵押，责任承包。先分片估测林分材积，确定主伐时上交村委会木材数量，农户联户投标承包经营，并交纳一定数额押金。主伐时按合同规定向村委会上缴木材，其余的全部归经营者；完不成合同规定数额的或上交木材规格低于合同规定的，按当时市场价从押金中抵扣，按合同规定完成上缴者如数退回押金。

二是折价转让。根据不同的林分，以亩作价，以片确定户数，实行有偿转让给农民或联户经营。

三是分林到村民小组或自然村，以村民小组或自然村联户经营。其做法将现有林无偿划转到村民小组或自然村，村民自愿结合，联户经营，收益时村委会按比例或固定提成。

四是直接分山到户。把山林按人口无偿平均分配到户，分户经营，主伐时与村委会实行比例分成，村民得大头。

五是规模经营，专业管护，形成实体。主要是巩固完善现有乡村集体林场和专业耕山队，并积极创办多种形式的股份合作林场。

六是租赁造林。对采伐迹地、火烧迹地、零星荒山，主要有两种形式，一种是将林地的使用权租赁给林农，林农在间伐、主伐时按合同要求支付一定比例的木材或收入给村集体，经济林按年支付林地租金；另一种是将林地使用权一次性招标拍卖，拍卖资金归村集体。

2. 开展林权登记，发换林权证。林木所有权、林地使用权一经明晰，必须及时开展林权登记，发换全国统一式样的林权证。要做到改革一个村，发证一个村，要坚决按照《云霄县人民政府关于印发〈云霄县林权登记发换证工作方案〉的通知》（云政综〔2002〕43号）要求，进行林权登记发换证工作，运用法律的手段来巩固改革成果，以依法维护林业经营者的合法权益，为林业经营管理步入法制化轨道打下坚实的基础。

3. 建立规范有序的林木所有权、林地使用权流转机制。遵循林地所有权和使用权相分离的原则，在集体林地所有权性质、林地用途不变的前提下，根据林业生产发展的需要，按照“依法、自愿、有偿、规范”的原则，鼓励林木所有权、林地使用权有序流转，引导林业生产要素的合理流动和森林资源的优化配置，促进林业经营规模化、集约化。

四、改革应遵循的原则

（一）坚持有利于“增量、增收、增效”的原则。坚持有利于森林资源总量增长，有利于林农收益增加，有利于提高森林的经济效益、生态效益和社会效益。这“三个有利于”原则不仅体现了党的十六大精神、“三个代表”的重要思想要求、执政为民的宗旨，而且也是立足于农业、农村、农民，着力林区经济发展和林农收入水平的提高，坚持林业可持续发展，实现林业经济效益与生态效益、社会效益的协调统一。

（二）坚持“耕者有其山”、权利平等的原则。集体山林虽然在林业“三定”时期确定为“集体所有”，其本质的含义是归属集体内部成员共同所有。因此，每个村民均依法平等享有承包经营集体山林的权利，凡有承包经营集体山林要求的村民，应在同等条件下优先予以保证，确保“耕者有其山”。“耕者有其山”可以通过多种形式来实现，可以是实物的形式，也可以是货币的形式。实物的形式包括分户经营的自留山、竹林、经济林以及实行责任承包或经营承包的用材林；也可以通过联户经营、股份合作经营、村办林场经营等形式，经营收入实行按人（股）分配。关键是要纠正违背大多数村民的意愿，将大片山林采取招标、拍卖的方式，归少数人经营，从而剥夺了大多数村民依法承包经营的权利。同时还必须注意，即便经村民会议或村民代表大会通过，将部分山林招标、拍卖给村民个人，也必须将其所得收入进行二次分配，在二次分配中村委会提留、用于公益事业建设及直接分配的比例，也应由村民会议或村民代表大会讨论决定，充分体现集体山林归属集体内部成员共同所有、财富分配权利平等的原则。

（三）坚持因地制宜、形式多样的原则。鉴于我县各乡镇森林资源结构的差异性，经济和社会发展的不均衡性，各乡镇政府在指导改革的具体方法和内容上要从当地实际出发，因地制宜，充分尊重林农的意愿，允许经营形式多样化，不搞一刀切。提倡联户经营、股份合作经营、创建股份制林场或企业原料林基地。

（四）坚持政策稳定性、连续性的原则。改革是为了林业经济管理体制的不断完善与发展，是为了改变不适应林业生产力发展的传统经营体制，而不是否定一切，推倒重来。深化集体林权制度改革必须遵循国家法律和政策的有关规定，始终保持林业政策的稳定性、连续性，对已明晰林地使用权和林木所有权、经营权，并为实践证明行之有效的改革形式，且大部分群众满意的均应予以维护，不得打乱重来和借机无偿平调，以安定人心，取信于民。

（五）必须坚持公开、公平、公正的原则。根据《农村土地承包法》的有关规定，着重强调以下几个方面：一是本集体经济组织内部的成员（不分年龄、性别、民族）都一律平等地、没有任何歧视地享有承包经营林地的权利，任何组织和个人都不得剥夺和限制这个权利。为此，在改革中一定要注意承包经营的农户覆盖面。特别是经济比较落后、村民依赖山林生存与发展的村，一定要把山林视为重要的生产资料落实到户或者联户；二是在改革中必须严格依照《农村土地承包法》第十八条和第十九条规定的原则和程序承包林地，不能以权压法、以言代法，按规定的程序严格操作，三是必须按照《村民委员会组织法》有关规定，保证村民的知情权和参与权，做到程序、方法、内容三公开。特别是在制定承包方案的过程中必须坚持民主原则，广泛听取村民的意见，尊重大多数群众的意愿。承包方案确定后，要向全体村民公布；四是在组织实施承包方案和具体操作过程中必须坚持"阳光作业"，严禁暗箱操作，以权谋私，做到公平、公正。

五、改革中应注意处理好几个方面的关系

1. 正确处理好村集体和村民个人之间的利益关系。一方面要充分体现集体经济组织内部成员共同所有的原则。通过实物进行分配或者是通过林木林地转让的形式，进行二次分配，始终坚持村民群众得大头的原则；另一方面，又要兼顾村集体经济组织的利益，确保基层组织的正常运转。

2. 正确处理发挥政府主导作用和依靠群众民主决策的关系。集体林权制度改革是村集体组织与村民利益的再调整，是所有村民的大事，实施的主体理应是村民委员会和全体村民。在改革中一定要走好群众路线，尊重群众意愿，肯定群众的首创精神。又要充分发挥各级政府和有关部门在改革中的政策引导、组织协调和技术服务作用。

3. 正确处理放活商品林经营与保护森林资源的关系。一方面要认真贯彻执行《福建省人民政府关于印发福建省加快人工用材林发展的若干规定的通知》（闽政〔2002〕52 号），放开搞活商品林经营，落实林业经营者对商品林的处置权，另一方面，应严格按照《森林法》及其实施条例和《福建省森林条例》的有关规定，制定保护森林资源的相关措施。

4. 正确处理好质量和进度的关系。要坚持质量第一，做到成熟一个村推进一个村。对整个县来讲，要充分考虑改革难度、力量的组织和经费的筹措等问题，真正做到质量和进度协调一致。

5. 正确处理分户经营和规模经营的关系。原则上，农户应有一定的自留山、经济林或竹林，并积极参与用材林的经营，满足其耕山的基本需求。同时又要看到林业生产需要一定的规模才有效益，才有竞争力。因此，在耕者有其山的同时，通过联户经营、股份合作等多种形式，引导发展适度规模经营，发挥规模效益。

六、改革的方法步骤

（一）加强领导，协调配合

集体林权制度改革事关林业改革与发展，对发展农村经济、保持农村稳定、加快农村全面建设小康社会步伐具有重要意义。各乡镇要把集体林权制度改革列入党委、政府重要工作议程。按照“县直接领导，乡（镇）组织，村具体操作，部门搞好服务”工作机制，切实加强领导。要成立县、乡、村集体林权制度改革的领导小组，负责改革全过程的组织协调，处理改革过程中出现的重大问题。为加强对改革工作的具体指导必须设改革办公室，负责起草有关规定或意见，制定整体实施方案，检查督促实施情况，开展政策法律指导等具体工作。县林业局要组织乡镇林业站人员联合乡镇政府抽调的干部组成改革工作组。

（二）宣传发动，提高认识

要利用各种宣传工具，采取多种形式，大力宣传改革的目的、意义、做法以及有关法律、法规、政策，把改革的意图和党的政策交给群众，从而消除群众疑虑，使广大林农了解改革、支持改革、参与改革。

（三）材料准备

1. 购置并复印全县 1 ∶ 1 万最新地形图 1 套，需更大比例尺的地形图时另行购置，电脑制作打印全国统一式样林权证的系统软、硬件及能实行全省、全国联网的电脑软、硬件系统一套。

2. 收集全县林业“三定”时颁发的林权证、自留山证、权属分布图、1997 年森林资源二类清查的林业基本图和小班卡片，收集 1982 年林业“三定”以来解决山林权属争议的协议书、裁决书、判决书等，收集林业“三定”后的采伐许可证，更新验收合格证，收集林权转让、租赁、拍卖、抵押、赠送、承包等有关协议。

3. 采用 1 ∶ 1 万地形图或更大比例尺的地形图，以行政村、场为单位制作行政村、场林权基本图工作底图，全县一套。

4. 准备好罗盘仪等测量仪器、标尺、透明纸、方格纸、表格等必用品。

（四）试点先行，制定方案，三年完成

我县具体完成改革任务，按省政府要求是三年。从现在起至年底，全县各乡镇要选择一个具有一定代表性的村先行开展试点工作，试点村应具备以下条件：⑴村级“两委”组织健全，改革意识比较强，并在群众中享有较高威信；⑵村资源和权属状况比较清楚，在当地具有一定代表性；⑶试点村一般应具有生态公益林、速生丰产林、个私造林联片开发等多林种多经营模式。试点村确定以后，在调查研究基础上，由改革工作组协助村“两委”制定具体的改革实施方案，然后召开各种类型的会议，广泛听取干部群众的意见。方案经修改完善后，提交村民会议或村民代表大会讨论，并严格执行《村民委员会组织法》，只有在方案获得村民会议或村民代表大会三分之二成员或村民代表赞同方可付诸实施。试点村改革程序见附表。

各乡镇在搞好试点村改革工作的同时，要结合实际，拟定本乡镇林改实施的具体工作方案，以便 2004 年林改工作的顺利进行，并报县林改办备案。

拟定于 2004 年在全县各行政村全面推进集体林权制度改革，全面铺开时，以村为主，各村也应制定改革实施方案，应按试点村改革程序进行。

2005 年至 2006 年上半年，进入改革的扫尾阶段，集中全县改革的情况，全力解决历史遗留问题，整理好档案资料，建立健全林改档案管理制度，迎接省政府验收。

云霄县集体林权制度改革试点村工作程序表

附表：

序号	程　序	内　容	备　注
1	由乡镇组织召开有关人员会议	学习有关法律、法规、政策，参加对象为村两委、监审人员、抽调工作人员、林业技术人员	
2	进村宣传、动员	张贴宣传提纲、标语、走访农户，宣传做到家喻户晓	

续附表

序号	程　　序	内　　容	备　　注
3	调查摸底	村基本情况、集体林情况、群众意愿情况、包括收集有关情况	收集有关证、图册、协议书、验收单、判决书等
4	拟定改革方案	由村两委、监审人员、村民代表、工作队人员等讨论决定	
5	公布拟订方案、征求村民意见	按村民小组或生产队发送方案讨论稿，集中不同建议进行修改完善	
6	召开全体村民大会	全体村民参加通过改革方案	
7	核定边界和插花山	通过发函告知边界村或约定时间相邻村共同界定村界签订边界协议书	
8	对集体山林权属转让租赁部分实行招投标	公布招标公告，包括标底、时间、地点等。公开投标、签订合同	
9	外业调查、勘测现场	全村按线路分组进行逐一宗地调查、按林权登记程序进行	
10	权利人申请林权登记	填写必须提交的各种表格，经村委会签署意见盖章	
11	公示	对申请发证的山地、树种、面积、四至等公示30天	
12	制作林权证附图		
13	上报林业主管部门审核	输入电脑，打印林权证	
14	报县人民政府审批		
15	发证、领证	由权利人签领	

福建省漳州市云霄县和诏安县海域行政区域界线协议书

（2003 年 9 月）

第一部分　海域勘界工作概况

第一条

云霄县人民政府和诏安县人民政府根据《国务院办公厅关于开展勘定省县两级海域行政区域界线工作有关问题的通知》（国办发〔2002〕12 号）、《福建省人民政府办公厅关于开展全省海域勘界工作的通知》（闽政办〔2002〕91 号）的文件要求，分别于 2002 年 10 月和 7 月各自成立了海域勘界领导机构和工作机构，负责开展两地的海域勘界工作。在漳州市海域勘界领导小组办公室（以下简称“勘界办”）统一组织和协调下，委托福建海洋研究所作为技术承担单位。按照国家海洋局《关于县际间海域勘界的指导意见》（国海发〔2002〕12 号）（以下简称《指导意见》）和福建省海洋与渔业局印发的《福建省县际间海域勘界技术规程》（以下简称《规程》）等海域勘界有关工作、技术文件，项目组于 2003 年初赴现场进行资料收集和涉界区界桩附近自然地理、环境条件实地踏勘，于 2003 年 2 月编制《云霄县和诏安县间海域勘界实施方案》，征求双方海域勘界办意见，并送省、市海域勘界办审核同意后，于 2003 年 3 月 12 日经省海域勘界办组织论证评审后组织实施。由漳州市海域勘界领导小组办公室负责两县市海域勘界的行政协调，福建海洋研究所负责海域勘界的技术工作。

第二条

按照《指导意见》《规程》要求和涉界区邻近海域自然环境等实际状况，本海域行政区域界线勘定的主要工作为：收集资料与调访调查，海岸线修测、岸滩地貌调查及海岸稳定性评估（定性）、海域使用现状调查等外业调查工作。2003 年 4 月 14 — 16 日市海域勘界办与技术承担单位项目组一起赴各县海域勘界办了解各勘界海域的历史、现状及存在的矛盾与背景，并收集有关资料。2003 年 5 月 14 — 26 日组织项目组对诏安湾勘界海域现场进行基础岸线修测、岸滩地貌和岸滩动态稳定性调查、涉界区海域使用现状调查等。通过大量详细的调查、调访，收集了有关本海域划界的第一手资料。外业调查结束后，开始内业资料整理工作，充分考虑涉界双方提出的意见进行勘界方案（草案）报告编写、图件编绘等工作，于 2003 年 8 月底基本完成云霄——诏安县际间海域行政区域界线方案（草案）。双方开始协商、协调，并与东山县共同协商，以便确定三县海域交点，直至双方达成划界协议。本海域界线勘定过程符合《指导意见》和《规程》中工作和技术标准要求，保证了海域勘界工作质量。

第三条

涉界双方海域勘界办对《云霄县与诏安县县际间海域行政区域界线初拟方案（草案）》认真研究和审议，本着实事求是的态度对划界草案提出了修改意见。漳州市海域勘界办在此期间召集会议进行划界协商，双方海域勘界办通过友好协商初步达成共识，形成界线方案。2003 年 9 月初市海域勘界领导小组召集涉界双方政府分管领导对界线方案进一步协商和审定。双方政府本着尊重历史、注重现实、实事求是、公平合理、互谅互让的原则和精神，经充分协商后对界线方案达成了一致意见，并正式签订本海域行政区域界线协议书。

第二部分　界线方案

第四条

云霄县和诏安县为诏安湾顶北岸海域勘界的相邻涉界方，涉界双方陆域勘界向海一侧终点界桩（即 2224002 号界桩，坐标 2630870.00，537451.90），为双立单面型花岗岩界桩，位于云霄县陈岱镇白礁村与诏安县四都镇东葛头村接壤处。其中，2224002A 号界桩位于诏安县四都镇东葛头村一侧水沟边，坐标为 X=2630865.3，Y=537445.9，H=4.1（1954 年北京坐标系，中央子午线 117°，1956 年黄海高程，下同）；2224002B 号界桩位于云霄县陈岱镇白礁村一侧水沟边，坐标为 X=2630874.7，Y=537457.9，H=4.7。实际上，云霄县与诏安县陆域行政区域界线南止点在入海处的水沟中心。

第五条

云霄县与诏安县间交界海域为诏安湾顶北侧沿岸，涉及沿海的陈岱镇（隶属云霄县）和四都镇（隶属诏安县）。该海域原为诏安湾与东山湾连通的海沟，因八尺门海堤修筑、截断水流，水质状况欠佳。目前该勘界海域两侧分别为云霄县与诏安县沿岸村民的围网养殖区，对岸则为东山县沿岸村民的围网养殖区，本海域勘界对该海域开发利用现状没有造成不利因素。现有海岸线多为加固海堤，相对稳定。自然要素对本海域勘界也没有造成不利因素。

第六条

海域勘界应当坚持有利于沿海地区社会稳定和安定团结，有利于国家安全，有利于资源开发利用和生态环境保护，有利于海洋经济的可持续发展，有利于海域行政管理的原则；同时坚持尊重历史，注重现实，展望未来的原则。海域勘界还须遵循海域勘界技术性原则。

本海域行政区域界线范围较小，沿岸区域地形地貌、自然因素等影响因素相对较简单，双方社会经济状况相似，且为勘界相邻涉界方，所以，云霄县与诏安县间海域行政区域界线的拟制方法采用《福建省县际间海域勘界技术规程》附录 D 等距离线法。从海岸界线起始点延伸陆域行政区域界线至诏安湾顶海沟最深处，即为终点，也是云霄——诏安——东山三县的海域三交点。

第七条

云霄县和诏安县间海域行政区域界线海岸起始点即为陆域勘界向海一侧终点界桩（代号为2224002号界桩），位于云霄县陈岱镇白礁村与诏安县四都镇东葛头村接壤的水沟入海处中心。云霄县与诏安县陆域行政区域界线终点在诏安湾顶海沟中心点，即云霄—诏安—东山三县的海域三交点。

云霄县和诏安县间海域行政区域界线为一段直线，在起点至终点之间不设拐点。全长243.07米。

云诏线海域行政区域界线起点编号350622062401（坐标2630870.00，537451.90），界线终点编号350622062402（坐标2630662.99，537579.30）。

云霄县与诏安县间海域行政区域界线走向：从起点开始，界线向南偏东（方位角148° 23′ 26.32″）243.07米后至终点。

第三部分　界线管理

第八条

云霄县与诏安县间海域行政区域界线图的界线标绘以红色虚线示之。缩编底图依据1 ∶ 25000地形图和2001年的SPOT卫星遥感图像解译，岸线采用本次修测岸线绘制。总体比例尺1 ∶ 50000。坐标系统为1954年北京坐标系，中央子午线117° 。高程系统：1956年黄海高程系统；海域水深基准面为当地理论最低潮面。

第九条

本海域行政区域界线划定后，云霄县和诏安县除双方已有协议规定外，均维持原使用现状不变。对妨碍海上交通安全的水产增养殖设施及捕捞作业，遵照《中华人民共和国海上交通安全法》及漳州市海事部门管理规定进行清理。

第十条

在本海域行政区域界线及其附近海域，新从事各种海洋开发利用活动，要严格实行海洋功能区划和海域使用审批制度，不得互相影响，保证双方辖区海域正常的开发利用活动。

第四部分　最后条款

第十一条

本协议书经福建省漳州市人民政府、云霄县人民政府和诏安县人民政府代表签字后，由福建省海域勘界领导小组审查通过并经福建省人民政府同意，由福建省人民政府报国家海洋局，国家海洋局上报国务院批准，自批准之日起生效。

本协议书一式十五份，上报国务院一份，国家海洋局存一份，福建省人民政府、漳州市人民政府、云霄县人民政府、诏安县人民政府各存二份，云霄县海洋与渔业局、诏安县海洋与渔业局各存一份，漳州市海洋与渔业局存一份，福建省海洋与渔业局存一份，福建海洋研究所存一份。

附：云霄县和诏安县间海域行政区域界线登记表

附：

福建省县际间海域行政区域界线登记表
云霄县和诏安县县际间海域行政区域界线登记表

<table>
<tr><td>省（自治区、直辖市）名称</td><td colspan="2">福建省</td><td>界线名称</td><td colspan="2">云诏线</td></tr>
<tr><td>界线编码</td><td colspan="4">3506220624</td><td rowspan="3">备注</td></tr>
<tr><td rowspan="2">起始点、拐点、终点编号</td><td colspan="2">经纬度</td><td colspan="2">坐标（1954 年北京坐标系）</td></tr>
<tr><td>东经</td><td>北纬</td><td>X</td><td>Y</td></tr>
<tr><td>起点编号 350622062401</td><td>117° 22′ 02.775″</td><td>23° 46′ 43.206″</td><td>2630870.00</td><td>537451.90</td><td></td></tr>
<tr><td>终点编号 350622062402</td><td>117° 22′ 07.255″</td><td>23° 46′ 36.466″</td><td>2630662.99</td><td>537579.30</td><td></td></tr>
<tr><td colspan="2">福建省
漳州市人民政府</td><td colspan="2">福建省漳州市
云霄县人民政府</td><td colspan="2">福建省漳州市
诏安县人民政府</td></tr>
<tr><td colspan="2">代表（签名）：（略）
年 月 日</td><td colspan="2">代表（签名）：（略）
年 月 日</td><td colspan="2">代表（签名）：（略）
年 月 日</td></tr>
</table>

福建省漳州市云霄县和漳浦县海域行政区域界线协议书

（2004 年 2 月）

第一部分　海域勘界工作概况

第一条

云霄县人民政府和漳浦县人民政府根据《国务院办公厅关于开展勘定省县两级海域行政区域界线工作有关问题的通知》（国办发〔2002〕12 号）、《福建省人民政府办公厅关于开展全省海域勘界工作的通知》（闽政办〔2002〕91 号）的文件要求，于 2002 年 10 月各自成立了县海域勘界领导机构和工作机构，负责开展两地的海域勘界工作。在漳州市海域勘界领导小组办公室（以下简称“勘界办”）统一组织和协调下，委托福建海洋研究所作为技术承担单位。按照国家海洋局《关于县际间海域勘界的指导意见》（国海发〔2002〕12 号）（以下简称《指导意见》）和福建省海洋与渔业局印发的《福建省县际间海域勘界技术规程》（以下简称《规程》）等海域勘界有关文件，项目组于 2003 年初赴现场进行资料收集和涉界区界桩附近自然地理、环境条件实地踏勘，于 2 月编制了《云霄县和漳浦县间海域勘界实施方案》，征求双方海域勘界办意见，并送省、市海域勘界办审核同意后，于 3 月 12 日经省海域勘界办组织论证评审后组织实施。由漳州市海域勘界领导小组办公室负责两县间海域勘界的行政协调，福建海洋研究所负责海域勘界的技术工作。

第二条

按照《指导意见》、《规程》要求和涉界区邻近海域自然环境等实际状况，本海域行政区域界线勘定的主要工作为：收集资料与调访调查，海岸线修测、岸滩地貌调查及海岸稳定性评估（定性）、海域使用现状调查等外业调查工作。2003 年 4 月 14 — 16 日市海域勘界办与技术承担单位项目组一起赴各县（市）海域勘界办了解各勘界海域的历史、现状及存在的矛盾与背景，并收集有关资料。2003 年 5 月 14 — 26 日组织项目组对勘界海域现场进行基础岸线修测、岸滩地貌和岸滩动态稳定性调查、涉界区海域使用现状调查等，6 月 24 — 25 日又进行补充外业调查，通过大量详细的调查勘测、调访，收集了有关本海域划界的第一手资料。外业调查结束后，开始内业资料整理工作，充分考虑涉界双方提出的意见进行勘界方案（草案）报告编写、图件编绘等工作，于 2003 年 9 月初基本完成云霄——漳浦县际间海域行政区域界线方案（草案）。双方开始协商、协调并提出修改意见，直至双方达成划界协议。本海域界线勘定过程符合《指导意见》和《规程》中工作和技术标准要求，保证了海域勘界工作质量。

第三条

涉界双方海域勘界办对本海域行政区域界线的划定都提出各自的主张线方案，并对《云霄县与漳浦县间海域行政区域界线初拟方案（草案）》认真研究和审议，本着实事求是的态度各自提出了划界的理由和依据，对划界草案提出了修改意见。在 9 月底至 11 月中旬，漳州市海域勘界办召集了多次会议进行划界协商，双方海域勘界办通过友好协商初步达成共识，形成界线方案。11 月 20 日市海域勘界领导小组召集涉界双方政府分管领导对界线方案进一步协商和审定。双方政府本着尊重历史、注重现实、实事求是、公平合理、互谅互让的原则和精神，经充分协商后对界线方案达成了一致意见，并正式签订本海域行政区域界线协议书。

第二部分　界线方案

第四条

云霄县和漳浦县间陆域行政区划界线2223002号界桩为双面型花岗岩界桩，位于云霄县东厦镇浯田村与漳浦县沙西镇北旗村接壤处，坐标为X=2649098.6，Y=20546150.5，H=3.0（1954年北京坐标系，中央子午线117°，1956年黄海高程，下同）。再从2223002号界桩出发界线大体呈东南方向沿水沟（共2.66公里长）至水闸，即为陆域行政区划界线靠海一侧终点（南止点），未设立界桩，位于东山湾顶漳江口北岸，其坐标为X=2647405，Y=39546630，H=2.0。

第五条

云霄县与漳浦县间交界海域为东山湾中北部，涉及沿海的列屿镇、东厦镇（隶属云霄县）和沙西镇、杜浔镇、古雷镇（隶属漳浦县）等五个镇。

东山湾湾顶潮间带潮滩宽阔，以东侧下寨至港口一带为最大，宽达3—4公里，滩面开阔平缓，其上树枝状潮沟发育。岸滩动态各处不一。漳江口港道淤高，滩面扩宽，潮沟位置变化。东山湾内潮流通道从湾口呈指状向湾内散射，湾中部最大的潮流通道纵贯整个东山湾，与湾顶漳江河口相接，水深5米左右，是东山湾内港口的主要航道。但该潮流通道位置偏西，东侧潮滩面积范围较西侧大得多，且东、西两侧沿岸村民在该海域的养殖开发利用状况有较大的差异。东山湾内潮流通道的明显特征与该海域养殖开发利用现状的巨大反差是本海域勘界工作的难点，海域界线在桃仔线滩涂和大霜岛以西海域出现两个焦点。

本勘界海域两侧涉界区沿岸滩涂、浅海水域目前主要用于水产养殖，开发程度较高，其次用于港口航运等。对大霜岛、小霜岛的管辖历史上曾为云霄县，但是，近几十年来，漳浦村民在岛屿周围的浅海滩涂开展了较大范围的水产养殖，直至航道东侧，对大霜岛也进行一定程度的开发。“石矾塔”屿位于漳江口中洲滩（桃仔线）西南侧，中洲滩北面潮沟较深，是下寨港和漳江口沿岩港区的主航道，桃仔线滩涂上水产养殖开发程度高，涉界双方皆有收益，漳浦村民所占比例较大。

第六条

海域勘界应当坚持有利于沿海地区社会稳定和安定团结，有利于国家安全，有利于资源开发利用和生态环境保护，有利于海洋经济的可持续发展，有利于海域行政管理的原则；同时坚持尊重历史，注重现实，展望未来的原则。本海域勘界还须遵循海域勘界技术性原则。

本海域行政区域界线范围为东山湾中北部，根据该区域的地形地貌、海域使用现状等因素，云霄县与漳浦县间海域行政区域界线分成漳江口海域和东山湾中北部海域两段拟制。在漳江口海域，主要考虑该滩涂养殖开发程度高，在海岸界点附近漳浦县养殖户开发的养殖区存在的插花地（见附图）；在漳江口中洲滩涂（桃仔线）养殖的经济收益双方村民已有明确的协议（即云霄县村民与漳浦县村民收益分成比例为1∶3），因此，在漳江口中洲滩涂（桃仔线）的海域界线按云霄县与漳浦县为1∶3的比例进行分隔。在东山湾中北部海域界线的拟制方法主要考虑历史习惯线与海域养殖现状相结合，涉界双方在各自的主张线基础上退让，即云霄县从原主张的历史习惯线退出至大霜岛以西；而漳浦县退出原主张的航道为界，沿潮流通道边缘的海域养殖现状即为云霄县界线内的插花地。根据双方协议的具体操作方法为：取大霜岛南端点，向西沿纬线作与航道中心线的相交点，两点连线之中点作为该海域界线的拐点；向北连至桃仔线滩涂东南端拐点，向南沿潮滩至半洋礁以南的一无名暗礁，即为本海域行政区域界线的终点。

同时，根据海域勘界界线拐点数最少原则，本海域行政区域界线方案拟制中，将该界线共分5段，其中：漳江口海域界线分成3段；东山湾中北部海域界线仅分成2段。

第七条

云霄县和漳浦县间海域行政区域界线起始点即为其陆域行政区划界线靠海一侧终点（南止点），位于东山湾顶漳江口北岸的水闸，未设立界桩，其坐标为X=2647405.00，Y=39546630.00，H=2.0。

云霄县与漳浦县间海域行政区域界线的终点即为东山湾内的漳浦—云霄—东山海域三交点。云漳线海域行政区域界线在起点至终点之间共设 4 个拐点。全长 21.47668 千米。

云漳线海域行政区域界线起点编号 350622062301（坐标 2647405.00，546630.00），01 拐点编号 350622062302（坐标 2646419.41，546460.80）、02 拐点编号 350622062303（坐标 2645941.94，549855.47）、03 拐点编号 350622062304（坐标 2643262.16，552381.32）、04 拐点编号 350622062305（坐标 2638857.08，553930.95）、界线终点编号 350622062306（坐标 2630253.67，555198.90）。

云霄县与漳浦县间海域行政区域界线走向：从起点开始，界线向南（方位角 189° 44′ 28.320″）1.00001 千米，至 01 拐点（位于漳江口河道中点），界线转向东（方位角 98° 00′ 22.608″）方向，3.42808 千米后至 02 拐点（位于桃仔线滩涂西北端），界线转向东南（方位角 136° 41′ 37.320″）方向，3.68255 千米后至 03 拐点（位于桃仔线滩涂东南侧航道中心点），界线转向南偏东（方位角 160° 37′ 08.400″）方向，4.66970 千米后至 04 拐点（即大霜岛南端至航道中心线之连线的中点），界线继续向南偏东方向（方位角 171° 36′ 58.320″）沿潮滩边缘经半洋礁，8.69634 千米后至终点（位于潮滩上的一无名暗礁）。

第三部分　界线管理

第八条

云霄县与漳浦县间海域行政区域界线图的界线标绘以红色虚线示之。缩编底图依据 1 ： 25000 地形图和 2001 年的 SPOT 卫星遥感图像解译，岸线采用本次修测岸线绘制。总体比例尺 1 ： 50000。坐标系统为 1954 年北京坐标系，中央子午线 117° 。高程系统：1956 年黄海高程系统；海域水深基准面为东山理论深度基准面。

第九条

本海域行政区域界线划定后，云霄县和漳浦县间沿东山湾主航道为界的养殖现状维持原使用现状，海域使用权不变，双方村民在桃仔线滩涂的养殖关系和经济收益分成比例保持不变，双方各自在对方海域内原有的养殖及定置网等插花作业问题，均维持原使用现状，使用范围不得扩大，原生产方式不得改变，直至原生产作业自行停止为止。插花海域使用范围由市海域勘界办组织涉界双方海域勘界办核实确认，由技术承担单位测绘，另行签署协议。水产养殖插花用海的使用证由漳州市人民政府审批。

对妨碍海上交通安全的水产增养殖设施及捕捞作业，由海事、渔业等有关职能部门依照有关法律、法规规定进行清理。

第十条

在本海域行政区域界线及其附近海域，新从事各种海洋开发利用活动，要严格实行海洋功能区划和海域使用审批制度，不得互相影响，保证双方辖区海域正常的开发利用活动。

第四部分　最后条款

第十一条

本协议书经福建省漳州市人民政府、云霄县人民政府和漳浦县人民政府代表签字后，由福建省海域勘界领导小组审查通过并经福建省人民政府同意，由福建省人民政府报国家海洋局，国家海洋局上报国务院批准，自批准之日起生效。

本协议书一式十五份，上报国务院一份，国家海洋局存一份，福建省人民政府、漳州市人民政府、云霄县人民政府、漳浦县人民政府各存二份，云霄县海洋与渔业局、漳浦县海洋与渔业局各存一份，漳州市海洋与渔业局存一份，福建省海洋与渔业局存一份，福建海洋研究所存一份。

附：云霄县和漳浦县间海域行政区域界线登记表

附：

福建省县际间海域行政区域界线登记表

云霄县和漳浦县县际间海域行政区域界线登记表

省（自治区、直辖市）名称	福建省		界线名称	云漳线	
界线编码	3506220623				备注
起始点、拐点、终点编号	经纬度		坐标（1954 年北京坐标系）		
	北纬	东经	X	Y	
起点编号 350622062301	23° 55′ 39.765″	117° 27′ 28.820″	2647405.00	546630.00	
01 拐点编号 350622062302	23° 55′ 07.749″	117° 27′ 22.725″	2646419.41	546460.80	
02 拐点编号 350622062303	23° 54′ 51.861″	117° 29′ 22.689″	2645941.94	549855.47	
03 拐点编号 350622062304	23° 53′ 24.472″	117° 30′ 51.646″	2643262.16	552381.32	
04 拐点编号 350622062305	23° 51′ 01.113″	117° 31′ 45.840″	2638857.08	553930.95	
终点编号 350622062306	23° 46′ 21.329″	117° 32′ 29.486″	2630253.67	555198.90	

福建省 漳州市人民政府	福建省漳州市 云霄县人民政府	福建省漳州市 漳浦县人民政府
代表（签名）：（略） 年 月 日	代表（签名）：（略） 年 月 日	代表（签名）：（略） 年 月 日

福建省漳州市云霄县和东山县海域行政区域界线协议书

（2004 年 4 月）

第一部分　海域勘界工作概况

第一条

云霄县人民政府和东山县人民政府根据《国务院办公厅关于开展勘定省县两级海域行政区域界线工作有关问题的通知》（国办发〔2002〕12 号）、《福建省人民政府办公厅关于开展全省海域勘界工作的通知》（闽政办〔2002〕91 号）的文件要求，分别于 2002 年 10 月和 2002 年 8 月各自成立了海域勘界领导机构和工作机构，负责开展两县的海域勘界工作。在漳州市海域勘界领导小组办公室（以下简称“勘界办”）统一组织和协调下，委托福建海洋研究所作为技术承担单位，按照国家海洋局《关于县际间海域勘界的指导意见》（国海发〔2002〕12 号）（以下简称《指导意见》）和福建省海洋与渔业局印发的《福建省县际间海域勘界技术规程》（以下简称《规程》）等海域勘界工作、技术文件，项目组于 2003 年初赴现场进行资料收集和涉界区附近自然地理、环境条件实地踏勘，于 2003 年 2 月进行《云霄县和东山县县际间海域勘界实施方案》编制，征求双方海域勘界办意见，并送省、市海域勘界办审核同意后，于 2003 年 3 月 12 日经省海域勘界办组织论证评审后实施。由漳州市海域勘界办负责两县海域勘界的行政协调，福建海洋研究所负责海域勘界的技术工作。

第二条

按照《指导意见》、《规程》要求和涉界区海域自然环境等实际状况，本海域行政区域界线勘定的主要工作为：收集资料与调访调查，海岸线修测、海域使用现状调查等外业调查工作。2003 年 4 月 14 — 16 日市海域勘界办与技术承担单位项目组一起赴各县海域勘界办了解各涉界海域的历史、现状及存在的矛盾与背景，并收集有关资料。2003 年 5 月 14 — 26 日项目组对勘界海域现场进行基础岸线修测、涉界区海域使用现状调查等，6 月 24 — 25 日又进行补充外业调查。通过大量详细的调查、调访，收集了有关本海域划界的第一手资料。外业调查结束后，开始内业资料整理工作，充分考虑涉界双方提出的意见进行界线方案（草案）报告编写、图件编绘等工作，于 2003 年 12 月初基本完成云霄县与东山县县际间海域行政区域界线方案（草案）。双方开始协商、协调和提出修改意见，直至双方达成划界协议。本海域界线勘定过程符合《指导意见》和《规程》中的工作和技术标准要求，保证了海域勘界工作质量。

第三条

漳州市海域勘界领导小组对本海域行政区域界线的划定非常重视，多次组织会议对《云霄县与东山县县际间海域行政区域界线方案（草案）》认真研究和审议。云霄县与东山县涉界双方海域勘界办对本界线的划定都提出各自的主张线方案，并本着实事求是的态度对《云霄县与东山县县际间海域行政区域界线方案（草案）》提出了各自的修改意见。漳州市海域勘界办在 2003 年 12 月至 2004 年 4 月初期间多次召集会议进行划界协商，双方海域勘界办通过友好协商初步达成共识，形成界线方案。2004 年 4 月初市海域勘界领导小组召集涉界双方政府分管领导对界线方案进一步协商和审定。双方政府本着尊重历史、注重现实、便于管理、有利发展、增进团结的原则和精神，经充分协商后对界线方案达成了一致意见，并正式签订本海域行政区域界线协议书。

第二部分　界线方案

第四条

云霄县和东山县为海域勘界的相向涉界方，隔东山湾西南内湾及狭窄的八尺门水道相望，双方没有陆域行政区划线。在云霄县陈岱镇与东山县杏陈镇之间的水道已建有八尺门海堤相连。

第五条

云霄县与东山县县际间交界海域为东山湾西南部和八尺门水道，涉及沿海六个镇，即隶属云霄县的列屿镇、陈岱镇和隶属东山县的杏陈镇、樟塘镇、康美镇、铜陵镇。

八尺门水道狭窄、潮沟中间较深，目前在水道内有较多的网箱养殖、吊养和围网养殖及捕捞作业，分别为云霄县沿岸渔民和东山县沿岸渔民所经营，该海域双方养殖现状、捕捞作业相互交叉。

东山县一侧岛礁主要有山涵屿、白屿、五屿、小彭屿、后登屿、蒲姜屿、马鞍屿、尾涡屿（又称尾屿、仙螺屿、吾屿、浯屿）、鼎盖屿、小赤屿、对面屿以及诸多小岩礁，组成岛礁群。在云霄县一侧主要岩礁有青屿礁、白礁、柳谢礁、鸡心礁、港口礁等。

本勘界海域两侧沿岸滩涂、浅海水域目前主要用于水产养殖捕捞，开发程度较高，其次用于港口航运和盐田区等。20 世纪 90 年代中期云霄县渔民和东山县渔民在尾涡屿一带海域曾因开发利用而发生纠纷。为促进海洋资源的开发和保护，维护渔业生产秩序，在漳州市人民政府和漳州市水产局主持下，会同云霄县人民政府、东山县人民政府于 1996 年 9 月 28 日签订了《关于五屿海区划定海上渔业生产临时管理线协议书》。该管理线北侧为云霄县海上渔业生产开发管理区，南侧为东山县海上渔业生产开发管理区，至 1998 年 12 月 31 日，该协议期限已到。为此，东山县人民政府已向漳州市人民政府提出请示（东政〔1998〕综 217 号文件），建议市政府再次召集两县领导和有关部门共同协商探讨，重新划定五屿海区海上渔业生产临时管理线，以利于海区的稳定和生产发展。《协议书》也明确指出该海上渔业生产临时管理线与两县交界处的行政区划无关。但是，已经存在的“海上渔业生产临时管理线”对本海域行政区域界线的划定有一定影响。

第六条

海域勘界应当坚持有利于沿海地区社会稳定和安定团结，有利于国家安全，有利于资源开发利用和生态环境保护，有利于海洋经济的可持续发展，有利于海域行政管理的原则；同时坚持尊重历史，注重现实，展望未来的原则。海域划界还须遵循海域勘界技术性原则。

根据八尺门水道和东山湾西南海域两个区域地形地貌、自然和社会经济等影响因素的差异，云霄县和东山县县际间海域行政区域界线采用分段拟制法，即分八尺门水道段和东山湾西南海域段两段。

八尺门水道段西端以诏安湾顶诏安—东山—云霄三县海域界线交点为起始点，向东贯穿八尺门水道至鸡心礁西南海域。由于八尺门水道岸线曲折，水道狭窄，水道中间深、两侧浅等地貌自然条件，以及涉界双方群众的海上网箱养殖相互交叉，因此，八尺门水道段基本采用以水道中间线走向作为该段海域行政区域界线的拟制方法。

东山湾西南海域段行政区域界线的拟制则主要考虑“海上渔业生产临时管理线”的影响。《关于五屿海区划定海上渔业生产临时管理线协议书》明确指出“该海上渔业生产临时管理线与两县交接处的行政区划边界线无关，并且不作为行政区域定权划界的依据。”鉴于尾涡屿与其周围其他岛屿一样，历史上为东山县管辖。该岛屿及周围海域早期为东山县群众开发，1960 至 1996 年期间云霄县、东山县群众均曾在该区域开发利用，1996 年至今为云霄县群众开发利用。根据海域勘界原则和开发利用情况，该段界线的拟制方法为：“海上渔业生产临时管理线”在白屿以西段保留不变，以白屿北侧为拐点，界线划向东北经尾涡屿北侧延伸至柳谢礁以南，再折至东山湾内漳浦—云霄—东山三县的海域界线交点，即为本海域行政区域界线的终点。

第七条

云霄县和东山县县际间海域行政区域界线起始点就是云诏线海域界线终点（编号 350622-0624-02）和

诏东线海域界线起点（编号 350624-0626-01）的交点，即以诏安湾顶的诏安—云霄—东山三县海域交点为云东线海域界线起始点（编号 350622-0626-01）

云霄县和东山县县际间海域行政区域界线在起点至终点之间共设 14 个拐点。全长 20.7365 千米。

云霄县和东山县县际间海域行政区域界线起点编号 350622-0626-01（坐标 2630662.99，537579.30），

01 拐点编号 350622-0626-02（坐标 2631571.03，539153.18）、

02 拐点编号 350622-0626-03（坐标 2631691.65，540125.81）、

03 拐点编号 350622-0626-04（坐标 2631238.17，540596.59）、

04 拐点编号 350622-0626-05（坐标 2630916.27，540799.77）、

05 拐点编号 350622-0626-06（坐标 2630548.70，541182.85）、

06 拐点编号 350622-0626-07（坐标 2629754.96，542849.12）、

07 拐点编号 350622-0626-08（坐标 2629063.26，543483.22）、

08 拐点编号 350622-0626-09（坐标 2628420.33，543864.56）、

09 拐点编号 350622-0626-10（坐标 2627716.17，544999.50）、

10 拐点编号 350622-0626-11（坐标 2630219.21，548389.56）、

11 拐点编号 350622-0626-12（坐标 2630220.69，548842.59）、

12 拐点编号 350622-0626-13（坐标 2629887.33，550316.15）、

13 拐点编号 350622-0626-14（坐标 2630492.71，551484.95）、

14 拐点编号 350622-0626-15（坐标 2631124.46，552757.43）、

界线终点编号 350622-0626-16（坐标 2630253.67，555198.90）。

云霄县与东山县县际间海域行政区域界线走向：从起点开始，界线在八尺门水道中线向东北（方位角 60° 01′ 02.92″）1.8170 千米，至 01 拐点，转向东偏北方向（方位角 82° 55′ 50.15″），0.9801 千米后至 02 拐点，界线转向东南（方位角 133° 55′ 39.65″）方向，0.6537 千米后至 03 拐点，界线继续向东南（方位角 147° 44′ 25.06″）方向，0.3807 千米后至 04 拐点，界线继续向东南（方位角 133° 48′ 58.74″）方向，0.5309 千米后至 05 拐点，界线继续向东南（方位角 115° 28′ 16.10″）方向，1.8457 千米后至 06 拐点，界线继续向东南（方位角 137° 29′ 15.65″）方向，0.9384 千米后至 07 拐点，界线继续向东南（方位角 149° 19′ 35.84″）方向，0.7475 千米后至 08 拐点，位于鸡心礁西侧，八尺门水道段界线终结；界线进入东山湾西南海域，继续向东南（方位角 121° 49′ 01.34″）方向，1.3356 千米后至 09 拐点，界线转向东北（方位角 55° 33′ 35.32″）方向，4.2140 千米后至 10 拐点，界线转向东（方位角 89° 48′ 46.15″）方向，0.4530 千米后至 11 拐点，界线继续向东偏南（方位角 102° 44′ 50.33″）方向，1.5108 千米后至 12 拐点，即白屿北侧，界线转向东北（方位角 62° 37′ 05.16″）方向，1.3163 千米后至 13 拐点（位于尾涡屿北侧），界线继续向东北（方位角 63° 35′ 48.88″）方向，1.4207 千米后至 14 拐点，即柳谢礁南侧，界线转向东偏南（方位角 109° 37′ 46.57″）方向，2.5921 千米后至终点，即东山湾内漳浦—云霄—东山三县海域界线交点。

第三部分　界线管理

第八条

云霄县与东山县县际间海域行政区域界线图的界线标绘以红色虚线示之。缩编底图依据 1 ： 25000 地形图和 2001 年的 SPOT 卫星遥感图像解译，岸线采用本次修测岸线绘制。总体比例尺 1 ： 50000。坐标系统为 1954 年北京坐标系，中央子午线 117° 。高程系统：1956 年黄海高程系统；海域水深基准面为理论深度基准面。

第九条

本海域行政区域界线划定后，在本条第二款划定的特定海域内，原已由云霄县的单位和个人开发利用的，

除妨碍海区交通安全或不符合有关法律、法规规定的条件外，其使用状况和使用权人的相关使用权等权利保持不变；该特定海域的海洋与渔业行政管理由东山、云霄两县的共同上一级海洋与渔业行政主管部门负责管辖；该特定海域内原则上不再新增海洋与渔业开发项目。

前款规定的特定海域为以下四个基点连线内的海域：

1：23° 46′ 10.000″ N，117° 29′ 37.000″ E；

2：23° 46′ 29.543″ N，117° 30′ 18.353″ E；

3：23° 46′ 49.927″ N，117° 31′ 03.374″ E；

4：23° 46′ 19.902″ N，117° 30′ 31.601″ E。

第十条

本海域行政区域界线划定后，云霄县在尾涡屿岛上原有的基建设施、房屋等，其产权和使用权保护不变，云霄、东山两县原则上不准在该岛上新增海洋与渔业及其他开发项目，确实需要的由两县的共同上一级人民政府审批。

第四部分　最后条款

第十一条

本协议书经福建省漳州市人民政府、云霄县人民政府和东山县人民政府代表签字后，由福建省海域勘界领导小组审查通过并经福建省人民政府同意，由福建省人民政府报国家海洋局，国家海洋局上报国务院批准，自批准之日起生效。

本协议书一式十五份，上报国务院一份，国家海洋局存一份，福建省人民政府、漳州市人民政府、云霄县人民政府、东山县人民政府各存二份，云霄县海洋与渔业局、东山县海洋与渔业局各存一份，漳州市海洋与渔业局存一份，福建省海洋与渔业局存一份，福建海洋研究所存一份。

附：云霄县和东山县县际间海域行政区域界线登记表

附：

福建省县际间海域行政区域界线登记表
云霄县和东山县县际间海域行政区域界线登记表

省（自治区、直辖市）名称	福建省		界线名称	云东线	
界线编码	350622-0626				备注
起始点、拐点、终点编号	经纬度		坐标（1954 年北京坐标系）		
	北纬	东经	X	Y	
起点编号 350622-0626-01	23° 46′ 36.467″	117° 22′ 07.256″	2630662.99	537579.30	
01 拐点编号 350622-0626-02	23° 47′ 05.845″	117° 23′ 02.929″	2631571.03	539153.18	
02 拐点编号 350622-0626-03	23° 47′ 09.679″	117° 23′ 37.295″	2631691.65	540125.81	
03 拐点编号 350622-0626-04	23° 46′ 54.897″	117° 23′ 53.878″	2631238.17	540596.59	
04 拐点编号 350622-0626-05	23° 46′ 44.416″	117° 24′ 01.022″	2630916.27	540799.77	
05 拐点编号 350622-0626-06	23° 46′ 32.434″	117° 24′ 14.515″	2630548.70	541182.85	
06 拐点编号 350622-0626-07	23° 46′ 06.478″	117° 25′ 13.281″	2629754.96	542849.12	
07 拐点编号 350622-0626-08	23° 45′ 43.934″	117° 25′ 35.602″	2629063.26	543483.22	
08 拐点编号 350622-0626-09	23° 45′ 23.000″	117° 25′ 49.000″	2628420.33	543864.56	
09 拐点编号 350622-0626-10	23° 45′ 00.000″	117° 26′ 29.000″	2627716.17	544999.50	
10 拐点编号 350622-0626-11	23° 46′ 21.000″	117° 28′ 29.000″	2630219.21	548389.56	
11 拐点编号 350622-0626-12	23° 46′ 21.000″	117° 28′ 45.000″	2630220.69	548842.59	
12 拐点编号 350622-0626-13	23° 46′ 10.000″	117° 29′ 37.000″	2629887.33	550316.15	
13 拐点编号 350622-0626-14	23° 46′ 29.543″	117° 30′ 18.353″	2630492.71	551484.95	
14 拐点编号 350622-0626-15	23° 46′ 49.927″	117° 31′ 03.374″	2631124.46	552757.43	
终点编号 350622-0626-16	23° 46′ 21.329″	117° 32′ 29.486″	2630253.67	555198.90	
福建省 漳州市人民政府		福建省漳州市 云霄县人民政府		福建省漳州市 东山县人民政府	
代表（签名）：（略） 年 月 日		代表（签名））：（略） 年 月 日		代表（签名））：（略） 年 月 日	

云霄县人民政府关于进一步深化城镇住房制度改革　加快住房建设的实施意见

云政〔2004〕2号
（2004年4月6日）

各乡镇场，县直各单位：

为了贯彻落实国发〔1998〕23号《国务院关于进一步深化城镇住房制度改革加快住房建设的通知》、闽政〔1998〕32号《福建省人民政府关于进一步深化城镇住房制度改革加快住房建设的通知》的精神，结合我县实际，特制定本意见。

一、进一步深化城镇住房制度改革的指导思想、基本原则与近期目标

（一）深化城镇住房制度改革的指导思想是：稳步推进住房商品化、社会化、逐步建立适应社会主义市场经济体制和我县县情的城镇住房新制度；加快住房建设，促进住宅业成为新的经济增长点，不断满足城镇居民日益增长的住房需求。

（二）深化城镇住房制度改革工作的基本原则是：坚持在国家和省统一政府目标指导下，县人民政府决定，因地制宜，量力而行；坚持国家、单位和个人合理负担；坚持“新房新制度、老房老办法”，平稳过渡，综合配套。

（三）深化住房制度改革，加快住房建设的近期目标是：

1. 全县从1998年12月1日起停止住房实物分配，并逐步实行住房分配货币化。

2. 自1999年7月1日起，住房公积金的缴存比例从5%提高到6%。有条件的单位可适当提高，并依据省、市有关规定逐年调整。

3. 至2000年底，全县城镇公有住房租金水平应当达到占双职工家庭平均工资的15%。

4. 建立和完善以经济适用住房为主的多层次城镇住房供应体系。

5. 发展住房金融，建立和完善城镇住房抵押贷款制度。

6. 培育和规范住房交易市场。

三、积极稳妥深化城镇住房制度改革，切实加快住宅建设

（一）改革住房分配制度，是进一步深化城镇住房制度改革的核心。按照国务院、省政府通知精神，停止住房实物分配，逐步实行住房分配货币化。

1. 停止住房实物分配后，根据闽政〔1998〕32号文件精神，我县房价收入比在4倍以上，可以发放住房补贴。住房补贴按我县经济适用住房平均价格、职工工资、工龄和住房补贴面积标准等因素计算确定。计算住房补贴的面积标准按闽政〔1995〕40号文件规定的购房面积控制标准的上限执行。住房补贴的具体办法，根据有关政策和我县实际情况制定并报省房委会批准后执行。

住房补贴资金从财政和单位可转化的原有住房建设资金和公有住房出售收入中解决，具体的核定划转办法由财政局同房委会制订。

2. 全面贯彻执行国务院《住房公积金管理条例》，按照“房委会决策、中心运作、银行专户、财政监督”的原则，不断完善住房公积金制度。财政局在安排年度财政预算时，应当把由财政列支的住房公积金纳入预算，并按期拨付。房委会要规范住房公积金的管理使用，住房公积金要专款专用。严禁挪为它用。

（二）建立新的住房供应体系，大力发展经济适用住房建设。

1. 建立新的住房供应体系是深化城镇住房制度改革和加快住房建设的重要保证。停止住房实物分配以后，

政府将对全县住房建设进行宏观调控，引导市场，满足不同收入的城镇居民对住房的需求，形成多层次的住房供应体系。

2. 根据家庭收入状况建立起三个层次的住房供应体制。最低收入家庭租赁由政府或单位提供的廉租住房；中低收入家庭购买经济适用住房；高收入的家庭购买或租赁市场价商品住房。最低收入、中低收入及高收入家庭的界定标准为：凡双职工家庭达到职工年平均工资收入 8 倍及 8 倍以上的，为高收入家庭。双职工家庭年收入达不到最低生活保障线 2 倍的为最低收入家庭。达到最低生活保障 2 倍以上，但达不到高收入家庭标准的为中低收入家庭。职工年平均工资以统计部门公布为准。

3. 廉租住房可以从腾退的旧公有住房中调剂解决，也可以由政府或单位出资兴建，租金实行政府定价。新建经济适用住房原则上只售不租。

4. 建立新的住房供应体系。重点是大力发展经济适用住房。

（1）经济适用住房建设要坚持统一、合理布局、综合开发、配套建设和合理用地、节约用地的原则，实行统一规划、统一征地、统一拆迁、统一建设。经济适用住房建设用地应在建设用地年度计划中统筹安排，并采取行政划拨方式供应。

对经济适用住房建设实行扶持政策。大力降低征地拆迁费用，理顺城市建设配套资金来源，控制开发建设利润。取消各种没有法律、法规的摊派、集资和收费；停止征收商业网点建设费；个人购买经济适用住房固定资产投资方向调节税适用零税率；水电增容费按照“对等替换”原则，扣除原有基数，新增部分减半征收；其他经有权部门批准的行政事业性收费项目，在原有标准基础上减半征收。同时，不再无偿划拨经营性公建设施。

经济适用住房建设管理工作由房地产行政主管部门负责。

（2）经济适用住房出售价格实行政府指导价，按保本微利原则确定。经济适用住房的成本价包括征地和拆迁补偿费、勘察设计和前期工程费、建安工程费、住宅小区基础设施建设费（含小区非营业性配套公建费）、管理费、贷款利息和税金等 7 项因素，利润控制在 3% 以下。

购买经济适用住房和承租廉租住房实行申请审批制度。具体办法由县房委会制定。

（3）按照《云霄县深化城镇住房制度改革的实施方案》、《云霄县公有住房租金计算标准》要求，继续推进租金改革。租金改革要考虑职工的承受能力，并与提高职工工资相结合。租金提高后，对家庭确有困难的离退休职工、民政部门确定的社会救济对象、非在职的优抚对象，按省市有关规定实行减免政策。

（4）按照国务院《决定》和闽政〔1995〕40 号文件要求，继续搞好现有公有住房出售工作，对于在 1998 年 12 月 1 日前已立项开工并将于 1999 年底之前竣工交付使用的单位自建住房，允许各单位继续按照国务院《决定》规定的办法向职工出售。

（5）在符合城市总体规划和坚持节约用地的前提下，可以继续发展集资建房和合作建房，多渠道加快经济适用住房建设。提倡、鼓励职工参加由县人民政府组织的统一集资建房。集资建房个人按经济适用住房价格出准则。停止单位新征土地集资建房，严格控制行政、事业单位挤占单位非住宅建设用地集资建房。

（6）培育和规范住房交易市场、推进住房商品化。在对城镇职工住房状况进行认真普查、清查和纠正住房制度改革中违法违纪行为，建立住房职工档案的同时，制定管理办法报省房委会批准后，放开已购公有住房、集资建房和经济适用房的交易市场。坚决防止场外交易，取缔隐形市场。

（7）加快改革现行的住房维修、管理体制，按建设部建住房〔1998〕213 号文规定建立已售公房共同部位、设备和小区公共设施专项维修资金。建立业主自治与物业管理、企业专业管理相结合的社会化、专业化、市场化的物业管理体制，创造文明优美的居住环境。

三、扩大住房金融服务，建立和完善住房抵押贷款制度

所有商业银行在所有城镇均可发放个人住房贷款，扩大个人住房贷款的发放范围，取消对个人住房贷款的规模限制，适当放宽个人住房贷款的贷款期限，最长可达 20 年。完善住房产权抵押登记制度，发展住房贷款保险，防范贷款风险，保证贷款安全。

四、加强领导，健全机构，严格监管，确保房改各项政府措施落到实处

（一）要切实加强对城镇住房制度和住房建设工作的领导。县住房制度改革领导小组更名为县住房委员会（简称“房委会”），适当调整组成人员，吸收工会代表和专家参加，领导城镇住房制度改革工作，房委会下设办公室，负责房会委的日常工作。

（二）加强舆论引导，做好房改宣传工作，转变城镇居民住房观念，保证住房制度改革的顺利实施。

（三）严肃纪律，加强监督检查，防止和纠正房改过程中的不正之风。对违反本实施意见，继续实行无偿实物分配住房，低价出售公有住房，随意扩大住房标准、违反规定超面积出售购买公有住房等行为，纪检监察部门要认真查处，从严处理。

五、本实施意见自公布之日起执行

我县原有的有关房改政策和规定，凡与本实施意见不一致的，一律以本实施意见为准。

厦门拓智信息咨询有限公司与云霄县人民政府办学协议书

（2004 年 4 月 22 日）

甲方：厦门拓智信息咨询有限公司　　法人代表：牟娟堂

乙方：云霄县人民政府　　法人代表：黄舜斌

为促进云霄教育事业的发展，加快社会力量办学发展的步伐，增加公众对教育机会的选择，经乙方县委常委扩大会、县长办公会研究同意，决定甲方与乙方的云霄一中合作办学。遵照《中华人民共和国民办教育促进法》、《民办教育促进法实施条例》及《福建省关于鼓励社会力量举办民办校的若干意见》的规定，甲、乙双方现就合作办学事宜，达成协议如下：

一、学校命名

云霄一中分校（暂定）

二、办学规模

（一）前期甲方与乙方云霄一中在江滨校址联办初中校。从 2004 年秋季起正式招生，每届招生任务初定 500 人，为期二届（2004 和 2005 二年的初中招生）四年，即 2004 年 8 月— 2008 年 8 月（2004、2005 二届四年初中学业时限）。

（二）独立建校的云霄一中分校（下称分校）第一期占地面积 50 亩，预留 50 亩。分校性质为民办初中校，学校规模 30 ~ 40 个班。2006 年秋季独立建校并正式招收初中学生，新建校计划总投入人民币 3000 万元。届时甲方根据办学规模、入学学生数的具体情况可以申请在毗邻扩大征地面积，乙方应按第一期征地的土地价格给予批准用地。

三、合作方式

（一）前期联办：

1. 乙方根据省教育厅有关精神于 2004 年秋季起正式停止云霄一中初中招生的前提下，甲方与云霄一中联合创办初中校。

2. 联办期间，甲方必须装修江滨现有教学楼第三、四层教室，添置相应的教学设备，保证正常的教育教学活动所需。甲方投入款额不低于 150 万元，投用于建筑装修及设备的购置，联办期满归云霄一中所有。联办期间的学生膳宿场所由甲方自行解决。

3. 联办校的招生，由甲方委托乙方实施，采用先报名后考试，再择优录取的办法进行，招生数按初定500名（可根据实际容纳的比例和双方的协商而设定），原则上每班生数不得超过60人。

4. 在江滨校联办期间的收费项目规定为赞助费、学费、代办费等，每生三年一次性缴交赞助费底线为人民币6000元；杂费、代办费按上级有关规定执行，原则上与公办校相同。新校区收费项目按省、市有关收费标准执行。

5. 联办校实行经济独立核算，由甲方派员负责管理。

6. 学校正常办学经费由甲方负责。

7. 学校教学管理由云霄一中负责。

（二）独立建校办学期间：

1. 分校实行社会力量与公办学校合作办学，由甲方投资，并与云霄一中合作。分校具有独立法人资格，有独立的法人代表，独立的校园，独立的校舍，学校财务独立管理。

2. 根据《中华人民共和国民办教育促进法》第七章第五十条的规定，甲方享受乙方按公益事业用地及建设给予的优惠，乙方根据城市建设规划按教育用地以出让形式供地给甲方。甲方不得改变土地用途。乙方及其相关职能部门，对于甲方在征地、配套设施、环保、检测、建筑及与创建新学校等有关项目的审批过程中，给予政策上的优惠和办理手续上的支持。甲方建校过程中的城市设施配套费用、人防费、防震检测费、消防费及基建相关收费等费用，应享受同类公办学校同等待遇。乙方所收取的城市建设配套费，及时全额返还给甲方用于道路建设，确保甲方在规定的时间内顺利投建。

3. 甲方负责创建分校的投资，并应先将征地赔青款的50%在本协议签订后的10天内，土地款及赔青款余额在一个月内汇至云霄县国土资源局开设的账户中。甲方土地款交清后，乙方须在贰个月内把土地及代办手续一并交给甲方，完成甲方所选定的建校位置供地，确保甲方如期筹建。甲方着手进行规划、设计，2006年秋季前，甲方必须完成新校区初中部教学楼及生活设施等建设，确保2006年秋季初中招生。分校建设的总投入（由甲方提供的资金、分校收费的相应项目等构成）应达到计划数额。乙方通过云霄一中在师资、教研、科研等方面，对分校的教育教学提供支持和指导，协助分校进行教学管理。

4. 甲方经考察，在符合乙方中小学合理布局和将军山公园建设规划的前提下，选择在云霄县将军山公园东南侧建校。乙方应全力支持，批准甲方在这一带规划征地。

5. 甲方应于签订本协议之日起，成立学校董事会。董事会负责从乙方推荐人选中或从其他教育界人士中招聘校长；拟订学校章程，向审批机关提交相关证明材料，取得办学许可证，方可办学。分校校长行使董事会赋予的教学与相应的行政管理职权，列席董事长会，具体职责范围由分校章程规定。

四、师资聘任

（一）从2004年秋季以后，乙方停止云霄一中初中部的招生，乙方按每年招生500名学生的比例，分别于2004年秋季和2005年秋季由云霄一中各选派31名初中部教师，分离到江滨联办校，接受甲方择聘。不愿意受聘或未被受聘者及中途解聘的教师，可由乙方通过教育行政主管部门安排到其他公办缺编的学校任教。

（二）江滨联办的二届四年期间，云霄一中所分离的被甲方聘用的初中教师工资由乙方负担，按原来渠道发放。课时补贴、奖金福利等由甲方支付。

（三）2007年秋季、2008年秋季及以后，以上云霄一中初中部教师先后自然分离到独立分校，其人事关系仍保留在原单位，国家规定和地方政府发放的工资、医保、住房补贴、住房公积金等费用，由甲方负责，逐月按原渠道发放。不愿意继续受分校聘用或中途被解聘的云霄一中教师，由乙方通过教育行政主管部门重新安排。

（四）被分校聘用的云霄一中教师，人事关系仍单列保留在原单位，但不占原单位教师编制。在分校任职至退休的原云霄一中的教师，由乙方按原身份办理退休并享受公办教师同样的待遇。分校教师的职称评聘及工资调整按国家有关规定办理，由甲方组织评定上报，具体职数由乙方与有关部门另行商定。

（五）除了云霄一中分离、选派且受甲方聘用的在编教师以外，江滨联办期间和独立分校师资不足问题，由甲方自行公开向社会择聘，负担工资、福利、资金等，并根据国家有关规定按时缴纳这部分受聘教师相应的社保、医保费用。分校另行招聘的非在编教师的人事关系、档案委托云霄县人事局人才交流中心管理。

（六）除云霄一中教师外，其他中学在编公办骨干教师，受一中分校聘任总数比例不得超过40%，聘用后教师档案、人事关系由县教育局管理。县教育主管部门和县人事部门应同意教师流动自由，在民办学校任教期间教师的工龄、教龄可连续计算。对不适合或不愿意在民办学校工作而需要回公办学校的公办教师，允许其返回教育系统重新安排，并保证其享受公办教师同等待遇；对在民办学校工作至退休的公办教师，应按公办教师的同等待遇办理退休手续。

（七）甲方自行招聘的教师若出现解聘或违约情况，由甲方与其按合同进行处理，乙方及教育主管部门一概不予负责。

五、其他合作方法

（一）云霄一中对分校的教改、教研、科研等业务，提供必要的支持和指导，保证分校的教育、教学质量达到国家规定的要求。分校每年招生方案须经县教育主管部门批准后，方能实施。

（二）分校可以向学生家长收取学校建设赞助费。2009 年秋季后收取的建设赞助费，除 10% 作为云霄一中的合作回报外，其余用于分校的基本建设和教学设施配置。

（三）分校从办学第 4 年（2009 年秋季）起，每年收取的建设赞助费按比例使用。其中，10% 用于支付云霄一中的奖教金；10% 作为校长经费和学校正常经费；30% 投入分校的建设和教学设备的补充和更新，对暂未投入使用的资金，设立“分校发展基金”；50% 可作为甲方的投资回报。

云霄县人民政府与厦门海峡科技中等职业学校办学协议书

（2005 年 9 月 12 日）

甲方：厦门海峡科技中等职业学校　　　法人代表：罗明祥

乙方：云霄县人民政府　　　　　　　　法人代表：黄舜斌

为促进云霄县职业教育事业的发展，加快社会力量办学发展的步伐，增加公众对教育机会的选择，根据国家教育部等七部委《关于进一步加强职业教育工作的若干意见》（教职成〔2004〕12 号）和教育部《关于加快发展中等职业教育的意见》（教职成〔2005〕1 号）等文件精神，经县委常委扩大会研究决定，云霄县人民政府（下称乙方）决定与厦门海峡科技中等职业学校（下称甲方），签订举办云霄职业学校（民办）的办学协议。按照《中华人民共和国民办教育促进法》《民办教育促进法实施条例》及《福建省关于鼓励社会力量举办民办校的若干意见》的规定，甲、乙双方现就合作办学事宜，达成协议如下：

一、学校性质

1. 学校命名为云霄职业技术学校，乙方学校不再以此冠名。

2. 学校属民办职业学校，实行社会力量办学，由甲方负责投资办学，具有独立的法人资格、独立的办学校园，学校经费独立管理。

二、学校建设

1. 经双方商定，学校选址在乙方的海峰职业中学校区。乙方把现有的海峰职业中学的校园，提供给甲方作为创办独立的民办职业学校并承担初中教育办学所用。

2. 甲方负责创建民办职业技术学校的投资，并应将首期建设资金 500 万元，在本协议签订后的一个月内，汇至甲方在云霄开户银行的账户中，甲方即可着手进行民办职业学校的规划、设计和建设。2006 年春季开学前，甲方必须完成学校的学生公寓、实验楼（含设备）及生活设施等建设，确保2006年职校春季招生及教育教学顺利进行。甲方务必在2 ~ 5年内（协议签订后起算），按照省级重点职业学校的标准，逐年投入建设资金，总投资达4000万元以上，力争把云霄职业技术学校创办成省级重点职业技术学校。

3、乙方提供给甲方的海峰职业中学范围内的所有土地、设施和实验园的使用期限为40年（从本协议签订后起算）。海峰职业中学现有债权债务及遗留问题，由乙方负责处理，与甲方无关。土地性质均为教育用地，甲方不得改变用地性质；原来的校舍及设备设施属国有资产，甲方在使用期间，要负责维护修缮，避免流失。使用期至，除甲方办学所得的回报外，学校的其他财产归乙方所有。

4、甲方向上级争取的资金或者上级拨付支持乙方职业教育的专项资金，直接用于投入甲方创办的云霄职业技术学校的建设。

5、甲方创办学校的用电、用水及工程建设，享受与乙方公办学校同等的待遇。

三、招生办学

1、从2006年元月起，甲方承接乙方教育主管的中职招生及办学工作，并完成每年下达的招生计划任务。与此同时，乙方停止原来两所职业学校职业中专和职业高中的招生。在甲方能够全部承担每年市下达给乙方招生任务的情况下，乙方不得批准新办技工、职高、职专等中等职业教育学校。

2、民办职业学校的招生纳入乙方教育部门的招生计划，由教育局下达任务并协调春秋两季的招生报名工作。学校的教改、教研、科研等业务，隶属乙方教育部门的管理，乙方必须提供必要的支持和指导。

3、乙方的原海峰职业中学，更名为云霄海峰中学，只保留初中部，施教区域不变，并委托甲方管理，执行义务教育模式，享受初中阶段公办学校的同等待遇；乙方按当地当年实际的标准，及时拨付生均公用经费；甲方必须执行义务教育的有关规定，严格实行“一费制”，自觉接受乙方教育、财政、物价、审计等有关部门监督；甲方必须加强职业技术教育初中教育教学管理，保证教育教学质量达到规定的要求。

4、乙方原“云霄职业技术学校”恢复为云霄城关中学，逐步办成省级达标的完全中学。2006年元月起停止职业中专和职业高中的招生。2006年元月之前所招收的职业中专和综合高中的学生，全部委托甲方管理（具体管理办法另行商定）。

5、为促进云霄职业教育的发展，协议签订的前五年内，乙方每年确保甲方完成招生任务800人。其收费标准按现在公办职业技术学校和职业高中的标准收取。甲方力争所招收的学生（含2006年元月之前所招收的职业中专、综合高中的学生）毕业就业率应达98%以上，月工资达1000元以上。

四、师资聘任

1、甲方负责乙方的职业教育教学工作，为乙方培养更多的职业技术人才。鉴于甲方开设科目专业性强，需从异地招聘大部分的专业课教师，费用支出大，在过渡期间（2006年元月 — 2011年12月），乙方根据实际向甲方补贴教师工资，支持甲方创办民办职校。经双方协定，2006 — 2007年，乙方按现行中学教师平均工资的标准，各补贴给甲方80名教师的工资额；2008 — 2011年乙方各补贴甲方100名教师的工资额。以上由乙方每年分两次拨付，各于每学期开学后15天内拨付。过渡期间，学校的师资配备问题，由甲方自行聘请，工资、福利由甲方负责。民办职校教师的职称评聘等，可根据上级有关规定，委托乙方办理。

2012年元月起，乙方停止支付教师工资的补贴，民办学校的师资配备及工资问题均由甲方自行负责解决。届时，甲方需聘任乙方公办教师的，可参照《云霄一中将军山分校师资聘任管理办法》进行聘请。

2、乙方委托甲方管理的海峰中学初中部的师资，由乙方按照实际的师生比例进行配置，确保正常的教育教学秩序，教师工资、奖金、福利等待遇由乙方负责。

五、本协议签订后，任何一方均不得单方终止本协议的履行，双方应严格履行本协议约定的各项条款，如有违约，则违约方应承担相应的经济赔偿责任（包括实际经济损失和预计可得利益损失的赔偿）。甲方没有按本协议的规定按时、足额投入学校建设，由县教育主管部门根据《中华人民共和国民办教育促进法》第九章的规定提出处理意见。

六、本协议一式六份，报漳州市教育主管部门一份，甲、乙双方各执一份，县教育局一份，海峰中学一份，城关中学一份，均具有法律效力。不尽事宜，或因政策调整产生的新问题，双方应当及时协商解决。

甲方：厦门海峡科技中等职业学校　　乙方：云霄县人民政府
法人代表：罗明祥　　法人代表：黄舜斌

云霄县人民政府关于提请审议《云霄县城市总体规划》的议案

云政综〔2006〕234 号
（2006 年 12 月 27 日）

县人大常委会：

云霄县城总体规划始编于 1985 年 10 月，于 1992 年进行了第一轮调整，1994 年 11 月经漳州市人民政府审批通过（漳政 [1994] 综 174 号），规划近期人口规模 10 万人，2010 年 12 万人；近期建设用地 7.0 平方公里，远期 12.5 平方公里，规划区范围 32 平方公里。随着云霄经济和社会的迅猛发展，原县城总体规划已不能适应城市发展的需要。2000 年，县政府委托福建省城乡规划设计研究院对县城总体规划进行第二轮调整，并于当年完成了初步方案，由于厦深铁路走向和新行政中心选址等外部条件未能及时确定，致使规划工作中断。2006 年元月，省建设厅批准了我县县城规划建成区实际居住人口规模到 2010 年 15 万人左右，到 2020 年 20 万人左右；建设用地规模到 2010 年控制在 10.6 平方公里以内，到 2020 年控制在 18.47 平方公里以内。据此我县于今年 5 月再次启动规划调整，8 月完成初步设计方案，由有关部门讨论并进行了深化和修改，10 月完成调整方案讨论稿向县政府及县直各有关部门征求意见和建议，并对方案进行了充实。12 月 20 日提交专家评审会评审，省城乡规划设计研究院根据专家评审意见进行了再次充实和优化。

新县城总体规划的城市性质调整为以发展轻型工业和商贸业为主的生态临海工贸城市，规划城市规模为：近期（2010 年）人口规模 14 ~ 15 万人，远期（2020 年）人口规模 20 万人；近期（2010 年）城市建设用地规模 10.48 平方公里，远期（2020 年）城市建设用地规模 18.43 平方公里，规划控制区范围 90 平方公里。城市总体按“一心二轴三片”进行布局，“一心”即县城中心；“二轴”即绿轴和水轴；“三片”即云陵老城片区，莆美新城片区和七星工业项目区。城市用地发展主要往东、西适当扩展，往东南滚动发展，实施“东移南扩，西进北拓”的发展战略，形成带状城市。县城对外交通形成以公路运输为主、铁路运输和水运为辅的综合运输体系，城区道路采取“环状 + 方格网”的布局，形成“四横四纵一环路”的格局。城市绿化突出山、江、海、城总体协调，充分利用山体、水系及城市防护地带构成绿化网络。同时，要坚决停止私人建房，切断其占用城市公共资源。

新县城总体规划，立足县情实际，发挥区位资源特色优势，积极参与全省海峡西岸经济区及漳州市域打造“三大基地”的建设分工，更好地呈现云霄在全省、全市区域总体发展布局中的特色和地位，发挥沿海岸线资源优势，主动融入厦门湾，对接漳浦古雷港区，加快漳州港云霄港区建设，发展临海工业，努力打造“三大基地”，将云霄建设成为生态临海工贸城市。

县城总体规划历经六年，规划外部条件趋于明确，方案日趋成熟，经专家评审并再次充实优化总体规划成果，于 2006 年 12 月 26 日政府常务会研究，拟同意，现特提请县人大常委会审议。

妥否，请批复。

关于批准调整《云霄县城市总体规划》的决定

（2006 年 12 月 29 日县十四届人大常委会第二十三次会议审议通过）

云人〔2006〕26 号
（2006 年 12 月 29 日）

云霄县人民政府：

根据云政综 [2006]234 号文《云霄县人民政府关于提请审议〈云霄县城市总体规划〉的议案》的提请，经县十四届人大常委会第二十三次会议于 2006 年 12 月 29 日审议通过，决定批准云霄县城市总体规划调整的议案。新县城总体规划的城市性质调整为以发展轻型工业和商贸业为主的生态临海工贸城市，规划城市规模为：近期（2010 年）人口规模 14 ~ 15 万人，远期（2020 年）人口规模 20 万人；近期（2010 年）城市建设用地规模 10.48 平方公里，远期（2020 年）城市建设用地规模 18.43 平方公里，规划控制区范围 90 平方公里（编者注：本次规划控制区范围为东至厦深高速铁路，西至将军山风景区 [包括在内]、莆美大山、向东渠一线，南至疏港公路，北至火田镇的瑞堂村）。城市总体按“一心二轴三片”进行布局，“一心”即县城中心；“二轴”即绿轴和水轴；“三片”即云陵老城片区、莆美新城片区和七星工业项目区。城市用地发展主要往东、西适当扩展，往东南滚动发展，实施“东移南扩，西进北拓”的发展战略，形成带状城市。县城对外交通形成以公路运输为主、铁路运输和水运为辅的综合运输体系，城区道路采取“环状 + 方格网”的布局，形成“四横四纵一环路”的格局。城市绿化突出山、江、海、城总体协调，充分利用山体、水系及城市防护地带构成绿化网络。同时，要坚决停止私人建房，切断其占用城市公共资源。县人大常委会对《云霄县城市总体规划》的议案提出以下要求：第一，县人民政府及建设主管部门要严格按照调整后的《云霄县城市总体规划》做好三项产业布局，明晰功能区划分，严格非规划项目入区建设，维护规划法律效力。第二，要按规划高起点设计，高标准建设，使规划建设紧贴实际，紧贴发展。第三，规划建设过程始终要注重环境保护与治理。第四，建议建设局及专家组对规划中相关内容进行修正和准确表述。

三、诗文选录

（一）文选

1. 明文

明戶部左侍郎吳原墓誌銘

傅　瀚

明，故正議大夫、資治尹、戶部左侍郎吳公墓誌銘。

賜進士，通議大夫、禮部右侍郎，前太常寺卿兼翰林院侍讀學士、經筵講讀官兼修國史，新喻傅瀚撰。

中憲大夫、太僕寺少卿、直內閣經筵官、預修國史玉牒，永嘉姜立綱書。

賜進士第，嘉議大夫、戶部左侍郎，華容劉大夏篆蓋。

弘治八年十一月十三日，戶部左侍郎漳浦吳公卒。先是初十日，公早起覺有疾，然猶强入朝、還部理事，抵家方在告，意謂稍調攝當即愈，得面也。十三夜四鼓，有叩門者，則報公死矣！爲之大驚痛不置。嗚呼！同年位列于朝僅八九人，公蓋表表者，乃止是邪！訃聞，上嗟悼，命官喻祭，敕有司營葬事，特賜寶鏹三千貫。子夢麒將扶柩歸葬，乃奉翰林黃編修瀾所爲行狀，求余銘墓。

公諱原，字道本，姓吳氏，別號雲坡居士，福之漳浦人。幼穎慧，始齔讀書即了大義，厥考俾從鄉郡明師，盡得所授。稍長，游邑庠，以詩經領景泰庚午鄉薦。天順甲申登進士，授兵科給事中；成化辛卯遷右給事中；癸巳轉左，遭外艱；丁酉起復，改禮科；己亥陟兵科都給事中；癸卯升太僕少卿；丙午進本寺卿；丁未擢戶部右侍郎，總督倉儲。弘治己酉乞歸省母，賜寶鏹三千貫，給驛以行。辛亥轉左侍郎，入佐部事。壬子，兩浙大水，民荐饑，守臣以言，敕公兼都察院右僉都御史，亟往巡視。癸丑事妥徵還，方將有大敘擢，而公已矣。嗚呼！公始在給舍，即言正心、任賢、愛爵賞、節用度、斥異端五事，多見嘉納。嘗再偕僚寀，疏乞溥恩惠以廣皇嗣，言剴切，忤旨被譴，不變。初置西廠伺察，中外局蹐，公言廠非舊典，革之便，報可。屬安南窺竊于滇，東夷犯順于遼，公皆極言守臣貪恣誤國，乞罷遣之，俱得旨。既又率其僚，痛劾一二大臣党附西廠者，爲所中，久之乃遷太僕。以公嘗奉敕經劃馬政，至是凡招商買馬，及巡視直隸、河南、山東孳牧，俱敕公往，動輒有譽。督倉儲，法嚴而寬，先是竊芻糧者，輒先痛箠至流血，乃置理，類有死者。公曰："犯有正律，何用箠爲！"竊者感化。親藩軍校，怙惡擅支放，至縛官吏以爲常，公禁之，削迹去。增修厫座，以間計累千數。莅浙，首宣朝廷德意，次搜民隱，令諸司各陳便宜，急起行之。分任所携部屬，乃推委藩臬中之最有聲者，勸分平糶，且積且賑。未幾粟積至三十一萬餘石，銀七萬餘兩，奏蠲累年逋賦數百萬計，民賴以濟。他如防寇盜、抑豪强、築海堤、塞礦穴、嚴生女不舉之禁，卓有嘉績。其在部承布繳復，贊劃尤多。

公長身修髯，器度偉甚。其待人寬厚坦夷，禮之不答，或肆侮，不與較。凡政務可否，惟理之視，不以豪右寡弱異徇。于財利斥遠恐後，雖素饒裕，亦其性然。好周濟，有急盡力援之。同邑監生蔡坦、訓導黄茂貴，俱疾革舁托公。坦疾疫也，時盛暑，公方會客，客有逸去者，公從容處之，殯其喪，自餘主殯于其寓者不暇一二數。居家極孝友，父喪哀毁幾殆，念毋不以諸弟具養而廢，以嘗一再歸省，不敢復言私，恒自悒悒，覬得公便往視未果。弟震、泰偕計北來，每夕度其程次，思不已，至則服食慰問，和樂無間言。後震仕爲廣東市舶提舉；泰以進士歸省，則又倍思之。善記憶，在科時，凡奏牘數萬言，默視至再，輒能舉其辭。湖南宣慰司奏狀，期年間印篆微不同，立辨其僞。公暇手不釋卷，尤好讀左氏春秋，談間偶及典故，輒能道始末。喜吟咏，僚友凡有作即和之。爲文多不留稿，中歲後，其子始爲收其什一。今所存者雜文若干篇，詩若干卷，《南行録》、《浙巡録》、《行囊録》、《奏議稿》、《雲霄吳氏族譜》藏于家。

公之先，自河南固始入閩，家泉之晉江。元大德中，五世祖福友，以百戶屯田漳州雲霄，遂爲雲霄人。高祖真一、曾祖廣德，俱稱長者。祖榮祿，以公貴，贈嘉議大夫、戶部右侍郎。祖妣蔡氏贈淑人。父晚紹號友松，封徵仕郎、兵科給事中，贈嘉議大夫、戶部右侍郎。母淩氏封孺人，加封太淑人。配林氏累封淑人。子男一夢麒，以蔭爲國子生，式克肖，側室林出也。女二，素華、素英，素英公從兄參政森之子，自幼鞠之者，俱卒。孫男一崇甫。公沒時呼夢麒言："吾受厚恩未能報，負汝祖母壽八十有八未能養，汝終吾志，力自樹以成而子，吾無憾矣！"言訖而逝。蓋公素明達，故臨絕不亂如此。

葬以九年十一月十七日，墓在雲霄鄉驛後山之原。銘曰：劬乃職，豐乃績，不狂以趨虛乃直，民曹不空天駟殖，云誰之思公也力。高鵬乘風安所極，南溟去咫殲其翼，眼枯吻焦哀有識，後昆繩繩昭永錫，壽公不磨噫此石！

公生于宣德辛亥十月二十七日，壽六十五。

（张耀堂标点）

吴原墓，1957年省文管会公布为文物保护单位。1960年8月，云霄一中建朝阳楼用地，经省文管会批准发掘，墓志铭存于县博物馆，"文化大革命"中丢失，今存拓文于县博物馆。

明湖廣布政使司右參政警庸林公墓誌銘

黄鳳翔

明亞中大夫，湖廣布政使司右參政、前翰林院編修警庸林公墓誌銘。

賜進士及第，資善大夫，南京禮部尚書，前吏、禮部左侍郎兼翰林侍讀學士，經筵講官，兩京國子監祭酒，同年友人晉江黄鳳翔撰文。

賜進士第，嘉議大夫，刑部右侍郎，预告前都察院左副僉都御史協理院事，年侍生詹仰庇篆蓋。

賜進士第，正奉大夫，正治卿，湖廣等處承宣布政使司左布政使、前奉敕提督廣西學政門生楊道會書丹。

黃生索居山中，歲云暮矣。漳浦林生毓榛自雲霄前塗淩寒疾驅，踵門上謁，爲其嗣父參知警庸公請銘墓中之石，曰："先君子治命也。"余與參知公同舉于鄉，同官詞垣，能悉公行業耳，豈蕪言足爲公重！公亦可謂有嗣矣，又無庸以伯道爲公憾也。乃按少司徒瑞峰盧公之狀而次之曰：公諱偕春，字孚元，別號警庸，晚復自號雲山居士。先世出唐九牧，漳故多林，而居雲霄葭洲者爲公始祖。曾祖崇器有潛德，崇器生琥，早世。配王氏，遺腹生文貢，矢志植孤，迄于成立。以葭洲近海多盜，徙前塗居焉。文貢爲邑諸生，娶于謝而生公，比公爲翰林檢討，封父如其官，母封孺人。又奉封翁命，疏陳祖母王苦節，獲旌表焉。

公自少穎敏，封翁授以六籍百家言，輒能博綜解悟，塾黌諸彥咸斂衽讓公先登矣。嘉靖辛酉舉于鄉，乙丑成進士，讀書中秘。時閩士與館選者二，而莆陽陳宗伯薦南宮第二人，衆目屬之。當事者重公學行與宗伯相頡頏，既散館，并授史職，蓋採公望云。公性坦直無城府，亦不隨與時俗低昂，居詞林，扃戶讀書而已。尤注意先朝典故，廟廊政體，人咸以公輔器屬公。嘗分校禮闈，海內名士多入彀者。以與修《莊皇帝實錄》成，遷編修。時江陵相柄國，亦以實錄成晉秩，得給綸命。公適當制，所撰述不肯侈爲褒飾語，典籍承江陵意指以動公。公答曰："王言有體，相公所自申飭也，其誰敢違？"江陵深恚之。越歲京察，圖釋憾，然不能有所瑕摘，例轉公楚臬副使。公笑曰："擯我者，楚相耳！即副憲，何必楚？吾有二親在，菽水可歡，金緋可屣脫矣！"疏乞致仕歸。

歸而奉高堂寢膳，與松菊婆娑，足迹不履城市。邑令檇李朱君雅慕公，敦請公董修邑乘。公强應之，寓邑禪寺數旬，經公撰集者，皆信史也。居九載而權相歿，銓部錄權相所廢斥者，起公原官，督兩浙學政。封翁趣公曰："君子道長，茲其時矣。"公遵嚴命之浙中。浙人士甲天下，公所評騭，若懸衡而校，持鑒而別，錙銖毫髮靡爽。士被公賞識，相繼掇巍科展逵路者，不勝編錄。而陶太史望齡以補試拔置正案第一，則尤稱神識奇事，非券諸事後，其孰能信之。直指使繩公苛法，積相迕，則憤然曰："是猶作登瀛態乎？乃其舉措又何狂誕也！"遂論公調歸。政府諸公備諗浙中狀，屢貽書爲公勸駕。封翁復趣與偕行。公寄家姑孰，單車入都下，需次，得江右臬副，備兵虔州，虔岑岡巢穴不靖，衆議僉主剿，公謂"勝小不武，濫殺非仁"，諍之撫台甚力。顧撫台業舉事，用公言，竟戮巨魁，赦厥脅從，所全活生靈甚衆。尋遷湖廣右參政，分守荊西。荊西湯沐重地，時方苦旱甚。公蒿目焦思，與諸守令拮据賑救。黔庶方倚公爲命，而忌者復摭前語中公。公怡然曰："區區此身，今以還諸膝下，必不令北山猿鶴帶憤含羞矣！"

既懸車子舍，日惟鍵關距躍，于人世蔑如也。作小齋，匾曰"讀書談道"。諸後生小子執藝文就正者，戶屨常滿，公倒屣應之不爲倦。所居當雲霄孔道，藩臬郡邑大夫以事過雲霄，必造公廬請益，惟與談閭閻利病，絕無一語及私。見見聞聞者益向慕之。故事，凡縉紳家居，郵中月致輿餼。公悉謝不受，曰："我栖息衡茅，遨游山水間，安步以當車，甚適矣！奚敢厚煩邑里費？"其取與不苟類如是。

公事二親孝，處二庶弟友，待宗黨睦而有恩。念葭洲爲瓜瓞舊地，肇建宗祠，仍捐資買田，以供禋祀，林氏宗共利賴焉。先後宅封翁及謝孺人憂，皆伏苫三年，足不窺內寢。四出擇吉襄事，即山窮水盡，不憚跋涉。封翁出殯而戚容哭踴，觀者如堵墻。鎮城內外至竪木標題曰："爲仁德林封君營葬。"豈必大行之爲顯親哉！然公自是毀瘁矣，終二喪，甫閱歲而卒。疾亟時，或問以後事，默弗應，忽朗誦劉長卿《上陽宮望幸》詩一首，聲若出金石，兩手舞，若忻得大還者。公之胸次無著，臨終乃益見矣。

卒之日，雲霄爲之罷市。蓋公自通籍以迄考終，所爲德于鄉甚篤。先是雲霄多俠少，頗有窮里剽掠之奸，如趙京兆所捕治者。參戎與巡海憲臣議且請夷以兵革，公昌言于朝，事乃寢，而群不逞亦因以潛遁。饒寇入閩，銓部爲添設臬憲，委以練兵詔邑，控制雲霄。公謂"官多民擾"陳之冢宰，尋罷設。起官浙中時，鄉耆舊乞借公重，蠲公溪船餉。公言之邑令，邑令以成事解。言之撫院，撫院主先入，竟不得蠲。邑令大憾公，公不爲悔也。其歿而有遺思，宜哉！

公生嘉靖丁酉年四月初四日，卒萬曆甲辰年九月二十六日，享年六十有八。配方氏，封孺人，先公卒，繼沈氏。無子，以弟弘春之子毓榛嗣。毓榛郡庠生，娶廩生方志寶女，孫男二：敦、聯。方孺人生女一，適邑庠生王爾拔。側室生女一，適邑刑部主事胡賓墀男庠生鋌。所存文若干卷，詩若干卷，《三國志摘》、《晋書北史抄略》傳于世。公墓在邑馬徑山之原，葬以萬曆戊申二月初二日。

黄生曰：三間大夫有云：同糅玉石，一槪相量。夫直枉之難偕也久矣！三復其言，可爲永嘆。當公之以憲副入都也，公同年許相君戒庖授几，虛左席待公，而吾郡詹司寇與焉。公至則岸然據上坐，不少遜。亹亹談說，不少隱。每及世故時艱，人情物態，則慷慨傾吐，傍若無人。許相君膝席霽色而聽，亦爲之心折。蓋詹司寇嘗爲余述之，謂兩公足交相重也。夫以公意氣，而欲令卑疵纖趨之子，迎颸扇焰之夫，不動色操戈也難矣哉！顧于公奚損也。

銘曰：厄于權相，猶可言也；厄于直指使，不可言也。樹績于宦，猶可諼也；樹德于鄉，不可諼也。蓋惡直醜正以爲庸態，而達人遺物有何芥蒂？惟不朽者之長存，又奚勞旁觀者之嗟慨！歲在萬曆三十六年戊申中春之吉鐫石。

（张耀堂标点）

林警庸墓，1957年省文管会公布为文物保护单位。1966年“文化大革命”动乱中被挖掘破坏，1983年墓志铭回葬原墓，今存拓文于县博物馆。

湖廣參政警庸林公墓誌銘

陶望齡

先生諱某，字孚元，警庸其號。少奇穎，丱歲博通群書，補諸生，有雋譽。嘉靖辛酉舉鄉試，乙丑舉進士科，尋選翰林院庶吉士，以材器爲館閣師所重。故事閩中館選二人，唯一人留。是科先生與莆田陳尚書經邦俱授史職。先生爲檢討，戊辰分校禮闈，明年以告還，又明年還職。萬曆癸酉同修肅、穆二朝實錄，展書經筵，管理誥敕。甲戌錄成，進編修。先生性嗜書好古，及官詞曹，每請俸輒送書肆。杜門息交，游泳文藝，該習朝典，意尚深遠，人莫之測也。爲人直躬曠宇，腸如弦繩，外甚宏肆而神守堅確。其當制也，以次草江陵誥詞，先生據體演文，無所誇飾。江陵固已不怡，屬令改定之。又持曰：“王言適如是止也。”不增易一字，遂大憾之。乙亥用年例改湖廣按察司副使，行止淮安，上章請罷，報可。

先是門人習公孔教以書勸先生之官，至是報曰：“僕賦性過戇，誤塵華貫，適者外轉，勢固宜然。僕豈敢擇官而居處哉！士皆有志，貴能自適。古人有辭萬鍾而不顧，豈真爲高哉？亦必有不當于心者。僕釋屩以來，蓋非一日，長短之效，昭然可見。今當塗者以此處僕，以我爲能乎？否乎？僕雖音操土風，行乖流俗，至于是非成敗之故，坦然明白，輕重緩急，亦嘗爲系。人雖以僕爲不能，僕不甘也。然名不登于首列，交不及于顯官，終日窮年，兀然自守，平生所知契一二人耳。而或以僕爲能，僕不敢也。夫以僕之能不能尚不敢自決，而況于當塗者乎？既不以不肖爲能，而又不欲顯然斥之，直以庸常畜我，我又庸常自待，甘縻寸祿，是真無意于天下事者也。天下事豈循常局促舍己從人者所能成哉？窮巷屏居，門無車馬，高堂菽水，良用快心！祖母年已近邁，恃人而行，金石難期，喜懼交并，朝夕奉侍，亦足報劉。暇時與一二弟侄課文，發其憤悱，糾其紕繆，驩然其適，不待遠朋。匪特此也，家有青山，戶對流水，朝露方浥，稻苗盈疇。倚杖其間，行人樹外，牛羊自來。農夫誇年歲之登，童稚箠衣冠之俊。知我者希，則我益貴。安能貶胸中之奇倔，徇他人面目之歡乎？今耳視目聽之徒直謂我假耳，不肖非其事不以萌諸心，非其心不以宣諸口。雖在酩酊歡呶之時，而其言舉皆此心也，豈有假耶？匹夫抱志，萬人莫奪。又何必降屈于今日，求伸于他年哉？

顧僕實有所大好，僕幼而嗜睡，長而多病。比入史館，優游歲月，無所發明。意未嘗不欲陟墳籍之顛，采藝林之實也。故得錢即以購書，燃燈即以開卷，意之所怡，他無以易。雖未能周覽遍觀，然已得其概矣。今必欲使之俯首以就簿書，易轍而事戎馬，世情日新，狂態如故，一無所成，而萬有所失矣！逝將築室雲山之麓，洗耳漳水之濱，慕匡鼎之解頤，希朱公之折角，搜壁藏之餘蘊，發高閣之異同，考經緯之彌文，講太平之遺迹。漱其菁華，挹其芳潤。然後芟諸史之繁蕪，粹百家之散佚，續千古之道術，成一代之文章。身雖隱矣，言亦不朽。語云“人各有能有不能”，此則不肖之所能也。不識足下以爲何如?

及江陵敗，錄素爲所廢斥者，起浙江提學副使，以親命强行。先生裁鑒精妙，請寄無所受。每面發試牘，至所屬生輒曰：“某公嘗爲若言，然若文劣，固宜居此。”其所拔擢，始或疑駭，後懸驗莫不稱服。代先生者晋江蘇公浚，至今兩浙言良督學稱“林蘇”。蘇公敏絕一世，名爲知人，至取神骨物色之表不能及也。竣試時出，命觴登覽，生徒童冠皆聚觀之。先生召至前，賜之酒，笑曰：“對游山客可試共飲，宗師法不可干也。”先生既肮髒不能細謹，而部使嚴重，他藩牧事之皆謬恭。視先生闊疏，意不能容，疏論之，奉旨調用。詔下時方校越，越士追送江上，人人涕下，不能仰視。

先是漳浦有泊曰“公溪”，官取稅以餉，民苦之。先生爲邑令言，請蠲其稅，令不從。又言之撫台，語稍侵令，令大憾之。先生罷浙憲，還未至家，而令因以事中其家，齮齕殊甚。先生歸，隱操彌勵。復不得已，奉封公北行以避仇。封公旅于姑孰，而先生行詣闕候補。鞭馬郭南，意不自得。同年顧公養謙開府遼東，致書以酒德爲言。先生戲報曰：“昔人喻酒于兵，兵可千日不用，不可一日不備；酒可千日不飲，不可一飲不醉。美哉此言，可與論酒矣！弟落落無成，正可尋醉鄉耳，而脾氣虛弱，溏泄爲災，欲效鄭公一飲三百杯竟不可得，安得使酒哉！乃知器自有限，此祿亦不易也。”顧公飲中友，故相往復如此。無何以原官飭兵贛州。贛方興岑岡之師，先生檄上撫臺，力言用兵妄殺非是。時已成師，不及止。然以先生言，獲原縱者猶數百人。丁亥遷湖廣布政司右參政，治承天。時苦旱，先生禱救甚勤。居五月，復坐言者罷歸。

歸爲小齋，題曰“讀書談道”，更號曰“雲山居士”，埽軌謝客，時爲後生商略文課，與同好痛飲而已。晚歲頗好內典，及丁父艱，肆力形家之言。或勸之著書，輒對曰：“三蘇文章，今人猶厭讀，我復何有乎？”嘗爲人論爲文之法以氣爲主，其言曰“意至而藻生，神來而旨暢，行于所當行，止于所不可不止”，吾于斯言有當焉。先生老無子，後舉子數歲而殤，不勝悲咤，時擊膺，遂有血疾。疾時令人奏管鳴弦，倚而歌枕上，聽之。迨亟，問以後事，皆不言，獨引聲歌劉長卿上陽宮詩，聲若金石，兩手交舞，其達生知命如此。

先生至行貞白，資産不及中人，里居有司例供輿皂，皆謝却之。宅憂日寢興堊室中，三年未嘗內也。

其先居漳浦之葭洲，曾大父崇器公有隱德，鄉人稱之曰樸叟。樸叟生子琥而夭，有遺腹子曰文貢，即封檢討公，先生父也。封公母王以節聞，葭洲近海多盜，節婦以其子徙居于前塗。及先生貴，拜疏言祖母貞節狀，詔旌其門。又念葭洲宗祏所在也，即故地建祠，買田供祀事焉。

先是雲霄民善剽，時議將誅剿之，賴先生昌言于朝而止。饒寇入閩，增設憲臣于詔安。先生以官多徒擾民，陳諸詮司，尋罷設，以故鄉人僉德之。先生艱于嗣，咸爲禱，弗得。葬封公雲霄之山，阻水焉，雲霄人爭造舟爲梁以過蜃車，令先生得志。其德于人與人之歸德，可勝道哉！

望齡爲諸生時，客游燕，不及試事，與其曹百人補試睦州。先生發牘首予，以仁和令憲副張君鶚鳴次之。翌日復懸花紅，環城而呼。會予發去不可及。補試生率闐茸畏主司意，不復望花紅也。檄來，復以冠先所試諸士，予廩食。于是庠生大歡，爭言以父故私之。先生初不知望齡誰氏子也，聞謗撫心而嘆，愈益誦言：“兩浙士有先望齡舉者，吾不復相文！”後名第偶符，先生爲一笑。而望齡絕痴鈍，德業無所底，每事後人，此非先生所及也。先生病革，屬其嗣子毓榛曰：“銘我必陶氏子。”故毓榛走數千里，以戶部侍郎狀來乞銘，告曰：“某月日葬某地。”望齡辱先生知，無以報，烏敢辭銘？銘曰：

神龍升雲，九土被膏。或擾豢龍，龍舍而逃。文明天下，豈與魚謀？失勢而沉，以侶鱣鰍。性不可馴，而寧可俎？大壑歸藏，一瞑千古！

（录自《四库全书》，吴鼎文标点）

陶望龄，浙江绍兴人。林偕春督两浙学政时，因以补试拔陶为正案第一，而为直指使所陷。后陶殿试高中探花，官至翰林院编修。

2. 清文

望玉山記

陳夢林

玉山之名，莫知于何始？不接人境，遠障諸羅邑治；去治莫知幾何里？或曰：山之麓，有溫泉；或曰：山北以水沙連內山，錯山南之水達于八掌溪。然自有諸羅以來，未聞有躡屩而登之者。山之見恒于冬日，數刻而止。予自秋七月至邑，越半歲矣；問玉山？輒指大武巒山後烟雲以對。且曰：是不可以有意遇之。

臘月既望，館人奔告玉山見矣！時旁午，風靜無塵，四宇清澈。日以山射，晶瑩耀目；如雪、如冰、如飛瀑、如鋪練、如截肪。顧昔之命名者，弗取玉韞于石，生而素質，美在其中而光輝發越于外？臺北少石，獨萃茲山；山海之精醞釀而象玉，不欲使人狎而玩之，宜于韜光而自匿也。山莊嚴瑰偉，三峰并列；大可盡護邑後諸山，而高出乎其半。中峰尤聳，旁二峰若翼乎其左右。二峰之凹，微間以青；注目瞪視，依然純白。俄而片雲飛墜中峰之頂，下垂及腰，横斜入右，峰之三，頓失其二，游絲徐引諸左，自下而上，直與天接；雲薄于紙，三峰勾股摩蕩、隱隱如紗籠香篆中。微風忽起，影散雲流，蕩歸烏有；皎潔光鮮，軒豁呈露。蓋瞬息間而變幻不一，開閉者再焉。過午，乃盡封之以去。

以予所見聞，天下名山多矣。嵩、少、衡、華、天臺、雁蕩、武夷之勝，徵奇涉怪，極巍峨、窮幽渺，然人迹可到；泰山觸石、匡廬山帶皆緣雨生雲，黎母五峰晝見朝隱，不過迭翠排空，幻形朝暮，如此地之內山斂鍔乎雲端、壯觀乎海外而已。豈若茲之醇精凝結，磨涅不加；耻太璞之雕琢，謝草木之榮華。江上之青，無能方其色相；西山之白，莫得比其堅貞。阻絕乎人力舟車，縹緲乎重溟千嶺。同豹隱之遠害，擇霧以居；類龍德之正中，非時不見。大賢君子，欲從之而未由；羽客緇流，徒瞻言而生羨。是寰海內外，獨茲山之玉立乎天表，類有道知幾之士超异乎等倫，不予人以易窺，可望而不可卽也。

（录自台湾《诸罗县志》）

陈梦林，字少林，云霄陈岱村人。少时流寓于粤、黔等地，31 岁还乡后曾受聘渡海修《诸罗县志》，又受聘为清制府满保幕僚，后定居漳浦县城（时云霄属漳浦县）。著有《他斋诗文集》，并修《诸罗县志》、《漳浦续志》（见清嘉庆《云霄厅志·人物、艺文》）。

碧湖岩重修碑記

何子祥

將欲斬新日月，特地乾坤，剖山川之靈秀，寫造物之文章，非有慧心廣力，夙具靈根者，難于始基而亦未易于踵事也。

碧湖之爲岩，創于有明之默然禪師，至今距百餘載。古柏栖崖，青松夾道，寺之左右兩澗，回流注湖于前。余嘗有句云：“一湖水月初開鏡，萬里松風遠聽濤。”蓋謂此也。顧蘚字苔書，益封奇石，龍湫鷲嶺，未免荒榛，游者特領其大略而已。壬戌之歲，餘館于漈口之別墅，去寺不數百武，每課餘，輒携子弟步山椒而登焉。揮絲桐，望還雲，慨然懷東山世外之思。住持禪師恒向余道及重修之事，屈指計約千金。余戲曰：“師兩袖清風，一寸靈台，果能幻出大世界耶？”師曰：“不然，自古名山與才人等，斷無湮鬱之理。君不見給孤長者園耶？是奚難！”余首肯，久之，然無以助。師延是叩之吾宗與四方巨力者，果皆惟師命豁如也，富者捐金，貧者傭力，揮鈸成雲，舉鋤如雨。師乃廣其舊模，披其新致，不一歲而事竣。赤巘丹崖，巧成天趣，梵宮佛閣，麗絕人環。其洞壑深處遍栽果卉，浮魚唼藻，穿鳥驚花；日稍午，則山色蒼然，樹影參差，清風徐至，玲鐸皆鳴，雖盛夏忘暑；或時夕陽初盡，皓月已浮，適與戶牖相對，天香飄渺，金碧輝煌，泠然之善殆難擬議。非所謂斬新日月，特地乾坤，如經所云者乎！師之廣力慧心，足以配乃祖矣。語云：“美不自美，因人而彰”，予寄迹江湖，隨心雲鶴，雖切題橋，未逢改紵，烏足以表茲山之勝，禪師之德！然試以憑欄遠眺，東望雲霄，則玉女仙人，海上群峰，秀侵天表；南瞻爐山，則一掌挺奇，桂嶺獻瑞；西倚阜于翠高，北飛漈乎玉虹。天地自然之圖畫，與夫吾師樓閣位置之宜，烟霞點染之勝，花石排聯之當，一塵不染，萬劫常新者，吾言當爲左券也。

夫禪師名海義，號振恩，自幼清刻自持，不妄言笑。及長，遍謁叢林，登鼓山，入黃蘗，望普陀，超悟有得。歸而住持是山，戒律精嚴，大衆以信，也以見山靈之有待也。因爲記，俾刻之石。

乾隆癸亥年季春　　　蓉林何子祥盥手拜撰

（碑刻存于碧湖岩，张耀堂标点）

何子祥，云霄马铺乡人。清乾隆进士，历任浦江、平阳县令，前志有传。

3. 民国文

下關帝廟碑文

方聖徵

昔嘗游霞港武廟，每瞻仰聖像莊嚴，未嘗不登堂肅若，深加崇拜。父老曾告徵曰：聖像系清初海氛時代，由銅山欣然而來，信乎聖神無遠弗届，有如日月，容光必照者焉。迨至民國七年正月三日，雲地忽然大震，瓦飛石走，地裂山崩，聖廟亦受大損。里人憂之，董事方慎先、方祥徵、方廷彥、方清泉等慷慨捐資，出而提倡，一呼百諾，巨款立就，亦足見里中人之崇祀聖神心誠勿替也！廟成，屬徵誌，徵不文，曷敢誌。然以聖神所感格于人者深，又不能不勉應社里之要求，而爲之記載者焉。溯霞港武廟之原，始由清初前總兵蔡祿所建。至咸豐五年大加修理，更增壯麗。同治三年，逆髮陷雲，竟付之一炬。而聖像依然不受所侮者，傳聞聖像早默囑里人請出廟外，故逆髮亦未如之何也。同治十四年，前輩貢生方開先遂以梓桑清望，勸捐庀材，重興斯廟。繼起而修築者，又有民國七年方慎先等，克新廟貌，聿壯觀瞻。統觀上下三百年間，里人先後濟美，雖百劫而棟宇之巍峨如昨。僉曰聖神爲闔邑人民所托庇，安敢聽其不祀忽諸？徵謂吾人崇拜之心理猶不止此也！蓋先聖之精忠大義，且寒千載下梟雄之膽，而維人心世道于靡既也。是爲誌！

（碑记存于县城下关帝庙，吴鼎文标点）

方圣徵，云霄城关人，清末全闽师范学堂毕业，民国元年当选国会议员。

雲霄兵燹記

佚名

我雲邑自前清嘉慶初年設置分府，入民國改爲縣治，東迄東山（銅山原屬詔安，入民國改縣，方易今名），西接平和，南連詔安，北達漳浦，交通便利，物産豐饒。中經道、咸數十年間，人文漸起，居然有海濱鄒魯之風。自同治三年九月廿四日長髮入境，城厢鋪屋，焚毀殆盡，閭閻元氣，甚覺彫殘。但經行政長官旋定安集，不久漸復原狀。自是休養生息，人民樂業安居，日見升平之景象。近二十年來，商務之盛，毗鄰各縣無與倫匹。入民國來，雖經幾次戰爭，究無大損，所擔捐款，數亦無多。以視他縣，不啻有仙凡之別。故遊之者咸羡我雲爲樂土焉。孰料物極必反，劫數難逃，致有今年（指民国 12 年，编者注）六月廿四日（陰曆，以下同）之慘禍，爲我雲人最永久難忘之一大紀念也。

余避亂居鄉，難民叢雜，無安置筆硯之所，不能逐日詳記。茲于驚魂甫定之際，爰就見聞所及拉雜書之，雖舉一漏百，亦足見慘狀之一斑云。

當六月望前，閩軍由詔退雲，已有數千。其時適值獲稻期間，各村農民多不肯承挑輜重。經邑紳極力籌辦，人數尚能敷用，但軍隊亦有拉夫之舉。至十九日午刻，閩軍後隊繼至，喘息未定，粵軍先鋒隊約千人（此南路粵軍副總指揮洪兆麟所部）隨後尾追，相距僅十數里。至下午，薄城而戰，因衆寡懸殊，粵軍小挫，退駐山尾嶺、前塗嶺等處。閩軍則駐扎土堡街坊之内，僅移少數于前埔、後湯、含美山等村。（按近時戰術，守山勝于守城。閩軍有山不守，已讓粵軍占一勝著。）時東路討賊軍第八軍（司令張貞，詔安人）殘兵只千餘人，見粵軍進逼，即拋弃輜重，鳧水而逃下坂。越日又成軍，或守林頭山，或屯渡頭嶺，名爲防守水口，兼遙爲閩軍後盾，其實軍心已渙，預辦走路而已。閩軍一方面因小勝犒勞，厨子供張頗忙。適淫雨連綿，數日夜不止。溝澮皆盈，道路阻絕，可保無戰事發生，落得表示整暇。但終夜炮聲隆隆，弗絕于耳，未免令居民提心吊膽，寢不安席耳。

望前閩軍大至，村民畏拉夫，均裹足不敢入市。十九日戰事發生，市民防意外，均閉戶不敢開張。邑紳又被閩軍迫令采辦柴米菜蔬，更日形拮据。間有一二畏葸者擬欲避居鄉村，奈四邊俱有閩軍把守，不得越雷池一步，徒蹶足頻喚奈何而已。（按：東北面非粵軍來路，且大溪阻隔，把守略松，婦女于十九日後從此路潜逃者爲數頗夥，財物恐遭剽掠，則絕少運出者。）

查粵軍大隊從兩路而來者約一萬人有奇，（平和縣大路而來者系正總指揮林虎所部，由官陂間道而來者系軍長黄大偉所部。）已于廿一晚到齊。特因大雨淋漓，暫分駐于城西各村，最近者距城十里。而城厢居人，絕無聞知，豈非咄咄怪事？猶憶廿二日，據閩軍偵探告人云“後坑埔地方發現敵軍約千人，系由平和縣被劉總指揮（長勝）擊敗而來者，現因進退無路，擬投降閩軍。閩軍令其繳槍，敵軍未許，現正在接洽條件手續”云云。故市人聆之，愈無所恐怖。噫！此等巧言如簧，淆人聞聽，何怪我雲合城内外之盡罹浩劫哉！

廿四日天晴，早飯後隱隱有炮聲，相續不絕，蓋粤軍開始總攻擊也。初由將軍山後進攻，至巳刻，閩軍漸不支，炮聲已自遠而近，而前駐前塗嶺等處粤軍，後隊約四五千人（自十九日已陸續繼至）亦拔隊由莆尾嶺長山塚前進。捱至未刻，滿山盡發現粤軍旗幟。未幾賓樹、演武亭等村指顧間濃烟滚起者七八處，蓋粤軍焚燎爲號也。來勢之雄，如潮水之驟至，飓風之倏起。斯時閩軍軍心已亂，齊退守土堡内外矣！獨是戰鬥常法，守較易而攻較難。粤軍雖多，乃攻擊之兵，閩軍尚近四千人，使能鎮定守禦，衆志可以成城。粤軍雖强悍，亦系血肉之軀，詎真天神下降，彈擊不入哉！無如駐屐子山（距城西北約三里）一陣閩軍已被粤軍運動成熟，見敵一至，拔幟先降。故左翼粤軍蜂擁，齊斬北關而入。退守經堂口一隊尚在劇戰之中，一得警耗，挾槍而逃。駐巷仔口一隊，亦乘間從東路而逃。回顧討賊第八軍人等，早拔隊往漳浦去矣！此役閩軍所抛弃之快槍、機關炮、開花炮，俱爲粤軍所得。侯副指揮（西浦）得在亂軍中逃脱，亦云幸哉！

當粤軍駐扎前塗嶺之時，軍無宿糧，晝則往馬山、上坑、前塗等村打劫（詳見下文），夜則仍駐宿山中（馬山、上坑、前塗仍俱有粤軍駐扎）。數日風雨凄凄，絕無退志，其堅忍耐苦，亦自可驚。

閩軍之退守土堡也，居民觀者，見粤軍已成包圍之勢（自東南山尾嶺起連續至西北西林、渡頭等村止，僅東北隅隔一綫之水尚未有粤軍踪迹）衝鋒直前，閩軍已抵禦不住，恐其乘遁劫搶（十九日曾搶通資號布莊約值洋四五百元，經邑紳向該營交涉，限俟查賠）齊將隘門關閉，如螺螄之藏于殼裏，意者可以晏然無事矣。而孰料竟有大謬不然者。昔方正學先生云：“慮切于此而禍興于彼。”雲人之慮在閩軍，而不料竟在粤軍也。即慮粤軍，亦擬忍受數小時之恐慌而已，孰料其大搶特搶，一月不靖也。慮粤軍亦僅慮少數偏僻民居遭其騷擾，而不料全城内外及遠近村莊，亦遭掃蕩也。嗚呼痛哉！我雲人何辜而竟遭此慘無人道之荼毒乎？

當粤軍之入城市也，即持大斧、鋸鑿、木杵，將所有隘門毁開。號筒一鳴，亂槍齊射。吶喊之聲，震動屋瓦。倏忽間均將各家門戶撞開劈碎。居民惶急無措，各爬上屋頂逃生。初則僅搜劫金銀首飾并綢緞細軟而已，銅幣、布匹、雜貨散擲滿道。無如入城市之兵并挑夫約近兩萬人，後至者則并銅幣、布匹、雜貨而取之。自三點鐘開搶至日將入時，又聞號筒齊鳴，始各嘯擁而去。居民如醉如夢，以爲統軍官長已至，必將出示安民矣，而不知其暫歸飽吃晚飯也。

上燈之時，來勢更凶。晝則屋中搜搶銀物，入夜則兼上屋頂而搜人矣。斯時也槍聲一鳴，大衆齊奔。踐踏屋瓦聲，毁擲器物聲，亂兵喊殺聲，婦孺號哭聲，一時并作。又見火光沖天，不知何處火起（時系魚市街逢泰號火起）更覺聲勢駭人。奔避不及者則兵以刃按其喉，以槍拄其胸，或以鉛綫束其首，詰以藏鏹所在。斯時也，生命爲重，金錢爲輕，即吝慳之輩亦無不和盤托出。至于供獻果罄者，無可如何，任他迫嚇，亦唯有閉目待死一法而已。一夥才去，一夥又來，有受迫勒至五六次者。直鬧至半夜，又稍稀静，蓋腰囊既飽，各挾所有而歸，携燈添酒重開宴矣！

酒意既濃，淫興陡發。下半夜又三五成群，左握燈，右提刀，窮搜苦索。蓋專爲奸淫婦女而來者。但聞四處叫號哀哭之聲，不辨東西遠近，令人耳不忍聞，口不忍道。迨天色漸明，聲響漸息，蓋若輩焚殺淫搶之目的盡達，始歸而酣寢矣。

斯時婦女成群，乘間逃往鄉下者多亂頭粗服，面無人色，行步蹣跚，或需人扶掖始能行步（雲邑婦女多纏足，經此變亂，應漸覺悟而解放矣）四路奔竄，至向午而未息。而市中則一波未平，一波復起。廿五日早飯後，沿街擄掠市民，蓋爲收埋該兵尸骸，捉市民替他抬棺掘穴也。是時沿街燃放爆竹，聞聲者心坎中幻出痴想，喜出望外，謂其歡迎統軍官長矣。從隙一窺，又焉知其歡送陣亡軍士哉！（按：各軍官于昨日下午已齊入城中駐扎，時居民未之知耳）

是早挑夫由大路回詔者約有千餘擔，俱銀物細軟。奈物品太多，挑夫仍不敷用。至下午重行拉夫，居民屋中俱躲藏不得，又齊慌忙奔往鄉間。雲邑城厢號稱四千餘戶，遥想此時潛伏家中者不上百人，亦空前未有之創聞矣。

被繳械之閩軍約有千人，屯扎于後湯、前埔、含尾山等村，見粵軍恣意狂搶，亦混迹其中，尤而效之。（按：兩軍交戰，一方敗績者若捧槍示意，則彼方遂引爲袍澤而一體視之。而彼無罪無辜無拳無勇之人民，反視爲仇仇而戮辱之，數世累積半生經營之財産竟視爲公有而掠奪之，是爲民則終陷死地，爲兵則轉有生機。吾儕既求爲良民而不得，勢必盡返而爲兵矣！然則盡人皆兵之爲期不遠，將來以毒攻毒，或即軍閥宣告死刑之日乎？）粵軍帶來之挑夫，每拾取粵軍所唾弃之物而有之。譬如理髮，既梳又篦，自然清光也（鷄豕之類至七月中始被殺盡）。

到廿八日才稍平靖。居民迫不獲已者，輒夜入曉出，私行歸家探視，或携帶殘破衣服出門，以便洗換。富家大屋，悉駐軍隊，或雇貧嫗往探，輒被鞭撻而回。自是鎮日俱藉拉夫爲名，穿堂踏戶，加詳搜括。鑿壁也，夷灶也，掘地探井也，以及婦女馬桶，猪圈積糞，無不檢遍，又往往發現巨金。七月初一日，秩序愈亂，商會中辦事人等苦心維持，至是亦站足不得，相率而逃矣。

是夜烈焰熊熊，沖空而起，照耀數十里外，蓋焚燒舊米市街三十餘戶也（廿四夜焚燒魚市街，尚有人灌救，此夜則絕無人迹矣）。幸是夜大雨傾盆，徹曉不息，故四邊鋪店未遭延及耳。嗚呼，稠密街坊，竟成焦土，繁華市鎮，忽變丘墟。臨其地者罔不酸鼻，彼如虎如狼之粵軍獨非人類乎？

當廿五日難民之麇集四鄉也，四鄉男女咸股栗，岌岌然朝不保夕。數日中風聲鶴唳，眠食不安。粵軍乘此人心惶恐之時，派員四出，如查槍也（十九日戰敗所失）籌款也，勒挑夫也。四鄉耆長俱懾其淫威，罔不諾諾承應，莫敢少違。嘗有數兵荷槍從大路而行，農民俱輟耕奔回，瞭望者即刻將堡門緊閉，合村人衆俱錯愕倉皇，歷數時而未定。又嘗有二三粵軍徒手閑行，百十人遠遠望見，咸奪路爭奔。甚至有時不見一兵，僅見有人狂奔，趨詢之，彼亦不見一兵，但見遠處有人前來，故不覺縱步而奔耳。此種喪魄情形，屢見不一見，比鼠之畏猫，尤有過之（常聞父老談長髮事，謂時有小卒個人荷戈閑游，衆遇之俱伏匿屏息，不敢少動。小卒則隨意戮殺數人，從容而去。少年人聞之，輒仰首大笑，謂彼寡我衆，何以膽怯乃爾，若遇今人，則彼成虀粉矣！此事無可證明，莫不以少年人所言爲可信。迨今實驗，乃知與父老所談長髮事如出一轍。可見議論古人，須平心靜氣，設身處地，斷不容肆口妄談也）。而東區臨水一帶鄉村，見粵軍雇輪從東山拖帆船數艘而至（系欲載病兵及財物俘虜而去者），沿溪停泊，尤訛言四起，一夕數驚。初一日城市重行焚搶，擾攘尤甚。收容難民諸鄉，俱乘夜雇船搬移婦孺財物，匆匆然轉而投他處去矣！（余下塌之處，終夜聞鄉人往來足音，絡繹不絕，亦爲之徹夜不能成寐。此景此情，至今回憶猶心悸也）

自初一起至初十日，商店住宅，固已洗空。即窮檐蔀屋，亦搜檢周遍，蓋恐有殷戶寄藏之款也。而洗搶及拉夫之舉，亦于是日漸止。居民入市者漸多，但物品淨盡，所存殘破粗笨器皿，多索性搬往鄉下寄存（因城市中不獨無生意可做，且時有驚擾情事，故咸作棄地之想也）。

以上慘苦情形，千頭萬緒，舉此漏彼，非一支禿筆所能詳叙。愧無鄭俠之妙手，爲我雲人繪一幅流民圖耳。

（手稿。原件存于县档案馆）

龍湫岩考實記

吳有容

白塔山龍湫岩，風景爲雲邑冠。容自幼屢隨先君子如江公游其地，而洞，而台，而石，憑欄遠眺，流連忘返。稍長，酷好史學，甚願詳其所自，遍詢故老，參考志乘，終不得其來歷，引爲憾事。丙寅春，偕家碧梧兄、晋三兄及仲兄有鳳等，再作龍湫之游。于不意中得一殘碣，內載檀樾主吳燮山捨緣建築云云。始知崇禎四年五月廿四日興工，十一月十五日慶成，六年癸酉之吉，吳燮山立石于岩。是所謂盡日覓不得，有時還自來也，豈非數定哉。按吳燮山，白塔我二房祖裔也。其父養中公，萬曆已酉科舉人，特授瑞安知縣。公諱士鼎，字調九，天啓辛酉副榜，任鹽下知縣，居官變産以賑饑，民甚德之，後升潼川府州牧。龍湫岩即其歸田時所募建也。明末士大夫多隱山谷中，如少林寺等，皆有志恢復者也，燮山公其亦少林之亞歟。相傳土豪廖龍盤聞石齋公來游龍湫，道經其樓，龍盤遣使邀公赴宴，公曰：“余願飲調九清茶，不願龍盤美味。”燮山公之品德可想見矣。龍湫山門額題“鈴袈深處”四字，傳即石齋公真迹。其“眼中杯渡”四字傳爲燮山公所手題。容恐此殘碣不獲久存，而龍湫岩永莫知其來歷也，故爲記其考實而勒石于此。

（碑刻存于白塔龙湫岩）

吴有容，云霄白塔人，日本早稻田大学毕业，曾任民国福建省三元县长。

編竹爲小橋記序

陳　楷

高山講舍，前臨大溪，中隔小港，接近其地爲溪洲。一望膏腴，四周平疇。瓜棚豆架，蔽野盈坵。其沿溪而上下也，翠竹萬竿。濯濯楊柳，掩映清瀾。離城負郭，紅塵不攖。宿烟收盡，旭日東升。水色山光，鳥笑花迎。天然妙景，獨處環生。高山二三子顧而樂之，月夜風晨，以遨以嬉。爲一水之阻隔，因舉足而趑趄。思一彴之可横，通彼岸而自如。于是詢謀僉同，爭事赴功。經之營之，斫竹溪湄。取其大筒，弃其稚枝。中流架柱，叠石爲基。日高未晡，橋成在兹。若虹飲澗，如葦横陂。二三子以告予，予曰美哉。二三子之能即景以賞心也，其肯耐勞以助登臨也。自有此橋，我輩出游，增眼界而擴胸襟者，不知凡幾。鄰人灌園，省脚力而免病涉者，不知凡幾。蓋一舉而兩利兼焉矣。將來不可思量之功業，本作橋之意而推廣之，宰天下如指諸掌也。因與同人各記其事而賦之。

（手稿。收入张耀堂、吴鼎文主编《云霄历代诗文稿存》）

4. 当代文

云山书院修复记

云山书院修复理事会

云山书院，祀明太史公林偕春，址在云霄漳江畔，城关竹仔街（今云陵镇南强路）。

太史公原祀于漳浦（明云霄属漳浦县）乡贤祠。清光绪九年（1883 年），绅商学界人士聚会育婴堂，一致认为云霄既建厅治，理宜专建祠宇崇祀，众议签同，遂即集资兴工。是年农历十月落成，书院建筑为抬梁式，重檐歇山顶，屋顶瓷雕龙凤花卉，屋脊正中立大葫芦，文曰“天开文运”。厅堂祀太史公雕像，二楼为奎星阁，堂前辟广场，外立照壁。凭栏远眺，漳江横带，臣岳拱秀，将山后卫，游目骋怀，蔚为大观。云霄厅同知秋嘉禾、李镇藩为题楹联。

民国 18 年（1929 年）补苴罅漏，小作修葺。民国 35 年，乡绅李伟生、陈净初等倡议并成立董事会，进行重修，县长徐炳文、乡耆宿陈茯园增题楹联。

“文化大革命”动乱期间，书院遭受严重破坏，石雕泥塑尽行毁弃，匾额楹联荡然无存。奎星阁、左右厅占为民居，厅堂成为蛋品加工场，书院面目全非。

1985 年 1 月 15 日，云山书院被公布为首批县级文物保护单位。3 月 15 日“修复云山书院、林太史墓董事会”成立，推举县政协主席赖新水为董事长，泰国福建会馆理事长张笃生为名誉董事长，张淑卿、陈旺杰、徐碧桐、张三竹、方福林为副董事长，各界人士 12 人为董事，下设办公室，由董事李树枞兼主任，聘请工作人员 12 人。通过发动群众和侨胞及台、港同胞献资献力，进行全面彻底修建。

经遴选聘请庄义友、蔡荣春、吴福金、陈仕凯、周振国、方建中、郭汉阳等有古建筑经验的名匠，负责木、泥、漆、雕等工程项目；特聘著名书画家东山林少丹负责屋面瓷雕及全部绘画设计施工。梁架案台木雕由方群达设计制图。

修建工程以拆屋顶、撤换通天柱难度最大。数万斤屋顶由四根长各 10 米的通天柱，及通天柱之间横梁上伸的 24 根小柱支撑。每根通天柱各有大小 32 个榫孔，为确保古建筑原貌，采取半拆半留的施工方案。工匠集思广益，群策群力，精心组织，精细施工。在施工中，对须撤换的一根通天柱，采用千斤顶先撑楼板换第一截，再撑屋顶换第二截。

新修屋顶概用特制大平瓦，并改小瓦为琉璃瓦。回头双龙中间的2米多高釉陶大葫芦由云霄陶瓷厂特制，脊腹为雉鸡、茶花；第二道脊牡丹、凤凰；下檐飞鱼、孔雀；从主楼至大门前檐饰人物故事四组；大门屋顶内向饰什锦博古；外向所饰八仙、八童、八兽及前壁所画铁拐李炼丹、昭君出塞、雄鸡、倒挂梅均为少丹师之作。外墙增嵌临摹太史公诗作墨宝石刻两方。内墙云霄八景，由诏安吴耀中所画，张瑞莹配诗，张八卦书写。正门及厅堂斗拱间增人物、花鸟画四十八幅，金狮四双，貔貅一对，龙虎石雕四幅，三齐门改用石门柱，广场第二层改用规格条石铺砌。天井增置由苏州民生鼎厂特制铁铸仿古铜鼎炉。

修建竣工，由刘海粟大师题寄“云山书院”匾文，并致电祝贺。南京艺术学院谢海燕院长，福建省文化厅原厅长万里云，厦门大学叶国庆、黄典诚教授，福建师范大学黄寿祺教授，福州画院沈觐寿院长，福建省政协委员书法家赵玉林，厦门书法家高怀，均为书院题写楹联匾额。

修建工程经始于1985年8月25日，竣工于1988年5月。翻修屋面连左右厢房计10间，更换木料及新制屏门、屏风、楹联、匾额，计用杉木、樟木近50立方米，木工含雕刻计2600个工日。泥工、木工总计23840个工日。云霄旅泰侨领张笃生先生带头捐赠，华侨计捐资人民币6万元，汕头市金砂乡乡政府捐赠1万元，合计开支人民币27万元。于1988年5月13日举行修复竣工典礼。

（录自《云霄乡讯》）

云霄人民公园碑记（撰文 吴连德）

襟漳江水之碧绿，仰将军山之巍峨，为开漳胜地。改革开放，理论光照，时逢盛世，人多俊杰。县委、县政府顺应民意，执行中央决定，缓建办公大楼，为民操办实事，既遂了云霄人民之夙愿，又造福于子孙后代，终有此人民公园。县城建设，又添新景，文明创建，硕果累累，福地福园，斯其是也。

无论晨曦黄昏，霁光明月，无论男女老妇，群来独至，无论本邑居民，外来嘉宾，可于绿树荫里，细听呢喃燕语，依偎促膝长谈，抒发胸中抱负；可于叠泉池畔，采飞碧翠玉，闻歌调婉转，看流光溢彩。可于万盆花下，指点婀娜多姿，悦赏姹紫嫣红，憧憬祖国之美好前程；可于草径之间暂作小憩颐养身心，尽享生活之甘甜。更可于绿茵坪上或携侣信步，或舒展身体，或嬉戏怡情。此时此园其景如画，其人忘归，其情款款，其乐融融也。

本工程自破土至竣工，共费时一百六十天，投资三百六十八万元。

一九九八年一月　中共云霄县委、县人民政府　立

（碑在公园内）

吴连德，云霄城关人，福建师范学院中文系毕业，云霄一中高级教师。

修建江滨路碑记（撰文 张煌辉）

聚臣山之灵秀，映漳水之澄碧，连南北之大桥，为县城东端之形胜枢纽。路临水而建，因江而名，此为江滨路称谓之由来。

溯自唐时开郡，漳江名闻遐迩。唯是江滨一带，杂木丛生，野渡断堤；沿江民居杂筑，道狭路窄，常忧洪水之患。解放以来，各界多有倡议修建，迄莫能举。云城建设，唯城东阻塞，非“瓶颈”乎？

世纪之交，文明风吹。县委、县政府为历史之重托，人民之夙愿，时代之召唤，绘世纪之宏构，塑云霄之形象，举全县之力量，运筹帷幄，群策群力，志在必达。实为振奋人心之一大盛事，仅拆迁一项，则达六万余平方米，超全县前五年之总和。不可谓不大不难。由是知江滨大道之建造，非魄力无以立，非睿智无以美，非决心无以成。此人民群众之力也。

抚今追昔，沧海桑田。建成之日，通衢大道，华灯映水，江风拂面，心旷神怡。漫步江岸，十里篁竹，江花滴翠，月影婆娑。更可晴日和风、登临极目，看漳江春涨、短棹放歌，渺渺烟波、矾塔砥柱，两岸稻香、

商贾兴旺，百业繁荣、居民和乐。此亦云邑胜境之一欤。

本工程总长2.2公里，仅拆迁、道路、绿化、路灯等共投资3800万元。

一九九八年一月　中共云霄县委、县人民政府　立

（碑在江滨路）

张煌辉，云霄城关人，厦门大学中文系毕业，时任中共云霄县委政研室副主任。

将军山公园碑记（撰文 吴鼎文）

漳州故郡，闽南枢纽。一水而台澎可望，数峰与粤海相邻。漳江作带，臣岳为屏。风光擅东南之胜，物产兼海山之饶。人文鼎盛，英才辈出。农贸兴于千村，工商通乎四海。起凤腾蛟，蔚然三千气象；红楼绿野，参差十万人家。金杯酒暖，当忆披荆斩棘之劳；康庄日丽，宁无筚路蓝缕之思？

兹地开发，溯自初唐。归德将军陈政挥师戍闽，饮马漳江，扫瘴疠而净山林，驱虎狼以抚黎庶。殁于王事，长眠云霄。山曰“将军”，实缘于此。开漳圣王继承父业，千里驰骋，启土开疆，兴教化，惠农工，辟出闽南大好山河。今威惠不替，德泽长存。君看游人络绎，香烟缭绕，树德于乡，不可谖也。

欣逢改革开放，山河竞作新妆。千禧既近，世纪将更，云霄县委、县政府审时度势，顺应民心，决定兴建将军山公园。特聘著名古建筑专家赵立瀛教授主持设计。云霄父老，四海同胞，奔走相告，踊跃捐款。己卯初秋，动工兴建，用地八十六公顷，投资四千余万元。不饰豪华，但求得体；无须堆砌，顺乎自然。是以唐风依旧，古韵犹存。东大门屹立山前，美轮美奂；归德楼耸乎湖畔，古色古香。龙湖映千山之翠色，曲涧传万古之琴声。园间花树掩映，芳草缠绵，石雕造像，各具情态。拾阶而上，则为陈政墓园。灵星门永驻晨晖，御碑楼长铭功业。碑亭六座，列开漳之伟绩；长廊百尺，勒怀古之诗文。穿石牌坊，越渡水桥，松枫环抱之间，翁仲拱手之处，陈将军之高陵也。

若夫晓色初开，石矾托红云以起；晨妆乍就，玉女并仙人相对。乐曲传而人群舞，春风拂而花影移，晨操之乐也。鲤跃龙湖，摇动一天霞彩；莺穿柳浪，谱成万曲春歌。脉脉清波碧水，嬉嬉白叟黄童，观鱼之乐也。至若月白风轻，绕花丛而声悄悄；星回斗转，步榕阴而意迟迟。诉衷情于今宵，结同心于百岁，游侣之乐也。至于白露为霜，丹枫似火。登军山以长吟，飞云解语；汲山泉而品茗，野菊堪餐，闲游之乐也。更有海外赤子，开漳后裔，越洋渡海，认祖寻根。一炷清香，两行热泪，其情其景，又何以言状哉！

依冈峦之体势，借大块之文章，造人间之胜景，乐八方之宾朋，堪称盛时乐事，是以喜而记之。改革正待深化，经济必定腾飞。使山郭水村，各具园林之秀；农工商学，永享游园之乐，亦当为期不远。试看明日之云霄，定是锦绣之乐园！

二00三年六月二十八日　中共云霄县委、县人民政府　立

（碑在将军山公园）

附：秋瑾生年生地考　张耀堂

1989年之前的旧版《辞海》秋瑾条载：“秋瑾（1879–1907年）……”。又据秋瑾自述诗、清政府《浙江办理秋瑾革命全案》档案和邹鲁《中国国民党史稿》下册785页有关秋瑾的记述，都明确记载秋瑾生于1879年，即清光绪五年。因此，1979年在北京召开秋瑾诞辰100周年纪念大会，12月5日《人民日报》发表夏衍《秋瑾不朽》纪念文章。

然而，在此后的几年中，却由于绍兴的一个社会团体——“秋瑾研究会”，以一本所谓的《六六私乘》搅浑了秋瑾的生年，并导致上海辞书出版社于1989年《辞海》再版时，把秋瑾条改为“秋瑾（1875–1907年）……”。这个更改是违背历史真实，是错误的。

关于秋瑾的生年、生地（与生年密切相关），在过去的若干年代里，曾是史学界的一个热门话题。就我手头所能搜集到的有关著述和文章，综合起来共有三说：一、1879年生于福建云霄祖父秋嘉禾衙署说，

主要的考证和论述（下同）有吴小如的《秋瑾生年考》，1961 年 12 月 5 日《文汇报》张瑞莹、吴秀峰的《关于秋瑾烈士生年考的补充》，夏衍的《秋瑾不朽》，邵文（绍兴鲁迅纪念馆，曾派人到云霄实地考察）的《秋瑾出生年代初考》，张耀堂、郑澄桂（福建省档案馆）的《秋瑾生年生地考》等。二、1877 年生于福建厦门祖父秋嘉禾衙署说，主要有郭延礼的《秋瑾年谱》，郭长海的《秋瑾事迹系年》，罗应洲的《秋瑾在株洲》等。三、1875 年生于福建某地祖父衙署说，主要有秋宗章的《六六私乘》，山石的《秋瑾年谱》，陈象恭的《秋瑾年谱及传记资料》等。此外，还有徐双韵《秋瑾传》、陶成章《浙案纪略》、吴芝瑛（秋瑾盟姐）《秋女士传》、秋仲英《秋瑾与吴妈》等等，或言生年生地家世背景，或言革命情愫婚姻家庭，不一而足。但不管哪一说，其中有两条是大家所共同一致的，即一、秋瑾生于闽；二、出生于祖父的衙署中。因此，我认为只要把秋瑾的祖父秋嘉禾入闽时间和在闽宦历排列清楚，问题便可迎刃而解。

根据秋嘉禾年谱和民国《云霄县志》记载，清同治十三年（1874 年），也就是光绪元年的前一年，秋嘉禾的父亲秋家丞在江苏邳州任上病逝。在帝制时代，遭父母丧，儿子居官的要离职，选官的不得赴任，需在家中服丧丁忧三年。秋嘉禾是举人，又是“家世仕宦”，当然不得例外，故从是年起至光绪三年（1877 年），他必须在绍兴家中居丧。那么，秋嘉禾是何时入闽当官的呢？其年谱和《云霄县志》载：光绪四年，秋嘉禾服阙需次，选福建漳州府云霄抚民厅同知，于八月二十一日抵达云霄莅任。这便是他首次入闽和首次当官。他到任后，先临时安顿于厅署下方与紫阳书院相连的“七先生祠”（祀嘉庆三年以后七位有德政的云霄抚民厅同知），到冬至后儿子秋寿南和媳妇单氏抵达云霄，才搬进衙署官舍居住。第二年，也就是光绪五年即 1879 年，秋瑾就在这里诞生。

秋嘉禾与云霄文人墨客交往甚多，至今民间还有不少他的墨宝，他还曾为云霄关帝庙和云山书院题写楹联、匾额，因其亲民人们都称他为“秋大老”。当时云霄有一位叫周晴的举人就住在厅署左近，也与之交往甚多，因此对秋大老的这位女孙秋瑾的情况也知之甚详。原来，秋瑾出生后，秋嘉禾便通过熟人在就近的云霄北门找了一个初胎乳母。因为云霄的闽南话，对小女孩习惯爱称为“阿嫤”，秋嘉禾经常听乳母这样呼叫自己的女孙，觉得倒很有意思，于是便把女孙取名一个“瑾”字，这便是云霄历来所传说“秋瑾”名字的由来。

但绍兴“秋瑾研究会”据《六六私乘》所说的光绪元年秋瑾生于闽，出生于祖父衙署中是不能成立的。因为当时秋嘉禾正在绍兴家中丁忧，既未“入闽”又何来“衙署”？后来“秋瑾研究会”换了一个说法，说是光绪元年秋嘉禾带着儿子和媳妇寄居在福建闽侯县一个朋友的家里，因而生下了秋瑾。这种说法根本就是无稽之谈，因为秋嘉禾并非举家逃难，怎能带着儿子和媳妇寄居在朋友家中丁忧和生孩子！郭延礼、郭长海和罗应洲的第二说也同样不能成立，因为光绪三年（1877 年）秋嘉禾仍在家中丁忧，也同样无所谓“入闽”和“衙署”的事。至于其所说出生于其祖父在厦门衙署，那就差得更远了。因为根据秋嘉禾的宦历，他于光绪七年四月初十日从云霄离任，离任后至光绪十一年三月任所不详；光绪十一年四月至十三年五月，任福建南平县知县；光绪十三年六月至十五年三月，任所不详；光绪十五年四月至十六年八月，再度任云霄厅同知；接着于十六年十月才从云霄调任厦门海防厅同知，这时秋瑾已经虚龄十二岁了。这次离任，云霄人还为其在驿道上立了一座“去思碑”和一座“功德碑”。

证实秋瑾出生于 1879 年，还有两个重要史料，一是 1905 年（光绪三十一年）秋瑾奔波革命第二次东渡日本时曾写了一首《泛东海歌》，其中就有“愧我年廿七，于世尚无补”句，按中国旧时以虚龄的计算习惯，正好是出生于 1879 年而非 1875 年或 1877 年。二是 1907 年秋瑾牺牲，载于《中国国民党史稿》的清政府档案《浙江办理秋瑾革命全案》中，印有秋瑾指模的《秋瑾口供》即是“年二十九岁”，正好前后相符。由此足见，秋瑾的准确出生时间应是 1879 年。

（据 2006 年刊载于《福建史志》第一期原文整理）

（二）诗词选

1. 风物题咏

春暮（**八首选四**）　　方士正（见“书目”）　同治乙丑年

春暮登山，遙望雲霄，城外一帶街坊屯閭被賊焚毁，人民雕散，凄然有感，爰成八律

眼放青峰百仞巅，井閭寥落暮春天。花開舊圃人何在？雨過芳庭草自鮮。
回首不堪悲澤雁，關心奚忍聽山鵑？漳江寒食原無例，雲際村村學禁烟。

午後東風拂面和，頹垣處處沒青莎。舟横僻港家如此，水浸平田稻奈何？
能禁江頭哀杜老，可堪亭上説東坡。傷心更有歸飛燕，依舊雙雙覓故巢。

干戈匝地不勝愁，屈指遭兵六月周。白骨已枯青草路，黄旗猶展夕陽樓。
心寒諸社頻奔鹿，勢險孤蒲獨宿鷗。百里關山齊對峙，可憐閉目一低頭。

憶昔承平保聚時，年餘二百慶雍熙。踏青士女歌聲雜，上塚兒孫祭掃遲。
犢叱芳塍喧細雨，柑携綉陌聽鳴鸝。如今草樹無窮處，極目蕭條却是誰？
（記太平軍殘部攻占雲霄事）

九日登劍石岩　　方士正

蕭蕭岩谷動秋聲，萬里江山一望平。遠水兼天迷極浦，寒郊隱霧辨孤城。
蒼松日落翻濤急，白荻風斜落帽輕。自是壯懷增豁達，回看石劍插雲呈。

淩雲劍石峭參天，佳節登臨快此巔。木末孤帆臨水鶩，峰頭征雁入寒烟。
日斜江上丹楓醉，霜落岩間野菊鮮。無限豪情杯在手，松濤撼壑海濤連。

學堂歡宴　　林鎮荊（有传）

丹楓秋醉一林鮮，講學堂寬列綺筵。形迹不拘文字飲，雨晴参半暖寒天。
漳江滌筆穿階去，臣岳窺樽入戶便。爭似蘭亭修禊事，懷恩古地集群賢。

于越訪友人　　張　綱

柴門依約傍江隈，雲樹多情喜再來。秋水船隨湖雁至，故人樽向桂花開。
貧專丘壑原奇福，老閱風霜作散材。我欲買山同卜築，青松翠竹許分栽。
张纲，云霄城关三房里人，清光绪进士，署浙江松阳县。

題畫詩（**四首**）　　張心田

雨霽暮烟猶碧，天高秋色獨清。小艇歸依沙渚，檐間月色微明。

松靜俗囂遠隔，花開清影紆環，仙客興懷伴侶，携琴逕到仙關。

湖上曉烟漠漠，江間春水蒼蒼，網得鱸魚歸去，蘋花十里猶香。

塔影分明映日，客心已逐歸帆。何處餘香繚繞，疏鐘遙渡空江。
张心田，云霄莆美人，清光绪贡生，善书画。

高山謠　陳　楷（有传）

朝來高山坐，暮來高山臥。高山學舍三四椽，高山生徒十數個。春雨蓬蒿深沒脚，秋風亂葉飛入座。淵淵金石讀書聲，好鳥枝頭相應和。先生未知何許人，一副肚皮牢不破。文章山水我因緣，寧識人間有饑餓？朱門車馬鬧如雲，端居未肯輕一過。學道苦不早，頭皮愁已老。世局如轉輪，得失徒懊惱。嗟爾高山兮，高山之調誰復彈？與流水而俱逝兮，孰巍巍之可觀？人心不靖，正學摧殘。率獸食人，是何肺肝。我不量力而度德兮，思赤手以挽夫既倒之狂瀾。伊勝負其孰能預知兮？不爲其易爲其難。嗟爾高山兮，高山之地我盤桓。歌一曲，發長嘆，曠野蕭條白日寒。

八尺門軍營懷古　陳　楷

軍營，鄉先生少林所築，環山截海，鎮于鄉之南。訪諸父老，謂爲防海寇者。百年來，風流代謝，滄桑多故，今所存者僅遺址耳。余聞先生平臺有功，未仕而身退，非古所稱明哲保身者乎！雖謂此營爲峴山可也。賦懷古詩一首以誌之。

八尺金湯固，六都保障雄。英豪羞筆記，佩雅悉車攻。伊昔匡時彥，當朝敵愾忠。才高躋倚馬，氣盛壓長虹。孺子游圯上（先生幼養于浙人林氏），參軍臥帳中（後爲覺羅滿保制軍參謀）。運籌坑小丑（平朱一貴），應卜葉非熊。萬里恢王土，九州入帡幪。高壇方拜將，大樹却釋功（授知府不受）。遠舉時哉雉，冥飛邈矣鴻。山居追陶相，野服像嚴公。守要還城闕，備虞又鎮東。芭桑能永奠，帶礪自無窮。箕尾人雖去，陣圖迹不空。山深吟虎豹，海闊鬥蛟龍。耿耿懷前哲，悠悠識素衷。杖歌今日事，巾扇昔年風。雉堞韜鈐偃，犬牙梓里通。四夷欣遠守，我幸不從戎。

愛廬雜咏　施平章

亭幽水曲樂禽魚，洛下耆英此獨居。花竹四時爭挺秀，莫嫌園小與籬疏。

斜傍溪灣築小臺，綠榕當戶倚雲開。藏書鄴架書應富，檢得縹緗妙義來。

一聲叱犢看扶犁，甘雨連天樂滿畦。耕稼及時星火急，那堪布穀又催啼。

靜聽鐘聲逸韵長，寶山飛雨送清凉。閑來偶共知音坐，最愛薔薇暗度香。

施平章，云霄城关人，清末贡生。

漳濱垂釣　趙醒東（有传）

學得漁翁面目真，誰憐鬢髮逐時新。身常伴月留清白，綸爲隨風任屈伸。

有約溪山容我傲，忘機鷗鷺亦相親。吟肩但祝長無恙，鎮日垂竿曲水濱。

觀晚稻二首　吴家駒　民國 21 年 11 月

南閩多熏風，深秋未捐扇。隴畝盡嘉禾，蘇困方呼忭。一朝害蟲生，嚙穗苦耕佃。束手無良策，田中插符遍。頑蟲不可驅，無已歸天譴。秋收什四五，遺穗如鋪練。拾之難盈筐，對此空悲咽。民智未開明，農官有專擅。何乃名實乖，任人溝壑填。長此百政違，食肉虛俊彥。

行行阡陌間，有婦獨慍見。聽其自語言，憫然爲驚眩。一家號八口，新秋風雲變。婦女存三人，值此饑饉薦。惡少刈枯稿，欺吾孀且賤。嗟哉民間苦，咫尺官不見。下車政見陳，轉使民不便。何如媚鬼神，符籙令人羨。安得白醉吟，自責長眷眷。

吴家驹，云霄中埭村人，福建省立云霄高中国文教师。

九日登將軍山即事 方邵安（见“书目”）

丁卯重九，餘同柱中、澤蒼、鶴生諸君率生徒到山謁開漳聖王墓（原文误，应为陈政墓），鶴生招登絕頂。垂至矣，余忽被蜂螫，遂掃興同下。聖王（原文误，应为归德将军）諱政，唐高宗時人，郡邑諸誌均有傳。

將軍山在城西偏，孤峰聳立勢插天。郡邑誌乘稽遺編，將軍葬此千餘年。我來肅拜墳塋前，手採蘋藻薦豆籩。當時辟土閩南邊，篳路藍縷思公賢。高君招登山之巔，豪興不讓李青蓮。賤子賈勇身爭先，如猱升木蚊附膻，一鼓作氣心氣專，手足互用忘胝胼，擬携大筆大如椽，直上山頂揮雲烟。欲即忽離何變遷，群蜂螫人紛翩翩，返身陡絕峭壁懸，偷眼下窺驚深淵。失足難免溝洫填，望帝斯須化杜鵑。爾時仰身作蟲蜷，佶屈下達尤迍邅。如渡陰平身裹氈，如登許城被射顛。一切事業莫不然，功敗垂成誰之愆，且退一步尚慎旃，絕頂今後休著鞭。歸來心尚如彈弦，把筆聊志泥爪緣。

遊龍泉岩（岩在仙人亭中） 方邵安

天公勸客作山行，一路凉風袖底生。徑仄幸無黃葉掩，峰高時見白雲橫。

懸崖樹石開屏帳，隔海崗巒列壘營。二百年來遺迹在，有誰到此聽鐘聲？

注：岩上匾额“鹫嶺晨钟”，为蔡新相国题。

寒梅著花未 高張棟

侵簾細雨歲寒催，物候頻驚又憶梅。近訊傳春猶隱約，芳期睹雪益徘徊。

客來故里殷勤問，人在他鄉仔細猜。爲望窗枝依舊好，留香一段待吾回。

長歌 張秉恭

逢興號店東陳爐的妹子，投水于虎頭潭，爲長歌以悼之。

陳家有女名阿惜，幼適朱門爲養媳。配偶原非愜本心，幽蘭獨自賞奇質。窈窕娉婷碧玉姿，桃夭已屆破瓜期。綉幃空有鴛鴦夢，玉樹應無連理枝。自嗟命薄孽緣湊，未忍琵琶思別抱。爲感姑恩去住難，羅衫紅泪都濕透。可憐恨海竟難填，一死何辭入九泉。造物偏教留缺憾，媧皇莫補是情天。虎頭山下深潭水，北去城門才里許。嘆息瓊枝萎墮淵，香沉玉隕消彈指。捲烟女伴友如雲，噩耗傳來各斷魂。不是同根傷姐妹，釵裙應亦痛離群。幽魂一縷飄江渚，寒食唯聞杜鵑語。殺粉燃脂詎有誰，爲渠書此傷心史。潭水悠悠去不回，美人香草劇堪哀。千金市骨無涓客，誰爲招魂到此來。

满庭芳　漳江诗社成立纪盛 张瑞莹（有传）

春水烟笼，秋潮月涌，滔滔滚滚汤汤。翠绡红绮，霞彩丽朝阳。古塔石矾砥柱，微风起、万顷波光。凭栏望，江山如画，谁不爱清漳。　擅词场、新气象，佳俦满座，吟侣流觞。看百花齐放，百里飘香。今日和风送暖，群贤集、济济高堂。屠龙手，贯珠敲玉，共唱满庭芳。

菩萨蛮　红树林 张耀堂

漳江口外观红树，眼中杯渡凭栏处。玉女望仙人，将军对大臣。　鹭飞欣倩影，潮湧绿千顷。兰桨荡葱茏，游人在画中。

云霄县老年大学诗词学会成立喜赋 董楚扬

崛起南天蕊一枝，耆英凝聚最相宜。珠峰何峻犹能上，诗苑虽深亦可窥。

赏乐合当穷翰墨，欢娱兼且理琴棋。吟旌飘处殷酬唱，艺海骚坛共觅奇。

2. 纪念开漳 1300 周年题咏

漳州建制 1300 周年纪念　　黄寿祺

漳之为州肇自有唐，威惠乔梓首辟荒榛。

千三百年人文鼎昌，承先启后邦家之光。

黄寿祺，福建师范大学教授。

吾漳建立千三百周年纪念　　黄典诚

富饶漳郡临台海，建州一千三百载。此方远古属洪荒，秦汉开疆于越在。屡经分合入隋唐，泉潮瓯脱杂畲寨。火种刀耕剧可哀，先人为助相友爱。其酋慓悍不聆情，时来侵犯相加害。啸乱烽烟入长安，汉皇宫里频震骇。岭南总管大将军，奉饬南征人爱戴。五十八姓效军前，待旦枕戈曾勿怠。河南固始是吾乡，海边望月增叹慨。将军不幸陷沙场，有子元光滋敌忾。投笔从戎漳海行，锐气难当形势改。终然百战定闽疆，表请建郡增一宰。水似清漳郡以名，漳州遂与泉潮等。旧治云霄曰西林，市井依稀存梗概。从此不闻桴鼓声，通商惠贾歌啰皚。干戈定后急修文，一片唐音开愚昧。海滨邹鲁既形成，开漳圣王争膜拜。明末漳人激义方，多随赐姓擎义旆。浩荡争奔鹿耳门，先克台南辟草莱。至今金台圣王宫，香火熏蒸勤报赛。吁嗟本是同根生，隔岸何殊一衣带。厚愿一国两制行，同胞同气同沆瀣。共为吾漳开拓型，面向未来消障碍。不见漳江迤逦流，长向漳原输灌溉。

黄典诚，厦门大学教授。

漳州建制 1300 周年纪念　　叶国庆

千百年前创大业，泉潮之间建清漳。祖孙父子定荒服，礼乐诗书化海疆。

笑把甲香赠北国，喜看闽士著文章。里邻丛问姻亲在，秦越一家卜世昌。

放马西林息战尘，漳江战士计谋新。招亡不用逞兵刃，编户何须辨越秦。

一卷龙湖功补史，高吟燕翼气通神。渐知炎域风光好，共庆嘉禾两度春。

叶国庆，厦门大学教授。

漳州建州 1300 周年纪念　　方南生

开漳功德照千秋，膏泽黔黎展壮猷。数典不忘皇祖烈，脍鲈犹忆少年游。

书声呻哔陈王府，营垒星罗牯岭头。金棒莫抛瓯脱地，西林自古是漳州。

方南生，福州人，北京中华书局图书馆馆长，幼生长云霄。

纪念漳州建制 1300 周年　　陈寿同

回溯一千三百年，将军功绩总昭然。威扬漳水开疆土，恩遍云霄耕火田。

广务农商增地利，大兴庠序育民贤。于今闽粤齐歌颂，遗爱永存垂史篇。

陈寿同，固始县人大常委会副主任。

百字令　漳州建制 1300 周年纪念　　陈师尹

龙溪故郡府，漳州九县，划归统辖。源远流长，屈指历经，千三百岁月。千载沧桑，梦里依稀，但知地灵出人杰。首设州治，先贤功烈。　　抵今故里家园，山明水秀，黎民同心结。斩棘披荆，齐负起，芳草高低重叠。欣看沃野千里，花果稻穗直堪折。欢呼此日，正和暖，金秋节。

陈师尹，旅港漳属同乡会。

3. 始建漳州西林城题咏

西林城懷古　林鎮荊

雉堞迷榕蔭，鳩工肇李唐。人家通一水，估舶集千檣。
絲竹廬山洞，粽糧洛口倉。尚書門第舊，憑吊話滄桑。

访西林古城六首　张瑞莹

榕根蜷屈古城基，尽说榕龄千载余。缅忆初唐新建郡，漳江逝水尚如斯。

烽台遥望与云齐，叠翠层峦日影低。我欲登临寻胜迹，相期佳日共扶藜。

军营遗址对行台，濠堑依稀认得来。苦忆当年施号令，犹馀断壁倚崇阶。

古庙千年今尚存，周侯谁号广平尊？相传壁底蓝雷字，扫尽尘埃不见痕。

君用修城著懋功，低徊凭吊仰英雄。榕阴故老谈遗迹，虔祀真人慈济宫。

瓦砾堆中指废衙，军营巷口夕阳斜。尚书门第荒凉甚，已是寻常百姓家。

访漳州古郡地　萧　风

西林游故郡，薜荔绕残垣。漳水横南郭，荒城据北原。

行台名称在，府邸石阶存。兴废千年事，今朝得细论。

西林怀古　方朝晖

绿竹笼江绿水平，残垣长伴夜潮声。空山犹记征尘里，曾驻唐家细柳营。

（三）楹联选

1. 将军山公园楹联

名山藏史迹问翠柏丹枫犹能说开漳岁月
故郡起宏图看诗廊画阁更频添创业风流
　陈永正（中国书协副主席）书

伟绩千秋都谱了漳水渔歌云山牧笛
丰碑万世更饰些春风花树秋月楼台
　陈奋武（福建省书协主席）书

驻足沉思松涛唤起汉唐旧事
举头遥望彩竹绘成华厦新章
　吴铨叙（中国人民解放军上将）书

辟地斩荆榛几番梳理始见江山似画
兴邦凭教化百世传承果然岁月如歌
田伯平（北京书协副主席）书

平湖似镜喜凝眸赤鲤斜穿云影
翠岫如屏轻移步黄鹂合唱柳阴
沈一丹（女，书画家）书

归化炎方高阁千秋昭伟绩
德馨远世名园万古铸风流
郭喜华（解放军副军长）书

把酒谈天一派湖光增胜概
听琴舞剑四围山色送清芬
陈奋武书

万里赴戎机饮马漳江开岭表
千秋承德泽寻踪故垒谒将军
张耀堂撰、罗哲文（古建筑专家）书

辟土开疆伟绩伴江山永久
馨香俎豆英名与日月同辉
陈秀卿（厦门市书协）书

清风细述其功赫赫
漳水长歌厥泽绵绵
康成元（解放军中将）书

致身家国仁为己任
远瞩勋劳敬以永思
陈振焱（解放军少将）书

护土开漳功勋卓著
一门忠烈万古流芳
陈友庆（解放军少将，云霄人）书

2. 下营将军庙楹联

贊父握兵一統山河安帝業
捨身殉國萬年正祀謝英魂
汤应科（明进士）

握節開封疆唐史何修千載筆
流名存廟祀宋廷申錫表嘉庸
汤道准（应科子）

安邦别帝阍百代渊源怀固始
启土开漳郡千秋庙祀仰云霄
张耀堂撰、施武弄书

总章奉敕提兵将士三千镇绥安故地
嗣圣怀恩立庙贤良一代开漳郡宏基
张耀堂撰、陈再春书

3. 西门威惠庙楹联

大啓漳土永奠閩民但勵忠勤二字
依舊雲山維新廟貌緬懷功業千秋
（佚名）

禦粤寇以靖邊方烜赫威靈振嶺表
平蠻獠而開郡治湛深惠澤遍漳南
（佚名）

啓土興文特先考亭而布化
追封錫號何須唐史更書勛
（佚名）

梓里護南征三十六社遺黎多固涿
漳江開左郡一千餘年初地在雲霄
（佚名）

漳水雲山開萬世衣冠文物
馨香俎豆報千秋偉績豐功
（佚名）

威振漳江南國兵戈化禮樂
惠流雲水西門宮闕亘山河
（佚名）

4. 开漳祖庙燕翼宫楹联

念祖德宗功土宇版疆萬古棠陰漳水地
著朝恩世澤衣冠鍾鼎千秋廟祀故侯家
陈时敏（明）

祖烈垂庥平粤閩拓郡邑千年踐土食毛群思俎豆世德
孫謀繩武溯唐宋沿元明一派名臣理學永紹文獻家聲
陈丹心（明）

自玉鈐肇基以來七閩百粵伊古共被元勛祖烈
由清漳襲封而後霞水雲山迄今盡坐世德春風
陈云龙（明）

地簇龍鍾率數十姓偕來定宇
宮名燕翼示百千世永念垂庥
陈天达（清康熙进士）

聖祚衣冠新德澤
王朝袍笏舊家聲
蒲山

5. 仙峰山石屏书院（七贤堂）楹联

吾道南來先朱文公漳南講學
兩宮北去痛岳武穆塞北班師
（佚名）

6. 云山书院（林太史公庙）楹联

早有直聲留勝國
分其餘事活群生
秋嘉禾（清光绪云霄厅同知，秋瑾祖父）

翹瞻五色雲高猶留勝國鄉賢桑梓至今長仰止
空盼九霄月朗試問名儒循吏山川何日再鍾靈
李镇潘（清云霄厅同知）

漳水長流公有文章留後輩
雲山共仰我隨黎庶拜先生
徐炳文（民国云霄县长）

讀書我慕三代英桑梓有名賢去今未遠
盛德公宜百世祀乾坤留正氣終古如生
陈　楷（有传）

云天孰与高直节曾飞权相魄
山廓何其重官箴犹系邑民心
黄典诚（厦大教授）

漳水流多明世惠
云山起再昔贤思
　赵玉林（福建省诗词学会顾问）

传道授业解惑
尚贤尊师爱生
　黄寿棋（福师大教授）

7. 高山讲舍联句

三杯酒，斟酌完，覺逸興飛天，九洲爲隘，日尋歷史上聖賢豪杰，處士英雄，某堪作師，某堪作友，羹墻若見，訂異世神交，望古遙深，豈曰吾衰之已甚。

一卷經，演講罷，痛斯文墜地，萬劫靡回，時對及門中志道據德，依仁游藝，將以成己，將以成人，薪火克傳，息末流邪說，後生可畏，焉知來者不如今。
　陳楷

四、谱牒简介

（一）吴氏谱牒

1. 维则堂吴氏　明弘治七年（1494年）修《吴氏族谱》，六世孙户部侍郎吴原作序。明末、清初两次续修。谱载，先祖几经迁徙居光州固始，唐代入闽居泉州，元至正年间军户吴福友以战功授百户，率兵至云霄屯田开基。明发迹，祖祠“维则堂”有“一堂七进士”美誉。后裔衍派广东溪头、卢岗、枫溪等地。

2. 凤燕堂吴氏　清乾隆二十三年（1758年）14世孙举人吴德润修《延陵世家壶嗣吴氏族谱》，谱载，吴氏58世祖吴祭于唐中和四年（884年）由河南光州固始入闽居诏安，传18世至汉一公先迁居云霄西林，后居今中柱村墩上，立祠“凤燕堂”，后裔衍派白塔及平和壶嗣等地。民国37年旅泰裔孙吴学濂等重修族谱，1984年续修。

3. 石壁径吴氏　明弘治五年（1492年）修《石壁径吴氏族谱》，谱载，其先祖真寿公，明洪武年间居于永定金丰里沥湖寨黄花采地溪仔潦，历三世，于元正统年间（1334 — 1335年）徒居今云霄马铺乡大伯径（原称“石壁径”）。现分布居于上洋行政村的旧寨、新寨、横寨等6个自然村，总人口2000余人。2001年，吴汉忠等重修《石壁径吴氏族谱》。

另有少数从龙海、诏安迁入云霄的吴氏，未有谱。

（二）方氏谱牒

方氏《云阳太卿方氏族谱》 明万历间十世孙廷璜修。“太卿”为今火田镇大坑村古称。谱为手抄古本，为大坑方建寅所藏。谱载，唐总章二年（669年）一世祖伯虞公随陈政入闽平乱，置州县后居南靖，再迁龙溪，元代从龙溪开基云霄阳霞。1989年，建寅按手抄古谱整理续修。1994年，莆中、普金重修。2002年，方启德等续修《云阳太卿方氏族谱》。以阳霞（今称“洋下”）为开基祖地。

（三）张氏谱牒

1. 西林孝思堂张氏　明嘉靖二十八年（1549年）十世孙潮南、穆齐修《文武世家张氏族谱》。明崇祯、清道光年间续修。2002年张友金、张耀堂续修《西林张氏家谱》，张奋生（莆美人，厦门市政协副主席）作序。谱载，始祖张虎与兄张龙于唐总章二年（669年）随陈政入闽平乱，垂拱二年（686年）建漳后，龙回河南祥符，虎任漳浦县令。后虎有一支衍派回祥符，至宋末这支衍派的参议大夫张元甫，随宋室南移至故漳州城（今西林村）开基，遂以元甫为一世祖。元甫在云霄、漳浦后裔，明清两代有文武进士11名（其中漳浦1名），民国有陆军上将1人（诏安东峤）。孝思堂张氏衍派及于闽、粤、台及四川成都、河南洛宁、广西南宁和桂林等地。

2. 平和马堂衍派云霄张氏 据修于明万历十四年（1586 年）的《清河张氏马堂族谱》载，马堂张氏发祥于清河郡，宋末入闽，明中叶从马堂衍派云霄仙石、三星、后山、田头里和崩坎新、旧楼及马山等村。2008 年，张水龙等续修。

（四）林氏谱牒

1. 晋安郡王林氏 据《林氏西河世谱》载，晋安郡王 33 世孙林琼于元延祐七年（1320 年）自南靖直街由林琼妻柯氏携子谆、训、讫徙居今云霄云陵大夫第，后谆迁梅安，训迁高地，讫居云陵西河。明天顺八年（1464 年），谆之五世完从梅安迁郭墩、黄墩开基，训之后裔衍今龙坑、火田镇后埔及漳浦徐鉴、沙西等地；后又有谆之异母兄弟振的后裔从平和徒居云陵厘仔房，列为琼派下第四房。

2. 开漳林氏 据 1998 年林进生等编的《古楼（瓦坑）林氏族谱》和 1999 年林正传等编的东厦镇《后埔林氏族谱》载，始祖林孔著于唐总章年间随陈政入闽平乱，开基将军山下西庵，后有裔孙迁平和南胜，至明永乐间宗洵（又名龙潭）公率子佛升、佛进、佛尚从平和南胜龙潭山尾埔迁居古楼，后佛进、佛尚迁往他处（地址不详），佛升生三子，长乾志守古楼，次乾敏迁广东潮州，三乾宗迁福州古楼。乾志繁衍今火田镇 10 村，至今历 24 世，5000 多人口。天启二年（1622 年），乾敏后裔林宅从潮州大桥下菜里迁来今东厦镇后埔，与云霄古楼同宗，称“开漳林”。

（五）陈氏谱牒

主要有《开漳陈氏云霄族谱》，1999 年由云霄陈氏宗亲联谊会编，汇集云霄、平和、诏安等地自宋代以来的谱牒材料，记载以开漳始祖陈政为一世至景肃二十一世的世系，及衍派闽、粤、台和东南亚各国情况，由祖籍陈岱的侨胞、马来西亚皇室拿督陈良民命名题签，马来西亚陈氏宗亲总会等赞助印刷。《陈岱陈氏族谱》，旧本，83 页，由陈岱始祖宋绍兴二十一年（1151 年）进士、赠光禄大夫、资政殿大学士陈景肃撰谱目《正宗九纲》。《浯田陈氏族谱》，1995 年陈罗通等修纂，记载开漳 21 世景肃衍派平和山布虞田至 29 世道学迁回云霄浯田开基，堂号“绳武堂”“克昌堂”“追远堂”。《山美陈氏族谱》，旧谱手抄本，35 页，始修年代不详，据谱中《修谱叙》记述，系开漳十六世（原文如此，与前三谱相差五世）宋学士岭南诸州宣抚使陈景肃所撰。

（六）何氏谱牒

《何氏族谱》清乾隆间十二世孙进士何子祥编修，并作序，十卷，石印本。民国 17 年重印。2005 年，何氏宗亲理事会何金水等续修。谱载，开基祖添和公携眷从漳浦官浔先迁平和南胜，寻开基今云霄马铺乡。

（七）汤氏谱牒

主要有列屿《中山汤氏族谱》，1992 年汤天聪等汇集旧谱编纂，谱载，先祖汤智、汤公简世居河南固始，唐总章年间随陈政入闽平乱，建州县后居乌浔（今龙海角美），后裔于宋治平年间迁云霄列屿开基。2005 年，列屿衍派台湾廿一世汤景华等编《台中汤氏谱史》，谱载，清乾隆、嘉庆年间先人从列屿迁台。

（八）《奇岭罗氏车墩家谱》

2000 年，由奇岭罗氏车墩家谱编修组罗舜地、罗坤山主编。谱载，罗氏先祖于明代宣德年间由广东大埔迁入。

（九）蔡氏谱牒

《闽漳蔡氏族谱》，1998 年蔡永茂等编。谱载，蔡姓有两支，一为蔡长眉于唐咸亨元年（670 年）任陈政府兵校尉，在云霄开基；一为唐乾宁三年（896 年）随王潮、王审知入闽而开派云霄。

（十）《云霄江夏黄氏族谱》

1997 年云霄江夏黄氏理事会族谱编纂组编。谱载，黄氏先祖自河南固始入闽，居浦城而邵武。明初衍派平和琯溪，再入云霄瑞堂村开基。

（十一）朱氏谱牒

《云霄朱氏族谱》，2001 年朱金源主编。谱载，开漳将领朱秉英后裔国泰，于元至正七年（1374 年）由漳浦镇海关头村迁来云霄西林，再移鹤坑大洞村开基，堂号“慈云堂”。

（十二）周氏谱牒

《荷步周氏谱牒》，周炳煌手稿。谱稿载，荷步周氏源自今龙海市榜山（原称“双第”）。其一世祖太养公，于明洪武七年（1374年）从双地肩挑周勃木雕神像及衣物，到云霄一带寻找安身立业之地。至荷步见此地倚山面海豁然开朗，而只有寥寥数户人家。经入村探访，竟有数户周姓本家（后世称之为“老周”）。在商得“老周”愿给地建住处之后，便在此落户定居，至今传二十七世，发展成为荷东、荷西、荷中3个建制村（其中有部分黄姓和“老周”），并衍派广东潮阳、海陆丰、饶平和台湾台南以及漳浦等地。2006年，县境内包括散居城关等处周姓（含“老周”）共10827人。堂号“维则堂”，太养公所携来的周勃神像供奉于荷步天后宫。

（十三）李氏谱牒

1. 开漳李氏 据1994年李木生等编纂的《李氏崇本堂族谱》载，始祖为唐总章二年（669年）随陈政入闽平乱的李伯瑶，世居火田，为开漳一世祖，堂号“崇本堂”，有祠联“辅国屯军曾此地，开基衍派永朝宗”。《云霄莆顶李氏族谱》，据21世纪初由李联明按《李氏家谱》古本进行续编，与火田崇本堂同宗，并衍派常山柘林、诏安华茶等地。

2. 宅兜李氏 据清光绪修《宅兜李氏族谱》载，明隆庆间（1567–1572年），有宁化李氏兄弟荣、华、富、贵4人从宁化迁居广东饶平弦歌都上饶桥头，后荣、富迁福建诏安二都官陂马坑口，阅二世，富的后裔崇山迁平和东陶，生六子，第六子均寿迁住宅兜，为宅兜一世祖。

（十四）许氏谱牒

《世坂许氏家谱》，2002年由荣华、石泉、泗宝等参照万历等旧谱残本编成。谱载，先祖许陶、许天正父子随陈政入闽平乱开漳，镇南诏，后裔居闽南各地。传十八世，居西林的四十三子铭于明洪武十四年（1381年）徒居世坂，为世坂一世祖，传至2002年二十五世。

（十五）《象坑郭氏家谱》

清嘉庆四年，由永春据《龙瀛旧谱》续编而成。1998年由村老人协会增补续编。谱载，先祖居河南汾阳，于明洪武末衍派福建福清，再传漳之龙瀛，又传云霄象坑（今称“上坑”）。

（十六）《唐氏永锡堂族谱》

2008年，唐氏宗亲理事会编纂。谱载，唐氏源出山西晋阳，元代至正年间（1341–1368年）入闽。先祖由漳浦迁莆田，再迁东山，后迁云霄，以明隆庆进士、广西按察使唐文灿为一世祖。

（十七）《梁氏族谱》

1997年，梁氏续谱理事组梁任等续修。谱载，梁氏源出甘肃安定，始祖梁思成辅佐明太祖有功，世袭千户，任职漳州。明末避居云霄北门外，为云霄梁氏一世。

（十八）《王氏莆中世系谱牒》

2000年，莆中王氏谱牒理事会编纂。谱载，莆中王氏先祖于明中期从漳浦迁平和，再迁云霄定居于莆中一带。堂号“燕翼堂”。

（十九）《武城曾氏族谱》

1999年，云霄曾氏渊源研究会曾金生等始修。谱载，云霄曾氏先祖于元至元四年（1338年）由海澄移居平和，后裔徙居云霄安吉、下曾等地。

（二十）《柳氏（德裕）家谱》

2001年，柳氏家谱编修小组编。谱载，柳氏郡望河东，唐总章二年府兵校尉柳彦深随陈政从固始入闽平乱，开基漳浦。元代末年，柳国泰由漳浦迁来火田乌石村开基，为云霄柳氏一世祖。

（二十一）《江氏族谱》

1988年，闽粤江氏宗亲搜集史料编成。据明嘉靖旧谱记述，云霄江氏先祖于宋代迁入，居莆美、白塔等地，现散居城关、石屏和沿海等地。

（二十二）《西林谢氏家谱》

始修于元大德（1298-1307 年）年间，后数次重修。2007 年谢待荣等续修，手抄本。谱载，谢氏先祖于唐代自光州固始入闽，开基莆田，元末迁云霄定居。

（二十三）《龚氏家谱》

2000 年龚龙泉等修。谱载，龚氏先祖于元至正年间（1341 — 1346 年）从漳州迁云霄开基，称“荆山始祖”，居益宝山、云陵镇等处。

（二十四）《柯氏族谱》

1997 年，经迁居广东南澳的柯姓与祖地漳浦、云霄宗亲共同搜集谱牒资料，由南澳柯氏族谱编写组编纂。

（二十五）《沈氏族谱》

2008 年，沈氏族谱编纂小组沈鸿扬等编纂。谱载，沈氏发祥于江南吴兴，唐总章年间沈世纪随陈政入闽平乱，为开漳重要将领。云霄沈氏先祖于明代由诏安梅圃徙居云霄镇城沈厝埕开基。

（二十六）《连氏族谱》

2007 年，据原家谱续编。谱载，连氏发祥于山西上党，先祖于唐代入闽，明嘉靖间（1522 — 1566 年）入云霄镇城开基。

编 后 记

盛世修志，自古而然。2007 年 4 月，根据中央、省市的统一部署，《云霄县志（1997 — 2006）》编纂工作开始启动。整个编纂工作经历三个阶段，于 2015 年 5 月杀青付梓。

2007 年 4 月至 2009 年 4 月为组织宣传和志稿资料征集阶段。2007 年 4 月 6 日，县委、县政府召开续修《云霄县志》（1997 — 2006）工作会议，传达全国、省市有关二轮修志精神并下发云委办发（2007）6 号文件《中共云霄县委办公室、云霄县人民政府办公室〈转发县地方志编纂委员会关于开展第二届地方志编纂工作意见的通知〉》，确定修志时间上限为 1997 年，下限为 2006 年，要求各承编单位于当年底完成篇目纂写任务。但志稿资料征集进度缓慢。2008 年 8 月 8 日，县委、县政府在云陵镇二楼会议室召开云霄县二轮修县志业务培训会议，县委常委卢锋、分管副县长林达祥到会指导，会议对近 200 名承编单位、乡镇领导及主要编纂人员进行业务培训，并下发云委办〔2008〕28 号文件《中共云霄县委办公室、云霄县人民政府办公室〈关于进一步加强云霄县志（1997 — 2006）编纂工作事项的通知〉》。县地方志编纂委员会通过县电视台向全县发出《征集云霄县志资料公告》，向县人大、县政协以及县内外社会各界贤达发函 100 多份征求意见，并组织力量进一步加大县志资料征集力度。2009 年初，多数承编单位完成了供稿任务，为志书编纂提供了基础资料。2008 年 10 月至 2009 年 4 月，张煌辉、房江波二位同志对上交志稿资料进行初步串稿加工，除繁去杂，形成全书 26 卷“资料长编”180 万字。

2009 年初至 2012 年 6 月为志书初稿编辑修改阶段。2009 年 4 月，县志总编室成立，借用原县委办公楼 3 楼 3 间办公室，因陋就简作为工作处所，聘请近 10 位文字基本功较为扎实、熟悉地情的退休干部、教师参加编纂工作。总编室各位同志认真学习《地方志工作条例》《志书质量规定》等法律法规，对志稿进行初审把关，反复切磋讨论，不断完善篇目结构，针对志稿存在的体例不符、归属不当、资料缺漏等问题，退回各供稿单位修改补充。对重要史实和统计数据进行认真甄别，反复核实。对部门单位无法征集的入志资料，采取特约撰稿、社会调研采风等办法尽力挖掘补充。至 2009 年 12 月初步完成了“分纂稿”26 卷 100 万字。2010 年 1 — 3 月，根据省方志委“压缩篇幅、提炼文字、提高质量”的要求，通过互审、专审、主审的办法对县志稿进行全面审读修改，并分送省市方志委专家学者和相关单位、专业人士审读。2010 年 4 月，通过县政府办发文，对志稿进行部门审稿，共召开部门审稿会 30 多场次，收集了大量有关材料，有效纠正志稿错漏问题。2010 年 6 月，省方志委县志辅导处 4 位专家，在福州特地专题召开云霄县志稿（13 个专卷）评议会，先后收到修改意见 1000 多条。总编室综合县部门审稿及专家评审修改意见，对志稿再次进行全面修改，增补充实了大量有价值的入志资料，并于 2011 年 12 月形成“总纂第一稿”。2012 年 1 — 6 月，总编室进行为期六个月的内部审稿工作，共收集修改意见 2000 多条（处），对志稿作进一步修改后形成“总纂第二稿”。

2012 年 6 月至 2015 年 4 月为志稿审验定稿阶段。2012 年 6 月底，县政府在云霄益恒大酒店召开为期三天的“云霄县志稿”三级评审会，邀请省市方志委领导和省内外专家、学者、同行共 60 多人参加评审。会议肯定云霄县志稿编纂时间短、成效快、有高度的质量意识，也指出了框架、篇目、资料、规范等存在的问题。2012 年 7 月— 2013 年 2 月，总编室对三级评稿会意见进行集中审读、梳理、消化，并就志稿的篇章结构、内容特色进行反复讨论，在进一步统一编纂指导思想的基础上，重新讨论确定全志章节目篇目框架，改原有大篇体为小篇体，并将全志篇目送省方志委审定。同时，由县政府办发出专文，进一步加大志稿资料征集力度，共补充收集入志资料近30万字，使志稿资料更为充实，地域、时代特色更为凸现。至2013年10月，经过共同努力，形成“县政府评稿本”，为“总纂第三稿”。2013年10月—12月，县政府成立县审领导小组，用三个月时间对志稿进行评议，2013年12月31日以云政（2013）237号文批复，同意通过县政府初审。其间，县方志委同步将志稿呈报市方志委初步验收。2014年2月，市方志委批复通过市审查验收，并对志稿提出进一步修改的具体意见。经县总编室认真修改、订正、审核后，于2014年8月形成“总纂第四稿”呈送市方志委正式审核并通过验收。2014年8月至2015年4月，县总编室对志稿做最后的润色、审定，形成“付印稿”。

本志编纂期间，云霄县委、县政府给予高度重视，县委书记陈水树多次听取县方志委工作汇报，并审阅志稿；县长王金狮亲临总编室关心指导修志工作，并拨给充足的修志经费；副县长林菁、林达祥亲自协调解决修志过程中重大、疑难问题。为确保志书质量，总编室发扬“众手成志”的精神，互相学习、取长补短、精益求精，深入机关学校、田间地头挖掘、核实第一手资料，对每一稿进行严肃认真的内部评审。参加本志编纂的有：张煌辉、陈振权、张耀堂、张志和、张大南、张绍猛、郑逢源、张待德、房江波、吴鼎文、张建国。执行主编张煌辉主持总编室行政、业务工作，并负责全志编纂的统筹、协调、修订、审定。执行副主编张耀堂负责全志文字总纂。执行副主编张志和负责大部分志稿的全面审改。执行副主编陈振权负责大部分志稿审阅。

本志编纂过程中，省方志委主任罗健，副主任方清、俞杰亲临云霄指导；华东区地方志协会秘书长韩章训、厦大方言学家周长楫和省方志委林浩、欧长生、李连秀、胡志明等同志给予许多专业指导；县各机关企事业单位领导、编纂人员与社会贤达给予大力支持和帮助，在此一并表示感谢！

本志稿疏漏之处，敬请有关领导、方家学者给予批评指正。

云霄县地方志编纂委员会

2015年5月

《云霄县志（1997–2006）》各章承编单位、编辑人员一览表

章码	章　名	责任编辑	承编单位	提供志稿主要编纂资料人员
	图　片	张志和　张煌辉	方志委	见图片说明
	序　言	张煌辉	县委办　政府办	
	凡　例	总编室	方志委	
	概　述	张志和　张煌辉	方志委	张煌辉
	大事记	张煌辉　张志和	方志委	张煌辉　王鲁青　陈政通　汤若蓉　方云溪
	专　记	张志和　张耀堂	方志委	郑俊生　张彦斌　陈耀国　方国乾　方建铭　张绍猛
第一章	政　区	郑逢源　张煌辉 张耀堂	方志委　各乡镇（场）　云陵开发区 常山开发区	张煌辉　曾清峰　方青海　林加添　汤世松　张俊池　陈旺来 吴木华　黄晓新　汤阿坤　陈宗诚　张国华　张艺阳　张国强
第二章	自然环境	郑逢源	气象局　水利局　林业局	张启基　方应棻　张恒辉　张炎钟　郑复炉　张民扬　高清忠 李辉斌　汤珺琳　林茂坤　蔡振泰
第三章	国土资源管理	张大南	国土局　海洋与渔业局	李辉斌　蔡振泰　陈建明　吴镇加　张建国
第四章	人　口	张大南	计生局	曾晓文　李亚担　吴小丹
第五章	环境保护	张志和	环保局　水利局	黄腾才　吴进城　方　燕　陈琢英　钟忠泉　朱朝和
第六章	城乡建设	张大南　张绍猛	建设局	何荣健　方志伟　阮惠勇
第七章	交　通	张志和	交通局　公路局	黄志义　汤权生　吴文贤　林俊聪　郑晓松　汤一帆　张志和 施福山　方笋牧　黄毅锋　陈振权
第八章	邮政　通信	张大南	邮政局　电信局　移动公司　联通公司	吴胜清　林　娟　张灵莉　方保发　高艺萍　彭圆文
第九章	水　利	张绍猛	水利局	张炎钟　张民扬　陈鹏飞
第十章	农　业	张大南	农业局　畜牧局　农机站	林来金　张民生　方镇和　吴连智

续表

章码	章　名	责任编辑	承编单位	提供志稿主要编纂资料人员
第十一章	林　业	张大南	林业局	方应棻　张恒辉　蔡泗明　方柏州
第十二章	渔　业	张绍猛	海洋与渔业局	方志亮　蔡振泰　林如英　林式平　张待德
第十三章	工　业	张绍猛	经贸局　二轻联社　外经贸局　云陵开发区　电力公司	林高明　张铁城　黄进龙　林军辉　沈立东　陈明发　陈哲民　吴银林　蔡明达　张国华　张建国　周锡炽　林智勇
第十四章	商贸与服务业	张绍猛	商业总公司　物资总公司　粮食局　供销联社　外经贸局　烟草专卖局　台办　盐务局	林高明　张铁城　沈立东　陈明发　柳云辉　蔡连义　陈庆琼　黄志森　张来坤　张荣忠　张泰峰　张绍奇　高洧洧　方国乾　黄建生　林振荣　蔡振新　周锡炽
第十五章	金　融	张绍猛	人行　财险公司　寿险公司　证券服务部	黄俊超　方嘉斌　林伯龙　张绍猛　陈梁辉　张丽萍　朱海鹏　黄涌城　方婉蓉　陈丽英　方永盛　吴斐飚　张春美　李俊泽　陈钦兰　叶耀东　林育娴
第十六章	财政　审计	张绍猛	财政局　审计局	汤平亮　林瑞镇　陈健雄　施周生　张铁城　林坤生
第十七章	税　务	张绍猛	国税局　地税局	许志民　杨德龙　林汉荣　郑忠坚　朱永明　方智勇
第十八章	综合经济监管	张绍猛	发改局　统计局　物价局　工商局　质监局	张金来　张爱群　方玉水　林健全　陈长新　陈建云　郑育纯　张耀武　吴坤源　林庆祥　庄海洋
第十九章	中国共产党地方组织	陈振权	县委办　组织部　宣传部　统战部　台办　文明办　党校　县纪委办	黄民群　王桑坤　许　勇　刘复祥　李晓杰　方丽蓉　蔡镇勇　林春祥　王水金　张大南　郑　蒲　吴文忠　张复勇　林智勇　吴汉宝　张守尧　方志南　李亚担
第二十章	地方人大	郑逢源	人大办	黄溪木　吴秋生　陈振权
第二十一章	地方人民政府	陈振权	政府办　信访局	王鲁青　汤若蓉　谢丽真　陈俊清
第二十二章	政协地方组织	陈振权	县政协办	方玉水　吴亦强
第二十三章	群团组织	陈振权	总工会　工商联　团县委　科技协　残联　侨联　台联　文联　计生协　关工委　县妇联	柳火生　吴俊强　涂汉捷　林集西　汤慧云　蔡敏芳　施得强　陈惠蓉　方云秋　方艺荣　方群达　黄泽民　方文达　戴园笙　周永联　张耀堂　方三川　林荣辉
第二十四章	民政与革命老区工作	陈振权	民政局　移民局　老促会	李亚担　张艺阳　张国强　林凤鸣　林新溪　吴淑茹　李丽珠　林绍勇

续表

章码	章　名	责任编辑	承编单位	提供志稿主要编纂资料人员
第二十五章	人事　编制　劳动与社会保障	陈振权	公务员局　编委办　人社局　安监局	方国勇　丁绍荣　柳国辉　林智勇　林爱群　张镇贤　张坤成　张地坤　吴海生
第二十六章	外事与港澳台事务	郑逢源　张绍猛	外侨办　台办　侨联	郑　玲　谢丽真　王水金　方艺荣　方群达　林智勇　吴汉宝　黄泽民　吴亦强　陈振权　张绍猛
第二十七章	政　法	郑逢源　张建国	公安局　检察院　法院　司法局	赵建和　方连伟　刘远平　黄文滨　陈伯群　罗清标　杨　康　刘益民　张绍猛　陈宝兴　李联和　施国辉
第二十八章	武　装	郑逢源	县人武部　人防办	张国华　谢星煌　黄卫忠　张建国　张绍猛
第二十九章	科学技术	张大南	科技局　气象局	高　嵩　赖建福　林茂坤
第三十章	教　育	张大南	教育局	林尚德　朱联章　陈光辉　汤建云　罗溪金　陈顺安　吴　革　张永平
第三十一章	文　化	张煌辉　张待德	文体局　广电局	汤毓贤　戴园笙　张文清　吴国良　高志刚　方志南　张煌辉　陈振权　张志和　张绍猛　黄木枝　张待德
第三十二章	旅　游	张待德　张煌辉	旅游局　各乡镇（场）	吴慧恒　谢国荣　张志和　张绍猛　张待德
第三十三章	卫生　体育	张煌辉　张待德	卫生局　药监局　文体局	方泽文　张志民　王丕胜　张绍猛　张待德
第三十四章	宗教　风俗　方言	张耀堂　张煌辉	方志委　民宗局	张耀堂　张煌辉　陈志生　王德明　朱淑敏
	人　物	张耀堂　张煌辉	方志委	张耀堂　张煌辉　张志和　吴亦强　张文清　方国勇　郑逢源　陈振权　叶　前
	附录	张煌辉　张耀堂　陈振权　吴鼎文	方志委	张耀堂　张煌辉　陈振权　张大南　吴鼎文　张绍猛　张待德　艾　林　张天宇
	编后记	张煌辉	方志委	